제 5 판

法人破産實務

서울回生法院
裁判實務研究會 著

박영사

격 려 사

　서울회생법원이 도산제도의 발전과 도산전문법원의 설립에 대한 국민적 염
원을 담아 개원한 지도 벌써 2년이 넘었습니다. 설립 당시 서울회생법원은 최고
의 도산전문법원을 지향한다는 포부를 밝히면서 '효율적인 기업구조조정 제도의
장점 접목을 통한 취약산업 구조개선 및 시장경제 활성화 도모', '지속적 경기불
황 속에서 실패를 두려워하지 않는 혁신적 기업가 정신의 제고를 통한 경제 펀
더멘털 재건 기여', '정직한 채무자의 실질적 재기 지원을 통한 국가경제의 인적
자본 충실화 및 가정경제의 회복', '신속하고 전문적인 국제도산사건 관리를 통
한 아시아 지역에서의 선도적인 국제도산 허브코트의 지향'을 설립이념으로 삼
았습니다.

　지난 2년간 서울회생법원은 이러한 설립이념에 따른 소명을 다 하기 위하
여 사회 각층의 의견을 폭넓게 청취하는 동시에 더욱 진취적으로 여러 최선진
제도를 연구함으로써 스토킹호스 비드 매각방식, 중소기업 맞춤형 회생절차 프
로그램(S-Track), 지분보유조항(ERP), 개인회생 주택담보대출채권 채무재조정제
도 프로그램 등의 도입, 연 3,000명 이상 방문하는 뉴스타트 상담센터의 운영,
P-Plan 회생절차 및 상속재산파산제도의 활성화 등 합리적이고도 효과적인 도
산제도의 운영을 위한 창의적인 절차를 마련하는 데 노력을 아끼지 않았습니다.
또한 국제적으로도 다양한 경로를 통하여 세계 유수의 도산전문법원들과 교류하
고, 외국 법원과의 원활한 업무협조를 뒷받침할 수 있는 국제적 절차 적용에 보
조를 함께 하기로 함으로써 세계 속의 선진 도산전문법원으로 도약할 수 있는
기반을 닦아 왔습니다.

　이번에 펴내는 제5판 「회생사건실무(상)・(하)」, 「법인파산실무」, 「개인파
산・회생실무」는 서울회생법원 재판실무연구회가 개원 후 처음으로 발간한 도산
제도 전반의 재판실무 교재로서, 그 동안 서울중앙지방법원 파산부 실무연구회
가 발간해온 제4판 이후의 축적된 도산실무의 경험과 연구 성과를 다시 살펴보
고 지난 2년 동안 서울회생법원 가족들이 열성을 다하여 정비하고 발전시킨 도
산실무를 집약한 것입니다. 이 책자들이 각계에서 직접 도산실무를 담당하는 분
들뿐만 아니라 도산제도를 연구하거나 관심을 가지신 분들에게 많은 도움이 되

기를 기대합니다.

　　끝으로 격무 중에도 이 책자들의 발간을 위하여 애쓴 서울회생법원 재판실
무연구회 소속 법관들의 노고에 깊이 감사드리고, 우리 도산제도와 서울회생법
원이 큰 발전을 이루기를 기원합니다.

2019. 6.

서울회생법원장　　정 형 식

제 5 판   머리말

 「회생사건실무」, 「법인파산실무」, 「개인파산·회생실무」는 제4판에 이르기까지 서울중앙지방법원 파산부의 실무를 반영하면서 우리나라 도산실무의 길잡이 역할을 해왔습니다. 제4판이 발간된 2014년 9월 이후 크고 작은 변화를 겪었던 우리나라 도산실무는 2017년 3월 서울중앙지방법원 파산부가 서울회생법원으로 분리·설치된 이후 다시 한 번 도약했습니다. 이에 이러한 변화와 도약을 반영하기 위해 제5판을 발간합니다.

 이번 개정판에서는 서울회생법원의 실무사례를 토대로 새로이 시행된 제도와 재판실무상 쟁점에 대한 최근까지의 연구결과와 판례 등을 반영하였습니다. 먼저 법인회생절차에서는 2011년 이후 시행되고 있는 채권자들이 적극적으로 절차에 참여할 수 있는 패스트트랙 기업회생절차와 구조조정담당임원(CRO) 제도 뿐 아니라 서울회생법원 설치 이후 성공적으로 정착된 사전계획안(P-Plan) 제도, 중소기업을 위한 간이회생제도와 중소기업맞춤형 회생절차(S-Track), 회생절차에서의 M&A 특히 공고전 인수희망자가 있는 경우의 M&A인 스토킹호스 비드(Stalking Horse Bid) 제도 등을 새로이 집필하였습니다. 또 법인파산절차에서는 파산채권의 신고와 조사, 확정, 재단채권의 행사 및 변제, 견련파산 등 여러 쟁점과 법인파산 절차 운영방향을 반영하였습니다. 개인파산절차에서는 2012년 이후 시행되어 정착된 원칙적 파산관재인 선임 실무를 기초로 설명하고, 서울회생법원 설치 이후 새로이 실시하고 있는 개인 채무자들의 실질적 재기지원을 위한 뉴-스타트 상담센터 등 여러 제도를 소개하였으며, 서울가정법원과의 협업에 따라 접수가 증가하고 있는 상속재산파산 제도에 관한 실무상 쟁점을 별도의 장으로 서술하였습니다. 개인회생절차에서는 서울회생법원 설치 이후 수립된 상세한 업무처리기준과 생계비 산정과 관련하여 변화된 실무, 원칙적 변제기간을 3년으로 단축한 개정 법률과 이에 따른 실무의 변화, 2018년 2월 새로이 도입된 전임외부회생위원 제도 등을 소개하였습니다. 또한 회생·파산채권에 대한 조사확정재판의 간이한 처리실무와 부인권 관련 사건의 다양한 사례, 국제도산 승인·지원 사건의 변화된 심리방식과 외국법원과의 공조실무도 반영하였습니다.

 그 밖에도 서울회생법원은 최근 법인회생절차에서 회생절차개시 전에 채무자와 주요채권자들 사이의 자율적 구조조정을 지원(Autonomous Restructuring Support: ARS)하는 프로그램, 개인회생절차에서 신용회복위원회와 협업하는 주택담보대출채권 채무재조정 프로그램을 시범시행하고 있는데, 이에 관한 내용은 실무의 축적을 기다려 다음 개정판에 반영될 것으로 기대합니다.

 끝으로 도산재판업무에 충실하면서도 연구와 토론을 거쳐 이 개정판을 집필해주신 서울회생법원 재판실무연구회 소속 법관들과 서울회생법원 개원 이후 2년간 효율적 도산제도 개선을 위해 헌신하신 이경춘 초대 서울회생법원장님께 감사의 말씀을 드립니다. 그리고 모쪼록 제5판이 우리나라 도산실무의 발전에 작은 도움이 되기를 바라고, 제5판이 다루는 새로운 주제나 기존 실무처리방법으로서 논의의 대상이 되는 부분에 대해서는 도산법학자와 도산실무가의 폭넓은 토론이 이어지기를 기대합니다.

2019. 6.

서울회생법원 재판실무연구회 초대 회장 정 준 영

제 4 판 머리말

2006년 4월 채무자 회생 및 파산에 관한 법률이 시행됨에 따라 선진적인 도산법 체계를 가지게 된 우리나라의 도산실무는 그에 맞추어 괄목할 만한 성장을 하게 되었습니다. 특히 2008년 하반기 이후 세계적인 경기침체와 불황의 영향으로 도산절차를 이용하는 기업이나 개인의 수가 크게 증가하면서, 도산법제와 실무에 대한 관심이 높아졌을 뿐만 아니라 실무적인 제도개선에 대한 외부의 반응 또한 매우 뜨거웠습니다.

2011년 4월 제3판이 발간된 이후 서울중앙지방법원은 법인회생절차에서 'Fast Track 회생절차'를 시행함으로써 절차의 신속한 진행과 회생기업의 조속한 시장 복귀, 이해관계인의 절차참여 확대 등을 통해 회생절차의 새로운 방향을 제시하였고, '회생컨설팅과 연계한 중소기업 회생절차개선'을 통해 외부기관과 연계하여 재정적으로 어려운 중소기업의 재기에 도움을 줄 수 있는 토대를 마련했습니다.

법인파산절차에서는 파산관재인 보수제도의 개선, 효율적인 파산재단의 관리·감독을 통해 채권자들에게 불필요한 손해가 발생하지 않도록 하였습니다.

개인파산 및 면책절차에서는 원칙적으로 파산관재인을 선임하는 '새로운 개인파산절차'를 시행함으로써 신속한 절차진행을 통해 빠른 시간 내에 채무자를 면책하되, 파산신청을 남용하는 경우가 없도록 하였습니다. 또한 소송구조의 활성화를 통해 절차비용도 납부할 수 없는 채무자에 대해서는 절차적인 장벽을 해소하도록 노력했습니다.

개인회생절차에서는 법 규정에 맞게 변호사나 법무사 등을 외부회생위원으로 선임하는 '외부회생위원 제도'를 운영하였습니다. 아울러 개인도산절차에서 신용회복위원회나 서울시 금융복지상담센터와 연계하는 신속처리절차를 시범 실시하여 채무자가 보다 신속하게 구제받을 수 있도록 노력했습니다.

위와 같은 제도개선뿐만 아니라 사건의 양적·질적 증가에 따라 제3판에서 예상치 못했던 실무상 쟁점들이 많이 생겼고, 그 과정에서 많은 연구와 실무례가 축적되었습니다. 또한 민사소송절차나 민사집행절차 등에 도산절차와 연관된 쟁점이 많이 부각되어 도산법 분야에서 주목할 만한 대법원 판결이나 결정이 많이 나왔습니다.

　　이에 따라 기존의 제3판이 발간된 지 3년 밖에 지나지 않았지만 제3판의 발간 이후 문제되었던 여러 실무례를 소개할 필요가 있어서 불가피하게 제4판을 새롭게 발간하게 되었습니다. 특히 제4판에서는 제3판이 발간된 이후 실무상 문제되었던 주요 쟁점들과 결론을 다루었을 뿐만 아니라, 해결되지 못한 쟁점들에 대해서도 밝힘으로써 독자들과 향후 해결해야 할 과제를 공유할 수 있도록 하였습니다.

　　법인파산절차에서는 파산선고에 따른 법률관계의 변동, 재단채권의 범위, 부인권, 견련파산 등 법인파산의 여러 쟁점에 관하여 새롭게 집필하고 보완하였으며, 실무상 자주 문제되는 파산채권의 시·부인에 대한 기준을 소개하고, 19장을 신설하여 법인의 해산 및 청산절차 부분을 추가하였습니다. 아울러 기존 집필부분에서 실무가 변경된 내용을 추가하거나 수정하고 오류가 있었던 부분을 바로잡았으며, 그동안 나온 대법원 판결과 결정 등도 반영했습니다

　　제4판이 도산실무와 관련된 쟁점을 주로 다루면서 특정 쟁점에 대해서는 설명이 부족한 점이 있을 수 있습니다만, 이 책이 도산사건을 실제 담당하시는 실무가들이나 도산법 분야를 연구하시는 학자들에게 도산실무를 알려주는 좋은 자료가 되어서 도산법제와 실무의 개선에 조금이나마 기여할 수 있기를 바랍니다.

　　끝으로 이 개정판 발간을 위해 정성어린 집필과 치열한 토론을 해주신 서울중앙지방법원 파산부 실무연구회 소속 법관들께 진심으로 감사드리고, 앞으로도 도산법 제도와 실무가 좀 더 발전할 수 있도록 여러분들의 많은 관심과 격려를 부탁드립니다.

2014. 9.

서울중앙지방법원 파산부 실무연구회　회장　　윤　준

제 3 판   머리말

2006년 4월부터 시행된 채무자 회생 및 파산에 관한 법률에 따른 도산실무의 길잡이 역할을 해왔던 「법인파산실무」 제 2 판이 발간된 것이 2008년 10월이었습니다.

그런데 제 2 판 발간으로부터 만 2년 반이 경과하는 동안 법인파산사건을 둘러싼 실무운용에 많은 변화가 발생하였습니다. 관련 법령의 일부 개정이 있었고, 주목할 만한 관련 대법원 판결도 여러 차례 선고되었습니다. 무엇보다도 2008년 이후 전세계적 경제위기로 인한 대내외적 경제환경의 악화로 법인파산사건의 신청건수가 2006년 73건, 2007년 74건에서 2008년 73건, 2009년 123건, 2010년 122건으로 급격히 증가하였습니다. 이러한 사건 증가 속에서 제 2 판이 발간될 때까지만 하더라도 드러나지 않았던 각종 실무상 쟁점들이 우후죽순처럼 발생하였고, 그 과정을 통해 도산사건의 전문재판부로서의 각종 연구 결과와 실무 운용례가 집적되었습니다.

그래서 저희 실무연구회는 개정 법령과 새로운 대법원 판결, 그리고 제 2 판 발간 이후 새롭거나 변경된 실무 운용례, 연구 성과 등을 담은 본 제 3 판을 발간하게 되었습니다.

제 3 판에서는 제 2 판이 발간된 2008년 이후 급증한 법인파산사건의 처리과정에서 대두된 주요 쟁점들을 가급적 빠짐없이 다루도록 집필하였습니다. 특히, 법인파산관재인단 구성을 비롯한 파산관재업무수행의 변화, 부인의 청구 사례, 파산재단의 환가 및 수집, 파산채권의 조사와 채권조사확정재판 사례, 견련파산의 쟁점 등에 관하여 지난 2년 여간 축적된 실무례를 두루 반영하였고, 변경된 실무례에 맞추어 각종 양식을 수정하였으며, 개정 법령에 따른 실무의 변동사항과 새로운 대법원 판결을 추가하였습니다.

본 제 3 판은 도산법 분야 발전의 큰 흐름 속에서 저희 실무연구회만의 실무 운용례와 연구 결과를 내용으로 하고 있어 여러 모로 부족한 점이 있습니다만, 이 책이 법인파산사건을 실제 담당하시는 분들에게는 좋은 지침서가 되어 도산실무 정립에 기여하고, 도산제도를 연구하시는 분들에게는 도산실무에 대한 이해의 폭을 넓히는 데 조금이나마 도움이 되기를 바랍니다.

　　끝으로 법인파산사건의 폭발적인 증가와 바쁜 업무 중에서도 본 제3판의 발간을 위해 애써 주신 서울중앙지방법원 파산부 실무연구회 소속 법관들의 노고에 감사드리고, 많은 경험과 깊은 전문성을 갖춘 도산전담 법관으로서 앞으로도 도산법 분야 발전에 더욱 크게 기여해주시기 바랍니다.

2011. 4.

서울중앙지방법원 파산부 실무연구회 회장 **지 대 운**

제 2 판 머리말

저희 실무연구회가 채무자 회생 및 파산에 관한 법률의 시행에 발맞추어 새로운 도산실무의 운용지침서로서 「법인파산실무」를 발간한 지 2년이 지났습니다.

위 책은 구 파산법 시행 당시의 전형적인 사건을 모델로 하여 발간된 것이었으나, 실제로 서울중앙지방법원 파산부가 지난 2년간 새 법에 따라 실무를 운용한 결과 새로운 실무내용을 보완할 필요가 생겼고, 또 그동안 실무를 운용하면서 축적된 전문재판부로서의 연구결과와 실무례 등을 정리하여 둘 필요도 있었으므로 이번에 새로이 본 제 2 판을 발간하게 되었습니다.

제 2 판은 초판의 틀과 내용면에서 크게 변하지는 아니하였으나 새 법 시행이후 선고된 대법원 판결 등 판례를 최대한 반영하였고, 실무상 발생한 문제점이나 처리결과를 가급적 빠짐없이 언급하도록 노력하였으며, 기타 법령의 개정에 따른 실무의 변동사항 등을 상당부분 보완하였습니다. 그뿐 아니라 기존의 운용방식과 달리 최후배당 제외기간 결정시 파산관재인 임무종료에 따른 계산보고집회기일을 함께 정하여 파산절차의 신속한 종결을 도모하는 한편, 파산절차의 종료시점에 중요서류의 보존인과 보존방법을 정함으로써 중요서류의 보존관계를 명확히 하는 등의 일부 개선된 실무처리방식을 반영하였으며, 이에 따른 기재례를 보강하였습니다.

초판을 발간할 때와 마찬가지로 이 책이 법인파산사건을 담당하시는 분들에게 좋은 지침서가 되고 실무운영을 개선하는 데 조금이나마 도움이 되기를 바라마지 않습니다.

끝으로 바쁜 업무 중에서도 본 제 2 판의 원고 작성을 위하여 애써 주신 서울중앙지방법원 파산부 실무연구회 소속 법관들의 노고에 깊은 감사의 말씀을 드립니다.

2008. 6.

서울중앙지방법원 파산부 실무연구회 회장 고 영 한

격 려 사

지난 1997년 외환위기 직후의 대기업 연쇄도산 사태로부터 시작하여 최근 가계신용의 위기로 말미암은 개인 도산사건의 급증에 이르기까지 우리 사회는 단기간에 많은 도산사건을 경험하고 있고, 이에 따라 법원의 도산사건 실무도 사회·경제적인 요청에 부응하여 지속적으로 발전함으로써 이제는 도산법제가 우리의 경제활동의 근간을 이루는 중요한 제도의 하나로 자리를 잡았습니다.

금년 4. 1.부터 시행된 "채무자 회생 및 파산에 관한 법률"은 과거 회사정리절차와 화의절차로 이원화되어 있던 기업 재건형 도산절차를 회생절차로 일원화하여 모든 채무자가 이용할 수 있도록 하면서 '기존 경영자 관리인 제도'를 도입함과 동시에 채권자의 권한과 기능을 강화하는 등 종래의 절차를 크게 변경하였고, 파산절차와 개인회생절차에서도 채무자의 회생을 도모하기 위한 적지 않은 변경을 가하고 있어 법원의 도산사건 실무도 앞으로 많은 변화가 있을 것입니다.

이번에 서울중앙지방법원 파산부 실무연구회가 펴내는 「회생사건실무(상)·(하)」, 「법인파산실무」, 「개인파산·회생실무」 등의 책자는 서울중앙지방법원 파산부 실무연구회가 그 동안 축적한 회사정리 실무 운영 경험과 연구 성과를 집대성하고, 지난 1년 동안 "채무자 회생 및 파산에 관한 법률"에 따라 새로 시행되는 도산제도의 합리적인 운영 방안에 대한 연구 결과를 모은 것으로서, 새로운 도산법제의 시행에 즈음하여 바람직한 실무관행을 정립하고 도산사건을 합리적이면서도 효율적으로 처리하는 데 좋은 길잡이가 될 것이라고 생각합니다.

바쁜 업무중에서도 이 책자들의 발간을 위하여 애쓴 서울중앙지방법원 파산부 실무연구회 소속 법관들의 노고를 치하함과 아울러, 우리 법원에서 가장 많은 경험과 깊은 전문성을 갖춘 도산전담 재판부로서 향후 이 방면의 법률 문화 발전에 더욱 큰 기여를 할 것을 기대합니다.

2006. 5.

대 법 관 양 승 태

머 리 말

　우리 나라는 "회사정리법"·"화의법"·"파산법" 등 일련의 정비된 도산법제를 가지고 있었습니다. 그러나 우리 사회는 이와 같은 도산법제를 오랫동안 널리 이용하지 못하다가 1997년 외환위기 사태로 촉발된 경제 위기 이후 많은 기업 도산사건과 나날이 증가하는 개인 도산사건에 본격적으로 활용하기 시작하였고, 이제는 도산법제가 우리 사회의 중요한 제도로 확고하게 자리잡게 되었습니다.

　과거 "회사정리법"·"화의법"·"파산법"으로 나뉘어 있던 도산법령은 2005. 3. 31. "채무자 회생 및 파산에 관한 법률"로 통합·제정되어 지난 4. 1.부터 시행되고 있습니다.

　"채무자 회생 및 파산에 관한 법률" 중 대표적인 기업 재건형 도산절차인 '회생절차'에서는 종래 회사정리절차와 화의절차로 이원화되어 있던 재건형 기업 도산절차를 일원화한 것으로, 기존 경영자 관리인 제도를 도입하고, 회생절차 폐지시 필수적이었던 파산 선고를 임의화하며, 종래 활성화되지 못하였던 채권자협의회의 기능과 권한을 강화하고 있고, '법인파산절차'에서도 채권자협의회 제도를 도입하는 등 채권자의 파산절차 참여를 도모하고 있습니다. 또 새 법은 최근 들어 급증하고 있는 개인파산절차의 공고방법을 간이화하고, 면책심문기일을 임의화하는 등 절차를 간소화하고, 개인파산절차와 개인회생절차에서 파산재단 또는 개인회생재단에 속하지 아니하는 면제재산의 범위를 확대하는 등 많은 변화가 있습니다.

　서울중앙지방법원 파산부 실무연구회는 그 동안 회사정리 사건·법인파산 사건·개인파산 사건·개인회생 사건을 처리하면서 실무 경험과 많은 연구 결과를 축적하여 왔습니다. 우리 실무연구회는 이와 같은 실무 경험 및 연구 결과를 토대로 지난 1년 동안 새 법에 맞는 새로운 도산실무의 운영 방안을 연구·검토하였습니다.

　그 결과 앞으로는 기존 경영자 관리인 제도를 충실히 시행하여 기존 경영권을 보장하고, 회생계획 인가 전 회생절차 폐지시 파산선고를 지양하며, 회생절차의 조기 종결을 도모하는 등 새 법의 입법 목적에 부합하는 방향으로 회생실무를 운용하여 재정적으로 파탄에 직면한 채무자의 도산절차 진입을 조기에 유도하여 자원의 효율적 배분을 도모함과 동시에, 채권자협의회의 강화된 기능과 권한의 행사를 보장하여 채권자로 하여금 기존 경영자 관리인을 견제·감시할 수 있도록 하는 방향으로 운용함으로써 기존 경영자와 채권자 사이에 자율적인 협의를 통하여 회생절차가 활성화되도록 운용할 것입니다. 또한 향후의 개인파산·회생절차는 '파산자'라는 명칭의 사용을 폐지하여 파산에 대한 부정적 인상을 제거하고, 새 법에 따라 인터넷 공고의 활용, 면책심문기일의 임의화 등 절차를 간소하게 운용하여 채무자로 하여금 '신속한 새 출발'을 할 수 있도록 하며, 면제재산 제도 등을 적극 활용하여 채무자의 기본적인 생활 보장을 도모하는 방향으로 운용할 것입니다.

서울중앙지방법원 파산부 실무연구회는 이번에 위와 같은 연구 결과를 모아 새 법에 따른 새로운 도산실무의 운용 지침서로서 「회생사건실무(상)·(하)」, 「법인파산실무」, 「개인파산·회생실무」를 펴냅니다. 이 실무책자는 과거 서울중앙지방법원에서 발간한 「회사정리실무」·「파산사건실무」·「개인채무자회생실무」 등의 실무책자를 토대로 우리 실무연구회가 그 동안 연구·검토한 결과를 보완하여 새로이 펴내는 것입니다. 새로 발간하는 실무책자는 아직 경험하지 못한 새로운 도산 제도에 대한 연구 결과를 내용으로 하고 있어 여러 모로 부족한 점이 적지 않습니다만, 새로운 도산실무의 정립과 연구에 조금이나마 도움이 되기를 기대하는 마음에서 이를 발간하기에 이르렀습니다.

이번 실무책자의 발간에 종전의 「회사정리실무」·「파산사건실무」·「개인채무자회생실무」의 연구결과를 활용할 수 있도록 흔쾌히 수락하여 주신 종전 집필진 여러분께 감사드립니다.

끝으로 바쁜 업무 가운데에도 책자의 발간을 위하여 애쓴 서울중앙지방법원 파산부 실무연구회 소속 법관들과 교정 작업을 담당한 서울중앙지방법원 파산부 이용운·김춘수 판사의 노고에 감사의 말씀을 드립니다.

2006. 5.

서울중앙지방법원 파산부 실무연구회 회장 이 진 성

집필진명단

1. 파산사건실무 집필진

양승태(대법원장, 전 서울지방법원 파산수석부장판사)

변동걸(변호사, 전 서울지방법원 파산수석부장판사)

소순무·이형하(변호사, 전 서울지방법원 파산부 부장판사)

손지호·윤종구(부산고등법원 창원재판부 부장판사), 최주영(서울행정법원 부장판사), 윤강열(서울중앙지방법원 부장판사) (이상 전 서울지방법원 판사)

강선명·신명훈·배현태(이상 변호사, 전 서울지방법원 판사)

2. 초판 법인파산실무 집필진

차한성(전 대법관, 전 서울중앙지방법원 파산수석부장판사)

이진성(헌법재판소 재판관, 전 서울중앙지방법원 파산수석부장판사)

오영준(서울중앙지방법원 부장판사), 이제정(사법연수원 교수), 남성민(법원행정처 인사총괄심의관), 김용철(수원지방법원 성남지원 부장판사), 김진석(서울고등법원 판사), 박상구(의정부지방법원 부장판사), 오민석(대법원 재판연구관), 문유석(인천지방법원 부장판사), 김용하(서울고등법원 판사), 이성용(대구지방법원 부장판사) (이상 전 서울중앙지방법원 파산부 판사)

임치용(변호사, 전 서울중앙지방법원 파산부 부장판사)

홍성준·박태준(변호사, 전 서울중앙지방법원 파산부 판사)

3. 제 2 판 법인파산실무 집필진

고영한(대법관, 전 서울중앙지방법원 파산수석부장판사)

이동원(서울고등법원 부장판사, 전 서울중앙지방법원 파산부 부장판사)

이성용(대구지방법원 부장판사), 김춘수(대법원 재판연구관), 한정석(수원지방법원 안산지원 판사) (이상 전 서울중앙지방법원 파산부 판사)

4. 제 3 판 법인파산실무 집필진

지대운(서울고등법원 부장판사, 전 서울중앙지방법원 파산수석부장판사)

김정만(대법원장 비서실장, 전 서울중앙지방법원 파산부 부장판사), 유해용(대법원 선임재판연구관, 전 서울중앙지방법원 파산부 부장판사)

황정수(광주지방법원 부장판사), 윤도근(서울고등법원 판사) (이상 전 서울중앙지방법

원 파산부 판사)

정석종(서울동부지방법원 판사)·조웅(서울고등법원 판사)·서보민(서울서부지방법원 판사)·박연주(서울고등법원 판사)·박사랑(서울서부지방법원 판사)·김진환(서울북부지방법원 판사)·서삼희(서울동부지방법원 판사)·정문경(서울서부지방법원 판사)·도훈태(서울북부지방법원 판사)·문성호(서울남부지방법원 판사)·남준우(창원지방법원 진주지원 판사) (이상 전 서울중앙지방법원 파산부 판사)

5. 제4판 법인파산실무 집필진

이종석(서울고등법원 부장판사, 전 서울중앙지방법원 파산수석부장판사)

정준영(특허법원 부장판사, 전 서울중앙지방법원 파산부 부장판사), 구회근(서울중앙지방법원 파산부 부장판사), 이재희(서울중앙지방법원 파산부 부장판사)

정현수, 양시호(이상 서울중앙지방법원 파산부 판사)

이동현(대구지방법원 상주지원 판사)·이희준(대전지방법원 논산지원 판사)·김유성(대구가정법원 판사) (이상 전 서울중앙지방법원 파산부 판사)

6. 제5판 법인파산실무 집필진

심태규(서울동부지방법원 부장판사, 전 서울회생법원 부장판사)

안병욱(서울회생법원 부장판사)

김희동·최우진·박민·전성준·윤성식·김달하·박상권(이상 서울회생법원 판사)

전선주(창원지방법원 진주지원 판사)·김정성(울산지방법원 판사)·원운재(청주지방법원 영동지원 판사) (이상 전 서울회생법원 판사)

일러두기

　이 책은 파산사건을 담당하는 법원의 사건처리 지침서로 작성된 것이다. 이 책에 서술된 법률이론이나 견해는 저자들의 의견으로서 법원의 공식 견해가 아님을 밝혀 둔다.

〈약 어 표〉

1. 법　　령

법	채무자 회생 및 파산에 관한 법률
규칙	채무자 회생 및 파산에 관한 규칙
시행령	채무자 회생 및 파산에 관한 법률 시행령
개인채무자회생법	2005. 3. 31. 법률 제7428호 채무자 회생 및 파산에 관한 법률 부칙 제2로 폐지된 개인채무자회생법
구 파산법	2005. 3. 31. 법률 제7428호 채무자 회생 및 파산에 관한 법률 부칙 제2로 폐지된 파산법
구 화의법	2005. 3. 31. 법률 제7428호 채무자 회생 및 파산에 관한 법률 부칙 제2로 폐지된 화의법
구 회사정리법	2005. 3. 31. 법률 제7428호 채무자 회생 및 파산에 관한 법률 부칙 제2로 폐지된 회사정리법

2. 국내문헌

재판자료 제82집	파산법의 제문제(상), 재판자료 제82집, 법원도서관(1999)
재판자료 제83집	파산법의 제문제(하), 재판자료 제83집, 법원도서관(1999)
민사집행(Ⅰ)	법원실무제요 민사집행(Ⅰ), 법원행정처(2014)
민사집행(Ⅱ)	법원실무제요 민사집행(Ⅱ), 법원행정처(2014)
민사집행(Ⅲ)	법원실무제요 민사집행(Ⅲ), 법원행정처(2014)
부동산등기실무(Ⅲ)	법원실무제요 부동산등기실무(Ⅲ), 법원행정처(2015)
상업등기실무(Ⅱ)	법원실무제요 상업등기실무(Ⅱ), 법원행정처(2017)
민법주해(Ⅰ)	편집대표 곽윤직, 민법주해[Ⅰ] 총칙(1), 박영사(1992)
주석 상법 [회사(Ⅴ)]	편집대표 정동윤, 주석 상법 [회사(Ⅴ)], 한국사법행정학회(2014)

주석 상법 [회사(Ⅶ)]	편집대표 정동윤, 주석 상법 [회사(Ⅶ)], 한국사법행정학회(2014)
김주학	김주학, 기업도산법(제2판), 법문사(2012)
도산관계소송	편집대표 고영한·강영호, 도산소송, 한국사법행정학회(2009)
오수근	오수근·한민·김성용·정영진, 도산법, 한국사법행정학회(2012)
임치용(1)	임치용, 파산법연구, 박영사(2004)
임치용(2)	임치용, 파산법연구 2, 박영사(2006)
임치용(3)	임치용, 파산법연구 3, 박영사(2010)
전병서	전병서, 도산법 제3판, 문우사(2016)
회생사건실무(상)	서울회생법원 재판실무연구회, 제5판 회생사건실무(상), 박영사(2019)
회생사건실무(하)	서울회생법원 재판실무연구회, 제5판 회생사건실무(하), 박영사(2019)

3. 외국문헌

Foerste	Foerste, Insolvenzrecht, 5. Aufl., C. H. Beck(2010)
Norton	Hon William Norton Jr. 등, Norton Bankruptcy Law and Practice, 3d(2012)
Pape	Pape/Uhlenbruck/Voigt-Salus, Insolvenzrecht, 2. Aufl., C. H. Beck(2010)
伊藤眞	伊藤眞, 破産法·民事再生法 第3版, 有斐閣(2014)
注解破産法(上)	齋藤秀夫 등, 注解 破産法 第三版 (上), 青林書院(1998)
注解破産法(下)	齋藤秀夫 등, 注解 破産法 第三版 (下), 青林書院(1998)
注解會社更生法	宮脇幸彦 등, 注解 會社更生法, 青林書院(1986)
條解破産法	伊藤眞 등, 條解 破産法 第2版, 弘文堂(2014)
條解會社更生法(上)	三ヶ月章 등, 條解 會社更生法 (上), 弘文堂(1999)
條解會社更生法(中)	三ヶ月章 등, 條解 會社更生法 (中), 弘文堂(1999)
條解民事再生法	園尾隆司 등, 條解 民事再生法 第3版, 弘文堂(2013)
會社法大系(4)	江頭憲治郎 등, 會社法大系(4), 青林書院(2008)

주요목차

제 1 장 파산절차의 개관

제 2 장 파산총칙

제 3 장 파산신청 접수부터 파산선고까지의 절차

제 4 장 파산선고와 그 효과

제 5 장 파산절차의 기관

제 6 장 파산재단의 점유 · 관리

제 7 장 기존 법률관계의 정리

제15장 상 계

제16장 배 당

제17장 파산절차의 종료

제18장 견련파산

제19장 법인의 해산·청산

세부목차

제 1 장 파산절차의 개관

제 2 장 파산총칙

제3장　파산신청 접수부터 파산선고까지의 절차

제 5 장　파산절차의 기관

제6장　파산재단의 점유·관리

제 7 장　기존 법률관계의 정리

제 8 장 파산채권

제 9 장 재 단 채 권

제10장　제 1 회 채권자집회

제13장 법인의 이사 등의 책임

제14장　부 인 권

제15장　상　　계

제16장　배　당

제17장 파산절차의 종료

法 人 破 産 實 務

제 1 장

·
·
·

파산절차의 개관

제 1 절 개   요

파산절차는 채무자에게 파산의 원인이 있을 때 파산선고를 하고 채권조사 절차를 통하여 채권자의 권리를 확정한 다음, 채무자의 재산을 환가하여 권리의 우선순위와 채권액에 따라 환가된 금원을 분배하는 절차이다. 파산선고에 의하여 개시되고 원칙적으로 파산폐지 결정 또는 파산종결 결정에 의하여 종료된다.

1. 파산선고

채권자 또는 채무자 등의 신청이 있고 채무자가 지급불능 또는 부채초과의 상태에 있다고 인정되면 파산선고를 한다. 회생절차폐지의 결정 등이 확정된 경우 신청에 의하거나 직권으로 파산선고를 하는 경우도 있다. 필요한 증거조사를 거쳐 신청인의 자격, 파산원인의 존부를 심리한다.

2. 파산관재인

파산사건의 구체적 절차를 수행하기 위하여 필수적이고 가장 중요한 기관이 파산관재인이다. 파산선고와 동시에 선임되고, 법원(감사위원이 설치되어 있는 경우에는 감사위원)의 감독을 받으며 파산재단을 관리하고 처분할 권한을 가진다. 통상 변호사 가운데서 선임된다.

파산관재인은 취임 후 즉시 파산재단에 속하는 재산을 점유·관리하고, 필요한 경우 봉인을 하며, 채무자로부터 장부, 계약서, 등기필정보 등을 인도받아 검토하고, 재산목록 및 재무상태표를[1] 작성한다. 채무자로부터의 설명, 채권자와의 협의, 채무자의 우편물 관리 등을 통하여 관재업무에 필요한 정보를 얻는다. 또 점유·관리에 의하여 파산재단의 현상을 파악한 후 즉시 환가에 착수한다.

---

1) 법 제483조가 '대차대조표'라는 표현을 사용하기는 하나, 2009년부터 도입된 IFRS(국제회계기준)에서 기존의 대차대조표라는 명칭 대신 재무상태표라는 명칭을 사용하고 있고, 이에 따라 「주식회사 등의 외부감사에 관한 법률」 제2조 제2호 가목 등에서는 재무상태표라는 표현을 사용하고 있어, 이하에서는 '재무상태표'라는 표현을 사용하기로 한다.

3. 제1회 채권자집회

파산선고를 한 날로부터 4개월 이내에 제1회 채권자집회를 개최하여 파산관재인으로부터 파산선고에 이르게 된 사정과 채무자 및 파산재단에 관한 경과 및 현상에 관하여 보고를 받고, 감사위원의 설치가 필요하다는 제안이 있는 경우에는 그 설치 여부 및 감사위원의 수를 의결할 수 있으며, 영업의 폐지 또는 계속, 고가품의 보관방법에 관하여 결의를 할 수 있다.

4. 채권조사

장래 배당의 기초가 될 파산채권의 채권액을 확정하는 절차이다. 채권신고기간 내에 신고된 채권 및 그 이후 신고된 것이라도 채권조사기일에 함께 조사하는 데 이의가 없는 채권은 모두 채권조사의 일반기일에 조사하고, 채권조사의 일반기일 후에 신고된 채권은 채권조사의 특별기일을 정하여 조사한다.

채권조사기일에 파산관재인 또는 다른 신고한 파산채권자가 이의를 하면 채권은 확정되지 않고 별도의 확정절차를 거쳐야 하지만, 이의를 하지 않으면 채권은 즉시 확정되고 파산채권자표에 그 결과가 기재됨으로써 파산채권자 전원에 대하여 확정판결과 동일한 효력을 가진다. 다만 이시폐지가 예상되는 경우에는 채권조사를 하지 않을 수 있다.

5. 환　　가

파산관재인은 파산재단의 현상을 파악한 후 즉시 파산재단에 속하는 재산의 환가에 착수하여야 한다. 환가는 일반적으로 임의매각의 방법에 의한다. 동산은 은닉·멸실·훼손 또는 가격 하락의 우려가 크므로 신속히 매각하여야 한다. 부동산은 대부분 담보가 설정되어 있으므로 담보권자와 협의하여 임의매각을 시도하여야 한다. 불가피한 경우 파산재단으로부터 포기하는 것도 가능하다.

6. 배　　당

채권조사와 환가를 마친 뒤 파산재단에 속하는 재산을 환가한 금원으로 재단채권을 변제하고 남은 것이 있으면 파산채권자에게 배당한다.

7. 파산종결

최후배당을 마치면 채권자집회를 소집하여 파산관재인으로부터 계산보고를 받고, 그 채권자집회가 채권자의 이의 없이 종결된 때에는 파산종결 결정을 한다. 법인은 특별한 사정이 없는 한 파산종결에 의하여 법인격이 소멸한다.

8. 파산폐지

파산절차비용이 부족한 경우와 채권자의 동의가 있는 경우에 파산폐지 결정을 한다. 파산선고와 동시에 파산폐지 결정이 되면 그것으로 파산절차는 종료한다.

법인파산절차 흐름도

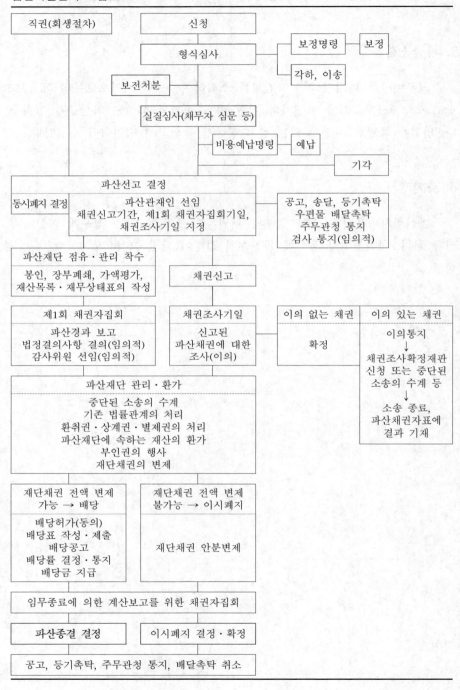

직권(회생절차)

신청

형식심사 ─── 보정명령 ─── 보정

각하, 이송

보전처분

실질심사(채무자 심문 등)

비용예납명령 ─── 예납

기각

파산선고 결정

동시폐지 결정 | 파산관재인 선임
채권신고기간, 제1회 채권자집회기일,
채권조사기일 지정

공고, 송달, 등기촉탁
우편물 배달촉탁
주무관청 통지
검사 통지(임의적)

파산재단 점유·관리 착수
봉인, 장부폐쇄, 가액평가,
재산목록·재무상태표의 작성

채권신고

제1회 채권자집회
파산경과 보고
법정결의사항 결의(임의적)
감사위원 선임(임의적)

채권조사기일
신고된
파산채권에 대한
조사(이의)

이의 없는 채권
확정

이의 있는 채권
이의통지
↓
채권조사확정재판
신청 또는 중단된
소송의 수계 등
↓
소송 종료,
파산채권자표에
결과 기재

파산재단 관리·환가
중단된 소송의 수계
기존 법률관계의 처리
환취권·상계권·별제권의 처리
파산재단에 속하는 재산의 환가
부인권의 행사
재단채권의 변제

재단채권 전액 변제
가능 → 배당
배당허가(동의)
배당표 작성·제출
배당공고
배당률 결정·통지
배당금 지급

재단채권 전액 변제
불가능 → 이시폐지

재단채권 안분변제

임무종료에 의한 계산보고를 위한 채권자집회

파산종결 결정 | 이시폐지 결정·확정

공고, 등기촉탁, 주무관청 통지, 배달촉탁 취소

제 2 절 파산절차의 목적과 운영 기본방향

파산절차에서는 억울한 손해를 입었다고 생각하는 이해관계인이 서로를 불신하여 각종 불만과 민원을 제기하는 경우가 많다. 파산절차를 담당하는 재판부나 파산관재인은 항상 공정하게 업무를 처리함으로써 이러한 불만을 해소하고, 한편으로는 신속하고도 효율적인 환가를 통하여 이해관계인들에게 최대한의 몫이 변제·배당될 수 있도록 절차를 운영하여야 한다.

파산관재인은 성실하게 직무를 수행하여야 함은 물론, 특정 이해관계인의 이익에 치우치지 않고 중립적인 위치에서 법에 따라 공정하게 모든 이해관계인의 절차참여를 보장해 주어야 한다. 특히 파산재단은 대부분 재산의 매각 등 환가절차를 예정하고 있고, 그 과정에서 많은 이해관계인이 금전적인 이해득실을 둘러싸고 의혹을 야기하는 행위를 할 소지가 많으므로 실무를 운영함에 있어 이 점을 유의해야 한다.

담당 재판부나 파산관재인은 파산절차를 진행함에 있어 가능한 한 조기에 또한 수시로 재단채권에 대한 변제와 파산채권자에 대한 배당을 실시하고, 단기간 내에 파산절차를 종결하려는 목표의식을 가지고 파산절차를 진행하여야 한다. 특히 기업은 시간이 흐를수록 급속히 조직이 와해되고 이와 더불어 자산의 가치 역시 크게 하락하는 것이므로 신속한 환가절차의 진행이야말로 채권자들의 이익에 부합하는 길이다. 이에 서울회생법원은 제1회 채권자집회의 기일로부터 가급적 1년 이내에 1회 배당을 실시하고 통상 2년 이내에 파산절차를 종결할 수 있도록 신속하게 관재업무를 수행할 것을 요청하고 있다. 신속한 절차의 진행을 위해서는 사업의 전부 또는 일부의 영업양도 등 종래와는 다른 다양한 방법으로 파산재단을 환가하는 것에도 역점을 두어야 한다.

파산절차를 주재하는 파산관재인은 위와 같이 공정하고 신속하게 파산절차를 진행하여 파산절차를 활성화함으로써 사회 전체적으로 한정된 자원을 효율적으로 재분배할 수 있다는 점을 인식해야 한다.

法 人 破 産 實 務

제 2 장

·
·
·

파산총칙

제 1 절 파산절차의 목적

현행법은 구 회사정리법, 구 화의법, 구 파산법, 구 개인채무자회생법을 1개의 법률로 통합하면서 총칙편에 현행법의 목적을 나타내는 규정을 두었다(별제1조). 위 규정에 의하면, 파산절차에 관한 법의 목적은 '회생이 어려운 채무자의 재산을 공정하게 환가·배당하는 것', 즉 경제적 파탄상태에 있는 채무자의 총재산을 강제적으로 관리·환가하여 전체 채권자에게 공평한 분배·변제를 하는 것이다. 이러한 점에서 파산절차는 집단적·포괄적 강제집행절차의 성격을 가진다.

그런데 법인은 파산선고로 인하여 해산하므로(민법 제77조 제1항, 상법 제227조 제5호, 제269조, 제287조의38 제1호, 제517조 제1호, 제609조 제1항), 법인인 채무자는 엄격한 청산절차인 파산절차를 통하여 해체·청산이 마무리되어야 한다. 따라서 법인인 채무자에 대해서는 파산절차를 통하여 법인의 해체·청산이 이루어지고, 전체 채권자에 대하여 채무자의 총재산을 공평하게 분배·변제하는 것은 청산의 일환으로 행하여진다고 할 수 있다.

제 2 절 외국인의 지위

1. 내외국인 평등주의

현행법은 외국인을 차별하지 않는 내외국인 평등주의를 표명하고 있다(별제2조). 구 회사정리법 제3조가 상호주의의 제한 없는 내외국인 평등의 원칙을 취하고 있었음에 반하여, 구 파산법 제2조는 본국법에 의하여 한국인 또는 한국법인이 동일한 지위를 가지는 때에 한한다는 단서 조항을 두어 이른바 상호주의를 조건으로 한 평등주의를 취하고 있었다. 그러나 상호주의가 반드시 자국민 채권자를 보호하는 것이 아니라는 비판이 있었고, 파산절차를 국제적으로 조화시킬 필요성도 생겨 현행법은 구 파산법과는 달리 파산절차의 상호주의를 폐지함으로써 내외국인 완전평등주의로 전환하였다.

2. 보편주의

구 파산법 제3조는 파산선고의 국제적 효력과 관련하여 속지주의를 취하여 내국파산의 대외적 효력 및 외국파산의 대내적 효력을 모두 부정하였으나, 현행법은 내외국의 학설과 다자간 조약이 일치하여 보편주의로 향하여 가는 추세에 맞추어 속지주의를 폐지하였다. 따라서 파산의 효력은 절차개시국뿐만 아니라 외국에 있는 채무자의 재산에도 미친다. 물론 타국이 그 효력을 승인할 것인지 여부는 별도의 문제이다.

제 3 절 송 달 및 공 고

1. 송달 및 송달에 갈음하는 공고

법의 규정에 의한 재판은 직권으로 송달하여야 한다(법제8조 제1항).[1] 다만 법의 규정에 의하여 송달을 하여야 하는 경우 송달하여야 하는 장소를 알기 어렵거나 대법원규칙이 정하는 사유가 있는 때에는 공고로써 송달을 갈음할 수 있으나,[2] 법에 특별한 정함이 있는 때에는 그러하지 아니하다(법 제10조).

대법원규칙이 정하는 사유로는 '파산절차의 진행이 현저하게 지연될 우려가 있는 때'가 있다(규칙 제7조 제1호). 다수의 이해관계인이 존재하는 파산절차의 특성상 송달을 시도하였으나 송달이 되지 않는 경우에 계속하여 송달을 시도하게 되면 파산절차의 진행이 현저하게 지연될 우려가 있으므로 공고로써 송달을 갈음할 수 있도록 한 것이다. 파산채권자에 대한 배당이 없을 것으로 예상되는 사건에서 국내에 송달받을 수 있는 장소를 가지고 있지 아니한 해외 소재 파산채권자에 대한 송달 역시 위 사유에 해당하는 것으로 보아 공고로써 송달을 갈음할 수 있다고 할 것이다.

---

1) 이는 민사소송법 제221조 제1항이 결정과 명령은 상당한 방법으로 고지하면 효력을 가진다고 규정하여, 민사소송법상 결정과 명령의 고지방법에는 제한이 없는 것과 다르다.
2) 규칙 제7조는 법 제10조 제1항에 규정된 '대법원규칙이 정하는 사유'로서, 도산절차의 진행이 현저하게 지연될 우려가 있는 때(제1호), 회생절차의 개시 당시(변경회생계획안이 제출된 경우에는 그 제출 당시를 말한다) 주식회사인 채무자의 부채총액이 자산총액을 초과하는 때로서 송달받을 자가 주주인 경우(제2호)를 규정하고 있다.

2. 공   고

가. 공고의 방법

법의 규정에 의한 공고는 관보에의 게재 또는 대법원규칙이 정하는 방법에 의하여 행한다(법 제9조, 제1항).[3]

대법원규칙은 공고에 관한 사무의 합리적 운용을 위해서 공고의 방법으로 ① 법원이 지정하는 일간 신문에 게재, ② 전자통신매체를 이용한 공고 중 어느 하나를 택하여 이용할 수 있도록 하였고, 또한 법 제9조 제1항의 규정에 따른 공고를 하는 경우에 필요하다고 인정하는 때에는 적당한 방법으로 공고사항의 요지만을 공시할 수 있도록 규정하였다(규칙 제6조, 제1항, 제2항). 법원사무관등은 공고한 날짜와 방법을 기록에 표시하여야 한다(규칙 제6조, 제3항).

실무상으로는 절차비용에 대한 부담을 경감시키고 절차의 신속을 위하여 공고사항을 대한민국 법원 홈페이지(http://www.scourt.go.kr) 대국민서비스 중 공고란에 있는 '회생·파산' 게시판에 게시하는 방법이 많이 활용되고 있다. 다만 대규모 회사에 대한 파산사건 등 재판의 내용을 일반적으로 알릴 필요성이 크고 절차비용이 큰 부담이 되지 않는 경우에는 일간신문에 게재하여 공고하는 방식이 여전히 이용될 수 있다.

나. 공고의 효력발생시기

법 제9조 제1항의 규정에 의한 공고는 관보에 게재된 날의 다음 날 또는 대법원규칙이 정하는 방법에 의한 공고가 있은 날의 다음 날 0시에 그 효력이 생긴다(법 제9조, 제2항). 이와 같이 공고가 있는 때에는 모든 관계인에 대하여 그 재판의 고지가 있는 것으로 본다. 다만 법에 특별한 정함이 있는 때에는 그러하지 아니하다(법 제9조, 제3항).

대법원규칙이 정하는 공고의 방법으로는 ① 법원이 지정하는 일간 신문에 게재하는 방식과 ② 전자통신매체를 이용한 공고 방식이 있으므로(규칙 제6조, 제1항), 공고의 효력은 일간신문에 게재된 날의 다음 날 또는 대한민국 법원 홈페이지 등에 공고가 있은 날의 다음 날에 생긴다.

---

3) 구 파산법 제105조는 이 편의 규정에 의하여 하는 공고는 관보와 법원이 지정하는 일간신문에 게재하여야 한다고 규정하고 있었다.

다. 공고 및 송달을 모두 하여야 하는 경우

법의 규정에 의하여 공고 및 송달을 모두 하여야 하는 경우에는 송달은 서류를 우편으로 발송하여 할 수 있고(법제11조제1항), 위 공고는 모든 관계인에 대하여 송달의 효력이 있다(법제11조제2항).

공고 및 송달을 모두 하여야 하는 경우 송달할 장소를 모르는 때에는 발송송달이 불가능하나 이 경우에도 송달 자체를 생략할 수는 없으므로, 법 제11조 제1항의 송달요건을 충족하기 위하여 공고로써 송달을 갈음하는 결정을 할 수 있다.[4)]

제 4 절   즉시항고

1. 즉시항고를 할 수 있는 재판

법은 모든 파산절차에서 즉시항고의 대상이 되는 재판을 한정하여, 법에 따로 규정이 있는 때에 한하여 즉시항고를 할 수 있도록 하였다(법제13조제1항). 따라서 파산절차에서 어떤 재판에 대하여 즉시항고를 할 수 있는지는 해당 조문에서 개별적으로 규정하고 있다.

총칙(제1편)에서 즉시항고를 할 수 있다고 따로 규정을 두고 있는 것으로는, ① 사건기록의 열람 등 불허가결정(법제28조제5항), ② 파산관재인 등의 보수 및 특별보상금 결정(법제30조제3항), ③ 파산재단의 관리 또는 환가에 공적이 있는 자에 대한 비용상환 및 보상금 지급 결정이 있다(법제31조제2항). 파산절차(제3편)에서 즉시항고를 할 수 있다고 따로 규정을 두고 있는 것으로는, ① 파산신청에 관한 재판(법 제316조제1항), ② 파산선고와 동시에 하는 파산폐지의 결정(법제317조제3항), ③ 파산선고를 받은 채무자 또는 채무자의 이사 등의 구인을 명하는 결정(법제319조제3항, 제320조), ④ 파산선고 전의 보전처분과 그 처분을 변경하거나 취소하는 결정(법제323조제4항), ⑤ 법인의

---

4) 서울회생법원의 실무는 법 제313조 제2항 파산선고의 송달을 하는 경우 공고로써 송달을 갈음하는 결정을 지양하고 있다. 그 송달의 상대방이 알고 있는 채권자·채무자 및 재산소지자(파산재단에 속하는 재산의 소유자)로서 채무자의 관계 서류 확인을 통해 송달할 장소를 파악할 수 있는 점, 송달 내용이 파산선고·파산관재인에 관한 사항·채권신고기간·제1회 채권자집회의 기일 및 채권조사의 기일 등 이해관계인의 입장에서 중요한 것인 점 등을 고려한 것이다.

이사등의 재산에 대한 보전처분과 그 처분을 변경하거나 취소하는 결정($^{법}_{제5항}$ ^{제351조}), ⑥ 파산관재인의 해임결정($^{법}_{제2항}$ ^{제364조}), ⑦ 채권자집회 결의의 집행금지결정($^{법}_{제4항}$ ^{제375조}), ⑧ 감사위원의 해임에 관한 재판($^{법}_{제3항}$ ^{제380조}), ⑨ 파산재단에 속하는 재산의 면제 여부 및 그 범위를 정하는 결정($^{법}_{제6항}$ ^{제383조}), ⑩ 배당표에 대한 이의신청에 대한 결정($^{법}_{제3항}$ ^{제514조}), ⑪ 파산관재인이 추가배당을 한 후 작성한 계산보고서에 대한 인가결정($^{법}_{}$ ^{제533조}), ⑫ 채무자의 이의를 추후보완하기 위한 원상회복신청에 관한 재판($^{법}_{제4항}$ ^{제536조}), ⑬ 동의에 의한 파산폐지의 신청에 관한 재판($^{법}_{제3항}$ ^{제538조}), ⑭ 파산선고 후 비용부족으로 인한 파산폐지의 신청에 관한 재판 및 파산폐지 결정($^{법}_{제3항}$ ^{제545조}), ⑮ 면책신청의 각하 또는 기각결정($^{법}_{제3항}$ ^{제559조}), ⑯ 면책 여부에 관한 결정($^{법}_{제4항}$ ^{제564조}), ⑰ 면책취소에 관한 결정($^{법}_{제2항}$ ^{제569조}),[5] ⑱ 복권신청에 관한 결정($^{법}_{제3항}$ ^{제575조})이 있다. 국제도산(제 5 편)에서 즉시항고를 할 수 있다고 따로 규정을 두고 있는 것으로는, ① 외국도산절차의 승인신청에 관한 결정($^{법}_{제4항}$ ^{제632조}), ② 승인 전 명령 및 그 처분을 변경하거나 취소하는 결정($^{법}_{제4항}$ ^{제635조}), ③ 외국도산절차에 대한 지원을 위한 결정 및 그 결정을 변경하거나 취소하는 결정, 지원결정에 의해 중지된 채무자의 업무 및 재산에 대한 강제집행 등 절차의 취소를 명하는 결정($^{법}_{제8항}$ ^{제636조}), ④ 국내도산절차와 외국도산절차의 동시진행과 관련된 지원결정 및 이를 변경 또는 취소하는 결정($^{법}_{제2항}$ ^{제638조}), ⑤ 복수의 외국도산절차 중 주된 외국도산절차를 정하는 결정, 그 지원결정 및 이를 변경하는 결정, 주된 외국도산절차를 변경하는 결정이 있다($^{법}_{제5항}$ ^{제639조}).

2. 즉시항고권자

즉시항고권자는 그 재판에 대해서 이해관계를 가진 자이다($^{법}_{제1항}$ ^{제13조}). '이해관계'는 법률상 이해관계를 의미하므로 사실상 또는 간접적 이해관계로는 충분하지 않고, 해당 재판에 의하여 법률상 이익이 부당하게 침해당하는지 아닌지를 기준으로 하여 개별적으로 판단하여야 한다.[6]

---

5) 대법원 2017. 10. 12.자 2016그112 결정.

6) 즉시항고의 대상을 한정하지 않는 구 파산법이 적용되는 사안에 관한 것이나 대법원 2013. 6. 14.자 2010마1719 결정은 파산관재인이 실시한 부동산의 임의매각에 관한 경쟁입찰절차에서 파산관재인의 임의매각 행위에 대한 파산법원의 허가를 전제로 낙찰자로 선정된 자는 임의매각 행위에 대한 파산법원의 허가가 있으면 파산절차 밖에서 파산재단과 사이에 사적인 매매계약을 체결하게 되는 관계를 갖게 됨에 불과하므로, 그 부동산의 임의매각 행위에 대하여 파산절차에서 감독권의 행사로써 이루어진 파산법원의 불허가결정에 대해 법률상 이해관계를 갖는다고 할

3. 즉시항고기간

즉시항고는 재판의 공고가 있는 때에는 그 공고가 있은 날부터[7] 14일 이내에 하여야 하고(법 제13조 제2항), 실무에서는 위 기간을 불변기간으로 본다.[8] 법원이 재판을 공고하여야 하는 데도 공고를 하지 아니한 경우 그 공고가 있기 전에 즉시항고를 하는 것이 허용된다.[9]

공고를 하지 않는 재판에 대한 즉시항고는 재판이 송달된 날부터 1주 이내에 하여야 하고, 그 기간은 불변기간이다(법 제33조, 민사소송법 제444조).

공고와 송달이 모두 이루어진 경우 공고를 기준으로 항고기간을 기산한다.[10]

4. 즉시항고의 방법·효과

즉시항고장은 원재판 법원에 제출한다(법 제33조, 민사소송법 제443조 제1항, 제397조 제1항). 법 제14조는 서면에 의한 불복신청만을 인정하고 있다.

즉시항고는 원칙적으로 원재판의 집행을 정지하는 효력이 있으나, 파산절차의 신속한 진행을 도모하기 위하여, 즉시항고가 집행정지의 효력을 가지지 않는다는 특별한 정함이 있는 경우에는 그러하지 아니하다(법 제13조 제3항).

즉시항고를 할 수 있는 재판 중 즉시항고가 집행정지의 효력을 가지지 않는다는 특별규정을 두고 있는 것으로는, ① 파산신청에 관한 재판(법 제316조 제3항), ②

수 없다는 취지로 판시하였다.

7) 여기서 '공고가 있은 날'은 공고의 효력이 발생한 날이라고 봄이 타당하므로, 즉시항고기간은 공고의 효력이 생긴 실제 공고일의 다음 날부터 기산하고(법 제9조 제2항), 초일은 산입한다(민법 제157조).

8) 개인회생절차에서의 개인회생절차폐지결정, 변제계획불인가결정에 대한 즉시항고에 관한 것이나 대법원 2012. 12. 27.자 2012마1247 결정, 대법원 2014. 7. 25.자 2014마980 결정.

9) 항고심이 회생계획인가결정에 대한 즉시항고를 받아들여 인가결정을 취소하고 제1심법원으로 환송한 결정에 대한 재항고에 관한 것이나 대법원 2016. 7. 1.자 2015재마94 결정.

10) 대법원 2011. 9. 29.자 2011마1015 결정. 이 결정은 개인회생절차폐지 결정에 대한 송달과 공고가 모두 이루어진 사안에서 공고시를 기준으로 즉시항고기간을 기산하였다. 서울회생법원도 2018라140 사건 등 다수의 사건에서 공고시를 기준으로 즉시항고기간을 기산하고 있다. 일본에서는, 공고와 송달이 모두 이루어진 경우 즉시항고기간은 송달시로부터 1주라고 보는 견해(송달설)와 공고시로부터 2주라고 보는 견해(공고설)가 대립하고 있는데(條解破産法, 79면), 일본 最高裁判所 平成12年7月26日 平成12年(許)第1号 判決은 송달에 갈음하는 공고를 하는 경우(대용공고형)와 법률에서 공고를 요구하고 있는 경우(공고필요형) 모두 즉시항고기간은 공고를 기준으로 2주라고 하였다.

파산선고와 동시에 하는 파산폐지의 결정(법 제317조 제4항), ③ 파산선고 전의 보전처분과 그 처분을 변경하거나 취소하는 결정(법 제323조 제5항), ④ 법인의 이사등의 재산에 대한 보전처분과 그 처분을 변경하거나 취소하는 결정(법 제351조 제6항), ⑤ 파산관재인의 해임 결정(법 제364조 제3항), ⑥ 감사위원의 해임에 관한 재판(법 제380조 제4항), ⑦ 파산재단에 속하는 재산의 면제 여부 및 그 범위를 정하는 결정(법 제383조 제7항), ⑧ 외국도산절차의 승인신 청에 관한 결정(법 제632조), ⑨ 승인 전 명령 및 그 처분을 변경하거나 취소하는 결정(법 제635조 제5항), ⑩ 외국도산절차에 대한 지원을 위한 결정 및 그 결정을 변경하거나 취소하는 결정, 지원결정에 의해 중지된 채무자의 업무 및 재산에 대한 강제집 행 등 절차의 취소를 명하는 결정(법 제636조 제9항), ⑪ 국내도산절차와 외국도산절차의 동시진행과 관련된 지원결정 및 이를 변경 또는 취소하는 결정(법 제638조 제3항), ⑫ 복수 의 외국도산절차 중 주된 외국도산절차를 정하는 결정, 그 지원결정 및 이를 변 경하는 결정, 주된 외국도산절차를 변경하는 결정이 있다(법 제639조 제6항).

한편 채권자집회 결의의 집행금지결정에 대한 즉시항고에는(법 제375조 제4항) 즉시항 고가 집행정지의 효력을 가지지 않는다는 특별규정이 없으나, 그 성질상 집행정 지효력을 제한할 필요가 있다고 보인다.

5. 즉시항고 후의 절차

원재판을 한 법원은 즉시항고를 접수한 경우 항고가 이유 있다고 인정하는 때에는 재도의 고안에 의하여 그 재판을 경정하여야 하고(법 제33조, 민사 소송법 제446조), 항고가 이 유 없다고 인정되면 법원사무관등은 기록을 항고법원에 송부한다(법 제33조, 민사소송법 제443조 제1항, 제400조).

제 5 절 사건기록의 열람 등

1. 내   용

이해관계인은 법원에 사건기록(문서 그 밖의 물건을 포함한다)의 열람·복사, 재판서·조서의 정본·등본이나 초본의 교부 또는 사건에 관한 증명서의 교부를 청구할 수 있다(법 제28조 제1항). 사건기록 중 녹음테이프 또는 비디오테이프에 관하여는 위 규정을 적용하지 아니하고, 이해관계인의 신청이 있는 때에는 법원이 그 복제를 허용할 수 있다(법_{제2항}^{제28조}).

법 제28조에 규정된 사항 이외에는 「재판기록 열람·복사규칙」과 「재판기록 열람·복사 예규」 및 「비밀보호를 위한 열람 등의 제한 예규」를 적용한다.

2. 청구권자

사건기록 등의 열람·복사 등을 청구할 수 있는 사람은 당해 사건의 이해관계인이다. 여기서 이해관계인은 법률상 이해관계가 있는 자를 말한다. 즉 파산절차에 의하여 직접적 또는 간접적으로 자기의 사법상 또는 공법상의 권리 내지 법률적 이익에 영향을 받는 자를 의미하고, 단순히 사실상 또는 경제적 이익에 영향을 받는 데에 불과한 자는 포함되지 않는다. 법률상 이해관계가 있다는 점은 신청인이 신청 당시에 소명하여야 한다. 채무자, 파산채권자, 파산관재인을 비롯하여 재단채권자나 별제권자도 포함된다고 해석되나, 채무자의 단순한 거래처 내지 파산재단에 속하는 재산의 매수인 등은 해당되지 않는다고 본다.[11]

3. 열람·복사 등 청구의 대상

열람·복사 등 청구의 대상은 법 및 규칙의 규정에 의하여 법원에 제출된 사건기록(문서 그 밖의 물건을 포함한다), 법원이 작성한 재판서·조서 또는 사건에 관한 증명서 등이다(법_{제1항}^{제28조}).

사건기록 중 녹음테이프 또는 비디오테이프(이에 준하는 방법에 의하여 일정한 사항을 기록한 물건[12])에 관하여는 법 제28조 제1항의 열람·복사 등이 적용되지 아니하고, 이해관계인의 신청이 있는 때에 법원이 그 복제를 허용할 수 있다(법_{제2항}^{제28조}). 이러한 물건들은 변경이 용이할 뿐만 아니라 성질상 열람·복사의 대상이 될 수 없으므로 단지 복제만이 가능할 뿐이다. 다만 이러한 물건에 대하여

---

11) 서울중앙지방법원은 2006하합58 사건(보스코산업 주식회사)에서 파산선고 당시 이사의 열람·등사신청을 허가한 선례가 있다. 채무자에 대한 파산선고로 기존 이사와 채무자의 위임관계가 종료하였다고 하더라도(상법 제382조 제2항, 민법 제690조), 채무자의 비재산적 활동범위(예를 들어, 회사의 조직법적 사단활동)에 관한 권한은 여전히 채무자의 기존 이사가 행사한다는 점을 고려한 것이다. 노동조합이 포함되는지에 관하여는 견해 대립이 있다. 주주는 통상 파산절차의 진행에 법적 이해관계가 없으므로 부정하는 것이 일본의 실무이다. 條解破産法, 91면.

12) 영화필름, 슬라이드, 마이크로필름, 전산처리된 자료가 담겨 있는 컴퓨터용 자기디스크, 광디스크 등이 이에 해당한다.

서류 등을 열람시키는 것에 대응하여 당해 물건에 적합한 재생장치를 이용하여 이를 재생하게 하는 방법을 생각할 수 있지만, 법에서는 이러한 방법에 대하여는 규정하고 있지 않다.

4. 제   한

법원은 채무자의 사업유지에 현저한 지장을 초래할 우려가 있거나, 재산에 현저한 손해를 줄 우려가 있는 때에는 이해관계인의 열람·복사, 정본·등본이나 초본의 교부 또는 녹음테이프 또는 비디오테이프의 복제를 허가하지 아니할 수 있다(법 제28조 제4항).[13] 사건에 관한 증명서의 교부는 이에 해당하지 않으므로 증명서 교부청구는 불허가할 수 없다.

열람·복사 등을 허가하지 아니할 수 있는 경우는 법 제28조의 입법 취지에 비추어 해석해야 할 것이다. 법 제28조 제4항은 채무자의 사업유지에 현저한 지장을 초래할 우려가 있거나 채무자의 재산에 현저한 손해를 줄 우려가 있는 경우에 한정하고 있다. 따라서 위와 같은 현저한 지장을 초래할 우려 및 현저한 손해를 줄 우려를 판단함에 있어서는 열람·복사 등을 허용할 경우에는 채무자의 사업유지 또는 재산에 중대한 위험이 발생할 수 있는지 여부를 살펴보아야 한다. 이에 대하여 법은 열람·복사 등의 제한이 가능한 문서를 법률로 규정하지 아니하여 다툼이 발생할 여지가 있으므로 입법론으로 재고가 필요할 것으로 보인다.[14]

또한 법 제28조의 열람 등 신청권은 매우 광범위하고 남용의 가능성이 있어 제한의 필요성이 있으므로, 법 제28조 제4항의 손해의 '현저성'의 요건을 너

---

13) 참고로 구 파산법 시행 당시 열람신청을 불허한 사례로는, ① 서류를 특정하지 않고 기록 전체, 자산내역 등의 열람신청을 한 경우, 화의폐지결정의 확정으로 인한 직권 파산선고 사건에서 존재하지 아니하는 파산신청서의 열람을 구한 경우, ② 이해관계인이 아닌 자가 열람신청을 한 경우(파산선고를 받은 주식회사의 주주가 이해관계인에 해당하는지에 대해서는 견해의 대립이 있다), 열람신청 후 파산선고 전에 파산신청이 취하된 경우 등이 있다.

14) 일본 파산법 제12조는 이해관계인이 그 열람 등을 함으로써 파산재단(파산절차개시 전에는 채무자의 재산)의 관리 또는 환가에 현저한 지장을 일으킬 우려가 있는 부분이 있는 경우, 법원은 파산관재인의 신청에 의하여 그 부분의 열람 등을 제한할 수 있음을 규정하고 있다. 열람 등의 제한이 가능한 문서는 다음과 같다.
　① 허가문서: 파산관재인이 채무자의 사업을 계속하는 경우에, 법원의 허가를 얻기 위하여 제출된 문서(일본 파산법 제36조), 부동산 임의매각 등 법원의 허가를 얻어야 하는 행위에 관하여 제출된 문서(일본 파산법 제78조 제 2 항, 제93조 제 3 항) 등
　② 보고문서: 파산관재인이 법정의 보고사항(일본 파산법 제157조 제 1 항) 이외의 사항을 법원에 보고할 것을 지시받은 경우의 보고문서

무 엄격하게 해석할 필요는 없을 것이다. 위 규정에 의한 불허가 결정에 대하여는 즉시항고를 할 수 있다(법 제28조 제5항).

불허가 요건에 해당하는 사항이 문서 또는 재판서·조서의 일부인 경우가 있을 수 있다. 이러한 경우에는 열람·복사 청구 전체를 불허가할 것은 아니고, 그 내용을 검토하여 제한사유가 있는 부분을 제외한 나머지 부분에 대한 열람·복사 등이 가능하다면 제한사유가 없는 부분에 대하여는 열람·복사 등을 허용하여야 한다.

제 3 장

·
·
·

파산신청
접수부터
파산선고까지의
절차

제1절 파산신청의 접수

1. 접   수

파산신청서가 접수되면 법원사무관등은 파산사건부에 등재하고 사건번호(개인 아닌 채무자에 대한 파산합의 사건의 사건부호는 '하합', 개인인 채무자에 대한 파산단독 사건의 사건부호는 '하단'이다)를 부여한다. 파산선고 전 보전처분 신청서가 접수되면 별도의 사건번호를 부여하지 아니하고, 그 신청서는 파산사건기록에 가철한다[『민사접수서류에 붙일 인지액 및 그 편철방법 등에 관한 예규(재민 91-1)』(재판예규 제1692호) 참조].

2. 인   지

채권자가 하는 신청의 경우 30,000원(민사소송등인지법 제9조 제1항 제1호), 채무자 또는 채무자에 준하는 자가 하는 신청의 경우 1,000원이다(민사소송등인지법 제9조 제1항 제4호)[『민사접수서류에 붙일 인지액 및 그 편철방법 등에 관한 예규(재민 91-1)』(재판예규 제1692호) 참조].

3. 송 달 료

파산합의 사건의 경우 기본 40회분에 채권자별로 3회분씩을 더한 송달료를 예납하여야 한다(1회분 송달료 4,800원)[『송달료규칙의 시행에 따른 업무처리요령(재일 87-4)』(재판예규 제1712호) 참조].

제 2 절 파산신청의 형식적 요건에 대한 심사

1. 신청권자[1]

채권자, 채무자(채무자에 준하는 자)에게 파산신청권이 있고, 금융위원회가 일정한 범위의 금융기관에 대하여 파산신청을 할 수 있는 경우가 있다.

가. 채 권 자

채권자는 파산신청을 할 수 있다(법 제294조 제1항).[2] 우선권 있는 채권, 후순위 채권을 모두 포함하며, 기한 미도래의 채권(법 제425조), 장래의 채권(법 제427조 제2항), 정지조건 성취 전의 채권도 마찬가지이다. 별제권자도 미리 별제권을 포기할 필요 없이 파산신청을 할 수 있다. 그러나 재단채권자는 포함하지 않는다. 다만 재단채권인 임금채권을(법 제473조 제10호) 가진 근로자가 파산신청을 할 수 있는지에 관하여는, 서울회생법원에서는 임금채권자를 보호하기 위하여 마련된 임금채권보장법의 취지 등을 고려하여 임금채권자가 파산신청을 함을 허용하고 있다.[3]

파산선고시에는 신청인의 채권이 존재하여야 하지만, 그 후에는 소멸하여도 무방하다.[4] 채권자가 파산신청을 하는 때에는 그 채권의 존재 및 파산원인인 사

---

1) 파산절차는 사법상의 권리인 채권의 실현을 목적으로 하는 것이기 때문에 파산선고는 원칙적으로 당사자의 신청에 따라 이루어진다. 따라서 파산신청은 파산절차개시의 형식적 요건이라고 할 수 있다. 다만 공익상 필요가 있는 경우에는 예외적으로 법원이 직권으로 파산선고를 하는 경우도 있으며(농업협동조합법 제83조, 수산업협동조합법 제85조, 산림조합법 제68조 등), 파산선고를 받지 아니한 채무자에 대하여 회생계획인가가 있은 후 회생절차폐지의 결정이 확정된 경우 법원은 그 채무자에게 파산의 원인이 되는 사실이 있다고 인정하는 때에는 직권으로 파산을 선고하여야 하는 경우(법 제6조 제1항) 등도 있다.

2) 대법원 2017. 12. 5.자 2017마5687 결정은 "파산절차는 기본적으로 채무자 재산의 환가와 배당을 통하여 채권자의 권리를 공평하게 실현하는 것을 목적으로 하는 절차이다. 채무자에게 파산원인이 있는 경우에 채권자는 파산절차를 통하여 자신의 권리를 실현하는 것이 원칙이다. 이에 따라 법은 제294조 제1항에서 채권자 또는 채무자가 파산신청을 할 수 있다고 정하고, 제305조부터 제307조까지 파산원인을 정하고 있다. 파산신청을 채무자에게만 맡겨 둔다면 파산원인이 있는데도 채무자가 파산을 신청하지 않아 파산절차에 따른 채권자의 잠재적 이익이 상실될 수 있다. 그리하여 채권자 스스로 적당한 시점에서 파산절차를 개시할 수 있도록 채권자도 파산신청을 할 수 있다는 명시적 규정을 둔 것이다."라고 판시하였다.

3) 서울중앙지방법원 2013. 5. 22.자 2013하합58 결정(주식회사 모성), 서울회생법원 2017. 9. 29.자 2017하합100228 결정(주식회사 룩티크씨앤씨).

4) 대법원 2012. 3. 20.자 2010마224 결정은 "채권자의 신청에 의하여 채무자에 대하여 파산이 선고되면 그 선고한 때로부터 모든 채권자를 위하여 그 효력이 생기므로(법 제311조), 다른 채권자의 채권신고가 모두 취하되거나 그 채권이 모두 소멸하는 등의 특별한 사정이 없는 한, 파산

실을 소명하여야 한다(법 제294조 제2항). 외국인 또는 외국법인인 채권자도 내국법인에 대하여 파산신청을 할 수 있다(법 제2조). 외국도산절차의 대표자도 외국도산절차의 승인결정을 받은 후에는 파산신청을 할 수 있다(법 제634조).

나. 채 무 자

채무자도 스스로 파산신청을 할 수 있다(자기파산신청)(법 제294조 제1항). 이 경우에는 파산원인인 사실의 소명이 필요하지 않다(법 제294조 제2항의 반대해석). 그러나 실무에서는 신청서와 그 첨부서류에서 파산원인인 사실을 소명하는 것이 대부분이다. 외국인 또는 외국법인인 채무자도 파산신청을 할 수 있다(법 제2조).

다. 채무자에 준하는 자

채무자가 민법 그 밖에 다른 법률에 의하여 설립된 법인인 경우 그 이사, 합명회사 또는 합자회사인 경우 무한책임사원, 주식회사 또는 유한회사인 경우 이사(법 제295조 제1항), 청산 중인 법인인 경우 청산인(법 제295조 제2항) 및 그 밖의 법인과 법인 아닌 사단 또는 재단으로서 대표자 또는 관리자가 있는 것의 경우 대표자 또는 관리자도(법 제297조, 제295조) 파산신청을 할 수 있다(준자기파산신청). 이러한 이사 등의 자격은 적어도 파산선고시에는 존재하여야 한다. 이사·무한책임사원 또는 청산인 등의 전원이 하는 파산신청이 아닌 때에는 파산원인인 사실의 소명이 필요하다(법 제296조, 제297조). 이사회 회의록 등을 보고 이사 등의 전원이 파산신청에 찬성하였는지 여부를 확인한다.[5]

청산 중 법인의 재산이 그 채무를 완제하기에 부족한 것이 분명하게 된 때에는 청산인은 지체 없이 파산선고를 신청할 의무가 있고(민법 제93조 제1항, 상법 제254조 제4항, 제542조 제1항, 제613조 제1항), 이를 게을리 한 때에는 500만 원 이하의 과태료가 부과된다(민법 제97조 제6호, 상법 제635조 제1항 제12호).

라. 금융위원회 등

「금융산업의 구조개선에 관한 법률」 제2조 제1호 소정의 금융기관[6] 및 신

선고 결정에 대한 즉시항고가 제기된 이후 항고심에서 신청채권자가 신청을 취하하거나 신청채권자의 채권이 변제, 면제, 그 밖의 사유로 소멸하였다는 사정만으로는 항고법원이 제1심의 파산선고 결정을 취소할 수 없다."라고 판시하였다.

5) 파산신청서에는 파산신청에 관한 이사회 회의록을 반드시 첨부하여야 한다(법 제302조 제2항 제4호, 규칙 제72조 제1항 제2호).

6) 금융산업의 구조개선에 관한 법률 제2조(정의) 이 법에서 사용하는 용어의 뜻은 다음과 같다.
  1. "금융기관"이란 다음 각 목의 어느 하나에 해당하는 것을 말한다.

용협동조합, 상호저축은행에 대하여는 금융위원회가 파산신청을 할 수 있다 (금융산업의 구조개선에 관한 법률 제16조 제1항, 신용협동조합법 제88조, 상호저축은행법 제24조의13). 금융위원회는, 신용협동조합에 대한 파산신청의 권한을 금융감독원장에게 위탁하고 있고(신용협동조합법 제96조 제1항, 같은 법 시행령 제24조 제1항 제19호), 상호저축은행에 대한 파산신청의 권한을 필요한 경우 금융감독원장이 대행하도록 할 수 있다(상호저축은행법 제34조의2 제1항). 이와 별도로 금융위원회가 정부조직법 제6조 제3항, 「행정권한의 위임 및 위탁에 관한 규정」 제13조에 따라 민간위탁계약을 체결하여 파산신청의 권한을 예금보험공사에 위탁할 수 있는지가 문제되는데, 파산신청은 국민의 권리・의무와 직접 관계되는 사무에 해당하므로 위 규정에 따라 위탁할 수는 없다.[7] 다만 예금보험공사가 채권자의 지위에서 파산을 신청하는 것은 가능하다.[8]

한편, 새마을금고법상 금고에 대하여는 행정안전부장관이(새마을금고법 제80조의5), 농업협동조합법상 조합에 대하여는 농림축산식품부장관이(농업협동조합의 구조개선에 관한 법률 제9조), 수산업협동조합법상 조합에 대하여는 해양수산부장관이(수산업협동조합의 구조개선에 관한 법률 제14조), 산림조합법상 조합에 대하여는 산림청장이(산림조합의 구조개선에 관한 법률 제13조) 각각 파산신청을 할 수 있다.

2. 관할권의 조사

법 제3조는 파산절차의 원활하고 효율적인 진행을 위해 파산사건의 토지관할을 확대하여 다수의 토지관할을 인정하고 있다. 개인이 아닌 채무자에 대한 파산사건(이하 편의상 개인이 아닌 채무자에 대한 파산사건을 '법인파산 사건'이라고 한다)은 법 제3조 제1항부터 제4항까지의 규정에 따른 회생법원의 합의부 관할에

가. 「은행법」에 따라 설립된 은행
나. 「중소기업은행법」에 따른 중소기업은행
다. 「자본시장과 금융투자업에 관한 법률」에 따른 투자매매업자・투자중개업자
라. 「자본시장과 금융투자업에 관한 법률」에 따른 집합투자업자, 투자자문업자 또는 투자일임업자
마. 「보험업법」에 따른 보험회사
바. 「상호저축은행법」에 따른 상호저축은행
사. 「자본시장과 금융투자업에 관한 법률」에 따른 신탁업자
아. 「자본시장과 금융투자업에 관한 법률」에 따른 종합금융회사
자. 「금융지주회사법」에 따른 금융지주회사
차. 그 밖의 법률에 따라 금융업무를 하는 기관으로서 대통령령으로 정하는 기관

7) 남준우, "금융기관(저축은행) 파산절차에 관한 실무상 쟁점", 재판자료 제127집, 법원도서관 (2013), 143-147면.
8) 서울중앙지방법원에 2013년 접수되어 파산이 선고된 주식회사 솔로몬저축은행, 한국저축은행 주식회사, 주식회사 미래저축은행 등 상호저축은행에 대한 파산사건에서는 모두 예금보험공사가 계약이전결정에 따른 평가차액과 보험금 등을 지급하고 채권자의 지위에서 파산을 신청하였다. 서울중앙지방법원 2013. 4. 30.자 2013하합46 결정(주식회사 솔로몬저축은행) 등.

전속한다($\substack{\text{법 제3조} \\ \text{제5항}}$).

가. 관할의 원칙

파산사건은 채무자의 보통재판적이 있는 곳, 채무자의 주된 사무소나 영업소가 있는 곳 또는 채무자가 계속하여 근무하는 사무소나 영업소가 있는 곳을 관할하는 회생법원의 관할에 전속한다($\substack{\text{법 제3조 제1항} \\ \text{제1호, 제2호}}$). 채무자가 법인인 경우 등기부상 기재되어 있는 본점이 명목적인 것에 지나지 않고, 현실적으로 중심적 역할을 하는 사무소나 영업소가 따로 있는 경우에는 그 사무소나 영업소를 주된 사무소나 영업소로 보아야 한다.[9]

법 제3조 제1항 제1호, 제2호의 원칙적 토지관할에 해당하는 곳이 없는 경우에는 채무자의 재산이 있는 곳(채권의 경우에는 재판상의 청구를 할 수 있는 곳을 말한다)을 관할하는 회생법원의 관할에 전속한다($\substack{\text{법 제3조} \\ \text{제1항 제3호}}$).

나. 관할의 특례

파산사건은 채무자의 주된 사무소 또는 영업소의 소재지를 관할하는 고등법원 소재지의 회생법원에도 신청할 수 있다($\substack{\text{법 제3조} \\ \text{제2항}}$). 이 규정의 취지는, 대규모 도산사건을 많이 처리함으로써 전문성이 강하고, 업무처리상 노하우가 축적된 재판부가 존재하는 고등법원 소재지의 회생법원에 관할을 인정함으로써 도산사건 처리의 효율성을 높이기 위한 것이다. 위 규정에 의하여 서울고등법원의 관할 지역에 주된 사무소 또는 영업소가 있는 채무자는 서울고등법원 소재지의 회생법원인 서울회생법원에도 파산신청을 할 수 있다.

「독점규제 및 공정거래에 관한 법률」 제2조 제3호에 따른 계열회사에 대한 회생사건 또는 파산사건이 계속되어 있는 경우 계열회사 중 다른 회사에 대한 파산신청은 그 계열회사에 대한 회생사건 또는 파산사건이 계속되어 있는 회생법원에도 할 수 있다($\substack{\text{법 제3조} \\ \text{제3항 제1호}}$).

주채무자 및 그 보증인, 채무자 및 그와 함께 동일한 채무를 부담하는 자 중 어느 하나에 해당하는 자에 대한 회생사건, 파산사건 또는 개인회생사건이

---

9) 일본의 통설이다. 條解破産法 56면. 서울중앙지방법원은 2011하합172 사건(주식회사 엘앤씨피)의 경우, 채무자의 본점 소재지는 충주시 주덕읍이었고, 서울에 영업소(지점)가 개설되어 있었으나, 서울지점에서 이사회가 개최되는 등 현실적으로 서울지점에서 영업의 중심적 역할이 수행되고 있는 것으로 판단하여, 청주지방법원이 아닌 서울중앙지방법원의 관할에 전속하는 것으로 보았다.

계속되어 있는 경우 그에 해당하는 다른 자에 대한 파산신청은 그 회생사건, 파산사건 또는 개인회생사건이 계속되어 있는 회생법원에도 할 수 있다(법제3조 제3항 제3호).

법 제3조 제3항은 관련 도산사건의 병행처리를 가능하게 하려는 것이 입법 취지지만, 같은 종류의 도산처리절차가 계속된 경우뿐만 아니라 파산사건과 종류가 다른 회생절차 등이 계속 중인 경우에 대해서도 관할의 특례를 인정하고 있다.

다. 서울회생법원의 관할 확대

채권자의 수가 300인 이상으로서 대통령령으로 정하는 금액(500억 원) 이상의 채무를 부담하는 법인에 대한 파산사건은 서울회생법원에도 신청할 수 있다(법 제3조 제4항, 법 시행령 제1조의2). 이는 독립된 회생법원으로서 도산사건만을 전문적으로 처리하는 서울회생법원의 관할권을 확대하여 대규모 파산사건의 효율적이고 전문적인 처리를 도모하기 위한 것이다.

3. 파산능력

파산능력이란 파산선고를 받을 수 있는 능력을 말한다. 민사소송법에 의하여 당사자능력을 가지는 자에게는 원칙적으로 파산능력이 있지만, 예외로서 공법인 등에 관하여는 파산능력이 인정되지 않는 경우가 있다.

가. 자 연 인

행위능력의 유무를 묻지 않고 모두 파산능력이 있다. 외국인도 파산능력이 있다. 파산신청 또는 파산선고가 있은 후에 상속이 개시된 경우에는 상속재산에 대하여 파산절차가 속행된다(법 제308조).

나. 법   인

사법인(私法人)은 일반적으로 파산능력이 있다. 공익법인이든 영리법인이든, 민·상법상의 법인이든 특별법상의 법인이든 모두 파산능력이 있다. 이미 해산하여 청산 중에 있는 사법인도 파산능력이 있다(법 제298조). 청산이 종결된 법인의 경우에는 적극재산이 발견되지 아니한 이상 법인격이 존재한다고 볼 수 없으므로 파산능력을 부인하여야 한다.[10] 공기업에 대하여는 파산능력을 부정하는 견해가 있으나, 국가 또는 지방자치단체로부터의 조직·회계상의 독립성 여부에 따라 파산능력을 긍정하여야 한다는 견해도 있다.[11]

권리능력 없는 사단 또는 재단으로서 대표자가 있는 것은[12] 파산능력을 인정하므로 노동조합도 파산능력이 있다고 보나, 민법상의 조합은 단체적 성격이 약하므로 파산능력을 부정한다.

다. 유한책임신탁재산

2011. 7. 25. 법률 제10924호로 전부 개정된 신탁법에서는 신탁행위로 수탁자가 신탁재산에 속하는 채무에 대하여 신탁재산만으로 책임을 지는 '유한책임신탁제도'가 신설되었는데(신탁법 제114조 내지 제139조),[13] 청산 중인 유한책임신탁의 신탁재산이 그 채무를 모두 변제하기에 부족한 것이 분명하게 된 경우 청산수탁자는 즉시 신탁재산에 대하여 파산신청을 하여야 한다(신탁법 제138조).[14] 따라서 신탁법 제114조에 따라 설정된 유한책임신탁에 속하는 재산인 유한책임신탁재산에 대하여는 파산능력이 인정된다. 2013. 5. 28. 법률 제11828호로 법이 일부 개정되어 유한책임신탁재산의 파산에 관한 특칙이 신설되었다.[15]

유한책임신탁재산에 대하여 신탁채권자, 수익자, 수탁자, 신탁재산관리인 또는 신탁법 제133조에 따른 청산수탁자는 파산신청을 할 수 있고, 신탁채권자, 수익자가 파산신청을 하는 경우나 수탁자 또는 신탁재산관리인이 여럿 있는 경우 그 전원이 파산신청을 하는 경우가 아닐 때에는 파산의 원인인 사실을 소명하여

---

10) 서울중앙지방법원 2007. 4. 18.자 2006하합71 결정(대한건설 주식회사), 서울회생법원 2018. 4. 27.자 2018하합100127 결정(주식회사 태홍티앤씨).

11) 지방공기업법상 지방공사와 지방공단의 경우 해산사유의 하나로 파산을 규정하고 있어(지방공기업법 제57조의2, 상법 제517조 제1호, 제227조 제5호, 지방공기업법 제77조의2 제1항 제3호), 파산능력을 인정하고 있다. 서울중앙지방법원 2014. 8. 27.자 2014회합100057 결정(태백관광개발공사).

12) 서울중앙지방법원 2012. 10. 9.자 2012하합117 결정(전국교수공제회).

13) 기존 신탁법제에 의하면 수탁자는 신탁사무의 처리와 관련하여 거래한 제3자에 대해 수탁자의 고유재산으로도 책임을 져야 하는 것이나(무한책임원칙), 신탁실무상 수탁자의 제3자에 대한 채무에 대해 신탁재산에 속하는 재산만으로 이행의 책임을 지는 '책임재산한정특약'이 많이 체결되고 있는 거래실정을 반영하여 신탁의 새로운 활용 및 거래의 안전을 도모하고자 한 것이다.

14) 신탁법 제138조를 위반하여 파산신청을 게을리 한 청산수탁자 또는 그 대표자에게는 500만원 이하의 과태료를 부과한다(신탁법 제146조 제1항 제28호).

15) 유한책임신탁재산의 파산에 관하여 자세한 내용은 이연갑, "신탁재산의 파산에 관한 「채무자회생 및 파산에 관한 법률」 개정안의 검토", 법조 제661호, 법조협회(2011), 75-103면. 일본에서는 상속재산의 파산과 마찬가지로 신탁재산에 대하여도 파산능력을 인정하고 있고, 파산법에 신탁재산의 파산에 관한 특칙을 두고 있다(일본 파산법 제244조의2 내지 제244조의13).

야 한다(법_{제578조의3}). 유한책임신탁재산에 관한 파산사건은 수탁자의 보통재판적 소재지(수탁자가 여럿인 경우에는 그중 1인의 보통재판적 소재지를 말한다)를 관할하는 회생법원의 관할에 전속하고(법_{제7항}제3조), 이에 따른 관할법원이 없는 경우에는 유한책임신탁재산의 소재지(채권의 경우에는 재판상의 청구를 할 수 있는 곳을 그 소재지로 본다)를 관할하는 회생법원의 관할에 전속한다(법_{제8항}제3조).

파산원인인 지급불능과 부채초과, 파산선고 전의 보전처분, 파산선고 후 공고, 등기·등록의 촉탁, 유한책임신탁재산의 수탁자등(수탁자, 전수탁자, 신탁재산관리인, 검사인 또는 신탁법 제133조에 따른 청산수탁자)에 대한 손해배상청구권 등의 조사확정재판, 신탁자등의 재산에 대한 보전처분 등의 절차는 통상적인 파산사건과 같다.

유한책임신탁재산에 대하여 파산선고가 있는 경우 신탁채권자 및 수익자는 파산선고시에 가지는 신탁채권 또는 신탁법 제62조에 따른 수익채권의 전액으로, 수탁자는 신탁재산에 대한 채권의 전액으로, 신탁법 제118조 제1항에 따른 채권을 가지는 자는 그 채권의 전액에 관하여 수탁자의 파산재단에 대하여 파산채권자로서 그 권리를 행사할 수 있다(법_{제578조의15}). 이 경우 신탁채권은 신탁법 제62조에 따른 수익채권보다 우선하고, 수탁자 또는 신탁재산관리인과 채권자(수익자를 포함한다)가 유한책임신탁재산의 파산절차에서 다른 채권보다 후순위로 하기로 정한 채권은 그 정한 바에 따라 다른 채권보다 후순위로 한다(법_{제578조의16}).

유한책임신탁재산의 파산폐지신청은 수탁자 또는 신탁재산관리인이 하고, 이 경우 수탁자 또는 신탁재산관리인이 여럿일 때에는 전원의 합의가 있어야 한다(법_{제578조의17}).

4. 파산신청서의 기재사항 및 첨부서류

법원은 파산신청서를 검토하여 파산원인 사실에 관한 소명 여부, 필요한 서류의 첨부 여부를 확인한 후 미비한 것이 있으면 보정을 명한다([기재례 2], [기재례 3]).

파산신청은 다음의 사항을 기재한 서면으로 하여야 한다(법_{제1항}제302조).

① 신청인 및 그 법정대리인의 성명 및 주소

② 채무자가 개인인 경우에는 채무자의 성명·주민등록번호 및 주소

③ 채무자가 개인이 아닌 경우에는 채무자의 상호, 주된 사무소 또는 영업

소의 소재지, 대표자의 성명

④ 신청의 취지

⑤ 신청의 원인

⑥ 채무자의 사업목적과 업무의 상황

⑦ 채무자의 발행주식 또는 출자지분의 총수, 자본의 액과 자산, 부채 그 밖의 재산상태

⑧ 채무자의 재산에 관한 다른 절차 또는 처분으로서 신청인이 알고 있는 것

⑨ 채권자가 파산신청을 하는 때에는 그가 가진 채권의 액과 원인[16]

그 밖에 신청서에는 사건의 표시, 대리인의 성명과 주소, 덧붙인 부속서류의 표시, 작성한 날짜, 법원의 표시를 기재하고, 신청인 또는 그 대리인이 기명날인 또는 서명하면 된다(법 제33조, 민사소송법 제274조 제1항).

신청의 원인에는 파산선고의 요건인 신청인 채권의 존재(채권자 신청의 경우), 파산원인인 지급불능 및 부채초과인 사실을 기재한다. 실무상으로는 법원이 예납금액을 결정할 때의 소명자료 또는 파산선고 후 신속, 적정하게 절차를 진행하게 하기 위한 참고자료로서 파산에 이르게 된 사정, 채무자의 업무 내용, 신청시의 상황, 자산과 부채의 상황에 관하여도 기재하고 관련 서류를 첨부하게 한다.

법인파산 사건을 중심으로 신청서의 기재사항을 구체적으로 살펴보면 다음과 같다.

I. 채무자 회사(법인)의 개요
1. 회사의 사업목적(등기상의 목적뿐만 아니라 실제의 영업에 대한 구체적 내용을 기재)
2. 회사의 연혁
3. 자회사, 관계회사 현황
4. 회사의 자본 및 주주의 구성(지배주주 및 특수관계인 표시)
5. 회사의 임원 구성/종업원(종업원 수, 노동조합의 상황 등을 기재)
6. 공장, 영업소 등의 시설(소재지, 규모, 작업내용 등을 기재)
7. 사업감독관청(특히 학교, 병원, 공원묘지, 복지시설 등 운영하는 재단법인 등의 경우)

---

16) 법 제302조 제1항 제10호는 파산신청서의 기재사항으로, 주주·지분권자가 파산신청을 하는 때에는 그가 가진 주식 또는 출자지분의 수 또는 액을 들고 있다. 그러나 주주·지분권자에게 회생절차개시신청권(법 제34조 제2항)이 있는 것과 달리 파산신청권은 없으므로(법 제294조, 제295조) 파산신청서의 기재사항 중 법 제302조 제1항 제10호는 입법의 잘못으로 보인다.

Ⅱ. 업무의 상황
  1. 주요영업 종목
  2. 거래처(구매처, 판매처, 거래은행)
Ⅲ. 자산·부채의 상황(결산서류의 계정과목의 명세에 기하여 작성)
  1. 자산
    - 소유부동산(평가액, 담보설정액, 잉여 예상액)/임차부동산(보증금, 연체 차임등)
    - 현금(보관자)/예금(종류 및 예대상계 예상)
    - 매출채권(명세, 회수가능성)/재고품·기계공구·집기비품(명세, 평가액)
    - 자동차, 유가증권, 출자금(명세, 평가액)
    - 기타(대여금, 계약금, 보험계약, 무체재산권 등)
  2. 부채
    - 부채총액과 채권자 총수
    - 은행차입금/개인 사채 기타차입금/일반상거래채무
    - 담보권자, 피담보채권액, 담보목적물
    - 미지급 임금·퇴직금, 체납중인 조세, 공공보험료(산재보험료, 건강보험료) 등/체납처분
Ⅳ. 파산원인의 존재 및 회사가 파산에 이르게 된 사정
  1. 지급불능 또는 지급정지 사실(어음부도, 은행거래정지처분, 폐점, 도망 등)
  2. 채무초과의 사실
  3. 재정적 파탄에 이르게 된 사정 및 그 경과
Ⅴ. 신청시의 상황
  1. 사업 계속의 여부
  2. 종업원의 처우(해고 여부, 퇴직금 지급 여부, 노동조합의 동향)
  3. 부채정리 상황(임의정리 상황, 사적 채권자집회 유무)
  4. 자산처분 상황(자산의 보전 상황, 채권자에 의한 상환 강요, 부인할 수 있는 행위 유무 등)
  5. 현금, 고가품, 장부, 등기서류, 대표자 인감 등의 소재 및 보관상황
  6. 파산관재인이 선임될 경우 파산관재인의 보조자로 일할 수 있는 임직원의 범위

〈채권자 신청의 경우〉
Ⅵ. 채권의 존재

파산신청서에는 다음의 서류를 첨부하여야 한다. 다만 신청과 동시에 첨부할 수 없는 때에는 그 사유를 소명하고 그 후에 지체 없이 제출하여야 한다(법 제302조 제2항).

① 채권자목록
② 재산목록

③ 채무자의 수입 및 지출에 관한 목록

④ 그 밖에 대법원규칙에서 정하는 서류

법 제302조 제2항 제4호에 규정된 '그 밖에 대법원규칙에서 정하는 서류'는 법인등기사항전부증명서, 정관, 파산신청에 관한 이사회 회의록, 그 밖의 소명자료를 말한다(규칙 제72조 제1항 제2호). 한편 규칙 제72조 제1항 제1호의 진술서에는 채무자에 관하여 법원에 회생절차가 계속되어 있는 경우 당해 사건이 계속되어 있는 법원 및 사건의 표시를 기재하여야 한다(규칙 제72조 제2항 제1호).[17]

현재 서울회생법원의 법인파산 사건 실무상 첨부할 것을 요구하고 있는 서류를 정리해보면 다음과 같다.

---

 1. 법인등기사항전부증명서(말소사항 포함)
 2. 이사회 회의록(파산신청에 관한 것)
 3. 정관
 4. 회사 안내 책자
 5. 주주명부
 6. 회사의 조직 일람표
 7. 취업규칙, 단체협약, 퇴직금규정
 8. 사원명부 및 회사의 노동조합의 실정
 9. 과거 3년 내지 5년간의 결산보고서
10. 비교재무상태표(3년분 이상)
11. 비교손익계산서(3년분 이상)
12. 최근의 재무상태표·손익계산서
13. 최근의 청산재무상태표·청산재산목록
14. 자산 및 부채에 관한 목록([기재례 4])과 이에 대한 소명자료
  가. 소유·임차 부동산 목록(연체차임 현황, 담보 등 제공 내역)
  나. 예·적금 등 금융상품 목록(용도, 가압류 또는 지급정지 여부, 담보 등 제공 내역)
  다. 자동차, 건설기계 등 목록(성능·외관·상태, 담보 등 제공 내역)
  라. 그 밖의 유형자산 목록
  마. 무형자산 목록
  바. 채권 목록(회수 가능 여부, 집행권원 유무, 소송계속 여부 등)
  사. 변제받거나 처분한 채권 목록
  아. 소송 등 목록
  자. 채권자 목록(담보 제공 여부, 집행권원 유무, 소송계속 여부 등)

---

17) 법 제58조 제1항 제1호는 회생절차개시결정이 있는 때에는 파산신청을 할 수 없다고 규정하고 있고, 제309조 제1항 제2호는 '법원에 회생절차 또는 개인회생절차가 계속되어 있고 그 절차에 의함이 채권자 일반의 이익에 부합하는 때'를 파산신청 기각사유로 규정하고 있는바, 파산신청서에 이러한 사항의 기재도 요구할 필요가 있다.

15. 자회사 및 관계회사의 법인등기사항전부증명서 및 결산서류
16. 채무자의 최근 2년 동안 예금계좌 거래내역
17. 파산신청서가 진실하게 작성되었다는 취지의 대표자 확인서
18. 파산신청 대리인이 선임된 경우, 법 제650조 내지 제653조, 제658조에 규정된
    내용을 대표자에게 설명하였다는 취지의 대리인 확인서(대표자 확인 포함)

〈채권자 신청의 경우〉
19. 채권의 존재 소명자료(어음・수표, 계약서, 공정증서, 외상매출금 장부 등)
20. 채무자의 지급정지 사실 소명자료(부도 처리된 어음・수표, 은행거래정지처분
    증명서 등)

5. 예 납 금

가. 개   요

파산신청을 하는 때에는 법원이 상당하다고 인정하는 금액을 파산절차의
비용으로 미리 납부하여야 한다(법 제303조). 신청인에게 예납금 납부의무가 있으므로,
신청인이 예납명령을 받고도 이에 응하지 아니하여 절차의 비용을 미리 납부하
지 아니한 때에는 법원은 파산신청을 기각할 수 있다(법 제309조 제1항 제1호). 다만 파산신청인
이 채권자가 아닐 때에는 파산절차의 비용을 국고에서 가지급할 수 있다.[18] 예
납금이 부족하게 된 때, 법원이 직권으로 파산선고를 한 때 또는 파산신청인이
채권자인 경우 미리 비용을 납부하지 아니하였음에도 불구하고 법원이 파산선고
를 한 때에도 같다(법 제304조). 그러나 국고 가지급 절차가 복잡하고 예산책정이 되
지 않는 경우가 많으므로 실무상 파산절차비용을 국고에서 가지급하도록 한 사
례가 거의 없다.[19]

실무에서는 채무자 신청의 경우뿐 아니라 법원이 직권으로 파산선고를 하
는 경우에도(법 제6조) 채무자에게 예납명령을 하고 있다.

파산절차비용이 부족하여 동시폐지를 하여야 할 사안에서는 채권자가 채무
자에 갈음하여 예납금을 납부할 수도 있으므로, 채권자에게 예납금을 납부할 의
사가 있는지 확인하여야 한다(법 제318조 참조).

---

18) 다만 장래 환수가능성이 전혀 없는 경우에는 파산절차의 비용을 국고에서 가지급할 수 없다.
19) 서울중앙지방법원은 법원의 해산명령에 따라 선임된 청산인이 해당 법인에 대하여 파산신청
    을 한 사건인 2009하합65 사건(주식회사 콜레트)에서 가지급금을 지급한 사례가 있다. 가지급금
    환수 등 절차는 「소송비용 국고대납에 관한 예규(재민 2006-2)」(재판예규 제1590호) 제13조 이
    하에 따라야 할 것으로 보인다.

나. 예납금의 결정 기준

법인파산 사건의 예납금은 부채총액(다만 미확정 구상채무 등 중복적 채무는 제외한다)을 기준으로 하여 다음의 표와 같이 정하되, 파산재단의 규모, 파산절차의 예상 소요기간, 재단수집의 난이도, 채권자의 수 등을 고려하여 가감할 수 있다(서울회생법원 실무준칙 제321호 「법인파산 예납금 납부 기준」 제2조)[(참고자료 20)].

부채총액	예납기준액
동시폐지 사건	불필요(인터넷공고시)
5억 원 미만	500만 원
5억 원~10억 원 미만	700만 원
10억 원~30억 원 미만	1,000만 원
30억 원~50억 원 미만	1,200만 원
50억 원~100억 원 미만	1,500만 원
100억 원 이상	2,000만 원 이상

실무상 파산선고시까지 제출된 자료만으로는 파산재단의 예상 규모, 파산절차의 예상 소요기간 등을 정확하게 예측하기 어려운 경우가 많으므로, 특별한 사정이 없는 한 가장 최근에 작성된 채무자의 재무상태표에 기재된 부채총액을 기준으로 하게 된다. 서울회생법원은 원칙적으로 부채총액을 기준으로 한 위 표에 따른 금액 미만으로의 감액은 인정하지 않고 있다. 또한 채권자 신청의 경우로서, 채무자가 현재 현금이 없고 파산선고 후 파산재단의 수집·환가를 통한 현금자산 마련까지 상당한 시간이 소요될 것으로 예상되는 사안 그리고 파산신청시 채무자의 자산이 대부분 은닉·멸실·훼손되었고 파산재단의 현황 파악을 위해 보조인 선임 등에 따른 초기 파산절차비용이 많이 소요될 것으로 예상되는 사안이나 파산재단의 환가 또는 부인권 행사를 위하여 다수의 소송비용을 지출하여야 할 것으로 예상되는 사안에서는 예납기준액보다 증액하여 예납금을 정하는 사례도 많다. 다만 법원이 직권으로 파산을 선고하는 사안에서(제6조) 채무자가 현재 현금이 없고 파산선고 후 바로 쉽게 환가할 재산이 있는 경우에는 예외적으로 부채총액을 기준으로 한 예납금 중 일부만 예납하고 추납을 허용하거나, 예납금을 예납기준액보다 다소 낮게 정하는 경우도 있다.

다. 비용예납명령

채무자 신청의 경우에는 파산신청서에 첨부된 재무상태표, 자산 및 부채 현황 등에 관한 소명자료 등을 토대로 예납금의 액수를 미리 정할 수 있으면 채무자 심문시에 비용예납명령을 할 수도 있으나, 채무액이 미리 나타나 있지 않거나 자산 및 부채 현황 등에 관한 소명자료가 충분하지 아니한 경우, 채무자의 납부 능력을 알아보아야 하는 경우 등에는 채무자 심문 이후에 예납금을 정하여 비용예납명령을 하는 것이 좋다([기재례 5]).

한편 채권자 신청의 경우에는 서울회생법원 실무는 파산원인 등에 관한 심리를 진행하면서 파산원인이 인정된다고 판단되는 시점에서 채권자에게 비용예납명령을 하는 것이 일반적이다. 금융위원회가 공익적 지위에서 파산신청을 하는 경우(금융산업의 구조개선에 관한 법률 제16조 제1항, 신용협동조합법 제88조, 상호저축은행법 제24조의13) 금융위원회는 채권자라고 할 수 없으므로 이 경우에는 신청인인 금융위원회가 아니라 채무자에게 예납을 명한다. 서울회생법원의 실무는 신속한 파산절차 진행을 위해 예납기간을 원칙적으로 채무자 신청의 경우 '그 결정을 송달받은 날로부터 3일 내'로, 채권자 신청의 경우 '7일 내'로 정하고 있다.

라. 예납금의 사용과 반환

법원에 납부된 예납금은 주로 공고·송달비용, 파산관재인 보수 등 파산절차비용으로 사용된다. 그러나 파산재단이 수집되지 않은 상태에서는 법원의 재단채권 승인을 거쳐 파산재단의 관리·환가비용으로 사용되기도 한다.

채권자가 납부한 예납금 중 지출된 부분의 반환청구권은 재단채권이 되고(법 제473조 제1호), 예납금 잔액은 파산재단이 수집되어 파산절차비용을 충당하기에 충분하다고 판단되면 채권자에게 조기에 반환한다. 이미 지출된 부분은 파산관재인으로 하여금 파산재단의 임치금 중에서 직접 지급하게 한다.

채무자가 납부한 예납금은 채무자에게 반환하지 않는다. 파산관재인은 파산절차의 종료에 이르기 전까지 법원에 송달료 등 예납금에서 바로 지출된 부분을 제외한 나머지 예납금의 파산재단으로의 편입신청을 하여 이를 파산재단에 편입시킨 후 파산절차비용과 재단채권의 변제 그리고 파산채권자에 대한 배당의 재원으로 사용한다. 편입의 시기는 파산재단의 규모, 파산절차의 진행 상황 등 여러 사정을 고려하여 정한다. 서울회생법원의 실무는 파산관재인으로 하여금 파산선고 후 파산재단에 속하는 재산의 수집과 환가를 통해 파산절차비용에 사용하기에 충분한 파산재단이 확보되기 전까지는 예납금 중 예상 필요비용 상당액을 파산재단으로 편입시켜 사용하도록 하고 있다.

채무자가 법인인 경우, 채무자가 납부한 예납금을 파산재단에 편입하지 않은 채 파산이 폐지 또는 종결된 경우, 예납금을 어떻게 처리할 것인가가 문제된다. 이 경우에는 파산관재인이 남아 있는 예납금을 파산재단에 편입한 후 액수의 다과에 따라 재단채권의 변제나 파산채권자에 대한 추가배당 등에 사용한다.

제 3 절 파산신청의 실질적 요건에 대한 심리

1. 파산원인

파산원인으로는 지급불능과 부채초과가 있다.

가. 지급불능

채무자가 지급을 할 수 없는 때에는 법원은 파산을 선고한다(법 제305조 제1항). '지급불능'이란 채무자가 변제능력이 부족하여 변제기가 도래한 즉시 변제하여야 할 채무를 일반적·계속적으로 변제할 수 없는 객관적 상태를 말한다.[20] 재산이 부족하다고 하더라도 신용이나 노력 내지 기능에 의하여 자금을 차입하는 등으로 지급수단을 조달할 수 있으면 변제능력이 부족하다고 보기 어렵고, 반대로 채무를 초과하는 부동산 등 재산이 있더라도 이를 용이하게 환가할 수 없기 때문에 지급수단을 조달할 수 없으면 변제능력이 부족한 것으로 볼 수 있다.[21] 이와 같이 지급불능은 재산상태만을 기준으로 하지 않는다는 점에서 부채초과와 다르다.[22]

지급불능은 채무를 일반적·계속적으로 변제할 수 없는 것을 말하기 때문에 채무자가 개개의 채무를 다투어 변제하지 않는 것은 지급불능이라 볼 수 없다. 반면에 채무자가 임금, 일상경비 등 일정한 채무를 계속 변제하고 있더라도

---

20) 대법원 1999. 8. 16.자 99마2084 결정, 대법원 2009. 3. 2.자 2008마1651 결정 등.
21) 대법원 2005. 11. 10. 선고 2003다271 판결.
22) 條解破産法, 40, 41면.

채무의 중요 부분 내지 근본적 부분을 계속적으로 변제할 수 없는 상태라면 지급불능으로 된다. 지급불능이라는 객관적 상태를 판정할 때에 어떠한 사실을 판정근거로 인정하는 것이 적절한가는 법원이 개개의 사례에 따라서 합리적으로 판단할 수밖에 없다.[23)]

채무자가 지급을 정지한 때에는 지급을 할 수 없는 것으로 추정한다 (법 제305조 제2항). 지급정지는 채무자가 변제기가 도래한 채무를 자력의 결핍으로 인하여 일반적·계속적으로 변제할 수 없다는 것을 명시적, 묵시적으로 외부에 표시하는 것을 말한다.[24)] 지급정지는 지급불능과 같은 내부적인 재산상태가 아니고 채무자의 외부에 대한 행위이기 때문에, 파산원인에 관한 소명을 용이하게 하는 기능을 가진다. 사업장의 폐쇄, 폐업, 대표자 등의 소재불명, 근로자 대부분의 퇴사, 영업활동의 중단, 부도 등의 사유가 있으면 지급정지 상태에 있다고 볼 수 있다.

나. 부채초과

법인에 대하여는 그 부채의 총액이 자산의 총액을 초과하는 때에도 파산선고를 할 수 있다(법 제306조 제1항). 부채초과는 존립 중인 인적회사(합명회사, 합자회사)를 (법 제306조 제2항)[25)] 제외한 법인과 상속재산(법 제307조), 유한책임신탁재산(법 제578조의4)에 특유한 파산원인이다.[26)] 존립 중인 인적회사에 대하여 부채초과를 파산원인에서 제외한 이유는 합명회사의 경우는 모든 사원이, 합자회사의 경우에는 무한책임사원 전원이 회사채권자에 대하여 직접·연대책임을 지므로 회사재산이 부채초과 상태가 되었다고 하더라도 파산원인으로 할 필요가 없기 때문이다.

법인의 경우에 부채초과를 별개의 독립된 파산원인으로 규정하고 있으므로, 부채초과 상태에 있는 법인에 대하여 파산선고를 하기 위해서 그 법인이 부채초

---

23) 박기동, "파산절차 개시의 요건과 파산선고의 효과", 재판자료 제82집, 68면 이하.

24) 대법원 2007. 8. 24. 선고 2006다80636 판결. 이 판결은 구 파산법 제64조 제5호에서 정한 부인권 행사의 요건인 '지급정지'의 의미에 관한 판결이나, 통설은 법 제305조 제2항에서 지급불능을 추정케 하는 지급정지와 법 제391조 내지 제394조, 제404조, 제422조에서 부인권 행사나 상계금지의 요건으로 규정되어 있는 지급정지의 의미가 다르지 않다고 보고 있다. 박기동, "파산절차 개시의 요건과 파산선고의 효과", 재판자료 제82집, 71, 72면.

25) 해산하여 청산 중인 합명회사, 합자회사의 경우에는 상법 제254조 제4항, 제269조, 민법 제93조에 의하여 채무초과가 파산원인이 된다.

26) 상속재산의 파산원인을 채무초과에 한정한 이유는, 상속재산의 경우에는 채무자의 신용, 기능, 노력에 따른 장래 재산증대의 가능성을 고려할 여지가 없으므로 현재의 재산을 기준으로 평가하는 채무초과만을 파산원인으로 하여도 충분하기 때문이다. 注解破産法(下), 153면.

과 상태 이외에 지급불능 상태에 이르렀을 필요까지는 없다.[27] 법원은 파산선고를 함에 있어 파산원인에 관한 신청인의 주장에 기속되지 아니하고, 당시 존재하는 모든 파산원인을 적시할 필요도 없다.[28]

부채초과란 부채의 총액이 자산의 총액을 초과하는 것을 말하는데, 법인이 부채초과 상태에 있는지 여부는 법인이 실제 부담하는 부채의 총액과 실제 가치로 평가한 자산의 총액을 기준으로 판단하여야 한다.[29] 여기서 부채 및 자산의 개념은 반드시 회계상의 개념과 일치하는 것은 아니므로, 재무상태표상 부채가 자산을 초과한다고 해서 바로 부채초과라고 할 수 있는 것은 아니다.

자산의 평가에 있어서는 계속기업가치를 기준으로 하여야 한다는 견해도 있으나,[30] 파산신청의 대상인 기업이 계속적인 기업 활동을 예정하고 있는지 여부에 따라 계속기업가치 또는 청산가치를 평가의 기준으로 하게 된다.[31] 예컨대, 기업 활동이 계속되고 있음에도 불구하고 채권자가 파산신청을 하는 경우에는 계속기업가치를 기준으로 자산을 평가하여야 하나, 실무상 대부분의 경우 파산신청 기업이 이미 기업 활동이 종료되었거나 상당한 기간 안에 종료를 예정하고 있기 때문에 일반적으로 기업의 청산가치가 해당 기업의 자산평가액이 된다[청산가치의 산정 및 계속기업가치의 산정에 관한 자세한 내용은 회생사건실무(상) 제7장 제5절 9, 10. 참조]. 부채의 평가와 관련하여 후순위채권 역시 부채로 포함해야 하는지에 대해서도 논란이 있는데, 적어도 영구후순위채권은 포함되지 않는 것으로 본다.[32]

2. 심리의 방법

가. 직권조사

심리에 관하여는 민사소송법이 준용되므로(법33조) 변론을 열어 증인신문을 할 수도 있으나, 변론을 열지 아니하고 직권으로 필요한 조사를 하는 것이 일반

---

27) 대법원 2007. 11. 15.자 2007마887 결정.
28) 대법원 2005. 11. 10. 선고 2003다2345 판결. 따라서 파산선고 결정문에 파산원인으로 기재된 사유가 부채초과뿐이라 하여 채무자가 지급불능의 상태에 처하지 아니하였다는 판단이 포함되어 있다고는 볼 수 없다.
29) 대법원 2007. 11. 15.자 2007마887 결정.
30) 注解破産法(下), 127면.
31) 伊藤眞, 115면.
32) 정순섭, "후순위약정의 법적 문제", BFL 제35호, 서울대학교 금융법센터(2009), 44, 45면.

적이다(법제12조). 통상 서증과 채무자 심문만으로 심리를 종결한다(채권자 신청의 경우 채권자도 심문하는 것이 일반적이다). 동시폐지 사건의 경우에는 채권자에게 의견조회를 하고([기재례 7]), 병원, 학교, 공원묘지, 공익법인 등과 같이 감독관청의 인허가 대상인 사업을 영위하는 경우에는 감독관청에 의견조회를 한다([기재례 8]).

나. 채무자 심문

기록이 접수되면 가능한 한 이른 시일 내에 채무자에 대한 심문기일을 지정하여 통지한다([기재례 1]). 법인의 경우 대표권을 가진 자를 심문하고, 필요한 경우 회계 담당자 등 실무자를 배석하게 한다. 소재불명, 질병 또는 사망 등으로 대표권을 가진 자를 심문할 수 없으면, 이사 중 적당한 자를 심문한다. 법인의 대표자가 존재하지 않는 경우(가령 1인 이사의 사망)에는 이해관계인의 신청에 따라 특별대리인을 선임하여 절차를 진행하거나(법 제33조, 민사소송법 제64조, 제62조), 이사의 원수를 결한 경우로 보아 이해관계인의 청구에 의하여 일시이사를 선임하여 절차를 진행할 수 있다(상법 제386조 제2항, 비송사건절차법 제84조).

서울회생법원은 법인파산 사건에서 통상 주심판사가 수명법관으로서 심문기일을 진행하고 있다.

채권자 신청의 경우에 채권자 또는 그 대리인에게도 심문기일을 통지한다. 채권자는 그 채권의 존재 및 파산의 원인인 사실을 소명하여야 한다(법 제294조 제2항).

채무자 신청의 경우 채무자 심문은 주로 파산관재인의 관재업무 수행을 위한 자료를 수집하는 것이 그 목적이므로, 봉인 기타 긴급처리사항의 유무, 종업원의 협력 여부, 영업의 계속 가능 여부, 자산의 내역, 부인할 수 있는 행위가 있는지 여부 등을 중점적으로 심문한다. 채권자 신청의 경우 이에 더하여 그 채권의 존부, 채무자에 대한 파산원인의 유무 그리고 파산신청이 파산절차의 남용에 해당하는지 여부에 관한 판단 자료를 수집하는 것도 중요하므로, 이에 관하여도 심문한다. 심문기일은 통상 1회로 종결하나, 대표자가 채무자의 자산·부채 상황을 제대로 파악하지 못하고 있는 경우, 채권자가 파산을 신청한 경우 등에는 심문기일을 속행하기도 한다. 채무자 심문사항의 일반적인 예는 다음과 같다.

1) 채무자의 개요
① 회사설립의 경위, 영업의 목적, 내용, 영업소(본점, 지점)·공장의 소재
② 결산기, 월매출액, 주거래처, 거래은행

③ 1년간 상시 근로자 수와 그 증감 현황

④ 장부, 인감, 공인인증서의 소재

⑤ 기타(인가사업의 유무, 관계회사, 회사 임직원의 처벌 또는 수사 진행 상황, 회사 임직원에 대한 손해배상청구권과 보전처분의 대상인 재산 등)

2) **신청인 채권의 존재**(채권자 신청의 경우)

① 신청인과의 거래내용

② 신청인에 대한 채무의 존부 및 내용

3) **파산원인**

① 어음·수표 부도를 냈는지 여부, 그 일시, 부도 금액

② 은행거래정지처분을 받았는지 여부, 그 일시

③ 강제집행, 보전처분, 담보권의 실행이 진행 중인지 여부

④ 채권자에 대한 통지, 재산정리의 경과, 폐점 및 도주 여부

⑤ 기타 파산에 이르게 된 경위

4) **지급정지 후의 경과**

① 사적 정리의 여부

② 다른 회사의 설립 여부 및 그 내용

③ 종업원 해고 여부, 노동조합 유무 및 상황

④ 소송의 계속 상황

5) **부   채**

① 부채총액과 채권자 총수

② 부채의 내역

  - 은행차입금(은행명, 금액, 예대상계 후 잔액)

  - 고이율의 차입금 유무

  - 일반상거래 채무(채권자 수 및 금액)

  - 담보권자, 피담보채권액, 담보목적물

  - 미지급 임금 및 퇴직금

  - 체납중인 조세 및 공과금

6) **자   산**

① 자산총액과 부도 이후의 변동 상황

② 자산의 내역

  - 소유 부동산(평가액, 담보설정액, 잉여 예상액)

- 임차 부동산(임차조건, 보증금, 연체차임의 유무)
- 현금(보관자)
- 예금(당좌·보통·정기 등의 명세, 차입금과의 상계의 가능성)
- 받을 어음(명세, 부도가능성)
- 매출금(명세, 회수가능성)
- 재고(제품·반제품·원재료, 평가액)
- 기계공구(명세, 평가액)
- 집기비품(명세, 평가액)
- 가입전화사용권(대수, 평가액, 체납요금의 유무)
- 자동차(명세, 평가액, 소유권유보의 여부, 그 잔대금액)
- 유가증권, 출자금(명세, 평가액)
- 기타(대여금, 선급금, 보험계약, 지식재산권 등)

7) 부인할 수 있는 행위 등의 유무

① 동산·부동산의 처분, 매출금·받을 어음의 양도, 변제, 대물변제, 담보권 설정 등 부인대상 행위 유무

② 쌍방미이행 쌍무계약 유무

8) 채무자의 의견

① 사건 처리에 관한 의견

② 영업양도에 의한 사업 계속 의사 및 가능성

9) 기   타

① 관할 우체국, 전화국

다. 채권자 신청의 경우 주의할 점

실무상 채권자가 자기 채권의 추심, 부실채권의 회계처리 또는 임금채권보장법의 적용을 받기 위하여 채무자를 상대로 파산선고를 신청하는 예가 있다.

채권자가 신청하는 경우에는 그 신청서 및 첨부서류에 부족한 점이 많고, 채무자가 제출하는 서류를 채권자에게 확인시킬 필요가 있는 때도 있다. 그런데 자기파산의 경우와 달리 채무자가 파산절차에 협력하지 아니하면서 심문기일에 출석하지 아니하거나 채권자의 주장에 대하여 다투는 경우에는 소명자료의 제출 등을 위하여 심문기일을 여러 차례 속행하여야 하는 등 심리에 상당한 기간이 걸리게 된다.

신청인의 채권의 존부 그 자체에 다툼이 생기는 경우에는 신청인으로부터
제출된 서류나 채무자 등의 심문에 의하여 채권의 존재가 소명되면 충분하고,
증명까지는 필요하지 않다. 그렇지만 법원이 변론을 열어 증거조사를 하는 것은
부적절한 경우가 많으므로, 실무상으로는 신청인에게 집행권원의 제출을 요구하
고 있다.

라. 민사소송법 등의 준용

파산절차에 관하여 법에 규정이 없는 때에는 민사소송법 및 민사집행법을
준용한다(법제33조). 따라서 심리상 필요한 경우 사실조회, 제출명령, 문서송부촉탁
등을 명할 수 있고, 승계참가도[33) 가능하다.

제 4 절 파산신청의 효과

파산신청은 일종의 재판상 청구로서 시효중단사유가 되고, 따라서 파산신청
이 각하 또는 취하된 경우에는 시효중단의 효력이 생기지 않는다. 또한 파산신
청은 부인권 행사(법제391조), 상계금지(법제422조)의 요건이 되기도 한다. 한편 파산신청
을 한 것만으로는 집행장애 사유가 되지 않는다.[34)

제 5 절 재 판

1. 각 하

신청인의 자격이 인정되지 않거나 파산능력이 없는 때[35) 또는 파산신청 이

---

33) 서울고등법원 2011. 11. 16.자 2010라1674 결정(재단법인 제중의료복지재단).
34) 대법원 1999. 8. 13.자 99마2198, 2199 결정은 해산에 따른 청산절차를 진행하던 중 파산신청
    을 하여 그 절차가 진행 중이던 채무자가 채권압류 및 전부명령에 대하여 재항고를 하면서 현
    재 파산신청에 따른 절차가 진행 중이므로 특정 채권자에 대하여만 변제하는 결과에 이르는 전
    부명령은 모든 채권자에게 공평한 만족을 도모하여야 하는 청산 내지 파산절차의 제도적 취지
    에 어긋나는 것으로서 허용되어서는 아니 된다는 주장을 한 사안에서, 채무자에 대한 청산절차
    가 진행 중이라거나 파산신청이 되어 있다는 사정만으로는 집행에 장애사유가 된다고 할 수 없
    다는 취지로 판시하였다.
35) 앞서 본 바와 같이 청산이 종결된 법인의 경우 적극재산이 잔존하고 있다는 등의 특별한 사

전에 회생절차개시결정이 있어 파산신청을 할 수 없는 상태에 있는 때에는 (법 제58조 제1항 제1호) 각하결정을 한다.[36]

2. 이 송

가. 관할위반의 경우

관할권에 대한 조사 결과 관할위반의 경우에는 각하하지 않고 직권으로 관할 법원으로 이송한다(법 제33조, 민사소송법 제34조 제1항).

나. 손해나 지연을 피하기 위한 이송

1) 이송의 필요성

법 제3조가 파산절차의 원활하고 효율적인 진행을 위해 파산사건의 관할을 확대한 결과 파산신청이 접수된 법원에서 파산사건을 진행하는 것이 상당하지 않은 상황이 생길 가능성이 커졌다. 그래서 법 제4조는 법원은 현저한 손해 또는 지연을 피하기 위하여 필요하다고 인정하는 때에는 직권으로 당해 파산사건을 같은 조 각호의 어느 하나에 해당하는 회생법원으로 이송할 수 있다고 규정하였다.

2) 이송대상 법원

가) 채무자의 다른 영업소 또는 사무소나 채무자재산의 소재지를 관할하는 회생법원(1호)

나) 채무자의 주소 또는 거소를 관할하는 회생법원(2호)

다) 법 제3조 제2항 또는 제3항에 따른 회생법원(3호)

라) 법 제3조 제2항 또는 제3항에 따라 해당 회생법원에 회생사건·파산사건 또는 개인회생사건이 계속되어 있는 때에는 제3조 제1항에 따른 회생법원(4호)

3) 이송의 요건

법 제4조에 의한 파산사건의 이송 요건은, 현저한 손해 또는 지연을 피하기 위하여 필요하다고 인정되는 때이다. 여기서 '손해'에 대해서는 채무자 및 파산채권자와 그 이해관계인 전체의 손해를 고려해야만 한다. 또 '지연'에 대해서는

정이 없는 이상 법인격이 소멸되어 파산능력이 부인되므로, 파산신청을 각하하고 있다. 서울중앙지방법원 2007. 4. 18.자 2006하합71 결정(대한건설 주식회사), 서울회생법원 2018. 4. 27.자 2018하합100127 결정(주식회사 태흥티앤씨).

36) 서울중앙지방법원 2010. 1. 29.자 2010하합7 결정(주식회사 현진에버빌).

사건이 현재 계속된 법원보다도 이송될 법원에서 사건을 취급하는 것이 채무자의 재산조사, 파산채권의 신고·조사, 파산재단에 속하는 재산의 환가, 파산채권자에 대한 배당 등의 절차를 신속하게 진행할 수 있을 것이 요건이 된다.[37)]

손해 또는 지연의 현저함은, 파산사건의 관할이 대폭 확대되었음에 비추어 이송을 넓게 인정함이 타당하므로, 채무자의 영업소, 사무소, 주소, 거소의 소재, 관련된 법인 또는 개인의 소재, 채무자의 재산의 종류 및 소재, 채무자의 영업 관계 문서 등 관계 자료의 소재, 채권자의 소재, 교통의 편의성, 사건의 규모, 법원의 사건처리체제 및 신청대리인의 소재, 파산관재인 선임의 난이 등 구체적인 요소를 고려하여 사건이 현재 계속된 법원과 이송될 법원을 비교하여 이송될 법원에서 사건을 처리하는 것이 타당하다고 인정되는 경우에는 그 요건을 충족하였다고 해석해야 한다. 이송의 시기에는 특별한 제한이 없다.

4) 이송의 효과

파산사건을 이송 받은 법원은 이송결정에 따라야 하고, 사건을 다시 다른 법원에 이송하지 못한다(법 제33조, 민사소송법 제38조). 다만 이송 후에 생긴 새로운 사정을 이유로 하여 재이송을 하는 것은 무방하다고 해석된다. 이송결정에 대해서는, 법에 특별히 정한 바가 없기 때문에, 즉시항고를 할 수 없다(법 제13조 제1항).

3. 기　각

다음의 어느 하나에 해당하는 때에는 파산신청을 기각할 수 있다(법 제309조 제1항).

① 신청인이 절차의 비용을 미리 납부하지 아니한 때([기재례 9])[38)]

② 법원에 회생절차 또는 개인회생절차가 계속되어 있고 그 절차에 의함이 채권자 일반의 이익에 부합하는 때

③ 채무자에게 파산원인이 존재하지 아니한 때

---

37) 서울중앙지방법원은 독점규제 및 공정거래에 관한 법률 제2조 제3호의 규정에 의하여 서울중앙지방법원에 파산이 신청된 2011하합170 사건(주식회사 교육과미래홀딩스)에서 채무자의 주된 사무소가 부산인 점, 파산선고가 되는 경우에도 채무자가 부산에 소재한 학원에서 수강 중인 원생들을 위해 일정 기간 영업의 계속이 필요할 수도 있는 점, 채무자의 채권자들 중 다수를 차지하는 임금채권자, 조세채권자, 대여금채권자의 주소지가 대부분 부산인 점, 계열회사 관계에 있는 회사들 상호 간에 업무연관성이 적은 점 등을 고려하여 부산지방법원으로 파산사건을 이송하였다.

38) 서울회생법원의 실무는 채무자 또는 채권자가 비용예납명령에서 정한 예납기간 내에 명령받은 예납금 중 일부만 납부한 경우에는 납부비율, 미납액의 추납가능성과 추납시기 등을 종합적으로 고려하여 신청기각 여부를 결정하고 있다.

④ 신청인이 소재불명인 때

⑤ 그 밖에 신청이 성실하지 아니한 때

한편 법원은 채무자에게 파산원인이 존재하는 경우에도 파산신청이 파산절차의 남용에 해당한다고 인정되는 때에는 심문을 거쳐 파산신청을 기각할 수 있다($^{법 제309조}_{제2항}$).[39] 파산절차의 남용은 채권자가 채무자와의 분쟁에서 우위를 점하거나 채권 회수를 위한 압박의 수단으로 파산신청을 하는 경우에 문제가 된다.[40] 채권자가 파산신청을 하였으나, 그 채권의 존재사실이 소명되지 아니한 때에도 파산신청을 기각한다($^{법 제294조}_{제2항}$)([기재례 10]).

4. 파산선고

파산원인 사실이 인정되고 파산장애사유가 없으면 파산선고를 한다. 파산장애사유란 파산원인이 있어도 절차를 개시할 수 없게 하는 사유를 말한다. 파산신청 후 회생절차개시결정이 있으면 파산선고를 할 수 없으므로($^{법 제58조}_{제2항 제1호}$) 이러한 도산절차는 파산장애사유가 된다. 회생절차개시신청 후 파산절차의 중지명령이 있는 경우도 이에 포함된다($^{법 제44조}_{제1항}$). 이하 파산선고를 할 경우의 준비절차에 관

---

39) 대법원 2017. 12. 5.자 2017마5687 결정은 "파산절차의 남용은 권리남용금지 원칙의 일종으로서, 파산신청이 '파산절차의 남용'에 해당하는지 여부는 파산절차로 말미암아 채권자와 채무자를 비롯한 이해관계인에게 생기는 이익과 불이익 등 여러 사정을 종합적으로 고려하여 판단하여야 한다. 가령 채권자가 파산절차를 통하여 배당받을 가능성이 전혀 없거나 그 배당액이 극히 미미할 것이 예상되는 상황에서 부당한 이익을 얻기 위하여 채무자에 대한 위협의 수단으로 파산신청을 하는 경우에는 채권자가 파산절차를 남용한 것에 해당한다. 이처럼 파산절차에 따른 정당한 이익이 없는데도 파산신청을 하는 것은 파산제도의 목적이나 기능을 벗어난 것으로 파산절차를 남용한 것이라고 볼 수 있다. 이때 채권자에게 파산절차에 따른 정당한 이익이 있는지를 판단하는 데에는 파산신청을 한 채권자가 보유하고 있는 채권의 성질과 액수, 전체 채권자들 중에서 파산신청을 한 채권자가 차지하는 비중, 채무자의 재산상황 등을 고려하되, 채무자에 대하여 파산절차가 개시되면 파산관재인에 의한 부인권 행사, 채무자의 이사 등에 대한 책임추궁 등을 통하여 파산재단이 증가할 수 있다는 사정도 감안하여야 한다. 이와 함께 채권자가 파산신청을 통해 궁극적으로 달성하고자 하는 목적 역시 중요한 고려 요소가 될 수 있다."라고 판시하였다.

40) 유가증권시장 및 코스닥시장 상장법인의 경우 파산신청만 있더라도 당해 주권이 관리종목으로 지정되고 매매거래가 정지되기도 하여(유가증권시장 상장규정 제47조 제1항 제10호, 코스닥시장 상장규정 제28조 제1항 제14호의3, 제29조, 코스닥시장 상장규정 시행세칙 제29조), 채권자가 이를 이용하여 채무자에 대한 압박수단으로 파산신청을 하는 사례가 발견되고 있다. 서울회생법원은 파산절차의 남용이라고 인정되면 신속하게 파산신청을 기각하는 방법으로 이를 해결하고 있으나, 관련 규정의 개정 등 보완이 필요할 것으로 보인다. 한편 파산신청 전에 노동조합과 협의하도록 약정하였음에도 이를 무시하고 파산신청을 하였다고 하더라도 이는 파산취소의 원인이 되지 않는다. 선재성, "파산과 노동관계", 재판자료 82집, 521면; 임치용(2), 166면. 나아가 파산신청행위가 부당노동행위에 해당할 수 있는지에 관하여는 임치용(2), 166면.

하여 설명한다.

제 6 절 파산선고 전의 조치

1. 보전처분

가. 필 요 성

채무자는 파산신청 후에도 파산선고 결정이 있기 전까지는 그 신상에 아무런 구속을 당하지 않고, 자기 재산에 대한 관리처분권도 잃지 않으므로, 파산신청 후 심리 중에도 도주, 재산은닉, 일부 채권자에 대한 편파변제, 재산의 양도, 담보의 제공 등을 하여 재산을 은닉·멸실·훼손시키는 경우가 많다. 또 일부 채권자들이 채무자에게 변제, 담보의 제공을 요구하거나 강제집행·가압류·가처분 등에 의해 개별적으로 채권을 추심하려고 하게 된다.

그리하여 법은 법원이 파산선고 전이라도, 직권으로 채무자 또는 이에 준하는 자의(별 제320조) 신체에 관하여(인적 보전처분)(별 제322조), 이해관계인의 신청 또는 직권으로 채무자의 재산에 관하여(물적 보전처분)(별 제323조), 적당한 보전처분을 할 수 있게 하였다.

최근 실무상 보전처분을 신청하는 예가 간혹 있다. 종전에는 채권자가 보전처분을 신청한 사건에서 채무자가 심문기일의 소환에 불응하는 등의 이유로 사건의 처리가 지연될 염려가 있는 경우를 제외하고 통상 파산신청에서 파산선고에 이르는 기간이 길지 않으므로 보전처분을 하지 않고, 파산신청 후 가능한 한 신속히 파산선고를 하는 것으로 처리하였다.[41] 그런데 아래에서 보는 바와 같이 파산채권자가 신청한 강제집행절차를 중지하는 내용의 보전처분이 허용되므로, 채무자는 파산신청을 할 당시 강제집행절차가 진행 중인 때에는 필요한 보전처

---

41) 서울중앙지방법원은 2012하합117 사건(전국교수공제회), 2015하합46 사건(스톤건설 주식회사), 2016하합100228 사건(주식회사 한솔파로스종합건설) 등 채무자의 주요 자산이 현금, 보통예금 등이고, 실질적인 운영자가 구속되어 자산이 제대로 관리되지 않을 위험이 있으며, 채권자가 파산을 신청하여 심리에 상당한 시일이 소요될 것으로 예상되는 사건에서 파산신청 직후 변제금지·차재금지, 채권가압류 등 보전처분을 한 사례가 있다. 서울회생법원은 2018하합100220 사건(주식회사 굿메이트), 2018하합100365 사건(티노스팩토리 주식회사), 2018하합100473 사건(주식회사 한국리더십코칭센터) 등 파산신청 당시 채무자의 재산에 대한 강제집행절차가 진행 중인 사건에서 그 강제집행절차를 중지하는 내용의 보전처분을 한 사례가 있다.

분의 신청을 하여야 할 것이다.

동시폐지가 예상되는 사건에서는 보전할 재산이 없으므로 보전처분을 할 여지가 없다.

나. 절 차

1) 관 할

당해 파산사건을 관할하는 회생법원의 관할에 전속한다(법 제322조, 제323조, 제3조).

2) 신청권자

인적 보전처분은 이해관계인에게 신청권이 없고(법 제322조), 신청을 하더라도 법원의 직권발동을 촉구하는 의미밖에 없다.

물적 보전처분을 신청할 수 있는 자는 신청인, 채무자 등 이해관계인이다 (법 제323조). 이해관계인에는 파산채권자 외에도 재단채권자, 별제권자뿐만 아니라 이사 등 채무자인 법인의 임원, 종업원 등까지 포함된다는 견해가 있다. 주주에 대해서는 견해의 대립이 있으나, 이해관계인에 해당하지 아니하는 것으로 본다. 채무자가 파산신청을 한 자기파산의 경우에도 파산선고가 되지 아니하는 이상 채권자의 채무자에 속한 재산에 대한 강제집행을 저지하지 못하므로, 채무자는 필요한 경우 그 강제집행절차의 중지를 명하는 보전처분의 신청을 적극적으로 할 필요가 있다. 신청인인 채권자의 보전처분 신청에 대하여는, 채권자가 채무자를 압박하여 채권을 회수한 후 신청을 취하하는 경우가 있으므로, 보전처분 발령 여부는 신중히 판단하여야 한다.[42]

보전처분은 법원이 직권으로도 할 수 있다. 실무상 법 제6조 제1항 또는 제2항, 제8항에 따른 견련파산의 경우에 직권으로 보전처분을 할 필요성이 있는 경우가 있다. 즉 회생절차폐지결정 등이 확정되어 파산선고를 하는 경우 회생절차의 폐지 이후부터는 채권자들이 앞다투어 추심에 나서고, 채무자도 재산을 은닉하려고 시도하는 경우가 있기 때문이다(견련파산에서의 보전처분에 관한 자세한 내용은 제18장 제2절 2. 마. 참조). 또 파산관재인 보수, 공고비 등 파산절차의 진행에 소요되는 비용이 예납되어 있지 아니하여 파산절차비용 문제를 해결하기 위

---

[42] 보전처분신청은 신청에 대한 재판이 있기까지 이를 취하할 수 있지만, 보전처분은 신청인만을 위한 것이 아니라 모든 채권자를 위한 것이기 때문에 보전처분이 행하여진 다음에는 신청을 취하하여도 보전처분이 당연히 실효되는 것은 아니다. 다만 법원은 언제라도 보전처분을 변경하거나 취소할 수 있으므로, 보전처분신청의 취하는 법원의 직권발동을 촉구하는 의미는 있을 것이다. 이진만, "파산선고 전의 보전처분", 재판자료 제82집, 146면.

해 회생절차폐지결정 등이 확정된 후 상당한 기간이 지난 후에야 파산선고를 하는 경우가 있다. 보전처분의 적기를 놓치면 나중에 부인권을 행사하여야 하는 번거로운 일이 생기게 되므로, 이러한 경우에는 직권으로 보전처분을 하는 것이 좋다.[43] 다만 서울회생법원은 실무상 회생절차폐지결정 확정일에 파산선고를 하고 있어, 실제로 문제되는 경우는 많지 않다.

3) 인 지 액

법 제323조 제1항의 보전처분 신청서에는 2,000원의 인지를 붙여야 한다(규칙 제4조 제7호).

4) 담   보

담보는 원칙적으로 제공하지 않게 하고 있다. 보전처분은 총채권자의 이익을 위한 것이고, 실무상 보전처분이 발령되는 경우에는 대부분 파산선고가 되고 있기 때문이다. 그러나 발령하는 보전처분의 내용에 따라 채무자에게 큰 손해가 발생할 가능성이 있는 경우에는 민사소송법 및 민사집행법 조문을 준용하여 담보를 제공하게 할 수도 있을 것이다(법 제33조).

5) 심리 및 재판

자기파산의 경우를 제외하고는 파산원인인 사실에 관한 소명이 필요하다. 특히 채권자 신청 사건에서는 채무자의 재산상태가 불분명할 뿐 아니라 자기의 채권 회수만을 목적으로 보전처분을 신청하는 경우가 많으므로 파산원인의 판단에 신중하여야 한다.

보전의 필요성에 관하여도 소명이 필요하지만, 일반적으로 파산원인이 인정되는 경우에는 보전의 필요성도 인정된다고 하여야 한다.

보전처분 결정은 그 신청의 내용에 구속되지 아니하므로 심리를 거쳐 필요하다고 인정되는 내용의 보전처분을 하면 되고, 신청한 보전처분과 다른 내용의 보전처분을 부가하여서 하는 것도 가능하다.

보전처분 결정은 채무자에게 고지된 때에 그 효력이 발생한다.

---

43) 회생절차가 폐지되어 파산으로 이행하는 경우 회생절차폐지결정 후 그 확정 전에도 파산선고 전의 보전처분을 할 필요성이 있다는 견해가 있을 수 있다. 그러나 회생절차가 폐지되었다 하더라도 회생절차폐지결정이 확정되기 전에는 종전의 회생절차개시결정이나 회생계획인가결정으로 인하여 발생했던 효력은 계속 유지된다. 따라서 관리인의 지위에는 변동이 없으며, 법원이 정한 범위의 법률행위나 자금집행행위 등은 관리인이 여전히 법원의 허가를 받아서 하여야 한다. 그러므로 회생절차폐지결정 후 그 확정 전에 있어서는 법원의 감독권 행사에 의하여 채무자의 재산이 은닉, 멸실, 훼손되는 것을 방지하여야 한다.

6) 불복신청

보전처분 결정에 대하여는 즉시항고를 할 수 있다(법 제323조 제4항). 이 즉시항고에는 집행정지의 효력이 없다(법 제323조 제5항). 그러나 실무상 즉시항고가 이유 있다고 판단되면 법원이 보전처분을 변경·취소하는 것으로 처리하는 것이 간편하다(법 제323조 제2항).

7) 집 행

집행은 민사집행법상 보전처분의 집행례에 의한다. 부동산의 처분금지가처분과 같이 법원이 할 수 있는 것 외에는, 신청인이 집행관에게 집행을 위임하고 그 결과를 법원에 보고하게 한다. 총채권자를 위한 보전처분이므로 민사집행법 제292조 제2항의 집행기간의 제한은 받지 않는다.

8) 보전처분 결정의 취소·변경·실효

법원은 직권으로 보전처분 결정을 변경하거나 취소할 수 있고(법 제323조 제2항), 이 결정에 대하여는 즉시항고를 할 수 있다(법 제323조 제4항). 민사집행법의 가압류·가처분에 관하여 인정되는 각종의 취소·변경제도, 즉 본안의 소 제소기간 경과로 인한 취소, 사정변경에 따른 취소, 특별사정에 의한 취소는 적용되지 않는다. 보전처분의 취소·변경의 결정은 채무자에 대한 고지로써 효력이 생긴다.

일단 발령된 보전처분은 법원에 의한 취소·변경 이외에도 파산선고, 파산신청의 각하나 기각결정이 있으면 그 효력을 상실한다. 한편 파산절차는 회생절차와 달리 보전처분 결정이 있은 후에 파산신청의 취하를 제한하는 규정이 없으므로(법 제48조 제2항 참조), 파산신청을 취하하면 보전처분도 그 효력을 잃게 된다.[44]

9) 등기된 권리에 관한 등기 등의 촉탁

채무자의 재산에 속하는 권리로서 등기·등록된 것에 관하여 법 제323조 제1항의 규정에 의한 보전처분이 있는 때에는, 법원사무관등은 직권으로 지체없이 촉탁서에 결정서의 등본 또는 초본을 첨부하여 보전처분의 등기·등록을 촉탁하여야 한다. 그 보전처분이 취소 또는 변경되거나 효력을 상실한 때에도 또한 같다(규칙 제10조 제1항 제1호, 제2항).

---

44) 일본 파산법 제29조는 파산절차개시신청을 한 자는 파산절차개시결정 전에 한하여 당해 신청을 철회할 수 있으나 보전처분이 된 후에는 재판소의 허가를 얻어야 한다고 규정하고 있다.

다. 내   용

1) 인적 보전처분

인적 보전처분으로는 구인이 있다(법 제322조, 제320조). 신체의 자유를 구속하는 보전처분이므로 그 발령은 신중하게 하여야 한다. 실무상 그 예가 드물다. 채무자의 대표자 등이 연락이 두절되고 법원의 출석요구에도 불응하며 심문기일에 출석하지 아니하는 등의 경우에는 구인의 필요성이 있다(구인에 관한 자세한 내용은 제4장 제3절 2. 나. 참조).

2) 물적 보전처분

법 제323조 제1항은 가압류, 가처분뿐만 아니라 그 밖에 필요한 보전처분도 명할 수 있다고 규정하고 있다.

실무례에서 보이는 물적 보전처분의 예로는, 변제금지가처분, 자동차 또는 부동산 등의 처분금지가처분,[45] 자금의 차입금지가처분, 점유이전금지가처분, 동산 가압류, 채권가압류 등이 있고, 그 주문례는 다음과 같다.

가) 변제금지 · 처분금지 · 자금의 차입금지 등 가처분

1. 이 사건에 관하여 파산신청에 대한 재판이 있을 때까지 채무자는 다음의 각 행위를 하여서는 아니 된다.
   가. 2019. ㅇ. ㅇ. ㅇㅇ:ㅇㅇ 이전의 원인으로 생긴 일체의 금전채무에 관하여 그 변제 또는 담보제공을 하는 행위.
   나. 부동산, 자동차, 건설기계, 특허권 등 등기 또는 등록의 대상이 되는 채무자 소유의 일체의 재산 및 300만 원 이상의 기타 재산에 관한 소유권의 양도, 담보권 · 임차권의 설정 기타 일체의 처분행위.
   다. 명목 여하를 막론하고 자금의 차입(어음할인을 포함한다)을 하는 행위.
   라. 임직원을 채용하는 행위.
2. 미리 이 법원의 허가를 받았을 때에는 제1항의 제한을 받지 아니한다.

나) 점유이전금지가처분

1. 채무자는 별지 목록 기재 물건에 대한 점유를 풀고 이를 신청인이 위임하는 집행관에게 인도하여야 한다.
2. 집행관은 현상을 변경하지 않을 것을 조건으로 하여 채무자에게 사용을 허가하

---

45) 채무자 소유 개개의 재산이 아닌 채무자의 모든 재산에 대한 가압류 · 가처분을 허용할 수 있는지 문제되나, 이 보전처분은 모든 채권자를 위한 포괄집행을 보전하기 위한 것이기 때문에 채무자의 모든 재산에 대해 일반적 · 포괄적인 처분금지를 명할 수 있다고 봄이 타당하다. 이진만, "파산선고전의 보전처분", 재판자료 제82집, 150면.

여야 한다.

3. 채무자는 위 물건에 관하여, 양도, 질권 설정, 그 밖의 처분을 하거나 그 점유를 타인에게 이전하거나 또는 점유명의를 변경하여서는 아니 된다.

4. 집행관은 위 명령의 취지를 적당한 방법으로 공시하여야 한다.

다) 채권가압류

1. 이 사건에 관하여 파산신청에 대한 재판이 있을 때까지 채무자의 제3채무자에 대한 별지 목록 기재 채권을 가압류한다.

2. 제3채무자는 채무자에게 위 채권에 관한 지급을 하여서는 아니 된다.

3. 미리 이 법원의 허가를 받았을 때에는 제2항의 제한을 받지 아니한다.

라) 채무자의 상업장부를 집행관에게 보관시키는 가처분

1. 채무자는 별지 목록 기재의 장부에 대한 점유를 풀고 이를 신청인이 위임하는 집행관에게 보관하여야 한다.

2. 집행관은 이미 기재된 것을 변경하지 않을 것을 조건으로 하여 채무자에게 장부의 사용을 허가할 수 있다.

3. 집행관은 신청인의 신청이 있는 경우에는 신청인에게 장부의 열람을 허가하여야 한다.

이러한 보전처분은 채무자의 행위만 제한할 뿐 파산채권자의 채무자에 대한 강제집행, 가압류·가처분에는 영향을 미치지 않는다. 이를 막기 위해서는 후술하는 바와 같이 '그 밖에 필요한 보전처분'의 일종으로 강제집행 등의 중지를 명하는 내용의 보전처분이 발령되어야 한다.

위 보전처분에 반하여 한 채무자의 행위의 효력은 어떻게 되는가. 이에 관하여는 채권자의 선의·악의를 불문하고 유효하다는 견해도 있으나, 채권자가 악의인 경우에는 무효라고 보는 것이 지배적인 견해이다. 다만 어느 견해에 따르든 채권자가 악의인 경우에는 부인권의(법제391조) 대상이 됨에는 차이가 없다. 그리고 보전처분에 반한 행위를 한 채무자의 대표자 등에 대하여는 손해배상책임을 물을 수 있다.

3) 관련 문제

가) 강제집행절차의 중지를 명하는 보전처분

회생절차에서 명문의 규정을(법제44조) 두고 있는 것과는 달리 파산절차에서는 강제집행 등 중지명령 제도에 관한 명문의 규정은 없으나, 파산선고에 의하여 강제집행은 실효하고 파산선고 직전의 집행행위는 부인의 대상으로 되는 점, 파산이라고 하는 포괄적 강제집행의 직전에 이러한 개별집행을 인정하는 것은 총 채권자의 공평의 견지에서 타당하지 않은 점, 법 제323조 제1항이 단순히 가압 류·가처분뿐만 아니라 '그 밖에 필요한 보전처분'을 명할 수 있다고 규정하고 있어 문언상으로도 보전처분의 대상을 채무자의 작위, 부작위로 엄격하게 한정 할 필요가 없는 점 등을 고려하면, 파산채권자가 신청한 강제집행절차를 중지하 는 내용의 보전처분은 허용된다고 본다.[46] 그 주문례는 다음과 같다.

1. 이 사건에 관하여 파산신청에 대한 재판이 있을 때까지 신청인과 주식회사 ○○ 은행 사이의 ○○지방법원 2019타채○○ 채권압류 및 추심명령[제3채무자 대한 민국 (소관 ○○지방법원 세입세출외 출납공무원)]에 의한 집행절차는 이를 중지 한다.
2. 대한민국(소관 ○○지방법원 세입세출외 출납공무원)은 별지 목록 기재 부동산임 의경매사건에 관하여 주식회사 ○○은행에게 제1항 기재 추심권에 기한 배당금 을 지급하여서는 아니 된다.

강제집행절차의 중지를 명하는 보전처분이 있으면 그 보전처분의 대상인 강제집행절차는 현재의 상태에서 동결되어 그 이상 진행할 수 없게 된다. 위와 같은 보전처분이 발령되면 보전처분 신청인 등 이해관계인은 그 결정문 정본(강 제집행의 일시정지를 명한 취지를 적은 재판의 정본)을 집행법원에 제출함으로써 채 무자 보유 재산에 관한 강제집행절차를 파산신청에 대한 재판이 있을 때까지 정 지시킬 수 있다(민사집행법제49조 제2호). 이에 반하여 진행된 절차는 무효이지만, 집행 또는 집 행행위의 외형을 제거하기 위해서는 집행방법에 관한 이의, 즉시항고 등을 제기 하여야 한다. 다만 강제집행절차의 중지를 명하는 보전처분은 이미 진행된 절차 의 효력을 소급하여 무효로 만드는 것은 아니므로 기왕에 집행된 압류 등의 효 력은 그대로 유지된다.

그러나 집행이 완료된 이후에 그 강제집행절차의 중지를 명하는 보전처분 이 제출된 경우에는 보전처분은 그 목적을 달성할 수 없게 되며 이미 이루어진 집행행위는 그대로 효력을 유지한다. 또한 강제집행절차의 중지를 명하는 보전 처분은 구체적인 절차를 계속하여 진행하려는 것을 중지시키는 효력밖에 없으므 로 새로이 동종 절차의 개시를 신청하는 것은 상관이 없다. 그 절차를 중지하려

---

46) 이진만, "파산선고 전의 보전처분", 재판자료 제82집, 154면; 전병서, 60면. 일본 파산법 제24 조 제1항은 이를 구체화하여 채무자의 재산에 대해 이미 행해지고 있는 강제집행, 가압류, 가처 분, 일반의 선취특권의 실행 또는 유치권(상법, 회사법 규정에 의한 것은 제외) 실행으로서의 경매절차의 중지를 명할 수 있다고 규정하고 있다.

면 새로운 보전처분을 받아야 한다.

파산이 선고되면 재단채권에 대해서도 개별적 강제집행이 허용될 수 없음을 고려하면, 임금채권 등 재단채권에 기한 강제집행절차도 그 집행절차의 중지를 명하는 보전처분의 대상이 된다.[47]

나) 강제집행절차의 금지를 명하는 보전처분

아직 개시되어 있지 아니한 장래의 강제집행을 파산절차에서의 보전처분으로써 일반적으로 금지할 수 있는지에 관한 문제이다. 회생절차에서는 법 제45조 제1항에 의하여 모든 회생채권자 및 회생담보권자에 대하여 강제집행 등의 금지를 명할 수 있으나 파산절차에서는 그와 같은 규정이 없으므로 이 역시 해석에 의해 해결할 수밖에 없다. 채권자가 채무자의 재산을 압류하는 것만으로는 파산재단에 아무런 불이익이 없을 뿐만 아니라 오히려 파산재단에 속하는 재산의 은닉, 멸실, 훼손 방지를 위하여 도움이 될 수도 있으므로 압류까지 금지하는 가처분을 허용할 수는 없을 것이다. 그러나 채권자가 압류에 그치지 아니하고 더 나아가 환가·추심절차까지 진행하는 것은 개별적인 채권 만족을 목적으로 한 것으로서, 총채권자의 공평을 저해할 우려가 있으므로 이를 금지하는 보전처분은 허용되어야 한다.[48] 따라서 장래의 강제집행을 금지하는 보전처분이 발령된 경우 이에 위반한 경매신청 또는 추심명령·전부명령 신청은 부적법하므로 이를 각하하고, 가처분을 간과한 집행은 무효로 보아야 한다.[49]

다) 소송절차의 중지·금지를 명하는 보전처분

강제집행절차 이외에 이미 진행 중인 소송절차를 중지시키거나 향후 제기될 소송절차를 금지하는 내용의 보전처분이 허용될 수 있을지가 문제되나, 파산채권자가 파산신청시부터 파산선고시까지 사이에 소송절차를 통해 개별적으로 채권의 만족을 얻을 가능성이 희박하고, 강제집행중지·강제집행금지를 명하는 보전처분으로도 목적을 달성할 수 있는 점을 고려하면 별도로 이를 인정할 실익

---

47) 다만 파산선고 전에 파산재단에 속하는 재산에 대하여 국세징수법 또는 지방세징수법에 의하여 징수할 수 있는 청구권(국세징수의 예에 의하여 징수할 수 있는 청구권으로서 그 징수우선순위가 일반 파산채권보다 우선하는 것을 포함한다)에 기한 체납처분을 한 때에는 파산선고는 그 처분의 속행을 방해하지 않으므로(법 제349조 제1항), 회생절차와 달리 체납처분의 중지나 금지를 명하는 보전처분은 허용되지 않을 것이다.

48) 일본 파산법 제25조는 중지명령에 의해서는 파산절차의 목적을 충분히 달성하지 못할 우려가 있다고 인정할 만한 특별한 사정이 있는 때에는 이해관계인의 신청에 의하거나 직권으로 파산절차개시신청에 관한 결정이 있을 때까지 모든 채권자에 대하여 채무자의 재산에 대한 강제집행 등의 금지를 명할 수 있다고 규정하고 있다.

49) 서울중앙지방법원 파산부 실무연구회, 도산절차와 소송 및 집행절차, 박영사(2011), 179면.

은 크지 않다.[50]

라) 담보권실행금지 또는 정지를 명하는 보전처분

담보권은 별제권이고 파산절차와는 관계없이 행사할 수 있으므로(법제412조), 파산절차에 부수되는 보전처분에 의해 이를 금지, 정지하는 것은 허용되지 않는다.

마) 제3자 명의의 재산에 대한 보전처분

장차 파산절차가 개시된 후 파산관재인이 부인권을 행사할 것을 전제로 하여 현재 제3자가 소유하는 재산에 대하여 처분금지의 보전처분을 발령할 수 있는가에 관하여는 견해의 대립이 있다. ① 적극설은 보전처분이 장래 파산재단을 구성하게 될 채무자 재산의 보전, 확보를 목적으로 하는 한, 제3자를 명의인으로 하는 보전처분도 허용된다고 보아야 할 것이라고 주장하나, ② 소극설은 법상 파산선고 전의 보전처분은 원칙적으로 채무자의 재산만을 그 대상으로 하고 있으며 제3자 명의의 재산에 대한 보전처분을 인정한다면 보전처분의 상대방이 매우 불안정한 지위에 놓이게 되므로 특별한 규정이 없는 이상 채무자 이외의 제3자의 재산을 대상으로 하는 보전처분은 허용될 수 없다고 주장한다.[51]

4) 책임제한절차의 정지명령

법원은 파산신청이 있는 경우 필요하다고 인정하는 때에는 이해관계인의 신청에 의하거나 직권으로 파산신청에 대한 결정이 있을 때까지 상법 제5편(해상) 및 「선박소유자 등의 책임제한절차에 관한 법률」에 의한 책임제한절차의 정지를 명할 수 있다. 다만 책임제한절차개시의 결정이 있는 경우에는 정지를 명할 수 없다(법 제324조 제1항). 책임제한절차는 채무자의 재산 일부에 대한 파산절차로서 개시결정이 내려질 경우 전체 파산재단 중 일부가 이탈됨으로써 제한채권자 이외의 다른 모든 파산채권자들의 이익을 해칠 우려가 있고, 책임제한절차가 개시되기 전에 그 채무자에게 파산이 선고되면 책임제한절차개시신청 역시 각하되는 점을 고려하면(선박소유자 등의 책임제한절차에 관한 법률 제17조 제2호), 이해관계인으로서는 책임제한절차의 재원으로 사용될 재산을 전체 채권자를 위한 파산재단으로 사용하기 위해 보전처분의 일종인 책임제한절차 정지명령제도를 활용할 실익이 있다.

---

50) 한편 일본 파산법 제24조 제1항 제3호는 채무자의 재산관계에 관한 소송절차도 중지명령의 대상이 된다고 규정하고 있다.

51) 한편 종래 일본의 판례와 다수설은 소극설을 따르고 있었으나, 일본 파산법 제171조는 재판소는 파산절차개시신청이 있는 때부터 당해 신청에 관한 결정이 있기까지의 사이에 부인권을 보전하기 위하여 필요하다고 인정하는 때에는 이해관계인의 신청에 의하여 또는 직권으로 가압류, 가처분 그 밖의 필요한 보전처분을 명할 수 있다고 규정함으로써, 입법으로 해결하였다.

2. 파산관재인 선정 및 사전 협의

가. 선정시기

채무자 심문 등을 통하여 파산선고 요건이 갖추어졌다고 판단되고 파산선고를 하기로 한 경우에는 예납금이 납부된 것을 확인한 후 즉시 파산선고와 동시에 선임할 파산관재인 선정에 착수한다. 파산관재인 선임에 있어서는 그 수와 자격이 문제된다.

나. 파산관재인의 수

파산관재인은 1인으로 하는 것을 원칙으로 한다. 다만 법원이 필요하다고 인정하는 때에는 여럿의 파산관재인을 선임할 수 있다(법제356조). 필요하다고 인정되면 1인의 파산관재인을 선임한 후 추가로 파산관재인을 선임할 수도 있다([기재례 31]). 여럿의 파산관재인이 선임된 사례로는, 2000. 12. 20. 법률 제6281호로 제정된 「공적자금관리 특별법」 제20조 제1항에서[52] 예금보험공사 또는 그 임직원을 파산관재인으로 선임하도록 규정하고, 같은 법 부칙(2000. 12. 20.) 제3조에서 법원은 공적자금의 효율적인 회수가 필요한 때에는 위 법 시행 당시 파산절차가 진행 중인 부보금융기관에 대하여 위 법 시행일부터 3월 이내에 예금보험공사 또는 그 임직원을 파산관재인으로 추가 선임하도록 규정함에 따라, 구 파산법 제148조 단서(현행법 제356조 단서에 해당하는 규정이다)에 따라 예금보험공사 또는 그 임직원과 변호사가 공동으로 파산관재인으로 선임된 경우가 있었다(서울중앙지방법원은 2007. 11. 28. 기준으로 예금보험공사와 변호사가 공동파산관재인으로 선임되어 있던 7개 파산사건에 대하여 모두 예금보험공사 단독 파산관재인으로 변경하였다).

그 밖에 여럿의 파산관재인을 선임하는 것이 필요한 경우로는 영업을 계속하는 대형 건설회사와 같이 이해관계인이 다수이고 전국적으로 분포되어 있으며 그 권리 관계가 복잡하고, 파산재단에 속하는 재산도 전국 여러 곳에 분산된 형태의 대형 파산사건을 들 수 있을 것이다. 그러나 파산관재인을 여럿 선임하게 되면 파산관재인들이 공동으로 그 직무를 수행하여야 하므로(법제360조), 만약 파산관

---

52) 「공적자금관리 특별법」 부칙(2000. 12. 20.) 제2조에 의하여 같은 법 제20조에 의한 파산절차의 특례는 같은 법 시행일(2000. 12. 20. 공포되어 같은 날 시행되었다)로부터 5년간 효력을 가지나, 그 규정에 의하여 법원으로부터 선임된 파산관재인에 대하여는 당해 파산재단의 파산절차가 종료할 때까지 그 효력을 가진다.

재인 사이에 의견대립이 있을 경우 관재업무의 신속한 처리를 저해할 우려가 있고, 업무가 방대하고 복잡한 경우 파산관재인으로서는 파산관재인대리나(^법_{제362조}) 개별 대리인을 활용할 수 있으므로, 서울회생법원은 실무상 여럿의 파산관재인을 선임한 사례가 없다.

다. 파산관재인의 자격

1) 변호사 선임의 원칙

파산관재인의 자격에 관하여 법은 아무런 정함이 없다. 법인도 파산관재인이 될 수 있고,[53] 이 경우 그 법인은 이사 중에서 파산관재인의 직무를 행할 자를 지명하고 법원에 신고하여야 한다(^{법 제355조}_{제2항}).

그러나 서울회생법원에서는 다음과 같은 이유로 변호사를 파산관재인으로 선임하는 것을 원칙으로 하고 있다.

첫째, 관재업무에는 법률지식이 필요하다. 파산절차는 청산형 절차이지 재건형 절차가 아니므로, 사업경영 수완보다는 법률적인 사무처리능력이 필요하다. 사업당사자들의 이해가 복잡하게 얽혀 있어 법률문제가 많이 발생하고, 특히 소송당사자로 되어 부인권의 행사, 채권확정에 관한 소송에 대한 응소, 배당표 작성 등을 하여야 할 경우가 생긴다.

둘째, 비용을 절감하고 절차를 신속히 처리한다는 뜻이 있다. 위와 같은 법률문제의 해결과 소송의 수행에 전부 변호사를 선임한다면 재단채권이 증가하여 파산재단 중 다른 재단채권자나 파산채권자에게 돌아갈 몫이 줄어들게 되고, 절차의 신속한 처리가 방해될 수 있다(물론 원격지에서의 소송, 특허·조세·행정·노동 등 특수분야의 소송, 그 밖에 파산관재인이 직접 수행하기에 적절하지 않은 소송 등은 필요한 경우 별도로 소송대리인을 선임하고 있다. 파산관재인의 소송대리인 선임에 관한 자세한 내용은 제5장 제1절 5. 참조).

셋째, 공정하고 중립적인 업무수행이 필요하다. 파산사건을 둘러싼 당사자들의 복잡한 이해관계를 공정하게 조정하기 위하여는 중립적인 지위에 있는 변호사를 파산관재인으로 선임하는 것이 적절하다.

넷째, 보수의 문제도 있다. 서울회생법원에서는 파산관재인의 보수를 배당 시기에 맞추어 재단수집·환가액에 비례하여 지급하는 것을 원칙으로 하고 있는

---

53) 예금자보호법 제35조의8 제1항도 예금보험공사 또는 그 임직원을 파산관재인으로 선임하도록 규정하고 있다.

데, 별도의 고정적인 수입원이 없는 사람에게 이와 같은 보수체계는 부적절하다.

2) 구체적인 선정 기준

파산관재인으로 적절한 변호사인지 아닌지는 다음의 기준에 의하여 판단한다.

첫째, 채권자 수가 많고, 채무액이 다액이며 이해관계가 복잡하게 얽혀 있는 대형 파산사건의 경우에는 파산관재인의 경험이 있는 중견 변호사가 적당하고, 비교적 간단한 사건은 젊은 변호사에게 맡겨 경험을 쌓게 한 후 점점 복잡한 사건을 맡기는 식으로 처리하는 것이 좋다.

둘째, 기존에 수행하고 있는 사건이 너무 많은 변호사는 부적당하다. 관재업무는 특히 그 초기 단계에서 상당한 시간과 노력이 필요하므로, 자칫하면 관재업무가 소홀히 될 수 있기 때문이다.

셋째, 이해관계인을 설득하고 조정하는 데 뛰어난 능력을 갖춘 변호사가 좋다. 파산관재인으로 선임되어 부닥치게 되는 가장 현실적인 문제는 이해관계인의 무리한 요구를 어떻게 설득하고 조정하는가 하는 것이다. 때로는 조직폭력배의 위협이나 공사수급업체 근로자들의 하소연, 채무자의 저항 내지 비협조에 수시로 적절하게 대처하여야 하는 일도 생기게 된다. 따라서 채무자나 채권자들과 이해관계가 없어야 한다.

그 밖에 성실·공평·청렴하며 관재업무에 관한 법적·경제적 지식과 경험이 있고, 적극적·활동적·의욕적인 인물이 바람직스러운 것은 두말할 나위도 없다.

서울중앙지방법원은 2009년까지는 서울지방변호사회에 파산관재인 후보의 추천을 의뢰하는 등 미리 파산관재인 적임자를 물색하여 후보자명부를 작성하여 두고 파산관재인 선임에 활용하였다. 그러나 2009년 이후 법인 파산사건이 큰 폭으로 증가함에 따라 관재업무의 충실, 효율, 통일을 도모하기 위하여 유능한 파산관재인 후보들을 확보하고 전문성을 제고할 필요성이 대두되었다. 이에 따라 서울중앙지방법원은 2010년 2월 법인 파산관재인단을 구성하였고, 2012년 10월 법인 파산관재인 선임절차의 공정성, 투명성을 제고하기 위해 서울중앙지방법원 파산부 법인파산실무준칙 제2호로 「법인 파산관재인의 선임 등에 관한 준칙」[(참고자료 14)]을 제정하여, 기존 법인 파산관재인단 구성원을 법인 파산관재인 후보자명부에 등재하고 후보자명부에 등재된 변호사 중에서만 파산관재인을 선임하였다.

현재 서울회생법원에서는 파산관재인 후보자 명단 관리위원회를 두어 후보
자 명단을 작성·관리하는 한편, 매년 2회 후보자에 대한 평가표를 작성하고 1
회 이상 평정을 실시하여 업무수행의 적정성이 미흡한 후보자를 명단에서 삭제
하고 있다(서울회생법원 실무준칙 제301호 「파산관재인의 선정 및 평정」 제2조 내지 제
7조 참조)[(참고자료 18)].[54]

3) 파산관재인의 자격에 관한 특별규정

가) 예금보험공사 또는 그 임직원

예금자보호법 제35조의8 제1항에 의하면 법원은 예금보험공사가 보험금 지
급 또는 자금지원을 하는 부보금융회사가 파산한 경우 지원자금 등을 효율적으
로 회수할 필요가 있을 때에는 법 제355조 및 파산관재인 선임에 관한 관련 법
률에 불구하고 예금보험공사 또는 그 임직원을 파산관재인으로 선임하여야 한다.

서울중앙지방법원은 2007. 11. 28. 이전까지는 사안에 따라 예금보험공사 또
는 그 직원을 단독 파산관재인으로 선임하거나 예금보험공사 직원과 변호사를
공동파산관재인으로 선임하기도 하였으나, 이후부터는 예금보험공사만을 단독
파산관재인으로 선임하였다.

나) '금융전문가'

「금융산업의 구조개선에 관한 법률」 제15조 제1항 전문에 의하면 금융위원
회는 같은 법 제2조 제1호 소정의 금융기관이 파산한 경우 법 제355조에도 불
구하고 대통령령으로 정하는 금융전문가, 예금보험공사의 임직원 중에서 1명을
파산관재인으로 추천할 수 있으며, 법원은 금융위원회가 추천한 사람이 금융 관
련 업무지식이 풍부하며 파산관재인의 직무를 효율적으로 수행하기에 적합하다
고 인정되면 파산관재인으로 선임하여야 한다. 이 경우 금융위원회는 그 금융기
관이 예금자보호법 제2조 제1호에 따른 부보금융회사로서 예금보험공사 또는 정
리금융회사가 그 금융기관에 대하여 대통령령으로 정하는 최대채권자에 해당하
면 예금보험공사의 임직원을 추천하여야 한다.[55] 만일 금융위원회가 추천한 사

---

54) 서울회생법원은 파산관재인의 신속한 관재업무 진행을 독려하기 위하여, 파산관재인 선임시
원칙적으로 법인 파산관재인 후보자 명단에 등재된 후보자 전원에게 특별한 사정이 없는 한 균
등한 선임 기회가 부여되도록 하되, 후보자가 수행하고 있는 관재업무의 과중도, 후보자와 해당
파산사건과의 이해관계 유무, 사건의 난이도, 후보자의 업무능력과 성실도, 경험, 전문성, 파산관
재인 대리인의 선임 여부 및 대리인의 수, 후보자가 파산관재인으로 선임된 다른 파산사건의
선임시기, 파산원인, 채무자의 자산과 부채 규모, 법원의 사건 관리·감독의 효율성 등을 고려하
여 파산관재인을 선임하고 있다(서울회생법원 실무준칙 제301호 「파산관재인의 선정 및 평정」
제4조 제1항, 제2항). 파산관재인 후보자명부에 관하여는 이희준, "파산관재인 후보자명부에 관
한 연구", 도산법연구 제3권 제2호, 사단법인 도산법연구회(2012), 49면 이하.

람이 적합하지 아니한 경우에는 은행법 제57조의 취지에 비추어 법원이 직권으로 제3자를 파산관재인으로 선임하는 것은 적절하지 않으므로, 적임자를 다시 추천받는 것이 옳을 것이다. 금융전문가를 파산관재인으로 추천하는 위 규정은 예금자보호법이 적용되지 않는 금융기관의 파산사건에 한하여 적용될 것이다.[56]

다) 신용협동조합법 제88조의2 등

신용협동조합법 제88조의2는 금융위원회는 신용협동조합이 파산되는 때에는 법원에 파산관재인을 추천할 수 있다고 규정하고 있다.[57] 그러나 「금융산업의 구조개선에 관한 법률」과 달리 법원이 그 추천자를 파산관재인으로 선임해야 한다는 것까지 규정하고 있지는 않으므로, 법원이 금융위원회의 추천에 구속되는 것은 아니다.[58] 이와 마찬가지로 「농업협동조합의 구조개선에 관한 법률」 제10조 제2항, 「수산업협동조합의 구조개선에 관한 법률」 제15조 제2항, 「산림조합의 구조개선에 관한 법률」 제14조 제2항은 조합이 파산한 경우 관리기관이 기금관리위원회의 의결을 거쳐 중앙회의 임직원 중에서 1명을 파산관재인으로 추천할 수 있다고 규정하고 있으나, 법원이 관리기관의 추천에 구속되는 것은 아니다. 새마을금고법 제80조의5도 행정안전부장관은 새마을금고가 파산한 때에는 법원에 파산관재인을 추천할 수 있다고 규정하고 있으나, 법원이 추천에 구속되지 아니하는 것은 같다.

4) 파산관재인이 되기에 부적절한 자의 예

파산절차 내에서 파산관재인의 지위와 그 권한·의무를 고려할 때, 성질상 파산선고를 받은 자나 그에 준하는 자, 파산채권자, 그 밖의 이해관계인 또는 이들의 친족, 대리인 등은 피선임자격이 없다고 본다. 이와 비슷한 사유로, 파산선고를 받은 자와 자문계약을 체결한 자문변호사, 현재 소송대리를 하는 소송대리인 등도 파산관재인이 될 수 없다. 대체로 파산선고를 받은 채무자 또는 그 이해관계인(특히 다액 채권자)이 추천하는 사람은 관재업무의 공정을 해할 우려가

---

55) 「금융산업의 구조개선에 관한 법률」 제15조 제2항에 의하면, 금융위원회는 파산관재인의 추천을 금융감독원장에게 위탁할 수 있다.

56) 「금융산업의 구조개선에 관한 법률」 제2조 제1호의 금융기관 중 예금자보호법이 적용되지 않는 금융기관으로는 「자본시장과 금융투자업에 관한 법률」에 따른 집합투자업자, 투자자문업자, 투자일임업자, 신탁업자, 「금융지주회사법」에 따른 금융지주회사가 있다.

57) 2019. 1. 15. 법률 제16292호로 개정된 신용협동조합법 제88조의2는 신용협동조합중앙회장은 신용협동조합이 파산되는 때에는 기금관리위원회의 의결을 거쳐 신용협동조합중앙회의 임직원 중에서 1명을 법원에 파산관재인으로 추천할 수 있다고 규정하고 있다.

58) 서울중앙지방법원은 신용협동조합이 파산한 2010하합39 사건(서강신용협동조합)에서 금융위원회의 추천에도 불구하고 그와 달리 파산관재인을 선임한 사례가 있었다.

있으므로 파산관재인으로 선임하지 않는 것이 좋다.

파산관재인의 자격과 관련하여, 청산절차를 거쳐 파산에 이르게 된 금융기관의 경우 그 청산인이 파산관재인으로 적절한가의 문제가 제기되었다. 청산인은 파산선고와 동시에 파산선고를 받은 채무자에 준하는 지위를 가지게 되고, 채무자에 준하는 자에게 부과되는 여러 의무를 부담하게 된다. 따라서 채무자에 준하는 자인 청산인을 파산관재인으로 선임하는 것은 원칙적으로는 부적절하다. 그러나 법원이 선임한 변호사가 청산인으로 선임된 경우에는 관재업무의 공정성을 해할 우려가 상대적으로 적으므로 파산관재인으로 선임하여도 큰 문제는 없을 것이다.

라. 사전 협의 및 파산선고일 결정

파산관재인으로 선임할 후보자에게 채무자의 현황을 미리 파악하고, 취임 후 즉시 파산재단에 속하는 재산의 점유 및 관리에 착수할 수 있도록 파산선고 전에 사건기록을 열람하도록 한다. 특히 파산선고일 당일에 처리하여야 할 일에 관하여 주의하도록 하고, 파산선고와 동시에 취하여야 할 긴급한 사항(점유·관리, 긴급처리사항, 파산공고문 부착 등)이 있으면 이에 관하여 협의한다.

파산선고 일시는 파산관재인과 상의하여, 파산관재인이 바로 채무자의 사무소에 가서 점유·관리에 착수할 수 있는 날로 정한다. 파산관재인에게 사건 파악 및 준비를 위한 시간적 여유를 주도록 한다.

마. 선임절차

1) 파산관재인 추천의뢰 등

예금자보호법에는 파산관재인의 추천절차에 관하여 아무런 규정을 두고 있지 않으나, 법원은 부보금융회사가 파산한 경우 예금보험공사에 대하여 파산관재인의 추천을 의뢰하고 있다. 한편 「금융산업의 구조개선에 관한 법률」 제15조 제1항에 의하면 법원은 금융기관이 파산한 경우에는 금융위원회가 추천한 사람이 '금융 관련 업무지식이 풍부하며 파산관재인의 직무를 효율적으로 수행하기에 적합하다고 인정'하면 파산관재인으로 선임하여야 한다.

예금보험공사 또는 금융위원회에 대한 추천의뢰는 채무자의 심문기일 지정과 동시에 한다. 아울러 예금보험공사에 대하여는 추천의뢰와 함께 지원자금 등의 효율적인 회수 필요성이 있다는 점에 대한 소명자료와 파산관재인 후보에 관한 자료의 제출을 요구하고 있다([기재례 11]). 회신기간은 약 2주 후로 정한다.

  2) 관리위원회 의견조회

  파산관재인은 법원이 직권으로 선임하는 경우나 추천에 의하여 선임하는 경우 모두 관리위원회의 의견을 들어 선임하므로 법원은 파산선고에 앞서 관리위원회에 파산관재인의 선임에 대한 의견조회를 거쳐야 한다($^{법\ 제355조}_{제1항}$)([기재례 12]).

3. 채권신고기간 및 채권조사기일 결정에 관한 의견조회

  법원은 파산선고와 동시에 채권신고기간 및 채권조사기일을 정하여야 하는데($^{법\ 제312조\ 제1항}_{제1호,\ 제3호}$), 금융기관 파산의 경우에는 특칙이 있다. 즉 「금융산업의 구조개선에 관한 법률」 제2조 제1호 소정의 금융기관이 파산한 경우에는 법원이 법 제312조에 따라 채권신고의 기간과 채권조사의 기일을 정할 때에는 미리 파산참가기관의 의견을 들어야 하므로($^{금융산업의\ 구조개선에}_{관한\ 법률\ 제18조}$), 그에 관한 의견을 조회하여야 한다([기재례 13]). 파산참가기관은 「금융산업의 구조개선에 관한 법률」 제2조 제4호에 규정되어 있는 예금보험공사 또는 금융감독원을 말한다. 파산참가기관은 파산선고의 송달을 받은 경우에는 알고 있는 예금채권에 대하여 지체 없이 예금자표를 작성하여 채권신고기간의 말일까지 예금자가 열람할 수 있게 하고, 채권신고기간이 지난 후 지체 없이 예금자표를 법원에 제출하여야 하므로($^{금융산업의\ 구조개선에}_{관한\ 법률\ 제20조,\ 제21조}$), 채권신고기간 및 채권조사기일을 정할 때 그 의견을 듣도록 한 것이다(금융기관 등이 파산한 경우 채권신고 등에 관한 특별규정의 자세한 내용은 제8장 제2절 6. 참조).

4. 파산관재인 선임증의 작성

  파산관재인은 파산선고와 동시에 선임되고($^{법\ 제312조}_{제1항}$), 파산선고 결정서에 기재하며 따로 파산관재인 선임결정서를 작성하지는 않는다. 다만 파산관재인의 사임 · 해임 · 사망 등의 사유로 후임 파산관재인을 선임하거나 추가로 파산관재인을 선임하는 경우에는 별도의 파산관재인 선임결정서를 작성한다. 파산관재인의 성명 및 사무소는 공고 및 송달의 내용이 되고, 그 변경이 있는 경우에도 마찬가지이다($^{법\ 제313조}_{제3항}$).

  법원은 파산관재인에게 그 선임을 증명하는 서면을 교부하여야 한다. 파산관재인은 파산선고일에 법원에 출석하여 법원으로부터 파산관재인 선임증을 교부받음과(^{법 제357조}_{제1항}) 동시에 그 직에 취임한다. 파산관재인은 그 직무를 행하는 경우 이해관계인의 청구가 있는 때에는 그 선임을 증명하는 서면을 제시하여야 한다(^{법 제357조}_{제2항}).

法 人 破 産 實 務

제 4 장

· · ·

파산선고와
그 효과

제 1 절 파산선고

1. 파산선고의 내용

파산선고는 결정으로 채무자에게 파산선고를 한다는 취지를 선언하는 것이다. 결정의 주문은 다음과 같다.

채무자에 대하여 파산을 선고한다.

결정의 이유에는 일반적으로 채무자의 개요, 지급불능 또는 부채초과에 이르게 된 경위 등을 기재한다. 결정문에는 파산선고의 연·월·일뿐 아니라 시각도 기재하여야 하는데(법 제310조), 이것은 파산선고가 그 결정의 확정을 기다리지 않고 선고를 한 때부터 효력이 생기므로(법 제311조),[1] 그 시점을 명확하게 할 필요가 있기 때문이다. 실무상 결정문에 기재된 시각 전에 결정문을 작성하여 재판부의 기명날인을 완성하고 그 직후 채무자와 파산관재인에게 파산선고 결정을 고지함으로써 결정문에 기재된 시각과 실제 파산선고시가 일치되도록 하고 있다([기재례 14], [기재례 15], [기재례 16]).

2. 파산선고와 동시에 하여야 하는 결정

가. 간이파산 결정

파산재단에 속하는 재산액이 5억 원 미만이라고 인정되는 때에는 법원은 파산선고와 동시에 간이파산의 결정을 하여야 한다(법 제549조 제1항)([기재례 17]). 결정의 주문은 다음과 같다.

---

1) 이 경우 '선고를 한 때'는 법원이 파산선고의 효력발생 시점으로 정하여 파산선고 결정문에 기재한 시각을 의미한다고 본다. 전병서, 69면. 참고로 일본 파산법 제30조 제2항은 파산절차개시결정은 그 '결정시'부터 효력이 생긴다고 규정하고 있는데, '결정시'가 구체적으로 무엇을 의미하는지에 대해 논란이 있으나, 다수설은 결정서에 기재된 시점을 말한다고 본다. 伊藤眞, 164면; 條解破産法, 255-258면. 이와 관련하여 독일 파산법 제27조 제2항 제3호는 도산절차개시결정에 개시시점을 기재하도록 하고 있고, 같은 조 제3항은 그 시간의 기재가 없으면 12:00가 개시시점이라고 규정하고 있으며, 사전에 판사의 서명이 있으면 그 결정서에 기재된 시점에 효력이 발생한다고 보고 있다. Pape, 306, 307면.

이 사건 파산을 간이파산으로 한다.

간이파산에 관하여는 아래와 같은 몇 가지 특칙이 정해져 있다.

① 제1회 채권자집회의 기일과 채권조사의 기일은 부득이한 사유가 있는 때를 제외하고는 이를 병합하여야 한다(제552조).

② 감사위원을 두지 아니한다(제553조).

③ 제1회 채권자집회의 결의와 채권조사 및 계산보고를 위한 채권자집회의 결의를 제외하고는 법원의 결정으로 채권자집회의 결의에 갈음한다(제554조).

④ 배당은 1회로 하며, 최후의 배당에 관한 규정에 의한다. 다만 추가배당을 할 수 있다(제555조).

구 파산법에 의하면 소파산(현행법의 간이파산에 해당한다)절차에 관한 공고는 관보에 게재하여야 하고(구 파산법 제338조) 일간신문에 게재할 필요가 없었으므로 실무상 공고료 절감을 위하여 파산절차 중에도 파산재단에 속하는 재산액이 소파산의 요건에 해당하는 사실을 발견한 때에는 소파산의 결정을 하여 왔다. 그러나 현행법은 간이파산의 결정을 하지 않더라도 관보에의 게재 또는 전자통신매체를 이용한 공고를 이용할 수 있으므로(규칙 제6조) 실무상 공고료 절감을 위하여 간이파산 결정을 할 필요성은 없어졌다.

나. 파산관재인 선임

파산선고와 동시에 파산관재인을 선임하는 경우 파산선고 결정문에 그 취지를 기재한다. 서울중앙지방법원은 파산절차의 신속한 진행을 도모하기 위한 일환으로 2008년 말경 파산관재인의 임기제를 도입하였다. 즉, 법원의 파산관재인 선임 권한에 임기설정권이 포함되어 있다고 보아 임기의 종기를 파산선고일로부터 2년 후 최초로 도래하는 6월 말일 또는 12월 말일로 정하여 파산관재인의 임기가 2년 정도 되도록 정하고 있다.[2] 파산관재인의 임기는 파산선고 결정문과 파산관재인 선임증에 명시한다. 실무상 관재업무의 편의를 위하여 결정문 등에는 파산관재인의 주소 대신 파산관재인의 사무소 소재지만 기재한다. 결정의 주문은 다음과 같다.

---

2) 임기종료시 원칙적으로 새로운 파산관재인을 선임할 수 있도록 함으로써 관재업무에 태만한 파산관재인을 개임할 수 있게 함과 아울러 임기종료 전 파산절차 종료를 독려함으로써 파산절차의 장기화 방지를 도모하고 있다.

변호사 ○○○(○○○○. ○. ○.생, 서울 ○○구 ○○로 ○○[3])를 파산관재인으로 선임한다.

파산관재인의 임기를 ○○○○. ○. ○.까지로 한다.

다. 채권신고기간 결정, 제1회 채권자집회 기일, 채권조사기일 결정

채권신고기간은 파산선고를 한 날로부터 2주 이상 3개월 이하, 제1회 채권자집회의 기일은 파산선고를 한 날로부터 4개월 이내, 채권조사의 기일은 채권신고기간의 말일로부터 1주 이상 1개월 이하의 기간 내에서 정하여야 하고 (법제312조제1항), 제1회 채권자집회의 기일과 채권조사의 기일은 병합할 수 있다 (법제312조제2항). 그 기간과 기일에 관한 규정은 훈시규정이다.[4] 서울회생법원은 통상 채권신고기간은 파산선고일로부터 4주 전후로(채권신고기간에 관한 자세한 내용은 제8장 제2절 2. 다. 참조), 제1회 채권자집회와 채권조사기일은 채권신고기간 말일로부터 1개월 이내로 정하고 있는데(채권조사의 일반기일 지정에 관한 자세한 내용은 제8장 제3절 2. 가. 참조), 채권자 수가 매우 많은 경우에는 채권신고기간을 파산선고일로부터 3개월 이하의 기간 내에서 1개월보다는 더 긴 기간으로 지정한다. 실무상 제1회 채권자집회의 기일과 채권조사의 기일은 특별한 사정이 없는 한 병합한다. 결정의 주문은 다음과 같다.

채권신고기간을 ○○○○. ○. ○.까지로 한다.
제1회 채권자집회와 채권조사의 기일 및 장소를 ○○○○. ○. ○. ○○:○○ 서울법원종합청사 3별관 제1호 법정으로 한다.

라. 법 제492조 단서 금액의 결정

파산관재인이 법 제492조 제7호 내지 제15호에 해당하는 행위 중 그 가액이 1천만 원 미만으로서 법원이 정하는 금액 이상인 행위를 할 때에는 법원의 허가를 받아야 하는바(파산관재인이 법원의 허가를 받아야 하는 행위에 관한 자세한 내용은 제12장 제3절 참조), 파산관재인이 관재업무를 신속하게 처리할 수 있도록

---

3) 파산관재인의 사무소 소재지를 기재한다.
4) 참고로 일본 파산법 제31조 제1항은 파산선고와 동시에 채권신고기간, 재산상황보고집회기일, 채권조사기간·기일을 정해야 한다고 하면서도 같은 조 제2항은 파산재단으로 파산절차비용을 변제하기 부족할 우려가 있다고 인정되는 때에는 채권신고기간과 채권조사기간·기일을 정하지 않을 수 있고, 같은 조 제4항은 알고 있는 채권자의 수와 그 밖의 사정을 고려하여 재산상황보고집회기일을 정하지 않을 수 있다고 규정하고 있다.

하기 위해 서울회생법원은 실무상 여기서 말하는 '법원이 정하는 금액'을 파산선고와 동시에 정하고 그 금액은 300만 원으로 하고 있다. 결정의 주문은 다음과 같다.

채무자 회생 및 파산에 관한 법률 제492조 단서의 금액을 300만 원으로 한다.

다만 예금자보호법 제35조의8 제1항 등에 의하여 예금보험공사가 보험금 지급 또는 자금지원을 하는 부보금융회사가 파산하여 예금보험공사가 파산관재인으로 선임된 경우에는 법 제492조를 적용하지 아니하므로(예금자보호법 제35조의8 제2항,), 위 결정을 할 필요가 없다.

3. 파산선고 당일의 절차

파산선고 당일에는 채무자의 대표자와 파산관재인을 법원으로 출석시켜 파산선고 결정 및 그와 동시에 한 결정(파산관재인의 선임, 채권신고기간, 제1회 채권자집회의 기일 및 채권조사기일 등)을 고지한 다음, 채무자의 대표자에게는 법원이 필요하다고 인정하는 때에는 구인될 수 있고(법 제320조, 제319조), 파산관재인의 요청에 의하여 파산에 관하여 필요한 설명을 하여야 하며(법 제321조), 일정한 경우 처벌받을 수 있음을(별 제6편) 알리면서, 파산관재인의 관재업무에 적극 협조할 것을 당부한다. 또 서울회생법원은 채무자의 대표자로부터 ① 파산신청서 및 보정서에 기재된 내용이 진실하고, ② 신청대리인에게서 법 제650조 내지 제653조, 제658조의 처벌규정에 관한 설명을 들었으며, ③ 향후 파산관재인의 업무수행에 적극 협조하고, ④ 제1회 채권자집회에 출석하겠다는 내용이 기재된 서약서에 서명을 받고, 같은 취지의 안내문을 교부하고 있다.

파산관재인에게는 그 선임을 증명하는 서면인 선임증의 원본을 교부하고(법 제357조 제1항)([기재례 20]), 즉시 채무자의 사무소 등 현장을 방문하여 파산재단에 속하는 재산의 점유·관리에 착수할 것을 권고한다.

파산관재인은 파산선고 당일 사용인감을 만들어 법원에 신고하고(파산관재인의 인감에는 채무자의 상호와 '파산관재인'의 직위가 반드시 기재되어야 한다),[5] 파산재

---

5) 파산관재인은 인감에 직위를 '대표이사'로 표시하면 안 된다. 파산관재인이 파산재단에 속하는

단에 속하는 재산의 점유·관리에 착수해야 한다(파산재단의 점유·관리에 관한 자
세한 내용은 제6장 참조). 파산관재인은 즉시 채무자의 근로자에 대해 해고통지를
하고, 어느 범위 내에서 재고용하여 보조인으로 활용할 것인지 파악한다. 누구를
보조인으로 활용할지, 임금 수준은 어느 정도로 정할지는 채권자의 이해에 영향
을 미치는 중요한 사항이므로 법원의 지도를 받아 결정하도록 한다(보조인의 활
용에 관한 자세한 내용은 제5장 제1절 4. 다. 참조). 일상적인 경비지출도 1주일 정도
중지하고 지출의 필요성 유무를 시간을 가지고 검토하도록 한다.

제 2 절 파산선고 후의 후속 조치

1. 공   고

　법원은 파산선고를 한 때에는 즉시 ① 파산결정의 주문, ② 파산관재인의
성명과 사무소(실무상 관재업무의 편의를 위하여 파산관재인의 주소 대신 파산관재인
의 사무소 소재지만 기재한다), ③ 채권신고기간 및 제 1 회 채권자집회의 기일, 채
권조사의 기일, ④ 파산선고를 받은 채무자의 채무자와 파산재단에 속하는 재산
의 소유자는 파산선고를 받은 채무자에게 변제를 하거나 그 재산을 교부하여서
는 아니 된다는 뜻의 명령, ⑤ 파산선고를 받은 채무자의 채무자와 파산재단에
속하는 재산의 소유자에 대하여 채무를 부담하고 있다는 것, 재산을 소지하고
있다는 것, 소지자가 별제권을 가지고 있는 때에는 그 채권을 가지고 있다는 것
을 일정한 기간 안에 파산관재인에게 신고하여야 한다는 뜻의 명령을 공고하여
야 한다($^{법\ 제313조}_{제1항}$). 위 사항은 관보에의 게재 또는 대법원규칙이 정하는 방법에 의
하여 공고하여야 한다($^{법\ 제9조}_{제1항}$)([기재례 21]). 법상 공고는 관보에 게재된 날의 다음
날 또는 대법원규칙이 정하는 방법에 의한 공고가 있은 날의 다음 날에 그 효
력이 생기는 것과는($^{법\ 제9조}_{제2항}$) 달리, 파산은 선고한 때부터 즉시 그 효력이 생긴다
($^{법}_{제311조}$)(다만 즉시항고기간은 공고의 효력이 발생한 날부터 진행하므로, 공고가 있은 날
의 다음 날 0시부터 기산한다. 공고에 관한 자세한 내용은 제2장 제3절 2. 나. 참조).

재산에 관한 채무자의 관리처분권을 이전받게 되지만, 파산재단과 무관한 사항에 관하여는 대
표자가 아니기 때문이다.

2. 송   달

법원은 파산선고를 한 때에는 즉시, 파산선고 시점에 알고 있는 채권자,[6] 채무자 및 재산소지자(파산재단에 속하는 재산의 소유자)에게 공고하여야 하는 사항을 기재한 서면을 송달하여야 한다(법 제313조 제2항)([기재례 22]).[7] 여기서 말하는 채권자에는 파산채권자뿐만 아니라 재단채권자, 별제권자, 환취권자 모두 포함된다. 실무상 재단채권자임이 명백한 조세채권자 등에 대하여는 재단채권의 행사에 관한 별도의 통지서를 발송하고 있다(이에 관하여는 제8장 제2절 1. 참조)([기재례 23], [기재례 24]).

법의 규정에 의한 재판은 직권으로 송달하여야 하지만(법 제8조 제1항), 법원은 도산절차의 신속한 진행을 위하여 파산관재인으로부터 필요한 업무의 보조를 받을 수 있으므로(규칙 제8조), 실무에서는 파산관재인에게 파산선고 직후 지체 없이 채권자 등의 성명, 주소 등을 정확히 파악하도록 한 후에 파산관재인이 직접 또는 그 보조자들의 도움을 얻어 공고하여야 하는 사항을 기재한 서면을 채권자 등에게 발송하도록 하고 있다.[8] 송달은 서류를 우편으로 발송하여 하는 발송송달의 방법으로 한다.[9] 이때 채권자 등에 대한 통지서 외에 파산채권신고서 양식([기재례 48]), 파산채권신고에 관한 주의사항([기재례 49])을 동봉한다. 외국인에게는 국제우편을 이용하여 영문으로 작성된 통지서를 송달한다.

---

6) '알고 있는 채권자'란 파산선고 당시 사건기록상 이름, 명칭, 주소, 사무소 등이 판명된 채권자를 의미하는데, 파산선고 후 인적사항이 판명된 채권자에게도 통지해야 한다는 견해가 있다. 條解破産法, 279면.

7) 공고와 송달을 모두 하여야 하는 경우 송달은 발송송달로 할 수 있으나(법 제11조 제1항), 송달할 장소를 알기 어려울 때 등 일정한 경우에는 발송송달도 불가능하다. 다만 이 경우에도 송달 자체를 생략할 수는 없으므로, 송달요건을 충족하기 위하여 법 제10조 제1항에 따라 송달에 갈음하는 공고 결정을 할 수 있다. 그러나 서울회생법원은 파산선고의 송달의 경우에는 채무자의 관계 서류 확인을 통해 송달할 장소를 파악할 수 있는 점, 송달 내용이 파산선고·파산관재인에 관한 사항·채권신고기간·제1회 채권자집회기일 및 채권조사기일 등 이해관계인의 입장에서 중요한 것인 점 등을 고려하여, 송달에 갈음하는 공고 결정을 지양하고 있다. 참고로 일본 파산법 제31조 제5항은 알고 있는 파산채권자의 수가 1,000명 이상이고, 상당하다고 인정되는 때에는 파산채권자에 대한 통지 없이 공고만으로 절차를 진행할 수 있도록 허용하고 있다.

8) 다만 이 경우 송달 봉투의 발신인은 법원이 되도록 한다. 참고로 미국은 법원서기관 또는 법원이 지명한 자가 채권자집회를 통지하도록 하고 있고[연방파산규칙 2002(a)], 일본, 독일은 송달업무를 파산관재인에 위탁하고 있다. 條解破産法, 281면; 독일 도산법 제8조 제3항, Pape, 308면.

9) 법 제11조 제1항이 "이 법의 규정에 의하여 공고 및 송달을 모두 하여야 하는 경우에는 송달은 서류를 우편으로 발송하여 할 수 있다."라고 하고 있으므로 발송송달로 처리하는 것이다. 다만 송달의 효력이 각 관계인마다 달라지는 불합리를 피하기 위해 법 제11조 제2항은 "제1항의 규정에 의한 공고는 모든 관계인에 대하여 송달의 효력이 있다."라고 규정함으로써, 공고를 기준으로 모든 관계인에 대하여 일률적으로 송달의 효력이 있는 것으로 하고 있다.

3. 기타 통지

가. 주무관청에의 통지

법인에 대하여 파산선고를 한 경우 그 법인의 설립이나 목적인 사업에 관하여 행정청의 허가가[10] 있는 때에는 법원은 파산선고가 있음을 주무관청에 통지하여야 한다(법 제314조제1항).[11] 주무관청으로 하여금 법인에 대한 감독권을 발동할 기회를 제공하기 위하여 당해 법인의 설립(채무자가 학교법인, 의료법인 등의 공익법인인 경우)에 관한 주무관청이나 당해 사업(매장·묘지사업 등)에 관한 주무관청에 파산선고 사실을 통지하도록 한 것이다. 그 밖에 파산선고로 영업을 계속할 수 없는 경우(학원 등), 채무자의 근로자가 많아 그 보호가 필요하다고 인정되는 경우 등에는 주무관청에 파산선고 사실을 통지할 수도 있다.

나. 검사에 대한 통지

법원은 필요하다고 인정하는 경우에는 파산선고한 사실을 검사에게 통지할 수 있다(법 제315조). 사기파산죄 등 파산범죄에 관한 수사의 단서를 제공하기 위하여 필요하다고 인정하는 경우에는 검사에게도 파산선고 사실을 통지할 수 있도록 한 것인데,[12] 특별한 사정이 없는 한 파산선고시 검사에 대한 통지는 생략하여도 무방할 것이다.

다. 파산참가기관·관리기관에의 통지

법원은 「금융산업의 구조개선에 관한 법률」 제2조 제1호 소정의 금융기관

---

10) 법 제314조 제1항 허가에는 면허, 등록 그 밖의 허가에 유사한 행정처분이 포함된다. 條解破産法, 284면.

11) 참고로 파산재단인은 법인인 운송사업자가 파산에 따라 해산한 경우 관할관청(여객자동차 운수사업법 시행규칙 제40조 제4항), 복합물류터미널사업자인 법인이 파산에 따라 해산한 경우에는 국토교통부장관(물류시설의 개발 및 운영에 관한 법률 제15조 제2항), 선박투자회사가 파산한 경우 해양수산부장관(선박투자회사법 제50조), 기업구조조정투자회사가 파산한 경우 금융위원회(기업구조조정투자회사법 제29조), 보험설계사·보험대리점·보험중개사가 파산한 경우 금융위원회(보험업법 제93조 제2항, 제1항 제5호), 농산장려보조금교부규칙에 따라 보조금을 받는 사업자가 파산한 경우 농림축산식품부장관(농산장려보조금교부규칙 제12조 제5호), 관광진흥법상 보조금을 받는 보조사업자가 파산한 경우 문화체육관광부장관(관광진흥법 시행령 제63조 제2항 제3호), 별정통신사업자·부가통신사업자가 파산한 경우 과학기술정보통신부장관(전기통신사업법 제26조 제2항), 정보통신공사업자가 파산한 경우 시·도지사(정보통신공사업법 제23조 제2항 제1호)에 그 사실을 알려야 한다.

12) 검사가 파산재단인에게 사건기록의 열람 등을 요구할 경우 파산재단인은 법원의 감독을 받아 필요한 자료를 제공할 수 있을 것이다.

에 파산선고를 한 경우에는 법 제313조 제1항 각호의 사항을 적은 서면을 파산참가기관인 예금보험공사 또는 금융감독원에 송달하여야 한다($_{관한 법률 제17조}^{금융산업의 구조개선에}$). 통지의 내용은 공고 및 채권자 등에 대한 통지의 내용과 같다([기재례 25]). 농업협동조합의 경우 「농업협동조합의 구조개선에 관한 법률」 제10조 제3항에 따라 관리기관인 농업협동조합중앙회에, 수산업협동조합의 경우 「수산업협동조합의 구조개선에 관한 법률」 제15조 제3항에 따라 관리기관인 수산업협동조합중앙회에, 산림조합의 경우 「산림조합의 구조개선에 관한 법률」 제14조 제3항에 따라 관리기관인 산림조합중앙회에 각 법 제313조 제1항 각호의 사항을 적은 서면을 송달하여야 한다.

4. 파산등기·등록의 촉탁

법인인 채무자에 대하여 파산선고의 결정이 있는 경우와 파산관재인이 선임된 때에는 법원사무관등은[13] 직권으로 지체 없이 촉탁서에 결정서의 등본 또는 초본 등 관련 서류를 첨부하여 채무자의 각 사무소 및 영업소(외국에 주된 사무소 또는 영업소가 있는 때에는 대한민국에 있는 사무소 또는 영업소를 말한다)의 소재지 등기소에 파산선고에 따른 등기($_{제1항}^{별 제23조}$) 및 파산관재인의 선임에 따른 등기를($_{제2항 전문}^{별 제23조}$) 촉탁한다([기재례 26]). 본점뿐만 아니라 등기된 지점에도 파산선고에 따른 등기를 촉탁하여야 하므로 파산선고 이전에 지점의 유무에 대해 미리 확인할 필요가 있다.[14] 파산관재인의 선임에 따른 등기를 촉탁한 경우 등기소에서는 법원의 파산관재인 선임 결정을 등기원인으로 하여 촉탁을 수리하고 있다. 파산관재인 선임의 등기에는 파산관재인의 성명 또는 명칭과 주소 또는 사무소를 기재하여야 하는데($_{제3항 전문}^{별 제23조}$), 이 경우 파산관재인의 주민등록상 주소가 아닌 사무소의 소재지를 등기한다. 파산관재인의 사무소 주소를 등기하는 경우에는 파산관재인으로부터 사업자등록증을 제출받아야 한다.[15]

---

13) 구 파산법 제109조가 법인에 대하여 파산선고를 한 때에는 법원은 지체 없이 직권으로써 촉탁서에 파산결정서의 담본을 첨부하여 각 영업소 또는 각 영업사무소소재지의 등기소에 파산등기를 촉탁하여야 한다고 규정하는 등 구 파산법에서는 등기·등록의 촉탁 주체가 법원이었으나, 민사집행법이 가압류·가처분의 등기·등록의 촉탁이나 경매개시결정 등에 기한 등기·등록의 촉탁의 경우 그 촉탁의 주체를 모두 법원에서 법원사무관등으로 변경한 것과 그 취지를 같이 하여, 현행법은 등기·등록의 촉탁 주체를 법원사무관등으로 변경하였다.

14) 만약 채무자의 지점 소재지의 등기소에 파산등기를 촉탁하지 않는다면 파산선고가 기재되지 않은 지점의 법인등기부가 발생하게 되어 종전 대표자가 아직도 자신에게 관리처분권이 남아 있는 것처럼 행세할 수도 있다.

파산관재인의 인감신고는 파산관재인이 등기소에 직접 하지 않고, 법원에 신고를 하면 법원사무관등이 등기소에 인감등록을 촉탁하는 방식으로 처리하고 있다(^{상업등기법 제25조} _{제3항 제1호}).[16]

파산관재인의 선임에 따른 등기촉탁에 따라 파산관재인을 등기하더라도, 채무자인 법인의 대표자 등 임원에 관한 등기와 지배인 또는 대리인에 관한 등기는 말소하지 아니한다(^{「채무자 회생 및 파산에 관한 법률」에 따른 법인등기} _{사무처리지침(등기예규 제1518호) 제5조 제2항}).[17]

법원사무관등은 법인이 아닌 파산선고를 받은 채무자(특히 권리능력 없는 사단 또는 재단의 경우)에 관한 등기(부동산·선박·공장재단 등) 또는 등록(자동차·공업소유권·광업권 등)이 있는 것을 안 때에는 직권으로 지체 없이 촉탁서에 파산결정서의 등본을 첨부하여 파산등기를 촉탁하여야 하고, 파산재단에 속하는 권리로서 등기 또는 등록된 것이 있음을 안 때에도 또한 같다(^{법 제24조} _{제3항, 제27조}).[18][19]

---

15) 파산관재인에 관한 등기를 촉탁함에 있어 파산관재인의 성명, 주민등록번호, 주소 등을 기재하여야 하고, 그 촉탁서에는 그 결정서의 등본(또는 초본), 파산관재인의 성명, 주민등록번호, 주소 등을 증명할 수 있는 자료를 첨부하여야 한다[「채무자 회생 및 파산에 관한 법률」에 따른 법인등기 사무처리지침(등기예규 제1518호) 제15조 제3항, 제4항]. 이때 파산관재인의 주소로 파산관재인의 주민등록상 주소를 기재하여야 한다고 볼 수도 있으나, 실무상 주식회사의 대표자나 회생절차의 관리인과 달리 법인파산 사건의 파산관재인은 여러 채무자를 동시에 관리하고 있어 효율적인 우편물 관리를 위해 사무소 소재지로 기재할 필요가 있는 점 등을 고려하여 파산관재인의 사무소 소재지로 등기가 이루어지고 있다. 사업자등록증은 파산관재인의 사무소 소재지를 증명할 수 있는 자료로 촉탁서에 첨부한다.

16) 상업등기실무(II), 569면.

17) 다만 파산선고의 등기를 한 경우 법인의 대표자, 지배인, 대리인의 인감증명서는 발급할 수 없다(「채무자 회생 및 파산에 관한 법률」에 따른 법인등기 사무처리지침(등기예규 제1518호) 제7조 제4항).

18) 구 파산법 제110조는 법원이 파산자에 관한 등기가 있는 것을 안 때에는 지체 없이 직권으로써 촉탁서에 파산결정서의 등본을 첨부하여 파산등기를 등기소에 촉탁하여야 하고, 파산재단에 속하는 권리로서 등기한 것이 있음을 안 때에도 또한 같다고 규정하는 등 구 파산법은 파산선고결정이 있는 경우, 파산취소, 파산폐지의 결정이 확정된 경우 및 파산종결의 결정이 있은 경우 그 각 등기를 등기소에 촉탁함과 아울러 채무자의 재산 중 등기 또는 등록된 권리에 관하여도 위 각 등기·등록을 촉탁하도록 규정하고 있었다. 그러나 법인인 채무자의 등기·등록된 권리에 관한 파산선고결정, 파산취소결정, 파산폐지결정, 파산종결결정의 각 등기·등록은 아무런 대항력을 가지지 못한 채 단지 채무자와 거래하는 제3자에 대하여 경고적 의미를 가지는 데 불과하지만, 그 재산의 수가 너무 많은 경우 등기에 소요되는 시간 및 비용의 부담이 크다는 점, 파산선고를 받은 채무자가 법인인 경우에는 법인등기부에 파산선고의 등기가 기록되고, 당해 법인과 거래하려는 제3자는 법인등기부에 의하여 위 사실을 알게 되므로, 그 재산에 대하여 별도로 등기를 촉탁할 필요가 없다는 점을 고려하여 법은 구 파산법과 달리 채무자가 법인인 경우에 개별적인 재산에 대한 등기·등록촉탁제도를 폐지하였다.

19) 채무자가 법인인 경우 개별 부동산등기부에 파산선고 결정이 공시되지 않으므로, 법원으로서는 법인인 채무자와 관련된 업무를 처리함에 있어 법인등기사항전부증명서의 기재사항을 꼭 확인하는 등 업무를 신중하게 처리하여야 한다. 즉, 파산선고에 의하여 파산채권자의 개별적인 권리행사가 금지되므로, 파산선고 이후 파산채권에 기하여 법인인 채무자의 재산에 대한 강제집행, 가압류, 가처분 신청이 있는 경우 집행법원은 그 신청을 각하하여야 하지만, 개별 부동산등

법원사무관등이 파산절차와 관련하여 등기·등록을 촉탁하는 경우 등록면허세, 지방교육세 및 등기신청수수료가 면제된다(법 제25조 제4항, 제27조, 등기사항증명서 등 수수료규칙 제5조의2 제2항 단서 제3호, 제5조의3 제2항 단서 제1호, 「채무자 회생 및 파산에 관한 법률」에 따른 법인 등기 사무처리지침(등기예규 제1518호) 제8조,).

5. 체신관서 등에 대한 우편물 등 배달 촉탁

법원은 체신관서·운송인 그 밖의 자에 대하여 채무자에게 보내는 우편물·전보 그 밖의 운송물을 파산관재인에게 배달할 것을 촉탁할 수 있다(법 제484조 제1항)(우편물의 관리에 관한 자세한 내용은 제6장 제2절 4. 참조)([기재례 27]).

6. 고가품 보관방법의 지정

화폐, 유가증권 그 밖의 고가품의 보관방법은 법원이 정한다(법 제487조)(고가품의 보관에 관한 자세한 내용은 제6장 제2절 8. 참조)([기재례 39]).

제 3 절   파산선고의 효과

1. 채무자의 재산관계에 대한 효과

가. 파산재단의 성립

파산선고에 의하여 채무자가 파산선고 당시에 가진 국내외의 모든 재산은 파산재단을 구성한다(법 제382조 제1항). 그리고 이후의 파산절차는 파산재단에 속하는 재산을 대상으로 이루어진다.[20]

기부에 파산선고 결정이 공시되지 않게 된 결과 이를 간과할 염려가 있으므로 주의를 요한다.

[20] 이와 같이 파산선고시에 파산재단의 범위를 확정하는 입법 방식을 고정주의라고 한다. 이에 대하여 파산선고 후에도 재산을 순차 파산재단에 편입시키는 방식을 팽창주의라고 한다. 고정주의는 파산선고시에 책임재산의 범위를 고정하므로 파산관재인이 신속하고 획일적으로 재산을 관리처분할 수 있고, 파산선고 후에 채무자가 취득한 재산은 자유재산으로 되어 파산선고 후에 생긴 신채권자에 대한 변제재원이 되므로 신·구채권자를 공평하게 보호할 수 있을 뿐 아니라, 채무자는 자유재산을 사업 활동에 사용할 수 있어 재기의 기회를 얻을 수 있다는 장점이 있다. 박기동, "파산절차 개시의 요건과 파산선고의 효과", 재판자료 82집, 124-125면; 전병서, 170면. 법인파산에서는 파산으로 채무자인 법인이 해산하고, 그 활동이 종료되기 때문에 고정주의와 팽창주의를 구별하는 의의가 적기는 하지만, 파산관재인이 파산선고 이후에도 일정 기간 사업

여기서 파산재단에 속하는 재산이란 파산선고 당시에 채무자에 속한 적극 재산으로서 압류가 가능한 것을 말한다. 구 파산법에서 규정하고 있었던 속지주의가 폐지되었으므로 재산이 대한민국 내에 소재하고 있을 것을 요하지 않는다.

개인인 채무자에 대한 파산사건에서 압류금지재산, 면제재산, 채무자가 파산선고 후에 새로이 취득한 이른바 신득재산(新得財産)은 파산재단에 속하지 않는 재산으로서 자유재산이라고 한다. 개인이 아닌 채무자의 경우에도 자유재산의 개념을 긍정할 수 있는가에 관하여는 논의가 있다. 이는 파산재단에 속하는 재산의 포기가 가능한지 여부와 연결된다(파산재단에 속하는 재산의 포기에 관한 자세한 내용은 제11장 제6절 참조). 소극설은 독자적인 경제활동을 생각할 필요가 없는 청산 중의 법인에는 신득재산을 상정할 수 없고(영업 계속 등에 의하여 파산선고 이후에 얻는 수익도 파산재단에 속하는 재산에서 파생하는 재산으로 파산재단에 속하는 것으로 해석된다), 자연인과 달리 생활보장을 목적으로 하는 압류금지재산도 인정되지 않는 점, 법인의 이사는 파산선고에 의하여 당연히 퇴임하고 파산한 법인을 대표할 자가 없게 되므로 재산을 관리 처분할 자가 존재하지 않게 된다는 점 등을 이유로 파산한 법인의 재산을 부정한다.[21] 이에 대하여 적극설은 법이 명문으로 파산재단에 속하는 재산의 포기를 인정하고 있는 점(법 제492조 제12호), 파산관재인이 파산재단에서 포기한 재산의 관리는 채권자의 신청에 의하여 청산인을 선임하거나 퇴임한 이사가 청산인 선임까지 사이에 응급조치를 취하면 해결된다는 점 등을 이유로 파산재단에 속하는 재산의 포기로 인한 자유재산을 긍정한다.[22]

한편 수탁자가 파산한 경우 신탁재산은 수탁자의 파산재단을 구성하지 않는다(신탁법 제24조).[23][24] 이와 같은 취지에서 「자산유동화에 관한 법률」상 자산관리자가 위탁

을 계속하는 경우 그로 인해 발생한 수익은 파산재단에 속하는 재산에서 파생하는 재산으로 파산단에 속하는 것으로 해석된다는 점을 생각하면 팽창주의적인 요소가 전혀 없다고는 할 수 없다. 伊藤眞, 237면.

21) 참고로 일본에서는 국제도산에 있어 속지주의를 폐지하고 보편주의를 채택한 이후에는 달리 법인의 자유재산을 인정할 실익이 없으므로 이를 부정해야 한다는 견해가 유력하게 제기되고 있다고 한다. 伊藤眞, 246, 247면.

22) 독일에서는 도산법 개정 당시 법인의 도산은 완전한 청산을 목적으로 하기 때문에 자유재산을 인정할 수 없고, 자산의 환가 포기 역시 부정해야 한다는 견해가 유력하게 제기된 바 있으나, 채택되지는 않았다고 한다. Pape, 316, 317면.

23) 구 신탁법(2011. 7. 25. 법률 제10924호로 전부 개정되기 전의 것) 제22조는 신탁재산은 '수탁자의 고유재산이 된 것을 제외하고는' 수탁자의 파산재단을 구성하지 아니한다고 규정하고 있었다. 현행 신탁법 제24조에 의하더라도 수탁자가 파산선고 전에 신탁법 제34조 제2항에 따라 유효하게 신탁재산을 고유재산으로 하거나 신탁재산에 관한 권리를 고유재산에 귀속시킨 경우

관리하는 유동화자산은 자산관리자의 파산재단을 구성하지 아니하고(자산유동화에 관한 법률 제12조 제1항), 한국주택금융공사법상 한국주택금융공사가 구분·관리하는 주택저당채권이나 한국주택금융공사로부터 주택저당채권의 관리·운용 및 처분에 관한 업무를 위탁받은 채권관리자가 위탁을 받아 관리하는 주택저당채권은 한국주택공사 내지 채권관리자의 파산재단을 구성하지 아니하며(한국주택금융공사법 제30조 제2항, 제45조 제4항), 기업구조조정투자회사법상 자산관리회사가 위탁받은 자산은 자산관리회사의 파산재단을 구성하지 아니한다(기업구조조정투자회사법 제47조 제2항).

다만 신탁계약에서 수탁자가 신탁비용 등의 충당을 위하여 신탁재산을 처분할 수 있다고 정한 경우 이는 수탁자에게 비용상환청구권 행사를 위한 약정 자조매각권을 부여하는 특약이라고 해석되고, 비록 신탁재산은 파산재단에 속하지 아니하지만 신탁재산에 관한 약정 자조매각권과 비용상환청구권은 파산재단에 속하므로, 수탁자는 물론 수탁자의 파산으로 그 파산재단의 관리처분권을 행사하는 파산관재인도 신탁재산에 관한 관리처분권이 있는지 여부와 관계없이 파산선고 당시 수탁자가 가지고 있던 약정 자조매각권을 행사하여 신탁재산을 매각하고 그 대금으로 비용상환청구권의 변제에 충당할 수 있다.[25] 위탁자가 파산하는 경우에도 신탁계약에 의하여 신탁재산은 위탁자의 재산에서 분리되므로(신탁법 제22조), 신탁재산이 당연히 위탁자의 파산재단에 속하게 되는 것은 아니다.[26]

에는 당해 신탁재산은 파산선고 전에 이미 수탁자의 고유재산이 되었으므로, 파산선고시 파산재단에 속하게 된다.

24) 다만, 신탁사무의 처리상 발생한 채권을 가지고 있는 채권자는 수탁자의 일반채권자와 달리 신탁재산에 대하여도 강제집행을 할 수 있고(신탁법 제22조 제1항 단서), 수탁자의 이행책임이 신탁재산의 한도 내로 제한되는 것은 신탁행위로 인하여 수익자에 대하여 부담하는 채무에 한정되므로(신탁법 제38조), 수탁자가 수익자 이외의 제3자 중 신탁재산에 대하여 강제집행을 할 수 있는 채권자(신탁법 제22조 제1항 단서)에 대하여 부담하는 채무에 관한 이행책임은 신탁재산의 한도 내로 제한되는 것이 아니라 수탁자의 고유재산에 대하여도 미치는 것으로 보아야 한다. 따라서 수탁자가 파산한 경우 신탁재산은 수탁자의 고유재산이 된 것을 제외하고는 파산재단을 구성하지 않지만(신탁법 제24조), 신탁사무의 처리상 발생한 채권을 가진 채권자는 신탁재산에 대하여 강제집행을 할 수 있을 뿐만 아니라 파산선고 당시의 채권 전액에 관하여 수탁자의 고유재산으로 구성된 파산재단에 대하여도 파산채권자로서 권리를 행사할 수 있다. 대법원 2004. 10. 15. 선고 2004다31883, 31890 판결, 대법원 2006. 11. 23. 선고 2004다3925 판결, 대법원 2010. 6. 24. 선고 2007다63997 판결 등.

25) 대법원 2013. 10. 31. 선고 2012다110859 판결. 이 판결은 약정한 신탁기간이 경과하여 신탁이 종료되었으나 신탁재산이 아직 귀속권리자에게 이전되지 아니한 상태에서 수탁자에 대하여 파산이 선고된 사안에 관한 것이다.

26) 대법원 2002. 12. 6.자 2002마2754 결정, 대법원 2002. 12. 26. 선고 2002다49484 판결 등. 신탁재산의 처리에 관하여는 김춘수, "도산절차에서의 신탁부동산의 취급", 도산관계소송, 112면 이하.

나. 관리처분권의 이전

파산등기 이전이라도 파산선고에 의하여 채무자는 파산재단을 구성하는 재산에 관한 관리처분권을 잃고, 파산재단을 관리 및 처분하는 권한은 파산관재인에게 속한다(법 제384조).[27]

따라서 파산선고를 받은 채무자가 파산선고 후 파산재단에 속하는 재산에 관하여 한 법률행위는 상대방의 선의·악의를 불문하고 파산채권자에 대항할 수 없다(법 제329조 제1항). 파산관재인과[28] 파산채권자는 파산절차 중에 그 법률행위가 무효라고 주장할 수 있고, 반대로 이를 추인할 수도 있다(상대적 무효).[29] 파산선고 후에 파산재단에 속하는 재산에 관하여 채무자의 법률행위에 의하지 아니하고 권리를 취득한 경우에도 그 취득은 파산채권자에게 대항할 수 없다(법 제330조 제1항).[30] 이 경우 파산선고일에 한 법률행위 또는 법률행위에 의하지 아니한 권리의 취득은 파산선고 후에 한 것으로 추정한다(법 제329조 제2항, 제330조 제2항).

한편 부동산 또는 선박에 관하여 파산선고 전에 생긴 채무의 이행으로 파산선고 후에 한 등기 또는 가등기는 파산채권자에게 대항할 수 없지만, 등기권리자가 파산선고의 사실을 알지 못하고 한 등기에 관하여는 그러하지 아니하다

---

27) 대법원 2004. 1. 15. 선고 2003다56625 판결은 신용협동조합의 대출에 관한 대표자의 대표권이 제한되는 경우 그 요건을 갖추지 못한 채 무권대표행위에 의하여 조합원에 대한 대출이 이루어졌다고 하더라도 나중에 그 요건이 갖추어진 뒤 신용협동조합이 대출계약을 추인하면 그 계약은 유효하게 되는 것인데, 신용협동조합이 파산한 경우 파산재단의 존속·귀속·내용에 관하여 변경을 야기하는 일체의 행위를 할 수 있는 관리·처분권은 파산관재인에게 전속하고, 반면 파산한 신용협동조합의 기관은 파산재단의 관리·처분권 자체를 상실하게 되므로, 위와 같은 무권대표행위의 추인권도 역시 특별한 사정이 없는 한 파산관재인만이 행사할 수 있다고 보아야 한다는 취지로 판시하였다.

28) 대법원 2008. 2. 1. 선고 2006다32187 판결은 파산채권자는 파산절차에 의하지 아니한 개별적인 권리행사가 금지됨에 비추어 볼 때, '파산채권자'에게 대항할 수 없다고 함은 파산채권자 전체의 공동의 이익을 위하여 선량한 관리자의 주의로써 그 직무를 수행하는 '파산관재인'에게 대항할 수 없음을 뜻한다는 취지로 판시하였다.

29) 법 제329조는 거래의 안전을 희생하여 파산재단의 감소를 막겠다는 목적을 가진 것이기 때문에, 상대방이 채무자로부터 동산을 양수한 경우에는 민법 제249조의 선의취득을 주장할 수 없다. 다만 그 상대방이 이를 전득자에게 양도한 경우에는 전득자는 선의취득을 주장할 수 있다고 봄이 타당하다. 전병서, 112면; 伊藤眞, 337면; 條解破産法, 390면.

30) 법 제330조의 적용 범위와 관련하여, 채무자의 관리처분권과 관계없는 권리의 취득(예를 들어 취득시효, 채무자 이외의 자로부터의 선의취득, 부합, 혼화, 가공 등)도 위 규정에 따라 파산관재인에게 대항할 수 없는 것인지에 대해 논란이 있다. 이에 대해 전병서, 113면; 오영준, "파산선고와 시효취득에 기한 등기청구권", 21세기 민사집행의 현황과 과제: 김능환 대법관 화갑기념(민사집행법 실무연구Ⅲ), 사법발전재단(2011), 700, 701면은 위 규정이 채무자가 파산재단에 대한 관리처분권을 상실하는 것을 전제로 한 것이기 때문에 이와 무관한 권리취득은 파산관재인에게 대항할 수 있다는 입장이지만, 伊藤眞, 338면은 이에 대해 의문을 제기하고 있다.

(법 제331조).³¹⁾³²⁾ 권리의 설정·이전 또는 변경에 관한 등록 또는 가등록의 경우에
도 마찬가지이다(법 제331조
제2항).

파산선고 후 그 사실을 알지 못하고 채무자에게 한 변제는 이로써 파산채
권자에게 대항할 수 있으나(법 제332조
제1항), 파산선고 후에 그 사실을 알고 채무자에게
한 변제는 파산재단이 받은 이익의 한도 안에서만 파산채권자에게 대항할 수 있
다(법 제332조
제2항). 환어음, 수표와 금전 그 밖의 물건이나 유가증권의 급부를 목적으로
하는 유가증권의 발행인 또는 배서인이 파산선고를 받은 경우 지급인 또는 예비
지급인이 그 사실을 알지 못하고 인수 또는 지급을 한 때에는 이로 인하여 생
긴 채권에 관하여 파산채권자로서 그 권리를 행사할 수 있다(법 제333조).

법 제331조 내지 제333조의 규정을 적용하는 때에는 파산선고의 공고 전에
는 그 사실을 알지 못한 것으로 추정하고, 공고 후에는 그 사실을 안 것으로 추
정한다(법 제334조).

파산관재인은 파산선고 후 즉시 파산재단의 점유 및 관리에 착수하고, 파산
재단에 관한 소송에서는 파산관재인이 당사자가 되어(법 제359조) 당사자로서 소송행
위를 한다. 그러나 파산재단에 속하는 재산의 소유권은 여전히 채무자에게 있고,
채무자는 자유재산에 대한 관리처분권은 그대로 보유할 수 있을 뿐 아니라 파산
절차에 관한 재판에 대하여 즉시항고할 수도 있고, 파산재단에 관한 소송 이외
의 소송(예컨대 채무자 주주총회결의 무효확인의 소)에 관하여는 당사자로서의 지위
를 잃지 않는다.

---

31) 대법원 2008. 2. 1. 선고 2006다32187 판결은 구 파산법 제46조 제1항 본문(현행법 제331조 제
   1항 본문에 해당하는 규정이다)은 파산관재인이 단순히 파산자의 포괄승계인으로서 파산자의
   부동산 또는 선박에 관한 등기·가등기의무를 그대로 승계한 지위에 있는 것이 아니라, 파산선
   고와 동시에 파산자와 독립하여 파산재단에 속하는 재산에 관하여 이해관계를 가지게 된 제3자
   로서의 지위를 가지고 있음을 전제로 하여 파산선고 후에 한 부동산 또는 선박에 관한 등기·
   가등기를 파산관재인에게 대항할 수 없도록 한 것이라고 해석되고, 그 취지에는 파산선고시까
   지 부동산 또는 선박에 관한 등기·가등기를 아직 마치지 아니한 경우 그 파산선고 전에 생긴
   등기·가등기청구권에 기하여 파산선고 후에 파산관재인을 상대로 그 등기·가등기절차의 이행
   을 청구할 수 없다는 취지도 당연히 포함되어 있다고 해석된다는 취지로 판시하였다. 따라서
   상대방이 채무자를 상대로 소유권이전등기 청구의 소를 제기하여 승소판결을 받고, 파산선고
   후에 그 판결에 기하여 소유권이전등기를 마친 경우, 파산관재인은 위 규정에 따라 소유권이
   전등기의 말소를 청구할 수 있다. 의정부지방법원 2010. 1. 28. 선고 2009나6838 판결(미상고
   확정).
32) 다만 등기권리자가 파산선고 후에 한 가등기는 등기권리자의 선의·악의를 불문하고 파산관
   재인에게 대항할 수 없다. 전병서, 114, 115면; 회생사건실무(상) 제6장 제2절 4. 참조.

다. 기존의 법률관계에 대한 효과

파산이 선고됨으로써 기존의 법률관계에 중대한 변화가 발생할 수 있다(이에 관하여는 제7장 참조).

라. 계속 중인 소송·강제집행·가압류·가처분 등에 대한 효과

1) 소   송[33]

파산선고로 인하여 파산재단의 관리처분권이 파산관재인에게 이전하는 결과, 파산재단에 관한 소송에 관하여는 파산관재인이 당사자가 되고(법정소송담당)($\binom{법}{제359조}$),[34] 파산선고 전의 소송으로 계속 중인 것의 소송절차는 중단되며, 원칙적으로 파산관재인이 이를 승계한다(당연승계). 다만 파산선고와 동시에 파산절차가 폐지되는 경우 파산선고와 동시에 파산절차가 종료되어 파산재단 자체가 성립하지 않고, 파산관재인도 선임되지 않으므로 소송절차의 중단과 수계 문제가 발생하지는 않는다(동시폐지에 관한 자세한 내용은 제17장 제2절 1. 참조).

가) 소송의 중단

당사자가 파산선고를 받은 때에 '파산재단에 관한 소송절차'는 중단된다$\binom{민사소송법}{제239조 \ 전문}$.[35]

---

33) 이에 관한 자세한 내용은 정준영, "신도산법의 파산절차가 소송절차에 미치는 영향", 도산관계소송, 305면 이하; 서울중앙지방법원 파산부 실무연구회, 도산절차와 소송 및 집행절차, 박영사(2011), 193면 이하.

34) 원고가 파산선고 후에 파산관재인이 아닌 채무자를 상대로 소를 제기한 경우 그로 인한 소송계속의 발생 여부와 법원의 조치 등이 문제된다. 수소법원이 소장 부본을 파산관재인에게 송달한 경우, 피고는 파산관재인이 아니라 채무자이기 때문에, 채무자에 대한 소송계속은 물론 파산관재인에 대한 소송계속도 발생하지 않고, 소송계속에 의한 소송법적 효과가 발생하지 아니하여 소송절차의 중단·수계도 문제되지 않는다. 법원이 피고인 채무자에게 소장 부본을 송달한 경우, 파산선고로 인하여 채무자가 당사자능력과 소송능력을 상실하지 않고 채무자에 대한 송달도 민사소송법상 특별히 문제가 되지 않으므로(민사소송법 제179조는 소송무능력자에 대한 송달만을 규정하고 있다), 원고와 채무자 사이에 소송계속이 발생할 것이나, 그 소가 파산재단에 속하는 재산에 관련된 것이라면 피고인 채무자는 당사자적격이 없으므로 소 각하 판결을 받게 된다.

한편 원고가 파산재단에 속하는 재산에 관하여 소송을 제기하면서 당사자적격이 없는 채무자를 당사자로 잘못 표시하였다면 파산관재인으로의 당사자표시 정정이 허용되고, 이러한 경우 법원은 파산관재인을 상대로 소를 제기한 것으로 보고 원고에게 파산관재인으로 피고의 지위를 표시하라는 취지로 당사자표시 정정의 보정명령을 하여야 한다. 회생절차개시결정이 있는 때에 관한 것이나 대법원 2013. 8. 22. 선고 2012다68279 판결.

35) 민사소송법 제239조의 '파산재단에 관한 소송'은 법 제359조의 '파산재단에 관한 소송'과 동의어이다. 이 '파산재단에 관한 소송'은 법 제347조 제1항의 '파산재단에 속하는 재산에 관한 소송'보다는 넓은 개념이다. 즉 '파산재단에 관한 소송'에는 '파산재단에 속하는 재산에 관한 소송' 즉 적극재산에 관한 소송과 '파산채권에 관한 소송' 및 '재단채권에 관한 소송' 등 소극재산에

파산재단에 관한 소송은 크게 ① 파산재단에 속하는 재산 그 자체에 관한 소송과[36] ② 파산채권에 관한 소송,[37] ③ 재단채권에 관한 소송으로 구별할 수 있는데, 그 유형에 따라 수계절차가 다르다.

파산재단에 관한 소송절차의 중단은 파산선고 결정의 확정을 기다리지 않고 수소법원과 당사자의 인식 여부와 무관하게 파산선고에 의하여 즉시 발생하며, 제1심뿐 아니라 항소심과 상고심도 포함한다. 다만 판결의 선고는 소송절차가 중단된 중에도 할 수 있다(민사소송법 제247조 제1항).[38][39] 일반 민사소송과 달리 파산선고를 받은 채무자의 소송대리인이 있는 경우에도 중단된다(민사소송법 제238조 참조).[40] 나아가 소송절차와 같은 대립구조를 취하는 다른 재판절차, 예를 들어, 독촉절차,[41] 조정절차, 항고절차, 소송비용확정절차, 재산분할청구와 같은 가사비송절차도 민사소송법 제239조를 준용하여 그 절차가 중단된다고 봄이 타당하다.

관한 소송이 포함된다. 정준영, "신도산법의 파산절차가 소송절차에 미치는 영향", 도산관계소송, 312면.

36) 법률적으로 파산재단에 속하지 아니하는 재산이라 하더라도 파산관재인이 사실상 파산재단에 속하는 재산으로 인정하여 점유하고 있는 재산을 포함한다. 이 경우 실체법상 권리자가 환취권을 행사할 수 있고, 환취권 행사에 의한 소송, 즉 소유권에 기한 인도청구소송 등은 결국 파산재단에 관한 소송에 포함된다.

37) 예를 들어, 채무자가 채권자인 경우 상대방이 제기한 채무부존재확인소송은 파산재단에 속하는 재산에 관한 소송에 해당하지만(대법원 1999. 12. 28. 선고 99다8971 판결), 채무자가 채권자를 상대로 제기한 채무부존재확인소송은 그 채무가 재단채권으로 될 청구권에 관한 것이 아니라면 파산채권으로 될 채권에 관한 소송에 해당한다.

38) 대법원 2013. 4. 11. 선고 2012다49841, 2012다49858(병합) 판결은 "채권자가 제기한 사해행위취소 소송이 채무자 회사에 대한 파산선고 당시 법원에 계속되어 있는 때에는 그 소송절차가 중단되나, 판결의 선고만은 그 소송절차가 중단된 중에도 할 수 있으므로 변론종결 후에 채무자 회사에 대하여 파산선고가 있었다고 하더라도 채무자 회사에 대한 판결 선고는 적법하다."라고 판시하였다.

39) 다만 위 규정에 의하여 판결을 선고한 경우 판결의 송달은 파산선고를 받은 채무자에게는 할 수 없고 소송중단이 해소된 후 파산관재인에게 송달하여야 하고, 상대방에게는 이의가 없으면 소송중단 해소 전이라도 판결의 송달은 할 수 있다고 할 것이나 상소기간은 소송중단 해소 전에는 진행되지 않는다. 정준영, "신도산법의 파산절차가 소송절차에 미치는 영향", 도산관계소송, 318면.

40) 위임은 당사자 한쪽의 파산으로 종료되고(민법 제690조 전문), 위임에 의하여 수여된 대리권은 그 원인된 법률관계인 위임의 종료에 의하여 소멸한다(민법 제128조 전문). 파산이 선고된 경우 채무자의 기존 소송대리인은 파산관재인으로부터 소송위임을 받지 아니하는 한 파산관재인을 대리할 권한이 없다.

41) 대법원 2012. 11. 15. 선고 2012다70012 판결은 "독촉절차는 금전, 그 밖에 대체물이나 유가증권의 일정한 수량의 지급을 목적으로 하는 청구에 대하여 채권자로 하여금 간이·신속하게 집행권원을 얻을 수 있도록 하기 위한 특별소송절차로서(민사소송법 제462조), 그 성질에 어긋나지 아니하는 범위에서 소에 관한 규정이 준용된다(민사소송법 제464조). 따라서 지급명령이 송달된 후 이의신청 기간 내에 회생절차개시결정 등과 같은 소송중단 사유가 생긴 경우에는 민사소송법 제247조 제2항이 준용되어 그 이의신청 기간의 진행이 정지된다."라고 판시하였다.

채권자취소소송은($\substack{민법 \\ 제406조}$) 파산선고를 받은 채무자를 피고로 하는 것은 아니지만, 그 소송의 결과는 파산재단에 직접적인 영향이 있고 이를 부인소송으로 변경하여 파산관재인이 통일적으로 수행할 필요가 있으므로, 채권자취소소송이 파산선고 당시 법원에 계속되어 있는 때에는 그 소송절차는 수계 또는 파산절차의 종료에 이르기까지 중단된다($\substack{법 제406조 \\ 제1항}$).[42]

채권자대위소송($\substack{민법 \\ 제404조}$),[43] 주주의 대표소송에($\substack{상법 \\ 제403조}$) 관하여는 명문의 규정은 없지만 채권자취소소송과 마찬가지로 소송절차가 중단되고 파산관재인이 수계할 수 있다고 해석되고 있다.[44]

행정소송도 토지수용을 다투는 소송, 공정거래위원회의 과징금 납부명령에 대한 취소소송[45] 등과 같이 파산재단에 직접 영향을 미치는 것이면 중단된다. 과태료에 관한 재판도 중단되는지에 대해서는 논란이 있다.[46]

그러나 파산재단의 유지·증식에 관련이 없는 소송, 즉 파산재단과 관계없

---

42) 법 제406조는 파산채권자가 제기한 소송만 중단된다고 규정하고 있으나, 재단채권자가 제기한 채권자취소소송도 역시 중단된다고 본다. 참고로 일본 파산법 제45조 제1항은 파산채권자 또는 재단채권자가 제기한 사해행위취소소송이 중단된다고 명시하고 있다.

43) 대법원 2013. 3. 28. 선고 2012다100746 판결은 "채권자대위소송의 구조, 법의 관련 규정 취지 등에 비추어 보면, 민법 제404조의 규정에 의하여 파산채권자가 제기한 채권자대위소송이 채무자에 대한 파산선고 당시 법원에 계속되어 있는 때에는 다른 특별한 사정이 없는 한 민사소송법 제239조, 법 제406조, 제347조 제1항을 유추 적용하여 그 소송절차는 중단되고 파산관재인이 이를 수계할 수 있다고 볼 것이다."라고 판시하였다. 참고로 일본 파산법 제45조 제1항은 채권자대위소송 역시 중단된다고 명시하고 있다.

44) 나아가 파산채권자는 파산선고 후 파산관재인에게 속하는 권리를 대위하여 행사할 수 없고 (대법원 2000. 12. 22. 선고 2000다39780 판결), 파산절차가 진행 중인 회사의 주주는 상법 제403조, 제415조를 근거로 회사의 이사 또는 감사를 상대로 대표소송을 제기할 수 없다. 대법원 2002. 7. 12. 선고 2001다2617 판결[이 판결에 관하여는 박경호, "파산절차가 진행 중인 회사의 주주가 회사의 이사 또는 감사를 상대로 대표소송을 제기할 수 있는지 여부(=소극)", 대법원판례해설 제42호, 법원도서관(2003), 726-740면].

45) 대법원 2012. 9. 27. 선고 2012두11546 판결. 이 판결은 회생절차에 관한 것이기는 하나, 공정거래위원회의 과징금 부과 및 액수 등을 다투는 소송은 '채무자의 재산에 관한 소송'에 해당하므로 회생절차개시결정으로 중단된다고 하면서, 채무자의 관리인이 소송중단을 간과한 원심의 위법절차를 상고이유로 명백히 다투는 이상 채무자의 관리인이 원심 대리인을 상고심 대리인으로 선임하였다거나 상고심에서 소송수계신청을 한 것만으로는 위와 같은 절차상 위법을 추인하였다고 할 수 없다고도 하였다.

46) 과태료에 관한 재판은 후순위파산채권으로 될 채권에 관한 소송이고, 과태료 이외의 비송사건절차에서 파산관재인의 당사자적격을 인정하고 있으므로, 과태료에 관한 재판도 파산선고로 재판절차가 중단되고 파산관재인의 수계를 인정하여야 한다는 견해와 과태료처벌법규 위반행위에 관한 재판을 '파산재단에 관한 소송'이라고 보기는 어려울 뿐 아니라 질서위반행위규제법 시행 후에는 과태료재판절차를 다른 비송사건절차와는 다소 달리 보아야 되는 점을 고려하여 채무자 자체를 당사자로 하여야 한다는 견해가 대립하고 있으나, 실무는 후자의 견해를 취하고 있다. 다만 과태료는 위반자에게 과하는 금전벌이기 때문에, 파산관재인의 수계를 인정한다 하더라도 과태료재판의 주문은 "채무자를 과태료 ○○○원에 처한다."라고 함이 타당하다.

는 소송, 예컨대 개인인 채무자에 대한 파산의 경우 이혼 기타 신분 관계에 관한 소송, 법인인 채무자에 대한 파산의 경우 회사설립무효의 소송, 회사해산의 소송, 합병무효의 소송, 채무자에 대한 주주 지위 확인의 소, 주식의 명의개서 청구의 소, 주주총회 결의의 효력에 관한 소송[47] 등 조직법상의 다툼은[48] 파산선고가 있어도 채무자가 여전히 당사자로 되는 것이므로 소송절차가 중단되지 않고, 자유재산에 관한 소송도 채무자가 그 관리처분권을 잃지 않으므로 중단되지 않는다. 피고인인 채무자에게 벌금형을 부과하는 형사소송절차도 중단되지 아니한다.[49]

소의 객관적 병합이 있는 경우 또는 본소에 대한 반소가 제기되어 있는 경우에는, 파산재단에 관한 소송에 한하여 소송절차가 중단된다. 소의 주관적 병합의 경우에는, 공동소송인 중 파산선고를 받은 자의 소송절차만 중단된다. 다만 필수적 공동소송에서 공동소송인 가운데 한 사람에게 소송절차를 중단 또는 중지하여야 할 이유가 있는 경우 그 중단 또는 중지는 모두에게 효력이 미치므로 (민사소송법 제67조 제3항), 공동소송인 전원에 대하여 소송절차의 진행이 정지되고 그 정지기간 중에는 유효한 소송행위를 할 수 없다는 점을 주의하여야 한다.

수소법원은 이러한 소송절차의 중단을 간과하고 소송을 계속 진행하는 경우가 있으므로, 파산관재인은 파산선고 직후 채무자가 당사자인 소송을 확인하여 수소법원에 파산선고 및 자신이 파산관재인으로 선임된 사실을 증명할 수 있는 자료(파산선고 결정문)를 첨부하여 절차의 진행을 중지하여 줄 것을 신청하여야 한다.[50]

---

47) 이는 채무자가 파산선고 당시 가진 주식의 공익권 행사와 구별할 필요가 있다. 채무자가 파산선고 당시 가진 주식은 당연히 파산재단을 구성하고, 따라서 소액주주로서의 주주총회소집허가 신청권, 주주총회에서의 의결권 등 그 주식의 공익권은 파산관재인에게 있다. 부산고등법원(창원) 2011. 10. 5.자 2011라50 결정(심리불속행 재항고기각 확정) 등.

48) 조직법상의 다툼에 관한 소송이라도 회사의 재산관계에 영향을 가져올 소송(예를 들어, 증자에 관한 주주총회 결의무효의 소)에 대해서는 중단·수계를 인정해야 한다는 견해와 파산관재인의 공동소송적 보조참가로 충분하다는 견해가 대립하고 있다. 伊藤眞, 402면. 일본 大審院 大正14年7月8日 大正13(オ)第861号 判決은 주주실권통지무효확인의 소에 대해서 파산관재인이 수계할 권한이 없다고 판시한 바 있다.

49) 회생절차에 관한 것이기는 하나, 대법원 1994. 10. 28.자 94모25 결정은 "주식회사에 대하여 회사정리개시결정이 내려져 있는 경우라고 하더라도 적법하게 선임되어 있는 대표이사가 있는 한 그 대표이사가 형사소송법 제27조 제1항에 의하여 피고인인 회사를 대표하여 소송행위를 할 수 있고, 정리회사의 관리인은 정리회사의 기관이거나 그 대표자가 아니고 정리회사와 그 채권자 및 주주로 구성되는 소외 이해관계인단체의 관리자로서 일종의 공적 수탁자이므로 관리인이 형사소송에서 피고인인 정리회사의 대표자가 된다고 볼 수 없다."고 하였다.

50) 다만 아래에서 보는 바와 같이 파산선고로 인하여 중단된 소송절차는 그 유형에 따라 수계절차 및 수계요건이 다르므로 파산관재인은 채무자를 당사자로 한 소송절차라고 하여 충분한 검

소송절차 중단 중에 한 당사자나 법원의 소송행위(예컨대, 상소 등)는 원칙적으로 무효이나, 상대방이 이의를 제기하지 아니하여 이의권을 상실하면($\binom{민사소송법}{제151조}$) 유효하게 된다. 소송절차 중단 중의 소송행위라도 추인하면 유효하게 된다.[51]

소송계속 중 일방 당사자에 대하여 파산선고가 있었는데, 법원이 그 파산선고 사실을 알지 못한 채 파산관재인이나 상대방의 소송수계가 이루어지지 아니한 상태 그대로 소송절차를 진행하여 판결을 선고하였다면, 그 판결은 소송에 관여할 수 없는 적법한 소송수계인이 법률상 소송행위를 할 수 없는 상태에서 심리되어 선고된 것이므로 여기에는 마치 대리인에 의하여 적법하게 대리되지 아니하였던 경우와 마찬가지의 위법이 있으나, 이를 당연무효라고 할 수는 없다.[52] 이 경우 대리권 흠결을 이유로 상소 또는 재심에[53] 의하여 그 취소를 구할 수 있을 뿐이다. 소송절차의 중단은 기간의 진행을 정지시키며, 중단상태가 해소된 때(소송절차 수계사실을 통지한 때 또는 소송절차를 다시 진행한 때)부터 전체 기간이 새로이 진행된다($\binom{민사소송법}{제247조\ 제2항}$).[54]

토 없이 소송수계를 신청하지 않도록 유의하여야 한다.

51) 대법원 1999. 12. 28. 선고 99다8971 판결은 상소심에서 수계절차를 밟은 경우에는 소송절차의 중단사유를 간과한 절차상의 하자는 치유되고 그 수계와 상소는 적법한 것으로 된다면서, 원심에 소송 계속 중 피고에 대하여 파산선고가 되었으나 원심이 이를 간과한 채 변론이 종결되어 판결이 선고되고 이에 대하여 원고가 불복 상고한 다음 상고심에 이르러 원·피고 쌍방이 각 수계신청을 한 사안에서, 그로써 소송절차는 모두 유효하게 되었다고 보아야 할 것이라는 취지로 판시하면서 원고의 상고를 기각하는 판결을 선고하였다.

52) 대법원 2013. 9. 12. 선고 2012다95486, 95493 판결, 대법원 2018. 4. 24. 선고 2017다287587 판결 등.

53) 다만 피고에 대한 회생절차개시결정으로 중단된 소송을 간과한 채 제1심과 항소심이 소송절차를 진행하여 제1심이 원고의 청구를 인용하고 항소심이 피고의 항소를 기각하는 판결을 선고하였는데, 관리인의 소송대리인이 상고장을 제출함과 동시에 소송절차수계신청서를 제출하자 항소심 재판장이 상고장 각하명령을 하였고, 관리인의 소송대리인이 위 항소심 판결에 대한 재심의 소를 제기한 사안에서, 대법원 2016. 12. 27. 선고 2016다35123 판결은, 재심대상판결인 위 항소심 판결에는 회생절차개시결정으로 인하여 소송절차를 수계할 적법한 소송수계인이 법률상 소송행위를 할 수 없는 상태에서 심리가 진행되어 판결이 선고된 잘못이 있고, 항소심법원이 피고 소송대리인에게 판결정본을 송달하였다고 하더라도 이는 적법한 수계 전에 행하여진 송달로서 무효이며, 재심대상판결에 대한 상고기간은 진행되지 아니한다면서, 관리인의 소송대리인이 재심대상판결에 대한 상고장을 제출함과 동시에 소송절차수계신청서를 제출한 것은 적법한 상고로 보아야 하는데 항소심 재판장은 상고장 각하명령을 한 잘못이 있고, 상고장 각하명령은 적법한 소송수계인에게 송달되지 않았으므로 그 송달은 효력이 없어 재심대상판결은 아직 확정되지 않았으며, 관리인이 제기한 재심의 소는 확정되지 않은 판결을 대상으로 한 것이어서 부적법하다는 취지로 판시하면서, 관리인의 재심의 소를 각하하는 판결을 선고하였다.

54) 대법원 2012. 11. 15. 선고 2012다70012 판결은 피고가 원고를 상대로 지급명령을 신청하여 지급명령이 원고에게 송달되었는데, 같은 날 원고에 대해서 회생절차개시결정이 내려진 후 당사자가 독촉절차에서 수계절차를 밟지 않은 사안에서, 지급명령이 송달된 후 이의신청 기간 내에 회생절차개시결정 등과 같은 소송중단 사유가 생긴 경우에는 민사소송법 제247조 제2항이 준용되어 이의신청 기간의 진행이 정지되고, 그 지급명령은 이의신청 기간이 정지되어 미확정상태

나) 소송의 수계

(1) 파산재단에 속하는 재산 그 자체에 관한 소송

파산재단에 속하는 재산 그 자체에 관하여 파산선고 당시 법원에 계속되어 있는 소송은 파산관재인 또는 상대방이 이를 수계할 수 있다(법 제347조).[55] 파산관재인이 소송수계신청을 하는 것이 일반적이나, 소송수계신청은 파산관재인은 물론 상대방도 할 수 있다(상대방이 소송수계신청을 하는 경우 파산관재인은 이를 거절할 수 없는 것이 원칙이다. 나아가 수소법원은 민사소송법 제244조에 의해 직권으로 수계적격자를 찾아 속행명령을 할 수 있다). 파산관재인이 파산재단을 위하여 강제집행절차를 속행하는 경우(법 제348조 제1항 단서), 강제집행에 대한 제3자의 이의의 소에서는 파산관재인을 피고로 하므로(법 제348조 제2항 후단), 파산선고 당시 법원에 계속되어 있는 제3자 이의의 소에서는 파산관재인이 집행채무자를 수계하여 피고가 된다.

파산관재인은 수소법원에 소송수계신청을 하면서 그 자격을 증명하는 파산선고 결정문, 파산관재인 선임증, 채무자의 법인등기사항증명서 등을 함께 제출하게 된다. 소송수계신청의 적법 여부는 법원의 직권조사사항으로서, 법원은 조사의 결과 소송수계신청이 이유 없다고 인정한 때에는 결정으로 이를 기각하여야 하나(민사소송법 제243조 제1항), 이유 있을 때에는 별도의 재판을 할 필요 없이 그대로 소송절차를 진행할 수 있다.[56][57] 다만 재판이 송달된 뒤에 중단된 소송절차의 수계에 대하여는 그 재판을 한 법원이 결정하여야 한다(민사소송법 제243조 제2항).

에 있는데, 미확정 상태에 있는 지급명령은 유효한 집행권원이 될 수 없으므로 이에 대하여 집행력의 배제를 구하는 청구이의의 소를 제기할 수 없다는 취지로 판시하였다. 대법원 2009. 11. 23.자 2009마1260 결정은 소송상대방에 대한 회생절차개시결정이 있어 상대방의 재산에 관한 소송절차가 중단됨으로써 재판장의 인지보정명령상의 보정기간은 그 기간의 진행이 정지되었고, 소송절차가 중단된 상태에서 행한 재판장의 보정기간연장명령도 효력이 없으므로, 각 보정명령에 따른 기간불준수의 효과도 발생할 수 없다는 취지로 판시하였다.

55) 채무자의 재산권에 근거한 이행소송 등의 적극소송(파산재단에 속하는 재산에 설정된 근저당권설정등기말소소송 등 별제권자를 상대로 한 소송 포함)과 채무자에 대한 소유권에 기한 반환청구소송(환취권에 기한 인도소송, 등기말소청구소송 포함) 등의 소극소송이 있다.

56) 대법원 1969. 9. 30. 선고 69다1063 판결, 대법원 2006. 11. 23. 선고 2006재다171 판결.

57) 참고로 신탁재산과 관련하여 대법원 2008. 9. 11. 선고 2006다19788 판결은, 수탁자의 자격으로 소송의 당사자가 되어 있는 피고는 구 신탁법에 따라 파산으로 인하여 수탁자로서의 임무가 종료되어 소송절차까지 중단된 이상 상고를 제기할 권한이 없고, 민사소송법 제236조에 따르면 수탁자가 그 자격으로 당사자가 되어 있는 소송이 계속되던 도중에 수탁자의 임무가 종료되는 경우 소송절차는 새로운 수탁자가 수계하도록 되어 있으므로 피고의 파산관재인은 소송을 수계할 적격이 없다고 할 것이어서(구 신탁법에 의하면 수탁자가 파산선고를 받아 임무가 종료된 경우 새로운 수탁자가 신탁사무를 처리할 수 있게 될 때까지 파산관재인이 신탁재산을 보관하고 신탁사무인계에 필요한 행위를 하여야 한다고 규정되어 있기는 하나, 이로써 파산관재인에게 신탁재산에 대한 소송수행권을 포함한 관리처분권을 부여한 것으로는 볼 수 없다) 피고의 파산관재인의 상고 역시 아무런 효력이 없다는 취지로 판시하였다.

실무에서는 파산선고 직후 파산관재인으로 하여금 소송의 진행현황을 파악하도록 지도하고 있다. 파산선고 전부터 소송대리인이 선임되어 있던 경우에는 그 기초가 되는 위임계약은 파산선고로 실효하였고 대리권도 소멸하므로 (민법 제690조 전문, 제128조 전문), 다시 위임계약을 체결하여야 한다(소송대리인의 선임에 관한 자세한 내용은 제5장 제1절. 5. 참조).

변론종결 후에 파산이 선고되어 소송절차가 중단되었다 하더라도 법원은 수계절차 없이 판결을 선고할 수 있다(민사소송법 제247조 제1항).[58] 소송이 상고심에 이르러 상고이유서 제출기간이 지나거나 상고이유서를 제출한 후에 채무자에 대하여 파산선고가 있었더라도 수계절차를 거칠 필요가 없다는 것이 판례이다.[59]

소송절차를 수계한다는 것은 파산선고 당시의 소송상태(종전에 채무자가 한 유효한 소송행위)를 그대로 인계받는다는 뜻이다. 따라서 파산관재인은 중단까지의 소송수행결과에 구속되고, 채무자가 이미 제출할 수 없게 된 공격방어방법은 제출할 수 없다. 파산관재인은 수계 후 계속 소송을 진행하는 것이 파산재단에 실질적으로 이익이 되는지 검토하여 불필요하고 무익한 소송, 패소가능성이 높은 소송은 취하 또는 화해 등으로 신속히 종결하여야 한다.

파산관재인이 소송을 수계한 때에는 선의의 제3자 항변(이에 관하여는 제5장 제1절 1. 참조), 대항요건의 흠결, 부인권 행사 등 파산관재인 고유의 공격방어방법을 제출할 수 있다.[60] 파산관재인이 수계한 소송에 관하여 소송비용의 부담을 명받은 경우, 상대방 당사자의 소송비용 상환청구권은 수계 전의 부분도 포함하여 재단채권이 된다(법 제347조 제2항). 파산재단의 증식을 위해 지출된 것이므로 파산채권자 공동의 이익을 위하여 생긴 재판상 비용이기 때문이다.[61]

(2) 파산채권에 관한 소송 및 재단채권에 관한 소송

파산선고 당시 계속 중이던 파산채권에 관한 소송은 파산관재인이 당연히 수계하는 것이 아니라 상대방인 파산채권자의 채권신고와 그에 대한 채권조사의 결과에 따라 처리한다.[62] 상대방인 파산채권자가 법이 정한 바에 따라 채권신고

) 대법원 2008. 9. 25. 선고 2008다1866 판결, 대법원 2013. 4. 11. 선고 2012다49841, 49858 판결.
59) 대법원 2007. 9. 21. 선고 2005다22398 판결, 대법원 2013. 7. 11. 선고 2011다110159 판결, 대법원 2018. 2. 8. 선고 2016다261601 판결 등.
60) 대법원 2014. 12. 11. 선고 2013다49077 판결.
61) 회생절차에 관한 것이나 대법원 2016. 12. 27.자 2016마5762 결정은 "법 제59조 제2항 전문에 따라 관리인이 중단된 채무자의 재산에 관한 소송절차를 수계한 경우, 상대방이 위 소송에서 승소한 경우에 채무자에 대하여 가지는 소송비용 상환청구권은 법 제59조 제2항 후문에 의하여 관리인이 소송절차를 수계한 이후의 소송비용뿐만 아니라 관리인의 소송수계 이전에 회생채무자가 소송을 수행한 때의 소송비용까지 포함하여 공익채권으로 된다."라고 판시하였다.

를 하고, 채권조사기일에서 그 파산채권에 대하여 파산관재인 및 다른 파산채권자의 이의가 없어 채권이 신고한 내용대로 확정되면 그 계속 중이던 소송은 부적법하게 된다.[63] 실무상으로는 파산채권자의 소 취하를 유도하고 있다.

파산채권에 관한 소송의 소송계속 발생 전에 파산선고가 이루어진 경우에는 채무자에게 당사자적격이 인정되지 않으므로, 해당 소송은 부적법하여 각하되어야 하고, 이에 대한 파산관재인의 소송수계신청 역시 적법하지 않으므로 허용되지 않는다.[64]

파산선고 당시 계속 중이던 파산채권에 관한 소송은 신고된 채권에 대하여 채권조사기일에서 파산관재인 또는 다른 파산채권자의 이의가 진술된 때에 비로소 수계의 대상이 된다. 채권자가 그 권리의 확정을 구하고자 하는 때에는 이의자 전원을[65] 그 소송의 상대방으로 하여 소송을 수계하여야 하고(별제464조), 채권자

---

62) 대법원 2018. 4. 24. 선고 2017다287587 판결은 파산선고 당시 계속 중이던 파산채권에 관한 소송의 당사자는 채권조사절차를 통해 파산채권이 이의채권이 되지 아니한 상태에서 미리 소송수계신청을 할 수 없고, 이러한 소송수계신청은 부적법하다는 취지로 판시하였다.

63) 대법원 2010. 8. 26. 선고 2010다31792 판결, 대법원 2018. 4. 24. 선고 2017다287587 판결. 이 경우 수소법원이 파산관재인으로 하여금 소송절차를 수계하도록 한 다음 소 각하 판결을 하는 실무례가 있다. 반면 파산관재인은 수계할 수 없고 소송은 당연종료된다는 견해도 있다. 전병서, 154면은 채권조사기일에서 이의가 진술되지 않은 경우에는 채권의 존재 및 내용이 파산채권자표에 기재되고 그 기재는 확정판결과 마찬가지 효력을 가지므로, 중단된 소송은 그 존재의의를 잃고 그 상태에서 당연히 종료되며, 수계의 문제는 생기지 않는다는 견해를 취한다.

64) 서울중앙지방법원 파산부 실무연구회, "도산절차와 소송 및 집행절차", 박영사(2011), 61면은 소송경제적인 측면이나 분쟁의 유형에 따른 재판의 효율성 등에 비추어 볼 때 이러한 경우에도 법 제464조의 규정이 적용되어 소송절차는 중단되고 수계를 필요로 한다는 견해를 취한다.
한편 대법원 2018. 6. 15. 선고 2017다289828 판결은 "원고와 피고의 대립당사자 구조를 요구하는 민사소송법의 기본원칙상 사망한 사람을 피고로 하여 소를 제기하는 것은 실질적 소송관계가 이루어질 수 없어 부적법하다. 소 제기 당시에는 피고가 생존하였으나 소장 부본이 송달되기 전에 사망한 경우에도 마찬가지이다. 사망한 사람을 원고로 표시하여 소를 제기하는 것 역시 특별한 경우를 제외하고는 적법하지 않다. 파산선고 전에 채권자가 채무자를 상대로 이행청구의 소를 제기하거나 채무자가 채권자를 상대로 채무 부존재 확인의 소를 제기하였더라도, 만약 그 소장 부본이 송달되기 전에 채권자나 채무자에 대하여 파산선고가 이루어졌다면 이러한 법리는 마찬가지로 적용된다. 파산재단에 관한 소송에서 채무자는 당사자적격이 없으므로, 채무자가 원고가 되어 제기한 소는 부적법한 것으로서 각하되어야 하고, 이 경우 파산선고 당시 법원에 소송이 계속되어 있음을 전제로 한 파산관재인의 소송수계신청 역시 적법하지 않으므로 허용되지 않는다."라고 판시하였다.

65) 채무자 대표자만 채권조사기일에서 이의를 진술한 경우 파산채권자가 채무자를 상대로 수계할 수 있는지 논란이 있다. 구 파산법 제213조 제2항은 파산자가 이의를 진술한 채권에 관하여 파산선고 당시에 소송이 계속된 때에는 채권자는 파산자를 상대방으로 하여 이를 수계할 수 있다고 규정하고 있었으나, 현행법은 구 파산법 제213조 제2항에 해당하는 규정을 두지 아니하였다. 이에 관하여 전병서, 155면은 채권의 조사는 본래 파산채권자 사이에서 행하여지는 절차이고, 채무자가 신고채권에 대하여 이의를 진술하여도 채권의 확정을 방해할 수 없으므로 채무자의 이의는 파산채권의 확정과는 관계가 없지만, 채무자만이 이의를 진술한 경우에도 파산절차 종결 후에 채무자의 자유재산에 대한 집행권원을 미리 받아 두는 것에 수계의 의의가 있게 된다면서 채무자만이 이의를 진술한 경우라도 채권자는 채무자를 상대방으로 하여 수계할 수 있

는 청구취지 등을 채권확정소송으로 변경하여야 한다. 반면 집행력 있는 집행권원이나 종국판결이 있는 파산채권에 관하여 파산선고 당시 법원에 소송이 계속되어 있는 경우 이의자가 이의를 주장하고자 하는 때에는 이의자는 그 파산채권을 보유한 파산채권자를 상대방으로 하는 소송절차를 수계하여야 한다(법 제466조 제2항) (이의채권에 관한 소송의 수계에 대한 자세한 내용은 제8장 제4절 4. 참조).[66)67)]

한편 재단채권은 파산채권과 같은 신고·조사·확정절차를 거치지 않고 직접 파산관재인에게 이행을 청구할 수 있으므로, 파산선고 당시 계속 중이던 재단채권에 관한 소송은 파산관재인이 이를 수계할 수 있다. 구체적으로 법 제335조 제1항의 규정에 의하여 쌍무계약에 관하여 채무자 및 그 상대방이 모두 파산선고 당시 아직 이행을 완료하지 아니한 때에 파산관재인이 채무를 이행하는 경우에 상대방이 가지는 청구권은 재단채권인데(법 제473조 제7호), 그 청구권에 관하여 파산선고 당시 법원에 계속되어 있는 소송은 파산관재인 또는 상대방이 이를 수계할 수 있다(법 제347조 제1항 후문). 그 외에도 법 제473조 제2호 본문의 국세징수법 또는 지방세징수법에 의하여 징수할 수 있는 청구권(국세징수의 예에 의하여 징수할 수 있는 청구권으로서 그 징수우선순위가 일반 파산채권보다 우선하는 것을 포함하며, 제446조의 규정에 의한 후순위파산채권을 제외한다) 또는 법 제473조 제10호의 채무자의 근로자의 임금·퇴직금 및 재해보상금 등 그 밖의 재단채권에 관하여 파산선고 당시 계속 중이던 소송도 파산관재인이 이를 수계할 수 있다고 본다.[68)69)]

다는 견해를 취한다.

66) 대법원 1999. 7. 23. 선고 99다22267 판결은 파산채권에 관한 소송의 제1심 종국판결 선고 후에 파산선고가 있은 경우에는 신고된 파산채권에 관한 이의자가 소송절차의 수계신청을 하여야 하는 것이고, 이 경우 소송의 형태는 채권확정의 소로 변경되어야 한다는 취지로 판시하였다.

67) 채무자가 파산선고 전에 제1심에서 가집행선고부 판결을 받아 파산채권자에게 가지급을 하였다면, 파산선고 후에 채권확정의 소로 변경되어 진행된 항소심에서의 가지급물 반환신청의 처리가 문제된다. 이에 대하여 회생절차에 관한 것이나 대법원 2011. 8. 25. 선고 2011다25145 판결은 "제1심에서 채무자를 상대로 금원지급을 구하는 이행청구의 소를 제기하여 가집행선고부 승소판결을 받고 그에 기하여 판결원리금을 지급받았다가, 항소심에 이르러 채무자에 대한 회생절차개시로 인해 당초의 소가 회생채권확정의 소로 교환적으로 변경되어 취하된 것으로 되는 경우에는 항소심 절차에서 가지급물의 반환을 구할 수 있다고 보아야 하고, 그것을 별소의 형식으로 청구하여 반환받아야만 된다고 볼 것은 아니다. 한편 회생채권자가 소 변경 전의 이행청구에 대한 가집행선고부 제1심판결에 기하여 지급받은 금원 중 그 후 교환적으로 변경된 회생채권확정의 소에서 확정받은 채권액 부분이 있다 하더라도 그 부분을 가지급물 반환 대상에서 제외할 것은 아니다."라고 판시하였다.

68) 수계절차에 관하여는 법 제347조 제1항의 '파산재단에 속하는 재산에 관하여 파산선고 당시 법원에 계속되어 있는 소송'에는 재단채권에 관한 소송도 포함된다면서, 파산선고 당시 계속 중인 재단채권에 관한 소송은 그 소송절차가 중단되고 파산관재인이 이를 수계한다고 할 것이라는 견해[대법원 2014. 11. 20. 선고 2013다64908 전원합의체 판결의 다수의견에 대한 보충의견; 서울중앙지방법원 파산부 실무연구회, 도산절차와 소송 및 집행절차, 박영사(2011), 209, 210면]

(3) 채권자취소소송, 채권자대위소송

민법 제406조 제1항에 따라 채권자가 제기한 채권자취소소송이나 신탁법 제8조에 따라 채권자가 제기한 사해신탁취소소송이 파산선고 당시 법원에 계속 되어 있는 때에는 파산관재인이 그 중단된 소송의 원고인 채권자 측을 수계할 수 있다.[70][71] 파산관재인은 채권자취소소송을 수계한 후 청구변경의 방법으로

와 법 제347조 제1항 전문의 '파산재단에 속하는 재산에 관한 소송'은 적극재산에 관한 소송을 말하는 것으로 보면서 조세, 임금 등 그 밖의 재단채권에 관한 소송이 계속 중인 경우 파산관 재인 또는 상대방의 수계에 관하여는 명시적인 규정이 있는 법 제347조 제1항 후문을 준용 또 는 유추적용하여야 한다는 견해[정준영, "신도산법의 파산절차가 소송절차에 미치는 영향", 도산 관계소송, 334, 335면; 나원식, "재단채권의 확정절차에 관한 실무상 문제 -파산채권과의 구별이 문제되는 경우를 중심으로-", 민사재판의 제문제 제25권, 사법발전재단(2017), 74면]가 있다. 물 론 어느 견해에 의하더라도 파산선고 당시 법원에 계속되어 있는 재단채권에 관한 소송은 파산 관재인 또는 상대방이 이를 수계할 수 있다고 본다.

참고로 회생절차에 관하여 법 제59조 제2항 전문은 회생절차개시결정이 있는 때에 중단한 채 무자의 재산에 관한 소송절차 중 회생채권 또는 회생담보권과 관계없는 것은 관리인 또는 상대 방이 이를 수계할 수 있다고 규정하고 있고, 공익채권에 관한 소송에 대하여 법 제347조 제1항 후문과 같은 특별규정을 두고 있지 않다. 따라서 회생절차개시결정이 있는 때에 계속 중인 공 익채권에 관한 소송은 법 제59조 제2항 전문에 의하여 관리인이 수계하게 된다.

69) 이와 같이 재단채권에 관한 소송을 파산관재인이 수계하게 될 때, 이행판결을 구하는 청구취 지를 그대로 두어도 되는지 논란이 있으나[이에 관하여는 임치용(2), 240-242면], 대법원 2001. 12. 24. 선고 2001다30469 판결은 특별한 사정이 없는 한 재단채권자가 파산관재인을 상대로 그 채권 존재의 확인을 청구하는 것은 확인의 이익이 없어 허용될 수 없다는 취지로 판시하였다. 재단채권자는 이행판결을 받게 되면, 파산재단에 속하는 재산에 대해서는 강제집행을 할 수 없 으나(대법원 2007. 7. 12.자 2006마1277 결정), 파산재단으로부터 포기한 재산에 대하여 강제집 행 등을 할 수 있게 된다. 재단채권에 관한 소송 및 재단채권에 기한 강제집행 등에 관한 자세 한 내용은 제9장 제3절 1. 나., 다. 참조.

70) 채권자취소소송은 파산채권자가 채무자를 상대로 한 이행청구소송과 병합되어 제기되는 경우 가 많은데, 채무자에 대하여 파산이 선고되면 파산관재인은 채권자취소소송에서는 원고인 파산 채권자를 수계하고 이행청구소송에서는 피고인 채무자를 수계하여(다만 이행청구소송은 원칙적 으로 파산관재인이 채권조사기일에서 이의를 진술한 경우에 한하여 수계하게 될 것이다), 원고 와 피고의 지위를 겸유하게 될 수 있다. 이처럼 청구가 병합된 경우 각각의 청구 사이에서는 파산관재인이 소송수계를 할 수 있는 시점이나 그 소송수계 요건이 서로 다를 수 있으므로, 법 원으로서는 파산관재인 또는 상대방이 소송수계신청을 한 경우 여러 개의 병합된 청구 중 수계 할 대상은 무엇인지, 그 대상에 관하여 수계요건이 갖추어졌는지를 직권으로 조사하여야 한다. 파산관재인이 채권자취소소송과 채무자를 상대로 한 이행청구소송을 모두 수계한 경우나 여러 개의 병합된 청구 중 전부 또는 일부만을 수계한 경우 법원은 필요하다면 변론을 분리하여 심 리하고, 분리된 상태로 판결을 선고할 수도 있다.

한편 파산관재인이 부인의 소를 제기하는 경우, 파산관재인은 채권자의 채권자취소권에 기한 원상회복청구권을 피보전권리로 한 처분금지가처분절차를 수계할 수 있다. 정준영, "신도산법의 파산절차가 소송절차에 미치는 영향", 도산관계소송, 338, 339면. 파산선고 전에 발령된 가처분 이 집행되지 않은 상태라면 승계집행문을 받아 집행해야 한다.

71) 대법원 2016. 7. 29. 선고 2015다33656 판결은 "파산채권자가 파산채무자에 대한 파산선고 이 전에 적법하게 제기한 채권자취소소송을 파산관재인이 수계하면, 파산채권자가 제기한 채권자 취소소송의 소송상 효과는 파산관재인에게 그대로 승계되므로, 파산관재인이 채권자취소소송을 수계한 후 이를 승계한 한도에서 청구변경의 방법으로 부인권 행사를 한 경우, 특별한 사정이 없는 한, 그 제척기간의 준수 여부는 중단 전 채권자취소소송이 법원에 처음 계속된 때를 기준 으로 판단하여야 한다."라고 판시하였다.

부인권을 행사하여야 하고, 부인의 소는 파산계속법원의 관할에 전속하므로 (^{법 제396조}_{제3항}) 채권자취소소송이 계속 중인 법원이 파산계속법원이 아니라면 그 법원은 관할법원인 파산계속법원에 사건을 이송하여야 한다.[72]

민법 제404조 제1항에 따라 채권자가 제기한 채권자대위소송이 파산선고 당시 법원에 계속되어 있어 중단된 때에도 파산관재인이 그 중단된 소송의 원고인 대위채권자 측을 수계할 수 있다.[73]

채권자취소소송에 관하여 상대방의 수계신청이 있는 경우 파산관재인은 종전의 소송상태를 판단하여 수계를 거절할 수 있다고 해석된다.[74] 그 이유는 첫째, 원고 패소의 판결은 채무자를 구속하지 않는데도 파산관재인이 불리한 소송상태를 승계하도록 하는 것은 부당하고, 둘째, 파산관재인은 파산재단 전체를 고려하여 그 소송이 파산재단의 증식에 유익한 경우에만 수계하여야 하고, 어느 채권자가 제기한 소송에 관하여 파산관재인에게 불리한 소송상태를 승계하도록 하는 것은 부당하기 때문이다.[75] 파산관재인이 수계를 거절한 경우, 기존 채권자취소소송은 파산절차의 종료에 이르기까지 중단되고, 그 후 파산절차가 종료되면 수계절차를 거칠 필요 없이 바로 기존의 채권자취소소송의 원고인 채권자에 의해 당연히 소송절차가 수계된다고 본다(^{민사소송법}_{제239조 후문}). 또한 파산관재인이 중단

---

72) 대법원 2018. 6. 15. 선고 2017다265129 판결. 다만 이 판결은 파산채권자가 파산선고 후에 제기한 채권자취소의 소가 부적법하더라도 파산관재인은 이러한 소송을 수계한 다음 청구변경의 방법으로 부인권을 행사할 수 있다고 보아야 한다면서, 법원은 파산관재인이 수계한 소송이 부적법한 것이었다는 이유만으로 소송수계 후 교환적으로 변경된 부인의 소마저 부적법하다고 볼 것은 아니라는 취지로 판시하였다.

73) 대법원 2013. 3. 28. 선고 2012다100746 판결.

74) 정준영, "신도산법의 파산절차가 소송절차에 미치는 영향", 도산관계소송, 336-338면. 건국대학교 산학협력단(전원열·김영주), 사해행위취소 및 부인권제도에 관한 개선방안 연구, 법원행정처(2017), 245, 249면은 법 제406조 제2항, 제347조가 파산관재인 또는 채권자취소소송의 피고는 기존의 채권자취소소송을 수계할 수 있다고 할 때의 '수계할 수 있다'의 의미에 관하여 파산관재인에게 채권자취소소송을 수계할 의무가 있다고 굳이 해석할 일은 아니라는 견해를 취한다.

75) 이에 대하여 파산관재인이 소송수계를 거절할 수 있다면 기판력의 이익을 받을 수 있는 상대방의 이익을 부당하게 해치게 되고, 상대방은 별소인 부인의 소에도 대응해야 되므로 상대방에게 불이익하다는 점, 상대방에게도 수계신청권이 있고(법 제406조 제2항, 제347조 제1항, 민사소송법 제241조), 수소법원은 파산관재인이 소송절차를 수계하지 않는 경우 직권으로 속행명령을 할 수 있다는 점(민사소송법 제244조) 등을 근거로 파산관재인이 소송수계를 거절할 수 없다고 보는 견해도 주장된다. 전병서, 156면; 정문경, "부인권 행사에 관한 실무상 몇 가지 쟁점", 도산법연구 제2권 제2호, 사단법인 도산법연구회(2011), 54, 55면; 伊藤眞, 407면. 한편 條解破産法, 379, 380면은 파산관재인이 소송수계를 거절할 수 없다는 입장에서 파산관재인은 불리한 내용의 종전 소송상태에 구속되지 않는다는 견해가 있으나 이는 해석론으로는 곤란하고, 파산관재인은 불리한 내용의 종전 소송상태를 원칙적으로 승계하지만 수계한 후 요건이 다른 부인권의 행사 등 자신의 공격방어방법을 제출할 수 있으며, 합리적인 이유가 있으면 종전 채권자가 행하였던 자백의 철회 등도 할 수 있다는 견해를 취한다.

된 채권자취소소송의 수계를 거절할 수 있다고 보는 이상 법원은 민사소송법 제 244조에 의하여 직권에 의한 속행명령도 할 수 없다고 보아야 한다. 채권자대위 소송에 관하여도 마찬가지의 이유로 상대방의 수계신청을 거절할 수 있는지에 대해서는 견해의 대립이 있다.

참고로 파산선고 전에 채권자가 제기한 채권자취소소송에 관한 확정판결이 있는 경우, 그 효력이 파산관재인에게도 미치는지에 대해 논란이 있다. 채권자가 제기한 채권자취소소송에서 채권자가 패소판결을 받았다고 하더라도, 채권자취 소권과 부인권은 요건과 효과가 다르기 때문에 파산관재인은 부인의 소 등을 제 기할 수 있다고 보아야 한다. 반면 채권자가 제기한 채권자취소소송에서 채권자 가 승소판결을 받은 경우, 승소한 파산채권자는 파산선고로 그 판결에 기재된 권한을 잃어 이행청구·강제집행 등을 할 수 없고, 파산관재인이 승계집행문을 받아 그 승소판결에 기하여 집행을 할 수 있다.[76]

(4) 소송수계 전 또는 소송수계 후 파산절차가 종료되는 경우

당사자가 파산선고를 받은 때에 파산재단에 관한 소송절차는 중단되는데 (민사소송법 제239조 전문), 법에 따른 수계가 이루어지기 전에 파산절차가 해지(종료)되면[77] 파 산선고를 받은 자가 당연히 소송절차를 수계한다(민사소송법 제239조 후문). 이 경우 채무자는 당연히 소송절차를 수계하고 소송수계신청은 필요하지 않으며, 법원은 파산절차 의 종료 여부를 직권으로 조사하여 별도의 소송수계 여부에 관한 재판을 할 필 요 없이 그대로 소송절차를 진행하면 된다.

법에 따라 파산재단에 관한 소송의 수계가 이루어진 뒤 파산절차가 해지(종 료)된 때에 소송절차는 중단되고, 파산선고를 받은 자가 소송절차를 수계하여야 한다(민사소송법 제240조). 이 경우 소송절차의 수계신청은 상대방도 할 수 있다(민사소송법 제241조). 파

---

76) 條解破産法, 382면. 서울중앙지방법원 2006하합54 사건(주식회사 우리건설)에서는 파산채권자 가 제기한 채권자취소소송이 파산선고로 중단되지 않고 계속되어 파산채권자가 승소판결을 받 자, 파산관재인이 그 승소판결을 원용하고, 승계집행문을 받아 집행을 하였다. 실무에서는 채권 자가 파산선고 전 채권자취소소송을 제기하여 승소확정판결을 받았는데 파산선고 당시까지 원 상회복이 되지 아니한 경우에는 파산관재인이 승계집행문을 부여받는 경우가 있다(서울중앙지 방법원 2016. 8. 4.자 2016카기2116 결정, 서울중앙지방법원 2018. 4. 2.자 2018카기445 결정 등). 한편 채권자취소소송을 제기하여 승소확정판결을 받은 채권자가 채무자의 파산선고 이후에 그 판결에 따라 사해행위의 수익자부터 재산을 인도받은 사안에서 채권자는 그 재산을 파산관재인 에게 부당이득으로 반환하여야 한다고 본 사례가 있다[대전지방법원 2017. 10. 18. 선고 2017가 단201177 판결(미항소 확정)].

77) 여기서 '파산절차의 해지'는 '파산절차의 종료'와 같은 의미로, 파산취소 결정의 확정, 파산폐 지 결정의 확정, 회생계획의 인가에 의한 파산절차의 실효, 파산종결 결정 등을 포함하는 개념 이다.

산관재인이 소송의 목적이 된 파산재단에 속한 재산에 대한 환가를 포기한 때에는 채무자의 관리처분권이 부활하므로, 위 규정을 유추적용하여 채무자가 소송절차를 수계하게 된다.

2) 강제집행, 보전처분

가) 개 요

파산채권은 파산절차에 의하지 아니하고는 행사할 수 없다(법 제424조). 파산선고에 의하여 파산채권자는 파산절차에 참가하여서만 그 채권의 만족을 얻을 수 있고, 개별적인 권리행사가 금지된다. 파산채권에 기하여 파산재단에 속하는 재산에[78] 대하여 행하여진 강제집행[79]·가압류 또는 가처분은 파산재단에 대하여는 상대적으로 그 효력을 잃는다(법 제348조 제1항 본문).[80][81]

따라서 파산관재인은 기존의 집행처분을 무시하고 파산재단에 속하는 재산을 법원의 허가를 받아 자유로이 관리·처분할 수 있다.[82] 다만 실무상 집행처분의 외관을 없애기 위하여 별도의 소송을 제기함이 없이[83] 집행기관에 대하여

---

78) 채무자 소유의 재산에 대해 압류(강제집행)가 있었음에도 그 재산을 다른 사람에게 양도하고 파산이 선고된 경우, 압류의 처분금지효 때문에 그 재산도 파산재단에 속하는 재산에 해당되고, 따라서 그 강제집행 역시 중단되고 파산관재인이 속행신청을 할 수 있는 것이 아닌가 하는 의문이 있을 수 있으나, 압류의 처분금지효는 개별상대효에 불과하므로, 이는 파산재단에 속하는 재산이 아니라고 보는 것이 타당하다. 최두호, "법인파산절차에서의 몇 가지 쟁점", 도산법연구 제1권 제1호, 사단법인 도산법연구회(2010), 228, 229면.

79) 강제집행절차의 일종인 재산명시절차 등도 포함된다. 민사집행(I), 347, 348면은 재산명시절차에 관하여도 집행의 정지, 취소에 관한 민사집행법 제49조 내지 제51조의 규정이 적용된다고 한다. 일본 파산법 제42조 제6항은 파산절차개시결정이 있는 때에는 파산채권 또는 재단채권에 근거하는 재산개시절차의 신청은 할 수 없고 파산채권 또는 재단채권에 근거하는 재산개시절차는 그 효력을 상실한다고 규정하고 있다.

80) 상대적으로 효력을 잃는다는 것은 ① 파산선고 결정이 취소되면 종전의 효력이 회복된다는 뜻의 시간적 상대무효와 ② 파산재단에 대해서만 무효이고 다른 관계인에 대해서는 효력을 가진다는 뜻의 관계적 상대무효 모두를 뜻한다. 전병서, 160면. 대법원 2000. 12. 22. 선고 2000다39780 판결은 구 파산법 제61조 제1항(현행법 제348조 제1항 본문에 해당하는 규정이다)의 취지는 관련 당사자 간의 모든 관계에 있어서 강제집행, 집행보전행위가 절대적으로 무효가 된다는 것이 아니라 파산재단에 대한 관계에 있어서만 상대적으로 무효가 된다는 의미로 해석하여야 한다는 취지로 판시하였다.

81) 아래에서 보는 바와 같이 파산선고와 동시에 파산절차가 폐지되는 동시폐지의 경우에는 처음부터 파산재단 자체가 성립하지 않으므로 법 제348조가 적용되지 않는다.

82) 이 경우 파산관재인이 형식적으로 남아 있는 집행처분의 취소를 집행기관에 구할 수 있는지, 그 이익이 있는지에 관하여 학설의 대립이 있다. 이에 관하여는 정준영, "파산절차가 계속 중인 민사소송에 미치는 영향", 재판자료 제83집, 185~188면.

83) 파산관재인의 가압류집행취소신청을 민사집행법 제288조의 사정변경에 의한 가압류취소신청 또는 가압류 이의신청으로 잘못 알고 사건명을 고친 다음 별도의 결정을 하는 사례가 있는데, 이는 잘못이다. 대법원 2002. 7. 12. 선고 2000다2351 판결은 파산관재인이 집행기관에 대하여 파산선고 결정 등본을 취소원인 서면으로 소명하여 보전처분의 집행취소신청을 하여 집행처분의 외관을 없앨 수 있으므로, 보전처분에 대한 채무자의 이의신청은 그 이익이 없어 부적법하

파산선고 결정 등본을 취소원인 서면으로[84] 소명하여 강제집행·보전처분의 집행취소신청을 할 수 있다.[85]

　　나) 실효에 따른 강제집행 등의 처리

　　부동산에 대한 압류[86]·가압류 또는 처분금지 가처분 등기는 집행법원의 등기 말소촉탁에 의하여 말소할 수 있다. 이미 매각이 종료되었더라도 아직 배당이 이루어지지 아니하였다면, 그 매각으로 인한 소유권취득의 효과는 실효되지 않지만, 별도로 집행절차의 취소를 구할 필요도 없이 파산관재인은 집행기관에 그 대금의 인도를 구할 수 있다.[87] 파산선고를 간과하고 배당이 실시된 경우, 배당의 실시는 무효가 되므로 배당금을 수령한 자는 부당이득으로 그 금원을 파산관재인에게 반환할 의무가 있다.

　　한편 강제집행과 보전처분은 파산재단에 대한 관계에 있어서만 상대적으로 무효가 되므로, 별제권에 선행하는 가압류가 있는 경우, 별제권자 입장에서는 선행가압류가 실효되지 않는다.[88][89] 따라서 별제권에 의한 경매가 진행되어 배당

다는 취지로 판시하였다.

84) 파산관재인은 원칙적으로 파산선고 결정 등본 또는 파산선고 사실이 기록된 법인등기사항증명서를 취소원인 서면으로 제출하여 강제집행 등이 실효되었음을 소명하면 될 뿐, 채권자목록이나 파산채권신고서를 제출하여 파산채권이 채권자목록에 기재되어 있는지 또는 파산채권자가 채권신고를 하였는지 여부를 소명할 필요는 없다.

85) 집행기관이 집행을 당연무효로 하는 집행요건의 흠결 또는 집행장애사유의 존재를 발견한 때에는 직권으로 집행을 정지하여야 하므로[민사집행(I), 265면], 집행기관은 파산관재인이 파산선고 사실을 소명하지 않더라도 기록상 파산선고가 있은 사실이 밝혀지면 직권으로 집행을 정지하여야 한다.

86) 또한 파산관재인은 매각대금이 모두 지급될 때까지는 집행장애사유의 발생을 이유로 경매개시결정에 대한 이의신청(민사집행법 제86조 제1항)이나 매각허가에 대한 이의(민사집행법 제120조 제1항, 제121조 제1호) 또는 매각허가결정에 대한 즉시항고(민사집행법 제130조 제1항)를 할 수 있고, 이에 따라 집행법원은 강제경매개시결정을 취소할 수 있다고 본다.

87) 일본에서도 별도로 집행취소를 구할 필요가 없다고 한다. 東京高等裁判所 昭和30年12月26日 昭和30(ラ)第485号 決定.

88) 별제권에 선행하여 파산채권에 기한 가압류기입등기(선행가압류)가 있고 파산선고에 의하여 선행가압류도 실효된다고 인정할 경우, 별제권자는 선행가압류채권자와 안분배당을 받을 필요가 없게 되어 가압류의 제한을 받지 아니하는 완전한 별제권을 갖게 되는 결과가 된다. 이는 파산선고를 계기로 선행가압류에 의하여 권리가 제한되었던 별제권자가 뜻하지 않는 반사적 이익을 얻는 결과가 된다고 할 것인데, 이와 같이 별제권자가 이득을 얻게 되는 것은 법의 목적이 아님은 분명하다. 별제권자는 파산선고에 의하여 그 권리행사에 영향을 받지 아니한다는 것이지, 파산선고 전보다 더 유리한 지위에 설 수 있게 되는 것은 아니다. 또한 파산선고 전 강제집행·가압류 또는 가처분의 실효의 의미를 파산재단에 불리한 집행처분의 실효라는 '상대적 실효'로 이해할 때, 별제권보다 선행하는 가압류집행이 반드시 파산재단에 불리하다고 볼 수만은 없으므로, 선행가압류를 실효시킬 필요도 없을 것이다. 따라서 채무자에 대한 파산선고가 없었다면 당해 부동산에 대한 별제권에 기한 집행절차에서 선행가압류채권자에게 배당할 수 있었던 경우에는, 그 가압류는 파산재단에 대한 관계에서 불리한 집행처분이 아니므로 실효되지 아니한다고 보아야 할 것이다.

이 이루어지면 집행법원은 선행가압류채권자와 별제권자에게 안분배당하는 배당표를 작성한 다음 가압류채권자에 대한 배당금을 공탁해야 한다. 이 경우 가압류채권자는 파산절차에 의하지 아니하고는 그 권리를 행사할 수 없으므로 위 공탁금을 수령할 수 없고, 파산관재인은 가압류채권자가 파산채권신고를 하여 확정되었음을 소명할 수 있는 파산채권자표 등본 또는 채권조사확정재판 등본, 파산선고 결정문, 파산관재인 선임증 등을 집행법원에 제출하여 위 배당금을 수령하게 된다.[90]

유체동산에 대한 압류 및 가압류 또는 집행관 보관 가처분이 이루어져 집행관이 이를 보관하고 있는 경우 파산관재인은 그 인도를 구할 수 있다. 유체동산가압류에 대하여 해방공탁이 된 경우 또는 동산경매 후 집행관이 매각대금을 영수하고 아직 이를 집행채권자에게 교부하지 아니한 경우, 압류의 경합으로 인하여 배당절차가 개시된 경우, 배당실시 후 매각대금 중 일부가 가압류권자에게 공탁된 경우 집행은 가압류해방공탁금 또는 매각대금 위에 존속한다고 해석되므로 공탁금 또는 그 보관하는 현금은 파산관재인에게 인도하게 된다.

채권가압류의 경우 법원사무관등은 제3채무자에게 파산선고 사실과 채권가압류가 실효되었다는 취지의 통지를 하게 된다.

채권압류 및 추심명령의 경우 법원사무관등은 추심채권자와 제3채무자에게 파산선고 사실과 추심채권자는 채권의 추심을 해서는 아니 되고, 제3채무자는 추심채권자에게 지급을 하여서는 아니 된다는 취지의 통지를 하게 된다. 이 경우 제3채무자는 파산관재인에게 변제를 하여야 한다.

압류의 경합 등으로 제3채무자가 공탁한 후 채무자에 대한 파산선고가 있는 경우에는 다른 우선권 있는 채권이 없는 한 배당절차로 진행하지 아니하고, 파산관재인이 압류 또는 가압류가 파산채권에 기한 것임을 소명하여 공탁공무원으로부터 공탁금을 받아오면 될 것이다. 다만 압류의 경합상태에서 파산선고가 된 후 제3채무자가 공탁하면서 공탁사유를 신고한 경우에는, 압류 및 가압류가 파산선고에 의하여 이미 실효되어 집행의 경합이 없는 상태가 되었으므로, 결국 공탁사유가 없는 것으로 되어 제3채무자의 공탁사유신고는 부적법한 신고라고 할 것이므로 집행법원은 이를 수리하지 않는 결정을 하여야 한다. 이 경우 제3

---

89) 서울고등법원 2016. 11. 25.자 2016라145 결정(미재항고 확정).

90) 이에 관하여는 서울중앙지방법원 파산부 실무연구회, 도산절차와 소송 및 집행절차, 박영사(2011), 240, 241면.

채무자는 파산관재인에게 변제를 하여야 한다.

채권압류 및 전부명령이 즉시항고에 의하여 아직 확정되지 아니한 동안에 파산선고가 된 경우에는 항고법원은 채권압류 및 전부명령을 취소하고, 그 신청을 기각하는 결정을 하여야 한다.[91] 다만 아래에서 보는 바와 같이 전부명령이 확정되면 제3채무자에게 송달된 때 채권 전부의 효력이 생겨 집행이 완료된 것으로 보기 때문에, 파산선고 전에 확정된 전부명령에 기하여 파산선고 후에 채권자가 전부금을 변제받는 것은 유효하다.

다) 강제집행절차의 속행

파산채권에 기하여 파산재단에 속하는 재산에 대하여 행하여진 강제집행은 파산재단에 대하여는 그 효력을 잃으나(법 제348조 제1항 본문), 파산관재인은 파산재단을 위하여 강제집행절차를 속행할 수 있다(법 제348조 제1항 단서). 파산관재인이 종전의 강제집행절차를 속행하는 편이 재산을 신속하고 고가로 매각할 수 있다고 판단한 경우에는 그 강제집행절차를 스스로 속행할 수 있도록 한 것이다. 이 경우 파산관재인은 따로 승계집행문을 부여받을 필요가 없고, 집행기관에 대하여 채무자가 파산선고를 받았고 자신이 파산관재인으로 선임된 사실을 알리고 소명자료를 첨부하여 강제집행절차를 속행하겠다는 취지의 신청을 하여야 한다.

강제집행절차가 속행되는 경우 외형만을 보면 단순히 집행채권자의 교체에 불과하지만, 실질적인 성격은 종전 강제집행과는 다른 것이다. 즉, 법 제348조 제1항 단서에 의한 속행절차의 성격은 파산관재인에 의한 파산재단에 속하는 권리의 환가방법의 하나로(법 제496조 제1항) 파산재단에 속하는 재산을 종전에 행하여진 강제집행 형식을 차용함으로써 환가하는 것이다. 따라서 이 경우 집행기관은 일반채권자에 의한 배당요구는 무시하고, 배당기일에는 배당할 금액을 별제권자에게 배당한 다음 집행비용을 포함한 잔금 전액을 파산관재인에게 교부하여야 한다.[92][93]

법 제348조 제1항 단서의 규정에 의하여 파산관재인이 강제집행의 절차를 속행하는 때의 비용은 재단채권으로 하고(법 제348조 제2항 전단),[94] 강제집행에 대한 제3자의

---

91) 대법원 2001. 5. 31.자 2000마3784, 3785 결정, 대법원 2010. 7. 28.자 2010마862 결정.

92) 정준영, "파산절차가 계속 중인 민사소송에 미치는 영향", 재판자료 제83집, 196면.

93) 만일 별제권자에 우선하는 재단채권자가 배당요구를 하거나 조세채권이 교부청구된 경우, 파산관재인이 별제권에 우선하는 재단채권, 조세채권에 기하여 배당요구를 한 경우에는 그 배당요구 또는 교부청구에 따른 배당금을 파산관재인에게 교부하여야 할 것이다. 이에 관하여는 제9장 제3절 1. 다. 참조.

94) 파산재단의 이익을 위하여 지출된 것이므로 파산재단의 환가에 관한 비용(제473조 제3항)의

이의의 소에서는 파산관재인을 피고로 한다(법제348조). 제3자이의의 소의 소송계속 시기는 파산선고 전후를 묻지 않는다. 이미 소송이 계속되어 있는 경우에는 파산관재인이 피고의 지위를 수계하여야 한다(법제347조).[95] 파산관재인에 의해 집행이 속행된 경우 잉여주의는(민사집행법 제91조 제1항) 적용되지 않는다.[96]

한편 법 제348조 제1항 단서는 강제집행절차의 속행에 관하여만 규정하고 있으나, 파산관재인은 보전처분을 속행하여 그 효력을 원용할 수도 있다고 본다.[97]

라) 파산채권에 기하지 않은 강제집행 등의 처리

파산채권에 기하지 않은 강제집행·보전처분, 예컨대 소유권(환취권)에 (법제407조) 기한 인도청구의 집행 또는 그 보전을 위한 가처분, 이사의 직무집행정지 가처분, 파산채권 외의 임시지위를 정하는 가처분 등은 파산선고로 실효하지 않고, 파산재단에 속하는 재산을 대상으로 하는 경우 파산관재인에 대한 승계집행문을 부여받아 파산관재인을 상대방으로 하여 속행된다.

한편 법 제348조 제1항 본문은 파산채권에 기하여 파산재단에 속하는 재산에 대하여 행하여진 강제집행 등은 파산재단에 대하여는 그 효력을 잃는다고 규정하고 있어 재단채권에 기한 강제집행 등은 실효되지 않는 것인지 의문이 있을 수 있다. 그러나 법에 강제집행을 허용하는 특별한 규정이 있다거나 법의 해석상 강제집행을 허용하여야 할 특별한 사정이 있다고 인정되지 아니하는 한 재단채권에 기하여 파산선고 후에 강제집행이나 보전처분을 할 수 없고,[98] 파산선고 전에 강제집행이 이루어진 경우에도 종료되지 아니한 그 강제집행은 파산선고로 인하여 효력을 잃는다고 본다.[99][100] 다만 아래에서 보는 바와 같이 파산선고 전

일종이다.

95) 참고로 最高裁判所 昭和45年1月29日 昭和44(オ)第568号 判決은 채권자가 채무자를 상대로 가압류를 신청하였고, 채무자가 그 가압류집행을 배제하기 위해 제3자이의의 소를 제기한 경우, 파산선고로 가압류는 실효되었으므로 제3자이의의 소는 이익이 없다며 각하하였다.

96) 민사집행(Ⅱ), 818면; 條解破産法, 349면.

97) 정준영, "파산절차가 계속 중인 민사소송에 미치는 영향", 재판자료 제83집, 197면; 伊藤眞, 413면. 이에 대하여 보전처분은 환가를 목적으로 하는 것이 아니므로, 파산관재인이 원용할 수 없다는 견해도 있다.

98) 대법원 2007. 7. 12.자 2006마1277 결정.

99) 대법원 2008. 6. 27.자 2006마260 결정은, 파산관재인의 파산재단에 관한 관리처분권이 개별집행에 의해 제약을 받는 것을 방지함으로써 파산절차의 원만한 진행을 확보함과 동시에, 재단채권 간의 우선순위에 따른 변제 및 동순위 재단채권 간의 평등한 변제를 확보할 필요성이 있는 점, 파산선고 후 재단채권에 기하여 파산재단에 속하는 재산에 대한 별도의 강제집행은 허용되지 않는 점, 강제집행의 속행을 허용한다고 하더라도 재단채권에 대한 배당액에 관하여는 재단채권자가 직접 수령하지 못하고 파산관재인이 수령하여 이를 재단채권자들에 대한 변제자원 등

에 파산재단에 속하는 재산에 대하여 국세징수법 또는 지방세징수법에 의하여 징수할 수 있는 청구권(국세징수의 예에 의하여 징수할 수 있는 청구권으로서 그 징수 우선순위가 일반 파산채권보다 우선하는 것을 포함한다)에 기한 체납처분을 한 때에는 파산선고는 그 처분의 속행을 방해하지 아니하므로(법 제349조), 그 조세채권 등에 기한 체납처분은 파산선고로 인하여 그 효력을 잃지 아니한다.

재단채권에 기하여(파산채권자는 파산절차가 종료되기 전까지는 파산절차에 참가하여야만 만족을 얻을 수 있으므로 자유재산에 대해 강제집행을 할 수 없다. 이에 관하여는 제4장 제3절 3. 가. 참조) 파산재단에 속하지 않은 자유재산에 대하여 한 강제집행 등은 채무자가 개인인 경우 새 출발을 보장해준다는 차원에서 허용되지 않지만, 채무자가 법인인 경우에는 그러한 고려를 할 필요가 없기 때문에 허용된다고 본다.[101]

마) 강제집행절차의 종료

파산선고 전에 이미 집행이 완료된 경우에는 부인권 행사의 문제만 남고, 기존 강제집행 실효의 문제는 생길 여지가 없다(보전처분의 경우에는 그 집행이 완료되었다고 하더라도 이를 기초로 한 본집행은 남아있으므로, 파산선고로 인해 원칙적으로 모두 실효된다). 또한 아래에서 보는 바와 같이 파산선고 후에는 파산채권 및 재단채권에 기한 새로운 강제집행 등이 허용되지 아니하므로, 법 제348조 및 제349조의 규정은 파산선고 전에 강제집행이 개시되어 종료되지 않은 경우에만 그 의미를 가질 수 있다.

전체로서의 강제집행은 어떤 집행권원에 표시된 청구권 및 집행비용에 관

으로 사용하게 되므로, 재단채권자로서는 단지 강제집행의 대상이 된 파산재산의 신속한 처분을 도모한다는 측면 외에는 강제집행을 유지할 실익이 없을 뿐 아니라, 파산관재인이 강제경매 절차에 의한 파산재산의 처분을 선택하지 아니하는 한 강제집행절차에 의한 파산재산의 처분은 매매 등의 통상적인 환가 방법에 비하여 그 환가액의 측면에서 일반적으로 파산재단이나 재단 채권자에게 모두 불리한 결과를 낳게 되므로, 강제집행을 불허하고 다른 파산재산과 마찬가지로 파산관재인이 환가하도록 함이 상당하다고 인정되는 점 등을 고려할 때, 임금채권 등 재단채권에 기하여 파산선고 전에 강제집행이 이루어진 경우에도, 그 강제집행은 파산선고로 인하여 그 효력을 잃는다고 보아야 한다는 취지로 판시하였다.

100) 이에 관하여는 임치용(2), 246-248면. 일본 파산법 제42조 제2항은 파산절차개시결정이 있는 경우에는 파산채권 또는 재단채권에 근거하는 강제집행, 가압류, 가처분 등의 실행 절차로 파산 재단에 속하는 재산에 대하여 이미 되어 있는 것은 파산재단에 대하여 그 효력을 상실한다고 규정하고 있다.

101) 일본에서는 채무자가 개인인지, 법인인지 여부와 관계없이 법문상 허용된다고 하면서, 다만 임금 등 정책적인 이유로 재단채권이 된 것과 파산선고 이후 발생한 절차비용과 같은 재단채권에 기한 자유재산에 대한 강제집행은 파산법의 목적에 반하기 때문에 허용되지 않는다고 해석한다. 條解破産法, 342면.

하여 채권자가 완전한 만족을 얻은 때 또는 이와 같은 만족이 종국적, 전면적으로 불능으로 된 때에 종료한다. 일정한 재산에 대하여 일정한 집행방법에 의하여 개시된 개개의 집행절차는 그 최후 단계의 행위가 완료되었을 때 또는 그 집행신청이 채권자에 의하여 취하된 때 또는 그 집행절차가 집행기관에 의하여 취소된 때에 종료한다.

예를 들어 유체동산, 부동산에 대한 금전집행은 압류금전 또는 매각대금을 채권자에게 교부 또는 배당한 때,[102] 채권에 대한 추심명령의 경우에는 채권자가 추심의 신고를 한 때나 배당절차가 끝난 때,[103] 유체물인도청구권 등에 대한 금전집행은 집행관이 목적물을 인도받아 현금화하여 매각대금을 채권자에게 교부 또는 배당한 때, 전부명령의 경우에는 그 명령이 확정된 때(전부명령이 확정되는 것을 조건으로 제3채무자에게 전부명령이 송달된)에 각각 종료한다.[104] 동산·부동산·선박의 인도집행은 목적물을 채권자에게 인도하여 점유시킨 때, 목적물이 제3자의 점유하에 있는 경우의 인도집행은 집행관이 목적물을 제3자로부터

---

102) 대법원 2018. 7. 24. 선고 2016다227014 판결은 "부동산에 대한 경매절차에서 배당법원은 배당을 실시할 때에 가압류채권자의 채권에 대하여는 그에 대한 배당액을 공탁하여야 하고, 그 후 그 채권에 관하여 채권자 승소의 본안판결이 확정됨에 따라 공탁의 사유가 소멸한 때에는 가압류채권자에게 그 공탁금을 지급하여야 한다(민사집행법 제160조 제1항 제2호, 제161조 제1항). 따라서 특별한 사정이 없는 한 본안의 확정판결에서 지급을 명한 가압류채권자의 채권은 위와 같이 공탁된 배당액으로 충당되는 범위에서 본안판결의 확정 시에 소멸한다. 이러한 법리는 위와 같은 본안판결 확정 이후에 채무자에 대하여 파산이 선고되었다 하더라도 마찬가지로 적용되므로, 본안판결 확정 시에 이미 발생한 채권 소멸의 효력은 법 제348조 제1항에도 불구하고 그대로 유지된다고 보아야 한다. 이러한 경우에 가압류채권자가 공탁된 배당금을 채무자의 파산선고 후에 수령하더라도 이는 본안판결 확정 시에 이미 가압류채권의 소멸에 충당된 공탁금에 관하여 단지 그 수령만이 본안판결 확정 이후의 별도의 시점에 이루어지는 것에 지나지 않는다. 따라서 가압류채권자가 위와 같이 수령한 공탁금은 파산관재인과의 관계에서 민법상의 부당이득에 해당하지 않는다고 보아야 한다."라고 판시하였다. 또한 대법원 2018. 7. 26. 선고 2017다234019 판결은 같은 취지에서 "가압류채권자가 본안의 승소판결 확정 이후 공탁금을 수령하지 않고 있는 동안, 채무자의 파산관재인이 채무자에 대하여 파산선고가 있었다는 이유로 공탁금을 출급하였더라도 파산관재인은 본안판결이 확정된 가압류채권자에게 부당이득으로 이를 반환하여야 한다."라고 판시하였다.

103) 대법원 2003. 2. 14. 선고 2002다64810 판결.

104) 대법원 2005. 9. 29. 선고 2003다30135 판결은, 채권자가 압류 및 전부명령을 받았으나 압류가 경합되어 제3채무자가 이를 이유로 압류된 채무액을 공탁하였고 그 공탁금에 대한 배당절차에서 채권자에게 배당하는 배당표가 확정되어 채권자가 배당금을 수령한 후 채무자에 대하여 파산이 선고된 사안에서, 압류의 경합으로 인하여 제3채무자가 그 채무액을 공탁하여 배당절차가 개시된 경우에는 배당표에 의한 배당액의 지급에 의하여 강제집행이 종료된다고 하면서, 채권자의 전부명령은 압류의 경합으로 이미 효력을 상실하였고 배당절차가 개시된 것은 각 압류에 배당요구의 효력이 인정되는 데에 기인하는 것인바, 그에 따라 파산선고 전에 이미 배당표가 확정되고 배당금을 수령한 이상 강제집행절차는 이미 적법하게 종료되었다 할 것이고, 채무자가 전부명령에 대하여 항고 및 재항고를 제기하여 파산선고 당시 계속 중이었다는 사정은 강제집행절차의 종료 여부의 판단에 아무런 영향을 미치지 아니한다는 취지로 판시하였다.

수취하여 채권자에게 인도한 때에 각각 종료한다. 대체집행은 채권자가 이행을 받은 때, 간접강제는 채권자가 이행을 받거나 배상을 받은 때에 각각 종료한다.[105)106)]

바) 파산절차의 종료와 실효된 강제집행 등

파산선고와 동시에 파산절차가 폐지되는 동시폐지의 경우에는 처음부터 파산재단 자체가 성립하지 않으므로, 법 제348조가 적용되지 않는다. 따라서 파산선고 전에 채무자 소유 재산에 관하여 진행 중이던 강제집행·가압류 또는 가처분은 실효하지 않고 그대로 진행된다.

파산선고 후 파산절차가 폐지되는 경우 파산폐지의 결정에는 소급효가 없어 파산의 효과는 장래를 향하여 소멸되므로 파산선고에 의하여 실효된 강제집행과 보전처분은 부활하지 아니한다(이에 관하여는 제17장 제2절 2. 라. 참조).[107)]

파산취소의 결정이 확정되면 파산의 효과는 소급하여 소멸하나 거래의 안전을 도모하기 위하여 파산선고부터 취소까지 사이에 파산관재인에 의하여 행하여진 행위의 효력은 그대로 유지된다고 해석되므로, 각 집행절차에서 집행취소가 되지 않은 상태에서 관리처분권이 채무자에게 환원되는 경우에만 효력을 회복하고 그 절차를 속행한다고 할 것이다(이에 관하여는 제17장 제3절 2. 라. 참조).[108)]

3) 담보권 실행을 위한 경매

저당권자 등 별제권자는 파산절차에 의하지 아니하고 자신의 별제권을 행사할 수 있으므로(법 제412조),[109)] 별제권자는 파산선고 후에도 담보권 실행을 위한 경

---

105) 민사집행(Ⅰ), 258, 259면.

106) 배당과 관련하여 배당이의의 소가 계속 중인 경우 강제집행절차가 종료된 것으로 볼 것인지에 대해서는 견해의 대립이 있다. 다만 대법원 1996. 7. 16.자 95마1505 결정은, 집행이의에 의하여 집행처분의 취소를 구하는 경우 그 집행절차가 종료한 후에는 이미 그 이의의 이익이 없어 이의의 신청을 할 수 없는데, 재배당이의의 소가 확정됨으로써 재배당표가 확정되었고 그것으로 재배당절차가 종료되었다고 할 것이므로, 그 재배당절차의 취소를 구하는 집행이의의 신청은 그 이의의 이익이 없어져 부적법하다는 취지로 판시하였다.

107) 대법원 2014. 12. 11. 선고 2014다210159 판결.

108) 부동산등기실무(Ⅲ), 390면.

109) 대법원 1996. 12. 10. 선고 96다19840 판결은 파산재단에 속하는 재산상에 존재하는 유치권, 질권, 저당권 또는 전세권을 가진 자는 그 목적인 재산에 관하여 당연히 별제권을 가지고, 별제권은 파산절차에 의하지 아니하고 이를 행사할 수 있으며, 구 파산법 제201조 제2항은 별제권자가 별제권의 행사에 의하여 채권 전액을 변제받을 수 없는 경우에 파산절차에 참가하여 파산채권자로서 배당받기 위하여 채권신고를 하는 경우에 관한 규정이라 할 것이므로, 별제권도 파산채권과 같이 반드시 신고, 조사절차를 거쳐 확정되어야 하고, 다만 파산재단의 관리, 환가 및 배당절차에 의하지 않고 행사할 수 있는 것은 아니라는 취지로 판시하였다.

매신청을 할 수 있다. 또한 파산재단에 속하는 재산에 관한 저당권 등의 담보권 실행을 위한 경매절차는 파산선고가 있어도 실효하지 않고, 승계집행문 없이 채무자의 지위가 파산관재인에게로 승계되어 계속 진행된다. 다만 파산관재인은 파산선고 및 자신이 파산관재인으로 선임된 사실을 증명할 수 있는 자료를 첨부하여 집행법원에 제출하고, 만일 별제권자에 우선하는 재단채권자가 배당요구를 하거나 조세채권이 교부청구된 경우에는 그 배당요구 또는 교부청구에 따른 배당금을 파산관재인에게 교부할 것을 요구하여야 한다(이에 관하여는 제8장 제3절 1. 다. 참조).

4) 체납처분

파산선고 전에 파산재단에 속하는 재산에 대하여 국세징수법 또는 지방세징수법에 의하여 징수할 수 있는 청구권(국세징수의 예에 의하여 징수할 수 있는 청구권으로서 그 징수우선순위가 일반 파산채권보다 우선하는 것을[110] 포함한다)에 기한 체납처분을 한 때에는 파산선고는 그 처분의 속행을 방해하지 아니하고(법제349조 제1항), 그 체납처분절차는 파산선고에도 불구하고 그대로 속행된다.[111]

국세, 지방세와 같은 조세채권이나 국세징수의 예에 의하여 징수할 수 있는 청구권으로서 그 징수우선순위가 일반 파산채권보다 우선하는 것은 재단채권으로서(법제473조 제2호 본문) 수시로 변제받고(법제475조), 공익적 성격을 가진다는 점을 고려하여 파산선고 전에 착수한 것에 한하여 체납처분의 속행을 인정한 것이다.

위와 같이 체납처분의 속행을 인정한 취지에 관하여, 파산선고 전에 체납처분을 한 조세채권 등에 대하여 체납처분절차에 의한 환가대금에서 바로 우선변제를 받을 수 있도록 허용하려는 것이라는 견해(통설)와 우선변제까지 허용하려는 것은 아니라는 견해의 대립이 있다. 판례는 구 파산법 제62조(현행법 제349조 제1항에 해당하는 규정이다)는 파산선고 전의 체납처분은 파산선고 후에도 속행할 수 있다는 것을 특별히 정한 취지에서 나온 것이므로, 과세관청이 파산선고 전

---

110) 이에 해당하는 것으로는 국민건강보험법상의 보험료와 징수금, 국민연금법상의 연금보험료와 징수금, 「고용보험 및 산업재해보상보험의 보험료징수 등에 관한 법률」상의 고용보험료・산재보험료와 징수금 등이 있다. 반면 국유재산법상의 사용료, 관리소홀에 따른 가산금, 대부료, 변상금, 연체료 등은 국세징수의 예에 의하여 징수할 수 있는 청구권이지만 그 징수우선순위가 일반 파산채권보다 우선하지 않는다.

111) 여기서 말하는 체납처분은 파산재단에 속하는 재산에 대하여 국세징수법 등의 규정에 따른 체납처분절차에 의한 압류의 효력이 생긴 경우로 제한적으로 해석해야 한다. 서울고등법원 2002. 12. 20. 선고 2002나47558 판결(상고기각 확정)은 압류를 위하여 국세징수법상 질문, 검사, 수색에 착수한 것에 불과하고, 압류통지서의 발송, 압류등기・등록을 촉탁하였으나 아직 채무자에게 송달되거나 등기・등록이 이루어지지 않았다면 체납처분을 한 경우에 해당하지 않는다는 취지로 판시하였다.

에 국세징수법 또는 국세징수의 예에 의하여 체납처분으로 부동산을 압류(참가압류를 포함한다)한 경우에는 그 후 체납자가 파산선고를 받더라도 그 체납처분을 속행하여 파산절차에 의하지 아니하고 배당금을 취득할 수 있어 선착수한 체납처분의 우선성이 보장된다는 것으로 해석함이 상당하고, 따라서 별제권(담보물권 등)의 행사로서의 부동산경매절차에서 그 매각대금으로부터 직접 배당받을 수 있고, 이는 파산재단이 재단채권의 총액을 변제하기에 부족한 것이 분명하게 된 때에도 마찬가지라고 판시한 바 있으며,[112] 실무도 통설의 입장에 따르고 있다.[113]

그러나 파산선고 후에는[114] 파산재단에 속하는 재산에 대하여 국세징수법 또는 지방세징수법에 의하여 징수할 수 있는 청구권(국세징수의 예에 의하여 징수할 수 있는 청구권을 포함한다)에 기한 체납처분을 할 수 없다($^{법 \ 제349조}_{제2항}$).[115] 이 규정에도 불구하고 체납처분을 한 경우 파산관재인은 국가배상책임을 부담할 수도 있다는 점을 고지하고 자발적으로 이를 해제하도록 유도하고 있다. 자발적으로 해제를 하지 않는 경우에는 압류처분 무효확인소송[116] 또는 압류처분 취소소송,[117] 압류해제거부처분 취소소송[118] 등을 제기해야 한다.

과세관청은 채무자 소유의 재산에 대한 별제권의 실행으로 인하여 개시된 경매절차에서 교부청구를 할 수 있으나, 그 교부청구에 따른 배당금은 파산관재인이 각 재단채권자에게 안분변제할 수 있도록 파산관재인에게 교부되어야 한다.[119] 파산관재인은 채무자에 대한 파산선고 및 자신이 파산관재인으로 선임된 사실을 소명할 수 있는 자료를 첨부하여 집행법원에 신고함으로써 파산선고 후

---

112) 대법원 2003. 8. 22. 선고 2003다3768 판결.

113) 민사집행(Ⅱ), 609면.

114) 체납처분과 파산선고가 같은 날에 이루어진 경우에는 법 제330조, 제329조 제2항에 따라 그 체납처분은 파산선고 후에 이루어진 것으로 추정된다.

115) 대법원 2003. 3. 28. 선고 2001두9486 판결의 취지를 반영하여 현행법에 추가된 규정이다.

116) 광주지방법원 2011. 6. 9. 선고 2010구합4957 판결(미항소 확정), 서울행정법원 2014. 10. 17. 선고 2014구합60016 판결(미항소 확정).

117) 서울행정법원 2001. 10. 10. 선고 2001구26053 판결(상고기각 확정).

118) 지방자치단체장이 후순위파산채권인 과태료에 기하여 파산선고를 전후로 파산재단에 속하는 재산에 대하여 한 압류처분의 해제를 파산관재인이 신청하였으나 지방자치단체장이 거부하자 거부처분 취소소송을 제기한 사안에 관한 것이나 서울행정법원 2008. 12. 4. 선고 2008구합31239 판결(항고기각 및 심리불속행 상고기각 확정). 임의적 전치주의인 지방세와 달리 필요적 전치주의인 국세·관세의 경우 압류해제거부처분 취소소송을 제기하기 위해서는 국세기본법에서 정한 심사청구 또는 심판청구를 거쳐야 할 것으로 보인다. 서울행정법원 2011. 7. 8. 선고 2011구합9522 판결(미항소 확정) 등.

119) 대법원 2003. 6. 24. 선고 2002다70129 판결. 이에 대한 비판에 관하여는 민사집행(Ⅱ), 610면.

교부청구가 된 재단채권에 대한 배당금을 수령하게 된다(이에 관하여는 제9장 제3
절 1. 다. 참조). 체납처분에 기하여 압류된 재산이 국세징수법에 따라 공매되면
배분기일을 정하여 국세징수법 제81조에 따라 그 대금을 배분하는 경우에도 재
단채권자에게 지급할 배당금을 안분변제를 위해 파산관재인에게 교부해야 할 것
이다.[120]

5) 행정사건절차

파산재단에 속하는 재산에 관하여 파산선고 당시에 행정청에 계속되어 있
는 사건이 있는 때에는 그 절차는 수계 또는 파산절차의 종료가 있을 때까지
중단된다(법 제350조 제1항). 파산재단에 속하는 재산이란 그 재산이 형식상 파산재단에 속
한 것이라고 인정되면 충분하며 반드시 실질적으로 파산재단에 속할 것을 요하
는 것은 아니다.[121] 행정청에 계속하는 사건의 예로는 행정청의 처분에 대한 불
복신청사건, 행정심판사건, 특허심판사건, 노동위원회에 계속 중인 부당노동행위
심사에 관한 사건, 토지수용위원회의 재결에 대한 불복사건 등을 들 수 있다. 중
단된 절차는 파산관재인 또는 상대방이 수계할 수 있고, 그 절차비용은 재단채
권이 된다(법 제350조 제2항, 제347조 제2항). 행정청이 사건을 중단하지 않고 진행하여 내린 처분은
취소대상에 불과한 것인지 아니면 당연무효에 해당하는지, 이 경우 제소기간은
어떻게 되는지(민사소송법 제247조 제2항을 유추적용해야 하는지)[122] 등에 관하여는
논란이 있다.

마. 기   타

파산선고에 의하여 파산채권의 개별적 권리행사는 금지되므로, 파산선고가
있을 경우에는 채무자 발행 수표의 지급을 위탁받은 은행은 예금이 있는지의 여

---

120) 세무서장이 이러한 점을 무시하고, 교부청구권자 또는 임금채권자 등에게 대금을 직접 배분
하는 경우가 있는데, 파산관재인은 국세징수법 제83조의2에 따라 배분계산서에 대한 이의를 제
기하여 이를 시정케 하여야 하고, 만약 세무서장이 이를 시정하지 않는다면, 행정소송으로 공매
대금배분처분 취소소송을 제기할 수 있다. 또한 배당을 받은 재단채권자를 상대로 부당이득반
환 청구의 소를 제기할 수도 있을 것이다. 대법원 2006. 1. 27. 선고 2005다27935 판결. 세무서
장이 배분금을 환급하는 경우에는 국세환급금의 환급과 마찬가지로 가산금도 같이 청구할 수
있다. 대법원 2008. 1. 10. 선고 2007다79534 판결; 일본 最高裁判所 平成9年12月18日 平成8(行
ツ)第111号 判決.
121) 대법원 1963. 9. 12. 선고 63누84 판결.
122) 참고로 회생절차에서 법 제157조 제1항은 관리인은 회생채권인 조세 등 청구권의 원인이 행
정심판, 소송 그 밖의 불복이 허용되는 처분인 때에는 그 청구권에 관하여 채무자가 할 수 있
는 방법으로 불복을 신청할 수 있다고 규정하고 있는데, 이 경우 불복신청은 조사기간의 말일
또는 특별조사기일로부터 1월 이내에 해야 한다는 법 제170조 제2항이 준용된다는 견해가 있다.
이에 관하여는 회생사건실무(상), 제6장 제6절 3. 참조.

부에 관계없이 파산선고를 이유로 당연히 지급거절을 하여야 한다(금융결제원 어음교환업무 규약 제15조, 어음교환 업무규약 시행세칙 제67조 제1항 제10호 참조). 따라서 그 지급거절이 법에 의하여 가해진 지급제한에 따른 것인 이상 수표의 발행행위는 「부정수표 단속법」 제2조 제2항 위반의 범죄를 구성하지 않는다.[123]

2. 채무자의 신분 등에 대한 효과

가. 설명의무

채무자 및 그 대리인, 채무자의 이사, 채무자의 지배인, 상속재산에 대한 파산의 경우 상속인, 그 대리인, 상속재산관리인 및 유언집행자는 파산관재인·감사위원 또는 채권자집회의 요청에 의하여 파산에 관하여 필요한 설명을 하여야 한다(법 제321조 제1항).[124] 여기서 '파산에 관하여 필요한 설명'은 파산에 이르게 된 사정, 파산재단, 부인권, 환취권·별제권, 상계권, 파산채권 및 재단채권 그 밖의 파산관재인의 임무 수행에 필요한 일체의 사항에 미친다. 이와 같은 설명의무 등은 종전에 위와 같은 자격을 가졌던 자에게도 적용된다(법 제321조 제2항).[125] 법 제321조에 따라 설명의 의무가 있는 자가 정당한 사유 없이 설명을 하지 아니하거나 허위의 설명을 한 때에는 처벌한다(법 제658조).

나. 구   인

법원은 필요하다고 인정하는 때에는 파산선고를 받은 채무자 또는 파산선고를 받은 채무자의 법정대리인·이사·지배인, 상속재산에 대한 파산의 경우 상속인과 그 법정대리인 및 지배인을 구인하도록 명할 수 있다(법 제319조 제1항, 제320조). 구인은 실무상 채무자 등이 파산관재인 등의 설명 요청에 응하지 않거나, 법원의 심문을 위한 소환에 응하지 않는 경우에 행하여진다(법 제319조, 제320조).

구인에는 형사소송법의 구인에 관한 규정을 준용하고(법 제319조 제2항), 법원이 채무

---

123) 구 회사정리법상 회사정리절차 및 현행법상 회생절차에서의 변제금지 보전처분에 관한 것이나 대법원 1990. 8. 14. 선고 90도1317 판결, 대법원 2010. 1. 28. 선고 2009도12457 판결.

124) 참고로 일본 파산법 제40조 제1항 제5호, 제2항은 재판소의 허가가 있는 경우에는 파산자의 종업원이나 종업원이었던 자도 설명의무를 부담한다고 하고 있다. 독일 도산법 제101조 제1항은 대표기관, 감독기관뿐만 아니라 도산신청시로부터 2년 전에 대표기관, 감독기관도 설명의무를 부담한다고 하고 있고, 같은 조 제2항은 종업원과 종전 종업원도 설명의무를 부담한다고 하고 있다.

125) 설명의무에 관한 자세한 내용은 남대하, "면책불허가사유 중 설명의무위반 행위", 사법 36호, 사법발전재단(2016), 178-206면.

자 등을 구인하도록 명한 결정에 대하여는 즉시항고를 할 수 있다(법 제319조). 구인은 법원이 발부하는 구인장에 의하여 한다([기재례 38]). 법 제319조, 제320조에 따른 구인의 명을 받은 자가 그 사실을 알면서도 파산절차를 지연시키거나 구인의 집행을 회피할 목적으로 도주한 때에는 처벌한다(법 제653조).

실무상 구인을 하는 예는 드물다. 채무자 또는 채무자의 대표자 등이 파산관재인의 업무에 협조하지 않을 때에는 이들을 법원에 출석하게 하여 주의를 주고, 심문을 하거나 때로는 증거조사의 방식으로 진술을 듣는 등의 방법으로 처리한다. 그러나 위와 같은 방법이 여의치 않다면 구인을 할 필요가 있다.[126]

다. 통신비밀의 제한

파산관재인은 채무자에게 보내는 우편물·전보 그 밖의 운송물을 수령하여, 이를 열어볼 수 있다(법 제484조 제2항). 이는 통신의 자유에(헌법 제18조) 대한 제한이므로 필요한 정도를 넘는 것은 허용되지 않는다(우편물의 관리에 관한 자세한 내용은 제6장 제2절 4. 참조).

라. 각종 법인의 해산 등

민법상 법인(민법 제77조), 상법상 합명회사(상법 제227조 제5호)·합자회사(상법 제269조, 제227조 제5호)·유한책임회사(상법 제287조의38 제1호, 제227조 제5호)·주식회사(상법 제517조 제1호, 제227조 제5호.)·유한회사(상법 제609조 제1항 제1호, 제227조 제5호)뿐만 아니라 감정평가법인(감정평가 및 감정평가사에 관한 법률 제30조 제1항 제5호), 관세법인(관세사법 제17조의11 제1항 제4호), 기업구조조정투자회사(기업구조조정투자회사법 제28조 제4호), 노무법인(공인노무사법 제7조의5 제1항 제4호), 문화산업전문회사(문화산업진흥 기본법 제53조 제1항 제3호), 법무법인·법무법인(유한)(변호사법 제54조 제1항 제4호, 제58조의14 제1항 제4호), 법무사법인·법무사법인(유한)(법무사법 제44조 제1항 제4호, 제47조의13 제1항 제4호), 보험회사(보험업법 제137조 제1항 제5호), 부동산투자회사(부동산투자회사법 제44조 제4호), 상공회의소(상공회의소법 제9조 제2호), 새마을금고(새마을금고법 제36조 제3호), 선박투자회사(선박투자회사법 제49조 제3호), 선주상호보험조합(선주상호보험조합법 제46조 제1항 제3호), 세무법인(세무사법 제16조의13 제1항 제5호), 소비자생활협동조합·연합회·전국연합회(소비자생활협동조합법 제53조 제1항 제3호, 제69조, 제80조), 신용협동조합(신용협동조합법 제54조 제1항 제3호), 염업조합(염업조합법 제48조 제1항 제2호), 영농조합법인·영어조합법인(농어업경영체 육성 및 지원에 관한 법률 제16조 제6항, 같은 법 시행령 제13조 제3호), 우리사주조합(근로복지기본법 제47조 제1항 제1호 (해당) 우리사주제도 실시회사가 파산하는 경우), 유동화전문회사(자산유동화에 관한 법률 제24조 제3호), 의료법인(의료법 제50조, 민법 제77조), 중소기업협동조합·사업조합·연합회·중앙회

---

126) 구 파산법에서는 파산자는 법원의 허가를 얻지 아니하면 그 주거지를 떠날 수 없었고(구 파산법 제137조), 파산자가 도망하거나 재산을 은닉 또는 손괴할 우려가 있는 때에는 법원은 그 감수를 명할 수 있었으며(구 파산법 제139조 제1항), 감수를 명령받은 파산자는 법원의 허가를 얻지 아니하면 타인과 면접 또는 통신을 할 수 없었으나(구 파산법 제140조), 현행법에는 이러한 채무자의 거주제한, 감수, 면접 또는 통신의 제한에 관한 규정이 없다.

(중소기업협동조합법 제73조 제1항), 지방공단(지방공기업법 제77조의2), 지역신용보증재단(지역신용보증재단법),
제3호, 제87조, 제98조, 제127조   제1항 제3호   제34조 제1항 제1호
투자회사·투자유한회사·투자합자회사(자본시장과 금융투자업에 관한 법률 제202조), 특허법인·특
                                  제1항 제4호, 제211조 제2항, 제216조 제3항
허법인(유한)(변리사법 제6조의9 제1항), 학교법인(사립학교법 제34조), 해운조합(한국해운조합법), 협
          제4호, 제6조의20 제1항 제4호   제1항 제4호   제42조 제1항 제5호
동조합·협동조합연합회·사회적 협동조합·사회적협동조합연합회(협동조합 기본법 제57조
                                                          제1항 제3호, 제83조,
제102조 제1항 제3호,), 회계법인(공인회계사법 제37조) 등은 파산선고에 의하여 해산한다. 이처럼
제115조 제3항   제5호
해산한 법인은 파산의 목적의 범위 안에서는 아직 존속하는 것으로 본다(법328조).

　그 밖에 방문판매업자·전화권유판매업자(방문판매 등에 관한), 방산업체(방위사업법 제48조
                                법률 제12조 제2항   제1항 제14호
선불식 할부거래업자(할부거래에 관한), 신용카드등부가통신업자·신용카드업자·시설대
                  법률 제21조
여업자·할부금융업자·신기술사업금융업자(여신전문금융업법 제27조의3 제1항), 첨단기술기
                                    제5호, 제57조 제2항 제5호, 제3항 제5호
업·연구소기업(연구개발특구의 육성에 관한 특별법), 통신판매업자(전자상거래 등에서의 소비자보호),
               제9조의2 제1항 제3호, 제9조의4 제1항 제5호   에 관한 법률 제22조 제2항
금융회사·전자금융업자(전자금융거래법), 전자선하증권 등록기관(상법 제862조 제5항, 상법의
                   제43조 제1항 제5호   전자선하증권 규정의 시행에
관한 규정 제15조), 전자어음관리기관(전자어음의 발행 및 유통에) 등은 파산선고로 사실상 영
제1항 제3호   관한 법률 제21조 제1항 제3호
업을 종료한 때 그 신고·허가·등록·지정이 취소·말소될 수 있다. 이처럼 수
많은 개별 법령에 파산선고로 인한 불이익을 정하고 있으므로, 파산관재인은 해
당 영업권의 매각에 있어 주의를 기울일 필요가 있다.

마. 법인의 조직법적 사단 활동에 미치는 영향

　법인이 파산선고를 받게 되면 파산한 법인은 파산재단에 속하게 된 자신의
재산에 관하여 관리처분권을 상실하고 파산관재인이 그 관리, 환가, 배당 등에
관하여 전권을 행사함으로써, 파산절차는 그 개시부터 종료에 이르기까지 파산
관재인을 통하여 이루어진다. 그러나 법인의 비재산적 활동 범위에 속하는 사항
즉, 법인의 조직법적 사단 활동에 관한 권한은 여전히 법인에게 있다.

　예를 들어 파산선고를 받은 채무자가 주식회사인 경우 파산절차 진행 중에
도 주식회사의 기관으로 주주총회와 감사기관은 유지된다. 주주총회는 파산절차
진행 중에 이사(또는 청산인), 감사를[127] 임면할 수 있고, 동의에 의한 파산폐지
를 위하여 회사 계속의 결의를 할 수 있으며(법 제540조, 상법), 파산의 목적에 반하지
                                         제519조, 제434조
않는 범위 내에서 정관의 변경 기타 각종 결의를 할 수 있다.

---

127) 자본금의 총액이 10억 원 미만인 회사로서 상법 제409조 제4항에 의하여 감사를 선임하지
　　아니할 수 있는 주식회사가 아니라면 파산한 주식회사도 감사기관으로 감사를 두어야 한다. 이
　　경우 신임 감사의 취임등기를 하지 아니하면 종전 감사의 퇴임등기를 할 수 없다. 상업등기선
　　례 제1-268호(2003. 6. 3. 공탁법인 3402-132 질의회답). 다만 파산재단의 관리 및 처분에 관한
　　권한은 파산관재인에게 속하고, 감사에게 파산관재인의 행위에 대하여 감사할 권한은 없기 때
　　문에, 사실상 감사가 활동할 여지는 아주 적다.

파산한 법인이 파산재단 이외의 관계에 있어서 업무를 집행하여야 할 집행기관으로 이사를 선임한 경우에는 법인의 대표자는 신임이사의 취임등기를 신청할 수 있다. 한편 파산한 법인과 파산재단은 법인격상 동일하지 않으므로 파산재단의 사무실 이전을 파산한 법인의 본점 이전으로 보아 등기할 수 없으며, 파산한 법인의 본점 이전은 비재산적 활동 범위에 속하므로 일반절차에 따라 대표자가 변경등기를 신청할 수 있다.[128]

3. 파산채권자에 대한 효과

가. 개별적 권리행사의 금지

파산채권은 파산절차에 의하지 아니하고는 행사할 수 없다(법제424조). 즉, 파산선고에 의하여 파산채권자의 개별적인 권리행사가 금지된다. 파산채권자는 채권신고기간 내에 법원에 채권신고를 하여 파산절차에 참가한 후 채권조사기일에서 조사를 거쳐 확정된 채권액 및 우선권에 따라 배당을 받는 방법으로만 그 만족을 얻을 수 있다.

따라서 파산선고 후 파산채권자가 파산관재인이나 채권조사기일에서의 이의자를 상대로 파산채권의 이행을 구하는 소를 제기하거나 파산선고 당시 파산채권에 관한 소송이 계속되어 있지 않은 파산채권자가 채권조사확정재판의 절차를 거치지 않고 파산채권의 확정을 구하는 소를 제기하는 것은 부적법하다.[129] 또한 파산채권자가 채권자취소소송을 제기하거나,[130] 파산관재인에 속하는 권리를 대위하여 행사하는 것도 허용되지 않는다.[131] 파산채권자는 파산선고를 받은

---

128) 서울중앙지방법원 2012. 4. 30.자 2012비단15 결정; 상업등기선례 제1-264호(2002. 4. 16. 등기 3402-232 질의회답), 등기선례 제200303 - 15호(2003. 3. 12. 공탁법인 3402 - 68 질의회신).

129) 회생절차에 관한 것이나, 대법원 2011. 5. 26. 선고 2011다10310 판결, 대법원 2017. 6. 29. 선고 2016다221887 판결 등.

130) 대법원 2018. 6. 15. 선고 2017다265129 판결은 "채무자가 채권자에 대한 사해행위를 한 경우에 채권자는 민법 제406조에 따라 채권자취소권을 행사할 수 있다. 그러나 채무자에 대한 파산선고 후에는 파산관재인이 파산재단을 위하여 부인권을 행사할 수 있다(법 제391조, 제396조). 파산절차가 채무를 채권자들에게 평등하고 공정하게 변제하기 위한 집단적·포괄적 채무처리절차라는 점을 고려하여 파산선고 후에는 파산채권자가 아닌 파산관재인으로 하여금 부인권을 행사하도록 한 것이다. 따라서 파산선고 후에는 파산관재인이 총 채권자에 대한 평등변제를 목적으로 하는 부인권을 행사하여야 하고, 파산절차에 의하지 않고는 파산채권을 행사할 수 없는 파산채권자가 개별적 강제집행을 전제로 개별 채권에 대한 책임재산을 보전하기 위한 채권자취소의 소를 제기할 수 없다."라고 판시하였다. 다만 파산채권자는 파산관재인이 제기한 부인의 소에 보조참가를 하는 것이 가능하고, 파산절차가 종료된 후에는 채권자취소소송을 제기할 수 있다.

채무자의 자유재산에 대하여 강제집행할 수도 없다.[132] 파산채권에 기하여 가압류·가처분을 신청하는 경우에는 그 신청을 각하하여야 한다. 파산채권에 기하여 파산재단에 속하는 재산에 대하여 행하여진 강제집행·가압류 또는 가처분은 파산재단에 대하여는 그 효력을 잃는다(법제348조 제1항 본문).

다만 파산재단에 속하는 재산상에 존재하는 유치권·질권·저당권·「동산·채권 등의 담보에 관한 법률」에 따른 담보권 또는 전세권을 가진 자는 그 목적인 재산에 관하여 별제권을 가지는데(법제411조), 별제권은 파산절차에 의하지 아니하고 행사할 수 있으므로(법제412조), 별제권자는 파산절차에 의하지 아니하고 채권의 만족을 얻을 수 있다. 파산채권자가 파산선고 당시 채무자에 대하여 채무를 부담하는 때에는 파산절차에 의하지 아니하고 상계할 수 있으므로(법제416조), 상계권을 가진 파산채권자도 파산절차에 의하지 아니하고 채권의 만족을 얻을 수 있다. 한편 어음발행인이 발행한 어음에 관하여 피사취 등을 이유로 사고신고를 하면서 지급은행에 사고신고담보금을 예치하고 그 어음발행인에 대하여 파산절차가 개시되더라도 어음의 정당한 소지인은 파산절차에 의하지 아니하고 지급은행을 상대로 사고신고담보금의 지급청구권을 행사하여 그 채권의 만족을 얻을 수 있다.[133] 「하도급거래 공정화에 관한 법률」상 원사업자에 대하여 파산선고가 있어

---

131) 대법원 2000. 12. 22. 선고 2000다39780 판결은 "구 파산법 제7조는 '파산재단을 관리 및 처분할 권리는 파산관재인에게 속한다'고 규정하고 있어 파산자에게는 그 재단의 관리처분권이 인정되지 않고, 그 관리처분권을 파산관재인에게 속하게 하였으며, 구 파산법 제15조는 '파산채권은 파산절차에 의하지 아니하고는 이를 행사할 수 없다'고 규정하고 있는바, 이는 파산자의 자유로운 재산정리를 금지하고 파산재단의 관리처분권을 파산관재인의 공정·타당한 정리에 일임하려는 취지임과 동시에 파산재단에 대한 재산의 정리에 관하여는 파산관재인에게만 이를 부여하여 파산절차에 의해서만 행하여지도록 하기 위해 파산채권자가 파산절차에 의하지 않고 이에 개입하는 것도 금지하려는 취지의 규정이라 할 것이므로, 그 취지에 부응하기 위하여는 파산채권자가 파산자에 대한 채권을 보전하기 위하여 파산재단에 관하여 파산관재인에 속하는 권리를 대위하여 행사하는 것은 법률상 허용되지 않는다고 해석해야 할 것이다."라고 판시하였다. 대법원 2002. 8. 23. 선고 2002다28050 판결은 같은 취지에서, 파산채권자라고 하더라도 파산관재인의 권리를 대위행사하여 그 사해행위의 취소와 원상회복을 구할 법률상의 지위에 있지 않다는 취지로 판시하였다. 반면, 재단채권자의 경우 그 채권이 금전채권인지 특정채권인지에 따라 다르다. 재단채권자의 파산관재인에 속하는 권리의 대위 행사에 관한 자세한 내용은 제9장 제3절 다. 참조.

132) 條解破産法, 743, 745면. 이에 대해서는 법 제424조는 파산재단에 한정하여 적용되는 것이고, 재단채권자가 자유재산에 대하여 강제집행을 하는 것을 허용한 이상 파산채권자가 자유재산에 대하여 강제집행을 하는 것도 막을 이유는 없다는 반대견해도 있다. 참고로 일본 最高裁判所 平成18年1月23日 平成17(受)第1344号 判決은 파산절차 중 파산채권자는 파산채권에 의하여 채무자의 자유재산에 대하여 강제집행을 할 수는 없다고 해석되지만, 채무자가 그 자유로운 판단에 따라 자유재산으로 파산채권에 대하여 임의 변제를 하는 것은 허용된다고 해석하는 것이 상당하다는 취지로 판시하였다.

133) 대법원 2009. 9. 24. 선고 2009다50506 판결. 구 회사정리법상 회사정리절차에 관한 것이나 같은 취지의 판결로는 대법원 2001. 7. 24. 선고 2001다3122 판결.

원사업자가 하도급대금을 지급할 수 없게 된 경우에는 수급사업자가 발주자에 대하여 하도급대금의 직접 지급을 청구하는 것도 가능하다(하도급거래 공정화에 관한 법률 제14조 제1항 제1호).[134]

또한 여럿의 채무자가 각각 전부의 채무를 이행하여야 하는 경우에 파산채권자가 파산선고를 받은 채무자 외의 다른 전부의무자에 대하여 권리를 행사하여 추심 또는 강제집행을 하거나 제3자가 제공한 담보에 대한 권리를 행사하는 데에는 아무런 영향이 없다(법 제430조 제1항, 제3항). 어음의 소지인은 지급인의 인수 여부와 관계없이 지급인이 파산한 경우 또는 인수를 위한 어음의 제시를 금지한 어음의 발행인이 파산한 경우에는 만기 전에도 배서인, 발행인, 그 밖의 어음채무자에 대하여 상환청구권을 행사할 수 있다(어음법 제43조 제2호, 제3호, 제77조 제1항 제4호).

나. 파산채권의 등질화

파산절차는 채무자의 모든 재산을 환가하여 그 환가한 금원으로 파산채권에 대하여 금전에 의한 배당을 함으로써 채권자의 공평하고 평등한 만족을 도모하는 절차이다.

이를 위하여 파산선고가 있으면 금전에 의한 배당이 가능하도록, 채권의 목적이 금전이 아니거나(비금전채권) 그 액이 불확정한 때나(금액불확정의 금전채권) 외국의 통화로 정하여진 때에는(외국통화채권) 파산선고시의 평가액을 파산채권액으로 하고(법 제426조 제1항), 정기금채권의 금액 또는 존속기간이 확정되지 아니한 때에도 파산선고시의 평가액을 파산채권액으로 한다(금전화)(법 제426조 제2항). 파산선고시에 변제기가 도래하지 아니한 기한부채권은 파산선고시에 변제기에 이른 것으로 본다(현재화)(법 제425조). 금전화와 현재화를 아울러 파산채권의 등질화 또는 균질화라고 한다.[135]

---

134) 대법원 2005. 7. 28. 선고 2004다64050 판결은 원사업자의 파산으로 발생한 발주자의 하도급대금 직접지급의무는 파산폐지 결정으로 소멸하지 않는다는 취지로 판시하였다. 한편 구 회사정리법상 회사정리절차에 관한 것이나 대법원 2007. 6. 28. 선고 2007다17758 판결은 영세한 수급사업자의 보호를 위해 원사업자가 파산한 경우에 인정되는 직접청구제도가 원사업자에 대하여 회사정리절차가 개시된 경우라 하여 배제될 이유는 없다는 취지로 판시하였다. 이 판결에 대하여 회생절차의 목적에 비추어 부당하다는 견해로는 오민석, "건설회사의 회생절차에 관한 소고", 도산관계소송, 100-106면.
135) 파산채권의 등질화에 관한 자세한 내용은 전병서, 185-188면.

4. 파산신청의 취하 불가

파산신청의 취하는 파산선고 전에 한하여 허용되며, 파산이 선고되면 그 선고한 때로부터 모든 이해관계인에게 효력이 미치므로 파산선고 결정의 확정 전이라 하더라도 신청인은 파산신청을 취하할 수 없다.[136]

제 4 절 동시폐지

법원은 파산재단으로 파산절차의 비용을 충당하기에 부족하다고 인정되는 때에 파산선고와 동시에 파산폐지의 결정을 한다(법 제317조 제1항). 파산선고와 동시에 파산절차를 폐지하는 것을 동시폐지라고 한다(동시폐지에 관한 자세한 내용은 제17장 제2절 1. 참조).

제 5 절 파산선고에 대한 불복

1. 즉시항고

파산선고 결정에 대하여는 이해관계를 가진 자가 즉시항고를 할 수 있다 (법 제316조 제1항, 제13조 제1항). 파산선고와 동시에 파산폐지의 결정을 한 경우 파산폐지의 결정에 대하여만 즉시항고를 할 수 있다(법 제317조 제3항).

파산선고 결정에 대한 즉시항고는 채무자 신청의 경우(준자기파산신청 포함) 채권자와 신청인 외의 파산신청권자가, 채권자 신청의 경우 채무자와 신청인 외의 다른 채권자가 즉시항고를 할 수 있을 것이다. 주식회사의 경우 주주가 즉시

---

136) 법은 회생절차와 개인회생절차에 대해서만 시기적 제한을 명문으로 규정하고 있으나(법 제48조 제1항, 제594조), 파산절차에 대해서도 이와 달리 취급할 이유가 없다. 대법원 2012. 3. 20.자 2010마224 결정은 "채권자의 신청에 의하여 채무자에 대하여 파산이 선고되면 그 선고한 때로부터 모든 채권자를 위하여 그 효력이 생기므로(법 제311조), 다른 채권자의 채권신고가 모두 취하되거나 그 채권이 모두 소멸하는 등의 특별한 사정이 없는 한, 파산선고 결정에 대한 즉시항고가 제기된 이후 항고심에서 신청채권자가 신청을 취하하거나 신청채권자의 채권이 변제, 면제, 그 밖의 사유로 소멸하였다는 사정만으로는 항고법원이 제1심의 파산선고 결정을 취소할 수 없다."라고 판시하였다. 참고로 일본 파산법 제29조는 파산절차 개시신청을 한 자는 파산절차 개시결정 전에 한하여 당해 신청을 취하할 수 있다고 규정하고 있다.

항고권을 가지는지에 관하여는 부정적으로 해석된다.[137]

파산선고는 공고를 하므로, 파산선고 결정에 대한 즉시항고는 그 공고가 있은 날부터 14일 이내에 하여야 한다(법 제13조 제2항).

파산은 선고를 한 때부터 그 효력이 생기고(법 제311조), 파산선고 결정에 대한 즉시항고는 집행정지의 효력이 없다(법 제316조 제3항). 따라서 즉시항고가 제기되더라도 파산관재인이 관리처분권을 행사하고 법원이 채권자집회와 채권조사기일을 진행하는 데에는 아무런 영향이 없다.

2. 즉시항고 제기 후 원심의 절차

항고장에 적어야 할 사항(필수적 기재사항)을 적지 아니한 경우와 항고장에 법률의 규정에 따른 인지를 붙이지 아니한 경우에는 원심재판장은 항고인에게 상당한 기간을 정하여 그 기간 이내에 흠을 보정하도록 명하여야 한다. 항고인이 그 기간 이내에 흠을 보정하지 아니한 때와 항고기간을 넘긴 것이 분명한 때에는 원심재판장은 명령으로 항고장을 각하하여야 한다(법 제33조, 민사소송법 제443조 제1항, 제399조 제1항, 제2항).

파산선고 결정에 대하여 적법한 즉시항고가 제기되었을 때 파산선고를 한 원심법원은 항고에 정당한 이유가 있다고 인정하는 때에는 재도의 고안으로 그 재판을 경정하여(법 제33조, 민사소송법 제446조), 파산선고를 취소하고 파산신청을 각하 또는 기각하는 결정을 할 수도 있다(파산의 취소에 관한 자세한 내용은 제17장 제3절 참조). 항고장이 각하되지 아니하고 원심법원이 항고를 이유 없다고 인정하는 때에는 원심법원의 법원사무관등은 항고장이 제출된 날부터 2주 이내에 항고기록에 항고장을 붙여 항고법원으로 보내야 한다(법 제33조, 민사소송법 제443조 제1항, 제400조 제1항).

---

137) 條解破産法, 292-294면; 이에 대해서는 사단관계를 소멸시키는 재판에 대해 사단의 구성원에게 즉시항고의 기회를 주는 것이 옳다며 주주 역시 즉시항고를 할 수 있다는 견해도 있다. 오수근, "도산법의 이해", 이화여자대학교출판부(2008), 244면.

法 人 破 産 實 務

제 5 장

· · ·

파산절차의
기관

제 1 절   파산관재인

1. 지   위

파산관재인은 파산절차를 수행하기 위하여 필수적이고 가장 중요한 기관이다.[1] 법원이 파산선고와 동시에 선임한다(법 제312조 제1항).

채무자가 파산선고 당시에 가진 모든 재산은 파산재단을 구성하고(법 제382조), 그 파산재단을 관리 및 처분하는 권한은 파산관재인에게 속하므로(법 제384조), 파산관재인은 채무자의 포괄승계인과 같은 지위를 가지게 된다. 하지만 파산이 선고되면 파산채권자는 파산절차에 의하지 아니하고는 파산채권을 행사할 수 없고, 파산관재인이 파산채권자 전체의 공동의 이익을 위하여 선량한 관리자의 주의로써 그 직무를 행하므로, 파산관재인은 파산선고에 따라 채무자와 독립하여 그 재산에 관하여 이해관계를 가지게 된 제3자로서의 지위도 가지게 된다.[2]

따라서 파산관재인은 민법 제108조(통정한 허위의 의사표시) 제2항, 민법 제110조(사기, 강박에 의한 의사표시) 제3항의 경우 등에 있어서 제3자에 해당하고, 그 선의·악의도 파산관재인 개인의 선의·악의를 기준으로 할 수는 없고 총파산채권자를 기준으로 하여 파산채권자 모두가 악의로 되지 않는 한 파산관재인은 선의의 제3자라고 할 수밖에 없다.[3] 또한 파산선고 전에 부동산에 대한 점유취득시효가 완성되었으나 파산선고시까지 이를 원인으로 한 소유권이전등기를 마치지 아니한 자는 파산재단에 속하는 부동산에 관하여 이해관계를 갖는 제3자

---

1) 파산관재인의 법적 성격에 관한 다양한 학설(주로 일본에서 논의되고 있는 학설들이다)에 관한 소개는 윤남근, "일반환취권과 관리인·파산관재인의 제3자적 지위", 회생과 파산 Vol. 1, 사법발전재단(2012), 19면 이하. 대법원 1990. 11. 13. 선고 88다카26987 판결은 파산관재인의 법적 성격에 관하여 언급하고 있으나, 아직 이 점에 관한 판례가 축적되어 있지 않아 대법원 판례의 입장을 명확하게 알 수는 없다.
2) 대법원 2003. 6. 24. 선고 2002다48214 판결, 대법원 2006. 11. 10. 선고 2004다10299 판결, 대법원 2008. 2. 1. 선고 2006다32187 판결, 대법원 2010. 4. 29. 선고 2009다96083 판결, 대법원 2014. 6. 26. 선고 2012다9386 판결, 대법원 2014. 8. 20. 선고 2014다206563 판결, 대법원 2016. 3. 24. 선고 2015다246346 판결 등.
3) 대법원 2006. 11. 10. 선고 2004다10299 판결, 대법원 2010. 4. 29. 선고 2009다96083 판결, 대법원 2014. 8. 20. 선고 2014다206563 판결(특히 이 판결은 채무자가 상대방 회사와 그 회사의 이사회 결의가 없는 거래행위를 하였다가 파산이 선고된 경우, 특별한 사정이 없는 한 파산관재인은 그 거래행위에 따라 형성된 법률관계를 토대로 실질적으로 새로운 법률상 이해관계를 가지게 된 제3자에 해당한다는 취지로 판시하였다), 대법원 2015. 2. 12. 선고 2013다93081 판결 등.

의 지위에 있는 파산관재인을 상대로 파산선고 전의 점유취득시효 완성을 원인
으로 한 소유권이전등기절차의 이행을 청구할 수 없고, 파산채권자로서 파산절
차에 의하여서만 그 권리를 행사할 수 있다.[4] 채권양도의 대항요건을 갖추기 전
에 양도인이 파산한 경우 파산관재인이 민법 제450조(지명채권양도의 대항요건)
제1항의 제3자에 해당하는지 여부,[5] 파산선고 후 해제권이 행사된 경우 파산관
재인이 민법 제548조(해제의 효과, 원상회복의무) 제1항 단서의 제3자에 해당하는
지 여부 등에 관하여는 견해의 대립이 있다.[6]

2. 권   한

파산관재인은 취임 후 즉시 파산재단에 속하는 재산의 점유 및 관리에 착
수하는 것을 시작으로, 파산의 목적 달성을 위하여 파산절차상 필요한 일체의
행위를 할 권한을 가진다. 다만 파산관재인에게 속하는 권한은 파산재단에 속하
는 것에 한하고, 자유재산에 대한 관리·처분, 조직법적 활동 등 그 밖의 사항에
대하여는 미치지 않는다.[7]

가. 적극재산의 관리

적극재산의 관리에 관하여는 우선 파산재단의 점유관리에 관하여 재단의

---

4) 대법원 2008. 2. 1. 선고 2006다32187 판결. 위 판결에 관하여는 오영준, "파산선고와 시효취득
에 기한 등기청구권", 21세기 민사집행의 현황과 과제: 김능환 대법관 화갑기념(민사집행법 실
무연구Ⅲ), 사법발전재단(2011), 674-702면.

5) 파산관재인이 민법 제450조 제1항의 제3자에 해당한다는 하급심 판결로는 부산지방법원 2015.
2. 11. 선고 2012가합236 판결(대항요건을 갖추지 아니한 채권양수인이 제기한 이행의 소에 파
산관재인이 독립당사자참가를 한 사안으로, 청구를 기각하는 판결을 선고받은 채권양수인은 항
소를 하지 아니하였다), 대구지방법원 2004. 4. 30. 2003가단52460 판결(미항소 확정). 일본의 경
우 파산관재인이 제3자에 해당한다는 것이 통설, 판례이다. 注解破産法(下) 289면; 일본 最高裁
判所 昭和58年3月22日 昭和57年(才)第973号 判決.

6) 윤남근, "파산관재인 -그 법률상 지위와 권한을 중심으로-", 재판자료 82집, 191면; 양재호,
"파산관재인이 통정허위표시의 법률관계에서 보호되는 제3자에 해당하는지 여부 및 이 경우 '선
의성'의 판단기준", 민사판례연구 30권, 박영사(2008), 459-478면. 다만, 파산선고 전 해제의 의사
표시가 있는 경우 파산관재인은 민법 제548조 제1항 단서의 제3자에 해당한다. 대법원 2014. 6.
26. 선고 2012다9386 판결은 채무자가 부동산에 관하여 상대방과 체결한 계약에 따라 채무자
앞으로 소유권이전등기를 마친 후 그 계약이 해제되었으나 원상회복등기가 이루어지기 전에 채
무자에 대해 파산이 선고되었다면 그 부동산은 일단 파산재단에 속하게 되고, 파산관재인은 민
법 제548조 제1항 단서에서 말하는 계약 당사자와 양립하지 아니하는 법률관계를 갖게 된 제3
자의 지위에 있게 된다고 판시하였다.

7) 注解破産法(上), 80, 81면.

봉인(법_{제480조}), 재산가액의 평가(법_{제482조}), 재산목록 및 재무상태표의 작성(법_{제483조}), 중단된 소송의 수계(법_{제347조}) 등의 권한이 있고, 파산재단의 정리, 수집, 청산에 관하여는 각종 법률관계의 처리(법 제335조_{내지 제344조}), 환취권, 별제권, 상계권의 처리(법 제407조_{내지 제422조}), 채권의 추심과 소의 제기(법 제384조_{제359조}), 파산재단의 환가(법 제491조, 제492조_{제496조, 제497조}), 부인권의 행사(법 제391조_{내지 제406조}), 재단채권의 변제(법 제473조_{내지 제478조}) 등의 권한이 있다.

나. 소극재산의 관리

소극재산의 관리에 관하여는 신고된 파산채권의 조사와 이의(법 제452조_{내지 제458조}), 파산채권의 확정에 관한 소송에 대한 응소 또는 소의 제기(법 제462조_{내지 제466조}), 중단된 소송의 수계(법_{제347조}) 등의 권한이 있다.

다. 배당에 관한 권한

배당에 관하여는 배당허가(동의)의 신청(법 제506조_{제520조}), 배당표의 작성·제출·경정(법 제507조, 제508조,_{제513조, 제527조}), 배당액의 공고(법_{제509조}), 배당액(또는 배당률)의 결정·통지(법 제515조,_{제522조}), 배당시행(법 제505조, 제517조 내지 제519조_{제524조, 제526조, 제528조}), 추가배당(법 제531조_{제532조}) 등의 권한이 있다.

라. 채권자집회에 관한 권한

채권자집회에 관하여는 제1회 채권자집회에서의 파산경과 보고(법_{제488조}), 그 밖의 채권자집회 소집신청(법_{제367조}), 채권자집회에의 출석, 보고, 설명, 의견진술(법 제365조,_{제499조}) 등의 권한이 있다.

3. 의   무

가. 선량한 관리자의 주의의무

파산관재인은 선량한 관리자의 주의로써 그 직무를 행하여야 한다(법 제361조_{제1항}). 즉 적정하고 신속한 직무수행에 관하여 파산관재인으로서 일반적, 평균적으로 요구되는 주의의무를 다하여야 한다.

선량한 관리자의 주의의무에 반하는 사례로서는, 대출금채권을 담보하기 위하여 3인 공유토지에 대하여 저당권을 설정하였다가 토지가 분필되면서 공유물분할 약정에 의하여 1인 단독소유로 된 토지에 대하여 저당권을 해지하여 줌으로써 채권의 일부만 회수한 경우,[8] 파산재단에 속한 추심 가능한 매출금채권의 회수에 관하여 지급명령 신청 등 적절한 수단을 취하지 않은 채 시효완성으로 회수불능되어 전혀 배당을 할 수 없게 된 경우, 임차인 파산의 경우 파산관재인의 해지에 의하여 재산적 가치 있는 부동산 임차권을 포기하는 결과를 초래한 경우, 부인권의 유무에 관한 조사 및 그 행사를 게을리한 경우, 반대로 승소 또는 회수가능성이 없음이 명백함에도 부인권을 행사한 경우, 법원의 허가 또는 감사위원의 동의가 필요한 경우에 그 허가 또는 동의를 받지 않고 행위를 한 경우, 채무자가 강력하게 이의를 진술하여 그 존재에 의심이 가는 신고된 파산채권을 충분히 검토하지 않고 그 채권을 시인한 경우, 하자 있는 배당표를 작성하여 파산채권자에게 손해를 가한 경우, 일부 파산채권자를 위법하게 배당에서 제외한 경우,[9] 재단채권인 조세채권에 관하여 교부청구가 있었는데도 이를 무시하고 파산채권자에게 배당한 후 파산절차를 종결한 경우, 성질상 재단채권도 파산채권도 아닌 조세채권에 대하여 재단채권으로 변제한 경우, 의심이 있는 재단채권을 부인하지 않고 변제한 경우, 파산재단에 재단채권을 변제하기에 충분한 금원이 있음에도 조세나 공과금을 제때 납부하지 아니하여 가산세 등을 부담하게 한 경우, 채권자집회에서 부당한 보고를 하여 잘못된 결의를 초래한 경우, 채무자의 자유재산을 처분한 경우, 환취권·별제권의 목적물을 손상한 경우, 명백히 위법한 조세부과처분에 대하여 불복절차를 게을리한 경우, 선순위 별제권자 등이 있어 경매절차 중에 파산재단에 배당될 가망이 없음이 명백함에도 재산포기를 하지 아니하여 공과금이 부과된 경우 등이 열거되고 있다.

특히 파산관재인은 보조인의 행위로 인해 책임을 지는 사례가 발행할 수 있으므로, 보조인에 대한 관리·감독에 주의를 다하여야 한다. 보조인이 가압류목적물 소유자의 부탁을 받고 파산관재인을 속여 가압류취소 허가신청서에 날인을 받아 부당하게 가압류를 해제한 경우, 보조인이 중간배당금을 횡령한 경우 등이 발생하여, 파산관재인의 책임이 문제된 사례가 있었다.[10]

다만 파산관재인은 파산재단의 관리·처분에 관하여 재량권을 가지고 있으므로, 파산관재인이 업무를 수행하면서 파산재단에 다소 손실을 가져왔다 하더

---

8) 서울고등법원 2005. 3. 18. 선고 2004나53588 판결(미상고 확정).

9) 대법원 2011. 7. 28. 선고 2010다38571 판결은 파산관재인이 확정채권에 대하여 청구이의의 소를 통하여 그 채권 소멸의 효력을 인정받기 전에 중간배당을 실시하면서 배당참가채권에서 제외하여 배당함으로써 해당 채권자에게 손해를 가하였다면 이는 파산관재인으로서의 선량한 관리자의 주의의무를 해태하여 그 채권자에게 손해를 가하는 것으로서 불법행위를 구성한다는 취지로 판시하였다.

10) 임치용(2), 74, 75면.

라도(예를 들어, 파산관재인이 부동산을 매각함에 있어 좀 더 나은 가격으로 매각하기 위해 매매 시기를 검토하다가 결과적으로 처음 의도하였던 가격보다 저렴한 가격으로 매각하게 된 경우), 이를 두고 곧바로 선관주의의무 위반이라고 단정할 수 없다.[11] 통상의 합리적인 파산관재인으로서 그 상황에서 합당한 정보를 가지고 적합한 절차에 따라 파산재단의 최대 이익을 위하여 신의성실에 따라 업무를 수행한 것이라면, 현저한 불합리가 없는 한 파산관재인의 판단은 허용되는 재량의 범위 내의 것으로서 선관주의의무를 다한 것으로 볼 것이다.[12]

나. 중립의무 및 충실의무

파산관재인은 채무자, 파산채권자 등 다수 이해관계인의 이해를 조절하면서 재판상 절차로서의 파산절차를 주도적으로 수행하는 기관이므로, 그 지위, 직책상 직무의 집행에 있어서 모든 이해관계인에 대하여 공정·중립을 유지하여야 한다. 이러한 의무는 법에 직접적인 근거는 없지만, 그 지위의 성격에서 나오는 당연한 의무라고 할 수 있다. 이와 같은 차원에서 민법 및 상법상 자기거래의 금지 등 충실의무에 관한 규정이 유추적용된다고 해석된다.

따라서 파산관재인이 파산재단에 속하는 재산을 환가함에 있어서 직접적 또는 간접적으로 그 상대방이 되는 것은 그것이 채무자와 파산채권자 다수의 희망에 따른 것이라고 해도, 특별한 사정이 없는 한 허용되지 않는다.

---

11) 파산관재인이 파산재단에 속하는 부동산을 경쟁입찰방식에 의해 매각하면서 입찰 당시 입찰공고에 정한 금액에 미달하는 입찰보증금만을 납부한 최고금액 입찰자를 낙찰자로 결정한 후 다음날 입찰보증금을 추가 납부받아 매매계약을 체결하고 법원의 허가를 받은 사안과 관련하여 대법원 2010. 11. 11. 선고 2010다56265 판결은, 파산관재인이 법원의 허가를 받아 파산재단에 속하는 재산을 임의매각하는 경우에는 그 환가의 방법, 시기, 매각절차, 매수상대방의 선정 등 구체적 사항은 파산관재인이 자신의 권한과 책무에 따라 선량한 관리자의 주의를 다하여 적절히 선택할 수 있고, 위 입찰 및 매매계약은 법 제496조 제2항에 정한 임의매각에 해당하므로 입찰보증금 납입 하자에 관한 민사집행법의 규정은 위 입찰에 적용되지 않으며, 낙찰자가 나머지 입찰보증금을 납입한 이상 위 입찰보증금 납입 하자가 입찰절차의 공공성과 공정성이 현저히 침해될 정도로 중대한 경우라 볼 수 없다는 취지로 판시하였다.

12) 파산관재인의 선관주의의무와 관련하여, 파산관재인이 중도에 사임하거나 또는 파산절차가 종료되어 그 임무가 종료되는 경우 채권자집회에 계산의 보고를 하게 되는바(법 제365조 제1항), 그 채권자집회에서 계산에 대하여 이의가 진술되지 아니하여 계산이 승인되면 파산관재인은 보고한 사항에 한하여 채무자, 파산채권자, 후임 파산관재인에 대하여 책임을 면하게 된다는 견해가 있다. 임치용(3), 144, 145면. 한편 상법 제450조에서는 재무제표가 정기총회에서 승인된 경우 2년 이내에 다른 결의가 없으면 이사, 감사의 책임을 해제한 것으로 본다고 규정되어 있는데, 대법원은 재무제표 등에 그 책임사유가 기재되어 정기총회에서 승인을 얻은 경우에 한정하여 위 규정이 적용된다고 판시한 바 있다(대법원 2007. 12. 13. 선고 2007다60080 판결).

다. 보고의무

1) 채권자집회에 대한 보고

파산관재인은 파산선고에 이르게 된 사정과 채무자 및 파산재단에 관한 경과 및 현상에 관하여 제1회 채권자집회에 보고하여야 한다(법 제488조). 실무에서는 파산관재인 보고서를 작성하게 하여, 여기에 재산목록 및 재무상태표를 첨부하여 제출하게 한다. 보고서에는 파산재단에 속한 재산의 현황, 관재업무의 집행방침, 파산재단 수집의 난이도와 전망, 파산재단 환가의 비용과 소요기간, 배당률의 예측 등을 기재하여 파산채권자에게 그에 관한 자료를 제공한다. 그 밖에 파산관재인의 임무가 종료한 때에는 지체 없이 채권자집회에 계산의 보고를 하여야 하고(법 제365조 제1항)(계산보고를 위한 채권자집회에 관한 자세한 내용은 제17장 제1절 3. 참조), 채권자집회가 정하는 바에 따라 채권자집회에 파산재단의 상황을 보고하여야 한다(법 제499조).

2) 법원에 대한 보고

법원은 파산관재인에 대한 일반적 감독권을 가지므로(법 제358조) 그 감독의 전제로서 정기적으로 또는 수시로 법원에 보고서를 제출하게 하고, 중요한 사항을 처리할 경우에는 수시로 보고할 것을 명할 수 있으며, 파산관재인은 이 명령에 응하여 보고할 의무가 있다. 서울회생법원의 실무는 모든 파산관재인에 대하여 사건마다 분기별로 정기보고를 하도록 하고, 그 밖에 중요한 사항을 처리할 경우에는 수시로 구두 또는 서면보고, 이메일 등 전자매체를 통한 보고를 하도록 하고 있다(법원의 파산관재인에 대한 보고 요구에 관한 자세한 내용은 제12장 제2절 3. 참조).[13]

3) 감사위원에 대한 보고

감사위원이 설치된 경우에는 채권자집회가 정하는 바에 따라 감사위원에게 파산재단의 상황을 보고하여야 하고(법 제499조), 감사위원의 요구에 따라 파산재단에 관한 보고를 하여야 한다(법 제379조 제2항).

---

13) 과거에는 파산관재인에게 4개월마다 정기보고서를 제출하도록 요구한 적이 있으나, 「금융기관 파산관재인의 선임 및 감독에 관한 예규(재민 2000-7)」(재판예규 제797호) 제7항에서 법원은 금융기관 파산관재인으로 하여금 매 3개월 이내로서 법원이 정한 주기마다 그 동안의 실적과 현황에 관한 정기보고서를 제출하게 하고 필요시에는 수시 보고 및 자료를 제출하게 하는 등으로 파산절차의 진행경과 및 파산관재인의 업무수행상황을 지속적으로 점검하여야 한다고 규정한 이후 금융기관 파산관재인에 대하여 3개월마다 분기별 정기보고서를 제출하도록 명하였고, 금융기관 이외의 파산재단의 경우에도 마찬가지로 분기별 정기보고서를 제출하도록 하고 있다.

라. 의무 위반의 효과

파산관재인이 위 의무를 게을리하면 해임사유가 되고(법 제364조 제1항), 파산관재인이 선량한 관리자의 주의를 게을리한 때에는 이해관계인에게 손해를 배상할 책임이 있다(법 제361조 제2항 전문).[14] 파산관재인의 의무 위반으로 인한 이해관계인의 손해배상채권은 파산재단에 관하여 파산관재인이 한 행위로 인하여 생긴 재단채권이므로(법 제473조 제4호), 파산재단도 손해배상책임을 진다. 파산관재인 개인의 손해배상책임과 파산재단의 손해배상책임은 부진정연대채무의 관계에 있다고 보아야 할 것이다.

한편 법원이 여럿의 파산관재인을 선임하였는데 선량한 관리자의 주의를 게을리한 파산관재인이 여럿 있는 때에는 연대하여 손해를 배상할 책임이 있다(법 제361조 제2항 후문).

4. 인력의 활용

가. 여럿의 파산관재인

1) 직무의 공동집행

파산관재인은 1인으로 하나, 법원은 필요하다고 인정하는 때에는 여럿의 파산관재인을 선임할 수 있다(법 제355조). 다만 실무에서는 여럿의 파산관재인을 선임하는 경우는 흔하지 않다(파산관재인의 수에 관한 자세한 내용은 제3장 제6절 2. 나. 참조).

파산관재인이 여럿인 때에는 공동으로 그 직무를 행한다(법 제360조 제1항 전문). '공동으로'라는 것은 일치하여서 한다는 의미이므로, 과반수로 파산관재인단의 의사를 결정할 수 없고, 그 집행도 단독으로 하는 것이 불가능하다. 외부에 대한 의사표시는 반드시 공동으로 하여야 하고, 법원에 대한 허가신청서 역시 공동으로 제출하여야 한다.[15] 이러한 취지에 비추어 보면 파산관재인 중 1인이 다른 파산관재인에게 그 직무에 관하여 일반적 포괄적 위임을 하는 것도 허용되지 않는다.[16]

---

14) 서울중앙지방법원 2003. 10. 24. 선고 2002가합70827 판결(파산관재인이 채무자의 파산채권자에 대한 존재하지 아니하는 추가출자금채권을 자동채권으로 하여 임의로 상계권을 행사하고 파산채권자의 파산채권 중 일부가 위와 같이 상계로 소멸되었음을 이유로 배당에 참가할 채권에서 제외한 것이, 파산관재인의 선관주의의무 위반행위로서 파산채권자에 대하여 불법행위를 구성한다는 취지로 판시하였다. 항소심에서 파산관재인에 대한 손해배상청구 부분은 취하되었다).

15) 참고로 일본 파산법 제76조 제1항은 파산관재인이 수인 있는 때에는 공동으로 그 직무를 행하나, 재판소의 허가를 얻어 각각 단독으로 그 직무를 행하거나 또는 직무를 분장할 수 있다고 규정하고 있다.

16) 條解破産法, 613면. 공동대표이사의 경우에도 공동대표이사 중 1인이 다른 공동대표이사에게

여럿의 파산관재인 중 일부 파산관재인이 이에 위반하여 단독으로 한 행위의 효력에 관하여는 법에는 특별한 정함이 없다. 이에 관하여는 견해의 대립이 있을 수 있는데,[17] 그 행위는 대내적으로 무효이지만, 대외적으로는 선의의 제3자에 대하여는 그 무효를 주장할 수 없다고 해석하여야 한다.[18]

그러나 파산관재인이 여럿인 때에도 제3자의 파산관재인에 대한 의사표시는 파산관재인 중 1인에 대하여 하면 된다(법 제360조 제2항)(아래에서 보는 바와 같이 직무의 분장이 있는 경우에도 마찬가지다).

2) 직무의 분장

법원이 여럿의 파산관재인을 선임한 경우 파산관재인은 법원의 허가를 받아 직무를 분장할 수 있다(법 제360조 제1항 후문), 이 경우 직무를 분장한 범위 내에서는 각 파산관재인이 독립하여 직무를 집행한다.

서울중앙지방법원은 「공적자금관리 특별법」에 따라 예금보험공사 또는 그 임직원과 변호사를 공동으로 파산관재인으로 선임한 부보금융기관에 대한 파산사건에서 공동파산관재인 사이의 직무분장을 결정한 사례가 있었다.[19] 다만 이러한 직무분장이 없더라도 내부적으로 조직 관리, 채권 추심 등의 일상적인 업무는 금융기관 출신 파산관재인이 파산재단 사무실에 상근하면서 처리하고, 계약 체결, 소송수행 등의 법률적인 사무는 변호사인 파산관재인이 주도적으로 처리한 사례가 있었다.

3) 소송행위

파산관재인이 여럿인 경우에는 법원의 허가를 받아 직무를 분장하였다는 등의 특별한 사정이 없는 한 그 여럿의 파산관재인 전원에게 파산재단의 관리처분권이 있기 때문에 파산관재인 전원이 소송당사자가 되어야 하므로 그 소송은 필수적 공동소송에 해당한다. 따라서 파산관재인이 여럿임에도 파산관재인 중 일부만이 당사자로 된 판결은 당사자적격을 간과한 것으로서 파산재단에 대하여 효력이 미치지 아니한다.[20] 다만 여럿의 파산관재인이 법원의 허가를 받아 직무를 분장한 경우, 각 파산관재인은 담당 직무에 관하여 단독으로 소송행위

대표권의 행사를 일반적, 포괄적으로 위임하는 것은 허용되지 않는다(대법원 1989. 5. 23. 선고 89다카3677 판결).

17) 條解破産法, 613면.

18) 윤남근, "파산관재인 -그 법률상 지위와 권한을 중심으로-", 재판자료 제82집, 201면.

19) 서울중앙지방법원 99하122 사건(새한종합금융 주식회사), 2001하247 사건(현대생명보험 주식회사), 2002하합42 사건(리젠트화재보험 주식회사) 등.

20) 대법원 2009. 9. 10. 선고 2008다62533 판결.

를 할 수 있다.

소송계속 중에 파산관재인이 추가로 선임된 경우 소송절차는 중단되고 파산관재인 전원이 그 소송을 수계하여야 한다(민사소송법 제237조 제1항). 그러나 여럿의 파산관재인 중 일부가 파산관재인의 자격을 상실한 때에는 남아 있는 파산관재인에게 관리처분권이 귀속되고 소송절차는 중단되지 아니하므로, 남아 있는 파산관재인은 자격을 상실한 파산관재인을 수계하기 위한 절차를 따로 거칠 필요가 없이 혼자서 소송행위를 할 수 있다.[21)]

4) 여럿의 파산관재인 중 1인의 사임

일단 여럿의 파산관재인이 선임되었다고 하더라도 관재업무의 진행 상황에 따라 한 사람의 파산관재인이 수행하기에 충분한 정도가 되면 파산관재인끼리 상의하여 그중 한 사람이 사임하는 것이 좋다. 이때 법원은 사임한 파산관재인의 관재업무를 적절히 평가하여 보수를 지급하고, 계산보고를 위한 채권자집회를 개최한다(파산관재인의 변경 후의 조치 등에 관한 자세한 내용은 제12장 제6절 4. 참조).

나. 파산관재인대리의 활용

파산관재인은 필요한 때에는 그 직무를 행하게 하기 위하여 자기의 책임으로 대리인을 선임할 수 있고(법 제362조 제1항), 그 대리인의 선임은 법원의 허가를 받아야 한다(법 제362조 제2항). 구 파산법 제155조는 파산관재인이 임시고장(臨時故障)이 있는 경우에 미리 법원의 인가를 얻어 대리인을 선임할 수 있도록 하였으나, 파산재단의 규모가 크고 업무가 방대하여 파산절차에 장기간이 소요되는 경우에는 파산관재인대리를 선임할 필요성이 많았으므로, 현행법에서는 '임시고장이 있는 경우'라는 제한 없이 필요한 때에는 법원의 허가를 받아 파산관재인대리를 선임할 수 있도록 하였다.

파산관재인대리를 선임하면 실질적으로 파산관재인을 추가로 선임한 것과 동일하고, 그러면서도 파산관재인이 여럿인 경우에 겪게 되는 번거로움이 없으므로 편리한 점이 있다. 그러나 파산관재인대리는 파산관재인에 갈음하여 재판상 또는 재판 외의 모든 행위를 할 수 있는 등 당해 사건에 관하여 실체법상 및 소송법상의 포괄적 대리권을 가지므로(법 제362조 제4항),[22)23)] 파산관재인이 파산관재인

---

21) 대법원 2008. 4. 24. 선고 2006다14363 판결.

22) 이러한 점에서, 파산관재인대리는 민사소송법 제88조에 의하여 수소법원의 허가를 받은 소송

대리에게 관재업무를 완전히 맡기고 사실상 파산관재인대리에 의하여 관재업무가 수행될 우려가 있다. 또한 파산관재인대리는 파산관재인과 별도로 비용, 보수 등을 받을 수 있어(별제30조제1항제1호), 파산재단의 비용이 늘어날 가능성이 있다는 단점도 있다.

법원은 파산관재인의 파산관재인대리 선임 허가신청에 대하여, 파산관재인대리를 선임할 필요성이 있는지 외에, 당해 파산재단의 규모, 내용 등에 비추어 관재업무가 복잡하고 광범한 경우인지, 파산관재인이 파산관재인대리에게 관재업무를 전담시킬 우려가 없는지를 검토하여 허가 여부를 결정한다([기재례 43]). 채무자가 법인인 경우 파산관재인대리 선임에 관한 법원의 허가가 있는 때에는 법원사무관등은 직권으로 지체 없이 촉탁서에 결정서의 등본을 첨부하여 대리인의 선임에 관한 등기를 촉탁하여야 하고, 대리인의 선임에 관한 허가가 변경 또는 는 취소된 때에도 또한 같다(법 제362조 제3항).[24]

파산관재인대리로는 변호사를 선임하는 것이 원칙이겠지만, 서울중앙지방법원에서는 그 외에도 원격지 소송수행의 대리를 위하여 채무자의 보조인을 파산관재인대리로 선임하는 것을 허가한 예가 있다.[25] 또한 실무에서는 예금보험공사를 파산관재인으로 선임한 경우 파산관재인이 행사할 수 있는 재판상 또는 재판 외의 모든 행위를 할 수 있도록 예금보험공사 소속 직원을 파산관재인대리로 선임하고 있다.[26] 파산관재인대리가 파산재단에 관한 소송을 수행하는 경우에는 파산관재인대리로 선임되었음을 나타내는 채무자의 법인등기사항증명서를 당해 법원에 제출하여야 한다.

대리인과 다르므로, 합의부가 심판하는 사건도 소송수행이 가능하다.

23) **한편** 파산관재인대리의 권한을 제한할 수 있는지에 관하여는 파산관재인이 포괄적 대리권을 가진 파산관재인대리를 선임할 수 있으므로 권한을 제한하여 선임하는 것 역시 가능하다는 견해와 파산관재인대리와 유사한 지배인(상법 제11조 제3항)과 달리 법상 파산관재인대리의 권한을 제한할 수 있는 근거규정이 없는 점, 권한을 제한하더라도 공시할 방법이 없는 점 등에 비추어 파산관재인대리의 권한을 제한하여 선임할 수 없다는 견해가 대립하고 있다.

24) 구 파산법에서는 대리인의 선임에 관한 등기를 촉탁하지 않았다(구 파산법 제155조).

25) 서울중앙지방법원 2006하합24 사건(대우전자 주식회사), 2006하합58 사건(보스코산업 주식회사), 2010하합27 사건(주식회사 쌈지) 등.

26) 예금보험공사를 파산관재인으로 선임하는 경우에는 법원이 파산선고와 동시에 파산관재인의 대리인 선임을 허가하여 차질 없는 관재업무를 수행하도록 함이 바람직하므로, 서울중앙지방법원은 파산선고와 동시에 파산관재인으로 하여금 파산관재인대리 선임에 관한 허가신청을 하도록 하여 파산관재인대리 선임 허가 여부를 결정하였다. 또한 파산절차 진행 중 예금보험공사에서 해당 파산재단의 대리인을 변경하고자 하는 경우 법원의 허가를 받도록 하고 있다. 한편 실무상 예금보험공사는 파산관재인대리로 선임되는 직원을 예금자보호법 제15조의2에 따른 대리인으로도 선임하고 있다. 파산관재인대리는 채무자의 법인등기부에 등재되나, 예금자보호법 제15조의2에 따른 대리인은 예금보험공사의 법인등기부에 등재되는 점에 차이가 있다.

다. 보조인의 활용

1) 필요성

파산관재인은 그 직무상 필요에 따라 자신의 비용 또는 파산재단의 비용으로 보조인을 고용할 수 있다(서울회생법원 실무준칙 제325호 「파산관재인의 보조인 사용 및 감독」 제2조 제1항 참조)([참고자료 24]).[27][28]

실무상 파산선고 직후 파산재단의 현황을 신속히 파악하고 신고된 파산채권을 분류·조사하기 위한 경우, 파산재단의 규모가 방대하거나 자산이 전국에 흩어져 있어 파산관재인이 직접 모든 관재업무를 처리하기 어렵다고 인정되는 경우, 법원의 영업 계속 허가시, 영업 계속을 위하여 종전 근로자를 고용할 필요가 있는 경우 등에 한하여 보조인 고용을 허가하고 있다.

2) 실무 운영례 및 유의사항

주로 파산관재인 사무소의 직원, 파산관재인이 개인적으로 물색한 사람, 채무자의 종전 근로자 등을 보조인으로 고용한다. 사건에 따라서는 상품의 매각, 장부의 정리, 미수채권의 회수 등에 있어서 채무자의 종전 근로자를 보조인으로 고용하는 것이 효율적인 경우가 있다.[29] 채무자의 종전 근로자를 보조인으로 고용할 경우에는 보조인 후보자의 성향, 사건과의 이해관계에 주의하여야 한다.

파산관재인은 파산재단의 비용으로 보조인을 고용할 경우 ① 보조인의 성명, 연령, 경력, ② 보조인의 고용기간, ③ 보조인이 수행할 업무내용 등 고용이 필요한 이유, ④ 급여의 예정액을 기재한 보조인 고용 허가신청서를 법원에 제출하여야 한다(서울회생법원 실무준칙 제325호 「파산관재인의 보조인 사용 및 감독」 제3조 제1항 참조). 보조인의 계약기간은 보통 3개월 이내로 정하여 인력 운용의 탄력성을 유지하도록 한다.

---

27) 서울회생법원은 법인 파산관재인의 보조인 사용 및 감독에 관한 기본적인 사항을 정함을 목적으로 서울회생법원 실무준칙 제325호로 「파산관재인의 보조인 사용 및 감독」을 제정하여 시행하고 있다.

28) 파산관재인이 파산재단의 비용으로 보조인을 고용한 경우 보조인의 급여는 '파산재단의 관리·환가 및 배당에 관한 비용'으로 재단채권이다(법 제473조 제3호). 파산관재인은 보조인을 고용하는 경우 보조인에게 지급하는 급여 등에 대하여 원천징수의무를 부담하게 되는데, 원천징수한 소득세, 건강보험료, 국민연금보험료 등의 보험료 중 사용자 부담분 등도 모두 재단채권이다.

29) 파산관재인은 채무자의 사무실 유지비용을 줄이고 파산재단을 환가·수집하기 위하여 파산선고 후 조속한 시일 내에 채무자가 임차한 사무실을 반환하거나 처분하는 경우가 대부분이므로, 채무자의 종전 종업원을 보조인으로 고용하여 파산재단의 사무소로 유지하는 경우는 많지 않다.

또한 파산관재인은 보조인을 재고용할 경우 위 보조인 고용 허가신청서에 기재하여야 하는 사항에 더하여 ① 보조인이 기존 고용기간에 수행한 업무의 구체적인 내용(환가한 재산 등), ② 재고용기간 동안 보조인에게 지출이 예정된 금액의 합계, ③ 파산재단의 잔여 재산의 환가예상액, ④ 현재까지 고용한 보조인 전원에게 지급된 보수의 총액을 기재한 보조인 재고용 허가신청서를 제출하여야 한다(서울회생법원 실무준칙 제325호 「파산관재인의 보조인 사용 및 감독」 제3조 제2항 참조). 법원은 가능한 한 비용을 절감하는 방향으로 파산관재인을 지도하고 있으므로, 특히 보조인을 재고용하는 경우에는 재고용 필요성에 관한 소명자료를 제출하게 하여 허가 여부를 결정하기도 한다. 보조인에 대한 급여, 복리후생비 등의 지출액이 남은 파산재단의 환가예상액보다 많다면 재고용하지 않는 것이 바람직할 수도 있다. 서울회생법원은 파산재단의 비용으로 보조인을 고용할 경우 보조인에게 지급한 급여는 파산관재인에게 지급할 보수의 총액에서 공제하고 있다(서울회생법원 실무준칙 제325호 「파산관재인의 보조인 사용 및 감독」 제2조 제2항 및 서울회생법원 실무준칙 제322호 「법인 파산관재인의 보수 등」 제2조 제3항 참조).

보조인의 급여에 관하여는 일률적으로 말하기 어려우나, 담당하는 업무의 내용, 파산재단의 규모, 잔여 업무 등에 따라 정해진다. 실무에서는 채무자의 종전 임직원이었던 사람을 보조인으로 고용하는 경우에는 대체로 파산선고 전과 비교하여 감액하고, 직급에 따라 감액 비율에 차등을 두는 경우가 많은데, 보조인을 활용하여 얻을 수 있는 이익이 상당한 경우에는 파산선고 전 지급받던 금액에 준하여 지급할 수도 있을 것이다. 채무자의 종전 회계업무 담당자 등 파산재단에 속하는 재산의 환가나 영업의 계속을 위하여 반드시 고용하여야 하는 직원은 급여는 감액하지 않을 수도 있다.[30] 한편 채무자의 이사 등 경영에 책임이 있는 사람은 특별한 사정이 없는 한 보조인으로 고용하지 않는다.

3) 보조인에 대한 관리 및 감독

파산관재인은 선량한 관리자의 주의의무로 보조인을 관리·감독하여야 한다(서울회생법원 실무준칙 제325호 「파산관재인의 보조인 사용 및 감독」 제4조 제1항 참조). 보조인을 고용하더라도 원칙적으로 파산관재인은 직접 관재업무를 처리하여야 하고, 보조인에게 관재업무를 맡긴 나머지 파산재단의 현황을 제대로 파악하

---

30) 서울중앙지방법원은 2016하합70 사건(의료법인 제일성심의료재단)에서 채무자의 병원 영업 계속을 허가하면서 의사, 간호사 등을 보조인으로 고용하되, 파산선고 이전과 동일한 수준의 급여를 지급하는 것을 허가하였다.

지 못하는 일이 없도록 주의하여야 한다. 또한 법원에 제출하는 허가신청서, 보고서 등의 초안 작성을 보조인이 보조케 하더라도 그 허가신청서, 보고서 등은 파산관재인이 자신의 명의로 작성하여 제출하는 것이므로 파산관재인은 그 내용을 빠짐없이 검토하여 관재업무에 미흡함이 없도록 주의하여야 한다.

특히, 파산관재인은 임치금 보관 통장과 인감을 직접 점유·관리하고(서울회생법원 실무준칙 제325호 「파산관재인의 보조인 사용 및 감독」 제4조 제2항 참조), 임치금 인출행위는 법원의 허가를 받아 파산관재인이 직접 수행하며, 부득이한 사정으로 보조인에게 인출행위를 맡긴 경우에는 임치금 보관은행으로 하여금, 파산관재인에게 인출금액을 유선 또는 문자로 통보하고, 1,000만 원 이상의 금액을 인출하는 경우에는 사전에 파산관재인에게 유선으로 확인하는 조치를 취하도록 하여야 한다(서울회생법원 실무준칙 제325호 「파산관재인의 보조인 사용 및 감독」 제4조 제3항 참조).

5. 소송대리인의 선임

파산재단에 관한 소송은 파산관재인이 직접 수행하는 것이 일반적이다. 그러나 원격지 법원에서의 소송, 특허·조세·행정·노동 등 특수한 분야의 사건으로서 파산관재인이 직접 그 소송을 수행하는 것보다는 그 분야의 전문지식을 갖춘 소송대리인을 선임하는 것이 적합한 경우, 그 밖에 관재업무의 원활한 수행을 방해할 우려가 있거나 파산관재인이 직접 수행하는 것이 적절하지 않은 소송에서는 필요한 경우 소송대리인을 선임할 수 있다.

파산관재인이 변호사나 법무법인 등과 체결하는 소송위임약정은 법 제492조 제15호에 해당하는 행위로 법원의 허가를 받아야 하는 행위이다. 파산관재인이 소송위임약정을 체결하는 경우에는 파산재단의 시재를 고려할 때 과다한 보수가 지급되지 않도록 할 현실적인 필요가 있다(소송위임약정 체결 허가시 법원이 검토할 사항에 관하여는 제12장 제3절 5. 참조).

실무에서는 소송대리인을 선임하는 경우 변호사보수 중 착수금은 「변호사보수의 소송비용 산입에 관한 규칙」이 정하는 바에 따라 심급마다 지급하고, 성공보수는 판결이 확정되는 등 사건이 완전히 종결되는 때에 착수금에 최종승소 비율을 곱하여 1회만 지급하되, 해당 사건의 난이도 등에 따라 감액할 수 있도록 하거나 파산재단의 경제적 이익이 실현된 경우에 지급하고, 판결에 의하지

아니하고 소송이 종결된 경우에는 감액하는 내용 등의 약정을 하는 것이 일반적
이다.[31] 파산채권조사확정 재판에 대한 이의의 소 등 파산계속법원이 소송목적
의 가액을 결정하는 사건에서는(제470조) 파산계속법원이 정한 소송목적의 가액에
따라 변호사보수를 정하여야 한다.

　　파산선고 전 채무자가 체결한 소송위임약정에 의하여 소송대리권이 수여된
경우에는 파산선고로 그 원인된 소송위임약정이 종료되고 그에 의하여 수여된
소송대리권도 소멸하므로(민법 제690조 전문, 제128조 전문), 채무자의 기존 소송대
리인은 파산관재인을 대리할 권한이 없다. 파산관재인은 채무자의 기존 소송대
리인으로 하여금 파산재단에 속하는 재산에 관한 소송을 계속 수행케 할 필요가
있을 때에는 다시 소송위임약정을 체결하고 권한을 주어야 한다. 이때 기존 소
송위임약정의 내용, 사건의 난이도 등을 종합적으로 고려하여 변호사보수를 감
액할 필요가 있을 수 있고, 채무자가 파산선고 전 선급한 변호사보수가 얼마인
지, 기존 소송대리인에게 임치한 금품은 없는지도 확인하여야 할 것이다.

　　한편 서울회생법원은 법무법인 또는 법무법인(유한) 소속 변호사가 파산관
재인으로 선임된 경우 당해 파산관재인과 소속된 법무법인 또는 법무법인(유한)
사이에 이익의 충돌이 있는 등 특별한 사정이 있는 경우를 제외하고 해당 법무
법인 또는 법무법인(유한)에도 소송위임하는 것을 허용하고 있다.[32]

제 2 절 감사위원

1. 제도의 의의와 운영방침

　　감사위원이란 파산절차에서 파산채권자 전체의 권리를 옹호하기 위하여, 채
권자집회에서 선임되어 파산관재인의 직무집행을 감시하고 보조하는 것을 임무
로 하는 합의제 기관이다.

---

31) 서울회생법원은 파산관재인이 소송대리인에 대한 성공보수금 지급을 위한 임치금반환을 신청
하는 경우에는 소송비용액확정결정 신청서를 첨부하도록 하여 소송비용상환청구권의 행사를 독
려하고 있다.

32) 파산관재인 소속 법무법인 또는 법무법인(유한)이 그 파산재단의 소송사건을 처리하는 것이
비용과 절차 진행의 면에서 더 효과적이고, 파산재단의 시재만으로는 적정한 변호사를 구할 수
없는 경우가 많기 때문이다.

서울회생법원은 원칙적으로 감사위원을 설치하지 않는 것으로 실무를 운영하고 있다.[33] 그 이유는 다음과 같다. 첫째, 감사위원에 대한 보수를 지급하게 되면 배당액의 감소를 초래한다. 둘째, 파산관재인이 감사위원의 동의를 얻기 위해서는 시간이 소요된다. 셋째, 감사위원 간에 의견대립이 발생한 경우에는 원활한 관재업무가 지연된다. 넷째, 감사위원이 설치되면 파산관재인에 대한 법원의 직접적·일반적 감독권 행사가 불가능해지므로 관재업무의 적정성이 담보될 수 없다. 다섯째, 감사위원이 특정 채권자의 이익을 대변하는 등 관재업무에 지연과 혼란을 초래할 수 있고, 역으로 파산관재인과 유착할 우려가 있다.[34]

2. 감사위원의 설치 및 선임

가. 설 치

제1회 채권자집회에서 감사위원의 설치가 필요하다는 제안이 있는 경우에는 그 설치 여부를 의결할 수 있고,[35] 제1회 후의 채권자집회에서 그 결의를 변경할 수 있다(법 제376조). 이처럼 감사위원은 제1회 채권자집회에서 결의가 있는 때에 설치할 수 있으나, 법원은 감사위원을 설치한다는 취지의 채권자집회 결의가 오히려 파산채권자 일반의 이익에 반하는 때에는 직권으로 그 결의의 집행을 금지할 수 있다(법 제375조 제1항). 서울중앙지방법원에서는 파산재단의 규모, 채권자의 수, 권리관계의 복잡성 등에 비추어 감사위원을 설치하는 것이 불필요하고 비용의 낭비만 가져오는 것이 명백하여 파산재단을 위하여 무익하며 파산절차를 지연시

33) 서울중앙지방법원 99하283 사건(재단법인 매화공원), 2009하합33 사건(주식회사 퍼스트코프)에서는 채권자집회에서 감사위원을 설치하는 결의가 가결되었으나 법원이 채권자집회 결의의 집행을 금지하는 결정을 하였고, 2016하합67 사건(주식회사 성창에프엔디)에서는 채권자집회에서 감사위원의 설치가 필요하다는 제안이 있어 결의에 부쳐졌으나 부결되었다. 그 외에 서울중앙지방법원 2012하합96 사건(주식회사 제일저축은행), 2013하합64 사건(진흥저축은행 주식회사)에서는 채권자집회에서 채권자 중 일부를 감사위원으로 선임하여 달라는 요청이 있었으나 법원이 법 제377조 제2항의 규정상 감사위원은 파산절차에 이해관계가 없는 자이어야 함을 설명하고 별도로 의결절차를 진행하지는 않았으며, 2012하합117 사건(전국교수공제회)에서는 채권자협의회 구성원을 변경하고 그 기능을 활성화하기로 하였고, 감사위원 설치에 관한 의결절차를 진행하지는 않았다.
34) 일본은 구 파산법에서 감사위원제도를 두었으나(제170조 내지 제175조), 감사위원이 일부 세력의 대표자로 활동하면서 파산절차의 진행을 방해한다는 지적이 있었고[山本和彦, 倒産處理法入門, 有斐閣(2003), 54, 55면], 현행 파산법에서는 감사위원제도를 폐지하였다고 한다.
35) 구 파산법 제169조 본문이 감사위원의 설치 여부는 제1회의 채권자집회에서 이를 의결하여야 한다고 규정함으로써 구 파산법에서는 감사위원의 설치 여부가 제1회 채권자집회의 필요적 의결사항이었으나, 현행법에서는 제1회 채권자집회에서 감사위원의 설치가 필요하다는 제안이 있는 경우에만 그 설치 여부를 의결할 수 있도록 변경되었다.

킬 우려가 있다고 판단하여 그 집행을 금지한 사례가 있다([기재례 63]).

나. 선임 및 인가

제1회 채권자집회에서 감사위원의 설치가 필요하다는 제안이 가결되면, 감사위원의 수, 감사위원으로 선임할 사람에 관하여 각각 결의하여야 한다 (법 제376조, 제377조 제1항). 법은 감사위원의 수에 제한을 두고 있지 않은데, 감사위원은 법률이나 경영에 관한 전문가로서 파산절차에 이해관계가 없는 자이어야 한다고 규정하고 있다(법 제377조 제2항). 법인이 감사위원으로 될 수 있는가에 관하여는 견해의 대립이 있다. 다만 채권자인 법인의 직원이 감사위원으로 선임된 사례가 있다.[36]

감사위원 선임의 결의는 법원의 인가를 받아야 한다(법 제377조 제3항). 채권자집회의 감사위원 선임의 결의가 있고 피선임자가 수락하면(통상 미리 취임승낙서를 받아 둔다) 법원은 피선임자가 채권자 전체의 대표자로서 공정하게 직무를 수행할 수 없다고 판단하지 않는 한 이를 인가한다. 법원은 감사위원 선임의 결의가 있으면 당해 채권자집회의 기일에서 이를 인가하는 결정을 하고 선고하는 방식으로 업무를 처리할 수 있고, 감사위원으로 선임된 사람이 적합한 사람인지를 검토할 필요가 있을 때에는 채권자집회를 종료한 후 따로 결의를 인가하는 결정을 할 수도 있다([기재례 61]). 또한 감사위원 선임의 결의가 파산채권자 일반의 이익에 반하는 때에는 법원은 파산관재인 또는 파산채권자의 신청에 의하거나 직권으로 그 결의의 집행을 금지할 수 있다(법 제375조 제1항).

다. 감사위원 선임의 실제

감사위원의 설치가 필요하다는 제안은 파산관재인뿐만 아니라 파산채권자도 할 수 있다. 파산관재인이 그 제안을 하는 경우, 제1회 채권자집회의 제안서에 감사위원의 설치 여부 및 감사위원의 수, 감사위원으로 선임할 사람에 관한 제안의 내용을 기재하고, 채권자집회에서 구두로 제안하여야 한다.

파산관재인이 감사위원의 설치를 제안하려고 하는 경우에는 채권자집회 전에 법원으로부터 감사위원의 설치를 제안할 것인지 여부, 제안한다면 감사위원의 수와 감사위원으로 선임할 사람은 어떻게 제안할 것인지에 관하여 지도를 받아야 한다. 법원은 파산관재인을 통하여 미리 감사위원으로 선임이 제안될 후보자의 이력서, 취임승낙서, 필요한 경우에는 보수 포기서를 받아 검토하여, 파산

---

36) 서울지방법원 99하122 사건(새한종합금융 주식회사).

관재인이 적합한 사람을 제안하고, 감사위원으로 선임하기에 부적절한 사람은 사전에 배제하도록 지도할 필요가 있다.

이와 관련하여 감사위원 선임의 결의에 있어서 상법상 주식회사 감사의 선임결의에 있어서의 의결권 제한 규정을($^{상법 제409조}_{제2항}$) 유추적용하여 다액 채권자의 의결권을 제한하여야 한다는 견해가 있으나, 서울중앙지방법원은 채권자집회의 감사위원 선임안에 대한 결의 과정에서 그러한 제한을 가하지 않은 사례가 있다.

라. 인가 후의 조치

1) 감사위원에 대한 주의

법원은 감사위원 선임의 결의를 인가한 후 감사위원을 법원에 출석하게 하여 감사위원의 직무권한과 의무에 관하여 주의를 줄 필요가 있다([기재례 62]).

2) 고가품 보관장소에 대한 통지

감사위원이 선임된 때에는 파산관재인이 임치한 화폐·유가증권 그 밖의 고가품의 반환을 요구하고자 하는 때에는 법원의 허가 대신 감사위원의 동의를 얻어야 하므로($^{법 제500조}_{제1항 본문}$), 법원은 임치금 보관장소로 지정한 금융기관(지점)에 감사위원이 선임된 사실을 알리고 파산관재인이 임치금의 반환을 청구하는 때에는 감사위원의 동의서를 제시받아 확인한 다음 예금의 지급 등을 할 것을 의뢰하는 내용의 통지를 한다([기재례 64]).

3) 감사위원에 대한 보수 결정

감사위원은 보수 또는 특별보상금을 받을 수 있고, 이 경우 보수 및 특별보상금의 액은 법원이 정한다($^{법 제381조}_{제30조 제1항}$).

3. 감사위원의 권한과 의무

가. 권　　한

감사위원은 파산관재인의 직무집행을 감사한다($^{법 제379조}_{제1항}$). 따라서 파산관재인을 지휘하거나 지시할 권한은 없고, 파산관재인을 감시 및 보조할 수 있을 뿐이고, 그 권한의 범위도 법에 정한 사항에 한정된다.

1) 감 시 권

각 감사위원은 언제든지 파산관재인에게 파산재단에 관한 보고를 요구하거나 파산재단의 상황을 조사할 수 있다($^{법 제379조}_{제2항}$). 감사위원은 파산채권자에게 현저하게 손해를 미칠 사실을 발견한 때에는 지체 없이 법원 또는 채권자집회에 보고 하여야 한다(법 제379조). 또 파산관재인의 임무종료에 따른 계산보고서에 관하여 의 견서를 제출하여야 하고(법 제365조), 파산관재인의 해임을 신청할 수 있다(법 제364조).

2) 동 의 권

감사위원은, 채권조사 일반기일이 종료되기 전 파산관재인의 파산재단에 속 하는 재산의 환가에 대한 동의(법 제491조), 파산관재인이 하는 법 제492조 소정의 행 위에 대한 동의(법 제492조),[37] 파산관재인의 임치한 화폐·유가증권 그 밖의 고가품 의 반환 요구에 대한 동의(법 제500조 제1항), 배당에 대한 동의(법 제506조), 중간배당의 배당률 결정에 대한 동의(법 제515조 제2항) 등을 할 권한을 가진다. 감사위원의 동의는 채권자집 회의 결의로써 갈음할 수 있고(법 제374조 제1항), 채권자집회의 결의가 감사위원의 의견과 다른 때에는 그 결의에 따른다(법 제374조 제2항).

3) 고유권한

채무자 및 이에 준하는 자에 대하여 파산에 관하여 필요한 설명을 요청하 고 설명을 들을 권한(법 제321조), 채권자집회의 소집 신청(법 제367조), 채권자집회에 있어서 결의의 집행금지 신청(법 제375조) 권한과 파산관재인으로부터 채권자집회가 정하는 바에 따라 파산재단의 상황을 보고받을 권한(법 제499조) 등이 있다.

4) 권한을 벗어난 행위의 예

감사위원이 파산재단의 상황 조사 명분으로 채무자의 이사등에 대한 손해 배상책임 추궁의 자료를 파산관재인 또는 보조인에게 요구하는 예가 있다. 그러 나 이것은 감사위원의 권한을 벗어난 것이라고 보아야 한다. 파산재단의 상황 조사는 파산관재인의 감시를 위한 권한이므로, 파산재단의 상황 조사를 위한 장 부 및 서류의 열람, 화폐, 유가증권 그 밖의 고가품의 현황 조사 등은 그에 필요 한 범위 내에 제한된다고 보아야 하기 때문이다.[38]

감사위원이 정당한 이유 없이 파산관재인의 업무에 대하여 동의하지 않는 경우도 있다. 예컨대 보조인이 감사위원의 감시업무에 비협조적이라는 이유로 보조인과의 고용계약 체결에 동의하지 않는 예가 있을 수 있는데, 이러한 행위 도 감사위원의 권한을 남용하는 것으로 볼 수 있다.

---

37) 법 제494조는 파산관재인이 감사위원의 동의를 얻어 법 제492조 각 호의 행위를 하는 때에도 법원은 채무자의 신청에 의하여 그 행위의 중지를 명하거나 그 행위에 관한 결의를 하게 하기 위하여 채권자집회를 소집할 수 있다고 규정하고 있다.

38) 예금자보호법 제21조의2 제7항은 예금보험공사에게 부실금융회사 등의 업무 및 재산 상황에 관한 자료제출요구, 출석 요구 등 조사를 할 권한을 인정하고 있다.

그 밖에 감사위원이 파산관재인에게 특정인을 상대로 하는 소 제기를 지시하거나 특정 변호사를 소송대리인으로 선임할 것을 지시하는 것도 모두 감사위원의 정당한 권한을 벗어난 행위로서 감사위원의 해임사유가 될 수 있다(법 제380조 제2항).

나. 의 무

감사위원은 선량한 관리자의 주의로써 그 직무를 행하여야 하고, 감사위원이 주의를 게을리한 때에는 이해관계인에게 손해를 배상할 책임이 있으며, 이 경우 주의를 게을리한 감사위원이 여럿 있는 때에는 연대하여 손해를 배상할 책임이 있다(법 제381조, 제361조).

4. 직무집행의 방법

감사위원이 3인 이상 있는 경우에 감사위원의 직무집행은 그 과반수의 찬성으로 결정한다(법 제378조 제1항). 파산관재인이 감사위원을 소집하여 협의를 거쳐 표결하는 방법이 원칙이다. 그러나 일상적인 동의 업무는 전원이 모여 협의를 거쳐 표결할 필요는 없고, 회람 등의 간이한 방법으로 처리할 수도 있다. 특별한 이해관계가 있는 감사위원은 그 표결에 참가할 수 없다(법 제378조 제2항).

5. 비용 및 보수

감사위원은 비용을 미리 받거나 법원이 정하는 보수 또는 특별보상금을 지급받을 수 있다(법 제381조, 제30조 제1항). 그러나 실무에서는 감사위원에 대하여 따로 비용을 지급하지 않고, 감사위원 선임의 결의 전에 보수포기서를 받아 보수도 지급하지 않는 사례가 많다. 다만 소액 채권자의 보호를 위하여 채무자 또는 그 채권자와 이해관계가 없는 변호사를 감사위원으로 선임하는 경우 등에는 감사위원이 보수를 포기하지 않는 한 보수를 지급한다. 보수는 월급 등 정기급으로 할 수도 있고 일시급으로 할 수도 있다([기재례 65]).

6. 임무종료

감사위원의 임무는 파산절차의 종료, 감사위원의 사망, 사임, 해임에 의하여 종료한다.

가. 사 임

감사위원은 파산관재인과 달리 언제라도 사임할 수 있다. 감사위원이 법원에 사임서를 제출함으로써 바로 사임의 효력이 발생하고, 법원의 인가는 필요하지 않다.

나. 해 임

감사위원은 언제든지 채권자집회의 결의로 해임할 수 있다($^{법\ 제380조}_{제1항}$). 선임의 경우와 달리 해임은 법원의 인가가 필요 없다. 법원은 감사위원 해임의 결의가 있은 사실을 당해 감사위원에게 통지하고, 감사위원이 이 통지를 받으면 해임의 효력이 발생한다. 감사위원 해임의 결의를 위한 채권자집회에 감사위원이 출석한 때에는 해임결의가 있은 사실을 따로 통지할 필요가 없으므로 해임결의가 있은 즉시 해임의 효력이 발생한다고 보아야 한다.

법원은 상당한 이유가 있는 때에는 이해관계인의 신청에 의하여 감사위원을 해임할 수 있다($^{법\ 제380조}_{제2항}$). 이 경우에는 감사위원을 심문할 수 있다. 이해관계인에는 파산채권자뿐만 아니라 파산관재인도 포함된다고 해석된다. 상당한 이유란 일반적으로 감사위원의 공정한 직무집행을 기대할 수 없는 사유를 말하고, 감사위원이 파산절차에 이해관계를 갖게 된 경우, 감사위원의 파산, 행위능력의 상실, 감사위원의 선량한 관리자의 주의의무 해태(懈怠), 부정행위 등을 그 예로들 수 있다. 감사위원의 해임에 관한 재판에 대하여는 즉시항고를 할 수 있다($^{법\ 제380조}_{제3항}$). 즉시항고는 집행정지의 효력이 없다($^{법\ 제380조}_{제4항}$).

다. 후임 감사위원의 선임

감사위원의 사망, 사임, 해임에 의하여 감사위원의 정원에 결원이 발생한 경우에는 법원은 직권으로 채권자집회를 소집하여 후임 감사위원을 선임하는 결의를 하도록 하여야 한다.

7. 관련 문제

종래 서울중앙지방법원의 실무에서 감사위원제도가 최초로 시행된 것은 1998년 10월경 파산한 종합금융회사에 감사위원을 선임한 때이다. 그 후 감사위원을 설치한 채무자의 수가 증가하면서, 이 제도의 효과적인 운용은 채권자뿐아니라 법원으로서도 중요한 문제가 되었다. 그러나 이 제도의 시행 과정에서, 감사위원이 감사위원 본래의 권한을 넘어 파산관재인에게 관재업무를 지시하거나 파산재단의 상황 조사권을 남용하거나 감사위원의 동의에 시간이 오래 걸리거나 감사위원이 자기에게 유리하게 관재업무를 유도하려고 시도하는 등의 문제점들이 법원에 빈번히 보고되었다. 앞서 본 바와 같이 서울회생법원은 원칙적으로 감사위원을 설치하지 않는 것으로 실무를 운영하고 있다.

감사위원이 파산관재인의 동의신청에 대하여 동의하지 않는 경우 법원이 감사위원의 동의를 대신하는 허가를 할 수 있는가에 관하여는 견해가 나뉠 수 있다. 법에서는 감사위원이 있으면 그 동의를 받게 하고, 감사위원이 없으면 법원의 허가를 얻도록 하고 있다(법 제492조, 제500조, 제506조, 제515조). 따라서 감사위원이 있는 경우 그 동의를 법원이 대신하는 것은 원칙적으로 허용되지 않는다고 보아야 한다. 감사위원이 파산관재인의 행위에 대하여 정당한 이유 없이 동의하지 아니하는 경우에는 법원은 감독권을 발동하여 감사위원과 파산관재인을 적절히 지도하여야 한다.[39)]

제 3 절   채권자집회

1. 의   의

채권자집회는 파산채권자의 의견을 파산절차에 반영시키기 위하여, 법원이 소집하고 법원의 지휘하에 개최되어, 법이 정한 사항을 결의하거나 파산관재인 및 채무자 또는 이에 준하는 자로부터 보고를 받거나 설명을 듣는 등의 권한을

---

39) 법원의 감사위원에 대한 감독권은 감사위원 선임의 결의에 대한 인가권 및 감사위원의 해임권을 근거로 인정할 수 있다. 법원의 지도에 의하여 해결되지 않을 때에는, 직권으로 채권자집회를 소집하여 채권자집회로 하여금 감사위원의 동의에 갈음하는 결의를 하도록 하거나(법 제374조 제 1 항), 감사위원을 해임할 수밖에 없을 것이다.

가진 파산채권자의 집회이다.

2. 채권자집회의 종류 및 권한

가. 종 류

법상 소집이 규정된 채권자집회로는, 제1회 채권자집회(^{법 제312조} 제1항 제2호, 제488조), 감사위원의 동의에 갈음하는 결의를 위한 채권자집회(^{법 제374조} 제1항), 파산관재인의 임무종료에 따른 계산보고를 위한 채권자집회(^{법 제365조} 제1항), 파산선고 후에 파산재단 부족으로 인한 파산폐지에 관한 의견청취를 위한 채권자집회가(^{법 제545조} 제1항) 있다. 그 밖의 채권자집회는 법원이 파산관재인 또는 감사위원의 신청, 신고를 한 총채권에 관하여 법원이 평가한 액의 5분의 1 이상에 해당하는 파산채권자의 신청에 의하거나 직권으로 소집한 채권자집회가 있다(^{법 제367조}).

나. 권 한

채권자집회는 파산관재인의 해임 결의(^{법 제364조}), 감사위원의 설치 여부 및 감사위원의 수의 의결 및 그 결의의 변경(^{법 제376조}), 감사위원의 선임·해임 결의 (^{법 제377조 제1항, 제380조 제1항}), 감사위원의 동의에 갈음하는 결의(^{법 제374조 제1항, 제500조 제1항}), 영업의 폐지 또는 계속, 고가품의 보관방법에 관한 결의(^{법 제489조}), 파산관재인이 가치 없다고 인정하여 환가하지 아니한 재산의 처분에 관한 결의(^{법 제529조}) 등을 할 수 있다.

또한 채권자집회는 채무자 및 이에 준하는 자에 대하여 파산에 관하여 필요한 설명을 요청하고 설명을 들을 권한(^{법 제321조}), 파산관재인으로부터 파산에 이르게 된 사정과 채무자 및 파산재단에 관한 경과 및 현상 등에 관하여 보고를 받으며(^{법 제488조}), 파산관재인의 임무가 종료한 때에 파산관재인 또는 그 상속인으로부터 계산의 보고를 받을 권한이 있다(^{법 제365조 제1항}). 그 밖에 채권자집회는 파산선고 후 파산재단 부족으로 인한 파산폐지에 관하여 의견을 표명할 권한이 있다(^{법 제545조 제1항}).

3. 소집절차

가. 소집권자

법원은 파산관재인 또는 감사위원의 신청, 신고를 한 총채권에 관하여 법원이 평가한 액의 5분의 1 이상에 해당하는 파산채권자의 신청에 의하거나 직권으로 채권자집회를 소집한다(법제367조). 채권자집회 소집 결정에 대하여는 불복할 수 없다.

나. 기   일

제1회 채권자집회의 기일은 파산선고를 한 날부터 4개월 이내이어야 한다(법 제312조 제1항 제2호)(다만 그 기간에 관한 규정은 훈시규정이다). 그 밖의 채권자집회의 경우 법은 달리 기일에 관하여 규정하고 있지 않으나, 서울회생법원은 채권자의 참여권을 보장하기 위해 채권자집회 소집 공고일로부터 1개월 정도의 기간을 두고 기일을 정하고 있다.

다. 소집방법

법원은 채권자집회의 기일과 회의의 목적사항을 공고하여야 한다(법 제368조 제1항)([기재례 21]). 미리 공고하지 않은 사항에 관한 결의는 절차상 위법하다.[40] 채권자집회의 연기 또는 속행에 관하여 선고가 있는 때에는 송달 또는 공고를 하지 아니할 수 있다(법 제368조 제2항).

법원은 파산선고를 한 때에는 파산선고와 동시에 정한 제1회 채권자집회의 기일 등의 사항을 공고하고 알고 있는 채권자·채무자 및 재산소지자에게는 그 사항을 기재한 서면을 송달하여야 한다(법 제313조 제1항, 제2항)([기재례 22]).[41] 그러나 그 밖의 채권자집회에 관하여는 송달에 관한 특별한 규정이 없고, 파산절차의 진행이 현저하게 지연될 우려가 있으므로, 공고로써 채권자집회 소집 결정의 송달을 갈음할 수도 있다(법 제10조 제1항, 규칙 제7조 제1호).

라. 공개 여부

채권자집회는 공개원칙이 적용되는 변론절차가 아니므로 공개할 필요는 없

---

40) 서울중앙지방법원의 실무는 2010년부터 파산선고와 동시에 정한 사항에 관한 공고문 및 채권자 등에게 송달하는 그 사항을 기재한 서면에는 채권자집회 회의의 목적사항으로 감사위원 설치에 관한 사항을 기재하지 아니하고 있으며, 서울회생법원도 공고문 및 채권자 등에게 송달하는 서면에 감사위원 설치에 관한 사항을 기재하지 아니한다. 감사위원제도 운영방침에 관하여는 제5장 제2절 1. 참조.

41) 법원이 파산선고와 동시에 정한 제1회 채권자집회의 기일을 변경한 경우에는, 이를 공고하고 알고 있는 채권자 등에게는 그 사항을 기재한 서면을 송달하여야 한다(법 제313조 제3항, 제1항, 제2항).

다. 그러나 서울회생법원은 실무상 제1회 채권자집회를 공개하여 진행한다.⁴²⁾

4. 채권자집회의 지휘

가. 지휘의 내용

채권자집회는 법원이 지휘한다(제369조). 개회 및 폐회의 선고, 발언의 허부 및 제한, 토론에 부칠 것인가의 결정, 결의 결과의 집계 및 가결 여부의 선언, 기일의 연기·속행의 선고 등 회의의 진행뿐 아니라 장내 질서의 유지, 법정경찰권 등을 행사할 수 있다. 파산채권자 등이 진술하는 의사의 내용이나 결의의 내용에 관하여는 간섭하지 아니하지만, 채권자집회의 원만한 진행을 위하여 적절한 조언을 하는 것은 필요하다.

채권자 중에는 채권자집회에서 파산관재인 또는 법원에 대하여 시위를 하거나 채무자 및 그 관계인에게 불만을 표출하는 자가 있다. 그러므로 특히 건설회사, 유통회사, 금융기관 등 이해관계인이 많은 사건의 채권자집회의 경우에는 사전에 채권자들의 분위기를 파악하여 질서유지의 방법을 미리 생각하여야 한다. 경우에 따라서는 법정경위의 배치가 필요할 수도 있다. 채권자집회 시작 전에 채권자집회의 목적을 설명하고, 법원의 지휘에 잘 따라 줄 것을 당부하는 것도 좋은 방법이다. 법원이 이해관계가 없는 변호사 가운데 파산관재인을 선임하였다는 점, 파산관재인은 채무자를 위한 소송대리인이 아니라 총채권자를 위한 지위에 있음을 충분히 설명하고 앞으로 파산관재인의 업무수행에 채권자들의 도움이 필요하다는 점을 알릴 필요가 있다.

나. 채권자가 불출석한 경우의 처리

채권자가 1인만 출석하여도 개회하고 결의할 수 있다. 그러나 의결권 있는 채권자가 1인도 없을 경우에는 결의는 할 수 없고, 일단 기일을 열고 연기하거나 속행한 다음 기일을 선고하여야 할 것이다. 그러나 단순히 파산관재인 등으로부터 보고를 받거나 의견을 표명하는 채권자집회(예컨대 파산관재인의 임무종료에 따른 계산보고를 위한 채권자집회, 제1회 채권자집회에서 아무런 결의사항이 없는 경우)는 채권자가 아무도 출석하지 않더라도 유효하게 성립한다고 해석된다.

---

42) 제1회 채권자집회 기일 조서의 공개여부란에도 공개로 기재하고 있다.

5. 결   의

가. 의결권자

파산채권자는 확정채권액에 따라 의결권을 행사할 수 있다(법 제373조 제1항). 채권신고를 한 파산채권자 중 채권조사기일에서 파산관재인 또는 다른 신고한 파산채권자가 그 의결권에 관하여 이의를 진술하지 아니하여 확정된 파산채권을 가진 파산채권자에게 의결권이 인정된다. 다만 파산채권자는 법 제446조에 규정한 청구권(후순위파산채권)에 관하여는 의결권을 행사할 수 없다(법 제373조 제5항).

미확정채권, 정지조건부채권, 장래의 청구권 또는 별제권의 행사에 의하여 변제를 받을 수 없는 채권액에 관하여 파산관재인 또는 파산채권자의 이의가 있는 때에는 법원은 의결권을 행사하게 할 것인가의 여부와 의결권을 행사할 금액을 결정한다(법 제373조 제2항). 그 결정에 대하여는 불복할 수 없으나, 법원은 이해관계인의 신청에 의하여 언제든지 그 결정을 변경할 수 있다(법 제373조 제3항). 위 각 결정은 그 선고가 있는 때에는 송달을 하지 아니할 수 있다(법 제373조 제4항). 따라서 미확정채권이나 확정된 파산채권이 정지조건부채권, 장래의 청구권 또는 별제권의 행사에 의하여 변제를 받을 수 없는 채권액에 관하여 이의가 있는 것인 경우 그 채권을 가진 파산채권자에게는 법원이 의결권을 행사하게 하는 결정을 하여야 의결권이 인정된다. 서울중앙지방법원 및 서울회생법원의 실무는 채권조사기일에서 의결권에 관하여 이의가 있는 파산채권에 관하여는 의결권을 부여하지 않는 것이 대부분이나, 경우에 따라서는 의결권을 부여한 사례도 있다.[43]

나. 의결권의 행사

파산채권자는 본인이 직접 또는 대리인에 의하여 그 의결권을 행사할 수 있다. 대리인은 변호사일 필요는 없으나 대리권을 증명하는 서면을 제출하여야 한다(법 제372조 제1항). 파산채권자는 의결권을 통일하지 아니하고 행사할 수 있고, 이 경우 파산채권자는 채권자집회 7일 전까지 법원에 그 취지를 서면으로 신고하여야 한다(법 제371조). 대리인이 위임받은 의결권을 통일하지 아니하고 행사하는 경우에도 채권자집회 7일 전까지 법원에 그 취지를 서면으로 신고하여야 한다(법 제372조 제2항, 제371조 제2항).

---

43) 서울중앙지방법원은 2016하합67 사건(주식회사 성창에프엔디)에서 파산관재인이 채권조사기일에서 이의를 진술한 파산채권에 대해서는 의결권이 없다고 이의하였으나, 법원은 이의가 있는 파산채권에 대해서도 의결권을 부여하기로 결정하였다.

다. 의결권 행사의 제한

채권자집회의 결의에 관하여 특별한 이해관계를 가진 자는 의결권을 행사할 수 없다(법 제370조 제2항). 특별한 이해관계를 가진 파산채권자에게는 공정한 의결권의 행사를 기대할 수 없기 때문에 둔 규정이다. 특별한 이해관계를 가진 자란, 당해 결의사항에 관한 결의에 참여하는 것이 공정을 해칠 우려가 있는 자를 말하는데, 예컨대 파산관재인의 법률행위에 관한 결의에 있어서 그 상대방인 파산채권자, 소의 제기에 관한 결의에 있어서 그 상대방인 파산채권자가 이에 해당한다. 특별한 이해관계를 가진 자는 대리인에 의해서도 의결권을 행사할 수 없고, 타인의 대리인으로서도 의결권을 행사할 수 없다.

라. 결의의 성립

채권자집회의 결의에는 의결권을 행사할 수 있는 출석 파산채권자의 총채권액의 2분의 1을 초과하는 채권을 가진 자의 동의가 있어야 한다(법 제370조 제1항).[44]

마. 결의의 효력

유효한 결의는 그 결의에 동의하지 않은 파산채권자, 출석하지 않은 파산채권자, 파산관재인도 구속한다. 결의의 절차에 위법이 있는 경우, 예컨대 채권자집회 소집절차, 결의의 방법, 결의사항이 법률을 위반한 때, 특별한 이해관계를 가진 자가 결의에 참가한 때, 결의가 부정한 방법에 의하여 성립한 때에는 법원은 채권자집회 결의 집행금지의 결정을 하거나 채권자집회를 다시 소집하여 이전의 결의를 변경하도록 하여야 한다.

바. 결의의 집행금지

유효한 결의라고 하더라도, 채권자집회의 결의가 파산채권자 일반의 이익에 반하는 때에는 법원이 파산관재인, 감사위원 또는 파산채권자의 신청에 의하여 또는 직권으로써 그 결의의 집행을 금지할 수 있다(법 제375조 제1항). 파산채권자 일반의 이익에 반하는지 여부는 구체적으로 판단하여야 할 것이나, 파산재단에 불이익

---

44) 구 파산법 제163조 제1항은 채권자집회의 결의에는 의결권을 행사할 수 있는 출석파산채권자의 과반수로서 그 채권액이 출석파산채권자의 총채권액의 반액을 초과하는 자의 동의가 있어야 한다고 규정함으로써 출석파산채권자 인원수의 과반수를 결의의 성립요건으로 하고 있었으나, 현행법은 파산채권자의 인원수를 결의의 성립요건으로 하지 않고 있다.

한 영업의 계속 결의, 일부 파산채권자에게 부당한 이익을 주는 환가처분 등을
그 예로 들 수 있다. 서울중앙지방법원에서는 앞서 본 바와 같이 감사위원 설치
및 선임 결의에 관하여 파산재단의 규모, 채권자 수, 권리관계의 복잡성 등 여러
사정에 비추어 감사위원을 설치하는 것이 불필요하고 비용의 낭비만 가져오는
것이 명백하여 파산재단을 위하여 무익하며 파산절차를 지연시킬 우려가 있다고
판단하여 그 집행을 금지한 사례가 있다.

제 4 절 채권자협의회

1. 의   의

파산절차에서 가장 큰 이해관계를 가진 자는 채권자라 할 수 있다. 따라서
채권자들이 효율적으로 자신의 권리를 보호하고 파산절차에 참여하기 위해서는
채권자들의 의사를 결집하여 이를 파산절차에 반영할 수 있는 단체가 필요하다.
이에 따라 법은 채권자의 지위를 강화하는 방안의 하나로 구 회사정리법에 규정
되어 있던 채권자협의회를 파산절차에 도입하였다. 이 제도는 채권자들에게 절
차에 대한 자료 및 정보의 제공을 제도화하고, 동시에 채권자들의 의사반영 기
회를 확대하여 채권자들의 절차에 대한 참여를 보장함으로써 파산절차의 공정한
수행을 확보하고자 하는 데 그 목적이 있다.

2. 구   성

가. 구성의 주체

관리위원회(관리위원회가 설치되지 아니한 때에는 법원을 말한다)는 파산신청이
있은 후 채무자의 주요채권자를 구성원으로 하는 채권자협의회를 구성하여야 한
다(법 제20조 제1항 본문). 채권자협의회는 관리위원회가 구성하므로, 실무에서는 채권자협의회
를 구성하여야 하는 경우 관리위원회에 파산신청이 있은 사실을 통지하고 채권
자협의회를 구성하여 그 결과를 보고하여 달라고 요청한다([기재례 66]).

다만 채무자가 개인 또는 중소기업기본법 제2조 제1항의 규정에 의한 중소

기업자인 때에는 채권자협의회를 구성하지 아니할 수 있다(법 제20조 제3항 단서). 회생절차의 경우 기존 경영자 관리인(DIP) 제도를 도입하면서 기존 경영자에 대한 실효성 있는 견제를 도모하기 위해 채권자협의회의 기능과 권한을 강화하고 있으나, 파산절차의 경우 배당률이 낮거나 파산재단 부족으로 인한 파산폐지로 파산채권자들이 배당을 못 받게 되는 경우가 많아 채권자협의회의 적극적인 역할을 기대하기 어려운 것이 현실이다. 이에 따라 서울회생법원은 파산신청이 있은 채무자가 중소기업자인 경우에는 특별한 사정이 없는 한 채권자협의회를 구성하지 않고 있다.[45]

나. 구성방법

채권자협의회는 10인 이내로 구성하고(법 제20조 제2항), 관리위원회는 필요하다고 인정하는 때에는 소액채권자를 구성원으로 참여하게 할 수 있다(법 제20조 제3항). 관리위원회가 채권자협의회를 구성하는 때에는 채권액의 총액 및 채무자의 주요재산에 대한 담보권 보유상황을 참작하여 채권자 일반의 이익을 적절히 대표할 수 있도록 하여야 한다. 다만, 주요 채권자가 채무자와 특별한 이해관계를 가지고 있거나 채권자협의회 구성원으로서의 책무를 다할 의사를 가지고 있지 아니한 때에는 이를 제외할 수 있다(규칙 제34조 제2항).[46] 관리위원회는 파산신청 이전부터 채권자들의 협의체가 구성되어 있는 경우는 이를 참작하여 채권자협의회를 구성할 수 있고(규칙 제34조 제3항), 채무자의 주요채권자는 관리위원회에 채권자협의회 구성에 관한 의견을 제시할 수 있다(법 제20조 제4항).

관리위원회는 파산신청이 있은 사실을 법원으로부터 통지 받은 후 1주일

---

45) 중소기업기본법 제2조 제1항, 같은 법 시행령 제3조는 업종별로 매출액 또는 자산총액 등에 따라 중소기업의 범위를 달리 정하고 있는데, 실제 위 기준을 초과하여 중소기업에 해당하지 아니하는 채무자에 대하여 파산이 신청되는 경우는 드물다. 서울중앙지방법원에서는 2012년 3건[2012하합96 사건(주식회사 제일저축은행), 2012하합97 사건(주식회사 프라임저축은행), 2012하합117사건 (전국교수공제회)]과 2013년 9건[2013하합46 사건(주식회사 솔로몬저축은행) 등 상호저축은행 파산사건]에서, 서울회생법원에서는 2018년 1건[2017하합100334 사건(주식회사 홈스커뮤니케이션)]에서 채권자협의회가 구성되었다. 위 서울회생법원 2017하합100334 사건의 채무자는 중소기업자로 파산신청 직후 채권자협의회를 구성하지는 않았으나, 파산선고 후 파산관재인의 부인권 행사 여부, 주요자산의 포기 여부에 관하여 채권자의 의견을 듣기 위하여 파산절차 진행 중에 채권자협의회를 구성하였다.
　참고로 미국에서도 청산을 목적으로 하는 미국 연방도산법 제7장 절차에서는 재건을 목적으로 하는 제11장 절차와 달리 채권자위원회가 구성되는 경우가 매우 드물다고 한다.
46) 서울중앙지방법원은 실무상 다액채권자 순으로 채권자협의회를 구성하였다. 하지만 채권자협의회를 구성할 때 채권자 전체의 이익을 적절하게 대변할 수 있도록 다양성을 확보하는 방안을 고려할 필요가 있으므로, 적극적으로 활동할 의사를 가진 채권자를 포함하는 것이 바람직할 수도 있다.

이내에 채권자협의회를 구성한 다음 이를 채권자협의회의 구성원들에게 팩시밀리, 전자우편, 그 밖의 적당한 방법으로 통지하고([기재례 67]) 법원에 보고하여야 한다(규칙 제34조 제1항).

채권자협의회는 법 제34조 제1항의 규정에 의한 통지를 받은 날부터 5영업일 이내에 대표채권자를 지정하여 법원 및 관리위원회에 팩시밀리, 전자우편, 그 밖의 적당한 방법으로 신고하여야 하고(규칙 제35조 제1항), 그 기간 내에 대표채권자의 신고가 없는 경우는 관리위원회가 대표채권자를 지정한다(규칙 제35조 제2항)([기재례 68]). 대표채권자는 채권자협의회의 의장이 되고, 대외적으로 채권자협의회를 대표하여 채권자협의회의 의견을 제시하며, 채권자협의회의 소집 및 연락 업무를 담당하고 그 밖의 사무를 총괄한다(규칙 제35조 제3항). 법원 또는 관리위원회의 채권자협의회에 대한 의견조회는 대표채권자에 대하여 한다(규칙 제35조 제4항).

관리위원회는 필요한 경우 채권자협의회의 구성원을 변경할 수 있다. 관리위원회가 채권자협의회 구성원을 변경한 경우에는 이를 법원에 보고하여야 한다(규칙 제34조 제4항). 법원도 채권자협의회의 구성이 채권자 일반의 이익을 적절히 대표하도록 변경될 필요가 있다고 인정하는 때에는 관리위원회에 채권자협의회 구성원의 교체, 제외, 추가 등을 명할 수 있다(규칙 제34조 제6항).

채권자협의회의 구성원은 채권의 양도 또는 소멸 등의 사유로 채권자협의회 구성원이 될 수 있는 자격을 상실한 때에는 즉시 그 사유 및 발생일자를 대표채권자 및 관리위원회에 통보하여야 한다(규칙 제34조 제5항). 규칙 제34조 제4항·제6항의 규정에 의하여 대표채권자가 채권자협의회의 구성원에서 제외되거나 그 밖의 사유로 대표채권자의 변경이 필요하게 된 경우 관리위원회는 지체 없이 이를 채권자협의회의 구성원들에게 팩시밀리, 전자우편, 그 밖의 적당한 방법으로 통지하고 법원에 보고하여야 한다. 이 경우 새로운 대표채권자의 지정에 관하여는 규칙 제35조 제1항 및 제2항의 규정을 준용한다(규칙 제35조 제5항).

3. 운영 및 업무

가. 운 영

대표채권자는 파산절차와 관련하여 필요한 경우 회의를 소집할 수 있고, 법원 또는 관리위원회로부터 의견을 요청받거나 구성원의 4분의 1 이상의 요구가 있을 때에는 5영업일 이내에 회의를 소집하여야 한다(규칙 제36조). 채권자협의회의 의사는 출석한 구성원 과반수의 찬성으로 결정한다(법 제21조). 의결권은 서면 또는 대리인에 의하여 행사할 수 있고(규칙 제36조), 채권자협의회의 구성원이 아닌 채권자도 관리위원회의 허가를 얻어 채권자협의회의 회의에 참석하여 발언할 수 있으나, 의결권은 가지지 않는다(규칙 제36조).

나. 업　　무

1) 채권자협의회의 의견제시

채권자협의회는 채권자 간의 의견을 조정하여 파산절차에 관한 의견의 제시, 파산관재인의 선임 또는 해임에 관한 의견의 제시([기재례 69]), 그 밖에 법원이 요구하는 파산절차에 관한 사항, 법 제30조에 따른 특별보상금 및 법 제31조에 따른 보상금에 대한 의견 제시를 할 수 있다(법 제21조 제1항 제1호, 제2호, 제5호, 제6호, 시행령 제3조 제3호).

채권자협의회는 법원 또는 관리위원회로부터 의견을 요청받은 경우 의결결과 및 출석 구성원들의 채권액과 의견을 모두 기재하여 송부하여야 하고(규칙 제37조), 채권자협의회의 구성원들이 의견을 기재함에 있어서는 그와 같은 의견에 이르게 된 이유를 함께 기재하여야 한다(규칙 제37조). 그 의결결과 등은 팩시밀리 또는 전자우편으로 송부할 수 있다(규칙 제37조). 채권자협의회는 법원으로부터 의견을 요청받은 경우 신속하게 그 의견을 제출하여야 하고, 법원이 의견 제출기간을 정한 경우에는 이를 넘겨서는 아니 되나 부득이한 사정이 있는 경우에는 관리위원회는 법원의 허가를 받아 위 기간을 연장할 수 있다(규칙 제37조 제4항, 제28조).

법원 또는 관리위원회가 법 제21조 제1항에 따라 채권자협의회가 제시한 의견에 관한 결정을 한 경우에는 이를 채권자협의회에 통지하여야 한다(규칙 제38조).

2) 채권자협의회에 대한 자료제공 등

법원은 파산절차의 신청에 관한 서류·결정서·감사보고서 그 밖에 대법원규칙이 정하는 주요자료의 사본을[47] 채권자협의회에 제공하여야 한다(법 제22조 제1항, 규칙 제39조). 파산관재인은 법원에 대한 보고서류 중 법원이 지정하는 주요서류를 채권자협의

---

47) 파산절차와 관련하여 규칙 제39조가 규정한 법원이 법 제22조 제1항의 규정에 따라 지체없이 채권자협의회에 제공하여야 하는 자료사본으로는, ① 파산신청서 및 그에 첨부된 재무상태표, 손익계산서, 채권자 및 담보권자 일람표, 제3자에 대한 지급보증 또는 물상보증 제공명세서(제1호), ② 채무자의 업무 및 재산에 관한 보전처분 결정 및 그 변경·취소 결정(제2호), ③ 파산신청의 기각결정(제5호), ④ 파산선고 결정(파산관재인 선임결정을 포함한다)(제6호), ⑤ 영업 등의 양도허가 결정(제7호), ⑥ 그 밖에 파산절차에 관한 주요 자료로서 법원이 정하는 것(제22호)이 있다.

회에 분기별로 제출하여야 한다(^{법 제22조}_{제2항}).

또한 채권자협의회는 대법원규칙이 정하는 바에 따라 파산관재인에게 필요
한 자료의 제공을 청구할 수 있고(^{법 제22조}_{제3항}), 자료제공을 요청받은 파산관재인은
대법원규칙이 정하는 바에 따라 자료를 제공하여야 한다(^{법 제22조}_{제4항}). 채권자협의회
는 법 제22조 제3항의 규정에 의하여 필요한 자료의 제공을 청구하는 때에는
자료 중 필요한 부분을 특정하여 파산관재인에게 열람·복사를 청구하여야 하고
(^{규칙 제40조}_{제1항}), 그 청구가 있는 경우 파산관재인은 지체 없이 채권자협의회에 해당자
료의 열람·복사를 허용하여야 하나, 정당한 사유가 있는 경우에는 법원의 허가
를 얻어 열람·복사를 전부 또는 일부 거부할 수 있다(^{규칙 제40조}_{제2항}). 채권자협의회
의 구성원이 채무자로부터 취득한 내부 정보나 영업비밀 등을 외부로 유출
하거나 자신의 이익을 위하여 부당하게 이용한다면 채권자들 사이의 형평이
무너지고 채권자 전체의 이익에 반하는 결과를 초래할 수도 있기 때문에,
채권자협의회에 제공하여야 할 정보와 자료의 범위에 관하여는 기밀성의 정
도, 비밀 유출시 채무자나 전체 이해관계인에게 미치는 영향, 채권자협의회
의 의사결정에 당해 정보가 필요한 정도 등을 종합적으로 고려하여 신중하
게 판단하여야 한다.[48] 파산관재인은 규칙 제40조 제2항 단서에 따라 자료제공
을 거부하고자 하는 경우 채권자협의회의 자료제공 청구가 있은 후 즉시 법원에
거부사유를 적은 서면으로 자료제공거부 허가신청을 하여야 한다(^{규칙 제40조}_{제3항}). 파산
관재인이 규칙 제40조 제3항의 허가신청에 대한 법원의 허가를 얻지 못한 경우
에, 파산관재인은 지체 없이 채권자협의회에 해당자료의 열람·복사를 허용하여
야 한다(^{규칙 제40조}_{제4항}).

한편 채권자협의회에 속하지 아니하는 채권자의 요청이 있는 때에는 채권
자협의회는 법 제22조 제1항 내지 제3항의 규정에 의하여 제공받은 자료의 사
본을 그 채권자의 비용으로 제공하여야 한다(^{법 제22조 제5항,}_{규칙 제41조}). 채권자는 채권자협의
회의 구성 여부와 관계없이 이해관계인으로서 법 제28조에 따라 법원에 사
건기록의 열람·복사, 재판서·조서의 정본·등본이나 초본의 교부 또는 사
건에 관한 증명서의 교부를 청구할 수도 있다.

---

48) 이와 관련하여 채권자협의회가 채권자들에 대하여 어떠한 의무를 지고 있는지에 관하여 논란
이 있을 수 있으나, 미국 연방도산법상의 채권자위원회는 자신이 대표하는 채권자들에 대하여
신인의무(Fiduciary Duty)를 부담하고 있는 것으로 해석되고 있다. 채권자협의회의 의무에 관한
자세한 내용은 회생사건실무(상) 제7장 제4절 1. 다. 참조.

4. 변호사 등 전문가의 선임과 비용 등

법원은 결정으로 채권자협의회의 활동에 필요한 비용을 채무자에게 부담시킬 수 있다($^{법 제21조}_{제3항}$).

채권자협의회는 채권자 일반의 이익을 위하여 필요한 때에는 법원의 허가를 받아 변호사, 법무법인, 회계사, 회계법인 그 밖의 전문가를 선임하여 조력을 받을 수 있고($^{규칙 제42조}_{제1항}$), 채권자협의회는 변호사 등으로부터 용역을 제공받기 전 또는 제공받은 후, 법원에 채무자로 하여금 용역계약에서 정해진 비용 및 보수의 전부 또는 일부를 채권자협의회 또는 변호사 등에게 지급하도록 명하는 취지의 신청을 할 수 있으며($^{규칙 제42조}_{제4항}$), 그 신청이 있는 경우 법원은 해당 용역의 제공이 채권자 일반의 이익 증진에 기여하거나 기여할 내용 및 정도 등을 참작하여 합리적인 범위 내에서 채무자가 부담할 비용 및 보수를 결정한다($^{규칙 제42조}_{제6항}$).

또한 채권자협의회는 규칙 제42조에서 규정하는 비용 이외에 채권자 일반의 이익을 위하여 필요한 활동에 비용을 지출한 때에는 법원에 채무자로 하여금 그 비용을 채권자협의회에 지급하도록 명하는 취지의 신청을 할 수 있다($^{규칙 제43조}_{제1항}$). 그 신청이 있는 경우 법원은 해당 비용의 지출이 채권자 일반의 이익 증진에 기여하거나 기여할 내용 및 정도 등을 참작하여 합리적인 범위 내에서 채무자가 부담할 비용을 결정한다($^{규칙 제43조 제3항,}_{제42조 제6항,}$).

제 5 절 관리위원회

1. 설   치

법의 규정에 의한 절차를 적정·신속하게 진행하기 위하여 대법원규칙이 정하는 회생법원에 관리위원회를 둔다($^{법}_{제15조}$). 관리위원회제도는 전문지식을 갖춘 관리위원회의 보조를 받아 법원의 전문성을 보완하고 과중한 업무를 경감함으로써 파산절차의 신속·적정한 진행을 도모하기 위하여 1998. 2. 24. 법률 제5519호로 개정된 구 파산법에 의하여 도입되었다. 관리위원회는 1998. 4. 7. 서울지방법원부터 설치·운영되어, 2019년 2월 현재 서울회생법원과 13개 지방법원에 관리위원회가 설치되어 있다(규칙 제13조, 제1항 제1호).[49] 회생법원은 다른 회생법원의 관리위원회에 법 제17조 제1항 및 규칙 제22조, 제27조의 사무수행을 촉탁할 수 있다(규칙 제13조 제2항).

2. 업무 및 권한

관리위원회는 법원의 지휘를 받아 파산관재인의 선임에 대한 의견의 제시, 파산관재인의 업무수행의 적정성에 관한 감독 및 평가, 채권자협의회의 구성과 채권자에 대한 정보의 제공, 법의 규정에 의한 절차의 진행상황에 대한 평가, 채권자집회와 관련된 업무, 그 밖에 대법원규칙[50] 또는 법원이[51] 정하는 업무를 행한다(법 제17조 제1항). 법은 그 외에도 파산절차와 관련하여, 법원이 법인인 채무자의 이사등의 재산에 대한 보전처분을 변경하거나 취소하는 경우(법 제351조 제4항), 파산관재인을 선임하거나 재선임하는 경우(법 제355조 제1항) 관리위원회의 의견을 들어야 한다고 규정하고 있다.

관리위원회는 위와 같은 업무를 효율적으로 수행하기 위하여 관리위원에게 업무의 일부를 위임할 수 있고(법 제17조 제2항), 법원은 관리위원회로부터 업무의 일부를 위임받아 수행하는 관리위원이 그 업무를 수행하는 것이 적절하지 아니하다고 인정하는 때에는 관리위원회에 그 업무를 다른 관리위원에게 위임할 것을 요구할 수 있다(법 제17조 제3항).

관리위원회는 법원으로부터 의견을 요청받은 경우 신속하게 그 의견을 제출하여야 하고(규칙 제28조 제1항), 법원이 의견 제출기간을 정한 경우에는 이를 넘겨서는 아니 되나 부득이한 사정이 있는 경우에는 관리위원회는 법원의 허가를 받아 위 기간을 연장할 수 있다(규칙 제28조 제2항).

---

49) 한편 2013. 10. 11. 대법원규칙 제2489호로 제정된 「회생·파산위원회 설치 및 운영에 관한 규칙」 제2조에는 법원행정처에 설치된 회생·파산위원회의 업무로서 파산절차 관련 정책의 수립, 제도의 개선 등에 관한 자문, 관리위원회의 설치, 구성 및 운영에 관한 기준의 심의 및 자문, 관리위원, 파산관재인의 후보자 선발·관리·선임·위촉 기준과 절차의 심의 및 자문, 관리위원, 파산관재인이 수행한 업무에 대한 전반적인 평가와 자문, 그 밖에 파산절차의 체계적·통일적 운용을 위하여 필요한 업무가 규정되어 있다.

50) 파산절차와 관련하여 규칙 제22조가 규정한 법 제17조 제1항 제7호의 규정에 의하여 관리위원회가 수행하여야 할 업무로는, ① 파산관재인의 부인권 행사, 파산채권에 관한 이의 제출에 관한 지도 또는 권고(제1호), ② 그 밖에 도산절차에 관한 필요한 의견의 제시(제2호)가 있다.

51) 이에 따라 서울중앙지방법원 및 서울회생법원에서는 관리위원회를 통하여 2012년부터 일부 파산재단들을 선별하여 연 1회 외부 회계법인을 선정하여 파산재단의 임치금 입·출금 현황 등에 관한 회계감사를 받도록 하고 있다.

또한 법원은 파산절차에 관한 허가사무 중 동산의 임의매각, 채권 및 유가증권의 양도, 법 제335조 제1항의 규정에 의한 이행의 청구, 그 밖에 법원이 지정하는 허가사무를 관리위원에게 위임할 수 있다(법 제18조, 규칙 제29조 제2항). 법원의 관리위원에 대한 허가사무의 위임은 결정으로 하여야 하고(규칙 제30조 제1항), 그 위임은 가액 또는 종류별로 구분하여 위임하되 위임의 범위가 명백하도록 하여야 한다(규칙 제30조 제2항). 그 결정은 관리위원 및 파산관재인에게 송달하여야 하고(규칙 제30조 제3항), 법원은 그 결정을 변경하거나 취소할 수 있다(규칙 제30조 제4항). 관리위원은 법원으로부터 위임받아 수행한 허가사무의 처리 결과를 매월 법원에 보고하여야 한다(규칙 제31조).

한편 관리위원회는 필요한 경우 공공기관, 관련전문가 또는 이해관계인에 대하여 의견을 조회할 수 있고(규칙 제26조 제1항), 그 직능을 수행하기 위하여 필요한 경우에는 공공기관 또는 관계당사자에게 자료의 제출을 요청하거나 그 밖의 필요한 협력을 요청할 수 있다(규칙 제26조 제2항). 또한 법원은 필요하다고 인정하는 경우 관리위원으로 하여금 채무자의 서류를 열람하거나 공장 등의 현장에 출입하여 조사, 검사, 확인하게 할 수 있다(규칙 제27조 제1항).

3. 구 성

관리위원회는 위원장 1인 및 부위원장 1인을 포함한 3인 이상 15인 이내의 관리위원으로 구성하고, 관리위원은 상임으로 할 수 있다(법 제16조 제1항, 규칙 제14조 제1항). 관리위원의 임기는 3년으로 하고(법 제16조 제2항), 상임 관리위원은 전임 전문계약직공무원으로 보하며(규칙 제14조 제2항), 회생법원장이 관리위원을 위촉하거나 해촉한 때에는 그 내용을 관보에 게재하여야 한다(규칙 제14조 제3항).

관리위원은 변호사 또는 공인회계사의 자격이 있는 자, 은행법에 의한 은행 그 밖에 대통령령이 정하는 법인에서 15년 이상 근무한 경력이 있는 자, 상장기업의 임원으로 재직한 자, 법률학·경영학·경제학 또는 이와 유사한 학문의 석사학위 이상을 취득한 자로서 이와 관련된 분야에서 7년 이상 종사한 자, 그 밖에 이에 준하는 자로서 학식과 경험을 갖춘 자 중에서 회생법원장이 위촉한다(법 제16조 제3항). 관리위원은 형법 그 밖의 법률의 규정에 의한 벌칙의 적용에 있어서는 이를 공무원으로 본다(법 제16조 제7항). 관리위원은 결격사유에 해당하게 된 때, 중대한 심신상의 장애로 직무를 수행할 수 없게 된 때, 법령 또는 직무상 의무에 위반하여 관리위원으로서 직무를 수행하는 것이 부적절하게 된 때를 제외하고는 그의 의사에 반하여 해촉되지 아니한다(규칙 제17조).

위원장은 당해 관리위원회 소속 관리위원 중에서 회생법원장이 지명하고 그 임기는 1년으로 하며(규칙 제15조 제1항), 위원장은 관리위원회의 의장이 되고, 대외적으로 관리위원회를 대표하며 관리위원회의 사무를 총괄한다(규칙 제15조 제2항).

요컨대, 법과 규칙은 관리위원회가 법률·회계·경영·경제 등 다방면에 걸쳐 우수한 자질과 인격을 갖춘 고급 전문가로 구성될 수 있도록 하기 위하여 관리위원의 자격요건 및 임기를 법률에 명시하는 등 여러 가지로 신분보장을 하고 있다. 관리위원의 수는 각 법원의 사정에 따라 정한다.

4. 운   영

관리위원회는 위원장이 필요에 따라 수시로 소집할 수 있고(규칙 제23조 제1항), 법원이 관리위원회의 의견을 요구한 경우에는 위원장은 즉시 관리위원회를 소집하여야 한다(규칙 제23조 제2항). 관리위원회는 재적위원 과반수의 출석과 출석위원 과반수의 찬성으로 의결한다(법 제16조 제5항). 주요 사항은 관리위원회의 의결을 거치도록 하고, 그 밖의 사항은 주무위원이 단독으로 수행한다. 구체적인 운영방법은 규칙 제23조 내지 제33조에서 규정하고 있다.

5. 보   수

관리위원에 대하여는 예산의 범위 내에서 보수를 지급하되 그 지급액은 상임 관리위원에게는 전임 전문계약직공무원(나급)에 해당하는 금액을, 비상임 관리위원에게는 회의에 참석하는 경우에 한하여 지방법원장이 정하는 회의출석수당을 지급한다(규칙 제18조 제1항 별표 2).

法 人 破 産 實 務

제 6 장

. . .

파산재단의
점유 · 관리

제 1 절 파산재단의 의의와 범위

채무자가 파산선고 당시에 가진 모든 재산은 파산재단에 속한다(법 제382조 제1항). 채무자가 파산선고 전에 생긴 원인으로 장래에 행사할 청구권도 파산재단에 속한다(법 제382조 제2항)(파산재단의 성립에 관한 자세한 내용은 제4장 제3절 1. 가. 참조). 파산관재인은 파산재단에 속하는 재산을 환가하여 재단채권을 변제하고 파산채권자에 대하여 배당을 한다.

구 파산법은 속지주의를 채택하고 있었으나(구 파산법 제3조 제1항), 현행법은 국내외의 학설과 법원의 실무 및 다자간 조약이 일치하여 보편주의로 향하여 가는 추세에 맞추어 속지주의를 폐지하였다.[1] 그 결과 구 파산법에서는 국외재산은 자유재산에 속하여 파산재단에 속하지 아니하므로 파산관재인의 관리처분권의 대상이 되지 아니하였으나, 현행법에서는 채무자의 국내외 재산이 파산재단에 속하게 되고 파산관재인의 관리처분권의 대상이 됨을 분명히 하였다.

제 2 절 파산재단의 점유·관리

1. 점유 및 관리의 착수

파산관재인은 취임 후 즉시 파산재단에 속하는 재산의 점유 및 관리에 착수하여야 한다(법 제479조). 점유란 파산재단에 속하는 물건을 현실로 파산관재인의 지배하에 두는 것을 말하고, 관리란 파산재단에 속하는 재산을 보전하고 그 효용에 따라 이용하여 증식하는 것을 말한다. 재산의 조사, 매출채권의 회수, 시효의 중단, 파산재단에 관한 소송의 처리, 부인권의 행사, 예금이자 기타 과실의 증대 등도 포함된다.

실무에서는 파산재단에 관한 점유 착수는, 파산관재인이 취임 직후 지체 없이 채무자의 사무실 등에 방문하여 다음과 같은 안내문 또는 법 제313조 제1항

---

1) 현행법은 먼저 구 파산법 제3조 제1항에 해당하는 규정을 두지 아니하고, 법 제640조에서 국내도산절차의 파산관재인 등이 외국법이 허용하는 바에 따라 국내도산절차를 위하여 외국에서 활동할 권한이 있음을 명시하였다.

의 규정에 의한 파산선고에 관한 공고문을 부착하여(서울회생법원 실무준칙 제323
호 「법인 파산재단에 속하는 재산의 점유관리 착수 및 조사보고서 작성」 제2조 제1항)
([참고자료 22]),[2] 파산재단에 속하는 일체의 재산이 파산관재인의 점유에 속한다
는 취지를 알리는 방식으로 한다. 특별한 사정이 없는 한 파산선고일에 점유 착
수를 한다.

알 림

채무자 ○○○ 주식회사

위 채무자는 2019. ○. ○. 10:00 서울회생법원 제○부로부터 2019하합○○○호로
파산선고를 받고, 본인이 파산관재인으로 선임되었습니다. 이 주거, 사무실 및 그
안의 일체의 유체동산은 본인의 점유 관리하에 있으므로 본인의 허가 없이 출입
하거나 이를 반출하는 경우에는 형법에 의하여 처벌될 것입니다.

파산관재인 변호사 ○ ○ ○
(연락처 : 서울 ○○구 ○○로 ○○ 전화 ○○○-○○○○)

파산관재인은 채무자가 파산신청서 등에서 본점 소재지에서 이미 퇴거하였
다고 주장하는 경우에도 본점 소재지를 방문하여 점유현황 등을 확인할 필요가
있다. 채무자의 지점, 영업소, 공장, 창고 등이 다수 있는 경우에는 보조인 등의
보조를 받아 가능한 한 동시에 점유 착수를 할 수 있도록 한다. 특히, 채무자가
유치권을 행사하고 있는 건축물 등이 있는 경우 유치권을 상실하지 않도록 보조
인 등을 파견하여 점유를 계속하기 위한 조치를 강구하여야 한다. 점유 착수 당
시의 현장 상황, 사무실 등 내부의 유체동산 등 현황은 사진으로 촬영하여 남겨
두어야 한다.

통상 파산관재인은 채무자의 사무실에서 법인인감, 법인인감카드, 화폐, 유
가증권 그 밖의 고가품, 어음·수표 용지, 상업장부 등 중요한 서류, 열쇠, 예금
통장, 법인카드, 등기필정보, 공인인증서[3] 등을 파산관재인 사무소로 가져오고,

---

2) 서울회생법원은 파산절차가 공정하고 효율적으로 진행되도록 하기 위하여 법인 파산관재인이
   파산재단에 속하는 재산의 점유 및 관리에 착수하면서 취해야 할 조치에 관한 사항을 정함을
   목적으로 서울회생법원 실무준칙 제323호 「법인 파산재단에 속하는 재산의 점유관리 착수 및
   조사보고서 작성」을 제정하여 시행하고 있다.

3) 채무자의 인터넷뱅킹 사용 등을 막고, 파산선고 이후 전자세금계산서를 발급하거나 부가가치
   세를 전자신고하기 위해(부가가치세법 제32조 제2항, 제54조 제2항), 채무자 명의의 공인인증서
   를 확보할 필요가 있다.

사무실·공장·창고 등에 잠금장치를 설치하여 타인의 출입을 막는 방법으로 파
산재단에 대한 점유를 실시한다. 중요한 서류 등이 운반하기 어려울 정도로 많
은 양인 경우에는 중요한 것(법인인감, 화폐, 유가증권 그 밖의 고가품, 최근의 상업장
부, 열쇠, 예금통장, 법인카드, 공인인증서 등)을 선별하여 가져오고, 나머지 서류 등
은 법원과 협의하여 보관장소를 정한다. 파산관재인이 채무자의 사무실 등에서
점유 착수를 실시하는 때에는 중요한 서류, 집기·비품, 재고자산 등의 현황을
파악하고 그 보관장소, 수량, 가격 등에 관하여 설명을 들을 필요가 있기 때문에
가능한 채무자의 대표자, 근로자 등을 동행하게 하는 것이 바람직하다. 파산관재
인이 취임 당시 채무자의 대표자가 이미 소재불명인 경우에는 회계 담당자 등
실무자로부터 필요한 자료를 수집할 수밖에 없을 것이나, 그렇지 않은 경우에는
대표자의 연락처를 파악해 두고, 그와의 협력관계를 유지하는 데 주의를 기울여
야 한다. 또 앞으로 소재불명이 될 경우를 대비하여 취임 직후 필요한 설명을
미리 듣고 자료를 확보해 두는 것이 좋다.

　때로는 채무자의 임직원들이 파산관재인의 점유·관리를 막기 위해 실력행
사를 하거나 파산재단에 속하는 재산을 은닉하고 장부를 조작하는 사태가 발생
하기도 한다. 이러한 사태가 발생하게 되면 파산재단에 속하는 재산의 파악 및
이를 전제로 한 이후의 원활한 관재업무에 지장이 초래되기 때문에, 법은 파산
선고 후 파산관재인이 곧바로 파산재단을 파악하고 관리할 수 있도록 각종 조치
를 강구하고 있다.[4]

　서울회생법원은 파산관재인으로 하여금 특별한 사정이 없는 한 파산재단의
점유 착수일부터 14일 이내에 점유 및 관리 착수보고서를 제출하도록 하고 있
다(서울회생법원 실무준칙 제323호 「법인 파산재단에 속하는 재산의 점유관리 착수 및
조사보고서 작성」 제3조 제1항). 그 보고서에는 ① 파산선고 직후 보고서 작성일까
지 수행한 업무의 내역, ② 파산재단의 점유 착수 실행 내역, ③ 채무자 회사의

---

[4] 파산관재인이 파산재단의 점유·관리·환가 업무를 원활하게 하기 위해서는 여러 가지 형태
로 채무자의 협조가 요청되는데, 법은 그 실효성을 담보하기 위하여 채무자의 이사, 지배인 등
에게 설명의무를 부과하고, 이에 불응하는 경우 구인 또는 형사처벌할 수 있도록 규정하고 있
다. 채무자 등의 설명의무와 구인에 관한 자세한 내용은 제4장 제3절 2. 가, 나. 참조. 또한 채
무자의 이사, 지배인 등은 파산재단에 속하는 재산을 은닉 또는 손괴하거나 채권자에게 불이익
하게 처분하는 경우, 파산재단의 부담을 허위로 증가시키는 경우, 상업장부를 작성하지 아니하
거나 부실한 기재를 하는 경우 또는 상업장부를 은닉·손괴하는 경우에는 사기파산죄로 처벌받
는다(법 제650조, 제652조). 채무자의 이사 등에 해당하지 않는 자가 자기 또는 타인의 이익을
도모하거나 채권자를 해할 목적으로 법 제650조 각호의 행위를 한 경우에도 제3자의 사기파산
죄로 처벌받게 된다(법 제654조).

임직원 현황, ④ 채권자 현황 및 부채 현황(부채 현황은 파산채권, 재단채권, 별제권 등으로 분류하여 기재한다), ⑤ 계류 중인 소송 등의 현황, ⑥ 재무상태표상 자산 현황 및 환가계획(환가계획에는 예상되는 자산별 청산가치를 포함하여 기재한다), ⑦ 기타 파산재단의 현황을 파악하기 위한 중요한 사항이 포함되어야 한다(서울회생법원 실무준칙 제323호 「법인 파산재단에 속하는 재산의 점유관리 착수 및 조사보고서 작성」 제3조 제2항).[5]

아래에서는 구체적으로 점유·관리에 관하여 문제되는 것을 본다.

2. 봉   인

파산관재인은 필요하다고 인정하는 때에는 법원사무관 등·집행관[6] 또는 공증인으로 하여금 파산재단에 속하는 재산에 봉인을 하게 할 수 있다(법 제480조 제1항 전문). 파산관재인의 점유·관리가 평온하게 이루어지면 봉인의 필요는 없을 것이지만, 파산선고 전후로 파산재단을 둘러싸고 혼란이 예상되는 경우에는 그 필요가 있는 경우도 있다. 법원사무관 등이 실시한 봉인을 손상하면 형법 제140조 제1항의 공무상비밀표시무효죄로 처벌된다. 주로 파산관재인이 파산관재인 사무소로 점유를 이전할 수 없는 동산(집기·비품, 기계, 재고자산, 금고 등)에 대해 봉인이 이루어질 것이나, 부동산에 대하여도 봉인을 할 수 있다. 부동산은 등기로 공시되지만, 등기만으로는 현실의 점유나 관리 여부를 알 수 없기 때문이다.

법상 봉인의 방법이 특별히 규정되어 있는 것은 아니나 일반적으로 봉인표를 붙이는 방법에 의한다. 봉인표는 개개의 물건마다 붙이는 것이 원칙이지만, 금고나 창고 등은 그 내용물을 확인하고 시정한 후, 문과 자물쇠 부분에 봉인표를 붙인다. 부동산은 출입구의 열쇠를 바꾼 후, 그 출입구에 봉인표를 부착하거나(건물의 경우), 봉인표를 부착한 팻말을 세운다(토지의 경우). 봉인표에는 "이 봉

---

5) 한편 일본 파산법 제157조 제1항은 파산관재인은 파산절차개시 후 지체 없이 파산절차개시에 이른 사정, 파산자 및 파산재단에 관한 경과 및 현상, 보전처분 또는 임원책임사정결정을 필요로 하는 사정의 유무, 그 밖의 파산절차에 관하여 필요한 사항을 기재한 보고서를 재판소에 제출하여야 한다고 규정하고 있다.

6) 집행관이 재산에 봉인을 하는 경우의 수수료는 10,000원이다(집행관수수료규칙 제10조의2 제1항). 그 수수료는 동일한 기회에 수행하는 집무별로 받고, 동일한 신청에 의한 것이라 하더라도 서로 다른 기회에 집무를 하는 경우에는 각각 수수료를 받으며[「집행관의 수수료 및 비용 산정 기준」(행정예규 제787호) 제11조 제1항], 부동산·선박·자동차·건설기계 또는 항공기의 봉인 수수료는 목적물별로 받는다[「집행관의 수수료 및 비용 산정 기준」(행정예규 제787호) 제11조 제2항].

인을 파기하거나 무효로 되게 하는 자는 법에 의하여 처벌됩니다. 2019. ○. ○. 서울회생법원 법원사무관 ○○○"이라고 기재하고 소속 법원인을 압날하여야 한다. 봉인을 한 자는 봉인 후 조서를 작성하여야 한다(법 제480조,)[기재례 46]). 봉인 조서에는 봉인한 날짜와 장소, 봉인의 목적물, 봉인참여자의 표시, 봉인참여자의 서명날인, 봉인을 한 자의 기명날인 또는 서명이 포함되어야 한다. 봉인에 관한 조서는 파산관재인이 이를 법원에 제출하여(법 제483조,), 사건기록에 편철한다.

봉인된 물건을 환가하여야 하거나 그것이 제3자의 권리에 속하는 것으로 밝혀지는 등 봉인의 필요가 없게 된 때에는 파산관재인은 봉인을 한 자에 대하여 봉인제거의 신청을 하여 이를 제거하여야 한다. 봉인을 제거하는 경우에도 봉인을 제거한 자는 조서를 작성하여야 하고(법 제480조 제2항, 제1항), 그 봉인제거조서도 사건기록에 편철한다.

다만 실무에서는 파산관재인이 파산재단에 속하는 재산에 봉인을 하게 한 경우가 없다. 파산관재인이 점유 착수시 부착하는 안내문이 사실상 봉인의 기능을 하고 있고, 달리 봉인의 필요성이 있다고 판단된 예가 없었기 때문이다. 또 채무자 사무실에 금고가 있는 경우 그 내용을 확인하여 기재하고 시정한 후 문과 자물쇠 부분에 파산관재인의 인감을 날인한 지편을 부착하는 예가 있는데, 이와 같은 방법도 사실상 봉인의 기능을 수행하는 것이라고 할 수 있다.

3. 장부의 폐쇄

파산관재인은 취임 직후 지체 없이 채무자의 상업장부 등 중요한 서류를 확보하여야 한다. 채무자의 사무실 컴퓨터 등에 의하여 장부가 관리되어 있지 않은 경우 세무기장 대리인인 회계사 또는 세무사를 통하여 장부를 제출받기도 한다. 채무자의 이사가 상업장부를 은닉 또는 손괴하는 행위를 한 경우 파산관재인은 그 이사를 사기파산죄로(법 제652조 제2호, 제650조 제1항 제3호) 고소하는 것이 바람직하다.

또한 파산관재인은 파산선고 후 지체 없이 채무자의 재산에 관한 장부를 폐쇄하고 그 취지를 기재한 후 기명날인하여야 한다(법 제481조).[7] 폐쇄대상인 장부는 통상 상업장부, 주식회사의 경우 계산서류 등이다. 컴퓨터 등에 의하여 회계가

---

7) 구 파산법 제177조는 법원서기관 또는 서기는 파산선고 후 곧 파산자의 재산에 관한 장부를 폐쇄하고 이에 서명날인한 후 조서를 작성하여 이에 장부의 현장을 기재하여야 한다고 규정하고 있었으나, 현행법은 파산관재인이 장부를 폐쇄하도록 하면서 조서를 작성할 필요는 없도록 하였다.

관리되는 회사의 경우에는 통상의 장부에 준하여 물리적으로 가능한 범위에서 보전하고 폐쇄하거나 봉인한다. 통상 파산관재인이 채무자로부터 장부를 인도받아 각 장부의 여백에 "이하 여백"이라고 기재하고, 장부의 마지막 기재 부분 다음에 "이 장부는 2019. ○. ○. 10:00 파산선고에 의하여 폐쇄한다. 2019. ○. ○. 12:00 파산관재인 ○○○"이라고 기재하고 날인한다. 아직 정리되지 않은 장부라도 그 상태로 폐쇄한다.

실무에서 파산관재인이 장부를 폐쇄하는 예가 전혀 없는 것은 아니지만, 최근에는 거의 장부의 폐쇄를 하지는 않는 것으로 보인다. 파산관재인이 채무자로부터 장부를 인도받아 이를 파산관재인 사무소로 가져오는 경우가 대부분이나 때로는 파산관재인이 장부의 현상을 확인한 후 파산선고 후에 고용한 보조인에게 그 보관을 맡기는 방법으로 처리하는 경우도 있다.

4. 우편물의 관리

법원은 체신관서·운송인 그 밖의 자에 대하여 채무자에게 보내는 우편물·전보 그 밖의 운송물을 파산관재인에 배달할 것을 촉탁할 수 있다(법 제484조 제1항).

실무에서는 파산선고와 동시에 채무자의 본점 소재지를 관할하는 우체국장에 대하여 촉탁을 한다([기재례 27]). 채무자가 파산선고 전 본점 등을 폐쇄한 경우에도 촉탁을 하고, 우편물 등을 받을 수 있는 지점, 영업소, 공장, 창고 등이 여럿 있는 경우에는 그 각 소재지를 관할하는 우체국장에 대하여 촉탁을 한다. 채무자가 파산선고 무렵 본점 등을 이전한 경우에는 종전의 본점 등 소재지로 우편물 등이 배달되기도 하므로 필요한 때에는 종전 본점 등 소재지를 관할하는 우체국장에 대하여 촉탁을 하며, 채무자의 대표자 주소로 우편물 등이 배달될 가능성이 있는 때에는 그 주소를 관할하는 우체국장에 대하여도 촉탁을 할 수 있다.[8]

---

8) 실무에서는 촉탁서에 "채무자에게 보내는 우편물·전보 그 밖의 운송물은 이 법원 및 파산관재인이 보내는 것을 제외하고 파산관재인에게 배달하여 주시기 바랍니다."라고 기재하여 촉탁을 하기도 한다. 그런데 이처럼 촉탁을 하면 파산사건이 계속되어 있는 회생법원에 채무자를 당사자로 하는 민사사건 등이 계속되어 있는 경우에는 그 민사사건 등의 송달물이 파산관재인에게 배달되지 아니하고, 채무자에게 배달될 가능성이 있다. 이에 서울회생법원은 촉탁서에 "이 법원 및 파산관재인이 보내는 것을 제외하고"라는 문구를 기재하지 아니하고 있다. 특히 파산관재인이 채무자의 사무소를 폐쇄하는 법인파산 사건에서는 파산사건에서의 송달을 위해서라도 위와 같은 문구를 기재할 실익도 없다.

파산관재인은 그가 수령한 채무자에게 오는 우편물 등을 열어 볼 수 있다 (법 제484조).[9] 파산관재인은 채무자에게 오는 우편물 등을 점검하여, 은닉재산이나 부인할 수 있는 행위, 채무자를 당사자로 한 소송, 강제집행 현황 등을 발견할 수 있다.[10] 주로 우편물에 의하여 발견되는 것으로는 다른 지역에 있는 부동산에 관한 재산세 납부통지, 보험의 해약에 의한 정산통지, 골프장·콘도 등의 이용안내 등 각종 파산재단에 속하는 재산의 관리와 처분 등에 관한 것이다. 직접 이들 재산에 관한 것은 아니더라도 단순한 우편물 가운데서도 채무자가 숨긴 주소나 영업소를 알 수 있고, 이를 단서로 은닉한 재산을 발견할 수도 있다. 과거의 자금 수지와 비교하면 재산이 감소한 경우에는 특히 주의하여 우편물 등을 관리하여야 한다.

채무자는 파산관재인이 수령한 우편물 등의 열람을 요구하고, 파산재단과 관련이 없는 것의 교부를 요구할 수 있다(법 제484조 제3항).

또한 법원은 채무자 또는 파산관재인의 신청에 의하여 체신관서 등에 대하여 한 우편물 등의 배달에 관한 촉탁을 취소하거나 변경할 수 있다(법 제485조 제1항)([기재례 37]).[11] 서울회생법원은 법원이 직권으로 촉탁을 하지는 아니하였으나, 추가로 촉탁을 할 필요가 있는 채무자의 지점 등이 있는 때에는 파산관재인으로 하여금 그 촉탁의 변경을 신청하도록 하고 있다. 파산취소나 파산폐지의 결정이 확정되거나 파산종결의 결정이 있은 때에는 그 촉탁을 취소하여야 한다(법 제485조 제2항)([기재례 102]).

5. 재산목록의 작성 및 재산가액의 평가

파산관재인은 재산목록을 작성하여야 하고(법 제483조 제1항), 재산목록의 등본에 기명

---

9) 파산관재인이 수령한 우편물 등이 채무자에게 보내는 것이 아니라 채무자의 대표자 개인에게 보내는 것인데 잘못하여 파산관재인에게 배달된 것일 때에는, 파산관재인은 이를 열어 볼 수 없고 채무자의 대표자에게 교부하여야 할 것이다.

10) 서울중앙지방법원 2010하합65 사건(주식회사 디나건설)의 파산관재인은 채무자에 대한 우편물을 점검하여 채무자가 밝히지 않은 예금채권 3,000만 원가량을 발견하였다.

11) 촉탁의 변경은 실무상 주로 파산절차 진행 중 파산관재인이 사무소를 이전하거나 파산관재인이 변경된 경우에 법원이 파산관재인에 관한 변경등기와 함께 이를 촉탁함으로써 이루어지고 있다. 한편 예금보험공사를 파산관재인으로 선임한 사건에서 예금보험공사가 파산관재인대리가 근무하는 파산재단의 사무소를 이전하는 경우가 있다. 이 경우 파산관재인의 사무소가 변경된 것은 아니어서, 파산재단의 사무소 이전을 공고하거나 파산관재인에 관한 변경등기를 촉탁하지는 아니하나, 파산관재인대리의 신청에 따라 우편물 등의 배달에 관한 촉탁은 변경한다.

날인하고 이를 법원에 제출하여야 한다(법 제483조). 또한 파산관재인은 지체 없이 파산재단에 속한 모든 재산의 파산선고 당시의 가액을 평가하여야 한다. 이 경우 채무자를 참여하게 할 수 있다(법 제482조).[12] 파산관재인이 재산목록을 작성함으로써 파산재단에 속하는 재산의 현황을 쉽게 파악할 수 있고, 재산목록은 재산가액 평가의 기초자료가 된다. 재산가액의 평가는 그 결과를 재산의 환가 목표가격 설정, 예상 배당률의 추정을 위한 자료로 활용하게 될 뿐 아니라 파산재단의 회계관리를 철저히 하게 할 수 있다는 데 의의가 있다. 또한 법원은 파산관재인이 작성한 재산목록과 그 재산가액의 평가를 기초로 파산관재인이 하는 재산의 환가 또는 포기의 적정 여부를 감독한다.

서울회생법원은 파산관재인으로 하여금 특별한 사정이 없는 한 제1회 채권자집회기일 전에 파산재단에 속하는 모든 재산에 관하여 파산선고 당시 가액을 평가하여 재산목록을 작성하도록 하고 있다(서울회생법원 실무준칙 제324호 「재산목록 작성」 제2조 제1항)([참고자료 23]).[13] 위 재산목록은 재무상태표상 각 자산항목을 기준으로 개별 재산의 ① 재산의 상대방/내역, ② 장부가액, ③ 청산조정, ④ 파산선고일 기준 청산가치, ⑤ 예상 환가일, ⑥ 현황(상세내역), ⑦ 최종환가결과(환가종료일 및 환가액)를 기재하도록 한 것이다. 서울회생법원은 제1회 채권자집회에서 제출하는 재산목록에는, 채무자의 대표자로부터 파산관재인이 작성한 재산목록이 채무자의 재산을 빠짐없이 반영하였고, 적정하게 청산가치를 산정하였음을 확인한다는 취지의 서명 또는 날인을 받아 제출하도록 하고 있다. 또한 서울회생법원은 파산관재인으로 하여금 분기마다 재산목록을 갱신하고(서울회생법원 실무준칙 제324호 「재산목록 작성」 제2조 제4항), 파산관재인의 임무가 종료된 경우 계산보고서에 최종환가결과 등을 기재한 재산목록을 첨부하여 제출하도록 하고 있다.

파산관재인은 재산목록을 작성할 때에는 특별한 사정이 없는 한 재무상태표상 각 자산항목에 속하는 개별 재산마다 재산의 상대방/내역, 청산가치, 현황,

---

12) 구 파산법 제178조는 파산관재인은 지체 없이 법원서기관, 서기, 집행관 또는 공증인의 참여 하에 파산재단에 속하는 모든 재산의 가액을 평가하여야 하고, 이 경우 지체의 우려가 있는 경우를 제외하고는 파산자를 참여시켜야 한다고 규정하고 있었으나, 현행법은 파산재단에 속하는 재산의 가액평가시 법원서기관 등이 참여할 필요가 없도록 하면서 채무자의 참여도 임의적인 것으로 규정하였다.

13) 서울회생법원은 파산재단을 효율적으로 관리·감독하고 채권자 등 이해관계인들에게 충실한 정보를 제공함으로써 파산절차를 투명하게 진행하기 위하여 법 제483조에 따라 법인파산관재인이 재산목록을 작성하는 경우에 필요한 사항을 정함을 목적으로 서울회생법원 실무준칙 제324호로 「재산목록 작성」을 제정하여 시행하고 있다.

최종환가결과 등을 구분한 재산목록을 작성하여야 하고, 개별 재산마다 구분하지 아니하고 재무상태표상 각 자산항목별로 일괄하여 재산목록을 작성하여서는 아니 된다. 또한 재산가액을 평가할 때에는 회계사 등 전문가에게 일괄하여 가액 평가를 맡기는 방법이 편리하겠지만, 이 경우 그 비용이 과다하게 되지 않도록 주의한다. 부동산, 자동차, 집기·비품 등에 관하여 전문 감정업자에게 감정을 맡기는 경우에도 같다. 그러나 이들 감정결과는 어디까지나 재산평가의 자료에 불과할 뿐이고, 재산평가의 주체는 어디까지나 파산관재인이다. 파산재단이 부족하여 파산관재인이 직접 재산을 평가하여야 할 경우에는 다음과 같이 처리한다.

가. 평가 시기

법은 파산선고 후 지체 없이 하도록 정하고 있다. 실무상으로도 파산선고 후 점유·관리의 착수를 마친 다음 바로 평가하도록 권하고 있다. 적어도 제1회 채권자집회 전에 마쳐서, 그 채권자집회에서 파산채권자에게 그 결과를 보고하도록 한다. 그러나 제1회 채권자집회 전에 평가를 마칠 수 없는 경우에는 평가 전의 재무상태표 등을 기준으로 보고할 수밖에 없다.

나. 평가 방법

현금, 예금 등에 관하여는 장부 잔액과 예금통장 및 은행 등의 잔액증명과 현금을 대조한다.

약속어음, 주식 기타 유가증권도 장부와 현물을 대조하고 회수가능성, 상장 여부 등을 고려하여 평가한다.

채권은 상대방 채무자의 확인이 있으면 되지만, 그렇게 할 수 없는 단계에서는 장부와 증거를 대조하여 평가한다. 이 경우에도 회수가능성을 고려한다.

동산은 각 장소마다 소재한 물건의 명칭, 수량, 취득일, 취득가액, 내용연수, 현재의 장부가 등을 기재한 표를 만들고, 파산관재인이 하나씩 물건의 현물을 확인하면서 평가한다.

부동산 그 밖의 감정 등이 필요한 물건은 현지에서 현물을 확인한 후, 감정 결과에 따르거나 공시지가 또는 인근 부동산업자의 시가확인서 등을 근거로 평가한다.

특허권, 실용신안권, 상표권, 디자인권, 서비스표권, 저작권 등 지식재산권은 재무상태표, 한국특허정보원에서 운영하는 특허정보넷 키프리스 사이트(www.kipris.or.kr), 한국저작권위원회에서 운영하는 저작권등록 사이트(www.cros.or.kr) 등을 통해 존부를 확인한 후, 감정을 맡기거나 채무자의 임직원, 관련 업체에 문의하여 시가를 확인한다.[14]

다. 평가 기준

파산의 경우 자산의 평가기준은 각 자산을 처분할 때의 가격이다.[15] 이후에 실제 환가한 결과와 평가액에 큰 차이가 생기게 되면 관재업무의 성실성에 의문을 제기하는 채권자가 있게 되므로, 가능한 한 보수적으로 평가하여야 한다. 평가기준일은 파산선고일이다. 처분가액의 구체적인 예는 다음과 같다.

현금, 예금 등은 현실의 보유액이 그대로 평가액이 된다.

약속어음, 매출금, 대여금 등 채권은 부실채권을 제외한 회수가능액이 평가액이 된다.

상품, 반제품, 원재료 등은 원칙적으로 처분 가능성에 따라 판단해야 할 것인데, 달리 전용할 수 없는 반제품, 가공재료 등은 폐기처분 가액이 될 것이다. 때로는 평가액이 영(零)이 될 수도 있다. 실무상 이러한 자산들의 실제 처분가액이 장부가의 10%에도 못 미치는 경우가 대부분이고, 오히려 처리비용이 필요할 때도 있다.

토지, 건물 등은 처분을 목적으로 하는 예상 최저경매가격을 평가액으로 채용하는 경우가 많다. 공장재단의 경우에는 공장재단을 구성하는 각 재산의 평가액의 합산액이다.

기계, 기구, 전화사용권, 차량 등은 전문업자 사이의 시장가격을 평가액으로 한다. 그러나 실무상 기계, 기구의 경우에는 이러한 가격을 알 수 없는 경우가 대부분이고 역시 폐기 처분되는 경우가 많다.

---

14) 서울회생법원 2015하합114 사건(잠실동22번지아파트재건축조합)에서는 파산관재인이 재무상태표에 기재되어 있지 않은 서비스표권을 특허정보검색 사이트에서의 조회 과정에서 발견하여 환가한 사례가 있다.

15) 이른바 청산가치이다. 한편 회생절차의 경우에는 재산가액의 평가에 있어서 그 평가의 객관적 기준은 회사의 유지·회생, 즉 기업의 계속을 전제로 평가한 가액이어야 하고 회사의 해산과 청산 즉 기업의 해체, 처분을 전제로 한 개개 재산의 처분가액을 기준으로 할 것이 아니다. 이 때 그 가액의 평가방법은 수익환원법 등 수익성의 원리에 기초한 평가방식이 표준적인 방식이라고 할 수 있으나, 재산의 종류와 특성에 따라 원가법 등 비용성의 원리에 기초한 평가방식이나 거래사례비교법 등 시장성의 원리에 기초한 평가방식이라도 기업의 계속성을 감안한 객관적 가액을 표현할 수 있는 것이면 충분하다(대법원 2017. 9. 7. 선고 2016다277682 판결).

집기 비품은 장부가(파산선고일까지의 감가상각이 끝난 것)와 강제집행될 경우의 예상 최저경매가격을 참고로 하지만, 실무상으로는 가치가 없다고 평가하는 경우가 대부분이다.

지식재산권은 원칙적으로 처분가능성에 따라 판단하여야 할 것이나, 실무상으로는 가치가 없다고 평가하는 경우가 많다.

6. 재무상태표의 작성

파산관재인은 채무자의 재산에 관한 장부의 폐쇄, 파산재단에 속하는 재산의 평가를 거쳐 재산평가의 결과를 이른바 청산재무상태표의 형식으로 정리하여 작성하고($\frac{법\ 제483조}{제1항}$),[16) 그 등본에 기명날인하고 이를 법원에 제출하여야 하며($\frac{법\ 제483조}{제2항}$), 이해관계인은 그 열람을 청구할 수 있다($\frac{법\ 제483조}{제3항}$). 법원은 앞서 본 재산목록과 재무상태표 등 계산서류를 기초로 파산관재인이 하는 재산의 환가 등의 적정 여부를 판단한다.

그러나 파산재단의 규모에 따라서는 제1회 채권자집회의 기일까지는 통상의 재무상태표와 부속명세서(재산목록과 거의 내용이 같다)를 작성하여 보고하고, 그 이후 재산평가 등의 진척에 따라 위 통상의 재무상태표 등을 수정하여 청산재무상태표·청산재산목록을 작성하는 경우도 있다.

일반적으로는 파산관재인이 제1회 채권자집회의 기일에 배포할 파산관재인보고서 중 부속서류로 청산재산목록과 청산재무상태표를 제출하도록 하고 있다. 회계사에게 일괄하여 재산평가를 맡기는 경우에는 재무상태표와 재산목록을 회계사가 작성해 주지만, 파산관재인이 작성의 주체인 점은 재산평가의 경우와 같다.

7. 영업의 계속

파산관재인은 법원의 허가를 받아 채무자의 영업을 계속할 수 있고($\frac{법}{제486조}$), 채권자집회는 영업의 폐지 또는 계속에 관하여 결의를 할 수 있다($\frac{법}{제489조}$).

---

16) 파산선고일 기준으로 작성함이 원칙이다. 따라서 파산선고일 기준으로 청산재무상태표의 기초가 되는 통상적인 재무상태표도 작성하여 양자를 대비함이 바람직하다. 또한 파산관재인은 파산선고에 의한 사업연도의 종료에 따라(법인세법 제8조 제1항) 법인세의 납부나 환급 등 관련 조세 문제를 정리하는 데 필요한 파산선고일 기준 손익계산서를 작성하여야 한다.

구 파산법에서는 영업의 폐지 또는 계속 여부가 제1회 채권자집회의 필요적 결의사항이었으므로(구파산법 제184조), 법원은 제1회 채권자집회의 기일까지만 임시로 영업 계속을 허가하고 채권자집회에서 최종 결정을 하여 왔다. 그러나 현행법은 영업의 폐지 또는 계속 여부를 채권자집회의 임의적 결의사항으로 규정하고 있으므로, 현재 서울회생법원의 실무는 법원이 파산관재인의 신청에 따라 영업의 계속을 허가하고 채권자집회에서는 따로 파산관재인이 영업의 폐지 또는 계속 여부에 대한 제안 및 의결을 하지 않는 것을 원칙으로 운영하고 있다.

여기서 영업의 계속은 파산선고를 전제로 하여 파산재단을 유리하게 환가하기 위한 하나의 방법으로서 일정한 범위에서 예외적으로 허용되는 것이다. 따라서 신규 영업은 원칙적으로 허용되지 아니하고, 단기간에 확실한 이익을 얻을 것이 예상되는 경우 등에 한하여 허용된다.[17] 파산관재인은 취임 후 즉시 파산재단의 자산 및 영업활동의 상황을 파악하여 파산선고시까지 채무자의 영업이 유지되고 있었다면, 지체 없이 법원으로부터 영업의 계속 여부에 대한 허가를 받을 필요가 있다. 주로 문제되는 경우는 아래와 같다.

가. 영업의 계속을 허가할 수 있는 경우

① 파산선고가 되더라도 면허를 유지할 수 있는 영업 또는 타인의 시설 내에서 영업을 할 권리를 유지한 채 환가하는 것이 가능한 경우에는 영업권의 환가에 유리하므로 영업을 계속할 수 있다.[18]

② 채무자가 렌탈회사인 경우 렌탈 물건을 즉시 회수하는 것이 곤란하고 이를 회수하여도 적정한 가격에 매각하는 것이 어려울 때(예컨대 건물에 부착된 엘리베이터 등)에는 계약기간의 종료시까지 영업을 계속하여, 렌탈계약이 종료한 후 렌탈계약에서 정한 바에 따라 그 렌탈 물건의 이용자에게 매각하는 방법으로 처리하는 것이 효율적인 경우가 있다. 이때에도 물론 영업은 기존 렌탈계약의 유지에 필요한 범위에 제한된다.

③ 채무자가 제조업자 또는 공사 수급인인 경우, 이미 착수한 제조 또는 공

---

17) 서울중앙지방법원 2010하합121 사건(주식회사 프리챌)에서는 영업이 폐지될 경우 사용자들의 이탈과 대규모 환급사태 발생이 우려되고, 유료사용자들의 데이터베이스와 그에 따른 수익구조를 적절한 시장가에 매각하여야 할 필요성으로 인하여 법원이 파산선고 후인 2011년 3월경부터 전체 사업부 영업양도가 이루어진 2011년 11월경까지 영업의 계속을 허가한 바 있다.

18) 서울중앙지방법원은 2015하합78 사건(동아상운 주식회사)에서 파산선고로 영업을 중단할 경우 여객자동차운송사업 면허권의 매각이 어렵거나 가치가 크게 하락하는 점을 고려하여 그 면허권 및 차량 등을 매각할 때까지 택시 운수업의 계속을 허가하였다.

사를 중단한 채 방치하면 무가치한 물건이지만 그대로 계속 제조 또는 공사를
진행하여 완성한 후 매각하면 그 이상의 이익을 얻을 수 있을 때에는 영업을
계속하도록 한다.[19] 주로 건설회사가 파산한 경우 진행 중이던 공사의 처리에
관하여 문제되는데, 이때 법원은 잔여 공사현장 중 공사가 상당 부분 완료되어
공사를 계속 진행하여 마무리하는 것이 파산재단에 유리하다고 판단되는 경우에
한하여 위 공사의 계속을 허가한다.[20] 파산선고 당시의 공사 진척도가 낮은 것
은 공사를 진행하지 않고 이미 진행된 부분을 포함하여 공사비를 정산하는 방법
을 모색하는 것이 타당하다. 그러나 실제로는 공사의 완료가 여러 가지 사정으
로 지연되어 법원 허가시의 예상과는 달리 영업이 장기화하는 경우도 있다. 이
때에는 과감하게 시한을 정하여 그 시한까지 완료되지 않는 것은 모두 공사를
중지하고, 중지한 채로 공사비 정산하는 방법을 모색해 볼 수 있다.

④ 영업양도의 방법으로 재산을 매각하는 경우(법 제492조 제3호) 영업양도가 될 때까
지 영업을 계속하도록 허가한다. 자주 문제되는 것은 공장을 매각하는 경우인데,
공장가동을 중지하면 기계가 노후화되고 거래처 및 생산직 근로자의 이탈 등으
로 매각시 가치가 급격히 하락한다는 이유로 매각시까지 영업을 계속할 것을 신
청하는 경우가 많다.[21] 이러한 사정을 충분히 참작하되, 공장가동으로 인하여
막대한 제조경비, 판매관리비 등을 파산재단이 부담하게 되므로 공장운영으로
인한 예상 수익에 비추어 볼 때 자금수지상 손실이 발생하지 않는 경우에 한하
여 영업 계속을 허가하여야 한다. 공장운영으로 인한 이익은 어느 정도 예상되
나 파산재단의 자금 부족으로 인하여 영업 계속을 허가할 수 없는 경우, 파산선
고된 채무자의 기존 근로자들이 법인을 신설하여 공장을 매각시까지 임차·운영
하겠다고 요청하여 오는 경우도 종종 있다. 이 경우 임대료 수입은 발생하지만,
공장을 장악한 근로자들이 조속한 환가를 방해하거나, 매각시 자신들 내지 자신

---

19) 서울중앙지방법원은 2016하합94 사건(주식회사 다운나라)에서 채무자가 파산선고 당시 거래처
에 제품공급을 할 것을 전제로 제품생산을 위한 원료 등을 상당 부분 구입한 상태였기 때문에,
제품공급을 통한 이익이 발생할 수 있는 점을 고려하여 잔여 물량을 거래처에 공급할 때까지
영업 계속을 허가하였다.

20) 서울회생법원 2014하합63 사건(주식회사 벽산건설)에서 파산관재인은 파산선고 무렵까지 공사
가 진행 중이던 30여 개의 공사현장 중 공사를 계속할 경우 영업이익을 통하여 파산재단의 확
충에 확실히 기여할 수 있을 것으로 예상되고 위험이 비교적 적은 현장과 사업수지상 손실이
예상되거나 파산재단이 운영하기에는 공사위험도가 높다고 판단되는 공사현장을 구분하여, 파
산재단에 유리하다고 판단되는 현장에 관하여만 영업의 계속을 허가받았다.

21) 서울중앙지방법원은 2017하합9 사건(스탠다드펌 주식회사)에서 공장의 가치하락을 방지하기
위하여 공장 매각시까지 영업 계속을 허가하였다.

들과 연결된 매수인이 낮은 가격에 매수할 수 있도록 다른 매수희망자의 접근을 방해하는 등의 부작용이 있을 수도 있으므로 신중히 판단하여야 한다. 허가하는 경우 발생 가능한 손해에 대비한 보증금, 담보 등 대비책을 충분히 마련해 두어야 한다.[22]

⑤ 시행사가 미분양 부동산에 대해 임대사업을 하였던 경우, 파산선고 후에도 건물의 환가 가치를 높이기 위해 임대사업을 계속하도록 허가하는 경우가 있다. 이 경우 가급적 임대기간은 단기간으로 정하고, 부속물매수청구권, 유익비상환청구권 등이 발생할 수 있음에 유의하여야 한다.

⑥ 그 밖에 입원 환자가 다수 있는 병원이나 지역거점병원으로 응급의료기능을 수행하는 병원 등과 같이 영업을 중단하면 사회적 혼란이 생길 수 있는 경우에도 파산재단이 확실한 이익을 얻을 것으로 예상되는 경우에 시한을 정하여 영업의 계속을 허가할 수 있다.[23]

나. 영업의 계속을 허가하는 것이 바람직하지 않은 경우

채무자의 기존 종업원이 사업장을 점거하고 있는 경우에는 파산관재인이 자기의 의사에 따라 종업원을 고용하여 영업을 할 수 없으므로, 영업을 계속할 여지가 없다. 채권자집회에서 영업을 계속하는 것으로 결의되었다고 해도 그 결의는 집행을 금지하여야 한다(법 제375조 제1항). 계속하려는 영업 자체가 위법인 경우도 마찬가지이다.[24]

보석, 골동품, 회화 등의 고가품의 판매업은 일괄매각보다는 소매에 의하는 쪽이 고가매각이 가능하지만, 환가에 장기간이 소요되기 쉬우므로 영업을 계속

---

22) 이러한 공장임대를 허가한 사례로는 서울중앙지방법원 2005하합15 사건(텔슨전자 주식회사), 서울중앙지방법원 2006하합15 사건(주식회사 태흥실업)이 있다.

23) 서울중앙지방법원은 2016하합70 사건(의료법인 제일성심의료재단)에서 입원 환자가 많고, 채무자가 운영하는 병원이 지역거점병원으로 응급의료기능을 수행하고 있다는 점과 함께 병원 부지 및 건물 매각시 가치하락을 방지한다는 점 등을 고려하여 영업 계속을 허가하였다.

24) 목적사업이 위법한 경우, 이를 달성하기 위한 부수적 사업에 관하여 영업 계속을 허가할 수 있는지는 논란이 있다.
참고로 서울회생법원 2012하합117 사건(전국교수공제회)에서 비영리 비법인사단인 채무자에 대하여 파산이 선고된 후에 일부 채권자가 회생절차개시 신청을 하였으나, 법원은 채무자의 목적사업(채무자의 정관이 정한 부동산 임대, 해외투자 등의 방법으로 투자하여 이득을 회원들에게 배분하여 주는 방식의 공제사업)은 유사수신행위의 규제에 관한 법률에 위반되어 금지되는 사업이므로 회생절차를 통하여 계속 수행할 수 없고, 채무자의 수익사업(부동산 임대사업)도 정관이 정한 목적사업이 유사수신행위에 해당하여 금지되는 것이므로 부수적인 수익사업인 부동산 임대사업도 역시 계속할 수 없다고 보아야 한다면서, 회생절차개시 신청을 기각하는 결정을 하였다(서울중앙지방법원 2012. 11. 12.자 2012회합178 결정).

하는 것은 바람직하지 않다.

골프장, 콘도 등의 회원제 회사가 파산한 경우에도, 파산관재인은 경영 전문가가 아니고 운전자금의 차입도 어려울 뿐 아니라, 회원의 시설이용권은 파산채권이므로 이른바 회원 대우를 해 줄 수 없고 영업을 종료할 시기의 결정이 곤란한 경우가 많으므로 영업을 하지 않는 것이 좋다.[25]

다. 영업 계속 허가시의 주의점

영업을 계속하는 경우의 가장 큰 문제점은 재단채권의 증가에 있다. 영업을 계속하면 인건비, 사무실과 공장의 운영비, 원자재의 구입비, 판매비 등의 비용이 들고 이들은 모두 재단채권으로 된다(법 제473조 제3호, 제4호, 제7호). 특히 파산선고를 받고 나면 종전과 같은 정도의 신용도를 유지할 수 없어서, 예컨대 건설공사의 경우 하자보증보험증권을 발급받을 수 없어 현금으로 하자보수보증금을 예치하여야 한다든지,[26] 매출채권의 채무자들이 대금 지급을 거부하거나 지체한다든지 하여 매출채권의 회수에 어려움이 생기고, 근로자들이 수시로 이직을 하거나 근무 기강의 해이로 사고 발생의 위험이 높아지는 등 여러 가지 제약요소들이 잠재해 있기 때문에 재단채권의 증대 가능성이 더 커지는 경향도 있다.

또한 영업을 계속한다고 하더라도 근로자들에 대해 해고와 보조인으로의 고용절차를 거치지 않고 만연히 종전의 근로자를 그대로 고용하는 경우 이들이 가지는 퇴직금이나 연차수당 등 재단채권이 많이 늘어날 수 있고, 그렇지 않더라도 후일 해고를 둘러싸고 분쟁이 생길 수 있다.[27] 또한 경영의 전문가가 아닌

---

25) 다만 관광진흥법 제8조 제2항은 「채무자 회생 및 파산에 관한 법률」에 따른 환가절차에 따라 문화체육관광부령으로 정하는 주요한 관광사업 시설의 전부를 인수한 자는 그 관광사업자의 지위(분양이나 회원 모집을 한 경우에는 그 관광사업자와 공유자 또는 회원 간에 약정한 권리 및 의무 사항을 포함한다)를 승계한다고 규정하고 있고, 「체육시설의 설치·이용에 관한 법률」 제27조 제2항은 「채무자 회생 및 파산에 관한 법률」에 따른 환가절차에 따라 문화체육관광부령으로 정하는 체육시설업의 시설 기준에 따른 필수시설을 인수한 자는 체육시설업의 등록 또는 신고에 따른 권리·의무(회원을 모집한 경우에는 그 체육시설업자와 회원 간에 약정한 사항을 포함한다)를 승계한다고 규정하고 있어, 인수자로서는 이러한 승계의 부담을 고려하여 새로운 투자를 하기보다 시설들의 현상 유지를 원할 수 있기 때문에 이러한 경우 원활한 환가의 측면에서 영업을 폐지하기보다는 계속 영업을 영위하면서 시설들의 가치를 유지하는 것이 바람직할 수도 있다.
한편 관광진흥법 제7조는 관광사업의 등록 등을 받거나 신고를 한 자가 파산선고를 받은 경우 등록기관등의 장은 3개월 이내에 그 등록 등을 취소하거나 영업소를 폐쇄하여야 한다고 규정하고 있으므로, 파산관재인은 최대 3개월까지만 영업을 계속할 수 있음에 주의하여야 한다.
26) 건설공사의 경우 영업을 계속하여 공사가 완료된 경우 약정 공사대금에서 하자보수보증금을 공제하는 것으로 처리하기도 한다.
27) 서울중앙지방법원 2016하합70 사건(의료법인 제일성심의료재단)에서 파산관재인은 채무자의

파산관재인이 정상적인 회사가 아닌 파산선고된 회사를 운영하는 것 자체가 쉬운 일이 아니다. 특히 채무자를 주인 없는 회사로 인식한 일부 근로자의 횡령, 영업비밀의 누출 등 부정행위로 인한 파산재단의 감소, 영업 계속으로 인하여 발생하는 민원(특히 건설회사의 경우 공사 관련 민원이 매우 많다), 보조인과의 근로관계에서 생길 수 있는 분쟁(파산관재인이 부당노동행위로 노동위원회에 고발되는 사례도 있다) 등이 파산관재인에게 상당한 부담이 된다.

따라서 법원은 파산관재인이 이와 같은 사정을 잘 고려하였는지를 확인하고, 다액의 재단채권 발생에 대한 대비책이 있는지(차입에 의한 경영은 매우 곤란할 것이므로 현금이 충분히 확보되어 있는지, 인건비 등의 비용을 충분히 절감할 수 있는지), 특히 영업을 전담시킬 믿을 만한 사람이 있는지 확인하며, 경리 및 업무점검 체계를 사전에 확보하고 임치금 계좌 중 업무 계속용의 계좌를 별도로 개설할 것을 지시한 후 허가 여부를 결정하여야 한다. 그리고 영업의 계속을 허가한 후에는 수시로 법원에 주요 현안을 보고하고 가급적 매월 영업보고서를 제출하도록 하여야 한다. 또한 법원은 일단 영업을 계속하는 것으로 허가를 하더라도, 파산관재인에게 실제로 영업을 계속한 결과 영업 계속의 경제적 목적을 달성할 수 없다고 판단되는 때에는 지체 없이 법원의 허가를 받아 영업을 중단하고, 영업자산은 영업을 중단한 채로 매각하도록 결단을 내리도록 지도할 필요가 있다.

법원이 영업의 계속을 허가할 경우에는 계속할 영업의 범위를 특정하거나 영업 계속의 기간을 설정하여 허가할 수 있다. 영업 계속의 기간을 정하여 허가한 경우 그 기간이 지난 후에도 계속 영업을 하기 위해서는 다시 법원의 허가가 필요하다. 한편 파산관재인이 법원의 허가를 받아 영업을 계속하는 과정에서, 법 제335조 제1항의 규정에 의한 쌍방미이행 쌍무계약의 이행을 청구하거나 파산재단의 부담을 수반하는 계약을 체결하는 등 법 제492조 소정의 법원의 허가를 받아야 하는 행위를 하거나 임치금반환을 청구하는 때에는 물론 그에 관한 허가를 별도로 받아야 한다.

기존 근로자에 대하여 해고예고통보를 하고 해고예고수당을 지급하는 대신 해고예고통보 직후부터 보조인으로 고용하는 방식을 취하였다. 다만 서울중앙지방법원 2015하합78 사건(동아상운 주식회사)에서 법원은, 택시회사인 채무자의 특성상 기존 근로자를 전원 해고 조치한 후 보조인으로 고용할 경우 영업 계속에 부담이 될 수 있다는 점을 고려하여, 파산관재인이 여객자동차 운송사업 면허권 등의 매각시까지 약 2달간 종전 근로계약을 그대로 승계하는 것을 허가하였다.

라. 영업 계속 허가 후의 조치

법원이 영업의 계속을 허가한 경우, 파산관재인은 경영자의 입장에서 종전의 근로자를 사용하거나 새로운 근로자를 고용하여 영업을 할 수 있다. 종전의 근로자를 보조인으로 고용하는 경우 영업활동을 위한 전문적인 지식과 경험을 가지고 있고, 단기간의 영업에 그치는 점 등을 참작하여 파산선고 전 보수를 유지하는 것이 바람직할 수 있다. 영업의 방법에는 제한이 없으므로 재고상품의 매각은 물론, 새로운 상품의 구입도 가능하고 유익한 설비투자도 할 수 있다.

마. 관련 문제: 폐업신고, 사업자등록의 부활 등

사업자가 폐업하는 경우의 과세기간은 폐업일이 속하는 과세기간의 개시일부터 폐업일까지이며(부가가치세법 제5조 제3항), 사업자가 폐업할 때[28] 자기생산·취득재화 중 남아 있는 재화는 자기에게 공급하는 것으로 본다(부가가치세법 제10조 제6항). 재화의 공급에 대한 부가가치세의 과세표준은 해당 과세기간에 공급한 재화의 공급가액을 합한 금액으로 하는데(부가가치세법 제29조 제1항), 폐업하는 경우의 그 공급가액은 폐업시 남아 있는 재화의 시가를 말한다(부가가치세법 제29조 제3항 제3호).[29] 이와 관련하여 파산선고 전 폐업신고가 되어있지 않은 경우 영업 계속의 허가 여부와 별도로 파산관재인이 관할 세무서장에게 폐업신고를 하고(부가가치세법 시행령 제13조 제1항), 그 신고일 당시 남아 있는 재화의 공급가액을 기준으로 부가가치세를 신고·납부하여야 하는지에 관하여는 논란이 있다.

실무에서는 더 많은 매입세액의 공제를 위해서는 사업을 폐지하여 부가가치세를 일괄하여 계산하는 것보다는 사업을 계속하는 형태로 부가가치세를 부담

---

28) 부가가치세법 제5조 제3항, 같은 법 시행령 제7조 제1항 제3호에 의하면 폐업일은 사업장별로 그 사업을 실질적으로 폐업하는 날을 의미하나, 다만 폐업한 날이 분명하지 아니한 경우에는 폐업신고서의 접수일을 의미한다. 대법원 2003. 1. 10. 선고 2002두8800 판결 등.

29) 사업 폐지 전에 사업의 청산·정리를 위하여 재산을 양도하는 것은 재화의 공급에 해당하므로 과세대상이 된다(대법원 1995. 10. 13. 선고 95누8225 판결 등). 그러나 사업자가 사업을 폐지하는 경우에 잔존하는 재화(사업용 고정자산을 포함)는 구 부가가치세법 제6조 제4항(현행 부가가치세법 제10조 제6항에 해당하는 규정이다)의 규정에 의하여 재화의 공급으로 보는 것이며, 그 재화를 실지로 처분하는 때에는 재화의 공급으로 보지 아니하는 것이므로 구 부가가치세법 제16조 제1항(현행 부가가치세법 제32조 제1항에 해당하는 규정이다)의 규정에 의한 세금계산서를 교부할 수 없는 것이다(국세청 질의회신 부가46015-1155, 1996. 6. 14.). 또한 법인이 사업을 실질적으로 폐업하고 구 부가가치세법 제5조 제4항(현행 부가가치세법 제8조 제7항에 해당하는 규정이다)의 규정에 의하여 폐업신고를 한 자로부터 폐업시 잔존재화(사업용고정자산을 포함)로써 과세된 재화를 구입하는 경우 사업자로부터 재화를 공급받은 것으로 보지 아니하므로 구 법인세법 제116조 제2항 및 같은 법 제76조 제5항(현행 법인세법 제75조의5 제1항과 유사한 규정이다)의 규정을 적용하지 아니한다(국세청 질의회신 법인46012-1774, 2000. 8. 16.).

하는 것이 더 낫다는 점, 일괄하여 부가가치세를 부담하게 되면 파산재단이 재단채권의 총액을 변제하기 부족한 경우 다른 재단채권자가 예상치 못한 손해를 입을 가능성도 있는 점, 재산을 매각하는 경우 거래상대방이 세금계산서의 발행을 강력히 요구하는 점, 폐업일 이후 재산을 매각하는 경우 거래상대방에게 부가가치세를 전가할 수 없는 점 등을 고려하여 별도로 폐업신고를 하지 않고 파산관재인이 사업을 계속하는 경우와 마찬가지로 부가가치세 신고·납부를 하는 경우가 있다[이에 관하여는 제9장 제2절 3. 4) 다) 참조].[30]

다만 파산선고 전에 폐업신고가 되어있는 경우에는 다시 사업 계속을 하는 것으로 사업자등록을 부활(재개업)시키는 것이 행정적으로 어려운 측면이 있어 폐업신고된 상태를 그대로 두기도 하나, 사업자등록을 부활시킨 사례도 있다.[31]

한편, 파산선고를 받은 의료법인의 경우 관할 시장·군수·구청장에게 의료업 폐업신고를 하지 않는 경우 파산관재인이 의료법에 따라 진료기록부 등을 보존하며 기록 열람 요청에 응하여야 하는 부담이 있으나 의료업 폐업신고를 하면 관할 보건소장으로 진료기록부 등을 이관할 수 있기 때문에(의료법 제40조 제2항),[32] 파산관재인은 특별한 사정이 없는 한 의료업 폐업신고를 하여 진료기록부 등을 이관하여야 할 것이다.

---

30) 최완주, "파산절차와 조세관계", 재판자료 82집, 388면은 부가가치세의 경우 파산선고 전의 재화의 공급으로 인한 것은 당연히 재단채권에 해당하고, 파산선고 후의 재화의 공급으로 인한 것도 파산재단에 속한 자산의 양도로 인한 것으로서 파산재단에 관하여 생긴 채권이라고 봄이 옳으므로 역시 재단채권에 해당한다면서 파산관재인은 부가가치세에 관하여는 통상의 경우와 마찬가지로 신고·납부를 하면 될 것이라고 한다. 일본에서는 사업자의 청산을 위한 행위도 '사업성'을 수반한다고 해석되므로 파산관재인은 해당 사업자가 납세의무 면세사업자가 아닌 한 소비세 납세의무를 부담한다고 한다(條解破産法, 1000, 1001면). 독일에서도 채권자와 파산관재인에 의한 환가에 대해서도 거래세가 부과된다(Pape, 666면).

31) 서울중앙지방법원 2010하합56 사건(주식회사 니즈몰)에서 채무자가 부동산임대사업을 계속함에 따라 임차인에게 세금계산서를 발급해 주기 위해 파산선고 전 폐업신고되었던 사업자등록을 부활(재개업)시킬 필요가 있었던 사안에서, 파산관재인이 국세청의 세법해석 사전답변절차를 통해 본점 소재지(서울) 및 임대부동산 소재지(성남시)에서 각 사업자등록을 부활시켰다(국세청 사전답변 법규부가2012-209, 2012. 6. 20.). 서울회생법원 2018하합100388 사건(주식회사 탑항공)에서는 채무자가 매출채권의 정산을 하지 아니한 상태에서 폐업신고를 함에 따라 채무자의 세금계산서를 발행할 수 없게 되어 파산관재인이 매출채권을 회수하지 못하고 채무자의 거래처도 부가가치세의 신고 및 납부 등의 업무를 수행할 수 없었던 사안에서, 이를 해결하기 위하여 파산관재인이 부가가치세법 제8조 제8항, 같은 법 시행령 제16조4의 규정에 의하여 관할 세무서장으로부터 사업자등록증을 갱신받았다.

32) 남준우, "재단법인, 특히 의료재단의 파산과 관련한 몇 가지 쟁점", 회생과 파산 Vol. 1, 사법발전재단(2012), 583-586면.

8. 고가품의 보관

화폐, 유가증권 그 밖의 고가품의 보관방법은 법원이 정한다($_{제487조}^{법}$). 채권자 집회가 고가품의 보관방법에 관하여 결의를 할 수도 있다($_{제2호}^{법 제489조}$). 화폐는 은행에 파산관재인 명의의 계좌를 개설하여 임치하고,33) 어음·수표는 은행에 개설한 계좌를 통하여 추심위임을 하며, 주식·회사채는 증권사에 파산관재인 명의의 계좌를 개설하여 위탁한다. 귀금속류는 은행의 대여금고에 보관하는 것이 통상의 보관방법이다. 서울회생법원의 실무는 파산선고 직후 법원이 직권으로 파산관재인으로 선임된 변호사가 사전에 요청한 금융기관(지점)을 고가품의 보관장소로 지정하기도 하지만 파산관재인의 신청에 따라 고가품의 보관장소를 지정하는 결정을 하기도 한다([기재례 39]).

파산관재인이 임치한 화폐·유가증권 그 밖의 고가품의 반환을 요구하고자 하는 때에는 감사위원의 동의를 얻어야 하며, 감사위원이 없는 때에는 법원의 허가를 받아야 하고, 다만 채권자집회에서 다른 결의를 한 때에는 그 결의에 의한다($_{제1항}^{법 제500조}$). 파산관재인이 법원의 허가 등을 받지 아니하고 고가품을 반환받은 때에는 수치인이 선의이고 과실이 없는 때에는 그 변제는 효력이 있다($_{제2항}^{법 제500조}$). 이는 파산관재인이 수치인으로 하여금 지급 그 밖의 급부를 하게 하기 위하여 증권을 발행하는 경우도 같다($_{제3항}^{법 제500조}$).

법원은 고가품 보관장소를 지정하는 결정을 함과 동시에 보관장소로 지정된 각 금융기관(지점)에, 파산관재인 명의 예금의 지급·해약, 타계좌로의 이체 등은 법원의 임치금반환 허가서 등본(또는 감사위원이 설치된 경우에는 감사위원의 동의서 등본)이 없이는 이루어지지 않도록 하고, 임치금반환 허가서 등본의 지급 확인란에 날인하고 그 사본을 보관하여 이중지급 등이 이루어지지 않도록 하며, 그 예금계좌에 관하여 현금카드가 발행되지 않도록 하고, 파산관재인이 예금을 담보로 대출을 신청할 때에는 법원의 허가서 등본 등이 없이는 이루어지지 않도록 할 것 등을 의뢰하는 통지서를 보내고 있다([기재례 40], [기재례 64]). 실무상 파산관재인도 계좌를 개설할 때 법원이 보관장소로 지정한 금융기관(지점)과 해

---

33) 서울회생법원 2012하합2 사건(주식회사 중앙부산저축은행) 등에서 미술품이 고가품에 해당하여 법원이 보관장소를 지정해야 하는지에 대해 문제된 적이 있었으나, 개별 미술품이 고가품에 해당하는지 여부에 대해 논란이 있을 수 있고, 국내외 경매를 위해 반출하는 경우 별도로 다시 보관장소를 지정하는 데 어려움이 있어 보관장소를 지정하지는 않았다. 다만 파산관재인에게 보관에 주의를 다할 것을 당부하고, 파산관재인으로부터 정기적으로 보관장소·방법을 보고받는다.

당 지점 외에 다른 지점에서 인출할 수 없도록 제한조치를 하고, 파산관재인의 보조인 등 대리인이 일시에 일정 금액 이상 인출신청을 한 경우에는 파산관재인에게 유선통보하여 인출내용을 확인한 후 지급하여야 한다는 등의 내용이 포함된 특약을 체결하고 있다.

고가품의 보관장소 지정과 관련하여 문제되는 것들은 다음과 같다.

가. 채무자 명의 예금계좌의 해지 요부

원칙적으로 채무자 명의의 기존 예금계좌를 전부 해지하고 반환받은 돈을 파산관재인 명의로 개설한 예금계좌에 입금하여야 한다. 그러나 정기예금 등 즉시 해지하는 것이 파산재단에 불리한 경우, 금융기관이 파산한 경우 해당 계좌가 차용인들의 대출금 상환 등에 이용되어 온 경우 등 필요한 때에는 채무자 명의의 예금계좌를 파산관재인 명의로 변경하는 절차를 취할 수도 있다. 파산선고 전에 체납처분이 되어있었다거나 예금에 질권이 설정되어 있어 파산관재인이 해지를 하지 못하는 경우도 있다.

채무자 명의 예금계좌를 해지하지 아니하고 유지하는 경우 파산관재인은 파산선고 전에 자동이체등록이 되어있는 것이 있는지 확인하여야 하고, 인터넷뱅킹 등을 해지하여야 하며, 계좌의 명의를 파산관재인 명의로 변경하거나 명의를 변경할 수 없다면 인감을 변경하고 통장을 재발행받는 등으로 채무자의 임직원 등이 예금을 인출하지 못하도록 하여야 한다.[34]

나. 보관장소의 선정

대체로 파산관재인이 입출금하기 쉬운 금융기관을 새로이 선정하는데, 금리나 수수료 혜택도 고려한다. 안전성을 우선으로 하되, 그중 이자율이 높은 예금에 가입하도록 지도한다. 보관장소의 선정에 있어서 정실이 개입되거나 금융기관의 로비 때문에 잡음이 생기는 경우가 있으므로 주의를 요한다. 파산채권자가 금융기관인 경우 자신을 보관장소로 지정할 것을 요구하는 예가 있으나, 파산채권자 사이의 형평 문제가 있으므로 특별한 사정이 없는 한 피하여야 한다.

---

34) 실무에서는 파산선고 전 개설된 채무자 명의의 기존 예금계좌에 파산선고 후 채무자의 기존 거래처에서 파산선고 사실을 알지 못하고 거래대금을 송금하는 등으로, 파산재단이 파산선고 후에 금융기관에 대하여 예금채권을 갖게 되는 경우가 있다. 이러한 경우 금융기관이 파산재단에 대하여 부담하는 예금반환 채무는 파산선고 후에 발생한 것이므로, 금융기관이 채무자에 대한 대출금 채권 등 파산채권을 자동채권으로 하여 위와 같은 파산재단의 예금채권을 수동채권으로 삼아 하는 상계는 법 제422조 제1호의 상계금지사유에 해당하여 허용되지 아니한다.

파산관재인은 법원이 고가품의 보관장소로 특정 금융기관(지점)을 지정하면 그 지정 금융기관(지점)에 "채무자 주식회사 ○○의 파산관재인 ○○○" 명의의 계좌를 개설한다.

다. 보관장소의 수 및 변경

보관장소의 수에는 제한이 없다. 파산재단의 규모가 큰 경우에는 위험 분산을 위해 보관장소를 다수 선정하기도 한다. 보관장소를 새로이 추가하는 것도 보관장소로 지정된 금융기관(지점)을 보관장소에서 취소하는 것도 가능하다.

실무에서는 파산관재인이 사무소를 이전함에 따라 기존에 지정된 금융기관(지점)에 고가품을 보관하는 것이 불편하거나, 기존에 지정된 곳보다 다른 금융기관(지점)이 금리가 높거나 수수료 혜택이 있어 파산재단에 유리한 경우, 기존 지정된 금융기관(지점)이 폐쇄되는 경우에 파산관재인이 고가품 보관장소 변경을 신청하는 경우가 있다. 이 경우 파산관재인은 금리나 수수료를 비교한 자료를 첨부하는 등 보관장소 변경의 필요성을 소명하여야 하고, 법원은 파산관재인의 신청에 따라 기존 보관장소를 그대로 두고 고가품 보관장소를 추가하는 결정을 하거나([기재례 41]), 기존의 고가품 보관장소를 지정한 결정을 취소하고([기재례 42]), 새로이 고가품 보관장소를 지정하는 결정을 한다.

또한 서울회생법원은 파산재단의 환가, 재단채권 변제 및 파산채권자에 대한 배당 등의 절차가 진행됨에 따라 잔액이 없는 계좌 등이 발생하는 경우에는 파산관재인으로부터 신청을 받아 해당 금융기관(지점)을 고가품 보관장소에서 취소하고 있다.

라. 보관방법

재단채권의 변제를 위하여 수시로 인출하여야 할 일정 금액을 제외하고는 이자율이 높은 정기예금 등의 형태로 보관한다. 약정 예치기간이 길수록 이자율이 높은 것이 보통이나, 지나치게 장기로 약정하여 신속한 중간배당 등에 지장을 초래하는 것은 곤란하므로 약정기간은 향후 배당 시기를 고려하여 선택하여야 한다. 서울회생법원은 실무상 정기예금의 경우 통상적으로 약정기간을 3개월로 정하여 보관하도록 하고 있다.

수익증권, 주식투자와 같이 수익이 높지만, 손실 발생의 위험이 큰 금융상품은 피하는 것이 좋다.

한편 파산관재인이 법원이 지정한 임치금의 보관장소인 금융기관(지점) 내에서 예금의 종류를 바꾸는 것(예컨대 보통예금을 정기예금으로 바꾸는 것)은 임치금이 파산관재인에게 현물로 반환되는 것은 아니나, 같은 금융기관 내에서의 예금계좌 간 이체 또는 대체는 파산관재인의 반환청구에 따라 임치금 현물의 반환과 재임치 과정이 단축되어 이루어지는 것에 불과하므로, 서울회생법원은 법 제500조 제1항에 따라 법원의 허가를 받도록 하고 있다.

9. 부동산 관리에 있어서의 유의점

부동산은 그 환가에 시일이 걸리는 것이 보통이므로, 그 동안에는 교환가치를 높게 유지할 수 있도록 관리하여야 하는 문제가 생긴다. 부동산의 관리는 일반적으로 용역업체에 위임하거나 관리를 전담하는 보조인을 고용하여서 한다. 그러나 파산관재인으로서도 부동산의 시설 유지를 위하여 각종 설비의 점검이 제대로 되고 있나 수시로 확인하고, 관련 법규도 숙지하여야 한다.

부동산의 안전 및 환경관리에 관한 법률로는, 「시설물의 안전 및 유지관리에 관한 특별법」(안전점검 실시), 전기사업법(전기설비의 유지, 전기안전관리자의 선임), 「승강기시설 안전관리법」(승강기의 유지관리, 승강기의 안전관리자 선임), 도시가스사업법(가스시설의 안전유지, 안전관리자 선임), 「에너지이용 합리화법」(검사대상기기의 검사, 검사대상기기관리자의 선임, 건물의 냉난방온도 유지·관리), 「화재예방, 소방시설 설치·유지 및 안전관리에 관한 법률」(특정소방대상물의 소방안전관리), 「화재로 인한 재해보상과 보험가입에 관한 법률」(보험 가입의 의무), 「자원의 절약과 재활용촉진에 관한 법률」(폐기물배출자의 분리 보관), 「감염병의 예방 및 관리에 관한 법률」(소독 의무), 수도법(위생상의 조치), 지하수법(수질검사, 지하수오염유발시설의 오염방지), 하수도법(개인하수처리시설의 운영·관리), 「실내공기질 관리법」(실내공기질 관리), 국민건강증진법(금연을 위한 조치), 「옥외광고물 등의 관리와 옥외광고산업 진흥에 관한 법률」(광고물 등의 안전점검), 공중위생관리법(공중위생영업자의 위생관리의무) 등이 있다. 이와 같은 법률에는 소유자 등이 각 소정의 의무를 게을리한 경우 벌금 또는 과태료, 과징금을 부과할 수 있도록 한 규정이 있는 경우가 있으므로 주의하여야 한다.

한편 부동산의 보유로 인하여 지출되는 조세 및 공과금은 일반적으로 재단채권에 해당한다(법 제473조 제2호,). 재산세뿐 아니라 환경개선부담금, 교통유발부담금, 도로점용료, 보험료(화재보험, 책임보험 등) 등도 재단채권으로 승인하여 지출하여야 한다.

그 밖에 보수를 위하여 필요한 자재의 구입, 조경, 청소, 경비, 주차, 방역, 소방훈련 등과 관련하여 비용이 지출되는 경우가 있다.

또 건물의 경우 임대되지 않은 공간을 남겨 두는 것보다는 임대를 하는 편이 환가에 유리한 경우가 많으므로, 임대를 적극적으로 고려하여야 한다. 파산관재인이 임대한 경우 임차인의 임대차보증금반환채권은 재단채권이 되므로(법 제473조 제3호, 제4호,), 이를 들어 임차를 희망하는 자를 설득하면 된다. 임차인이 임대차보증금반환채권의 담보를 제공하여 달라고 요구하는 경우가 있는데, 우선적 재단채권을 만드는 것이 되므로(법 제477조 제1항,) 파산재단 부족이 예상되는 경우에는 피하는 것이 좋다. 이 경우에는 임대차보증금의 액수를 낮추고 월세를 높여 임대를 하는 것이 좋다. 반면 빈 공간의 임대로 말미암아 전체 건물의 매각 추진에 지장을 주어서는 안 된다는 점에 유의하여야 한다.

제 3 절 국외에 있는 재산의 처리

구 파산법 제3조 제1항은 파산은 파산자의 재산으로서 한국 내에 있는 것에 대하여서만 그 효력이 있다고 규정함으로써 속지주의를 채택하고 있었다. 그러나 국제거래가 빈번한 오늘날 채무자가 소유하던 외국의 부동산, 채무자의 외국 자회사의 주식, 외국의 회사에 투자한 투자금, 외국 채무자에 대한 채권, 외국에 등록된 특허권, 외국 금융기관에 임치 또는 신탁한 유가증권이나 고가품 등이 있는 사례를 발견하는 것은 어렵지 않음에도 법원이 파산관재인이 이들 채무자의 국외재산을 방치해 두는 상황을 용인하는 것은 타당하지 않았다.

현행법은 국내외의 학설과 법원의 실무 및 다자간 조약이 일치하여 보편주의로 향하여 가는 추세에 맞추어 속지주의를 폐지하고 보편주의를 채택하였다. 먼저 법 제640조는 국내도산절차의 파산관재인은 외국법이 허용하는 바에 따라 국내도산절차를 위하여 외국에서 활동할 권한이 있음을 명시하였다. 그 결과 채무자의 국외재산 역시 파산재단에 속하게 되고, 파산관재인의 관리처분권의 대상이 됨을 분명히 하였다.

그러나 보편주의가 실효성을 갖추기 위해서는 재산이 소재한 국가 역시 보편주의에 따라 자국 내에 소재하는 재산이 외국 파산절차의 파산재단으로 되는 것을 승인하고 그에 따른 협력을 거부하지 않아야 한다. 만일 외국법이 속지주의를 취하고 있으면 대한민국의 파산관재인이 관리처분권을 주장할 수 없을 수 있다(다만 현재 다수국가의 파산법이 보편주의로 전환하고 있으므로 파산관재인이 외국 소재 재산에 대하여 관리처분권을 행사하는 데 큰 문제는 없을 것이다).

주의할 것은 국내도산절차의 대외적 효력이 인정된다고 하는 것은 채무자 소유의 국외재산에 대하여도 파산관재인의 관리처분권이 미친다고 하는 것에 그치는 것이지 더 나아가 파산관재인이 자유로이 그 재산을 국외로부터 반입하여 국내도산사건의 배당재원으로 사용할 수 있다는 것은 아니다. 이 점은 외국법이 국내도산절차의 대외적 효력을 인정하는지 여부와 대한민국으로 재산을 반출하도록 허용하는 여부에 달린 것이다(한편 법 제637조 제2항은 국제도산관리인은 대한민국 내에 있는 채무자의 재산을 처분 또는 국외로의 반출, 환가·배당 그 밖에 법원이 정하는 행위를 하는 경우에는 법원의 허가를 받아야 하도록 규정하고 있다)[국내도산절차의 대외적 효력에 관한 자세한 사항은 회생사건실무(하) 제21장 제4절 참조].

따라서 법원은 파산관재인에게 외국법에 따라 가능한 한 채무자의 국외재산을 파산관재인의 점유로 이전하도록 지도하여야 한다. 즉 가능하다면 파산선고된 채무자의 현지 종업원을 보조인으로 고용하거나, 파산선고된 채무자의 현지 거래처의 협력을 얻거나 현지의 변호사에게 의뢰하여, 채무자의 국외재산을 대한민국 내로 반입하거나 현지에서 환가하도록 하여야 한다. 또 외국의 법원에 그 재산에 관해 당사자로서 인도 또는 지급을 구하는 소송을 제기하거나[35] 상사중재기구에 상사중재를 신청하여야 하는 예도 있다. 그러나 이것은 파산재단에 이익이 되는 경우에 한하므로, 사전에 국외재산의 가치와 반입·환가 비용의 정확한 파악이 필요하다. 하지만 국외에 있기 때문에 그 예측이 곤란한 문제가 생기는 경우도 있으므로, 처분·환가의 방법에 관하여는 사전에 법원에 보고하여 지도받도록 한다. 재산의 현상 파악을 위하여 파산관재인이 직접 또는 대리인을 선임하여 현지에 출장을 가는 것이 필요한 경우도 있다.

---

35) 서울회생법원 2017하합15 사건(주식회사 한진해운)에서 파산관재인은 필리핀 대리점 채권 회수를 위한 소송, 채무자가 지분을 보유하고 있는 태국 물류법인의 경영권 확보를 위한 주주총회결의 무효확인 소송, 폴란드법인 지분 환가를 위한 소송 등을 해당 외국 법원에 제기한 바 있고, 미국 소재 사옥의 매각 및 대금 송금에 대하여 미국 연방파산법원의 허가를 받기도 하였다.

제 4 절 재산조회

1. 의   의

파산관재인이 채무자의 대표자나 임직원의 협조를 받을 수 있는 경우라면 파산재단에 속하는 재산의 점유·관리에 큰 어려움이 없을 것이나, 대표자가 소재불명이거나 임직원이 모두 퇴사하여 협조를 받기 어려운 상황이라면 재산의 발견조차 쉽지 않은 경우가 발생하기도 한다. 채권자가 파산신청을 하는 경우에 채무자가 지급불능과 부채초과 상태에 있음을 소명하기 위하여 채무자 명의의 재산에 관한 자료를 확보하여야 할 필요도 있다.

법원은 필요한 경우 파산관재인 그 밖의 이해관계인의 신청에 의하거나 직권으로 채무자의 재산 및 신용에 관한 전산망을 관리하는 공공기관·금융기관·단체 등에 채무자 명의의 재산에 관하여 조회할 수 있다(법 제29조 제1항). 이해관계인이 재산조회를 신청하는 때에는 조회할 공공기관·금융기관 또는 단체를 특정하여야 한다. 이 경우 법원은 조회에 드는 비용을 미리 납부하도록 명하여야 한다(법 제29조 제2항). 구 파산법에서는 재산조회에 관련된 규정이 없어 채무자 명의의 재산에 관한 자료의 확보가 어렵다는 지적이 있었는데, 현행법은 재산조회에 관한 명문의 규정을 마련한 것이다.

법 제29조 제1항 내지 제3항의 규정에 따라 조회를 할 공공기관·금융기관 또는 단체 등의 범위 및 조회절차, 이해관계인이 납부하여야 할 비용, 조회결과의 관리에 관한 사항 등은 대법원규칙으로 정한다(법 제29조 제4항).

2. 재산조회의 신청방식과 비용

파산관재인이 채무자의 재산조회를 신청하는 때에는, ① 채무자의 표시, ② 신청취지와 신청사유, ③ 과거의 재산보유내역에 대한 조회를 요구하는 때에는 그 취지와 조회기간 등을 기재한 서면으로 신청하여야 한다(규칙 제45조 제1항).

이해관계인이 채무자의 재산조회를 신청하는 때에는, ① 채무자, 신청인과 그 대리인의 표시, ② 신청취지와 신청사유, ③ 조회할 공공기관·금융기관 또는 단체, ④ 조회할 재산의 종류, ⑤ 과거의 재산보유내역에 대한 조회를 요구하는 때에는 그 취지와 조회기간 등을 기재한 서면으로 신청하여야 한다(규칙 제45조 제2항).

채무자 명의의 재산에 관한 조회를 신청하는 때에는 신청인이 조회비용을 미리 내야 하고, 법원이 직권으로 재산조회를 하는 경우에는 채무자 또는 파산관재인에게 조회비용을 미리 내도록 명하여야 한다(법 제29조 제2항, 제4항, 규칙 제45조 제3항, 제4항). 신청인 등이 미리 내야 하는 조회비용은 규칙 별표 3 '조회비용'란에 규정되어 있다(규칙 제45조 제3항).

3. 조회할 기관과 조회대상 재산 등

재산조회는 규칙 별표 3의 '기관·단체'란의 기관 또는 단체의 장에게 그 기관 또는 단체가 전산망으로 관리하는 채무자 명의의 재산(다만, 별표 3의 '조회할 재산'란의 각 해당란에 적은 재산에 한정한다)에 관하여 실시한다(규칙 제46조 제1항). 이 경우 이해관계인의 신청이 있는 때 또는 필요하다고 인정하는 때에는 규칙 별표 3의 순번 1에 적은 기관의 장(법원행정처장)에게 도산절차의 신청이 있기 전 2년 안에 채무자가 보유한 재산내역(토지·건물의 소유권)을 조회할 수 있다(규칙 제46조 제2항).

특히 법원은 규칙 별표 3의 순번 5부터 12까지, 15 기재 '기관·단체'란의 금융기관이 회원사, 가맹사 등으로 되어 있는 중앙회·연합회·협회 등(이하 '협회등'이라 한다)이 채무자의 재산 및 신용에 관한 전산망을 관리하고 있는 경우에는 그 협회등의 장에게 채무자 명의의 재산에 관하여 조회할 수 있다(규칙 제46조 제3항).

4. 재산 등의 조회절차

법원은 ① 채무자의 성명·주소·주민등록번호(주민등록번호가 없는 사람의 경우에는 여권번호 또는 등록번호, 법인 또는 법인 아닌 사단이나 재단의 경우에는 사업자등록번호·납세번호 또는 고유번호를 말한다), 그 밖의 채무자의 인적사항, ② 조회할 재산의 종류, ③ 조회에 대한 회답기한, ④ 규칙 제46조 제2항의 규정에 따라 채무자의 과거의 재산보유내역에 대한 조회를 요구하는 때에는 그 취지와 조회기간, ⑤ 법원이 채무자의 인적 사항을 적은 문서에 의하여 해당 기관·단체의 장에게 채무자의 재산 및 신용에 관하여 그 기관·단체가 보유하고 있는 자료를 한꺼번에 모아 제출하도록 요구하는 때에는 그 취지, ⑥ 금융기관에 대하여 재산조회를 하는 경우에 관련 법령에 따른 재산 및 신용에 관한 정보등의 제공사실 통보의 유예를 요청하는 때에는 그 취지와 통보를 유예할 기간을 적은 서면으로 재산조회를 한다(규칙 제47조 제1항).

재산조회를 받은 기관·단체의 장은 ① 사건의 표시, ② 채무자의 표시, ③ 조회를 받은 다음날 오전 영시 현재의 채무자의 재산보유내역(다만, 규칙 제47조 제1항 제4호의 규정에 따른 조회를 받은 때에는 정하여진 조회기간 동안의 재산보유내역)을 적은 조회회보서를 정하여진 날까지 법원에 제출하여야 한다. 이 경우 규칙 제47조 제1항 제5호의 규정에 따라 자료의 제출을 요구받은 때에는 그 자료도 함께 제출하여야 한다(규칙 제47조 제3항). 재산조회를 받은 기관·단체의 장은 규칙 제47조 제3항에 규정된 조회회보서나 자료의 제출을 위하여 필요한 때에는 소속 기관·단체, 회원사, 가맹사, 그 밖에 이에 준하는 기관·단체에게 자료 또는 정보의 제공·제출을 요청할 수 있다(규칙 제47조 제5항).

또한 법원은 같은 협회등에 소속된 다수의 금융기관에 대한 재산조회는 협회 등을 통하여 할 수 있고(규칙 제47조 제2항), 그 방법으로 재산조회를 받은 금융기관의 장은 소속협회등의 장에게 규칙 제47조 제3항 각 호의 사항에 관한 정보와 자료를 제공하여야 하고, 그 협회등의 장은 제공받은 정보와 자료를 정리하여 한꺼번에 제출하여야 한다(규칙 제47조 제4항).

법원은 제출된 조회회보서나 자료에 흠이 있거나 불명확한 점이 있는 때에는 다시 조회하거나 자료를 다시 제출하도록 요구할 수 있다(규칙 제47조 제6항).

규칙 제47조 제1항 내지 제6항에 규정된 절차는 재산조회규칙이 정하는 바에 따라 전자통신매체를 이용하는 방법으로 할 수 있다(규칙 제47조 제7항).

5. 재산조회결과의 열람·복사 등

법 제28조와 민사집행규칙 제29조의 규정은 재산조회결과의 열람·복사절차에 관하여 준용한다. 다만, 규칙 제47조 제7항의 규정에 따라 전자통신매체를 이용하는 방법으로 재산조회를 한 경우의 열람·출력절차에 관하여는 재산조회규칙이 정하는 바에 따른다(규칙 제48조).

이해관계인은 재산조회결과에 대하여 열람·복사 등의 청구를 할 수 있다. 재산조회결과에 대한 열람·복사절차 및 그 수수료에 관해서는 사건기록의 열람·복사 등에 관한 법 제28조와 민사집행규칙 제29조가 준용된다(규칙 제48조). 따라서 재산조회결과에 대한 열람·복사 청구에도 제한사유가 있다면 이를 불허가할 수 있고, 그 불허가결정에 대하여 즉시항고를 제기할 수도 있다. 다만 규칙 제47조 제 7 항의 규정에 따라 전자통신매체를 이용하는 방법으로 재산조회를 한 경우의 열람·출력절차에 관하여는 재산조회규칙이 정하는 바에 따른다(^{규칙 제48조}_{단서}).

제 5 절 그 밖에 유의할 점 등

1. 은닉재산의 발견

파산관재인은 채무자로부터 임의로 재산의 인도를 받을 수는 있지만, 강제로 수색을 실시할 수는 없고, 채무자 및 이에 준하는 자에게 사기파산죄에 해당될 수 있음을 고지하여 진술을 듣는다든지 거래처 또는 거래 금융기관으로부터 정보를 수집하고 우편물을 관리하는 방법, 재산조회, 사실조회 등에 의하여 은닉재산을 발견할 수밖에 없다.

법원은 파산절차에서 파산재단의 관리 또는 환가에 공적이 있는자에 대하여 적절한 범위 안에서 비용을 상환하거나 보상금을 지급할 것을 허가할 수 있으므로(^{법 제31조}_{제1항 제2호}), 필요한 경우에는 파산채권자 등 이해관계인에 대하여 채무자의 은닉재산을 제보할 경우 환가액 중 적절한 범위 안에서 보상금을 지급할 것임을 공지하여 이해관계인으로부터 은닉재산에 관한 제보를 받을 수도 있다.[36]

채무자의 은닉재산을 신고할 경우 환가액 중 적절한 범위 안에서 보상금을 지급할 수 있음을(^{법 제31조 제1항}_{제1호 참조}) 공지하여 파산채권자들로부터 은닉재산에 관한 제보를 받을 수도 있다.

2. 재산의 도난 방지

파산재단에 속하는 재산 중 공장 또는 창고 등에 보관된 동산(기계, 원재료, 제품 등)은 도난의 우려가 있다고 생각되면 사설경비회사 또는 보조인 등을 고용하여 도난을 예방하여야 한다. 이때는 보관된 동산의 가액과 관리비용을 비교하

---

36) 서울회생법원은 2018하합100005 사건에서 은닉재산 신고에 대한 보상금지급기준(신고자의 기여도를 고려하여 실제 회수금액의 5~20%를 지급)을 만들어 파산관재인으로 하여금 이를 파산재단 관련 인터넷 카페에 게시하게 하였고, 그 후 파산관재인이 제보를 받아 밝혀지지 아니한 재산을 환가함에 따라 그 환가대금 중 5%를 신고인에게 보상금으로 지급하는 것을 허가하였다.

여 법원의 허가를 받도록 한다.

도난사고가 발생한 경우 파산관재인은 수사기관에 도난신고를 하는 등 그 회수에 노력하여야 할 것이지만, 상당한 기간이 경과하여도 발견할 수 없게 된 때에는 파산재단으로부터 포기하는 절차를 밟아야 한다.

3. 금융거래정보·과세정보 제출명령의 활용

법원은 금융기관, 신용정보를 처리하는 공공기관 또는 단체, 세무공무원 등에 대하여 금융거래정보나 과세정보의 제출을 요구하는 제출명령을 할 수 있다 (법 제33조, 민사소송법 제294조, 제352조, 금융거래정보·과세정보 제출명령에 관한 예규(재일 2005-1)(재판예규 제1658호)). 채무자의 과거의 재산보유내역, 재산 처분내역을 파악하기 위하여 필요한 경우 금융거래정보·과세정보 제출명령이 활용되기도 한다.

法 人 破 産 實 務

제 7 장

· · ·

기존
법률관계의
정리

제 1 절 일 반 론

1. 개   요

파산이 선고되더라도 파산관재인은 파산재단에 관한 종전 법률관계를 승계하고, 그 법률관계의 내용은 변동되지 않는 것이 원칙이다.[1] 상대방은 자기와 아무런 관계가 없는 파산선고로 자신의 지위가 불이익하게 변경될 이유가 없기 때문이다.

다만 파산재단의 관리처분권이 파산관재인에게 이전된다는 점 때문에 법에서는 종전 법률관계에 관하여 특칙을 두고 있다. 대리인(법정대리와[2] 임의대리를 모두 포함한다)이 파산하면 대리인에 대한 신임관계나 대리인의 자격에 변동이 생기므로 그 대리권은 소멸한다(민법 제127조 제2호). 공유자 중에 파산선고를 받은 자가 있는 때에는 분할하지 아니한다는 약정이 있는 때에도 파산절차에 의하지 아니하고 그 분할을 할 수 있다(법 제344조 제1항). 이 경우 파산선고를 받은 자가 아닌 다른 공유자는 상당한 대가를 지급하고 그 파산선고를 받은 자의 지분을 취득할 수 있다(법 제344조 제2항).

파산선고 이후의 법률관계 중 특히 문제가 되는 것은 매매계약, 임대차계약, 도급계약 등 채무자의 기존 쌍무계약상 법률관계의 처리이다. 법은 제335조 이하에서 쌍방미이행 쌍무계약에 관한 파산관재인의 선택권 및 상대방의 최고권, 쌍방미이행 쌍무계약의 법률효과 및 개별 계약에 적용되는 특칙을 규정하고 있다. 이와 별도로 민법에 특별규정이 마련되어 있는 경우도 있다.

한편 파산 등 일정한 사유 발생시 해제권·해지권이 발생한다거나 계약이 당연히 해제·해지된다고 정한 이른바 도산해제(해지)조항의 효력도 문제된다.

---

[1] 미국에서는 연방대법원의 Butner v. United States, 440 U.S. 48 (1979) 판결 이후 도산법이 도산 외 실체법의 내용을 함부로 왜곡·변경시키는 것을 방지하기 위해, 도산법 고유의 기능과 역할을 수행하는데 필요한 최소한도의 범위 내에서만 도산 외 실체법에 변경을 가할 수 있다는 '버트너 원칙(Butner Principle)'이 확립되어 있다. 오영준, "집합채권양도담보와 도산절차의 개시", 사법논집 제43집, 법원도서관(2006), 329면.

[2] 다만 법정대리에 있어서 지정권자의 지정이나 법원의 선임에 의한 경우가 아니라, 일정한 지위에 의해 당연히 법정대리인이 되는 경우로서 파산이 취임 장애사유가 되지 않는 경우에는(예를 들어 친권자가 파산선고를 받는 경우), 설령 법정대리인 취임 후 파산선고를 받았다고 하더라도 당연퇴임사유로는 되지 않는다. 곽윤직, 민법주해[III] 총칙(3), 박영사(1992), 187면(손지열 집필 부분).

2. 쌍방미이행 쌍무계약 일반

가. 개   요

쌍무계약에 관하여[3] 채무자 및 그 상대방이 모두 파산선고 전 이행을 완료하였다면 그 법률관계는 그대로 확정되고, 다만 파산관재인의 부인권이 문제될 수 있을 뿐이다. 쌍무계약 당사자 중 일방만이 이행을 완료한 경우에는 상대방의 이행 문제만 남게 된다(이행상의 견련관계는 소멸되었으므로 잔존하는 관계에서는 편무계약과 같다고 할 수 있다). 만약 채무자가 이행을 완료하였다면 파산관재인은 파산재단의 환가로서 상대방에게 채무의 이행을 청구할 수 있고, 반대로 상대방이 이행을 완료하였다면 상대방은 반대급부 청구권을 파산채권으로 행사할 수 있다.

문제는 채무자 및 그 상대방 모두 파산선고 당시 아직 이행을 완료하지 아니한 경우이다. 이 경우 법은 형평의 관점에서 원칙적으로 파산관재인이 채권자 일반의 이익을 고려하여 파산재단에 유리한 계약의 이행 또는 파산재단에 불리한 계약의 해제·해지를 선택할 수 있도록 선택권을 부여하는 대신, 파산관재인이 이행을 선택하는 경우 상대방은 채무를 완전히 이행해야 함에도 반대급부를 파산채권으로 비례하여 배당을 받게 되는 불합리를 해소해 주기 위해 상대방의 반대급부를 재단채권으로 인정하고 있다.[4]

즉, 법 제335조는 쌍무계약에 관하여 채무자 및 그 상대방이 모두 파산선고 당시 아직 이행을 완료하지 아니한 경우 파산관재인이 계약의 이행 또는 해제·해지에 관한 선택권을 가지도록 규정하고 있고, 법 제473조 제7호는 파산관재인이 이행을 선택하여 채무자의 채무를 이행하는 경우 상대방이 가지는 반대급부 청구권을 재단채권으로 정하고 있다. 파산관재인이 계약의 해제·해지를 선택하는 경우에는 상대방은 손해배상에 관하여 파산채권자로서 권리를 행사할 수 있

---

3) 대법원 2015. 5. 28. 선고 2012다104526, 104533 판결은 "외국적 요소가 있는 계약을 체결한 당사자에 대한 회생절차가 개시된 경우, 그 계약이 쌍방미이행 쌍무계약에 해당하여 관리인이 이행 또는 해제·해지를 선택할 수 있는지 여부, 그리고 계약의 해제·해지로 인하여 발생한 손해배상채권이 회생채권인지 여부는 도산법정지법인 「채무자 회생 및 파산에 관한 법률」에 따라 판단되어야 하지만, 그 계약의 해제·해지로 인한 손해배상의 범위에 관한 문제는 계약 자체의 효력과 관련된 실체법적 사항으로서 도산전형적인 법률효과에 해당하지 아니하므로 국제사법에 따라 정해지는 계약의 준거법이 적용된다."라고 판시하였다.

4) 대법원 2001. 10. 9. 선고 2001다24174, 24181 판결. 법 제335조, 제337조의 근거 및 존재 이유에 관한 자세한 내용은 정영수, "도산절차상 미이행쌍무계약에 관한 연구", 민사소송: 한국민사소송법학회지 Vol. 13-2, 한국사법행정학회(2009), 290-301면; 條解破産法, 403-408면.

고($^{법}_{제1항}$ ^{제337조}), 채무자가 받은 반대급부가 파산재단 중에 현존하는 때에는 상대방은 환취권을 행사하여 그 반환을 청구하고, 현존하지 아니하는 때에는 그 가액에 관하여 재단채권자로서 권리를 행사할 수 있다($^{법}_{제2항}$ ^{제337조}).

상대방은 파산관재인에 대하여 상당한 기간을 정하여 그 기간 안에 계약의 해제·해지나 이행 여부 선택의 확답을 최고할 수 있고, 이 경우 파산관재인이 그 기간 안에 확답을 하지 아니한 때에는 계약을 해제 또는 해지한 것으로 본다($^{법}_{제2항}$ ^{제335조}).

다만 지급결제제도, 청산결제제도, 적격금융거래에 대하여는 쌍방미이행 쌍무계약에 관한 법 제335조가 적용되지 아니한다($^{법}_{제120조}$ ^{제336조,})(지급결제제도 등에 대한 특칙에 관한 자세한 내용은 제7장 제3절 참조).

나. 쌍방미이행 쌍무계약의 의미

'쌍무계약'이라 함은 쌍방 당사자가 상호 대등한 대가관계에 있는 채무를 부담하는 계약으로서, 본래적으로 쌍방의 채무 사이에 성립·이행·존속상 법률적·경제적으로 견련성을 갖고 있어서 서로 담보로서 기능하는 것을 가리키는 것이므로,[5] 이와 같은 법률적·경제적 견련관계가 없는데도 당사자 사이의 특약으로 쌍방의 채무를 상환 이행하기로 한 경우는 여기서 말하는 쌍무계약이라고 할 수 없다.[6] 여기서 말하는 쌍무계약은 파산선고 당시 유효하게 성립되어 있어야 한다.[7] 따라서 일방의 청약만 있고 승낙이 없는 상태에 있거나, 파산선고 이

---

5) 대법원 2000. 4. 11. 선고 99다60559 판결(건설회사가 공동수급업체를 구성하여 공사를 도급받아 그 공사를 시행하면서, 공사자금의 조달·집행과 각자의 지분비율에 따른 공사비 분담 등의 경리업무를 효과적으로 수행하기 위하여 대표사가 공사자금을 조달·집행하고 매월 말 이를 정산하여 다음 달 회원사에 분담금을 청구하면 회원사는 분담금을 현금으로 지급하며, 도급인이 지급하는 공사대금도 대표사가 수령하여 회원사에 지급하기로 하여 체결한 공동도급현장 경리약정의 경우 그 경리약정에 따라 대표사가 공사자금을 먼저 지출할 의무와 회원사가 그 분담금을 대표사에게 상환할 의무는 서로 대가적인 의미를 갖는 채무라고 보기 어려워 쌍무계약이라고 볼 수 없다고 한 사례), 대법원 2004. 2. 27. 선고 2001다52759 판결(여신전문금융업법에 의한 시설대여를 목적으로 하는 회사와 종합금융회사 사이에 체결된 리스이용자의 리스료 미지급 등으로 인한 손실을 참여지분 비율에 따라 분담하기로 하는 내용의 공동리스약정에 따른 부담은 그 성질상 서로 대가적이거나 원칙적으로 상환으로 이행되어야 할 성질의 채무라고 할 수 없어 그 공동리스약정이 쌍무계약이라고 할 수 없다고 한 사례), 대법원 2007. 9. 6. 선고 2005다38263 판결(둘 이상의 당사자가 모여 상호출자하여 회사를 설립·운영하는 것을 목적으로 하는 합작투자계약은 본질적으로 조합계약에 해당하고, 그 계약에서 정한 바에 의하여 설립된 회사에 관한 의결권의 행사 또는 이사회의 구성 등을 위하여 서로 협조하여야 하는 의무 등은 성립·이행·존속상 법률적·경제적으로 견련성을 갖고 있어서 서로 담보로서 기능한다고 할 수 없어 서로 대등한 대가관계에 있다고 보기 어렵다고 한 사례) 등.
6) 대법원 2007. 3. 29. 선고 2005다35851 판결, 대법원 2007. 9. 7. 선고 2005다28884 판결.
7) 형성권의 행사로 쌍무계약이 성립한 경우도 포함한다. 대법원 2017. 4. 26. 선고 2015다6517,

후에 성립된 쌍무계약에는 법 제335조가 적용되지 아니한다.[8]

'이행을 완료하지 아니한 때'란 채무자와 상대방 양쪽 모두에게 채무의 전부 또는 일부가 남아 있는 것을 말한다.[9] 미이행의 정도는 문제되지 않는다. 즉 전혀 이행하지 않은 경우뿐 아니라, 일부만 이행된 경우도 포함하고, 일부만 이행된 경우 그 비율은 문제되지 않는다.[10] 종된 급부만의 불이행, 불완전이행도 여기서 말하는 미이행에 포함된다.[11] 다만 단순히 부수적인 채무에 불과한 경우에는 그 미이행이 있다고 하더라도 법 제335조에서 정한 미이행이라 할 수 없다.[12] 미이행의 원인은 묻지 않으므로[13] 조건 미성취, 기한 미도래 또는 이행지

6524, 6531 판결은 "상법 제374조의2에서 규정하고 있는 영업양도 등에 대한 반대주주의 주식매수청구권 행사로 성립한 주식매매계약에 관하여 법 제119조 제1항의 적용을 제외하는 취지의 규정이 없는 이상, 쌍무계약인 위 주식매매계약에 관하여 회사와 주주가 모두 그 이행을 완료하지 아니한 상태에서 회사에 대하여 회생절차가 개시되었다면, 관리인은 법 제119조 제1항에 따라 위 주식매매계약을 해제하거나 회사의 채무를 이행하고 주주의 채무이행을 청구할 수 있다."라는 취지로 판시하였다.

8) 대법원 2012. 11. 29. 선고 2011다84335 판결은, 공공건설 임대아파트의 임대사업자인 채무자가 파산선고를 받았는데 그 후 시행된 임대주택법의 신설 규정에 따라 임차인들이 관할 구청장에게서 직접 분양전환승인을 받아 채무자를 상대로 해당 아파트에 관한 매도청구권을 행사한 사안에서, 임차인들의 매도청구권 행사로 성립된 매매계약에 기한 해당 아파트 건물 등에 관한 소유권이전등기청구권 등은 채무자에 대한 파산선고 전의 원인으로 생긴 것이 아님이 분명하고 파산선고 당시에는 아직 이러한 매매계약이 성립조차 되지 않았으므로, '쌍방 모두 파산선고 당시 아직 이행을 완료하지 아니한 쌍무계약'에 해당할 것을 전제로 한 법 제335조의 파산관재인의 계약해제 선택권은 위 매매계약에 관하여 적용될 여지가 없다는 취지로 판시하였다.

9) 대법원 2001. 10. 9. 선고 2001다24174, 24181 판결. 대법원 2012. 11. 29. 선고 2011다84335 판결은 "쌍무계약상의 채무라 하더라도 일방 당사자가 채무 전부를 이행하였다면 그 상대방의 채무는 통상의 파산절차에 따라 처리될 뿐 법 제335조를 적용할 수 없음은 위 규정 내용상 명백하다."라고 판시하였다.

10) 대법원 2017. 4. 26. 선고 2015다6517, 6524, 6531 판결은 채무의 일부가 미이행되었다고 하더라도, 일부 미이행된 부분이 상대방의 채무와 서로 대등한 대가관계에 있다고 보기 어려운 경우가 아닌 이상 일부 미이행된 부분뿐만 아니라 계약의 전부를 해제할 수 있다는 취지로 판시하였다.

11) 박병대, "파산절차가 계약관계에 미치는 영향", 재판자료 제82집, 443, 444면. 이와 관련하여 대법원 2001. 10. 9. 선고 2001다24174, 24181 판결은 건축공사의 도급계약에 있어서는 해제 당시 이미 그 공사가 완성되었다면, 특별한 사정이 있는 경우를 제외하고는 이제 더 이상 공사도급계약을 해제할 수는 없다고 할 것인바(민법 제668조 단서), 건축공사의 수급인이 건축공사 도급계약의 내용에 따라서 완공하여 준공검사를 마치고 도급인에게 건물을 인도한 다음 파산선고를 받음으로써 이미 건축공사 도급계약을 해제할 수 없게 된 이상 도급인에 대한 건축공사 도급계약상의 채무를 전부 이행한 것으로 보아야 하고, 위 건축공사 도급계약은 파산선고 당시에 쌍방미이행의 쌍무계약이라고 할 수 없다면서, 도급인의 하자보수에 갈음하는 손해배상채권은 재단채권이 아니라는 취지로 판시하였다. 이 판결에 관하여는 이균용, "수급인의 파산과 파산법 제50조의 적용 여부", 대법원판례해설 제38호, 법원도서관(2002), 487~501면.

12) 대법원 1994. 1. 11. 선고 92다56865 판결은 채무자와 상대방의 채무는 쌍무계약상 상호 대등한 대가관계에 있는 채무를 의미한다 할 것이고 계약상의 채무와 관련이 있다 하여도 막연한 협력의무는 특정조차 되지 아니하여 가사 미이행의 경우에도 이를 소구할 수 있는 것도 아니어서 이러한 부수적인 채무는 이에 해당하지 아니한다는 취지로 판시하였다.

체에 의한 경우는 물론, 동시이행의 항변권이 행사된 경우도 포함하고, 나아가 이행불능인 경우도 포함된다.

다. 파산관재인의 선택권

1) 선택권의 행사

쌍무계약에 관하여 채무자 및 그 상대방이 모두 파산선고 당시 아직 이행을 완료하지 아니한 때에는 파산관재인은 계약을 해제 또는 해지하거나 채무자의 채무를 이행하고 상대방의 채무이행을 청구할 수 있다(법 제335조 제1항).

파산관재인은 쌍방미이행 쌍무계약의 이행 선택권을 파산재단에 유리하게 되도록 행사하여야 한다. 선택권의 행사방식·행사기간에는[14] 제한이 없다. 해제권·해지권을 행사하는 경우 사전에 이를 최고할 필요가 없고, 해제·해지를 전제로 원상회복을 구하는 형태로도 가능하다.[15] 해제권·해지권을 행사함에 있어 계약 당사자의 일방 또는 쌍방이 수인인 경우에 해제·해지의 불가분성에 관한 민법 제547조의 제한을 받지 아니한다.[16] 파산관재인은 약정된 채무 자체의 이행을 청구하거나 하자담보책임을 청구하는 등 계약의 존속을 전제로 하는 권리를 주장하는 방식으로 이행을 선택할 수도 있다.[17]

---

13) 대법원 1998. 6. 26. 선고 98다3603 판결, 대법원 2003. 5. 16. 선고 2000다54659 판결, 대법원 2017. 4. 26. 선고 2015다6517, 6524, 6531 판결 등.

14) 입법론적으로 파산관재인의 선택권 행사기간에 제한을 두어야 한다는 견해로는 전병서, 124면. 참고로 회생절차의 관리인은 회생계획안 심리를 위한 관계인집회가 끝난 후 또는 법 제240조의 규정에 의한 서면결의에 부치는 결정이 있은 후에는 계약을 해제 또는 해지할 수 없다(법 제119조 제1항 단서). 미국에서는 구제명령이 있는 때로부터 60일 이내에 선택권을 행사하도록 하고, 법원은 정당한 이유가 있는 경우 이 기간을 연장할 수 있도록 하고 있다[11 U.S.C. §365(d)(1)].

15) 다만 대법원 2010. 2. 25. 선고 2007다85980 판결은 파산채권 등에 대한 신고 및 조사는 파산채권의 존재와 그 채권액, 우선권 등을 확정함으로써 채권자가 파산절차에 참여하여 채권자집회에서 의결권을 행사하고 채권의 순위, 채권액에 따라 배당을 수령할 수 있도록 하기 위한 것이므로, 그 절차의 진행과정에서 파산관재인이 시부인을 한 것에 대하여 미이행 쌍무계약의 해제의 의사표시를 한 것으로 보거나, 채권자가 채권신고를 통하여 매매계약 해제의 의사표시를 한 것으로 보려면 채권자가 채권신고에 이르게 된 동기 및 경위, 채권신고서에 기재된 채권의 내용 및 원인, 파산관재인의 시부인 경위 등을 종합적으로 고려하여 볼 때 계약해제의 의사를 표시한 것으로 추단할만한 객관적 사정이 인정되어야 한다고 하면서, 상대방이 파산채권으로 매매계약상 채무의 불이행에 따른 손해배상청구권을 신고하고 파산관재인이 일부 시인한 사안에서, 채무불이행으로 인한 손해배상청구권은 매매계약이 해제되는 경우뿐 아니라 해제되지 않고 존속하는 경우에도 발생될 수 있으므로, 상대방의 위와 같은 파산채권 신고만으로는 상대방이 매매계약 해제의 의사를 표시한 것으로 볼 수 없고, 파산관재인이 위와 같은 신고에 대하여 일부 시인하였다는 사정만으로는 계약해제의 의사를 표시한 것으로 볼 수 없다는 취지로 판시하였다.

16) 대법원 2003. 5. 16. 선고 2000다54659 판결.

파산관재인이 이행을 선택한 경우 상대방에 대한 이행의 청구는 법원의 허가(또는 감사위원의 동의)사항이다(^{법 제492조,}_{제9호})(재건형 절차인 회생절차에서 법 제61조 제4호는 관리인이 계약을 해제 또는 해지하고자 하는 때에 법원의 허가를 받도록 규정하고 있다. 반면 청산형 절차인 파산절차에서는 계약의 속행이 예외적인 것이므로 법은 이행을 선택하는 경우에 허가를 받도록 하고 있다).[18] 파산관재인은 이행을 선택하기로 한 경우 법원(또는 감사위원)에 법 제335조가 적용될 수 있는 계약인지 밝히고, 계약의 이행을 선택하는 것이 해제·해지를 선택하는 것보다 파산재단에 유익하다는 점을 충분히 소명하여야 한다. 실무상으로는 파산관재인이 명시적으로 쌍무계약의 이행을 선택하였다고 밝히지 않고 곧바로 그 반대급부의 이행허가를 신청하는 등 쌍무계약의 이행을 전제로 하는 다른 행위의 허가를 신청하는 경우도 많다. 이때 법원은 파산관재인에게 이행 선택의 취지인지 확인한 다음, 해제·해지를 선택하지 않고 이행을 선택하여야 할 사정이 있는지 소명하도록 한다(쌍방미이행 쌍무계약의 이행 선택에 대한 허가에 관한 자세한 내용은 제12장 제3절 4. 참조).

양 당사자가 이행하지 않은 부분이 균형을 잃은 경우나 해제권·해지권의 행사가 권리남용이 되는 경우 파산관재인은 해제권·해지권을 행사할 수 없다.[19]

---

17) 대법원 2004. 11. 12. 선고 2002다53865 판결은 정리회사의 관리인이 회사정리절차개시결정 이전에 아파트 분양계약을 체결한 수분양자로부터 분양 잔대금을 지급받고 수분양자를 입주시킨 경우, 관리인이 분양계약의 이행을 선택한 것임을 전제로, 아파트 수분양자의 정리회사에 대한 소유권이전등기청구권 및 그 이행지체로 인한 손해배상청구권은 구 회사정리법 제208조 제7호에 정한 공익채권에 해당한다는 취지로 판시하였다.

18) 법원으로부터 허가를 받지 아니하였다면, 이행의 의사표시는 무효이다.

19) 서경환, "회사정리절차가 계약관계에 미치는 영향", 재판자료 제86집, 법원도서관(2000), 651면은 채무자가 파산선고 전에 부동산을 이중매매하고 그에 관한 소유권이전등기를 마치지 않은 경우, 제2 매수인의 매매대금이 더 많다고 하더라도 제1 매수인과의 매매계약을 해제하는 것은 권리남용으로 허용되지 않는다고 한다. 참고로 일본 最高裁判所 平成12年2月29日 平成8(オ)第2224号 判決은 연회비가 있는 예탁금 회원제 골프회원계약에서 예탁금 지급을 마친 회원이 파산하여 파산관재인이 회원계약을 해제하고 예탁금 반환을 청구한 사안에서, 해제권의 행사로 회원은 연회비지급의무를 면하는 반면에, 상대방은 계약이 해제되더라도 다른 회원과의 관계에서 골프장시설을 계속 유지하여야 하고, 거액의 예탁금을 예상치 못한 시기에 조달하여야 하는 등 해제권의 행사 결과 상대방에게 현저한 불공평이 발생한다는 이유로 해제권을 행사할 수 없다고 판시하였다.
　다만 구 회사정리법상 회사정리절차에 관한 것이나 대법원 2003. 5. 16. 선고 2000다54659 판결은 구 회사정리법 제103조 제1항의 규정에 따라 관리인이 쌍방미이행의 쌍무계약에 관하여 그 계약을 해제 또는 해지하거나 회사채무를 이행하고 상대방의 채무이행을 청구할 수 있는 선택권은 같은 조 제2항의 규정에 의한 상대방의 최고가 없는 한 그 행사의 시기에 제한이 있는 것은 아니라고 할 것이므로 정리절차 개시 후 상당기간이 경과된 뒤에 관리인이 해제권을 행사하였다거나 부인권의 행사와 선택적으로 행사되었다는 등의 사정만으로는 그 해제권의 행사가 실기한 공격방어방법에 해당하거나 신의칙에 반하는 것으로서 권리남용에 해당한다고는 할 수 없다는 취지로 판시하였다.

다만 파산관재인이 국가를 상대방으로 하는 방위사업법 제3조에 따른 방위력개선사업 관련 계약을 해제 또는 해지하고자 하는 경우 방위사업청장과 협의하여야 한다(법 제335조 제3항).

2) 해제·해지를 선택한 경우

법 제335조의 규정에 의한 계약의 해제 또는 해지가 있는 때에는 상대방은 손해배상에 관하여 파산채권자로서 권리를 행사할 수 있다(법 제337조 제1항). 이 손해배상청구권은 원래 법 제446조 제1항 제2호에 의하여 후순위파산채권으로 되어야 할 것이지만, 공평을 위해서 일반 파산채권으로 승격시킨 것이다. 손해배상청구권의 범위는 일반적으로 계약이 해제·해지된 경우 발생하는 손해배상청구권과 같다.[20][21]

법 제335조의 규정에 의한 계약의 해제 또는 해지의 경우 채무자가 받은 반대급부가 파산재단 중에 현존하는 때에는 상대방은 환취권을 행사하여 그 반환을 청구하고, 현존하지 아니한 때에는 그 가액에 관하여 재단채권자로서 권리를 행사할 수 있다(법 제337조 제2항)(상대방에게 완전한 원상회복을 부여하기 위한 것이므로, 원물의 멸실로 반환불능이 된 경우에도 적용된다).[22] 이때 파산관재인은 법원(또는 감

---

20) 신뢰이익뿐만 아니라 이행이익 상실에 의한 손해배상도 포함된다[서울고등법원 1990. 7. 18. 선고 90나9980 판결(미상고 확정), 서울고등법원 2001. 2. 6. 선고 2000나14035 판결(미상고 확정)]. 나아가 위 서울고등법원 2000나14035 판결은 손해액 산정의 기준시점을 해제 당시로 보았다.

21) 대법원 2013. 11. 28. 선고 2013다33423 판결은, 법 제335조 제1항에 의한 파산관재인의 해제는 채무자가 파산상태에 이른 것을 원인으로 하므로 이는 채무자의 책임 있는 사유로 계약이 해제된 경우의 하나라고 볼 수 있고, 이때 파산관재인의 해제로 상대방에게 발생하는 손해는 채무자의 채무불이행으로 인한 해제시의 손해와 큰 차이가 없을 것으로 보이므로, 채무자와 상대방이 매매계약 체결시 약정한 '채무자의 책임 있는 사유로 계약이 해제될 경우 총 매매대금 10%에 해당하는 계약금 전액은 상대방에게 귀속한다'는 위약금 조항은 법 제335조 제1항에 의한 파산관재인의 해제로 인해 발생하는 손해까지도 포함하는 위약금 약정이라고 해석함이 합리적이라는 취지로 판시하였다[이 판결에 관하여는 고홍석, "부동산 매매계약에 따른 중도금 지급 이후 매수인의 파산관재인이 채무자 회생 및 파산에 관한 법률 제335조 제1항에 의해 쌍방 미이행 쌍무계약에 대한 해제권을 행사한 경우, 매매계약에서 정한 계약금 몰취 약정이 적용될 수 있는지 여부", 대법원판례해설 제97호 하, 법원도서관(2014). 373-391면]. 유사한 취지의 판결로는 대법원 2013. 11. 28. 선고 2013다204676 판결. 한편 회생절차에 관한 것이나 대법원 2017. 9. 7. 선고 2016다244552 판결은 회생절차가 개시된 채무자의 관리인이 법 제119조 제1항에 따라 매매계약을 해제한 것은, 매매계약 위약금 조항에서 계약금 상당 금액을 위약금으로 상대방에게 귀속시키는 것으로 정한 사유에 해당하지 않는다고 보아, 상대방은 관리인에게 매매계약의 해제에 따른 원상회복으로 채무자로부터 받은 계약금을 반환할 의무가 있다는 취지로 판시하였다.

22) 참고로 미국에서는 미이행 쌍무계약을 거절하면 그 계약은 장래를 향해 소멸하는 것이어서, 원상회복이 문제되지 않고, 상대방의 손해배상책임은 일반의 비우선적 파산채권이 된다. 임치용 (1), 318면. 독일 도산법 제103조 제2항은 파산관재인이 이행을 거절한 경우 상대방은 채무불이행을 이유로 하는 손해배상채권을 도산채권으로만 행사할 수 있다고 하고 있다.

사위원)으로부터 환취권 또는 재단채권의 승인 허가를 받아야 한다(법 제492조, 제13호). 이러한 환취권 또는 재단채권과 파산관재인의 상대방에 대한 원상회복청구권은 동시이행의 관계에 있다.

해제 또는 해지의 효과는 종국적이기 때문에 파산절차가 폐지되어도 계약은 부활하지 않는다.[23]

3) 이행을 선택한 경우

파산관재인이 이행을 선택하여 채무자의 채무를 이행하는 경우, 이행으로 받은 급부는 파산재단에 속하고, 상대방의 반대급부 청구권은 재단채권이 된다(법 제473조, 제7호). 상대방의 청구권은 본래 파산채권이지만, 동시이행의 항변권을 가지는 상대방의 입장을 존중하여, 재단채권으로 격상시킨 것이다(재단채권이 된 상대방의 청구권은 수시변제를 하여야 하는 것이기 때문에 동시이행의 항변권도 상실하지 않는다)(이에 관하여는 제9장 제2절 2. 바. 참조). 파산관재인이 상대방에 대한 이행을 지체하는 경우 그로 인한 손해배상청구권 역시 재단채권이 된다.[24] 파산관재인이 이행을 선택한 경우 파산선고 전의 미지급 반대급부 청구권이 파산채권인지 재단채권인지에 대하여는 다툼이 있다.

라. 상대방의 최고권 및 해제권·해지권

상대방은 파산관재인에게 계약을 이행하여 파산관재인의 해제권·해지권을 배제할 수 없고,[25] 파산선고만을 이유로 쌍방미이행 쌍무계약을 해제 또는 해지할 수도 없다.

다만 파산선고 전에 채무자의 채무불이행 등으로 상대방에게 해제권·해지권이 발생한 경우에는 상대방은 그 해제권·해지권을 행사할 수 있고,[26] 파산관

---

23) 박병대, "파산절차가 계약관계에 미치는 영향", 재판자료 제82집, 448면.
24) 회생절차에 관한 것이나 대법원 2004. 11. 12. 선고 2002다53865 판결.
25) 구 회사정리법상 회사정리절차에 관한 것이나 대법원 1992. 2. 28. 선고 91다30149 판결은 계약의 운명은 관리인의 선택권 행사에 관한 재량에 따르게 되어 있고, 그 상대방은 관리인이 계약의 이행을 선택하거나 계약의 해제권이 포기된 것으로 간주되기까지는 임의로 변제를 하는 등 계약을 이행하거나 관리인에게 계약의 이행을 청구할 수 없다고 하면서, 계약상대방이 매매대금을 공탁한 경우 그 효력이 없고 그 상태에서 소유권이전등기를 경료하더라도 실체관계에 부합하는 등기라고 볼 수 없다는 취지로 판시하였다.
26) 회생절차에 관한 것이나 대법원 2011. 10. 27. 선고 2009다97642 판결; 박병대, "파산절차가 계약관계에 미치는 영향", 재판자료 제82집, 450, 451면(이행지체를 원인으로 한 법정해제의 경우에는 미리 상당기간을 정하여 최고하여야 하고 그 기간이 경과한 때에 비로소 해제권이 발생하므로, 최고기간 경과 전에 파산선고가 되면 그로써 이행은 법률상 금지되기 때문에 해제권은 발생할 수 없다면서 해제사유는 파산선고 전에 발생하였더라도 파산선고 이후에 비로소 이행최고를 한 경우는 물론, 파산선고 이전에 이미 이행최고를 하였더라도 최고기간 경과 이전에 파

재인이 이행을 선택한 후에도 채무를 불이행하면 이를 이유로 계약을 해제 또는 해지할 수 있을 뿐이다.[27] 이처럼 상대방은 파산관재인의 선택에 따라 그 법적 지위가 달라지는 불안정한 상태에 놓이게 된다.

이에 법은 상대방에게 최고권을 인정하여 불안정한 지위에서 벗어날 수 있도록 하고 있다. 즉, 쌍방미이행 쌍무계약에 관하여 상대방은 파산관재인에 대하여 상당한 기간을 정하여 그 기간 안에 계약의 해제 또는 해지나 이행 여부를 확답할 것을 최고할 수 있고, 이 경우 파산관재인이 그 기간 안에 확답을 하지 아니한 때에는 계약을 해제 또는 해지한 것으로 본다(법 제335조 제2항)(재건형 절차인 회생절차에서 법 제119조 제2항은 관리인이 최고를 받은 후 30일 이내 확답을 하지 아니하는 때에는 관리인은 해제권 또는 해지권을 포기한 것으로 본다고 규정하고 있다). 상대방의 최고는 그 대상인 계약을 특정하여 명시적으로 하여야 한다.[28] 법 제335조 제2항의 규정은 민법 제637조(임차인의 파산과 해지통고), 제663조(사용자파산과 해지통고) 또는 제674조(도급인의 파산과 해제권) 제1항의 규정에 의하여 임차인·사용자·도급인이 파산선고를 받은 경우 상대방인 임대인·노무자·수급인 또는 파산관재인이 갖는 해지권 또는 해제권의 행사에 관하여 준용한다(법 제339조).

3. 도산해제(해지)조항

가. 의   의

계약의 당사자들 사이에 채무자의 재산상태가 장래 악화될 때에 대비하여 당사자 일방에게 지급정지나 파산, 회생절차의 개시신청 등 도산에 이르는 과정상의 일정한 사실이 발생한 경우에 상대방에게 당해 계약의 해제권·해지권이 발생하는 것으로 정하거나 또는 계약의 당연해제·해지사유로 정하는 특약을 두

산선고가 된 경우에는 파산관재인을 상대로 해제를 하는 것은 인정될 수 없다고 한다). 이 경우 해제의 효과와 관련하여 파산관재인이 민법 제548조 단서의 제3자에 해당하는지에 대해서는 견해의 대립이 있다. 이에 관하여는 제5장 제1절 참조.

27) 이처럼 상대방이 해제권을 행사한 경우, 상대방이 가지는 원상회복청구권이나 손해배상청구권은 법 제473조 제4호의 재단채권이 된다. 박병대, "파산절차가 계약관계에 미치는 영향", 재판자료 제82집, 456면. 대법원 2001. 12. 24. 선고 2001다30469 판결은 신디케이티드 론(syndicated loan) 거래의 참여은행이 파산선고를 받고 파산관재인이 대출약정의 이행을 선택하였음에도 이를 불이행하여 대출채무자가 대출약정을 해제한 사안에서, 참여은행은 대출약정 해제에 따른 원상회복으로 대출채무자로부터 지급받은 약정수수료(commitment fee)를 반환하여야 하고, 대출채무자의 위 약정수수료 반환청구권은 재단채권에 해당한다고 하였다.

28) 대법원 2003. 5. 16. 선고 2000다54659 판결.

는 경우가 있다. 이를 '도산해제(해지)조항(Ipso Facto Clause)'이라고 한다. 이러한 도산해제(해지)조항이 이용되는 것은 계약 당사자가 지급불능 상태에 빠진 상대 방과 계약관계를 유지하는 것에 대하여 불안감을 느끼기 때문이다.

도산해제(해지)조항은 그 효력을 인정할 경우 회생절차개시신청 등의 사실 이 발생하였음을 이유로 한 해지로 인하여 채무자는 그동안 사용·수익하여 오 던 계약 목적물의 사용·수익권을 상실하는 반면 계약 상대방은 환취권을 행사 하여 계약 목적물의 점유를 회수할 수 있게 되므로, 그 목적물이 회생절차의 진 행에 긴요한 경우에는 채무자의 회생에 큰 지장을 초래하게 된다는 점에서, 파 산절차보다는 회생절차에서 특히 더 문제가 된다. 실무상 리스계약에서 자주 문 제가 되는데, 위와 같은 사유가 발생하는 경우에 ① 리스회사는 최고 없이 통지 만으로 리스계약을 해지할 수 있고, 리스계약이 해지된 경우 리스이용자는 리스 물건을 즉시 리스회사에 반환함과 동시에 약정손해금을 지급해야 한다고 규정하 거나, ② 리스회사는 리스이용자의 기한의 이익을 상실시켜서 잔존 리스료 전액 의 일괄 변제청구를 할 수 있다고 규정하고 있는 경우가 많다.[29]

나. 도산해제(해지)조항의 효력

도산해제(해지)조항의 유효성 여부에 관하여 긍정설과 부정설로 견해가 나 뉘어 있다.[30] 긍정설은 회생절차개시신청이 있기 전에는 계약 당사자에게 사법 상의 계약자유의 원칙이 적용된다는 점, 회생절차가 개시된 후라야 비로소 계약 당사자에 대하여 해지권 등의 행사가 제한 내지 금지된다는 점, 리스이용자에 대하여 회생절차가 개시되는 것을 예견하여 미리 조치를 취한 리스회사가 다른 제3자보다 유리한 지위를 확보하게 되는 것은 당연하다는 점 등을 논거로 한다. 부정설은 리스계약서상에 위와 같은 해지조항을 기재한 리스회사만이 다른 제3 자보다 우월한 지위를 가진다는 것은 타당하지 않다는 점, 해지조항의 유효성을 인정하는 것은 회생절차개시결정 후 관리인의 관리하에 들어가야 할 재산을 특 정의 채권자가 사전에 탈취하는 결과로 되어 채권자 사이의 형평 도모와 이해관 계인 간의 이해조정 등을 통하여 기업을 재건하려는 회생절차의 취지에 어긋난

29) 서경환, "회사정리절차가 계약관계에 미치는 영향", 재판자료 제86집, 법원도서관(2000), 671면.
30) 도산해제(해지)조항의 효력에 관한 자세한 내용은 박병대, "파산절차가 계약관계에 미치는 영 향", 재판자료 제82집, 453-455면; 김영주, "계약상 도산해제조항의 효력", 선진상사법률연구 통 권 제64호, 법무부(2013), 97-121면; 권영준, "도산해지조항의 효력", 비교사법 제25권 2호, 한국 비교사법학회(2018), 749-802면.

다는 점 등을 논거로 한다.[31]

판례는[32] 회생절차의 목적과 취지에 반한다는 이유만으로 도산해지조항을 일률적으로 무효라고 할 수 없다고 하면서도, 쌍방미이행의 쌍무계약의 경우에는 도산해지조항의 효력을 부정할 여지가 있다고 판단하였다. 즉 '도산해지조항이 구 회사정리법에서 규정한 부인권의 대상이 되거나 공서양속에 위반된다는 등의 이유로 효력이 부정되어야 할 경우를 제외하고 도산해지조항으로 인하여 정리절차 개시 후 정리회사에 영향을 미칠 수 있다는 사정만으로는 그 조항이 무효라고 할 수는 없다'고 하면서도, '쌍방미이행의 쌍무계약의 경우에는 계약의 이행 또는 해제에 관한 관리인의 선택권을 부여한 구 회사정리법 제103조의 취지에 비추어 도산해지조항의 효력을 무효로 보아야 한다거나 아니면 적어도 정리절차 개시 이후 종료시까지의 기간 동안에는 도산해지조항의 적용 내지는 그에 따른 해지권의 행사가 제한된다는 등으로 해석할 여지가 없지는 않을 것'이라고 판시하였다.

쌍방미이행의 쌍무계약에 관하여 도산해제(해지)조항의 효력을 인정한다면 상대방에게 파산선고 이전에 항상 해제(해지)권이 발생하여 법이 파산관재인에게 계약에 관하여 이행 또는 해제·해지의 선택권을 부여한 의미가 몰각되므로, 이러한 경우에는 도산해제(해지)조항의 효력을 원칙적으로 부정함이 타당하다.

---

31) 임채홍·백창훈, 회사정리법(상)(제2판), 한국사법행정학회(2002), 216면; 남효순, "도산절차와 계약관계 -이행미완료쌍무계약의 법률관계를 중심으로-", 도산법강의, 법문사(2005), 30, 31면; 條解會社更生法(上), 396면.

32) 구 회사정리법상 회사정리절차에 관한 것이나 대법원 2007. 9. 6. 선고 2005다38263 판결은 조합계약에 해당하는 합작투자계약에 대하여는 쌍방미이행 쌍무계약에 관한 구 회사정리법 제103조가 적용된다고 할 수 없고, 계약 당사자는 도산해지조항에 의하여 상대방의 도산에 대비할 정당한 이익을 갖는다고 보아야 한다는 이유로 위 합작투자계약에 정해진 도산해지조항을 무효라고 단정할 수 없다고 판시하였다. 이 판결에 관하여는 장상균, "합작투자계약상 도산해지조항의 효력 등 -대법원 2007. 9. 6. 선고 2005다38263 판결-", 사법 2호, 사법연구지원재단(2007), 309-314면.

제 2 절 각종 계약의 처리

1. 매매계약

가. 매도인이 파산한 경우

1) 매도인의 소유권이전·인도의무, 매수인의 대금지급의무가 모두 미이행인 경우

쌍방미이행 쌍무계약이므로 앞서 언급한 쌍방미이행 쌍무계약 일반론에 관한 논의가 그대로 적용된다. 파산관재인은 계약을 해제하거나 채무자의 채무를 이행하고 상대방의 채무이행을 청구할 수 있고(법 제335조 제1항), 이행을 선택하여 이행의 청구를 하고자 하는 경우에는 법원의 허가를 받거나 감사위원의 동의를 얻어야 한다(법 제492조 제9호). 이 경우 상대방은 파산관재인에 대하여 상당한 기간을 정하여 그 기간 안에 계약의 해제나 이행 여부를 확답할 것을 최고할 수 있고, 파산관재인이 그 기간 안에 확답을 하지 아니한 때에는 계약을 해제한 것으로 본다(법 제335조 제2항).

파산관재인이 이행을 선택하여 채무를 이행하는 경우에 상대방인 매수인이 가지는 청구권은 재단채권이 된다(법 제473조 제7호). 파산관재인이 해제를 선택하여 계약을 해제한 경우에는 상대방은 손해배상에 관하여 파산채권자로서 권리를 행사할 수 있고(법 제337조 제1항), 파산선고 전에 채무자가 받은 반대급부가 파산재단 중에 현존하는 때에는 상대방은 환취권을 행사하여 그 반환을 청구할 수 있고,[33] 현존하지 아니하는 때에는 그 가액에 관하여 재단채권자로서 권리를 행사할 수 있다(법 제337조 제2항).

2) 매도인의 소유권이전·인도의무가 미이행이고 매수인의 대금지급의무가 이행 완료된 경우

일방이 의무의 이행을 완료하여 쌍방미이행 쌍무계약이 아니므로, 법 제335조의 규정이 적용되지 않는다. 매수인의 목적물의 소유권이전청구권 및 인도청구권은 파산채권이 되고, 그 청구권은 비금전채권이므로 파산선고시의 평가액을 파산채권액으로 한다(법 제426조). 다만, 채무자가 아파트 등을 신축하여 분양하였는데

---

[33] 다만 채무자가 받은 반대급부가 금전이라면, 그 금전은 파산선고 후에도 특정성을 잃지 않고 있다는 등의 특별한 사정이 없는 한 현존하지 아니한다고 보아야 할 것이다.

건물 부분에 관한 소유권이전등기는 파산선고 전 마쳐졌으나 대지 지분에 관한 소유권이전등기는 준공 당시 택지개발지구에 속해 있어 지번이 확정되지 않았다는 등의 사유로 마쳐지지 않은 상태에서 파산이 선고된 경우가 있다. 이러한 경우 수분양자의 대지 지분에 관한 소유권이전등기청구권은 파산채권이지만[34] 예외적으로 파산관재인과 새로운 계약을 체결하여 재단채권으로 만들어 소유권이전등기를 마치도록 허용한 사례가 있다.[35]

3) 매도인의 소유권이전·인도의무가 이행 완료되고 매수인의 대금지급의무가 미이행인 경우

매도인이 가지는 매매대금채권은 파산재단에 속하므로(법 제382조 제1항), 파산관재인은 매수인에 대하여 매매대금의 지급을 청구할 수 있다.

나. 매수인이 파산한 경우

1) 매도인의 소유권이전·인도의무와 매수인의 대금지급의무가 모두 미이행인 경우

쌍방미이행 쌍무계약이므로 법 제335조가 적용된다.[36]

2) 매도인의 소유권이전·인도의무가 미이행이고 매수인의 대금지급의무가 이행 완료된 경우

매수인이 가지는 목적물의 소유권이전·인도청구권은 파산재단에 속하므로(법 제382조 제1항), 파산관재인은 매도인에 대하여 그 이행을 청구할 수 있다.

---

34) 다만 채무자가 분양한 건물이 「집합건물의 소유 및 관리에 관한 법률」이 적용되는 집합건물인 경우에는, 집합건물에서 구분소유자의 대지사용권은 규약이나 공정증서로써 달리 정하는 등의 특별한 사정이 없는 한 전유부분과 종속적 일체불가분성이 인정되므로, 대지소유권을 가진 집합건물의 건축자로부터 전유부분을 매수하여 그에 관한 소유권이전등기를 마친 매수인은 전유부분의 대지사용권에 해당하는 토지공유지분에 관한 이전등기를 마치지 아니한 때에도 대지지분에 대한 소유권을 취득한다. 대법원 2011. 2. 10. 선고 2010다11668 판결, 대법원 2013. 11. 28. 선고 2012다103325 판결 등.

35) 서울회생법원 2007하합68 사건(평창토건 주식회사), 서울회생법원 2014하합63 사건(벽산건설 주식회사).

36) 회생절차에 관한 것이나 대법원 2017. 4. 26. 선고 2015다6517, 6524, 6531 판결은 "상법 제374 조의2에서 규정하고 있는 영업양도 등에 대한 반대주주의 주식매수청구권 행사로 성립한 주식매매계약에 관하여 법 제119조 제1항의 적용을 제외하는 취지의 규정이 없는 이상, 쌍무계약인 위 주식매매계약에 관하여 회사와 주주가 모두 그 이행을 완료하지 아니한 상태에서 회사에 대하여 회생절차가 개시되었다면, 관리인은 법 제119조 제1항에 따라 위 주식매매계약을 해제하거나 회사의 채무를 이행하고 주주의 채무이행을 청구할 수 있다."라고 판시하였다.

3) 매도인의 소유권이전·인도의무가 이행 완료되고 매수인의 대금지급의무
가 미이행인 경우

매매대금채권은 파산채권이 되므로(제423조), 매도인은 파산절차에 의하여 이
를 행사하여야 한다. 파산선고 전에 이미 채무자의 채무불이행을 이유로 해제권
이 발생하여(이행지체 및 상당한 기간을 정하여 최고, 상당한 기간의 도과) 파산선고
후에 해제의 의사표시를 한 경우에 파산선고 후에도 파산관재인에게 해제의 효
력을 주장할 수 있는지에 대해서는 견해의 대립이 있다(이에 관하여는 제5장 제1
절 1. 참조).[37]

다. 매매예약

파산선고 당시 상대방의 매매예약완결권이 행사되지 아니한 상태에 있는
경우에도 상대방의 권리행사에 의하여 매매계약이 성립되거나 장차 매매계약이
성립될 수 있어 매매예약 자체에 법 제335조가 유추적용이 된다.[38] 따라서 파산
관재인이 이행을 선택하면 상대방은 매매계약에 따른 급부를 재단채권으로 청구
할 수 있고, 해제를 선택하면 그로 인한 손해배상청구권을 파산채권으로 신고할
수 있을 뿐, 매매계약에 따른 급부를 파산채권으로 행사할 수는 없다.[39]

---

37) 다만, 대법원 2014. 6. 26. 선고 2012다9386 판결은 채무자가 부동산에 관하여 상대방과 체결
한 계약에 따라 채무자 앞으로 소유권이전등기를 마친 후 그 계약이 해제되었으나 원상회복등
기가 이루어지기 전에 채무자에 대해 파산이 선고되었다면 그 부동산은 일단 파산재단에 속하
게 되고, 파산관재인은 민법 제548조 제1항 단서에서 말하는 계약 당사자와 양립하지 아니하는
법률관계를 갖게 된 제3자의 지위에 있게 된다고 판시하였다.

38) 대법원 2007. 9. 6. 선고 2005다38263 판결. 이에 대해 파산선고 당시 예약완결권을 가지는 쌍
무계약의 예약이 존재하는 경우에, 파산선고 후 상대방이 예약완결의 의사표시를 하여 본계약
인 쌍무계약이 성립하면 법 제335조를 유추적용해야 한다는 견해도 있다. 이에 관한 자세한 내
용은 오수근, 208, 209면.

39) 참고로 채권담보의 목적으로 된 이른바 담보가등기가 아닌 본래 의미의 가등기가 되어 있는
상태에서 파산이 선고된 경우 쌍방미이행 쌍무계약에 관한 법 제337조의 규정이 적용되는지 논
란이 있다. 구 회사정리법상 회사정리절차에 관한 것이나 대법원 1982. 10. 26. 선고 81다108 판
결은, '부동산 또는 선박에 관하여 정리절차개시 전에 생긴 등기원인으로 정리절차개시 후에 한
등기 또는 부동산등기법 제3조에 의한 가등기는 정리절차의 관계에 있어서는 그 효력을 주장하
지 못한다. 그러나 등기권자가 정리절차개시의 사실을 알지 못하고 한 등기 또는 가등기는 그
러하지 아니하다'고 규정한 구 회사정리법 제58조 제1항 본문의 반대 해석상 정리절차개시 전
의 등기원인으로 정리절차개시 전에 부동산등기법 제3조에 의하여 한 가등기는 정리절차의 관
계에 있어서 그 효력을 주장할 수 있다고 할 것이고, 따라서 위와 같은 가등기권자는 정리회사
의 관리인에게 대하여 본등기청구를 할 수 있다고 보아야 하므로 이러한 유효한 가등기가 경료
된 부동산에 관한 쌍무계약에 대하여는 회사정리절차개시 당시 쌍방미이행의 쌍무계약에 관한
관리인의 해제권을 규정한 구 회사정리법 제103조의 적용이 배제된다는 취지로 판시한 바 있다.
그러나 파산선고 이전에 가등기가 마쳐진 경우에도 쌍방미이행 쌍무계약에 관한 법의 규정이
적용된다는 견해[박병대, "파산절차가 계약관계에 미치는 영향", 재판자료 제82집, 486-490면;
임준호, "소유권이전청구권보전의 가등기가 있는 경우 쌍방미이행 쌍무계약에 대한 관리인의 해

2. 거래소의 시세 있는 상품의 정기매매

거래소의 시세 있는 상품의 매매에 관하여 일정한 일시 또는 일정한 기간 안에 이행을 하지 아니하면 계약의 목적을 달성하지 못하는 경우 그 시기가 파산선고 후에 도래하는 때에는 계약의 해제가 있은 것으로 본다. 이 경우 손해배상액은 이행지에서 동종의 거래가 동일한 시기에 이행되는 때의 시세와 매매대가와의 차액에 의하여 정한다(법 제338조 제1항). 계약이 해제된 때에는 상대방은 손해배상에 관하여 파산채권자로서 권리를 행사할 수 있다(법 제338조 제2항, 제337조 제1항·).

이러한 거래는 신속한 처리가 필요하고 현물거래보다는 시세 변동에 의한 이익 여부가 중요하기 때문에 법 제335조를 적용하는 것은 적당하지 않다는 판단 아래 이러한 특칙을 마련한 것이다.

3. 계속적 공급계약

계속적 공급계약이라 함은 전기·가스·수도 등과 같이 공급자가 계약의 상대방에게 계속적으로 가분의 급부를 제공하고 상대방이 각각의 급부마다 그 대가를 지불할 의무를 부담하는 쌍무계약이다. 이러한 계속적 공급계약에 관하여도 쌍방미이행 쌍무계약에 관한 법리가 적용된다.[40]

계속적 공급계약의 경우에도 파산재단의 관리(전산 프로그램의 유지 등), 환가(영업양도 등)에 필요하여 이행을 선택하여야 하는 경우가 있다. 공급자의 상대방이 파산한 경우 파산관재인이 이행을 선택한 경우라면 파산선고 후에 제공한 급부에 대한 대금채권이 재단채권이 됨은 이론이 없다. 반면 파산선고 전의 급부 부분에 대한 대금채권이 파산채권이 되는지에 관하여는 회생절차와는 달리 명문의 규정이(법 제179조 제8호) 없어 논란이 있다. 파산관재인의 이행 선택은 계약 일부만을 선택하여서 할 수 없고 계약 전체에 대한 이행을 선택하여야 한다는 입장에서는 파산선고 전의 급부 부분에 대한 대금채권도 재단채권으로 취급하게 된다.[41] 이

제권의 제한 여부", 민사판례연구 14권, 박영사(1992), 376-395면]가 유력하다.

40) 계속적 공급계약을 단위기간 또는 공급이 이루어질 때마다 계약이 성립하는 것으로 세분하여 이해하는 입장에서는 재화를 사용할 때마다 공급이 완료되므로 법 제335조가 적용될 소지가 없다고 하나, 이는 사회통념이나 거래 현실에 맞지 않는 해석이라는 견해로는 전병서, 127면; 박병대, "파산절차가 계약관계에 미치는 영향", 재판자료 제82집, 464면.

41) 伊藤眞, 353면.

와 달리 계속적 공급계약이 하나의 계약에 기초한 것이라 하더라도 각 기간별로 이행기가 구분되어 있다는 점을 강조하면 파산채권으로 취급하게 된다.[42]

파산관재인이 계속적 공급계약의 이행을 선택한 경우 상대방이 계약의 이행을 거절할 수 있는지에 관하여도 회생절차와는 달리 명문의 규정이(법 제122조 제1항) 없어 논란이 있다.[43] 원래 계속적 공급계약의 각 당사자는 동시이행의 항변권을 갖는 것이고, 쌍방미이행 쌍무계약의 당사자 일방에 대하여 파산선고가 개시되더라도 상대방은 동시이행의 항변권을 잃는 것이 아니므로, 계속적 공급계약의 경우에도 공급자가 동시이행의 항변권을 행사하여 종전 사용료가 미지급되었음을 이유로 장래 공급을 거절할 수 있다는 견해와[44] 거절할 수 없다는 견해로[45] 나뉘어 있다.

파산관재인이 계약의 해제 또는 해지를 선택한 경우 또한 법 제179조 제8호와 같은 규정이 없으므로 파산선고 전까지의 미지급 대금채권과 그로 인한 손해배상청구권은 파산채권으로 취급하고, 파산선고 후 해제 또는 해지시까지의 대금채권은 재단채권이 된다(법 제473조 제8호).

---

42) 전병서, 128면; 박병대, "파산절차가 계약관계에 미치는 영향", 재판자료 제82집, 466면.

43) 법 제122조 제1항은 채무자에 대하여 계속적 공급의무를 부담하는 쌍무계약의 상대방은 회생절차개시신청 전의 공급으로 발생한 회생채권 또는 회생담보권을 변제하지 아니함을 이유로 회생절차개시신청 후 그 의무의 이행을 거부할 수 없다고 규정하고 있다. 한편 대법원 2010. 2. 11.자 2009마1930 결정은 채무자에 대한 회생절차의 개시로 인하여 전기판매사업자가 회생채권인 전기요금채권을 바로 행사하지 못하고, 채무자 측도 그 미납전기요금을 임의로 지급할 수 없게 되었다면, 비록 채무자가 전기요금을 납부하지 않아 전기사용계약이 적법하게 해지되어 전기공급이 중단되었다고 하더라도, 전기판매사업자가 미납전기요금의 미변제를 이유로 상대방에 대한 전기공급을 거부하는 것은, 전기사업자로서의 독점적 지위를 이용하여 회생절차 개시로 그 권리행사가 제한되어 있는 체납전기요금에 대한 즉시 변제를 강요하는 것이 되고, 나아가 다른 회생채권자의 권리를 해하는 결과에 이르게 되므로, 전기사업법에 의하여 원칙적인 전기공급의무를 부담하는 전기판매사업자가 전기공급을 거부할 수 있는 전기사업법 제14조의 정당한 사유에 해당하지 않는다고 봄이 상당하다는 취지로 판시하였다. 참고로 미국은 유틸리티 공급자가 구제명령 전의 공급에 관하여 채무자가 지급기간 내에 채무를 이행하지 아니하였다는 이유로 공급을 변경·거절·중단·차별취급을 할 수 없지만, 구제명령일로부터 20일 이내 예치금 등 담보에 의하여 지급에 대한 적절한 보장을 하지 않으면 그 서비스를 변경·거절·중단할 수 있다고 규정하고 있다(11 U.S.C. §366). 한편 일본 파산법 제55조는 채무자에 대하여 계속적 급부의무를 지는 쌍무계약의 상대방은 파산절차개시신청 전의 급부에 대한 파산채권의 변제가 없다는 것을 이유로 파산절차개시 후에 그 급부를 거부할 수 없다고 하면서, 파산절차개시신청 후 파산절차개시까지 그 급부에 대한 채권은 재단채권으로 규정하고 있다.

44) 박병대, "파산절차가 계약관계에 미치는 영향", 재판자료 제82집, 467면; 전병서, 129면; 條解會社更生法(中), 307면.

45) 임종헌, "파산절차가 미이행 쌍무계약에 미치는 영향", 인권과 정의 241호, 대한변호사협회(1996), 31면.

4. 소유권유보부매매계약

소유권유보부매매에 관하여는 견해의 대립이 있으나,[46] 객체가 동산인 경우 목적물의 소유권을 이전한다는 당사자 사이의 물권적 합의는 매매계약을 체결하고 목적물을 인도한 때 이미 성립하여 그 시점에서 매도인의 이행행위는 모두 완료되는 것이고 다만 대금이 모두 지급되었을 때에 정지조건이 완성되어 별도의 의사표시 없이 목적물의 소유권이 매수인에게 이전되는 것이므로,[47] 목적물의 인도 시점 이후에는 법 제335조의 적용이 없다고 보는 것이 실무이다[소유권유보부매매의 매수인이 파산한 경우 매도인의 권리를 환취권으로 승인할 것인지[48] 별제권으로 승인할 것인지에 관한 자세한 내용은 제12장 제3절 8. 나. 2) 참조].

반면 부동산, 자동차, 건설기계 등과 같이 등기·등록이 필요한 물건의[49] 소유권유보부매매는 등기·등록이 없으면 권리이전의 효과가 발생하지 않기 때문에, 대금의 전부 변제와 상환으로 등기·등록의 이전이 되기까지는 여전히 매도인의 채무가 남아 있는 것이 되어 법 제335조가 적용된다.[50]

---

46) 대립하는 견해에 관하여는 정소민, "도산법상 소유권유보부 매매의 매도인의 지위", 민사판례연구 37권, 박영사(2015), 215-260면. 김영주, "미이행 쌍무계약에 대한 민법과 채무자회생법의 규율 -해석론 및 입법론에 대한 비판적 검토를 중심으로-", 민사법학 70호, 한국사법행정학회(2015), 483-519면은 목적물은 인도하였지만 소유권 이전을 위해 매수인의 매매대금지급 의무와 동시이행관계를 유지하고 있는 매도인은 아직 소유권유보부매매계약상의 재산권이전의무를 전부 이행하지 않은 상태라고 해석함이 타당하다면서, 소유권유보부매매계약상 매도인이 매수인에게 목적물을 이전한 후 매수인에 대해 도산절차가 개시된 때, 당해 계약은 미이행 쌍무계약에 해당하며 관리인이나 파산관재인은 법에 따라 계약의 이행 또는 해제를 선택할 수 있다는 견해를 취한다.

47) 대법원 1996. 6. 28. 선고 96다14807 판결 등.

48) 회생절차에 관한 것이나 대법원 2014. 4. 10. 선고 2013다61190 판결은 "동산의 소유권유보부매매는 동산을 매매하여 인도하면서 대금 완납 시까지 동산의 소유권을 매도인에게 유보하기로 특약한 것을 말하며, 이러한 내용의 계약은 동산의 매도인이 매매대금을 다 수령할 때까지 그 대금채권에 대한 담보의 효과를 취득·유지하려는 의도에서 비롯된 것이다. 따라서 동산의 소유권유보부매매의 경우에, 매도인이 유보한 소유권은 담보권의 실질을 가지고 있으므로 담보목적의 양도와 마찬가지로 매수인에 대한 회생절차에서 회생담보권으로 취급함이 타당하고, 매도인은 매매목적물인 동산에 대하여 환취권을 행사할 수 없다."라고 판시하였다.

49) 다만 대법원 2010. 2. 25. 선고 2009도5064 판결은 부동산, 자동차, 건설기계 등과 같이 등기·등록에 의하여 소유권이 이전되는 경우에는 굳이 소유권유보부매매의 개념을 원용할 필요성이 없다고 한다.

50) 임치용(1), 323면; 고원석, "할부계약에 있어서 매수인의 도산과 매도인의 권리", 재판자료 제64집, 법원도서관(1994), 377-379면. 반면 소유권유보부매매에 대해 법 제335조를 전면적으로 적용해야 한다는 견해로는 김주학, 370, 371면.

5. 임대차계약

임대차계약은 전형적인 쌍무계약의 일종으로서 임대차기간 중에는 남은 기간 목적물을 사용·수익하게 할 임대인의 의무와 차임을 지급할 임차인의 의무가 남아 있게 되므로 법 제335조가 적용되고, 파산관재인으로 하여금 계약의 해지 또는 이행을 선택하게 하여 계약관계를 처리하는 것이 원칙이다. 그러나 임차인이 파산한 경우에 관하여는 민법, 「주택임대차보호법」 및 「상가건물 임대차보호법」의 규정에 따라 위 원칙이 수정되는 경우가 많다. 또한 임차보증금이 지급된 경우 그 임차보증금반환청구권 보호의 정도와 범위에 관하여 논란이 있다.

가. 임대인이 파산한 경우

임대인이 파산한 경우 그 후 임대차계약의 처리에 관하여는 우선 파산관재인이 임대차계약을 해지할 수 있는지 여부와 임차보증금이 있는 경우의 처리방법이 문제된다.

1) 파산관재인의 해지 가부

임대인이 파산한 경우 파산관재인이 법 제335조에 따라 임대차계약을 해지할 수 있는가에 관하여는 다툼이 있다. 구 파산법하에서 다음과 같은 견해의 대립이 있었다.

① 임대차계약이 쌍방미이행 쌍무계약에 해당하므로 법 제335조를 적용하여야 한다는 견해(적용설), ② 적용설에 따르면 임차인은 임대인의 파산이라고 하는 자기에게 아무런 책임이 없는 사정에 의하여 민법 제635조의 기간의 보장도 없이 바로 임차권을 잃게 되어 부당하므로 민법이 임차인 파산의 경우 특별규정을 두면서 임대인 파산의 경우에는 그와 같은 규정을 두지 않은 것은 해지를 인정하지 않는 취지라고 해석하여야 한다는 견해(부적용설), ③ 대항력 있는 임대차의 경우에는 법 제335조가 적용되지 않지만 그 외의 임대차에는 적용된다는 견해(절충설) 등으로 나뉘어 있었다.[51]

현행법은 종전의 실무를 반영하여 임대인이 파산선고를 받은 경우 임차인이 「주택임대차보호법」 제3조(대항력 등) 제1항의 대항요건 또는 「상가건물 임대차보호법」 제3조(대항력 등)의 대항요건을 갖춘 때에는 쌍방미이행 쌍무계약에

---

51) 대립하는 견해에 관하여는 임치용(2), 132, 133면; 전병서, 131면; 박병대, "파산절차가 계약관계에 미치는 영향", 재판자료 제82집, 470, 471면.

관한 법 제335조의 규정을 적용하지 아니한다(법 제340조).[52] 즉, 「주택임대차보호법」
과 「상가건물 임대차보호법」상의 대항력을 갖춘 임차인을 파산관재인의 해지권
행사로부터 보호하고 있다. 이는 선순위 저당권이 설정되어 있어 임차인이 선순
위 저당권자에게 대항력을 주장할 수 없는 경우에도 마찬가지이다.[53] 파산관재
인이 이행을 선택하거나 해지할 수가 없어 계약이 지속되는 경우 임차보증금반
환채권이 재단채권인지 파산채권인지에 관하여는 견해의 다툼이 있다.[54]

임대차계약이 계속되는 경우 임차인은 파산관재인에 대하여 차임지급의무
를 부담한다. 또 대항력 있는 임대차의 경우에도 파산관재인은 차임 미지급, 무
단전대 등 채무불이행 사유에 의한 해지권을 행사할 수 있다. 파산관재인이 해
지하지 못하는 임대차라고 하더라도 파산절차의 원활한 진행을 위하여 임대차계
약을 해지하고 보증금을 반환할 필요가 있는 경우에는, 파산관재인은 임차보증
금 상당액을 퇴거비용으로 지급하는 취지의 화해계약을 체결하고 퇴거비용을 재
단채권으로서 지급하면 된다(법 제473조).

파산관재인이 대항력을 구비하지 못한 임대차계약을 해지하는 경우 해지의
효력은 민법 제635조의 기간 경과를 기다리지 않고 즉시 발생한다(민법 제637조의 반대해석).
임차인이 목적물의 반환과 임차보증금반환의 동시이행을 주장할 수 있는가에 대
하여 논란이 있다.

---

52) 「주택임대차보호법」과 「상가건물 임대차보호법」상의 대항력을 갖추지 못한 임차인의 경우에
는 법 제335조가 적용되어 파산관재인이 계약을 해지할 수 있다고 본다.

53) 임치용(2), 133면; 條解破産法, 441면. 반면 회생절차에서는 회생담보권자의 회생절차에 의하
지 않은 담보권실행이 금지되므로 관리인이 저당권보다 후순위의 임대차계약을 해지하지 못한
다면 당해 부동산의 매각이 어려워지는 등의 문제가 있기 때문에 해지권을 배제한 법 제124조
제4항이 적용되지 않고 관리인이 임대차계약을 해지할 수 있다는 견해가 주장되고 있다. 이에
관하여는 회생사건실무(상) 제6장 제3절 5. 참조.

54) 재단채권이라는 견해는 동시이행의 항변권이 부착된 임차보증금반환채권을 파산채권으로 취
급하는 것은 부당하고 법에 의해 파산관재인이 이행을 선택한 것과 같다는 점을 근거로 한다
[임치용(2), 134면]. 이에 대하여, 임차보증금반환채권은 재단채권에 관한 법 제473조의 각호에
해당한다고 해석할 수 없는 점(임차보증금반환채권은 임대차계약에 부수하는 보증금계약의 체
결에 의하여 성립하는 정지조건부 권리이므로 법 제473조 제4호의 '파산재단에 관하여 파산관
재인이 한 행위로 인하여 생긴 청구권'에 해당한다고 볼 수 없고, 파산관재인이 채무를 이행하
는 경우 뿐만 아니라 계약을 해지하는 경우에도 발생하는 권리이므로 같은 조 제7호의 '제335
조 제1항의 규정에 의하여 파산관재인이 채무를 이행하는 경우에 상대방이 가지는 청구권'에도
해당한다고 볼 수 없다), 법에서 대항력과 확정일자를 받은 임차인의 임차보증금반환채권 또는
소액보증금반환청구권에 관하여는 임차목적물의 환가대금에 대한 우선변제권을 인정하였으나
(법 제415조) 이에 해당하지 않은 임차보증금반환채권에 관한 동시이행항변권을 인정하는 취지
의 규정을 두지 않은 점 등을 근거로, 임차보증금반환채권은 파산채권이라는 견해가 있다. 한편
일본 파산법 제56조 제2항은 임차인의 청구권을 재단채권으로 취급하는 것으로 개정하였으나
임차보증금반환채권이 임차인의 청구권에 포함되는지에 관하여는 다툼이 있고 불포함설이 다수
설이다. 條解破産法, 442면.

2) 임차보증금이 있는 경우

임차보증금반환채권은 임대차계약에 부수하여 파산선고 전부터 성립되어 있는 채권이고, 임대차 종료 후 목적물이 반환되는 때 연체차임 및 관리비, 부당이득금, 손해배상금 등 임대차와 관련하여 발생한 임차인의 채무를 공제한 잔액이 있을 것을 조건으로 하는 정지조건부 파산채권이다. 따라서 임차인은 목적물을 반환하기 전까지 임차보증금반환채권을 자동채권으로 하는 상계를 할 수 없고, 채무를 변제하면서 후일 임차보증금반환채권과 상계를 하기 위하여 임차보증금반환채권액의 한도 안에서 변제액의 임치를 청구할 수 있다(법제418조).[55] 한편 파산이 선고된 경우 파산채권자인 임차인은 파산선고시의 당기 및 차기의 차임에 관하여 상계를 할 수 있고, 보증금이 있는 경우 시기의 제한 없이 당기와 차기 그 후의 차임에 관하여도 상계를 할 수 있다(법제421조)(이에 관하여는 제15장 제1절 3. 참조).

종래 「주택임대차보호법」에 따라 대항요건과 확정일자를 갖춘 주택 임차인의 임차보증금반환채권을 파산절차에서 어떻게 보호할 것인가를 둘러싸고 논란이 있었다. 현행법은 종전의 실무를 반영하여 「주택임대차보호법」 제3조(대항력 등) 제1항의 규정에 의한 대항요건을 갖추고 임대차계약증서상의 확정일자를 받은 임차인은 파산재단에 속하는 주택(대지를 포함한다)의 환가대금에서 후순위권리자 그 밖의 채권자보다 우선하여 보증금을 변제받을 권리를 인정하였고(법 제415조제1항), 이는 「상가건물 임대차보호법」 제3조(대항력 등)의 규정에 의한 대항요건을 갖추고 임대차계약증서상의 확정일자를 받은 임차인에 대하여도 같다(법 제415조제3항). 또한 「주택임대차보호법」 제8조(보증금 중 일정액의 보호)의 규정에 의한 임차인은 같은 조의 규정에 의한 보증금을 파산재단에 속하는 주택(대지를 포함한다)의 환가대금에서 다른 담보물권자보다 우선하여 변제받을 권리가 있고, 이 경우 임차인은 파산신청일까지 「주택임대차보호법」 제3조(대항력 등) 제1항의 규정에 의한 대항요건을 갖추어야 하며(법 제415조제2항), 이는 「상가건물 임대차보호법」 제14조(보증금 중 일정액의 보호)의 규정에 의한 임차인에 대하여도 같다(법 제415조제3항).[56]

---

[55] 대법원 2017. 1. 25. 선고 2015다203578, 203585 판결. 일본 파산법 제70조는 정지조건부채권의 상계에 관한 위 조항이 임차보증금반환채권에도 적용됨을 명시하고 있다.

[56] 주의할 사항은, 소액보증금의 우선변제권이 인정되는 소액임차인의 경우, 파산선고일 또는 경매개시결정등기일이 아닌 파산신청일까지 대항요건을 갖춘 경우에만 파산절차에서 우선변제권을 인정하고 있는바, 이는 파산신청 이후(특히 채권자 신청의 경우) 파산선고를 받게 된 임대인이 친지 등을 소액임차인으로 가장하여 입주시킴으로써 우선변제를 받아가는 탈법행위를 막기 위한 취지이다. 이에 따라 집행법원은 경매개시결정등기 전에 대항요건을 갖추기는 하였지만,

여기서 말하는 우선변제권은 파산절차 또는 경매절차에서 우선변제권을 갖는다는 뜻이지 경매신청권까지 부여된 것은 아니다.[57] 이처럼 우선변제권이 인정되는 임차보증금반환청구권에 관하여는 재단채권인지 파산채권인지, 파산채권이라면 일반적인 파산채권과 마찬가지로 채권조사·확정절차를 거쳐야 하는지, 별제권자에 준하여 채권조사절차를 거치면 충분한지 논란이 있다.[58]

3) 선급 차임이 있는 경우

임대인이 파산선고를 받은 때에는 차임의 선급 또는 차임채권의 처분은 파산선고시의 당기 및 차기에 관한 것을 제외하고는 이로써 파산채권자에게 대항할 수 없다(법 제340조). 즉 차임을 매월 말 지급하는 것으로 정한 경우 임차인이 1년분의 차임을 선급하였더라도, 임차인은 파산관재인이 파산선고를 받은 달과 그 다음 달의 차임을 제외한 차임을 청구하면 이를 이중지급이라는 이유로 거절할 수 없다. 파산선고를 받은 임대인이 미경과분의 차임채권을 양도한 경우에도 마찬가지이다. 이처럼 파산채권자에게 대항할 수 없음으로 인하여 손해를 받은 임차인 또는 채권양수인은 그 손해배상에 관하여 파산채권자로서 권리를 행사할 수 있다(법 제340조).[59] 이는 지상권에 관하여 준용된다(법 제340조).

한편 「자산유동화에 관한 법률」 제2조 제2호 소정의 자산보유자가 파산한 경우 유동화자산 중 차임채권에 관하여는 법 제340조가 적용되지 않는다(자산유동화에 관한 법률 제15조).

파산신청일 이후에 대항요건을 취득한 소액임차인의 경우에는 위 조항에 따른 우선변제권을 인정할 수 없고 해당 배당액을 파산관재인에게 배당하여야 할 것이다.

57) 임치용(2), 136면; 김재형, "도산절차에서 담보권자의 지위", 통합도산법, 법문사(2006), 43면. 한편 오수근, "도산법의 이해", 이화여자대학교 출판부(2008), 259면은 파산절차에서만 우선변제를 받는다는 의미로 해석하고 있다.

58) 대법원 2017. 11. 9. 선고 2015다44274 판결 등은, 주택임대차보호법상 대항요건 및 확정일자를 갖춘 임차인이 파산선고를 받은 임대인인 채무자에 대하여 가지는 임차보증금반환채권은, 채무자에 대한 파산선고 전의 임대차계약에 기하여 생긴 채권에 해당한다고 보아 임차보증금반환채권이 파산채권임을 전제로 하여 법 제422조 제1호에 의하여 상계가 금지된다고 판시하면서, 주택임대차보호법상 대항요건 및 확정일자를 갖춘 임차인은 법 제415조 제1항에 의하여 인정된 우선변제권의 한도 내에서는 파산절차에 의하지 아니하고 임차보증금반환채권의 만족을 받을 수 있고, 이러한 임차인은 파산절차에서 별제권자에 준하는 지위에 있으므로, 파산관재인이 법 제492조 제14호에 따라 '별제권의 목적의 환수'에 관한 법원의 허가 등을 받아 임차인에게 임대차보증금반환채무액 상당의 환수대금을 지급하는 것이 가능하며, 나아가 이러한 경우 임차인의 환수대금채권은 파산선고 전의 원인으로 발생한 파산채권이 아니므로 그러한 환수대금채권으로 파산재단에 속하는 임차인에 대한 매매대금지급채권과 대등액에서 상계하는 것이 가능하다는 취지로 판시하였다.

59) 일본 파산법은 우리나라 현행법 제340조와 같은 내용의 구 일본 파산법 제63조를 삭제하였다.

나. 임차인이 파산한 경우

임차인의 파산에 관한 민법 제637조가 법 제335조의 특칙이므로(반대설도 있다),[60][61] 임차인이 파산선고를 받은 경우에는 임대차기간의 약정이 있는 때에도 임대인 또는 파산관재인은 민법 제635조의 규정에 의하여 계약해지의 통고를 할 수 있다(민법 제637조 제1항). 이 경우 상대방이 통고를 받은 날로부터 민법 제635조 제2항 각호 소정의 기간이 경과하면 해지의 효력이 생겨(민법 제635조 제2항), 임대차는 종료하며, 각 당사자는 상대방에 대하여 계약해지로 인하여 생긴 손해의 배상을 청구하지 못한다(민법 제637조 제2항).[62]

「주택임대차보호법」 제4조, 「상가건물 임대차보호법」 제9조의 임대차기간에 관한 강행규정이 적용되는 경우라고 하더라도 민법 제637조에 기한 임대인의 해지권은 제한되지 않는다.[63]

임차인이 파산선고를 받았으나 파산관재인이 이행을 선택하고 임대인도 해지하지 않아 파산관재인이 관재업무의 편의상 계속하여 임차하는 경우, 파산선고 후의 차임은 재단채권이(법 제473조 제7호) 되지만 파산선고 전의 미지급 차임에 대하여는 파산채권으로 취급하는 견해와 재단채권으로 취급하는 견해의 대립이 있으나, 실무상 파산채권으로 취급하고 있다.[64] 임대인 또는 파산관재인이 해지한 경우에 파산선고 전의 미지급 차임은 파산채권이고, 파산선고일부터 계약이 해

---

60) 민법 제637조가 적용되는 경우에도 법 제339조에 의하여 법 제335조 제2항이 준용되어 임대인 또는 파산관재인은 서로에 대하여 상당한 기간을 정하여 그 기간 안에 계약의 해지나 이행 여부를 확답할 것을 최고할 수 있도록 하고 있는바, 이는 임대인 또는 파산관재인에게 계약의 해지 또는 이행의 선택권이 있음을 전제로 한 것이다. 결국 민법 제637조가 법 제335조의 특칙이라는 것은, 계약의 해지 또는 이행의 선택권이 임대인에게도 인정된다는 것을 의미한다.

61) 임치용(2), 140, 141면은 상대방인 임대인에게 해지권을 부여하는 것은 지나치게 임차인에게 불리하므로, 법 제335조의 적용을 배제하고 민법 제637조만 적용하는 견해에 반대하면서, 일반 원칙으로 돌아가 임차인의 파산관재인에게 선택권을 부여해야 한다는 견해를 취한다. 참고로 일본은 임차인이 파산한 경우 임대인에게 해지권을 인정하여 파산재단의 가치를 감소시킬 이유가 없다는 이유로 우리나라 민법 제637조에 해당하는 일본 민법 제621조를 삭제하고, 일본 파산법상의 쌍방미이행 쌍무계약의 법리에 따라 처리하도록 하고 있다.

62) 서울고등법원 2016. 8. 26. 선고 2015나2072079 판결(상고기각 확정)은 민법 제637조 제2항은 당사자의 의사에 의하여 그 적용을 배제할 수 있는 임의규정이라는 취지로 판시하였다. 한편 헌법재판소 2016. 9. 29. 선고 2014헌바292 결정은 민법 제637조 제2항 중 '파산관재인이 계약해지의 통고를 한 경우에 임대인의 손해배상청구'에 관한 부분은 헌법에 위반되지 아니한다고 판시하였다.

63) 임치용(2), 144면은 「주택임대차보호법」 제4조, 「상가건물 임대차보호법」 제9조는 강행규정이므로 임차인의 파산을 이유로 한 임대인의 해지권은 제한되어야 한다고 한다.

64) 전병서, 131면은 파산채권설을 취하고 있다. 임치용(2), 141, 142면은 계약의 일부 이행 선택을 불허하는 입장에서 재단채권설을 취한다.

지되어 종료하는 날까지의 차임 및 그 이후의 인도시까지의 차임 상당 손해배상금 또는 부당이득금은 재단채권이 된다(법 제473조 제4호, 제5호, 제8호). 따라서 파산관재인은 특별한 사정이 없는 한 조기에 임대차계약을 해지하는 것이 좋다. 그리고 임대인 및 파산관재인은 상대방에 대하여 상당한 기간을 정하여 그 기간 안에 계약의 해지나 이행 여부를 확답할 것을 최고할 수 있고, 상대방이 그 기간 안에 확답을 하지 아니한 때에는 계약을 해지한 것으로 본다(법 제339조, 제335조 제2항).

6. 리스계약

리스계약에도 여러 형태가 있으나, 여기에서는 리스이용자가 선정한 특정 물건 또는 시설을 그가 원하는 조건으로 리스회사가 새로 취득하거나 대여받아 리스이용자에게 일정 기간 이상 사용하게 하고, 그 기간에 걸쳐 일정 대가(리스료)를 정기적으로 분할하여 지급받는 이른바 금융리스를 상정하여 법률관계를 검토한다(상법 제168조의2 이하). 임대차의 실질을 가지는 운용리스는 앞서 살펴본 임대차계약과 같이 처리하면 된다.

금융리스계약의 법적 성질에 관하여는 견해가 나뉘어 있고, 판례는 형식은 임대차계약과 유사하나 실질은 물적 금융인 비전형계약이라고 보고 있다.[65] 어느 설에 의하든 통상의 리스계약은 표준적인 리스계약약관(표준약관)에 기하여 거래되고 있으므로 이 약관의 효력과 해석의 문제로 귀결된다.

표준약관에 의하면 리스이용자는 중도 해약을 할 수 없고, 리스물건의 위험부담과 수선의무를 부담하며, 리스물건이 사용불능으로 되거나 리스회사가 계약을 해제한 경우에도 남은 리스료 상당액의 지급의무가 있고, 한편 리스회사는 하자담보책임이 면제된다. 계약해제 등의 경우에도 리스이용자에게 남은 리스료 상당액의 지급의무가 있는데, 이는 리스이용자에 갈음하여 리스회사가 리스물건을 자기 자금으로 매입하여 리스이용자에게 제공한 후 대금과 경비를 분할 회수하는 리스계약의 구조에서 비롯된 당연한 결론이다.

리스계약에도 쌍방미이행 쌍무계약에 관한 법 제335조가 적용되는지 여부

---

65) 대법원 2013. 7. 12. 선고 2013다20571 판결은 "금융리스는 리스이용자가 선정한 특정 물건을 리스회사가 새로이 취득하거나 대여받아 그 리스물건에 대한 직접적인 유지·관리 책임을 지지 아니하면서 리스이용자에게 일정 기간 사용하게 하고 그 대여기간 중에 지급받는 리스료에 의하여 리스물건에 대한 취득 자금과 그 이자, 기타 비용을 회수하는 거래관계로서, 그 본질적 기능은 리스이용자에게 리스물건의 취득 자금에 대한 금융 편의를 제공하는 데에 있는 것이다."라고 판시하였다.

에 관하여 견해의 대립이 있다. 부정설은 리스물건의 사용과 월 사용료의 지급 사이의 대가관계를 인정하지 아니하므로 법 제335조의 적용을 부정한다.[66] 하급 심 판례와[67] 서울중앙지방법원의 과거 회사정리실무도 금융의 편의공여적 성질을 강조하여 리스료채권을 정리채권(담보권)으로 취급하여 왔다.[68]

이와 반대로 리스물건의 사용과 리스료의 지급 사이에는 당연히 대가관계가 있고 남은 리스료의 전액지급의무가 발생하는 것은 위험부담의 합의에 의한 것이므로 법 제335조의 적용을 긍정하는 견해도[69] 있다.

가. 리스회사가 파산한 경우

부정설에 의하면 법 제335조는 적용되지 않으므로 파산관재인은 파산을 이유로 계약을 해지할 수 없고, 파산선고 후에도 리스계약은 계속된다. 긍정설에 의하면 파산관재인은 계약 해지를 선택할 수 있게 되는데, 파산관재인의 채무는 리스물건의 사용을 승인하는 것뿐이고 리스이용자에게 지급능력이 있는 한 계약의 해지를 선택할 실익이 없으므로 통상 계약의 이행이 선택되기 때문에 부정설과 실질적인 차이는 없다. 파산관재인은 리스계약상의 지위와 함께 리스물건을

---

66) 곽윤직, 민법주해[XVI] 채권(9), 박영사(1992), 369면[김건식 집필 부분]; 김정만, "파산절차와 은행·보험·리스관계 -금융리스거래와 파산-", 재판자료 82집, 584, 585면. 참고로 일본 最高裁 判所 平成7年4月14日 平成3(オ)第155号 判決은 리스물건을 받은 이용자에 대해 회사갱생절차가 개시되었더라도 미지급된 리스료채권에 관하여 미이행 쌍무계약에 관한 규정이 적용되지 않고 전액이 갱생채권이 된다고 판시하였다.

67) 서울고등법원 2000. 6. 27. 선고 2000나14622 판결(미상고 확정), 울산지방법원 2011. 6. 30. 선고 2009가합3025 판결.
  참고로 대법원 2001. 6. 12. 선고 99다1949 판결, 대법원 2004. 9. 13. 선고 2003다57208 판결은 할부판매계약과 같은 금융리스에 있어서 리스료채권이 정리채권에 해당한다고 하면서 그 범위에 관하여, 리스료는 리스회사가 리스이용자에게 제공하는 취득자금의 금융편의에 대한 원금의 분할변제 및 이자·비용 등의 변제의 기능을 갖는 것은 물론이고 그 외에도 리스회사가 리스이용자에게 제공하는 이용상의 편익을 포함하여 거래관계 전체에 대한 대가로서의 의미를 지니는바, 리스료채권은 그 채권관계가 일시에 발생하여 확정되고 다만 그 변제방법만이 일정 기간마다의 분할변제로 정하여진 것에 불과하기 때문에 매 회분의 리스료가 각 시점별 취득원가 분할액과 취득원가에 리스료율을 곱한 이자 등 명목으로 계산된 금액으로 구성되어 있다고 하더라도 이는 리스료의 산출을 위한 단순한 계산방법에 불과하여 잔여 리스료채권 전액이 정리절차 개시 전의 원인으로 생긴 재산상의 청구권으로 정리채권의 대상이 된다고 판시하였는데, 위 판례가 금융리스계약을 쌍방미이행 쌍무계약으로 취급하였는지 여부에 대해서는 이를 긍정하는 견해[이연갑, "리스계약과 도산절차", 민사판례연구 28권, 박영사(2006), 956~958면]와 부정하는 견해[임치용, "판례를 중심으로 구성한 파산실무", 기업소송연구 2005(1), 다사랑, 390면]가 대립되어 있다.

68) 배현태, "회사정리절차에 있어서 리스채권의 취급", 법조 제49권 제2호, 법조협회(2000), 150면 이하.

69) 권기훈·윤창술, 도산절차와 리스채권, 행법사(1999), 107면; 이연갑, "리스계약과 도산절차", 민사판례연구 28권, 박영사(2006), 955면 이하; 김주학, 375면.

양도하는 방식으로 리스채권을 환가하면 된다.

나. 리스이용자가 파산한 경우

1) 리스계약의 해지 여부

리스계약의 약관에는 리스이용자가 파산, 회생절차 신청이 있으면 이를 이유로 리스회사는 리스계약을 해지할 수 있다는 취지의 규정(도산해지조항)을 두고 있는 경우가 많았는데, 이에 대해서는 이를 허용하면 리스회사를 환취권자로 우대하게 되어 다른 채권자와의 형평에 어긋나게 되므로 파산절차와 회생절차를 구별함이 없이 무효로 봄이 다수설이다.[70][71]

리스이용자가 파산선고로 비로소 리스료를 연체한 경우에는 리스회사는 파산절차에 의하지 아니하고는 리스료의 지급을 구할 수 없으므로 채무불이행을 이유로 계약을 해지할 수 없다. 리스이용자가 파산선고 전에 리스료를 연체한 때에는 리스회사가 리스계약을 유효하게 해지할 수 있다. 그 외에 약관에 1회의 리스료연체가 있으면 최고 없이 리스계약을 해지할 수 있다는 조항이 있고 리스이용자가 파산선고 전에 리스료를 연체한 상태에서 파산선고를 받은 경우라면 리스회사는 약관에 기하여 리스계약을 해지할 수 있다.

2) 민법 제637조의 적용 여부

금융리스계약에 임대차의 성격이 있다는 이유로 민법 제637조를 적용하여 임대인인 리스회사가 리스계약을 해지할 수 있는가에 관하여 논의가 있으나 부정설이 타당하다.[72]

3) 리스회사의 파산절차에서의 지위

법 제335조가 리스계약에도 적용된다는 긍정설에 의하면 파산관재인은 계약의 해지 또는 이행을 선택할 수 있는데, 통상 파산선고 후에도 계속 리스물건을 이용하여야 할 경우는 거의 없으므로 결국은 계약을 해지하게 된다. 파산선고 후 상당 기간이 지난 후에 파산관재인이 계약을 해지하더라도 리스이용자가

---

70) 김정만, "파산절차와 은행·보험·리스관계 -금융리스거래와 파산-", 재판자료 82집, 561면. 미국은 "미이행 쌍무계약"과 "종료되지 않은 리스계약"에 한하여 도산해지조항을 근거로 절차 개시 이후에 계약을 해제 또는 변경하는 것을 금지하고 있다[11 U.S.C. §365(e)(1)].
71) 반면 도산해지조항이 유효하다고 볼 경우에는 리스회사는 계약이 유효함을 전제로 한 별제권과 계약해지에 따른 환취권을 선택적으로 행사할 수 있을 것이다.
72) 김정만, "파산절차와 은행·보험·리스관계 -금융리스거래와 파산-", 재판자료 82집, 571, 572면; 임종헌, "파산절차가 미이행 쌍무계약에 미치는 영향", 인권과 정의 241호, 대한변호사협회 (1996), 36면 각주 43.

부담하게 되는 남은 리스료 상당액(파산선고 전까지)은 일반 파산채권이 되지만 (제423조), 파산선고시부터 계약해지시까지의 기간에 대응하는 리스료채권은 재단채권이다(법 제473조 제8호).

부정설에 의하면 파산관재인은 법 제335조에 의하여 리스계약의 해지 또는 이행을 선택할 수 없다. 일반적으로 파산 후에는 리스물건을 계속 사용할 필요가 없게 되어 계약을 유지할 실익이 적으므로, 파산관재인은 사실상 리스회사와 합의 해지에 의하여 계약관계를 청산하게 된다. 단 리스회사의 지위를 담보권자로 취급하게 되면 담보권실행을 위하여 파산관재인에 대하여 리스물건의 인도를 구하고 인도받은 리스물건을 환가하여 그 매매대금에서 미지급 리스료채권 등에 충당하고 부족하면 부족액을 증명하여 파산채권으로 배당받게 된다.

서울회생법원에서 근래 리스회사의 파산절차상의 지위가 쟁점이 되어 다투어진 사례는 없으나 문제가 된다면 회생절차에서의 취급과 동일하게 리스업자를 담보권자로 취급하게 될 것이다.[73] 한편 리스계약에 법 제335조의 적용을 배제하지만 리스회사를 담보권자로 취급하는 것에 반대하는 견해도 있다.

만일 채무자가 영업을 계속하는 경우 또는 관재업무의 필요상 리스물건을 사용하는 경우에는 파산관재인은 법원의 허가를 얻어 리스회사와 새로운 리스계약을 체결하여 처리하는 것이 가장 바람직하다.

다. 리스물건 공급자가 파산한 경우

리스업자와 리스물건 공급자 사이에서는 리스물건의 매매계약 등이 체결되어 있으므로, 리스물건 공급자가 파산한 경우 매매계약 등의 예에 따라 처리된다. 즉 리스업자의 매매대금지급의무와 공급자의 리스물건의 인도의무가 모두 완료되지 아니한 상태이면, 법 제335조가 적용되어 파산관재인이 계약의 해제 또는 이행의 선택을 하게 된다. 리스물건은 아직 파산관재인의 점유하에 있으나 대금의 지급이 완료되고 동시에 등록 또는 점유개정 등에 의하여 소유권 이전의 성립요건도 갖추어져 있다면 리스업자는 소유권에 기하여 환취권을 주장할 수 있고, 리스물건의 인도는 완료되었으나 대금의 지급만이 완료되지 않은 상태라

---

73) 기업의 존속을 전제로 하는 회생절차에서는 주요 영업설비로 사용되는 리스물건에 대한 리스회사의 권리가 회생절차의 구속을 받는 회생담보권이냐, 아무런 구속도 받지 않는 환취권이냐 여부가 매우 중요한 반면 기업의 해체를 전제로 하는 파산절차에서는 어느 쪽으로 구성하더라도 실제에 있어서는 큰 차이가 없다. 그러나 회생절차에서 파산절차로 이행된 경우를 생각하면 도산처리절차 내에서 같은 권리를 서로 달리 취급함은 혼란스럽고 파산절차 도중 영업을 계속할 수 있다는 점을 생각하면 회생절차의 경우와 일관성을 유지하는 것이 바람직하다.

면 리스업자는 그 대금을 파산관재인에게 지급하여야 한다. 이상의 처리에 의하여 리스업자가 보전받지 못한 손해는 이를 파산채권으로서 행사할 수 있다.

7. 도급계약

도급계약도 일종의 쌍무계약이므로 일이 완성되기 전에 그리고 보수의 전액이 지급되기 전에 파산이 선고되면[74] 법 제335조가 적용되는 것이 원칙이지만, 도급인 파산에 관하여는 민법에 특칙이 있고, 그 밖에 도급의 특수성에서 비롯한 예외적인 취급이 문제되는 경우가 있다.

가. 도급인이 파산한 경우

도급인이 파산한 경우에는 민법 제674조가 법 제335조의 특칙이라고 본다.[75] 따라서 도급인이 파산선고를 받은 때에는 수급인 또는 파산관재인은 계약을 해제할 수 있다(민법 제674조 제1항 전문). 이 경우 수급인은 일의 완성된 부분에 대한 보수 및 보수에 포함되지 아니한 비용에 대하여 파산재단의 배당에 가입할 수 있고(민법 제674조 제1항 후문), 계약해제시까지 완성된 일의 결과는 파산재단에 속한다.[76]

공사도급계약에서 기성고에 따라 공사대금을 지급받기로 하는 약정이 있더라도 수급인이 완성하여야 하는 공사는 원칙적으로 불가분이므로 파산관재인이 계약의 이행을 선택하여 수급인이 일을 완성한 경우 그 일의 결과는 파산재단에

---

74) 대법원 2001. 10. 9. 선고 2001다24174, 24181 판결은 건축공사의 도급계약에 있어서는 이미 그 공사가 완성되었다면 특별한 사정이 있는 경우를 제외하고는 이제 더 이상 공사도급계약을 해제할 수는 없다고 할 것인바, 건축공사의 수급인이 파산선고를 받기 전에 이미 건물을 완공하여 인도함으로써 건축공사 도급계약을 해제할 수 없게 되었다면 도급인에 대한 도급계약상의 채무를 전부 이행한 것으로 보아야 하고, 그 도급계약은 파산선고 당시에 쌍방미이행의 쌍무계약이라고 할 수 없다는 취지로 판시하였다.

75) 곽윤직, 민법주해[XV] 채권(8), 박영사(1997), 476면(김용담 집필 부분); 박병대, "파산절차가 계약관계에 미치는 영향", 재판자료 제82집, 473-475면.

76) 대법원 2017. 6. 29. 선고 2016다221887 판결은 "도급인이 파산선고를 받은 경우에는 민법 제674조 제1항에 의하여 수급인 또는 파산관재인이 계약을 해제할 수 있고, 이 경우 수급인은 일의 완성된 부분에 대한 보수와 보수에 포함되지 아니한 비용에 대하여 파산재단의 배당에 가입할 수 있다. 위와 같은 도급계약의 해제는 해석상 장래에 향하여 도급의 효력을 소멸시키는 것을 의미하고 원상회복은 허용되지 아니하므로, 당사자 쌍방이 이행을 완료하지 아니한 쌍무계약의 해제 또는 이행에 관한 법 제337조가 적용될 여지가 없다."라고 판시하였다(이 판결은 회생절차의 관리인이 도급계약 해제의 의사표시를 한 사안에서, 파산절차에 관한 특칙인 민법 제674조 제1항은 공사도급계약의 도급인에 대하여 회생절차가 개시된 경우에도 유추 적용할 수 있다고 하면서, 수급인은 법 제121조 제2항에 따른 급부의 반환 또는 그 가액의 상환을 구할 수 없고 일의 완성된 부분에 대한 보수청구권을 회생채권으로 행사할 수 있다고 보았다).

귀속하고, 수급인의 보수청구권은 파산선고 전의 공사분도 포함하여 모두 재단 채권이 된다(법 제473조,
제7호).[77] 수급인은 유치권을 행사하여 미지급 공사대금채권을 확보할 수도 있다.

수급인 또는 파산관재인은 상대방에 대하여 상당한 기간을 정하여 그 기간 안에 계약의 해제나 이행 여부를 확답할 것을 최고할 수 있고, 이 경우 상대방이 그 기간 안에 확답을 하지 아니한 때에는 계약을 해제한 것으로 본다(법 제339조,
제335조 제2항).

파산관재인이 해제를 선택한 경우 수급인이 손해배상을 청구할 수 있는지에 관하여 민법 제674조 제2항은 각 당사자는 상대방에 대하여 계약해제로 인한 손해의 배상을 청구하지 못한다고 규정하고 있다. 이에 관하여는 민법 제674조가 법 제335조의 특칙이므로 손해배상을 청구할 수 없다는 견해와 법 제335조가 특칙이므로 손해배상채권을 파산채권으로 주장할 수 있다는 견해가 대립되고 있다.[78]

한편 하수급인의 지위 보장과 건설공사의 충실한 시행을 위하여, 수급인(원사업자)이 파산한 경우 도급인(발주자)이 하수급인이 시공한 부분에 해당하는 하도급대금을 하수급인(수급사업자)에게 직접 지급할 수 있도록 하거나 직접 지급하여야 하도록 하고, 하도급대금을 직접 지급한 경우나 그 직접 지급 사유가 발생한 경우에 그 범위 내에서 도급인의 수급인에 대한 대금 지급채무는 소멸한 것으로 보는 특별규정이 있다(건설산업기본법 제35조, 하도급거래
공정화에 관한 법률 제14조). 이에 의하면 수급인(원사업자)이 도급인(발주자)으로부터 제조·수리 또는 용역수행을 한 부분에 상당하는 도급대금을 미리 수령하였느냐 여부에 따라 하수급인(수급사업자)이 다른 취급을 받게 되어 수급인에 대한 다른 파산채권자보다 우대하는 것으로서 평등의 원칙 등에 반하는 것이라는 주장이 있었다. 그러나 헌법재판소는 「하도급거래 공정화에 관한 법률」 제14조 제1항 및 제2항은 헌법에 위반되지 아니한다고 결정하였다.[79]

---

77) 대법원 2003. 2. 11. 선고 2002다65691 판결, 대법원 2004. 8. 20. 선고 2004다3512, 3529 판결 등.
78) 이에 관하여는 김영주, "미이행 쌍무계약에 대한 민법과 채무자회생법의 규율 -해석론 및 입법론에 대한 비판적 검토를 중심으로-", 민사법학 70호, 한국사법행정학회(2015), 493면. 개정된 일본의 민법 제642조 제1항 본문은 주문자가 파산절차개시의 결정을 받은 때에는 수급인 또는 파산관재인은 계약을 해제할 수 있다고 규정하면서, 같은 조 제3항은 제1항의 경우에는 계약의 해제로 인한 손해배상은 파산관재인이 계약을 해제한 경우의 수급인에 한하여 청구할 수 있고, 이 경우에 수급인은 그 손해배상에 관하여 파산재단의 배당에 가입한다고 규정하고 있다.
79) 헌법재판소 2003. 5. 15. 선고 2001헌바98 결정.

나. 수급인이 파산한 경우

수급인이 파산한 경우에는 민법에 별도의 규정이 없으므로 법 제335조가 적용되어, 파산관재인에게 계약의 해제 또는 이행의 선택권이 있다.[80][81]

다만 법 제341조에 특칙이 있다. 채무자가 도급계약에 의하여 일을 하여야 하는 의무가 있는 때에는 파산관재인은 필요한 재료를 제공하여 채무자로 하여금 그 일을 하게 할 수 있고, 그 일이 채무자 자신이 함을 필요로 하지 아니하는 때에는 제3자로 하여금 이를 하게 할 수 있다(법 제341조 제1항). 이 경우 채무자가 그 상대방으로부터 받을 보수는 파산재단에 속하고(법 제341조 제2항), 일을 한 채무자 또는 제3자의 보수청구권은 재단채권이 된다(법 제473조 제4호).[82]

법 제335조의 규정에 의하여 계약이 해제된 때에는 상대방은 손해배상에 관하여 파산채권자로서 권리를 행사할 수 있고(법 제337조 제1항), 이 경우 도급인이 공사에 제공한 재료나 채무자에게 교부한 선급금이 파산재단 중에 현존하는 때에는 도급인은 그 반환을 청구할 수 있고, 현존하지 아니하는 때에는 그 가액에 관하여 재단채권자로서 권리를 행사할 수 있다(법 제337조 제2항).

도급계약은 일을 완성한 다음에야 비로소 보수를 청구할 수 있는 계약이지만, 통상 도급계약의 표준계약서에는 계약해제시의 기성고 정산에 관한 조항이 있고, 기성고에 대응하는 보수는 파산재단을 구성하므로 이 보수와 상대방이 파산재단에 대하여 갖는 지체상금 등의 채권과 정산하게 된다.[83] 도급인이 기성고

---

80) 대법원 2001. 10. 9. 선고 2001다24174, 24181 판결은 구 파산법 제50조(현행법 제335조에 해당하는 규정이다)는 수급인이 파산선고를 받은 경우에도 당해 도급계약의 목적인 일이 파산자 이외의 사람이 완성할 수 없는 성질의 것이기 때문에 파산관재인이 파산자의 채무이행을 선택할 여지가 없는 때가 아닌 한 도급계약에도 적용된다고 할 것이라고 판시하였다.

81) 공사가 상당한 정도로 진척된 상태에서 공사도급계약이 해제된 경우 해제의 소급효가 제한되는 경우가 있다. 대법원 2017. 12. 28. 선고 2014다83890 판결은 "공사도급계약이 해제된 경우에 해제될 당시 공사가 상당한 정도로 진척되어 이를 원상회복하는 것이 중대한 사회적·경제적 손실을 초래하고 완성된 부분이 도급인에게 이익이 되는 경우에 도급계약은 미완성 부분에 대하여만 실효되고 수급인은 해제한 상태 그대로 그 공사물을 도급인에게 인도하며, 도급인은 특별한 사정이 없는 한 인도받은 공사물의 완성도나 기성고 등을 참작하여 이에 상응하는 보수를 지급하여야 하는 권리의무관계가 성립한다. 수급인이 공사를 완공하지 못한 채 공사도급계약이 해제되어 기성고에 따른 공사비를 정산하여야 할 경우, 기성 부분과 미시공 부분에 실제로 들어가거나 들어갈 공사비를 기초로 산출한 기성고 비율을 약정 공사비에 적용하여 그 공사비를 산정하여야 한다. 그 기성고 비율은 공사대금 지급의무가 발생한 시점, 즉 수급인이 공사를 중단할 당시를 기준으로 이미 완성된 부분에 들어간 공사비에다 미시공 부분을 완성하는 데 들어갈 공사비를 합친 전체 공사비 가운데 완성된 부분에 들어간 비용이 차지하는 비율을 산정하여 확정하여야 한다."라고 판시하였다.

82) 일본 파산법은 우리나라 현행법 제341조와 같은 내용의 구 일본 파산법 제64조를 삭제하였다.

83) 대법원 2017. 1. 12. 선고 2014다11574, 11581 판결은 "공사도급계약에 따라 주고받는 선급금

이상으로 공사대금이 지급되었다고 주장하는 경우에는 기성고의 확정이 문제되
는데, 이 경우 비용과 시간의 절약을 위하여 도급계약의 합의해제 및 그에 따른
채권액의 확정을 내용으로 하는 화해를 검토해 볼 수 있다.

　　파산관재인이 법 제335조에 의하여 이행을 선택한 경우라도 공사가 완성되
기 전이라면 도급인은 도급계약에 관한 민법 제673조에 의한 해제권을 상실하
는 것이 아니므로 손해를 배상하고 계약을 해제할 수 있다.

8. 위임계약

가. 위임자가 파산한 경우

　　위임계약의[84] 내용이 유상·무상계약인지 쌍무·편무계약인지를 묻지 않고,
위임은 당사자 한쪽의 파산으로 당연히 종료된다(민법 제690조 전문). 즉, 위임자의 파산으
로 계약이 장래에 향하여 효력이 소멸된다.[85] 법률행위인 위임계약에 의하여 수
여된 대리권은 그 원인된 위임관계의 종료에 의하여 소멸한다(민법 제128조 전문). 위임자
의 파산을 위임계약의 종료원인으로 하지 않는다는 취지의 특약은, 파산재단에
속하는 재산의 관리·처분권이 파산관재인에게 전속된다는 점에서(법 제384조) 무효라
고 해석된다. 다만 위임사무의 내용이 위임자의 일신에 전속하는 신분상·인격
상 권리에 관한 것이라면 그렇지 않다.[86]

은 일반적으로 구체적인 기성고와 관련하여 지급되는 것이 아니라 전체 공사와 관련하여 지급
되는 공사대금의 일부이다. 도급인이 선급금을 지급한 후 도급계약이 해제되거나 해지된 경우
에는 특별한 사정이 없는 한 별도의 상계 의사표시 없이 그때까지 기성고에 해당하는 공사대금
중 미지급액은 당연히 선급금으로 충당되고 공사대금이 남아 있으면 도급인은 그 금액에 한하
여 지급의무가 있다. 거꾸로 선급금이 미지급 공사대금에 충당되고 남는다면 수급인이 그 남은
선급금을 반환할 의무가 있다."라고 판시하였다.

84) 위임계약의 범위와 관련하여, 대법원 2005. 1. 13. 선고 2003다63043 판결(콘도미니엄 시설의
공유제 회원과 시설경영기업 사이에 체결된 시설이용계약은 민법상의 위임계약에 해당된다고
할 수 없으므로, 시설경영기업의 파산으로 위 계약이 당연히 종료된다고 할 수 없다고 한 사
례), 대법원 2003. 1. 10. 선고 2002다11236 판결(민법 제690조가 위임계약의 일방 당사자의 파
산을 위임계약 종료사유로 하고 있는 것은 위임계약이 당사자 사이의 신뢰관계를 바탕으로 하
고 있으므로 당사자의 일방이 파산한 경우에는 그 신뢰관계를 유지하기 어렵게 된다는 데 그
기초를 두고 있다고 할 것인데, 건축공사 감리계약은 그 법률적 성질이 기본적으로 민법상의
위임계약이라고 하더라도 감리계약의 특수성에 비추어 위임계약에 관한 민법 규정을 그대로 적
용할 수는 없는 것이라 할 것이고, 위임계약의 일방 당사자가 수인인 경우에 그중 1인에게 파
산 등 위 법조가 정하는 사유가 있다고 하여 위임계약이 당연히 종료되는 것이라 할 수도 없으
므로, 주택건설촉진법상의 공동사업주체가 사업계획 승인권자의 감리자 지정에 따라 공동으로
감리계약을 체결한 경우 그 공동사업주체의 1인이 파산선고를 받은 것만으로 민법 제690조에
따라 감리계약이 당연히 종료된다고 볼 수 없다고 한 사례).
85) 대법원 2002. 8. 27. 선고 2001다13624 판결.

위임종료의 사유는 이를 상대방에게 통지하거나 상대방이 이를 안 때가 아니면 이로써 상대방에게 대항하지 못하므로($\genfrac{}{}{0pt}{}{민법}{제692조}$), 위임자 및 파산관재인은 수임자에게 위임자가 파산선고를 받은 사실을 통지하여야 한다. 위임자가 파산선고를 받은 경우 수임자가 파산선고의 통지를 받지 아니하고 파산선고의 사실도 알지 못하고 위임사무를 처리한 때에는 이로 인하여 파산선고를 받은 자에게 생긴 비용상환청구권이나 보수청구권 등의 채권에 관하여 수임자는 파산채권자로서 그 권리를 행사할 수 있다($\genfrac{}{}{0pt}{}{법}{제342조}$). 위임종료의 경우에 급박한 사정이 있는 때에는 수임자는 위임자 또는 파산관재인이 위임사무를 처리할 수 있을 때까지 그 사무의 처리를 계속하여야 하고, 이 경우에는 위임의 존속과 동일한 효력이 있다($\genfrac{}{}{0pt}{}{민법}{제691조}$). 위임의 종료 후에 긴급한 필요에 의하여 한 행위로 인하여 파산재단에 대하여 생긴 청구권은 재단채권으로 한다($\genfrac{}{}{0pt}{}{법 제473조}{제6호}$).

파산재단에 관하여 소송 등이 진행되고 있는 경우 파산선고를 받은 채무자와 소송대리인 사이에 체결되어 있는 소송위임약정도 이에 따라 당연히 종료하므로, 파산관재인은 파산선고 후 위임관계를 계속할 필요가 있다고 판단하면 다시 소송위임약정을 체결하여야 한다.

법인인 채무자가 파산한 경우 회사와 그 이사의 관계도 위임관계이므로 ($\genfrac{}{}{0pt}{}{상법 제382조}{제2항, 제567조 등}$) 채무자와 이사 간의 위임계약은 당연히 종료하는데, 파산선고 당시 이사였던 자의 지위와 관련하여,[87] 종전의 이사는 회사의 파산에 책임이 있는 자이므로 이사로서의 권한을 계속 유지시키는 것이 부적절하므로 파산선고로 그 지위를 당연히 상실한다는 자격상실설과 채무자 재산의 관리처분 이외에 총회의 소집 등 회사의 조직에 관계되는 행위에 관하여는 법인과 이사 간 위임관계는 종료하지 않으므로 그 범위 내에서는 종전 이사의 지위가 유지되고, 따라서 이사로서의 권한을 행사할 수 있다고 보는 자격유지설의 대립이 있다.[88] 현재 실

---

86) 곽윤직, 민법주해[XV] 채권(8), 박영사(1997), 604면(이재홍 집필 부분).

87) 이에 관하여는 이동원, "법인의 파산과 청산의 경계에서 생기는 문제들", 회생과 파산 Vol. 1, 한국도산법학회(2012), 185-191면.

88) 법인과 이사 간 위임계약이 파산으로 종료된다는 점에 있어서는 양설 모두 다툼이 없고, 다만 재산의 관리처분 외에 법인의 조직에 관계되는 사무에 관하여 이사가 그 권한을 행사할 수 있는지 여부에만 차이가 있다[자격상실설에 의하면 법인의 조직에 관한 업무처리를 위하여 민법 제63조, 상법 제386조 제2항 등에 따라 임시이사를 선임하여야 하는지 아니면 청산인을 선임하여야 하는지 견해가 나뉠 수 있다(파산절차 진행 중에 권한이 한정된 청산인의 선임이 가능한 것인지에 관하여 논란이 있을 수 있다)].
　　일본의 경우 最高裁判所 昭和43年3月15日 昭和42(オ)第124号 判決은 동시폐지의 경우 종전 이사가 그대로 청산인이 되지 않는다고 하여 자격상실설의 입장에 선 듯하였다가, 그 후 最高裁判所 平成16年6月10日 平成12(受)第56号 判決은 파산선고 후 종전 대표이사의 방화로 인하여

무상으로는 자격유지설에 가깝다.[89]

나. 수임자가 파산한 경우

위임은 수임자의 파산으로도 종료된다($_{전문}^{민법 제690조}$). 법률행위인 위임계약에 의하여 수여된 대리권은 그 원인된 위임관계의 종료에 의하여 소멸한다($_{전문}^{민법 제128조}$). 판례도 위임의 당사자 일방이 파산선고를 받은 경우에는 쌍방미이행 쌍무계약의 해제 또는 이행에 관한 규정이 적용될 여지가 없고 민법 제690조에 의하여 위

발생한 화재에 대하여 위 대표이사가 화재보험약관 면책 조항(보험계약자, 피보험자 또는 그의 법정대리인, 이사 또는 법인의 업무를 집행하는 그 밖의 기관의 고의 또는 중대한 과실, 법령 위반으로 인한 손해에 대하여는 보험금을 지급하지 않는 내용)의 이사에 해당하는지 여부가 문제된 사안에서, 파산선고 당시 이사의 지위에 있었던 사람은 파산선고에 의하여 이사의 지위를 당연히 상실하는 것은 아니고 사원총회의 소집 등 회사 조직에 관계되는 행위 등에 관하여는 이사로서의 권한을 행사할 수 있는 것으로 해석된다며 위 대표이사를 면책 조항에 규정된 이사로 보면서, 위 昭和42(オ)第124号 判決은 회사가 파산선고와 함께 동시파산폐지의 결정을 받은 경우에는 종전의 이사가 당연히 청산인이 되는 것은 아니라는 것을 판시한 것으로 본 건과는 사안을 달리한다는 취지로 판시하였다. 다시 最高裁判所 平成21年4月17日 平成20(受)第951号 判決은 이사 및 감사를 해임하고 새로운 이사 및 감사를 선임하는 내용의 주주총회의 결의에 대하여 위 결의로 해임된 이사가 주주총회 결의 등의 부존재 확인을 구하는 소를 제기한 후 그 주식회사에 대하여 파산이 선고된 사안에서, 원심은 파산절차개시결정으로 위 주주총회 결의로 선임된 이사 등은 위임관계가 당연히 종료되어 그 지위를 상실하고 해임된 이사 등도 소송에서 승소한다고 해도 파산절차개시의 시점에서 위임관계가 당연히 종료된 것으로 간주되므로 이사 등의 지위가 부활할 여지가 없어 특별한 사정이 없는 한 위 주주총회 결의 등 부존재 확인의 소는 소의 이익이 없다고 하였으나 그 원심의 판단을 부정하고, 일본 민법 제653조가 위임자가 파산절차개시의 결정을 받은 것을 위임의 종료사유로 규정하는 것은 파산절차개시에 의하여 위임자가 스스로 할 수 없게 된 재산의 관리 또는 처분에 관한 행위는 수임자도 또한 이를 할 수 없기 때문에 위임자의 재산에 관한 행위를 내용으로 하는 통상의 위임은 목적을 달성하지 못하여 종료하게 되는 것으로 해석된다면서, 주식회사가 파산절차개시결정을 받은 경우 파산재단에 대한 관리처분권은 파산관재인에게 귀속하지만, 임원의 선임 또는 해임과 같은 파산재단에 대한 관리처분권과 무관한 회사조직에 관한 행위 등은 파산관재인의 권한에 속하는 것이 아니라 파산자인 회사가 스스로 할 수 있다고 하여야 하고, 그렇다면 회사에 대하여 파산절차개시의 결정이 되어도 즉시 회사와 이사 또는 감사와의 위임관계가 종료하는 것은 아니므로, 파산절차개시 당시의 이사 등은 파산절차개시에 의해 그 지위를 당연히는 잃지 않고 회사조직에 관한 행위 등에 대해서는 이사 등으로 권한을 행사할 수 있는 것으로 해석하는 것이 상당하다는 취지로 판시함으로써, 자격유지설을 취하기도 하는 등 입장이 일관되지 않다. 이에 관한 자세한 내용은 條解破産法, 626-630면.

89) 현재 실무는 파산선고 당시 채무자의 대표자가 채무자를 대표하여 파산선고 결정에 대하여 즉시항고를 제기하는 것을 인정하고 있고, 파산선고 당시 채무자의 대표자로 하여금 각종 채권자집회에 출석하여 의견을 진술하거나 채권조사기일에 출석하여 신고된 파산채권에 대하여 이의를 진술하도록 하고 있다. 이에 따라 파산선고 이후의 각종 채권자집회의 기일 및 채권조사기일 등에 있어서 채무자의 종전 대표권 있는 이사를 채무자의 대표자로 보고 해당 기일의 조서에 그 출석 여부를 기재하고 있다. 다만 등기선례 제200303-15호(2003. 3. 12. 공탁법인 3402-68 질의회답)는 파산선고에 의하여 기존이사는 상법 제382조 제2항의 준용에 의한 민법 제690조에 근거하여 위임관계가 종료되어 당연 퇴임될 것이나, 후임이사가 선임될 때까지는 등기관이 기존이사에 관한 등기사항을 직권으로 주말할 수는 없고, 파산법인이 신임이사를 선임한 경우에는 법인의 대표자는 기존이사의 퇴임등기와 신임이사의 취임등기를 신청할 수 있다고 한다.

임계약이 당연히 종료되며 위임계약의 종료는 장래에 향하여 위임의 효력을 소멸시키는 것을 의미한다고 하였다.[90] 다만 수임자가 파산선고를 받아도 이것을 위임계약의 종료원인으로 하지 않는다는 취지의 특약은, 파산선고를 받은 채무자라도 수임자가 될 수 있으므로 유효하다고 해석된다.[91]

위임종료의 사유는 이를 상대방에게 통지하거나 상대방이 이를 안 때가 아니면 이로써 상대방에게 대항하지 못하므로($\substack{민법\\제692조}$), 수임자 및 파산관재인은 위임자에게 수임자가 파산선고를 받은 사실을 통지하여야 한다. 위임종료의 경우에 급박한 사정이 있는 때에는 수임자는 위임자가 위임사무를 처리할 수 있을 때까지 그 사무의 처리를 계속하여야 하고, 이 경우에는 위임의 존속과 동일한 효력이 있다($\substack{민법\\제691조}$). 주식회사의 이사로 있던 자가 파산한 경우 회사와의 위임관계는 당연히 종료하고($\substack{상법 제382조 제2항,\\민법 제690조 전문}$), 복권될 때까지 이사에 취임할 수 없다고 해석된다.

9. 고용계약

가. 사용자가 파산한 경우

1) 해   고(고용계약의 해지)

사용자가 파산선고를 받은 경우에는 법 제335조에 우선하여 민법 제663조의 특칙이 적용되어[92] 고용기간의 약정이 있는 때에도 근로자 또는 파산관재인은 계약을 해지할 수 있다($\substack{민법 제663조\\제1항}$). 따라서 채무자의 근로자가 해고되지 않고 남아 있으면 파산관재인은 고용기간의 약정이 있었는지 여부와 관계없이 파산선고일에 즉시 해고의 절차를 밟아야 한다. 이는 정리해고가 아닌 통상해고이고 단체협약에 정리해고에 관하여 노동조합과 협의하도록 정해져 있다고 하더라도 파산관재인은 이에 구속되지 않는다.[93] 파산관재인의 해고는 민법 제663조에 의

---

90) 대법원 2002. 8. 27. 선고 2001다13624 판결.

91) 곽윤직, 민법주해[XV] 채권(8), 박영사(1997), 604면(이재홍 집필 부분).

92) 파산관재인의 이행선택에 의하여 근로자가 종래의 근로관계에 구속되는 것은 강요에 의한 노무를 인정하는 것이 되어 근로자 보호의 관점에서 바람직하지 않기 때문에, 쌍방미이행 쌍무계약에 관한 파산관재인의 선택권을 인정하지 않고 근로자에게도 해지권을 인정하는 것이다. 선재성, "파산과 노동관계", 재판자료 82집, 503, 504면; 임치용(2), 151면.

93) 대법원 2001. 11. 13. 선고 2001다27975 판결은 "정리해고는 긴급한 경영상의 필요에 의하여 기업에 종사하는 인원을 줄이기 위하여 일정한 요건 아래 근로자를 해고하는 것으로서 기업의 유지·존속을 전제로 그 소속 근로자들 중 일부를 해고하는 것을 가리키는 것인바, 이와 달리 사업의 폐지를 위하여 해산한 기업이 그 청산과정에서 근로자를 해고하는 것은 기업 경영의 자

하여 파산선고라는 원인에 기한 것이므로 해고만을 목적으로 한 위장파산이나 노동조합의 단결권 등을 방해하기 위한 위장폐업이 아닌 한 원칙적으로 부당노동행위에(노동조합및노동
관계조정법 제81조) 해당하지 아니한다.[94] 근로자 역시 종래의 근로관계에 구속받지 않고 고용계약을 해지할 수 있다. 고용계약을 해지한 경우에는 각 당사자는 계약해지로 인한 손해의 배상을 청구하지 못한다(민법 제663조
제2항).[95] 근로자 또는 파산관재인은 상대방에 대하여 상당한 기간을 정하여 그 기간 안에 계약의 해지나 이행 여부를 확답할 것을 최고할 수 있고, 이 경우 상대방이 그 기간 안에 확답을 하지 아니한 때에는 계약을 해지한 것으로 본다(법 제339조
제335조 제2항).

　　민법 제663조에 따라 사용자의 파산관재인이 고용계약을 해지한 경우 그 효력은 즉시 발생할 것이나,[96] 근로기준법이 적용되는 경우에는 해고예고통지를 하여 30일의 해고예고기간 경과로 해고의 효력이 발생하게 하거나, 30일분 이상의 통상임금 상당인 해고예고수당을 지급하고 즉시 해고할 수 있다(근로기준법
제26조).[97] 이때 해고예고기간 중의 임금 또는 해고예고수당은 재단채권이 된다(제473조
제8호). 채무자의 자금 사정 때문에 해고예고수당을 해고와 동시에 지급하지 못하는 경우에도 해고는 유효하다.[98] 한편 업무상 부상 또는 질병의 요양을 위하여 휴업한 근로자, 산전·산후로 휴업한 여성 근로자도 사업을 계속할 수 없는 경우에 (근로기준법 제23조
제2항 단서) 해당된다고 보아 근로기준법 제84조에 의한 일시보상을 하지 않더라도 해고할 수 있다고 해석된다.

　　유에 속하는 것으로서 정리해고에 해당하지 않으며, 해고에 정당한 이유가 있는 한 유효하다고 할 것이다."라고 판시하였고, 대법원 2003. 4. 25. 선고 2003다7005 판결은 "기업이 파산선고를 받아 사업의 폐지를 위하여 그 청산과정에서 근로자를 해고하는 것은 위장폐업이 아닌 한 기업경영의 자유에 속하는 것으로서 파산관재인이 파산선고로 인하여 파산자 회사가 해산한 후에 사업의 폐지를 위하여 행하는 해고는 정리해고가 아니라 통상해고이고, 이러한 경우 단체협약에 정리해고에 관하여 노동조합과 협의하도록 정하여져 있다 하더라도 파산관재인은 이에 구속되지 않는다고 할 것이다."라고 판시하였다.

94) 대법원 2004. 2. 27. 선고 2003두902 판결.

95) 파산관재인의 손해배상청구권을 부정한 것은 근로자에게 해지의 자유를 보장한다는 의미가 있고, 근로자의 손해배상청구권을 부정한 것은 근로자 보호라는 관점에서는 문제이지만 근로기준법 제26조의 해고예고에 따른 보호로 대체될 수 있으므로 심각한 문제가 되지는 않는다고 한다. 전병서, 131면.

96) 곽윤직, 민법주해[XV] 채권(8), 박영사(1997), 428면(남효순 집필 부분); 임치용(2), 150면.

97) 서울중앙지방법원 2016하합70 사건(의료법인 제일성심의료재단)에서 파산관재인은 채무자의 기존 근로자에 대하여 해고예고통보를 하고 해고예고수당을 지급하는 대신 해고예고통보 직후부터 보조인으로 고용하는 방식을 취하였다.

98) 대법원 2007. 5. 31. 선고 2006다36103 판결은 해고예고의무를 위반한 해고라 하여도 해고의 정당한 이유를 갖추고 있는 한 해고의 사법상 효력에는 영향이 없고, 해고예고수당의 지급 여부도 해고의 효력을 좌우하는 것은 아니라는 취지로 판시하였다.

사용자가 파산되기 전에 고용한 근로자를 파산관재인이 보조인으로 고용함에 있어 '고용승계'라는 표현을 사용하였다고 하더라도 종전의 고용조건이 그대로 승계되는 것은 아니고, 편의상 종전 근로자 중에서 보조인을 채용하겠다는 취지이므로, 파산관재인과 보조인 사이의 근로계약은 종전의 근로계약과는 단절된다.[99]

2) 단체협약의 처리

단체협약이란 노동조합과 사용자 또는 사용자단체와 사이에 임금, 근로시간 등의 개별적 근로관계 및 당사자의 집단적 근로관계에 관하여 체결한 계약이다. 단체협약은 서면으로 작성하여 당사자 쌍방이 서명 또는 날인하여야 한다 (노동조합 및 노동관계조정법 제31조 제1항).

단체협약은 위와 같은 당사자 사이의 계약이고, 양 당사자가 상호 대가적 의미를 갖는 채무를 부담하는 쌍무계약이다. 따라서 다른 쌍무계약과 마찬가지로 단체협약 중 파산선고를 특히 실효사유로 정하고 있지 않은 한, 파산선고에 의하여 당연 실효하는 것은 아니고, 단체협약의 효력은 당사자 사이에서 유지된다.

그러나 단체협약이 파산관재인의 업무수행에 지장을 초래할 수도 있고, 또 파산의 본질은 기업의 해체·청산에 있으므로, 파산관재인은 법 제335조에 따라 당해 단체협약을 해제할 수 있다.[100] 이에 반하여 회생절차는 기업의 존속·재건을 목적으로 하는 절차이기 때문에 관리인이 단체협약을 해제할 수 없도록 하고 있다(법 제119조 제4항).

3) 근로 관계 채권

근로자의 임금·퇴직금 및 재해보상금은 재단채권으로 하고(법 제473조 제10호), 그 밖에 근로 관계로 인한 채권은 우선권 있는 파산채권에 해당한다(이에 관하여는 제8장 제3절 5. 라. 및 제9장 제2절 2. 차. 참조).

---

99) 인천지방법원 2000. 7. 14. 선고 2000나1662 판결(상고기각 확정)은 파산선고 전의 근로기간과 파산선고 이후 보조인으로서의 근무기간을 합산하여 계속근무기간이 1년 이상임을 전제로 한 연차휴가수당청구를 배척하였다.

100) 임치용(2), 156, 157면; 전병서, 140면. 이에 대해 선재성, "파산과 노동관계", 재판자료 82집, 524, 525면은 단체협약 중 채권적 효력을 갖는 부분은 해지할 수 있지만, 규범적 효력을 갖는 부분은 원칙적으로 해제할 수 없으나, 청산이라는 파산절차의 성격상 일정한 범위 내에서만 인정되어야 한다고 해석한다. 伊藤眞, 399면은 단체협약 조항이 관재업무의 원만한 진행에 방해가 되지 않는다는 점을 노동조합이 증명하면 해제권은 부정된다고 설명한다.

4) 노동조합과의 관계

가) 노동조합의 해산 여부

사용자의 파산은 「노동조합 및 노동관계조정법」 제28조의 해산사유에 해당하지 않으므로 사용자가 파산선고를 받더라도 노동조합은 그 규약에 따라 정함이 없으면 해산하지는 않는다고 해석된다.

나) 파산관재인이 단체교섭에 응할 의무가 있는지 여부

단체교섭의 주체는 단위노동조합의 대표자 또는 교섭대표노동조합의 대표자와 사용자 또는 사용자 단체이다(노동조합 및 노동관계조정법 제29조 제1항, 제2항). 노동조합으로부터 위임을 받은 자도 단체교섭할 권한이 있으므로(노동조합 및 노동관계조정법 제29조 제3항), 파산선고 후에도 노동조합이 해산하지 않고 있는 경우 또는 노동조합은 있지 않더라도 연합단체인 노동조합이 있어 파산관재인에게 단체교섭의 요구를 하여 오는 경우가 있을 수 있다. 이때 사실상 파산관재인이 사용자로서 단체교섭에 응하는 경우가 없는 것은 아니지만, 법리상 파산관재인에게 그와 같은 의무가 있는지는 논란의 여지가 있다.

부정설은 파산관재인은 법원의 감독을 받고 법원의 허가를 받거나 감사위원의 동의를 얻어 그 업무를 처리하므로 단체협상에 응하여 발휘할 재량권이 있다고도 할 수 없고, 파산관재인이 「노동조합 및 노동관계조정법」 제2조 제2호의 사용자에 해당한다고 보기도 어려우므로,[101] 파산관재인에게 단체교섭에 응할 의무가 없다고 한다. 이에 반하여 긍정설은 고용관계도 파산관재인의 업무에 속하는 파산재단에 대한 관리처분권에 속하며 파산관재인이 종전 사용자의 지위를 승계한다는 이유로 축소된 범위 내에서 단체교섭의무가 인정된다고 한다.[102]

---

101) 다만 대법원 2001. 2. 23. 선고 2000두2723 판결은 사업주가 파산선고를 받은 이후에 파산관재인이 영업의 일부를 계속하고 이를 위하여 파산선고를 이유로 해고한 직원 중 일부를 다시 보조자로 선임하여 근로를 제공받는 경우에 파산선고가 있은 후에라도 구 임금채권보장법 제3조, 구 산업재해보상보험법 제5조에 정해진 사업 또는 사업장의 사업주에 해당하는 한, 파산관재인으로서는 여전히 구 임금채권보장법 제8조에 의하여 부담금을 납부할 의무가 있다는 취지로 판시하였다.

102) 윤남근, "파산관재인 -그 법률상 지위와 권한을 중심으로-", 재판자료 제82집, 196면; 선재성, "파산과 노동관계", 재판자료 제82집, 528-529면. 일본의 같은 견해로는 伊藤眞, 398면. 참고로 구 회사정리법상 회사정리절차에 관한 것이나 대법원 2001. 1. 19. 선고 99다72422 판결은 회사정리개시결정이 있는 경우 구 회사정리법 제53조 제1항에 따라 회사사업의 경영과 재산의 관리 및 처분을 하는 권한이 관리인에게 전속되므로 정리회사의 대표이사가 아니라 관리인이 근로관계상 사용자의 지위에 있게 되고 따라서 단체협약의 사용자 측 체결권자는 대표이사가 아니라 관리인이므로, 채무자에 대한 회사정리절차가 진행 중 노동조합과 채무자의 대표이사 사이에 이루어진 약정은 단체협약에 해당하지 아니하며, 달리 관리인의 추인이나 정리법원의 허가가 있었다고 볼 자료가 없다면, 그 약정의 효력이 근로자 개인에게 미칠 수 없다는 취지로 판시하였다.

긍정설도 종전 사용자와 같은 범위의 단체교섭의무를 인정하자는 것은 아니고, 파산절차는 회생절차와 달리 청산절차로서 영업을 폐지하여 채무자의 법인격이 소멸될 것을 예정하고 있으며, 종전 조합원이 적법하게 해고된 이상 파산관재인에게 단체교섭의 의무를 부과할 실제의 필요성을 발견할 수 없으므로 부정설이 타당하다.[103] 만일 파산선고 후에도 영업을 계속하게 되는 경우라면 파산관재인과 새로이 고용계약을 체결한 보조인들이 새로이 노동조합을 설립하여 파산관재인과 단체교섭을 하면 충분하다. 종전 근로자를 조합원으로 하는 노동조합과 단체교섭을 한 사례는 실무상 거의 없다.

나. 근로자가 파산한 경우

이 경우는 사용자의 파산에 관한 민법 제663조의 적용도 없고, 취업규칙에 파산선고를 해고사유로 삼은 경우는 별론으로 하고,[104] 근로기준법이 정한 해고사유에도 해당하지 않는다. 근로계약은 근로자의 자유의사에 기하여 체결 또는 계속되어야지 파산관재인이 이행 또는 해지를 선택하는 것을 허용할 수 없다는 점에서 쌍방미이행 쌍무계약에 관한 법 제335조도 적용되지 않으므로 결국 근로계약 자체는 파산에 의하여 아무런 영향을 받지 않는 것이 된다.

10. 조합계약과 조합원의 파산

조합계약의 법적 성질에 관하여 계약설과 특수행위설이 있으나 민법은 계약의 일종으로 규정하고 있다. 계약설을 취하는 경우에도 쌍무계약인지 여부에 대하여 견해의 대립이 있다. 조합계약에 있어서는 일반계약에 있어서처럼 조합

---

103) 긍정설이 인정하는 단체교섭대상으로 삼는 것은 임금채권의 변제시기, 파산재단의 환가방침 등 어느 정도 재량적 판단이 허용되는 부분에 한정하고 있다. 그러나 파산관재인이 재단채권자와 파산채권자의 이익을 조정해야 하는 입장에 있어 특정 근로자들의 이익을 위하여 임금 등을 수시변제할 수 없으므로 단체교섭대상으로 삼기 부적절할 뿐 아니라 파산관재인이 하는 재단채권의 변제는 법원의 허가 또는 감사위원의 동의에 의하여 지급되므로(법 제492조) 실제로 파산절차에서 단체교섭대상으로 삼을 내용은 거의 없다.

104) 취업규칙에서 파산선고를 해고사유로 삼고 있는 경우 법 제32조의2(누구든지 이 법에 따른 회생절차·파산절차 또는 개인회생절차 중에 있다는 이유로 정당한 사유 없이 취업의 제한 또는 해고 등 불이익한 처우를 받지 아니한다)에 위배되는지가 문제된다. 파산선고만을 이유로 한 해고는 법 제32조의2에 위배되어 그 효력을 유지하기 어렵고[임치용(2), 171면], 해고가 유효하기 위해서는 근로기준법 제23조의 정당한 이유가 있어야 할 것이다. 서울중앙지방법원 2006. 7. 14. 선고 2006가합17954 판결(미항소 확정)은 파산선고를 받은 경우 당연퇴직을 하도록 한 인사규정에 기한 해고는 정당한 이유가 없는 해고로 무효라는 취지로 판시하였다.

계약을 해제 또는 해지하고 상대방에게 그로 인한 원상회복의 의무를 부담지울 수는 없고,[105] 대신에 탈퇴, 제명, 해산에 관한 규정만이 있으므로 쌍방미이행 쌍무계약에 관한 법 제335조 제1항의 적용은 없다고 본다.[106]

민법 제717조는 조합원은 사망, 파산, 성년후견의 개시, 제명의 어느 하나에 해당하는 사유가 있으면 탈퇴한다고 규정하고 있다. 그러므로 조합원 중에 파산 선고를 받는 자가 발생하면 파산관재인은 파산의 목적을 달성하기 위하여 파산한 조합원을 조합으로부터 탈퇴시켜 그 지분을 반환받아야 하는 것이 원칙이다.

조합의 성격이 강한 합명회사·합자회사·유한책임회사의 경우도 사원의 파산을 퇴사원인으로 규정하고 있다(상법 제218조 제5호, 제269조, 제287조의25). 익명조합의 경우에는 영업자 또는 익명조합원의 파산이 조합계약 자체의 종료사유가 된다(상법 제84조 제3호). 합자조합의 경우 조합계약에 관한 규정이 준용되므로, 조합원이 파산한 경우에는 조합으로부터 탈퇴하게 된다(상법 제86조의8 제4항).

만일 조합원들이 조합계약 당시 민법 규정과 달리 차후 조합원 중에 파산하는 자가 발생하더라도 조합에서 탈퇴하지 않기로 약정한다면 이는 장래의 불특정 다수 파산채권자의 이해에 관련된 것을 임의로 민법 규정과 달리 정하는 것이어서 원칙적으로는 허용되지 않는다 할 것이지만, 파산절차에 있어서도 채무자의 기존 사업을 반드시 곧바로 청산하여야 하는 것이 아니라 그 사업을 계속하는 것이 채무자의 채권자를 위하여 유리할 때에는 일정한 범위에서 사업을 계속할 수 있고, 그중 채무자의 사업이 제3자와 조합체를 구성하여 진행하는 것일 때에는 파산한 조합원이 그 공동사업의 계속을 위하여 조합에 잔류할 필요가 있을 수 있는바, 이와 같이 파산한 조합원이 제3자와의 공동사업을 계속하기 위하여 그 조합에 잔류하는 것이 파산한 조합원의 채권자들에게 불리하지 아니하여 파산한 조합원의 채권자들의 동의를 얻어 파산관재인이 조합에 잔류할 것을 선택한 경우까지 조합원이 파산하여도 조합으로부터 탈퇴하지 않는다고 하는 조합원들 사이의 탈퇴금지 약정이 무효라고 할 것은 아니다.[107]

---

105) 대법원 1994. 5. 13. 선고 94다7157 판결, 대법원 2015. 6. 11. 선고 2013다29714, 29721 판결.

106) 구 회사정리법상 회사정리절차에 관한 것이나 대법원 2007. 9. 6. 선고 2005다38263 판결(합작투자계약에 관한 사례), 회생절차에 관한 것이나 대법원 2018. 1. 24. 선고 2015다69990 판결(공동이행방식의 공동수급체에 관한 사례).

107) 대법원 2004. 9. 13. 선고 2003다26020 판결. 대법원 2013. 10. 24. 선고 2012다51912 판결은 "이러한 법리는 파산으로 인하여 일단 탈퇴하였던 조합원의 파산관재인이 파산 직후에 종전의 공동사업을 계속하는 것이 유리하다는 판단에 따라 기존의 조합 구성원이었던 다른 조합원과 종전과 동일한 내용의 공동사업관계를 다시 창설함으로써 파산 전후의 조합이 사실상 동일한 사업체로 유지되고 있다고 평가될 수 있는 경우에도 마찬가지로 적용된다고 할 것이다."라고 판

11. 보험계약

보험자가 파산의 선고를 받은 때에는 보험계약자는 계약을 해지할 수 있고(상법 제654조 제1항), 해지하지 아니한 보험계약은 파산선고 후 3개월을 경과한 때에는 그 효력을 잃는다(상법 제654조 제2항).[108] 이 경우 파산관재인은 보험계약을 해지할 수 없다.

보험계약자가 파산한 경우에는 법 제335조에 의해 처리된다. 다만 손해보험의 경우 보험료를 미리 다 내는 경우가 많은데, 이 경우에는 보험계약자 측 이행은 완료된 것이어서 법 제335조가 적용되지 않는다. 타인을 위한 보험의 경우, 보험계약자가 파산선고를 받은 때에는 그 타인이 그 권리를 포기하지 아니하는 한 그 타인도 보험료를 지급할 의무가 있다(상법 제639조 제3항).

12. 그 밖의 계약

소비대차는 대주가 목적물을 차주에게 인도하기 전에 당사자 일방이 파산선고를 받은 때에는 그 효력을 잃는다(민법 제599조).[109] 사용대차는 차주가 파산선고를 받은 때에는 대주는 계약을 해지할 수 있다(민법 제614조).

상호계산은 당사자의 일방이 파산선고를 받은 때 종료하고, 이 경우 각 당사자는 계산을 폐쇄하고 잔액의 지급을 청구할 수 있다(법 제343조 제1항). 이에 따른 청구권을 채무자가 가지는 때에는 파산재단에 속하고, 상대방이 가지는 때에는 파산채권이 된다(법 제343조 제2항).

부부가 혼인성립 전에 그 재산에 관하여 약정하여 부부의 일방이 다른 일방의 재산을 관리하는 경우에 배우자의 재산을 관리하는 자가 파산선고를 받은 때에는 다른 일방은 자기가 관리할 것을 법원에 청구할 수 있고, 그 재산이 부부의 공유인 때에는 그 분할을 청구할 수 있다(법 제345조 전단, 민법 제829조 제3항). 이에 따라 관리자를 변경하거나 공유재산을 분할하였을 때에는 그 등기를 하지 아니하면 이로써

시하였다.

108) 보험계약의 해지·실효의 입법취지에 관해서는 임종헌, "파산절차가 미이행 쌍무계약에 미치는 영향", 인권과 정의 241호, 대한변호사협회(1996), 46, 47면.

109) 다만 대법원 2001. 12. 24. 선고 2001다30469 판결에서는 영국법을 준거법으로 하는 국제 신디케이티드 론 거래와 관련하여 확대주선은행으로서 간사은행단에 참가한 채무자가 약정한 대출일 전에 파산선고를 받았음에도 위 규정이 적용되지 않았다. 이에 관하여는 석광현, "국제적인 신디케이티드 론 거래와 어느 대주은행의 파산", 민사판례연구 25권, 박영사(2003), 540, 557면; 오수근, 476, 477면.

부부의 승계인 또는 제삼자에게 대항하지 못한다(법 제345조 전단,
민법 제829조 제5항).

제 3 절   지급결제제도 등에 대한 특칙

1. 입법의 필요성

　　금융거래 중에는 일정한 결제체계하에서 지급(payment)과 청산(clearing)이 이루어지는 것이 있는데, 이러한 결제체계는 내부적인 규칙에 따라 지급과 청산을 하며, 복수의 당사자들은 그런 결제체계를 신뢰하고 거래를 하게 된다. 그러한 결제체계의 예로는 통화결제제도·증권결제제도, 그리고 정형화된 금융결제제도를 들 수 있다.

　　이러한 결제체계 내에서 거래하는 당사자 중 일부에 대한 도산절차가 진행되면 권리행사의 중지, 부인권 행사, 쌍방미이행 쌍무계약의 선택 등 도산법의 특이한 규정들이 적용될 수밖에 없게 되는데, 그렇게 되면 결제체계 자체가 붕괴될 위험이 있다. 따라서 각국은 이러한 결제체계를 도산법의 적용에서 배제하는 특별입법을 두고 있으나, 종래 구 파산법과 구 회사정리법에는 그러한 내용이 없어 우리나라의 금융거래에 대한 국제적 신인도에 부정적인 영향을 미쳤다.[110]

　　이에 금융시스템의 위험을 방지하고 국제금융환경과의 정합성을 고려하여 구 파산법과 구 회사정리법에서의 의문점을 해소하고, 입법으로 이를 명확히 하기 위하여 회생절차와 파산절차에 대하여 금융거래에 관한 특칙인 법 제120조 및 제336조가 신설되었다. 입법과정에서 특별법의 제정을 주장하는 견해와 「채무자 회생 및 파산에 관한 법률」에 포함하자는 견해가 있었으나 후자를 택하였다.[111] 법 제120조는 3개 항으로 구성되어 있다. 제1항은 지급결제제도, 제2항은 증권·파생금융거래의 청산결제제도, 제3항은 장외 파생금융거래 등 적격금융거

---

110) 오수근, "통합도산법의 과제와 전망(I)", 저스티스 통권 제85호, 한국법학원(2005), 14-15면.

111) 이 점에 관한 외국의 입법례는 특별법을 제정하는 방식과 파산법에 규정하는 방식이 있다. 일본은 금융기관 등의 특정금융거래에 관하여 도산절차에서도 일괄정산을 허용하는 특별법을 제정하였다가 이를 그대로 유지하면서 2004. 6. 2. 개정된 파산법에 일괄정산을 허용하기 위하여 미이행 쌍무계약에 관한 제58조의 내용을 개정하였다. 미국은 특별법에서 규정하다가 1990년 파산법을 개정하였다.

래를 그 대상으로 하고 있다.[112] 파산절차에 관하여는 법 제336조가 제120조의
규정은 같은 조에서 정한 지급결제제도 또는 청산결제제도의 참가자 또는 적격
금융거래의 당사자 일방에 대하여 파산선고가 있는 경우 이를 준용하도록 규정
하였다.[113]

2. 법 제120조 제1항의 거래(지급결제제도)

가. 규   정

지급결제의 완결성을[114] 위하여 한국은행총재가 금융위원회와 협의하여 지
정한 지급결제제도의 참가자에 대하여 회생절차가 개시된 경우, 그 참가자에 관
련된 이체지시 또는 지급 및 이와 관련된 이행, 정산, 차감, 증거금 등 담보의
제공·처분·충당 그 밖의 결제에 관하여는 이 법의 규정에 불구하고 그 지급결
제제도를 운영하는 자가 정한 바에 따라 효력이 발생하며 해제, 해지, 취소 및
부인의 대상이 되지 아니한다. 지급결제제도의 지정에 관하여 필요한 구체적인
사항은 대통령령으로 정한다(법 제120조 제1항).

나. 지급결제제도의 의의

지급결제(settlement)라 함은 증권매매 등 원인이 되는 실물거래 또는 금융
거래 이후에 이루어지는 자금에 대한 이체와 증권에 대한 대체를 통한 계약이행
의 종결절차를 의미한다. 즉 실물거래 및 금융거래 등 각종 경제활동에 따라 발

---

112) 과거 자본시장에 대한 규제는 구 증권거래법·선물시장법·간접투자자산 운용업법·신탁업법
    등으로 흩어져 있었는데, 자본시장의 주요 법령들을 통합하고, 각종 금융투자업무의 영위 주체
    들을 금융투자업자로 일원화한 「자본시장과 금융투자업에 관한 법률」이 2007. 7. 3. 공포되어
    2009. 2. 4.부터 시행되고 있다.
113) 파산절차에 관하여는 법 제336조가 제120조의 규정은 같은 조에서 정한 지급결제제도 또는
    청산결제제도의 참가자 또는 적격금융거래의 당사자 일방에 대하여 파산선고가 있는 경우 이를
    준용하고, 이 경우 법 제120조 제1항 내지 제3항의 '회생절차가 개시된 경우'는 '파산선고가 있
    는 경우'로 보고, 제120조 제3항 단서의 '회생채권자 또는 회생담보권자'는 '파산채권자 또는 별
    제권자'로 본다고 규정하고 있다. 이하에서는 특별히 구별하여 설명하는 경우를 제외하고 '회생
    절차 등'이라 표시하고, 법 제336조의 규정에 따라 법 제120조 제1항 내지 제3항의 '회생절차가
    개시된 경우'는 '파산선고가 있는 경우'를 의미하고, 제120조 제3항 단서의 '회생채권자 또는 회
    생담보권자'는 '파산채권자 또는 별제권자'를 의미한다.
114) 결제완결성(Settlement Finality) 보장이란 지급결제시스템을 통해 이루어지는 지급지시·청
    산·결제가 참가기관의 파산 등의 상황이 발생하더라도 취소되지 않고, 해당 지급결제시스템의
    운영규칙에 따라 무조건적으로 이루어지도록 하는 것을 의미한다. 한국은행, 한국의 지급결제제
    도(2014), 112면.

생하는 거래 당사자 사이의 채권·채무 관계를 화폐적 가치의 이전을 통하여 청산하는 행위를 말한다.[115] 이러한 지급결제를 가능하게 하는 운영조직을 지급결제제도라 한다. 협의의 지급결제제도는 원인거래가 아닌 결제지시의 이행과정이라는 점에서 증권의 매매라는 원인거래에서 발생하는 채무의 인수를 통한 이행과정인 청산과 구별된다.

다. 지급결제제도의 종류[116]

1) 결제방법에 따른 분류

지급결제제도는 지급될 자금 총액이 실시간에 결제되는 실시간 총액결제제도(Real Time Gross Settlement, RTGS)와 지급될 다수의 자금을 차감계산하여 차액만을 결제하는 차액결제제도(Net Settlement System) 및 양자의 중간 형태로서 각종 혼합형결제제도(Hybrid System)가 있다.[117]

총액결제제도는 지급지시의 결제가 실시간 건별로 완결되고 청산과정 없이 지급에서 바로 결제과정으로 이어지므로 신속하게 처리할 수 있어 신용위험을 근본적으로 제거할 수 있는 장점이 있으나, 결제할 금액이 거액으로 은행의 일시적 유동성 부족으로서 시스템이 원활하게 운영되지 못할 수 있다. 한국은행은 1994년 12월부터 우리나라 유일의 거액결제시스템인 한국은행금융결제망('한은금융망,' BOK-Wire, 실시간 총액결제방식)을 구축·운영하다가 2009년 4월부터 기존 한은금융망이 사용하던 실시간 총액결제방식 외에 상계결제 기능이 추가된 혼합형결제방식을 도입한 신한국은행금융결제망('신한은금융망,' BOK-Wire+)을[118] 운영하고 있다.

이에 반하여 차액결제제도는 결제금액을 줄일 수는 있으나, 결제시간이 실시간으로 이루어지지 아니하므로[119] 신용위험에 노출되는 단점이 있다. 신용위

---

115) 이은재, "통합도산법에서의 결제완결성 보호조항", 도산법상 결제시스템의 보호, 이화여자대학교 도산법센터(2004), 6면. 결제는 경제활동에 수반하여 생긴 채권채무를 대가의 이전에 의하여 해소하는 것으로서 안정성과 효율성이 강조되는 경제학상의 공공정책적인 개념이다. 久保田隆, "資金決濟システムの法的課題", 私法 第66号, 有斐閣(2004), 156면.

116) 우리나라의 지급결제제도에 관하여는 한국은행 홈페이지(http://www.bok.or.kr) "금융안정 → 지급결제 → 지급결제보고서" 부분 한국은행, "2017년도 지급결제보고서" 참조.

117) 정순섭, "증권 선물 결제시스템의 보호방안", 도산법상 결제시스템의 보호, 이화여자대학교 도산법센터(2004), 20면.

118) 한국은행 홈페이지(http://www.bok.or.kr)에서는 '한은금융망'으로만 지칭하고 있으나, 이전 시스템과의 구분을 위해 '신한은금융망'으로 지칭하기로 한다. 신한은금융망에는 은행, 금융투자회사, 보험회사 등 대다수의 금융기관과 예금보험공사, 한국예탁결제원, 한국거래소, 한국증권금융 등 기타 관련 기관들이 참가하고 있다.

험을 줄이기 위하여 신용한도의 설정, 사전담보의 징구 및 손실부담제도를 마련
하고 있다. 은행공동망의 결제제도와 한국거래소와 한국예탁결제원이 공동으로
운영하는 유가증권 및 코스닥 시장결제제도는 유가증권 및 코스닥 시장의 참가
기관인 금융투자업자·은행의 다자간 차액결제방식이다.

  2) 운영주체에 따른 분류

  운영주체에 따라 중앙은행결제제도와 민간결제제도로 구분할 수 있다. 먼저
우리나라의 지급결제제도는 자금결제제도·증권결제제도·외환결제제도로 구분
할 수 있으며, 이를 다시 중요도에 따라 핵심·중요·기타 3가지로 구분할 수
있다. 핵심지급결제제도 중 한국은행과 금융기관 또는 금융기관 간 자금거래를
처리하는 신한은금융망이 중앙은행결제제도이다.

  민간결제제도는 민간기관(은행연합회·청산기구 등)이 소유·운영하는 결제제
도이다. 우리나라에는 금융결제원이 운영하는 은행공동망(CD 공동망·타행환공동
망·전자금융공동망 등)과 어음교환제도, 기타 민간기관이 운영하는 신용카드결제
제도·모바일결제제도·전자화폐결제제도 등이 있고, 한국거래소와 한국예탁결
제원이 운영하는 유가증권시장결제제도·코스닥시장결제제도 등이 있다.

  그 외 CLS 은행(Continuous Linked Settlement Bank International)이[120] 운영하
는 외환동시결제제도(CLS 시스템)가 있다.

  3) 대상거래에 따른 분류

  가) 거액결제제도와 소액결제제도

  고액의 자금을 취급하는 제도를 거액결제제도라 하고, 소액자금을 대량으로
취급하는 제도를 소액결제제도라 한다. 금융기관 간 자금거래·국채의 매매대금
지급·외환거래 등이 거액결제제도를 통하여 결제되고, 신용카드·수표·계좌이
체·지로 등이 소액결제제도를 통하여 결제된다.

  나) 증권결제제도

  증권결제제도는 증권이 거래된 이후 증권을 인도하고 대금을 지급함으로써

---

119) 전자금융공동망 등 국내 소액결제시스템의 경우 참가기관 사이의 차액결제는 당일 거래 마감
   후 은행 간 수취액과 지급액을 상계하고 그 차액만을 결제하므로 참가기관들은 거래발생시점부
   터 차액결제시점까지 신용위험에 노출되어 있다.

120) 외환결제리스크 감축에 관한 국제결제은행(BIS)의 권고에 따라 1999년 주요 국제상업은행들
   이 세계 외환거래의 동시결제를 구현할 목적으로 미국 뉴욕에 설립한 국제외환결제전문은행이
   다. 한편 CLS(Continuous Linked Settlement)란 동 시간대 중 CLS은행 내 결제회원 계좌 간
   가상결제와 각 통화별 중앙은행에 개설된 결제회원과 CLS은행 계좌 간 실제 자금이체(자금납
   입 및 지급)가 연속적(Continuous)으로 연계(Linked)되어 일어남을 의미한다.

거래당사자 쌍방이 채권과 채무를 이행하여 거래를 완결시키는 지급결제제도이다.

증권결제 관련기관으로는 청산기관·중앙예탁기관 및 결제은행이 있다. 청산기관은 매매확인과 거래당사자 간 증권과 대금에 대한 채권과 채무의 내용을 산정하는 청산업무를 담당하는 기관이다. 일부 청산기관은 증권시장에서 체결된 계약의 매도자에 대해서는 매수자 역할을, 매수자에 대하여는 매도자 역할을 수행하기도 하는데, 이러한 경우 청산기관을 중앙거래당사자(Central Counterparty: CCP)라 한다. 중앙예탁기관은 고객으로부터 유가증권을 집중 예탁받아 증권의 인도나 질권 설정 등의 권리이전을 실물증권의 인도가 아닌 예탁자계좌부상의 기재(계좌대체, book entry)에 의하여 처리하는 기관이다. 우리나라에서는 유가증권의 집중예탁과 계좌 간 대체 업무를 담당하고 있는 한국예탁결제원이 (자본시장과 금융투자업에 관한 법률 제294조 제1항) 이에 해당한다. 결제은행은 증권거래와 관련된 대금의 결제를 처리하는 기관으로 중앙은행 또는 상업은행이 이에 해당한다. 요약하면 증권대체는 한국예탁결제원이 담당하지만, 자금지급결제는 원칙적으로 신한은금융망 또는 은행공동망을 이용한다.

증권결제제도는 대금이체와 증권대체가 필요하고, 결제의 대상이 돈이 아니라 증권으로서 다양하고, 근거법규가 상이하며, 더구나 중앙거래당사자가 개입하게 되므로 결제절차가 자금결제보다 복잡하다. 자금결제와 증권대체 사이에 시차가 발생하면 일방을 수취하지 못하는 위험이 발생하게 된다. 그리하여 증권대금동시결제(Delivery versus Payment: DVP)의 개념이 도입되었다.[121]

라. 법 제120조 제1항의 지급결제제도

법 제120조 제1항의 지급결제제도는 원인거래가 아닌 결제지시의 이행과정이라는 점에서 원인거래의 이행과정의 일부로서 한국거래소와 참가자 사이의 채무인수를 통한 청산과 구별된다.

지급결제제도 중 차액결제는 개별 참가자가 지시하는 지급금액이 다른 참가자 모두의 차액 결제금액에 영향을 주는 거래 방식으로서 신용위험에 노출되어 있으므로 참가자에 대하여 회생절차 등이 개시되어 포괄적 금지명령이 발하여져 결제가 중단되거나 이미 지급한 결제금액이 부인권의 행사로 인하여 소급적으로 변경되면 전체 참가자를 상대로 완료된 정산을 다시 정리하여야 하는데, 이는 결제제도의 근간을 뒤흔드는 혼란을 야기하게 된다. 그리하여 각국은 입법을 통

---

121) 한국은행, 한국의 지급결제제도(2014), 25면.

하여 지급결제제도에 참가하는 기관에 대하여 회생절차 등이 개시된 경우에도 담보물을 유효하게 처분할 수 있게 하여 이미 완료된 결제의 완결성을 법적으로 보호하고 있다.[122]

현물인수도에 의한 결제는 법 제120조 제1항에 포함되지 아니한다. 한국예탁결제원이 수행하는 증권에 대한 결제와 관련하여, 증권결제제도가 법 제120조 제1항에 포함되는지 여부에 관하여는 견해의 대립이 있다.[123]

위에서 본 우리나라의 지급결제제도 중 어느 제도가 법 제120조 제1항의 적용대상이 되는지는 그 위임에 따라 한국은행총재가 지정하게 되어 있는데, 한국은행총재는 위 각 지급결제제도 중에서 한국은행이 운영하는 한은금융망(2009년 4월부터는 신한은금융망), 금융결제원이 운영하는 CD공동망, 타행환공동망, 전자금융공동망, 어음교환시스템, 지로시스템, 자금관리서비스(CMS)공동망, CLS은행이 운영하는 CLS 시스템 등 8개 지급결제시스템을 법 제120조 제1항의 적용대상으로 지정하여 시행하고 있다.[124] 일반적인 지급결제제도에 속하더라도 한국은행총재가 지정한 것이 아니면 특칙의 적용을 받을 수 없다. 지급결제제도의 지정 및 지정취소에 관하여 필요한 구체적인 사항은 시행령 제5조 내지 제13조에 규정되어 있다.

---

122) 국제결제은행(Bank for International Settlements, BIS)은 1990년에 다자간 차액결제제도에 관한 국제적인 기준에 관하여 소위 Lamfalussy 보고서를 통하여 발표한 이후 2001년에는 중요 자금결제제도의 핵심원칙을 제정·공표하여 각국에서 새로운 지급결제제도를 구축하거나 기존 제도를 개선하는 데 있어 모범적인 실무기준을 제시하고 있다. 양자 모두 지급결제제도에 대하여 각국에서 확고한 법적 근거를 갖출 것을 요구하고 있는바, 법 제120조 제1항 및 제2항은 이러한 국제적인 배경에서 입법된 것이다.

123) 이를 긍정하는 견해는, 입법과정에서 자금결제와 증권결제제도를 분리하여 규정할 것인지에 관한 논의가 있었으나 증권결제제도 중 청산에 대하여는 법 제120조 제2항으로, 결제에 대하여는 자금결제와 합하여 같은 조 제1항으로 규정하는 방안이 채택된 것이라는 점, 시행령 제5조 제3호에서 지급결제제도 지정 신청시 제출할 서류를 정하면서 이체지시는 자금의 이체와 유가증권의 대체를 포괄한다고 규정하고 있는 것에 비추어 법 제120조 제1항의 '이체지시'는 자금의 이체뿐 아니라 증권의 대체도 포함된 개념이라는 점 등을 근거로 한다[임치용, "지급결제제도에 관한 회생 및 파산절차의 특칙—제120조의 해석론", 인권과 정의 제356호, 대한변호사협회 (2006), 100면]. 이를 부정하는 견해는, 증권결제제도는 법 제120조 제2항에 포함되는 것이라고 하면서, 법 제120조 제2항의 '청산결제'는 청산뿐만 아니라 협의의 결제(제7절 제3절 3. 나. 참조)를 모두 포괄하는 개념으로 보아야 하는 점, 긍정설에 의할 경우 증권결제제도 중 청산에 관하여는 별도의 지정절차 없이 제2항을 적용하고 결제에 관하여는 제1항을 적용하여 지급결제제도로서 지정받아야 한다는 것은 균형에 맞지 않는 점 등을 근거로 한다[박준, 홍선경, 김장호 "채무자회생 및 파산에 관한 법률 제120조의 해석—지급결제제도, 청산결제제도 및 적격금융거래에 대한 특칙의 적용범위", BFL 제22호, 서울대학교 금융법센터(2007), 64, 68–69면; 윤관식, "자본시장법 시행에 따른 증권결제제도 변경에 관한 고찰", 증권예탁 제68호, 한국예탁결제원 (2009), 21–41면; 한국은행, 한국의 지급결제제도(2014), 112면].

124) 한국은행 홈페이지(http://www.bok.or.kr) "금융안정 → 지급결제 → 한국은행의 역할 → 결제완결성 보장대상 지급결제시스템 지정" 부분 참조.

마. 특칙의 내용

신한은금융망의 참가기관은 대국민 지급결제서비스를 제공하는 은행 등 금융기관뿐 아니라 넓은 의미의 지급결제서비스인 증권거래서비스를 제공하는 증권 관련 유관기관(금융투자업자・한국거래소・한국예탁결제원・한국증권금융 등)이 모두 참가기관으로 되어 있다.[125]

법 제120조 제1항에는 제3항과 달리 중지명령과 포괄적 금지명령의 대상이 되지 아니한다는 조항이 없으나 법 대신 지급결제제도의 운영규정에 따르게 되므로 제3항과 같이 해석하여야 할 것이다.

한국은행은 신한은금융망에 참가하는 은행 등과 당좌거래 약정을 맺고 있다. 한국은행은 참가기관의 당좌예금잔액이 부족할 경우에 대비하여 사전에 국채・통화안정증권 등을 담보로 잡고 있다가 담보의 범위 내에서 즉시 자동대출을 함으로써 일중 결제가 가능하도록 하기 위하여 일중당좌대출제도(daylight overdrafts)를[126] 운영하고 있다. 예를 들면 만일 은행에 대하여 오전 10시에 회생절차가 개시되었다고 하더라도 그날 자동대출된 금액에 대하여 개시결정 후에도 한국은행이 일중당좌대출제도의 담보물을 처분하는 것은 허용된다고 해석된다. 그러나 이것은 이론의 문제이고, 실제로 금융기관에 대하여 회생절차가 신청되면 사전에 금융감독기관에 알려져 있을 것이므로 지급결제제도의 이용을 정지당하거나 퇴출된 상태일 것이다.

그리고 법원이 회생절차 등 개시 전에 변제금지가처분이나 중지명령을 발하게 되더라도 법 제120조 제1항에 의하여 변제금지가처분이나 중지명령의 효력은 지급결제제도에 영향을 미치지 아니하므로 자동대출과 담보물의 처분은 지급결제제도의 운영약정에 따라 이루어질 것이다. 만일 개시결정 후에도 지급결제제도에 참가하고자 하는 경우라면 관리인이 결제제도의 운영자와 새로이 참가약정을 맺을 것이므로 그 후에는 그에 따라 결제가 이루어질 것이다.

---

125) 증권결제제도가 법 제120조 제1항에 포함된다는 견해에 따르면, 법 제120조 제1항의 참가자에는 증권결제제도에 참가하는 자도 포함될 것이다. 증권결제제도에 참가하는 자는 예탁자로서 금융투자업자・은행・보험회사 그 밖의 기관투자자 등이다(자본시장과 금융투자업에 관한 법률 제303조 제1항, 한국예탁결제원 증권등결제업무규정 제8조).

126) 이는 실시간 총액결제제도의 원활한 운영을 위해 수반되는 장치로서 중앙은행에 개설된 참가기관의 당좌예금잔액이 자금이체 신청금액에 비해 부족할 경우 사전에 설정된 일정 한도 범위 내에서 즉시 자동대출이 지원되어 영업시간 중 연속적인 자금결제가 가능하도록 하기 위한 대출방식이다. 한국은행, 한국의 지급결제제도(2014), 164-165면.

다만 파산절차와 관련하여 보면, 파산선고 후에도 파산이 선고된 금융기관이 지급결제제도에서 퇴출당하지 않고 참가자로서 지위를 유지한 가운데 지급결제제도가 운용될 것을 전제로 한 논의는 의미가 적다. 부실금융기관에 대하여는 파산신청 전 「금융산업의 구조개선에 관한 법률」 제10조에 의하여 금융위원회가 금융기관에 대하여 관리인의 선임, 영업의 전부 또는 일부 정지, 합병 또는 제3자에 의한 해당 금융기관의 인수, 계약이전 등의 적기시정조치를 할 것이다. 같은 법 제16조 제1항에 의하여 금융위원회가 파산신청을 하는 경우에도 사실상 파산신청 전에 영업의 전부 또는 일부 정지가 된 상태일 것이다. 그렇다면 파산신청 당시 이미 지급결제제도에서 퇴출당하였을 것이므로 금융기관의 파산선고 후에는 지급결제제도를 이용할 가능성이 없기 때문이다.[127]

결론적으로 미국과 달리 파산신청만으로 자동중지의 효과가 발생하는 것이 아니라 파산신청 후 법원의 보전처분이나 파산선고를 요하는 우리나라의 파산절차에서는 파산신청 후 지급결제제도에서 퇴출당할 가능성이 크므로 법 제120조 제1항이 파산선고 후에도 적용될 사례는 거의 없을 것이다(법 제120조 제1항의 내용에 대하여는 후술하는 법 제120조 제3항의 특칙의 내용 부분 참조).

3. 법 제120조 제2항의 거래(청산결제제도)

가. 규   정

「자본시장과 금융투자업에 관한 법률」, 그 밖의 법령에 따라 증권·파생금융거래의 청산결제업무를 수행하는 자 그 밖에 대통령령에서 정하는 자가 운영하는 청산결제제도의 참가자에 대하여 회생절차가 개시된 경우 그 참가자와 관련된 채무의 인수, 정산, 차감, 증거금 그 밖의 담보의 제공·처분·충당 그 밖의 청산결제에 관하여는 이 법의 규정에 불구하고 그 청산결제제도를 운영하는 자가 정한 바에 따라 효력이 발생하며 해제, 해지, 취소 및 부인의 대상이 되지 아니한다(법 제120조 제2항).

---

127) 「금융산업의 구조개선에 관한 법률」 제15조 제1항에 의하면 금융위원회는 법원에 대통령령이 정하는 금융전문가 또는 예금보험공사의 임직원을 파산관재인으로 추천할 수 있고 법원은 원칙적으로 피추천인을 파산관재인으로 선임하고 있으므로 금융위원회가 사전에 파산선고 사실을 알게 된다.

나. 청산결제제도

청산(clearing)은 청산기관(clearing house)이 거래당사자 사이에 개입하여 결제를 위해 교환된 어음, 수표, 계좌이체 등의 지급수단을 확인한 후 최종적으로 수취하거나 지급해야 할 차액을 산출하는 것이다. 즉 거래 이후 결제 전에 일어나는 지급수단의 수령·조회·통지 및 차액계산(netting)이나 결제 전의 포지션 산출과정 모두가 청산에 해당된다.[128] 결제(settlement)는 청산과정을 통해 계산된 금액을 지급하여 완결시키는 과정이다.[129]

증권의 청산결제라 함은 유가증권 매매시장에서 증권이 거래된 이후 증권을 인도하고, 대금을 지급함으로써 거래 쌍방이 채권과 채무를 이행하여 거래를 완결시키는 것을 말한다.[130] 증권의 청산결제는 청산과 협의의 결제로 구분할 수 있다. 청산이란 매매거래 후 계약체결 확인·오류자료 수정·차감을 거쳐 차액결제의 방식을 통하여 결제자료를 산출하는 일련의 과정이다. 이 과정에서 청산기관인 중앙거래당사자(CCP)가[131] 결제참가자가 상대방에 대하여 부담하는 채권·채무를 인수하는 등의 방법으로 개입하여 다자간 네팅(multilateral netting)을 통하여 차액정산하게 된다. 협의의 결제는 청산을 통하여 산출된 결제자료에 따라 최종적으로 증권과 대금을 교환하여 매매에 따른 채권·채무 관계를 해소한다.

현재 증권시장 및 파생상품시장에서의 매매거래에 따른 매매확인, 채무인수, 차감, 결제증권·결제품목·결제금액의 확정, 결제이행보증, 결제불이행에 따른 처리 및 결제지시업무는 청산기관으로서 한국거래소가 수행한다(자본시장과 금융투자업에 관한 법률 제378조 제1항). 한편 증권시장에서의 매매거래에 따른 증권인도 및 대금지급업무는 결제기관으로서 한국예탁결제원이 수행하고,[132] 파생상품시장에서의 품목인도 및 대금지급

---

128) 다자간 청산은 그 법적 구조에 따라 청산대리인 구조(agency clearing)와 중앙의 거래당사자 구조(Central Counterparty, CCP clearing)로 구분된다. 전자의 청산기구는 회원을 위한 대리인으로 기능하므로 회원의 채무를 부담하지 아니한다. 이에 반하여 후자는 스스로 거래당사자가 되어 회원들의 거래관계에 채무인수 등의 방법으로 개입함으로써 상계의 요건인 대가관계를 완화하여 절차참가자 사이의 채권채무관계를 중앙의 거래당사자와의 대가적인 관계로 전환하여 청산한다.

129) 청산과 결제의 개념에 관하여는 한국은행, 한국의 지급결제제도(2014), 7면.

130) 한국은행, 한국의 지급결제제도(2014), 257면.

131) 중앙거래당사자는 증권거래계약의 매도자에 대하여 매수자 역할을, 매수자에 대하여 매도자의 역할을 수행하는 기관으로서 이러한 방식으로 다자간 차감에 의한 청산업무를 수행하여 결제유동성을 절약하는 한편 결제이행보증 서비스를 제공하여 참가자의 위험관리 부담을 경감시키는 역할을 한다. 한국은행, 한국의 지급결제제도(2014), 260면.

132) 자본시장과 금융투자업에 관한 법률 제296조 제1항 제4호, 제297조, 주식·사채 등의 전자등

업무는 결제기관으로서 한국거래소가 수행한다(_{관한 법률 제378조 제2항.}^{자본시장과 금융투자업에}).

다. 특칙의 내용

이 조항의 입법취지는 거래소의 청산제도가 참가자에 대한 회생절차 등 개시의 법률효과로부터 침해받지 않도록 하기 위한 것이다.[133] 한국거래소가 수행하는 회원의 채권·채무의 인수 정산, 증거금 그 밖의 담보의 제공에 관하여 부인권 등에 관한 조항이 배제된다는 것이지 회원과 투자자 간의 거래행위에 관하여 업무규정을 적용한다는 뜻은 아니다. 증거금이라 함은 거래개시의 증거금뿐 아니라 변동증거금도 포함하는 것으로 해석된다.

법 제120조 제2항은 유가증권 등 금융투자상품의 청산과 협의의 결제와 관련하여 청산결제업무를 수행하는 자가 운영하는 청산결제제도를 거친 거래에 대하여 규정하고 있다. 현재 「자본시장과 금융투자업에 관한 법률」에 따라 한국거래소가 개설하는 금융투자상품 거래시장은 유가증권시장·코스닥시장·코넥스시장 및 파생상품시장이다(^{자본시장과 금융투자업에 관한 법률}_{제386조, 한국거래소 정관 제2조}). 현재 국내의 금융투자상품(증권·파생상품)거래에 대한 청산업무는 한국거래소에서 이루어지고 있다. 법 제120조 제2항은 대통령령이 정하는 자가 운영하는 청산절차에 대하여도 규정하였으나 대통령령에는 이에 관하여 달리 정한 바가 없다. 따라서 한국증권거래소가 운영하는 청산결제제도가 이에 해당된다.[134] 이러한 시장에서 거래되는 금융투자상품(증권·파생상품)의 거래에 참가하는 자에게 회생절차 등이 개시된 경우에 참가자와 청산기구와의 청산결제제도에 법 제120조 제2항이 적용된다(법 제120조 제2항의 내용에 대하여는 후술하는 법 제120조 제3항의 특칙의 내용 부분 참조).

4. 법 제120조 제3항의 거래(적격금융거래)

가. 규   정

일정한 금융거래에 관한 기본적 사항을 정한 하나의 계약(이 항에서 '기본계약'이라 한다)에 근거하여 다음 각 호의 거래(이 항에서 '적격금융거래'라고 한다)를

록에 관한 법률 부칙 제8조.

133) 정순섭, "증권 선물 결제시스템의 보호방안", 도산법상 결제시스템의 보호방안, 이화여자대학교 도산법센터(2004), 6면.

134) 한국예탁결제원이 운영하는 증권결제제도가 법 제120조 제2항의 청산결제제도에 포함되는지에 관하여 앞서 본 바와 같이 견해의 대립이 있다.

행하는 당사자 일방에 대하여 회생절차가 개시된 경우 적격금융거래의 종료 및 정산에 관하여는 이 법의 규정에 불구하고 기본계약에서 당사자가 정한 바에 따라 효력이 발생하고 해제, 해지, 취소 및 부인의 대상이 되지 아니하며, 제4호의 거래는 중지명령 및 포괄적 금지명령의 대상이 되지 아니한다. 다만, 채무자가 상대방과 공모하여 회생채권자 또는 회생담보권자를 해할 목적으로 적격금융거래를 행한 경우에는 그러하지 아니하다(법 제120조 제3항).

1. 통화, 유가증권, 출자지분, 일반상품, 신용위험, 에너지, 날씨, 운임, 주파수, 환경 등의 가격 또는 이자율이나 이를 기초로 하는 지수 및 그 밖의 지표를 대상으로 하는 선도, 옵션, 스왑 등 파생금융거래로서 대통령령이 정하는 거래
2. 현물환거래, 유가증권의 환매거래, 유가증권의 대차거래 및 담보콜거래
3. 제1호 내지 제2호의 거래가 혼합된 거래
4. 제1호 내지 제3호의 거래에 수반되는 담보의 제공·처분·충당

나. 적격금융거래의 적용요건

법 제120조 제3항은 장외 파생금융거래와 유가증권의 대차거래 등 가운데 일정한 요건을 갖춘 적격금융거래에 관한 특칙을 적용한 것이다. 따라서 장외파생상품이라 하여 모두 여기에 해당하는 것은 아니다. 법 제120조 제3항의 거래에 해당하기 위한 요건은 다음과 같다.

1) 기본계약의 존재
가) 기본계약의 의의

법 제120조 제3항은 기본계약에 대하여 '일정한 금융거래에 관한 기본적 사항을 정한 하나의 계약'이라고 규정하였을 뿐 구체적인 의미에 대하여 정의하고 있지 않다. 그러나 법 제120조 제3항의 입법취지가 회생절차·파산절차의 예외를 인정할 가치가 있는 장외파생금융거래 등에 한하여 회생절차 등의 특칙을 적용한다는 것임에 비추어 금융시장에서 널리 사용되는 표준적인 기본계약을 의미한다고 해석된다.[135]

---

135) 참고로 일본의 「금융기관 등이 행하는 특정금융거래의 일괄청산에 관한 법률」(일괄청산법)은 제2조 제5항에서 기본계약서라 함은 특정금융거래를 하고자 하는 금융기관 등과 그 상대방과의 사이에 두 개 이상의 특정금융거래를 계속하기 위하여 작성되는 계약서로서 계약의 당사자 간에 이루어지는 특정금융거래에 관한 채무에 대한 이행방법 기타 당해 특정금융거래에 관한 기본적 사항을 정하는 것을 말한다고 규정하고 있다. 법 제120조 제3항의 기본계약의 해석론에 참조할 필요가 있다.

금융기관 등과 처음으로 파생금융거래를 하는 기업 간에 아직 기본계약서를 작성하기 전에 거래확인서(confirmation)만 작성한 상태로서 1회의 개별적인 파생금융거래가 이루어지고, 또 가까운 장래에 그러한 기본계약서를 체결할 의사가 없는 상태라면 거래확인서가 두 당사자를 구속하는 중요한 자료가 된다.[136] 만일 그러한 거래확인서상으로 당사자가 일괄정산조항 등을 포함하고 있는 사전인쇄된 ISDA(International Swaps and Derivatives Association) 기본계약서(ISDA 기본계약서 양식)의[137] 조건들에 구속된다고 합의한 것이 명확한 경우에는, ISDA 양식 및 거래확인서의 내용을 합하여 법 제120조 제3항 및 제120조를 준용하는 법 제336조의 목적상 기본계약이 존재하는 것으로 해석할 수 있다.

이와 같이 특정한 ISDA 기본계약 양식의 내용에 구속된다는 취지를 명시하는 거래확인서는 "long form confirmation"이라고 불리며, 당사자 간에 ISDA 기본계약을 체결하지 않은 경우 널리 사용된다. 일단 ISDA 기본계약이 체결된 경우에는, 당사자들은 이미 체결된 ISDA 기본계약의 조건을 포섭하는 short form confirmation을 사용하며, 사전의 long form confirmation에 따라 이루어진 거래들 역시 당사자 간에 체결된 ISDA 기본계약의 조건에 따르게 된다.[138]

나) 기본계약의 종류

파생금융거래의 경우에는 ISDA의 기본계약서가 대표적인 것이다. 그러나 그 외에 파생금융거래에 널리 사용하는 기본계약서로는 뉴욕외국환위원회 등이 작성한 1997년 외국환옵션기본계약서(Foreign Exchange and Options Master Agreement, FEOMA), 선물환거래에 사용되는 1997년 국제외국환기본계약서(International Foreign Exchange Master Agreement, IFEMA), 통화옵션거래에 사용되는 1997년 국제통화옵션기본계약서(International Currency Options Master Agreement, ICOM), 환매조건부채권 매매에서 사용되는 국제자본시장협회(International Capital Market Association)와 증권산업·자본시장협회(Securities Industry and Financial Markets Association)

---

136) 황민택, 장외 파생금융거래 계약 실무, 탐진(2005), 224면.

137) ISDA 기본계약은 사전에 미리 인쇄된 정형화된 양식으로 진술과 보증, 거래해지사유 및 조기종료 등 당사자 간의 법률관계를 정하는 자세한 조항들이 포함되어 있다. ISDA 기본계약의 체결은 당사자 간의 신용공여조건 및 기본계약양식에 대한 변경내용에 대한 협상 및 문서화를 의미하며, 계약의 조건을 구체적으로 특정하는 ISDA 기본계약의 별첨서류(Schedule)를 작성, 체결함으로써 이루어진다. 1992년 양식과 2002년 양식이 모두 사용되고 있다.

138) 통상적으로 당사자들은 long form confirmation에 사후에 ISDA 기본계약이 체결되면 그 confirmation은 사후에 체결된 ISDA 기본계약의 조건에 따른다는 내용을 명시하고 있다. 사후에 ISDA 기본계약을 체결하는 경우 ISDA 기본계약의 실제서명일과 계약의 효력발생일을 달리하여, 계약의 효력발생일은 첫번째 거래일 또는 그 이전일로 소급하여 정한다.

가 작성한 2011년 국제환매기본계약서(Global Master Repurchase Agreement, GMRA), 국제증권대주협회(International Securities Lending Association)가 작성한 2010년 국제증권대차계약서(Global Master Securities Lending Agreement, GMSLA) 등을 들 수 있다.[139] 이러한 계약서를 기본으로 하여 필요한 조항을 수정하더라도 무방하다.

국내에서는 전국은행연합회가 마련한 통화옵션거래약정서, 스왑거래약정서, 선도금리계약거래약정서, 금리하한거래약정서, 금리상한거래약정서, 금융투자협회가 마련한 유가증권대차거래약관, 기관간환매조건부채권매매약관 등이 기본계약에 해당한다.[140] 장외파생상품은 당사자 간의 계약으로 이루어지는 계약형과 예금이나 사채 등 다른 전통적인 금융상품의 일부로 편입되어 거래되는 유가증권의 형태인 상품형으로 구분할 수 있다. 법 제120조 제3항의 적격금융거래는 기본계약을 요구하므로 원칙적으로 계약형을 의미한다.[141]

2) 적격금융거래

가) 적격금융거래의 의의

모든 장외파생금융거래를 포함하는 것이 아니라 시행령이 정하는 거래에 한한다. 당초 법 제정안은 적격금융거래의 내용을 종전의 구 증권거래법과 구 외국환거래법상의 파생금융상품에 대한 정의를 인용하였으나 수시로 바뀌는 대통령령 등에 의하여 기본법인 신법의 내용이 결정된다는 불안정성을 염려하여 시행령 제14조 제1항에서 독자적인 정의규정을 두도록 하였다.[142]

「시행령 제14조(파생금융거래) ① 법 제120조 제3항 제1호에서 "파생금융거래로서 대통령령이 정하는 거래"라 함은 다음 각호의 기초자산 또는 기초자산의 가격·이자율·지표·단위나 이를 기초로 하는 지수를 대상으로 하는 선도, 옵션, 스왑거래를 말한다.

---

139) 오수근·김나영, "적격금융거래의 일괄정산에 관한 입법론", 이화여자대학교 법학논집 제8권 제2호, 이화여자대학교 법학연구소(2004), 38면.

140) 스왑거래약정서를 사용하는 경우에는 이와 별도로 ISDA 기본계약서를 사용하지 않고 위 약정서를 master agreement로 간주할 수 있다. 실무상으로는 ISDA 기본계약서가 자주 사용된다고 한다.

141) 앞으로 유가증권형 파생상품의 종류가 다양해지면 기본계약서를 작성할 필요가 있는 경우도 있을 것이다.

142) 2005. 3. 28. 증권거래법시행규칙 제13조 제1항 제5호가 신설되기 전에는 신용파생상품거래는 증권회사의 업무에서 제외되었다. 반면 구 「외국환거래법 시행령」(2009. 2. 3. 대통령령 제21287호로 개정되기 전의 것) 제8조 제5호는 이를 파생금융거래에 포함하고 있어 범위에 있어서 양자의 차이가 있었다. 그러나 위 개정 이후 장외파생금융거래 인가를 받은 증권회사는 장외 신용파생금융거래도 할 수 있게 되었다. 신용파생상품에 관한 기초적인 설명으로는, 김규진·오한영, 파생상품의 이해와 활용, 새로운 제안(2003), 357-402면.

1. 금융투자상품(유가증권, 파생금융거래에 기초한 상품을 말한다)

2. 통화(외국의 통화를 포함한다)

3. 일반상품(농산물·축산물·수산물·임산물·광산물·에너지에 속하는 물품 또는 이 물품을 원재료로 하여 제조하거나 가공한 물품 그 밖에 이와 유사한 것을 말한다)

4. 신용위험(당사자 또는 제 3 자의 신용등급의 변동·파산 또는 채무재조정 등으로 인한 신용의 변동을 말한다)

5. 그 밖에 자연적·환경적·경제적 현상 등에 속하는 위험으로서 합리적이고 적정한 방법에 의하여 가격·이자율·지표·단위의 산출이나 평가가 가능한 것」

나) 적격금융거래의 주체

거래의 주체를 당사자 일방은 금융기관으로 한정하자는 견해도[143] 있었으나, 거래의 성질에서 법 적용의 예외를 인정하여야 하지 거래의 상대방이 누구냐에 따라 법 적용을 배제한다면 다른 회생채권자·파산채권자와의 차별의 문제가 발생하게 된다는 지적과[144] 거래의 주체를 국내의 금융기관이나 당시의 구 증권거래법상 증권회사로 한정하게 되면 기업이 외국금융기관과 유가증권의 대차거래를 하는 경우 등이 배제될 수도 있다는 점을 고려하여, 법은 거래의 주체를 한정하지 않고 일괄정산의 필요성이 있는 장외 파생금융거래 등을 적용대상으로 정하였다.

다) 적격금융거래의 종류

(1) 제1호 거래

통화 등을 기초자산으로 삼는 선도, 옵션, 스왑 등 전통적인 장외파생금융거래로서 시행령이 정하는 거래이다. 앞에서 설명한 대로 파생금융거래의 종류는 다양하므로 기초자산의 종류를 불문하고 시행령 제14조 제1항 제5호를 두어 포괄적인 규정방식을 채택하고 있다. 법 제정 당시 시행 중이던 구 「외국환거래법 시행령」 제8조의 파생금융상품의 정의와 구 「증권거래법 시행령」 제36조의2, 구 증권거래법시행규칙 제13조의 장외파생금융상품거래의 정의규정을 참작한 것이다.

---

143) 그 이유로 입법취지가 금융시스템의 안정성 유지에 있는 것이지 특정한 거래에 우연히 종사하게 된 거래주체를 보호하고자 하는 것이 아니라는 점을 든다. 정순섭, "채무자 회생 및 파산에 관한 법률상 금융거래의 특칙에 관한 의견", 법률신문 2004. 11. 8.자.

144) 오수근·김나영, "적격금융거래의 일괄정산에 관한 입법론", 이화여자대학교 법학논집 제8권 제2호, 이화여자대학교 법학연구소(2004), 58면; 석광현, "파생금융상품거래에 있어서의 일괄청산의 문제점과 도산법의 개정", 국제사법과 국제소송 제2권, 박영사(2001), 520면.

(2) 제2호 거래

현물환거래, 유가증권의 환매거래(Repo거래, Repurchase Agreement Transaction), 유가증권의 대차거래 및 담보콜거래도 포함한다. 이러한 거래는 강학상 파생금 융거래에는 속하지 아니하지만 현실적으로 리포(Repo)거래의 규모가 확대되고, 리포거래에도 일괄정산의 필요성이 있다는 점을 반영하여 이러한 거래에 대하여 도 포괄할 수 있는 규정을 둔 것이다.[145] 현재 유가증권의 환매거래의 법적 성 질에 관하여 증권매매설, 담보부소비대차설 등의 견해가 나뉘어 있어 만일 후자 로 보게 되면 유가증권의 환매거래에 따른 일괄정산을 담보권의 실행으로 보게 되어 부인권의 대상이 될 염려가 있다. 이러한 염려를 배제하기 위하여는 적격 금융거래의 범위에 포함시키는 것이 타당하다.

ISDA 기본계약서(2002년 양식)나 일본의 일괄청산법 시행규칙 제1조 제3호, 제4호 역시 유가증권의 환매, 대차 내지 그의 담보거래를 포함시키고 있다. 현재 유가증권 대차거래와 환매조건부채권 매매거래에 관하여는 증권회사의 약관운용 규칙에 의하여 작성된 약관을 따르도록 강제되어 있다.

(가) 현물환거래

선물환거래의 반대개념으로서 계약일로부터 2영업일 이내에 외환의 인수도 와 결제가 이루어지는 외환거래를 말한다. 반면 선물환거래는 계약일로부터 일 정기간(통상 3영업일)이 경과한 후 장래의 특정일에 외환의 인수도와 결제가 이 루어지는 외환거래이다.[146]

(나) 유가증권의 환매거래

유가증권을 매매하면서 장래 일정한 가격에 동일한 종류, 수량의 유가증권 을 환매하기로 약정하는 거래이다. 실무에서는 환매조건부채권 매매거래라는 용 어가 사용되고 있으나 의미는 동일하다.

(다) 유가증권의 대차거래

유가증권의 보유자가 유가증권을 결제 또는 투자활동을 목적으로 필요로 하는 상대방에게 빌려주는 거래이다. 법적으로는 차입자가 동종 동량으로 반환

---

145) 입법과정에서 파생금융거래 외에 유가증권의 환매거래를 포함할 것인지에 대하여는 논의가 있었다. 반대하는 견해로는 이호창, "채무자 회생 및 파산에 관한 법률에 대한 의견", 법률신문 2004. 9. 30.자. 찬성하는 견해는 정순섭, "채무자 회생 및 파산에 관한 법률상 금융거래의 특칙 에 관한 의견", 법률신문 2004. 11. 8.자.
146) 이호창, "채무자 회생 및 파산에 관한 법률에 대한 의견", 법률신문 2004. 9. 30.자; 정순섭, "통합도산법상 금융거래의 특칙에 관한 연구-채무자 회생 및 파산에 관한 법률 제120조 제3항 의 해석론을 중심으로", 증권법연구 6권 2호, 삼우사(2005), 259, 260면.

할 것을 정함으로써 성립하는 민법상의 소비대차계약이다.

(라) 담보콜거래

담보콜은 신용콜의 반대개념으로서, 신용콜은 은행 간에 1일에서 15일까지 기간 동안 거래하는 초단기자금이다. 반면 담보콜거래라 함은 여기에 30일을 추가하여 은행 이외의 금융기관들이 담보물을[147] 제공하고 단기자금을 대출거래하는 것이다. 그러나 실무상 대부분의 담보콜거래는 제2금융권이 콜 이용자(차주)이고 은행이 콜 제공자(대주)가 될 것이므로 일괄정산의 문제는 발생하지 않을 가능성이 크다.

(3) 제3호 거래

제3호 거래는 제1호 거래와 제2호 거래가 혼합된 거래로서 새로운 상품에 대비하기 위한 조항이다.

(4) 제4호 거래

제4호 거래는 제1호 내지 제3호의 거래에 수반되는 담보의 제공·처분·충당에 관한 것이다.

3) 일괄정산조항의 존재

법 제120조 제3항에 해당하기 위하여는 기본계약에 일괄정산조항이 있어야 한다. 기본계약에는 대부분 일괄정산조항이 들어 있을 것이므로 일괄정산조항이 없는 거래라면[148] 기본계약의 요건을 충족하지 않을 가능성이 크다. 일괄정산조항이 없는 금융거래는 비록 적격금융거래에 해당한다고 하더라도 본조의 적용이 없다. 특칙의 입법취지는 일괄정산을 거쳐 남은 단일한 채권에 대하여 일괄정산의 효력과 담보물의 처분을 인정하려는 것이다. 일괄정산은 본질상 거래의 위험구조가 쌍방향일 것을 전제로 하고 있기 때문이다.[149] 기본계약에 의하면 회생절차 등의 신청시에 거래가 종료하도록 규정하고 있으므로 이때를 기준으로 일괄정산을 하여 하나의 채권만이 남게 된다.

다. 특칙의 내용

법 제120조 제3항은 당사자 일방에 대하여 회생절차가 개시된 경우 적격금융거래의 종료 및 정산에 관하여는 '이 법의 규정에도 불구하고 기본계약에서

---

147) 담보물은 국채, 지방채, 공모사채인 회사채에 한하며 사모사채나 주식은 제외된다.

148) 위에서 본 거래확인서만으로 거래가 1회 종료되는 경우가 그 예이다.

149) 정순섭, "통합도산법상 금융거래의 특칙에 관한 연구—채무자 회생 및 파산에 관한 법률 제120조 제3항의 해석론을 중심으로", 증권법연구 6권 2호, 삼우사(2005), 260, 261면.

당사자가 정한 바에 따라 효력이 발생'한다고 규정하고 있다. 회생절차 등이 신청만 되고 개시되지 아니한 경우라면 쌍방미이행 쌍무계약, 부인권 등의 문제가 발생하지 아니하므로 특별히 일괄정산에 관하여 논의할 실익이 적다. 일괄정산의 효력이 회생절차 등에서 문제가 되는 것은 개시결정이 있은 이후에 개시결정 전에 이루어진 일괄정산의 효력을 회생절차 등에서 어떻게 취급할 것인가 하는 점이다.

앞에서 본 적격금융거래에 대한 특징을 고려하여 법의 어떠한 조항을 배제할 것인지가 문제된다. 법은 적격금융거래에 대하여 부인권, 쌍방미이행 쌍무계약, 중지명령 및 포괄적 금지명령 등에 관한 조항의 적용을 배제하였다.[150)

1) 개별집행금지의 원칙 유지

적격금융거래에 관하여 회생절차 등이 개시되어 복수의 채권·채무가 차액정산하여 하나의 채권으로 성립되더라도 회생절차 등과 관계없이 회생채권·파산채권을 행사할 수 있는가 하는 점이 문제가 된다. 아무리 적격금융거래의 특징을 인정한다고 하더라도 다른 회생채권자·파산채권자와 달리 개별적인 권리행사를 허용할 수는 없다. 따라서 회생채권·파산채권의 개별집행금지원칙에 관한 법 제58조 제1항 제2호, 제424조는 여전히 적용된다.

2) 쌍방미이행 쌍무계약에 관한 해제·해지의 배제

법 제120조 제3항은 적격금융거래에 대하여는 쌍방미이행 쌍무계약의 해제·해지에 관한 법 제119조, 제335조의 적용을 배제하였다. 따라서 중도종료사유가 발생하면 당사자 간에 사전에 정한 시기(보통은 부도발생 등 파산선고 전이다)에 거래가 해지된 것으로 약정하는 것은 유효하다. 다만 회생절차 등 개시 후에 거래를 계속하는 것도 허용할 것인지가 문제이다. 실무상으로는 회생절차 등의 개시 후에는 추가적인 담보제공이 이루어지지 않는 한 거래는 해지되는 것이 원칙이고, 상대방으로서도 거래의 전제인 신용에 변동이 발생하였으므로 거래를 계속할 유인이 없다. 따라서 회생절차 등의 개시 후에는 개별집행금지의 원칙이 적용되므로 거래를 계속하는 것은 원칙적으로 허용되지 아니한다고 해석된다.

3) 부인권의 배제

회생절차 등의 개시 전에 이루어진 변제라도 적격금융거래에 기한 경우에는 부인할 수 없다. 이를 허용하게 되면 금융시스템의 안정성이 무너지게 되기

---

150) 참고로 일본은 미이행 쌍무계약에 관하여만 특칙조항을 두고 있을 뿐 부인권, 담보권의 행사 등에 관하여는 별도의 규정을 두지 않고 있어 우리나라보다 예외 조항의 범위가 협소하다.

때문이다. 또한 적격금융거래에 기한 담보권의 제공도 부인권 행사에서 제외된다. 파생금융거래시 일괄정산을 이용하여 정산한 후 남는 최종잔액채권에 대하여는 여전히 신용부담이 남는다. 이를 감소하기 위하여 이용하는 것이 담보이다.

4) 회생담보권 행사 제한의 예외

가) 필 요 성

파생금융거래의 일방당사자는 현금(증거금, margin)이나 유가증권 등의 자산 또는 인적보증을 상대방에게 제공하고, 담보제공자에게 신용불안사유가 발생한 경우 해당 담보를 처분하여 담보제공자가 담보취득자에게 부담하는 채무에 충당하게 된다. 파생금융거래에서 담보제공자가 도산하는 경우에 대비하여 담보취득자가 상대방의 의무 이행을 확보하기 위하여 담보를 제공받음으로써 신용위험을 감소시킨다. 파생상품의 경우 일반 대출상품과 달리 신용노출액을 원금으로 확정할 수 없고 금리나 주가 등 시장 상황의 변화에 따라 변동하게 되므로 일반 대출거래와 달리 사전에 피담보채권금액과 이자율을 담보권설정시에 확정하는 것이 어렵다.

나) 특   징

일반 거래에서 담보는 신용이 낮은 당사자가 부담하는 것이지만 파생금융거래에서는 쌍방이 모두 신용위험에 노출되므로 쌍방이 담보제공의무를 부담하고 잉여 담보는 담보제공자에게 반환하게 된다. 따라서 담보의 성질이 일반 거래의 담보와 다르게 되므로 담보제공 행위에 대하여 도산법상의 부인권 배제라는 특칙이 필요하게 된다. 법 제120조 제3항에서 담보에 관하여 중지명령 또는 포괄적 금지명령의 대상에서 제외하는 규정을 두게 되었다.

다) 내   용

회생절차에서는 담보권자도 권리행사가 제한되는 것이 원칙이지만 적격금융거래에 기한 담보권자는 회생절차개시신청 후에도 담보물을 처분할 수 있다. 즉, 법 제120조 제3항 제1호 내지 제3호의 거래에 수반되는 담보의 제공·처분·충당은 회생절차에서 발하는 중지명령(법 제44조) 및 포괄적 금지명령(법 제45조)의 대상이 되지 아니한다. 따라서 회생절차개시신청시를 기준으로 거래를 정산하고 제공받은 담보를 환가처분하는 것은 허용된다. 여기에서 말하는 '담보'라 함은 반드시 우리나라 민법에 의하여 인정되는 담보물권의 목적물에 한하지 아니하고 담보적 기능을 하는 것이라면 소유권 이전 방식에 의한 증거금, 유가증권의 담보도 포함한다.

입법취지가 다른 채권자들의 희생하에 적격금융거래상의 채권자를 우대하는 것이므로 가급적 법 제120조 제3항을 엄격하게 해석할 필요가 있다. 따라서 담보권을 행사한다고 하는 것은 당초 적격금융거래를 시작하면서 일괄정산시에 사용할 담보물을 자동종료시점을 기준으로 환가정산한다는 것으로 한정적으로 해석하여야 한다. 그렇지 아니하고 일괄정산 후 남은 하나의 회생채권에 대하여 적격금융거래 약정시에 정하지 아니한 별도의 담보물을 새로이 제공한다든가 회생절차개시 후에도 담보물을 환가처분하는 것은 허용되지 아니한다. 이를 허용하게 되면 개별집행금지에 어긋나게 되기 때문이다.[151] 담보권자는 파산절차에서 별제권자로서 파산절차 외에서 담보권을 실행할 수 있으므로 파산절차에 대하여는 법 제120조 제3항 단서는 준용되지 아니한다.

5) 상계금지의 유지

회생절차 등에서는 절차신청 후에 신청사실을 알고 부담한 채무를 갖고 회생·파산채권과 상계하지 못한다(법 제145조, 제422조). 그러나 일괄정산조항에 의한 상계의 대상이 되는 손해배상채권은 일괄정산사유의 발생에 의하여 자동적으로 발생하는 채권이지 일괄정산사유의 발생(파산신청)의 사실을 알고서 취득하거나 부담하는 채권채무가 아니므로 상계금지의 요건에 해당하지 아니한다.

또한 회생절차 등 개시 이전에 합리적인 상계기대가 있는 경우에는 수동채권(반대채무)이 '신청이 있음을 알기 전에 생긴 원인'에 기한 것으로 보아 상계금지의 예외에 해당하여 상계가 허용된다(법 제145조 제2호 나목, 제422조 제2호 나목). 따라서 대부분의 일괄정산조항의 합의는 위기시기 이전인 개별거래 약정시에 포함되어 있으므로 '전에 생긴 원인'에 해당하게 되어 상계가 허용될 것이다.

채권의 이행기가 도래하지 않았거나 또는 채권의 목적이 상이한 경우에도 상계를 허용하는 약정은 당사자 간에 상계적상의 범위에 관하여 합의한 일종의 상계계약의 성질을 갖는 것이므로 그 유효성을 부정할 필요는 없다. 그러므로 대부분 적격금융거래의 일괄정산조항에 기한 상계처리는 회생절차 등에서도 그 유효성을 인정할 수 있다. 다만 적격금융거래라도 회생절차 등의 개시 후에는 절차에 의하지 아니하고 개별적인 권리행사를 할 수 없는 것이므로 회생절차 등의 개시 후에 채무자에 대하여 채무를 부담함으로써 일괄정산 후 성립한 회생채

---

151) 회생절차개시 후 담보권의 실행이 제한되는 범위에 관한 논의에 대하여는 정순섭·김필규·이종구·한민(좌담회), "파생상품거래와 국내법상 합성증권화의 가능성", BFL 제14호, 서울대학교 금융법센터(2005), 28-31면.

권·파산채권과 상계하는 것은 상계금지의 요건에 해당한다(법 제145조 제1호,
제422조 제1호). 이러한 배경에서 법은 상계에 관하여는 별도로 예외를 인정하는 조항을 두지 아니하였다.

6) 특칙의 예외

채무자가 상대방과 공모하여 회생채권자 또는 회생담보권자, 파산채권자 또는 별제권자를 해할 목적으로 적격금융거래를 행한 경우에는 부인권뿐만 아니라 쌍방미이행 쌍무계약, 중지명령 및 포괄적 금지명령 등 제3항에 관한 특칙 자체의 적용이 배제된다.

그러나 당사자 간에 체결된 계약서의 내용이 앞에서 본 기본계약서와 큰 차이가 있어 일방당사자에게 유리하다든가 ISDA 기본계약서의 자동종료조항과 달리 회생절차의 개시 후에도 거래가 해지되지 않고 계속하여 거래할 수 있도록 약정하거나,[152] 채무불이행사유가 발생한 후에 담보의 추가 또는 다액의 담보제공을 요구할 수 있도록 하는 조항이 있다면 먼저 기본계약서의 요건을 갖추지 못할 가능성이 크다. 만일 이 심사기준을 통과한 경우라도 채무자와 상대방이 특칙을 남용하기 위하여 공모하였다고 추정할 수 있을 것이다.[153]

파생금융거래에서는 신용위험이 상존하므로 상대방의 신용도가 떨어지는 경우에는 추가로 담보를 제공하는 것이 상례이므로 회생절차 등의 신청에 임박하여 추가적인 담보를 제공하는 것은 부인권의 대상에서 제외될 것이다. 그러나 회생절차 등의 신청에 임박하여 새로이 회생채권자 등과 파생상품거래를 시작하면서 다액의 담보를 제공하였다면 단서에 따라 파생상품거래 약정 자체[154] 또는 담보제공행위가 부인의 대상이 될 수 있을 것이다.

---

152) ISDA 기본계약서 §5(a)(vii)는 도산신청과 도산절차의 개시를 채무불이행사유로 삼고 있으며 특히 청산절차가 개시된 경우로서 자동조기 해지하기로 약정한 경우에는 청산절차 개시일에 조기해지된다고 규정하고 있다. 그리하여 통상 ISDA 기본계약서를 체결하는 당사자들은 어느 당사자에게 파산사유가 발생하는 경우 해당 사유가 발생하는 즉시 모든 거래에 대하여 자동적으로 계약이 해지되도록 하는 조항을 Schedule에 별도로 둔다. 그와 같은 사유가 발생한 거래상 대방에 대한 신용위험을 부담하면서 추가적인 거래를 하거나 계속 거래를 유지하기를 원하는 금융기관은 없기 때문이다.

153) 1997년 이후 파산한 금융기관에 대하여 확인한바 금융기관들이 파산할 당시인 1997년에는 파생금융거래가 많지 않았고 거래가 대부분 단기에 종료되고 부도 후 1년이 지나서 파산선고가 되었기 때문에 파산선고 이전에 거래 자체가 종료되어 청산거래의 실행으로 정산되었다고 한다. 파산선고 후에 파생금융거래에 관한 법상의 쌍방미이행 쌍무계약 등의 문제가 서울회생법원에서 논의된 바가 없었다.

154) 弥永眞生, "倒産處理手續における一括淸算條項の取扱い", 金融商事判例 增刊号 No. 1060, 経濟法令研究會(1999), 182면.

244 제7장 기존 법률관계의 정리

우리나라의 지급결제제도[155]

구 분	운영기관	시스템
거액결제시스템	한국은행	신한국은행금융결제망
소액결제시스템*	금융결제원	어음교환시스템
		지로시스템
		은행공동망 - 현금자동인출기(CD)공동망 - 타행환공동망 - 지방은행공동망 - 자금관리서비스(CMS)공동망 - 직불카드공동망 - 전자화폐(K-CASH)공동망 - 전자금융공동망
		전자상거래 지급결제시스템 - 기업개인간(B2C) 전자상거래 지급결제시스템 - 기업간(B2B) 전자상거래 지급결제시스템
증권결제시스템	한국거래소 한국예탁결제원	유가증권시장결제시스템
		코스닥시장결제시스템
	한국거래소	파생상품시장결제시스템
	한국예탁결제원	채권기관투자자결제시스템
		주식기관투자자결제시스템
		기관간RP(환매조건부채권매매)결제시스템
외환결제시스템	CLS은행	CLS시스템(외환동시결제시스템)

* 금융결제원이 운영하는 소액결제시스템 이외에 신용카드사가 운영하는 신용카드결제시스템, 이동통신회사가 운영하는 모바일결제시스템, 전자화폐 발행기관이 운영하는 전자화폐결제시스템 등 다양한 형태의 소액결제시스템들이 생겨나고 있다.

---

155) 한국은행 홈페이지(http://www.bok.or.kr) "금융안정 → 지급결제 → 한국은행의 역할 → 결제완결성 보장대상 지급결제시스템 지정" 참조.

제 8 장

. . .

파산채권

제 1 절 파산채권의 의의

1. 개   요

파산채권은 파산절차에 의하여 파산재단에 속하는 총재산으로부터 그 채권액의 비율에 따라 만족(배당)을 받을 수 있는 채권을 말한다. 원칙적으로 채무자에 대하여 파산선고 전의 원인으로 생긴 재산상의 청구권이 파산채권이 된다 (제423조^별).[1]

파산채권은 파산재단에 속하는 총재산으로부터 변제를 받는다는 점에서 재단채권과 마찬가지이지만, 파산절차에 의해서만 그리고 다른 채권자와 평등하게 배당을 받는다는 점에서 파산절차에 의하지 아니하고 수시로 파산채권보다 먼저 변제를 받을 수 있는 재단채권과 구별된다(제475조, 제476조^{별 제473조}). 그리고 파산채권은 파산재단에 속하는 총재산으로부터 변제받는 것이므로, 채무자에 속하지 아니하는 재산을 파산재단으로부터 환취할 수 있는 권리인 환취권과 다르며(제407조^별), 파산재단에 속하는 재산상에 존재하는 유치권·질권·저당권·「동산·채권 등의 담보에 관한 법률」에 따른 담보권 또는 전세권을 가진 자가 그 목적인 재산에 관하여 가지는 권리로서 파산절차에 의하지 아니하고 행사할 수 있는 별제권 (법 제411조, 제412조)과도 구별된다.

2. 파산채권의 요건

가. 채무자에 대한 채권적 청구권

파산채권은 채무자가 일반재산을 가지고 변제의 책임을 지는 청구권, 즉 채무자에 대한 채권적 청구권을 의미한다.[2]

따라서 채무자가 특정재산을 가지고 물적 책임을 지는 담보물권 그 자체나 소유물반환청구권과 같은 물권적 청구권은 파산채권이 되지 않는다. 한편 채무

---

1) 파산채권은 실체법적 의의와 절차법적 의의로 구분되기도 한다(최승록, "파산채권과 재단채권", 재판자료 82집, 282, 283면; 전병서, 180면). 실체법적 측면에서 파산채권은 법 제423조에서 규정하는 채무자에 대한 파산선고 전의 원인으로 생긴 재산상의 청구권을 의미하지만, 절차법적 측면에서 파산채권은 파산절차에 참가하여 파산채권으로 신고를 하고 파산채권의 확정 등의 과정을 거쳐 파산재단으로부터 공평한 만족을 받을 수 있는 권리를 의미한다.

2) 대법원 2000. 2. 11. 선고 99다8728 판결.

자에 대한 채권은 담보권으로 담보되어 있어도 파산채권이 되지만,[3] 파산채권과 별제권을 동시에 가진 채권자는 이를 중첩적으로 행사할 수 없고, 별제권을 포기하지 않는 한 별제권자는 그 별제권의 행사에 의하여 변제받을 수 없는 채권액에 관하여만 파산절차에서 파산채권자로서 그 권리를 행사할 수 있다(법_{제413조}). 파산재단에 속하지 아니하는 채무자의 재산인 자유재산에 질권, 저당권 또는 「동산·채권 등의 담보에 관한 법률」에 따른 담보권을 가진 자인 준별제권자도 별제권자와 마찬가지이다(법_{제414조}).

나. 파산선고 전의 원인으로 생긴 청구권

파산절차는 파산선고시를 기준으로 하여 채무자의 재산을 청산하는 것이므로, 파산재단이 채무자가 파산선고 당시에 가진 모든 재산에 한정되는 것에 (법 제382조 제1항) 대응하여 파산채권도 파산선고시를 기준으로 그 전의 원인으로 생긴 청구권에 한정된다.[4]

이때 파산선고 전의 원인으로 생긴 청구권은 파산선고 당시 이미 청구권의 내용이 구체적으로 확정되거나 변제기가 도래하였을 것까지 요하는 것은 아니고, 적어도 청구권의 주요한 발생원인이 파산선고 전에 갖추어져 있으면 충분하다.[5] 따라서 청구권의 발생원인이 파산선고 전이면 기한부채권, 조건부채권,[6] 장

---

3) 면책에 관한 규정이 적용되는 개인파산절차와 관련하여 대법원 2011. 11. 10. 선고 2011다27219 판결은 법 제564조에 의한 면책결정의 효력은 별제권자의 파산채권에도 미치므로, 별제권자가 별제권을 행사하지 아니한 상태에서 파산절차가 폐지되었다고 하더라도 법 제564조에 의한 면책결정이 확정된 이상, 별제권자였던 자로서는 담보권을 실행할 수 있을 뿐 채무자를 상대로 종전 파산채권의 이행을 소구할 수는 없다는 취지로 판시하여, 담보권의 피담보채권도 면책의 효력이 미치는 파산채권임을 분명히 하였다.

4) 다만 파산선고 전의 원인으로 생긴 청구권이라도 조세채권, 임금채권 등은 정책적 견지에서 재단채권으로 하고 있고(법 제473조 제2호, 제10호, 제11호), 쌍방미이행 쌍무계약에서 파산관재인이 이행을 선택하여 채무자의 채무를 이행한 경우 상대방이 가지는 청구권도 쌍무계약에서의 대가관계를 확보하기 위해 재단채권으로 하고 있다(법 제473조 제7호). 반대로 파산절차참가의 비용(법 제439조), 채무자의 행위가 부인된 경우 반대급부로 인하여 생긴 이익이 파산재단 중에 현존하지 아니한 때에 상대방이 가지는 가액상환청구권(법 제398조 제2항) 등은 파산선고 후의 원인으로 생긴 청구권임에도 불구하고 파산채권으로 하고 있다. 이런 점에서 본다면 파산채권과 재단채권의 구별은 유동적이다.

5) 회생절차에 관한 것이나 대법원 2016. 11. 25. 선고 2014다82439 판결은 "공동불법행위로 인한 손해배상책임은 불법행위가 있었던 때에 성립하므로 공동불법행위자 사이의 구상권도 특별한 사정이 없는 한 그때에 주요한 발생원인이 갖추어진 것으로 볼 수 있다. 따라서 회생절차 개시 당시까지는 아직 변제 기타 출재로 인한 공동 면책행위가 없었더라도 공동불법행위자 사이의 구상금채권은 회생채권에 해당한다."라고 판시하였다.

6) 대법원 2015. 5. 28. 선고 2013다88102 판결은 "민사소송법 제215조에서 정한 가집행선고의 실효를 조건으로 하는 가지급물의 원상회복 및 손해배상 채권은 그 채권 발생의 원인인 가지급물의 지급이 회생절차개시 전에 이루어진 것이라면 조건부채권으로서 법 제118조 제1호에서 정한

래의 청구권도 파산채권이 되지만(법 제425조,), 청구권 발생에 대한 단순한 기대권
에 불과하거나[7] 파산선고 전에 배당금 지급청구권 등의 형태로 구체화하지 않
은 주주권 등은 파산채권에 해당하지 않는다. 불법행위에 기한 손해배상채권도
발생 원인이 파산선고 전에 생긴 것이면 그 손해액이 아직 확정되지 아니하였어
도 파산채권이 된다.

다. 재산상 청구권

파산절차는 파산재단에 속하는 총재산을 환가하여 이로부터 채권자에게 금
전적 만족을 주는 것이 목적이므로, 파산채권은 배당에 의하여 만족을 얻을 수
있는 재산상의 청구권이어야 한다. 재산상의 청구권인 이상 금전채권에 한하지
않고, 소유권이전등기청구권과[8] 같은 비금전채권이라도 금전으로 평가할 수 있
으면 충분하다(법 제426조).

채무자의 대체적 작위를 목적으로 하는 청구권은 대체집행에 필요한 비용
을 채무자로부터 지급받는 방법으로 금전적 만족을 얻을 수 있으므로(민법 제389조
제2항 후단, 민사집행법 제260조) 파산채권이 될 수 있다.[9] 그러나 부대체적 작위 및 부작위를 목적으로
하는 청구권은 직접 채무자의 작위 또는 부작위에 의하여 비로소 그 목적이 달
성되고 금전으로 평가될 수 없으므로 그 자체로는 파산채권이 되지 않고, 파산
선고 전의 불이행으로 인하여 이미 손해배상청구권이 발생하였을 때에는 그 손
해배상청구권은 파산채권이 된다.[10]

라. 집행할 수 있는 청구권

파산절차는 파산선고를 받은 채무자에 대한 포괄적인 강제집행절차이므

회생채권에 해당한다."라고 판시하였다. 같은 취지의 판결로 대법원 2014. 5. 16. 선고 2012다
114851 판결 등.

7) 대법원 2012. 11. 29. 선고 2011다84335 판결.

8) 대법원 2008. 2. 1. 선고 2006다32187 판결은 "법률적 성질이 채권적 청구권인 점유취득시효
완성을 원인으로 한 소유권이전등기청구권은 구 파산법 제14조가 규정하는 파산자에 대하여 파
산선고 전의 원인으로 생긴 재산상의 청구권으로서 파산채권에 해당하므로 파산절차에 의하여
서만 그 권리를 행사할 수 있다."라고 판시하였다.

9) 대체적 작위의무위반으로 인한 손해배상청구권을 파산채권으로 신고하는 것도 가능하다. 채무
자의 약정에 기한 가압류해제의무는 성질상 대체적인 작위를 목적으로 하는 채무로서 파산선고
전에 그 불이행이 있었는지 여부와 관계없이 파산선고로 인하여 손해배상채권이라는 금전채권
으로 전화될 수 있으므로 이를 금전으로 평가하여 파산채권으로 신고할 수 있다고 한 하급심
판결로는 서울지방법원 2002. 10. 24. 선고 2002가합5014 판결(미항소 확정).

10) 최승록, "파산채권과 재단채권", 재판자료 82집, 285-287면; 전병서, 181, 182면.

로[11] 파산채권은 강제집행에 의하여 실현될 수 있는 청구권이어야 한다.[12] 따라서 집행에 의하여 강제적으로 실현할 가능성이 없는 불법원인급여의 반환청구권, 부제소합의나 부집행합의가 있는 청구권 등은 원칙적으로 파산채권이 될 수 없다.

3. 파산채권의 순위

파산채권은 파산재단으로부터 공평하게 만족을 받을 수 있는 채권이므로 채권액에 비례하여 모두 평등한 것이 원칙이나, 법은 채권의 실체법적 성질 등을 고려하여 예외적으로 배당순위에서 일반의 파산채권에 대하여 우선적 지위를 갖는 파산채권과 후순위적 지위를 갖는 파산채권을 인정하고 있다. 동일순위로 변제하여야 하는 파산채권 사이에서는 각각 그 채권액의 비율에 따라서 평등하게 변제받는다(법제440조).

가. 우선권 있는 파산채권

파산재단에 속하는 재산에 대하여 일반의 우선권이 있는 채권은 다른 채권에 우선하는 우선권 있는 파산채권이 된다(법제441조). 일반의 우선권은 민법이나 상법, 그 밖의 특별법 등의 규정에 의하여 채무자의 일반재산에 대하여 다른 채권보다 우선변제권이 있는 경우를 말한다.[13] 채무자의 특정재산을 대상으로 하는

---

11) 대법원 2008. 6. 27.자 2006마260 결정, 대법원 2010. 7. 28.자 2010마862 결정, 대법원 2016. 11. 4.자 2016마1349 결정 등.

12) 대법원 2000. 2. 11. 선고 99다8728 판결.

13) 근로기준법 제38조 제1항은 임금, 재해보상금, 그 밖에 근로 관계로 인한 채권은 사용자의 총재산에 대하여 질권·저당권 또는 「동산·채권 등의 담보에 관한 법률」에 따른 담보권에 따라 담보된 채권 외에는 조세·공과금 및 다른 채권에 우선하여 변제되어야 한다고 규정하고 있는데, 법 제473조 제10호, 제11호가 근로자의 임금·퇴직금 및 재해보상금, 파산선고 전의 원인으로 생긴 채무자의 근로자의 임치금과 신원보증금의 반환청구권을 재단채권으로 규정하고 있으므로, 법 제473조 제10호, 제11호가 규정한 것을 제외한 나머지의 근로 관계로 인한 채권(구체적으로는 지급사유의 발생이 불확정이고 일시적으로 지급되는 상여금이나 근로자가 특수한 근무조건이나 환경에서 직무를 수행함으로 말미암아 추가로 소요되는 비용을 변상하기 위하여 지급되는 실비변상적 금원 등이 이에 해당한다)은 우선권 있는 파산채권에 해당한다고 볼 수 있다(상법 제468조, 제583조에도 근로기준법 제38조 제1항과 같은 취지의 규정이 있다).
그 외에도 일반의 우선권을 인정하는 법률의 규정으로는 ① 보험계약자나 보험금을 취득할 자는 피보험자를 위하여 적립한 금액을 다른 법률에 특별한 규정이 없으면 보험회사인 주식회사의 자산에서 우선하여 취득한다고 규정한 보험업법 제32조 제1항, ② 예금보험공사는 보험사고가 발생한 부보금융회사가 내야 할 예금자보호법 제24조 제2항 제1호에 따른 출연금, 같은 법 제30조 제1항 및 제3항에 따른 보험료 및 연체료에 대하여 국세 및 지방세 다음으로 다른 채권에 우선하여 변제받을 권리를 가진다고 규정한 예금자보호법 제30조 제5항, ③ 금융투자상

담보권이 아니므로 별제권이 인정되지 않는 대신 우선권 있는 파산채권으로 인
정되는 것이다. 우선권이 일정한 기간 안의 채권액에 관하여만 있는 경우 그 기
간은 파산선고시부터 소급하여 계산한다(법제442조).[14]

나. 일반 파산채권

파산채권 가운데 우선권 있는 파산채권과 후순위파산채권을 제외한 나머지
파산채권 전부가 일반 파산채권이다.

다. 후순위파산채권

법 제446조는 파산선고 후의 이자,[15] 파산선고 후의 불이행으로 인한 손해

품거래청산회사는 청산대상거래에 따른 결제의 완료 전에 결제목적물 또는 결제대금이 인도된
경우에 해당 청산대상업자가 그 결제를 이행하지 아니함으로써 금융투자상품거래청산회사에 손
해를 끼친 때에는 그 청산대상업자의 재산에 관하여 다른 채권자보다 우선하여 변제를 받을 권
리가 있다고 규정한 「자본시장과 금융투자업에 관한 법률」 제323조의15 제3항, ④ 거래소는 증
권시장 또는 파생상품시장에서의 매매에 따른 결제완료 전에 대금·증권 및 품목이 인도된 경
우에 해당 회원이 그 결제를 이행하지 아니함으로써 거래소에 손해를 끼친 때에는 그 회원의
재산에 관하여 다른 채권자보다 우선하여 변제를 받을 권리가 있다고 규정한 「자본시장과 금융
투자업에 관한 법률」 제400조 제3항 등이 있다.
  한편 「근로자퇴직급여 보장법」 제12조는 사용자에게 지급의무가 있는 퇴직금, 확정급여형퇴
직연금제도의 급여, 확정기여형퇴직연금제도의 부담금 중 미납입 부담금 및 미납입 부담금에
대한 지연이자, 개인형퇴직연금제도의 부담금 중 미납입 부담금 및 미납입 부담금에 대한 지연
이자(이하 '퇴직급여등'이라 한다)는 사용자의 총재산에 대하여 질권 또는 저당권에 의하여 담
보된 채권을 제외하고는 조세·공과금 및 다른 채권에 우선하여 변제되어야 한다고 규정하여
퇴직급여등 채권의 우선변제권을 인정하고 있다. 구 파산법상 '파산자의 피용자의 급료·퇴직금
및 재해보상금'이 재단채권으로 규정되기 전(파산자의 피용자의 급료·퇴직금 및 재해보상금은
2000. 1. 12. 법률 제6111호로 개정된 파산법에서 재단채권으로 추가되었다)에는 퇴직금채권에
관하여 근로자퇴직급여 보장법 제12조와 유사한 내용으로 우선변제권을 인정하고 있던 구 근로
기준법(2005. 1. 27. 법률 제7379호로 개정되기 전의 것) 제37조(현행 근로기준법 제38조에 해당
하는 규정이다)를 근거로 퇴직금채권을 우선권 있는 파산채권으로 취급하였으므로, 현행법 제
473조 제10호의 문언상 재단채권으로 규정되어 있는 퇴직금을 제외한 나머지 퇴직급여등은 우
선권 있는 파산채권으로 봄이 타당하다는 견해와 퇴직급여는 사용자가 설정한 퇴직금제도의 일
종이고, 사용자에게 지급의무가 있는 부담금은 근로의 대가로서 사용자가 지급하는 금품이므로
퇴직급여등은 임금, 퇴직금의 일종으로 재단채권으로 보아야 한다는 견해의 대립이 있다.
14) 구 상호신용금고법(1999. 2. 1. 법률 제5738호로 개정되기 전의 것) 제37조의2는 "예금 등을
   예탁한 자는 예탁총액의 한도안에서 상호신용금고의 총재산(공탁한 재산을 포함한다)에 대하여
   다른 채권자에 우선하여 변제를 받을 권리를 가진다."라고 규정하고 있었다. 이에 대하여 헌법
   재판소는, 구 상호신용금고법 제37조의2에 의한 예금자우선변제제도는 상호신용금고의 예금채
   권자를 우대하기 위하여 상호신용금고의 일반 채권자를 불합리하게 희생시킴으로써 일반 채권
   자의 평등권 및 재산권을 침해한다며 구 상호신용금고법 제37조의2는 헌법 제11조 제1항과 제
   23조 제1항에 위반된다는 취지로 위헌결정[헌법재판소 2006. 11. 30. 선고 2003헌가14, 15(병합)
   결정]을 하였다.
15) 실무상 파산선고 전에 이행기가 도래한 경우 파산선고 전일까지의 이자는 일반 파산채권으로,
   파산선고 당일을 포함한 파산선고 후의 이자는 후순위파산채권으로 본다.

배상액 및 위약금, 파산절차참가비용, 벌금·과료·형사소송비용·추징금 및 과
태료 등과 채무자가 채권자와 파산절차에서 다른 채권보다 후순위로 하기로 정
한 채권(2011년 금융위원회로부터 영업정지처분을 받았던 다수의 저축은행이 발행한 후
순위사채가 여기에 해당한다) 등을 후순위파산채권으로 규정하고 있다. 후순위파산
채권은 일반 파산채권에 대하여 배당을 통한 변제가 모두 이루어진 후에야 비로
소 배당을 받을 수 있으므로, 실무상 후순위파산채권에까지 배당이 되는 경우는
극히 드물다. 후순위파산채권에 대하여는 채권자집회에서 의결권이 부여되지 않
는다(법 제373조 제5항)[후순위파산채권에 관한 자세한 내용은 제8장 제3절 5. 아. 2) 참고].

제 2 절   파산채권의 신고

1. 채권신고의 의의

파산채권의 신고는 법원에 대하여 파산절차참가를 신청하는 형식이다. 파산
채권자는 파산채권신고를 하지 않으면 채권자집회에 있어서의 의결권 행사, 채
권조사절차에 있어서의 이의 진술, 배당액 수령 등 파산절차상 인정되는 권리를
행사할 수 없다.

파산채권신고에 의하여 파산절차에 참가한 경우에는 실체법상으로 파산절
차 종료시까지 소멸시효 중단의 효력이 있다.[16][17] 다만 파산채권자가 그 신고를
취하하거나 그 신고가 각하된 때에는[18] 그러하지 아니하다(법 제32조 제2호).[19]

---

16) 구 회사정리법상 회사정리절차에 관한 것이나 대법원 2015. 8. 27. 선고 2013다74554 판결은,
회사정리절차 참가로 인한 구 회사정리법 제5조에서 정한 시효중단의 효력은 정리회사의 채무
를 주채무로 하는 보증채무에도 미치고 그 효력은 정리절차 참가라는 권리행사가 지속되는 한
그대로 유지된다는 취지로 판시하였다. 같은 취지의 판결로 대법원 2007. 5. 31. 선고 2007다
11231 판결 등.
　별제권자가 피담보채권인 파산채권을 신고하는 경우 시효중단의 효력이 예정부족액 부분에
대해서만 미친다는 견해도 있으나 피담보채권인 파산채권 전체가 신고사항이고 채권조사의 대
상이므로 신고한 파산채권액 전부에 시효중단의 효력이 미친다고 봄이 타당하다. 條解破産法,
794면.

17) 민법 제165조 제2항, 제1항에 의하면 파산절차에 의하여 확정된 채권은 단기의 소멸시효에 해
당한 것이라도 그 소멸시효는 10년이 된다.

18) 파산채권 신고가 각하된 경우 그 신고는 민법 제174조의 최고의 효력이 있다고 볼 수 있을
것이다. 條解破産法, 794면.

19) 대법원 2005. 10. 28. 선고 2005다28273 판결은 "민법 제171조는 파산절차참가는 채권자가 이
를 취소하거나 그 청구가 각하된 때에는 시효중단의 효력이 없다고 규정하고 있는바, 채권조사
기일에서 파산관재인이 신고채권에 대하여 이의를 제기하거나 채권자가 법정기간 내에 파산채

한편 재단채권은 파산절차에 의하지 아니하고 수시로 변제되므로($_{제475조}^{별}$) 파산채권과 같이 채권신고·조사·확정의 절차가 필요 없다.[20] 그러나 파산관재인이 알고 있지 아니한 재단채권자는 변제를 받을 수 없으므로($_{제534조}^{별}$), 재단채권자는 자신이 재단채권을 가지고 있다는 것을 파산관재인에게 알릴 필요가 있다. 실무에서는 대부분의 채무자가 국세, 지방세나 건강보험료 등을 체납하고 있으므로 법원은 파산선고시 관할 세무서장, 지방자치단체장, 국민건강보험공단 등에 재단채권 행사에 관한 통지서([기재례 23]) 및 조세채권 등 신고서([기재례 24])를[21] 발송하여 관할 세무서장 등이 조세채권 등 신고서를 작성하여 파산관재인에게 제출하도록 하고, 파산관재인은 제출받은 조세채권 등 신고서에 기초하여[22] 법원의 허가를 받아 재단채권의 승인을 하고 있다. 관할 세무서장 등이 조세채권 등 신고서를 법원에 제출하더라도 조세채권 등 신고서는 파산채권신고서가 아니므로, 신고된 조세채권 등을 채권조사기일에서 파산채권으로 조사할 필요가 없다.[23] 다만 관할 세무서장 등이 조세채권 등 신고서가 아닌 파산채권신

권 확정의 소를 제기하지 아니하여 배당에서 제척되었다고 하더라도 그것이 위 규정에서 말하는 '그 청구가 각하된 때'에 해당한다고 볼 수는 없다 할 것이고, 따라서 파산절차참가로 인한 시효중단의 효력은 파산절차가 종결될 때까지 계속 존속한다고 할 것이다."라고 판시하였다. 다만 위 판결은 이의 있는 채권에 관하여는 채권자가 배당의 공고가 있은 날로부터 기산하여 14일 내에 파산관재인에 대하여 그 채권의 확정에 관한 소의 제기 또는 소송의 수계를 한 것을 증명하지 아니한 때에는 그 배당으로부터 제척된다고만 규정하고 달리 채권확정의 소의 제기기간을 규정하지는 않았던 구 파산법 아래에서의 판결이다.

20) 재단채권을 파산채권으로 신고한 경우 시효중단의 효력이 있는지에 관하여, 파산절차에 참가할 필요가 없는 재단채권에 관하여 파산채권 신고를 한 경우까지 민법 제168조 제1호, 제171조의 시효중단사유인 파산절차참가에 해당하지 않는다고 본 사례[서울중앙지방법원 2004. 6. 24. 선고 2003나59586 판결(심리불속행 상고기각 확정)]가 있다. 이와 다른 취지로 채권자가 재단채권을 파산채권으로 신고한 후 채권조사절차에서 파산관재인이 이의를 진술하자 파산채권조사확정재판을 신청하였다가, 법원이 재단채권임을 이유로 파산채권이 존재하지 아니함을 확인한다는 결정을 하자 재단채권의 이행을 구하는 소를 제기한 사안에서, 민법 제170조 제2항을 유추적용할 수 있고 위 규정을 유추적용할 수 없다고 하더라도 파산채권 신고를 한 것은 민법 제174조의 최고에 해당하여 시효중단의 효력이 있다고 본 사례[(서울고등법원 2012. 2. 17. 선고 2011나64012 판결(미상고 확정)]도 있다.

21) 조세채권 등 신고서는 ① 파산선고 전 발생한 채권 원본 액수, ② ①에 기한 파산선고 전까지의 가산금 액수, ③ ①에 기한 파산선고 이후 가산금 액수, ④ 파산선고 후 발생한 채권 원본 액수, ⑤ ④에 기한 가산금 액수를 각각 나누어 기재하도록 하여, 재단채권의 범위를 쉽게 알 수 있도록 하였다.

22) 관할 세무서장 등이 재단채권에 해당하지 아니하는 채권을 포함한 조세채권 등 신고서를 제출하는 경우도 드물지 않게 발생하므로, 파산관재인은 조세채권 등 신고서에 기재된 각 채권이 재단채권에 해당하는지를 면밀히 검토한 다음 재단채권에 해당하는 채권만을 구분하여 법원에 재단채권의 승인 허가를 신청하여야 한다.

23) 참고로 조세채권 등 신고서 하단에는 "이 신고서는 재단채권의 유무 등을 확인하기 위해 파산관재인에게 그 내용을 알려주는 것으로, 파산채권으로 신고한 것은 아닙니다. 신고한 채권이 재단채권으로 인정받지 못하는 경우, 이를 재단채권으로 인정받기를 원하면 파산관재인을 상대

고서 양식에 조세채권 등 재단채권을 기재하여 신고한 경우에는 파산채권으로 신고한 신고의 형식을 고려하여, 실무에서는 채권조사의 대상에 포함하되 파산채권으로서는 존재하지 아니하므로 파산관재인은 재단채권임을 이유로 이의를 진술하고 있다(재단채권이 파산채권으로 신고된 경우 채권 시·부인에 관한 자세한 내용은 제8장 제3절 5. 카. 참조).

2. 신고절차

가. 신 고 인

파산채권의 신고는 파산채권의 관리·처분행위로 파산채권의 관리처분권을 가지는 자가 할 수 있다. 파산채권의 신고는 법원에 대하여 파산절차참가를 신청하는 형식이고, 신고한 채권에 대하여 이의가 제기되면 파산채권조사확정재판이나 파산채권의 확정에 관한 소송으로 이어질 수 있기 때문에, 신고인은 민사소송법상 당사자능력 등이 필요하다.[24]

파산채권의 신고는 대리인도 할 수 있으나(법 제451조, 규칙 제73조 제1항 제1호),[25] 대리인이 변호사일 필요는 없다. 파산채권자가 파산한 경우에는 그 파산절차에서의 파산관재인이 신고해야 한다. 파산채권에 대하여 압류 및 추심명령을 받은 추심채권자 또는 채권자대위권을 적법하게 행사하는 대위채권자도 채무자의 파산채권을 신고할 수 있다. 파산채권이 가압류된 경우에는 가압류채권자가 아니라 파산채권자인 채무자가 파산채권을 신고할 수 있다. 하나의 파산채권에 대하여 여러 채권자가 압류 및 추심명령을 받아 압류가 경합하여 각 압류의 효력이 파산채권 전부에 미치는 경우 각 추심채권자는 모두 피압류채권 전부를 파산채권으로 신고할 수 있고, 이처럼 하나의 파산채권에 대하여 여러 신고인이 있는 경우에는 여러 신고인이 하나의 파산채권을 준공유하고 있다고 보는 것이 타당하다.[26]

로 소를 제기해야 하고, 파산채권으로 인정받기 원하면 법원에 파산채권신고를 해야 합니다."라는 문구를 기재하고 있다.

24) 국가 또는 지방자치단체가 파산채권의 권리주체인 경우에는 채권을 관리하는 행정기관의 장이나 그 소속 공무원의 명의가 아닌 권리주체인 대한민국이나 지방자치단체의 명의로 채권신고를 하여야 한다.

25) 여러 채권자가 선정한 선정당사자가 선정당사자의 지위에서 선정자들의 파산채권을 신고하는 경우도 있으나, 이는 선정당사자가 선정자들의 채권신고를 대리한 것으로 보아야 할 것이다.

26) 條解破産法, 795면.

나. 신고방식

채권신고는 실무상 정형화된 파산채권신고서 양식([기재례 48])에 의하여 파산채권자가 파산채권신고서를 작성하여 증거서류 및 첨부서류와 함께 법원에 제출하는 방식으로 하고 있다. 법원은 파산선고시 알고 있는 채권자에게 법 제313조 제1항 각 호의 사항을 기재한 서면인 파산선고 통지서와 함께 파산채권신고서 양식, 파산채권신고에 관한 주의사항([기재례 49])을 발송하여 파산채권자가 파산채권신고서 양식을 사용하도록 한다.

파산채권자는 법원이 정하는 채권신고기간 안에 ① 그 채권액 및 원인, ② 일반의 우선권이 있는 때에는 그 권리, ③ 법 제446조 제1항 각 호의 어느 하나에 해당하는 청구권(후순위파산채권)을 포함하는 때에는 그 구분을 법원에 신고하고, 증거서류 또는 그 등본이나 초본을 제출하여야 한다(법 제447조). 그 외에도 별제권자는 별제권의 목적과 그 행사에 의하여 변제를 받을 수 없는 채권액(실무상 예정부족액이라고 한다)을 신고하여야 하고, 파산채권자는 파산채권에 관하여 파산선고 당시 소송이 계속되어 있는 때에는 그 법원·당사자·사건명 및 사건번호를 신고하여야 한다(법 제447조 제2항, 제3항).

신고사항 중 채권의 원인이란 채권의 발생원인인 사실을 말한다. 채권신고서에는 신고하는 파산채권을 사회통념상 다른 채권과 구별하여 그 동일성을 인식할 수 있을 정도로 그 발생원인 사실을 특정하여 표시하여야 한다.[27] 채권신고서에 채권의 원인을 기재하지 않거나 기재된 발생원인 사실만으로는 채권이 특정되지 않는 경우 그러한 채권신고는 부적법하므로 각하하여야 할 것이나, 실무에서는 파산관재인이 신고한 파산채권자에게 채권조사기일 전까지 채권신고를 보완할 것을 안내하고 있다. 채권신고서의 첨부서류에 의하여 채권의 원인을 특정할 수 있다면 그러한 채권신고는 적법하다고 보아야 할 것이다.

또한 파산채권자가 법 제447조의 규정에 따라 채권을 신고할 때에는 ① 채권자 및 대리인의 성명 또는 명칭과 주소, ② 통지 또는 송달을 받을 장소(대한민국 내의 장소로 한정한다) 및 전화번호·팩시밀리번호·전자우편주소, ③ 집행력 있는 집행권원 또는 종국판결이 있는 파산채권인 때에는 그 뜻을 함께 신고하여

---

27) 경우에 따라서는 파산채권자가 동일한 파산채권을 중복하여 신고한 경우 중복신고 자체가 부적법하다고 보이므로 법원은 파산채권자가 앞선 채권신고를 취하하거나 그 신고가 각하되지 않는 한 나중에 한 채권신고를 각하할 수 있다.

야 하고(규칙제73조 제1항), 그 신고서에는 ① 채권자가 대리인에 의하여 채권을 신고할 때에는 대리권을 증명하는 서면, ② 파산채권이 집행력 있는 집행권원 또는 종국판결이 있는 것일 때에는 그 사본, ③ 채권자의 주민등록등본 또는 법인등기사항증명서를 첨부하여야 한다(규칙제73조 제2항). 채권을 신고할 때에는 채권신고서 및 첨부서류의 부본을 2부 제출하여야 한다(규칙제74조 제1항). 채권신고서에는 인지를 붙이지 않는다.

파산채권의 신고는 법원에 하여야 하므로 파산관재인에게 채권신고서를 제출하였다고 하더라도 이는 파산채권의 신고로서 효력이 없다. 이 경우 파산관재인은 파산채권자로 하여금 최소한 채권조사기일 전까지 법원에 채권신고서를 제출하도록 안내하여야 할 것이다.

파산절차에서도 이른바 '예비적 채권신고'가 가능하다고 해석되지만,[28] 법은 채권신고기간 후에도 채권신고를 허용하고 있어, 파산채권자가 예비적 채권신고를 할 실익은 크지 않다.[29]

다. 채권신고기간

법원은 파산선고와 동시에 채권신고기간을 정하는데, 그 기간은 파산선고를 한 날부터 2주 이상 3개월 이하이어야 한다(법제312조 제1항 제1호). 이러한 채권신고기간이 실체법상 권리행사기간을 연장해주는 것은 아니다.[30] 채권신고기간은 실무상 대체

---

28) 회생절차에서의 예비적 신고에 관한 자세한 내용은 회생사건실무(상), 제10장 제3절 6. 참조.

29) 구 회사정리법상 회사정리절차에서의 예비적 채권신고와 관련하여 대법원 2004. 8. 20. 선고 2004다3512, 3529 판결은 "공익채권을 단순히 정리채권으로 신고하여 정리채권자표 등에 기재된다고 하더라도 공익채권의 성질이 정리채권으로 변경된다고 볼 수는 없고, 또한 공익채권자가 자신의 채권이 공익채권인지 정리채권인지 여부에 대하여 정확한 판단이 어려운 경우에 정리채권으로 신고를 하지 아니하였다가 나중에 공익채권으로 인정받지 못하게 되면 그 권리를 잃게 될 것을 우려하여 일단 정리채권으로 신고할 수도 있을 것인바, 이와 같이 공익채권자가 자신의 채권을 정리채권으로 신고한 것만 가지고 바로 공익채권자가 자신의 채권을 정리채권으로 취급하는 것에 대하여 명시적으로 동의를 하였다거나 공익채권자의 지위를 포기한 것으로 볼 수는 없다."라고 판시하였다.

30) 대법원 2006. 4. 14. 선고 2004다70253 판결은 "구 파산법 제209조, 제207조 제2항의 규정이 파산채권의 신고기간에 아무런 제한을 두고 있지 아니한 것은 그 신고시점까지 유효하게 채권을 보유하고 있는 자로 하여금 신고를 통하여 채권을 행사할 수 있도록 하는 것이지, 그 신고시점 이전에 이미 소멸시효 완성 등으로 채권을 상실한 자에게까지 뒤늦게 파산채권신고를 통하여 소멸한 채권을 부활시켜 주고자 하는 것은 아니다."라고 판시하였다. 또한 대법원 2006. 4. 28. 선고 2004다70260 판결은 "채권자가 원리금의 상환기일로부터 3개월 이내에 보증채무의 이행을 청구하지 아니하면 보증채무가 소멸한다는 내용의 특약이 있는 지급보증부 회사채가 발행되었는데 그 상환기일이 도래하고 나서 보증채무자가 파산하였다면, 채권자는 보증채무에 관하여 파산법원에 채권신고를 하여 파산재단에 참가함으로써 보증채무의 이행을 청구할 수 있다 할 것이므로, 채권자가 3개월 내에 그러한 채권신고를 하지 않으면 위 특약에 따라 보증채무가

로 파산선고를 한 날부터 4주 전후로 정하고 있는데, 파산채권자 수가 많을 것
으로 예상되는 경우에는 2개월 전후로 여유 있게 정하기도 한다.

채권자 수가 많아 다수의 채권신고가 있을 것으로 예상되는 경우에는 이른
바 '집중신고기간'을 두어 채권신고 접수를 효율적으로 처리할 수도 있다. 법원
은 도산절차의 신속한 진행을 위하여 파산관재인으로부터 필요한 업무의 보조를
받을 수 있으므로(규칙 제8조), 서울회생법원은 다수의 채권신고가 접수되는 사건에서
는 파산관재인으로부터 보조인 등을 통하여 채권신고서 접수 업무의 보조를 받
기도 한다.

라. 채권신고서 제출 후의 처리

채권신고서 및 첨부서류의 부본이 제출되었을 때 법원사무관등은 이 중 1
부를 파산관재인에게 교부하여야 하고(규칙 제74조 제2항), 채권신고서가 제출되면 법원사
무관등은 채권자의 성명 및 주소, 채권액 및 원인 등 사항을 기재한 파산채권자
표를([기재례 50]) 작성하여야 한다(법 제448조 제1항). 또한 법원사무관등은 파산채권자표의
등본을 파산관재인에게 교부하여야 하고, 채권자의 신청이 있는 경우 그 채권자
의 채권에 관한 파산채권자표의 초본을 교부하여야 한다(법 제448조 제2항, 제449조 제2항). 법원은
파산채권자표 및 채권의 신고에 관한 서류를 이해관계인이 열람할 수 있도록 법
원에 비치하여야 한다(법 제449조 제1항).

서울회생법원은 도산절차의 신속한 진행을 위하여 파산관재인으로 하여금
법원에 제출된 채권신고서를 기초로 파산채권자표에 기재할 사항을 정리하여 제
출하도록 함으로써, 파산관재인으로부터 파산채권자표 작성 업무의 보조를 받고
있다(규칙 제8조).

파산관재인은 법원사무관등으로부터 교부받은 채권신고서를 즉시 검토하여
채권신고서의 기재사항에 미비한 점이 발견되면 신속히 신고한 파산채권자에게
채권조사기일 전까지 보완할 것을 안내하고,[31] 채권자가 응하지 않으면 법원에

소멸하게 된다. 또한, 비록 구 파산법이 파산의 특수성을 고려하여 일반채권과 다르게 그 행사
방법 및 행사의 상대방 등에 관하여 규정하고 있다고 하더라도 이러한 사정만으로 파산선고에
의하여 위 특약이 배제되거나 실효된다고 할 수 없다."라고 판시하였다.

31) 채권신고기간이 경과하지 않았고 파산채권의 소멸시효 경과가 문제되지 않는다면 파산관재인
은 신고한 파산채권자로 하여금 미비한 점을 보완한 채권신고서를 새로이 제출하면서 동시에
기존 채권신고에 관하여는 취하서를 제출하도록 하는 것이 좋다. 실무에서는 신고한 파산채권
자가 미비한 점을 보완한 채권신고서를 새로이 제출하면서도 기존 채권신고를 취하하지 않은
경우에는, 절차상 기존 채권신고가 철회 또는 취하된 것은 아니기에, 기존에 제출된 채권신고서
에 따른 파산채권은 중복신고임을 이유로 이의를 진술하고 새로이 제출된 채권신고서에 따른

채권신고의 각하를 구하거나 채권조사기일에서 이의를 진술하여야 한다. 구체적
으로 채권신고서에 채권의 원인이 기재되어 있지 않거나 기재된 발생원인 사실
만으로는 채권이 특정되지 않는 경우, 그 밖에 우선권의 기재나 후순위파산채권
의 구분 기재가 없는 경우, 별제권의 목적이나 예정부족액의 표시가 없는 경우,
채권신고서에 기재한 사항이 그 자체로 서로 모순되거나 첨부서류와 모순된 경
우, 채권액의 오기 또는 위산 등이 있는 경우 파산관재인은 신고한 파산채권자
에게 보완할 것을 안내할 수 있다. 다만 채권신고서 첨부서류에 의하면 채권액
의 오기 또는 위산임이 명백한 경우에는 정확한 채권액에 대해 시·부인을 할
수 있다.[32] 또한 파산관재인은 채권신고서의 첨부서류에 미비한 점이 발견된 경
우에도 신고한 파산채권자에게 보완할 것을 안내하여야 하는데, 신고한 파산채
권자가 증거서류를 첨부하지 않았고 파산관재인의 안내에도 불구하고 보완하지
않는 경우에는 채권신고 자체가 무효로 되는 것은 아니지만 증거서류는 채권조
사에 필요하므로 이 경우 파산관재인은 채권조사기일에서 이의를 진술하여야 할
것이다.

3. 채권신고기간 후의 신고

회생절차에서는 원칙적으로 법 제147조의 목록에 기재되지 아니하거나 신
고되지 않은 회생채권 등은 회생계획인가의 결정이 있는 때에 실권되어 채무자
가 그 회생채권 등에 관하여 책임을 면한다(법제251조). 그러나 파산절차에서는 신고
되지 아니한 파산채권이 실권되지 아니하고, 법에는 채권신고기간이 경과하더라
도 채권신고의 종기를 제한하는 명문의 규정이 없어 채권신고기간 후에도 채권
신고를 허용하고 있으므로, 최후배당의 배당제외기간까지의 채권신고는 유효하
다.[33]

파산채권을 시·부인하기도 한다.
32) 예를 들어 채권자가 채권신고서 표지에 기재한 채권액과 채권목록에 기재한 각 채권액의 합
계가 다른 경우에는 증거서류 등과 대조하여 진정한 채권액을 확인할 수 있다. 그러나 이처럼
오기 또는 위산의 가능성이 있는 경우에도 파산관재인은 신고한 파산채권자에게 채권신고서에
기재한 채권액이 오기 또는 위산인지 여부를 직접 확인한 다음 오기 또는 위산을 보완할 것을
안내하고, 보완하지 않는 경우에는 채권신고서에 기재된 보다 다액인 채권액을 기초로 시·부
인하는 것이 좋을 것이다.
33) 실무에서는 채권신고기간 후의 채권신고를 추후보완신고(추완신고)라고 부르기도 한다. 그러
나 회생절차에서의 법 제152조 제1항이 회생채권자 또는 회생담보권자는 그 책임을 질 수 없는
사유로 인하여 신고기간 안에 신고를 하지 못한 때에는 그 사유가 끝난 후 1월 이내에 그 신고

그러나 최후배당의 배당제외기간이 경과하기 직전에 채권신고를 하더라도, 배당제외기간이 경과하기 전까지 채권조사의 특별기일이 개최되어 신고한 파산채권이 이의가 없이 확정되거나 이의가 있는 때에는 법 제519조 제1호가 규정한 이의가 있는 채권에 관하여 채권조사확정재판의 신청, 소의 제기 또는 소송의 수계가 있어야 하므로, 이러한 요건을 갖출 수 없는 시점에 신고된 파산채권은 사실상 배당에 참가할 수 없게 된다. 따라서 적어도 최후배당의 배당제외기간이 경과하기 전에, 채권조사의 특별기일이 개최되어 신고한 파산채권이 이의가 없이 확정되거나 이의가 있는 때에는 이의가 있는 채권에 관하여 채권조사확정재판의 신청 등 채권의 확정을 위한 절차를 취할 정도의 시간적 여유가 있는 때까지 채권신고를 하여야 한다(최후배당의 배당제외기간에 관한 자세한 내용은 제16장 제3절 3. 나. 참조).

채권신고기간 후에 신고된 파산채권에 관하여는 파산관재인 및 파산채권자의 이의가 있는 때를 제외하고는 채권조사의 일반기일에 그 조사를 할 수 있지만, 파산관재인 또는 파산채권자의 이의가 있거나 파산채권자가 채권조사의 일반기일 후에 신고한 파산채권에 관하여는 법원은 신고기간 후에 신고된 파산채권을 조사하기 위한 특별기일을 정하여 채권조사의 특별기일에 그 조사를 하여야 한다(법 제453조 제2항 전문, 제455조).

채권조사의 특별기일을 정하는 경우 채권조사에 소요되는 비용은 신고기간 후에 신고한 파산채권자가 부담하게 되어있는데(법 제453조 제2항 후문, 제455조), 법원은 신고한 파산채권자가 그 비용을 납부하지 아니하면 채권신고를 각하할 수 있다(채권조사의 특별기일에 관한 자세한 내용은 제8장 제3절 3. 참조).

다만 뒤에서 보는 바와 같이 서울회생법원의 실무는 이시폐지가 예상되는 경우 원칙적으로 채권조사의 일반기일을 추후지정하고 있으며, 채권조사의 일반기일을 개최하였더라도 그 후 이시폐지가 예상된다면 채권조사의 특별기일을 정하지 않고 있다.[34]

를 보완할 수 있다고 규정한 것과 달리, 파산절차에서는 신고한 파산채권자가 채권신고기간 후에 채권신고를 한 데에 귀책 사유가 있는지를 고려하지 아니하므로, 파산절차에서의 채권신고기간 후의 채권신고는 엄밀한 의미에서의 신고의 추후보완에 해당하지 아니한다. 일본 파산법 제112조 제1항, 제2항은 파산채권자가 그 귀책사유 없이 일반조사기간의 경과 또는 일반조사기일의 종료까지 파산채권의 신고를 할 수 없었을 경우에는 그 사유가 소멸한 후 1월 이내에 한하여 그 신고를 할 수 있고, 그 1월의 기간은 연장하거나 단축할 수 없다고 규정하고 있다.

34) 특히 파산채권자가 자신의 파산채권액을 대손금으로 처리하기 위해(법인세법 제19조의2 제1항) 채권조사를 요구하는 경우가 있다. 그러나 법인세법 제19조의2 제1항 및 같은 법 시행령 제19조의2 제1항 제8호는 채무자의 파산으로 회수할 수 없는 채권의 금액(대손금)을 손금에 산입

한편 채권조사의 일반기일을 속행한 경우 그 속행기일에서는 채권신고기간 후 이전 기일까지 신고된 파산채권으로 이전 기일에서 조사를 하는 것에 대하여 파산관재인 또는 파산채권자의 이의가 있었던 것뿐만 아니라 이전 기일까지 신고되지 아니한 것으로 이전 기일 후 속행기일까지 신고된 파산채권도, 속행기일에서 조사를 하는 것에 대하여 파산관재인 및 파산채권자의 이의가 없다면 속행기일에서 함께 조사할 수 있다고 보는 것이 실무이다.

4. 채권신고의 변경

가. 신고명의의 변경

채권신고 후에 채권양도·변제자대위 등에 의한 특정승계, 상속·합병 등에 의한 포괄승계로 신고된 파산채권을 취득한 자는 채권조사기일 후에도 신고명의를 변경할 수 있다(규칙 제76조 제1항). 신고된 파산채권을 취득한 자가 그 채권으로 파산절차에서 권리를 행사하기 위해서는 파산채권자표 명의변경 신고를 하여야 한다.[35] 따라서 파산채권자표 명의변경이 되지 않는 한 신고된 파산채권을 취득한 자는 확정일자 있는 채권양도 통지를 파산관재인에게 하더라도 배당을 받을 수 없다고 봄이 타당하다.[36]

명의변경을 하고자 하는 자는 증거서류 또는 그 사본을 첨부하여 ① 신고명의를 변경하고자 하는 자 및 대리인의 성명 또는 명칭과 주소, ② 통지 또는 송달을 받을 장소(대한민국 내의 장소로 한정한다) 및 전화번호·팩시밀리번호·전자우편주소, ③ 취득한 권리와 그 취득의 일시 및 원인을 법원에 신고하여야 하고(규칙 제76조 제2항), 그 신고서에는 ① 명의변경을 하고자 하는 자가 대리인에 의하여 신고할 때에는 대리권을 증명하는 서면, ② 파산채권이 집행력 있는 집행권원 또는 종국판결이 있는 것일 때에는 그 사본, ③ 명의변경을 하고자 하는 자의

한다고 규정할 뿐 채권조사를 그 요건으로 규정하고 있지 않고, 법인세법 기본통칙 19의 2-19의 2···1 제2항도 파산폐지 또는 파산종결 공고일 이전에 파산절차 진행과정에서 관계서류 등에 의해 해당 채권자가 배당받을 금액이 채권금액에 미달하는 사실이 객관적으로 확인되는 경우, 그 미달하는 금액은 회수할 수 없는 채권으로 보아 대손금으로 손금에 산입할 수 있다고 하고 있으므로, 채권조사를 거친 파산채권액만 대손금 처리를 할 수 있는 것은 아니다.

35) 신고된 파산채권을 취득한 자는 신고명의의 변경을 통하여 파산절차에서 권리를 행사하여야 하므로 이미 신고된 파산채권을 다시 파산채권으로 신고하여서는 아니 된다. 만일 이미 신고된 파산채권과 동일한 파산채권을 신고한 경우 중복신고 자체가 부적법하다고 보이므로 법원은 신고된 파산채권을 취득한 자가 나중에 한 채권신고를 각하할 수 있다.

36) 條解破産法, 812면.

주민등록등본 또는 법인등기사항증명서를 첨부하여야 한다(규칙 제76조 제3항, 제73조 제2항,).

신고된 파산채권이 특정승계된 경우 승계인은 파산관재인에 대한 채권양도 통지 등 대항요건을 갖추어야 한다.[37] 증거서류로 특정승계의 경우에는 채권양도계약서 등 특정승계 사실을 증명할 수 있는 서면, 대항요건을 갖춘 것을 증명할 수 있는 서면을 첨부하여야 하고, 포괄승계의 경우에는 가족관계증명서, 법인등기사항증명서 등 포괄승계 사실을 증명할 수 있는 서면을 첨부하여 신고하면 된다. 실무에서는 명의변경을 하고자 하는 자가 파산채권자표 명의변경 신고서를([기재례 60]) 작성한 후 증거서류 및 첨부서류와 함께 법원에 제출하도록 하고 있는데, 신고한 파산채권이 매도, 증여된 경우와 같이 당사자의 의사표시에 의하여 양도된 경우에는 양도인과 양수인이 연명으로 파산채권자표 명의변경 신고를 하는 것이 바람직하다.

법원사무관등은 적법한 파산채권자표 명의변경 신고가 있는 때에는 그 신고 내용을 파산채권자표에 기재하여 파산채권자표의 채권자 명의를 변경하여야 한다(규칙 제76조 제3항, 제75조 제2항,).

여럿의 채무자가 각각 전부의 채무를 이행하여야 하는 경우 그 채무자의 전원 또는 일부가 파산선고를 받은 때에는 채권자는 파산선고시에 가진 채권의 전액에 관하여 각 파산재단에 대하여 파산채권자로서 권리를 행사할 수 있는데, 파산선고시 가진 채권의 전액을 파산채권으로 신고한 채권자는 파산선고 후 파산선고를 받은 그 채무자에 대하여 장래의 구상권을 가지는 다른 채무자(예컨대 보증인)로부터 채권액 일부를 변제받은 때에도, 파산선고시 가진 채권의 전액에 관하여 파산채권자로서 권리를 행사할 수 있다고 해석된다(법 제428조, 제430조,).[38] 그러나 실무에서는 파산선고시 가진 채권의 전액을 파산채권으로 신고한 채권자가, 보증인으로부터 채권액 일부를 변제받고 신고한 채권액 중 그 일부 변제액에 관하여 보증인과 연명으로 보증인을 채권자로 하는 파산채권자표 명의변경 신고를 한 경우에는 이를 받아들이고 있다[전부의무자의 일부 대위변제에 관한 자세한 내용은 제8장 제3절 5. 나. 1) 참조].[39]

---

37) 파산선고 후 파산채권자가 파산채권을 양도한 경우 그 채권양도 통지는 채무자나 법원이 아닌 파산관재인에게 하여야 한다. 채권양수인이 법원에 파산채권자표 명의변경 신고를 하였으나 채권양도인이 파산관재인에게 채권양도 통지를 하지 않는 등 대항요건을 적법하게 갖추지 못한 경우 파산관재인은 적법한 대항요건을 갖추도록 보완할 것을 안내하여야 한다.

38) 대법원 2008. 8. 21. 선고 2007다37752 판결.

39) 일본 最高裁判所 平成9年9月9日 平成7年(オ)第740号 判決은 채권자가 주채무자에 대한 파산절차에서 채권의 전액을 신고한 후 채권자에게 채권의 전액을 대위변제한 보증인이 파산재판소에

한편 파산관재인은 관재업무를 수행하는 과정에서 파산채권에 관한 채권양도 통지를 받거나, 별제권의 목적인 재산에 관한 담보권 실행을 위한 경매절차에서 별제권자의 파산채권이 양도된 사실을 알게 되거나, 신고한 파산채권자의 승계인이라고 주장하는 자로부터 배당금 지급을 요구받는 등으로 신고된 파산채권이 승계된 사실을 알게 되는 경우가 있다. 이 경우 파산관재인은 신고된 파산채권을 취득하였다고 주장하는 자에게 법원에 이미 신고된 파산채권에 관하여 파산채권자표 명의변경 신고를 할 것을 안내하여야 하고, 임의로 신고된 파산채권을 취득하였다고 주장하는 자를 파산채권자로 취급하여서는 아니 된다.

나. 신고한 사항의 변경

파산채권자는 신고한 사항에 관하여 다른 파산채권자의 이익을 해하지 않는 내용의 변경이 생긴 때에는 증거서류 또는 그 사본을 첨부하여 지체 없이 그 변경의 내용 및 원인을 법원에 신고하여야 하며(규칙 제75조 제1항), 법원사무관등은 그 신고가 있는 때에는 신고 내용을 파산채권자표에 기재하여야 한다(규칙 제75조 제2항).

그러나 파산채권자가 신고한 사항에 관하여 신고기간 후에 다른 파산채권자의 이익을 해할 변경을 가한 경우(예컨대 채권액의 증액)에는 새로운 채권신고와 동일하게 취급하여야 하므로 신고기간 후에 신고한 파산채권의 조사에서처럼 파산관재인 및 파산채권자의 이의가 없는 때 채권조사의 일반기일에서 조사하거나 채권조사의 특별기일을 정하여 조사한다(법 제454조 제453조).[40]

5. 채권신고의 취하

가. 취하의 방법 및 시기

파산채권신고의 취하는 파산절차에 의한 권리행사를 철회하는 법원에 대한 의사표시로, 파산절차상의 권리에 관한 것이며 실체법상 권리인 파산채권에 관한 것은 아니다. 채권신고의 취하는 법원에 채권신고 취하서를 제출하여 할 수

채권신고인의 지위를 승계하였다는 취지의 신고명의의 변경신고를 했을 때에는 대위변제에 의해 보증인이 취득한 파산선고를 받은 채무자에 대한 구상권의 소멸시효는 구상권 자체에 대해 채권신고를 하지 않아도 바로 구상권 전부에 대해 신고명의의 변경신고를 한 때부터 파산절차의 종료에 이르기까지 중단된다는 취지로 판시하였다.

40) 일반 파산채권을 우선권 있는 파산채권으로 변경하는 신고한 사항의 변경이 허용되는지에 관하여는 견해의 대립이 있는데(긍정하는 견해로는 條解破産法, 810면, 부정하는 견해로는 伊藤眞, 604면), 실무에서는 이를 허용하지 아니한다.

있다. 신고한 여러 개의 파산채권 중 일부를 취하하거나 하나의 파산채권 중 일부만을 취하하는 경우 취하하는 파산채권 또는 그 부분을 구체적으로 특정하여야 한다. 신고한 파산채권자가 법원에 채권신고 취하서를 제출하면 법원사무관 등은 그 취지를 파산채권자표에 기재한다.

파산채권이 확정되기 전에 신고를 취하하는 것은 아무런 문제가 없다. 법원에 채권신고 취하서를 제출하면 그것으로 충분하다.

파산채권이 확정된 후에도 신고를 취하할 수 있는가에 관하여, 확정된 파산채권을 파산채권자표에 기재하면 그 기재는 확정판결과 동일한 효력이 있고 민사소송법상 판결이 확정된 후에는 소 취하가 금지되는 점을($\frac{민사소송법}{제266조 제1항}$) 근거로 파산채권이 확정된 후에는 채권신고의 취하를 부정하는 견해도 있다. 그러나 파산채권이 확정된 후의 채권신고의 취하 의사표시는 파산절차상 인정되는 장래의 파산절차에 참여하여 의결권 행사, 배당액 수령 등을 할 권리의 포기를 의미하는 것으로 이론을 구성할 수 있고, 그 결과 다른 파산채권자에 대한 배당률이 증가하는 점을 고려할 때 취하를 부정할 필요는 없을 것이다.[41] 실무에서도 파산채권이 확정된 후의 채권신고의 취하를 인정하고 있다.

나. 취하의 효력

신고한 파산채권의 확정 전에 신고를 취하하면 처음부터 신고가 없었던 것으로 되고 신고의 효력도 소급하여 소멸하여, 취하 후 신고인은 신고한 파산채권자로서 권리를 행사할 수 없으며, 시효중단의 효력도 생기지 않았던 것으로 된다($\frac{법 제32조}{제2호}$). 그러나 일단 신고를 취하한 파산채권자는 다시 채권신고를 할 수 있다.

반면 신고한 파산채권의 확정 후에 신고를 취하하더라도 신고에 따른 파산절차의 효과가 이미 발생하고 있으므로 그 기초인 신고의 효력을 소급하여 소멸시키는 것은 허용되지 않는다.[42] 그래서 파산채권이 확정된 후의 취하의 의사표시는 장래의 파산절차에 참여할 권리를 포기하는 의사표시로서 유효하다고 해석되므로, 그 의사표시 이전에 이루어진 채권신고, 채권확정 및 채권자집회에서의

---

41) 注解破産法(下), 489면; 伊藤眞, 604면; 條解破産法, 803면.
42) 위에서 본 바와 같이 확정된 파산채권을 파산채권자표에 기재하면 확정판결과 동일한 효력이 있으므로 파산채권이 확정된 후의 채권신고의 취하를 부정하는 견해도 있으나, 이 견해를 전제로 하더라도 취하의 의사표시를 장래의 파산절차에 참여할 권리를 포기하는 의사표시로서 구성한다면 이를 부정할 이유는 없게 된다. 따라서 취하를 인정하고 그 효력을 장래에 향하여 발생시키는 것과 동일한 결과가 된다.

의결권 행사, 배당액 수령 등의 효력에 소급하여 영향을 미칠 수는 없다. 채권신
고의 효력은 유지되고 있기 때문에 신고를 취하한 파산채권자가 동일한 파산채
권에 대하여 다시 채권신고를 하는 것은 허용되지 않는다.

6. 금융기관 등이 파산한 경우 채권신고 등에 관한 특별규정

가. 파산참가기관

「금융산업의 구조개선에 관한 법률」 제15조부터 제23조까지의 규정은 위
법이 적용되는 금융기관의 파산에 관한 특별규정이다. 위 법은 은행법에 따라
설립된 은행, 보험업법에 따른 보험회사, 상호저축은행법에 따른 상호저축은행
등 「금융산업의 구조개선에 관한 법률」 제2조 제1호 가목부터 다목까지 및 마
목부터 아목까지의 금융기관에 대하여는 예금자보호법에 따라 설립된 예금보험
공사가, 「자본시장과 금융투자업에 관한 법률」에 따른 집합투자업자, 금융지주회
사법에 따른 금융지주회사 등 「금융산업의 구조개선에 관한 법률」 제2조 제1호
라목 및 자목의 금융기관에 대하여는 「금융위원회의 설치 등에 관한 법률」에
따라 설립된 금융감독원이 파산참가기관이 되도록 하고(금융산업의 구조개선에 관한 법률 제2조 제1호, 제4호), 파
산참가기관이 금융기관에 대한 파산절차에서 일정한 권한을 행사하도록 하고 있
다[금융위원회 등의 파산신청권에 관하여는 제3장 제2절 라., 금융기관 등이 파산한 경우
파산관재인의 선임에 관하여는 제3장 제6절 2. 다. 3), 파산참가기관·관리기관에의 통지
에 관하여는 제4장 제2절 3. 다. 참조].[43]

농업협동조합법에 따라 설립된 조합으로서 「농업협동조합의 구조개선에 관한
법률」 제2조 제11호에 따른 기금에 보험료를 납입하는 조합의(농업협동조합의 구조개선에 관한 법률 제2조 제1호)
파산에 관하여는 「금융산업의 구조개선에 관한 법률」 제17조부터 제23조까지
의 규정이 준용되고, 이 경우 '금융기관'은 '조합'으로, '파산참가기관'은 '관리기
관'으로 본다(농업협동조합의 구조개선에 관한 법률 제10조 제3항). 그리고 수산업협동조합법에 따라 설립된 지구
별 수산업협동조합, 업종별 수산업협동조합 및 수산물가공 수산업협동조합의
(수산업협동조합의 구조개선에 관한 법률 제2조 제1호) 파산과 산림조합법에 따라 설립된 지역조합 및 전문조합의
(산림조합의 구조개선에 관한 법률 제2조 제1호) 파산에 관하여도 「금융산업의 구조개선에 관한 법률」 제17조부
터 제23조까지의 규정이 준용되고, 이 경우도 '금융기관'은 '조합'으로, '파산참가

---

43) 저축은행에 대한 파산절차에서의 실무상 쟁점에 관한 자세한 내용은 남준우, "금융기관(저축
은행) 파산절차에 관한 실무상 쟁점", 재판자료 제127집, 법원도서관(2013), 132~182면.

기관'은 '관리기관'으로 본다(^{수산업협동조합의 구조개선에 관한 법률 제15조 제3항,}_{산림조합의 구조개선에 관한 법률 제14조 제3항}). 금융기관의 파산
에 관한 아래와 같은 설명은 농업협동조합법, 수산업협동조합법, 산림조합법에
따라 설립된 조합의 파산에 관하여도 그대로 적용된다.

나. 채권신고기간 및 채권조사기일 결정에 관한 협의

법원이 법 제312조에 따라 채권신고의 기간과 채권조사의 기일을 정할 때
에는 미리 파산참가기관의 의견을 들어야 한다(^{금융산업의 구조개선에}_{관한 법률 제18조}). 이는 금융기관이
파산한 경우 아래와 같이 파산참가기관이 지체 없이 예금자표를 작성하여 법원
에 제출하여야 하므로 파산참가기관의 의견을 듣도록 한 것이다. 법원은 금융기
관에 대한 파산선고 전에 미리 파산참가기관에 의견조회를 하여 그 결과를 참작
하여 채권신고의 기간과 채권조사의 일반기일을 정한다. 채권조사의 특별기일을
정할 때에는 파산참가기관의 의견을 들을 필요가 없다.

다. 예금자표의 작성 및 열람

법원은 금융기관에 파산선고를 한 경우에는 법 제313조 제1항 각 호의 사항
을 적은 서면을 파산참가기관 또는 관리기관에 송달하여야 하는데(^{금융산업의 구조개선에}_{관한 법률 제17조}),
파산참가기관은 그 송달을 받은 경우에는 알고 있는 예금채권에 대하여 지체
없이 법 제448조 제1항 각 호의 사항을 적은 예금자표를 작성하여야 한다
(^{금융산업의 구조개선에}_{관한 법률 제20조 제1항}).[44]

파산참가기관은 그에 따른 예금자표를 작성한 경우에는 지체 없이 그 뜻과
열람 장소를 공고하고, 법원이 정한 채권신고기간의 말일까지 예금자가 열람할
수 있게 하여야 한다. 이 경우 예금자표의 열람 개시일과 채권신고기간의 말일
사이에는 2주 이상의 기간이 있어야 한다(^{금융산업의 구조개선에}_{관한 법률 제20조 제2항}). 파산참가기관은 예금
자표의 열람이 시작된 후에 그 예금자표에 적혀 있지 아니한 예금채권이 있는
것을 알거나 그 밖에 예금자에게 이익이 되는 사실이 있는 것을 안 때에는 지
체 없이 예금자표에 추가하여 적어야 한다(^{금융산업의 구조개선에}_{관한 법률 제20조 제3항}).

---

44) '예금채권'이란 금융기관이 「금융산업의 구조개선에 관한 법률」 제2조 제1호 각 목의 법률에
　　따라 인가·허가 등을 받아 경영하고 있는 업무의 하나로 불특정 다수인으로부터 조달한 금전
　　에 대하여 거래상대방이 가지는 채권을 말하고(금융산업의 구조개선에 관한 법률 제2조 제5호),
　　'예금자'란 금융기관에 대하여 예금채권을 가진 자를 말한다(같은 조 제6호).

라. 예금자표의 제출

파산참가기관은 채권신고기간이 지난 후 지체 없이 예금자표를 법원에 제출하여야 한다(금융산업의 구조개선에 관한 법률 제21조 제1항). 그에 따라 법원에 제출된 예금자표에 적혀 있는 예금채권은 채권신고기간 내에 신고된 것으로 본다(금융산업의 구조개선에 관한 법률 제21조 제2항). 파산참가기관은 예금자표를 법원에 제출한 후 예금자표에 적혀 있지 아니한 예금채권이 있는 것을 알게 된 때에는 지체 없이 법원에 알려야 하고, 이 경우 법원에 알린 예금채권은 채권신고기간이 지난 후에 신고된 것으로 본다(금융산업의 구조개선에 관한 법률 제21조 제3항).

마. 예금자의 참가

「금융산업의 구조개선에 관한 법률」 제21조 제2항 및 제3항에 따라 신고된 것으로 보는 예금채권의 예금자가 직접 파산절차에 참가하려면 그 뜻을 법원에 신고하여야 한다. 이 경우 법원은 참가 사실을 파산참가기관에 알려야 한다(금융산업의 구조개선에 관한 법률 제22조).

바. 파산참가기관의 권한

파산참가기관은 「금융산업의 구조개선에 관한 법률」 제21조 제2항 및 제3항에 따라 신고된 것으로 보는 예금채권의 예금자를 위하여 파산절차에 관한 모든 행위를 할 수 있다. 다만, 「금융산업의 구조개선에 관한 법률」 제22조에 따라 그 예금자가 직접 파산절차에 참가하는 경우에는 그러하지 아니하며, 예금채권의 확정에 관한 소송행위를 할 때에는 그 예금자의 수권이 있어야 한다(금융산업의 구조개선에 관한 법률 제23조). 채권조사기일에서 예금자표에 적혀 있는 예금채권에 대하여 이의가 진술된 경우에는 법원은 위 규정에 근거하여 예금자가 아닌 파산참가기관에 파산채권의 이의에 관한 통지를 할 수 있을 것이다.

제 3 절   파산채권의 조사

1. 채권조사의 개요

가. 채권조사의 의의

파산채권의 조사는 채권조사기일에 파산관재인, 신고한 파산채권자, 채무자가 신고된 각 파산채권에 관하여 파산채권으로서의 존부, 채권액 및 원인, 순위 등의 진실 여부를 검토·확정하는 절차이다.[45] 파산채권은 파산절차에 의해서만 그 채권액의 비율에 따라 만족을 얻을 수 있는데, 파산채권자들에게 공평하게 배당하기 위해서는 분배의 기초가 되는 파산채권의 존재 및 내용을 확정하여야 한다. 따라서 채권조사는 파산절차의 목적 달성을 위해 필수적인 절차라 할 수 있다.

채권조사는 파산관재인, 신고한 파산채권자 등이 신고된 채권에 관하여 이의가 있는지 여부를 확인하는 절차이고, 법원이 실질적인 심리를 하는 것은 아니다(채권의 확정을 위한 재판은 별개의 절차이다). 채권조사는 객관적 입장에 있는 파산관재인에 의한 조사와 파산채권자의 상호 견제에 의한 조사가 병존한다는 점에 특색이 있다.[46]

나. 채권조사의 방법

채권조사는 법원이 정한 채권조사기일에 파산관재인, 신고한 파산채권자, 채무자가 출석하여 법원의 지휘하에 신고된 각 채권의 파산채권으로서의 존부와 범위에 대하여 이의를 진술하는 방법으로 한다(법 제450조 내지 제452조, 제458조). 파산절차에서는 회생절차에서와 달리 서면으로 법원에 이의를 제출할 수 있는 채권조사기간(법 제50조 제1항 제3호, 제161조)이 없고,[47] 파산관재인, 신고한 파산채권자, 채무자는 채권조사기일

---

45) 실무에서는 파산관재인이나 파산채권자가 신고된 파산채권의 존부와 범위를 시인하거나 부인한다는 점에서 채권조사를 '채권 시·부인' 또는 '채권인부'라고도 한다(법 제458조, 제459조, 제461조, 제462조 등은 '이의'라는 표현을 사용한다. 그런데 채권조사기일에서 파산관재인 및 파산채권자의 이의가 없는 때에 채권이 확정되는 것이지, 파산관재인 및 파산채권자가 시인하여 채권이 확정되는 것은 아니다).

46) 條解破産法, 828면.

47) 일본 파산법은 재판소가 채권조사의 방법으로 채권조사기간을 정하여 하는 서면에 의한 조사와 채권조사기일을 정하여 하는 기일에서의 조사를 선택할 수 있도록 하였다. 즉, 재판소에 의

에 출석하여 의견을 진술하여야 하므로($\frac{법}{}$ 제451조·제452조), 채권조사기일 외에서 서면 등으로 신고된 파산채권에 대하여 이의를 제출하는 것은 허용되지 않는다.[48]

파산관재인 및 파산채권자의 이의는 파산채권의 확정을 저지하고($\frac{법}{}$ 제458조), 원칙적으로 이의가 있는 파산채권을 보유한 파산채권자가 채권의 확정을 위하여 이의자 전원을 상대방으로 하여 법원에 채권조사확정재판을 신청하여야 한다($\frac{법}{}$ 제462조). 반면에 채권조사기일에 파산관재인 및 파산채권자의 이의가 없는 파산채권은 신고 내용대로 확정되고, 확정채권에 관하여 파산채권자표에 기재한 때에는 그 기재는 파산채권자 전원에 대하여 확정판결과 동일한 효력(불가쟁력)이 있다($\frac{법}{}$ 제458조·제460조).[49] 채무자의 이의는 파산채권의 확정에는 영향이 없다($\frac{법}{}$ 제458조).

채권신고기간 안에 신고된 파산채권, 채권신고기간 후에 신고되었지만 파산관재인 및 파산채권자가 채권조사 일반기일에 조사하는 것에 이의가 없는 파산채권은 채권조사 일반기일에 조사하고, 채권조사 일반기일에 조사하는 것에 이의가 있는 파산채권, 채권조사 일반기일 후에 신고된 파산채권 등은 채권조사 특별기일을 열어 조사한다($\frac{법}{}$ 제453조 내지 제455조).

다. 채권조사의 참가자

파산채권의 조사에 참가하는 자는 파산관재인, 신고한 파산채권자, 채무자이다.

1) 파산관재인

파산관재인은 객관적인 제3자의 지위에서 채권조사를 담당하여야 하고, 실제 가장 중요한 역할을 수행한다. 채권조사는 파산관재인이 출석하지 아니하면 할 수 없다($\frac{법}{}$ 제452조). 파산채권자도 다른 파산채권자가 신고한 파산채권에 대하여 이의할 수 있지만, 파산관재인과 같은 정도로 검토를 할 만한 처지에 있지 않은

한 채권조사는 채권조사기간을 정하여 파산관재인이 작성한 인정여부서와 파산채권자 및 파산자의 서면에 의한 이의에 근거하여 하나, 재판소는 필요하다고 인정하는 때에는 채권조사기일에서의 파산관재인의 인정 여부와 파산채권자 및 파산자의 이의에 근거하여 할 수 있도록 하고 있다(일본 파산법 제31조 제1항 제3호, 제116조).

48) 회생절차에서도 기일에 출석하여 이의를 하여야 하는 특별조사기일(법 제164조 제2항)의 경우에는 기일 외에서 이의하거나 서면으로 이의의 취지를 제출하는 것만으로는 부족하다고 본다. 이에 관하여는 회생사건실무(상) 제11장 제1절 1. 다. 3) 참조. 일본의 경우에도 채권조사기일에서 채권조사를 하는 경우에는 기일 외에서 이의를 진술하거나 서면을 제출하는 것만으로는 부족하다고 한다. 條解破産法, 861면.

49) 구 파산법상 확정채권에 관한 채권자표의 기재에 관하여 대법원 2006. 7. 6. 선고 2004다17436 판결은, 확정판결과 동일한 효력이라 함은 기판력이 아닌 확인적 효력을 가지고 파산절차 내부에 있어서 불가쟁의 효력이 있다는 의미에 지나지 않는다는 취지로 판시하였다.

경우가 대부분이므로, 사실상 파산관재인에게 모든 이의를 할 책임이 있다고 할 수 있다. 그러므로 파산관재인은 선량한 관리자의 주의로써 관련된 증거자료를 잘 검토하여 채권조사에 신중하게 임하여야 한다.

2) 신고한 파산채권자

신고한 파산채권자 또는 그 대리인은 채권조사기일에 출석하여 의견을 진술할 수 있고(법 제451조 제1항), 다른 신고된 파산채권에 대하여 이의를 진술할 수 있다 (법 제458조). 대리인은 반드시 변호사일 필요는 없으나, 채권조사기일에 출석하여 의견 및 이의를 진술하기 위해서는 대리권을 증명하는 서면을 제출하여야 한다 (법 제451조 제2항).

다른 신고된 파산채권에 대하여 이의가 있는 경우 파산채권자는 채권조사기일에서 구두로 이의의 내용을 진술하여야 한다.[50] 실무에서는 이의의 사유도 구체적으로 진술하도록 하고 있다. 자신의 파산채권에 대하여 이의가 진술된 파산채권자라고 하더라도 다른 신고된 파산채권에 대하여 이의를 할 수 있으나, 이후 채권확정절차에서 신고한 파산채권의 부존재가 확정되면 그 신고한 파산채권자가 진술한 이의는 효력을 상실한다.[51] 이의를 진술한 신고한 파산채권자의 파산채권이 포괄승계나 특정승계된 경우 이의자의 지위는 신고된 파산채권을 취득한 자에게 승계되고 이의의 효력도 상실하지 않는다. 우선권 있는 파산채권을 가진 자가 일반 파산채권이나 후순위파산채권에 대하여 이의를 진술할 수 있는지에 관하여는 논란이 있다.[52]

3) 채 무 자

채무자 또는 그 대리인도 채권조사기일에 출석하여 의견을 진술할 수 있고 (법 제451조 제1항), 신고된 파산채권에 대하여 이의를 진술할 수 있다(법 제535조). 서울회생법원은 채무자의 대표자로 하여금 제1회 채권자집회의 기일 및 그 기일과 병합하

---

50) 회생절차의 특별조사기일에서 이해관계인의 진술이 '이의'에 해당하는지와 관련하여, 대법원 2018. 7. 24. 선고 2015다56789 판결은 "관리인이 아닌 회생채권자 등 이해관계인이 특별조사기일에서 채권조사확정재판을 제기하여야 할 법 제170조 제1항에서 정한 '이의'를 하였는지는 특별조사기일에서 한 이의의 진술내용뿐만 아니라 이에 이르게 된 이유나 경위 및 그 방식, 관리인이나 다른 이해관계인의 이의 여부 및 이의를 하였다면 그 내용 등 제반사정을 고려하여, 특별조사기일에서 한 이의가 채권조사확정재판절차에서 응소책임을 부담하면서까지 당해 채권의 확정을 차단하기 위한 의사에서 비롯된 것인지에 따라 결정하여야 한다."라고 판시하였다.

51) 伊藤眞, 610, 611면; 條解破産法, 842면. 이의를 진술한 신고한 파산채권자가 자신의 채권신고를 취하한 경우에도 그 이의는 효력을 상실한다고 할 것이다.

52) 伊藤眞, 610면(배당에 관한 한 이의할 이익이 없으나, 채권자집회에서의 의결권과 관련하여 이익이 있다는 견해를 취한다); 條解破産法, 843면.

여 지정한 채권조사의 일반기일에 출석하도록 하고 있다.

　　채무자의 이의는 파산채권의 확정에는 영향이 없으므로(제458조), 법원은 채무자의 이의가 있었음을 파산채권자에게 통지할 필요가 없고, 채무자의 이의가 진술된 파산채권을 보유한 파산채권자는 채무자를 상대로 채권조사확정재판을 제기할 필요가 없다(제462조). 채권조사기일에 파산관재인 및 파산채권자의 이의가 없어 확정된 파산채권에 대하여 채무자가 채권조사기일에 이의를 진술하지 아니한 때에는 파산채권자표의 기재는 파산선고를 받은 채무자에 대하여 확정판결과 동일한 효력을 가지고, 채권자는 파산종결 후에 또는 파산폐지 결정이 확정된 경우에 파산채권자표의 기재에 의하여 강제집행을 할 수 있으나(법 제535조, 제548조 제1항), 채무자가 채권조사기일에 이의를 진술한 때에는 파산채권자표의 기재는 채무자에 대하여 확정판결과 동일한 효력을 가지지 않고 채권자는 파산채권자표의 기재에 의하여 강제집행을 할 수도 없다.

라. 채권조사의 대상

　　채권조사기일에는 신고된 각 채권에 관하여 법 제448조 제1항 각 호의 사항을 조사한다(제450조). 채권조사의 대상으로 되는 것은 신고된 채권의 파산채권으로서의 적격 유무, 존부와 그 채권액 및 원인, 우선권의 유무, 후순위파산채권의 구분, 별제권자가 법 제447조 제2항의 규정에 의하여 신고한 별제권의 행사에 의하여 변제를 받을 수 없는 채권액(예정부족액)이다(법 제448조 제1항).[53]

　　재단채권은 파산절차에 의하지 아니하고 수시로 변제하고(제475조), 채권조사는 배당의 기준이 되는 파산채권액을 확정하는 절차이므로, 재단채권은 파산채권과 같이 채권신고·조사의 대상이 아니다. 하지만 재단채권자가 파산채권신고서 양식에 성질상 재단채권인 채권을 기재하여 파산채권으로 신고한 경우에는 엄밀히 말하면 재단채권은 채권조사 대상이 아니나, 파산채권으로 신고한 신고의 형식을 고려하여 실무에서는 채권조사의 대상에 포함하되 신고된 채권이 존

---

[53] 예정부족액에 대한 시·부인은 오로지 별제권자가 채권자집회에서 의결권을 행사할 수 있는지 여부를 정할 필요에서 이루어진다(법 제373조 제2항은 별제권의 행사에 의하여 변제를 받을 수 없는 채권액에 관하여 파산관재인 또는 파산채권자의 이의가 있는 때에는 법원은 의결권을 행사하게 할 것인가의 여부와 의결권을 행사할 금액을 결정하도록 규정하고 있다). 최후배당의 기초가 되는 별제권의 행사에 의하여 변제를 받을 수 없었던 채권액(이른바 확정부족액)은 채권조사절차에서 확정되는 것이 아니라 별제권자가 최후배당의 배당제외기간 안에 별제권을 실제 행사한 후 변제를 받을 수 없었던 채권액을 증명함으로써 확정된다. 다만 별제권의 피담보채권액 그 자체는 채권조사의 대상이고 채권조사절차에서 확정된다. 條解破産法, 833면.

재하더라도 재단채권이어서 파산채권으로는 존재하지 아니하므로, 파산관재인은 재단채권임을 이유로 이의를 진술하고 있다.

파산선고를 받지 아니한 채무자에 대하여 회생계획인가결정 전에 법 제6조 제2항의 규정에 의한 파산선고가 있는 경우 법 제3편(파산절차)의 규정을 적용함에 있어서 법 제2편(회생절차)에 의한 회생채권의 신고, 이의와 조사 또는 확정은 파산절차에서 행하여진 파산채권의 신고, 이의와 조사 또는 확정으로 보므로 (다만 법 제134조 내지 제138조의 규정에 의한 채권의 이의, 조사 및 확정에 관하여는 그러하지 아니하다)(법제6조), 회생절차에서 채권조사가 이루어진 회생채권의 경우 위 단서에 해당하는 경우를 제외하고는 원칙적으로 파산절차에서는 다시 파산채권으로 신고·조사를 할 필요가 없다. 그러나 회생계획인가결정 후에 법 제6조 제1항 또는 제8항의 규정에 의한 파산선고가 있는 경우에는 회생계획인가의 효력으로 이미 회생채권자 등의 권리가 회생계획에 따라 변경되었고(법제252조), 회생계획에 따라 변경되어 인정된 권리의 채권액을 기준으로 회생계획인가결정 후 변제, 경개, 소멸시효 완성 등 다시 권리변동이 발생하게 되므로, 새로이 파산채권의 신고·조사를 하여야 한다(견련파산에서의 파산채권의 신고, 이의와 조사 또는 확정으로의 의제에 관한 자세한 내용은 제18장 제2절 3. 다. 참조).

한편 후순위파산채권에 해당하는 벌금·과료·형사소송비용·추징금 및 과태료 청구권(법제446조)을[54] 가진 자는 지체 없이 그 액 및 원인을 법원에 신고하여야 하는데(법제471조), 그 신고된 청구권의 원인이 행정심판 또는 행정소송의 대상이 되는 처분인 때에는 법원은 지체 없이 그 청구권의 금액 및 원인을 파산관재인에게 통지하여야 하고, 파산관재인은 그 청구권에 대하여 행정심판, 행정소송 등 채무자가 할 수 있는 불복절차에 의하여만 이의를 주장할 수 있다 (법제472조). 따라서 위 청구권은 통상의 파산채권과 같은 방식에 의한 채권신고·조사의 대상이 되지 않는다.

2. 채권조사의 일반기일

가. 기일의 지정

법원은 파산선고와 동시에 채권조사의 일반기일을 정하는데, 그 기일과 채

---

54) 이러한 청구권은 국세징수의 예에 의하여 징수할 수 있다는 규정이 있더라도 법 제473조 제2호의 규정상 재단채권이 아니라 후순위파산채권일 뿐이다.

권신고기간의 말일과의 사이에는 1주 이상 1개월 이하의 기간이 있어야 한다 (법 제312조 제1항 제3호). 채권조사기일은 채무자의 부채 규모, 채권신고를 할 것으로 예상되는 채권자의 수, 파산관재인이 신고된 파산채권을 정리하고 증거자료를 검토하는 데 필요할 것으로 예상되는 기간 등을 고려하여 정한다. 법에 의하면 채권조사의 일반기일은 파산선고를 한 날로부터 최대 4개월 이내의 날로 정하여야 하는 데, 사건의 규모를 고려할 때 불가피한 경우에는 위 규정에도 불구하고 채권조사의 일반기일을 채권신고기간의 말일로부터 1개월을 초과하여 지정할 수도 있을 것이다.

실무에서는 다수의 채권신고가 있는 등으로 파산관재인이 채권신고기간의 말일로부터 1개월 이내로 정한 채권조사의 일반기일까지 채권 시·부인 여부 검토를 마치지 못하는 경우가 있다. 이때 법원은 채권조사의 일반기일을 연기하여,[55] 연기된 기일에서 채권조사를 하도록 할 수 있을 것이다.[56]

한편 서울회생법원은 파산관재인이 파산재단의 현황과 재단채권 규모에 대하여 조사한 결과 이시폐지가 예상되는 경우에는, 배당가능성이 없는 사건에서의 채권조사에 따른 불필요한 부담을 줄이고[57] 파산절차의 신속한 진행을 도모하기 위하여 원칙적으로 파산관재인으로 하여금 채권조사기일의 추후지정을 신청하도록 하고, 법원은 파산관재인의 신청에 따라 채권조사기일을 추후지정함으로써 제1회 채권자집회의 기일과 병합하여 지정한 채권조사의 일반기일을 진행하지 않고 있다([기재례 51], [기재례 52]).[58]

---

55) 채권조사의 특별기일을 정하는 결정이나 채권조사기일의 변경과 채권조사의 연기 및 속행은 이를 공고하여야 하며 파산관재인·채무자 및 신고한 파산채권자에게 송달하여야 한다(법 제456조, 제457조 본문). 다만 채권조사기일의 변경과 채권조사의 연기 및 속행에 관하여 선고가 있는 때에는 공고 및 송달을 하지 아니하여도 되므로(법 제457조 단서), 실무상 채권조사기일을 연기 또는 속행하기로 하면서 그 기일에서 연기한 기일 또는 속행기일을 선고한 때에는 연기된 기일 또는 속행기일에 관한 공고 및 송달을 하지 않고 있다.

56) 채권조사의 일반기일을 연기하지 아니하고 일단 채권조사의 일반기일을 개최하여 파산관재인이 검토를 마친 채권만을 조사한 후 채권조사의 일반기일을 속행하여 나머지 채권에 대한 조사를 속행기일로 유보하는 방안을 생각하여 볼 수 있으나, 이러한 방안은 채권조사확정재판의 신청기간이 언제인지에 관하여 이의가 있는 파산채권을 보유한 파산채권자에게 혼란을 줄 수 있다.

57) 확정채권에 관하여 파산채권자표에 기재한 때에는 그 기재는 파산채권자 전원에 대하여 확정판결과 동일한 효력이 있으므로(법 제460조) 배당가능성이 없는 사건에서도 채권조사가 반드시 무의미한 것은 아니라는 견해도 있다. 그러나 채권조사의 결과를 파산채권자표에 기재하도록 하고 확정채권에 관한 파산채권자표의 기재에 확정판결과 동일한 효력을 부여하는 것은 채권조사절차의 부수적인 효력일 뿐 채권조사절차의 본래 목적은 아니고, 배당가능성이 없는 사건에서의 채권조사는 파산절차의 효율적이고 신속한 진행에 도움이 되지 않으므로 위 견해는 받아들이기 어렵다.

58) 일본 파산법은 재판소가 파산절차개시결정과 동시에 채권신고기간, 재산상황보고집회 기일, 채권조사기간(또는 채권조사기일)을 정하도록 하면서도, 재판소는 파산재단을 가지고 파산절차

나. 채권 시·부인의 기준

파산관재인은 신고한 파산채권자가 법원에 제출한 채권신고서와 그 증거서류 및 첨부서류, 파산관재인에게 직접 제출한 추가 증거자료, 채무자로부터 인도받은 관련 장부, 채무자 및 신고한 파산채권자의 진술 등을 대조 검토하여 채권시·부인 여부를 결정하여야 한다. 그런데 채권의 발생원인사실의 증명책임은 어디까지나 신고한 파산채권자가 지는 것이므로, 채권 시·부인 여부의 결정은 엄격하게 하여야 한다.

일반적으로 파산관재인은 이의 후 채권확정절차에서 이의를 진술한 파산채권의 존재가 확정될 수 있는지를 기준으로 채권 시·부인을 한다. 파산관재인은 객관적인 증거자료가 없을 경우 신고한 파산채권자에게 증거자료를 보완할 것을 안내하고, 보완하지 않는 경우에는 채무자가 채권의 존재를 인정한다고 하더라도 신고된 파산채권에 대하여 이의를 진술하는 것이 타당하다. 채권자가 채무자와 통모할 가능성이 있기 때문이다. 특히 일단 신고된 파산채권에 대하여 이의가 없어 확정되고 확정채권이 파산채권자표에 기재됨으로써 그 기재가 확정판결과 동일한 효력을 가지게 된 후에는, 그 효력을 다투려면 파산채권자표 기재 무효확인의 소를 제기하는 등 복잡한 절차를 거쳐야 하고, 검토를 충분히 하지 아니하여 존재하지 않는 채권을 시인한 경우에는 이해관계인이 파산관재인의 관재업무 수행을 신뢰하지 않게 될 수 있으므로, 파산관재인은 신고된 파산채권의 존부와 그 채권액 및 원인에 관하여 조금이라도 의심스러운 경우에는 일단 이의를 진술하는 것이 타당하다.

신고한 파산채권자에게 채권이 있는 것은 분명하지만, 신고한 채권액이 채무자의 장부와 일치하지 않거나 단기간에 정확한 채권액을 산정하는 것이 어려울 경우에는 객관적인 증거자료에 의하여 확실하게 인정할 수 있는 부분은 시인하고 나머지 부분은 일응 이의를 진술하거나 전부에 대하여 이의를 진술하고, 채권조사기일 후에 다시 증거자료를 확인하여 이의를 철회하거나 파산채권자와 화해를 하고 이의를 철회하는 것도 가능하다.

비용을 지급함에 부족할 우려가 있다고 인정하는 때에는 채권신고기간, 채권조사기간(또는 채권조사기일)을 정하지 아니할 수 있도록 하고 있다(일본 파산법 제31조 제1항, 제2항).

다. 기일의 진행절차

통상 채권조사의 일반기일은 제1회 채권자집회의 기일과 병합하여 개최하는데(^{법 제312조,}_{제2항}),⁵⁹⁾ 이 경우 채권자집회의 기일을 먼저 진행한 후 채권조사의 일반기일을 진행한다.

파산관재인이 없으면 채권조사가 적정하게 이루어질 수 없으므로, 채권조사는 파산관재인이 출석하지 아니하면 할 수 없다(^별_{제452조}). 채무자, 신고한 파산채권자 또는 그 대리인은⁶⁰⁾ 채권조사기일에 출석하여 의견을 진술할 수 있다 (^{법 제451조,}_{제1항}).⁶¹⁾

채권조사의 일반기일은 재판장의 지휘에 따라 ① 채권신고기간 후에 신고된 채권이 있는 경우 채권조사의 일반기일에서 그 조사를 하는 것에 대한 파산관재인 및 신고한 파산채권자의 이의 유무 확인, ② 파산관재인의 채권조사결과 (이의) 진술, ③ 채무자 및 신고한 파산채권자의 의견 진술, ④ 채무자의 신고된 파산채권에 대한 이의 진술, ⑤ 신고한 파산채권자의 다른 신고된 파산채권에 대한 이의 진술의 순서로 진행되는 것이 일반적이다([기재례 53]).⁶²⁾

파산관재인은 채권신고서가 접수된 순서대로 신고한 파산채권자의 성명과 신고된 파산채권의 원인 및 채권액을 기재하고, 각 채권에 대하여 파산관재인이 시인하는 채권액(우선권 있는 파산채권, 일반 파산채권, 후순위파산채권의 각 채권액을 구분한다), 이의하는 채권액, 이의 사유 등을 기재한 파산채권조사결과표를 채권조사기일이 시작되기에 앞서 출석한 채권자에게 배부하고([기재례 56], [기재례 57]),⁶³⁾ 채권조사기일에서는 재판장의 지휘에 따라 파산채권조사결과표에 의하여

---

59) 법 제552조는 간이파산절차의 경우 제1회 채권자집회의 기일과 채권조사의 기일은 부득이한 사유가 있는 때를 제외하고는 이를 병합하여야 한다고 규정하고 있다.

60) 법 제451조 제2항은 대리인은 대리권을 증명하는 서면을 제출하여야 한다고 규정하고 있다.

61) 구 파산법 제205조 제1항은 파산자는 채권조사기일에 출석하여 의견을 진술하여야 하나, 정당한 사유가 있는 때에는 대리인을 출석시킬 수 있다고 규정하고, 같은 조 제2항은 신고한 파산채권자 또는 그 대리인은 채권조사기일에 출석하여 의견을 진술할 수 있다고 규정하여 채무자의 출석 및 의견진술을 의무로 규정하고 있었으나, 법은 채무자의 출석 및 의견진술을 임의적인 것으로 규정하였다. 다만 앞서 본 바와 같이 서울회생법원은 채무자의 대표자로 하여금 제1회 채권자집회의 기일 및 그 기일과 병합하여 지정한 채권조사의 일반기일에 출석하도록 하고 있다.

62) 규칙 제5조는 도산절차에서는 조서를 작성하지 아니하도록 하면서 변론을 연 때, 법 및 규칙에서 조서의 작성을 요구하고 있는 때, 재판장이 조서의 작성을 명한 때에는 조서를 작성하도록 하고 있다. 채권조사기일의 경우 법 및 규칙에 조서의 작성을 요구하는 규정은 없으나, 채권조사절차는 이해관계인의 권리에 미치는 영향이 크고 그 과정을 객관적인 증거로 남길 필요가 있는 점을 고려하여 재판장은 원칙적으로 법원사무관등에게 조서의 작성을 명하고 있다.

채권조사결과를 구두로 진술한다. 실무상 파산관재인은 이의를 진술하는 경우 간략한 이의 사유를 밝히는데,[64] 파산관재인은 추후 채권조사확정재판 등 채권확정절차에서 이전에 밝힌 이의 사유에 구속되는 것은 아니다.

법원은 파산관재인이 채권조사결과를 진술한 후 채무자 및 신고한 파산채권자에게 파산관재인의 채권조사결과에 대한 의견을 진술할 기회를 부여하고, 필요한 경우 파산관재인 등에게 답변을 하도록 한다. 채무자 및 신고한 파산채권자가 진술한 의견은 신고된 파산채권에 대한 이의의 진술이 아니어서 이는 파산채권의 확정과는 무관한 절차이지만, 간혹 채무자 및 신고한 파산채권자의 의견 진술을 통해 파산관재인의 채권 시·부인 과정의 착오가 드러나는 경우도 있고, 법원으로서는 파산관재인의 답변을 통하여 파산관재인이 얼마나 성실히 채권조사에 임하였는지 알 수 있다.

채무자 및 신고한 파산채권자가 의견 진술을 마치면, 채무자 및 신고한 파산채권자에게도 다른 신고된 파산채권에 대하여 이의를 진술할 기회를 부여한다. 자주 있는 일은 아니지만, 파산채권자가 다른 파산채권자의 신고한 채권에 이의를 진술하는 경우가 있다. 그런데 파산채권자가 다른 신고된 채권에 대하여 어떠한 진술을 하였으나 그것이 이의를 진술하는 것인지 아니면 단순히 의견을 진술하거나 의문을 제기하는 것인지 분명하지 않은 경우가 있다. 이 경우에는 진술의 취지를 구체적으로 밝히도록 하여, 단순히 의견을 진술하거나 의문을 제기하는 취지라면 파산관재인 또는 채무자, 그 진술 대상인 채권을 신고한 채권자로 하여금 필요한 설명을 하도록 하고, 신고된 채권에 대하여 구체적인 이의를 진술하는 취지라면 채권조사기일의 조서에 이의 진술이 있었음을 기재하는 등의 조치를 하여야 할 것이다. 신고한 파산채권자가 다른 신고된 파산채권에 대하여 이의를 진술하는 경우 파산채권자는 구두로 이의의 내용 및 그 사유를 구체적으로 진술하여야 함은 앞서 본 바와 같다.

---

63) 서울회생법원은 파산관재인의 채권 시·부인이 이해관계인에게 미치는 영향이 크므로 그 과정에서 발생할 수 있는 오류를 방지하기 위하여, 파산관재인으로 하여금 채권조사기일의 전 주까지 재판부에 파산채권조사결과표 초안을 제출하도록 함으로써 파산관재인의 관재업무 수행의 적정성을 감독하고 있다(법 제358조).

64) 예를 들면 '재단채권이므로 이의', '중복신고이므로 이의', '파산선고 전 소멸하였으므로 이의', '부제소합의를 하였으므로 이의', '증거가 불충분하므로 이의', '상계예정이므로 이의', '부인권 행사 대상이므로 이의', '주채권자가 권리를 행사하였으므로 이의', '후순위파산채권이므로 이의'와 같이 간략한 이의 사유를 밝힌다.

라. 기일 종료 후의 절차

1) 채권조사결과의 기재 등

법원사무관등은 채권조사의 결과와 채무자가 진술한 이의를 파산채권자표에 기재하여야 한다(^{법 제459조}_{제1항})([기재례 50]).

확정채권에 관하여 어음, 수표 등의 유가증권 또는 차용증서 등의 채권증서가 있으면, 법원사무관등은 확정된 채권의 증서에 확정된 뜻을 기재하고 법원의 인(印)을 찍어야 한다(^{법 제459조}_{제2항}). 그러나 실무상 파산채권자가 채권증서의 원본을 제출하는 예는 드물고 실제로 효용도 크지 않기 때문에 이러한 경우는 거의 없다.

2) 이의통지

채권조사기일이 종료되면, 파산채권자가 채권조사기일에 출석하지 아니한 경우 그 채권에 관하여 이의가 있는 때에는 법원은 그 사실을 파산채권자에게 통지하여야 하고(^{법 제461조}_{제1항}), 그 통지는 우편으로 발송하여 할 수 있다(^{법 제461조}_{제2항}). 그 취지는 채권조사기일에 출석하지 아니한 파산채권자가 채권조사확정재판의 신청기간을 도과하는 등으로 파산절차에 참가할 자격을 상실하지 않도록 법원으로 하여금 이의사실을 알려주어 주의를 환기시키도록 한 것이다.[65] 이의통지는 이의자가 누구인지와 파산관재인 또는 파산채권자가 이의한 채권액, 이의 사유 등을[66] 기재한 이의통지서를 발송하는 방식으로 한다([기재례 58]). 파산관재인이 재단채권이나 후순위파산채권임을 이유로 이의한 경우에도 이의통지를 한다.[67]

---

[65] 대법원 2008. 2. 15. 선고 2006다9545 판결. 한편 서울회생법원은 대부분 사건에서 파산관재인만이 이의를 하고 신고한 파산채권자가 다른 신고된 파산채권에 대하여 이의를 진술하는 경우는 드문 점, 법원은 같은 날 다수 사건의 채권조사기일을 진행하므로 법원이 채권조사기일을 마친 후 이의통지서를 작성하는 경우에는 이의통지서의 발송이 늦어질 수 있는 점을 고려하여, 파산관재인으로 하여금 채권조사기일에 앞서 법원에 파산채권조사결과표를 제출하면서 이의통지서 초안도 미리 작성하여 함께 제출하도록 하고 있다. 그리고 채권조사기일에서 파산관재인 외에 파산채권자가 다른 신고된 파산채권에 대하여 이의를 진술하는 경우에도 파산관재인 또는 이의를 진술한 파산채권자로 하여금 파산채권자가 진술한 이의에 관한 이의통지서 초안을 작성하여 제출하도록 하고 있다.

[66] 이의통지서에는 이의가 있는 파산채권을 보유한 파산채권자가 채권조사기일로부터 1개월 이내에 이의자 전원을 상대방으로 하여 채권조사확정재판을 신청하지 아니하면 이의가 있었던 부분에 관하여 배당에 참가할 수 없게 된다는 취지의 주의 문구를 기재하고 있다.

[67] 파산채권자가 후순위파산채권인 파산선고 후 발생한 이자(법 제446조 제1항 제1호)를 일반 파산채권인 원금 및 파산선고 전일까지의 이자와 구분하지 않고 채권신고를 한 경우, 그 채권신고는 채권액 전체가 일반 파산채권으로 신고된 것으로 볼 수밖에 없다. 이 경우 파산관재인이 신고된 파산채권 중 후순위파산채권 부분을 계산하여 그 부분을 후순위파산채권으로 시인한다면, 후순위파산채권으로 시인한 부분에 관하여는 파산채권자가 신고한 내용과는 달리 인정되는 것이므로 이의통지를 하여야 한다.

한편 부득이 채권조사확정재판의 신청기간 만료가 임박하여 이의통지서를 발송하게 되는 경우에는, 이의가 있는 파산채권을 보유한 파산채권자에게 채권조사확정재판을 신청할 기회를 충분히 보장하기 위하여 법원은 법정기간인 채권조사확정재판의 신청기간을 이의통지서의 발송일로부터 파산채권자가 채권조사확정재판을 신청할 수 있을 기간까지 연장하는 결정을 할 수 있다([기재례 59])(법 제33조, 민사소송법 제172조 제1항 본문).[68]

마. 이의의 철회

1) 방식 및 효과

채권조사기일에서 파산관재인 등이 신고된 파산채권에 대하여 이의를 진술하지 아니한 경우에는 후일 새로이 이의를 진술할 수 없지만, 반대로 이의를 진술한 경우에는 채권조사기일이나 그 외에서 이전에 진술한 이의의 철회를 할 수 있다. 이의의 철회는 주로 파산관재인이 신고된 파산채권에 관하여 객관적인 증거자료가 없어 이의를 진술하였으나 채권조사기일 후 채권자가 증거자료를 제출한 경우, 파산관재인이 잠정적 이의를 진술하였으나 이후 검토를 마치고 시인하여야 할 채권임을 확인한 경우 등에 하는데, 이를 통하여 이의가 있는 파산채권은 채권조사확정재판 등 채권확정절차에 의하지 아니하고 확정된다.[69]

이의의 철회는 채권조사기일에서 진술하는 것이 아닌 한 법원에 그 취지를 기재한 서면을 제출하는 방식으로 하는데, 실무에서는 이의를 철회한 파산관재인으로 하여금 이의가 있는 파산채권을 보유한 신고한 파산채권자에게 그 취지를 통지하도록 하고 있다.[70]

---

68) 구 회사정리법상 회사정리절차와 관련하여 대법원 2003. 2. 11. 선고 2002다56505 판결은 "구 회사정리법 제147조 제2항이 '정리채권 확정의 소는 그 권리의 조사가 있은 날로부터 1월 이내에 제기하여야 한다'고 규정하고 있는 취지는, 정리회사가 부담하는 채무를 되도록 빨리 확정함으로써 정리계획의 작성 등 회사정리절차를 신속하게 진행하여 권리관계의 빠른 안정을 꾀하는 데 있으므로, 특별한 사정이 없는 한 법원이 그 기간을 늘이거나 줄일 수 없고, 또 이와 같이 정리채권 확정의 소를 제기할 수 있는 기간은 불변기간이 아니므로 당사자가 책임질 수 없는 사유로 말미암아 그 기간을 지킬 수 없었다고 하더라도 소의 제기를 추후 보완할 수 없다." 라고 판시하였다.

69) 실무에서는 파산관재인이 이의가 있는 파산채권에 관한 채권조사확정재판 또는 그에 대한 이의의 소, 채권확정의 소에서 파산채권이 존재함을 확정한 판결이나 화해권고결정 등이 확정되어 그 내용에 따라 이의를 철회한다는 취지의 서면을 제출하는 경우도 있으나, 이 경우 파산관재인이 이의를 진술한 파산채권은 위 판결이나 화해권고결정 등이 확정됨으로써 존재가 확정된 것이므로, 이미 확정된 파산채권에 관한 이의를 철회한다는 취지의 서면을 제출하는 것은 여기에서 말하는 이의의 철회에 해당하지 않는다.

70) 이의의 철회는 법 제492조 각 호가 규정한 파산관재인이 법원의 허가를 받아야 하는 행위에

파산관재인 등이 이의를 철회하는 취지를 기재한 서면을 법원에 제출하면 그 서면이 제출된 시점에 이전에 진술된 이의는 효력을 잃고, 법원사무관등은 파산채권자표에 그 내용을 기재하여야 하며, 다른 이의자가 없는 경우 이의가 진술된 신고된 파산채권은 신고된 내용대로 확정된다.

2) 이의 철회의 시간적 한계

회생절차에서 이의가 있는 회생채권 및 회생담보권에 관하여 관리인 등이 제기한 이의를 철회할 수 있는 시간적 한계에 관하여 견해의 대립이 있으나, 실무에서는 이의의 대상인 권리가 확정될 때까지만 이의를 철회할 수 있다고 보아, 관리인 등이 이의를 제출한 이후 상대방으로부터 권리의 확정을 위한 회생채권조사확정재판 등의 신청이 제기되지 않았을 경우에는 채권조사기간의 말일 또는 특별조사기일로부터 1월이 경과하기 전까지, 상대방으로부터 권리의 확정을 위한 회생채권조사확정재판 등의 신청이 제기되었을 경우에는 회생채권조사확정재판 등과 이에 대한 이의의 소가 확정적으로 종료되기 전까지 이의를 철회할 수 있다고 한다[이에 관하여는 회생사건실무(상) 제11장 제3절 2. 나 참조].

파산절차에서도 채권조사확정재판의 신청기간이 경과한 경우 확정되는지 여부, 파산채권자표의 기재에 어떠한 효력이 있는지, 파산관재인이 진술한 이의에 대한 다른 신고한 파산채권자의 신뢰 보호 문제에 대한 견해의 차이에 따라, 채권조사확정재판의 신청기간이 경과한 이의가 있는 파산채권에 대한 이의의 철회를 긍정하는 견해와 부정하는 견해가 있다.[71] 실무에서는 채권조사확정재판의

해당하지 아니한다(파산관재인이 이의가 있는 파산채권을 보유한 신고한 파산채권자와 채권액 등에 관하여 합의를 하여 이의를 철회하는 경우 그 합의가 법 제492조 제11호가 규정한 화해에 해당한다면 파산관재인은 법원의 허가를 받아야 한다). 다만 이의를 잘못 철회한 경우 이의의 효력을 되살릴 수 없으므로, 파산관재인은 이의를 철회하기 전에 법원으로부터 이의의 철회가 적절한지에 관한 감독을 받는 것이 바람직하다.

71) 긍정하는 견해는, ① 채권조사확정재판의 신청기간에 관한 규정은 그 기간의 경과가 채권확정 사유가 되도록 한 규정이 아니고, 채권조사확정재판의 신청기간이 경과한 경우 이의가 있는 파산채권을 보유한 파산채권자가 채권을 확정하는 방법이 없어지게 되나 파산관재인이 이에 구속되는 것은 아니며, 이의가 있는 파산채권은 이의의 내용에 따라 반드시 어떠한 확정이 되는 것은 아니고 일종의 미확정 상태에 있다고 볼 수 있는 점, ② 파산채권자표의 기재가 가지는 효력은 기판력이 아니라 일종의 불가쟁력이기에 이의의 철회가 가능하다고 볼 수 있는 점, ③ 신고한 파산채권자는 스스로 이의를 진술해야 하고 파산관재인이 이의를 진술하였다고 해서 아무런 조치를 하지 않은 파산채권자를 보호할 필요는 없는 점 등을 근거로 한다. 부정하는 견해는, ① 채권조사확정재판의 신청기간이 경과한 경우 확정되었다고 보고, 이의가 있는 파산채권을 보유한 파산채권자가 채권조사확정재판을 신청하지 않음으로써 파산절차에 참가할 이익을 포기한 것으로 보아 이에 의하여 확정되며, 파산채권자가 절차상의 권리를 행사할 수 없게 된 이상 이 시점에 파산관재인이 이의를 철회할 권한도 상실된다고 보는 것이 형평에 맞는 점, ② 파산채권자표의 기재는 일종의 기판력을 가지기에 이의가 있는 파산채권이 존재하지 않음이 확정되었다고 보아야 하는 점, ③ 파산관재인이 이의를 진술하였기에 이를 신뢰하고 이의를 진술하지

신청기간이 경과한 후에도 이의의 철회가 가능하다고 보고 있다. 이 경우 이의
의 철회는 최후배당의 배당제외기간이 경과하기 전까지 할 수 있다.

바. 관련 문제

1) 채권신고기간 후에 신고된 파산채권의 처리

채권신고기간 후에 신고된 파산채권에 관하여는 파산관재인 및 파산채권자
의 이의가 있는 때를 제외하고는 채권조사의 일반기일에 그 조사를 할 수 있다
(법 제453조 제1항). 파산관재인 또는 파산채권자의 이의가 있거나 파산채권자가 채권조사
의 일반기일 후에 채권을 신고한 경우에는 법원은 신고기간 후에 신고된 파산채
권을 조사하기 위한 특별기일을 정하여 그 기일에 조사를 하여야 한다(법 제453조 제2항, 제455조).

파산채권자가 최후배당의 배당제외기간이 경과한 후에 채권신고를 한 경우
에는 그 신고된 파산채권에 관하여는 채권조사의 여지가 없고 그 채권은 배당으
로부터 제외된다.

2) 최후배당의 배당제외기간이 경과하기 직전에 신고된 파산채권의 처리

최후배당의 배당제외기간이 경과하기 직전에 채권신고를 하더라도, 배당제
외기간이 경과하기 전까지 채권조사의 특별기일이 개최되고 그 채권이 확정되어
야 하므로, 이러한 채권은 사실상 배당에 참가할 수 없게 됨은 앞서 본 바와 같
다(채권신고기간 후의 신고에 관한 자세한 내용은 제8장 제2절 3. 참조).

그런데 최후배당의 배당제외기간이 경과하기 직전에 신고된 파산채권이 있
으나 그 파산채권자가 책임질 수 없는 사유가 있는 예외적인 경우에는, 법원은
최후배당의 배당제외기간이 경과하기 전에 그 기간을 연장하거나 추후지정하는
방안을 고려할 수 있다. 파산채권자가 신고한 파산채권을 그 후에 개최되는 채
권조사의 특별기일에서 조사하고 이의 여부에 따라 그 채권의 확정을 위한 절차
를 취할 수 있도록 하기 위해서이다.[72]

않은 다른 신고한 파산채권자의 신뢰를 보호할 필요가 있는 점 등을 근거로 한다. 條解破産法,
838-840면.

72) 이에 대하여 파산절차의 종결이 지연되는 것을 피하여야 하므로, 다른 신고한 파산채권자가
이의를 할 가능성이 없는 존재 및 범위가 확실한 파산채권이라고 인정된다면 그 파산채권을 화
해에 의하여 재단채권으로 승격하여(법 제479조 제4호) 변제하고(다만 그 화해에 의한 변제율은
다른 파산채권자에 대한 예상 배당률보다 감액하고, 채권신고기간 후에 신고한 파산채권자가
부담하여야 하는 채권조사에 소요되는 비용도 공제하여야 한다고 본다), 채권신고를 취하하도록
할 수 있다는 견해도 있다.

3. 채권조사의 특별기일

가. 채권조사의 특별기일을 정하는 경우

채권조사의 특별기일이란 신고기간 후에 신고된 채권 또는 파산채권자가 신고한 사항에 관하여 신고기간 후에 다른 파산채권자의 이익을 해할 변경을 가한 경우에 채권조사의 일반기일에 그 조사를 하는 것에 대하여 파산관재인 및 파산채권자의 이의가 있거나(법 제453조, 제454조), 파산채권자가 채권조사의 일반기일 후에 채권을 신고한 경우 또는 파산채권자가 신고한 사항에 관하여 그 기일 후에 다른 파산채권자의 이익을 해할 변경을 가한 경우에(법 제453조 제2항, 제455조) 법원이 그 조사를 위하여 정하는 기일을 말한다. 실무상 전자의 이유로 특별기일을 여는 예는 거의 없고, 채권조사의 일반기일 후에 신고된 파산채권을 조사하기 위하여 여는 경우가 대부분이다.

다만 앞서 본 바와 같이 서울회생법원은 이시폐지가 예상되는 사건의 경우 원칙적으로 채권신고기간 후에 신고된 파산채권을 조사하기 위한 채권조사의 특별기일도 정하지 않고 있다.

나. 기일의 지정

실무상 채권조사의 특별기일은 파산관재인의 신청에 의하여 정한다. 통상 파산관재인은 중간배당 또는 최후배당을 앞두고 채권조사의 일반기일 후에 신고된 파산채권을 배당에 참가시키기 위하여 신청하는 예가 많다.

채권조사의 특별기일을 정하는 경우 채권조사에 소요되는 비용은 신고기간 후에 신고한 파산채권자가 부담하여야 하므로(법 제453조 제2항, 제455조), 법원은 채권조사의 특별기일에서 조사할 채권을 신고한 파산채권자나 신고한 사항에 관하여 변경을 가한 파산채권자에게 채권조사에 소요되는 비용의 예납을 명한다([기재례 74]). 채권조사에 소요되는 비용에는, 채권조사의 특별기일에서 조사할 채권을 신고한 파산채권자에 대한 위 채권조사에 소요되는 비용의 납부를 명하는 결정(비용예납명령)의 송달비용, 채권조사의 특별기일을 정하는 결정의 공고비용 및 그 결정의 파산관재인·채무자 및 신고한 파산채권자에 대한 송달비용, 파산관재인이 채권조사의 특별기일에서 배부할 파산채권조사결과표 인쇄비용 상당액 및 파산관재인에게 추가로 지급할 보수 상당액 등이 포함된다고 할 것이나, 실무상 예납금은 조사할 채권을 신고한 파산채권자에 대한 비용예납명령의 송달비용과 채권조사의 특별기일을 정하는 결정의 송달비용을 합산한 금액으로 정하고 있다.

비용예납명령을 받은 신고한 파산채권자가 그 비용을 미리 납부하지 아니하는 경우 법 제33조에 의하여 민사소송법 제116조 제2항이 준용된다고 보아 법원은 채권조사의 특별기일을 정하지 않으면 된다고 보는 견해가 있을 수 있다. 그러나 실무에서는 이 경우 법 제309조 제1항 제1호를 유추적용할 수 있다고 보거나 법 제33조에 의하여 민사집행법 제18조 제2항이 준용된다고 보아[73] 법원이 채권조사에 소요되는 비용을 납부하지 아니한 신고한 파산채권자의 채권신고나 신고한 사항에 관한 변경신청을 각하할 수 있다고 본다([기재례 75]).[74]

비용예납명령을 받은 신고한 파산채권자가 그 비용을 납부하면 법원은 지체 없이 채권조사의 특별기일을 정하고 그 결정을 공고하며([기재례 76], [기재례 77]) 파산관재인·채무자 및 신고한 파산채권자에게 송달한다(법제456조).

채권조사의 특별기일은 조사할 채권자 수에 따라 다르지만, 실무에서는 대체로 결정일로부터 3주 내지 4주 이내로 정하는데, 실무에서는 신고한 파산채권자에게 채권조사의 특별기일을 통지하는 경우에는 조사할 신고된 파산채권의 목록을 첨부하여 이에 대하여 이의가 없는 신고한 파산채권자는 출석할 필요가 없음을 알리기도 한다([기재례 78]).

다. 기일의 진행절차 및 기일 종료 후의 절차

채권조사의 특별기일 진행절차 및 기일 종료 후의 절차는 일반기일의 그것과 크게 다르지 않다([기재례 79]).

---

73) 이 경우 법 제316조 제1항도 유추적용되거나 법 제33조에 의하여 민사집행법 제18조 제3항도 준용되어 채권신고나 신고한 사항에 관한 변경신청을 각하하는 결정에 대하여 즉시항고를 할 수 있는지 등의 문제가 남아 있다.

74) 條解破産法, 854면. 일본 파산법 제120조 제5항은 파산채권을 가지는 자가 비용의 예납을 명받고도 예납을 하지 아니한 때에는 재판소는 결정으로 그 자가 한 파산채권의 신고 또는 신고 사항의 변경과 관계있는 신고를 각하하여야 한다고 규정하고 있는데, 이는 종래 파산채권자가 채권조사의 비용을 예납하지 않으면 일본 구 파산법 제139조(우리 법 제309조 제1항 제1호에 해당하는 규정이다)를 유추적용하여 파산채권신고를 각하하던 실무의 운용을 명확하게 하여 규정한 것이라고 한다. 한편 서울중앙지방법원에서는 채권조사에 소요되는 비용을 납부하지 아니한 신고한 파산채권자의 채권신고를 각하하는 결정을 한 후 신고한 파산채권자가 그 비용을 납부한 경우에는 다시 채권신고를 하도록 하여 그 채권신고를 유효한 것으로 취급하여 채권조사의 특별기일을 정하거나, 직권으로 각하하는 결정을 취소하고(비송사건 절차법 제19조 제1항의 유추적용) 채권조사의 특별기일을 정한 사례가 있다.

4. 채권확정의 효력

채권조사기일에 신고된 파산채권에 관하여 파산관재인 및 파산채권자의 이의가 없는 때에는 채권액, 우선권, 법 제446조 제1항 각 호의 어느 하나에 해당하는 청구권의 구분이 확정된다(제458조).

확정채권에 관하여 파산채권자표에 기재한 때에는 그 기재는 파산채권자 전원에 대하여 확정판결과 동일한 효력이 있다(제460조). 확정판결과 동일한 효력의 의미에 관하여는 견해의 대립이 있으나, 판례는 이를 '기판력이 아닌 확인적 효력을 가지고 파산절차 내부에 있어 불가쟁력이 있다는 의미'라고 본다. 이러한 불가쟁력은 파산관재인에게도 미치므로, 채권조사기일 당시 유효하게 존재하였던 채권에 대하여 파산관재인 등으로부터 이의가 없는 채로 파산채권자표가 확정되어 그에 대하여 불가쟁력이 발생한 경우에는, 파산관재인으로서는 더 이상 그 채권에 관하여 이의를 제기하거나 부인권을 행사하여 그 채권의 존재를 다툴 수 없다.[75] 그러나 채권조사기일 당시 존재하지 않거나 이미 소멸된 채권이 이의 없이 확정되어 파산채권자표에 기재되어 있더라도 이로 인하여 채권이 있는 것으로 확정되는 것은 아니므로, 확정 후 파산채권자표에 기재된 이러한 채권을 다투려면, 기재의 잘못(절차적 오류), 명백한 위산, 오기 등에 관하여는 판결의 경정에 준하여 법원의 경정결정에 의하여 이를 바로 잡을 수 있고, 그렇지 아니한 경우에는 무효확인의 판결을 얻어 이를 바로 잡거나 각 해당 사유가 있는 경우 재심의 소, 청구이의의 소를[76] 통해 이를 바로잡을 수 있다.[77]

---

75) 대법원 2003. 5. 30. 선고 2003다18685 판결, 대법원 2006. 7. 6. 선고 2004다17436 판결.

76) 파산채권자가 채무자에 대한 확정판결에 기하여 채권신고를 하고 일부 채권액이 파산채권으로 확정되어 파산채권표에 기재된 후 파산관재인이 파산채권자의 권리남용 등을 주장하며 청구이의의 소를 제기한 사건에서 대법원 2006. 7. 6. 선고 2004다17436 판결은, 판결에 의하여 확정된 청구가 그 판결의 변론종결 후에 변경·소멸된 경우뿐만 아니라 판결을 집행하는 자체가 불법한 경우에는 그 불법은 당해 판결에 의하여 강제집행에 착수함으로써 외부에 나타나 비로소 이의의 원인이 된다고 보아야 하기 때문에 이 경우에도 이의의 소를 허용함이 상당하고, 이와 같은 법리는 파산채권표 기재의 효력을 다투는 경우에도 적용된다는 취지로 판시하였다.

77) 개인회생절차에서 작성된 개인회생채권자표와 관련하여 대법원 2017. 6. 19. 선고 2017다204131 판결은, "법 제603조 제3항은 확정된 개인회생채권을 개인회생채권자표에 기재한 경우 그 기재는 개인회생채권자 전원에 대하여 확정판결과 동일한 효력을 가진다고 규정하고 있다. 여기에서 '확정판결과 동일한 효력'은 기판력이 아닌 확인적 효력을 가지고 개인회생절차 내부에 있어 불가쟁의 효력이 있다는 의미에 지나지 않는다. 따라서 애당초 존재하지 않는 채권이 확정되어 개인회생채권자표에 기재되어 있더라도 이로 인하여 채권이 있는 것으로 확정되는 것이 아니므로 채무자로서는 별개의 소송절차에서 그 채권의 존재를 다툴 수 있다. 이는 개인회생채권자목록의 내용에 관하여 이의가 있어 개인회생채권조사확정재판이 신청되고 개인회생채권조사확정재판이 있었으나, 개인회생채권조사확정재판에 대한 이의의 소가 그 제소기간 안에

채권조사기일 당시 유효하게 존재하였던 파산채권이라 하더라도 확정된 이후 파산채권자에 의한 상계, 파산절차 외부에서 제3자의 변제 등으로 채권의 존부나 범위 등을 다툴 수 있는 실체적인 사유가 생긴 때에는 청구이의의 소를 제기할 수 있다.[78] 실무에서는 신고된 파산채권이 확정된 후 파산절차 내에서의 배당 이외의 사유로 파산채권이 소멸한 경우에는 파산관재인이 신고한 파산채권자에게 채권신고의 전부 또는 일부를 취하하지 않으면 청구이의의 소를 제기할 수밖에 없음을 설명하고, 신고한 파산채권자가 채권신고를 취하하도록 요청하기도 한다.[79]

한편 재단채권자가 자기 채권을 파산채권으로 신고하는 경우가 많이 있는데, 통상 파산관재인은 재단채권임을 이유로 이의를 진술하나, 만일 파산관재인이 이를 파산채권으로 시인한 경우 채권의 성질이 파산채권으로 바뀌는지가 문제된다. 그러나 재단채권을 단순히 파산채권으로 신고하여 파산채권자표에 기재된다고 하더라도 재단채권의 성질이 파산채권으로 변경된다고 볼 수는 없고,[80] 또한 재단채권자가 자신의 채권이 재단채권인지 파산채권인지 여부에 대하여 정확한 판단이 어려운 경우에 파산채권으로 신고를 하지 아니하였다가 나중에 재

제기되지 아니하여 법 제607조 제2항에 의해 그 재판이 개인회생채권자 전원에 대하여 확정판결과 동일한 효력을 갖게 된 경우에도 마찬가지라고 할 것이다."라고 판시하였다.

78) 다만 파산관재인이 확정된 파산채권표 기재에 관하여 청구이의의 소를 제기하면서 파산채권자의 확정된 파산채권은 파산채권자가 수령한 중간배당금의 범위에서 소멸하였으므로 그 부분에 대한 파산채권표의 집행력이 배제되어야 한다고 주장한 사건에서 대법원 2007. 10. 11. 선고 2005다45544, 45551 판결은, "확정된 채권표의 기재가 확정판결과 동일한 효력을 갖는다고는 하더라도 채권자는 파산절차가 종결된 후에 이르러서야 비로소 구 파산법 제259조 제2항에 의하여 채권표의 기재에 의거하여 강제집행을 할 수 있을 뿐이고, 파산절차가 계속 중인 경우에는 모든 파산채권자는 파산절차를 통해서만 파산자에 대한 권리를 행사하여야 하며, 파산절차에서는 확정된 채권표의 기재에 따라 파산관재인이 배당절차를 주재하고 파산채권자에 의한 별도의 집행개시나 배당요구 등의 제도가 없으므로, 확정된 채권표의 기재는 파산절차가 종결되기 전까지는 파산채권자들 사이에 배당액을 산정하기 위한 배당률을 정하는 기준이 되는 금액일 뿐이고 배당과 관련해서는 집행권원으로서 아무런 작용을 하는 것이 아니다. 그렇다면 파산절차에서 채권자가 중간배당을 받았다 하더라도 그 때문에 채권표에 기재된 채권액을 수정할 필요가 없어, 그러한 사정은 파산자가 파산채권으로 확정된 채권표의 기재에 관하여 그 채권의 존부나 범위를 다투기 위한 청구이의의 소의 사유로 삼을 수 없다고 할 것이다."라고 판시하였다.

79) 제3자가 파산채권을 변제하는 등으로 파산채권을 대위하여 행사할 수 있는 경우에는 그 파산채권에 관한 파산채권자표의 명의가 제3자로 변경되어야 할 것이므로, 이 경우 파산관재인은 신고한 파산채권자에게 채권신고를 취하하도록 요청을 할 것이 아니라 제3자로 하여금 파산채권자표 명의변경 신고를 할 것을 안내하여야 한다.

80) 대법원 2008. 5. 29. 선고 2005다6297 판결은 "구 파산법상 재단채권은 파산절차에 의하지 아니하고 수시로 변제하되, 파산채권보다 먼저 변제하여야 하고, 재단채권이 파산채권으로 신고되어 파산채권으로 확정되고 배당을 받았다고 하더라도 채권의 성질이 당연히 파산채권으로 변하는 것은 아니므로, 그 배당받은 금원을 재단채권에 충당할 수 있다고 할 것이다."라고 판시하였다.

단채권으로 인정받지 못하게 되면 배당을 받지 못할 것을 우려하여 일단 파산채권으로 신고할 수도 있을 것이므로, 이와 같이 재단채권자가 자신의 채권을 파산채권으로 신고한 것만 가지고 바로 재단채권자가 자신의 채권을 파산채권으로 취급하는 것에 대하여 명시적으로 동의를 하였다거나 재단채권자의 지위를 포기한 것으로 볼 수는 없을 것이다.[81]

5. 채권 시·부인 등에 관한 개별적 검토

가. 별 제 권

파산재단에 속하는 재산상에 존재하는 유치권·질권·저당권·「동산·채권 등의 담보에 관한 법률」에 따른 담보권 또는 전세권을 가진 자는 그 목적인 재산에 관하여 별제권을 가지고(제411조), 별제권은 파산절차에 의하지 아니하고 행사할 수 있다(법제412조). 파산재단에 속하지 아니하는 채무자의 재산상에 질권·저당권 또는 「동산·채권 등의 담보에 관한 법률」에 따른 담보권을 가진 자는 준별제권자로서 그 권리의 행사에 의하여 변제를 받을 수 없는 채권액에 한하여 파산채권자로서 그 권리를 행사할 수 있고, 그에 대하여는 별제권에 관한 규정이 준용된다(법제414조).

별제권자는 그 피담보채권을 파산채권으로 하는 파산채권자인 경우가 일반적인데, 파산채권자가 파산재단에 속하지 않는 제3자의 재산에 대하여 담보권을 가진다고 하여도 별제권자가 되는 것은 아니고, 파산채권자가 아니더라도 물상보증인이 파산한 경우에 물상보증인의 파산재단에 속하는 재산에 대하여 담보권을 가질 때에는 별제권자가 된다고 볼 것이다.[82]

파산채권자인 별제권자는 법원이 정하는 신고기간 안에 채권신고를 하면서 피담보채권액 및 원인 등 법 제447조 제1항 각호의 사항 외에도 별제권의 목

---

81) 구 회사정리법상 회사정리절차에서 공익채권을 정리채권으로 신고한 것과 관련하여, 대법원 2004. 8. 20. 선고 2004다3512, 3529 판결, 대법원 2007. 11. 30. 선고 2005다52900 판결; 나원식, "재단채권의 확정절차에 관한 실무상 문제 -파산채권과의 구별이 문제되는 경우를 중심으로-", 민사재판의 제문제 제25권, 사법발전재단(2017), 82-85면. 이와 관련하여 구 파산법상 파산절차에서 재단채권자가 채권을 파산채권으로 신고하여 확정된 후 파산관재인을 상대로 재단채권의 지급을 구한 소에서, 그 소는 소의 이익이 없어 부적법하다는 파산관재인의 본안전 항변을 재단채권이 파산채권으로 신고되어 파산채권으로서 확정되었다고 하여 그 채권의 성질이 당연히 파산채권으로 변하는 것은 아니라는 이유로 받아들이지 아니한 사례[서울고등법원 2002. 6. 21. 선고 2001나76122 판결(상고기각 확정)]가 있다.
82) 임준호, "파산절차상 담보권의 처리", 재판자료 제83집, 83, 84면; 전병서, 299면; 條解破産法, 498면.

적과 그 행사에 의하여 변제를 받을 수 없는 채권액(예정부족액)을 신고하여야
하고(법 제447조, 제1항, 제2항), 채권조사기일에서 파산관재인은 피담보채권의 존부 및 범위에
관한 시·부인과 이를 전제로 한 예정부족액에 관하여 시·부인을 하게 된다
(법 제450조, 제448조, 제1항 제5호).[83]

채권조사기일에 파산관재인 및 파산채권자의 이의가 없는 피담보채권은 파
산채권으로서 확정되지만, 별제권자의 그 권리의 행사는 통상의 파산채권과는
달리 별제권의 행사에 의하여 변제를 받을 수 없는 채권액이나 별제권을 포기한
채권액에 관하여만 파산채권자로서 그 권리를 행사할 수 있다(법 제413조).[84] 예정부
족액의 시·부인은 법원이 별제권자가 파산채권자로서 채권자집회에서 의결권을
행사하게 할 것인가와 의결권을 행사할 금액을 결정하는 데 기준이 될 뿐
(법 제373조, 제2항, 제3항), 배당에 있어서는 영향을 미치지 않는다.[85] 별제권자가 파산절차에서
파산채권자로서 배당을 받기 위해서는 별제권을 포기하거나, 파산관재인에 대하
여 중간배당시에는 별제권의 목적의 처분에 착수한 것을 증명하고 그 처분에 의
하여 변제를 받을 수 없는 채권액(이른바 예정부족액)의 소명을(법 제512조, 제2항), 최후배당
시에는 별제권의 행사에 의하여 변제를 받을 수 없었던 채권액(이른바 확정부족
액)의 증명을(법 제525조) 하여야 하고, 그렇지 않으면 배당에서 제외된다. 그러므로
별제권자가 별제권의 행사에 의하여 변제받지 못한 잔여 채권액이 확정되더라도
다시 채권조사기일을 열어야 하는 것은 아니고, 배당의 문제가 될 뿐이다. 실제
잔여 채권액이 예정부족액과 다른 경우에도 마찬가지이다.

파산관재인은 별제권자로부터 채권신고가 있으면, 우선 피담보채권액 전체

---

83) 다만 법 제412조는 별제권은 파산절차에 의하지 아니하고 행사할 수 있다고 규정하고 있으므
로, 별제권은 파산채권과 같이 반드시 채권신고·조사절차를 거쳐 확정되어야만 행사할 수 있
는 것은 아니다. 대법원 1996. 12. 10. 선고 96다19840 판결은 구 파산법 제201조 제2항(현행법
제447조 제2항에 해당하는 규정이다)은 별제권자가 별제권의 행사에 의하여 채권의 전액을 변
제받을 수 없는 경우에 파산절차에 참가하여 파산채권자로서 배당받기 위하여 채권신고를 하는
경우에 관한 규정이라는 취지로 판시하였다.

84) 근저당권을 담보로 갖는 파산채권자인 별제권자가 담보권 실행을 위한 경매절차를 통하여 파
산절차에 의하지 아니하고 별제권을 행사하는 경우에는, 파산절차에서 후순위파산채권에 해당
하는 파산선고 후의 이자 및 지연손해금도 변제받을 수 있다고 보는 것이 일반적이다. 임준호,
"파산절차상 담보권의 처리", 재판자료 제83집, 121, 122면; 注解破産法(上), 682면; 注解破産法
(下), 487면; 條解破産法, 501면.

85) 채권조사기일에서 파산관재인 및 파산채권자가 별제권자가 신고한 예정부족액에 대하여 이의
를 진술하더라도 예정부족액에 대한 이의의 진술은 신고된 파산채권의 확정에는 영향이 없고
(법 제458조), 채권조사확정재판에서는 이의가 있는 파산채권의 존부 또는 그 내용을 정할 뿐이
므로, 별제권자가 신고한 예정부족액의 당부는 채권조사확정재판의 심판대상이 되지 않는다(법
제462조 제2항).

를 조사하고, 다음으로 별제권의 목적 가액을 적절히 평가한 후(예컨대 토지의 경
우에는 반드시 감정 등의 엄밀한 절차를 거칠 필요 없이 공시지가를 참고로 하거나 인근
부동산중개업자에게 의견을 듣는 등의 방법으로 파산관재인 나름대로의 토지가격을 산출
하면 된다), 그로부터 피담보채권액을 차감하여 예정부족액의 당부를 조사하면
충분하다. 별제권자가 채권신고서에 별제권의 목적 또는 예정부족액의 기재를
하지 아니하고 채권신고를 한 경우 파산관재인은 별제권자에게 보완할 것을 안
내하고, 보완하지 않은 경우에는 피담보채권의 존부 및 범위에 관하여 시·부인
하되, 파산채권조사결과표 비고란에는 신고된 파산채권이 별제권부 파산채권임
을 명시하여 두고, 예정부족액은 영(零)원으로 시인하여도 무방하다.

다만 채권조사기일에서 파산관재인이 신고된 파산채권을 별제권부 파산채
권으로 시인하였다고 하더라도 그것이 법 제492조 제13호의 별제권의 승인으로
서의 효력을 가지는 것은 아니므로, 그 후에도 파산관재인은 별제권의 존부에
관하여 다툴 수 있다(별제권의 승인에 관한 자세한 내용은 제12장 제3절 8. 다. 참조).

나. 다수채무자 관계

1) 여럿의 전부의무자가 있는 경우

여럿의 채무자가 각각 전부의 채무를 이행하여야 하는 경우 그 채무자의
전원 또는 일부가 파산선고를 받은 때에는 채권자는 파산선고시에 가진 채권의
전액에 관하여 각 파산재단에 대하여 파산채권자로서 권리를 행사할 수 있다
($\frac{법}{제428조}$).[86] 이는 여럿이 각각 동일한 급부 전부에 대해 이행의무를 부담하는 경
우를 말하고, 전부의무자 상호간 내부관계가 존재하는지 여부는 문제되지 않는
다. 구체적으로는 불가분채무자, 연대채무자, 부진정연대채무자, 보증채무자, 연
대보증채무자, 중첩적 채무인수자, 어음법·수표법에 의한 합동책임을 부담하는
발행인, 인수인, 배서인 등이 있다. 여럿이 채무의 전부를 이행하는 경우만을 말
하는 것이 아니라, 채무의 일부에 대한 것이라도 동일한 부분을 이행해야 할 자
가 여럿 있는 경우라면 그 일부의 범위도 이에 해당한다.

채권자는 파산선고시를 기준으로 하여 그때 채무자에 대하여 주장할 수 있
는 채권액을 가지고 파산채권자로서 권리를 행사할 수 있다. 이는 파산절차에

---

[86] 다수의 채무자에게 전부이행의무를 인정하는 목적은 채무이행을 확보하여 채권의 효력을 강
화하는 데 있으므로, 이러한 목적은 전부의무자의 전부 혹은 일부가 파산선고를 받은 경우에
더욱 중요한 의의를 가지게 된다. 법 제428조는 이러한 실체법의 취지를 파산절차에 반영한 것
이다. 최승록, "파산채권과 재단채권", 재판자료 제82집, 294, 295면.

있어서 어느 채권자의 파산채권액은 파산선고시를 기준으로 고정되고, 그 후에
다른 전부의무자가 일부 변제를 한 경우에도 파산채권액에는 아무런 영향을 주
지 않는다는 데 의미가 있다(이를 '현존액주의'라고 한다).[87] 따라서 파산선고 전에
채권소멸사유가 있으면 당초의 채권액으로부터 소멸된 부분을 제외한 잔액이 파
산채권액이 되므로, 이를 파산채권으로 신고하여야 한다.

　　그러나 파산선고 후에 채권자가 다른 전부의무자로부터 일부 변제를 받거
나 다른 전부의무자에 대한 회생절차 내지 파산절차 등에 참가하여 변제 또는
배당을 받았다 하더라도, 그에 의하여 채권자가 채권 전액에[88] 대하여 만족을
얻은 것이 아닌 한 파산채권액에 감소를 가져오는 것은 아니어서, 채권자는 여
전히 파산선고시의 채권 전액으로써 계속하여 파산절차에 참가할 수 있다.[89] 따
라서 파산관재인은 파산선고 후 채권자가 다른 전부의무자로부터 일부 변제를
받은 금액이 있더라도 그 부분만큼을 이의하면 안 되고 파산선고시의 채권 전액
을 시인하여야 한다. 그리고 채권자가 그 채권의 전액에 관하여 파산채권자로서
권리를 행사한 때에는 전부의무자가 채권의 일부를 변제하여 채무자에 대하여
현재의 구상권을 취득하더라도, 전부의무자는 채권자의 채권의 전액이 소멸한
경우가 아닌 한 자신이 변제한 가액에 비례하여 채권자와 함께 파산채권자로서

---

87) 여럿의 전부의무자에 대해 각각 다른 종류의 도산절차가 개시된 경우에 대해서는 법에 아무
런 규정이 없으나 이 경우에도 현존액주의가 유추적용된다. 한편 회생계획인가 전에 회생절차
가 폐지되고 파산이 선고되어 파산절차로 이행된 견련파산의 경우, 법 제6조 제5항에 따라 회
생절차에서 확정된 채권은 그 후에 다른 전부의무자로부터 일부 변제가 있었다 하더라도 파산
절차에서 그 전액에 관하여 파산채권으로 행사할 수 있다. 한편 채권조사확정재판 또는 그에
대한 이의의 소에서의 파산채권의 존부 및 범위의 확정시기는 채권조사확정재판 결정시 또는
그 이의의 소의 변론종결시이므로, 현존액주의가 적용되지 않는 한 파산선고 후에 파산채권의
일부가 변제 또는 소멸된 경우에는 그 금액을 공제한 금액을 파산채권으로 확정하여야 하고,
현존액주의가 적용되는 경우에는 채권 전액이 소멸하지 않은 한 행사할 수 있는 ´파산채권액 범
위를 결정하는 기준시가 파산선고시이므로 파산선고 후 전부의무자에 의하여 일부변제가 된 경
우에도 채권조사확정재판의 결정시 또는 그에 대한 이의의 소의 변론종결시에' 채권자의 채권
전액이 소멸하지 않는 한 파산선고시 채권자가 가진 채권 전액에 대하여 파산채권으로 인정하
여야 한다. 김정만, "도산절차상 현존액주의", 사법논집 제52집, 법원도서관(2011), 153, 154,
219-221면. 그러나 파산절차 진행 도중 회생절차가 개시된 경우에는 법 제6조 제5항과 같이 이
를 연속된 절차로 볼 만한 근거가 없으므로, 파산선고 당시의 현존액주의를 회생절차에서 적용
할 수 없다. 대법원 2009. 11. 12. 선고 2009다47739 판결.
88) 채권 전액에는 확정된 파산채권 원금뿐만 아니라 이에 대한 이자를 포함한 전액을 의미하고,
이자는 후순위채권에 해당하는 것까지 포함한다. 전부의무자는 다른 전부의무자에 대한 파산절
차에 영향을 받지 않고 자신의 채무를 전부 이행하여야 하기 때문이다. 김정만, "도산절차상 현
존액주의", 사법논집 제52집, 법원도서관(2011), 149면; 임치용(3), 80면.
89) 대법원 2008. 8. 21. 선고 2007다37752 판결, 대법원 2004. 10. 15. 선고 2003다61566 판결, 대
법원 2003. 2. 26. 선고 2001다62114 판결 등. 회생절차에서는 법 제126조 제2항이 이를 명문으
로 규정하고 있다.

권리를 행사할 수 있는 것은 아니므로, 파산선고 후 전부의무자가 채권의 일부를 변제하고 구상권을 파산채권으로 신고할 경우 파산관재인은 이의를 진술하여야 한다.[90][91] 다만 실무에서는 채권자가, 앞서 본 바와 같이 전부의무자로부터 채권의 일부를 변제받고 신고한 채권액 중 그 일부 변제액에 관하여 전부의무자와 연명으로 전부의무자를 채권자로 하는 파산채권자표 명의변경 신고를 한 경우나 채권자가 전부의무자로부터의 일부 변제액에 관한 채권신고를 취하하고 전부의무자가 채권의 일부에 대한 대위변제에 따른 현재의 구상권을 파산채권으로 신고한 경우에는, 그 일부 변제액 부분에 관하여 전부의무자가 파산절차에 참가하도록 하고 있다.[92]

현존액주의는 채권자와 전부의무자와의 관계에 있어서 채권의 효력을 강화하려는 것이기 때문에, 채권자가 당해 파산절차에서 배당받은 경우, 전부의무자가 아닌 제3자가 일부 변제한 경우, 채권자가 채권 일부를 양도한 경우 등에는 적용되지 않고, 그 한도에서 파산채권액이 감소한다.[93] 또한 다른 전부의무자가 채권자에 대한 반대채권으로 상계한 경우에는, 비록 상계의 의사표시가 파산선고 후에 있었다 하더라도 상계적상이 파산선고 전이라면 상계의 소급효에 (민법 제493조 제2항) 의하여 채무소멸의 효과는 파산선고 전으로 소급하므로, 그 한도에서 파산채권액이 감소한다.[94] 채권의 만족과 관계없는 채권소멸사유의 효력은 민법상 일반 원칙에 따라야 하므로, 채권자와 다른 전부의무자 사이에 일부 경개나

---

90) 대법원 2008. 8. 21. 선고 2007다37752 판결은 위와 같은 법리를 전제로 채무자의 보증인이 파산선고 후 채권자에게 그 보증채무의 일부를 변제하여 그 출재액을 한도로 채무자에 대하여 구상권을 취득하였다 하더라도 채권자가 파산선고시의 채권 전액을 파산채권으로 신고한 이상 보증인으로서는 채무자에 대하여 그 구상권을 파산채권으로 행사할 수 없어 이를 자동채권으로 하여 채무자에 대한 채무와 상계할 수도 없다고 보아야 한다는 취지로 판시하였다.

91) 다만 뒤에서 보는 바와 같이 법 제428조, 제429조 및 제430조 제1항, 제2항의 규정은 여럿의 보증인이 각각 채무의 일부를 보증하는 때에 그 보증하는 부분에 관하여 준용되므로(법 제431조), 채무의 일부를 보증한 보증인이 자신의 보증 부분만을 전액 변제하면 채권자의 채권의 전액이 소멸하지 않더라도 그 보증하는 부분에 관한 파산채권을 대위하여 행사할 수 있다.

92) 대법원 2004. 10. 15. 선고 2003다61566 판결은 파산선고일 이후에 파산채권자가 주채무자 또는 다른 보증인으로부터 일부 변제를 받았다고 하더라도 그 부분만큼의 채권신고를 취하할 의무를 지지 않는다는 취지로 판시하였다.

93) 최승록, "파산채권과 재단채권", 재판자료 제82집, 295면; 김정만, "도산절차상 현존액주의", 사법논집 제52집, 법원도서관(2011), 156-162면.

94) 상계적상에 이른 시기가 파산선고 후인 때에는 상계로 소멸한 금액을 포함하여 채권 전액이 소멸하였는지 여부를 판단하여야 한다. 이와 달리 파산선고를 받지 않은 전부의무자와 채권자 사이의 상계가 아니라 파산선고를 받은 당해 채무자와 채권자 사이에 상계가 이루어진 경우에는 채권자가 파산절차에서 배당받은 것과 동일하므로, 상계적상이 파산선고 후에 발생하였다고 하더라도 현존액주의가 적용되지 않고 상계로 소멸한 금액만큼의 파산채권은 소멸한다. 김정만, "도산절차상 현존액주의", 사법논집 제52집, 법원도서관(2011), 146면.

일부 면제가 이루어진 경우에는 민법 제417조, 제419조에 따라 면제 또는 경개의 효력이 채무자에게 미치는 한도 내에서 파산채권 소멸의 효력이 발생한다고 봄이 타당하다.[95]

파산선고 후 채권자의 채권 전액이 소멸한 경우에는 그 시점에서 파산선고 당시의 현존액주의는 적용되지 않으므로, 파산관재인은 채권자에게 더 이상 배당하지 않도록 하여야 한다.[96] 따라서 실무에서는 파산관재인이 채권자의 채권 전액이 소멸하고 대위변제자나 다른 전부의무자 등이 채권자가 신고한 파산채권을 대위하여 행사할 수 있음을 알게 된 경우, 대위변제자 등에게 채권자가 신고한 파산채권에 관하여 자신을 채권자로 하는 파산채권자표 명의변경 신고를 (규칙 제76조) 통하여 채권자가 신고한 파산채권으로서 파산절차에 참가하도록 안내하고 있다. 또한 채권자는 채권액을 초과하여 이익을 얻을 수는 없으므로, 대위변제자나 다른 전부의무자로부터 변제를 받은 금액과 채무자에 대한 파산절차에서 배당받은 금액의 합계가 채권액을 넘게 되면, 대위변제자 또는 다른 전부의무자와 채무자의 관계나 초과액을 지급한 자가 누구냐에 따라 대위변제자 또는 다른 전부의무자나 채무자의 파산재단과의 관계에서 부당이득이 된다[채권자의 채권액을 초과하는 금액을 누구에게 배당하여야 하는지에 관한 자세한 내용은 제16장 제2절 3. 나. 2) 나) 참조].[97]

2) 채무자가 보증채무를 부담한 경우

보증채무는 주된 채무와 동일한 급부를 목적으로 하는 것을 원칙으로 하므로 원래 주채무자와 보증인과의 관계도 법 제428조의 '여럿의 채무자가 각각 전

95) 김정만, "도산절차상 현존액주의", 사법논집 제52집(2011), 법원도서관, 148면.
96) 김정만, "도산절차상 현존액주의", 사법논집 제52집(2011), 법원도서관, 151면.
97) 대법원 2009. 5. 14. 선고 2008다40052, 40069 판결은 보증채무자에 대한 파산절차에서 배당을 받아 파산선고 전 이자 및 원금의 일부를 변제받은 채권자가 주채무자에 대한 회사정리절차에서 잔존 원금을 초과하여 변제를 받은 사안에서, 초과변제 부분은 채권자 자신을 위한 것이 아니고 정리채권의 전액변제에 의하여 비로소 변제자대위권을 얻게 되는 보증채무자를 위하여 채권자가 임시로 수령한 것이라고 보아야 하며, 이 경우 채권자가 보증채무자에 대하여 파산절차 내에서 우선 지급을 구할 수 있는 채권액이 남아있다면 채권자로서는 초과 수령액을 이에 충당할 수 있으나 그렇지 않다면 잔존 채권액을 초과하는 부분은 채권자가 주채무자에 대한 회사정리절차에서 이를 수령한다고 하더라도 자신이 그대로 보유할 권원이 없어 보증채무자에게 반환하여야 할 것이며, 초과 수령액은 보증채무자에 대한 파산재단으로 회수하여 파산채권의 변제에 우선 충당하여야 할 재원이 되므로, 파산채권자이기도 한 채권자가 이를 일반파산채권이 아닌 파산선고 후 이자에 우선충당할 것을 주장할 수는 없다는 취지로 판시하였다. 채권 전액을 초과하여 변제 또는 배당된 경우의 부당이득에 관한 자세한 내용은 김정만, "도산절차상 현존액주의", 사법논집 제52집, 법원도서관(2011), 181-186면; 양형우, "다수당사자의 채권관계와 파산절차상 현존액주의", 민사법학 44호, 한국사법행정학회(2009), 263-265면.

부의 채무를 이행하여야 하는 경우'에 해당한다. 법 제429조는 보증인이 파산선고를 받은 때에는 채권자는 파산선고시에 가진 채권의 전액에 관하여 파산채권자로서 그 권리를 행사할 수 있다고 규정하여 보증인이 파산선고를 받은 때에는 보증채무의 보충성에 따른 최고 및 검색의 항변권에도(민법 제437조, 제438조) 불구하고 채권자는 바로 파산선고시의 채권액을 가지고 파산절차에 참가할 수 있게 하고 있다 (현존액주의)(법 제428조, 제429조). 주채무 또는 보증채무의 변제기 도래 여부는 묻지 않는다.[98]

따라서 보증인이 파산선고를 받은 때에는 채권자가 파산선고시의 채권액을 신고하면, 실무상 파산관재인이 '조건부 시인'하려고 하는 경우도 있으나, 보증인의 파산으로 보증채무는 이미 현재화되었을 뿐만 아니라 최고·검색의 항변권도 인정되지 않고(법 제429조), 소송행위에 조건을 붙이는 것도 적절하지 않으므로, 파산관재인은 채권액 전액에 관하여 그 존부 및 범위에 따라 시·부인하면 된다.[99] 다만 채권자가 주채무자로부터 변제를 받은 금액과 파산선고를 받은 보증인에 대한 파산절차에서 배당받은 금액의 합계가 채권액을 넘게 되면, 채권자는 파산재단과의 관계에서 부당이득이 될 수 있다.[100]

3) 전부의무자의 장래의 구상권

여럿의 전부의무자 중 일부에 대하여 파산선고가 있는 경우 채권자는 파산

---

98) 대법원 2006. 4. 14. 선고 2004다70253 판결은, 채무자가 사채의 원금 상환기일이 1999. 11. 14.까지인 사채에 관하여 보증기간을 1996. 11. 14.부터 1999. 11. 14.까지로 하고 보증채무의 이행청구를 할 수 있는 기간은 원금에 대하여는 그 상환기일로부터, 이자에 대하여는 그 지급기일로부터 3개월 이내로 하고, 그 기간 내에 이행청구가 없으면 보증채무가 소멸하는 것으로 정하여 사채보증계약을 체결하여 보증채무를 부담한 후 1998. 10. 16. 파산선고를 받은 사안에서, 구 파산법 제20조는 보증인이 파산선고를 받은 때에는 채권자는 파산선고시에 가진 채권의 전액에 관하여 파산채권자로서 그 권리를 행사할 수 있다고 규정하고 있으므로, 채무자의 보증채무는 채무자가 파산선고를 받은 1998. 10. 16.자로 변제기가 도래되어 보증채권자가 그 권리를 행사할 수 있게 되었고, 따라서 위 3개월의 이행청구기간의 기산일도 1998. 10. 16.이라는 취지로 판시하였다.

99) 대구고등법원 2005. 3. 31. 선고 2004나6086 판결은, 채권자가 회사채에 대한 연대보증채권을 파산채권으로 신고하자 파산관재인이 기업개선작업약정에 의하여 연대보증채무의 변제기가 유예되었다는 사유를 들어 조건부 시인을 한 사안에서, 보증인이 파산한 경우 채권자는 파산선고 당시의 채권액 전부를 가지고 바로 파산재단에 대하여 권리행사를 할 수 있고(구 파산법 제19조, 제20조), 기한부 채권은 파산선고시에 변제기에 이른 것(구 파산법 제16조)으로 보기 때문에 변제기가 도래하지 아니하였다는 사정은 이의를 제기할 사유가 되지 못하므로, 파산관재인이 파산채권의 존재나 액수 자체를 다툰 것이 아니라 단지 기업개선작업약정에 따라 변제기가 유예되었다고 주장한 것은 별다른 의미가 없어서 단순 시인한 것과 다를 바 없다는 취지로 판시하였고, 위 사건의 상고심인 대법원 2005. 9. 15. 선고 2005다22886 판결은 원심의 판단은 정당하다고 판시하였다. 한편 조건부 시인과 조건부권리의 시인은 그 개념이 다르다.

100) 대법원 2009. 5. 14. 선고 2008다40052, 40069 판결.

절차에서 채권 전액의 만족을 기대할 수 없으므로, 전부의무자 중 다른 자에게 청구를 하게 되고, 이러한 경우 청구를 받은 자가 나중에 채권자에게 변제를 한 후 채무자에게 구상을 하려고 하더라도 이미 파산절차가 종료된 다음에는 구상권 행사가 불가능하게 된다. 이에 법은 전부의무자 중 일부가 파산선고를 받은 때에는 장래의 구상권자가 그 권리를 행사하여 파산절차에 참가할 수 있도록 하고 있다(법제430조).[101]

여럿의 채무자가 각각 전부의 채무를 이행하여야 하는 경우 그 채무자의 전원 또는 일부가 파산선고를 받은 때에는 그 채무자에 대하여 장래의 구상권을 가진 자는 그 전액에 관하여 각 파산재단에 대하여 파산채권자로서 그 권리를 행사할 수 있다. 다만, 채권자가 그 채권의 전액에 관하여 파산채권자로서 권리를 행사한 때에는 예외로 한다(법제430조 제1항).[102] 따라서 채권자가 채권의 일부에 관하여만 권리를 행사한 때에 한하여 장래의 구상권자는 잔액의 범위 내에서 권리를 행사할 수 있다. 이는 채권자의 권리와 장래의 구상권자의 권리 중 채권자의 권리의 우월성을 인정함과 아울러 동일한 채무에 대하여 이중의 권리행사가 이루어지지 않도록 하기 위한 데 그 취지가 있다.

채무자의 보증인 등 다른 전부의무자가 장래의 구상권을 파산채권으로 신고한 경우, 파산관재인은 이미 채권자로부터 채권 전액에 관하여 채권신고가 있는 경우에는 다른 전부의무자가 신고한 파산채권에 대하여 이의를 진술하여야 한다.[103] 이 경우 채권자가 채권신고를 취하하지 않는 이상 보증인 등 다른 전

---

101) 법 제430조에서 규정하고 있는 장래의 구상권의 성질에 관하여, 수탁보증인의 사전구상권에 관한 민법 제442조 제1항 제2호의 취지를 수탁보증인 이외의 전부의무자에게 확장한 것이라는 견해와 이는 법 제427조의 '장래의 청구권'에 해당하므로 당연히 파산채권에 해당하고 이로써 파산절차에 참가할 수 있기 때문에 당연한 규정이라는 견해가 대립하고 있다. 전자는 전부의무자의 장래구상권을 민법상 사전구상권과 동일하게 보고, 후자는 전부의무자의 장래구상권은 민법상 수탁보증인의 사전구상권과는 다른 사후구상권이며 위 규정들은 장래구상권이 파산채권이라는 점을 확인한 것이라고 한다. 이에 관한 자세한 내용은 김정만, "도산절차상 현존액주의", 사법논집 제52집, 법원도서관(2011), 163-165면(법 제430조 제1항 본문의 표현이 '장래의 구상권'이라고 되어 있어 민법 제442조 제1항의 '미리 구상권'이라는 용어와 다르고 오히려 법 제427조 제2항의 '장래의 청구권'과 유사한 점, 민법상 사전구상권은 현재의 채권이고 장래의 구상권은 정지조건부채권인 점 등에 비추어 보면 후자의 견해가 타당하다는 견해를 취하면서, 위 법문상 '장래의 구상권'이란 전부의무자가 파산선고 후에 변제할 것을 정지조건으로 하여 발생하는 사후구상권을 의미하며, 한편 사후구상권이라고 하더라도 파산선고 전에 이미 변제한 때에는 법 제430조 제1항 본문은 적용되지 않는다고 한다).
102) 대법원 2012. 6. 28. 선고 2011다63758 판결은 채권자가 그 채권 전액에 관하여 파산채권자로서 권리를 행사하고 있다면 법 제430조 제1항에서 정한 장래의 구상권자는 법 제468조 제1항에 의하여 판결의 효력을 받게 되는 '파산채권자'에 해당하지 아니한다는 취지로 판시하였다.
103) 이러한 실무에 대하여, 박재완, "현존액주의에 관하여", 민사재판의 제문제 제17권, 한국사법행정학회(2008), 235, 236면은 채권자의 채권신고가 있더라도 보증인 등 전부의무자는 장래의

부의무자는 채권조사확정재판을 신청하더라도 장래의 구상권을 파산채권으로 확
정받을 수 없다. 반면에 채권자로부터의 채권신고가 없는 경우에는 실무에서는
보증인 등 다른 전부의무자가 신고한 파산채권이 어떠한 것인지 그 신고에 따라
파산관재인이 채권 시·부인을 하는데, 구체적으로 민법 제442조 제1항 제2호의
사전구상권이 신고된 경우에는 이를 시인하고 배당절차에서는 민법 제443조를
적용하여 보증인으로부터 담보를 제공받고 배당하거나, 아직 현실화하지 아니한
법 제427조의 장래의 구상권이 신고된 경우에는 보증인의 보증채무이행 등을
정지조건으로 하는 정지조건부채권으로 시인하고[104] 배당절차에서는 보증인에게
배당할 금액을 임치하다가(법 제519조 제4호) 최후배당의 배당제외기간까지 채권자로부터의
채권 전액에 관한 채권신고가 없고 구상권이 현실화하면 이를 지급한다(별 제523조).

4) 장래의 구상권자의 변제자대위

채권자가 그 채권의 전액에 관하여 파산채권자로서 그 권리를 행사하여 파
산절차에 참가함으로써 채무자의 보증인 등 다른 전부의무자의 장래의 구상권이
파산절차에서 배제되는 경우에도, 그 채무자에 대하여 장래의 구상권을 가진 자
가 채권자에게 변제를 한 때에는 장래의 구상권자는 그 변제의 비율에 따라 채
권자의 권리를 취득한다(법 제430조 제2항).[105)106)]

구상권을 신고할 수 있고, 파산관재인은 채권자의 채권이나 보증인 등 전부의무자의 장래의 구
상권 자체가 부존재하는 경우를 제외하고는 이를 (조건부채권으로) 시인하여야 한다는 비판적
견해를 취한다. 이에 따르면 채권 전액이 소멸되기 이전에는 채권자만이 권리를 행사할 수 있
고, 채권 전액이 소멸되는 경우에 조건이 성취되어 장래의 구상권자가 권리를 행사할 수 있게
된다.

104) 대법원 2002. 6. 11. 선고 2001다25504 판결은, 수탁보증인이 민법 제442조에 의하여 사전구상
권으로 파산채권신고를 하는 경우 그 사전구상권의 범위에는 채무의 원본과 이미 발생한 이자
및 지연손해금, 피할 수 없는 비용 기타의 손해액이 이에 포함될 뿐, 채무의 원본에 대한 장래
도래할 이행기까지의 이자는 사전구상권의 범위에 포함될 수 없다고 할 것이나, 이 또한 구 파
산법 제21조 제1항에 의한 장래의 구상권으로서 파산채권신고의 대상이 될 수 있다면서, 채권
자와 수탁보증인 중 누가 채권신고를 하는가에 따라 파산채권의 인정 여부 및 그 파산채권의
종류가 달라진다면 이는 다른 파산채권자의 이익을 해하고 그들의 지위를 불안정하게 만들 우
려가 있어 불합리하다고 할 것이므로, 수탁보증인의 구상금채권은 채권자가 채권신고를 하여
파산절차에서 인정받을 수 있는 파산채권의 범위를 초과하여 인정받을 수는 없다고 함이 상당
하고, 그 결과 수탁보증인이 파산선고 후의 이자채권에 대한 구상금채권을 사전구상권(이미 이
행기가 도래한 것) 또는 장래의 구상권(앞으로 이행기가 도래할 것)으로 채권신고를 한 경우에
도 그 이자채권은 파산채권이기는 하나 구 파산법 제37조 제1호에서 정하는 후순위 파산채권에
해당한다는 취지로 판시하였다.

105) 법 제430조 제2항은 변제의 비율에 따라 채권자의 권리를 취득한다고 규정함으로써 권리행사
방식에 관하여 채권자의 파산채권을 대위행사하는 방식을 채택하고 있으며, 위 규정상 '채권자
의 권리'는 채권자의 원채권 및 이에 기한 파산절차상의 지위를 의미한다고 해석하는 것이 타
당하다. 그런데 위 규정이 전부의무자의 권리행사방식에 관하여 대위방식을 취함으로써 별도의
구상권 행사를 배제한 것인지에 관하여 견해의 대립이 있으나, 전부의무자는 대위변제를 함으
로써 고유의 권리인 구상권과 변제자대위에 의한 채권자의 권리를 취득하게 되고 두 권리는 청

법 제430조 제2항의 해석과 관련하여, 이를 문리해석하여 채권의 일부에 대하여 변제를 한 전부의무자도 그 변제액의 비율에 따라 채권자의 권리를 취득한다고 보게 되면, 채권자는 파산선고 후의 일부 만족을 이유로 변제의 비율에 의하여 감축된 채권액을 기준으로 하는 배당을 감수하여야 하게 되어 현존액주의에(법 제428조) 어긋나고, 아직 변제할 의무가 남은 일부 변제를 한 전부의무자가 채권자를 대위하여 파산절차에서 배당받는다는 것은 그가 배당받은 금액으로 다시 채권자에게 변제해야 하는 불필요한 절차를 거치게 한다. 따라서 판례와[107] 서울회생법원의 실무는 전부의무자가 채권자의 채권의 일부에 대하여만 변제를 한 때에는, 채권자만이 파산선고시 가진 채권의 전액에 관하여 파산채권자로서 권

구권 경합관계에 있으므로, 별도의 제한 규정이 없는 한 위 두 권리의 선택적 행사를 허용함이 타당하지만, 전부의무자의 구상권이 채권자의 파산절차상의 권리와 동질인 경우에는 구상권의 행사범위는 채권자의 파산채권 범위 내로 한정된다. 이에 관한 자세한 내용은 김정만, "도산절차상 현존액주의", 사법논집 제52집, 법원도서관(2011), 172-177면.

106) 회생절차에 관한 것이나 대법원 2015. 11. 12. 선고 2013다214970 판결은 "어느 연대채무자가 자기의 출재로 공동면책이 된 때에는 민법 제425조 제1항의 규정에 의하여 다른 연대채무자의 부담 부분에 대하여 구상권을 가짐과 동시에 민법 제481조, 제482조 제1항의 규정에 의한 변제자대위에 의하여 당연히 채권자를 대위하여 채권자의 채권 및 그 담보에 관한 권리를 행사할 수 있는데, 위 구상권과 변제자대위권은 그 원본, 변제기, 이자, 지연손해금의 유무 등에 있어서 그 내용이 다른 별개의 권리이다. 그리고 채무자에 대하여 회생절차가 개시된 경우에 회생채권자가 자신의 구상권을 회생채권으로 신고하지 아니하여 채무자가 법 제251조 본문에 따라 그 구상권에 관하여 책임을 면한다 하더라도 회생채권자가 채무자에 대하여 이행을 강제할 수 없을 뿐 구상권 자체는 그대로 존속한다고 봄이 타당하므로, 회생채권자가 민법 제481조, 제482조 제1항의 규정에 의한 변제자대위에 의하여 채권자를 대위하여 채권자의 채권 및 그 담보에 관한 권리를 행사하는 데에는 영향이 없다 할 것이다."라고 판시하였다. 이 판결에 관하여는 양형우, "회생절차에서 공동보증인의 구상권과 변제자대위 -대법원 2015. 11. 12. 선고 2013다214970 판결-", 법조 제719호, 법조협회(2016), 582-602면.

107) 대법원 2008. 8. 21. 선고 2007다37752 판결은 "파산선고 후 파산채권자가 다른 채무자로부터 일부 변제를 받거나 다른 채무자에 대한 회사정리절차 내지 파산절차에 참가하여 변제 또는 배당을 받았다 하더라도 그에 의하여 채권자가 채권 전액에 대하여 만족을 얻은 것이 아닌 한 파산채권액에 감소를 가져오는 것은 아니어서, 채권자는 여전히 파산선고시의 채권 전액으로써 계속하여 파산절차에 참가할 수 있고, 채권의 일부에 대한 대위변제를 한 구상권자가 자신이 변제한 가액에 비례하여 채권자와 함께 파산채권자로서 권리를 행사할 수 있는 것은 아니다. 따라서 파산자의 보증인이 파산선고 후 채권자에게 그 보증채무의 일부를 변제하여 그 출재액을 한도로 파산자에 대하여 구상권을 취득하였다 하더라도 채권자가 파산선고시의 채권 전액을 파산채권으로 신고한 이상 보증인으로서는 파산자에 대하여 그 구상권을 파산채권으로 행사할 수 없어 이를 자동채권으로 하여 파산자에 대한 채무와 상계할 수도 없다."라고 판시하였다. 또한 대법원 2009. 9. 24. 선고 2008다64942 판결은 법 제430조 제2항과 동일한 내용으로 규정되어 있던 구 회사정리법 제110조 제2항과 관련하여, "정리회사에 대하여 장래의 구상권을 가지는 전부의무자가 정리절차개시 당시 가진 채권의 전액을 정리채권으로 행사한 채권자에게 변제를 한 때에는 그 변제의 비율에 따라 채권자의 권리를 취득한다고 규정한 구 회사정리법 제110조 제2항은 장래의 구상권을 가지는 전부의무자의 변제에 의하거나 또는 그 변제와 정리회사의 변제 등에 의하여 채권자가 위 채권 전액의 만족을 얻게 되는 경우에 위 변제한 전부의무자가 그 변제액의 비율에 따라 채권자의 권리를 취득한다는 취지의 규정이라고 해석된다."라고 판시하였다.

리를 행사할 수 있을 뿐 채권의 일부에 대하여 변제를 한 전부의무자는 자신이 변제한 채권액에 비례하여 채권자와 함께 파산채권자로서 권리를 행사할 수 없고, 법 제430조 제2항에서 말하는 '변제의 비율'은 여럿의 전부의무자가 채권의 일부씩 변제하고 그 변제액을 합산하면 채권의 전액을 변제하는 것으로 되는 경우에 각 전부의무자 사이에 있어서 각자가 변제한 비율에 따라서 대위함을 인정한 것으로 해석하고 있다.[108] 결국 파산절차에서는 전부의무자인 변제자는 채권자의 채권의 전액이 소멸하여야 비로소 자신의 구상권을 행사하거나 채권자의 권리를 대위하여 행사할 수 있다. 즉 일부 변제의 경우 실체법적으로는 변제한 부분에 관한 채권이 변제자에게 이전되지만 파산절차에서 이를 행사하기 위해서는 채권자의 채권의 전액 소멸이라는 제한이 따른다.

보증인 등 전부의무자가 파산선고 후에 변제를 하고 채권자의 채권의 전액을 소멸하게 한 후 파산절차에 참가하는 방식은 다음과 같다.

① 채권자가 파산절차에서 채권신고를 하였고 전부의무자가 변제자대위에 의하여 취득한 채권자의 원채권을 행사하는 경우에는 새로운 채권신고를 할 필요 없이, 채권자가 신고한 파산채권에 관하여 전부의무자를 채권자로 하는 파산채권자표 명의변경 절차에(규칙제76조) 의하면 된다.

② 채권자가 파산절차에서 채권신고를 하였고 전부의무자가 자신의 구상권을 행사하는 경우에는, 실무에서는 채권자의 원채권에 관한 채권신고 취하가 있은 후에 전부의무자가 구상권을 파산채권으로 신고하여 파산절차에 참가하도록 하고 있는데, 전부의무자는 채권자의 원채권의 범위 내에서 구상권을 행사할 수 있으므로 그 범위를 초과하는 구상권을 행사하는 경우 파산관재인은 이의를 진술하여야 한다.

③ 채권자가 파산절차에서 채권신고를 하지 않았고 전부의무자만이 장래의 구상권을 파산채권으로 신고한 경우에는, 전부의무자가 대위하여 변제를 한 때에 현재의 구상권에 관하여 새로운 채권신고를 할 필요 없고, 이미 신고된 장래의 구상권은 정지조건부채권이므로 배당을 받기 위하여 조건이 성취되었음을 증명하거나(법 제512조 제525조) 장래의 구상권으로부터 현재의 구상권으로 신고한 사항의 변경을 신고하면 될 것이다(법 제454조).

---

108) 회생절차에서는 이러한 해석을 명문화하여 법 제126조 제4항은 "제1항의 규정에 의하여 채권자가 회생절차에 참가한 경우 채무자에 대하여 장래에 행사할 가능성이 있는 구상권을 가지는 자가 회생절차개시 후에 채권자에 대한 변제 등으로 그 채권의 전액이 소멸한 경우에는 그 구상권의 범위 안에서 채권자가 가진 권리를 행사할 수 있다."라고 규정하고 있다.

④ 채권자가 파산절차에서 채권신고를 하지 않았고 전부의무자도 장래의 구상권을 파산채권으로 신고하지 않았던 경우에는 변제로 발생한 현재의 구상권을 신고하거나 채권자의 원채권을 대위하여 채권신고를 할 수 있다.

5) 일부보증 및 물상보증의 경우

여럿의 보증인이 각각 채무의 일부를 보증하는 때에는 그 보증하는 부분에 관하여는 각각 전부의 채무를 이행할 의무를 지는 경우와 성질이 같으므로 법 제428조, 제429조 및 제430조 제1항·제2항의 규정이 준용된다(법제431조). 채무의 일부를 보증한 보증인이 파산선고 후에 자신이 보증하는 부분만을 전액 변제하면 채권자의 채권의 전액이 소멸하지 않더라도 그 보증하는 부분에 관한 파산채권을 대위행사할 수 있다.[109]

법 제430조 제1항 및 제2항의 규정은 담보를 제공한 제3자가 채무자에 대하여 갖는 장래의 구상권에 관하여 준용된다(법제430조제3항). 법 제428조(현존액주의)를 준용하는 규정이 누락되어 있으나, 물상보증의 경우를 달리 취급할 이유가 없으므로, 법 제428조도 유추적용된다고 해석한다.[110]

다. 어음·수표상의 채권

어음·수표는 제시증권, 상환증권이므로(어음법 제38조, 제39조, 제77조 제1항 제3호, 수표법 제29조, 제34조) 어음·수표를 소지하지 않으면 그 어음·수표상의 권리를 행사할 수 없는 것이 원칙이고, 이는 파산절차에 참가하기 위하여 어음·수표상의 채권을 파산채권으로 신고하는 경우에도 마찬가지이다.[111] 따라서 채권자가 어음·수표상의 채권을 파산채권으로 신고하는 경우 증거서류로 어음·수표의 원본을 제출할 필요까지는 없다고 하더라도, 파산관재인은 어음·수표의 사본을 증거서류로 제출한 신고한 파산채권자에게 채권조사기일 전까지 어음·수표의 원본을 제시하여 어음·수표를 소지하고 있음을 증명할 것을 안내하고, 채권자가 응하지 않으면 채권조사기일에서 이의하여야 한다.[112][113] 실무에서는 파산관재인이 채권자로부터 어음·수

109) 일부보증에 관한 자세한 내용은 김정만, "도산절차상 현존액주의", 사법논집 제52집, 법원도서관(2011), 188-195면.
110) 서울남부지방법원 2005. 1. 14. 선고 2004가합9603 판결(미항소 확정). 회생절차에서는 물상보증인에 관하여도 법 제126조 제5항이 현존액주의를 규정하고 있는 법 제126조 제2항을 준용하고 있다. 물상보증인의 구상관계에 대한 현존액주의의 준용에 관한 자세한 내용은 김정만, "도산절차상 현존액주의", 사법논집 제52집(2011), 법원도서관, 196-211면.
111) 회생절차에 관한 것이나 대법원 2016. 10. 27. 선고 2016다235091 판결.
112) 채권자가, 채무자가 발행하거나 배서한 어음·수표를 교부받아 제3자에게 배서양도한 경우, 그 채권자는 배서인으로서 어음·수표의 소지인에 대하여 상환의무를 부담할 수 있고 소지인에

표의 원본을 제시받아 확인인을 날인한 후, 그 확인인이 날인된 어음·수표의 사본을 증거서류로 제출하게 하기도 한다.

만기가 파산선고 후에 도래하는 어음채권은 파산선고시에 변제기에 이른 것으로 보나(제425조), 파산선고가 있은 때부터 그 기한에 이르기까지의 법정이율에 의한 원리의 합계액이 채권액이 될 계산에 의하여 산출되는 이자의 액에 상당하는 부분이 후순위파산채권이므로(법 제446조 제5호), 파산관재인은 신고한 파산채권자가 후순위파산채권에 해당하는 부분을 구분하여 신고한 경우에는 후순위파산채권으로 시인하고, 구분하지 않고 신고한 경우에는 후순위파산채권에 해당하는 부분을 계산하여 이를 후순위파산채권으로 시인하고 일반 파산채권으로는 이의하면 된다. 한편 수표는 일람출급성 증권이므로(수표법 제28조 제1항) 그 채권은 만기가 파산선고 후에 도래하는 어음채권의 파산선고가 있은 때부터 만기에 이르기까지의 중간이자 상당액과 같이 후순위파산채권이 되는 부분이 따로 없다.

그 밖에 파산관재인은 어음·수표채권에 관하여는 어음·수표요건 흠결 여부, 백지보충의 여부(보충에 의하여 어음·수표상의 채권이 발생한다), 배서의 연속(또는 말소), 상환청구권 보전의 여부(보충권을 행사하지 아니한 백지어음·수표의 지급제시는 상환청구권을 보전시키지 않는다) 등도 확인하여야 한다. 또한 어음·수표 항변의 유무도 검토할 필요가 있다. 특히 융통어음의 경우에는 잠정적 또는 전략적 이의를 진술하여야 하는 경우도 있다.

한편 채무자가 기존 원인채무의 이행에 관하여 채권자에게 어음·수표를 교부하여 채권자에게 원인채권과 어음·수표상의 채권이 병존하는 경우,[114] 채

대하여 채무자와 합동으로 책임을 진다(어음법 제43조, 제47조 제1항, 제77조 제1항 제4호, 수표법 제39조, 제43조 제1항). 그러나 그 채권자는 어음·수표를 환수하여야 비로소 채무자에 대하여 어음·수표상의 채권을 행사할 수 있으므로(어음법 제47조 제3항, 제77조 제1항 제4호, 수표법 제43조 제3항), 어음·수표를 환수하지 못한 채권자가 채무자에 대한 어음·수표상의 채권을 파산채권으로 신고하였다면, 파산관재인은 그에 대하여 이의를 진술하여야 한다. 어음·수표의 소지인이 채무자에 대한 어음·수표상의 채권을 파산채권으로 신고하였다면 소지인으로부터 어음·수표를 환수한 채권자는 파산채권자표 명의변경 신고를 통해 채무자에 대한 어음·수표상의 채권을 파산절차에서 행사할 수 있다.

113) 어음·수표상의 채권을 신고한 파산채권자에게 배당을 하는 경우 파산관재인은 어음·수표를 제시받은 다음 배당을 하여야 한다. 이 경우 파산관재인은 어음금·수표금의 일부에 해당하는 배당을 한 때에는 어음·수표에 배당한 금액을 기입하고 기명날인하거나 소지인에게 그 지급 사실을 어음·수표에 적고 영수증을 교부할 것을 청구할 수 있다. 어음금·수표금 상당액을 모두 배당한 때에는 소지인에게 그 어음·수표에 영수를 증명하는 뜻을 적어서 교부할 것을 청구할 수 있다(법 제517조 제2항, 어음법 제39조, 제77조 제1항 제3호, 수표법 제34조).

114) 기존 원인채무의 이행에 관하여 어음·수표를 교부하는 목적은 원칙적으로 당사자의 의사를 기준으로 판단하여야 한다. 당사자 사이에 특별한 의사표시가 없으면 어음·수표의 교부가 있다고 하더라도 이는 기존 원인채무는 여전히 존속하고 단지 그 '지급을 위하여'(지급의 방법으

권자는 중복하여 권리의 만족을 받을 수 없다. 어음·수표상의 채권과 원인채권은 실체법상 별개의 권리이므로 신고한 파산채권자가 어음·수표상의 채권을 파산채권으로 신고하여 이의가 진술된 경우 신고한 파산채권의 원인을 어음·수표상의 채권에서 원인채권으로 변경하는 것은 허용되지 않는다고 본다. 따라서 이 경우 파산관재인은 어음·수표상의 채권에 관한 채권신고를 취하하도록 하고 원인채권으로 다시 채권신고를 하도록 안내하기도 한다. 그러나 신고한 파산채권자가 채권신고기간이 경과하기 전에 채권의 원인을 변경한 경우라면 처음부터 변경한 채권의 원인에 따라 채권신고를 한 것으로 볼 수 있을 것이다.

실무에서는 '지급을 위하여' 제3자가 주채무자(지급인)인 어음·수표가 교부된 경우에는, 파산관재인은 채권자에게 지급인이나 채무자에 앞선 배서인에 대한 어음·수표상의 채권(지급인에 대한 지급청구권, 배서인에 대한 상환청구권)을 먼저 행사한 후 지급이 되지 않을 때에 파산절차에서 채무자에 대한 어음·수표상의 채권(채무자에 대한 상환청구권)이나 원인채권을 파산채권으로 신고하도록 안내하고 있다. 채권자가 제3자로부터 어음·수표상의 채권에 의하여 만족을 받지 못하거나 채무자가 주채무자인 어음·수표가 교부된 경우에는, 채권자가 원인채권을 행사함에 있어서는 어음·수표의 반환이 필요하므로, 파산관재인은 채권자로 하여금 어음·수표상의 채권만을 파산채권으로 신고하도록 안내하거나 주위적으로는 어음·수표상의 채권을 예비적으로는 원인채권을 파산채권으로 신고하도록 안내하고 있다. 그런데 채권자가 어음·수표상의 채권을 파산채권으로 신고하지 아니하고 원인채권만을 파산채권으로 신고한 경우에는 파산관재인은 어음·수표와의 상환으로 배당을 하겠다고 하는 항변으로 채권자에게 대항할 수

___

로) 또는 그 '담보를 위하여'(지급확보를 위하여) 교부한 것으로 추정할 수 있고, 특별한 사정이 없는 한 기존의 원인채무는 소멸하지 아니하고 어음·수표상의 채무와 병존한다고 보아야 한다. 이 경우 어음·수표상의 주채무자가 원인관계상의 채무자와 동일하지 아니한 때에는 제3자인 어음·수표상의 주채무자에 의한 지급이 예정되고 있으므로 이는 '지급을 위하여' 교부한 것으로 추정할 수 있다(대법원 1996. 11. 8. 선고 95다25060 판결 등). 그러나 '지급에 갈음하여'(변제에 갈음하여) 교부한 것으로 볼 만한 특별한 사정이 있는 경우에는 그러한 추정은 깨진다(대법원 2010. 12. 23. 선고 2010다44019 판결). 그리고 어음·수표를 '지급을 위하여' 교부한 것으로 추정되는 경우 채권자는 어음·수표상의 채권과 원인채권 중 어음·수표상의 채권을 먼저 행사하여 만족을 얻을 것을 당사자가 예정하였다고 할 것이어서 채권자로서는 어음·수표상의 채권을 우선 행사하고 그에 의하여 만족을 얻을 수 없는 때 비로소 채무자에 대하여 기존의 원인채권을 행사할 수 있다(대법원 2001. 2. 13. 선고 2000다5961 판결). 한편 기존의 원인채권과 어음·수표상의 채권이 병존하는 경우에 채권자가 원인채권을 행사함에 있어서는 어음·수표의 반환이 필요하고, 이는 채무자의 채무이행과 동시이행의 관계에 있어 채무자는 원칙적으로 어음·수표와 상환으로 지급하겠다고 하는 항변으로 채권자에게 대항할 수 있다(대법원 1993. 11. 9. 선고 93다11203, 11210 판결 등).

있으므로, 신고된 원인채권에 대하여 전략적 이의를 진술할 수 있을 것이다. 또한 채권자가 어음·수표상의 채권과 원인채권을 모두 파산채권으로 신고한 경우에는, 파산관재인은 채권자로 하여금 원인채권에 관한 채권신고를 취하하도록 안내하거나, 어음·수표상의 채권과 원인채권 모두에 대하여 전략적 이의를 진술한 후 채권자가 어느 채권에 관한 채권신고를 취하하도록 하거나 파산관재인이 일부에 대한 이의를 철회하는 등으로 병존하는 채권이 중복하여 확정되지 않도록 정리를 하는 것이 실무이다. 만일 어음·수표상의 채권이나 원인채권 중 어느 하나의 채권이 확정되었음에도 채권자가 다른 채권의 확정을 구하는 채권조사확정재판의 신청을 한다면, 그 신청을 권리보호의 이익이 없다고 보아 각하하거나 다른 채권은 파산채권으로 존재하지 아니함을 확정하는 방안을 생각하여 볼 수 있다.[115]

'담보를 위하여' 어음·수표가 교부된 경우에도[116] '지급을 위하여' 어음·수표가 교부된 경우와는 크게 다르지 않은데, 채권자가 어느 하나의 채권을 행사하는 것이 더 유리하다면 채권자는 그 채권을 파산채권으로 신고할 수도 있을 것이다.

라. 근로 관계로 인한 채권

1) 임금, 퇴직금 등 근로 관계로 인한 채권

근로기준법상 임금, 재해보상금 그 밖의 근로 관계로 인한 채권과 「근로자퇴직급여 보장법」상 사용자에게 지급의무가 있는 퇴직금, 확정급여형퇴직연금제도의 급여, 확정기여형퇴직연금제도의 부담금 중 미납입 부담금 및 미납입 부담금에 대한 지연이자, 개인형퇴직연금제도의 부담금 중 미납입 부담금 및 미납입 부담금에 대한 지연이자는 사용자의 총재산에 대하여 질권·저당권 또는 「동산·채권 등의 담보에 관한 법률」에 따른 담보권에 따라 담보된 채권 외에는

---

115) 채무자가 기존 원인채무의 지급을 위하여 채권자에게 어음을 교부하였는데 채권자가 그 어음을 제3자에게 양도한 후 채무자에 대하여 회생절차가 개시되었고, 그 회생절차에서 어음의 소지인이 어음상의 채권을, 채권자가 원인채권을 각각 회생채권으로 신고하여, 어음 소지인의 어음상의 채권이 회생채권으로 확정되었으나 채권자의 원인채권에 대하여는 관리인이 이의를 제기한 사안에서, 서울회생법원 2017. 12. 13. 선고 2017가합100531 판결(미항소 확정)은 어음채권자가 회생절차에 참가한 때에는 특별한 사정이 없는 한 원인채무의 채권자는 회생절차에 참가할 수 없다고 봄이 상당하다는 이유로, 원인채권을 회생채권으로는 존재하지 아니함을 확정한 채권조사확정재판을 인가하는 판결을 하였다.

116) 어음상의 유일한 주채무자와 원인관계상 채무자가 동일하고 달리 어음상의 채무자가 없어 어음채권과 원인채권 중 어느 것이 먼저 행사되더라도 채무자의 이해에 영향이 없을 경우에는 '담보를 위하여' 교부된 것으로 추정할 수 있다. 대법원 1993. 11. 9. 선고 93다11203, 11210 판결.

조세·공과금 및 다른 채권에 우선하여 변제되어야 하므로, 이러한 채권에는 일정한 제한 내에서 우선성이 부여되어 있고, 그중에서 최종 3개월분의 임금, 재해보상금, 최종 3년간의 퇴직금 등에 해당하는 채권은 사용자의 총재산에 대하여 질권 등으로 담보된 채권, 조세·공과금 및 다른 채권에 우선하여 변제되어야 하므로 이러한 채권에는 최우선성이 부여되어 있다(_{근로기준법 제38조,} _{근로자퇴직급여 보장법 제12조}). 그러나 법 제473조 제10호, 제11호는 채무자의 근로자의 임금·퇴직금 및 재해보상금 청구권과 파산선고 전의 원인으로 생긴 채무자의 근로자의 임치금 및 신원보증금의 반환청구권을 재단채권으로 규정하고 있으므로, 파산절차에서 임금 및 퇴직금은 최종 3개월분 또는 최종 3년분 등의 구분 없이 그 전액이 재단채권으로 인정된다(재단채권에 해당하는 채무자의 근로자의 임금·퇴직금 및 재해보상금에 관한 자세한 내용은 제9장 제1절 2. 차. 참조).

따라서 재단채권에 해당하는 근로 관계로 인한 채권을 가진 근로자는 그 채권을 파산채권으로 신고할 필요가 없다. 그런데 근로자가 재단채권인 근로 관계로 인한 채권을 파산채권으로 신고한 경우에는 엄밀히 말하면 재단채권은 채권조사 대상이 아니나, 파산채권으로 신고한 신고의 형식을 고려하여 실무에서는 채권조사의 대상에 포함하되 신고된 채권이 존재하더라도 재단채권이어서 파산채권으로서는 존재하지 아니하므로, 파산관재인은 재단채권임을 이유로 이의를 진술하고 있다. 다만 신고된 채권 중에 재단채권에 해당하지 않는 실비변상적 금원[117] 등의 파산채권이 포함되어 있다면, 그 부분에 대하여는 채권의 존부 및 범위에 따라 시·부인하면 된다. 근로자가 위와 같이 재단채권에 해당함이 명백한 근로 관계로 인한 채권을 파산채권으로 신고하였더라도 그러한 사정만으로 자신의 채권을 파산채권으로 취급하는 데 동의하였다거나 재단채권자의 지위를 포기한 것으로 볼 수 없을 것이다.[118]

한편 앞서 본 바와 같이 법 제473조 제10호, 제11호가 규정한 것을 제외한 나머지의 근로 관계로 인한 채권은 우선권 있는 파산채권에 해당한다고 볼 수 있는데(근로 관계로 인한 파산채권의 순위에 관한 자세한 내용은 제8장 제1절 3. 가. 참조), 파산채권자는 일반의 우선권이 있는 때에는 채권신고서에 그 권리를 기재하여 채권신고를 하여야 하므로(_{법 제447조} _{제1항 제2호}), 파산관재인은 채권신고서에 우선권의 기

---

117) 대법원 2003. 4. 22. 선고 2003다10650 판결 등.
118) 구 회사정리법상 회사정리절차에서 공익채권을 정리채권으로 신고한 것과 관련하여, 대법원 2004. 8. 20. 선고 2004다3512, 3529 판결.

재가 있는 경우에 한하여 우선권 있는 파산채권으로 시인하여야 한다.

2) 임원의 보수 등 채권

주식회사의 이사, 감사 등 임원은 회사로부터 일정한 사무처리의 위임을 받고 있는 것이므로 사용자의 지휘·감독 아래 일정한 근로를 제공하고 소정의 임금을 받는 고용관계에 있는 것은 아니며, 그가 일정한 보수를 받는 경우에도 이를 근로기준법이 규정한 임금이라 할 수 없고, 회사의 규정에 의하여 이사 등 임원에게 퇴직금을 지급하는 경우에도 그 퇴직금은 「근로자퇴직급여 보장법」이 규정한 퇴직금이 아니라 재직 중의 직무집행에 대한 대가로 지급되는 보수에 불과하다.

그러나 근로기준법의 적용을 받는 근로자에 해당하는지 여부는 계약의 형식에 관계없이 그 실질에 있어서 임금을 목적으로 종속적 관계에서 사용자에게 근로를 제공하였는지 여부에 따라 판단하여야 할 것이므로, 회사의 이사 또는 감사 등 임원이라고 하더라도 그 지위 또는 명칭이 형식적·명목적인 것이고 실제로는 매일 출근하여 업무집행권을 갖는 대표자나 사용자의 지휘·감독 아래 일정한 근로를 제공하면서 그 대가로 보수를 받는 관계에 있다거나 또는 회사로부터 위임받은 사무를 처리하는 외에 대표자 등의 지휘·감독 아래 일정한 노무를 담당하고 그 대가로 일정한 보수를 지급받아 왔다면 그러한 임원은 근로기준법상의 근로자에 해당한다.[119]

따라서 채무자의 이사 등 임원은 원칙적으로 근로자가 아니므로 그 임원의 보수, 퇴직금 등 채권은 재단채권이 아닌 파산채권으로 취급하여야 할 것이나, 근로기준법상 근로자에 해당하는 임원의 임금, 퇴직금 채권은 재단채권으로 취급하여야 할 것이므로, 파산관재인으로서는 채무자의 이사 등 임원이 임금, 퇴직금 채권을 파산채권으로 신고하면서 자신을 근로자라고 주장한다면 그 임원이 근로기준법상 근로자에 해당한다고 볼 사정이 있는지를 조사하여 채권 시·부인을 하여야 한다. 다만 아래에서 보는 바와 같이 채무자의 이사 등 임원의 채권에 대하여는 파산관재인이 전략적 이의를 진술하는 것이 필요한 경우가 많을 것이다[이에 관하여는 제8장 제3절 5. 차. 2) 다) 참조].

마. 매출채권

파산관재인은 매출채권의 시·부인에서 신고한 파산채권자가 증거자료로

---

119) 대법원 2003. 9. 26. 선고 2002다64681 판결 등.

제출한 계약서, 주문서, 영수증, 세금계산서 또는 장부의 사본 등과 채무자로부터 인도받은 관련 장부, 채무자 및 신고한 파산채권자의 진술 등을 검토하여 매출채권이 인정되면 파산채권으로 시인하여야 한다. 이때 채권자의 반대채권에 의한 상계 가능성 등에 유의한다. 신고한 파산채권자가 채권신고서에 아무런 증거자료도 첨부하지 않은 경우에는 보완할 것을 안내하여야 하는데, 보완하지 않아 객관적인 증거자료가 없는 경우에는 채무자가 채권의 존재를 인정한다고 하더라도 신고된 파산채권에 대하여 이의를 진술하여야 할 것이다.

바. 임대차계약상 채권

1) 차임채권

임차인이 파산하였는데 파산관재인이 임대차 목적물을 사용·수익하는 경우, 파산선고 후의 차임채권은 재단채권이므로(별 제473조, 제7호, 제8호), 임대인이 파산선고 후의 차임을 파산채권으로 신고하면 실무상 파산관재인이 신고한 채권자에게 채권신고를 취하하도록 안내하기도 한다. 임대차계약이 파산선고 후 해지되지 않고 임대인과 파산관재인이 모두 이행을 하는 경우 파산선고 전 차임의 성격에 관하여는 견해의 대립이 있으나[120] 실무에서는 파산채권이라고 보고 있다. 파산선고 후 임대차계약이 해지된 경우 파산선고 전의 차임채권은 파산채권이다.

임대차계약이 해지되고 임차인이 파산하였는데 임대인이 차임, 관리비 및 원상복구비용 상당의 손해배상액 등을 파산채권으로 신고한 경우 파산관재인은 임대인이 주장하는 채권의 존부 및 범위, 채무자의 변제 여부, 임대차보증금에서의 공제 여부 등을 검토하여 채권 시·부인을 하여야 한다. 특히 파산관재인은 임대차보증금이 지급된 임대차계약에서 임대인의 채권을 임대차보증금에서 공제하였다는 임대인의 주장이 적정한지를 검토하고, 임대인이 파산채권으로 신고한 차임 등이 실제로는 이미 임대차보증금에서 공제되어 소멸한 것이라면 이의를 진술하여야 한다.

2) 임대차보증금반환채권

임대인이 파산하였는데 임차인이 임대차보증금반환채권을 파산채권으로서 신고한 경우 실무상 파산관재인이 ① 채권조사의 시점에서 임대차 목적물의 반환이 완료되고 임대차보증금에서 공제되어야 할 또는 상계가 될 수 있는 미지급 차임 등도 없으면 그 임대차보증금 전액을 인정하고, ② 임대차 목적물의 반환

---

120) 최승록, "파산채권과 재단채권", 재판자료 82집, 339-340면.

이 완료되고 임대차보증금에서 공제되어야 할 또는 상계가 될 수 있는 미지급 차임 등이 있으면 그 미지급 차임 등 상당액에 관하여 이의를 하고, ③ 임대차 목적물의 반환이 완료되지 않았으면 임대차보증금에서 공제되어야 할 또는 상계 가 될 수 있는 미지급 차임 등이 확정되지 않았으므로 그 임대차보증금 전액에 관하여 이의를 하는 것이 일반적이다. 별제권자에 준하여 보호를 받는 주거용 건물 또는 상가건물의 임차인이(제415조) 임대차보증금반환채권을 파산채권으로 신 고한 경우에도 마찬가지이다. 이 경우 별제권에 준하는 자라는 이유만으로 파산 채권을 이의하지 않도록 주의해야 한다(이 경우에도 파산채권조사결과표의 비고란에 별제권에 준하는 자임을 표시한다).

사. 가압류, 압류된 채권 및 추심채권, 전부채권

1) 가압류된 채권

파산채권이 가압류되었다고 하더라도 가압류채권자가 추심권을 취득한 것 은 아니므로, 가압류채권자가 채권신고를 하더라도 파산관재인은 그에 대하여 이의하여야 하고, 가압류채무자(파산채권자)가 가압류된 파산채권을 신고하면 그 존부 및 범위에 따라 시·부인한다. 그러나 배당절차에서는 가압류채무자에게 배당금을 지급하지 않고 이를 공탁한다(민사집행법 제291조, 제248조 제1항).

2) 압류된 채권

가) 압류채권자의 채권신고

파산채권이 압류만 되고 추심 또는 전부명령이 없는 상태에서도 압류채권 자는 그 고유의 권한으로 압류된 채권을 보존하기 위한 소멸시효 중단 등의 행 위를 할 수 있기 때문에 압류된 파산채권을 신고할 수 있다고 본다. 이 경우 파 산관재인은 파산채권조사결과표 채권자란에 압류된 파산채권을 신고한 압류채권 자의 성명과 함께 '(○○○의 압류채권자)'나 '(압류채무자 ○○○)'라고 부기를 하여, 신고인이 자신의 파산채권을 신고한 것이 아니라 압류채권자의 지위에서 압류된 파산채권을 신고한 것임과 압류채무자(파산채권자)가 누구인지를 이해관 계인이 알 수 있도록 표시하여야 한다.[121]

---

121) 앞서 본 바와 같이 파산채권자의 채권자가 채권자대위권을 행사하여 대위채권자 지위에서 파 산채권을 신고한 경우에도 파산채권조사결과표 채권자란에 대위채권자의 성명과 함께 '○○○ 의 대위채권자'나 '채무자 ○○○'라고 기재하는 등 제3자가 법상 일정한 지위(자격)에서 파산채 권자의 파산채권을 행사하여 채권신고를 한 경우 파산관재인은 파산채권조사결과표에 그 제3자 의 지위를 표시하여야 한다.

나) 압류가 경합된 경우

채권 일부가 압류된 뒤에 그 나머지 부분을 초과하여 다시 압류명령이 내
려진 때나 채권 전부가 압류된 뒤에 그 채권 일부에 대하여 다시 압류명령이
내려져 압류가 경합된 때에는 각 압류의 효력은 그 채권 전부에 미치므로
(민사집행법제235조), 각 압류채권자가 압류된 파산채권 전액에 관하여 채권신고를 할 수
있다. 그런데 여러 압류채권자가 압류된 파산채권 전액에 관하여 채권신고를 하
여 채권신고가 경합된 때에는, 파산관재인은 모든 신고된 파산채권을 개별적으
로 시인한 후 배당절차에서 경합하는 채권신고를 한 여러 신고인에게 중복하여
배당을 하지 않도록 조정하고 배당금을 공탁하는 방안이나,[122] 여러 신고인이
파산절차 내에서 하나의 파산채권을 준공유하고 있다고 보고 파산관재인은 경합
하는 채권신고를 일괄하여 하나의 압류된 파산채권 전액만을 시인하며 배당금은
공탁하는 방안[123] 등을 생각하여 볼 수 있다.

다) 압류채무자(파산채권자)의 채권신고

압류채무자(파산채권자)는 압류명령에 의하여 채권의 처분과 영수가 금지되
어 채권의 추심뿐만 아니라 압류채권자를 해치는 일체의 처분이 금지되나 압류
채무자는 압류된 뒤에도 여전히 압류된 채권의 채권자이므로 추심명령이나 전부
명령이 있기까지는 압류채권자를 해치지 않는 한도에서 채권을 행사할 수 있다.
즉, 제3채무자를 상대로 이행의 소를 제기하여 승소판결을 받을 수도 있고 채권
의 보존을 위한 행위도 가능하다. 다만 이행소송의 승소판결을 받더라도 강제집
행을 실시하여 만족을 얻을 수는 없다. 채권신고는 그 조사 결과에 따라 신고인
이 배당을 받게 되는 점에서 압류채무자에 의한 채권신고의 적법성이 문제될 수
있지만, 실무에서는 파산절차에서 압류채무자가 소멸시효의 중단 등 압류된 파
산채권을 보존하기 위하여 할 수 있는 수단은 채권신고를 하여 파산절차에 참가
하는 방법밖에 없으므로, 압류채무자에 의한 채권신고도 적법하다고 보고 있
다.[124]

---

122) 이 경우 파산관재인은 경합하는 채권신고와 관련하여 파산채권조사결과표 비고란에 경합하는
  다른 채권신고에 관한 사항을 부기하여야 할 것이다. 그런데 이러한 방안은 하나의 파산채권을
  채권조사절차나 그 후 채권확정절차에서 여러 개의 파산채권으로 취급하는 것이 되고, 어느 한
  압류채권자가 압류된 파산채권 전액에 관하여 채권신고를 한 경우 그 뒤의 다른 압류채권자가
  한 채권신고는 중복신고라고 볼 여지가 있는 점을 고려할 때 적절하지 않은 면이 있다.
123) 이 경우 파산관재인은 파산채권조사결과표 채권자란에 경합하는 압류된 파산채권을 신고한
  여러 압류채권자의 성명을 함께 기재하여야 할 것이다.
124) 임치용(3), 72면.

3) 추심채권

가) 추심채권자의 채권신고

추심명령을 받은 추심채권자는 집행법원의 수권에 기하여 일종의 추심기관
으로서 압류된 채권의 추심에 필요한 채무자의 일체의 권리를 채무자를 대리하
거나 대위하지 아니하고 자기의 이름으로 재판상 또는 재판 외에서 행사할 수
있으므로, 추심채권자는 제3채무자에 대하여 파산이 선고된 때에는 추심권에 기
하여 그 절차에 참가하여 압류된 파산채권을 신고할 수 있다.[125] 이 경우 파산
관재인은 신고인이 추심권이 있음을 증명할 자료를 제출하였는지를 검토하고 통
상의 채권과 마찬가지로 그 존부 및 범위에 따라 시·부인한다. 추심채권자에게
배당금을 지급하여도 되나, 추심명령의 효력에 관하여 다툼이 있는 경우 등에는
공탁을 한다(민사집행법 제248조 제1항).

하나의 파산채권에 대하여 여러 채권자가 추심명령을 받아 압류가 경합하
여 각 압류의 효력이 파산채권 전부에 미치는 경우 각 추심채권자는 모두 피압
류채권 전부를 파산채권으로 신고할 수 있는데, 여러 추심채권자가 압류된 파산
채권에 관하여 채권신고를 하여 채권신고가 경합된 때에는 그 처리 방안에 관하
여 앞서 본 바와 같이 파산관재인이 모든 신고된 파산채권을 개별적으로 시인한
후 배당절차에서 조정하는 방안 등을 생각하여 볼 수 있다.

나) 추심채무자(파산채권자)의 채권신고

파산채권에 대하여 채권자가 추심명령을 받은 경우 추심명령이 압류된 파
산채권의 채권자의 지위에 변동을 가져오는 것은 아니고 추심채무자(파산채권자)
가 채권을 보존하여야 할 필요도 있으므로 추심채무자도 채권신고를 할 수 있다
는 견해도 있다.[126] 그러나 파산채권에 대한 압류 및 추심명령이 있으면 제3채
무자에 대한 이행의 소는 추심채권자만이 제기할 수 있고 추심채무자는 피압류
채권에 대한 이행소송을 제기할 당사자적격을 상실하는데,[127] 추심채무자가 신

---

125) 민사집행(III), 371면.

126) 임치용(3), 70, 71면.

127) 대법원 2016. 3. 10. 선고 2015다243156 판결은 "채권에 대한 압류 및 추심명령에 이어 제3채
무자에 대한 회생절차개시결정이 있으면, 제3채무자에 대한 회생채권확정의 소는 추심채권자만
제기할 수 있고 추심채무자는 회생채권확정의 소를 제기할 당사자적격을 상실하나, 추심채무자
의 회생채권확정의 소가 계속되던 중 추심채권자가 압류 및 추심명령 신청을 취하하여 추심권
능을 상실하면 추심채무자가 당사자적격을 회복한다. 이러한 사정은 당사자가 주장하지 않아도
법원이 직권으로 조사하여 판단하여야 하고, 사실심 변론종결 이후에 이러한 사정이 생겼다면
상고심에서 이를 참작하여야 한다. 회생채권 신고제도는 회생채권자가 누구인지를 파악함과 동
시에 회생채권의 존재와 내용을 파악하는 데에 목적이 있으므로, 회생채권이 존재하고 그 신고

고한 압류된 파산채권에 대하여 파산관재인 등이 이의한 경우 채권확정절차에서 추심채무자에게 채권조사확정재판의 신청 등을 할 당사자적격이 있다고 보기는 어려운 점, 추심채권자가 추심할 채권의 행사를 게을리 한 때에는 이로써 생긴 추심채무자의 손해를 부담하는 점($^{민사집행법}_{제239조}$) 등을 고려할 때 추심채무자에게는 압류된 파산채권을 신고할 자격이 없다고 보아야 할 것이다.[128]

추심채권자가 압류된 파산채권을 신고한 경우 채권조사의 대상은 추심채권자의 추심채무자에 대한 집행채권이 아니라 추심채무자의 제3채무자(파산선고를 받은 채무자)에 대한 피압류채권(파산채권)이다. 그런데 피압류채권이 존재한다고 가정하더라도 압류명령 또는 추심명령이 무효이거나 부존재한 경우, 제3채무자 또는 그 파산관재인에게 압류명령 또는 추심명령이 적법하게 송달되지 아니하여 그 효력이 생기지 아니한 경우 등에는 이를 이유로 파산관재인이 추심채권자가 신고한 피압류채권에 대하여 이의를 하는 것이 가능하다고 할 것이다.

채권조사절차를 거쳐 확정된 파산채권에 대하여 채권자가 압류 및 추심명령을 받은 경우에는, 파산채권자표의 신고명의를 추심채권자로 변경하는 절차를 밟도록 한다.[129]

4) 전부채권

전부명령이 확정되면 압류된 채권이 지급에 갈음하여 압류채권자에게 이전하는 것이므로, 이제는 전부채권자만이 파산절차에서 피전부채권을 행사할 수 있다. 따라서 전부명령의 효력을 인정할 수 없는 경우가 아닌 한, 파산관재인은 전부채권자가 신고한 파산채권에 대하여 시·부인을 하고 전부채무자가 신고한 파산채권에 대하여는 이의를 진술한다. 채권조사절차를 거쳐 확정된 파산채권이 전부된 경우에는 파산채권자표의 신고명의를 전부채권자로 변경하는 절차를 밟도록 한다.

한편 전부명령이 제3채무자에게 송달되기 전에 전부채무자에 대하여 파산이 선고된 경우에는 이 전부명령이 실효하는 점에($^{법 제348조}_{제1항}$) 주의하여야 한다.

가 있는 한 일단 그 신고를 유효하게 취급하되, 진정한 채권자가 따로 있음이 판명된 경우에는 그때부터 진정한 채권자를 회생채권자로 취급하여야 한다. 이와 같은 법리는 채권에 대한 압류 및 추심명령이 있은 후 추심채무자가 회생채권을 신고하고 나중에 추심권능을 회복한 경우에도 마찬가지이다."라고 판시하였다.

128) 회생절차에서 추심채권자의 채권신고에 관하여는 회생사건실무(상) 제11장 제1절 5. 다. 참조.

129) 임치용(3), 71면.

아. 우선권 있는 파산채권·후순위파산채권

1) 우선권 있는 파산채권

파산재단에 속하는 재산에 대하여 일반의 우선권 있는 파산채권은 다른 채권에 우선하여 배당받을 수 있으므로(법 제441조), 파산채권자는 일반의 우선권이 있는 때에는 채권신고서에 그 권리를 기재하여 채권신고를 하여야 하고(법 제447조 제1항 제2호), 채권조사에 있어서도 그 우선권의 존부와 범위가 조사의 대상이 된다(법 제450조, 제448조 제1항 제3호).

신고된 파산채권이 법률의 규정에 의하여 우선권 있는 파산채권인데도 채권신고서에 우선권의 기재가 없이 채권신고가 되었으면 파산관재인은 우선권 없는 일반 파산채권으로서 신고된 것으로 취급하여 시·부인하면 된다. 일반 파산채권으로 확정된 경우 우선권 있는 파산채권으로 변경하는 신고한 사항의 변경이 허용되는지에 관하여는 견해의 대립이 있으나, 실무에서는 이를 허용하지 아니한다. 신고한 파산채권자가 일반의 우선권이 있는 권리를 기재하여 채권신고를 한 경우 파산관재인 또는 다른 신고한 파산채권자는 우선권 부분에 대하여만 이의를 진술하는 것도 가능하고, 이때 채권조사확정재판의 심판대상은 우선권의 존부와 범위가 된다.

2) 후순위파산채권

후순위파산채권에 관하여는 법 제446조에서 정하고 있다. 파산채권자는 후순위파산채권을 포함한 파산채권을 신고하는 때에는 채권신고서에 그 구분을 기재하여야 한다(법 제447조 제1항 제3호).

후순위파산채권임이 분명한데도 채권신고서에 후순위파산채권의 구분 기재가 없이 채권신고가 되었으면 파산관재인은 신고한 파산채권자에게 보완할 것을 안내하고, 채권자가 응하지 않으면 불완전한 신고이므로 후순위파산채권 부분에 관하여 이의를 진술할 수도 있지만, 실무에서는 파산관재인이 신고된 파산채권 중 후순위파산채권 부분을 계산하여 이를 일반 파산채권으로는 이의를 진술하고 후순위파산채권으로 시인하는 것이 일반적이다. 후순위파산채권을 구분하여 신고한 경우에는 그 구분에 따라 후순위파산채권으로 시·부인한다. 후순위파산채권에 대하여는 채권자집회에서 의결권이 부여되지 않고(법 제373조 제5항), 일반 파산채권에 대하여 모두 배당이 된 후에야 배당할 수 있다.

후순위파산채권 중 실무상 자주 문제되는 것은 파산선고 후의 이자이다

(법 제446조 제1항 제1호). 파산선고 전에 이행기가 도래한 경우 원금 및 파산선고 전일까지의 이자는 일반 파산채권, 파산선고 후의 이자는 후순위파산채권이 된다. 채권자가 후순위파산채권을 구분하지 않고 채권신고를 한 경우 그 채권신고는 채권액 전체를 일반 파산채권으로 신고한 것으로 볼 수밖에 없으므로, 파산관재인은 신고된 파산채권 중 후순위파산채권인 파산선고 후의 이자 부분을 계산하여 그 부분에 관하여 이의를 진술하거나 이를 후순위파산채권으로 시인한다. 기한이 파산선고 후에 도래하는 이자 없는 채권의 경우 파산선고가 있은 때부터 그 기한에 이르기까지의 법정이율에 의한 원리의 합계액이 채권액이 될 계산에 의하여 산출되는 이자의 액에 상당하는 부분, 즉 중간이자액에 상당하는 부분도 후순위파산채권이므로(법 제446조 제1항 제5호), 이때에도 위와 같이 처리하여야 한다.

파산선고 후의 불이행으로 인한 손해배상액 및 위약금도 후순위파산채권이다(법 제446조 제1항 제2호). 여기서 '파산선고 후의 불이행으로 인한 손해배상액 및 위약금'의 의미에 관하여 '파산선고 후'라는 문언이 '불이행'에 걸리는지, 아니면 '손해배상액 및 위약금'에 걸리는지에 대하여 견해의 대립이 있으나,[130] 이는 '파산선고 후'라는 문언이 '손해배상액 및 위약금'에 걸리는 것에 중점을 두어 파산선고 전에 채무자의 불이행이 있고, 지연손해금이나 위약금이 파산선고 후에도 계속 발생하고 있는 경우를 규정한 것이라고 봄이 타당하다.[131]

후순위파산채권으로 되는 파산절차참가비용(법 제446조 제1항 제3호)이란 채권신고서 작성비용, 그 제출비용, 채권자집회 또는 채권조사기일에 출석하기 위한 비용 등을 말한다.

채무자가 채권자와 파산절차에서 다른 채권보다 후순위로 하기로 정한 채권(예컨대 후순위사채)은 그 정한 바에 따라 다른 채권보다 후순위로 한다(법 제446조 제2항).[132] 나아가 후순위파산채권에 대하여 보증한 보증인의 구상권 역시 후

---

130) 견해 대립에 관한 자세한 내용은 전병서, 193면.

131) 대법원 2004. 11. 12. 선고 2002다53865 판결은 '정리절차개시 후의 불이행으로 인한 손해배상과 위약금'을 후순위 정리채권으로 규정하고 있던 구 회사정리법 제121조 제1항 제2호에 관하여, 여기서 규정한 손해배상금과 위약금은 정리절차개시 전부터 회사에 재산상의 청구권의 불이행이 있기 때문에 상대방에 대하여 손해배상을 지급하거나 또는 위약금을 정기적으로 지급하여야 할 관계에 있을 때 그 계속으로 정리절차개시 후에 발생하고 있는 손해배상 및 위약금 청구권을 의미한다는 취지로 판시하였고, 대법원 2015. 1. 29. 선고 2013다219623 판결은 "채무자에 대한 재산상 청구권이 파산선고 전에 채무불이행 상태에 있는 경우 그로 인한 손해배상 및 위약금 청구권 중 파산선고 전에 발생한 청구권은 파산채권에 해당하나 파산선고 후에 발생한 청구권은 다른 파산채권보다 변제순위가 뒤지는 후순위파산채권이 된다."라고 판시하였다.

132) 원금채권이 후순위라면 이자채권 역시 후순위임이 원칙이나, 특약에 의한 후순위사채의 경우에는 약정내용을 잘 살펴보아야 한다. 서울중앙지방법원 2001하93 사건(중앙종합금융 주식회사)

순위파산채권으로 보아야 할 것이다.[133]

자. 그 밖에 채권 시·부인시에 유의하여야 할 채권

1) 기한부채권

기한부채권은 파산선고시에 변제기에 이른 것으로 본다(법제425조).[134] 여기서의 기한부채권은 확정 기한부채권과 불확정 기한부채권을 모두 포함하나, 기한이 장래에 도래한다는 점에서 조건의 성취 여부가 불분명한 조건부채권과 구별된다. 또한 채무의 이행이 기한부인 경우뿐만 아니라 채권 발생 그 자체가 기한부인 경우도 포함된다.

파산선고시에 변제기가 도래하지 않은 기한부채권은 그 채권액이 파산채권의 채권액이 된다. 다만 이를 파산선고시에 이미 변제기가 도래한 파산채권과 동일하게 취급하면 파산채권자 사이의 공평을 해하므로, 이자 있는 기한부채권은 파산선고 후의 이자나 지연손해금을, 이자 없는 채권은 파산선고가 있은 때부터 그 기한에 이르기까지의 법정이율에 의한 원리의 합계액이 채권액이 될 계산에 의하여 산출되는 이자의 액에 상당하는 부분, 즉 중간이자액에 상당하는 부분을 각각 후순위파산채권으로 하고 있다(법제446조 제1항 제1호, 제2호, 제5호). 같은 취지에서 기한이 불확정한 이자 없는 채권의 경우 그 채권액과 파산선고 당시의 평가액과의 차액에 상당하는 부분을 후순위파산채권으로 하고 있다(법제446조 제1항 제6호). 예를 들어 사망을 기한으로 하는 급부청구권 등은 통계(예를 들면, 생명표에 의한 각 연령별 기대여명) 등에 의하여 기한을 확정한 다음 확정 기한부채권과 같은 방법으로 평가한다.

2) 비금전채권 및 금액불확정의 금전채권

채권의 목적이 금전이 아니거나 그 액이 불확정한 때에는 파산선고시의 평

에서 파산선고 등 후순위특약 소정의 사유가 생기기 전에 이미 변제기가 도래하여 이행지체 중이던 이자는 후순위파산채권이 아닌 일반 파산채권으로 시인한 사례가 있다.

133) 대법원 2002. 6. 11. 선고 2001다25504 판결은 "채권자와 수탁보증인 중 누가 채권신고를 하는가에 따라 파산채권의 인정 여부 및 그 파산채권의 종류가 달라진다면 이는 다른 파산채권자의 이익을 해하고 그들의 지위를 불안정하게 만들 우려가 있어 불합리하다고 할 것이므로, 수탁보증인의 구상금채권은 채권자가 채권신고를 하여 파산절차에서 인정받을 수 있는 파산채권의 범위를 초과하여 인정받을 수는 없다고 함이 상당하고, 그 결과 수탁보증인이 파산선고 후의 이자채권에 대한 구상금채권을 사전구상권(이미 이행기가 도래한 것) 또는 장래의 구상권(앞으로 이행기가 도래할 것)으로 채권신고를 한 경우에도 그 이자채권은 파산채권이기는 하나 구 파산법 제37조 제1호에서 정하는 후순위 파산채권에 해당한다."고 판시하였다.

134) 이 규정의 취지는 파산채권자 사이의 공평과 절차의 신속을 도모하려는 데에 있다. 즉 변제기가 도래하지 않은 파산채권을 제외하고 파산절차를 진행하게 되면 공평에 반하고, 기한부채권의 변제기가 도래할 때까지 기다린다면 파산절차가 너무 장기화하는 것을 피할 수 없기 때문이다. 최승록, "파산채권과 재단채권", 재판자료 제82집, 309면.

가액을 파산채권액으로 한다(법 제426조 제1항). 따라서 이러한 파산채권을 가진 채권자는 파산선고시를 기준으로 채권을 금전으로 평가한 다음 채권신고서에 그 채권액을 기재하여 채권신고를 하여야 하고(법 제447조 제1항 제1호), 채권조사기일에서는 신고한 파산채권자가 채권신고서에 기재한 채권액을 기초로 채권조사를 하게 된다. 채권자가 채권을 금전으로 평가하지 않고 채권신고서에 채권액을 기재하지 않은 경우에는 파산관재인은 신고한 파산채권자에게 보완할 것을 안내하고, 채권자가 응하지 않는데다가 파산관재인이 객관적으로 평가할 수 없는 경우에는 평가 없이 이의하여도 무방하다.

정기금채권의 금액 또는 존속기간이 확정되지 않은 때에도 파산선고시의 평가액을 파산채권액으로 한다(법 제426조 제2항). 그러나 채권액 및 존속기간이 확정된 정기금채권인 경우 각 정기금에 관하여 법 제446조 제1항 제5호의 규정에 준하여 산출되는 이자의 액의 합계액에 상당하는 부분과 각 정기금에 관하여 같은 호의 규정에 준하여 산출되는 원본의 액의 합계액이 법정이율에 의하여 그 정기금에 상당하는 이자가 생길 원본액을 초과하는 때에는 그 초과액에 상당하는 부분은 후순위파산채권으로 하고 있다(법 제446조 제1항 제7호).

3) 외국통화채권

채권의 목적이 외국의 통화로 정하여진 때에는 파산선고시의 평가액을 파산채권액으로 한다(법 제426조 제1항). 따라서 파산선고시를 기준으로 하여 외국환시세(환율)에 따라 대한민국의 통화로 환산한 액이 채권조사 대상이 된다. 이 경우 민법 제378조와의 관계에서 채권자·채무자 중 어느 쪽 주소지의 외국환시세를 기준으로 하여야 하는지 문제되지만, 파산절차가 채무자의 주된 사무소나 영업소가 있는 곳을 관할하는 회생법원이 있는 곳에서 수행되는 것이 일반적이고(법 제3조 제1항), 채권자의 권리행사도 모두 그곳에서 이루어지기 때문에, 파산선고가 된 곳의 외국환시세에 따라야 할 것이다. 환율은 수시로 변동하고 그 기준이 되는 환율에 따라 계산 결과에 큰 차이가 생기게 되는데, 서울회생법원의 실무는 일반적으로 외국환거래법상 외국환중개회사인 서울외국환중개 주식회사나 한국자금중개 주식회사가 고시한 파산선고 전일의 매매기준율에 의하고 있다. 파산관재인은 파산채권조사결과표에 외화표시 금액과 원화로 환산한 금액을 병기하고, 비고란에 환율을 기재한다.

4) 조건부채권·장래의 청구권

조건부채권, 장래의 청구권은 파산선고시를 기준으로 그 전액을 파산채권액으로 한다($\frac{법}{제427조}$). 따라서 조건부채권은 정지조건이나 해제조건을 불문하고, 또한 조건성취의 가능성을 고려하지 않고 파산선고시에 변제기가 도래한 것으로 취급한다.[135] 보증인 등 다른 전부의무자가 채무자에 대하여 가지는 장래의 구상권과 같이 법정의 정지조건에 관련된 채권을 법은 장래의 청구권이라고 하는데, 그 성질은 정지조건부채권과 다르지 않기 때문에 조건부채권과 마찬가지로 취급하므로 그것이 구체화(현실화)되지 않더라도 발생한 것으로 취급한다. 파산관재인은 파산채권조사결과표 비고란에 신고된 파산채권이 조건부채권이나 장래의 청구권이라는 취지를 기재한다.

위와 같이 조건부채권, 장래의 청구권은 파산채권액을 확정하는 채권조사의 단계에서는 조건성취 가능성을 고려하지 않지만, 배당단계에서도 파산선고 당시 조건이 성취된 채권이나 조건이 없는 채권과 마찬가지로 취급하는 것은 부당하다. 따라서 정지조건부채권과 장래의 청구권은 조건이 성취하지 않거나 구체화하여 발생하지 않은 동안은 배당금을 지급하지 않고 중간배당의 경우에는 그 채권에 대한 배당액을 임치하여야 하며($\frac{법 제519조}{제4호}$), 최후배당의 배당제외기간 안에 조건이 성취되지 못하거나 구체적으로 발생하지 않아 권리를 행사할 수 있게 되지 못한 때에는 그 채권자는 배당에서 제외된다($\frac{법}{제523조}$). 또한 해제조건부채권을 가진 자는 중간배당의 경우에는 상당한 담보를 제공하지 아니하면 배당을 받을 수 없고($\frac{법}{제516조}$) 담보를 제공하지 아니한 해제조건부채권에 대한 배당액은 임치하여야 하며($\frac{법 제519조}{제5호}$), 조건이 최후배당의 배당제외기간 안에 성취되지 못한 때에 그 채권자는 제공한 담보를 돌려받거나 비로소 배당을 받게 된다($\frac{법}{제524조}$). 상계에 있어서도 배당과 마찬가지로 취급되고 있다($\frac{법 제418조,}{제419조, 제524조}$).

차. 잠정적 이의 및 전략적 이의

1) 잠정적 이의

채권자가 다수이고 채권의 내용이 복잡한 경우 또는 증거자료가 부족한 경

---

135) 전병서, 186면. 채무자가 건설한 아파트 등의 하자보수보증을 한 채권자가 채무자에 대한 파산절차에서 장래에 발생할 하자와 관련한 사전구상권을 파산채권으로 신고한 사안과 관련하여 서울고등법원 2006. 9. 20. 선고 2005나91679 판결(미상고 확정)은, 하자보수보증계약에 기한 채권자의 채무자에 대한 사전구상권은 채무자의 하자보수채무가 발생할 것을 전제로 하는 정지조건부채권으로, 채무자에 대한 파산선고 당시 하자보수보증계약과 관련한 채무자의 하자보수채무가 발생하지 않았다고 하더라도 채권자의 사전구상권은 조건부채권으로 성립하여 당연히 파산채권으로 인정될 수 있다는 취지로 판시하면서, 조건이 미성취된 상태로 존재하는 파산채권으로서 사전구상권의 수액을 하자보수보증계약에서 정하여진 보증한도액 전액으로 인정하였다.

우 파산관재인이 채권조사의 일반기일까지 채권 시·부인 여부 검토를 마치지 못하는 경우가 있다. 이때의 처리방법으로는 앞서 본 바와 같이 채권조사의 일반기일을 연기하는 등의 방식이 있는데, 채권조사의 일반기일을 개최한 후 파산관재인이 일단 검토를 마친 채권에 대하여 시·부인하고 검토를 마치지 못한 채권에 대하여는 일응 이의를 진술해 두는 방법도 가능하다.

파산관재인이 채권조사의 일반기일까지 검토를 마치지 못하였다는 이유만으로 채권조사의 일반기일에서 일응 이의를 진술하는 방법은 채권자의 반발이 심하고 파산관재인이 그 업무를 게을리한 결과라는 비판도 제기될 수 있으므로 피하는 것이 좋다. 그러나 채권조사의 일반기일 종료 후가 아니면 중간배당을 할 수 없으므로(제505조) 채권조사의 일반기일이 늦어질수록 배당도 늦어지게 된다. 그렇다고 해서 충분히 검토를 마치지 않은 채 섣불리 이의를 진술하지 않았다가는 후일 이를 바로잡기 위해 까다로운 절차를 밟아야 한다. 더욱이 신고한 파산채권의 존부와 범위를 증명할 증거자료의 제출은 채권자의 의무이고(법 제447조 제1항), 그러한 증거자료 없이 신고된 파산채권을 시인하는 것은 타당하지 않다. 그러므로 파산관재인이 충분한 검토를 마치지 못하였다면 일단 이의를 진술하고, 후일의 검토를 거쳐 이의를 철회하는 방법으로 처리하는 것이 바람직한 경우도 있다. 이러한 경우의 이의를 실무에서는 잠정적 이의라고 한다.

한편 채권신고기간 후 채권조사의 일반기일 전에 신고된 파산채권으로 파산관재인이 채권조사의 일반기일까지 검토를 마치지 못한 채권이 있는 경우에는, 신속한 절차 진행을 위하여 파산관재인이 검토를 마치지 못한 채권에 대하여 채권조사의 일반기일에서 조사를 하는 것에는 이의를 하지 않아 일반기일에서 채권조사를 가능하게 하면서도 잠정적 이의를 진술함으로써 채권조사의 특별기일을 열지 않도록 하는 경우도 있다.

2) 전략적 이의

채권조사 당시에는 이의를 진술할 만한 적당한 사유가 없는 경우에도 파산절차의 진행을 원활하게 하기 위하여 파산관재인이 일응 이의를 진술하는 경우가 있는데 이러한 경우의 이의를 실무에서는 전략적 이의라고 한다. 실무에서는 채권자 사이의 형평과 관재업무의 적정을 도모한다는 취지에서 다음과 같은 경우 전략적 이의가 이루어지고 있다. 물론 전략적 이의의 이름으로 하는 자의적인 이의가 허용되지 않는 것은 당연하다.

가) 부인할 수 있는 행위와 관련된 채권

채권이 부인할 수 있는 행위와 관련된 것인 때에는, 채권이 이의 없이 확정된 때에는 파산관재인이 부인권을 행사하여 그 채권의 존재를 다툴 수 없고[136] 파산관재인의 부인권 행사 결과에 따라 채권의 존부나 범위가 달라질 수 있으므로, 파산관재인은 원칙적으로 신고된 파산채권 전액에 관하여 이의를 진술하여야 할 것이다. 여럿의 채권을 신고하였는데 그중 일부만이 부인할 수 있는 행위와 관련된 것인 때에는 그 일부의 채권에 관하여 이의를 진술하여야 한다.

그 후 파산관재인의 부인권 행사 결과 채무자의 행위가 부인되고 상대방이 그가 받은 급부를 반환하거나 그 가액을 상환한 때에는 상대방의 채권은 원상으로 회복되므로(제399조), 파산관재인은 그 시점에서 그리고 그 한도에서 원상으로 회복된 채권 부분에 관한 이의를 철회할 수 있을 것이다.

나) 상계가 가능한 채권

신고한 파산채권자가 파산재단에 대하여 부담하는 채무로써 상계하는 것이 가능한데도 상계를 하지 않고 채권신고를 한 경우에는 파산관재인은 채권자가 앞으로 상계할 것이라고 예상하고 상계가 가능한 채권액에 대하여는 일단 이의를 진술하는 것이 필요하다. 이렇게 하지 않고 신고된 채권 전액을 확정시켜 버리면 그 후의 상계에 의하여 파산선고시 현존액이 변동된다고 해도 채권자가 임의로 채권신고를 취하하지 않는 한 파산관재인으로서는 청구이의의 소를 통해 상계에 의하여 소급하여 소멸한 파산채권의 액수를 다투어야 할 것이기 때문이다.

이와 관련하여 금융기관이 파산채권인 대출금 채권을 자동채권으로 파산재단에 속하는 예금채권을 수동채권으로 하여 상계한 후에, 파산선고 후 상계시까지의 지연손해금을 원금, 이자 등과 함께 신고하는 경우의 시·부인도 문제된다. 금융기관에서 사용하는 은행여신거래기본약관(기업용)에는 금융기관이 상계하는 경우에는 채권·채무의 이자 등과 지연배상금의 계산기간은 은행의 상계통지가 채무자에게 도달한 날까지로 한다는 규정이 있다. 그러나 위와 같은 취지의 특약이 있다고 해도 상계는 특별한 사정이 없는 한 상계적상시로 소급하여 그 효력이 발생하는 것이고, 금융기관의 일방적인 계산에 따라 채권액이 결정되면 다른 파산채권자에게 예측하지 못한 불이익을 줄 수 있으므로, 채무자와 금융기관 사이의 이와 같은 특약은 파산관재인을 구속하지 않는다고 해석하는 것이 실무

---

136) 대법원 2006. 7. 6. 선고 2004다17436 판결.

이다. 따라서 파산선고 후 상계시까지의 지연손해금 부분을 신고한 경우에는 그 부분에 관하여 이의를 진술하거나 후순위채권으로 시인한다.

또한 파산선고 후의 이자, 지연손해금 채권은 후순위파산채권으로서 상계의 대상이 되지 않으므로 이를 포함한 채권을 자동채권으로 하는 상계는 그 한도에서 무효라고 하여야 할 것이다.[137]

한편 무효인 상계를 전제로 하여 상계된 금액만큼 감액된 채권액을 신고한 경우에는 파산관재인은 신고한 파산채권자에게 상계 전의 채권 전액을 신고하도록 보완할 것을 안내하고, 채권자가 응하지 않으면 신고된 파산채권만을 시·부인하면 된다. 채권자가 상계가 유효하다고 주장하면서도 상계 전의 채권 전액을 신고하는 경우 파산관재인이 상계를 인정하지 않는다면 신고된 파산채권 전액을 시인하여야 하는 것이 아닌가 하는 의문이 들 수 있지만, 상계의 효력에 관하여 다툼이 있는 경우 최종적으로는 채권확정절차에서 구체적인 채권액이 확정될 것이므로 다툼이 있는 부분에 대해서는 이의를 진술하는 것이 좋다.

다) 채무자 대표자 등의 채권

법인이 파산한 경우 채무자의 대표자나 이사, 업무집행지시자 등이 채무자에 대한 대여금 또는 보증채무의 이행에 따른 구상금 등의 채권을 파산채권으로 신고하는 경우가 있다. 그러나 이들의 중대한 책임이 있는 부실경영에 기인하여 채무자가 파산에 이르게 되는 경우가 있고 실제로 이들의 상법상 이사 등의 책임에 기한 손해배상의무가 법 제352조에 의한 조사확정재판 등에 의해 인정될 수도 있으며, 채무자의 이들에 대한 대여금 등 채권이 있는 경우도 있으므로, 특별한 경우를 제외하고 파산관재인은 일단 이의를 진술하는 것이 필요한 경우가 많다.

라) 채무자 이외의 자의 변제 등으로 현존액이 감소할 가능성이 있는 채권

파산채권자에 대하여 전부이행의무를 부담하지 않는 이해관계 있는 제3자가 대위변제하여 채권액이 감소한다든지, 파산선고 전에 상계적상이 있는 경우 보증인 등 전부이행의무를 지는 자가 상계하여 파산선고시 현존액이 감소할 가능성이 있는 등 장차 파산채권액이 감소할 가능성이 있는 경우에도 파산관재인은 일단 이의를 진술하는 것이 필요하다. 채권조사 후에 보증인 등으로부터 상계가 되었다고 하더라도 일단 채권이 확정된 이상, 채권자가 임의로 채권신고를

---

137) 서울고등법원 1997. 4. 9. 선고 94나20695(본소), 94나20701(반소) 판결(미상고 확정)은, 다른 파산채권과의 형평상 후순위파산채권으로는 상계권을 행사할 수 없다는 취지로 판시하였다.

취하하지 않는 한 파산관재인으로서는 청구이의의 소를 통해 소멸한 파산채권의 액수를 다투어야 하기 때문이다.

마) 채권양도·양수에 다툼이 있는 채권

파산선고를 전후로 파산채권을 양수하였다고 주장하며 양수인이 채권신고를 하였는데 양도인도 채권양도 사실을 다투며 채권신고를 한 경우에 다툼이 있는 채권, 파산채권이 이중양도되는 등으로 여러 양수인이 채권신고를 한 경우에 다툼이 있는 채권, 채권양도의 대항요건이 적법하게 갖추어졌는지 다툼이 있거나 불분명한 채권의 경우에도 파산관재인은 일단 다툼이 있는 채권 모두에 대하여 이의를 진술하고, 다툼이 있는 채권이 자신의 것이라고 주장하는 신고한 파산채권자로 하여금 같은 채권을 신고한 다른 채권자에 대하여도 이의를 진술하도록 촉구하는 것이 좋다. 일단 어느 신고한 파산채권자가 채권자로 확정되더라도 그 후 채권의 귀속을 둘러싼 분쟁이 계속될 수 있고, 채권이 존재하는 것은 분명하더라도 채권의 귀속이 분명하지 않다면, 다툼이 있는 채권이 자신의 것이라고 주장하는 자들이 참가한 가운데 채권확정절차를 통해 채권의 귀속을 확정하는 것이 파산절차의 원활한 진행에 도움이 되기 때문이다.

바) 별제권자의 채권

별제권자가 채권신고를 한 경우 장래 배당에 있어서 배당에 참가시킬 채권액을 확정하기 위하여 이의를 할 필요는 없다. 별제권자는 중간배당시에는 예정부족액의 소명을, 최후배당시에는 확정부족액의 증명을 하여야 배당에 참가할 수 있으므로, 별제권자가 별제권의 행사로 만족을 받은 채권액 부분에 관한 채권신고를 취하하지 않더라도 채권자의 소명 또는 증명이 없는 한 당해 채권 자체를 배당에서 제외하면 되기 때문이다(법 제512조 제2항, 제525조).

카. 재단채권

재단채권은 파산절차에 의하지 아니하고 수시로 변제하고, 채권조사는 배당의 기준이 되는 파산채권액을 확정하는 절차이므로, 재단채권은 파산채권과 같이 채권신고·조사의 대상이 아니다. 그러나 재단채권자가 파산채권신고서 양식에 성질상 재단채권인 채권을 기재하여 파산채권으로 신고한 경우에는 신고의 형식을 고려하여 실무에서는 채권조사의 대상에 포함하되 신고된 채권이 존재하더라도 재단채권이어서 파산채권으로는 존재하지는 아니하므로, 파산관재인은 재단채권임을 이유로 이의를 진술하고 있다.

파산관재인이 채권조사기일에서 신고된 채권이 재단채권이라는 이유로 이의를 진술하였다가 이후 해당 채권이 재단채권에 해당하지 않는다고 판단하여 그 채권에 대하여는 변제를 하지 않는 경우, 재단채권자는 파산관재인을 상대로 재단채권에 관한 이행의 소를 제기하여야 할 수도 있다. 이처럼 재단채권의 존부에 대한 다툼이 생기면 아래에서 기술하는 바와 같이 재단채권에 관한 이행의 소 또는 재단채권 부존재 확인의 소를 제기하여 해결하게 된다.

그런데 파산관재인이 채권조사기일에서 신고된 채권이 재단채권이라는 이유로 이의를 하였다가 이후 파산채권에 대한 배당 시점이 되어서야 당해 채권이 재단채권에 해당하지 않는다고 다툰다면 파산절차의 진행이 지연될 수 있다. 따라서 파산관재인은 파산절차 초기에 재단채권으로 추정되는 채권 전체에 대하여 재단채권으로 승인할 것인지 여부를 조사하여 재단채권의 승인에 관하여 법원의 허가를 받아야 한다(법 제492조 제13호). 채권이 재단채권에 해당하는지 여부에 관하여 파산관재인과 채권자 사이에 다툼이 있는 경우에는 채권자가 파산관재인을 상대로 재단채권에 관한 이행의 소를 제기하여야 하고,[138] 경우에 따라서는 파산관재인이 채권자를 상대로 재단채권 부존재 확인의 소를 제기할 수도 있을 것이다(재산채권의 행사에 관한 자세한 내용은 제9장 제3절 1. 참조).

제 4 절   이의가 있는 파산채권의 확정

1. 개   요

채권조사기일에 신고된 파산채권에 관하여 파산관재인 또는 파산채권자의 이의가 있는 때에는 그 이의가 있는 파산채권은 확정되지 아니한다(법 제458조, 제462조 제1항). 법은 이의가 있는 파산채권에 관하여 파산선고 당시 소송이 계속되어 있는지, 그 파산채권이 집행력 있는 집행권원이나 종국판결 있는 채권인지 등에 따라 이의가 있는 파산채권의 확정절차와 그 절차를 취하여야 하는 자를 다르게 규정하고 있다.

원칙적으로, 파산채권의 조사에서 신고한 파산채권의 내용에 대하여 파산관재인 또는 파산채권자가 이의를 한 때에는 그 파산채권(이하 '이의채권'이라 한다)

---

138) 대법원 2001. 12. 24. 선고 2001다30469 판결.

을 보유한 파산채권자는 그 내용의 확정을 위하여 이의자 전원을 상대방으로 하여 법원에 채권조사확정의 재판을 신청할 수 있고(법 제462조), 그 채권조사확정재판에 불복하는 자는 그 결정서의 송달을 받은 날부터 1월 이내에 이의의 소를 제기할 수 있다(법 제463조).

다만, 법 제464조 및 제466조의 경우에는 이의채권을 보유한 파산채권자가 채권조사확정재판을 신청할 수 없고(법 제462조), 채권조사확정재판을 신청하더라도 부적법하다. 즉 이의채권에 관하여 파산선고 당시 소송이 계속되어 있는 경우에는 채권자가 그 권리의 확정을 구하고자 하는 때에는 이의자 전원을 그 소송의 상대방으로 하여 소송을 수계하여야 한다(법 제464조). 집행력 있는 집행권원이나 종국판결 있는 채권에 관하여 이의가 있는 자는 채무자가 할 수 있는 소송절차에 의하여만 이의를 주장할 수 있고(법 제466조), 만일 파산선고 당시 법원에 이의채권에 관한 소송이 계속되어 있는 경우에는 이의채권을 보유한 파산채권자를 상대방으로 하는 소송절차를 수계하여야 한다(법 제466조).

이처럼 법은 이의채권의 확정절차를 경우에 따라 다르게 규정하고 있으므로, 이의채권을 보유한 파산채권자나 그 이의자는 규정에 맞는 절차를 취하여야 한다.

2. 파산채권조사확정재판

가. 절차의 취지

구 파산법은 이의 있는 채권에 관하여는 그 채권자는 이의자에 대하여 소로써 그 채권의 확정을 요구할 수 있다고 규정함으로써(구 파산법 제217조 제1항), 신고된 파산채권에 대하여 이의가 진술된 경우에는 곧바로 변론절차를 거치는 파산채권확정의 소송을 통하여 권리를 확정하도록 하고 있었다. 그러나 현행법은, 소송을 통한 채권확정절차에 지나치게 많은 시간과 비용이 소요된다는 점을 고려하여, 이의가 있는 파산채권의 존부 및 범위에 관하여 변론절차를 거치는 소송의 방법으로 채권을 확정하는 대신, 먼저 간이·신속한 절차인 채권조사확정재판의 절차를 거치도록 한 후 이에 대하여 불복하는 경우에만 불복이 있는 자가 채권조사확정재판에 대한 이의의 소를 제기하여 소송절차에서 다투도록 하고 있다.[139][140] 따라

---

139) 구 파산법에서는 이의 있는 채권에 관하여 파산선고 당시에 소송이 계속하는 경우에는 채권자가 그 채권의 확정을 요구하려고 할 때에는 이의자를 상대방으로 하여 소송을 수계하여야 하

서 파산선고 후 파산채권자가 이의자를 상대로 파산채권의 이행을 구하는 소를
제기하거나, 파산선고 당시 파산채권에 관한 소송이 계속되어 있지 않은 파산채
권자가 채권조사확정재판의 절차를 거치지 않고 파산채권의 확정을 구하는 소를
제기하는 것은 부적법하다.[141]

나. 당 사 자

파산채권의 조사에서 신고한 파산채권의 내용에 대하여 파산관재인 또는
파산채권자가 이의를 한 때에는 이의채권을 보유한 파산채권자는 그 내용의 확
정을 위하여 이의자 전원을 상대방으로 하여 법원에 채권조사확정의 재판을 신
청할 수 있다(법 제462조).[142][143] 원칙적으로 당해 파산채권이 존재한다고 주장하는

고(구 파산법 제219조 제1항), 집행력 있는 채무명의 또는 종국판결 있는 채권에 관하여는 이의
자는 파산자가 할 수 있는 소송절차에 의하여서만 이의를 주장할 수 있다고(구 파산법 제219조
제1항) 규정하고 있었던바, 이러한 경우의 채권확정절차에 관하여는 현행법에서도 크게 다르지
않다.

140) 일본에도 우리나라와 같은 파산채권사정재판과 그에 대한 이의의 소가 있는데(일본 파산법
제125조, 제126조), 파산채권사정재판은 파산채권의 존부, 액수, 우열순위 등을 확정하는 것이고,
일본 구 파산법에 있어 채권확정소송의 성격을 이어받았다고 보기 때문에 확인적 재판의 성질
을 갖는다고 해석한다. 條解破産法, 888면.

141) 회생절차에 관한 것이나, 대법원 2011. 5. 26. 선고 2011다10310 판결, 대법원 2017. 6. 29. 선
고 2016다221887 판결 등.

142) 이의채권을 보유한 파산채권자로부터 그 이의채권을 양수하는 등 특정적으로 승계한 자는 파
산채권자표 명의변경 신고를 한 후, 파산채권자가 채권조사확정재판을 신청하지 아니한 상태라
면 채권조사확정재판의 신청기간 이내에 채권조사확정재판을 신청할 수 있고, 이미 채권조사확
정재판이 신청되어 있었다면 그 절차에 승계참가할 수 있다(법 제33조, 민사소송법 제81조). 한
편 채권조사기일에서 채무자가 이의를 진술하였더라도 채무자의 이의는 파산채권의 확정에는
영향이 없으므로(법 제458조), 이의채권을 보유한 파산채권자는 채무자를 상대로 채권조사확정
재판을 신청할 필요가 없다.

143) 대법원 2012. 11. 29. 선고 2011다112018 판결은 "파산관재인이 파산재단에 관한 소송을 할 때
그 재판의 효력을 받게 되는 채무자는 통상의 보조참가는 물론 공동소송적 보조참가를 할 수도
있다."라고 판시하였다.
한편 채권조사기일에 이의를 진술하지 않았던 파산채권자가 채권조사확정재판에서 이의자 측
에 보조참가를 할 수 있는지 문제된다. 채권조사확정재판의 결과는 파산채권자 전원에 대하여
효력이 미치고(법 제468조), 이의를 진술하지 않았던 파산채권자의 배당액에도 직접적인 영향을
미친다는 점을 근거로 이를 긍정하는 견해와 채권조사기일에 이의를 제기하지 않아 이의권한을
잃은 파산채권자가 소송결과에 대해 법률상 이해관계를 가진다고 보기 어렵고, 배당액에 영향
을 주는 것은 사실상의 이해관계에 지나지 않는 점을 근거로 이를 부정하는 견해가 대립한다.
條解破産法, 887면.
이와 관련하여 채권조사기일에서 이의를 진술하지 아니한 파산채권자가 채권조사확정재판의
절차에서 이의자인 파산관재인을 위하여 보조참가신청을 하였는데 이를 부적법하다고 보아 각
하한 제1심 결정에 대하여 보조참가인이 즉시항고를 하는 한편 원고보조참가인으로서 이의의
소를 제기한 사례에서, 항고심은 보조참가신청을 각하한 제1심 결정을 취소하고 보조참가를 허
가하고[서울고등법원 2014. 5. 19.자 2013라808 결정(이의채권을 보유한 파산채권자가 재항고하
였으나 심리불속행 재항고기각 확정)], 이의의 소에서는 위와 같이 보조참가가 허용되었다는 이

권리자로 하여금 이의채권의 확정을 위한 절차의 개시를 신청하도록 한 것이다.

채권조사확정재판의 신청은 이의자 전원을 상대방으로 하여야 하므로, 이의
자 중 일부만을 상대방으로 하여 신청한 채권조사확정재판은 원칙적으로 부적법
하다.[144]

다만 앞서 본 바와 같이 법 제464조 및 제466조의 경우, 즉 이의채권에 관
하여 파산선고 당시 소송이 계속되어 있는 경우, 이의채권이 집행력 있는 집행
권원이나 종국판결 있는 채권인 경우 등에는 그러하지 아니하므로(법 제462조), 이때
에는 이의채권을 보유한 파산채권자나 이의자가 법 제464조 및 제466조의 규정
에 따른 절차를 취하여야 한다.

다. 관할법원 및 신청기간

1) 관할법원

채권조사확정재판을 신청할 법 제462조 제1항의 법원은 당해 파산사건을
담당하는 재판부를 포함한 소송법상의 법원을 의미한다. 개인이 아닌 채무자에
대한 파산사건은 회생법원의 합의부의 관할에 전속하므로(법 제3조), 그 파산사건에
서의 채권조사확정재판은 회생법원의 합의부가 재판한다.[145]

2) 신청기간

채권조사확정재판의 신청은 이의가 있는 파산채권에 관한 조사를 위한 일
반조사기일 또는 특별조사기일로부터 1월 이내에 하여야 한다(법 제462조). 구 파산
법에는 채권확정소송의 제소기간에 제한이 없었기에 최후배당절차의 직전에서야
채권확정소송이 제기되어 최후배당에 따른 배당금을 공탁하여야 하는 등으로 파

유로 이의의 소가 적법하다고 판단한 사례가 있다[서울중앙지방법원 2014. 10. 16. 선고 2013가
합46073 판결, 서울고등법원 2015. 6. 26. 선고 2014나54986 판결(보조참가인이 상고하였으나 심
리불속행 상고기각 확정)].

144) 이의채권을 보유한 파산채권자가 이의자 일부만을 상대방으로 하여 채권조사확정재판을 신청
하였더라도, 아직 채권조사확정재판의 신청기간이 지나지 아니하였다면 파산채권자는 그 신청
기간이 지나기 전까지 누락한 이의자를 채권조사확정재판의 상대방으로 추가하는 신청을 할 수
있다고 볼 것이다(법 제33조, 민사소송법 제68조 제1항 본문. 다만 민사소송법상 필수적 공동소
송인의 추가가 제1심의 변론을 종결할 때까지 가능하나, 채권조사확정재판의 상대방 추가는 채
권조사확정재판 신청기간이 지나기 전까지만 가능하다고 보아야 한다). 한편 파산채권자가 복수
의 채권을 신고하였는데 여럿의 이의자가 서로 다른 채권에 대하여 이의를 진술하여 각각의 이
의가 공통되지 않은 경우에는, 채권자가 이의가 진술된 복수의 채권 전부가 아닌 일부 채권에
관하여만 그 확정을 구하는 채권조사확정재판의 신청을 한다면 그 상대방은 확정을 구하는 채
권에 대하여 이의한 이의자 전원만을 상대방으로 하면 될 것이다.

145) 심태규, "채권조사확정재판에 대한 이의의 소에 관한 실무상 문제점", 사법논집 제66집, 법원
도서관(2018), 389, 395면.

산절차의 신속한 진행을 방해하는 문제가 있었으나, 현행법은 신청기간을 제한하였다. 신청기간이 지난 후 채권조사확정재판을 신청하는 경우 그 신청이 부적법하므로 이를 각하하는 결정을 한다.

만일 이의채권을 보유한 파산채권자가 신청기간 내에 채권조사확정재판을 신청하지 않은 경우 그 파산채권자는 그가 가진 이의채권의 확정을 구하는 수단을 잃게 되고 이후 파산절차에 참가할 수 없게 되는데,[146] 그렇다고 하여 그 이의채권이 존재하지 아니하는 것으로 확정되는 것은 아니다.[147] 위 신청기간은 불변기간이 아니므로 당사자가 책임질 수 없는 사유로 말미암아 그 기간을 지킬 수 없었다고 하더라도 신청을 추후 보완할 수 없다.[148] 다만 채권조사기일에서 이의가 진술되었으나 부득이 채권조사확정재판의 신청기간 만료가 임박하여 이의통지서를 발송하게 되는 등 이의채권을 보유한 파산채권자에게 채권조사확정재판을 신청할 기회를 충분히 보장해주어야 할 특별한 사정이 있는 경우에는 법원은 법정기간인 채권조사확정재판의 신청기간을 이의통지서의 발송일로부터 파산채권자가 채권조사확정재판을 신청하기에 충분한 특정시점까지로 연장하는 등의 결정을 할 수도 있다고 본다(법 제33조, 민사소송법 제172조 제1항 본문).

라. 신청방식

1) 신청서의 기재사항 및 증거서류의 첨부

채권조사확정재판의 신청서에는 ① 당사자 및 대리인의 성명 또는 명칭과 주소, ② 신청의 취지와[149] 이유를 기재하여야 한다(규칙 제77조 제65조 제1항).

채권조사확정재판도 실체적인 권리의 존부에 대한 판단이므로 민사소송의 주장·증명책임에 준하여 당사자의 주장과 증명에 따라 판단하여야 한다.

채권조사확정재판 절차를 도입한 취지가 채권의 확정을 간이·신속하게 하

---

146) 條解破産法, 886면; 회생절차에서 이의채권을 보유한 권리자가 신청기간 내에 회생채권조사확정재판을 신청하지 않은 사안에 관한 것이나 서울고등법원 2018. 9. 13. 선고 2018나2030489 판결(미상고 확정).

147) 앞서 본 바와 같이 채권조사확정재판의 신청기간이 경과한 이의채권에 대한 이의의 철회가 가능한지에 관하여는 견해의 대립이 있으나 실무에서는 가능하다고 보고 있다. 이의 철회의 시간적 한계에 관한 자세한 내용은 제8장 제3절 2. 마. 2) 참조.

148) 구 회사정리법상 회사정리절차에서의 정리채권확정의 소에 관한 것으로, 대법원 2003. 2. 11. 선고 2002다56505 판결.

149) 뒤에서 보는 바와 같이 가분채권인 파산채권의 채권액 일부에 대하여만 이의가 있었다면 이의가 진술된 부분만이 채권조사확정재판의 심판대상이 되므로, 채권자는 이의가 없어 확정된 금액을 포함한 전체 채권액의 확정을 구하는 신청의 취지를 기재하여서는 아니 될 것이다.

자는 데 있으므로, 신청인은 신청서에 신청의 이유가 되는 사실(이의채권을 확정받기 위하여 필요한 사실)을 구체적으로 기재하고 증거서류의 사본을 첨부하되 (규칙 제77조,
제65조 제2항), 이를 신청시에 일괄해서 제출하는 것이 바람직하다.

2) 신청서 부본의 제출과 송달

채권조사확정재판 신청서에는 당사자의 수에 1을 더한 부본을 첨부하여야 한다(규칙 제77조,
제65조 제3항). 법원은 그 신청서 부본을 상대방 당사자에게 송달하여야 한다 (규칙 제77조,
제65조 제4항).

마. 채권조사확정재판 신청서에 붙일 인지 등

채권조사확정재판의 경우에도 법 제470조의 규정에 따라 소송목적의 가액 결정을 하여 그 가액에 따라 인지를 붙여야 하는지에 관하여 의문이 있을 수 있으나, 채권조사확정재판은 간이·신속한 결정절차로서 판결절차인 채권조사확정재판에 대한 이의의 소와 다르므로, 이에 대하여는 소송목적의 가액 결정이나 이에 따른 인지 첨부가 불필요하고 일률적으로 1,000원의 인지를 붙이면 된다 [「민사접수서류에 붙일 인지액 및 그 편철방법 등에 관한 예규(재민 91-1)」(재판예규 제1692호) 제3조 참조]. 이와 함께 신청인은 당사자 1인당 5회분의 송달료를 예납하여야 한다[「송달료규칙의 시행에 따른 업무처리요령(재일 87-4)」(재판예규 제1712호) 제2조, 제6조 참조].

바. 심판대상 및 청구원인의 제한

1) 심판대상

채권조사확정재판의 심판대상이 되는 것은 신고된 파산채권으로서 채권조사기일에서 이의가 진술된 파산채권의 존부와 그 채권액, 우선권의 유무, 후순위 파산채권의 구분 등이다. 이의채권의 신청인에 대한 귀속 여부, 파산채권으로서의 적격 유무도[150] 채권액의 전제가 되기에 채권조사확정재판의 심판대상이 된

---

150) 재단채권은 파산채권조사확정재판의 대상이 되지 아니하므로, 재단채권임의 확정을 구하는 채권조사확정재판의 신청은 그 자체로 부적법하다고 본다. 다만 채권자가 파산채권임의 확정을 구하며 채권조사확정재판의 신청을 하였는데 그 심리결과 확정을 구하는 채권이 재단채권인 것으로 밝혀진 경우에는, 채권조사확정재판의 신청을 각하하여야 한다는 견해, 파산채권으로는 존재하지 아니함을 확정하여야 한다는 견해가 대립되나, 실무에서는 채권자가 재단채권자의 지위를 포기하고 파산채권으로의 확정을 구한 것이 아닌 이상 채권조사확정재판의 신청을 각하하는 것이 일반적이다. 파산채권으로는 존재하지 아니함을 확정하여야 한다는 견해로는 나원식, "재단채권의 확정절차에 관한 실무상 문제 -파산채권과의 구별이 문제되는 경우를 중심으로-", 민사재판의 제문제 제25권, 사법발전재단(2017), 86-87면.

다고 할 것이다.[151] 채권조사기일에서 이의가 없는 파산채권은 이미 확정되었으므로(법제458조) 채권조사확정재판의 심판대상이 되지 아니하고, 그 확정을 구하는 채권조사확정재판의 신청은 부적법하다. 이의채권에 대한 이의가 철회된 경우에는 이의채권이 파산채권으로 확정되므로, 그 확정을 구하는 채권조사확정재판의 신청은 부적법하게 된다.

즉, 채권조사확정재판이나 그에 대한 이의의 소의 소송물은 파산관재인 및 파산채권자의 이의가 없어 확정된 금액을 초과하는 채권의 존재 여부이다.[152] 만일 채권조사기일에서 가분채권인 파산채권의 채권액 일부에 대하여만 이의가 있었다면(예컨대, 신고된 파산채권의 채권액이 1억 원인데, 파산관재인이 그중 6,000만 원은 시인하고 나머지 4,000만 원에 대하여 이의를 한 경우), 이의가 없는 부분(6,000만 원)은 이미 파산채권으로 확정되었으므로 채권조사확정재판의 심판대상이 되지 아니하고, 이의가 진술된 부분(4,000만 원)은 파산채권으로 확정되지 아니하였으므로 채권조사확정재판의 심판대상이 된다.[153] 따라서 실무에서는 가분채권의 채권액 일부에 대하여만 이의가 있었는데도 채권자가 이의가 없어 확정된 금액을 포함한 전체 채권액의 확정을 구하는 채권조사확정재판의 신청을 한 경우에는, 이의가 없어 확정된 금액 부분의 신청은 부적법하다고 보아 그 부분의 신청을 각하하는 것이 일반적이다. 이는 채권자가 복수의 파산채권을 신고하였으나 그중 일부의 파산채권에 대하여만 이의가 진술된 경우에도 같다고 볼 수 있다.

또한 채권조사확정재판의 절차에도 처분권주의가 적용된다고 할 것이므로 (법제33조, 민사소송법 제203조), 채권자는 이의채권 중 일부에 대하여도 채권조사확정재판을 신청할 수 있고, 이 경우 그 소송물은 이의채권 중 채권조사확정재판이 신청된 부분에 한정된다.[154]

---

151) 條解破産法, 884, 885면.

152) 회생절차에서 이의가 있는 회생채권 또는 회생담보권의 조사확정재판 및 그 이의의 소의 소송물에 관한 것이나 대법원 2012. 11. 15. 선고 2011다67897 판결, 대법원 2016. 4. 12. 선고 2014다68761 판결; 최희준, "회생채권조사확정재판에 대한 이의의 소에서 회생담보권에 관한 주장·증명책임의 소재", 대법원판례해설 제93호, 법원도서관(2013), 664-680면.

153) 이의채권에 관하여 파산선고 당시 계속되어 있는 소송을 이의자인 파산관재인이 수계하고 채권자가 채권확정의 소로 청구를 변경하면서 파산선고를 받은 채무자인 저축은행에 대한 손해배상채권액 가운데 파산관재인이 이의를 진술하지 아니하고 시인한 손해배상채권액을 포함하여 파산채권의 확정을 구한 사안에서, 서울남부지방법원 2013. 8. 22. 선고 2013나50522 판결은 파산관재인이 시인한 채권액을 제외한 나머지 채권액만을 파산채권으로 확정하는 판결을 하였고, 그 상고심 판결인 대법원 2015. 11. 27. 선고 2013다211032 판결은 원심이 채권자의 저축은행에 대한 손해배상채권액 가운데 파산관재인이 시인한 금융감독원의 조정결정에 따른 손해배상채권액을 공제하여 채권자의 일반 파산채권액을 확정한 것은 정당하고 거기에 파산채권확정의 소에서의 소송물과 주문 표시방법에 관한 법리를 오해하는 등의 위법이 없다는 취지로 판시하였다.

2) 청구원인의 제한

채권조사확정재판에서 채권자는 법 제459조 제1항의 규정에 의하여 파산채권자표에 기재된 사항에 한하여만 채권조사확정재판의 신청을 할 수 있으므로 (제459조), 채권조사기일까지 신고하지 않았거나 그 기일에서 조사하지 않은 채권을 새로이 주장할 수 없고, 파산채권자표에 기재된 것보다 다액의 채권액이나 우선권을 새롭게 주장할 수 없다. 채권조사확정재판의 절차를 포함한 파산채권의 확정에 관한 소송절차의 당사자 사이에서 파산채권자표에 기재되지 아니한 사항이 확정된다면, 그 당사자가 아닌 다른 파산채권자 등의 관여 없이 권리가 확정되는 것이어서 파산관재인 및 신고한 파산채권자의 이의권을 침해할 수 있기 때문이다. 따라서 파산채권자표에 기재되지 않은 권리, 채권액, 우선권의 유무 등의 확정을 구하는 채권조사확정재판의 신청은 부적법하며, 파산채권신고 여부는 신청의 적법요건으로서 직권조사사항이다.[155]

그런데 채권자가 파산채권자표에 기재된 사항만 주장할 수 있다는 제한과 관련하여 어느 정도 다른 주장을 허용할 것인지에 관하여는 견해의 대립이 있다.[156] 이는 현실적으로 채권자가 채권신고단계에서 그 권리에 관한 충분한 법률적 검토를 거쳐 정확히 채권신고를 한다는 것은 사실관계의 불명확성까지 감안할 때 매우 어려운 일이기 때문에 문제가 된다. 실무에서는 채권신고단계에서 법률구성을 잘못한 결과를 오로지 신고한 채권자의 자기책임으로 돌리기보다는 다른 파산채권자 등과의 이해관계를 조정할 필요가 있고, 채권신고·조사를 다시 하는 것은 신속한 파산절차의 진행에 방해가 될 수 있는 점을 고려하여, 채권조사확정재판의 절차를 포함한 파산채권의 확정에 관한 소송절차에서 신고한 파산채권과 발생원인사실부터 별개의 채권으로 보이는 것의 확정을 구하는 것은 허용되지 않지만, 파산채권자표에 기재되어 있는 권리와 급부의 내용이나 수액에 있어서 같고 청구의 기초가 동일하지만 그 발생원인을 달리 하는 다른 권리의 확정을 구하는 경우와 같이, 비록 법률상의 성격은 다르더라도 사회경제적으로 동일한 채권으로 평가되는 권리로서 그 채권의 확정을 구하는 것이 파산관재인이나 다른 채권자 등의 이의권을 실질적으로 침해하는 것이 아니라면 그러한

---

154) 회생절차에서 회생채권조사확정재판 및 그 이의의 소의 소송물에 관한 것이나 대법원 2012. 6. 28. 선고 2011다17038, 2011다17045 판결.

155) 대법원 2000. 11. 24. 선고 2000다1327 판결, 대법원 2006. 11. 23. 선고 2004다3925 판결.

156) 장상균, "파산채권확정의 소에 있어서 청구원인 변경의 한계", 대법원판례해설 제68호, 법원도서관(2007), 271-287면; 條解破産法, 905, 906면.

채권의 확정을 구하는 것은 허용된다고 본다.[157)158)]

사. 채권조사확정재판 절차의 심리와 결정 등

1) 심 리

채권조사확정재판의 절차는 결정절차이지만 일반적인 결정절차와는 달리 법원은 채권조사확정재판을 하는 때에는 필요적으로 이의자를 심문하여야 한다(법 제462조 제3항). 채권조사확정재판의 신청인을 반드시 심문하여야 하는 것은 아니나, 법원은 필요한 경우 신청인도 심문을 할 수 있다. 법원이 채권조사확정재판의 신청을 각하하는 결정을 하는 때에도 이의자를 심문할 필요가 없다. 심문은 기일을 지정하여서 할 수 있고, 심문서 등 서면을 통하여 할 수도 있다. 기일을 지정하여 심문을 하는 경우 그 기일의 조서는 재판장이 작성을 명한 때를 제외하고는 작성할 필요가 없다(규칙 제5조 제3호).

2) 결 정

채권조사확정재판에서 확정할 대상은 이의가 있는 파산채권의 존부와 그 내용이지 신청의 당부가 아니다(법 제462조 제2항). 따라서 심리 결과 파산채권의 존재가 전부 인정되지 아니할 경우에는 그 결정 주문에서 채권조사확정재판의 신청을 기각한다고 할 것이 아니라, 파산채권이 존재하지 아니함을 확정한다는 취지의 결정을 하여야 한다.[159)] 이 경우 "신청인의 채무자 주식회사 ○○에 대한 파산채권은 존재하지 아니함을 확정한다."라는 형태의 주문으로 결정한다.[160)] 또한

---

157) 구 파산법상 파산채권확정의 소에 관한 것이나 예금자들이 예금채권을 파산채권으로 신고하였으나 파산관재인으로부터 이의가 진술되자 파산채권확정의 소를 제기하면서 예금 관련 금융기관의 사용자책임으로 인한 손해배상채권의 확정을 구한 사안에 관한 것으로 대법원 2007. 4. 12. 선고 2004다51542 판결, 채무자의 매매계약에 기한 소유권이전등기의무의 이행불능으로 인한 손해배상채권을 신고한 후 파산선고 당시 계속되어 있는 소송을 수계하게 하고 채권확정의 소로 청구를 변경하면서, 위 소유권이전등기의무가 채무자의 책임 없는 사유로 이행할 수 없게 됨으로 인한 채무자에 대한 기지급 매매대금 상당의 부당이득반환채권의 확정을 구한 사안에 관한 것으로 대법원 2013. 2. 28. 선고 2011다31706 판결 등.
158) 만일 채권조사확정재판의 신청을 한 채권자가 파산채권자표에 기재된 파산채권이 아닌 그와 법률상 성격이 다를 뿐만 아니라 사회경제적으로 동일한 권리로 평가되지도 않는 별개의 파산채권의 확정을 구하는 것으로 채권조사확정재판의 신청을 변경하는 것은, 신청의 기초가 바뀌는 것이어서 부적법하고, 이는 상대방인 이의자가 신청의 변경에 대해 이의를 제기하지 않았더라도 마찬가지라고 보아야 한다. 법원으로서는 채권자가 채권조사확정재판의 신청을 변경한 경우 그 변경이 허용되는 것인지를 심리한 후, 변경이 신청의 기초를 바꾸는 것이어서 옳지 아니하다고 인정할 때에는 직권으로 그 변경을 허가하지 아니하는 결정을 하여야 할 것이다. 서울회생법원 2018. 1. 17. 선고 2017가합100432 판결(항소 기각 및 심리불속행 상고기각 확정.
159) 條解破産法, 887면.
160) 채권조사확정재판에서 확정할 대상은 '채무자'에 대한 파산채권이다. 채권자가 착오로 채권조사확정재판이나 그에 대한 이의의 소에서 '채무자'가 아닌 '상대방' 또는 '피고'에 대한 파산채권

심리 결과 심판대상인 파산채권의 존재와 그 내용이 일부만 인정될 경우에는, 실무에서는 그 결정의 주문에서 "신청인의 채무자 주식회사 ○○에 대한 파산채권은 ○○○원임을 확정한다."라는 형태로 인정되는 파산채권이 존재함을 확정한다는 취지의 결정만 하고, 나머지 신청을 기각한다는 취지의 기재는 하지 않고 있다([기재례 71]).[161]

채권조사확정재판에서 존재를 확정하는 파산채권 중에 우선권 있는 파산채권이나 후순위파산채권이 포함된 때에는 결정 주문에 그 구분을 명확히 표시해 주어야 한다.[162]

채권조사확정재판은 엄격한 판결절차에 의하지 않고 간이·신속한 절차에서 당사자의 파산채권의 존부 및 내용을 신속하게 결정하기 위하여 도입된 절차이므로, 통상의 판결과 같은 정도로 그 이유를 자세히 기재할 경우에는 채권관계의 신속한 확정이라는 절차의 도입 취지를 저해할 소지가 있으므로, 채권조사확정재판의 결론을 뒷받침할 수 있을 정도로 이유의 요지만을 기재할 수 있다(규칙 제77조, 제66조 제1항).

3) 송 달

법원은 채권조사확정재판의 결정서를 당사자에게 송달하여야 한다(법 제462조 제4항). 채권조사확정재판의 결정에는 파산채권이 존재하거나 존재하지 아니함을 확정한 결정뿐만 아니라 채권조사확정재판의 신청을 각하한 결정도 포함된다고 본다.

4) 조정 등

법원은 채권조사확정재판을 구하는 신청에 대하여 화해를 권유하거나 조정에 회부하는 결정을 할 수 있다. 법원이 조정에 회부하는 결정을 한 경우 그 이후의 절차에 관하여는 민사조정법 및 민사조정규칙을 준용한다(규칙 제77조, 제66조 제2항). 실무상으로는 당사자 사이에 합의가 이루어질 경우 파산관재인이 이의한 파산채권의 전부 또는 일부에 관하여 이의를 철회하고, 채권자가 채권조사확정재판의 신청을 취하하거나 채권신고를 취하하는 경우가 많다. 만일 파산관재인이 이의채권

이 존재함을 확정한다는 신청취지 또는 청구취지를 기재하여 오는 경우가 있으므로 주의가 필요하다.

161) 채권조사확정재판의 심판대상인 채권의 일부가 이미 확정된 경우에 "신청인의 채무자 주식회사 ○○에 대한 파산채권은 이미 확정된 ○○원 외에 추가로 ○○원임을 확정한다."라는 형태의 주문으로 결정하는 실무례도 있다. 채권조사확정재판의 주문 기재방식에 관하여는 심태규, "채권조사확정재판에 대한 이의의 소에 관한 실무상 문제점", 사법논집 제66집, 법원도서관(2018), 434-437면.

162) 대법원 2006. 11. 23. 선고 2004다3925 판결.

에 대한 이의를 철회하여 이의채권이 확정되거나 채권자가 이의채권에 관한 채권신고를 취하하였음에도 채권자가 부적법하게 된 채권조사확정재판의 신청을 취하하지 않는 경우에는 법원은 그 신청을 각하한다.

3. 채권조사확정재판에 대한 이의의 소

가. 채권조사확정재판에 대한 불복방법

법 제352조 제1항의 규정에 의한 채권조사확정의 재판에 불복이 있는 자는 결정을 송달받은 날부터 1월 이내에 이의의 소를 제기할 수 있다(법 제353조 제1항). 법은, 채권조사확정재판이라는 결정절차를 통하여 간이·신속하게 이의채권의 존부 및 범위를 확정하는 한편, 채권조사확정재판에 불복하는 경우 변론에 의한 판결절차를 보장하기 위하여 이의의 소라는 소송절차를 마련하고 있다. 따라서 채권조사확정재판에 대한 불복방법은 이의의 소에 한정되므로 즉시항고는 할 수 없다고 본다. 채권조사확정재판의 신청을 각하한 결정에 대한 불복방법에 관하여는 견해의 대립이 있을 수 있으나, 실무에서는 그 결정에 대하여도 이의의 소로 불복할 수 있다고 본다.[163]

나. 제소기간, 관할법원 및 소장에 첨부할 인지

1) 제소기간

이의의 소는 채권조사확정재판의 결정서의 송달을 받은 날부터 1월 이내에 제기하여야 한다(법 제463조 제1항). 위 제소기간은 불변기간이 아니다. 이의의 소가 그 기간 안에 제기되지 아니한 때에는 부적법하므로 법원은 그 소를 각하하여야 하고, 이 경우 법원사무관등은 파산관재인 또는 파산채권자의 신청에 의하여 채권조사확정재판의 내용을 파산채권자표에 기재하여야 하며(법 제467조), 그 재판은 파산채권자 전원에 대하여 확정판결과 동일한 효력이 있다(법 제468조 제2항).

2) 관할법원

이의의 소는 복수의 당사자가 관여하게 되는 경우가 있어 복수의 당사자에게 공통되는 관할을 정하여야 하므로, 법은 이의의 소를 파산계속법원의 관할에 전속하는 것으로 규정하고 있다(법 제463조 제2항). 여기서 파산계속법원이란 파산사건이

163) 심태규, "채권조사확정재판에 대한 이의의 소에 관한 실무상 문제점", 사법논집 제66집, 법원도서관(2018), 446~447면.

계속 중인 재판부를 포함하는 조직법상의 법원을 가리키고, 따라서 이의의 소의 심리는 법원의 사무분담에 따라 파산사건을 담당한 재판부 이외의 재판부가 담당할 수 있다.[164]

3) 소장에 첩부할 인지

이의의 소의 소장에 붙일 인지는 채권조사확정재판의 신청서에 붙일 인지와 달리 통상 민사소송에서와 같이 소송목적의 값에 따라 결정된다[「민사소송 등 인지법」 제2조, 「민사접수서류에 붙일 인지액 및 그 편철방법 등에 관한 예규(재민 91-1)」 (재판예규 제1692호) 제3조 참조].

이의의 소는 파산채권의 확정에 관한 소송에 포함되므로, 이의의 소의 소송목적의 가액은 배당예정액을 표준으로 하여 파산계속법원이 정한다(법제470조). 실무에서는 당사자가 소장에 소액의 인지를 붙이거나 인지를 붙이지 아니한 채 이의의 소를 제기하고, 그 후 파산계속법원의 소송목적의 가액 결정과 재판장의 보정명령 등에 따라 부족한 인지를 보정하고 있다. 서울회생법원은 원칙적으로 파산계속법원인 수소법원이 이의의 소의 소송목적 가액을 직권으로 결정하고 있다.

다. 당 사 자

채권조사확정재판에 대하여 이의의 소를 제기할 수 있는 자는 채권조사확정재판에 불복하는 자로서, 그 당사자였던 채권조사확정재판을 신청한 이의채권을 보유하는 파산채권자나 그 상대방인 이의자이다.

이의의 소를 제기하는 자가 이의채권을 보유하는 파산채권자인 때에는 이의자 전원을 피고로 하여야 한다(법제463조제3항 전단). 이때 공동피고인 이의자 전원은 원칙적으로 고유필수적 공동소송의 관계에 있게 된다.[165] 따라서 이의채권을 보유한 파산채권자가 이의자의 일부만을 피고로 하여 제기한 채권조사확정재판에 대한 이의의 소는 원칙적으로 부적법하다.

이의의 소를 제기하는 자가 이의자인 때에는 이의채권을 보유한 파산채권자를 피고로 하여야 한다(법제463조제3항 후단). 이의자가 여러 명이었다고 하더라도, 이의자 전원이 고유필수적 공동소송의 공동원고가 되어 제소할 필요가 없고, 이의자가 각자 단독으로 이의채권을 보유한 파산채권자를 피고로 하여 이의의 소를 제기

---

164) 條解破産法, 891면.
165) 條解破産法, 892면.

하면 충분하다. 다만 이의자가 각자 이의의 소를 제기하여 여러 개의 이의의 소
가 계속되어 있는 때에는 뒤에서 보는 바와 같이 합일확정의 필요가 있으므로
법원은 변론을 병합하여야 하고, 이 경우 병합된 소송의 공동원고인 이의자 전
원은 원칙적으로 유사필수적 공동소송의 관계에 있게 된다.[166]

라. 이의의 소의 변론 등

동일한 채권에 관한 여러 개의 이의의 소가 계속되어 있는 때에는 법원은
변론을 병합하여야 한다(법 제463조 제4항). 이의의 소의 판결은 파산채권자 전원에 대하여
그 효력이 있는 것이어서(법 제468조 제1항) 합일확정의 필요가 있으므로 동일한 채권에
관한 여러 개의 이의의 소가 계속되어 있는 때에는 변론을 병합하여 일체로서
심리·판단하도록 한 것이다. 동일한 채권에 관하여 여러 개의 이의의 소가 동
시에 계속하는 경우로는 ① 이의채권을 보유한 파산채권자와 이의자 등이 각각
이의의 소를 제기한 경우, ② 여럿의 이의자가 각자 이의채권을 보유한 파산채
권자를 상대로 이의의 소를 제기한 경우가 있을 수 있다. ①의 경우와 같이 서
로 대립되는 소송의 변론이 병합될 경우에는 각각 원고와 피고의 지위가 겸유될
수 있고, 이러한 경우에는 당사자 표시를 "원고 겸 피고", "원고(피고)" 등으로
하게 된다.

이의의 소는 민사소송의 일종으로서 그 절차에 처분권주의와 변론주의가
적용되는데, 채권조사확정재판의 속심절차는 아니다. 따라서 이의의 소의 당사자
는 이의채권에 관하여 주장·증명책임에 따라 필요한 사실의 주장과 증거의 제
출을 하여야 한다. 파산절차나 채권조사확정재판의 절차에서 제출된 채권신고서,
채권조사확정재판의 신청서 등 서면과 그 밖의 주장과 증거는 이의의 소의 소송
절차에서 소송자료가 되지 아니하므로 당사자는 필요한 주장과 증거를 다시 제
출하여야 한다. 또한 채권조사확정재판에서 파산채권이 존재하거나 존재하지 아
니함을 확정하였다고 하더라도 그에 대한 이의의 소의 소송절차에서는 그 파산
채권이 존재하거나 존재하지 아니하는 것으로 추정되는 것도 아니고, 당사자 간
주장·증명책임이 전환되는 것도 아니다.

이의의 소의 심판대상 및 청구원인의 제한에 관하여는 앞서 채권조사확정
재판에 관하여 본 바와 같다. 이의의 소에서도 이의채권을 보유한 파산채권자는
법 제459조 제1항의 규정에 의하여 파산채권자표에 기재한 사항에 한하여 이의

---

166) 條解破産法, 892면.

의 소를 제기할 수 있다(법 제465조).

한편, 파산채권신고 여부, 이의 여부, 채권조사확정재판의 신청기간 준수 여부, 이의의 소의 제소기간 준수 여부 등도 채권조사확정재판에 대한 이의의 소의 소송요건으로서 직권조사사항이다.[167]

마. 재　판

이의의 소에 대한 판결은 그 소를 부적법한 것으로 각하하는 경우를 제외하고는 채권조사확정재판의 결정을 인가하거나 변경한다(법 제463조 제5항).

이의의 소에 대한 판결의 태양으로는 ① 채권조사확정재판의 결정이 정당하다고 판단되어 채권조사확정재판을 인가하는 경우, ② 채권조사확정재판에서 결정한 이의채권의 존부 또는 내용의 전부 또는 일부를 변경하는 경우 등이 있다.

이의의 소의 판결은, 이의채권의 존부 및 내용을 확정할 필요가 있기 때문에, 이의채권이 존재하지 아니한다는 결론에 이른 경우에도 단순히 이의채권이 존재함을 확정한 채권조사확정재판을 취소할 것이 아니라, 위 ②와 같이 조사확정재판을 변경하는 판결을 하여야 한다.[168] 한편 서울회생법원은 이의의 소를 제기한 자의 청구가 일부 이유 있는 경우 판결의 주문에서 채권조사확정재판을 변경하면서 새로이 이의채권의 존부 및 내용을 확정하는 취지의 판결만 하고, 나머지 청구를 기각한다는 취지의 기재는 하지 않고 있다.[169]

위 ①과 같이 채권조사확정재판을 인가하는 경우에는 "서울회생법원 2019. ○. ○.자 2019하확○○ 파산채권조사확정재판을 인가한다."라는, 위 ②의 경우의 하나로서 채권조사확정재판에서 결정된 파산채권의 존부 및 내용을 전부 또는

---

167) 법원은 소송요건의 확인을 위하여 당사자에게 채권신고서, 채권조사기일 조서, 파산채권조사결과표, 이의통지서, 채권조사확정재판의 신청서 및 그 접수증명, 채권조사확정재판결정서 및 그 송달증명 등을 제출하도록 명하기도 한다.

168) 심태규, "채권조사확정재판에 대한 이의의 소에 관한 실무상 문제점", 사법논집 제66집, 법원도서관(2018), 433, 434면은 법 제463조 제5항이 채권조사확정재판을 인가하거나 변경하는 것만 규정하고 취소한다는 규정을 두지 않은 취지에 관하여, 채권조사확정재판의 전부 또는 일부가 부당한 경우에는 채권조사확정재판을 취소하기만 하여서는 아니 되고 부당한 부분에 대하여 정당한 내용으로 채권의 존부와 내용을 다시 정하여야 한다는 의미에서 변경한다고 규정한 것으로 이해할 수 있고, 이의의 소의 주문에서 채권조사확정재판을 취소한다고 한 후 정당한 내용의 채권조사확정재판을 기재하면 그것은 결국 채권조사확정재판을 변경한 것이 되므로, 위 규정이 인가 또는 변경한다고 하여 반드시 주문에 취소한다는 표현을 사용할 수 없는 것은 아니나 법문에 충실하려면 가능한 한 변경 주문을 사용하는 것이 바람직하다는 견해를 취한다.

169) 채권조사확정재판에 대한 이의의 소의 주문 기재방식에 관하여는 심태규, "채권조사확정재판에 대한 이의의 소에 관한 실무상 문제점", 사법논집 제66집, 법원도서관(2018), 437-442면.

일부가 존재함을 확정하는 것으로 변경하는 경우에는 "서울회생법원 2019. ○. ○.자 2019하확○○ 파산채권조사확정재판을 아래와 같이 변경한다. ○○의 채무자 주식회사 ○○에 대한 파산채권은 ○○○원임을 확정한다."라는, 위 ②의 경우의 하나로서 채권조사확정재판에서 존재하는 것으로 결정된 파산채권을 존재하지 아니함을 확정하는 것으로 변경하는 경우에는 "서울회생법원 2019. ○. ○.자 2019하확○○ 파산채권조사확정재판을 아래와 같이 변경한다. ○○의 채무자 주식회사 ○○에 대한 파산채권은 존재하지 아니함을 확정한다."라는 형태의 주문으로 판결한다.[170]

앞서 채권조사확정재판에 관하여 본 바와 같이 채권조사확정재판을 변경하여 파산채권의 존재 및 내용을 확정하는 경우, 그 존재를 확정하는 파산채권 중에 우선권 있는 파산채권이나 후순위파산채권이 포함된 때에는 재판 주문에 그 구분을 명확히 표시해 주어야 한다.

4. 이의채권에 관한 소송의 수계

가. 개   요

이의채권에 관하여 파산선고 당시 소송이 계속되어 있는 경우 채권자가 그 권리의 확정을 구하고자 하는 때에는 이의자 전원을 그 소송의 상대방으로 하여 소송을 수계하여야 한다(법제464조). 법이 이의채권의 확정에 관하여 채권조사확정재판이라는 간이·신속한 채권확정절차를 마련하고 있다고 하더라도, 파산선고 당시 이미 이의채권에 관하여 소송이 계속 중인 경우에 채권자로 하여금 새로이 채권조사확정재판의 신청 등을 하도록 하는 것은 비용과 시간의 측면에서 비경제적이고, 종래 소송의 경과를 무시하는 것이 되어 불합리하므로, 이러한 경우에는 채권조사확정재판과 이에 대한 이의의 소를 제기하는 대신에 중단된 소송을 수계하도록 한 것이다. 따라서 이의채권에 관하여 파산선고 당시 소송이 계속되어 있어 이의채권을 보유한 파산채권자가 그 소송을 수계하여야 함에도, 법 제

---

170) 채권조사확정재판에 대한 이의의 소의 심리결과 채권조사확정재판의 신청이 부적법한 경우에는 "서울회생법원 2019. ○. ○.자 2019하확○○ 파산채권조사확정재판을 아래와 같이 변경한다. ○○의 파산채권조사확정재판 신청을 각하한다." 또는 "서울회생법원 2019. ○. ○.자 2019하확○○ 파산채권조사확정재판을 아래와 같이 변경한다. ○○의 파산채권조사확정재판 신청 중 ○○ 부분을 각하한다. ○○의 채무자 주식회사 ○○에 대한 파산채권은 ○○○원임을 확정한다."라는 형태의 주문으로 판결한다.

462조의 규정에 의한 채권조사확정재판의 신청을 한 경우 그 신청은 부적법하다고 본다.[171]

나. 수계의 대상이 되는 소송

당사자가 파산선고를 받은 때에 파산재단에 관한 소송절차는 중단되고 (민사소송법 제239조) 파산채권은 파산절차에 의하지 아니하고는 행사할 수 없다(법 제424조). 따라서 파산채권에 관한 소송이 계속하는 도중에 채무자에 대한 파산선고가 있게 되면 그 소송절차는 중단되는데, 그 소송은 채권자가 법에 따라 채권신고를 하고 채권조사절차에서 그 파산채권에 대한 이의가 진술된 경우에만, 이의채권을 보유한 파산채권자가 이의자 전원을 소송의 상대방으로 한 소송수계신청을 할 수 있는 대상이 된다.[172] 즉, 파산선고 당시 계속 중이던 파산채권에 관한 소송은 파산관재인이 당연히 수계하는 것이 아니라 파산채권자의 채권신고와 그에 대한 채권조사의 결과에 따라 처리되므로, 당사자는 파산채권이 이의채권이 되지 아니한 상태에서 미리 소송수계신청을 할 수 없고, 이와 같은 소송수계신청은 부적법하다.[173][174]

또한 수계의 대상이 되는 소송은 파산채권으로 신고된 실체법상의 청구권을 소송물로 하는 소송이다.[175] 통상 이행소송인 경우가 많을 것이지만, 적극적

---

171) 구 회사정리법상 회사정리절차와 관련하여 이의 있는 정리채권에 관한 소송수계를 하여야 할 경우에 정리채권확정의 별소를 제기한 사안에 관한 것이나 대법원 1991. 12. 24. 선고 91다 22698, 22704 판결.

172) 채권조사절차에서 신고된 파산채권에 대한 이의가 없어 채권이 신고한 내용대로 확정되면 계속 중이던 소송은 부적법하게 된다(대법원 2009. 10. 29. 선고 2009다58234 판결, 대법원 2018. 4. 24. 선고 2017다287587 판결 등). 만일 소송 계속 중 일방 당사자에 대하여 파산선고가 있었는데, 법원이 그 파산선고 사실을 알지 못한 채 파산관재인이나 상대방의 소송수계가 이루어지지 아니한 상태 그대로 소송절차를 진행하여 판결을 선고하였다면, 그 판결은 소송에 관여할 수 있는 적법한 소송수계인이 법률상 소송행위를 할 수 없는 상태에서 심리되어 선고된 것이어서, 마치 대리인에 의하여 적법하게 대리되지 아니하였던 경우와 마찬가지로 위법하다(대법원 2013. 9. 12. 선고 2012다95486, 95493 판결, 대법원 2018. 4. 24. 선고 2017다287587 판결 등). 이러한 경우 법원이 채무자에게 판결정본을 송달하였다고 하더라도, 이는 적법한 수계 전에 행하여진 송달로서 무효이며, 상소기간은 진행되지 아니한다(대법원 2016. 12. 27. 선고 2016다35123 판결).

173) 대법원 2018. 4. 24. 선고 2017다287587 판결.

174) 법 제347조 제1항은 파산재단에 속하는 재산에 관하여 파산선고 당시 법원에 계속되어 있는 소송은 파산관재인 또는 상대방이 이를 수계할 수 있다고 규정하고 있으나, 파산채권에 관한 소송의 수계에 관하여는 이 규정이 적용된다고 볼 수 없다. 회생절차에서는 법 제59조 제2항이 회생채권 또는 회생담보권과 관계 없는 것만 관리인이 수계할 수 있음을 명문으로 규정하고 있다.

175) 채권자가 채무자를 상대방으로 하여 채권의 일부 청구임을 명시한 소가 파산선고 당시 계속되어 있는 경우 또는 파산선고 전 그 일부 청구를 인용하는 종국판결이 선고되어 확정되지 아

확인소송이나 채무자가 제기한 소극적 확인소송도 포함된다. 어느 경우에도 채무자가 원고나 피고로서 당사자로 되어 있어야 한다.[176] 이 경우에도 파산채권에 대한 조사 결과 파산채권자표에 기재된 사항에 한하여 소송을 수계할 수 있으므로(제465조), 파산채권자표에 기재되지 아니한 사항을 주장하는 수계신청이나 그 후의 청구의 변경은 부적법하다.[177]

여기서 소송이 계속되어 있는 경우라 함은 소 제기 당시가 아닌 채무자에게 소장 부본이 송달된 이후를 말하므로, 소 제기 후 소장 부본이 채무자에게 송달되기 전에 채무자에 대한 파산선고가 있는 경우에는 소송이 계속되어 있음을 전제로 한 법 제464조의 규정에 따른 소송수계신청은 부적법하다고 보아야 한다.[178][179]

다만 이의채권에 관한 소송의 변론종결 후에 파산이 선고된 경우에는 소송절차가 중단되었다 하더라도 법원은 수계절차 없이 판결을 선고할 수 있다

니한 경우, 그러한 판결이 확정된 경우에, 채권자가 그 채권의 전부를 파산채권으로 신고하고 채권조사기일에서 명시적 일부 청구된 또는 종국판결에서 인용된 범위를 초과하는 부분에 대하여 이의가 진술되었다면, 이의채권을 보유한 파산채권자와 이의자는 어떠한 채권확정절차를 취하여야 하는가에 관하여는 견해의 대립이 있을 수 있다. 이에 관하여는 심태규, "채권조사확정재판에 대한 이의의 소에 관한 실무상 문제점", 사법논집 제66집, 법원도서관(2018), 444-446면.

176) 條解破産法, 897면.

177) 구 파산법상 파산채권확정의 소에 관한 것이나 대법원 2000. 11. 24. 선고 2000다1327 판결은, 파산채권자는 채권표에 기재한 사항에 관하여서만 채권확정의 소를 제기하거나 파산 당시에 이미 계속되어 있는 소송을 수계할 수 있으므로, 채권조사기일까지 신고하지 않은 채권을 새로이 주장할 수는 없으며, 채권표에 기재된 것보다 다액의 채권액이나 새롭게 우선권을 주장할 수는 없고, 따라서 채권표에 기재되지 않은 권리, 액, 우선권의 유무 등의 확정을 구하는 파산채권확정의 소 또는 채권표에 기재되지 않은 권리에 관하여 소송이 계속되어 있는 경우의 그 수계신청 등은 모두 부적법하다는 취지로 판시하였다.

178) 심태규, "채권조사확정재판에 대한 이의의 소에 관한 실무상 문제점", 사법논집 제66집, 법원도서관(2018), 400, 401면.

179) 이에 대하여 서울중앙지방법원 파산부 실무연구회, "도산절차와 소송 및 집행절차", 박영사(2011), 61면은 소송경제적인 측면이나 분쟁의 유형에 따른 재판의 효율성 등에 비추어 볼 때 이러한 경우에도 법 제464조의 규정이 적용되어 소송절차는 중단되고 수계를 필요로 한다는 견해를 취한다.
한편 대법원 2018. 6. 15. 선고 2017다289828 판결은 "원고와 피고의 대립당사자 구조를 요구하는 민사소송법의 기본원칙상 사망한 사람을 피고로 하여 소를 제기하는 것은 실질적 소송관계가 이루어질 수 없어 부적법하다. 소 제기 당시에는 피고가 생존하였으나 소장 부본이 송달되기 전에 사망한 경우에도 마찬가지이다. 사망한 사람을 원고로 표시하여 소를 제기하는 것 역시 특별한 경우를 제외하고는 적법하지 않다. 파산선고 전에 채권자가 채무자를 상대로 이행청구의 소를 제기하거나 채무자가 채권자를 상대로 채무 부존재 확인의 소를 제기하였더라도, 만약 그 소장 부본이 송달되기 전에 채권자나 채무자에 대하여 파산선고가 이루어졌다면 이러한 법리는 마찬가지로 적용된다. 파산재단에 관한 소송에서 채무자는 당사자적격이 없으므로, 채무자가 원고가 되어 제기한 소는 부적법한 것으로서 각하되어야 하고, 이 경우 파산선고 당시 법원에 소송이 계속되어 있음을 전제로 한 파산관재인의 소송수계신청 역시 적법하지 않으므로 허용되지 않는다."라고 판시하였다.

$\left(\begin{smallmatrix}민사소송법\\제247조\ 제1항\end{smallmatrix}\right)$.[180]

다. 수계절차

1) 당 사 자

이의채권을 보유한 파산채권자는 이의자 전원을 상대방으로 하여 소송을 수계하여야 한다. 이때 공동피고인 이의자 전원은 원칙적으로 고유필수적 공동소송의 관계에 있게 된다. 따라서 이의채권을 보유한 파산채권자가 이의자의 일부만을 상대방으로 한 소송수계신청은 원칙적으로 부적법하다.

한편 민사소송법의 원칙에 따르면 소송절차의 수계신청은 상대방도 할 수 있는데($\begin{smallmatrix}민사소송법\\제241조\end{smallmatrix}$), 이의채권을 보유한 파산채권자가 아닌 이의자가 법 제464조의 규정에 의한 소송수계신청을 할 수 있는지에 관하여는 견해의 대립이 있다.[181] 그러나 이의채권에 관한 소송의 수계는 법 제347조 제1항이 규정한 파산재단에 속하는 재산에 관한 소송수계와는 달리 이의채권의 확정을 위하여 특별히 인정되는 것이므로, 이의자의 소송수계신청은 허용되지 않는다고 보아야 한다. 다만 아래에서 보는 바와 같이 파산절차에서는 소송수계신청의 기간에 제한이 없으므로 그 논의의 실익이 크지 않다.

2) 수계신청의 기간

회생절차에서는 회생절차개시 당시 이의채권에 관하여 소송이 계속하는 경우 그 소송절차를 수계하기 위한 신청은 조사기간의 말일 또는 특별조사기일로부터 1월 이내에 하여야 한다($\begin{smallmatrix}법\ 제172조\ 제2항,\\제170조\ 제2항\end{smallmatrix}$). 그러나 파산절차에 관하여는 회생절차에 관한 법 제172조 제2항과 같이 수계신청의 기간을 제한하는 규정이 존재하지 아니한다. 다만 이의 있는 채권에 관하여는 채권자가 최후배당의 배당제외기간 내에 소송을 수계한 것을 증명하지 아니한 때에는 그 배당으로부터 제외된다고 할 것이므로, 수계신청은 최후배당의 배당제외기간이 끝날 때까지 할 수 있다고 보아야 한다.

3) 수계신청의 방식 및 법원의 조치

수계방식에 관하여는 민사소송법의 규정이 준용된다($\begin{smallmatrix}별\\제33조\end{smallmatrix}$). 소송절차의 수계신청은 소송절차의 중단사유와 수계할 사람의 자격을 소명하는 자료를 붙인 서면으로 하여야 하고($\begin{smallmatrix}민사소송규칙\\제60조\end{smallmatrix}$), 소송절차의 수계신청이 있는 때에는 법원은 상대

---

180) 대법원 2008. 9. 25. 선고 2008다1866 판결.
181) 條解破産法, 901면.

방에게 이를 통지하여야 한다(민사소송법). 법원은 수계신청의 적법 여부를 직권으로 조사하여 이유가 없다고 인정한 때에는 결정으로 기각하여야 하고(제243조 제1항), 수계신청이 이유 있으면 별도의 재판을 할 필요 없이 그대로 소송을 진행하면 된다. 다만 이의채권에 관한 소송의 수계는 이의채권을 보유한 파산채권자만이 그 수계신청을 할 수 있다고 보므로(민사소송법), 법원이 직권에 의한 속행명령을 할 수는 없다고 보아야 한다.

이의채권에 관한 소송을 채권자가 수계한 후 아래에서 보는 바와 같이 청구를 파산채권확정소송으로 변경하였더라도, 법 제463조 제2항과 같은 규정이 없으므로 그 파산채권확정소송은 원칙적으로 파산계속법원의 관할에 속하지 아니한다. 따라서 그 수소법원은 특별한 사정이 없는 한 사건을 파산계속법원으로 이송하여서는 아니 된다.

라. 수계 후의 소송

1) 청구취지의 변경 등

채권조사절차에서 파산채권에 대하여 이의가 있어 채권자가 그 권리의 확정을 구하고자 이의자 전원을 소송의 상대방으로 하여 이의채권에 관하여 파산선고 당시 계속되어 있는 소송을 수계한 경우, 채권자는 청구취지 등을 채권확정소송으로 변경하여야 한다.[182] 계속되어 있는 소송이 채무자가 파산채권자를 상대로 제기한 채무부존재 확인의 청구 등 소극적 확인소송인 경우에, 이의채권을 보유한 파산채권자가 소송을 수계한 후 반소의 제기가 필요한지에 관하여는 견해의 대립이 있으나,[183] 실무에서는 반소를 제기하는 경우가 있다.[184]

---

182) 대법원 2005. 10. 27. 선고 2003다66691 판결, 2018. 4. 24. 선고 2017다287587 판결 등. 회생절차에 관한 것이나 대법원 2015. 7. 9. 선고 2013다69866 판결은 "회생채무자에 대한 회생절차개시결정으로 중단된 소송절차가 수계된 경우에 법원이 종전의 청구취지대로 채무의 이행을 명하는 판결을 할 수는 없고, 만일 회생채권자가 이를 간과하여 청구취지 등을 변경하지 아니한 경우에는 법원은 원고에게 청구취지 등을 변경할 필요가 있다는 점을 지적하여 회생채권의 확정을 구하는 것으로 청구취지 등을 변경할 의사가 있는지를 석명하여야 한다."라고 판시하였다.

183) 條解破産法, 903면.

184) 심태규, "채권조사확정재판에 대한 이의의 소에 관한 실무상 문제점", 사법논집 제66집, 법원도서관(2018), 399, 400면은 채무부존재 확인청구소송에서는 이의채권을 보유한 파산채권자인 피고가 소송수계신청을 하고, 원고의 소송수계인이 되는 이의자가 그 소송의 청구취지를 이의채권의 부존재의 확정을 구하는 것으로 변경하면 된다면서, 비록 이의채권의 부존재를 구하는 형식이지만 결국 존재를 구하는 것과는 동전의 양면과 같은 것이므로 청구취지에 이의채권의 존재 확정이 아니라 부존재 확정을 구하더라도 그 판결은 채권의 존부와 내용을 정하는 판결이라고 보기에 충분하다는 견해(만일 이의자가 청구취지를 변경하지 않는다고 하더라도 그 채권의 부존재 확인을 구하는 것이 원래의 청구취지인 이상 채권의 확정이라는 표현이 없더라도 채

이의채권을 보유한 파산채권자가 원고가 되어 이행의 청구를 하고 있었다면, 채권자는 "원고의 채무자 주식회사 ○○에 대한 파산채권은 ○○○원임을 확정한다."라고 청구취지를 변경하여야 한다. 반소가 필요하다는 견해에 의하는 입장에서는 채무자가 원고가 되어 채권자를 상대로 채무부존재 확인의 청구를 하고 있었다면 채권자가 소송의 수계신청을 한 다음 반소로서 "반소원고의 채무자 주식회사 ○○에 대한 파산채권은 ○○○원임을 확정한다."라는 청구를 하여야 한다. 기존의 이행의 소가 채권확정의 소로 변경되는 경우, 채권확정의 소는 금전채무의 전부 또는 일부의 이행을 구하는 소가 아니어서, 소송촉진 등에 관한 특례법 제3조 제1항 본문은 적용되지 않으므로, 채권자는 위 법률상의 법정이율에 따른 지연손해금의 확정을 구할 수는 없다.[185][186]

2) 소송상태의 승계

수계 후 소송에서 새로운 당사자는 종전 소송상태를 승계하므로 종전 소송수행의 결과를 전제로 하여 소송행위를 하지 않으면 아니 된다. 이는 이의채권을 보유한 파산채권자뿐만 아니라 이의자도 마찬가지이다. 다만 파산관재인이 이의를 진술한 경우에는 종전 소송상태를 승계하지만 부인권은 파산절차개시 후에만 행사 가능한 공격·방어방법이어서 이것을 행사하는 것은 방해받지 아니하고, 부인권 행사 효과의 한도에서는 채무자의 종전 소송수행 결과에 구속되지 아니한다.[187]

권의 부존재 확인만으로 파산채권 확정의 효과는 충분히 발생하므로 굳이 청구취지의 변경이 필요한 경우에 해당된다고 보기 어렵다고도 한다)를 취한다.

185) 회생절차에서 회생채권확정의 소에 관한 것이나 대법원 2013. 1. 16. 선고 2012다32713 판결.

186) 환송 전 원심이 원고의 예비적 청구인 부당이득반환청구를 일부 인용하였고 피고만이 상고하여 환송판결이 피고 패소 부분을 파기환송하였는데, 원고가 원심에서 예비적 청구의 청구원인과 청구금액을 같이하는 파산채권확정의 소로 청구를 교환적으로 변경한 사안에서, 환송 전 원심판결의 예비적 청구 중 일부 인용한 금액을 초과하는 부분은 원고 패소로 확정되었지만, 원심에서 교환적으로 변경된 예비적 청구는 전체가 원심의 심판대상이 되는데, 환송 전 원심판결의 예비적 청구 중 일부 인용한 금액을 초과하는 부분은 원고 패소로 확정되었으므로 이와 실질적으로 동일한 소송물인 파산채권확정청구에 대하여도 다른 판단을 할 수 없다는 이유로, 이와 달리 보아 교환적으로 변경된 예비적 청구 중 환송 전 원심판결에서 인용한 금액을 초과하는 부분을 인용한 원심판결을 파기하고 자판한 사례에 관한 것으로 대법원 2013. 2. 28. 선고 2011다31706 판결.

187) 條解破産法, 903면.

5. 집행력 있는 집행권원이나 종국판결이 있는 파산채권에 대한 이의

가. 개 요

집행력 있는 집행권원이나 종국판결 있는 채권에 관하여 이의가 있는 자는 채무자가 할 수 있는 소송절차에 의하여만 이의를 주장할 수 있고(법 제466조 제1항), 그 파산채권에 관하여 파산선고 당시 법원에 소송이 계속되어 있는 경우 이의자가 이의를 주장하고자 하는 때에는 이의자는 그 파산채권을 보유한 파산채권자를 상대방으로 하는 소송절차를 수계하여야 한다(법 제466조 제2항).

이의채권에 관하여는 원칙적으로 이의채권을 보유한 파산채권자가 채권조사확정재판을 신청하여야 한다. 그러나 집행력 있는 집행권원이 있는 채권은 파산선고가 되지 않으면 즉시 강제집행에 착수할 수 있는 지위에 있고, 종국판결이 있는 채권은 권리의 존재에 관하여 고도의 개연성이 있으므로 권리의 존재가 강하게 추정되어, 그것이 없는 파산채권에 비하여 유리한 지위에 있다. 법은 이런 점을 고려하여 이의채권에 관하여 집행력 있는 집행권원이 있거나 종국판결이 있는 경우에는 이의자는 채무자가 할 수 있는 소송절차에 의하여만 이의를 주장할 수 있는 것으로 규정한 것이다.

다만 파산채권자가 신고한 파산채권에 관하여 집행력 있는 집행권원이나 종국판결이 있다는 취지를 신고하지 아니하거나 그 사본을 제출하지 아니한 경우 법 제466조 제1항의 규정에 의한 출소책임을 이의자에게 지울 수 있는 것인지 문제가 된다. 이는 파산채권자는 파산채권을 신고하면서, 파산채권에 관하여 파산선고 당시 소송이 계속되어 있는 때에는 그 법원·당사자·사건명 및 사건번호를 신고하여야 하고(법 제447조 제3항), 집행력 있는 집행권원 또는 종국판결이 있는 파산채권인 때에는 그 뜻을 함께 신고하고 그 집행력 있는 집행권원 또는 종국판결 사본을 제출하여야 하기 때문이다(규칙 제73조 제1항 제3호, 제2항 제2호). 이에 관하여는 견해의 대립이 있을 수 있으나 채권조사기일까지 집행력 있는 집행권원이나 종국판결이 있는 채권이라는 취지의 신고가 보완되지 아니하고 그 사본이 제출되지 아니하면, 파산절차에서는 그 채권을 집행력 있는 집행권원이나 종국판결이 없는 것으로 취급하여야 할 것이다.[188]

---

188) 심태규, "채권조사확정재판에 대한 이의의 소에 관한 실무상 문제점", 사법논집 제66집, 법원도서관(2018), 407, 408면. 이에 관하여는 엇갈리는 하급심 판결이 존재한다.

나. 집행력 있는 집행권원 및 종국판결

1) 집행력 있는 집행권원

집행권원은 일정한 사법상의 이행청구권의 존재와 범위를 표시하고 그 청구권에 집행력을 인정한 공증의 문서를 말한다. 구체적으로 어떠한 증서가 집행권원이 되는지는 민사집행법과 그 밖의 법률에 정하여져 있다. 주로 재판과 이에 준하는 효력을 가지는 조서가 집행권원이 되나(민사집행법 제24조 이하), 당사자 등의 촉탁에 따라 공증인 등이 작성한 증서인 경우도 있다(민사집행법 제56조 제4호). 집행문이란 집행권원에 집행력 있음과 집행당사자를 공증하기 위하여 법원사무관등(공증인이 작성한 증서의 집행문은 그 증서를 보존하는 공증인)이 공증기관으로서 집행권원의 끝에 덧붙여 적는 공증문언을 말하며(민사집행법 제29조, 제59조 제1항), 집행문이 있는 집행권원의 정본을 집행력 있는 정본이라고 한다(민사집행법 제28조 제1항).[189]

집행력 있는 집행권원이란 집행력 있는 정본과 동일한 효력을 가지고 곧 집행을 할 수 있어야 하고, 집행문이 필요한 경우에는 이미 집행문의 부여를 받은 것이어야 한다. 이와 관련하여 채권자가 파산선고 후 집행문을 부여받을 수 있는지, 파산선고 후 집행문을 부여받은 경우 법 제466조 제1항의 규정에 의한 채권으로 취급되는지에 관하여는 견해의 대립이 있으나,[190] 파산선고 후 신청에 의하여 집행문이 부여되었더라도 채권조사기일까지 집행문의 사본이 제출되면 법 제466조 제1항의 집행력 있는 집행권원에 해당한다고 볼 수 있을 것이다.

2) 종국판결

종국판결은 하나의 심급에서 소송의 전부 또는 일부를 종결시키는 판결을 말한다. 전부판결, 일부판결, 추가판결이 포함되나 중간판결은 종국판결이 아니다.[191] 파산채권으로 신고된 실체법상 청구권의 존재에 관한 것이어야 하는데, 그 소송이 확정되었는지 여부는 불문하며, 이행판결인지 확인판결인지를 불문한다. 채권자의 권리를 고도로 추정하는 것이어야 하기에 일부라도 채권자가 승소한 판결이 전제되지만, 채권자의 이행청구를 인용한 것뿐만 아니라 채권 존재 등의 확인판결이나 채무자의 채무부존재 확인청구를 기각한 판결도 포함된다고 본다.[192]

---

189) 민사집행(I), 202면.
190) 심태규, "채권조사확정재판에 대한 이의의 소에 관한 실무상 문제점", 사법논집 제66집, 법원도서관(2018), 408면.
191) 민사집행(I), 181면.

여기서 문제가 되는 것은 화해, 청구의 포기·인낙조서 또는 조정조서와 같이 확정판결과 같은 효력이 인정되는 조서 등이다(민사소송법). 화해조서 등에 대하여는 집행문이 부여되어야 집행력 있는 집행권원에 해당한다는 견해와 종국판결에 해당한다는 견해가 대립되는데,[193] 실무에서는 화해조서 등의 작성 근거인 당사자의 화해행위로부터 추인할 수 있는 권리 존재의 개연성과 화해조서 등에 인정되는 기판력을 고려하여 이를 종국판결에 준하여 집행문이 부여되지 않아도 된다고 본다.[194]

다. 채무자가 할 수 있는 소송절차

이의자는 파산이 선고되지 아니하였다면 채무자가 할 수 있는 소송절차에 의하여만 이의를 주장할 수 있다. 여기에서 채무자가 할 수 있는 소송절차는 집행력 있는 집행권원 등의 종류에 따라 다르다.

확정판결에 대하여는 재심의 소가 가능하고, 기판력의 표준시 이후 발생한 사정이 있으면 견해의 대립이 있으나 청구이의의 소나 소극적 확인의 소를 제기할 수 있을 것이다. 미확정의 종국판결에 대하여는 파산채권에 관하여 파산선고 당시 법원에 소송이 계속되어 있는 경우에 해당하므로 이의자는 그 파산채권을 보유한 파산채권자를 상대방으로 하는 소송절차를 수계하여야 한다(법 제466조 제2항).[195] 구체적으로 이의자는 소송절차를 수계한 후 상소심에서 속행되는 절차를 수행하

---

192) 條解破産法, 910면.

193) 심태규, "채권조사확정재판에 대한 이의의 소에 관한 실무상 문제점", 사법논집 제66집, 법원도서관(2018), 408면; 條解破産法, 910, 911면.

194) 중재판정 있는 채권이 집행력 있는 집행권원이나 종국판결 있는 채권에 해당하는지에 대하여는 견해의 대립이 있다. 임치용(2), 92, 122, 123면; 김경욱, "중재당사자의 파산이 중재절차에 미치는 영향", 민사소송 제10권 제2호, 한국사법행정학회(2006), 314, 315면. 한편 대법원 2009. 5. 28. 선고 2006다20290 판결은 "외국중재판정의 승인 및 집행에 관한 협약이 적용되는 외국중재판정의 일방 당사자에 대하여 외국중재판정 후에 구 회사정리법에 의한 회사정리절차가 개시되고 채권조사기일에서 그 외국중재판정에 기하여 신고한 정리채권에 대하여 이의가 제기되어 정리채권확정소송이 제기된 경우, 외국중재판정은 확정판결과 동일한 효력이 있어 기판력이 있으므로, 정리채권확정소송의 관할 법원은 위 협약 제5조 소정의 승인 및 집행의 거부사유가 인정되지 않는 한 외국중재판정의 판정주문에 따라 정리채권 및 의결권을 확정하는 판결을 하여야 한다."라고 판시하였지만, 집행판결을 받지 않은 외국중재판정이 집행력 있는 집행권원에 해당하는지 여부에 관하여는 명시적으로 판시하지 아니하였다.

195) 대법원 1999. 7. 23. 선고 99다22267 판결은, 제1심의 종국판결 선고 후에 파산선고가 있은 사안에서, 파산채권에 관하여 파산선고 당시 소송이 계속하는 경우에 파산관재인이 소송을 수계하여 종전 소송을 계속 진행하기 위하여 파산선고 이후 파산채권신고가 있었는지, 그 신고가 있었다면 이에 대한 이의가 있었는지, 그 이의가 있었다면 수계신청이 이의자들에 의하여 적법하게 행하여진 것인지 등을 살펴본 다음 파산관재인의 수계가 적법하게 이루어졌는지 여부를 가려보았어야 한다는 취지로 판시하였다.

거나 상소를 제기하여야 한다. 집행문이 부여된 집행증서에 대하여는 견해의 대립이 있으나 청구이의의 소나 소극적 확인의 소가 가능하다. 실무상으로는 청구이의의 소를 제기하는 경우가 많으나 소극적 확인의 소가 적절하다는 견해가 유력하다.[196] 집행문 부여에 대한 불복절차로서 이의를 주장할 수 있는지에 관하여도 견해의 대립이 있다.

한편 파산관재인이 이의를 진술한 경우 집행권원이나 종국판결과 관련하여 부인할 수 있는 행위가 있는 때에는 부인의 소를 제기하거나 수계한 소송절차에서 부인의 항변을 할 수 있다.[197]

라. 소송수계

집행력 있는 집행권원이나 종국판결이 있는 파산채권에 관하여 파산선고 당시 법원에 소송이 계속되어 있는 경우 이의자가 이의를 주장하고자 하는 때에는, 이의자는 그 파산채권을 보유한 파산채권자를 상대방으로 하는 소송절차를 수계하여야 한다(법 제466조 제2항). 법 제464조의 규정에 의한 채권자의 소송수계신청과는 달리, 집행력 있는 집행권원이나 종국판결이 있는 파산채권에 관하여는 소송수계신청을 할 책임이 전환되어 이의자가 소송수계신청을 하도록 하고 있으나, 채권자가 유리한 입장을 포기하는 것은 자유이기 때문에 이의채권을 보유한 파산채권자도 소송수계신청을 할 수 있다고 본다.[198] 채권자가 채무자를 상대로 제기한 이행청구를 일부 인용하는 제1심판결이 선고된 후 채권자와 채무자가 모두 항소하여 항소심 소송계속 중에 채무자에 대하여 파산이 선고된 경우에는, 원칙적으로 청구기각 부분에 관하여는 법 제464조의 규정에 따라 채권자가 소송수계신청을 하여야 하고, 청구인용 부분에 관하여는 법 제466조 제2항의 규정에 따라 이의자가 소송수계신청을 하여야 할 것이다.

---

196) 대법원 2013. 5. 9. 선고 2012다108863 판결은 "청구이의의 소는 집행권원이 가지는 집행력의 배제를 목적으로 하는 것으로서 그 판결이 확정되더라도 당해 집행권원의 원인이 된 실체법상 권리관계에 기판력이 미치지 않는다. 따라서 채무자가 채권자에 대하여 채무부담행위를 하고 그에 관하여 강제집행승낙문구가 기재된 공정증서를 작성하여 준 후, 그 공정증서에 대한 청구이의의 소를 제기하지 않고 그 공정증서의 작성원인이 된 채무에 관하여 채무부존재확인의 소를 제기한 경우, 그 목적이 오로지 공정증서의 집행력 배제에 있는 것이 아닌 이상 청구이의의 소를 제기할 수 있다는 사정만으로 채무부존재확인소송이 확인의 이익이 없어 부적법하다고 할 것은 아니다."라고 판시하였다; 심태규, "채권조사확정재판에 대한 이의의 소에 관한 실무상 문제점", 사법논집 제66집, 법원도서관(2018), 391면.
197) 條解破産法, 913면.
198) 條解破産法, 914면.

다만 파산채권에 관한 소송이 상고심에 이르러 상고이유서 제출기간이 지나거나 상고이유서를 제출한 후에 채무자에 대하여 파산선고가 있은 경우와 관련하여, 판례는 상고이유서 제출기간이 지난 후에 채무자에 대하여 파산선고가 있었더라도 상고심의 소송절차가 상고이유서 제출기간이 지난 단계에 이르러 변론 없이 판결을 선고할 때에는 채무자의 파산관재인으로 하여금 소송절차를 수계하도록 할 필요가 없다고 하면서, 이의채권을 보유한 파산채권자나 파산관재인의 소송절차수계신청을 모두 받아들이지 않고, 그 신청을 기각하고 있다.[199]

마. 변론의 병합 등

집행력 있는 집행권원이나 종국판결이 있는 채권에 관하여 여러 개의 소가 계속되게 되면, 합일확정의 필요가 있으므로 법원은 변론을 병합하여야 한다(법 제466조 제3항, 제463조 제4항). 파산채권자는 법 제459조 제1항의 규정에 의하여 파산채권자표에 기재한 사항에 한하여, 법 제466조 제1항에 따른 채무자가 할 수 있는 소송절차에서 이의를 주장할 수 있고, 같은 조 제2항에 따른 소송을 수계할 수 있다(법 제466조 제3항, 제465조).

6. 파산채권확정소송의 목적의 가액 결정

가. 결정의 주체

파산채권의 확정에 관한 소송의 목적의 가액은 배당예정액을 표준으로 하여 파산계속법원이 이를 정한다(법 제470조)([기재례 72]).[200] 여기서 말하는 파산계속법원이란 채권조사확정재판에 대한 이의의 소의 관할법원과 마찬가지로 파산사건이 계속 중인 재판부를 포함하는 조직법상의 법원을 의미한다.[201]

---

199) 대법원 2007. 9. 21. 선고 2005다22398 판결, 대법원 2015. 7. 23. 선고 2013다57092 판결 등. 이에 대하여 임치용(3), 76, 77면은 채무자가 상고심 계속 중 파산선고를 받는 경우에도 하급심에서 파산선고가 된 것과 같이 일단 소송을 중단시켜 채권조사절차를 거치도록 하여 사건의 속행 여부를 결정하여야 한다는 견해를 취한다.

200) 실무에서는 소송목적의 가액 결정을 '소가결정'이라고 한다.

201) 구 파산법 제225조는 채권의 확정에 관한 소송목적의 가액을 수소법원이 정하도록 규정하고 있었으나, 현행법 제470조는 소송목적의 가액을 파산계속법원이 정하도록 규정하였다. 따라서 파산채권의 확정에 관한 소송이 고등법원 등 상소심에 계속 중인 때에 소송목적의 가액 결정은 그 소송의 수소법원이 할 수 없고 파산사건이 계속 중인 회생법원이 하여야 한다.

나. 파산채권의 확정에 관한 소송

소송목적의 가액 결정의 대상이 되는 '파산채권의 확정에 관한 소송'에는 법 제463조의 채권조사확정재판에 대한 이의의 소나 법 제464조에 의하여 이의 채권에 관하여 채권자가 수계한 소송뿐만[202] 아니라 법 제466조 제1항 또는 제2항에 의하여 집행력 있는 집행권원이나 종국판결 있는 채권에 관하여 이의자가 제기하거나 수계한 소송도 포함된다.[203] 종래 실무상 파산채권자표 기재 무효확인의 소, 파산채권의 확정과 관련한 부인의 소[204] 등도 파산채권의 확정에 관한 소송으로 보아 소송목적의 가액 결정을 한 바 있다.[205]

다. 결정의 절차

실무상 소송목적의 가액 결정은 파산채권의 확정에 관한 소송의 당사자 신청에[206] 따라 당해 파산사건을 담당한 재판부가 하는 것이 일반적이다. 다만 서

---

202) 당해 심급이 종결된 후 상소장에 첨부할 인지액 산출을 위하여 소송목적의 가액 결정이 필요할 수 있다.

203) 대법원 2014. 4. 18.자 2014마95 결정. 이 결정은, 채무자가 채권자에게 약속어음을 발행하면서 강제집행 인낙의 취지가 기재된 공정증서를 작성하여 준 후 채권자를 상대로 위 공정증서에 기한 강제집행의 불허를 구하는 청구이의의 소를 제기한 뒤 파산선고를 받았는데, 다른 파산채권자가 채무자가 제기하였던 청구이의의 소를 수계하지 아니하고 법 제466조 제1항에 따라 파산채권자로서 직접 또는 채권자로서 채권자대위권을 행사하여 청구이의의 소를 제기한다고 주장하면서 새로이 위 공정증서에 기한 강제집행의 불허를 구하는 청구이의의 소를 제기하였으나, 새로이 제기한 청구이의의 소에서는 종전 청구이의의 소를 수계하지 않고 새로이 소를 제기하는 것은 부적법하다는 이유로 소 각하 판결이 선고되었고 그 판결이 확정된 사안과 관련하여, 새로이 제기된 청구이의의 소는 법 제466조 제1항에 따라 집행권원 있는 채권에 관하여 이의를 주장하는 방법으로서 제기한 소송으로서 법 제470조가 정한 파산채권의 확정에 관한 소송에 해당한다고 할 것이고, 종전 소송을 수계하지 않고 새로이 청구이의의 소를 제기하는 것이 부적법하다고 하여 이와 달리 볼 수는 없다는 취지로 판시하였다.

204) 다만 부인권의 행사로 채무자에게 재산이 회복되는 경우와 같이 부인의 소가 파산채권의 확정에 관한 소송과 관련이 없는 경우에는 일반적 소송목적의 가액 산정방법을 따르는 것이 타당하다.

205) 법 제462조의 규정에 의한 채권조사확정재판의 경우 소송목적의 가액 결정의 대상이 되는지에 관하여 견해의 대립이 있으나, 법 제467조 내지 제470조가 '파산채권의 확정에 관한 소송'과 '채권조사확정재판'을 명확히 구분하여 규정하고 있는 점을 고려할 때 법 제470조의 '파산채권의 확정에 관한 소송'에는 채권조사확정재판이 포함되지 아니하므로 채권조사확정재판은 소송목적의 가액 결정의 대상이 아니라고 보아야 한다. 한편 파산관재인이 채권조사결과에 따른 채권확정과 관련하여 파산채권자를 상대로 제기한 부인의 소, 청구이의의 소나 채무부존재 확인의 소가 아니라, 채권조사와는 무관하게 파산채권자를 상대로 제기한 부인의 소, 청구이의의 소나 채무부존재 확인의 소(신고하지 아니한 파산채권자를 상대로 제기하거나 채무자가 파산선고 전 제기한 소송을 수계하는 경우가 있다)가 소송목적의 가액 결정의 대상이 되는지에 관하여는 견해의 대립이 있다.

206) 법 제470조의 문언에 비추어 보면, 이 신청은 직권발동을 촉구하는 의미의 신청에 해당할 것

울회생법원은 파산채권의 확정에 관한 소송이 서울회생법원에 제기되거나 이송되어 서울회생법원이 수소법원이 된 경우, 당해 파산채권의 확정에 관한 소송사건을 담당한 재판부가 수소법원이자 파산계속법원에도 해당하므로 직권으로 소송목적의 가액 결정을 하고 있다([기재례 73]).

소송목적의 가액 결정을 신청할 수 있는 시기에는 특별한 제한이 없다. 실무상 원고가 인지를 붙이지 아니하거나 소액의 인지를 붙여 소를 제기한 후, 파산계속법원에 당해 소송의 사건번호를 명시하여 소송목적의 가액 결정을 신청하고[207] 소송목적의 가액 결정을 받아 미납하거나 부족한 인지를 보정하는 것이 보통이다.[208] 대부분의 경우 소 제기 직후에 신청되지만, 제1심 종국판결이 선고된 후에 신청하는 경우도 있고, 판결이 확정되어 소송이 종결된 후에 소송비용의 확정을 위해 신청을 하는 경우도 있다.[209] 그러나 어느 경우라도 뒤에서 보는 바와 같이 '배당예정액을 표준으로 하여' 소송목적의 가액을 결정하면 된다.

라. 결정의 기준

파산채권의 확정에 관한 소송의 목적의 가액은 배당예정액을 표준으로 하여 정한다. 배당예정액은 제1회 채권자집회에서의 파산관재인 보고서에 기재된 예상배당률을, 예상배당률이 기재되어 있지 않으면 위 보고서에 기재된 환가 가능한 재산 총액을 시인된 채권액으로 나누어 계산한 비율을 참조하여 결정한다.[210] 위 보고서가 작성된 때로부터 상당한 기간이 지나거나 소송목적의 가액 결정의 신청이 있을 때까지 환가 현황이나 파산채권 총액에 상당한 변동이 있을 경우에는 소송목적의 가액을 결정하기에 앞서 파산관재인으로 하여금 배당예정

이다.

207) 파산채권의 확정에 관한 소송의 당사자가 파산계속법원에 소송목적의 가액 결정을 신청할 때에는 해당 소송의 소장, 청구취지 및 청구원인 변경신청서, 판결문 등 해당 소송의 심판대상인 이의채권의 범위를 확인할 자료를 제출하여야 할 것이다.

208) 원고가 소장에 법률의 규정에 따른 인지를 붙이지 아니한 경우 재판장은 상당한 기간을 정하고 그 기간 이내에 흠을 보정하도록 명하여야 하며, 원고가 그 기간 이내에 흠을 보정하지 아니한 때에는 재판장은 명령으로 소장을 각하하여야 하나(민사소송법 제254조 제1항, 제2항), 파산채권의 확정에 관한 소송의 그 소송목적의 가액은 파산계속법원이 정하므로, 수소법원 재판장은 파산계속법원의 소송목적의 가액 결정이 없는 상태에서 인지의 보정을 하지 아니하였다고 하여 그 소장을 각하하는 명령을 할 수 없다.

209) 대법원 2014. 4. 18.자 2014마95 결정.

210) 이시폐지가 예상되어 예상배당액을 산정하기 어려운 경우에는 예상배당률을 최소한으로 하여 산정하는 수밖에 없다. 실무상 사건이 지연되는 것을 막고, 해당 사물관할 재판부에 소송을 제기한 당사자의 의사를 고려하여, 해당 파산채권의 확정에 관한 소송이 제기된 사물관할을 기준으로 소가를 결정하는 경우도 있다.

액의 산정에 관하여 보고하도록 한 후 결정을 하기도 한다. 한편 소송목적의 가액 결정을 구하는 파산채권에 별제권이 있더라도 파산채권의 확정에 관한 소송의 심판대상은 파산채권 그 자체이므로 별제권의 유무를 고려하지 않고 피담보채권 전체를 기준으로 소송목적의 가액을 결정한다.

마. 불복방법

소송목적의 가액 결정에 대하여는 법에 즉시항고를 할 수 있다는 별도의 규정이 없으므로 불복할 수 없다(법제13조). 민사소송법상의 특별항고는 가능하다.

바. 재도의 소송목적의 가액 결정

이미 파산계속법원이 소송목적의 가액 결정을 하였는데, 파산채권의 확정에 관한 소송의 패소자가 상소하면서 종전에 결정된 소송목적의 가액을 감액 받을 의도로 재도의 소송목적의 가액 결정의 신청을 하는 경우가 종종 있다. 그러나 소송목적의 가액은 한번 결정된 이상 각 심급마다 소송목적의 가액 결정을 따로 할 근거가 없을 뿐 아니라, 소송목적의 가액 결정에 대해서는 통상적인 방법의 불복도 허용되지 않으므로 재도의 소송목적의 가액 결정의 신청은 허용되지 않는다. 따라서 당사자가 일부 승소의 원심판결에 대하여 항소한 경우도 일단 제1심에서 소가가 결정된 이상 다시 소송목적의 가액 결정의 신청을 할 수 없다고 본다.[211] 또한 파산채권의 확정에 관한 소송이 계속되는 중에 배당예정액이 변동되었다고 하더라도 재도의 소송목적의 가액 결정은 허용되지 않는다고 할 것이다.

다만 청구취지가 변경(확장)된 경우에는 변경된 청구에 관하여 소송목적의 가액이 결정된 적이 없는 이상 파산계속법원이 다시 그 소송목적의 가액을 결정하여야 할 것이다.

---

211) 서울지방법원 2003. 12. 17.자 2001회3 결정은 정리채권확정소송의 소가결정신청인이 일부 승소의 원심판결에 대하여 항소하면서 한 소가결정신청을 위와 같은 이유로 각하하였다. 이 경우 항소심은 제1심 단계에서 결정된 소송목적의 가액을 기준으로 항소된 부분의 비율에 상응하는 소송목적의 가액을 계산하여 항소심의 소송목적의 가액을 산정할 수 있을 것이다.

7. 파산채권의 확정에 관한 소송결과의 기재 등

가. 소송결과의 기재

법원사무관등은 파산관재인 또는 파산채권자의 신청에 의하여 파산채권의 확정에 관한 소송의 결과(채권조사확정재판에 대한 이의의 소가 법 제463조 제1항의 규정에 의한 기간 안에 제기되지 아니하거나 각하된 때에는 그 재판의 내용을 말한다)를 파산채권자표에 기재하여야 한다(_{제467조}). 여기서 말하는 소송의 결과란 종국판결만을 의미하는 것이 아니고 그 소송의 확정적 결론, 즉 판결의 확정·청구의 포기·인낙·화해·조정 등을 의미한다. 이때 그 신청을 하는 자는 재판서의 등본과 재판의 확정에 관한 증명서를 제출하여야 한다(^{규칙 제77조,}_{제67조}).

나. 파산채권의 확정에 관한 소송의 판결 등의 효력

파산채권의 확정에 관한 소송에 대한 판결은 파산채권자 전원에 대하여 그 효력이 있다(^{법 제468조}_{제1항}). 여기서 '파산채권의 확정에 관한 소송'에는 법 제463조의 채권조사확정재판에 대한 이의의 소나 법 제464조에 의하여 이의채권에 관하여 채권자가 수계한 소송뿐만 아니라 법 제466조 제1항 또는 제2항에 의하여 집행력 있는 집행권원이나 종국판결 있는 채권에 관하여 이의자가 제기하거나 수계한 소송도 포함된다.[212] 또한 채권조사확정재판에 대한 이의의 소가 법 제463조 제1항의 규정에 의한 기간 안에 제기되지 아니하거나 각하된 때에는[213] 그 재판은 파산채권자 전원에 대하여 확정판결과 동일한 효력이 있다(^{법 제468조}_{제2항}).

원래 판결의 효력은 당해 소송의 당사자 사이에서만 미치지만, 파산절차와 같은 집단적 채무처리절차에서는 채권조사의 대상이 된 파산채권을 모든 이해관계인에 대하여 일률적으로 정할 필요가 있고, 채권조사기일에서 이의를 진술하지 아니한 파산채권자는 다른 파산채권의 확정에 관한 소송의 결과에 의하여 불이익을 받았다고 볼 수 없어 판결의 효력을 확장한 것인바,[214] 채권조사기일에 출석하지 아니한 파산채권자나 파산채권이 확정된 후에 채권신고를 한 파산채권자, 채권신고를 하지 않은 파산채권자도 이에 구속된다.

---

212) 대법원 2012. 6. 28. 선고 2011다63758 판결.
213) 채권조사확정재판에 대한 이의의 소가 취하된 때에도 동일하게 보아야 할 것이다.
214) 條解破産法, 920면.

다. 소송비용의 상환 등

파산관재인이 이의를 진술하였으나 파산채권의 확정에 관한 소송에서 패소하여 소송비용부담재판 및 소송비용액확정결정 등에 따라 이의채권을 보유한 파산채권에 대하여 소송비용상환의무를 부담하게 된 경우에는 상대방의 소송비용상환청구권은 재단채권으로서(법 제473조 제4호) 파산재단에서 지출되고, 이의자가 파산채권자인 경우에는 파산채권자 자신이 부담하게 되며 파산재단에 그 비용의 상환을 청구할 수 없다.

한편 파산채권자가 이의를 진술하여 승소한 경우, 파산재단이 파산채권의 확정에 관한 소송(채권조사확정재판을 포함한다)으로 이익을 받은 때에는 이의를 주장한 파산채권자는 그 이익의 한도 안에서 재단채권자로서 소송비용의 상환을 청구할 수 있다(법 제469조).[215] 여기서 '이익의 한도'라 함은 이의채권의 우선권이 배척되어 일반파산채권으로 배당하게 된 경우에는 우선권 있는 파산채권으로서 우선변제를 받을 수 있었던 배당액과 일반파산채권으로서 배당받게 될 배당액의 차액, 이의채권 자체가 배척된 경우에는 그에 대한 예상배당액을 말한다.

채권조사기일에서 이의를 진술하지 아니한 파산채권자가 파산채권의 확정에 관한 소송에서 이의를 진술한 파산관재인이나 다른 파산채권자 측에 보조참가를 하는 것을 허용한다고 하더라도, 보조참가인의 소송비용에 관하여는 법 제469조가 적용되지 아니한다.[216]

---

215) 다른 파산채권에 이의를 제기하여 파산채권의 확정에 관한 소송에서 승소한 파산채권자는 패소한 이의채권을 보유한 파산채권자에 대하여 소송비용부담재판 및 소송비용액확정결정 등에 따른 소송비용상환청구권을 행사할 수 있고, 이는 파산재단에 대하여 재단채권이 되는 소송비용상환청구권과 병존하게 된다. 그러나 현실적으로 승소한 파산채권자는 패소한 이의채권을 보유한 파산채권자로부터 변제받지 못한 범위 내에서 재단채권의 변제를 받게 될 것이다.

216) 條解破産法, 924면.

제 9 장

•
•
•

재단채권

제 1 절 재단채권의 의의

재단채권은 파산재단 전체로부터 파산절차에 의하지 아니하고 수시로, 파산채권보다 먼저 변제받을 수 있는 재산상의 청구권을 의미한다(법 제475조, 476조). 재단채권의 본래적 의미는 파산선고 후에 파산채권자 공동의 이익을 위해 파산절차의 수행으로 인하여 생기는 채권을 말하는 것이므로,[1] 법이 재단채권으로 정한 것은 주로 파산재단의 관리·처분·배당 등의 파산절차로 인한 비용 등 파산선고 후에 파산재단에 관하여 생긴 청구권이다. 그러나 조세채권, 임금채권 등과 같이 정책적인 목적 때문에 파산선고 전이나 후에 생긴 것인지를 불문하고 재단채권이 되는 것도 있다.

재단채권은 파산재단 전체로부터 변제받을 수 있는 청구권이라는 점에서 파산채권과 같지만, 파산절차에 의하지 아니하고(즉, 채권신고·조사·확정과 배당이라는 절차를 거치지 않는다) 수시로 파산채권보다 먼저 변제받을 수 있다는 점이 파산채권과 다르다. 따라서 재단채권자는 직접 파산관재인에게 재단채권의 이행을 청구할 수 있고, 파산관재인이 이에 응하지 않을 때는 파산관재인을 상대로 소송을 제기할 수도 있지만, 파산재단에 속하는 재산에 대하여 강제집행을 할 수는 없다.[2] 그리고 재단채권은 파산재단으로부터 파산채권보다 먼저 변제받는다는 점에서 별제권과 비슷하나, 별제권이 파산재단에 속하는 특정 재산으로부터 우선하여 변제받는 것임에 비하여, 재단채권은 파산재단 전체로부터 우선변제를 받는다는 점이 다르다. 또한 재단채권은 파산재단에 속하지 아니하는 재산을 목적으로 하는 환취권과도 다르다.

---

1) 최승록, "파산채권과 재단채권", 재판자료 제82집, 331면.
2) 법에 강제집행을 허용하는 특별한 규정이 있다거나 법의 해석상 강제집행을 허용하여야 할 특별한 사정이 있다고 인정되지 아니하는 한 파산재단에 속하는 재산에 대한 별도의 강제집행은 허용되지 않고, 이는 재단채권에 기한 강제집행에 있어서도 마찬가지이며, 재단채권에 기하여 파산선고 전에 강제집행이 이루어진 경우에도 그 강제집행은 파산선고로 인하여 효력을 잃는다고 보아야 한다. 대법원 2007. 7. 12.자 2006마1277 결정, 대법원 2008. 6. 27.자 2006마260 결정.

제 2 절 재단채권의 종류

1. 개   요

재단채권은 법에 명시적인 규정이 있는 경우에만 인정되고, 그 종류는 법에 규정되어 있다. 재단채권은 일반적으로 법 제473조 각 호에 열거된 일반재단채권과 그 밖의 특별규정에 따른 특별재단채권으로 구분하는데, 일반재단채권은 그 내용에 따라, ① 파산절차를 수행하는 데 필요한 비용과 청구권(법 제473조 제1호, 제3호, 제4호, 제7호의 비용과 청구권),[3] ② 파산재단이 이익을 얻지만 이로 인해 상대방은 손실을 부담하게 되는 상황에서 형평을 기하기 위하여 인정되는 청구권(법 제473조 제5호, 제6호, 제8호의 청구권), ③ 사회 정책적 고려에서 인정되는 청구권(법 제473조 제2호, 제9호 내지 제11호의 청구권)으로 분류하기도 한다.[4] 이 구분에 따라 그 변제의 우선순위가 달라지는 것은 아니고, 변제의 우선순위는 법 제477조에서 따로 정하고 있다.

다만 법은 특별재단채권은 물론이고 일반재단채권에 대하여도 그것이 재단채권이 되기 위한 일반적인 요건은 규정하고 있지 않은데, 이는 파산채권과 다르다. 오히려 개개의 채권마다 공평의 이념이나 정책적 이유에서 그 밖의 권리와 특별히 다른 취급을 하고 있는데, 이는 시대에 따라 반드시 보편적인 것은 아니고, 변화하는 경제·사회상황에 좌우되는 면이 있다.[5]

2. 일반재단채권

가. 파산채권자의 공동의 이익을 위한 재판상의 비용에 대한 청구권(법 제473조 제1호)

파산신청에서 파산절차의 종료에 이르기까지의 재판상의 비용으로, 파산절

---

3) 뒤에서 보는 바와 같이 법 제473조 제7호의 청구권은 형평을 기하기 위하여 인정되는 것이라고 보는 견해도 있다.
4) 오수근·정문경, "도산절차에서 우선순위 -우선순위의 의미에 대한 새로운 해석-", 이화여자대학교 법학논집 제13권 제2호, 이화여자대학교 법학연구소(2009), 101-103면.
5) 전병서, 214면.

차 수행에 있어 불가결한 비용이다. 구체적으로는 파산신청에 관한 비용,[6] 각종 결정 등의 공고비용, 채권자집회 소집비용 등이다. 채권자가 파산신청을 한 경우 채권자가 예납한 파산절차의 비용도(법 제303조) 여기에 포함되는 것으로 보아 예납을 한 채권자가 재단채권자가 된다. 그러나 채권조사의 특별기일 소집비용, 각 채권자의 파산절차참가비용은(법 제446조 제3호) 공동의 이익을 위한 것이라고 할 수 없으므로 이에 해당하지 않는다. 파산선고 전의 보전처분에 관한 비용은 재단채권에 해당하나, 채권자가 파산선고 전에 파산재단에 속하는 재산에 대하여 강제집행을 하거나 가압류 또는 가처분을 한 경우의 집행비용은 파산관재인이 강제집행절차를 속행하는 때의 비용을(법 제348조 제2항) 제외하고는 파산채권에 불과하다.

나. 국세징수법 또는 지방세징수법에 의하여 징수할 수 있는 청구권 등 (법 제473조 제2호)

국세징수법 또는 지방세징수법에 의하여 징수할 수 있는 청구권(국세징수의 예에 의하여 징수할 수 있는 청구권으로서 그 징수우선순위가 일반 파산채권보다 우선하는 것을 포함하며, 법 제446조의 규정에 의한 후순위파산채권을 제외한다)은 재단채권으로 한다. 다만, 파산선고 후의 원인으로 인한 청구권은 파산재단에 관하여 생긴 것에 한한다.

파산선고 전의 원인으로 인한 국세, 지방세와 같은 조세채권이나 국세징수의 예에 의하여 징수할 수 있는 청구권은 본래 파산채권이어야 할 것이나, 파산선고 전의 원인으로 인한 것을 포함하여 모두 재단채권으로 하는 것은 국가나 지방자치단체, 공공단체의 예산에 직결된 세입·수입을 확보한다는 특별한 정책적 고려에 따른 것이라고 설명된다. 이에 대하여 파산선고 전의 원인으로 인한 조세채권 등을 일률적으로 재단채권으로 취급할 근거 내지는 이유가 없으므로, 재단채권으로 하는 조세채권 등의 범위에 있어서 예를 들어 시기적 제한을 두는

---

6) 채권자가 변호사를 선임하여 파산신청을 한 경우 그에 따른 변호사 보수가 위 규정의 재단채권에 해당하는지 논란이 있다. 대법원 1967. 3. 27.자 66마612 결정은 회사정리절차 개시신청의 위임업무 처리에 관한 변호사의 약정보수금청구권은 구 회사정리법 제208조 제1호 소정의 재판상 비용에 해당하지 않는다고 판시한 바 있다. 그러나 채권자가 파산신청을 한 경우 그에 따른 변호사 보수는 이해관계인 모두의 이익을 위하여 지출된 비용이므로 대법원규칙에 의하여 소송비용으로 인정되는 금액 범위 안에서는 법 제473조 제1호의 재단채권에 해당한다고 보는 견해가 있다. 그에 따라 파산신청을 '소송목적의 값을 계산할 수 없는 것' 또는 '비재산권을 목적으로 하는 소송'으로 보아 「민사소송 등 인지규칙」 제18조의2에 따르되, 개인인 채무자에 대한 파산사건과는 달리 개인이 아닌 채무자에 대한 파산사건은 회사 등 관계소송과 유사하므로 소가를 5,000만 100원으로 산정하여 파산신청비용에 산입될 변호사보수를 310만 원으로 계산하고 이를 재단채권으로 변제한 사례가 있다[서울회생법원 2012하합117 사건(전국교수공제회)].

것을 입법론적으로 검토하여야 한다는 등의 비판이 많다.[7]

재단채권에 해당하는 조세채권 등의 범위에 관하여는 후술한다(이에 관하여는 제9장 제2절 3. 참조).

다. 파산재단의 관리·환가 및 배당에 관한 비용(법 제473조 제3호)

파산관재인이 미리 받을 비용이나 파산관재인 등의 보수 및 특별보상금(법 제30조), 감사위원의 보수(법 제30조 제1항), 채권자협의회의 활동에 필요한 비용(법 제21조 제3항), 파산재단의 관리 또는 환가에 공적이 있는 자에 대하여 상환할 비용 또는 보상금(법 제31조), 파산관재인의 재산목록·재무상태표 작성비용(법 제483조 제1항), 파산관재인의 관재업무 수행에 필요한 사무용품 비용, 우편비용, 보조인의 급여, 파산재단 사무실 및 사무기기 임대료, 파산재단에 속하는 재산의 관리비, 임차한 창고의 사용료, 파산재단에 속하는 재산에 관한 매각수수료, 파산재단에 속하는 채권 회수를 위한 소송비용, 부인권 행사에 관한 소송비용, 배당공고(법 제509조), 배당률 또는 배당액 통지비용(법 제515조 제1항, 제522조, 제531조 제2항) 등 파산관재인의 관재업무 수행에 필요한 비용, 파산재단에 속하는 재산의 관리·환가에 관한 비용, 배당에 관한 비용이다. 파산절차의 수행에 있어서 불가결한 비용 중 법 제473조 제1호에 해당하지 않는 것은 전부 여기에 해당한다(파산관재인에 대한 비용의 지급 및 파산관재인의 보수에 관한 자세한 내용은 제12장 제5절 참조).

라. 파산재단에 관하여 파산관재인이 한 행위로 인하여 생긴 청구권(법 제473조 제4호)

파산재단에 관하여 파산관재인이 한 행위에는 파산관재인이 직무를 행하는 과정에서 한 법률행위뿐만 아니라 직무와 관련하여 행한 불법행위가 포함되고, 나아가 파산관재인이 직무와 관련하여 부담하는 채무의 불이행도 포함된다. 파산재단에 관하여 파산관재인이 한 행위로 인하여 생긴 청구권을 재단채권으로 하는 취지는, 파산관재인이 파산재단의 관리처분권에 기초하여 그 직무를 행하면서 생긴 상대방의 청구권을 수시로 변제하도록 하여 이해관계인을 보호함으로써 공정하고 원활하게 파산절차를 진행하기 위한 것이다.[8] 파산관재인은 파산채

---

7) 전병서, 215, 216면. 이의영, "도산절차에서 조세채권의 지위(하)", 법조 제634호, 법조협회(2009), 194-199면은 파산절차에서 조세채권은 파산선고 후의 원인으로 인한 것으로서 성질상 재단비용에 해당하는 것만을 재단채권으로 하고, 파산선고 전의 원인으로 인한 것은 원칙적으로 모두 우선권 있는 파산채권으로 하는 것이 옳다는 견해를 취한다.

권자 전체의 이익을 위해 활동하는 것이므로, 파산관재인의 행위로 인하여 생긴 청구권인 이상 파산관재인의 법률행위가 결과적으로 파산재단에 불이익하거나 파산관재인의 불법행위로 생긴 상대방의 청구권이라도 파산재단의 부담으로 하는 것이 공평하다.[9]

파산관재인이 직무를 행하면서 체결한 소비대차, 임대차, 고용, 위임, 도급, 화해 등의 계약에 의하여 상대방이 취득한 청구권뿐만 아니라 파산관재인의 불법행위로 인하여 상대방이 취득한 손해배상청구권, 파산관재인이 쌍방미이행 쌍무계약의 이행을 선택하고도 채무자의 채무를 이행하지 아니하여 상대방이 채무불이행을 이유로 계약을 해제 또는 해지하는 경우 상대방의 원상회복청구권,[10] 파산관재인이 신고된 파산채권에 대하여 이의를 진술하였으나 파산채권의 확정에 관한 소송에서 패소한 경우 위 신고한 파산채권자의 소송비용상환청구권, 파산관재인이 파산절차에서 제기한 소송으로 인하여 그 상대방이 가지게 된 소송비용상환청구권,[11] 파산관재인이 파산선고 후에 재단채권인 근로자의 임금 등을 수시로 변제할 의무의 이행을 지체하여 생긴 근로자의 손해배상청구권[12] 등이 이에 해당한다. 파산관재인의 불법행위에는 부작위에 의한 것도 포함된다[임금 등의 지연손해금에 관한 자세한 내용은 제9장 제2절 2. 차. 5) 참조].

마. 사무관리 또는 부당이득으로 인하여 파산선고 후 파산재단에 대하여 생긴 청구권(법 제473조 제5호)

파산선고 후에 파산재단에 속하는 재산에 관하여 사무관리를 한 자의 비용상환청구권이나(민법제739조) 파산재단이 법률상 원인 없이 이득을 얻은 경우에 손해를 입은 자의 부당이득반환청구권이(민법제741조) 여기에 해당한다.[13] 이는 환취권이나 별제권과 관련하여 문제되는 경우가 많은데, 환취권의 대상인 주식의 명의가 채무

---

8) 대법원 2014. 11. 20. 선고 2013다64908 전원합의체 판결.

9) 전병서, 221-222면; 條解破産法, 1007면.

10) 대법원 2001. 12. 24. 선고 2001다30469 판결.

11) 대법원 2009. 9. 24. 선고 2009다41045 판결. 회생절차에 관한 것이나 대법원 2016. 12. 27.자 2016마5762 결정은 "법 제59조 제2항 전문에 따라 관리인이 중단된 채무자의 재산에 관한 소송절차를 수계한 경우, 상대방이 위 소송에서 승소한 경우에 채무자에 대하여 가지는 소송비용상환청구권은 법 제59조 제2항 후문에 의하여 관리인이 소송절차를 수계한 이후의 소송비용뿐만 아니라 관리인의 소송수계 이전에 회생채무자가 소송을 수행한 때의 소송비용까지 포함하여 공익채권으로 된다."라고 판시하였다.

12) 대법원 2014. 11. 20. 선고 2013다64908 전원합의체 판결.

13) 최승록, "파산채권과 재단채권", 재판자료 제82집, 337-338면.

자로 남아 있어서 파산관재인이 그 배당금을 받은 경우, 파산재단에 속하지 않는 환취권의 대상물을 파산관재인이 매각하고 그 매각대금을 파산재단에 편입한 경우 환취권자는 부당이득반환청구권을 재단채권으로 행사할 수 있다[파산관재인이 환취권의 목적인 재산을 양도한 때 반대급부로 받은 재산이 특정되어 있는 경우 대체적 환취권에 관한 자세한 내용은 제12장 제3절 8. 나. 3) 나) 참조].[14] 파산선고 후 별제권의 목적인 재산이 경매절차를 통하여 매각되었는데 별제권자에게 배당되었어야 할 금액이 잘못되어 파산관재인에게 교부된 경우에도 별제권자는 부당이득반환청구권을 재단채권으로 행사할 수 있다. 본래의 납세의무자가 파산선고를 받은 후 국세기본법상 제2차 납세의무자가 납세의무를 이행한 경우 제2차 납세의무자가 납세의무를 이행한 후 갖게 되는 구상권은, 본래의 납세의무가 소멸함으로써 채무소멸이라는 이익을 얻은 파산재단의 부당이득으로 인하여 파산재단에 생긴 청구권으로 재단채권에 해당한다.[15]

실무에서는 채무자와 종전에 거래 관계에 있던 자가 파산선고 후 채무자 명의 예금계좌에 송금하고는 실제로는 아무런 채무가 없음에도 착오로 송금하였다고 주장하는 경우가 종종 발생한다. 이 경우 착오 송금이 된 것이 사실이라면[16] 파산재단이 부당이득을 하였다고 볼 수 있으므로 파산관재인은 송금된 돈을 반환하는 등의 조치를 하여야 한다.[17]

---

14) 대법원 2008. 5. 29. 선고 2005다6297 판결은 "외국 정부가 국내법원에서 파산선고를 받은 위탁매매인에 대한 세금청구권에 기하여 위탁자의 대상적 환취권의 목적이 되는 물건, 유가증권 또는 채권을 강제징수한 경우, 그로 인해 위탁매매인의 세금채무가 소멸되어 위탁매매인의 파산재단은 동액 상당의 부당이득을 얻은 것이 되며, 이 경우 위탁자는 위탁매매인의 파산재단에 대해 부당이득반환청구권을 가지게 되는데, 이는 구 파산법 제38조 제5호의 재단채권이라고 할 것이다."라고 판시하였다.

15) 대법원 2005. 8. 19. 선고 2003다36904 판결. 다만 위 판결은 제2차 납세의무자의 본래의 납세의무자에 대한 구상금채권은 구 파산법 제38조 제2호의 재단채권에는 해당하지 않는다는 취지로 판시하였다. 이에 대하여 조세채권의 변제자대위를 인정하고 구 파산법 제38조 제2호를 준용하여 재단채권으로 인정하여야 한다는 견해로는 임치용, "공익채권의 대위변제자가 파산재단에 대하여 갖는 채권의 성질", 한국민법의 새로운 전개: 고상룡교수고희기념논문집, 법문사 (2012), 480~483면.

16) 대법원 2018. 1. 24. 선고 2017다37324 판결은 "당사자 일방이 자신의 의사에 따라 일정한 급부를 한 다음 그 급부가 법률상 원인 없음을 이유로 반환을 청구하는 이른바 급부부당이득의 경우에는 법률상 원인이 없다는 점에 대한 증명책임은 부당이득반환을 주장하는 사람에게 있다. 이 경우 부당이득의 반환을 구하는 자는 급부행위의 원인이 된 사실의 존재와 함께 그 사유가 무효, 취소, 해제 등으로 소멸되어 법률상 원인이 없게 되었음을 주장·증명하여야 하고, 급부행위의 원인이 될 만한 사유가 처음부터 없었음을 이유로 하는 이른바 착오 송금과 같은 경우에는 착오로 송금하였다는 점 등을 주장·증명하여야 한다."라고 판시하였다. 위와 같은 법리에 의하면 착오 송금 사실에 대한 증명책임은 부당이득반환을 주장하는 사람에게 있으므로, 파산관재인은 객관적인 자료를 통하여 착오 송금 여부를 확인하고 송금된 돈을 반환하는 등의 조치를 하여야 할 것이다.

바. 위임의 종료 또는 대리권의 소멸 후에 긴급한 필요에 의하여 한 행
  위로 인하여 파산재단에 대하여 생긴 청구권(법 제473조 제6호)

위임은 당사자 한쪽의 파산으로 종료되고(민법 제690조), 위임에 의하여 수여된 대
리권은 그 원인된 법률관계인 위임의 종료에 의하여 소멸하며(민법 제128조), 위임에 의
하지 아니하고 수여된 대리권은 대리인의 파산으로 소멸한다(민법 제127조 제2호). 위임종
료의 경우에 급박한 사정이 있는 때에는 수임인은 위임인이 위임사무를 처리할
수 있을 때까지 그 사무의 처리를 계속하여야 하는데(민법 제691조), 이러한 긴급처리로
인하여 생긴 보수청구권이나 비용상환청구권(민법 제686조, 제688조) 등이 여기에 해당한다.
이는 파산선고 후 파산관재인이 현실적으로 사무를 넘겨받기 전에 수임인이 위
긴급처리의무에 기하여 자신의 부담으로 한 사무처리의 결과는 파산채권자 전체
의 이익이 되므로, 수임인의 그 행위에 기한 보수청구권이나 비용상환청구권 등
을 재단채권으로 한 것이다.[18]

그러나 수임인이 급박한 사정이 있는 때에 위임사무를 처리한 것이 아닌,
위임인이 파산선고를 받은 경우 수임인이 파산선고의 통지를 받지 아니하고 파
산선고의 사실도 알지 못하고 위임사무를 처리한 때에는 이로 인하여 파산선고
를 받은 자에게 생긴 채권에 관하여 수임인은 파산채권자로서 그 권리를 행사할
수 있을 뿐이다(법 제342조)(위임자나 수임자가 파산한 경우 위임계약에 관한 자세한 내용은
제7장 제2절 8. 참조).

사. 법 제335조 제1항의 규정에 의하여 파산관재인이 채무를 이행하는
  경우에 상대방이 가지는 청구권(법 제473조 제7호)

쌍무계약에 관하여 채무자 및 그 상대방이 모두 파산선고 당시 아직 이행
을 완료하지 아니한 때에는 파산관재인은 계약을 해제 또는 해지하거나 채무자
의 채무를 이행하고 상대방의 채무이행을 청구할 수 있다(법 제335조 제1항).[19] 쌍방미이

---

17) 부당이득을 반환하는 경우 수익자의 반환 범위와 관련하여 이자의 반환 여부 및 손해배상 여
  부가 문제될 수 있다. 대법원 2018. 4. 12. 선고 2017다229536 판결은 "부당이득의 경우에 악의
  의 수익자는 그 받은 이익에 이자를 붙여 반환하고 손해가 있으면 이를 배상하여야 하는데(민
  법 제748조 제2항), 부당이득의 수익자가 악의라는 점에 대하여는 이를 주장하는 측에서 증명책
  임을 진다. 여기서 '악의'는, 민법 제749조 제2항에서 악의로 의제하는 경우 등은 별론으로 하고,
  자신의 이익 보유가 법률상 원인 없는 것임을 인식하는 것을 말하고, 그 이익의 보유를 법률상
  원인이 없는 것이 되도록 하는 사정, 즉 부당이득반환의무의 발생요건에 해당하는 사실이 있음
  을 인식하는 것만으로는 부족하다."라고 판시하였다.

18) 전병서, 223면.

행 쌍무계약에 관하여 파산관재인이 채무의 이행을 선택한 경우 상대방의 청구권은 재단채권이다(쌍방미이행 쌍무계약에 관한 자세한 내용은 제7장 제1절 2. 참조).

이 경우 상대방의 권리는 본래 파산채권으로 될 것이 입법에 의하여 재단채권으로 격상된 것이 아니라 상대방에 의한 채무이행으로 파산채권자 전체가 이익을 받고, 따라서 그 대가인 상대방에 대한 채무이행을 파산채권자가 공동으로 부담해야 할 것이므로 본래 재단채권이며, 파산관재인의 이행 선택을 통하여 재단채권으로서 행사할 수 있게 된 것으로 이해하여야 한다는 견해와[20] 상대방은 파산재단에 대하여 채무를 완전하게 이행하여야 하는데, 반면 상대방의 파산재단에 대한 권리가 일반원칙에 따라 파산채권으로밖에 되지 않는다고 한다면 쌍무계약에 있어서 채무의 대가성이 침해되어 상대방에게 불공평하게 되므로, 공평을 유지하기 위하여 상대방이 가지는 청구권을 재단채권으로 한 것이라는 견해가 있다.[21]

아. 파산선고로 인하여 쌍무계약이 해지된 경우 그 때까지 생긴 청구권 (법 제473조 제8호)

파산선고 당시 유효하게 계속되는 쌍무계약 가운데는 한쪽 당사자의 파산선고가 계약의 해지사유로 인정되는 경우가 있다. 예를 들어 임대차의 임차인이 파산선고를 받은 경우에는 임대차기간의 약정이 있는 때에도 임대인 또는 파산관재인은 계약해지의 통고를 할 수 있는데(민법 제637조 제1항), 상대방이 통고를 받은 날로부터 법이 정한 기간이 경과하면 해지의 효력이 생긴다(민법 제635조 제2항). 고용의 사용자가 파산선고를 받은 경우에는 고용기간의 약정이 있는 때에도 노무자 또는 파산관재인은 계약을 해지할 수 있고(민법 제663조 제1항), 근로계약의 사용자가 파산선고를 받아 사업을 폐지하는 과정에서 파산관재인은 채무자의 근로자를 해고할 수 있는데,[22] 사용자는 근로자를 해고하려면 해고사유와 해고시기를 서면으로 통지하

---

19) 구 파산법에 관한 것이나 대법원 2001. 10. 9. 선고 2001다24174, 24181 판결은 구 파산법 제50조 제1항은 쌍무계약에 관하여 파산자 및 그 상대방이 모두 파산선고 당시에 아직 그 이행을 완료하지 아니한 때에는 파산관재인은 그 선택에 따라 계약을 해제하거나 파산자의 채무를 이행하고 상대방의 채무이행을 청구할 수 있다고 규정하고 있는데, 이 규정은 쌍무계약에서 쌍방의 채무가 법률적·경제적으로 상호 관련성을 가지고, 원칙적으로 서로 담보의 기능을 하고 있는데 비추어 쌍방미이행의 쌍무계약의 당사자의 일방이 파산한 경우에 구 파산법 제51조(현행법 제337조에 해당하는 규정이다)와 함께 파산관재인에게 그 계약을 해제하거나 또는 상대방의 채무의 이행을 청구하는 선택권을 인정함으로써 파산재단의 이익을 지키고 동시에 파산관재인이 한 선택에 대응한 상대방을 보호하기 위한 취지에서 만들어진 쌍무계약의 통칙이라는 취지로 판시하였다.

20) 伊藤眞, 353면.

21) 전병서, 223면.

여야 하고 근로자에 대한 해고는 그 서면으로 통지하여야 효력이 있으므로 (근로기준법 제27조), 그 근로계약은 파산관재인이 서면에서 통지한 해고시기에 종료된다. 이처럼 파산선고로 인하여 쌍무계약이 해지된 경우라고 하더라도 그 계약의 상대방은 해지의 효력이 발생할 때까지는 파산재단에 대하여 채무를 이행하여야 하므로, 쌍무계약에 있어 공평을 유지하기 위하여 상대방이 가지는 청구권을 재단채권으로 한 것이다.[23]

파산선고로 인하여 해지된 쌍무계약의 상대방이 갖는 청구권 가운데 법 제473조 제8호에 따라 재단채권이 되는 것은 파산선고시부터 쌍무계약이 해지되어 종료할 때까지 생긴 청구권이라고 할 것이고, 파산선고 전에 발생한 청구권의 경우에는 원칙에 따라 파산채권에 해당한다고 할 것이다(임대인 및 임차인이 파산한 경우 임대차계약에 관한 자세한 내용은 제7장 제2절 5., 사용자가 파산한 경우 고용계약에 관한 자세한 사항은 제7장 제2절 9. 참조).

자. 채무자 및 그 부양을 받는 자의 부양료(법 제473조 제9호)[24]

구 파산법 제38조 제9호는 파산자 및 그 부양을 받는 자의 부조료를 재단

---

22) 대법원 2003. 4. 25. 선고 2003다7005 판결은 기업이 파산선고를 받아 사업의 폐지를 위하여 그 청산과정에서 근로자를 해고하는 것은 위장폐업이 아닌 한 기업경영의 자유에 속하는 것으로서 파산관재인이 파산선고로 인하여 법인인 채무자가 해산한 후에 사업의 폐지를 위하여 행하는 해고는 정리해고가 아니라 통상해고라는 취지로 판시하였다.
　　한편 근로기준법 제26조 본문이 사용자는 근로자를 해고하려면 적어도 30일 전에 예고를 하여야 하고, 30일 전에 예고를 하지 아니하였을 때에는 30일분 이상의 통상임금을 지급하여야 한다고 규정하고 있어, 파산선고 후 파산관재인이 근로자를 해고하면서 위 규정에 따라 해고예고통지를 하거나 해고예고수당을 지급하는 경우가 있는데, 참고로 대법원 2007. 5. 31. 선고 2006다36103 판결은 해고예고의무를 위반한 해고라 하여도 해고의 정당한 이유를 갖추고 있는 한 해고의 사법상 효력에는 영향이 없고, 해고예고수당의 지급 여부도 해고의 효력을 좌우하는 것은 아니라는 취지로 판시하였다.
23) 전병서, 224면.
24) 2005. 3. 31. 제정된 법 제473조 제9호에서는 '부조료'라는 표현을 사용하였다가, 2014. 5. 20. '부양료'로 개정되었다. 주로 개인이 파산한 경우에 적용될 가능성이 있는 규정이므로, 개인이 아닌 채무자가 파산한 경우에는 기능하지 않는 제도이다. 이 규정은 독일 파산법 제58조 제3호, 일본 구 파산법 제47조 제9호에 해당하는 것이다. 일본의 파산법은 실제로 기능하지 않고 있다는 이유로 삭제하였다.
　　여기서의 부양료는 채무자 및 피부양자의 생활비용을 말하는데, 이를 급부하지 않으면 채무자 및 피부양자는 생활이 불가능하게 되고, 공적 부양으로 전가하는 것은 너무 채권자를 우선하는 것이 되어버리며, 인도주의에 반하고, 사회정책적으로도 타당하지 않기 때문이라고 설명되어 왔다. 채무자 및 그 가족의 최저한도 생활을 희생으로 하면서까지 파산의 일반적 집행을 강행하여 채권자의 만족을 추구하는 것은 헌법에 반하고, 사회 정책상 타당하지 않기 때문이다. 또한 압류금지재산과 신득재산은 자유재산으로 채무자의 처분이 가능하므로, 여기서의 부양료로는 이러한 사정을 고려하여 채무자 및 피부양자의 최저한도 생활에 필요불가결한 한도의 부양료이면 충분하다. 注解破産法(上), 237-238면.

채권으로 규정하면서 같은 법 제182조 제1항 및 제184조는 부조료의 급여를 위하여는 제1회 채권자집회의 결의, 그 채권자집회 전에는 법원의 허가를 요하도록 규정하고 있었다. 그러나 법은 파산선고를 받은 채무자 및 그 피부양자의 생활을 위해 면제재산제도를(_{제2항, 제4항}^{법 제383조}) 신설하면서, 구 파산법에서와 같은 부조료의 급여에 관한 규정은 두지 아니하였으므로, 이 규정은 큰 의미가 없게 되었다.

차. 채무자의 근로자의 임금 · 퇴직금 및 재해보상금(법 제473조 제10호)

1) 취 지

채무자의 근로자의 임금 · 퇴직금 및 재해보상금은 이를 재단채권에 포함하여 파산절차에서 우선 지급할 수 있도록 함으로써 근로자 보호를 강화하기 위한 정책적인 이유에서 재단채권으로 인정된 것이다.[25]

이에 대하여는 근로자의 임금 등을 보호할 필요성은 인정되나 이미 발생한 임금 등의 전액을 재단채권에 포함하는 것은 재단채권자 이외의 파산채권자가 받을 배당을 적게 하여 공평성 측면에서 문제이므로, 임금 등의 전액을 정책적 고려에서 재단채권으로 하는 것은 재고할 필요가 있다는 비판이 있다.[26]

2) 채무자의 근로자

'채무자의 근로자'의 임금 등만이 재단채권으로 인정된다. 여기에서 '근로자'는 원칙적으로 근로기준법상의 근로자를 의미한다고 볼 수 있다. 근로기준법 제2조 제1항 제1호에서 규정하는 근로자는 직업의 종류와 관계없이 임금을 목적으로 사업이나 사업장에 근로를 제공하는 사람을 말하며, 이에 해당하는지는 계약의 형식이 고용계약인지 도급계약인지 위임계약인지보다 근로제공 관계의 실질이 근로제공자가 사업 또는 사업장에 임금을 목적으로 종속적인 관계에서 사용자에게 근로를 제공하였는지 여부에 따라 판단하여야 한다.[27] 종속적인 관계

---

25) 구 파산법에서 채무자의 근로자의 임금 · 퇴직금 및 재해보상금과 파산선고 전의 원인으로 생긴 채무자의 근로자의 임치금 및 신원보증금의 반환청구권은 2000. 1. 12. 법률 제6111호로 개정된 법률에서 일반재단채권에 관한 규정인 제38조에 제10호로 '파산자의 피용자의 급료 · 퇴직금 및 재해보상금'과 제11호로 '파산선고전의 원인으로 생긴 파산자의 피용자의 임치금과 신원보증금의 반환청구권'이 추가됨에 따라 비로소 재단채권으로 인정되게 되었다. 위 구 파산법 개정 전에는 근로자의 임금 · 퇴직금 및 재해보상금이나 파산선고 전의 원인으로 생긴 채무자의 근로자의 임치금 및 신원보증금의 반환청구권은 구 근로기준법(2005. 1. 27., 법률 제7379호로 개정되기 전의 것) 제37조(현행 근로기준법 제38조에 해당하는 규정이다) 또는 상법 제468조, 제583조 제2항을 근거로 우선권 있는 파산채권으로 취급되었다.

26) 전병서, 224, 225면.

27) 대법원 2017. 1. 25. 선고 2015다59146 판결은 "여기에서 종속적인 관계가 있는지 여부는 업무 내용을 사용자가 정하고 취업규칙 또는 복무규정 등의 적용을 받으며 업무수행과정에서 사용자

가 인정되지 아니하여 근로자가 아닌 자의 채무자에 대한 청구권은 다른 규정에 의하여 재단채권으로 인정되는 것은 별론으로 하고, 법 제473조 제10호의 재단채권에는 해당하지 않는다.

　구체적으로 살펴보면, 주식회사의 이사, 감사 등 임원은 회사로부터 일정한 사무처리의 위임을 받고 있는 것이므로 사용자의 지휘·감독 아래 일정한 근로를 제공하고 소정의 임금을 받는 고용관계에 있는 것은 아니며, 그가 일정한 보수를 받는 경우에도 이를 근로기준법이 규정한 임금이라 할 수 없고, 회사의 규정에 의하여 이사 등 임원에게 퇴직금을 지급하는 경우에도 그 퇴직금은 「근로자퇴직급여 보장법」이 규정한 퇴직금이 아니라 재직 중의 직무집행에 대한 대가로 지급되는 보수에 불과하므로, 그 임원의 보수, 퇴직금[28] 등 채권은 파산채권에 불과하다. 그러나 회사의 이사, 감사 등 임원이라고 하더라도 그 지위 또는 명칭이 형식적·명목적인 것이고 실제로는 매일 출근하여 업무집행권을 갖는 대표자나 사용자의 지휘·감독 아래 일정한 근로를 제공하면서 그 대가로 보수를 받는 관계에 있다거나 또는 회사로부터 위임받은 사무를 처리하는 외에 대표자 등의 지휘·감독 아래 일정한 노무를 담당하고 그 대가로 일정한 보수를 지급받아 왔다면 그러한 임원은 근로기준법상의 근로자에 해당하므로,[29][30] 그의 임금

───────────

가 상당한 지휘·감독을 하는지, 사용자가 근무시간과 근무장소를 지정하고 근로제공자가 이에 구속을 받는지, 근로제공자가 스스로 비품·원자재나 작업도구 등을 소유하거나 제3자를 고용하여 업무를 대행하게 하는 등 독립하여 자신의 계산으로 사업을 영위할 수 있는지, 근로제공을 통한 이윤의 창출과 손실의 초래 등 위험을 스스로 안고 있는지, 보수의 성격이 근로 자체의 대상적 성격인지, 기본급이나 고정급이 정하여졌고 근로소득세를 원천징수하였는지, 그리고 근로제공 관계의 계속성과 사용자에 대한 전속성의 유무와 그 정도, 사회보장제도에 관한 법령에서 근로자로서 지위를 인정받는지 등의 경제적·사회적 여러 조건을 종합하여 판단하여야 한다. 다만 기본급이나 고정급이 정하여졌는지, 근로소득세를 원천징수하였는지, 사회보장제도에 관하여 근로자로 인정받는지 등의 사정은 사용자가 경제적으로 우월한 지위를 이용하여 임의로 정할 여지가 크다는 점에서 그러한 점들이 인정되지 않는다는 것만으로 근로자성을 쉽게 부정하여서는 안 된다."라고 판시하였다.

28) 참고로 대법원 2018. 5. 30. 선고 2015다51968 판결은 "주식회사의 이사, 대표이사(이하 '이사 등'이라고 한다)의 보수청구권(퇴직금 등의 청구권을 포함한다)은, 그 보수가 합리적인 수준을 벗어나서 현저히 균형을 잃을 정도로 과다하거나, 이를 행사하는 사람이 법적으로는 주식회사 이사 등의 지위에 있으나 이사 등으로서의 실질적인 직무를 수행하지 않는 이른바 명목상 이사 등에 해당한다는 등의 특별한 사정이 없는 이상 민사집행법 제246조 제1항 제4호 또는 제5호가 정하는 압류금지채권에 해당한다고 보아야 한다."라고 판시하였다.

29) 대법원 2003. 9. 26. 선고 2002다64681 판결 등.

30) 대법원 2017. 11. 9. 선고 2012다10959 판결은 "회사의 임원이라 하더라도, 그 업무의 성격상 회사로부터 위임받은 사무를 처리하는 것으로 보기에 부족하고 실제로는 업무집행권을 가지는 대표이사 등의 지휘·감독 아래 일정한 노무를 담당하면서 그 노무에 대한 대가로 일정한 보수를 지급받아 왔다면, 그 임원은 근로기준법에서 정한 근로자에 해당할 수 있다. 그러나 회사의 임원이 담당하고 있는 업무 전체의 성격이나 그 업무수행의 실질이 위와 같은 정도로 사용자의 지휘·감독을 받으면서 일정한 근로를 제공하는 것에 그치지 아니하는 것이라면, 그 임원은 위

등은 재단채권으로 인정할 수 있을 것이다.

　　또한 '채무자의' 근로자의 임금 등만이 재단채권으로 인정되므로 여기에서 근로자는 원칙적으로 채무자와의 사이에 근로계약관계가 있어야 한다. 원고용주에게 고용되어 채무자의 사업장에서 채무자의 업무에 종사하는 자는 본래 원고용주의 근로자에 불과하지 채무자의 근로자에는 해당하지 아니하고, 채무자가 「파견근로자보호 등에 관한 법률」상의 사용사업주로서 파견사업주와 근로자파견계약을 체결하고 파견근로자를 사용한 경우 파견근로자도 채무자의 근로자가 아니다. 따라서 원고용주에게 고용된 자나 파견근로자의 임금 등은 채무자나 파산재단에 대하여 파산채권이나 재단채권의 어느 것에도 해당하지 않는다. 다만 원고용주는 사업주로서의 독자성이 없거나 독립성을 결하여 채무자의 노무대행기관과 동일시할 수 있는 등 그 존재가 형식적, 명목적인 것에 지나지 아니하고, 사실상 당해 피고용인은 채무자와 종속적인 관계에 있으며, 실질적으로 임금을 지급하는 자도 채무자이고, 또 근로제공의 상대방도 채무자이어서 당해 피고용인과 채무자 간에 묵시적 근로계약관계가 성립되어 있다고 평가될 수 있다면,[31] 당해 피고용인은 채무자의 근로자이므로 채무자에 대하여 파산이 선고된 경우 당해 피고용인의 임금 등은 재단채권으로 인정할 수 있을 것이다.

　　한편 「파견근로자보호 등에 관한 법률」상 파견사업주가 대통령령이 정하는 사용사업주의 귀책사유로[32] 인하여 근로자의 임금을 지급하지 못한 때에는 사용사업주는 당해 파견사업주와 연대하여 책임을 지는데, 이 경우 근로기준법 제43조 및 제68조의 규정을 적용함에 있어서는 파견사업주 및 사용사업주를 같은 법 제2조의 규정에 의한 사용자로 보아 동법을 적용한다(파견근로자보호 등에 관한 법률 제34조 제2항). 여기서 채무자가 파산선고 전 사용사업주로서 파견근로자를 사용하였는데 파견사업

　　　임받은 사무를 처리하는 지위에 있다고 할 수 있으므로, 근로기준법상 근로자에 해당한다고 보기는 어렵다. 특히 대규모 회사의 임원이 전문적인 분야에 속한 업무의 경영을 위하여 특별히 임용되어 해당 업무를 총괄하여 책임을 지고 독립적으로 운영하면서 등기 이사와 마찬가지로 회사 경영을 위한 의사결정에 참여하여 왔고 일반 직원과 차별화된 처우를 받은 경우에는, 이러한 구체적인 임용 경위, 담당 업무 및 처우에 관한 특수한 사정을 충분히 참작하여 회사로부터 위임받은 사무를 처리하는지 여부를 가려야 한다."라고 판시하였다.

31) 대법원 2010. 7. 22. 선고 2008두4367 판결 등.
32) 파견근로자보호 등에 관한 법률 시행령 제5조(사용사업주의 귀책사유)
　　법 제34조 제2항 전단에서 "대통령령이 정하는 사용사업주의 귀책사유"라 함은 다음 각호의 1에 해당하는 사유를 말한다.
　　1. 사용사업주가 정당한 사유없이 근로자파견계약을 해지한 경우
　　2. 사용사업주가 정당한 사유없이 근로자파견계약에 의한 근로자파견의 대가를 지급하지 아니한 경우

주에게 근로자파견의 대가를 지급하지 아니하고 파견사업주도 파견근로자에게 임금을 지급하지 아니한 경우에, 사용사업주인 채무자에 대하여 파산이 선고된 경우 파견근로자에 대한 연대책임에 관한 위 규정이 적용되는지 여부,[33] 사용사업주인 채무자의 연대책임이 인정된다고 할 경우 근로기준법 제38조가 적용되는지 여부와[34] '파견근로자의 임금'이 법 제473조 제10호의 재단채권에 해당하는지 여부에 관하여는 견해의 대립이 있다.[35]

또한 근로기준법상 사업이 여러 차례의 도급에 따라 행하여지는 경우에 하수급인이 직상(直上) 수급인의 귀책사유로 근로자에게 임금을 지급하지 못한 경우에는 그 직상 수급인은 그 하수급인과 연대하여 책임을 지고, 직상 수급인의 귀책사유가 그 상위 수급인의 귀책사유에 의하여 발생한 경우에는 그 상위 수급인도 연대하여 책임을 진다($\frac{근로기준법}{제44조}\frac{}{제1항}$). 건설업에서 사업이 2차례 이상 건설산업기본법 제2조 제11호에 따른 도급(공사도급)이 이루어진 경우에 같은 법 제2조 제7호에 따른 건설업자가 아닌 하수급인이 그가 사용한 근로자에게 임금(해당 건설공사에서 발생한 임금으로 한정한다)을 지급하지 못한 경우에는 그 직상 수급인은 하수급인과 연대하여 하수급인이 사용한 근로자의 임금을 지급할 책임을 진다($\frac{근로기준법}{제44조의2}\frac{}{제1항}$). 그런데 파산선고를 받은 채무자가 도급의 직상 수급인 등에 해당하여 하수급인과 연대하여 하수급인이 사용한 근로자의 임금을 지급할 책임을 진다고 하더라도, 하수급인의 근로자는 '채무자의 근로자'가 아니므로 하수급인이 사용한 근로자가 채무자에 대하여 가지는 임금에 관한 권리는 법 제473조

---

33) 사용사업주에 대하여 파산이 선고되어 파견사업주가 근로자파견의 대가를 지급받지 못하고 파견근로자에게 임금을 지급하지 못하는 것이 「파견근로자보호 등에 관한 법률 시행령」 제5조 제2호의 '정당한 사유'에 해당하는지에 관하여 견해의 대립이 있다.

34) 파산절차에서는 별제권의 목적인 재산에 대한 경매절차에서의 배당과 관련하여 근로기준법 제38조가 적용되는지 여부를 논의할 실익이 있다. 사용사업주가 연대책임을 지는 경우 사용사업주의 재산에 대한 경매절차에서의 배당과 관련하여 근로기준법 제38조가 적용된다고 보아 파견근로자의 임금에 대한 배당을 인정한 사례가 있다[서울고등법원 2009. 4. 10. 선고 2008나80465 판결(미상고 확정), 수원지방법원 안산지원 2018. 7. 12. 선고 2017가합1339 판결(미확정) 등].

35) 그 외에 사용사업주인 채무자에 대하여 파산이 선고된 경우 근로자파견계약에 따른 근로자파견의 대가 중 파견사업주가 파견근로자에게 지급하는 임금 상당액에 관하여, 구 파산법(채무자의 근로자의 임금 등을 재단채권으로 인정한 개정 전의 것이다)이 적용된 사안에서 근로자파견의 대가 중 임금 상당액은 실질적으로 사용사업주의 파견근로자에 대한 임금의 성격을 갖는 것이라는 이유로 우선권 있는 파산채권으로 인정된 사례[서울중앙지방법원 2001. 7. 26. 선고 2001가합18631 판결(항소기각 확정)]가 있다. 그러나 파견사업주의 근로자파견계약에 따른 채무자에 대한 청구권은 본래 파산채권에 불과하고 이를 재단채권이라고 볼 근거가 없으므로, 근로자파견의 대가 중 파견사업주가 파견근로자에게 지급하였거나 지급하여야 할 임금 상당액은 사용사업주인 채무자에 대한 파산절차에서 재단채권이나 우선권 있는 파산채권에 해당한다고 보기 어렵다는 견해가 유력하다.

제10호의 재단채권에 해당한다고 할 수 없다.[36)]

3) 임 금

채무자의 근로자의 임금·퇴직금 및 재해보상금은 그 발생시기가 파산선고 전이나 후에 생긴 것인지를 불문하고, 최종 3개월분 또는 최종 3년분 등의 구분 없이 그 전액이 재단채권으로 인정된다.[37)]

여기서 임금은, 사용자가 근로의 대가로 근로자에게 지급하는 임금, 봉급, 그 밖에 어떠한 명칭으로든지 지급하는 일체의 금품을 말한다(근로기준법 제2조 제1항 제5호). 근로자에게 계속적·정기적으로 지급되고 단체협약, 취업규칙, 급여규정, 근로계약, 노동관행 등에 의하여 사용자에게 그 지급의무가 지워져 있는 것은 그 명칭 여하를 불문하고 모두 임금에 포함된다.[38)] 가족수당, 초과근무수당, 휴업수당(근로기준법 제46조),[39)] 연차휴가수당 등도 포함된다. 파산선고 후에 파산관재인이 해고하는 경우 해고예고수당은(근로기준법 제26조) 법 제473조 제8호에 의해, 주식회사 및 유한회사의 근로자 신원보증금의 반환을 받을 채권은(상법 제468조 제583조 제2항) 법 제473조 제11호에 의해 각각 재단채권으로 인정된다.

그러나 근로자에게 지급되는 것이더라도 지급사유의 발생이 불확정이고 일시적으로 지급되는 상여금이나[40)] 근로자가 특수한 근무조건이나 환경에서 직무를 수행함으로 말미암아 추가로 소요되는 비용을 변상하기 위하여 지급되는 실비변상적 금원 또는 사용자가 지급의무 없이 은혜적으로 지급하는 금원은 임금이 아니므로, 재단채권이 아니다.[41)]

4) 퇴직금 및 재해보상금

채무자의 근로자의 퇴직금 역시 재단채권으로 인정된다. 법률이 정한 기준 이하, 즉 계속근로기간이 1년 미만인 근로자 등의 경우에도(근로자퇴직급여 보장법 제4조 제1항 단서) 단체협약 등에 의해 그 지급조건이 정해져 있으면 재단채권인 퇴직금으로 인정하여

---

36) 회생절차에서의 공익채권에 관한 것이나 서울고등법원 2016. 8. 19. 선고 2016나2000101 판결 (심리불속행 상고기각 확정).

37) 참고로 근로기준법 제38조 및 「근로자퇴직급여 보장법」 제12조에 따라 근로기준법상 임금, 재해보상금 그 밖의 근로관계로 인한 채권과 「근로자퇴직급여 보장법」상 사용자에게 지급의무가 있는 퇴직금, 확정급여형퇴직연금제도의 급여, 확정기여형퇴직연금제도의 부담금 중 미납입 부담금 및 미납입 부담금에 대한 지연이자, 개인형퇴직연금제도의 부담금 중 미납입 부담금 및 미납입 부담금에 대한 지연이자에는 일정한 제한 내에서 우선성이 부여되어 있고, 최종 3개월 분의 임금, 재해보상금과 최종 3년간의 퇴직금 등에는 최우선성이 부여되어 있다.

38) 대법원 2001. 10. 23. 선고 2001다53950 판결 등.

39) 대법원 2013. 10. 11. 선고 2012다12870 판결.

40) 대법원 2011. 10. 13. 선고 2009다86246 판결 등.

41) 대법원 2003. 4. 22. 선고 2003다10650 판결 등.

야 한다(유리한 조건 우선의 원칙).[42)]

그런데 채무자가 「근로자퇴직급여 보장법」상 퇴직금제도를(근로자퇴직급여 보장법 제8조) 설정한 경우의 퇴직금은 법 제473조 제10호의 문언상 재단채권에 해당함이 명백하므로 별다른 문제가 없으나, 같은 법상 퇴직연금제도를 설정한 경우에는 채무자에게 지급의무가 있는 그 퇴직연금제도의 급여 또는 부담금 중 미납입 부담금 및 미납입 부담금에 대한 지연이자의 지위에 관하여 견해의 대립이 있다. 여기에는 법 제473조 제10호의 문언상 재단채권으로 규정되어 있는 퇴직금을 제외한 나머지 퇴직연금제도의 급여 또는 부담금 중 미납입 부담금 및 미납입 부담금에 대한 지연이자는 재단채권에 해당한다고 할 수 없고 우선권 있는 파산채권으로 봄이 타당하다는 견해와 퇴직급여는 채무자가 설정한 퇴직금제도의 일종이고 채무자에게 지급의무가 있는 부담금은 근로의 대가로서 채무자가 지급하는 금품이므로 퇴직연금제도의 급여 또는 부담금 중 미납입 부담금 및 미납입 부담금에 대한 지연이자는 법 제479조 제10호의 임금, 퇴직금의 일종으로 재단채권에 해당한다는 견해가 있다.

재해보상금은 근로기준법에 정한 요건과 범위 내에서 인정되고, 이를 초과하는 부분은 파산채권인 손해배상채권이 될 수 있을 뿐이다. 다만 산업재해보상보험법에 의하여 수급권자(보험급여를 받을 수 있는 근로자)가 보험급여를 받았거나 받을 수 있으면 사업자(보험가입자)는 동일한 사유에 대하여 근로기준법에 따른 재해보상 책임이 면제되므로(산업재해보상보험법 제80조 제1항), 이 경우에는 근로자가 재단채권을 주장할 수 없다.

5) 임금·퇴직금 및 재해보상금에 대한 지연손해금

채무자의 근로자의 임금·퇴직금 및 재해보상금에 대한 지연손해금이 재단채권에 해당하는지에 관하여[43)] 판례는, 파산관재인은 직무상 재단채권인 근로자

---

42) 퇴직하는 근로자에게 지급되는 퇴직위로금이나 명예퇴직수당이 그 재직 중 직무집행의 대가로서 지급되는 후불적 임금으로서의 보수의 성질을 아울러 갖고 있을 경우 이는 법 제473조 제10호의 임금 또는 퇴직금에 해당하여 재단채권이라고 보아야 할 것이다(대법원 2000. 6. 8.자 2000마1439 결정, 대법원 2003. 11. 28. 선고 2001다4750 판결). 그러나 퇴직위로금이 임금에 해당하는지 여부는 그 지급의 사유와 시기 및 기준, 근로와의 관계 등을 종합적으로 고려하여 결정하여야 한다(대법원 2008. 7. 10. 선고 2006다12527 판결. 이 판결은, 상호신용금고의 단체협약상 '경영상 이유에 의한 해고 또는 금융산업구조조정, 강제퇴출 및 합병시에는 6개월 이상의 퇴직위로금을 지급한다'는 규정에 따른 퇴직위로금은 근로자의 재직 중의 근로에 대한 대가로서 지급되는 후불적 임금으로서의 성질을 갖는 것이 아니라 정리해고되는 경우에 위로금조로 지급되는 것이거나 해고 후의 생계보장을 위해 지급되는 보상금의 일종으로 봄이 상당하다는 이유로, 이를 재단채권으로는 볼 수 없다는 취지로 판시하였다).

43) 종래 채무자의 근로자의 임금·퇴직금 및 재해보상금에 대한 지연손해금이 재단채권에 해당

의 임금 등을 수시로 변제할 의무가 있다고 할 것이므로, 파산관재인이 파산선고 후에 위와 같은 의무의 이행을 지체하여 생긴 근로자의 손해배상청구권은 법 제473조 제4호 소정의 '파산재단에 관하여 파산관재인이 한 행위로 인하여 생긴 청구권'에 해당하여 재단채권이라고 할 것이라고 한다.[44][45] 그에 따라 서울회생법원의 실무는 근로자의 파산선고 전 발생한 임금 등에 대한 지연손해금에 관하여, 파산선고일 전날까지의 지연손해금은 파산채권으로(법제473조), 파산선고일 당일부터 변제일까지의 지연손해금은 재단채권에(법 제473조 제4호) 포함되는 것으로 처리하고 있다.[46] 실무에서는 상인인 채무자가 영업을 위하여 체결한 근로계약은 상법 제

하는지, 재단채권에 해당한다고 하면 파산선고 전이나 후에 발생한 것인지를 불문하고 재단채권이 되는지 등에 관하여 논란이 있었다. 이는 근로자의 임금 등에 대한 지연손해금은 법 제473조 제10호의 문언상 '임금·퇴직금 및 재해보상금' 그 자체에는 해당하지 아니하고, 법 제446조 제1항 제2호는 '파산선고 후의 불이행으로 인한 손해배상액 청구권'을 후순위파산채권으로 한다고 규정하고 있었기 때문이다. 구 회사정리법상 회사정리절차에 관한 것이나 대법원 2011. 6. 24. 선고 2009다38551 판결은 구 회사정리법 제209조 제1항은 '공익채권은 정리절차에 의하지 아니하고 수시로 변제한다'고 규정하고 있고, 같은 법 제208조 제10호는 '회사의 근로자의 급료·퇴직금 및 재해보상금'을 공익채권으로 규정하고 있으므로 정리회사의 관리인은 공익채권인 근로자의 임금 및 퇴직금을 수시로 변제할 의무가 있으며, 근로복지공단이 근로자의 임금, 퇴직금을 체당금으로 지급하고 그에 해당하는 근로자의 임금 등 채권을 대위행사하는 경우에도 이는 공익채권으로 보아야 할 것이므로, 그 이행지체로 인한 손해배상청구권 역시 공익채권에 해당한다고 봄이 상당하다는 취지로 판시하였다.

44) 대법원 2014. 11. 20. 선고 2013다64908 전원합의체 판결. 이 전원합의체 판결에는 ① 근로자의 임금 등에 대한 지연손해금 채권은 파산선고 전후에 발생한 것인지를 불문하고 법 제473조 제10호 소정의 '채무자의 근로자의 임금·퇴직금 및 재해보상금'에 해당하여 재단채권으로서의 성질을 가진다고 보아야 할 것이라는 별개의견과 ② 법 제473조 제4호 소정의 '파산재단'에 관하여 파산관재인이 한 행위는 '채무자가 파산선고 당시에 가진 재산'에 관련된 파산관재인의 행위로 보는 것이 문언에 들어맞는 해석이고 '채무자에 대한 청구권'인 '재단채권'에 관하여 파산관재인이 한 행위를 말한다고 보기는 어려우므로, 임금 및 퇴직금에 대하여 파산선고 후에 발생한 지연손해금에는 법 제473조 제호가 적용될 수 없으며, 법에 특별히 달리 취급하는 규정이 없는 한, 채무자에 대하여 파산선고 전의 원인으로 생긴 채무불이행 상태의 계속으로 파산선고 후에 발생하고 있는 지연손해금 채권은 후순위파산채권이라고 보아야 한다는 반대의견 등이 있다. 이 판결에 관하여는 김희중, "파산선고 전에 생긴 근로자의 임금·퇴직금에 대하여 파산선고 후 발생한 지연손해금 채권의 법적 성질", 사법 31호, 사법발전재단(2014), 248-282면.

45) 정현수, "파산관재인이 재단채권의 지급을 거절한 경우 이행지체 책임이 성립하는지 여부 및 이행지체 책임이 성립하는 경우 지연손해금 채권의 법적 성질 -대법원 2014. 11. 20. 선고, 2013다64908 전원합의체 판결에 대한 평석을 중심으로-", 법조 제706호, 법조협회(2015), 188-225면은 파산관재인이 파산재단이 재단채권의 총액을 변제하기 부족하여 법 제477조에 따른 재단채권의 안분변제를 위하여 재단채권의 변제를 거절하였고, 실제로도 파산재단이 재단채권의 총액을 변제하기 부족하다면, 위와 같은 변제 거절은 법령에 의한 행위로서 위법성이 조각되어 이행지체 책임이 성립하지 않는다고 보아야 하나, 그와 같은 사유가 없음에도 파산관재인이 재단채권의 이행을 지체하여 지연손해금 채권이 발생한다면 그 지연손해금 채권은 법 제473조 제4호 소정의 재단채권이라고 보아야 한다는 견해를 취한다.

46) 대법원 2015. 1. 29. 선고 2013다219623 판결은 근로자의 퇴직금에 대하여 퇴직일 다음 날에서 14일이 경과한 날부터 다 갚는 날까지의 지연손해금 청구를 인용한 원심판결에 대하여, 퇴직금에 대하여 파산선고 전날까지의 지연손해금 채권은 파산채권에 해당함을 이유로 원심판결 중

47조의 보조적 상행위로 볼 수 있으므로, 임금 등에 대한 지연손해금에는 상사 법정이율인 연 6%를[47] 적용하는 것이 일반적이다.[48]

6) 관련 문제

고용노동부장관은 사업주가 미지급 임금·퇴직금 및 휴업수당을 지급할 능력이 없다고 인정하는 경우나 사업주에 대한 파산선고결정이 있는 경우 등에 퇴직한 근로자가 지급받지 못한 임금·퇴직금 및 휴업수당의 지급을 청구하면 제3자의 변제에 관한 민법 제469조에도 불구하고 그 근로자의 미지급 임금·퇴직금 및 휴업수당을 사업주를 대신하여 지급한다(임금채권보장법 제7조 제1항). 이와 같이 사업주를 대신하여 지급하는 임금 등을 체당금이라 한다. 고용노동부장관은 사업주를 대신하여 최종 3개월분의 임금 및 최종 3년간의 퇴직급여 등, 최종 3개월분의 휴업수당의 범위 내에서 일정한 금액을 체당금으로 지급한다(임금채권보장법 제7조 제2항). 고용노동부장관은 임금채권보장법 제7조에 따라 근로자에게 체당금을 지급하였을 때에는 그 지급한 금액의 한도에서 그 근로자가 해당 사업주에 대하여 미지급 임금·퇴직금 및 휴업수당을 청구할 수 있는 권리를 대위하는데(임금채권보장법 제8조 제1항), 근로기준법 제38조 제2항에 따른 임금채권 우선변제권 및 근로자퇴직급여 보장법 제12조 제2항에 따른 퇴직급여등 채권 우선변제권은 제1항에 따라 대위되는 권리에 존속한다(임금채권보장법 제8조 제2항).[49] 이처럼 고용노동부장관이 채무자의 근로자에게 체당금을 지급한 경우 그 체당금 지급 시점이 파산선고 전인지 후인지와 관계없이, 체당금의 지급으로 대위하는 권리는 본래 채무자의 근로자의 임금·퇴직금이고 이는

파산선고 전날까지의 기간에 대한 지연손해금청구 부분을 파기하고 그 부분 소를 각하하였다.

47) 근로기준법 제37조 제1항, 같은 법 시행령 제17조는 사용자는 임금 등의 전부 또는 일부를 그 지급 사유가 발생한 날부터 14일 이내에 지급하지 아니한 경우 그 다음 날부터 지급하는 날까지의 지연 일수에 대하여 연 20%의 비율에 따른 지연이자를 지급하도록 규정하고 있다. 그러나 근로기준법 제37조 제2항, 같은 법 시행령 제18조 제2호, 임금채권보장법 제7조 제1항 제2호에 의하면, 사용자에 대한 파산선고의 결정이 있는 경우 그 사유가 존속하는 기간에 대하여는 위 연 20%의 비율에 따른 지연이자를 지급하도록 한 규정이 적용되지 아니한다.

48) 이에 대하여 파산관재인이 임금 등을 재단채권으로 변제하더라도 채무자의 의무를 그대로 이행하는 것이라고 볼 수 없고 그 이행지체의 상태를 파산관재인이 그대로 승계하는 것이라고 할 수도 없으며, 파산관재인은 오로지 파산재단을 대표하여 파산절차의 원활한 진행을 위하여 법 제475조에 따라 재단채권을 수시로 변제하는 것인 점을 고려할 때, 파산선고 전 발생한 재단채권에 대한 파산관재인의 변제의무는 그 실체법상 청구권의 원래 속성이나 채무자가 상인인지 여부와는 무관하게 민사채무로 보아야 하므로, 파산관재인의 임금 등의 수시변제의무 불이행으로 인한 지연손해금에는 민사법정이율인 연 5%가 적용되어야 한다는 견해가 있다.

49) 다만 임금채권보장법 제27조, 같은 법 시행령 제24조 제2항에 의하여 고용노동부장관의 임금채권보장법 제7조에 따른 체당금의 지급, 같은 법 제8조에 따른 청구권 대위와 관련된 권한의 행사 등의 권한은 산업재해보상보험법에 따른 근로복지공단에 위탁되어 있어, 실제로는 근로복지공단이 체당금을 지급하고 대위하는 권리를 행사한다.

재단채권이다.[50][51]

임금채권보장법에 따라 고용노동부장관이 채무자의 근로자에게 체당금을 지급한 경우가 아니더라도, 임금 등을 대위하여 변제한 대위변제자가 대위하는 권리도 재단채권이라고 봄이 타당하다.[52]

한편, 공사예정금액이 100억 원 이상인 건설공사 등 일정 규모 이상의 공사를 하는 건설업자는 「건설근로자의 고용개선 등에 관한 법률」에 따른 건설근로자 퇴직공제제도에 가입하여야 하고(건설산업기본법 제87조 제1항), 건설근로자공제회의 퇴직공제에 가입한 사업주는 건설근로자인 피공제자에게 임금을 지급할 때마다 해당 피공제자의 근로일수에 상응하는 공제부금을 건설근로자공제회에 내야 한다(건설근로자의 고용개선 등에 관한 법률 제13조). 그런데 공제부금을 내지 아니한 사업주에 대하여 파산이 선고된 경우 건설근로자공제회의 사업주에 대한 공제부금에 관한 청구권은 그 성질상으로나[53] 법 제473조 제10호의 문언상 채무자의 근로자의 임금·퇴직금 및 재해보상금에 해당한다고 보기 어려우므로, 건설근로자공제회의 공제부금에 관한 청구권은 재단채권이라고 할 수 없다.

파산관재인이 파산선고 전 발생한 채무자의 근로자의 임금 등을 재단채권으로 변제하는 경우 원천징수의무가 있는지도 다툼이 있으나, 이 경우 파산관재

---

50) 임치용(2), 159면.

51) 실무에서는 근로복지공단이 채무자의 근로자에게 체당금을 지급한 경우에는, 파산선고 전 체당금이 지급된 때에는 체당금에 대한 파산선고일부터 그 지급일까지의 지연손해금과 파산선고 후 체당금이 지급된 때에는 그 지급일 다음 날부터의 재단채권 변제일까지의 지연손해금을 법 제473조 제4호의 재단채권으로 인정한다. 채무자의 근로자가 파산선고 후 체당금을 지급받은 때에는, 파산선고 당시 미지급 임금 등 전액에 대하여 파산선고일부터 체당금 지급일까지의 지연손해금과 체당금을 지급받고도 미지급된 임금 등 잔액에 대하여 체당금 지급일 다음날부터 재단채권 변제일까지의 지연손해금을 근로자의 재단채권으로 인정한다.

52) 일본 最高裁判所 平成23年11月22日 平成22(受)第78号 判決은 채무자에 대한 파산선고 전 채무자 종업원의 급여채권을 채무자를 위해 변제한 자가 그 종업원을 대위하여 파산관재인에 대하여 파산절차에 의하지 않고 급여채권의 지급을 구한 사안에서, '변제에 의한 대위에 의하여 재단채권을 취득한 자는, 그가 파산자에 대하여 취득한 구상권이 파산채권에 지나지 않는 경우라도, 파산절차에 의하지 않고 위 재단채권을 행사할 수 있다고 하여야 한다. 이와 같이 해석하더라도 다른 파산채권자는, 원래 원채권자에 의한 위 재단채권의 행사를 감수할 수밖에 없는 입장에 있는 것이기 때문에, 부당하게 불이익을 입는다고 할 수 없다. 이는 위 재단채권이 노동채권이라고 하더라도 다르지 않다'는 취지로 판시하였다. 한편 민법 제368조 제2항 후문의 유추적용에 의한 후순위 저당권자의 대위권은 임금채권 자체의 대위행사가 아니라는 이유에서 위 규정을 유추적용하여 후순위 저당권자를 재단채권자로 취급할 근거가 없다는 취지로는 대법원 2009. 11. 12. 선고 2009다53017, 53024 판결.

53) 대법원 2007. 11. 30. 선고 2006다29624 판결은 건설산업기본법 및 구 「건설근로자의 고용개선 등에 관한 법률」에 의하여 건설근로자들에게 직접 건설업자를 상대로 퇴직공제제도 가입 및 공제부금 납부 등을 이행할 것을 청구할 수 있는 권리까지 부여된다고 볼 수는 없다는 취지로 판시하였다.

인은 파산재단의 집행기관의 지위에서 임금 등을 변제하는 것이므로 원천징수의
무를 부담하지는 않는다고 보는 견해가 있다.[54]

카. 파산선고 전의 원인으로 생긴 채무자의 근로자의 임치금 및 신원보 증금의 반환청구권(법 제473조 제11호)

앞서 채무자의 근로자의 임금·퇴직금 및 재해보상금에서와 같이, 파산선고
전의 원인으로 생긴 채무자의 임치금 및 신원보증금의 반환청구권은 근로자 보
호를 강화하기 위한 정책적인 이유에서 재단채권으로 인정된 것이다.

3. 조세채권 등

가. 개   요

국세징수법 또는 지방세징수법에 의하여 징수할 수 있는 청구권(국세징수의
예에 의하여 징수할 수 있는 청구권으로서 그 징수우선순위가 일반 파산채권보다 우선하
는 것을 포함하며, 법 제446조의 규정에 의한 후순위파산채권을 제외한다)은 재단채권
으로 한다(법 제473조 제2호 본문). 다만, 파산선고 후의 원인으로 인한 청구권은 파산재단에 관
하여 생긴 것에 한한다(법 제473조 제2호 단서).

법 제473조 제2호 본문의 규정상 파산선고 전의 원인으로 인한 조세채권
등은 모두 재단채권에 해당하나, 법 제446조의 규정에 의한 후순위파산채권에
해당하는 것은 제외된다.[55] 조세채권 등이 파산선고 전의 원인으로 인한 것으로

---

54) 최완주, "파산절차와 조세관계", 재판자료 제82집, 385-386면. 일본 最高裁判所 平成23年1月14
日 平成20(行ツ)第236号, 平成20(行ヒ)第272号 判決은 퇴직수당 등을 지불하는 자에게 소득세의
원천징수의무를 부과하는 것은 퇴직수당 등을 지불하는 자가 이를 받는 사람과 특히 밀접한 관
계에 있어 징세상 특별한 편의와 능률을 고려한 것인데, 파산관재인은 채무자가 고용하고 있던
노동자와의 사이에 파산선고 전의 고용관계에 관해 직접적인 채권채무관계에 서는 것이 아니고
파산채권인 위 퇴직수당 등의 채권에 대해서 배당을 하는 경우에도 이를 파산절차상 직무수행
으로 실시하는 것이므로, 이러한 파산관재인과 그 노동자와의 사이에 사용자와 노동자와의 관
계에 준하는 특히 밀접한 관계가 있다고 할 수 없다는 등의 이유로, 파산관재인은 파산채권인
퇴직수당 등의 채권에 대한 배당시에 그 퇴직수당 등에 대해 소득세를 징수하여 이를 국가에
납부할 의무가 없다는 취지로 판시하였다.
55) 대법원 2017. 11. 29. 선고 2015다216444 판결은 구 파산법 제38조 제2호 본문은 '국세징수법
또는 국세징수의 예에 의하여 징수할 수 있는 청구권' 중 파산선고 전의 원인으로 인한 것은
파산재단에 관하여 생긴 것인지 여부를 불문하고 모두 재단채권으로 규정하고 있어, 본세가 파
산선고 전의 원인으로 인한 것이라면 그 체납으로 인하여 부가되는 가산금·중가산금도 파산선
고 전에 생긴 것인지 파산 후에 생긴 것인지 가리지 않고 모두 재단채권에 해당하였으나, 법
제473조 제2호 본문은 '국세징수법 또는 지방세기본법에 의하여 징수할 수 있는 청구권' 중 파
산선고 전의 원인으로 인한 청구권은 파산재단에 관하여 생긴 것인지 여부를 불문하고 모두 재

재단채권에 해당하는지 여부는 파산선고 전에 법률에 정한 과세요건 내지 성립요건이 충족되어 그 조세채권 등이 성립되었는가 여부를 기준으로 하여 결정된다.[56] 따라서 조세채권의 성립일을 기준으로 하여 파산선고 전에 성립된 국세 및 지방세의 원금과 그에 대한 파산선고일 전날까지의 가산금 및 중가산금 청구권은 재단채권에, 파산선고일 당일부터의 가산금 및 중가산금 청구권은 후순위 파산채권에 각 해당한다.

다만 법 제473조 제2호 단서의 규정상 파산선고 후의 원인으로 인한 조세채권 등은 '파산재단에 관하여 생긴 것'에 한하여 재단채권에 해당한다. '파산재단에 관하여 생긴 것'이 아니라면 그 조세채권 등은 재단채권이 아니고, 파산선고 후의 원인으로 인한 것이므로 파산채권도 아니다.[57] 여기서 '파산재단에 관하여 생긴 것'의 의미를 어떻게 해석하여야 하는지 문제가 되나,[58] 결국에는 조세채권 등마다 개별적으로 판단하는 것이 불가피하다.[59]

단채권에 해당하는 것으로 규정하면서도, 괄호 안에 '국세징수의 예에 의하여 징수할 수 있는 청구권으로서 그 징수우선순위가 일반 파산채권보다 우선하는 것을 포함하며, 제446조의 규정에 의한 후순위파산채권을 제외한다'는 내용을 추가하였는바, 위 괄호 안에 있는 규정의 취지는, '국세징수의 예에 의하여 징수할 수 있는 청구권'은 그 징수우선순위가 일반 파산채권보다 우선하는 것에 한하여 재단채권으로 하되, '국세징수법 또는 지방세기본법에 의하여 징수할 수 있는 청구권'이든 '국세징수의 예에 의하여 징수할 수 있는 청구권으로서 그 징수우선순위가 일반 파산채권보다 우선하는 것'이든, 그 중 '제446조의 규정에 의한 후순위파산채권'에 해당하는 것은 재단채권에서 제외하려는 데 있다는 취지로 판시하였다.

56) 대법원 2005. 6. 9. 선고 2004다71904 판결.

57) 대법원 2017. 11. 29. 선고 2015다216444 판결은, 파산재단에 속하지 않는 재산에 대한 관리처분권은 채무자가 그대로 보유하고 있고 이는 파산선고 후에 발생한 채권 중 재단채권에 해당하지 않는 채권의 변제제원이 되므로, 파산선고 후에 발생한 조세채권 중 재단채권에 해당하지 않는 조세채권, 즉 '파산채권도 아니고 재단채권도 아닌 조세채권'에 대한 납세의무자는 파산관재인이 아니라 파산선고를 받은 채무자라고 판시하고, 이에 따라 국가가 파산채권도 아니고 재단채권도 아닌 조세채권을 파산관재인으로부터 변제받은 것은 법률상 원인을 결여한 것으로서 부당이득이 성립한다고 판시하였다. 이 판결에 관하여는, 심영진, "파산선고 전의 원인으로 인한 국세나 지방세에 기하여 파산선고 후에 발생한 가산금·중가산금이 재단채권에 해당하는지 여부", 대법원판례해설 제113호, 법원도서관(2018), 303-336면.

58) 전병서, 220-221면은 '파산재단에 관하여 생긴 것'의 의미는 공동의 이익을 위한 비용으로 볼 수 있는 것, 즉 파산재단의 관리, 환가 및 배당에 관한 비용의 청구권에 해당된다고 볼 수 있는 조세채권 등을 말한다는 견해를 취한다.

59) 최완주, "파산절차와 조세관계", 재판자료 제82집, 409면은 '파산재단에 관하여 생긴 것'에 해당하는지의 여부를 판단하는 기준으로서 파산채권자에게 공익적인 지출로서 공동부담하는 것이 상당한 것이어야 한다는 점을 내세울 필요는 없이, 그 의미를 파산재단에 속한 자산의 소유사실 또는 그 자산의 양도·처분사실에 터 잡아 과세되거나 그 자산으로부터의 수익 그 자체에 대하여 과세되는 조세라고 새기면 된다는 견해를 취하면서도, 구체적으로 어떠한 세목이 그에 해당하는가를 가리기 위한 기준으로서는 미흡하다고 하지 않을 수 없고, 결국 구체적인 사건에서 어떤 세목이 '파산재단에 관하여 생긴 것'에 해당하는가의 여부는 당해 조세채권과 파산재단과의 관계의 밀접성 정도, 당해 조세채권을 우선 징수하여야 할 공익성과 다른 재단채권자 또는 파산채권자들의 이익을 보호하여야 할 필요성의 비교형량 등 여러 가지 사정을 종합적으로

아래에서는 개별 조세채권이 재단채권에 해당하는지 여부에 관하여 각 세목별 조세채권의 취급방안에 대해 살펴본다.

나. 조세채권의 세목별 취급

1) 당해세

국세 중에서는 상속세, 증여세 및 종합부동산세가 당해세에 해당한다(국세기본법 제35조 제5항). 상속세는 상속이 개시되는 때, 증여세는 증여에 의하여 재산을 취득하는 때, 종합부동산세는 지방세법 제114조에 따른 재산세의 과세기준일인 매년 6월 1일에 각각 그 납세의무가 성립한다(국세기본법 제21조 제2항 제2호, 제3호, 제10호). 위와 같은 세목의 조세채권은 그 납세의무 성립일이 파산선고 전인 경우는 물론, 파산선고 후인 경우에도 재단채권에 해당한다고 봄이 상당하다. 위 세목 중에서 상속세는 개인이 아닌 채무자에 대한 파산절차에서는 특별히 문제되는 경우가 없다. 증여세는 파산선고 후 증여받은 재산이 파산재단에 속하게 되는 경우에는 재단채권에 해당할 것이고, 종합부동산세는 주택, 토지를 과세대상으로 하는 세목으로서 그 주택, 토지가 파산재단에 속하는 재산이라면, 이는 파산재단에 관하여 생긴 것에 해당하므로 그 납세의무 성립일이 파산선고 후인 경우에도 재단채권이다.

지방세 중에서는 재산세, 자동차세(자동차 소유에 대한 자동차세만 해당한다), 지역자원시설세(특정부동산에 대한 지역자원시설세만 해당한다), 지방교육세(재산세와 자동차세에 부가되는 지방교육세만 해당한다)가 당해세에 해당한다(지방세기본법 제71조 제5항). 재산세는 과세기준일인 매년 6월 1일, 자동차 소유에 대한 자동차세는 제1기분 납기가 있는 달인 6월의 1일과 제2기분 납기가 있는 달인 12월의 1일, 지방교육세는 과세표준이 되는 세목의 납세의무가 성립하는 때에 각각 그 납세의무가 성립한다(지방세기본법 제34조 제1항 제8호, 제9호 가목, 제11호, 지방세법 제128조 제1항). 위와 같은 세목의 조세 역시 그 납세의무 성립일이 파산선고 전인 경우는 물론, 파산선고 후인 경우에도 재단채권에 해당한다고 봄이 상당하다. 파산재단에 속하는 재산인 토지, 건축물, 주택, 자동차 등을 과세대상으로 하는 세목으로서 파산재단에 관하여 생긴 것에 해당하므로 그 납세의무 성립일이 파산선고 후인 경우에도 재단채권이다.

다만 파산관재인이 법원의 허가를 받아 파산재단에 속하는 권리를 포기한 경우(법 제492조 제12호), 그 권리는 더는 파산재단에 속하지 아니하고 채무자의 자유재산이 되어 그에 대한 채무자의 관리처분권이 회복되므로, 파산관재인이 권리를 포기

고려하여 개별적으로 결정할 수밖에 없을 것이라고 한다.

한 후에 그 권리의 소유를 원인으로 발생하는 종합부동산세, 재산세, 자동차세 등은 파산재단에 관하여 생긴 것이라고 할 수 없으므로 재단채권에 해당하지 아니한다고 보아야 한다.

2) 인 지 세

국내에서 재산에 관한 권리 등의 창설·이전 또는 변경에 관한 계약서나 이를 증명하는 그 밖의 문서를 작성하는 자는 해당 문서를 작성할 때 그 문서에 대한 인지세를 납부할 의무가 있다(인지세법 제1조 제1항). 인지세 납세의무의 성립시기는 과세문서를 작성한 때이므로(국세기본법 제21조 제2항 제6호), 파산선고일을 기준으로 그 전에 납세의무가 성립한 인지세는 재단채권에 해당한다. 파산선고 후에 납세의무가 성립한 인지세는 파산관재인이 파산재단에 속하는 재산을 양도·처분하는 등의 과정이나 법원의 영업 계속 허가에 따라 영업활동을 하는 과정에서 과세문서를 작성하여 발생한 것이라면 재단채권에 해당할 것이다.

3) 등록면허세

등록면허세에서 등록이란 재산권과 그 밖의 권리의 설정·변경 또는 소멸에 관한 사항을 공부에 등기하거나 등록하는 것을 말하고, 면허란 각종 법령에 규정된 면허·허가·인가·등록·지정·검사·검열·심사 등 특정한 영업설비 또는 행위에 대한 권리의 설정, 금지의 해제 또는 신고의 수리 등 행정청의 행위를 말한다(지방세법 제23조). 등록에 대한 등록면허세는 재산권과 그 밖의 권리를 등기하거나 등록하는 때, 면허에 대한 등록면허세는 각종의 면허를 받는 때와 납기가 있는 달의 1일에 그 납세의무가 성립하므로(지방세기본법 제34조 제1항 제2호), 위 인지세의 경우와 마찬가지로 파산선고일을 기준으로 그 전에 납세의무가 성립한 등록면허세는 재단채권에 해당하고, 파산선고 후에 납세의무가 성립한 등록면허세는 파산관재인이 파산재단에 속하는 재산권과 그 밖의 권리를 등기하거나 등록하는 때, 법원의 영업 계속 허가에 따라 영업활동을 하는 과정에서 각종의 면허를 받거나 면허를 계속 보유하는 때에는 재단채권에 해당할 것이다.

다만 채무자가 각종의 면허를 받고 영업을 하던 중 영업을 폐업하고도 폐업신고를 하지 아니하여 그 영업의 전제가 된 각종의 면허가 취소·말소되지 아니한 상태에서 파산이 선고되는 등으로 파산선고 전 채무자가 받았던 각종의 면허에 대한 등록면허세가 파산선고 후에 발생하는 경우가 있다. 이러한 경우 실무에서는 채무자에 대한 파산선고 당시 각종의 면허에 따른 영업이 이미 폐지되어 있었고, 그 면허 자체가 단독으로 또는 다른 재산과 함께 양도할 수 있어서 파산재단에 속하는 재산으로의 의미를 가지는 것이 아니라면, 그 면허에 대한 등록면허세는 파산재단에 관한 것이 아니어서 재단채권에 해당하지 않는다고 본다. 그러나 파산관재인이 파산선고 후 법원의 허가를 받아 채무자의 영업을 계속하였다면(제486조) 그 영업과 관련한 각종의 면허에 대한 등록면허세는 재단채권에 해당할 것이다.

4) 부가가치세
가) 납세의무의 성립시기

부가가치세는 과세기간이 끝나는 때 납세의무가 성립한다(국세기본법 제21조 제2항 제4호). 일반과세자의 경우, 부가가치세의 제1기 과세기간은 과세연도의 1월 1일부터 6월 30일까지이고, 제2기 과세기간은 7월 1일부터 12월 31일까지이므로(부가가치세법 제5조 제1항), 제1기분 부가가치세의 납세의무 성립일은 6월 30일이고, 제2기분 부가가치세의 납세의무 성립일은 12월 31일이다. 또한 부가가치세법은 위와 같은 확정신고기간 외에 예정신고기간에 대하여도 규정하고 있는바, 부가가치세의 제1기 예정신고기간은 과세연도의 1월 1일부터 3월 31일까지이고, 제2기 예정신고기간은 7월 1일부터 9월 30일까지이다. 마찬가지로 예정신고기간에 대한 부가가치세 역시 위 각 예정신고기간이 끝나는 때 납세의무가 성립한다(국세기본법 제21조 제3항 제3호). 따라서 파산선고일을 기준으로 위 제1기 또는 제2기분 각 부가가치세의 과세기간 또는 예정신고기간이 끝나는 날이 파산선고일보다 전인 경우에는 해당 부가가치세는 재단채권에 해당한다. 사업자가 폐업하는 경우의 과세기간은 폐업일이 속하는 과세기간의 개시일부터 폐업일까지로 하고(부가가치세법 제5조 제3항), 그 폐업일이 속하는 과세기간에 대한 부가가치세는 과세기간이 끝나는 때인 폐업일에 납세의무가 성립하므로, 폐업신고서 접수 후 파산이 선고된 경우 그 폐업일이 속하는 과세기간에 대한 부가가치세는 재단채권에 해당한다.

나) 파산선고 후에 발생한 부가가치세의 취급

파산선고 후에 납세의무가 성립한 부가가치세라고 하더라도 그 발생원인이 파산관재인이 파산재단에 속하는 재산을 처분하거나[60] 파산선고 당시 채무자 및 그 상대방이 모두 이행을 완료하지 아니한 쌍무계약을 이행하는(법 제335조 제1항) 등의 과정 또는 법원의 영업 계속 허가에 따라 영업활동을 하는 과정에서 파산관재인이 재화나 용역을 공급하여 발생한 것이라면 재단채권에 해당할 수 있다.

그러나 위 경우를 제외하면 파산선고 후에 발생한 부가가치세는 재단채권

---

60) 통상 파산재단에 속한 건물이나 기계장치, 재고품 등을 매각할 때 부가가치세가 발생할 수 있다.

이나 파산채권에 해당하지 않아 파산재단으로부터 변제나 배당을 받을 수 없고, 파산선고를 받은 채무자가 파산재단에 속하지 않는 재산으로 변제할 기타의 채권으로 취급함이 타당하다.[61] 판례도 파산선고에 의하여 채무자가 파산선고 당시에 가진 국내외의 모든 재산은 파산재단을 구성하고, 파산재단을 관리 및 처분할 권리는 파산관재인에게 전속하므로, 재단채권이나 파산채권에 해당하는 조세채권의 납세의무자는 파산관재인이나, 파산재단에 속하지 않는 재산에 대한 관리처분권은 채무자가 그대로 보유하고 있고, 이는 파산선고 후에 발생한 채권 중 재단채권에 해당하지 않는 채권의 변제재원이 되므로 파산선고 후에 발생한 조세채권 중 재단채권에 해당하지 않는 조세채권, 즉 파산채권도 아니고 재단채권도 아닌 조세채권에 대한 납세의무자는 파산관재인이 아니라 채무자가 된다고 한다.[62]

다) 폐업시 잔존재화에 대한 부가가치세 신고납부

사업자가 폐업하는 경우의 과세기간은 폐업일이 속하는 과세기간의 개시일부터 폐업일까지이며(부가가치세법 제5조 제3항), 사업자가 폐업할 때 자기생산·취득재화 중 남아 있는 재화는 자기에게 공급하는 것으로 본다(부가가치세법 제10조 제6항).[63] 따라서 파산관재인은 채무자의 영업이 중단된 후 상당한 기간이 경과하였고, 종업원이 모두 퇴사하는 등 채무자가 실질적인 폐업상태에 있는 경우에는 원칙적으로 관할 세무서장에게 폐업신고를 하고(부가가치세법 시행령 제13조 제1항), 그 신고일 당시 남아 있는 재화의 공급가액을 기준으로 부가가치세를 신고·납부하여야 한다고 볼 수도 있다.[64]

---

61) 대법원 2006. 10. 12. 선고 2005다3687 판결은 구 부가가치세법 제17조의2 제3항(현행 부가가치세법 제45조 제3항에 해당하는 규정이다)에 의하면 공급자의 대손이 공급을 받은 사업자의 폐업 전에 확정되면 그 공급자의 대손이 확정된 때에 비로소 그 대손세액 상당의 매입세액 차감액에 대한 사업자의 납세의무가 발생하고 그에 상응하는 조세채권이 성립하는 것이므로, 공급자가 상품을 납품하고 교부받은 약속어음의 어음금이 지급되지 아니하자 공급을 받은 사업자에 대한 파산선고 후 이를 대손으로 확정하고 관련 매출세액을 대손세액으로 하여 매출세액에서 차감·신고하였고, 공급을 받은 사업자의 관할 세무서장은 공급을 받은 사업자가 위 관련 대손세액 상당을 매입세액에서 차감하지 아니하자 그 대손세액 상당액을 모두 부가가치세로 경정하여 부과한 것이라면, 그 부가가치세는 공급을 받은 사업자가 파산선고를 받은 후에 비로소 납세의무가 성립된 것이어서 재단채권에 해당하지 않는다는 취지로 판시하였다.

62) 대법원 2017. 11. 29. 선고 2015다216444 판결.

63) 이는 폐업시 잔존재화에 대한 부가가치세를 징수하여, 그 잔존재화를 다른 사업자로부터 구입하여 정상적으로 사용·소비하거나 공급하는 경우와 동일한 조세 부담을 지도록 함으로써 이미 공제받은 매입세액을 과세관청에 회복시키기 위함이다. 만일 폐업시 잔존재화에 대한 부가가치세를 과세하지 아니할 경우, 채무자가 폐업 후에 부가가치세의 부담 없이 그 잔존재화를 사용·소비하거나 공급할 수 있게 되므로 기존의 정상적인 거래와의 비교할 때 조세형평에 반하게 될 우려가 있다.

64) 부가가치세법 제29조 제1항 및 같은 조 제3항 제3호에 의하면 이 경우 잔존재화의 공급가액은 폐업시 남아있는 재화의 시가를 의미한다.

그러나 파산선고 전 폐업신고가 되어있지 않은 경우 파산관재인에게 그 신고를 할 의무가 있는지에 관하여 논란이 있고(이에 관하여는 제6장 제2절 7. 마. 참조), 파산선고 이후 파산재단에 속한 남아 있는 재화(예를 들어, 건물 등의 부동산, 차량, 상품, 지식재산권 등)의 매각 가능성 유무나 정확한 공급가액 등을 파악하기 어려워 위와 같이 폐업에 따른 자가공급 재화에 대한 부가가치세의 신고·납부는 거의 이루어지지 않고 있다.

실무에서는 채무자가 파산선고를 받더라도 사업자등록은 통상 유지되고 있는 점을 활용하여 파산관재인이 파산선고 후 파산재단에 속하는 남아 있는 재화에 대한 환가 과정에서 부가가치세 과세대상이 되는 거래가 발생하는 경우, 그 거래가 속하는 해당 과세기간의 부가가치세에 대하여 부가가치세법에 정한 바에 따라 신고·납부를 하는 경우가 있다.[65] 다만 이 경우라도 사업자는 폐업을 하면 지체 없이 사업장 관할 세무서장에게 신고하여야 하고(부가가치세법 제8조 제7항), 사업자는 각 과세기간에 대한 과세표준과 납부세액 또는 환급세액을 폐업일이 속한 달의 다음 달 25일 이내에 납세지 관할 세무서장에게 신고하여야 하므로(부가가치세법 제49조 제1항), 파산관재인은 모든 환가가 종료된 경우 폐업신고 및 폐업 부가가치세를 신고하는 것이 바람직할 것이다(파산관재인의 폐업신고에 관한 자세한 내용은 제6장 제2절 7. 마. 참조).

5) 지방소비세

지방소비세의 과세대상, 납세의무자, 과세표준 등에 관하여는 모두 부가가치세법을 준용하고 있는바(지방세법 제65조 내지 제69조), 지방소비세의 납세의무 성립시기 또한 국세기본법에 따른 부가가치세의 납세의무가 성립하는 때이다(지방세기본법 제34조 제1항 제5호). 따라서 파산선고일을 기준으로 그 전에 납세의무가 성립한 지방소비세는 재단채권에

---

65) 한편, 파산선고 전 채무자에 대하여 폐업신고가 되어 있거나 과세관청에서 채무자가 실질적으로 폐업한 것으로 판단하여 직권으로 사업자등록을 말소한 경우(부가가치세법 제8조 제7항, 제8항), 파산선고 이후 부가가치세 과세대상 거래가 발생할 때에 파산관재인이 부가가치세를 신고·납부하여야 하는지가 문제된다. 이 경우 채무자는 부가가치세법상의 납세의무자인 '사업자'에 해당하지 않으므로 원칙적으로 파산관재인에게도 그 납부의무가 있다고 보기 어려울 것이나, 실무에서는 과세대상인 재화의 거래가 폐업시 잔존재화의 간주공급 규정에 따라 원칙적으로 부가가치세를 납부하여야 할 대상이었고, 재화 공급거래의 상대방이 세금계산서 발급을 원하여 파산관재인이 재화를 환가할 수 없거나 이미 공급한 재화나 용역에 대한 대금을 지급받지 못하는 경우에는 관할 과세관청과 협의하여 실질적 폐업일자를 정정하거나 사업자등록을 부활하는 등의 방법으로 부가가치세를 납부하고 있다. 특히 과세대상 재화나 용역과 관련된 부가가치세 매입세액 환급액이 존재하는 경우, 부가가치세 신고·납부를 하게 되면 위 매입세액은 전액 파산재단에 환입되는 반면, 납부할 세액은 재단채권 부족시 안분변제가 가능하므로 부가가치세를 신고·납부하는 것이 파산재단에 더 유리한 경우도 있다.

해당한다. 파산선고 후 납세의무가 성립한 지방소비세에 관하여는 앞서 본 파산선고 후 납세의무가 성립한 부가가치세와 동일하게 취급하면 충분하다.

6) 법인세 · 소득세

가) 납세의무의 성립시기

법인세 · 소득세는 과세기간이 끝나는 때 납세의무가 성립한다(다만, 청산소득에 대한 법인세는 그 법인이 해산을 하는 때를 말한다)(^{국세기본법 제21조}_{제2항 제1호}). 개인이 아닌 채무자에 대한 파산절차에서는 소득세의 납세의무가 문제되는 경우는 거의 없으므로,[66] 이하에서는 법인세를 중심으로 살펴본다.

통상적으로 사업연도의 소득에 대한 법인세의 과세기간은 해당 사업연도의 1월 1일부터 12월 31일까지인 경우가 대부분이므로[67] 이 경우 12월 31일이 끝나는 때 법인세 납세의무가 성립한다. 또한 사업연도의 기간이 6개월을 초과하는 내국법인은 각 사업연도 중 해당 사업연도의 개시일부터 6개월이 되는 날까지인 중간예납기간에 대한 법인세액을 납부할 의무가 있는바(^{법인세법}_{제63조 제1항}), 중간예납하는 법인세의 납세의무는 중간예납기간이 끝나는 때에 성립한다(^{국세기본법 제21조}_{제3항 제3호}). 따라서 파산선고일을 기준으로 법인세의 과세기간 또는 중간예납기간이 끝나는 날이 파산선고일보다 전인 경우에는 해당 법인세는 재단채권에 해당한다.[68]

한편 내국법인이 파산으로 인하여 해산한 경우 청산소득에 대한 법인세 납세의무는 그 법인이 해산하는 때, 즉 파산선고와 동시에 성립하므로(^{국세기본법 제21조}_{제2항 제1호}) 그 청산소득에 대한 법인세는 재단채권에 해당한다고 볼 여지가 있다(파산관재인의 청산소득에 대한 법인세 신고에 관한 자세한 내용은 제17장 제1절 2. 나. 참조).[69]

---

66) 다만 개인이 아닌 채무자의 경우에도 법인세법 제2조 제1호에 따른 내국법인 등이 소득세법에 따라 원천징수한 소득세를 납부할 의무를 지는 경우(소득세법 제2조 제2항) 또는 채무자가 국세기본법 제13조 제1항에 따른 법인 아닌 단체 중 같은 조 제4항에 따른 법인으로 보는 단체 외의 법인 아닌 단체인 경우에는(소득세법 제2조 제3항), 소득세 납세의무가 발생할 여지는 있다. 참고로 파산선고에 의한 토지 및 건물(건물에 부속된 시설물과 구축물을 포함한다)의 처분으로 인하여 발생하는 양도소득은 비과세 대상이다(법인세법 제55조의2 제4항 제1호, 제1항).

67) 내국법인의 각 사업연도의 소득에 대한 법인세는 사업연도를 과세기간으로 하는데(법인세법 제4조 제1항 제1호, 제13조 제1항), 사업연도는 법인의 소득을 계산하는 1회계기간을 의미한다(법인세법 제2조 제5호). 사업연도는 법령이나 법인의 정관 등에서 정하는 1회계기간으로 하나 그 기간은 1년을 초과하지 못하며(법인세법 제6조 제1항), 법령이나 정관 등에 사업연도에 관한 규정이 없는 내국법인은 따로 사업연도를 정하여 법인 설립신고 또는 사업자등록과 함께 납세지 관할 세무서장에게 사업연도를 신고하여야 한다(법인세법 제6조 제2항). 그런데 위 규정에 따른 신고를 하여야 할 법인이 그 신고를 하지 아니하는 경우에는 매년 1월 1일부터 12월 31일까지를 그 법인의 사업연도로 한다(법인세법 제6조 제5항).

68) 다만 내국법인이 사업연도 중에 파산으로 인하여 해산한 경우에는 그 사업연도 개시일부터 파산등기일까지의 기간과 파산등기일 다음 날부터 그 사업연도의 종료일까지의 기간을 각각 1사업연도로 본다(법인세법 제8조 제1항).

나) 법인세의 수시부과

납세지 관할 세무서장 또는 관할 지방국세청장은 내국법인이 그 사업연도 중에 대통령령으로 정하는 사유(수시부과사유)로[70] 법인세를 포탈할 우려가 있다고 인정되는 경우에는 수시로 그 법인에 대한 법인세를 부과할 수 있는바 (법인세법 제69조 제1항), 그에 따른 수시부과 결정이 있는 경우 법인세 납세의무의 성립시기는 위 수시부과할 사유가 발생한 때가 된다(국세기본법 제21조 제3항 제4호). 따라서 폐업 등의 수시부과사유가 있는 내국법인의 경우에는 파산선고 후에 재단채권으로 신고된 법인세가 재단채권에 해당하는지 여부를 판단함에 있어서는 통상적인 신고납부에 의한 법인세인지 수시부과사유 발생에 따른 법인세인지 여부를 살펴 판단하여야 한다.[71] 파산선고 후에 법인세 수시부과 결정이 있더라도 수시부과사유가 파산선고 전에 발생하였다면 그 법인세는 재단채권에 해당한다.

다) 파산선고 후에 발생한 법인세의 취급

파산선고 후에 납세의무가 성립한 법인세라고 하더라도 그 발생원인이 법원의 영업 계속 허가에 따른 파산관재인의 영업활동으로 발생한 것이라는 등의 특별한 사정으로 인한 것이라면 재단채권에 해당할 수 있다. 그러나 위 경우를 제외하면 파산선고 후에 납세의무가 성립한 법인세는 재단채권이나 파산채권에 해당하지 않는 기타의 채권으로 취급함이 타당하다.[72][73]

---

69) 최완주, "파산절차와 조세관계", 재판자료 제82집, 378~381면. 이러한 청산소득에 대한 법인세에는 법인세법 제90조에 의하여 가산금이 적용되지 않는다.

70) 법인세법 시행령 제108조(수시부과결정)
　　① 법 제69조 제1항 전단에서 "대통령령으로 정하는 사유"란 다음 각 호의 어느 하나에 해당하는 경우를 말한다.
　　　1. 신고를 하지 아니하고 본점등을 이전한 경우
　　　2. 사업부진 기타의 사유로 인하여 휴업 또는 폐업상태에 있는 경우
　　　3. 기타 조세를 포탈할 우려가 있다고 인정되는 상당한 이유가 있는 경우

71) 채무자에 대하여 화의절차가 폐지된 후 직권으로 파산이 선고되었는데 그 후 관할 세무서장이 채무자가 파산선고를 받는 등 실질적으로 폐업상태에 있음을 확인하고 파산선고일자로 직권 폐업처리하는 한편 구 법인세법 제69조, 같은 법 시행령 제108조에 의하여 수시부과 방식으로 법인세를 결정하여 파산관재인에게 이를 부과하는 처분을 한 사안에서, 채무자가 파산선고를 받기 전 이미 사실상 폐업하였다 할 것이므로 위 법인세는 채무자가 파산선고를 받기 전에 이미 그 납세의무가 성립하였다 할 것이어서 그 법인세 채권은 파산선고 전의 원인으로 인한 것이어서 재단채권에 해당한다고 한 사례가 있다[서울고등법원 2008. 5. 13. 선고 2007나4044 판결(미상고 확정)].

72) 대법원 2017. 11. 29. 선고 2015다216444 판결.

73) 대법원 2011. 11. 10. 선고 2009다28738 판결은 구 조세감면규제법 제56조의2 제1항 본문에 따라 처음으로 주식을 상장하는 것을 전제로 자산재평가를 하고 재평가차액을 당해 사업연도의 익금에 산입하지 않았는데, 그 후 파산선고를 받은 내국법인이 조세특례제한법 시행령 제138조에서 정한 2003. 12. 31.까지 주식을 상장하지 아니하자 관할 세무서장이 당해 사업연도의 법인세와 가산세를 부과하였고, 관할 지방자치단체가 이를 과세표준으로 하여 법인세할 주민세 등

374 제9장 재단채권

7) 지방소득세

지방소득세의 과세대상인 지방소득은 개인지방소득과 법인지방소득으로 구분되는데(지방세법 제85조 제1항 제1호, 제2호), 개인이 아닌 채무자에 대한 파산절차에서 주로 문제가 되는 것은 법인지방소득세이다. 한편, 법인지방소득세의 납세의무자 및 지방소득의 범위와 과세기간에 관하여는 모두 법인세법을 준용하고 있는바(지방세법 제86조 내지 제88조), 법인지방소득세 납세의무의 성립시기 또한 과세표준이 되는 소득에 대하여 법인세의 납세의무가 성립하는 때이다(지방세기본법 제34조 제1항 제7호). 따라서 내국법인에 부과된 법인지방소득세가 재단채권에 해당하는지 여부의 판단기준은 앞서 법인세에서의 판단기준과 동일하다.

그뿐만 아니라, 법인지방소득세 역시 납세지 관할 지방자치단체장은 내국법인이 그 사업연도 중에 대통령령으로 정하는 사유(수시부과사유)로[74] 법인지방소득세를 포탈할 우려가 있다고 인정되는 경우에는 수시로 그 법인에 대한 법인지방소득세를 부과할 수 있는바(지방세법 제103조의26), 그에 따른 수시부과 결정이 있는 경우 법인지방소득세 납세의무의 성립시기는 위 수시부과할 사유가 발생한 때가 된다(지방세기본법 제34조 제2항 제2호).

8) 주민세

주민세는 균등분 및 재산분, 종업원분으로 이루어져 있다(지방세법 제74조 제1호 내지 제3호). 이 중 균등분은 법인의 자본금액 또는 종업원 수에 따라 일정하게 부과하는 주민세를(지방세법 제78조 제1항), 재산분은 사업소 연면적을 과세표준으로 하여 부과하는 주민세를(지방세법 제80조, 제81조), 종업원분은 종업원에게 지급한 그 달의 급여 총액을 과세표준으로 하여 부과하는 주민세를 의미한다(지방세법 제84조의2, 제84조의3).

먼저 균등분 주민세의 과세기준일은 매년 7월 1일로 규정되어 있으며

을 부과한 사안에서, 그 내국법인이 2003. 12. 31.까지 주식을 상장하지 아니하여 위 재평가차액이 당해 사업연도의 익금에 산입됨에 따라 그로 인한 법인세 납세의무는 당해 사업연도의 종료일에 성립하였으므로, 위 법인세채권은 파산선고 전의 원인으로 생긴 조세채권으로서 구 파산법 제38조 제2호에 의하여 재단채권에 해당하지만, 그 내국법인이 자산재평가일이 속하는 당해 사업연도의 법인세 신고·납부기일까지 재평가차액에 대한 법인세를 자진하여 신고·납부할 의무가 있다고 할 수는 없으므로, 이러한 의무가 있음을 전제로 한 가산세 부과처분은 하자가 중대하고 명백하여 무효이고, 한편 관할 세무서장이 그 내국법인에 대하여 위 법인세 및 가산세를 부과하는 경정결정을 함으로써 그때 이를 과세표준으로 하는 법인세할 주민세의 납세의무가 성립하는데, 그 내국법인에 대한 파산선고가 그 이전에 이루어졌으므로, 위 주민세 채권은 파산선고 후의 원인으로 생긴 조세채권에 해당하고 파산재단에 관하여 생긴 것도 아니므로 재단채권에 해당하지 않는다는 취지로 판시하였다.

74) 「지방세법 시행령」 제100조의17은 대통령령으로 정하는 사유란 「법인세법 시행령」 제108조 제1항 각 호의 어느 하나에 해당하는 경우를 말한다고 규정하고 있다.

(지방세법 제79조 제2항), 위 과세기준일이 납세의무의 성립시기이다(지방세기본법 제34조 제1항 제6호 가목). 따라서 파산선고일이 해당 연도의 과세기준일인 7월 1일 후인 경우에는 해당 연도의 균등분 주민세는 재단채권에 해당한다. 파산선고 후에 성립한 균등분 주민세는 파산관재인이 법원의 영업 계속 허가에 따라 영업활동을 하고 있다는 등의 특별한 사정이 있다면 재단채권에 해당할 수 있으나(이는 아래 재산분 주민세 및 종업원분 주민세에 관하여도 같다) 그와 같은 사정이 없다면 앞서 본 바와 같이 파산선고를 받은 채무자가 파산재단에 속하지 않는 재산으로 변제할 '파산채권도 아니고 재단채권도 아닌 조세채권'으로 보아야 할 것이다.

다음으로 재산분 주민세의 과세기준일은 매년 7월 1일로 규정되어 있으며 (지방세법 제83조 제2항), 위 과세기준일이 납세의무의 성립시기이다(지방세기본법 제34조 제1항 제6호 가목). 따라서 파산선고일이 해당 연도의 과세기준일인 7월 1일 후인 경우에는 해당 연도의 재산분 주민세는 재단채권에 해당한다.

마지막으로 종업원분 주민세는 종업원의 급여를 지급하는 때에 납세의무가 성립한다(지방세기본법 제34조 제1항 제6호 나목). 따라서 파산선고 전의 종업원 급여지급분에 대한 주민세만이 재단채권에 해당한다고 할 것이다.

9) 원천징수하는 소득세 및 법인세, 특별징수하는 지방소득세

원천징수란 세법에 따라 원천징수의무자가 국세를 징수하는 것을 의미한다 (국세기본법 제2조 제3호). 통상적으로 소득세 또는 법인세 과세대상인 소득이 있는 자가 원천납세의무자로서 원천징수대상자가 되고, 위 소득을 지급하는 자가 원천징수의무자가 된다. 즉, 원천징수의무자가 원천징수대상자에게 위 소득세 또는 법인세 과세대상인 소득을 지급할 때 그 국세에 해당하는 부분에 대한 원천징수가 이루어지게 된다(소득세법 제127조 제1항, 법인세법 제73조 등 등). 원천징수하는 소득세·법인세는 해당 소득금액 또는 수입금액을 지급하는 때에 납세의무가 성립한다(국세기본법 제21조 제3항 제1호). 따라서 파산선고일을 기준으로 소득금액 또는 수입금액의 지급일이 그에 앞선 경우 원천징수하는 소득세·법인세는 재단채권에 해당한다.[75]

---

[75] 대법원 2005. 6. 9. 선고 2004다71904 판결은 과세관청이 탈루된 법인소득에 대하여 대표자 인정상여로 소득처분을 하고 소득금액변동통지를 하는 경우 그 원천징수분 법인세(근로소득세)의 납세의무는 소득금액변동통지서가 당해 법인에게 송달된 때에 성립함과 동시에 확정되고, 이러한 원천징수분 법인세액을 과세표준으로 하는 법인세할 주민세의 납세의무 역시 이때 성립한다고 할 것이므로, 소득금액변동통지서가 파산선고 후에 도달하였다면 그에 따른 원천징수분 법인세(근로소득세)채권과 법인세할 주민세채권은 파산선고 후에 성립한 조세채권으로 될 뿐이어서 그것이 파산재단에 관하여 생긴 것이 아니라면 구 파산법 제38조 제2호 소정의 재단채권에 해당하지 않는다는 취지로 판시하였다.

또한 특별징수란 지방세를 징수할 때 편의상 징수할 여건이 좋은 자로 하여 금 징수하게 하고 그 징수한 세금을 납부하게 하는 것을 의미한다(지방세기본법 제2조 제1항 제20호). 예를 들면 개인지방소득과 관련하여, 소득세법 또는 조세특례제한법에 따른 원 천징수의무자가 거주자로부터 소득세를 원천징수하는 경우에는 소득세 원천징수 와 동시에 개인지방소득세를 특별징수하여야 하고, 이 경우 원천징수의무자는 개인지방소득세의 특별징수의무자가 된다(지방세법 제103조의13 제1항). 특별징수하는 지방소득세 는 과세표준이 되는 소득에 대하여 소득세·법인세를 원천징수하는 때 납세의무 가 성립한다(지방세기본법 제34조 제2항 제1호). 따라서 파산선고일을 기준으로 과세표준이 되는 소득 에 대하여 소득세·법인세를 원천징수하는 때가 그에 앞선 경우 특별징수하는 지방소득세는 재단채권에 해당한다.

10) 가산금 · 중가산금

가산금·중가산금은 국세 또는 지방세를 납부기한까지 납부하지 아니한 경우에 국세징수법 또는 지방세기본법, 지방세관계법에[76] 따라 고지세액에 가산하여 징수하 는 금액(가산금)과 납부기한이 지난 후 일정 기한까지 납부하지 아니한 경우에 그 금 액에 다시 가산하여 징수하는 금액(중가산금)을 의미한다(국세기본법 제2조 제5호, 지방세 기본법 제2조 제1항 제24호). 가산 금·중가산금은 납세의무의 이행지체에 대하여 부담하는 지연배상금의 성질을 띠고 있다.[77]

파산선고 전에 성립한 국세 및 지방세에 대한 파산선고일 전날까지의 가산 금 및 중가산금은 법 제473조 제2호의 재단채권에 해당한다는 점에 관하여는 이견이 없다.

다만 파산선고 전의 원인으로 인한 국세나 지방세에 기하여 파산선고 후에 발생한 가산금·중가산금이 재단채권인지 여부가 문제된다.[78] 이에 대하여 파산 선고 후에 발생한 가산금·중가산금의 발생원인은 파산관재인의 의무불이행 내

---

76) 지방세기본법 제2조 제1항 제4호는 지방세관계법이란 지방세징수법, 지방세법, 지방세특례제 한법, 조세특례제한법 및 「제주특별자치도 설치 및 국제자유도시 조성을 위한 특별법」을 말한 다고 규정하고 있다.

77) 대법원 1991. 3. 12. 선고 90누2833 판결 등.

78) 구 파산법 제38조 제2호 본문은 국세징수법 또는 국세징수의 예에 의하여 징수할 수 있는 청 구권은 이를 재단채권으로 한다고 규정하면서, 같은 호 단서는 단 파산선고 후의 원인으로 인 한 청구권은 파산재단에 관하여 생긴 것에 한한다고 규정하고 있었다. 이에 '국세징수법 또는 국세징수의 예에 의하여 징수할 수 있는 청구권' 중 파산선고 전의 원인으로 인한 것은 파산재 단에 관하여 생긴 것인지 여부를 불문하고 모두 재단채권에 해당하였다. 따라서 본세가 파산선 고 전의 원인으로 인한 것이라면 그 체납으로 인하여 부가되는 가산금·중가산금도 파산선고 전에 생긴 것인지 파산 후에 생긴 것인지 가리지 않고 모두 재단채권에 해당하였다. 대법원 2010. 1. 14. 선고 2009다65539 판결.

지 부작위에 따른 것이므로 법 제473조 제4호에 따라 이를 재단채권으로 취급
하여야 한다는 견해(재단채권설)도 있으나,[79] 판례는 가산금·중가산금에 대하여
는 법 제473조 제2호가 우선적으로 적용됨을 전제로 이를 후순위파산채권으로
취급하여야 한다는 입장(후순위파산채권설)을 취하고 있다. 즉, 판례는, 법 제473
조 제4호는 파산관재인이 파산재단의 관리처분권에 기초하여 직무를 행하면서
생긴 상대방의 청구권에 관한 일반규정으로 볼 수 있는 반면, 법 제473조 제2호
는 '국세징수법 또는 지방세기본법에 의하여 징수할 수 있는 청구권' 및 '국세징
수의 예에 의하여 징수할 수 있는 청구권으로서 그 징수우선순위가 일반 파산채
권보다 우선하는 것'만을 적용대상으로 하는 특별규정이고 나아가 국세나 지방
세뿐만 아니라 그 체납으로 인하여 부가되는 가산금·중가산금도 그것이 파산선
고 전에 생긴 것인지 파산선고 후에 생긴 것인지 가리지 않고 모두 그 적용 범
위에 포함되므로, 파산관재인이 재단채권인 국세나 지방세를 체납하여 그로 인
하여 가산금·중가산금이 발생한 경우 그 가산금·중가산금에 대하여는 법 제
473조 제4호가 아닌 법 제473조 제2호가 우선적으로 적용된다고 봄이 타당하다
면서, 파산선고 전의 원인으로 인한 국세나 지방세에 기하여 파산선고 후에 발
생한 가산금·중가산금은 후순위파산채권인 법 제446조 제1항 제2호의 '파산선
고 후의 불이행으로 인한 손해배상액'에 해당하는 것으로 재단채권에서 제외된
다고 하였다.[80]

또한 파산선고 후의 원인으로 인한 국세나 지방세에 기하여 발생한 가산
금·중가산금을 어떻게 취급할 것인지가 문제되나, 파산선고 후의 원인으로 인
한 국세나 지방세에 기하여 발생한 가산금·중가산금은 그 국세나 지방세가 파
산재단에 관하여 생긴 것이라거나 법원의 영업 계속 허가에 따른 파산관재인의
영업활동으로 발생한 것이라는 등의 특별한 사정이 없는 한 '파산채권도 아니고
재단채권도 아닌 조세채권'에 해당한다고 할 것이다.[81]

---

79) 주진암, "도산절차에서 가산금·중가산금의 지위", 법조 제625호, 법조협회(2008), 149-157면은
파산선고 후에 파산관재인이 재단채권인 조세채권을 변제하지 아니함으로써 발생하는 가산금·
중가산금은 법 제473조 제4호에서 정한 재단채권에 해당하고, 같은 조 제2호 본문에 의하여 재
단채권이 되는 가산금·중가산금은 파산선고 당시에 이미 발생한 가산금·중가산금에 한정된다
고 보는 견해를 취한다.

80) 대법원 2017. 11. 29. 선고 2015다216444 판결. 이 판결에 관하여는 심영진, "파산선고 전의 원
인으로 인한 국세나 지방세에 기하여 파산선고 후에 발생한 가산금·중가산금이 재단채권에 해
당하는지 여부", 대법원판례해설 제113호, 법원도서관(2018), 303-336면.

81) 대법원 2017. 11. 29. 선고 2015다216444 판결.

11) 가산세

가산세는 세법에서 규정하는 의무의 성실한 이행을 확보하기 위하여 세법에 따라 산출한 세액에 가산하여 징수하는 금액(국세기본법 제2조 제4호) 내지 지방세기본법 또는 지방세관계법에서 규정하는 의무를 성실하게 이행하도록 하기 위하여 의무를 이행하지 아니할 경우에 지방세기본법 또는 지방세관계법에 따라 산출한 세액에 가산하여 징수하는 금액을 의미한다(지방세기본법 제2조 제1항 제23호).

가산세의 납세의무 성립일은 가산할 국세 또는 지방세의 납세의무가 성립하는 때이다(국세기본법 제21조 제2항 제11호, 지방세기본법 제34조 제1항 제12호). 따라서 가산할 국세 또는 지방세의 성립일이 파산선고 전인 경우 그에 관한 가산세는 재단채권으로 취급된다고 할 것이다. 또한 가산할 국세 또는 지방세의 성립일이 파산선고 후인 경우 앞서 본 바와 같이 해당 국세 또는 지방세가 파산재단에 관하여 생긴 것이라거나 법원의 영업 계속 허가에 따른 파산관재인의 영업활동으로 발생한 것이라는 등의 특별한 사정이 없는 한 '파산채권도 아니고 재단채권도 아닌 조세채권'에 해당한다고 할 것이다.

다만 가산세 중 납부불성실가산세(국세기본법 제47조의4, 지방세기본법 제55조) 등은 기간에 따라 산출된 금액을 가산세로 부과하고 있는바, 가산할 국세 또는 지방세의 납세의무 성립일이 파산선고 전인 경우 파산선고 후에 발생하는 가산세는 어떻게 취급할 것인가 문제된다. 이에 관하여 가산할 국세 또는 지방세의 납세의무 성립일이 파산선고 전이므로 국세기본법 또는 지방세기본법의 규정에 따라 가산세 또한 재단채권으로 보아야 한다는 견해(재단채권설)와 가산세 중 기간에 따라 이자 상당액을 부과하는 경우 이는 지연손해금과 성질이 같으므로 파산선고 후에 발생한 부분에 관하여는 법 제446조에 따라 후순위파산채권으로 보아야 한다는 견해(후순위파산채권설)가[82] 대립되는데, 하급심 판결 중에는 가산세의 법적 성격이 가산금과는 구분된다는 점을 근거로 하여 재단채권설의 입장을 따른 것이 있다.[83]

---

82) 양형우, "파산절차개시의 일반적 효과", 법조 제598호, 법조협회(2006), 166, 167면.

83) 서울고등법원 2009. 7. 17. 선고 2008나115507 판결은 파산관재인이 납부불성실가산세의 성질은 본세 미납분에 관한 지연이자의 일종으로 채무자에 대하여 파산이 선고된 다음 날부터 납부기한까지의 기간에 해당하는 가산세는 후순위파산채권에 해당한다고 주장한 사안에서, 가산세는 본세의 부과처분과는 별개의 처분에 의하여 확정·부과되는 과세로 납부불성실 가산세액에 관하여 납부기한의 다음 날부터 자진납부일 전일 또는 납세고지일까지의 기간에 비례하여 계산하도록 규정하고 있다고 하여도 이는 납부불성실 가산세액을 계산하는 산식에 불과할 뿐이고 납부불성실가산세의 과세요건이 파산선고 전 채무자가 부가가치세의 납부기한을 도과함으로써 이미 충족되어 그 조세채권이 성립되었다면, 파산선고 이후의 기간에 해당하는 납부불성실가산세 해당 금액을 따로 보아 재단채권에 해당하지 않는다고 할 수 없다는 취지로 판시하였다(위 판결에 대하여 국가만이 상고하였고, 상고심에서 파산선고 후 기간에 해당하는 납부불성실가산

다. 국세징수의 예에 의하여 징수할 수 있는 청구권

국세징수의 예에 의하여 징수할 수 있는 청구권 중 재단채권으로 인정되는 청구권은 법 제473조 제2호의 규정상 그 징수우선순위가 일반 파산채권보다 우선하는 것(법 제446조의 규정에 의한 후순위파산채권을 제외한다)이어야 한다. 국세징수의 예에 의하여 징수할 수 있는 청구권은 징수절차상 자력집행권이 인정될 뿐이므로, 그 청구권의 '다른 공과금'은 물론 '그 밖의 다른 채권'에 대한 우선권이 인정되기 위해서는 개별 법률에서 별도의 명시적인 규정이 있어야 한다. 따라서 국세징수의 예에 의하여 징수할 수 있는 청구권이라도 그 징수우선순위가 일반 파산채권보다 우선하지 아니하는 청구권은 재단채권으로 볼 수 없다.[84]

국세징수의 예에 의하여 징수할 수 있는[85] 청구권 중 징수우선순위가 일반 파산채권보다 우선하는 것으로는 「국민건강보험법」상의 보험료와 징수금(국민건강보험법 제81조, 제85조), 「국민연금법」상의 연금보험료와 징수금(국민연금법 제95조, 제98조), 「고용보험 및 산업재해보상보험의 보험료징수 등에 관한 법률」상의 고용보험료·산재보험료와 징수금(고용보험 및 산업재해보상 보험의 보험료징수 등에 관한 법률 제28조, 제30조),[86] 「임금채권보장법」상의 부담금(임금채권보장법 제9조 제1항, 제16조, 고용보험 및 산업재해 보상보험의 보험료징수 등에 관한 법률 제28조, 제30조)[87] 「어선원 및 어선 재해보상보험법」상의 어선원보험료와 징수금(어선원 및 어선 재해보상 보험법 제46조, 제47조의2),

---

세의 재단채권 여부는 판단대상이 되지 아니하였다). 다만 가산세 또한 가산금과 마찬가지로 특정 의무의 이행을 담보하기 위한 제도적 장치이고, 통상의 파산사건의 경우 파산채권자들은 배당을 아예 받지 못하거나 상당히 낮은 비율의 배당을 받는 사정에 비추어 파산선고 후 지속되는 의무불이행 기간에 대한 가산세 청구권에 대하여까지 우선권을 인정하여야 할 정책적 필요성은 상대적으로 적다고 볼 수 있는 점 등을 고려할 때, 납부불성실가산세 등에서 파산선고 후 기간에 따른 이자 상당액에 해당하는 가산세 부분까지도 재단채권으로 인정하는 것에 관하여는 입법론적 검토가 필요하다.

84) 대법원 2018. 3. 29. 선고 2017다242706 판결.

85) 최근 제정되거나 개정된 법률에서는 '국세 또는 지방세 체납처분의 예에 따라 징수할 수 있다'고 규정하거나 '국세 체납처분의 예 또는 지방세외수입금의 징수 등에 관한 법률에 따라 징수할 수 있다'고 규정하기도 한다.

86) 고용노동부장관은 거짓이나 그 밖의 부정한 방법으로 고용보험법 제3장의 규정에 따른 고용안정·직업능력개발 사업의 지원을 받은 사업주에게는(고용보험법 제20조 등) 지원받은 금액을 반환하도록 명하여야 하고(고용보험법 제35조 제1항), 고용노동부장관은 그 반환을 명하는 경우에는 이에 추가하여 고용노동부령으로 정하는 기준에 따라 그 거짓이나 그 밖의 부정한 방법으로 지급받은 금액의 5배 이하의 금액을 징수할 수 있다(고용보험법 제35조 제2항). 고용보험법에 따른 고용안정·직업능력개발 사업의 지원금액의 반환금 또는 추가징수금의 징수에 관하여는 「고용보험 및 산업재해보상보험의 보험료징수 등에 관한 법률」 제28조, 제30조 등이 준용되므로(고용보험법 제106조 제1호), 사업주에 대한 파산선고 전 성립한 그 반환금 또는 추가징수금 청구권은 재단채권에 해당한다. 여기서 그 반환금 또는 추가징수금 청구권의 성립시기가 문제되는데 고용노동부장관이 그 지원금 및 추가징수금의 반환을 명한 때에 사업주의 반환의무가 성립한 것으로 보아야 할 것이다(고용보험법 시행령 제56조 제1항, 제3항).

87) 대법원 2001. 2. 23. 선고 2000두2723 판결.

「장애인고용촉진 및 직업재활법」상의 장애인 고용부담금과 징수금($^{장애인고용촉진 및 직업}_{재활법 제37조, 제38조}$), 「개발이익 환수에 관한 법률」상의 개발부담금과 가산금 등($^{개발이익환수에}_{관한 법률 제22조}$), 「보조금 관리에 관한 법률」상의 반환금, 제재부가금 및 가산금($^{보조금 관리에 관한}_{법률 제33조의3}$) 등이 있다.[88]

국세징수의 예에 의하여 징수할 수 있는 청구권 중 그 징수우선순위가 일반 파산채권보다 우선한다는 명시적인 규정이 없어 법 제473조 제2호의 재단채권에 해당하지 아니한 것으로는 「국유재산법」상의 사용료, 관리소홀에 따른 가산금, 대부료, 변상금 및 연체료($^{국유재산법}_{제73조 제2항}$), 「환경개선비용 부담법」상의 환경개선부담금($^{환경개선비용 부담법}_{제20조 제2항}$), 「독점규제 및 공정거래에 관한 법률」상의 체납된 이행강제금, 과징금 및 가산금($^{독점규제 및 공정거래에 관한 법률 제17조의3 제2항,}_{제50조의4 제2항, 제51조의5 제2항, 제55조의6 제2항}$),[89] 「건설산업기본법」상의 과징금($^{건설산업기본법 제82조}_{제3항, 제82조의2 제5항}$), 「전기사업법」상의 과징금, 부담금 및 가산금($^{전기사업법 제12조 제7항,}_{제24조 제3항, 제51조 제4항}$), 「과학기술기본법 또는 산업기술혁신 촉진법」상의 환수금, 제재부가금($^{과학기술기본법}_{제11조의2 제6항,}$ $^{제8항, 산업기술혁신 촉진법}_{제11조의2 제5항, 제11조의3 제4항}$) 등이 있다. 지방세 징수의 예 또는 지방세외수입금의 징수 등에 관한 법률에 따라 징수할 수 있는 청구권이나 그 징수우선순위가 일반 파산채권보다 우선한다는 취지의 규정이 없는 지방재정법상 반환금($^{지방재정법}_{제32조의8 제4항}$), 「부동산 실권리자명의 등기에 관한 법률」상의 과징금($^{부동산 실권리자명의 등기에}_{관한 법률 제5조 제6항}$) 등도 법 제473조 제2호의 재단채권에 해당하지 아니한다.

라. 관련 문제

재단채권에 해당하는 조세채권 등을 대위하여 변제한 대위변제자가 그 대위에 의하여 취득한 채권을 재단채권으로 행사할 수 있는지에 관하여는 견해의 대립이 있으나,[90] 이를 재단채권으로 행사할 수 있다고 보는 것이 실무이다.[91]

---

88) 한편, 국세 체납처분의 예에 따라 징수할 수 있는 청구권으로서 파산선고 전의 원인에 의하여 생긴 청구권에 기하여 발생한 연체료 청구권은 앞서 살핀 조세채권에 관하여 발생한 가산금과 동일하게 취급하면 될 것이다. 서울회생법원의 실무는 국세 체납처분의 예에 따라 징수할 수 있는 청구권으로서 파산선고 전의 원인에 의하여 생긴 청구권에 관하여 파산선고 후에 발생한 연체료 청구권은 후순위파산채권에 해당하는 것으로 해석하고 있다.

89) 김정만, 정문경, 문성호, 남준우, "법인파산실무의 주요논점", 저스티스 통권 제124호, 한국법학원(2011), 459면은 과징금은 국세징수의 예에 의하여 징수할 수 있는 청구권이나 그 징수우선순위가 일반 파산채권보다 우선하지 않고, 의무위반에 대한 금전적 제재로서 실질적으로는 벌금이나 과태료와 유사한 법적 성격을 가지고 있다는 이유로 후순위파산채권으로 보는 견해를 취한다.

90) 김정만, 정문경, 문성호, 남준우, "법인파산실무의 주요논점", 저스티스 통권 제124호, 한국법학원(2011), 457, 458면은 조세채권의 행사주체가 달라질 경우에도 법 제473조 제2호의 입법취지를 관철하는 것은 타당하지 않고, 회생절차에서 법 제179조 제9호의 공익채권에 해당하는 조세채권은 모두 재단채권으로 보아야 할 것이나, 그 이외의 조세채권은 개별적으로 판단해 보아야 한다는 견해를 취한다.

4. 특별재단채권

법에 특별규정이 있는 다음과 같은 청구권은 재단채권으로 인정된다.

① 법 제337조 제1항의 규정에 의하여 파산관재인이 쌍방미이행 쌍무계약을 해제 또는 해지한 경우 채무자가 받은 반대급부가 파산재단 중에 현존하지 아니하는 때에는 상대방은 그 가액에 관하여 재단채권자로서 권리를 행사할 수 있다(법 제337조 제2항)(쌍방미이행 쌍무계약에 관한 자세한 내용은 제7장 제1절 2. 참조).

② 파산재단에 속하는 재산에 관하여 파산선고 당시 법원에 계속되어 있는 소송 및 법 제335조 제1항의 규정에 의하여 파산관재인이 채무를 이행하는 경우에 상대방이 가지는 청구권에 관한 소송을 파산관재인 또는 상대방이 수계한 경우 그 소송비용은 재단채권으로 한다(법 제347조 제2항)[계속 중인 소송에 대한 파산선고의 효과에 관한 자세한 내용은 제4장 제3절 1. 라. 1) 참조].

③ 파산채권에 기하여 파산재단에 속하는 재산에 대하여 행하여진 강제집행절차를 파산관재인이 파산재단을 위하여 속행하는 때의 비용은 재단채권으로 한다(법 제348조 제2항)[계속 중인 강제집행에 대한 파산선고의 효과에 관한 자세한 내용은 제4장 제3절 1. 라. 2) 참조].

④ 채무자의 행위가 부인된 경우에 채무자가 받은 반대급부로 인하여 생긴 이익이 현존하는 때에는 상대방은 그 이익의 한도에서 재단채권자로서 그 권리를 행사할 수 있다(법 제398조 제1항)(부인권 행사에 따른 상대방의 지위에 관한 자세한 내용은 제14장 제4절 4. 참조).

⑤ 위탁자인 채무자에 대하여 파산이 선고된 경우 해당 채무자가 신탁법에 따라 한 신탁행위가 부인되어 신탁재산이 원상회복된 경우 그 신탁과 관련하여 수탁자와 거래한 선의의 제3자는 그로 인하여 생긴 채권을 원상회복된 신탁재산

---

91) 구 회사정리법상 회사정리절차와 관련한 것이나 납세보증보험의 보험자가 그 보증성에 터 잡아 보험금을 지급하여 공익채권에 해당하는 교통세를 대위변제한 사안에서, 대법원 2009. 2. 26. 선고 2005다32418 판결은 보험자는 변제자대위에 관한 민법 제481조를 유추적용하여 피보험자인 세무서가 보험계약자인 납세의무자에 대하여 가지는 채권을 대위행사할 수 있다고 봄이 상당하므로 관할 세무서장이 가지고 있던 교통세에 대한 종전의 권리가 동일성을 유지한 채 보험자에게 이전되었고, 보험자는 이를 공익채권으로 행사할 수 있다는 취지로 판시하였다. 이 판결에 관하여는 임치용, "공익채권의 대위변제자가 파산재단에 대하여 갖는 채권의 성질", 한국민법의 새로운 전개: 고상룡교수고희기념논문집, 법문사(2012), 465-483면. 다만 대법원 2005. 8. 19. 선고 2003다36904 판결은 본래의 납세의무자의 파산으로 과세관청에 의하여 제2차 납세의무자로 지정된 자가 그 납세의무를 이행함으로써 취득한 구상금채권은 구 파산법 제38조(현행법 제473조 제2호에 해당하는 규정이다) 제2호의 재단채권에는 해당하지 않는다는 취지로 판시하였다.

의 한도에서 재단채권자로서 행사할 수 있다(법 제406조의2, 제113조의2 제6항).

⑥ 파산재단이 파산채권의 확정에 관한 소송(채권조사확정재판을 포함한다)으로 이익을 받은 때에는 이의를 주장한 파산채권자는 그 이익의 한도 안에서 재단채권자로서 소송비용의 상환을 청구할 수 있다(법 제469조)(파산채권의 확정에 관한 소송비용의 상환에 관한 자세한 내용은 제8장 제4절 7. 다. 참조).

⑦ 파산관재인이 부담 있는 유증의 이행을 받은 때에는 부담의 이익을 받을 청구권은 유증목적의 가액을 초과하지 아니하는 한도 안에서 재단채권으로 한다(법 제474조).

부담 있는 유증의 수유자가 유증의 이행을 받기 전에 수유자에 대하여 파산이 선고되었는데 파산관재인이 유증을 포기하지 않고 승인한 때에는(민법 제1074조) 부담의 수익자는 파산관재인에게 그 이행을 청구할 수 있고, 파산선고 전 수유자가 유증을 승인한 때에는 유증의 효력발생시부터(민법 제1073조 제1항) 그 부담을 이행할 책임이 있다(민법 제1088조 제1항). 수유자가 파산한 경우 부담의 수익자가 가진 청구권은 본래 파산채권이 되어야 할 것이지만, 파산관재인이 유증을 승인한 때에는 파산재단이 이익을 받는 대신 부담을 승인한 것으로 볼 수 있고 수유자가 유증을 승인한 때에도 재산을 증여하는 대신 수유자에게 그 부담을 이행시키려는 유언자의 의사를 존중하여 쌍방미이행 쌍무계약에 관하여 파산관재인이 이행을 선택한 경우와 동일하게 취급한 것이다.

⑧ 채무자에 대한 회생절차폐지결정 등이 확정되고 법원이 법 제6조 제1항 또는 제2항, 제8항의 규정에 의하여 파산을 선고한 경우, 즉 견련파산의 경우와 (법 제6조 제4항, 제9항) 파산선고를 받은 채무자에 대하여 회생계획인가 전 회생절차폐지결정 등이 확정되고 기존의 파산절차가 속행되는 경우에는(법 제7조 제1항), 공익채권은 재단채권으로 한다(회생절차로부터 파산절차로의 이행 및 파산절차의 속행에 따른 공익채권의 재단채권으로의 의제에 관한 자세한 사항은 제18장 제2절 3. 나. 및 제3절 참조).

제 3 절 재단채권의 변제

1. 재단채권의 행사

가. 개   요

재단채권은 파산절차에 의하지 아니하고 수시로 파산채권보다 먼저 변제한다(법 제475조, 제476조). 법은 파산채권은 파산절차에 의하지 아니하고는 행사할 수 없다고 하면서(법 제424조) 그 신고·조사·확정절차에 관하여 규정하고 있으나, 재단채권의 신고 등에 관하여는 별도의 규정을 두지 아니하였다. 따라서 재단채권은 파산채권과 같은 신고·조사·확정절차를 거쳐 배당이라는 형태로 평등변제를 받는 것이 아니므로 그러한 절차를 거치지 않고[92] 파산관재인으로부터 변제를 받을 수 있다. 재단채권의 변제기가 도래하면 채권자는 직접 파산관재인에게 이행을 청구하면 되고, 파산관재인은 채권자의 적극적인 권리행사가 없더라도 알고 있는 재단채권을 변제하여야 한다.

다만 재단채권이 실제 존재한다고 하더라도 파산관재인이 알고 있지 아니한 재단채권에 대하여는 현실적으로 변제가 이루어지지 않을 수 있고, 특히 배당절차에서 배당률 또는 배당액의 통지를 하기 전에 파산관재인이 알고 있지 아니한 재단채권자는 각 배당에서 배당할 금액으로써 변제를 받을 수 없으므로(법 제534조), 재단채권자는 법원에 신고할 필요는 없으나 재단채권을 가지고 있다는 취지를 파산관재인에게 지체 없이 알릴 필요가 있다.[93]

나. 재단채권에 관한 소송

파산관재인과 권리자 사이에서 재단채권의 존부 또는 범위에 관하여 다툼

---

92) 재단채권자가 파산채권신고서 양식에 성질상 재단채권인 채권을 기재하여 파산채권으로 신고한 경우 실무에서는 파산관재인이 재단채권임을 이유로 이의를 진술하고 있다(이에 관하여는 제8장 제3절 1. 라. 참조).

93) 채권자가 자신이 재단채권을 가지고 있다는 취지를 파산관재인에게 알리는 방식에는 특별한 제한이 없다. 채권자가 재단채권을 가지고 있다는 취지의 서면을 법원에 제출하더라도 그로 인하여 법상 어떠한 효력이 발생하는 것은 아니다. 앞서 본 바와 같이, 실무에서는 대부분의 채무자가 국세, 지방세나 건강보험료 등을 체납하고 있으므로 법원은 파산선고시 관할 세무서장, 지방자치단체장, 국민건강보험공단 등에 재단채권 행사에 관한 통지서 및 조세채권 등 신고서 양식을 발송하여 관할 세무서장 등이 조세채권 등 신고서를 작성하여 파산관재인에게 제출하도록 하고 있다.

이 있거나 재단채권의 귀속에 관하여 다툼이 있는 등으로 파산관재인이 재단채
권을 승인하지 않거나 변제하지 않는 경우에는 채권자와 파산관재인 사이에서
통상의 소송으로 재단채권을 확정할 수 있다고 보는 것이 일반적이다.[94] 이때
채권자는 파산관재인을 상대로 재단채권에 관한 이행의 소를 제기하여야 하
고,[95] 경우에 따라서는 파산관재인이 채권자를 상대로 재단채권 부존재 확인의
소를 제기하여야 할 수도 있다. 만일 재단채권에 해당하는 청구권에 관하여 파
산선고 당시 법원에 소송이 계속되어 있었다면 그 소송은 파산관재인 또는 상대
방이 이를 수계할 수 있다(법 제347조 제1항).

한편 채권자가 재단채권임을 주장하면서 파산관재인을 상대로 재단채권의
이행을 구하는 소를 제기하였는데 그 심리 결과 이행을 구하는 채권이 재단채권
이 아닌 파산채권인 것으로 밝혀진 경우에는 견해의 대립이 있으나, 파산채권은
파산절차에 의하지 아니하고는 행사할 수 없으므로 그 이행의 소는 부적법하고,
법원은 그 이행의 소를 각하하여야 한다고 본다.[96]

다. 재단채권에 기한 강제집행 등

파산관재인이 재단채권을 변제하지 않는 경우 채권자가 파산재단에 속하는
재산에 대하여 강제집행을 할 수 있는지에 관하여는 견해의 대립이 있으나,[97]
법에 강제집행을 허용하는 특별한 규정이 있다거나 법의 해석상 강제집행을 허
용하여야 할 특별한 사정이 있다고 인정되지 아니하는 한 재단채권에 기하여 파
산선고 후에 강제집행이나 보전처분을 할 수 없고,[98] 파산선고 전에 강제집행이

---

94) 파산관재인은 법원의 허가를 받아 재단채권자와 다툼이 있는 재단채권의 존부 및 범위에 관
하여 화해를 할 수도 있다(법 제492조 제11호).

95) 대법원 2001. 12. 24. 선고 2001다30469 판결은 채권자가 주장하는 파산관재인에 대한 청구권
은 구 파산법상 재단채권에 해당하고, 채권자는 그 채권액수가 확정되어 있고 이행기도 도래하
였다고 주장하고 있으므로, 파산관재인에게 직접 그 이행을 청구하는 것은 별론으로 하고 다른
특별한 사정이 없는 한 파산관재인을 상대로 그 채권 존재의 확인을 청구하는 것은 확인의 이
익이 없어 허용될 수 없다는 취지로 판시하였다. 위 판결에 대하여 나원식, "재단채권의 확정절
차에 관한 실무상 문제 -파산채권과의 구별이 문제되는 경우를 중심으로-", 민사재판의 제문제
제25권, 사법발전재단(2017), 65-67면은 재단채권 존재 확인의 소에는 확인의 소의 보충성을 적
용하지 않는 것이 타당하다는 견해를 취한다. 한편 임치용(2), 240-242면은 재단채권에 기한 강
제집행이 불가능하다는 입장에서 재단채권에 기한 확인소송만이 가능하다고 한다.

96) 대법원 2015. 1. 29. 선고 2013다219623 판결; 정준영, "신도산법의 파산절차가 소송절차에 미
치는 영향", 도산관계소송, 한국사법행정학회(2009), 332면. 대립되는 견해에 관하여는 나원식,
"재단채권의 확정절차에 관한 실무상 문제 -파산채권과의 구별이 문제되는 경우를 중심으로-",
민사재판의 제문제 제25권, 사법발전재단(2017), 76-78면.

97) 최승록, "파산채권과 재단채권", 재판자료 제82집, 351-353면; 전병서, 230, 231면. 재단채권자
가 별제권을 가진 경우 별제권을 파산절차에 의하지 아니하고 행사하는 것은 가능하다.

이루어진 경우에도 종료되지 아니한 그 강제집행은 파산선고로 인하여 그 효력을 잃는다고 본다.[99)100)] 또한 파산선고 후에는 파산재단에 속하는 재산에 대하여 국세징수법 또는 지방세징수법에 의하여 징수할 수 있는 청구권(국세징수의 예에 의하여 징수할 수 있는 청구권을 포함한다)에 기한 체납처분을 할 수 없으나 (법 제349조 제2항), 파산선고 전에 그 청구권에 기한 체납처분을 한 때에는 파산선고는 그 처분의 속행을 방해하지 아니한다(법 제349조 제1항).

파산재단에 속하는 재산에 대한 별제권의 실행으로 인하여 개시된 경매절차에서 '별제권에 우선하는 재단채권자'가 배당요구(또는 교부청구)를 할 수 있는지, 배당요구된 재단채권에 대한 배당액을 누구에게 교부하여야 하는지에 관하여는 견해의 대립이 있다. 그런데 판례는,[101)] 채무자 소유의 재산에 대한 별제권(담보물권 등)의 실행으로 인하여 개시된 경매절차에서 과세관청이 한 교부청구는 그 별제권자가 파산으로 인하여 파산 전보다 더 유리하게 되는 이득을 얻는 것을 방지함과 아울러 적정한 배당재원의 확보라는 공익을 위하여 별제권보다 우선하는 채권 해당액을 공제하도록 하는 제한된 효력만이 인정된다고 할 것이므로, 그 교부청구에 따른 배당금은 채권자인 과세관청에게 직접 교부할 것이 아니라 파산관재인이 법 소정의 절차에 따라 각 재단채권자에게 안분변제할 수 있도록 파산관재인에게 교부하여야 한다고 판시하였다.[102)103)104)] 다만 법 제349

98) 대법원 2007. 7. 12.자 2006마1277 결정.
99) 대법원 2008. 6. 27.자 2006마260 결정. 이 결정에 관하여는 전현정, "임금채권 등 재단채권에 기한 강제집행이 파산선고로 그 효력을 잃는지 여부", 대법원판례해설 제77호, 법원도서관 (2009), 595~619면.
100) 금전채권을 가진 재단채권자가 자신의 채권을 보전하기 위하여 파산재단에 속하는 파산관재인이 관리처분권을 가지는 권리를 대위하여 행사하는 것도 불가능하다고 보아야 한다. 그러나 특정채권을 가진 재단채권자의 경우에는 달리 보아야 한다. 대법원 2016. 4. 15. 선고 2013다211803 판결은 "특정채권을 가진 재단채권자가 자기의 채권의 현실적인 이행을 확보하기 위하여 파산재단에 관하여 파산관재인에 속하는 권리를 대위하여 행사하는 경우, 그것이 파산관재인의 직무 수행에 부당한 간섭이 되지 않는 등 파산절차의 원만한 진행에 지장을 초래하지 아니하고, 재단채권 간의 우선순위에 따른 변제 및 동순위 재단채권 간의 평등한 변제 등과 무관하여 다른 재단채권자 등 이해관계인의 이익을 해치지 않는다면, 파산재단의 관리처분을 파산관재인의 공정·타당한 정리에 일임한 구 파산법의 규정 취지에 반하지 아니한다. 따라서 특별한 사정이 없는 한, 이와 같은 재단채권자의 채권자대위권 행사는 법률상 허용된다고 봄이 상당하다."라고 판시하였다. 이 판결에 관하여는 김희중, "재단채권자가 자신의 채권을 보전하기 위하여 파산재단에 관하여 파산관재인에 속하는 권리를 대위하여 행사하는 것이 허용되는지 여부", 대법원판례해설 제107호, 법원도서관(2017), 403~425면.
101) 대법원 2003. 6. 24. 선고 2002다70129 판결. 이 판결에 관하여는 이우재, "파산자 소유의 부동산에 대한 별제권행사절차에서 교부청구된 조세의 교부상대방", 대법원판례해설 제44호, 법원도서관(2004), 883~918면.
102) 이러한 법리는 파산선고 후 별제권의 실행으로 인하여 개시된 경매절차에서뿐만 아니라 파산선고 전 별제권의 실행으로 인하여 개시된 경매절차가 파산선고 후 계속되는 경우, 파산선고

조 제1항의 취지를 고려할 때 과세관청이 파산선고 전에 파산재단에 속하는 재산에 대하여 국세징수법 또는 지방세징수법에 의하여 징수할 수 있는 청구권(국세징수의 예에 의하여 징수할 수 있는 청구권으로서 그 징수우선순위가 일반 파산채권보다 우선하는 것을 포함한다)에 기한 체납처분으로 압류(참가압류를 포함한다)한 경우에는, 그 후 채무자가 파산선고를 받더라도 압류된 재산에 대한 별제권의 실행으로 인하여 개시된 경매절차에서 과세관청이 그 매각대금으로부터 직접 배당받을 수 있다고 본다[이에 관하여는 제4장 제3절 1. 라. 4) 참조].[105]

위와 같은 법리에 따라, 종래 실무에서는 별제권에 우선하는 조세채권이 교부청구된 경우뿐만 아니라(다만 위에서 본 것처럼 파산선고 전 체납처분을 한 경우를 제외한다), 별제권에 우선하는 채무자의 근로자의 최종 3개월분 임금·최종 3년간의 퇴직금·재해보상금 채권,[106] 근로복지공단이 체당금을 지급한 후 근로자를 대위하여 행사하는 최종 3개월분 임금 등의 채권, 국민건강보험료, 국민연금보험료, 고용보험료, 산재보험료 청구권 등이 배당요구된 경우[107] 그 재단채권에 대한 배당액은 배당요구 또는 교부청구를 한 채권자나 과세관청이 아닌 파산관재인에게 교부하여 왔고, 파산관재인은 배당액을 교부받은 다음 이를 재단채권에 대한 변제재원으로 활용하여 왔다.[108]

전 파산채권에 기하여 행하여진 강제집행을 파산관재인이 파산재단을 위하여 속행하는데 그 재산이 별제권의 목적인 경우(법 제348조 제1항), 파산선고 후 파산관재인이 별제권의 목적인 재산을 민사집행법에 의하여 환가하는 경우(법 제496조 제1항, 제497조 제1항)에도 동일하게 적용된다고 보아야 할 것이다.

103) 파산관재인이 법원의 허가를 받아 파산재단에 속하는 권리를 포기한 경우(법 제492조 제12호) 그 권리는 더는 파산재단에 속하지 아니하고 파산관재인이 그에 대한 관리처분권을 행사할 수 없으므로, 파산관재인이 포기한 권리에 대한 경매절차에서 별제권에 우선하는 재단채권자가 배당요구를 한 경우 그 재단채권에 대한 배당은 배당요구를 한 재단채권자가 본래의 순위에 따라 받게 된다. 대법원 2015. 9. 10. 선고 2015다212015 판결.

104) 만일 집행법원이 파산관재인에게 교부하여야 할 배당금을 재단채권자에게 배당한 때에는 재단채권자는 수령한 배당금을 파산관재인에게 부당이득으로 반환하여야 한다고 볼 여지가 있다[인천지방법원 2015. 7. 1. 선고 2015나3631 판결(상고기각 확정)].

105) 대법원 2003. 8. 22. 선고 2003다3768 판결.

106) 대전고등법원 2000. 9. 6. 선고 2000나1257 판결(심리불속행 상고기각 확정), 대전고등법원 2016. 5. 11. 선고 2015나14080 판결(심리불속행 상고기각 확정).

107) 본래 배당요구는 채권자가 당해 집행절차에 참가하여 동일한 재산의 매각대금에서 변제를 받으려는 행위로, 특정 채권에 대해 자신에게 직접 배당금을 지급하여 달라고 요구하는 행위이다. 그러나 위에서 본 바와 같이 재단채권자의 배당요구에는 제한된 효력만이 인정되므로, 원칙적으로는 재단채권에 기한 제한된 효력만이 인정되는 배당요구는 파산재단의 적정한 환가를 통하여 배당재원을 마련할 책무를 지닌 파산관재인도 할 수 있다고 보아야 한다.

108) 민사집행(Ⅱ), 609, 610면. 그런데 별제권에 우선하는 재단채권에 대한 배당액을 파산관재인이 교부받았다고 하더라도 그것만으로 배당액 산정의 기초가 된 재단채권이 변제되어 소멸하였다고 볼 수는 없고, 해당 재단채권은 파산관재인이 변제를 하여야 소멸될 뿐이다.

그런데 채무자의 근로자는 파산선고가 없었더라면 채무자의 재산에 대한 경매절차에서 최종 3개월분 임금 등의 채권을 최우선으로 변제받을 수 있었을 것이나, 파산선고가 되고 파산재단이 재단채권의 총액을 변제하기에 부족한 경우에는 최종 3개월분 임금 등의 채권마저도 다른 전체의 재단채권과 안분변제를 받게 되어 부당하다는 지적이 있었다.

이에 근로자의 최종 3개월분의 임금 등 채권을 두텁게 보장하기 위하여, 2014. 12. 30. 개정된 법에서는 제415조의2로 '근로기준법 제38조 제2항 각 호에 따른 채권과 근로자퇴직급여 보장법 제12조 제2항에 따른 최종 3년간의 퇴직급여등 채권의 채권자는 해당 채권을 파산재단에 속하는 재산에 대한 별제권 행사 또는 제349조 제1항의 체납처분에 따른 환가대금에서 다른 담보물권자보다 우선하여 변제받을 권리가 있다. 다만, 임금채권보장법 제8조에 따라 해당 채권을 대위하는 경우에는 그러하지 아니하다'는 규정이 신설되었다.[109] 위 신설규정이 시행된 2015. 7. 1. 이후 실무에서는 채무자의 근로자는 최종 3개월분 임금 등 법 제415조의2에 해당하는 채권에 대하여 파산재단에 속하는 재산에 대한 별제권 행사에 따른 경매절차에서 본래의 배당요구를 할 수 있다고 보고, 그 채권에 대한 배당은 배당요구를 한 근로자에게 직접 하고 있다.[110] 그런데 여기서 법 제415조의2 단서의 의미는, 근로복지공단이 체당금을 지급한 후 근로자의 최종 3개월분 임금 등 채권을 대위하여 행사하더라도 근로복지공단은 채무자의 근로자와 같이 경매절차에서 직접 배당을 받을 수는 없다는 의미로 보아야 하므로, 근로복지공단이 배당요구를 한 경우 그 재단채권에 대한 배당액은 파산관재인에게 교부되어야 할 것이다.[111]

라. 재단채권의 현재화, 금전화 등

법 제335조 제1항의 규정에 의하여 파산관재인이 채무를 이행하는 경우에

109) 2014. 12. 30. 법률 제12892호로 개정된 법은 공포 후 6개월이 경과한 날인 2015. 7. 1.부터 시행되었고, 법 제415조의2의 개정규정은 위 개정된 법 시행 후 최초로 발생하는 임금, 재해보상금, 퇴직금 등 근로 관계로 인한 채권부터 적용된다[법 부칙(2014. 12. 30.) 제1조, 제3조].
110) 실무에서는 법 제415조의2에 해당하는 최종 3개월분의 임금 등의 채권을 가진 채무자의 근로자가 배당요구를 하지 아니하는 경우에는 종전의 실무에서와 같이 파산관재인이 별제권에 우선하는 해당 채무자의 근로자의 최종 3개월분의 임금 등의 채권에 관하여 배당요구를 하여 배당을 받고 있다. 법 제415조의2의 취지는 채무자의 근로자가 본래의 배당요구를 하여 직접 배당을 받을 수 있다는 취지이지 그 근로자가 배당요구를 하지 않는 경우에 파산관재인이 제한된 의미의 배당요구를 하는 것까지 막는 취지로 해석할 것은 아니다.
111) 대전고등법원 2018. 12. 11. 선고 (청주)2018나2678 판결(미확정).

상대방이 가지는 청구권 및 파산관재인이 부담 있는 유증의 이행을 받은 때에 부담의 이익을 받을 청구권은 변제기가 아직 도래하지 아니하였거나 채권의 목적이 금전이 아니거나 그 액이 불확정하거나 외국의 통화로 정하여진 것일 수 있고, 정기금채권으로 그 금액 또는 존속기간이 확정되지 아니한 것일 수 있으며, 조건부일 수 있다. 이러한 재단채권에 대하여는 기한부 파산채권의 변제기도래 등에 관한 법 제425조·제426조 및 제427조 제1항의 규정이 준용되어 (법 제478조 제1항), 파산선고시의 평가액을 재단채권액으로 하는 금전채권화가 되고 파산선고시에 변제기에 이른 것으로 보는 현재화가 된다. 또한 그 재단채권이 이자없는 채권 또는 정기금채권인 때에는 만약 그 채권이 파산채권이라면 법 제446조 제1항 제5호 내지 제7호의 규정에 의하여 다른 파산채권보다 후순위로 될 부분에 해당하는 금액을 공제한 액을 그 가액으로 한다(법 제478조 제2항).

　여기서 법 제478조에 해당하는 재단채권에 대하여는 모두 그 규정에 따라 현재화, 금전화가 이루어진다는 견해가 있다. 그러나 상대방의 청구권 가운데에는 금전화되면 의미가 없는 청구권도 있고, 파산관재인이 비금전채권을 임의로 이행할 수 있는 경우에도 반드시 금전채권으로 이행하도록 할 필요는 없으며, 파산절차의 종결에 이르기까지 상당한 기간이 필요한 경우에는 변제기가 아직 도래하지 아니한 청구권을 현재화하여 변제기를 앞당길 필요가 없을 수 있다. 따라서 법 제478조의 규정이 실제로 기능하는 것은, 파산절차의 종결에 앞서 모든 재단채권을 변제하는 경우나 파산재단이 부족하여 안분변제를 하는 경우로 제한하여야 한다.[112]

2. 재단채권의 변제

가. 수시변제

　재단채권은 수시로 변제한다(법 제475조). 파산관재인은 재단채권의 존부 및 범위를 조사하여 재단채권이 존재함을 알게 된 경우 법원의 허가를 받아 재단채권을 승인하고(법 제492조 제13호),[113] 법원의 허가를 받아 임치금을 반환받아(법 제500조 제1항) 재단채권을 변제한다. 실무에서는 파산관재인이 재단채권의 승인 및 그 변제를 위한 임

---

112) 條解破産法, 1009, 1010면.
113) 법 제492조 단서의 규정상 파산관재인이 승인하는 재단채권의 가액이 1,000만 원 미만으로서 법원이 정하는 금액 미만일 때에는 파산관재인은 법원의 허가를 받을 필요가 없다. 서울회생법원은 법원의 허가를 받아야 하는 행위의 기준 금액을 300만 원으로 정하고 있다.

치금반환 허가신청을 동시에 하여 법원으로부터 그에 관한 허가를 받아 재단채권을 변제하는 것이 일반적이다. 파산관재인은 그 허가신청서에 승인의 대상인 재단채권의 내역(재단채권의 종류, 권리자, 발생원인·시점, 채권액, 관련 소송현황, 조세채권 등의 경우 파산선고 전 체납처분 유무 등), 승인사유(재단채권으로 인정하는 법적 근거), 수시 변제할 채권액 및 수시변제사유, 출금할 임치금 내역(임치금 보관장소, 계좌번호, 임치금 잔액 등), 재단채권 변제방법 등을 기재하고, 재단채권에 관한 구체적인 소명자료를 첨부하여야 한다(재단채권의 승인에 관한 자세한 내용은 제12장 제3절 8. 가. 참조).

파산관재인이 재단채권을 수시로 변제하여야 하는 시기에는 제한이 없다. 파산관재인은 파산채권에 대한 배당이 가능한 것이 분명해지고 파산재단에 속하는 현금이 충분하며 변제할 재단채권의 현황 파악이 마무리된 때에는, 신속히 전체의 재단채권에 대하여 변제를 하여야 할 것이다. 재단채권 중 조세채권 등을 체납하면 가산세 또는 가산금 등의 제재가 가해지기도 하고 임금채권 등은 지연손해금이 발생하기 때문에 재단채권을 신속히 변제하여야 할 현실적인 필요성도 있다.

그러나 실무에서는 파산재단에 속하는 재산의 규모가 작아 파산채권에 대한 배당이 불가능하고 이시폐지가 예상되거나, 파산채권에 대한 배당이 가능하더라도 환가에 상당한 기간이 필요하여 재단채권을 변제하기에 충분한 현금이 없거나, 변제할 재단채권의 현황을 파악하기 곤란하다는 등의 사정으로 파산선고 후 이른 시일 내에 전체의 재단채권에 대하여 변제를 하지 못하는 경우가 더 많다. 이러한 경우에는 파산절차의 진행을 위하여 변제가 불가피한 법 제473조 제1호 및 제3호의 재단채권을 먼저 변제하고, 그 밖의 다른 전체의 재단채권에 대한 변제는 파산재단에 속하는 재산의 환가 진행 경과에 따라 변제하거나 파산재단에 속하는 재산의 환가가 마무리될 때까지로 유보하기도 한다. 일부 재단채권의 존부 및 범위에 관하여 다툼이 있다면 그 다툼이 있는 재단채권에 대한 변제액 상당을 유보해두고, 다툼이 없는 재단채권에 대하여만 변제하기도 한다. 파산채권에 대한 배당가능성이 불분명하나 전체의 재단채권의 상당한 부분을 변제할 수 있을 것으로 예상된다면, 파산채권에 대한 중간배당에 준하여 재단채권을 일부씩 안분변제하는 것도 좋을 것이다.

파산관재인이 위와 같은 사정으로 재단채권을 수시로 변제하지 않더라도, 재단채권을 자동채권으로 하는 상계에는 파산채권자의 상계금지에 관한 규정이

(제422조) 적용되지 아니하므로 채권자는 재단채권을 자동채권으로 하여 파산재단에 속하는 채권을 수동채권으로 삼아 상계를 할 수도 있다.[114]

나. 파산재단이 부족한 경우의 변제

파산관재인은 파산재단이 재단채권의 총액을 변제하기에 충분한지 여부에 관하여 어느 정도 예상을 하고 절차를 진행하지만, 여러 사정으로 이 예상이 빗나가 재단채권의 전액을 변제할 수 없는 경우가 생긴다. 이러한 경우에 나중에 파산재단이 재단채권의 전액을 변제하기에 부족한 것이 분명하게 되었더라도 그 때까지 이미 행하여진 재단채권의 변제는 결과적으로는 불공평할지라도 영향을 받지 않는다고 본다.[115]

파산재단이 재단채권의 총액을 변제하기에 충분하다고 예상될 때에는 파산관재인에게 파산재단에 속하는 재산의 환가 진행 경과에 따라 재단채권의 변제시기나 순서를 정할 수 있는 재량이 있다. 그러나 파산재단이 재단채권의 총액을 변제하기에 부족한 것이 분명하게 된 때의 변제방법에 관하여 법 제477조는 다음과 같이 정하고 있으므로, 파산관재인은 파산재단이 부족함을 알게 되었을 때에는 수시로 재단채권을 변제하여서는 아니 되고 법 제477조가 규정한 방법에 따라 재단채권을 변제하여야 한다. 다만 파산관재인은 파산재단이 부족함을 알게 된 이후에도 관재업무의 수행을 위하여 파산절차 내의 공익비용의 성질을 가지는 법 제473조 제1호 및 제3호의 재단채권은 수시로 전액 변제할 수도 있으나, 관재업무의 수행 과정에서 불필요한 재단채권이 추가로 발생하지 않도록 주의하여야 한다.

① 재단채권에 관하여 존재하는 유치권·질권·저당권·「동산·채권 등의 담보에 관한 법률」에 따른 담보권 및 전세권이 있을 때에는 그 재단채권이 우선한다(법 제477조 제1항).

파산관재인이 법원의 영업 계속 허가를 받아 영업활동을 하면서 자금의 차입이나 자재의 구입을 위하여 재단채권자에게 파산재단에 속하는 재산을 담보로 제공하는 등으로 재단채권에 관하여 담보권이 존재하는 경우가 있다. 그런데 파산재단이 부족함을 알게 되었음에도 특정 재단채권자에게 담보를 제공하는 것은

---

114) 파산재단이 재단채권의 총액을 변제하기에 부족한 것이 분명하게 된 때에 상계가 허용되는지에 관하여는 견해가 대립된다. 이에 관하여는 제15장 제1절 2. 라. 참조.
115) 전병서, 228면; 條解破産法, 1025, 1026면.

불공평할 수 있다. 따라서 파산재단의 부족이 예상되는 경우에는 파산관재인은 원칙적으로 재단채권에 관하여 담보권을 설정하지 않는 것이 바람직하다.

담보권이 존재하는 재단채권이 있는데 파산재단이 부족하게 된 경우 파산 관재인은 담보권이 존재하는 재단채권을 우선하여 변제하고 그 담보물을 환가하여 다른 재단채권에 대하여 변제를 하거나, 담보권을 가진 재단채권자로 하여금 담보권을 실행하여 그 재단채권의 만족을 얻도록 하여야 한다.

② 법 제473조 제1호 내지 제7호 및 제10호에 열거된 재단채권은 다른 재단채권에 우선한다(법 제477조 제2항).[116]

그러나 법 제473조 제1호 내지 제7호 및 제10호의 재단채권 중 제1호와 제3호의 재단채권은 파산절차 내의 공익비용의 성질을 가지는 것으로서 제2호, 제4호 내지 제7호, 제10호의 재단채권과는 성질을 달리하므로 가장 먼저 변제하여야 하는 것으로 해석된다.[117] 따라서 각종 결정 등의 공고비용, 채권자집회 소집비용, 파산관재인의 관재업무 수행에 필요한 사무비용, 우편비용, 보조인의 인건비, 파산관재인의 보수 등이 재단채권 중에서 최우선으로 지급된다.

다만 법 제473조 제1호에 해당하는 재단채권 중 채권자가 예납한 파산절차의 비용은(법 제303조), 원래 파산절차비용에 충당하기 위하여 납부된 것이지 파산재단이 부족한 경우에 파산절차비용에 해당하지 아니하는 다른 재단채권을 변제하기 위하여 납부된 것은 아니므로, 파산재단이 부족할 경우에는 채권자의 예납금을 제외한 법 제473조 제1호와 제3호의 재단채권을 먼저 변제한 후 남는 것이 있으면 그것으로 조세채권, 임금채권 등의 다른 재단채권을 변제하지는 아니하고, 채권자의 예납금을 우선하여 변제하여야 한다고 해석하는 것이 서울회생법원의 실무이다.

---

116) 특별규정에 따른 특별재단채권이 법 제473조 각 호가 규정한 일반재단채권에도 해당한다고 볼 수 있는 경우 그 특별재단채권과 일반재단채권 또는 다른 특별재단채권 사이의 변제순위를 판단함에 있어서는 그 특별재단채권을 법 제473조 각 호에 해당하는 일반재단채권에 준하는 것으로 보아 변제순위를 정하여야 할 것이다. 예를 들어, 법 제337조 제2항의 파산관재인이 쌍방 미이행 쌍무계약을 해제 또는 해지한 경우 채무자가 받은 반대급부가 파산재단 중에 현존하지 아니하는 때에 상대방의 그 가액에 관한 청구권은 특별재단채권인데, 이는 파산관재인이 한 해제 또는 해지의 의사표시로 인하여 생긴 청구권이고, 상대방이 완전한 원상회복을 하도록 하기 위한 것이어서 계약의 해제 또는 해지의 효력에 관한 물권적 효력설에 의할 경우 일종의 부당 이득으로서 파산선고 후 파산재단에 대하여 생긴 청구권으로 볼 수 있기 때문에, 그 상대방의 가액에 관한 청구권의 재단채권으로서 우선순위는 법 제473조 제4호, 제5호의 일반재단채권에 준하여 판단하여야 할 것이다. 김정만, 정문경, 문성호, 남준우, "법인파산실무의 주요논점", 저스티스 통권 제124호, 한국법학원(2011), 459면.

117) 條解破産法, 1027면.

한편 채무자에 대한 회생절차폐지결정 등이 확정되어 법원이 법 제6조 제1항 또는 제2항, 제8항의 규정에 의하여 파산을 선고한 견련파산의 경우나 파산선고를 받은 채무자에 대하여 회생계획인가 전 회생절차폐지결정 등이 확정되고 기존의 파산절차가 속행되는 경우에, 법 제6조 제4항 또는 제9항, 제7조 제1항의 규정에 의하여 종전의 회생절차에서 변제되지 아니한 공익채권을 파산절차에서 재단채권으로 취급하는 경우 그 우선순위에 관하여는 견해의 대립이 있다.

③ 법상 같은 우선순위의 재단채권 사이에는 다른 법령이 규정하는 우선권에 불구하고 아직 변제하지 아니한 채권액의 비율에 따라 변제한다(법제477조).

파산절차에서 법상 우선순위가 같은 재단채권들을 다른 법령이 규정하는 우선권, 즉 재단채권에 해당하는 청구권에 관하여 실체법이 규정하는 우선권에 따르지 아니하고 안분변제를 하도록 하는 것은, 파산관재인이 개별 재단채권의 실체법상 우선권의 유무 및 변제시 개별 재단채권의 순위에 대하여 조사하여 재단채권을 변제하도록 한다면 파산절차를 복잡하게 하고 파산절차의 처리를 지연시켜 이해관계인의 이익을 해할 수 있기 때문이다. 안분변제의 대상이 되는 채권액은 파산관재인이 파산재단이 부족함을 인식한 시점의 금액이고, 이미 변제된 금액은 고려하지 않아야 한다고 본다.[118]

따라서 파산관재인은 조세채권의 징수에 관한 이른바 압류(교부청구) 선착주의(국세기본법 제36조, 지방세기본법 제73조), 당해세 우선(국세기본법 제35조 제5항, 지방세기본법 제71조 제5항) 등의 조세채권 간의 우선권을 고려하지 아니하고, 그 밖의 법상 같은 순위의 재단채권과 함께 아직 변제하지 아니한 채권액의 비율에 따라 안분하여 평등하게 변제하면 된다. 조세채권 중 국세와 지방세, 국세 상호 간, 지방세 상호 간에도 우열의 차이를 두지 않고 안분하여 변제하며, 조세채권과 임금채권이 있는 경우에도 우열의 차이 없이 채권액의 비율에 따라 안분하여 변제한다.

다만 실무에서는 같은 우선순위의 재단채권에 대하여 아직 변제하지 아니한 채권액의 비율에 따라 안분하여 변제를 하게 된다면 변제하게 되는 금액이 소액이고, 재단채권자의 수령거절, 소재불명 등의 사유로 공탁할 수밖에 없으나 공탁하는 데에 소요되는 비용을 고려할 때 공탁할 것이 남지 아니하거나 극히 소액을 공탁하게 되는 재단채권에 대하여는 비용을 고려하여 공탁하지 아니하고, 안분변제에서 배제하여 다른 재단채권자에게 변제하도록 하기도 한다.

이처럼 파산재단이 부족한 경우 재단채권은 법 제477조가 규정한 우선순위

---

118) 條解破産法, 1030면.

에 따라 변제되어야 하므로 파산관재인은 파산재단이 부족할 가능성을 염두에 두고 재단채권을 변제할 수밖에 없다. 파산관재인이, 파산재단이 재단채권의 총액을 변제하기에 부족할 가능성이 있어 재단채권의 변제를 유보하거나 파산재단이 재단채권의 총액을 변제하기에 부족한 것이 분명하게 되어 우선순위에 따라 재단채권을 변제하고 파산재단이 남지 아니하여 재단채권의 변제를 거부한다고 하여도 이를 이유로 파산관재인에게 형사상 제재를 가하여서도 안 될 것이다. 조세의 원천징수의무자가 정당한 사유 없이 징수한 세금을 납부하지 않는 경우 조세범 처벌법 제13조 제2항에 의하여 처벌을 받는데, 여기서 납세자의 파산선고는 '정당한 사유'에 해당한다.[119] 영업이 폐지된 채무자의 파산관재인은 파산재단에 속하는 재산을 환가한 후 법원의 허가를 받아 재단채권을 안분하여 변제하도록 되어 있으므로, 재단채권인 임금을 지급하지 아니하였다고 하여 근로기준법상 임금 체불의 죄책을 지울 수도 없다.[120]

---

119) 대법원 2000. 10. 27. 선고 2000도2858 판결. 이와 관련하여, 재단채권을 징수하는 관청에 이러한 사정을 명확하게 알리기 위해 국세징수법 제15조 제1항, 제2항, 제17조 제1항, 제2항에 따라 징수유예를 신청하는 방법도 생각해볼 수 있다.
120) 임치용(2), 162면.

法 人 破 産 實 務

제10장

•
•
•

제 1 회
채권자집회

제 1 절 기일의 지정

　제1회 채권자집회의[1] 기일은 파산선고와 동시에 정한다(법 제312조 제1항). 그 기일은 파산선고를 한 날로부터 4개월 이내이어야 하지만(법 제312조 제1항 제2호 후문), 실무상 훈시규정으로 보고 있다.

　파산선고 후 제1회 채권자집회를 먼저 소집하고 채권조사의 기일은 그 후 별도로 개최하는 방법도 있겠으나, 서울회생법원은 제1회 채권자집회의 기일과 채권조사의 기일을 별도로 개최하는 데 소요되는 비용과 노력의 낭비를 막기 위해 제1회 채권자집회의 기일과 채권조사의 기일을 병합하여 여는 방식으로 운영하고 있다.[2] 채권자집회의 결의에 있어서 채권조사가 완료되지 않은 상태에서 신고된 채권액대로 의결권을 부여할 경우 실제로는 파산채권이 변제 등의 사유로 소멸하여 파산절차에 참여할 적격이 없는 자에게 의결권이 부여될 우려가 있다는 점도 위와 같이 제1회 채권자집회의 기일과 채권조사의 기일을 병합하여 개최하는 이유 중 하나이다. 다만 서울회생법원은 이시폐지가 예상되는 경우에는 파산절차의 신속한 진행을 도모하기 위하여 채권조사를 생략하고 있는데, 이러한 경우 파산선고 후 파산관재인의 신청에 따라 채권조사기일을 추후지정함으로써 제1회 채권자집회의 기일과 병합하여 지정한 채권조사의 일반기일을 진행하지 않고 있다.

제 2 절 회의의 목적사항

　제1회 채권자집회에서는 영업의 폐지 또는 계속, 고가품의 보관방법에 관하여 결의를 할 수 있고(법 제489조), 감사위원의 설치가 필요하다는 제안이 있는 경우에는 그 설치 여부 및 감사위원의 수를 의결할 수 있다(법 제376조 본문). 법원은 채권자집회 회의의 목적사항을 공고하여야 하고(법 제368조 제1항), 미리 공고하지 않은 사항에 관하여 채권자집회에서 결의하는 것은 절차상 위법하다.[3]

---

1) 채권자집회의 일반적인 내용에 관하여는 제5장 제3절 참조.
2) 법 제312조 제2항은 제1회 채권자집회의 기일과 채권조사의 기일을 병합할 수 있다고 규정하고 있다. 간이파산의 경우 법 제552조는 제1회 채권자집회의 기일과 채권조사의 기일은 부득이한 사유가 있는 때를 제외하고는 이를 병합하여야 한다고 규정하고 있다.

제 3 절 사전준비

　　법원은 제1회 채권자집회 전에 파산관재인으로부터 사전준비 상태를 보고
받는다.

　　파산관재인이 준비하여야 하는 것은 파산관재인 보고서와 파산채권조사결
과표 그리고 제안서(제안을 하기로 한 경우), 이의통지서 초안이다.[4] 서울회생법원
은 파산관재인 보고서와 파산채권조사결과표 등의 오류를 방지하고, 적정성을
담보하기 위해 파산관재인으로 하여금 적어도 채권자집회 기일의 5일 전까지 재
판부에 이들 서류의 초안을 제출하도록 하고, 그 내용에 관하여 법원과 협의를
마친 다음 필요한 경우 보완·수정하여 법원에 제출하도록 하고 있다. 실무에서
는 출석상황 및 의결표([기재례 54]), 이의통지서 초안도 파산관재인의 협조를 받
아 작성하고 있다.

　　그 외에도 파산관재인은 채권자집회에서 채권자가 진술할 것으로 예상되는
의견, 파산재단 환가 계획에 관하여 채권자 사이에 이해관계가 대립되는 부분이
있다면 그에 관한 사항, 채권조사기일을 병합하여 진행하는 경우 파산채권 시·
부인 기준, 다수의 파산채권자에 대하여 이의를 진술하려고 하는 경우 향후 이
의를 진술한 채권에 관한 채권확정절차의 수행계획 등 제1회 채권자집회와 채권
조사기일이 원활하게 진행될 수 있도록 필요한 사항을 법원에 보고하여 지도를
받아야 한다.

1. 파산관재인 보고서

　　파산관재인은 파산선고에 이르게 된 사정, 채무자 및 파산재단에 관한 경과
및 현상에 관하여 제1회 채권자집회에 보고하여야 하는바(법 제488조), 파산관재인 보
고서에는 그 사항에 관하여 파산관재인이 조사한 내용을 기재한다. 그 이외의

---

3) 서울회생법원은 파산선고와 동시에 정한 사항에 관한 공고문 및 채권자 등에게 송달하는 그
　사항을 기재한 서면에는 채권자집회 회의의 목적사항으로 '채권자집회는 영업의 폐지 또는 계
　속, 고가품의 보관방법에 관하여 결의를 할 수 있음'이라고 기재하고 있으나 감사위원 설치에
　관한 사항은 기재하지 아니하고 있다. 이에 관하여는 제5장 제3절 다. 참조.

4) 서울회생법원은 채권조사기일에서 신고된 파산채권에 대하여 이의가 진술된 채권자에게 신속
　하게 이의통지서를 송달하기 위하여 파산관재인으로 하여금 채권조사기일에 앞서 법원에 파산
　채권조사결과표를 제출하면서 이의통지서 초안도 미리 작성하여 함께 제출하도록 하고 있다.

사항에 관하여는 필요에 따라 적절히 보고하면 된다. 그리고 그 부속서류로서 파산선고 직전 재무상태표, 청산재무상태표, 재산목록 등을 첨부한다(법 제483조)(재산목록에 관한 자세한 내용은 제6장 제2절 5. 참조, 재무상태표의 작성에 관한 자세한 내용은 제6장 제2절 6. 참조). 파산관재인은 미리 채권자로부터의 예상 질의사항을 검토하여 두는 것이 바람직하다.

파산관재인 보고서에 기재하여야 할 내용을 구체적으로 보면 다음과 같다 ([기재례 55]).

가. 채무자의 개요

상호, 본점 소재지, 설립연월일, 사업의 목적, 주식 및 자본, 주주, 임원 등에 관한 설립 당시의 내역 및 그 후의 변경사항을 기재한다. 채무자의 등기사항전부증명서, 정관, 영업보고서, 주주명부 등을 참고하면 알 수 있다.

나. 채무자의 영업상태

채무자가 업계에서 점하는 지위, 영업품목, 주된 거래처, 거래형태, 영업소 및 임직원의 구성을 기재한다. 대부분 파산신청서에 자세히 기재되어 있다. 그렇지 않은 경우에는 영업보고서를 참조하고, 임직원 등으로부터 영업상태에 관하여 설명을 듣는 방법 등으로 조사한다.

다. 파산선고에 이르게 된 사정

업계의 동향, 손실 발생의 경과와 그에 대한 대응 등과 파산원인, 파산신청까지의 경과(회생절차 등의 유무와 경과), 파산선고 전의 보전처분의 유무와 내용을 기재한다. 채무자의 영업상태가 어떤 경위를 거쳐 악화되었는지 알 수 있게 기재하면 된다.

라. 파산선고와 그 시점에서의 파산재단의 상황

파산선고, 파산재단에 속하는 재산의 상황 및 봉인, 점유취득의 상황을 기재한다.

마. 파산재단의 경과 및 현상

재무상태표상 각 자산항목을 기준으로 파산재단에 속하는 재산의 종류별(부동산, 예금, 어음, 매출금, 대여금, 상품, 주식 등의 유가증권, 집기·비품, 자동차, 임차보증금 등)로 수량, 파산선고일 기준 청산가치(평가액), 이미 법원의 허가를 얻어 환가한 것에 관한 경과, 채권 회수에 관한 경과, 영업의 계속 등에 관하여 법원의 허가를 받아 처리한 사항을 기재한다. 채권자들이 가장 궁금하게 여기는 것이 파산재단의 현상에 관한 상세한 정보이므로, 평가액과 그 평가의 기준 등에 관하여 기재한다. 파산재단의 현상을 보고함에 있어서는 특히 채무자가 파산선고 전에 작성한 재무상태표상 자산 및 부채와 파산관재인이 새로이 파악하여 작성한 청산재무상태표상 자산 및 부채의 차이를 분명히 하고 왜 차이가 생겼는지를 합리적으로 설명하여야 한다.

바. 근로자에 대한 조치

해고 여부, 보조인으로 고용한 사람의 현황을 기재한다. 보조인으로 고용한 자는 그 수와 고용의 필요성, 대략의 업무 내용을 기재하면 된다.

사. 조세 및 공과금의 유무와 내용, 그 밖의 재단채권의 현황

조세 및 공과금은 파산선고 전에 이미 납부고지가 되었거나 파산선고 후 교부청구가 된 것 중 아직 변제하지 못한 것을 항목별로 기재한다. 또한 재단채권의 규모 파산채권자에 대한 배당 여부에 직접 영향을 미치므로 제1회 채권자집회 당시까지 확인되거나 다툼이 있는 재단채권의 개요 및 규모를 기재한다.

아. 신고된 파산채권의 현황

신고 건수, 신고된 파산채권 총액(내역, 일반 파산채권·우선권 있는 파산채권·후순위파산채권별), 별제권 예정부족액을 기재한다.

자. 계속 중인 소송의 상황

채무자가 원고(신청인)인 소송과 피고(피신청인)인 소송을 구분하여 사건번호, 계속 중인 법원, 진행 정도, 파산선고에 의한 중단 및 수계 여부 등을 기재한다.

차. 예금의 보관방법

법원이 고가품 보관장소로 지정한 금융기관에 개설한 파산관재인 명의 계좌의 계좌번호, 예금의 종류와 금액을 기재한다.

카. 채권자집회 이후의 파산재단 관리·환가 계획

재산별로 환가, 회수 계획을 가능한 한 구체적으로 기재하고, 부인권 행사의 예정에 관하여도 언급한다. 그러나 부인권 행사의 상대방이 채권자집회에 출석하는 경우도 있으므로 부인권 행사를 검토한다는 정도로만 기재하는 경우가 많다.

타. 배당의 전망

배당 가능 여부, 예상배당시기와 예상배당률을 기재한다. 그러나 파산채권자들에게 지나친 기대를 주지 않도록 신중하게 하여야 한다. 예상배당시기는 구체적으로 날짜를 정할 필요는 없고, "약 6개월 후" 또는 "○○년 ○○월경" 등으로 기재하면 된다. 예상배당률에 관하여도 대략의 비율을 제시하면 되고 예상배당률이 변동할 수 있다는 점을 함께 기재한다.

2. 파산채권조사결과표(채권조사기일을 병합한 경우)

파산채권조사결과표(실무상 채권 시·부인표라고 한다)는 채권신고서가 접수된 순서대로 신고한 파산채권자의 성명과 신고된 파산채권의 원인 및 채권액을 기재하고, 각 채권에 대하여 파산관재인이 시인하는 채권액(우선권 있는 파산채권, 일반 파산채권, 후순위파산채권의 각 채권액을 구분한다), 이의하는 채권액, 이의 사유 등을 기재한 표이다([기재례 57]). 신고된 파산채권의 총액, 시인하는 채권의 총액, 이의하는 채권의 총액을 기재한 총괄 인부표와 각 파산채권별로 조사결과를 기재한 개별 인부표로 구분 작성하여 제출한다. 실무에서는 파산채권 시·부인의 기준을 설명한 별도의 문서를 작성하여 파산채권조사결과표에 첨부하고 있다([기재례 56]).

또한 파산관재인은 채권조사기일에서 파산채권자들이 채권조사결과에 대하여 질문하거나 의견 진술할 것에 대비하여 답변준비를 하여야 한다.

3. 제 안 서

파산관재인이 영업의 폐지 또는 계속, 고가품의 보관방법에 관하여 제안하는 경우에는, 제안서에 파산관재인의 제안과 그 제안의 이유에 관한 간략한 설명을 덧붙인다. 구 파산법에서는 영업의 폐지 또는 계속 및 고가품의 보관방법이 제1회 채권자집회의 필요적 결의사항이었으나(구 파산법 제184조) 현행법에서는 임의적 결의사항으로 변경되었다. 종래에도 실무상 대부분 사건에서 파산관재인의 제안대로 결의되었는바, 현행법에서는 파산관재인이 법원의 허가를 받거나(별 제486조) 결정을 받아(별 제487조) 위 각 사항을 시행한 후 제1회 채권자집회에는 그러한 내용을 보고만 하고, 이에 이의가 있는 채권자의 다른 제안이 있으면 이에 대하여 결의하고 이의가 없으면 별도의 결의절차를 거치지 않는 방법으로 채권자집회를 진행하고 있다.

제 4 절 채권자집회의 진행

구 파산법에서의 실무는 제1회 채권자집회의 기일과 채권조사의 기일을 병합하여 진행하는데, 그 순서는 먼저 제1회 채권자집회를 열어 파산관재인의 보고를 듣고, 채권조사의 기일을 열어 채권을 확정시킨 후, 채권자집회를 속행하여 결의사항에 대해 결의를 하는 식으로 운영하였다.[5] 현행법에서는 제1회 채권자집회에서의 필요적 결의사항이 임의적 결의사항으로 변경되었으므로, 먼저 제1회 채권자집회를 열어 파산재단에 관한 경과 및 현상 등에 관하여 파산관재인의 보고를 들은 다음 채권조사기일을 열어 채권을 확정시키면 되고, 파산채권자가 감사위원 설치를 제안하는 경우 등 결의가 필요한 경우에만 결의절차를 진행하면 충분하다.

파산관재인은 제1회 채권자집회의 기일이 시작되기에 앞서 출석한 채권자

---

5) 이와 같은 운영방식은 절차상 제1회 채권자집회의 기일을 채권조사기일보다 먼저 여는 것이 타당하지만 결의에 있어서 미확정채권에 대하여까지 의결권을 부여하는 것은 타당하지 않다는 생각에서 나온 것이다. 만약 제1회 채권자집회를 종료한 후 채권조사기일을 개최한다면, 결의사항에 관한 결의를 할 때 미확정채권에 관하여도 전부 의결권을 주었다가, 바로 이어지는 채권조사기일에서 이에 관하여 이의하는 것으로 되어 채권자들에게 부자연스러운 느낌이 들게 한다. 그리고 거꾸로 채권조사기일을 먼저 한 후 제1회 채권자집회를 하는 것도 절차상 매끄럽지 못하다는 인상을 준다.

에게 파산관재인 보고서, 파산채권조사결과표를 배부하여 채권자집회가 원활하게 진행될 수 있도록 준비한다. 다수의 채권자가 출석할 것이 예상되는 경우에는 파산관재인으로부터 보조인 등을 통하여 파산채권자의 출석 여부 확인 업무의 보조를 받기도 한다.

채권자집회는 법원이 지휘한다(법 제369조). 채권자집회가 개회되면 파산관재인은 재판장의 지휘에 따라 파산관재인 보고서의 주요 내용을 구술하는 방식으로 파산재단에 관한 경과 및 현상 등에 관하여 보고를 한다. 특히 파산재단의 상황, 배당전망 등은 채권자들이 관심을 가지는 사항이므로 자세히 설명한다. 파산관재인이 보고를 한 후에는 출석한 채무자의 대표자에게 파산관재인의 보고사항, 특히 재산목록과 환가 예상액의 적정 여부 등에 관하여 이의 또는 의견을 진술할 기회를 부여하고, 신고한 파산채권자에게 파산관재인의 보고사항과 관련한 의문, 파산관재인의 관재업무수행과 관련한 건의사항 그 밖의 의견 또는 질문이 있으면 이를 진술할 기회를 부여한다.

파산관재인은 관재업무 전반에 관하여 채권자들이 질문을 하거나 의견을 진술하면, 그에 대하여 적절히 답변한다. 채권조사 결과 역시 채권 시·부인의 기준과 그 내용에 관하여 주요한 사항을 구두로 설명한다. 여러 채권자에게 공통되는 이의사유는 미리 설명하여 두는 것도 좋다. 채권자들이 파산관재인의 조사결과에 대하여 의견을 진술하면 그에 대하여 요점만 간단히 설명하고, 지나친 사실관계의 다툼이나 법리논쟁은 피하여야 한다. 채무자의 대표자가 채권조사기일에 출석하여 의견을 진술할 수도 있다(법 제451조 제1항).[6] 이때 재판장은 채권자집회와 채권조사기일의 원활한 진행을 위하여 적절히 지휘할 수도 있다.

채권자집회의 결의에는 의결권을 행사할 수 있는 출석 파산채권자의 총채권액의 2분의 1을 초과하는 채권을 가진 자의 동의가 있어야 한다(법 제370조 제1항). 파산채권자는 확정채권액에 따라 의결권을 행사할 수 있는데(법 제373조 제1항), 파산채권자는 법 제446조에 규정한 청구권(후순위파산채권)에 관하여는 의결권을 행사할 수 없다(법 제373조 제5항). 미확정채권, 정지조건부채권, 장래의 청구권 또는 별제권의 행사에 의하여 변제를 받을 수 없는 채권액에 관하여 파산관재인 또는 파산채권자의 이의가 있는 때에는 법원은 의결권을 행사하게 할 것인가의 여부와 의결권을 행사할 금액을 결정한다(법 제373조 제2항).[7] 그 결정에 대하여는 불복할 수 없으나, 법원은 이

---

6) 이에 따라 서울회생법원은 제1회 채권자집회 및 채권조사기일 조서에 채무자 대표자의 출석 여부를 표시하고 있다.

해관계인의 신청에 의하여 언제든지 그 결정을 변경할 수 있다(법 제373조 제3항). 위 각 결정은 그 선고가 있는 때에는 송달을 하지 아니할 수 있다(법 제373조 제4항). 따라서 파산관재인은 시인한 채권 이외에 채권조사기일에서 조사가 보류되거나 이의를 진술한 채권의 의결권에 관하여 이의할 수 있고, 이에 대하여 법원은 이들 채권에 대하여 의결권을 주지 않을 수 있다.

결의사항에 관한 의결은, 일일이 채권자를 호명하여 찬성 여부를 묻기도 하지만, 채권자 수가 많은 경우 기립의 방식으로 반대자가 있는지만 확인하는 식으로 처리할 수도 있다. 감사위원의 설치가 필요하다는 제안이 가결되면, 감사위원의 수, 감사위원으로 선임할 사람에 관하여 각각 결의하여야 한다(법 제376조 제377조 제1항).

결의사항이 가결된 경우, 법원은 각 결의사항에 관하여 가결되었음을 선포한다. 감사위원 선임의 결의는 법원의 인가를 받아야 한다(법 제377조 제3항). 채권자집회의 결의가 파산채권자 일반의 이익에 반하는 때에는 법원은 파산관재인 또는 파산채권자의 신청에 의하거나 직권으로 그 결의의 집행을 금지할 수 있다(법 제375조 제1항). 만일 감사위원 선임의 결의가 있으면 법원은 당해 채권자집회의 기일에서 이를 인가하는 결정을 하고 선고하는 방식으로 업무를 처리할 수 있고, 추가 검토가 필요한 때에는 채권자집회의 기일을 속행하여 속행된 기일에서 그 결정을 선고하거나 채권자집회를 종료한 후 따로 결정을 하여 송달할 수도 있을 것이다.[8]

제 5 절 채권자집회의 연기·속행

법원은 파산관재인 또는 파산채권자의 신청에 의하거나 직권으로 채권자집회의 기일을 연기하거나 속행할 수 있다. 채권자집회의 연기 또는 속행에 관하여 선고가 있는 때에는 송달 또는 공고를 하지 아니할 수 있다(법 제368조 제2항).

---

7) 서울중앙지방법원 2016하합67 사건(주식회사 성창에프엔디)에서 파산관재인이 채권조사기일에서 이의를 진술한 파산채권에 대해서는 의결권이 없다고 이의하였으나, 법원은 이의가 있는 파산채권에 대해서도 의결권을 부여하기로 결정하고, 감사위원 설치에 관한 결의절차를 진행하였다.

8) 서울중앙지방법원 2009하합33 사건(주식회사 퍼스트코프)에서는 채권자집회에서 감사위원을 설치하는 결의가 가결되었으나 그 채권자집회가 종료된 후 법원이 채권자집회 결의의 집행을 금지하는 결정을 하였다.

法 人 破 産 實 務

제11장

·
·
·

파산재단의
환가와 포기

제1절 개   관

1. 환가의 주체 · 시기

파산절차는 채무자의 재산을 전부 금전으로 환가하여 배당한다는 점에서 그 특색이 있고, 적정한 환가는 파산관재인의 직무 중에서 가장 중요한 직무라고 할 수 있다.

파산관재인은 선량한 관리자의 주의의무에 반하지 않는 한 원칙적으로 파산재단에 속하는 재산을 적당한 시기, 방법으로 환가할 재량권을 가진다. 다만 부동산 등 중요한 재산을 환가하거나(법 제492조 제1호 등), 법 제312조 제1항 제3호의 규정에 의한 채권조사기일, 즉 채권조사의 일반기일이 종료되기 전에 파산재단에 속한 재산의 환가를 하는 경우에는 법원의 허가를 받아야 하므로(법 제491조 단서)(예금자보호법 제35조의8 제2항은 예금보험공사가 보험금 지급 또는 자금지원을 하는 부보금융회사가 파산하여 예금보험공사가 파산관재인으로 선임된 경우에는 법 제492조를 적용하지 아니한다고 규정하고 있으나, 법 제491조의 적용을 배제하는 특례규정은 없으므로 채권조사의 일반기일이 종료되기 전에 파산재단에 속하는 재산을 환가하기 위해서는 법원의 허가 등이 필요하다) 파산관재인의 권한은 위 범위 내에서 제한을 받는다.[1]

파산절차에서는 시간이 흐를수록 자산가치가 급격히 떨어지고,[2] 자산이 멸실 · 훼손되거나 점유 · 관리에 따른 비용이 증가할 가능성이 있으며, 채권자도 조기에 변제 · 배당이 이루어질 것을 희망하므로, 파산관재인은 가능한 한 빨리 환가절차에 착수하여 신속하게 환가업무를 완료하여야 한다.

서울회생법원은 파산관재인이 파산선고 후 즉시 파산재단의 현상을 파악한 후 파산재단에 속하는 재산의 환가에 착수하여 소송이 필요한 경우를 제외하고는 6개월 내에 환가를 완료하고, 제1회 채권자집회의 기일로부터 가급적 1년 이내에 1회 배당을 실시하며, 통상 2년 이내에 파산절차를 종결할 수 있도록 신속하게 관재업무를 수행할 것을 요청하고 있다.[3][4]

---

1) 실무상 채권조사의 일반기일이 종료하기까지 2~3개월 이상의 상당한 시일이 소요되므로, 파산관재인은 법 제491조 본문 규정에도 불구하고 취임 후 곧바로 환가절차에 착수하고 있다. 일본 파산법은 법 제491조와 같은 환가의 시기적 제한 규정을 두지 않고 있다.

2) 계속기업을 전제로 하지 않는 파산절차에서는 장래의 수익력을 기대할 수 없어 자산의 가치가 정상 기업의 자산보다 저가로 평가될 수밖에 없고, 토지를 제외한 자산의 경우는 시간이 흐를수록 가치가 떨어지는 것이 일반적이다.

2. 환가의 방법

민사집행법에서 환가방법을 정한 권리의 환가는 원칙적으로 민사집행법에 따른다(법 제496조 제1항). 민사집행법 제274조 제1항은 유치권에 의한 경매와 민법·상법, 그 밖의 법률이 규정하는 바에 따른 경매(이른바 형식적 경매)는 담보권 실행을 위한 경매의 예에 따라 실시한다고 규정하고 있으므로, 법 제496조 제1항의 규정에 의한 민사집행법에 따른 환가는 담보권 실행을 위한 경매의 예에 따라 그 중에서도 청산을 위한 경매의 예에 따라야 한다.[5] 이에 불구하고 파산관재인은 법원의 허가를 얻어 영업양도 등 다른 방법으로 환가할 수 있다(법 제496조 제2항).

실무상으로는 민사집행법에 의한 경매절차보다 임의매각을 하는 것이 더 높은 가격으로 환가할 수 있기 때문에, 파산관재인이 파산재단의 극대화를 위해 법원의 허가를 얻어 임의매각의 방법으로 환가하는 경우가 더 많다.[6] 민사집행법에 따른 권리의 환가는 파산선고 후 채무자(채권자 신청의 경우), 일부 채권자, 노동조합 등이 부동산을 불법점거하고 있어 인도명령을 얻을 필요가 있는 경우, 상당 기간 임의매각을 위하여 노력하였으나 성공하지 못한 경우, 권리가 별제권의 목적이고 그 가액으로 피담보채권을 변제하고도 남을 가능성이 있으나 별제권자가 임의매각에 협조하지 않는 경우 등에 주로 이용된다.[7]

파산재단에 속하는 자산의 환가시기, 방법, 가격에 관하여는 채권자들의 관

---

3) 파산관재인은 환가를 위하여 소송이 필요한 재산의 경우, 파산절차 초기에 소를 제기하여 소송으로 인한 파산절차 종료지연을 최소화할 수 있도록 함이 바람직하다.

4) 파산재단에 속하는 재산이 거의 없어 조기에 이시폐지가 예상되는 사건의 경우 제1회 채권자집회의 기일 전에 모든 환가를 마쳐 제1회 채권자집회의 기일과 파산폐지에 관한 의견청취 및 파산관재인의 임무종료에 따른 계산보고를 위한 채권자집회의 기일을 병행하여 진행함으로써 바로 이시폐지를 할 수 있도록 준비하는 경우도 있다. 이를 이른바 간이화절차(Fast Track)라고 한다. 이에 관하여는 제17장 제2절 2. 가. 참조.

5) 민사집행(Ⅱ), 809면.

6) 대법원 2010. 11. 11. 선고 2010다56265 판결은 "파산관재인은 파산재단에 속하는 부동산 등의 환가를 위하여 민사집행법에 따라 이른바 형식적 경매절차를 신청하거나(법 제496조 제1항), 법원의 허가를 얻어 영업양도 등 다른 방법으로 환가를 실시할 수 있고(같은 조 제2항), 후자의 방법에 의한 환가에는 임의매각도 당연히 포함된다 할 것인데, 파산관재인이 법원의 허가를 받아 임의매각하는 경우에는 그 환가의 방법, 시기, 매각절차, 매수상대방의 선정 등 구체적 사항은 파산관재인이 자신의 권한과 책무에 따라 선량한 관리자의 주의를 다하여 적절히 선택할 수 있다고 봄이 상당하다."라고 판시하였다.

7) 다만 형식적 경매절차를 이용하는 경우, 수의매각이나 공개매각절차와는 달리 경매절차에 참여하는 자들이 대부분 권리분석의 전문가이므로, 일반 시장에서 소화되지 않았던 물건(부동산의 공유지분 등)이 오히려 고가에 매각되거나, 포기의 대상이었던 자산이 저가로나마 매각되는 사례가 발생하기도 한다. 김정만, 정문경, 문성호, 남준우, "법인파산실무의 주요논점", 저스티스 통권 제124호, 한국법학원(2011), 470면.

심이 많으므로, 파산관재인은 환가의 적법성뿐만 아니라 효율성을 높이는 데도 관심을 기울여야 하고,[8] 공정하고 투명하게 환가업무를 처리하여 채권자들의 이해를 얻을 수 있도록 하여야 한다. 서울회생법원은 채권자들의 절차참여를 보장하고 채권자들에게 매각정보를 알리기 위해, 파산관재인에게 주요재산을 매각하거나 포기하는 경우 대한민국 법원 홈페이지(http://www.scourt.go.kr) 대국민서비스 중 공고란 '회생·파산 자산매각 안내'에 있는 '공고' 게시판을 이용할 것을 권고하고 있으며, 파산선고를 한 때에 하는 공고와 채권자 등에게 송달하는 그 공고하여야 하는 사항을 기재한 서면에(법 제313조 제1항, 제2항) 채무자의 주요재산 매각·포기 정보는 대한민국 법원 홈페이지의 위 게시판을 통해 확인할 수 있음을 안내하고 있다([기재례 21], [기재례 22]).

3. 임의매각

가. 매각의 방법

파산관재인은 채권자, 채무자 등 이해관계인의 의견을 청취하면서, 매각할 자산의 구체적인 내용, 최저한의 매각조건(최저매각가격 등)을 제시하는 등으로 매수희망자를 모집하고, 매수희망자가 나타나면 대금 지급능력, 매각조건의 충족 가능성, 담합의 가능성 등을 심사하여야 한다. 파산관재인이 최저한의 매각조건 (최저매각가격 등)을 제시하거나 매수희망자를 심사하지 않고 곧바로 경쟁입찰의 방법을 택한다면, 상대방의 자력이나 매매대금의 당부와 관계없이 최고가 매수 신청인과 매매계약을 체결하여야 하는 경우가 발생할 수 있으므로 주의하여야 한다. 파산관재인은 매각에 착수하기 전에 법원과 그 방법, 조건에 관하여 사전 협의를 하고, 매각 진행 상황을 수시로 보고하면서 매각절차를 진행하는 경우도 있다.

매수희망자가 경합하는 경우에는 입찰을 실시하고,[9] 낙찰자가 결정되면 법원의 허가를 조건으로 하는 매매계약을 체결한다.[10][11] 입찰을 실시하는 경우 담합

---

8) 서울회생법원 관할 사건의 파산관재인들은 자산별 주요 환가처 및 환가 사례에 관한 정보를 간담회 또는 누리 소통망 서비스(SNS) 등을 통하여 공유하는 등 교류하고 있다.

9) 주요자산의 경우 공정성 확보를 위하여 파산관재인의 요청에 따라 법정이 공개매각 입찰장소로 활용되는 경우도 있다.

10) 파산관재인이 임의매각에 의한 환가를 실시함에 있어 설령 경쟁입찰방식에 따라 최고가격을 제시한 매수자를 선정하기로 하여 입찰참가자로부터 입찰보증금을 제공받고 입찰공고를 시행하는 등 민사집행법상의 경매절차와 유사한 과정을 거쳤다고 하더라도 그 본질은 여전히 사적인

가능성을 막기 위해 가급적 미리 입찰자들로부터 입찰보증금을[12] 지급받는 것
이 바람직하다. 법원은 파산관재인이 이와 같은 절차를 거쳤는지 검토하고, 불분
명하면 관련 자료를 제출하도록 한다. 요컨대, 법원은 파산관재인이 환가업무를
수행하면서 공정하고 투명하게 업무를 처리하도록[13] 특히 유념하여야 한다.

파산관재인이 매수희망자를 물색할 때에는 채권자에게도 매수 또는 무상
알선, 소개의 기회를 부여하고, 사안에 따라서 별제권자, 임차인 등 이해관계인,
공인중개사, 채무자의 대표자 및 그 친족 등에게 의사를 타진하는 방법도 취할
수 있을 것이다.

파산재단에 속한 재산의 가격이 고액일 때에는 공정하고 적정한 환가를 도
모하기 위하여 매각주간사를 선정하여 매각절차를 진행하거나[14] 전문 중개업자
에게 매각주선을 의뢰하는 방법도 생각해 볼 수 있다. 최근에는 이러한 자산매
각을 주선하고 알선하는 전문업체가 늘고 있고 상당한 실적을 올리는 경우가 증
가하고 있으므로 관심을 가질 필요가 있다.[15] 이 경우 파산관재인은 그로 인한
수수료가 과다하게 되지 않도록 미리 법원에 위임계약의 조건을 구두 또는 서면
으로 보고하여 사전에 지도를 받은 다음, 법원의 허가를 조건으로 위임계약을
체결하고, 위임계약서를 첨부하여 법원에 위임계약 체결 허가를 신청하여야 한다.

매매계약관계로 보아야 한다(대법원 2010. 11. 11. 선고 2010다56265 판결).

11) 파산재단에 속한 재산을 매각하는 경우 회생절차의 M&A에서 사용되는 스토킹호스 매각 방
식(Stalking-Horse Bid)도 고려해 볼 수 있다. 스토킹호스 매각 방식이란 공고 전 매수희망자
(Stalking-Horse)가 있는 경우 공고 전 매수희망자와 조건부 매매계약을 체결한 후, 공개입찰을
통하여 공고 전 매수희망자가 제시한 매수조건보다 더 나은 매수조건을 제시하는 매수희망자가
있으면 그자를, 그렇지 않으면 공고 전 매수희망자를 최종 매수자로 확정하는 매각방식이다. 공
고 전 매수희망자가 있는 경우의 매각절차에 관한 자세한 내용은 회생사건실무(하) 제17장 제6
절 참조.

12) 입찰보증금은 최저매각가격의 10%가량으로 하는 것이 일반적이다. 입찰금액의 10%로 정하면
파산관재인이나 보조인이 개찰 전에 파산재단 임치금계좌를 통하여 입찰보증금을 납부한 매수
희망자의 입찰금액을 개찰 이전에 알 수 있으므로 공정성에 문제가 제기될 소지가 있기 때문
이다.

13) 공개매각절차에서의 공정성과 절차의 투명성 확보를 위하여, 입찰기간을 설정하고 우편 소인
을 기준으로 입찰이 적시에 이루어졌는지를 판단하기도 한다.

14) 서울회생법원 2015하합45 사건(의료법인 동암의료재단)에서는 채무자 소유 병원 건물 및 토지
를 매각하기 위하여 회계법인을 매각주간사로 선정하였고, 서울회생법원 2017하합100001 사건
(세아건설 주식회사)에서는 채무자 소유 주택건설사업 부지를 매각하기 위하여 회계법인을 매
각주간사로 선정한 바 있다. 매각주간사 선정방법 및 기준 등에 관하여는 회생절차에 관한 것
이나 서울회생법원 실무준칙 제241호 「회생절차에서의 M&A」 제2절을 참고할 수 있다.

15) 서울회생법원 2013하합78 사건(주식회사 씨큐어넷)에서는 파산관재인이 미술품 및 엔티크 오
디오 등을 미술품 전문 경매업체를 통하여 성공적으로 환가한 바 있다. 그 밖에 다수의 미분양
상가에 대한 분양계약 체결, 렌탈채권 회수 등을 위하여 전문업체와 위임계약을 체결한 사례가
있다.

다만 기계, 집기, 비품, 가구, 재고자산 등의 경우 가격 자체가 크지 않은 데다가 감가의 진행이 빠르므로, 공개매각절차에 의하지 않고 수의매각을 통하여 신속하게 환가하는 것이 파산재단에 이익이 되는 경우가 많다. 서울회생법원은 이러한 재산의 경우 3개 업체 이상의 견적서를 수령한 후 최고가 제시자와 공개매각 유찰조건부 매매계약을 체결하는 것을 허가하거나 그것이 여의치 않을 경우 수의매각하는 것을 허가하고 있다.

나. 매각조건의 설정

파산재단에 속한 재산의 임의매각에 있어서 주의하여야 할 점은 그 가격이다.[16] 매매가격의 적정성을 확보하기 위하여는 객관적인 자료가 필요하다. 어느 정도의 자료가 필요한가는 당해 파산재단에 속한 재산의 예상되는 가치의 정도와 그것이 파산재단 전체에서 차지하는 비중, 채권자 등 이해관계인의 의향 등의 사정에 따라 다르다. 파산관재인은 매수희망자를 모집하거나 입찰을 실시하는 경우 최저매각가격 등 최저한의 매각조건을 미리 제시하여야 한다.

적정한 가격을 산정하기 위하여는 시가 감정을 시행하는 것이 가장 좋겠지만 그 비용이 과다하게 드는 것이 보통이므로, 파산재단에 이익이 되지 않는 경우에는 감정을 시행하지 않고, 감정을 하면 고가매각이 예상되는 경우 또는 감정가로 매매하는 것을 조건으로 하는 매매계약의 경우 등에 감정을 한다. 가령 부동산의 경우 감정을 받지 않더라도 공인중개사의 시세확인서,[17] 별제권자 등 금융기관의 내부 평가액, 채무자의 기존 영업·회계담당자 등의 평가액, 장부가, 공시지가, 과세표준, 인근 부동산의 최저경매가격, 매각가율 등의 자료를[18] 종합적으로 판단하여 적정한 가격을 설정할 수 있다.

---

16) 파산관재인은 파산재단에 속한 재산에 관하여 이루어진 강제집행, 보전처분 및 파산선고 후에 이루어진 체납처분에 관하여 신속히 집행취소신청 등을 하고, 별제권이 부인권 행사의 대상이 되는 경우 부인권을 신속히 행사하여 정당한 가격에 재산을 매각할 수 있도록 하여야 한다.

17) 서울중앙지방법원 2017고정3729 부동산가격공시및감정평가에관한법률위반 사건에서 공인중개사에 대한 유죄판결(항소기각 및 상고기각 확정)이 선고되었음을 이유로 시세확인서를 작성해 주지 않는 공인중개사가 있으나, 공인중개사가 단순히 당해 부동산의 시가를 확인해주는 것은 처벌의 대상이 되지 않음을 안내할 필요가 있다. 다만, 공인중개사가 부동산의 입지 및 위치, 주변 환경, 구조 및 연식, 유사 물건의 거래사례 등을 들며 부동산의 시가를 판단하는 내용의 시가확인서를 작성하면, 이는 감정평가업을 한 경우에 해당할 소지가 있다(감정평가 및 감정평가사에 관한 법률 제49조 제2호 참조).

18) 대한민국 법원 법원경매정보 홈페이지(https://www.courtauction.go.kr)에서는 인근 매각물건의 평균감정가, 평균매각가, 매각율, 매각가율 등 인근 매각물건 사례에 관한 통계자료를 확인할 수 있다.

파산관재인은 공개매각 허가신청 또는 매매계약 체결 허가신청을 할 때에는 허가신청서에 매각가격 산정 근거에 관한 조사결과를 기재하고 그에 관한 소명자료를 첨부하여야 한다. 파산채권자 등이 허가신청서를 열람하는 경우가 자주 있으므로, 허가신청서에는 그 처분가액이 적정하다는 것을 이해관계인이 납득할 정도의 내용이 포함되어야 한다.

다만 서울회생법원은 매수희망자가 많지 않고 민사집행법에 의한 경매절차에 따르더라도 유찰될 것이 예상되는 부동산 등의 경우에는 신속한 환가와 배당을 위하여 예외적으로 장부가에 미치지 못하더라도 처분하는 것을 허가하는 사례도 있다.

다. 대한민국 법원 홈페이지의 공고 게시판 등 인터넷의 활용

서울회생법원은 채권자 등 이해관계인뿐만 아니라 파산재단에 속한 재산의 매수희망자 등에게 파산재단에 속한 재산의 매각정보를 제공하고, 매각절차의 공정성과 투명성을 제고하며 비용 절감을 위해 대한민국 법원 홈페이지(http://www.scourt.go.kr) 대국민서비스 중 공고란 '회생·파산 자산매각 안내'에 있는 '공고' 게시판의 활용을 적극적으로 권장하고 있다. 파산관재인은 위 게시판에 입찰공고를 게재하여 부동산뿐만 아니라 비상장주식, 특허권, 상표권 등 지식재산권, 회원권, 재고자산 등 각종 재산을 공개매각하고 있다.[19] 파산관재인이 위 게시판에 주요재산의 입찰공고를 게재하는 경우에는 채권자들의 절차참여를 보장하기 위해 미리 채권신고서에 기재된 이메일로 채권자들에게 이를 통지해 주는 것이 바람직하다. 예금보험공사가 전국 파산재단 등이 보유한 부동산 및 콘도회원권, 신탁부동산 등을 합동공매하는 경우에도 일간지와 더불어 위 게시판에 함께 공고하도록 하고 있다.

파산관재인은 입찰공고에 파산재단에 속한 재산의 내역, 최저매각가격, 입찰방법 및 일시, 장소 등 매각조건을 기재하고, 최고가입찰자로 낙찰받더라도 본 매매계약은 법원의 허가를 받아 다시 체결하여야 한다는 것을 안내한다.[20]

---

19) 예를 들어, 서울중앙지방법원 2008하합6 사건(주식회사 고합)의 경우 비상장주식을, 서울중앙지방법원 2011하합110 사건(주식회사 제이디게임즈)의 경우 컴퓨터 및 미완성 게임소프트웨어를, 서울중앙지방법원 2011하합41 사건(주식회사 경원전력)의 경우 일본 후쿠시마 소재 골프장 회원권 등을, 서울회생법원 2017하합15 사건(주식회사 한진해운)의 경우 콘도회원권을, 서울회생법원 2018하합100049 사건(주식회사 해피비전)의 경우 의료기기 제조 허가권을 매각하기도 하였다. 서울중앙지방법원 2010하합121 사건(주식회사 프리챌)의 경우, 영업양도를 위한 일간신문 공고를 하면서 보조적으로 위 게시판 공고를 활용하여 영업양도에 성공한 바 있다.

임의매각은 다수에게 매각정보를 제공하여 적절한 매수희망자를 모집하는 것에 성패가 달려 있으므로, 파산관재인은 위 게시판 외에도 일간지나 해당 자산의 중고거래가 활발히 이루어지는 인터넷 사이트 등을 적극적으로 활용할 필요가 있다.

4. 민사집행법에 의한 환가

민사집행법에서 환가방법을 정한 권리의 환가는 민사집행법에 따른다(법 제496조 제1항).[21] 그리고 파산관재인은 민사집행법에 의하여 별제권의 목적인 재산을 환가할 수 있고, 이 경우 별제권자는 이를 거절할 수 없다(법 제497조 제1항). 위 규정에 따른 환가절차는 민사집행법 제274조 제1항의 '그 밖의 법률이 규정하는 바에 따른 경매'에 해당하므로 담보권 실행을 위한 경매의 예에 따라 실시하여야 한다.[22]

이는 이른바 '형식적 경매' 중 '청산을 위한 경매'에 해당하는데, 경매신청은 서면에 의하여 경매의 목적재산의 종류에 따라 법원 또는 집행관에게 하여야 한다. 신청서의 기재사항 중 채권자·채무자·소유자는 신청인·상대방으로, 담보권과 피담보채권의 표시는 경매신청권의 표시 등으로 바꾸어 기재하여야 한다. 경매신청권을 증명하는 서류로서 집행권원은 불필요하고 파산선고 결정의 등본을 제출하면 충분하다.[23]

이 경우 경매의 목적재산인 부동산 등의 위에 존재하는 제한물권 등의 부

---

20) 대한민국 법원 홈페이지의 공고 게시판을 이용한 입찰절차는 파산관재인의 주관 아래 이루어지는 것으로, 위 게시판에 게재되는 입찰공고도 파산관재인이 작성한다. 법원은 홈페이지 관리를 위해 파산관재인이 제공한 자료를 게재하는 것 이외에는 입찰절차에 직접적으로 관여하지 않고 있다.

21) 구 파산법 제192조는 제187조 제1호(부동산에 관한 물권, 등기할 국내선박 및 외국선박) 및 제2호(광업권, 어업권, 특허권, 의장권, 실용신안권 및 저작권)에 해당하는 권리의 환가는 민사집행법에 의하여 이를 한다고 규정하고, 같은 법 제193조 제1항은 파산관재인은 민사집행법에 의하여 별제권의 목적인 재산을 환가할 수 있다고 규정하여, 별제권의 목적이 아닌 한 부동산, 선박, 광업권 등 등기·등록의 대상이 되는 권리에 한하여 민사집행법에 의하여 환가할 수 있도록 규정하고 있었으나, 현행법 제496조는 이에 국한하지 아니하고 동산, 채권 등 민사집행법에서 환가방법을 정한 모든 권리의 환가를 민사집행법에 따라 할 수 있도록 대상을 확대하였다.

22) 민사집행(Ⅱ), 809, 810면(여기서 '예에 따라 실시한다'라 함은 담보권 실행을 위한 경매에 관한 제규정을 모두 그대로 적용한다는 것이 아니라 성질에 따라 다소의 변용을 가하면서 이용할 수 있는 한도 안에서 이들 절차를 이용하여 경매를 실시한다는 것을 뜻한다). 서울중앙지방법원 2001하247 사건(현대생명보험 주식회사)에서는 40여 차례 파산재단 합동공매에도 유찰되었던 오피스텔 1개 층에 관하여 파산관재인이 형식적 경매를 신청하여 환가에 성공한 예가 있다.

23) 민사집행(Ⅱ), 810-812면.

담은 매각에 의하여 소멸한다고 본다.[24]

이때 배당요구나 배당절차가 필요한지 여부에 관하여,[25] 집행법원은 파산절차에서 변제하도록 신청인인 파산관재인에게 매각대금을 교부하여야 하고 따로 배당요구나 배당절차를 밟아서는 아니 된다는 견해와 소멸주의가 적용되는 이상 소멸되는 부담에 관계된 채권자들에 대한 배당절차를 실시하여야 한다는 견해의 대립이 있다. 강제집행의 실무는 대체로 배당절차를 실시하여 파산선고 전에 체납처분된 조세채권 등과 별제권자에게 배당하고(다만 근로복지공단이 체당금을 지급한 후 근로자를 대위하여 행사하는 최종 3개월분 임금 채권 등 별제권에 우선하는 재단채권이 배당요구된 경우 그 재단채권에 대한 배당액은 파산관재인에게 교부하는 것이 일반적이다) 나머지를 파산관재인에게 교부하고 있다[별제권자에 우선하는 재단채권자가 배당요구(또는 교부청구)를 할 수 있는지, 배당요구된 재단채권에 대한 배당액을 누구에게 교부하여야 하는지에 관한 자세한 내용은 제9장 제3절 1. 다. 참조].

제 2 절 부동산의 환가

1. 개   요

파산관재인은 파산선고 직후 채무자가 소유한 부동산에 관하여 법 제348조 제1항에 의해 실효되는 강제집행·가압류 또는 가처분에 대하여 파산선고 결정을 원인으로 한 집행취소 신청을[26] 하여 무효인 강제집행의 외관을 제거하고, 파산선고가 임박하여 설정된 근저당권 등 부인권 행사의 대상이 될 수 있는 행위에 대하여 부인권 행사 여부를 검토함이 바람직하다.

그리고 별제권의 목적인 부동산이 있는 경우에는 피담보채권의 존부 및 범위를 확인하고(이에 관하여는 제12장 제3절 8. 다. 참조),[27] 법 제349조 제1항에 의

---

24) 대립되는 견해에 관하여는 민사집행(Ⅱ), 814-816면. 형식적 경매인 유치권에 의한 경매도 강제경매나 담보권 실행을 위한 경매와 마찬가지로 목적부동산 위의 부담을 소멸시키는 것을 법정매각조건으로 하여 실시된다. 대법원 2011. 6. 15.자 2010마1059 결정 등.

25) 대립되는 견해에 관하여는 민사집행(Ⅱ), 819-824면.

26) 다만 별제권에 선행하는 압류, 가압류의 경우 추후 민사집행법상 경매절차에서 파산재단이 별제권과 동순위로 배당받을 수 있으므로 집행취소 신청을 하지 않는다. 이 경우 파산관재인은 배당기일 전에 압류, 가압류 금액에 관하여 교부청구(배당 요구)를 하여야 한다. 이에 관하여는 제4장 제3절 1. 라. 2) 나) 참조.

27) 근저당권의 피담보채무는 파산선고시를 기준으로 확정되는 것으로 보아야 한다(구 회사정리

하여 효력을 잃지 아니하는 파산선고 전에 체납처분이 된 부동산이 있는 경우에는 그 체납액의 존부 및 범위를 확인하며[이에 관하여는 제4장 제3절 1. 라. 4) 참조], 별제권의 목적이거나 체납처분이 된 부동산에 관하여 별제권 내지 체납처분의 원인인 조세채권 등에 우선하는 채무자의 근로자의 최종 3개월분 임금·최종 3년간의 퇴직금·재해보상금 채권, 근로복지공단이 체당금을 지급한 후 근로자를 대위하여 행사하는 최종 3개월분 임금 등의 채권, 국민건강보험료, 국민연금보험료, 고용보험료, 산재보험료 청구권 등의 존부 및 범위도 확인하여야 한다(이에 관하여는 제9장 제3절 1. 다. 참조). 또한 파산관재인은 경매절차에서의 예상 매각금액을 산정하고, 민사집행법상의 경매절차에 의할 경우와 임의매각을 할 경우 그 매각대금에서 별제권자, 과세관청 등에게 변제할 수 있거나 그 채권자에게 배당될 수 있는 금액, 파산재단에 편입될 수 있는 금액 등을 파악하여 유불리에 따라 환가방법을 정하여야 한다.

2. 별제권의 목적인 부동산의 환가

파산재단에 속하는 부동산에는 대개 근저당권 등 담보권이 설정되어 있기 때문에 파산관재인은 부동산을 임의매각하기에 앞서 별제권자와 사이에 매도가격의 적정성과 피담보채무의 변제방법 등에 관하여 사전 협의를 할 필요가 있다. 실무상 파산관재인이 별제권 목적의 환수와(법 제492조 제14호) 병행하여 임의매각의 방법으로 환가하는 방법이 자주 이용되고 있다. 파산관재인은 부동산의 매수희망자를 물색하여 매수희망자와 별제권자, 파산관재인 사이에 매각대금, 환수대금의 지불, 별제권소멸절차, 소유권이전등기절차가 동시에 이루어지도록 합의한다. 환수시에 별제권자에게 지불하는 환수대금은 반드시 피담보채권액과 같은 금액이 되어야 하는 것은 아니고, 담보권의 실행이 신속하게 이루어지는 반면 비용은 들지 않는 점, 민사집행법에 의한 절차를 가정하여 기대할 수 있는 배당액 등을 고려하여 파산관재인이 환수 전에 환수금액에 관하여 적절히 교섭할 필요가 있다(별제권 목적의 환수에 관한 자세한 내용은 제12장 제3절 9. 참조).

다만 후순위 담보권자가 있는 경우 담보권 말소 동의를 거부하면 매각은

법상 회사정리절차와 관련한 것이나 대법원 2001. 6. 1. 선고 99다66649 판결). 참고로 일본 민법 제398조의20 제1항 제4호는 채무자 또는 근저당권설정자가 파산절차개시의 결정을 받은 때에는 근저당권이 담보할 원본은 확정된다고 명문으로 규정하고 있다. 條解破産法 501면.

성사되지 않는다.[28] 그 밖에 파산관재인이 별제권자에게 별제권의 실행을 촉구하여 그 절차에서 생긴 잉여금 또는 청산금을 파산재단에 환입하는 방법, 별제권의 목적인 부동산의 경매신청을 하여(법 제497조) 그 매각대금에서 절차비용과 별제권자의 피담보채권액을 공제한 잔액을 파산재단에 환입하는 방법,[29] 별제권이 붙은 채로 임의매각을 하여 그 매각대금을 파산재단에 환입하는 방법 등이 이용되고 있다.

경매절차에서는 남을 가망이 없는 부동산이라고 하더라도 통상 임의매각을 하는 것이 담보권 실행에 의하는 것보다 고가매각 및 조기매각이 가능하므로, 파산관재인은 별제권자를 설득하여 환수금액을 대폭 감액하도록 한 후 임의매각을 실시하고 그 매각대금의 일부라도 파산재단에 환입될 수 있도록 노력하여야 한다. 이러한 노력이 성사되어 파산관재인에게 특별보수를 지급한 사례가 있다. 별제권자의 부족채권액을 조금이라도 줄이기 위하여 임의매각을 허용하는 경우도 있다.

남을 가망이 없고 별제권자와 협상도 되지 않기 때문에 파산재단의 증식이 전혀 기대되지 않는 경우에는 재산세·관리비 등의 부담을 면하고 관재업무를 조기에 종결시키기 위하여 당해 부동산을 파산재단에서 포기할 것을(법 제492조 제12호) 고려하여야 하는 수도 있다.

별제권자가 법률에 정한 방법에 의하지 아니하고 별제권의 목적을 처분하는 권리를 가지는 경우에는 파산관재인은 법 제497조에 따라 별제권의 목적인 재산을 환가할 수 없고, 별제권자의 권리행사를 존중하고 기다려야 한다. 이에 파산관재인은 법원에 별제권자가 처분권을 행사하여야 하는 기간을 정해 줄 것을 신청할 수 있고(법 제498조 제1항), 별제권자가 법원이 정한 기간 안에 처분을 하지 아니하는 때에는 처분권을 상실한다(법 제498조 제2항)([기재례 45]). 파산관재인의 환가권과 별제권자의 환가권을 합리적으로 조정하고, 별제권자의 권리해태(懈怠)로 파산절

---

28) 일본은 담보권자가 담보권 말소 동의를 거부하면 임의매각이 성사되지 않는 문제점을 해결하기 위해 2005년부터 시행된 파산법에, 파산관재인의 신청에 따라 파산재단에 속하는 재산에 설정되어 있는 담보권을 소멸시켜 임의로 매각하고, 임의매각대금의 일부를 파산재단에 환입시키는 것을 가능하게 하는 담보권소멸제도를 법제화하였다(일본 파산법 제186조 내지 제191조).

29) 이 경우 별제권자가 받을 금액이 아직 확정되지 아니한 때에는 파산관재인은 대금을 따로 임치하여야 하고, 별제권은 그 대금 위에 존재한다(법 제497조 제2항). 이 경우 파산관재인은 별제권의 목적이 된 대금이 다른 파산재단과 구별될 수 있도록 별도의 예금계좌를 개설하여 보관하는 것이 바람직하다. 별제권자는 민법의 물상대위(민법 제342조, 제370조)와 달리 압류를 요하지 않고 당연히 그 대금에 대해 별제권을 행사할 수 있다. 임준호, "파산절차상 담보권의 처리", 재판자료 제83집, 113, 114면.

차가 장기간 지연되는 것을 방지하기 위한 규정이다. 별제권자가 법률에 정한 방법에 의하지 아니하고 별제권의 목적을 처분할 권리를 가지는 예로는 「가등기담보 등에 관한 법률」의 적용을 받지 않는 양도담보약정이 있는 경우, 채권자에게 담보물의 처분권한을 부여하고, 이를 처분하여 변제에 충당하기로 하는 약정이 있는 경우 등을 들 수 있다.[30]

파산관재인은 채무자 소유의 부동산에 대하여 별제권(담보물권 등)의 실행으로 인한 경매절차가 개시되는 경우[31] 별제권에 우선하는 재단채권인 조세채권, 근로복지공단이 체당금을 지급한 후 근로자를 대위하여 행사하는 최종 3개월분 임금 등의 채권, 국민건강보험료, 국민연금보험료, 고용보험료, 산재보험료 청구권 등에 관하여 적극적으로 배당요구를 하여야 하고, 파산관재인이 배당요구를 하거나 그 채권자 또는 과세관청이 이미 배당요구 또는 교부청구를 한 때에는 그 재단채권에 대한 배당액을 자신에게 교부하여 줄 것을 구하여야 한다.[32][33] 그런데 2014. 12. 30. 개정된 법 제415조의2의 규정이 시행된 2015. 7. 1. 이후

---

30) 임준호, "파산절차상 담보권의 처리", 재판자료 83집, 117, 118면; 注解破産法(下), 456면.

31) 파산선고 후 별제권의 실행으로 인하여 개시된 경매절차에서뿐만 아니라 파산선고 전 별제권의 실행으로 인하여 개시된 경매절차가 파산선고 후 계속되는 경우에도 같다. 파산관재인은 채무자에 대한 파산선고 사실을 알리고 배당금의 교부를 요구하여야 한다.

32) 대법원 2003. 6. 24. 선고 2002다70129 판결은 "파산자 소유의 부동산에 대한 별제권(담보물권 등)의 실행으로 인하여 개시된 경매절차에서 과세관청이 한 교부청구는 그 별제권자가 파산으로 인하여 파산 전보다 더 유리하게 되는 이득을 얻는 것을 방지함과 아울러 적정한 배당재원의 확보라는 공익을 위하여 별제권보다 우선하는 채권 해당액을 공제하도록 하는 제한된 효력만이 인정된다고 할 것이므로 그 교부청구에 따른 배당금은 채권자인 과세관청에게 직접 교부할 것이 아니라 파산관재인이 파산법 소정의 절차에 따라 각 재단채권자에게 안분변제할 수 있도록 파산관재인에게 교부하여야 한다고 해석함이 상당하다."라고 판시하였다. 이 판결에 관하여는 이우재, "파산자 소유의 부동산에 대한 별제권행사절차에서 교부청구된 조세의 교부상대방", 대법원판례해설 제44호, 법원도서관(2004), 883-918면.

33) 재단채권에 기한 제한된 효력만이 인정되는 배당요구는 파산재단의 적정한 환가를 통하여 배당재원을 마련할 책무를 지닌 파산관재인도 할 수 있다고 보아야 한다. 임금, 조세채권 등을 가진 재단채권자가 배당요구 또는 교부청구를 하지 않은 경우라 하더라도 파산관재인이 직접 별제권에 우선하는 재단채권에 관하여 배당요구를 할 수 있다고 해석하는 것이 실무이다. 서울남부지방법원 2012. 1. 17. 선고 2011가합11666 판결(미항소 확정), 서울중앙지방법원 2005. 8. 10. 선고 2004가단418082 판결(미항소 확정) 등도 위와 같은 이유로 재단채권인 임금에 대한 파산관재인의 배당요구를 인정하였다. 임금채권, 조세채권 등의 재단채권자가 배당요구를 한 경우, 배당표의 채권자란에는 배당요구한 재단채권자를 기재하고, 비고란에 '파산관재인에게 교부'라고 기재하게 될 것이다. 이때 배당이의의 소에 있어서 당사자적격이 임금채권, 조세채권 등을 가진 재단채권자에게 있는지 파산관재인에게 있는지에 대하여는 견해의 대립이 있다[배당기일에 출석하여 배당표에 이의를 한 임금채권, 조세채권 등 재단채권자에게 원고적격이 있다는 사례로는 대전고등법원 2005. 12. 21. 선고 2005나7496 판결(미상고 확정), 실제 배당금을 배당받을 파산관재인에게 피고적격이 있다는 사례로는 부산고등법원 2003. 9. 19. 선고 2003나6132 판결(미상고 확정)]. 정준영, "파산절차가 계속중인 민사소송에 미치는 영향", 재판자료 제83집, 218면은 파산관재인에게 당사자적격이 있다는 견해를 취한다.

실무에서는 채무자의 근로자는 최종 3개월분 임금 등 법 제415조의2에 해당하는 채권에 대하여 본래의 배당요구를 할 수 있다고 보고, 그 채권에 대한 배당은 배당요구를 한 근로자에게 직접 하고 있다(별제권에 우선하는 재단채권자가 배당요구를 할 수 있는지, 배당요구된 재단채권에 대한 배당액을 누구에게 교부하여야 하는지에 관한 자세한 내용은 제9장 제3절 1. 다. 참조).

다만 파산관재인이 재단채권자를 대신하여 배당금을 수령함에 따라 민사집행법에 따른 배당절차에서 별제권에 우선하는 재단채권자가 배당을 받지 못하고, 파산관재인이 수령한 배당금이 재단채권에 대하여 안분변제됨으로써 다액의 조세채권자의 채무변제에 대부분 충당되는 등 민사집행법상 배당의 우선순위에 비추어 현저히 불합리한 결과가 발생할 경우에는 제반 사정을 고려하여 재산 포기를 고려할 수 있을 것이다.

3. 체납처분이 된 부동산의 환가

파산선고 전에 파산재단에 속하는 재산에 대하여 국세징수법 또는 지방세징수법에 의하여 징수할 수 있는 청구권(국세징수의 예에 의하여 징수할 수 있는 청구권으로서 그 징수우선순위가 일반 파산채권보다 우선하는 것을 포함한다)에 기한 체납처분을 한 때에는 파산선고는 그 처분의 속행을 방해하지 아니한다(법 제498조 제1항). 그러나 파산관재인은 파산재단에 속한 부동산에 관하여 파산선고 전 체납처분이 된 경우라도 먼저 임의매각을 시도할 필요가 있다.

이 경우 체납세액이 소액이라면 이를 재단채권으로 변제하여 납부한 후 압류를 해제하고 임의매각을 함이 바람직하다. 반면 체납세액이 다액인 경우 파산관재인은 일단 매각공고 등을 통해 매수처를 물색한다. 만약 매수희망자가 존재하고 그 매각예상가액이 공매절차에서의 낙찰예상금액을 초과하거나 유사하다면, 파산관재인은 과세관청에 대하여 이를 설명하고, 임의매각을 통하여 공매절차보다 조기에 환가할 수 있는 점을 피력하여, 압류를 해제하도록 협의할 수 있다. 위와 같은 협의가 이루어진 경우, 이를 기초로 최저매각가격을 산정하여 공개매각을 진행한다.

그러나 매수희망자가 없거나 과세관청과의 협의가 이루어지지 않아 공매가 진행되는 경우, 파산관재인은 공매절차에서 체납처분의 원인이 된 조세채권에 우선하는 재단채권자에게 지급할 배당금과 배당하고 남은 금액 전부를 안분변제

를 위해 파산관재인에게 교부할 것을 요구하여야 한다[이에 관하여는 제4장 제3절
1. 라. 4) 참조].

4. 임차인이 있는 부동산의 환가

임대인이 파산선고를 받은 경우 임차인이 「주택임대차보호법」 제3조(대항
력 등) 제1항의 대항요건을 갖춘 때 또는 「상가건물 임대차보호법」 제3조(대항
력 등)의 대항요건을 갖춘 때에는 법 제335조의 규정을 적용하지 아니하므로
($^{법\ 제340조}_{제4항}$), 이 경우 파산관재인은 법 제335조에 의하여 임대차계약을 해지할 수
없다. 따라서 대항력 있는 임차인이 있는 부동산을 매각할 때는 다른 방법으로
임대차계약을 종료하거나, 인도시의 임차보증금의 잔액을 새 임대인이 승계하는
것으로 처리하여야 한다.[34]

임대차계약의 종료는 파산관재인이 임차인과 사이에 임차인이 임차보증금
반환청구권을 포기하고, 파산관재인이 임차보증금 상당액의 퇴거 비용을 지급하
는 취지의 화해를 하고, 위 퇴거 비용을 재단채권($^{법\ 제473조}_{제4호}$)으로서 지급하는 방법
으로 할 수도 있다(임대인이 파산한 경우 임대차계약의 처리에 관하여는 제7장 제2절
5. 참조).

5. 등기의 말소

파산관재인은 부동산의 임의매각을 완료한 후, 그 등기사항증명서 등본을
첨부하여 이미 파산선고 전에 되어 있는 강제집행 또는 보전처분에 의한 가압류
또는 압류 등기의 말소를 집행법원에 신청한다. 별제권의 목적의 환수 방법으로
임의매각을 완료한 경우에는 별제권자의 신청에 따라 담보권설정등기를 말소하

---

34) 대법원 2002. 9. 4. 선고 2001다64615 판결은 "대항력 있는 주택임대차에 있어 기간만료나 당
사자의 합의 등으로 임대차가 종료된 경우에도 주택임대차보호법 제4조 제2항에 의하여 임차인
은 보증금을 반환받을 때까지 임대차관계가 존속하는 것으로 의제되므로 그러한 상태에서 임차
목적물인 부동산이 양도되는 경우에는 같은 법 제3조 제2항에 의하여 양수인에게 임대차가 종
료된 상태에서의 임대인으로서의 지위가 당연히 승계되고, 양수인이 임대인의 지위를 승계하는
경우에는 임대차보증금 반환채무도 부동산의 소유권과 결합하여 일체로서 이전하는 것이므로
양도인의 임대인으로서의 지위나 보증금 반환채무는 소멸하는 것이지만, 임차인의 보호를 위한
임대차보호법의 입법 취지에 비추어 임차인이 임대인의 지위승계를 원하지 않는 경우에는 임차
인이 임차주택의 양도사실을 안 때로부터 상당한 기간 내에 이의를 제기함으로써 승계되는 임
대차관계의 구속으로부터 벗어날 수 있다고 봄이 상당하고, 그와 같은 경우에는 양도인의 임차
인에 대한 보증금 반환채무는 소멸하지 않는다고 할 것이다."라고 판시하였다.

게 된다.

부동산에 대한 담보권설정행위를 부인하여 그 부인의 등기가 된 것만으로는 담보권설정등기가 말소되지 않으므로, 임의매각을 하는 경우에는 담보권설정등기가 남아 있는 채로 매각할 수밖에 없다. 매수인으로서는 담보권설정등기가 남아 있는 채로 매수하려 하지 않을 것이므로, 이 경우 법원이 담보권설정등기를 직권으로 말소촉탁할 수 있는가 하는 문제가 있었다. 법은 이를 입법적으로 해결하여, 이러한 경우 법원은 이해관계인의 신청에 의하여 부인의 등기, 부인된 행위를 원인으로 하는 등기, 부인된 등기 및 위 각 등기의 뒤에 되어 있는 등기로서 파산채권자에게 대항할 수 없는 것의 말소를 촉탁하도록 규정하였다 ($\frac{법제26조}{제4항}$)(부인의 등기에 관한 자세한 내용은 제14장 제4절 5. 참조).

한편 경매절차에 의한 경우에는 집행법원이 담보권설정등기를 직권으로 말소촉탁하게 된다.

6. 부동산의 환가에 따른 조세 문제

파산선고에 의한 토지 및 건물(건물에 부속된 시설물과 구축물을 포함한다)의 처분으로 인하여 발생하는 토지등 양도소득에 대하여는 법인세가 부과되지 않는다(다만 미등기 토지 및 건물에 대한 토지등 양도소득에 대하여는 그러하지 아니하다) ($\frac{법인세법}{제55조의2\ 제4항}$).

한편 건물을 양도하는 것은 원칙적으로 부가가치세법상 부가가치세의 과세대상 거래인 재화의 공급에 해당하므로(토지의 공급에 대하여는 부가가치세법 제26조 제1항 제14호에 따라 부가가치세 면제 대상이다)($\frac{부가가치세법\ 제2조\ 제1호,\ 제9조\ 제1항,}{같은\ 법\ 시행령\ 제2조\ 제1항\ 제1호}$), 사업자가 건물을 양도하여 재화를 공급하는 경우에는 부가가치세를 재화를 공급받는 자로부터 징수하여야 한다($\frac{부가가치세법}{제31조}$). 종래 판례와 경매실무는 경매절차에서 부동산이 매각된 경우 그 소유자에게 부가가치세 납세의무를 긍정하였다.[35] 그러나

---

35) 대법원 2004. 2. 13. 선고 2003다49153 판결은 부가가치세법 제2조 제1항은 사업상 독립적으로 재화 및 용역을 공급하는 자(사업자)를 부가가치세 납세의무자로 하고 있으므로, 사업자가 공급을 받는 자로부터 실제로 부가가치세 상당액을 거래징수를 하였는지의 여부나 거래징수를 하지 못한 데 대한 책임의 유무 및 징수가능성 등을 따져 부가가치세 납세의무의 유무를 가릴 것은 아니라 할 것이고, 따라서 부동산 경매에 있어서 경매실시기관인 법원이 경락인으로부터 부가가치세를 거래징수하지 아니하였다 하여 그 소유자에게 부가가치세 납세의무가 없다고 할 수 없다는 취지로 판시하였다. 그런데 종래의 경매실무는 경락인으로부터 부가가치세를 거래징수하지 않고 있었기 때문에, 결국 파산재단이 막대한 부가가치세를 최종적으로 부담하게 되어 다른 재단채권자 및 파산채권자들의 이익을 침해하는 경우가 있었다. 이러한 경우에는 미리 권리

2006. 2. 9. 개정된 부가가치세법 시행령에서는 제14조 제3항으로 '제1항 제4호의 규정에도 불구하고 국세징수법 제61조의 규정에 따른 공매(동법 제62조의 규정에 따른 수의계약에 따라 매각하는 것을 포함한다) 및 민사집행법의 규정에 따른 강제 경매에 따라 재화를 인도 또는 양도하는 것은 재화의 공급으로 보지 아니한다'는 규정이 신설되었고, 그 이후에는 부동산의 공매나 민사집행법에 따른 경매시 부가가치세의 부담을 고려할 필요가 없어졌다.

제 3 절 기계 · 집기 · 비품 · 가구 · 자동차 등의 환가

1. 기   계

중고시장이 형성되어 있는 것도 있지만, 그렇지 않더라도 채무자뿐 아니라 업계의 사정에 정통한 자의 의견을 들어 유리하게 환가할 수 있는 경우가 많다. 복수의 업자들로부터 견적을 받는 등의 방법으로 적정한 평가액을 알 수 있다. 인터넷의 경매 사이트를 통하여 원매자를 널리 물색해 보는 것도 경비를 절감하고 환가액을 높이는 방법이므로 적극 권장된다.[36] 기계가 보관된 장소 인근의 동종업자에게 매각할 경우 운반비용이 절감되므로 유리하게 환가할 수 있는 경우가 있다.

채권자에게 매수의 기회를 주는 것도 적당한 방법이다. 사전에 채권자의 의견을 들음으로써 환가절차의 공정을 담보할 수도 있다. 대형기계의 매각은 반출비용도 고려하여야 하고, 공장 등과 일체로 처분하는 것도 생각해 볼 수 있다.

2. 집기 · 비품 · 가구

이들은 매각이 어려운 경우가 많고, 매각할 수 있다고 하더라도 매우 싼 값에 매각될 수밖에 없으며, 분실 · 멸실 · 훼손되기 쉽고 감가의 속도도 빠르므로, 조기에 매각하여야 한다. 특히 채무자가 점포 또는 주거 등을 임차하고 있고 집기 · 비품 · 가구 등이 있는 경우에는 재단채권의 발생을 방지하고 조기에 반환하

포기 허가를 받아 파산선고 등기를 말소하여 파산재단이 공급자가 되지 않도록 하여야 했다.

36) 중소기업진흥공단이 운영하는 중소 · 벤처기업 자산거래 중개장터(www.joonggomall.or.kr) 등을 이용할 수도 있다.

기 위하여 이들을 신속하게 처분하여야 한다. 가구는 일반적으로 교환가치가 낮고 환가도 곤란하기 때문에, 채무자의 임직원이나 거래업체 등이 매수하도록 하는 경우가 있다. 사정에 따라서는 오히려 처리비용이 더 필요한 경우도 있으므로 가격의 적정성 여부를 따지며 매각을 지체하지 말고 매수인이 있다면 바로 매도하는 것이 바람직하다.

3. 타인 소유 건물에 부착된 물건

채무자가 렌탈회사인 경우, 엘리베이터, 주차시설, 냉난방기기, 위생설비 등의 렌탈 물건이 렌탈 물건 이용자 소유의 건물에 부착된 예가 많다. 이들 물건은 분리하는 데 많은 비용이 들 뿐 아니라 분리하여도 다시 매각하기가 쉽지 않으므로, 가능한 한 부착된 채로 매각하는 것이 좋다. 렌탈계약의 이행을 선택하고 그 기간이 종료한 후 렌탈계약 내용에 따라 렌탈 물건 이용자에게 매각하는 방법, 렌탈계약을 해지하고 그 시점에서의 평가액으로 렌탈 물건 이용자에게 매각하는 방법 등이 있다.

4. 자 동 차

파산관재인은 자동차사고로 인한 배상책임의 부담, 자동차세, 보험료의 부담을 최소화하기 위하여 파산선고 직후 자동차의 점유를 채무자 소유의 자동차를 사용하던 임직원 등으로부터 확보하여야 한다. 그리고 부동산의 경우와 마찬가지로 실효된 강제집행의 외관을 제거하고, 과세관청 및 별제권자 등과의 협의를 준비한다.

자동차는 중고시장이 형성되어 있으므로 주로 복수의 중고차매매업자로부터 견적을 받아 매각한다. 대한민국 법원 공고 게시판이 활성화되면서 위 게시판을 통해 매각하는 사례도 늘어나고 있다.[37] 이 경우 최저매각가격은 인터넷 중고자동차 거래 사이트, 장부가, 압류금액 등을 참고하여 결정한다. 종전 임직원이 사용하던 자동차의 경우에는 이들에게 매수를 권유하여 매각하기도 한다.

자동차의 경우 시간의 경과에 따라 보관료 등 관리비용이 늘어나고, 감가상각이 상대적으로 빠른 점 등의 요인으로 인해 신속한 처분이 필요한데 파산선고

---

37) 서울회생법원 2016하합153 사건(주식회사 엠케이코리아) 등.

전 과세관청이나 국민건강보험공단 등에 의해 다수의 체납처분이 되어 있거나 저당권이 설정되어 있어 환가가 쉽지 않은 경우가 많다.[38] 이러한 경우 파산선고 전 체납처분은 실효되지 않으므로 파산관재인은 과세관청 등에 공문을 보내 자동차를 신속히 인수하여 공매할 것을 요청하여야 한다. 파산관재인의 꾸준한 노력으로 지방자치단체장, 국민건강보험공단 등에서 자동차를 인수해 간 사례가 있다.

이러한 경우 과세관청 등에 대하여 공매절차에 의한 환가보다 신속한 임의매각이 유리함을 설명하여 과세관청 등에게 체납액 중 일부만 지급하는 것으로 하고 파산선고 전 체납처분을 해제하는 협의를 시도할 수도 있다. 한편 국민건강보험공단의 국민건강보험료 등 미납을 이유로 한 체납처분이 있는 경우, 배당절차에서 조세채권이 더 우선하는 점, 보험료의 납부기한이 저당권설정일자보다 후순위면 저당권자보다 후순위로 배당받는 점 등을 설명하여 체납처분을 해제하는 협의를 시도해볼 수도 있다.

파산관재인이 과세관청 등과 협의하여 매각대금 전액을 과세관청 등에 변제하면 압류를 해제하기로 약속받고 매각한 사례도 있다. 이 경우 자동차의 매각으로 인한 직접적인 파산재단의 증식은 없으나, 자동차 보관비용을 줄일 수 있는데다가 자동차보험 해지환급금을 돌려받는 등 간접적인 이익이 발생한다.[39]

별제권의 목적인 자동차가 있는데 피담보채권액보다 자동차의 가액이 높은 경우에는 공개매각을 하여 별제권자의 피담보채권을 변제한 후 남는 금액을 파산재단에 편입시킨다. 민사집행법상 경매절차에 의할 경우 별제권에 우선하는 재단채권이 있다면 파산관재인이 별제권자에 우선하여 배당액을 교부받게 됨을 설명하여 저당권을 말소하는 협의를 하거나 별제권자에게 일부 변제하는 것을 조건으로 저당권을 해제하는 협의를 하여 파산관재인이 직접 공개매각절차를 거쳐 매각한 후 협의된 금원을 제외한 금액을 파산재단에 편입시킬 수도 있다.

---

38) 과태료와 범칙금은 후순위파산채권이고 법 제348조, 제349조의 취지에 비추어 보면, 과태료와 범칙금에 기한 압류처분은 실효될 것이므로 압류해제가 가능하다. 해당 압류관청에서 압류해제를 거부한 경우에는 파산관재인은 행정소송으로 그 거부처분에 대한 취소소송을 제기하여 승소판결을 받음으로써 해결할 수 있다. 실제 서울중앙지방법원 2007하합57 사건(주식회사 창덕이앤씨)에서 파산관재인은 주정차위반으로 인한 과태료에 기한 압류처분에 관하여 압류해제거부처분취소 소송을 제기하여 승소하였다. 서울행정법원 2008. 12. 4. 선고 2008구합31239 판결(항소기각 및 심리불속행 상고기각 확정).
39) 최두호, "법인파산절차에서의 몇 가지 쟁점", 도산법연구 제1권 제1호, 사단법인 도산법연구회(2010) 239, 240면; 김정만, 정문경, 문성호, 남준우, "법인파산실무의 주요논점", 저스티스 통권 제124호, 한국법학원(2011), 471, 472면.

한편 자동차를 임의매각하는 경우 매수인이 일부러 소유권이전등록을 하지 아니하고 자동차를 인도받아 운행만 하는 경우도 발생하므로, 파산관재인은 매수인 또는 매수인이 지정하는 자에게 소유권이전등록이 마쳐진 후 자동차를 인도하는 등의 조치를 할 필요가 있다. 또한 매수인이 별제권의 피담보채권을 직접 변제하는 조건으로 별제권의 목적인 자동차를 매수하였으나, 실제로는 그 피담보채권을 변제하지 아니하는 경우도 있으므로, 주의가 필요하다.

파산선고 전에 저당권이 설정되어 있거나, 체납처분이 행하여져 있고, 그 합계액이 시가를 초과하여 환가가 불가능한 경우 포기를 고려할 수 있으나, 포기 이후 보관할 장소가 없는 상황에서 자동차를 그냥 방치한다면 자동차관리법 위반의 문제나 무적차량(이른바 대포차) 유통의 문제 등이 발생할 우려 있고, 파산관재인이 위와 같은 문제 발생의 원인유발과 관련한 책임을 부담할 우려가 있으므로 주의하여야 한다. 따라서 파산관재인은 포기 이후 보관할 장소가 없는 상황이라면 비용이 발생하더라도 자동차를 폐차하여야 한다.[40] 폐차하는 것이 불가능한데 경매비용을 초과하는 가격으로 매각이 가능하다면 형식적 경매신청을 하는 것도 한 방법이다.

제4절 상품·원재료 등의 환가

1. 일괄매각·개별매각의 선택

상품·원재료는 그 종류에 따라 개별매각에 의할 것인가 일괄매각에 의할 것인가 판단하여야 한다. 개별매각은 개개의 물품을 필요로 하는 자에게 매각하는 것이므로 고가에 처분할 수 있지만 모두 매각될 때까지 오랜 기간이 소요되고 매각불능으로 되는 물건이 많이 남을 가능성이 있다. 일괄매각은 신속하게 환가할 수 있지만 전체로서 적정한 가격의 평가가 곤란하고, 불량품이나 상품가치가 낮은 것이 들어 있다는 이유로 지나치게 헐값으로 매각하게 될 가능성이

[40] 저당권 이외의 압류등록만 있는 경우, 자동차등록령 제31조 제2항에 정한 차령을 초과하는 경우에는 자동차관리법 제13조 제1항 제7호에 따라 말소등록 후 등록관청의 폐차요청에 따라 폐차가 가능하다(자동차등록령에 정한 차령에 약간 미달한 경우에도, 일단 폐차신청을 하고 자동차등록소에 맡겨두었다가 차령 경과 후 폐차처리시키는 방법도 있다). 실제로는 폐차업자에게 업무를 대행시켜 처리하고 있다. 저당권이 설정되어 있는 경우 자동차관리법 시행규칙 제142조 제1항, 제2항에 의하면 등록관청이 폐차의뢰서를 제출한 경우에는 폐차가 가능하다.

있다. 이러한 단점들을 보완하기 위하여 일괄매각과 개별매각을 적절히 혼합할
수 있다.

2. 매각의 구체적 방법

파산관재인은 파산선고 직후 재고자산이 보관된 현장을 방문한 후 채무자
의 대표자, 임직원 등의 협조를 얻어 실사를 하여 재고의 종류와 수량을 파악하
고, 유통기한이 있는 재고의 경우 유통기한의 경과 및 임박 여부 등을 확인한다.
원칙적으로 전수조사를 하되, 종류와 수량이 방대할 경우 목록을 확보하여 일부
에 대한 표본조사를 할 수 있다. 실사시 재고자산의 종류별로 사진을 촬영하여
유출가능성을 방지하고, 위 사진은 점유착수보고서에 첨부한다.

상품·원재료의 매각에 있어서는 그 처분에 관심이 있는 제조업자, 납품업
자, 도급인, 동업자, 하청업자 등이 있으므로, 이들에 대하여 매수희망을 묻는 것
이 좋다. 제조업자나 납품업자는 파산재단에 속하는 상품 등이 값싸게 유통되어
자신들에게 악영향을 미치는 것을 방지하기 위하여, 일부 납품을 받은 도급인은
일정량의 재고를 확보할 필요가 있어 비교적 고가에 매수하는 예가 있다. 그러
나 파산채권자 등 이해관계인만을 상대방으로 하여 채무자의 상품·원재료를 매
각하려고 하면 담합이라는 의심을 받을 수도 있으므로 주의하여야 하고, 매수희
망자가 다수이면 입찰을 실시하여 고가매각을 유도하도록 지도한다.

때로는 파산관재인이 직접 할인판매나 전시판매 등의 행사를 열어 할인가
에 매각할 수도 있는데, 이때는 구입가격의 몇 퍼센트까지 할인하여 환가할 것
인가에 관하여 법원의 사전 허가를 받도록 하여야 한다.[41]

3. 반 제 품

반제품은 그대로 매각하는 방법과 상품으로 만들어 매각하는 방법이 있다.
일반적으로 반제품인 채로 매각하는 것보다는 상품으로 완성하여 매각하는 것이
환가에 유리하다. 이러한 경우에는 법원의 허가를 얻어 영업을 계속하도록 하거
나 채무자의 원래 종업원이나 하청업자 등에 가공을 위탁하여 제품으로서 매각

---

41) 서울중앙지방법원 2012하합68 사건(주식회사 더갤러리)에서는 파산관재인이 위와 같은 방법으
로 직접 가구 등을 판매하였다.

할 수도 있다. 또 반제품 그 자체를 하청업자 등에게 상당한 가격으로 매각하는
방법도 있다.

4. 유의할 점

실무상 상품이나 원재료 역시 정상회사의 상품 등과 같이 시장가격으로 매
각하는 것은 기대하기 어렵다. 따라서 이러한 자산의 매각은 그 대금의 적정성
만이 아니라 재매각의 성사가능성, 소요기간, 가격의 상승 가능성 등을 고려하
되, 신속한 처분을 원칙으로 운영함이 바람직하다. 한편 파산관재인은 매매계약
서를 작성함에 있어 담보책임을 부담하지 않음을 분명히 하여 후일 분쟁이 생기
지 않도록 하여야 한다. 상품의 반출비용 등 부수적인 비용은 가능하면 매수인
측이 부담하도록 하는 것이 좋다.

타인의 상표권을 사용한 상품의 경우, 상표권사용계약에 상품을 일정 금액
이하로 판매하거나 상표권사용권자가 파산하게 되면 상품을 판매할 수 없도록 하
는 내용의 약정이 있는 경우가 있다. 이러한 경우 상품에 부착된 상표를 제거하고
판매하는 것을 조건으로 전문판매업자와 매매계약을 체결한 사례가 있다.[42]

제 5 절 채권등의 회수

1. 매출금 채권의 회수

가. 회수 시기와 준비

매출금 채권은 중요한 파산재단에 속하는 재산일 뿐 아니라 단기소멸시효,
반품, 채권양도 등 신속히 대응하여야 할 문제들이 많다. 따라서 파산관재인은
파산선고 후 바로 회수작업에 착수하여야 한다. 구체적으로는 취임 직후 매출금
채권의 채무자 명세를 파악하고, 이들의 주소지로 파산선고 및 파산관재인 취임
사실과 매출금 지급의 최고를 겸한 서면을 발송한다. 사전에 법원으로부터 허가
를 얻은 임치금 보관장소의(제487조) 계좌번호를 최고서에 기재하고 기한을 정하여

---

42) 서울중앙지방법원 2013하합145 사건(주식회사 세광에이앤시)에서는 재고상품인 의류에 부착된
'Bean Pole' 상표를 제거하고 처분하는 것을 조건으로 매매계약을 체결하였다.

변제를 최고한다. 매출금 채권을 일괄하여 양도하거나 추심을 의뢰하는 방법도 생각해 볼 수 있으나, 이 경우에는 그 대금 또는 수수료의 액수에 관하여 주의하여야 한다.

파산관재인은 채권을 회수가능성에 따라 임의로 이행하지 않을 경우 지급명령신청을 하여 회수할 채권, 일부 채권액을 감축하는 등 협상을 시도하거나 신용정보회사에 의뢰하여 보전처분이나 강제집행을 하는 등으로 추심할 수 있는 채권, 부실채권매수 전문기관에 매각할 채권 등으로 나누어 관리할 수도 있다.

소송비용이 과다하게 지출된다든지, 매출금 채권의 채무자에게 마땅히 집행할 재산이 없다는 등의 사정을 고려하여 채무자와 일정 비율만큼 채권을 할인하여 회수하는 것을 교섭하는 것도 가능하지만, 이때에는 미리 법원과 할인의 사유, 허용 할인율의 범위에 관하여 협의한 후, 사후적으로 할인사유 및 할인금액 등을 기재한 허가신청서를 제출하도록 지도한다.[43]

나. 반품요구가 있는 경우

파산관재인은 상대방으로부터 반품요구가 있는 경우 상대방에게 반품 특약의 증명을 요구하여야 한다. 반품 특약의 증명이 없는 한 상품을 재반송하고 외상매출금의 지급을 청구한다. 반품이 되면 사실상 장부가의 10% 정도로 매각할 수밖에 없는 경우가 많으므로, 파산관재인은 상대방 주장의 당부를 파악한 후 가급적 반품을 받지 않고 매출금 채권 일부를 감액하는 방향으로 상대방과 교섭한다. 상대방이 하자담보책임에 의한 손해배상청구권으로 매출금과 상계하겠다고 주장하는 경우에도 매출금 이행청구 소송을 제기하여 상대방에게 하자의 증명을 요구할 수도 있다.

다. 소액 매출금의 경우

매출금이 소액이라고 해서 간단히 포기할 것은 아니고, 임의변제의 최고에 응하지 않는 상대방을 모아 지급명령을 신청하고, 이의가 있는 자에 관하여는 소송비용 등을 고려하여 화해 또는 파산재단으로부터의 포기 등의 방법을 검토

---

43) 서울회생법원은 실무상 채무조정안이나 회생절차 등에서의 회생계획안 등에 대한 동의 여부에 관하여도 법원의 허가를 받도록(감사위원이 있는 때에는 감사위원의 동의를 얻도록) 하고 있다. 채무자의 계획에 따른 변제금액의 현재가치가 채무자를 청산하였을 때의 배당률(회수율)보다 높은지 여부에 따라 전자가 크다면 허가를 하고 있다. 다만 변제금액의 현재가치는 할인율을 얼마로 정하느냐에 따라 유동적이므로 적정한 할인율로 산정하였는지 확인할 필요가 있다.

할 수 있다. 때로는 그 채무자에게 법원의 소 제기 허가서 사본을 첨부하여 청구하면 매출금 채권의 채무자가 채무를 이행하는 경우가 있다.

라. 단기소멸시효 문제

생산자 및 상인이 판매한 생산물 및 상품의 대가 채권은 3년간 행사하지 아니하면 소멸시효가 완성한다(민법 제163조 제6호). 그러나 소멸시효의 기산점은 특약이나 거래 관행에 따라 달라질 수 있고 소멸시효 중단사유가 있는 경우도 있으며 소멸시효가 완성되었더라도 이를 주장하지 않고 변제하는 상대방도 있으므로, 소멸시효가 완성되었다고 생각되더라도 일단 최고를 해 두는 것이 좋다.

마. 채권양도

매출금채권을 금융기관 등에게 담보로 제공한 경우가 있다. 일반적으로 그 대항요건(상대방에 대한 양도의 통지)을 갖추는 순간 회사의 신용이 순식간에 악화될 수 있으므로 평상시에는 대항요건을 갖추지 않은 채로 있고, 이와 같이 파산선고시까지 대항요건이 갖추어지지 않은 한 제3자인 파산관재인에 대해서는 매출금 채권의 양도를 대항할 수 없다.[44] 파산선고 전이라고 하더라도 위기시기 이후에 대항요건을 갖춘 경우에는 이를 부인할 수 있다(법 제394조 제2항).

바. 채권의 일괄매각

파산재단이 보유하는 채권 중에는 회생채권·장기리스채권 등 회수에 장기간이 소요되는 부실채권이 많아 파산절차의 조기 종료에 지장을 초래하고 있다. 가능하면 당해 채무자로부터 현가로 할인한 금액 또는 당해 채권의 청산가치를 상회하는 금액을 일시에 지급받는 방법으로 해결하기도 한다. 구조조정전문회사 등을 상대로 경쟁입찰 또는 수의계약 방식으로 채권의 일괄매각을 시도하는 경우도 있다. 예금보험공사가 파산관재인으로 선임된 금융기관 파산 사건의 경우에는 파산종결이 임박한 단계에서 주식회사 케이알앤씨에 채권 등을 일괄매각하는 경우가 많다.

---

44) 전병서, 96면. 파산관재인이 민법 제450조 제1항의 제3자에 해당한다는 하급심 판결로는 부산지방법원 2015. 2. 11. 선고 2012가합236 판결(대항요건을 갖추지 아니한 채권양수인이 제기한 이행의 소에 파산관재인이 독립당사자참가를 한 사안으로, 청구를 기각하는 판결을 선고받은 채권양수인은 항소를 하지 아니하였다), 대구지방법원 2004. 4. 30. 2003가단52460 판결(미항소 확정). 일본의 경우 파산관재인이 제3자에 해당한다는 것이 통설, 판례이다. 注解破産法(下), 289면; 일본 最高裁判所 昭和58年3月22日 昭和57年(オ)第973号 判決.

일괄매각의 허가신청이 있을 경우에는 그 가격의 적정성을 검토한다. 일반적으로 말하면, 개별매각을 하면 일괄매각하는 경우보다 고가매각이 가능하지만 그 처분기간이 장기화하는 단점이 있고, 반면 일괄매각은 처분기간을 단축할 수 있지만 고가매각이 어렵다.

사. 납세증명서 제출의 예외

납세자(미과세된 자를 포함한다)는 국가, 지방자치단체 또는 대통령령으로 정하는 정부 관리기관으로부터 대금을 지급받을 경우에는 체납액이 없다는 사실을 증명하는 납세증명서를 제출하여야 한다(국세징수법 제5조 제1호, 지방세징수법 제5조 제1항 제1호). 그러나 파산관재인이 납세증명서를 발급받지 못하여 법원이 파산절차를 원활하게 진행하기 곤란하다고 인정하는 경우로서 관할 세무서장이나 지방자치단체의 장에게 납세증명서 제출의 예외를 요청하는 경우에는 납세증명서를 제출하지 않아도 대금을 지급받을 수 있다(국세징수법 시행령 제5조 제1항 제4호, 지방세징수법 시행령 제5조 제1항 제4호).[45] 이에 따라 서울회생법원은 파산관재인이 요청하는 경우, 관할 세무서장이나 지방자치단체의 장에게 납세증명서 제출의 예외를 요청하는 공문을 발송하여 파산관재인이 대금을 지급받을 수 있도록 하고 있다([기재례 47]).[46]

이와 유사하게 국민연금법 제88조의 연금보험료의 납부의무자가 국가, 지방자치단체 또는 「공공기관의 운영에 관한 법률」 제4조에 따른 공공기관으로부터 공사·제조·구매·용역 등 대통령령으로 정하는 계약의 대가를 지급받는 경우에는 연금보험료와 그에 다른 연체금 및 체납처분비의 납부사실을 증명하여야 하는데(국민연금법 제95조의2 제1항 본문), 파산관재인이 납부증명서를 발급받지 못하여 법원이 파산절차를 원활하게 진행하기 곤란하다고 인정하는 경우로서 건강보험공단에 납부증명서 제출의 예외를 요청하는 경우에는 그러하지 아니하다(국민연금법 제95조의2 제1항 단서, 국민연금법 시행령 제70조의4 제2호). 또한 국민건강보험법 제77조에 따른 보험료의 납부의무자가 국가, 지방자치단체 또는 「공공기관의 운영에 관한 법률」 제4조에 따른 공공기관으로부터 공사·제조·구매·용역 등 대통령령으로 정하는 계약의 대가를 지급받는 경우에도 보험료와

---

45) 과거 파산관재인이 국가로부터 채무자가 시공한 관급공사의 기성고에 따른 기성금을 수령하여 파산재단에 편입하려 하여도, 대부분 채무자가 다액의 조세채무를 부담하고 있어 납세증명서를 제출하는 것이 불가능하였다. 그런데 서울중앙지방법원 2001하111 사건(동아건설산업 주식회사)의 파산관재인이 당시 재정경제부 세제실에 국세징수법 시행령의 개정을 건의하여 2002. 12. 30. 국세징수법 시행령 제5조 제1항 제4호가 신설됨으로써 위와 같은 문제점이 해결되었다.

46) 서울회생법원은 2017하합68 사건(주식회사 포커스컴퍼니) 등에서 납세증명서 제출의 예외를 요청하는 공문을 발송한 바 있다.

그에 따른 연체금 및 체납처분비의 납부사실을 증명하여야 하는데($^{국민건강보험법}_{제81조의3\ 제1항\ 본문}$), 파산관재인이 납부증명을 하지 못하여 법원이 파산절차를 원활하게 진행하기 곤란하다고 인정하는 경우로서 파산관재인이 국민건강보험공단에 납부증명의 예외를 요청하는 경우에는 그러하지 아니하다($^{국민건강보험법\ 제81조의3\ 제1항\ 단서,}_{국민건강보험법\ 시행령\ 제47조의3\ 제2항\ 제3호}$).[47]

2. 대여금채권의 회수

대여금채권의 회수 방법도 기본적으로는 매출금채권의 경우와 같다. 즉 파산관재인은 취임 직후 대여금 채무자에게 일정한 기간을 정하여 최고서를 발송하고, 채무자가 정한 기간 내에 변제하지 않으면 지급명령 등 추심 및 집행절차를 밟는다. 집행할 재산이 없는 것으로 파악된 채무자로부터 지연이자의 전부 또는 일부, 나아가 원금 일부까지도 면제받는 조건으로 원금의 전부 또는 일부를 변제하겠다는 제의가 들어오는 경우가 종종 있는데, 조기 회수를 위하여 제의를 수용할 수도 있다. 또, 채무자의 궁핍한 자금 사정을 고려하여 원금의 일부, 예컨대 10%의 변제를 조건으로 변제기를 연장하여 주거나 파산절차의 종료에 지장을 초래하지 않는 범위 내에서 분할하여 변제하도록 하는 사례도 있다.

채무자가 채무의 부존재 또는 반대채권에 의한 상계를 주장하는 경우가 있는데, 이때에는 매출금의 경우와 마찬가지로 상대방에게 증명을 요구한다.

자회사 등 관계회사에 대한 대출금은 회수가 곤란한 경우가 많지만, 평가액을 결정하여 관계자에게 채권을 매도하여 회수할 수 있다.

3. 장기분할채권 또는 골프장·콘도회원권

장기분할채권(할부판매채권, 회생채권 등)이나 장기거치채권은 그 기간의 만료시까지 변제를 기다리게 되면 파산절차가 지연되는 문제점이 있으므로, 이자 부분을 공제하거나 장래 회수불능 예상액을 감가하여 현가를 결정한 다음, 우선 상대방과 조기 변제를 교섭하고 회생채권자 등 제3자에게 매각하는 등으로 조기회수를 도모하여야 한다. 회생절차가 진행 중인 회사의 경우에는 부실채권 매수

---

47) 「국세징수법 시행령」 및 「지방세징수법 시행령」에 따른 관할 세무서장, 지방자치단체의 장에 대한 납세증명서 제출의 예외 요청과 「국민연금법 시행령」에 따른 납부증명의 예외 요청은 법원이 할 수 있으나, 「국민건강보험법 시행령」에 따른 국민건강보험공단에 대한 납부증명의 예외 요청은 파산관재인이 할 수 있는 것으로 규정되어 있다.

를 전문으로 하는 업체 등에 낮은 가격으로라도 매각할 수밖에 없는 경우가 많다.

골프장·콘도 등 회원권은 회원권 시장에서 매각하거나 법 제335조에 따라 해제한 후 예치금 반환청구를 하는 등의 방법으로 환가한다. 회원권의 가격이 낮다든지 회원권이 시장에서 거래되지 않는 경우에는 예치금 반환청구권을 감액하여 회원권을 되팔도록 하는 방법도 가능하다.

4. 임차보증금의 회수

임차보증금 이상으로 환가가 가능한 임차권이라고 판단되면 계속 차임을 지급하면서 임차권을 보전한 다음 조기에 환가한다. 그렇지 않은 경우 신속히 임대인과 사이의 기존 임대차계약을 해지하고 목적물을 반환함과 동시에 임차보증금을 반환받거나, 임차보증금반환청구권을 제3자에게 유상으로 양도하여 환가하여야 한다.

5. 주식, 가입전화 사용권의 회수

상장주식인 경우 그 매각시기에 따라 환가 금액에 큰 차이가 생길 수 있으므로 주식시장의 변동상황을 주시하고 있다가 적기에 매각한다.[48] 이때 법원은 미리 매각가격의 범위(예컨대 매수가의 70%)를 정하여 허가를 하고, 사후에 보고를 받는다. 시세가 있는 채권의 경우에도 마찬가지로 처리한다.

비상장주식은 객관적인 시세가 형성되어 있지 않은 경우가 많아 매각주간사 선정을 통한 매각을 고려할 수 있다(매각주간사 선정방식, 수수료 지급방법 등은 회생절차에서의 M&A와 같은 방식으로 하면 될 것이다). 그러나 실무상 파산재단의 부족으로 매각주간사 선정을 통한 매각은 드물고, 파산관재인의 개별접촉, 인터넷 사이트 등을 통해 개인, 투자회사, 증권회사, 주식매수전문회사 등에게 매각하는 경우가 많다. 이 경우 발행회사의 순자산가액을 평가하거나 유사 거래사례를 참조하는 등 가능한 방법을 동원하여 대금을 정해야 하겠지만, 청산가치 이상의 대금이라면 매도하는 것이 바람직하다.[49] 계열사의 주식이라면 이를 파산

---

48) 다만 상장폐지가 되는 경우에는 정리매매기간에 매각하는 것이 나을 수 있다.

49) 파산관재인은 비상장주식의 평가에 관하여 보편적으로 인정되는 시장가치방식, 순자산가치방식, 수익가치방식 등 여러 가지 평가방법을 활용하여 주식의 가치를 구한 다음, 지배권 프리미엄 등을 고려하여 최저입찰가격을 정하게 된다[비상장주식의 가격 결정기준에 관하여는 대법원

재단에서 포기하여야 하는 경우도 있다.

그 밖에도 회사성립 후 또는 신주의 납입기일 후 6개월이 경과한 뒤의 주권발행 전 주식을(상법 제335조 제3항) 압류한 경우 민사집행법 제241조가 정한 특별현금화 방법을 통해 환가하기도 한다.[50]

가입전화 사용권은 전화가입계약을 해지하여 보증금을 반환받는 방법으로 환가한다.

6. 하자담보보증금 반환채권의 회수

하자담보보증금 반환채권 등 보증기간이 경과하고 보증금청구권의 소멸시효기간이 완료되어야 회수가 가능한 재산의 경우에는 보증기간의 경과 및 보증금청구권 소멸시효 완료를 기다린다면 파산절차가 장기화할 우려가 있다. 서울회생법원은 위와 같은 문제점을 해결하기 위하여 각 사안별로 ① 보증기간이 경과하였으나 보증금청구권의 소멸시효기간이 남아 있는 경우 보증채권자로부터 하자보수보증해제 확인(또는 무하자확인원)을 받아 보증금을 회수하는 방안, ② 보증기간 중 하자발생시 하자보수를 청구할 수 있는 채권자들과 합의를 시도하여 일부금을 제외한 나머지 금원에 대하여 반환동의서를 받아 채권자 또는 공제조합 등으로부터 위 보증금을 회수하는 방안, ③ 하자발생 가능성이 없거나 있더라도 예상 하자보수금액이 하자담보보증금액 미만일 경우 하자담보보증금 반환청구권을 매각하는 방안,[51] ④ 하자보수청구가 있고 그 예상보수금액이 보증금액을 초과할 경우 포기하는 방안 등을 활용하여 신속한 파산절차의 종료를 도

2006. 11. 24.자 2004마1022 결정; 전현정, "비상장주식의 매수가액 결정기준", 대법원판례해설 제63호, 법원도서관(2007), 231-255면]. 한편 법령에서 비상장주식의 평가방법을 정하는 경우도 있다(상속세 및 증여세법 제63조 제1항 제1호 나 목, 같은 법 시행령 제54조 제1항, 「자본시장과 금융투자업에 관한 법률 시행령」 제176조의5 제1항 제2호 나목, 제2항, 「증권의 발행 및 공시 등에 관한 규정」 제5-13조, 같은 규정 시행세칙 제4조 내지 제6조).

50) 서울중앙지방법원 98하112 사건(삼삼종합금융 주식회사)에서는 집행법원으로부터 주식압류명령에 의하여 압류된 주권미발행 주식을 매각주간사를 통한 특별현금화방법으로 현금화할 것을 명하는 특별현금화 명령을 얻어 환가하였다. 특별현금화방법의 신청, 절차 등에 관하여는 민사집행(III) 408면.

51) 서울중앙지방법원 2000하177 사건(주식회사 우성건설)에서는 파산자가 서울보증보험 주식회사에 대한 구상채무를 담보하기 위하여 질권을 설정해 준 약 25억 원의 예금채권을 하자보증책임이 현실화되는 비율, 미확정 잔여 보증한도액 등을 고려하여 5억 5천만 원에 매각하였다. 서울중앙지방법원 2012하합89 사건(주식회사 한성전자산업개발)에서는 채무자의 하자보증 현금수탁금 약 8,000만 원과 채무자의 정보통신공제조합에 대한 출자증권 165좌 평가액금 약 5,400만 원을 대한민국 법원 홈페이지를 통해 4,001만 원에 공개매각하였다.

모하고 있다.

파산관재인이 하자담보보증금을 매각하는 경우 유동성을 높이기 위해 수 개의 하자담보보증금을 모아서 일괄하여 채권매수 전문회사에 매각하기도 한다.[52]

7. 지식재산권 등 무형자산

특허권, 상표권 등 지식재산권은 경쟁업체, 채무자의 종전 임직원 또는 이들이 설립한 회사, 소송·심판의 상대방, 전용·통상실시권자 등을 상대로 매각을 시도하는 경우가 많다. 이 경우 이들을 상대로 실수요예측을 위해 매수희망의향서를 받아 대략적인 매매대금을 확정한 후 이를 기초로 최저매각가격을 정하여 경쟁입찰을 유도하고, 가장 높은 매수가격을 제시한 매수희망자에게 매도한다. 지식재산권의 경우 적정한 가격을 평가하기 어렵고,[53] 매수희망자를 찾기 쉽지 않은 경우가 많으나, 대한민국 법원 홈페이지 공고 게시판의 입찰공고를 통하여 매각이 이루어지는 경우가 늘어나고 있다.[54]

지식재산권 등 무형자산은 다른 자산과 묶어서 매각할 수도 있다. 인터넷 도메인과 상호권을[55] 묶어서 매각하거나, 재고자산을 일괄매각할 때 상호권, 상

---

52) 서울중앙지방법원 2009하합98 사건(주식회사 한광), 서울중앙지방법원 2009하합83 사건(주식회사 둔산건설).

53) 지식재산권의 객관적인 가치평가를 위해서는 전문가, 가치평가업체 등을 이용하는 것이 가장 바람직할 것이나, 수수료를 지급하여야 하는 문제가 있으므로 거의 활용되지 않는다. 등록원부에 전용실시권·통상실시권, 질권, 가압류·가처분 등의 등록사항이 있는 경우, 등록무효심판·권리범위확인심판 등의 심판·소송 계속 사실이 등재되어 있는 경우 등은 해당 지식재산권이 시장에서 어느 정도의 경제적 가치를 갖는다는 점을 나타내는 징표이다. 채무자가 보유한 특허권 등 지식재산권의 존부 및 등록사항은 한국특허정보원에서 운영하는 특허정보넷 키프리스 사이트(www.kipris.or.kr) 등을 통해 확인할 수 있다. 주의할 점은 특허정보넷 키프리스 사이트에 나타나는 등록사항에는 전용실시권, 통상실시권, 부기등록 등의 내용이 공개되지 않으므로, 자세한 내용은 등록원부를 별도로 확인하여야 한다.

54) 이 경우 100만 원 이하의 금액에서 매각되는 경우도 많다. 실제 특허등록되는 특허권의 경우 약 5% 미만 정도만이 일정한 시장가치를 갖는다는 현실적 한계를 고려하면 충분히 이해되는 상황이다. 이러한 점을 고려하여 매수의향자가 있는 경우에는 매수의향자가 제시한 가격을 최저입찰가로 하여 공개매각하거나 입찰공고시 해당 지식재산권이 거의 가치가 없는 것으로 보이고, 달리 최저매각가격을 산정하기 어려운 경우에는 지식재산권을 신규등록할 때의 등록료 상당을 최저매각가격으로 산정하는 경우도 있다. 한편 서울회생법원 2016하합29 사건(조선무약 합자회사)의 경우, 매각대상 상표권이 채무자의 과거 매출에 기여한 정도, 채무자가 과거 매각을 추진할 당시 책정한 매각목표가액 등을 고려하여 최저매각가격을 산정하였다.

55) 상호의 양도는 영업을 폐지하거나 영업과 함께 하는 경우에 한하여 허용되므로(상법 제25조 제1항), 파산절차의 종료시점에 매수인에게 통보하고 법원사무관등의 파산종결등기 촉탁서에도 매수인이 양도대상 상호로 변경할 예정임을 부기하는 등 매수인이 곧바로 상호변경 등기신청을 할 수 있도록 할 필요가 있다[서울중앙지방법원 2007하합45 사건(주식회사 쥬리아)].

표권을 함께 매각하면 가격을 높일 수도 있다.[56] 파산관재인은 장부에 나타나지 않은 자산(특히 경업금지 등을 이유로 한 손해배상청구권), 고객정보, 영업자료, 상업성 있는 누리 소통망 서비스(SNS) 계정[57] 등 무형자산의 환가를 놓치지 않기 위해 체크리스트를 만들어 점검해 볼 필요가 있다.

특허권, 상표권 등 지식재산권이 공유인 경우 다른 공유자의 동의를 얻어야 양도할 수 있으므로(특허법 제99조 제2항, 실용신안법 제28조, 디자인보호법 제54조 제3항, 상표법 제48조 제4항, 제93조 제2항), 다른 공유자와 연락·협상을 시도하여 공유자에게 매각하거나 공유자의 동의를 얻어 매각한 다음 그 대금을 분배한다. 동의를 얻지 못한 경우, 그러한 사실을 매수희망자에게 충분한 주의를 주고 그 위험부담을 매수희망자로 하여금 부담시키는 것이 바람직하다.

8. 과세관청에 대한 환급세액의 회수

법인세법 제72조 제1항, 국세기본법 제45조의2 등 규정에 의해 환급받을 수 있는 세액이 있는 경우 파산관재인은 관할 세무서장에게 조세 환급신청 또는 경정청구를 한다. 따라서 파산관재인은 파산재단에 대한 점유착수시 조세가 환급되는 계좌를 파악하여 해당 계좌에 대한 점유관리를 확보할 필요가 있다.

제 6 절   파산재단에 속하는 재산의 포기

1. 일 반 론

가. 포기의 필요성

파산관재인은 파산재단에 속하는 모든 재산을 환가하여야 하는 것이 원칙이지만, 환가가 불가능하거나 환가비용을 공제하면 남는 것이 없는 경우에는 파산재단에는 이익이 없고 오히려 불이익만 초래될 수 있으며 파산절차의 종료가 지연될 우려가 있다. 그러므로 신속하고 효율적인 파산절차 진행을 위하여 파산관재인은 그 재산을 파산재단으로부터 포기할 수 있다. 이 절에서 파산관재인이

---

56) 서울중앙지방법원 2011하합59 사건(코리아리크루트 주식회사), 2011하합159 사건(토스에듀케이션 유한회사), 2011하합163 사건(주식회사 중앙디자인).
57) 서울회생법원 2017하합100289(주식회사 드림호투) 사건.

하는 권리의 포기는 파산재단에 속하는 권리에 관한 파산관재인의 관리처분권을 포기함으로써 그 권리를 파산재단에서 제외하여 채무자의 관리처분에 돌리는 것을 말한다.[58]

나. 포기의 방식과 시기

파산관재인은 법원의 허가를 받아(감사위원이 설치되어 있는 때에는 감사위원의 동의를 얻어야 한다) 포기할 수 있다(법 제492조 제12호). 다만 그 가액이 1천만 원 미만으로서 법원이 정하는 금액 미만인 때에는 법원의 허가를 받을 필요가 없다(법 제492조 단서)(법원의 허가를 받아야 하는 행위의 가액에 관한 자세한 내용은 제12장 제3절 참조).

파산관재인의 환가 노력에도 불구하고 가치가 없어 환가하지 못한 재산에 관하여는 권리의 포기를 하지 않는 한 계산보고를 위한 채권자집회에서 그 처분에 관한 결의(포기 결의)를 하여야 하나(법 제529조), 실무상 법 제529조 소정의 채권자집회에서 결의를 하는 경우는 거의 없고 법원의 허가로 이를 대신하고 있다.

다만 법원의 허가는 파산관재인 행위의 효력발생요건에 불과하므로,[59] 법원의 허가가 있다 하더라도 파산관재인의 행위가 있어야 포기의 효력이 발생한다. 따라서 파산등기 또는 등록이 되어 있는 재산은 법 제24조 제4항, 제27조의 권리의 포기에 따른 파산등기의 말소등기·등록 촉탁에 의하여 말소등기 또는 등록이 이루어져야 포기된 것으로 볼 수 있을 것이다.

통상 법인인 채무자가 소유한 부동산 등에 관하여는 별도로 말소등기·등록 촉탁을 할 필요가 없을 것이나, 채무자가 권리능력 없는 사단이거나 다른 특별한 사정으로 인하여 파산재단에 속하는 재산에 파산등기 또는 등록이 되어 있는 경우 파산관재인은 포기허가를 얻은 후 법원에 파산재단으로부터의 포기를 원인으로 하는 파산등기 또는 등록의 말소등기·등록 촉탁을 신청하여야 한다. 이 경우 법원사무관등은 촉탁서에 권리포기허가서의 등본을 첨부하여 관할 등기소 등에 파산등기 또는 등록의 말소등기·등록 촉탁을 한다

---

58) 권리의 포기에는, 실체법상 권리의 절대적 포기(예컨대 채무면제, 소유권의 포기, 공유지분권의 포기, 지식재산권의 포기 등), 소송법상 권리의 포기(예컨대, 청구의 포기·인낙, 상소권 포기, 소·상소의 취하 등)와 파산관재인의 파산재단에 속하는 재산에 관한 관리처분권을 포기하여 채무자의 관리처분에 돌리는 행위인 '파산재단으로부터의 포기'(이른바 상대적 포기) 등이 모두 포함된다. 파산관재인은 파산재단으로부터의 포기 이외의 권리의 포기에도 법 제492조 제12호에 따라 법원의 허가를 받아야 한다. 이 절에서의 포기는, 특별한 언급이 없는 이상 '파산재단으로부터의 포기'를 의미한다.

59) 대법원 1990. 11. 13. 선고 88다카26987 판결.

(법 제24조 제4항, 제27조, 「채무자 회생 및 파산에 관한 법률」에 따른 법인등기 사무처리지침(등기예규 제1518호) 제8조 제3항, 제23조). 자동차의 경우 파산등록이 아니라 파산선고를 원인으로 한 압류등록이 되어 있는 경우가 많은데, 이때에는 압류등록의 말소등록 촉탁을 하면 된다.

부담부권리는 그 상대방이 그 부담을 면제하든지, 제3자가 부담을 승계하고 상대방이 이를 승낙한 경우가 아니면 파산재단에서 이를 포기할 수 없다. 공해 문제의 처리 등 행정상의 부담이 붙은 물건의 처분에 관하여 파산재단의 부담능력을 고려하여 감독 행정청 등과 교섭하여 부담을 면제받은 후 포기하여야 하는 예도 있다. 또 제3자에게 부담을 승계시키는 경우에는 감독 행정청의 승인을 얻어야 하는 경우도 있다.

포기의 시기는 제한이 없고, 파산절차의 종료에 이르기까지 수시로 할 수 있으나, 통상적으로 파산절차 종료 전까지 매각 등 환가를 시도하다가 종료 직전에 포기하고 있다. 파산관재인은 특별한 사정이 없는 한 채권 등 실체법상 권리에 관하여 권리관계를 해소하는 내용의 절대적 포기를 하여 당해 권리를 소멸시켜야 할 필요는 없다. 파산재단으로부터 당해 권리를 제외하는 것으로 관재업무의 목적은 달성한 것이기 때문이다.

다. 포기의 효과

포기는 파산재단에서 제외하여 채무자 또는 별제권자의 자유로운 처분에 맡기는 것이므로(이른바 상대적 포기), 당해 재산은 포기에 의하여 채무자의 자유재산이 되어 그에 대한 채무자의 관리처분권이 회복되며, 동시에 조세·공과금 등의 부담도 채무자가 지게 된다.[60] 파산관재인은 부동산의 경우 점유관리의무, 민법 제758조의 점유자·소유자책임을 면하고, 자동차의 경우 운행자책임을 면하게 된다.[61]

이 경우 청산인을 선임하여야 하는지에 관하여 견해의 대립이 있으나, 실무상 채권자가 새로이 청산인 선임을 신청하기 전까지는 직전 대표자가 그 재산에 대한 관리처분권을 갖는다고 보고 별도로 청산인을 선임하지 않고 있다(파산선고 당시 이사였던 자의 지위에 관한 자세한 내용은 제7장 제2절 8. 가. 및 제17장 제1절 5.

---

60) 서울행정법원 2005. 7. 7. 선고 2005구합6904 판결은 부동산이 파산재단에서 포기되어 파산자의 관리처분권이 회복된 이후 위 부동산이 경매절차에서 경락된 이상 파산관재인이 부가가치세 납세의무자임을 전제로 한 부과처분은 위법하다는 취지로 판시하였다(항소심 계속 중 피고가 직권으로 부과처분을 취소하였고, 이에 파산관재인인 원고가 소를 취하하였다).

61) 條解破産法, 636면.

가. 참조).[62]

라. 대한민국 법원 홈페이지의 공고 게시판 활용 등

서울회생법원은 파산관재인이 재산을 포기하는 경우에는 채권자 등 이해관계인에게 파산재단에 속한 재산의 포기에 관한 정보를 제공하기 위하여, 대한민국 법원 홈페이지(http://www.scourt.go.kr) 대국민서비스 중 공고란 '회생·파산 자산매각 안내'에 있는 '공고' 게시판에 포기하는 재산에 관한 내용을 2주 이상의 기간 동안 공고하도록 하고, 채권자에게 이의를 제기하거나 그 재산을 매수할 의사가 있는 채권자 등은 매수의사를 밝힐 기회를 제공하고 있다. 파산재단에 속하는 주요재산의 경우[63] 그냥 포기하기보다는 형식적 경매, 입찰공고를 통한 매각을 통해서도 환가가 어렵다는 점을 채권자 등 이해관계인들에게 확인시켜 줌으로써 관재업무 수행에 관하여 채권자의 동감을 얻을 수 있고, 포기를 위한 공고기간 중에 저가에라도 매각이 이루어지는 경우가 있기 때문이다.

법원은 채권자의 이의제기 여부 등을 고려하여 재산의 포기허가 여부를 결정하게 되는데, 파산관재인의 포기 공고를 통하여 재산의 매각이 이루어지는 경우도 드물지 않게 있다. 대규모 파산사건의 경우 파산관재인이 직접 채권자 대표자에게 이에 관한 정보를 제공하거나 채권자가 만든 인터넷 카페 등에 정보를 제공하는 방안도 가능하다. 경우에 따라서는 파산관재인이 주요 채권자들로부터 재산을 포기하는 것에 대한 의견을 미리 확인하기도 한다.

2. 부동산의 포기

부동산가격의 하락으로 인하여 파산재단에 속하는 부동산의 시가가 당해 부동산에 설정된 근저당권의 피담보채권액보다 작게 되는 경우도 종종 발생한

---

62) 청산인을 선임하여야 한다는 견해에 의하면 재산을 포기할 때마다 청산인을 선임해야 한다는 결론에 이르는 점, 청산인을 선임하는 경우에 법인등기부에 파산관재인 등기가 말소되는 문제가 발생할 여지가 있는 점, 실질적으로 가치가 없는 경우에 한해서만 재산을 포기하기 때문에 새로 청산인을 선임할 실익이 없는 점 등을 고려한 것이다. 참고로 일본은 재산을 포기하는 경우 그 재산에 한하여 해당 파산절차가 종료된다고 해석하여, 파산회사는 포기된 재산에 한하여 청산주식회사가 되어 법원이 회사법 제478조 제2항에 따라 청산인을 선임하게 된다는 것이 실무라고 한다. 條解破産法, 630면은 이와 같은 실무를 소개하면서 이에 대한 비판적인 입장을 취하고 있다.

63) 실무에서는 특별한 사정이 없는 한, 주요재산이 아니더라도 포기를 하는 모든 재산에 관하여 공고를 하는 것이 일반적이다.

다. 파산재단의 증식에 기여하지는 못하면서 관리비, 재산세 등 부담의 증가로 오히려 파산재단을 감소시킨다고도 할 수 있는 부동산은 그 포기를 검토하여야 하는 경우가 있다.

가. 포기의 일반적 기준

부동산은 대부분의 파산재단에서 유일하거나 가장 중요한 재산이므로, 그 포기 여부의 결정은 매우 신중하게 하여야 한다. 그러나 파산관재인이 아무리 환가하려고 노력하여도 환가가 이루어지지 않고, 환가하더라도 파산재단의 증식에는 전혀 기여하는 바가 없으며 당해 부동산의 보유로 재산세 등의 부담만 증가하는 경우에는 포기를 고려할 수 있을 것이다. 일반적으로 파산재단에 속하는 부동산에 대한 경매절차에서 매각허가가 이루어지더라도 별제권자에게 배당될 금액 등이 많아 파산재단으로 환입되어 파산채권자의 배당재원으로 사용될 배당액이 거의 없을 경우 포기를 검토한다. 다만 파산관재인은 별제권에 우선하는 재단채권인 근로복지공단이 체당금을 지급한 후 근로자를 대위하여 행사하는 최종 3개월분 임금 채권 등, 조세채권 등 해당액에 대하여 배당요구를 하여 이를 파산재단에 편입할 수 있으므로, 부동산에 대한 환가를 포기함에 있어서는 당해 부동산의 보유로 인한 부담과 위와 같은 파산재단 편입 예상액 역시 염두에 두어야 한다.

결국 부동산 포기의 기준은 당해 부동산의 보유가 파산재단의 증식에 기여할 가능성이라고 할 수 있다. 포기 여부의 판단에 있어서는 시장의 동향, 부동산의 개성, 가액, 파산관재인의 임의매각 노력의 결과, 별제권자의 의향 등을 종합적으로 고려하여야 한다.

나. 포기의 절차

1) 포기허가 신청

법원의 허가를 받아야 한다(감사위원이 설치되어 있는 때에는 감사위원의 동의를 얻어야 한다)(법 제492조 제12호). 허가신청서에는 포기의 허가를 구하는 사유를 구체적으로 기재하고 소명자료를 첨부하여야 한다.

부동산 포기의 주목적이 고정자산에 대한 조세의 부담을 면하는 점에 있는 점을 고려하여, 재산세의 과세기준일은 매년 6월 1일로(지방세법 제114조) 정해져 있고 재산세는 과세기준일 현재 재산을 소유하고 있는 자에게 과세되므로($\binom{지방세법}{제107조 제1항}$), 위 과세기준일 전에 포기 절차를 마칠 수 있도록 주의하여야 한다.

2) 포기 후의 사후처리

파산관재인은 채무자의 종전 대표자에게 부동산을 인도하면 되고, 파산관재인에게 청산인 선임신청을 할 의무는 없다고 본다.

과세기준일 이후의 재산세 등은 모두 채무자의 부담이 되므로, 파산관재인은 이를 변제할 의무가 없다.

채무자가 법인인 경우에 등기·등록된 개별적인 권리에 관한 파산등기·등록을 촉탁하지 아니하므로, 파산관재인이 권리를 포기한 경우 법원사무관등은 권리포기의 등기·등록을 촉탁할 여지가 없다. 다만 채무자가 권리능력 없는 사단이거나 다른 특별한 사정으로 파산재단에 속하는 부동산에 파산등기가 되어 있는 경우 파산관재인은 포기허가를 얻은 후 법원에 파산재단으로부터의 포기를 원인으로 하는 파산등기의 말소등기 촉탁을 신청하여야 한다. 이 경우 법원사무관등은 촉탁서에 권리포기허가서의 등본을 첨부하여 관할 등기소에 파산등기의 말소등기 촉탁을 한다($\binom{법, 제24조}{제4항, 제27조}$). 경매절차가 진행 중인 재산에 대하여 파산관재인이 권리포기를 한 경우에는 권리포기허가서의 등본을 첨부하여 집행법원 또는 집행관에게 포기 사실을 신고하여야 한다.

다. 개별적 검토

1) 불법점거자가 있는 경우

채권자 신청 사건의 경우 채무자, 재단법인이 파산한 경우 출연자, 임금을 지급받지 못한 채무자의 근로자 등이 파산재단에 속하는 부동산을 점유할 권리 없이 점거하고 있는 예가 있다. 이러한 점거자가 있는 경우에는 점거자를 퇴거시켜 배제한 후 매각하는 방법을 우선 고려하여야 하지만, 여의치 않은 경우에는 현상 그대로 매각하는 방법도 고려해 보아야 한다. 담보권이 설정되어 있는 한 인도명령 등의 방법으로 점거자를 배제하고 별제권을 실행하는 방법으로 환가할 수 있고, 매수인으로서도 인도명령에 소요될 비용을 고려하여 응찰 여부 및 금액을 결정할 것이므로 불측의 손해를 입는 것도 아니다. 따라서 불법점거자가 있다는 이유만으로 부동산을 포기하는 것은 허가하지 않는 것이 원칙이다.

그러나 경우에 따라서는 불법점거자의 배제에 소요될 비용 및 기간과 장래 예상되는 파산재단 증식의 정도, 별제권자의 협력 등의 제반 사정을 종합하여 포기를 선택하여야 할 경우도 있을 것이다.

2) 임대차계약과 관련된 부동산

가) 파산재단에 속하는 부동산에 임차인이 있는 경우

임차인으로부터의 차임수입이 재산세, 관리비용 등의 지출을 상회하여 파산재단의 증식에 기여하고 있는 경우에는, 원칙적으로 임의매각이 곤란하다는 이유만으로 포기하여서는 안 된다.

임차인은 부동산이 파산재단으로부터 포기된 후에도 임대차계약을 해지하고 목적물을 반환함으로써 보증금에 관하여 파산채권으로서 배당을 받을 수 있으므로, 파산관재인이 포기함에 있어서 임차인의 동의를 얻을 필요는 없다.

개인이 아닌 채무자가 파산한 경우는 포기 후의 구체적인 관리자, 조세·공과금이나 관리비의 부담자, 특히 임대인으로서의 의무이행자가 누구인가 하는 문제점들이 생긴다. 따라서 개인이 아닌 채무자가 파산한 경우에는 예컨대 저당권의 실행 등에 의하여 청산이 완료될 것이 예상되고 권리의 포기에 의하여 이해관계인에게 현저한 불이익이 없다고 판단되는 경우에 포기할 수 있다.

나) 채무자가 임차한 타인 토지에 건축된 건물

이와 같은 건물이 환가가치가 거의 없는 경우 또는 별제권자가 임의매각에 응하지 않는 경우 포기할 수 있다. 전자의 경우에는 토지의 소유자에게 소유권을 양도하는 등의 방법으로 토지의 소유자로부터 건물의 처리에 관하여 양해를 얻는 것이 바람직스럽고, 후자의 경우에는 별제권자에게 차임을 부담하게 하여 포기할 수밖에 없다(별제권자는 건물의 담보가치를 유지하기 위하여 차임을 부담하려 할 것이다).

3) 건축 중인 건물

건축 중인 건물에 관하여 임의매각의 가망이 없고 철거비용도 없는 경우에는 포기할 수밖에 없을 것이다. 그러나 실무상으로는 그 부지와 함께 일괄경매를 신청하여 경매개시결정이 내려진 예가 있다. 포기의 방법으로서 채무자가 도급인으로서 소유하고 있는 것이라면 수급인인 파산채권자에게 유치권을(제58조) 인정하여 관리를 맡길 수도 있으나, 유치권이 성립하는 예는 드물 것이다.

4) 별제권의 부담이 없는 경우

저당권 등 별제권의 부담이 없는 부동산을 포기하는 것은 원칙적으로 허가하지 않고 있다. 당해 부동산이 채무자의 관리처분권 아래에 남아 있게 되어 파산절차 내에서 청산을 완료시키도록 하는 법의 취지에 반하고, 파산재단의 증식

기회를 잃은 점에 관하여 파산관재인의 선관주의의무 위반의 문제가 생길 수도 있기 때문이다.[64]

3. 동산의 포기

감정가 내지 시가를 초과하는 체납처분이 된 재고상품, 수리비용이 시장가치를 상회하는 기계류, 매수희망자가 없는 비품, 사용불능의 중고품 또는 하자 있는 물품, 시장가치 없는 특수 주문품 또는 부품·재료, 환가시까지의 관리·보관비용이 과다하게 되는 상품, 등록은 되어있으나 도난 등의 사유로 소재불명인 차량[65] 등은 포기를 고려해 볼 수 있다. 파산재단이 현실적으로 점유하고 있던 차량을 포기할 때는 포기 후 예기치 못한 사고의 발생을 방지하기 위하여 폐차 처리하거나 종전 대표자에게 인도하고 확인증을 받아 두는 것이 좋다. 서적 등 사용할 수는 있으나 원매자를 구할 수 없는 물품의 경우 교육기관 등에 기증함으로써 폐기처리 비용을 절약한 사례, 환전할 수 없거나 환전에 더 큰 비용이 드는 외국 화폐의 경우 기부한 사례[66] 등도 있다.

---

64) 서울중앙지방법원 2004하합43 사건(영풍산업 주식회사)에서는 아파트 신축 후 파산자 소유로 남은 42㎡의 토지(그중 2/3는 도로에 편입, 나머지는 나대지)가 있었으나, 수용절차를 통하여 보상금을 받기 위해서는 관할 지방자치단체의 예산편성 등의 문제로 1년 이상의 시일이 소요되고 장기간 매각을 위해 노력하였음에도 매수희망자가 없었던 사안에서, 파산관재인이 그 토지가 독립적인 환가의 대상이 되기 어렵다고 판단하여 파산종결을 앞두고 법원의 허가를 받아 그 토지를 관할 지방자치단체에 기부채납한 사례가 있다.

　　다만 도시계획법제상 각종 구역·지역으로 지정되어 환가가 어려운 토지라 하더라도, 「국토의 계획 및 이용에 관한 법률」 제47조 등 관련 법령에서 토지소유자에게 매수청구권을 인정하는 경우가 있으므로, 이러한 경우 파산관재인은 매수청구권을 행사하여 토지를 매각하여야 할 것이다.

65) 이처럼 채무자가 소유하는 자동차를 도난 또는 횡령당한 경우 파산관재인은 시·도지사에게 그 말소등록을 신청할 수 있다(자동차관리법 제13조 제7항). 이 경우 신청서에는 관할 경찰서장이 발급한 도난신고확인서 내지 사건사고사실확인원을 첨부하여야 하고(자동차등록령 제31조 제7항), 그 말소등록에 대하여 등록상 이해관계가 있는 제3자가 있는 경우에는 신청서에 그의 승낙서 또는 그에 대항할 수 있는 판결문 등본을 첨부하여야 한다(자동차등록령 제31조 제9항 본문).

　　한편 자동차를 도난 또는 횡령당한 것은 아니나 제3자가 이를 점유하고 있으면서 정당한 이유 없이 반환을 거부하는 경우에는, 자동차는 자동차사용자, 즉 자동차소유자 또는 자동차소유자로부터 자동차의 운행 등에 관한 사항을 위탁받은 자가 운행하여야 하므로(자동차관리법 제24조의2 제1항, 제2조 제3호), 파산관재인은 자동차사용자가 아닌 자가 정당한 사유 없이 자동차를 운행하는 경우 시·도지사 또는 시장·군수·구청장에게 해당 자동차의 운행정지를 요청할 수 있다(자동차관리법 제24조의2 제2항).

66) 서울중앙지방법원 2011하합13 사건(주식회사 씨씨엘코리아)에서는 중국 9위안 11지아오(角), 일본 1000엔, 영국 1파운드 80펜스 등 보관비용 또는 수출비용의 과다 발생을 이유로 환전할 수 없는 외화를 유니세프에 전달하였다.

4. 채권의 포기

포기할 수 있는 채권의 예로는 채무자의 소재불명 또는 무자력으로 회수할 수 없거나 현저히 곤란한 채권, 증거불충분으로 증명할 수 없는 채권 등이 있다. 다만 그 전에 낮은 가격에라도 매수할 업체가 있는지 물색해 보는 것이 바람직하다. 파산관재인이 채권포기의 허가신청을 하는 때에는 환가를 위해 들인 노력, 포기하는 사유를 구체적으로 밝히고, 그에 관한 소명자료를 제출하여야 한다. 채무자의 소재불명, 연락불능 등의 사유에 관하여는 채무자의 주소지에 보낸 우편물(최고서, 내용증명우편 등)이 반송된 봉투의 사본 또는 파산관재인이 작성한 조사보고서 등의 소명자료를, 채무자의 무자력에 관하여는 폐업사실증명, 신용조사 결과 등의 소명자료를 첨부하도록 한다. 부실채권의 추심을 상당 기간 시도하였으나 성공하지 못한 경우 파산재단으로부터 포기허가를 신청하기에 앞서 신용정보회사에게 수수료 지급을 조건으로 채권의 추심을 의뢰하는 절차를 거치는 사례가 있다.

시장가치가 없는 골프장 또는 콘도회원권에 대하여는 가입계약을 해제하고 입회보증금을 반환받을 수 있는지 검토한 후 포기하여야 한다.

法 人 破 産 實 務

제12장

．
．
．

파산관재인의
업무에 대한
법원의 감독

제 1 절 감독권의 범위

파산관재인은 법원의 감독을 받는다(제358조). 그러나 파산관재인이 법원의 하급기관은 아니므로 법원이 파산관재인의 관재업무에 관하여 일반적 지휘명령권을 가지는 것은 아니고, 그 감독의 범위는 주로 파산관재인의 직무상 의무 위반 행위가 있는지 여부이다.

파산관재인이 개개의 직무집행에 관하여 선관주의의무(법 제361조 제1항) 위반이 있는 때에는 법원은 시정명령으로서 구체적인 작위·부작위를 명하고, 이에 위반할 때에는 해임할 수 있다(법 제364조 제1항 전문).

제 2 절 감독의 방법

1. 개   요

파산관재인은 자신의 재량에 따라 파산재단을 관리처분하는 업무를 수행하게 되나, 법원의 일반 감독 및 특별 감독을 받는 범위에서 그 재량이 제한된다. 법원의 일반 감독권은 파산관재인에게 일정한 사항에 대하여 보고를 요구하는 방법, 파산관재인과의 진행 협의 또는 면담 등의 방법으로 행사되고, 특별 감독권은 법이 파산관재인이 일정한 행위를 하고자 하는 경우 법원의 허가를 받도록 (감사위원이 설치되어 있는 때에는 감사위원의 동의를 얻어야 한다) 규정하고 있는 경우에 그 허가 여부의 결정을 통해 행사되고 있다.

2. 파산관재인의 행위에 관한 허가

법원의 일상적인 업무는 파산관재인의 각종 행위에 관한 허가신청서의 검토 및 허가 여부의 결정이라고 할 수 있다. 서울회생법원은 법 제492조 소정의 행위가 분명한 경우뿐 아니라, 허가사항인지 의심되는 경우에도 가능한 한 법원의 사전 허가를 받아 업무를 처리하도록 지도하고 있다. 파산관재인의 허가신청서 중 법률적으로 정리되지 않거나 소명자료가 충분하지 않은 것들은 파산관재인에게 확인하고 보완할 것을 지도하여야 한다. 법원은 허가신청서의 검토를 통하여 관재업무의 진행 정도, 파산관재인의 성의 또는 능력, 애로사항 등을 파악할 수 있다. 감사위원이 선임되어 있는 경우에는 법원의 파산관재인에 대한 감독이 소홀해질 염려가 있으므로, 파산관재인의 감사위원에 대한 동의신청서와 감사위원의 동의서 사본을 수시로 법원에 제출하도록 지도한다. 한편 예금보험공사가 파산한 부보금융회사의 파산관재인인 경우에는 예금자보호법에 의하여 허가사항에 대한 특례가 규정되어 있다.[1][2] 허가사항의 취급에 관한 자세한 내용은 후술한다.

3. 보고 요구

법원은 파산관재인으로 하여금 정기적으로 또는 수시로 법원에 보고서를 제출하게 하여 관재업무의 진행 상황을 감독한다. 서울회생법원에서는 분기마다[3] 법원에 정기보고를 하게 하고, 그 밖에 중요한 사항을 처리할 경우에는 수시로 구두 또는 서면보고, 이메일 등 전자매체를 통한 보고를 하도록 하고 있다. 정기보고는 서면보고가 원칙이고 수지계산서, 파산재단 임치금계좌 잔액, 환가 진행 상황, 현재 남은 업무와 주요 현안, 전망 등을 그 내용으로 한다.

---

1) 예금자보호법 제35조의8 제2항, 「공적자금관리 특별법」 제20조 제1항은 예금보험공사가 보험금 지급 또는 자금지원을 하는 부보금융회사가 파산하여 예금보험공사가 파산관재인으로 선임된 경우에는 파산관재인이 일정한 행위를 하고자 하는 경우에 법원의 허가를 받거나 감사위원의 동의를 얻도록 하는 규정인 법 제492조를 적용하지 아니한다고 규정하여, 법 제492조의 적용을 배제하고 있다[「공적자금관리 특별법」 제20조는 같은 법 부칙(2000. 12. 20.) 제2조에 의하여 그 법 시행일(2000. 12. 20. 공포되어 같은 날 시행되었다)로부터 5년간 효력을 가지나, 그 규정에 의하여 법원으로부터 선임된 파산관재인에 대하여는 당해 파산재단의 파산절차가 종료할 때까지 그 효력을 가진다]. 다만 파산관재인이 임치한 화폐 등 고가품의 반환을 요구하는 때에 법원의 허가를 받도록 한 법 제500조 제1항의 적용을 배제하는 특례규정은 없으므로, 법 제500조 제1항은 적용된다.

2) 「금융산업의 구조개선에 관한 법률」 제15조 제1항에 의하여 예금자보호법 제35조의8 제2항이 적용되는 예금보험공사가 보험금 지급 또는 자금지원을 하는 부보금융회사가 아닌 금융기관이 파산한 경우에는 법원은 금융위원회가 추천한 금융전문가나 예금보험공사의 임직원이 일정한 요건을 갖추었다고 인정되면 그 사람을 파산관재인으로 선임하여야 하나, 이 경우에는 위에서 본 예금자보호법 제35조의8 제2항 또는 「공적자금관리 특별법」 제20조와 같이 법 제492조의 적용을 배제하는 특례규정이 없다. 금융위원회나 관리기관, 행정안전부장관의 파산관재인 추천권을 인정하고 있는 신용협동조합법, 「농업협동조합의 구조개선에 관한 법률」, 「수산업협동조합의 구조개선에 관한 법률」, 「산림조합의 구조개선에 관한 법률」, 새마을금고법에도 법 제492조의 적용을 배제하는 특례규정은 없다.

3) 「금융기관 파산관재인의 선임 및 감독에 관한 예규(재민 2000-7)」(대법원 재판예규 제797호) 제7항.

법원은 보고서에 불분명한 점이 있으면 전화통화, 이메일, 면담 등에 의해 필요한 설명을 요구하고, 보고서 기재의 정확성을 검토하기 위하여 장부, 계약서, 영수증, 임치금계좌 거래내역 등 필요한 자료의 제시를 요구할 수 있다. 실무상 예금보험공사가 파산관재인으로 선임된 경우에도 정기 또는 수시보고를 받고 있다.

현재 서울회생법원은 정기보고서에 파산에 이르게 된 경위는 생략하되, 분기 말 현재의 시재(임치금계좌 잔액증명서 및 거래내역을 첨부하게 한다), 배당현황과 향후 배당계획, 당해 분기의 수지계산서, 당해 분기의 환가 내역 명세, 환가해야 할 자산의 내역 및 환가 계획, 현재 진행 중이거나 당해 분기 종결된 파산재단에 관한 소송 및 파산채권 확정에 관한 소송 등 소송의 상황(제소사건과 피소사건을 구분하게 한다), 승소확정사건에 대한 소송비용확정결정신청의 현황 및 소송비용 회수 현황, 보조인의 현황 및 보수, 파산절차의 종결이 지연되고 있는 경우 그 구체적인 이유 및 향후 계획 등의 사항을 필수적으로 기재하도록 하고 있다.

4. 그 밖의 감독방법

법원은 법이 허용한 재량의 범위 내에서 실무준칙을 제정할 수 있다. 이러한 실무준칙을 통해 파산관재인의 행위를 사전에 감독할 수 있다.

서울회생법원은 계속 중인 사건의 절차를 공정하고 신속하며 효율적으로 진행하기 위한 합리적인 실무 기준과 서울회생법원의 신뢰받는 업무처리를 위해 필요한 사항을 정함을 목적으로(서울회생법원 실무준칙 제101호 「서울회생법원 실무준칙의 목적 등」 제1조) 서울회생법원 실무준칙을 제정하여 시행하고 있다([참고자료 16]).[4] 또한 서울회생법원은 실무준칙의 효율적인 시행을 위하여 상세한 기준

---

4) 서울중앙지방법원은 2012. 8. 1. 「법인 파산관재인의 보수 등에 관한 준칙」(서울중앙지방법원 법인파산실무준칙 제1호), 2012. 10. 8. 「법인 파산관재인의 선임 등에 관한 준칙」(서울중앙지방법원 법인파산실무준칙 제2호), 2013. 8. 1. 「법인 파산관재인의 보수 등에 관한 준칙」(서울중앙지방법원 법인파산실무준칙 제3호)을 법원 게시판을 통해 공표한 바 있으며, 서울회생법원은 2017. 3. 1. 개원 이후 의견수렴절차를 거쳐 2017. 5. 12. 회생 및 파산절차 전반에 관한 실무준칙을 제정하여 2017. 9. 1.부터 시행하고 있다. 서울회생법원의 실무준칙 중 법인파산과 관련된 실무준칙은 제301호 「파산관재인의 선정 및 평정」, 제302호 「파산재단에 속한 재산의 환가방법」, 제321호 「법인파산 예납금 납부 기준」, 제322호 「법인 파산관재인의 보수 등」, 제323호 「법인 파산재단에 속하는 재산의 점유관리 착수 및 조사보고서 작성」, 제324호 「재산목록 작성」, 제325호 「파산관재인의 보조인 사용 및 감독」이 있다.

을 정할 필요가 있는 경우 그에 관한 업무지침을 제정할 수 있다(서울회생법원 실무준칙 제101호 「서울회생법원 실무준칙의 목적 등」 제3조). 절차관계인은 법원이 진행하는 절차에 관하여 실무준칙 및 업무지침을 준수하여야 한다. 다만 실무준칙 또는 업무지침에도 불구하고 법원은 구체적 사건이나 절차의 특수성을 반영하여 공정하고 형평에 맞는 방식으로 절차를 진행할 수 있다(서울회생법원 실무준칙 제101호 「서울회생법원 실무준칙의 목적 등」 제4조).

법원은 현장검증의 방식으로 파산관재인 또는 보조인 사무소를 방문하여 파산재단의 현황 등을 보고받고, 파산관재인과 보조인의 업무를 감독할 수도 있다. 서울회생법원은 매년 정기적으로 예금보험공사가 파산관재인으로 선임되어 있는 파산재단과 보유하고 있는 시재가 큰 파산재단의 사무실을 방문하여 파산재단의 현황 등을 보고받고 있고, 법인 파산관재인 간담회를 개최하여 환가 방법 등에 관하여 파산관재인과 의견을 교환하고 있다.

제 3 절   법원의 허가를 받아야 하는 행위의 취급

파산관재인이 법 제492조 소정의 행위를 하고자 하는 경우에는 법원의 허가를 받아야 하며, 감사위원이 설치되어 있는 때에는 감사위원의 동의를 얻어야 한다($^{법 \; 제492조}_{본문}$). 다만, 같은 조 제7호 내지 제15호에[5] 해당하는 경우 중 그 가액이[6] 1천만 원 미만으로서 법원이 정하는 금액 미만인 때에는 그러하지 아니하므로($^{법 \; 제492조}_{단서}$), 법원은 파산선고와 동시에 위 금액을 정한다. 서울회생법원은 파

---

5) 파산관재인이 부동산을 임의매각하거나 영업을 양도하거나 상품을 일괄매각하는 등 법 제492조 제1호 내지 제6호에 해당하는 행위를 하고자 하는 경우에는 그 가액과 상관없이 반드시 법원의 허가를 받아야 한다.

6) 이때 가액은 법 제482조에 의하여 파산관재인이 합리적인 자료나 근거를 기초로 적정하게 평가한 재산의 가액을 기준으로 판단한다. 사전에 평가한 액수를 기준으로만 판단할 것은 아니고, 재산의 매각가격이 평가액보다 높을 때는 매각가격을 기준으로, 소의 제기에서는 소송목적의 값을 기준으로 가액을 판단한다(재산가액의 평가에 관한 자세한 내용은 제6장 제2절 5. 참조). 다만 파산관재인이 하고자 하는 법 제492조 제7호 내지 제15호 소정의 행위의 가액을 산정하는 것이 불가능하거나 현저히 곤란한 경우에는 법 제492조 단서가 적용되지 아니하여 같은 조 본문에 따라 법원의 허가를 받아야 한다고 보아야 할 것이다. 또한 그 가액을 산정할 수 있다고 하더라도 파산관재인이 재산의 가액을 적정하게 평가하여 매각한 것인지에 대하여 의문이 있을 수 있으며, 경우에 따라서는 평가액보다 저가로 동산을 임의매각하는 것이 불가피한 경우 등이 있으므로, 서울회생법원은 파산관재인으로 하여금 법 제492조 제7호 내지 제15호 소정의 행위의 가액이 법원이 정한 같은 조 단서의 금액 미만인 경우에도 가능한 한 법원의 사전 허가를 받아 업무를 처리하도록 지도하고 있다.

산선고 결정문에 "채무자 회생 및 파산에 관한 법률 제492조 단서의 금액을 ○○○만 원으로 한다."는 주문을 함께 기재하고 있다([기재례 14], [기재례 15], [기재례 16], [기재례 17]). 위 금액은 일반적으로 300만 원을 기준으로 하나, 채무자의 자산 상황에 따라 300만 원에서 1,000만 원 사이에서 조정하고 있다.

파산관재인이 법 제492조 각 호의 행위를 할 경우 채무자는 파산관재인에게 의견을 진술할 수 있다(법 제493조).[7]

파산관재인이 법 제492조 소정의 행위를 하고자 법원의 허가를 받았거나 법원의 허가가 필요하지 아니한 경우에도, 파산관재인이 임치한 화폐, 유가증권 그 밖의 고가품의 반환을 요구하고자 하는 때에는 감사위원의 동의를 얻어야 하며, 감사위원이 없는 때에는 법원의 허가를 받아야 하고, 다만 채권자집회에서 다른 결의를 한 때에는 그 결의에 의한다(법 제500조 제1항).[8]

한편, 법 제312조 제1항 제3호의 규정에 의한 채권조사기일, 즉 채권조사의 일반기일이 종료되기 전에는 파산관재인은 파산재단에 속한 재산의 환가를 할 수 없으나, 감사위원의 동의 또는 법원의 허가를 받은 때에는 그러하지 아니하다(법 제491조). 따라서 파산관재인이 환가하고자 하는 재산의 가액이 법원이 정한 법 제492조 단서의 금액 미만인 때에도 채권조사의 일반기일이 종료되기 전이라면 파산관재인은 감사위원의 동의 또는 법원의 허가를 받은 때에만 그 재산의 환가를 할 수 있다.

법 제492조 소정의 행위에 관하여 법원의 허가 또는 감사위원의 동의는 효력발생요건이고, 따라서 파산관재인이 법원의 허가 또는 감사위원의 동의를 받지 않고 한 행위는 무효이지만,[9] 선의의 제3자에게는 대항할 수 없다(법 제495조). 구 파산법과 달리 현행법은 따로 규정이 있는 때에 한하여 즉시항고를 할 수 있으므로(법 제13조), 법 제492조 소정의 행위에 관한 법원의 허가에 대하여는 즉시항고를

---

7) 구 파산법 제189조는, 파산관재인이 구 파산법 제187조(현행법 제492조에 해당하는 규정이다) 소정의 행위를 할 필요가 있는 때에 법원의 허가를 얻어야 하는 경우에, 파산관재인은 지체의 우려가 있는 경우를 제외하고는 파산자의 의견을 들어야 한다고 규정하고 있었으나, 현행법 제493조는 채무자의 의견 진술을 임의적인 것으로 규정하였다.

8) 실무에서는 파산관재인이 비용의 지급, 채무의 변제 등이 필요한 법 제492조 소정의 행위를 하는 경우에는 법원에 그 행위에 관한 허가신청과 동시에 임치금의 반환 허가신청을 하는 것이 일반적이다.

9) 대법원 1990. 11. 13. 선고 88다카26987 판결. 이 경우 법원의 사후 허가(추인)가 있으면 민법 제133조, 민사소송법 제60조의 규정이 유추적용되어 소급하여 유효하게 된다(무권대표자가 제기한 소송에 대하여 적법한 대표자의 추인이 있으면 시효중단의 효력은 소 제기시에 발생한다고 판시한 대법원 1992. 9. 8. 선고 92다18184 판결).

할 수 없다.[10]

　파산관재인이 법 제492조 소정의 행위 등에 관한 허가신청을 하면 법원은 특별한 사정이 없는 한 허가신청서를 신속히 검토하여 허가 여부를 결정하여야 한다. 파산관재인은 법원이 허가 여부를 판단하기 위하여 소요되는 기간[11] 및 허가의 대상이 되는 업무에 소요되는 기간을[12] 고려하여 충분한 시간을 두고 미리 허가신청을 하는 것이 바람직하다. 법원에서 파산관재인의 행위를 허가하지 않는 경우, 실무상 파산관재인이 허가신청을 취하하는 것이 보통이다.[13]

　이하에서는 파산관재인의 허가신청서 검토에 있어서 유의할 사항에 관하여 살펴본다.

1. 부동산·동산, 그 밖의 재산의 임의매각

　민사집행법에서 환가방법을 정한 권리의 환가는 민사집행법에 따르되, 파산관재인은 법원의 허가를 받아 다른 방법으로 환가할 수 있다(법 제496조 제1항). 실무에서는 파산관재인이 파산재단의 증식을 위하여 적극적으로 법원의 허가를 얻어 임의매각하는 방법으로 환가하는 경우가 많다. 임의매각을 허가하는 경우 주의하여야 할 점은 그 가격과 매각의 방법이다(부동산의 환가에 관한 자세한 내용은 제11장 제2절, 동산 그 밖의 재산의 환가에 관한 자세한 내용은 제11장 제3절 내지 제5절 참조).

2. 영업의 양도

　파산재단을 구성하는 자산 전체를 포괄적으로 인수할 자를 구할 수 있다면 그 자산을 개별적으로 분리하여 처분하는 경우보다 고가에 환가할 수 있으므로 영업의 양도를 적극 추진하는 것이 바람직하다(법 제496조 제2항). 이 경우 파산신청 이후 파산이 선고될 때까지 생산에 필요한 시설, 기계장치, 물품 및 재고자산 등이 도

---

10) 다만 법 제494조는 파산관재인이 감사위원의 동의를 얻어 법 제492조 각 호의 행위를 하는 때에는 법원은 채무자의 신청에 의하여 그 행위의 중지를 명하거나 그 행위에 관한 결의를 하게 하기 위하여 채권자집회를 소집할 수 있다고 규정하고 있다.
11) 특히 판결에 대한 상소기간 등 불변기간 내에 허가를 받아야 하는 경우 주의를 요한다.
12) 업무수행에 상당한 시일을 필요로 하는 용역계약(예를 들어, 세무조정 용역계약 등)은 용역의 수급인이 업무를 수행함에 있어 충분한 시간이 확보될 수 있도록 미리 허가신청을 하여야 한다.
13) 법원이 허가신청에 대하여 검토한 결과 일부 행위만을 허가하여야 할 때에는 파산관재인으로 하여금 기존의 허가신청을 취하하고 허가의 필요성이 인정되는 행위만을 특정하여 다시 허가신청을 하도록 지도하기도 한다.

난 또는 분실, 멸실, 훼손되지 않도록 유의하여야 한다.[14] 서울회생법원은 파산관재인에 대하여 경쟁력 있는 사업 부문의 양도를 추진하여 양도가 성사될 때까지 영업의 계속을 허용한 사례가 있다.[15] 다만 채무자의 종업원이 양수인에 의하여 재고용된다는 점을 중시한 나머지 공장·점포를 점거하고 있는 특정 채권자 또는 노동조합에 염가로 영업양도하는 일이 없도록 주의하여야 한다.[16]

3. 자금의 차입

파산재단으로 파산절차의 비용을 충당하기에 부족한 때에는 파산관재인은 비용을 들이지 아니하고 재산을 환가할 방안을 찾아야 하며, 파산채권자에 대한 배당이 불가능하고 환가할 실익이 있는 재산조차 없는 때에는 원칙적으로 파산폐지의 신청을 하여야 한다. 그러나 상당한 가치를 지니는 파산재단에 속하는 재산이 있으나 이를 환가하는 데 필요한 파산재단의 시재가 부족할 수 있다. 이러한 경우 할 수만 있다면 자금을 차입하여[17] 재산을 환가하는 것이 파산채권자에게 유리할 수 있다. 파산관재인이 영업을 계속하는 때에도 일시적으로 자금

14) 서울회생법원은 채무자에 대한 보정명령 및 심문을 통하여 채무자가 보유한 자산에 관하여 구체적 현황 및 수량 등을 파악하여 법원에 세부 내역을 제출하도록 하고 있으며(사진 촬영을 하여 제출하도록 하고 있다), 채무자에게 각 자산을 보관·관리함에 있어 도난·분실 등이 되지 않도록 주의를 촉구하고 있다.

15) 서울중앙지방법원 2010하합121 사건(주식회사 프리첼)에서, 파산관재인이 파산선고 당시 채무자의 임직원 142명 전원에 대하여 해고통지를 하였으나, 법원으로부터 영업 계속 허가를 받은 다음 그 임직원 중 약 26명가량을 다시 고용한 후, 주요 사업(프리첼 포털, 프리첼 게임, 파일구리)을 자산양도시까지 계속하였다. 양수인은 채무자 소유의 유형자산, 고객정보 등 데이터베이스, 채무자가 이행을 선택한 각종 계약(광고대행계약 등)을 인수하였다. 양수인은 파산관재인이 고용한 직원들에 대한 고용기간 만료 후(파산관재인은 고용기간을 3개월로 하여 법원의 허가를 받아 갱신하였다) 해당 직원들을 별도로 채용하였을 뿐, 파산관재인과 직원들 사이의 고용 관계를 승계하는 등의 조치는 취해지지 않았다.

16) 파산선고 후 영업을 계속하더라도 파산관재인은 채무자의 기존 근로자들에 대한 해고통지 후 최소한의 필요 인원만을 보조인 등으로 단기간 고용하는 절차를 취하고 있으므로, 파산관재인이 '채무자가 영리 목적으로 결합한 적극재산 일체'를 양수인에게 매각하는 경우에, 위 재산에는 인적조직 및 소극재산이 포함되지 않는다. 따라서 실무에서는 위와 같은 계약은 자산의 포괄적인 양도계약에 불과할 뿐, 상법 제41조 이하에서 말하는 영업양도에는 해당하지 않는다고 본다. 서울회생법원은 상호를 속용하는 양수인의 책임(상법 제42조) 및 사업양수인의 제2차 납세의무(국세기본법 제41조, 같은 법 시행령 제22조) 등이 문제되는 상황을 배제하기 위하여, 파산관재인으로 하여금 이와 같은 거래가 '자산양수도'임을 명확히 하고, 양도대상 자산을 구체적으로 특정하는 방식으로 계약을 체결하도록 지도하기도 한다.

17) 회생절차에 관한 것이나 대법원 2015. 9. 10. 선고 2014다68303 판결은 "차재는 돈을 빌리는 것을 의미하는 데 반해, 물품공급계약에서의 선급금은 향후 공급받을 물품의 대금 명목으로 미리 지급한 돈을 의미하므로, 차재와 선급금의 수령은 그 성격을 달리하고, 따라서 선급금 수령 행위를 법원의 허가를 요하는 차재행위로 볼 수는 없다."라고 판시하였다.

이 부족한 경우 원재료의 구매, 근로자의 임금 지급 등에 사용할 자금을 차입할 수 있을 것이다.

그 외에도 실무상 사례는 거의 없지만, 별제권의 목적인 부동산의 환수대금, 부인권 행사에 기한 소송절차에 필요한 비용, 파산재단에 속하는 재산의 환가를 위한 보전처분절차 및 소송절차에 필요한 비용,[18] 보증금 등을 일시적으로 조달하는 경우 자금의 차입이 필요할 수 있다.[19] 파산관재인이 자금을 차입하는 경우 차입금의 용도, 변제기 및 변제 계획·재원, 이자 유무, 당해 자금의 차입 이외에 파산절차의 비용을 마련할 다른 수단이 없다는 사정[20] 등이 소명되어야 한다.

한편 파산관재인이 자금을 차입한 경우 그 차입금 채권은 재단채권이 되는데, 자금을 차입하는 것이 불가피한 경우에는 파산관재인은 법원의 허가를 받아 파산재단에 속하는 재산을 차입금에 대한 담보로 제공할 수도 있을 것이다 (법 제477조, 제1항).

4. 쌍방미이행 쌍무계약의 이행 선택

쌍무계약에 관하여 채무자 및 그 상대방이 모두 파산선고 당시 아직 이행을 완료하지 아니한 때에는 파산관재인은 계약을 해제 또는 해지하거나 채무자의 채무를 이행하고 상대방의 채무이행을 청구할 수 있는데(법제335조), 파산관재인이 계약해제를 선택하여 그 계약의 해제 또는 해지가 있는 때에는 상대방은 손해배상에 관하여 파산채권자로서 권리를 행사할 수 있고(법 제337조 제1항), 채무자가 받은 반대급부가 파산재단 중에 현존하는 때에는 상대방은 그 반환을 청구하고, 현존하지 아니하는 때에는 그 가액에 관하여 재단채권자로서 권리를 행사할 수 있다

---

18) 서울중앙지방법원은 2012하합88(주식회사 앤슨디자인) 사건에서, 유일한 자산인 공사대금채권과 관련된 소송에서 채권자들을 상대로 감정비용을 차용하는 대신, 그 소송에서 파산관재인이 패소하는 경우 위 감정비용 상당액을 지급할 수 없다는 내용의 계약체결을 허가한 바 있다.

19) 서울중앙지방법원 2012하합128 사건(주식회사 세림오션쉬핑)에서는, 파산관재인이 유일한 자산인 선박의 임의매각을 위하여 별제권자로부터 파산절차 진행에 필요한 금원을 차입하고, 사용하고 남은 잔액을 반환하기로 합의한 바 있다.

20) 신청인이 납부한 예납금의 잔액과 파산재단의 시재만으로 파산재단에 속하는 재산의 환가 등을 위하여 필요하다고 예상되는 파산절차의 비용이 부족한 경우에는 파산신청을 한 채권자나 가장 많은 몫의 변제나 배당을 받을 수 있는 재단채권자 또는 파산채권자로 하여금 부족한 파산절차의 비용을 추가로 납부하게 하는 방안을 생각하여 볼 수 있다. 서울회생법원은 채권자가 파산신청을 한 2015하합100138 사건(주식회사 대림기획), 2017하합100001 사건(세아건설 주식회사)에서 파산신청을 한 채권자에게 추가 비용예납명령을 하여 예납금을 추가로 납부하게 하였다.

(법 제337조／
제2항).

한편 파산관재인이 쌍방미이행 쌍무계약에 관하여 채무의 이행을 선택한 경우, 이행으로 받은 급부는 파산재단에 속하지만 반대급부를 재단채권으로서 이행하여야 한다(법 제473조／제7호). 따라서 쌍방미이행 쌍무계약의 이행허가신청을 검토함에 있어서는 계약의 이행을 선택하는 것이 해제를 선택하는 것보다 파산재단에 유익하다는 점이 충분히 소명되어 있는지 검토하여야 한다. 실무상 파산관재인이 명시적으로 쌍무계약의 이행을 선택하였다고 밝히지 않고 곧바로 그 반대급부의 이행허가를 신청하는 등 쌍무계약의 이행을 전제로 하는 다른 행위의 허가를 신청하는 경우도 많다. 이때에는 파산관재인에게 이행 선택의 취지인지 확인한 다음, 해제를 선택하지 않고 이행을 선택하여야 할 사정이 있는지 소명하도록 한다.

또한 법 제335조가 적용될 수 있는 계약인지에 관하여 다툼이 있는 경우도 있으므로, 법리와 실익을 따져 신중히 허가하여야 한다(쌍방미이행 쌍무계약에 관한 자세한 내용은 제7장 제1절 2. 참조).

5. 소의 제기

일반적으로 파산관재인의 소 제기 허가신청이 있으면 청구의 법률적 당부, 증거방법의 확보 여부, 승소할 경우 집행가능성, 파산재단으로서 경제성 유무, 소 제기 이외의 대안 등을 검토하여 허가 여부를 결정하여야 한다. 소송대리인을 선임하는 경우 그 선임비용뿐 아니라 패소하는 경우 상대방의 소송비용청구권도 파산재단의 부담이 되고(법 제473조／제3호, 제4호), 소송이 지연되면 관재업무가 장기화할 염려도 있으므로, 소액채권의 경우 및 증명이 곤란한 경우에는 소를 제기하지 않고 채권을 매각하거나 파산재단에서 포기를 하는 수도 있다. 그러나 파산채권자 등 이해관계인을 납득시키기 위하여는 증명이 곤란하거나 소송으로 인하여 얻게 될 실익이 적은 경우라도 불가피하게 소송을 제기하여야 할 경우가 있다. 따라서 소 제기의 허가신청을 검토할 때는 소장, 신청서 등은 물론, 상대방과의 교섭 경위, 기타 이해관계인의 동향 등 법원이 소 제기의 필요성을 판단할 수 있는 자료가 첨부되어 있는지 확인하여야 한다.

또한 파산관재인이 소송대리인을 선임하겠다고 신청하는 경우에는 파산관재인이 직접 수행하는 것이 곤란한 사정과 승소할 경우 집행가능성 및 소송비용

회수 가능성, 패소시 상대방에 대한 소송비용상환 예상액, 파산재단의 시재 등을 고려하여 그 선임 허가 여부를 정하고, 소송대리인을 선임하기로 한 경우에는 그 보수액이 적정한지를 확인한다.[21]

파산관재인이 부득이 소를 제기하거나 응소하였으나 제1심에서 패소판결을 받은 경우 항소 여부도, 그 후의 상고 여부도 법원의 허가를 받아야 한다. 항소 여부와 관련하여 법리 문제에 관한 한 비약상고 제도(민사소송법 제390조 제1항 단서, 제422조 제2항)를 활용하면 관재업무의 신속한 처리에 도움이 될 것이다.

법 제492조 제10호의 '소'에는 지급명령 신청, 반소의 제기, 소송참가, 파산 신청도 포함되나, 가처분 및 가압류의 신청은 포함되지 않는다. 다만 가처분 및 가압류의 경우에도 그 신청을 하는 데 필요한 비용에 관한 임치금반환은 법원의 허가대상임을 유의하여야 한다. 파산재단에 속하는 재산에 관하여 파산선고 당시 법원에 계속되어 있는 소송을 파산관재인이 수계하는 경우 법 제492조 제10호에 의하여 법원의 허가를 받아야 하는지에 관하여 견해의 대립이 있을 수 있는데, 서울회생법원은 파산선고 당시 법원에 계속되어 있는 채권자취소소송이나 채권자대위소송의 경우 상대방의 소송수계신청이 있더라도 파산관재인은 종전의 소송상태를 판단하여 수계를 거절할 수 있다고 해석하고 있으므로[파산선고시 채권자대위소송, 채권자취소소송의 수계에 관한 자세한 내용은 제4장 제3절 1. 라. 1) 나) (4) 참조], 파산관재인이 그 채권자취소소송이나 채권자대위소송을 수계할 때에는 법 제492조 제10호의 소의 제기에 준하여 법원의 허가를 받아야 한다고 보고 있다.[22]

파산관재인이 부인의 청구를 하는 경우 법원의 허가를 받아야 하는지에 관하여 의문이 들 수는 있으나, 서울회생법원은 부인의 청구 사건을 당해 법인과

---

21) 파산관재인이 변호사나 법무법인 등과 체결하는 소송위임약정은 법 제492조 제15호에 해당하는 행위로 법원의 허가를 받아야 하는 행위이다. 파산관재인이 소송위임약정을 체결하는 경우에는 파산재단의 시재를 고려할 때 과다한 보수가 지급되지 않도록 할 현실적인 필요가 있다. 만일 파산채권의 확정에 관한 소송을 소송위임하는 경우에는 파산계속법원이 소송목적의 가액을 결정하므로 이를 전제로 착수금을 정하여야 하고, 이를 고려하지 아니한 채 통상 이행의 소 등에서처럼 이의가 있는 파산채권의 채권액을 기준으로 착수금 액수를 정하여서는 아니 된다. 성공보수와 관련하여서는, 파산관재인이 승소하여 실제로 채권을 추심하는 등 경제적 이익이 실현된 경우에 최종 심급에 한하여 1회 지급하는 것 등으로 그 지급조건을 제한하여야 할 필요가 있는 경우가 많고, 파산관재인이 당사자가 된 소송에서는 판결에 의하지 아니하고 조정, 화해 등에 의하여 종결되는 경우가 적지 아니하므로 판결에 의하지 아니하고 소송이 종결된 경우에는 성공보수를 감액하는 내용의 약정을 하도록 할 필요가 있다.

22) 채권자가 파산선고 후에 제기한 부적법한 채권자취소소송을 파산관재인이 수계한 다음 청구변경의 방법으로 부인권을 행사하는 경우에도(대법원 2018. 6. 15. 선고 2017다265129 판결) 법원의 허가를 받아야 할 것이다.

산 사건을 담당한 재판부에서 함께 담당하고 있으므로, 파산관재인이 부인의 청구신청서에 첨부하여야 하는 인지와 예납하여야 하는 송달료 등의 지출을 위한 임치금반환 허가를 받는 것과는 별도로 부인의 청구를 하기 위한 허가신청을 받을 필요는 없다고 본다.

법원의 허가 또는 감사위원의 동의는 소 제기의 적법요건이므로 허가 또는 동의 없는 소는 부적법하여 각하된다.[23] 한편 파산관재인이 소를 제기하지 아니하는 경우에 그 부제소 행위 자체는 법 제492조 제10호가 규정한 소의 제기가 아니나, 실무에서는 소를 제기할 필요가 없다는 데에 의문의 여지가 전혀 없는 경우가 아닌 한 파산관재인이 사전에 소를 제기하지 아니함을 법원에 보고하는 것이 일반적이다. 다만 파산관재인의 부제소 행위가 법 제492조 제12호의 권리의 포기 등 다른 규정에 의하여 법원의 허가를 받아야 하는 행위에 해당하는 경우에는 파산관재인은 그 규정에 따라 법원의 허가를 받아야 할 것이다.

6. 화   해

화해는 파산재단의 형성에 큰 영향을 미치는 반면, 채권자 등 이해관계인으로부터 적정성에 의문이 제기될 수 있고 특히 법원이 화해의 대상인 권리·의무와 관련하여 파산관재인의 소의 제기를 이미 허가한 경우에는 그 허가의 취지가 몰각될 수도 있으므로, 파산관재인은 화해에 관한 허가신청을 하는 경우 그 필요성에 관하여 법원에 상세한 사정을 설명하여야 한다. 실무상 파산관재인으로 하여금 사전에 화해의 경위, 화해의 필요성을 법원에 구두 또는 서면, 이메일로 보고하여 일정 범위의 내락을 얻은 다음에 상대방과 교섭하여 법원의 허가를 정지조건으로 하는 화해계약을 체결하고, 그 계약서를 첨부하여 화해계약의 체결 허가신청을 하도록 한다.

23) 대법원 1990. 11. 13. 선고 88다카26987 판결은 구 파산법 제187조, 제188조에 의한 감사위원의 동의나 법원의 허가 또는 채권자집회의 결의는 같은 법 제187조 소정의 파산관재인의 행위의 효력발생요건으로서 이에 위반한 행위는 원칙적으로 무효가 되고, 특히 파산관재인이 같은 조 제10호에 의하여 소를 제기하거나 같은 조 제11호에 의한 재판상 화해를 함에 있어서는 위 법원의 허가 등은 구 민사소송법 제47조 소정의 소송행위에 필요한 수권에 해당하여 제소의 적법요건이 된다고 보아야 한다면서, 파산관재인이 피신청인을 상대로 건물명도단행 가처분신청을 하였다가 재판상 화해를 함에 있어 법원에 허가신청을 하였으나 그 신청이 불허가 되었음에도 불구하고 감사위원의 동의나 채권자집회의 결의도 없이 피신청인과의 사이에 재판상 화해를 하였다면 이는 소송행위를 함에 필요한 수권의 흠결이 있는 것으로서 구 민사소송법 제422조 제1항 제3호(현행 민사소송법 제451조 제1항 제3호에 해당하는 규정이다) 소정의 재심사유에 해당한다는 취지로 판시하였다.

파산관재인이 법원의 허가를 받아 파산재단에 속하는 재산의 신속한 환가를 위하여 파산선고를 받은 채무자의 채무자나 파산채권자 등과 화해계약을 체결하는 경우가 많다. 예를 들어, 파산관재인이 파산재단에 속한 받을 채권 중 일부를 면제하되 받을 채권의 채무자로부터 나머지를 일시에 지급받기로 하는 내용의 화해계약을 체결하거나, 파산재단에 속하는 파산채권자로부터 받을 채권의 존부 및 범위에 관하여 다툼이 있는 경우 받을 채권과 파산채권을 서로 정산하는 내용의 화해계약을 체결하기도 한다.[24] 파산관재인이 재단채권자와 화해계약을 체결하는 경우도 있다. 예컨대 채무자의 근로자가 임금의 지급을 이행의 소를 제기한 경우로서 그 임금채권 등의 존재 및 범위에 관한 증명의 정도에 비추어 재단채권의 조기확정 및 소송비용 절약 차원에서 화해계약이 소송보다 유리한 경우에는 화해계약을 체결하기도 한다.

파산절차에서는 중재에 관하여는 명문의 규정은 없으나, 회생절차에 관한 법 제61조 제1항 제6호를 유추적용하여 파산관재인이 중재계약을 체결하거나 중재신청을 할 때에도 법원의 허가를 받아야 한다.[25]

7. 권리의 포기

권리의 포기에는 실체법상의 권리를 포기하는 것, 소송법상의 권리를 포기하는 것과 파산재단으로부터 포기하는 것 등이 모두 포함된다.

실체법상의 권리를 포기하는 경우로는 채무면제, 소유권의 포기, 공유지분권의 포기, 지식재산권의 포기 등이 이에 해당한다. 소송법상의 권리를 포기하는 것으로는 청구의 포기·인낙, 상소권의 포기, 소·상소의 취하 등이 이에 해당한

---

24) 파산관재인이 파산채권자와 화해를 하여 파산채권의 존재 및 범위를 확정하는 경우에는 원칙적으로 그 파산채권은 신고되어 채권조사기일에서 조사가 된 것으로 파산관재인이 이의를 진술하여 적법한 채권확정에 관한 절차가 진행 중인 것이어야 한다. 다만 파산채권자가 채권신고를 하지 아니하거나 채권신고를 취하하기로 하는 내용의 화해를 하는 경우에는 그러할 필요가 없을 것이다. 또한 파산관재인은 파산채권자와 화해를 함에 있어서 특별한 사정이 없는 한 파산채권자가 우선하여 파산채권의 만족을 얻는 내용의 화해를 하여서는 아니 되고, 화해의 결과 파산채권자의 권리가 재단채권화 하지 않도록 주의하여야 한다.

25) 이에 대하여 파산관재인이 중재합의를 한 경우 중재합의의 대상인 분쟁에 관하여 소를 제기할 수 없으므로(중재법 제9조), 중재합의는 법 제492조 제12호의 권리의 포기나 제15호의 파산재단의 부담을 수반하는 계약의 체결에 해당한다고 볼 수 있고, 파산관재인이 중재신청을 하는 경우에는 중재판정은 양쪽 당사자 간에 법원의 확정판결과 동일한 효력을 가지고 중재판정에 기초한 집행이 이루어질 수 있으므로(중재법 제35조, 제37조 제2항) 중재신청은 법 제492조 제10조의 소의 제기에 해당한다고 볼 수 있다는 견해가 있다.

다. 파산재단으로부터의 포기는 환가의 포기라고도 하는데, 파산관재인이 파산재단에 속하는 재산에 관한 관리처분권을 포기하여 채무자의 관리처분에 돌리는 행위를 말한다.

파산재단에 속하는 재산이나 관리에 많은 비용을 요하는 것, 파산선고를 받은 채무자의 채무자에 대한 채권이나 그 채무자의 행방불명 및 부도, 권리의 증명이 곤란하여 회수가능성이 없는 것 등에 관하여는 권리의 포기를 하는 것이 바람직할 수도 있다. 따라서 파산관재인은 권리의 포기에 관한 허가신청을 하는 경우 파산재단에 속한 재산을 환가하기 위하여 그간 기울인 노력, 파산재단이 얻을 경제적 이익과 권리를 포기하여 얻을 수 있는 경제적 이익 등 그 필요성에 관하여 법원에 상세한 사정을 설명하여야 하고, 법원은 허가신청을 검토함에 있어서 포기의 필요성에 관하여 구체적인 소명이 있는지 확인하여야 한다. 이 경우 대부분 파산재단으로부터의 포기에 의하여 그 목적을 달성할 수 있으므로 이에 의하는 경우가 대부분이고 실체법상 권리의 포기를 하는 경우는 드물다(파산재단에 속하는 재산의 포기에 관한 자세한 내용은 제11장 제6절 참조).

파산관재인에 따라서는 권리의 포기가 관재업무의 태만으로 비칠 것을 우려하여, 파산재단에 아무런 실익이 없는 재산의 환가를 남긴 채 파산절차를 지연시킬 수도 있으므로, 법원은 적당한 시기에 권리의 포기 허가신청을 하도록 지도하여야 한다. 파산관재인의 환가 노력에도 불구하고 가치가 없어 환가하지 못한 재산에 관하여는 법 제492조 제12호에 의한 포기를 하지 않는 한 계산보고를 위한 채권자집회에서 그 처분에 관한 결의(포기 결의)를 하여야 한다(별제529조). 그런데 계산보고를 위한 채권자집회에서 의결권 있는 파산채권자가 한 사람도 출석하지 않거나 출석한 파산채권자가 아무런 실익 없는 이의를 제기하는 경우가 있으므로 가급적 미리 법원의 허가를 받아 포기를 하고 채권자집회에서는 그 사실을 보고하도록 함이 바람직하다.

한편 파산관재인이 소송법상 권리를 포기하는 때에도 법 제492조 제12호에 의하여 법원의 허가를 받아야 하는 경우가 있다. 서울회생법원은 소의 취하(반소의 취하를 포함한다), 항소·상고(부대항소·부대상고의 취하를 포함한다) 등 상소의 취하 및 포기·부제기, 청구의 포기·인낙 또는 민사소송법 제80조의 규정에 따른 탈퇴, 지급명령, 이행권고결정 등에 대한 이의신청의 포기·부제기, 화해권고결정·조정을 갈음하는 결정에 대한 이의신청의 포기·부제기도 법 제492조 제12호의 권리의 포기에 해당한다고 해석하여 법원의 허가를 받도록 하고 있다.[26]

이와 같은 소송법상 권리를 포기하는 경우에도 파산관재인은 그 허가신청서에 당해 소송사건의 진행 경과와 허가를 구하는 소송행위의 작위 또는 부작위의 필요성에 관하여 법원에 상세한 사정을 설명하여야 하고 함께 소송사건의 서면, 증거방법 등 소명자료를 첨부하여야 한다. 민사소송법 제123조의 규정이 적용되거나 준용되는 재판상 담보공탁에 있어 담보권리자는 담보물(공탁물회수청구권)에 대하여 질권자와 동일한 권리가 있으므로(민사소송법 제123조, 민사집행법 제19조 제3항 등), 파산관재인이 그 담보권을 포기하기 위해서는 법원의 허가를 받도록 하고 있다.

8. 재단채권, 환취권 및 별제권의 승인

가. 재단채권의 승인

파산관재인은 법원의 허가를 받아 재단채권을 승인하고, 임치금을 반환받아 재단채권을 변제한다. 재단채권은 법 제473조와 그 밖의 특별규정에서 명시적으로 재단채권으로 규정된 경우만 인정되는데, 어느 채권이 재단채권에 해당하는지가 항상 분명한 것은 아니다. 재단채권의 승인을 허가할 때에는 그 재단채권의 범위에 관하여 의문이 생기는 경우가 적지 않기 때문에 그 발생원인, 시기, 근거 등에 주의하여야 한다. 또한 실무에서는 파산관재인이 재단채권의 승인 및 그 변제를 위한 임치금반환 허가신청을 동시에 하는 것이 일반적인데, 파산재단이 재단채권의 총액을 변제하기에 부족한 것이 분명하게 된 때에는 법상 우선순위에 따라 재단채권을 변제하여야 하므로 그 변제의 우선순위에 주의할 필요가 있다(재단채권의 종류와 변제에 관한 자세한 내용은 제9장 제2절 및 제3절 2. 참조).

파산관재인은 재산채권의 승인 허가신청서에 승인의 대상인 재단채권의 내역(재단채권의 종류, 권리자, 발생원인·시점, 채권액, 관련 소송 현황, 조세채권 등의 경우 파산선고 전 체납처분 유무 등), 승인사유(재단채권으로 인정하는 법적 근거) 등을 기재하고, 재단채권에 관한 구체적인 소명자료를 첨부하여야 한다. 승인을 할 재단채권이 조세채권인 경우에는 파산선고 전에 법률에 정한 과세요건이 충족되어 그 조세채권이 성립된 것인지, 파산선고 후에 성립된 것이라면 파산재단에 관하여 생긴 것인지와 그 근거 등을 구체적으로 기재하고 그에 관한 소명자료를 첨

---

26) 다만 대법원 2014. 1. 23. 선고 2012다44785 판결은 파산관재인이 파산절차에서 채권자의 후순위파산채권 중 일부에 관하여 한 소멸시효이익의 포기는 구 파산법 제187조 제12호 소정의 권리의 포기에 해당하지 않아 법원의 허가사항이라고 볼 수 없다는 취지로 판시하였다.

부하여야 한다.[27] 승인을 할 재단채권이 파산관재인이 선급 받을 비용인 경우에는 지출이 필요한 사유 및 내역을, 사후에 지급받는 비용인 경우에는 지출한 경위 및 지출한 비용의 내역 등을 구체적으로 기재하고 객관적인 증빙자료(신용카드 매출전표, 현금영수증, 세금계산서 등)를 첨부하여야 한다.

법원은 재단채권의 승인 허가신청서를 검토하여 신중하게 허가 여부를 판단하여야 한다. 만일 파산관재인이 제출한 재단채권의 승인 허가신청서의 기재와 그 소명자료만으로 승인할 청구권이나 비용이 재단채권에 해당하는지가 분명하지 아니하거나 객관적인 소명자료가 첨부되지 아니한 경우에는 이를 보완하도록 지도하여야 한다.[28] 파산관재인이 여러 재단채권에 대하여 승인의 허가를 신청하였으나 일부의 청구권이나 비용만이 재단채권에 해당하는 경우에는 그 취지를 파산관재인에게 알리고 허가신청을 다시 하도록 지도하는 것이 실무이다.

나. 환취권의 승인

1) 환취권의 의의

파산관재인이 파산선고 후 현실적으로 점유·관리하게 된 재산 중에 채무자에게 속하지 아니하는 재산이 혼입된 경우, 당해 재산에 대하여 권리를 주장하는 제3자는 파산재단으로부터 이를 환취할 수 있는 권리를 가진다. 파산선고는 채무자에 속하지 아니하는 재산을 파산재단으로부터 환취하는 권리에 영향을 미치지 아니한다(법 제407조). 채무자에게 속하지 아니하는 재산을 환취할 수 있는 제3자의 권리 내지 지위를 환취권이라 한다.

2) 일반환취권의 기초가 되는 권리

일반환취권은 법에 의하여 창설된 권리가 아니고, 목적물에 대하여 제3자가 가지는 실체법상 권리의 당연한 효과이므로[29] 어떠한 권리가 있으면 환취권이

---

27) 관할 세무서장 등이 조세채권 등 신고서에 어느 조세채권과 그에 대한 가산금을 '파산선고 전 발생한 채권 원본' 및 '그에 기한 파산선고 전까지의 가산금 등'란에 기재하여 제출하였더라도 실제로는 그 조세채권이 파산선고 후에 성립된 것이거나 파산선고 후의 가산금까지 파산선고 전의 가산금에 포함되어 기재되어 있는 경우도 있고, 그 반대의 경우도 있다. 따라서 파산관재인은 조세채권 등 신고서에 기재된 그대로 재단채권을 승인하여서는 아니 되고 관할 세무서장 등으로부터 개별 조세채권의 발생원인·시점, 법적 근거 등을 확인할 자료를 추가로 제출받아 조사를 한 후 재단채권을 승인하여야 한다. 이는 조세채권 외에 다른 재단채권의 경우에도 같다.

28) 파산관재인은 보조인을 포함한 피고용인이 위·변조한 증빙자료를 첨부하거나 그 밖의 방법으로 파산재단 운영비용을 과다하게 청구하지 않도록 엄격하게 파산재단을 운영하여야 한다. 서울회생법원에서는 일부 파산재단들을 선별하여 연 1회 외부 회계법인을 통한 회계감사를 받도록 하고 있다.

29) 전병서, 282면은 환취권은 기존의 실체법상 질서에 기초를 둔 권리이며, 법이 실질적으로 새

발생하는가는 민법, 상법 그 밖의 실체법의 일반원칙에 의하여 결정된다. 일반환취권의 기초가 되는 권리로서는 소유권뿐 아니라 용익권(지상권 등)이나 점유권 외에, 채무자에 대한 임대인 또는 임치인 등이 가지는 계약상의 반환청구권·전대인이 채무자인 전차인에 대하여 가지는 목적물 반환청구권 등 채권적 청구권도 포함된다. 그러나 파산선고 전에 채무자로부터 물건을 매수한 자가 가지는 목적물의 인도청구권과 같이, 어느 재산이 파산재단에 속하는 것을 전제로 하여 그 이행을 구하는 채권적 청구권은 파산채권이 될 뿐이다.[30][31]

  채무자가 파산선고 전 상대방과 통정한 허위의 의사표시인 매매계약에 기하여 매수인으로서 매매목적물의 소유권을 이전받은 경우와 같이, 외형상 채무자에게 속하는 재산에 관한 소유권의 귀속이 일정한 자의 선의·악의에 의하여 좌우되는 경우가 있다. 이러한 경우 허위표시의 상대방인 매도인 등이 채무자에 대하여 가지는 매매목적물의 반환청구권을 파산이 선고된 때에 환취권으로 행사할 수 있는지 등이 문제가 될 수 있다. 그러나 채무자가 상대방과 통정한 허위의 의사표시를 통하여 재산을 보유하고 있다가 파산이 선고된 경우 그 재산도 일단 파산재단에 속하게 되고, 파산선고에 따라 채무자와는 독립한 지위에서 파산채권자 전체의 공동의 이익을 위하여 직무를 행하게 된 파산관재인은 그 허위표시에 따라 외형상 형성된 법률관계를 토대로 실질적으로 새로운 법률상 이해관계를 가지게 된 민법 제108조 제2항의 제3자에 해당한다. 그 선의·악의도 파산관재인 개인의 선의·악의를 기준으로 할 수는 없고, 총파산채권자를 기준으로 하여 파산채권자 모두가 악의로 되지 않는 한 파산관재인은 선의의 제3자라

  롭게 인정한 권리는 아니고, 제3자가 가지는 실체법상 권리가 그대로 파산절차상에도 인정되는 당연한 효과를 나타낸 것에 지나지 않는다고 한다. 이러한 의미에서 제3자의 권리 내지는 지위를 일반환취권이라고 부르는 것에 대하여, 그 밖에 법에서 이해관계자 사이의 공평을 도모한다는 관점에서 일정한 경우에 특별환취권이라고 부르는 것을 인정하고 있다고 한다.

30) 채권적 청구권이 환취권의 기초가 되는지 여부는 그 권리의 성질에 비추어 판단하여야 한다. 어느 재산이 채무자에게 속하지 않는, 즉 파산재단에 속하지 않는 것을 주장하여 채권의 내용으로서 물건의 인도를 구하는 경우의 채권적 청구권은 환취권의 내용이 된다. 환취권의 기초가 되는 권리에 관한 자세한 내용은 전병서, 283-288면; 條解破産法, 473-487면.

31) 사해행위의 수익자에 대하여 회생절차가 개시된 사안에 관한 것이나 대법원 2014. 9. 4. 선고 2014다36771 판결은 "사해행위취소권은 사해행위로 이루어진 채무자의 재산처분행위를 취소하고 사해행위에 의해 일탈된 채무자의 책임재산을 수익자 또는 전득자로부터 채무자에게 복귀시키기 위한 것이므로 환취권의 기초가 될 수 있다. 수익자 또는 전득자에 대하여 회생절차가 개시된 경우 채무자의 채권자가 사해행위의 취소와 함께 회생채무자로부터 사해행위의 목적인 재산 그 자체의 반환을 청구하는 것은 환취권의 행사에 해당하여 회생절차개시의 영향을 받지 아니한다. 따라서 채무자의 채권자는 사해행위의 수익자 또는 전득자에 대하여 회생절차가 개시되더라도 관리인을 상대로 사해행위의 취소 및 그에 따른 원물반환을 구하는 사해행위취소의 소를 제기할 수 있다."라고 판시하였다.

고 할 수밖에 없다.[32] 따라서 허위표시의 상대방은 채무자에 대한 청구권을 환
취권으로 행사할 수 없다고 보아야 한다.

한편 신탁법에 따라 신탁이 설정된 후 수탁자가 파산선고를 받은 경우[33]
신탁재산은 수탁자의 파산재단을 구성하지 아니하고(신탁법 제24조), 신탁재산을 환취하는
권리는 신수탁자(신탁법 제21조) 또는 신탁재산관리인이(신탁법 제18조 제1항 제2호)[34] 행사한다(법 제407조의2 제1항).
신탁이 종료된 경우에는 신탁법 제101조에 따라 신탁재산이 귀속된 자가 환취
권을 행사한다(법 제407조의2 제2항). 같은 취지에서 「자산유동화에 관한 법률」상 자산관리
자가 파산하는 경우 위탁관리하는 유동화자산은 자산관리자의 파산재단을 구성
하지 아니하며, 유동화전문회사등은 그 자산관리자 또는 파산관재인에 대하여
유동화자산의 인도를 청구할 수 있으므로(자산유동화에 관한 법률 제12조 제1항) 환취권을 가지고, 한국주
택금융공사법상 채권관리자가 파산하는 경우 위탁받아 관리하는 주택저당채권은
채권관리자의 파산재단을 구성하지 아니하며, 한국주택금융공사는 파산관재인에
대하여 주택저당채권의 인도를 청구할 수 있으므로(한국주택금융공사법 제45조 제4항) 환취권을 가진다.

「자본시장과 금융투자업에 관한 법률」상 투자매매업자 또는 투자중개업자가
투자자로부터 예탁받은 증권등을 한국예탁결제원에 다시 예탁하는 경우[35] 투자자
의 성명 및 주소, 예탁증권등의 종류 및 수와 그 발행인의 명칭 등을 기재하여 투
자자계좌부를 작성·비치하여야 하고, 그에 따른 투자자계좌부에 기재된 증권등은

---

32) 대법원 2013. 4. 26. 선고 2013다1952 판결 등. 파산관재인을 사기에 의한 의사표시와 관련하
여 민법 제110조 제3항의 제3자에 해당한다고 본 판결로는 대법원 2010. 4. 29. 선고 2009다
96083 판결, 파산관재인을 상대방인 주식회사의 이사회 결의가 없는 거래행위와 관련하여 제3
자에 해당한다고 본 판결로는 대법원 2014. 8. 20. 선고 2014다206563 판결.

33) 수탁자가 파산선고를 받은 경우 수탁자의 임무는 종료되고, 그 경우 수탁자는 수익자에게 수
탁자의 임무가 종료된 사실을, 파산관재인에게 신탁재산에 관한 사항을 통지하여야 한다(신탁법
제12조 제1항 제3호, 제3항).

34) 법원은 수탁자가 파산선고를 받은 경우로서 신수탁자가 선임되지 아니하거나 다른 수탁자가
존재하지 아니할 때에는 신탁재산을 보관하고 신탁사무 인계에 필요한 행위를 하여야 할 신탁
재산관리인을 선임한다(신탁법 제18조 제1항 제2호). 법원은 수탁자에 대하여 파산선고를 하는
경우 그 결정과 동시에 신탁재산관리인을 선임하여야 한다(신탁법 제18조 제2항). 신탁법에 따
른 사건은 특별한 규정이 있는 경우를 제외하고는 수탁자의 보통재판적이 있는 곳의 지방법원
이 관할하고 수탁자의 임무가 종료된 후 신수탁자의 임무가 시작되기 전에는 전수탁자의 보통
재판적이 있는 곳의 지방법원이 신탁사건을 관할하나(비송사건절차법 제39조 제1항, 제2항),
그럼에도 불구하고 신탁법 제18조 제1항 제2호에 따른 신탁재산관리인의 선임에 관한 사건은 법
제3조에 따라 해당 파산선고를 관할하는 법원이 관할한다(비송사건절차법 제39조 제6항 제2호).

35) 자본시장과 금융투자업에 관한 법률 제75조 제1항은 투자매매업자 또는 투자중개업자는 금융
투자상품의 매매, 그 밖의 거래에 따라 보관하게 되는 투자자 소유의 증권(대통령령으로 정하는
것을 포함한다)을 예탁결제원에 지체 없이 예탁하여야 하고, 다만 해당 증권의 유통 가능성, 다
른 법령에 따른 유통방법이 있는지 여부, 예탁의 실행 가능성 등을 고려하여 대통령령으로 정
하는 경우에는 예탁결제원에 예탁하지 아니할 수 있다고 규정하고 있다.

그 기재를 한 때에 예탁결제원에 예탁된 것으로 본다(자본시장과 금융투자업에 관한
법률 제310조 제1항, 제4항). 이때 투자자계좌부와 예탁자계좌부에 기재된 자는 각각 그 증권등을 점유하는 것으로 보므로(자본시장과 금융투자업에
관한 법률 제311조), 투자매매업자 또는 투자중개업자에게 증권등을 예탁한 투자자는 그 증권등에 대하여 환취권을 가진다.

위탁매매인이 위탁자로부터 받은 물건 또는 유가증권이나 위탁매매로 인하여 취득한 물건, 유가증권 또는 채권은 위탁자와 위탁매매인 또는 위탁매매인의 채권자 간의 관계에서는 이를 위탁자의 소유 또는 채권으로 보므로(상법
제103조), 위탁매매인이 위탁자로부터 물건 또는 유가증권을 받은 후 파산한 경우에는 위탁자는 물건 또는 유가증권을 환취할 권리가 있다.[36]

파산선고 전에 환취권의 기초가 되는 권리에 관하여 부동산등기법 제88조의 가등기가 경료되어 있는 경우 이 가등기에 기한 본등기의 청구권도 환취권으로 승인한다.[37]

리스업자의 리스물건 반환청구권에 관하여는 그 법률구성에 관하여 논의가 있으나, 별제권으로 구성한다고 하더라도 리스업자는 그 담보권의 실행을 위하여 리스물건의 인도를 청구할 수 있고, 환취권으로 구성하더라도 환취권을 행사하여 리스물건의 인도를 청구할 수 있으므로, 리스업자가 리스물건을 반환받을 수 있다는 것에는 차이가 없다.[38]

---

36) 대법원 2008. 5. 29. 선고 2005다6297 판결은 위탁매매인이 파산한 경우에는 위탁자는 위탁매매의 반대급부로 위탁매매인이 취득한 물건, 유가증권 또는 채권에 대하여는 구 파산법 제83조 제1항에 의하여 대상적 환취권(대체적 환취권)으로 그 이전을 구할 수 있고, 외국 정부가 국내 법원에서 파산선고를 받은 위탁매매인에 대한 세금청구권에 기하여 위탁자의 대상적 환취권의 목적이 되는 물건, 유가증권 또는 채권을 강제징수한 경우, 그로 인해 위탁매매인의 세금채무가 소멸되어 위탁매매인의 파산재단은 동액 상당의 부당이득을 얻은 것이 되며, 이 경우 위탁자는 위탁매매인의 파산재단에 대해 부당이득반환청구권을 가지게 되는데, 이는 구 파산법 제38조 제5호의 재단채권이라는 취지로 판시하였다. 이 판결에 관하여는 정준영, "위탁매매인이 파산한 경우 위탁자가 가지는 구 파산법상 대상적 환취권", 대법원판례해설 제75호, 법원도서관(2008), 519~523면.

37) 대법원 2002. 9. 27. 선고 2000다27411 판결은 부동산의 매매계약에 있어 당사자 사이의 환매특약에 따라 소유권이전등기와 함께 민법 제592조에 따른 환매등기가 마쳐진 경우 매도인이 환매기간 내에 적법하게 환매권을 행사하면 환매등기 후에 마쳐진 제3자의 근저당권 등 제한물권은 소멸하는 것이므로, 환매권 행사 후 근저당권자가 파산선고를 받았다고 하더라도 매도인이 파산자에 대하여 갖는 근저당권설정등기 등의 말소등기청구권은 구 파산법 제14조에 규정된 파산채권에 해당하지 아니하며, 매도인은 구 파산법 제79조 소정의 환취권 규정에 따라 파산절차에 의하지 아니하고 직접 파산관재인에게 말소등기절차의 이행을 청구할 수 있다는 취지로 판시하였다.

38) 다만 파산관재인은 민사집행법에 의하여 별제권의 목적인 재산을 환가할 수 있고, 이 경우 별제권자는 이를 거절할 수 없으므로(법 제497조 제1항), 리스물건 반환청구권을 별제권으로 구성할 경우 파산관재인은 리스업자에 대한 리스물건의 반환을 거절하고 민사집행법에 의하여 이를 환가할 수 있을 것이다.

소유권유보부매매의[39] 경우에도 그 법률구성에 관하여는 견해의 대립이 있어서 매수인이 파산한 경우 매도인의 권리를 환취권으로 승인할 것인지 별제권으로 승인할 것인지 문제된다.[40] 다만 회생절차에서는 소유권유보부매매의 경우 그 소유권의 유보는 실질적으로 매매대금채권의 확보를 위한 담보적인 성격을 가지는 것으로 보아 회생담보권으로 취급하고 있다.[41]

한편 양도담보권자가 파산한 경우 종래 구 파산법 제80조가 파산선고 전에 파산자에게 재산을 양도한 자는 담보의 목적으로 한 것을 이유로 그 재산을 환취할 수 없다고 규정하고 있어, 양도담보설정자가 환취권을 행사할 수 없는지에 관하여 논란이 되었으나,[42] 현행법에는 구 파산법 제80조에 해당하는 규정이 없으므로 양도담보권자가 파산한 경우에는 양도담보 및 환취권에 관한 일반적인 규율에 따라 처리하면 된다. 양도담보설정자가 파산한 경우에는 형식적인 소유권자인 양도담보권자에게 그 소유권을 이유로 환취권을 인정할 것인지, 아니면

---

39) 대법원 1999. 9. 7. 선고 99다30534 판결은 동산의 매매계약을 체결하면서, 매도인이 대금을 모두 지급받기 전에 목적물을 매수인에게 인도하지만 대금이 모두 지급될 때까지는 목적물의 소유권은 매도인에게 유보되며 대금이 모두 지급된 때에 그 소유권이 매수인에게 이전된다는 내용의 이른바 소유권유보의 특약을 한 경우, 목적물의 소유권을 이전한다는 당사자 사이의 물권적 합의는 매매계약을 체결하고 목적물을 인도한 때 이미 성립하지만 대금이 모두 지급되는 것을 정지조건으로 하므로, 목적물이 매수인에게 인도되었다고 하더라도 특별한 사정이 없는 한 매도인은 대금이 모두 지급될 때까지 매수인뿐만 아니라 제3자에 대하여도 유보된 목적물의 소유권을 주장할 수 있다는 취지로 판시하였다(같은 취지의 판결로 대법원 2000. 5. 30. 선고 99다45826 판결). 다만 대법원 2010. 2. 25. 선고 2009도5064 판결은 부동산과 같이 등기에 의하여 소유권이 이전되는 경우에는 등기를 대금완납시까지 미룸으로써 담보의 기능을 할 수 있기 때문에 굳이 위와 같은 소유권유보부매매의 개념을 원용할 필요성이 없으며, 일단 매도인이 매수인에게 소유권이전등기를 경료하여 준 이상은 특별한 사정이 없는 한 매수인에게 소유권이 귀속되는 것이고, 한편 자동차, 중기, 건설기계 등은 비록 동산이기는 하나 부동산과 마찬가지로 등록에 의하여 소유권이 이전되고, 등록이 부동산 등기와 마찬가지로 소유권이전의 요건이므로, 역시 소유권유보부매매의 개념을 원용할 필요성이 없다는 취지로 판시하였다.

40) 전병서, 304-305면; 고원석, "할부계약에 있어서 매수인의 도산과 매도인의 권리 -소유권유보부매매의 경우를 중심으로-", 재판자료 제64집, 법원도서관(1994), 379-385면.

41) 대법원 2014. 4. 10. 선고 2013다61190 판결은 "동산의 소유권유보부매매의 경우에, 매도인이 유보한 소유권은 담보권의 실질을 가지고 있으므로 담보 목적의 양도와 마찬가지로 매수인에 대한 회생절차에서 회생담보권으로 취급함이 타당하고, 매도인은 매매목적물인 동산에 대하여 환취권을 행사할 수 없다."라고 판시하였다. 회생절차에서 소유권유보부 매매의 취급에 관한 자세한 내용은 회생사건실무(상), 제9장 제3절 3. 나. 참조.

42) 구 파산법 제80조에 대하여 양도담보를 거래형태의 하나로 인정하는 점에 비추어 양도담보권자가 파산한 것만을 이유로 양도담보설정자의 이익이 침해되는 것은 타당하지 않다는 비판이 있었고, 대법원 2004. 4. 28. 선고 2003다61542 판결은 구 파산법 제80조는 양도담보권의 피담보채권이 아직 소멸하지 않은 경우에 양도담보권자의 파산을 이유로 환취권을 행사하는 것을 허용하지 않는 것으로 해석하여야 하고, 양도담보권의 피담보채권이 소멸한 경우에는 파산자는 더 이상 양도담보권의 목적이 된 재산권을 보유할 권원이 없으므로 양도담보설정자는 원칙적인 규정인 구 파산법 제79조에 의하여 양도담보의 목적이 된 재산권을 환취할 수 있다는 취지로 판시하였다.

소유권의 실질은 담보권에 지나지 않은 것이므로 별제권을 인정하고 환취권을 인정하지 아니할 것인지에 대하여 논란이 있다(양도담보권의 취급에 관한 자세한 내용은 제12장 제3절 8. 다. 참조).[43)]

3) 특별환취권

가) 운송 중인 매매목적물의 환취권 및 위탁매매인의 환취권

매도인이 매매의 목적인 물건을 매수인에게 발송하였으나 매수인이 그 대금의 전액을 변제하지 아니하고, 도달지에서 그 물건을 수령하지 아니한 상태에서 매수인이 파산선고를 받은 때에는 매도인은 그 물건을 환취할 수 있다. 다만, 파산관재인이 대금 전액을 지급하고 그 물건의 인도를 청구한 때에는 그러지 아니하다($^{법}_{제1항}$제408조).[44)] 물품매수의 위탁을 받은 위탁매매인이 그 물품을 위탁자에게 발송한 경우에도 같다($^{법}_{제409조}$). 이는 격지자 사이의 매매에서 매도인 내지 위탁매매인이 선이행을 하는 경우에 거래의 안전을 도모하고 매도인 내지 위탁매매인을 보호하기 위한 것이다.[45)]

여기서 파산선고 전에 매수인 내지 위탁자가 물건 등을 수령하였다면 그 물건은 채무자의 책임재산이 되어 파산선고 당시 파산재단에 속하므로 환취권이 인정되지 아니한다. 한편 파산선고 후에 파산관재인이 물건 등을 수령하였다면 매도인 등은 환취권을 행사할 수 있다고 보아야 할 것이다.[46)]

나) 대체적 환취권

(1) 의 의

채무자가 파산선고 전에 환취권의 목적인 재산을 양도한 때에는 환취권자는 반대급부의 이행청구권의 이전을 청구할 수 있고, 파산관재인이 환취권의 목적인 재산을 양도한 때에도 또한 같다($^{법}_{제1항}$제410조). 만일 파산관재인이 반대급부의 이행을 받은 때에는 환취권자는 파산관재인이 반대급부로 받은 재산의 반환을

---

43) 전병서, 286-288면.

44) 물건 등을 발송한 매도인 내지 위탁매매인은 송하인으로서 또는 화물상환증의 소지인으로서 그 물건 등이 파산관재인이 수령하기 전이라면 운송인에 대하여 운송의 중지, 운송물의 반환 기타의 처분을 청구할 수 있을 것이다(상법 제139조 제1항).

45) 운송 중인 매매목적물에 관하여 매도인이 환취권을 행사할 수 있는 경우 쌍방미이행 쌍무계약에 관한 법 제335조의 적용이 배제되는 것은 아니다(법 제408조 제2항). 그러나 위탁매매인이 환취권을 행사할 수 있는 경우에는 그 유상위임계약은 쌍무계약이므로 법 제335조가 적용되는지에 대하여 견해의 대립이 있으나, 법 제409조가 제408조 제2항은 준용하지 않고 있으며, 위임관계에 있어서 위임자의 파산은 위임종료사유인 점을(민법 제690조) 고려할 때 법 제335조는 적용되지 않는다고 보아야 한다(전병서, 294면).

46) 전병서, 291면.

청구할 수 있다(법 제410조). 대체적 환취권은, 채무자가 파산선고 전에 환취권의 목적인 재산을 처분한 경우 환취권자로서는 파산재단에 대하여 부당이득반환청구권을 파산채권으로 행사할 수밖에 없고, 파산관재인이 환취권의 목적인 재산을 처분한 경우 환취권자의 부당이득반환청구권, 손해배상청구권 등의 권리는 재단채권으로 보호되지만(법 제473조 제4호, 제5호) 파산재단이 부족한 때에는 재단채권이더라도 완전한 만족이 보장되지 않으므로, 가능한 한 환취권자에게 환취권의 목적인 재산 그 자체를 환취한 것과 마찬가지의 보장을 하기 위한 것이다.

(2) 내 용

(가) 양수인이 반대급부를 이행하지 않은 경우

환취권의 목적인 재산을 채무자가 파산선고 전에 또는 파산관재인이 파산선고 후에 제3자에게 양도하였지만, 양수인이 아직 반대급부를 이행하고 있지 않은 경우, 그 반대급부 청구권은 파산재단을 구성하는 재산이지만 환취권의 목적인 재산의 대체물임이 명백하므로, 환취권자는 파산관재인에게 그 청구권을 자기에게 이전할 것을 청구할 수 있다(법 제410조 제1항). 이 경우 파산관재인은 통상 지명채권양도의 방법에 의하여 반대급부 청구권을 이전하고, 양수인에게 이를 통지하여야 한다.

(나) 파산관재인이 반대급부의 이행을 받은 경우

환취권의 목적인 재산을 채무자가 파산선고 전에 또는 파산관재인이 파산선고 후에 제3자에게 양도하고, '파산관재인'이 그 반대급부의 이행을 받은 경우, ① 대체물이 일반재산으로부터 구별될 수 있다는 점에 대체적 환취권의 근거가 있으므로, 반대급부로 받은 재산이 특정성을 잃은 때에는(예를 들어, 받은 반대급부가 파산관재인의 임치금계좌에 입금되어 파산재단에 속하는 다른 금전과 혼입된 경우) 그 가액분은 파산재단의 부당이득이 되므로 환취권자는 재단채권으로 그 지급을 청구할 수 있고(법 제473조 제5호), ② 반대급부로 받은 재산이 특정성을 보유한 채 파산재단 중에 현존하는 때에는 환취권자는 반대급부로 받은 재산 그 자체의 반환을 청구할 수 있다(법 제410조 제2항).

(다) 채무자가 반대급부의 이행을 받은 경우

환취권의 목적인 재산을 채무자가 파산선고 전에 제3자에게 양도하고 파산선고 전에 그 반대급부의 이행을 받은 경우에는, 채무자가 이행을 받은 반대급부는 채무자의 책임재산이 되어 파산선고 당시 파산재단에 속하므로 환취권이 인정되지 아니하고, 파산선고 전의 원인으로 생긴 채무자에 대한 부당이득반환청구권 등이 파산채권으로 될 뿐이다. 법인파산 사건에서는 문제될 가능성이 거의 없으나, 파산선고 후에 채무자가 그 반대급부의 이행을 받은 경우에는 법 제332조의 규정상 반대급부의 이행을 한 자가 파산선고 사실에 대하여 선의였는지, 악의였는지에 의하여 취급이 다르다.[47]

4) 검토에 있어 유의할 사항

환취권 행사의 방법이나 절차에 대하여는 특별한 제약은 없으므로 환취권자는 파산절차에 의하지 않고 환취권을 재판상 또는 재판 외에서 파산관재인을 상대로 행사하게 된다.[48]

환취권의 승인은 주로 외형상으로 채무자에 속하여 파산관재인이 점유·관리하고 있는 재산에 대하여 환취권자가 환취권을 행사하여 그 재산의 인도 등을 청구하여 올 때 파산관재인이 그에 응하여 재산을 반환하는 등의 조치를 하기 위해서 하게 된다. 파산관재인은, 환취권을 주장하는 자가 재산의 인도 등을 청구할 경우 그 재산이 파산선고 당시 채무자에 속하지 아니한 것이 맞는지, 환취권을 주장하는 자에게 실제로 실체법상 권리가 있는지, 파산재단이 대항할 사유가 있는지[49] 등을 조사한 결과 환취권이 인정된다고 판단하는 경우, 환취권의 승인 허가신청을 하게 된다. 환취권의 승인 허가신청서에는 일반환취권을 승인하는 경우에는 환취권으로 승인하는 실체법상 권리의 내역(환취권의 기초가 된 권리, 권리자, 발생원인·시점, 관련 소송 현황 등), 승인사유(파산관재인의 점유 경위) 등을, 대체적 환취권을 승인하는 경우에는 환취권의 목적에 관한 실체법상 권리의 내역, 이전할 반대급부 이행청구권 또는 반대급부로 받은 재산의 내역, 승인사유 등을 기재하고, 그에 관한 구체적인 소명자료를 첨부하여야 한다. 법원은 환취권의 존재 여부에 관하여 구체적이고 객관적인 소명이 있는지를 확인하고 부족한 경우에는 보완하도록 지도하여야 한다.

파산관재인이 법원의 허가를 받아 환취권을 승인한 때에는 점유하고 있는 재산을 환취권자에게 인도하거나 반대급부 이행청구권이나, 반대급부로 받은 재

---

47) 전병서, 295, 296면; 條解破産法, 496면.

48) 전병서, 289면; 條解破産法, 487면.

49) 경우에 따라서는 채무자나 파산관재인이 환취권의 목적인 재산에 관하여 계약관계에 기한 일정한 급부청구권을 가지고 있어 파산관재인의 환취권의 목적인 재산의 반환의무가 환취권자의 파산재단에 대한 급부의무와 동시이행관계에 있거나, 채무자나 파산관재인이 비용을 지출하는 등으로 그 재산에 대하여 유치권이 성립하는 때가 있을 수 있다. 이러한 경우 파산관재인은 동시이행항변권, 유치권 등 이행거절 권능 등을 행사하여 환취권자의 권리행사에 대항하여야 하므로, 파산관재인은 이행거절 권능이 있는지에 대하여도 검토하여야 한다.

산을 신속히 환취권자에게 이전하는 등의 조치를 하여야 한다. 만일 환취권을 주장하는 자와 파산관재인 사이에 환취권의 존부에 관하여 다툼이 있어 파산관재인이 환취권을 인정하지 아니하는 때에는 환취권을 주장하는 자가 이행의 소를 제기하여야 하고, 재산의 환가를 위하여 권리관계에 존재하는 불안을 제거하기 위하여 불가피한 경우에는 파산관재인이 소극적 확인의 소를 제기할 필요가 있을 수도 있다.

다. 별제권의 승인

파산재단에 속하는 재산상에 존재하는 유치권·질권·저당권·「동산·채권 등의 담보에 관한 법률」에 따른 담보권 또는 전세권을 가진 자는 그 목적인 재산에 관하여 별제권을 가지고(법제411조), 별제권은 파산절차에 의하지 아니하고 이를 행사할 수 있다(법제412조). 별제권은 법이 새롭게 창설한 권리는 아니고 실체법상의 담보권의 효력에 의하여 인정되는 것이다.[50]

별제권자가 별제권을 행사하는 경우, 파산관재인은 별제권의 존부, 피담보채권의 존부 및 범위, 특히 피담보채권에 대한 변제 또는 소멸시효 완성 여부 등을 검토하여야 하고, 채무자의 담보권의 설정원인이 된 행위나 그 설정행위 또는 그 별제권인 담보권의 피담보채권의 발생원인이 된 행위 등이 부인할 수 있는 행위인지를 조사하여야 한다. 부동산에 대한 저당권자가 별제권을 행사하여 담보권 실행을 위한 경매신청을 한 경우 파산관재인은 위와 같은 사항을 조사하여, 만일 그 담보권이 없다는 것 또는 소멸되었다는 것을 주장할 수 있는 사유가 있는 경우에는 경매개시결정에 대한 이의신청을(민사집행법제265조)[51] 하여야 하고 매각허가에 대한 이의신청(민사집행법 제268조, 제121조 제1호) 및 매각허가결정에 대한 즉시항고를 (민사집행법 제268조, 제129조 제1항, 제130조 제1항) 할 수도 있으며, 필요한 경우에는 법원의 허가를 받아 저당권설정등기 말소청구의 소 등을 제기하여야 한다.[52] 파산관재인은 저당권자가

---

50) 전병서, 299면.
51) 민사집행(II), 759-762면.
52) 파산관재인은 부동산을 목적으로 하는 담보권을 실행하기 위한 경매절차를 정지하려면, ① 민사집행법 제268조에 의하여 준용되는 민사집행법 제86조 제1항에 따라 경매개시결정에 대한 이의신청을 하고 같은 조 제2항에 따라 민사집행법 제16조 제2항에 준하는 매각절차의 일시정지를 명하는 가처분(잠정처분) 결정을 받거나, ② 채무에 관한 이의의 소(통상 채무부존재 확인이나 저당권설정등기 말소청구의 소를 본안으로 한다)를 먼저 제기하고 민사집행법 제46조 제2항에 의하여 정지를 명하는 잠정처분 결정을 받아 그 매각절차를 정지시키면 될 것이다. 그다음 파산관재인은 경매절차를 취소하려면, 채무에 관한 이의의 소에서 승소확정판결을 받아 저당권을 말소한 후 저당권이 말소된 등기사항증명서나 그 확정판결의 정본을 민사집행법 제266조 제

변제받는 등으로 이미 소멸한 채권이 경매절차에서 청구채권의 범위에 포함되어 있는지 검토하여, 필요하면 배당이의를 하여야 한다. 근저당권이 설정된 뒤 채무자 또는 근저당권설정자에 대하여 파산이 선고된 경우 그 근저당권의 피담보채무는 파산선고시를 기준으로 확정되는 것으로 보아야 하므로,[53] 파산선고 후에 새로이 생긴 채권이 청구채권의 범위에 포함되어 있는지도 검토한다. 저당권자가 다른 저당권자가 신청한 경매절차에서 배당에 참가하는 방법으로 별제권을 행사하는 경우에도, 파산관재인은 그 법원에 제출된 채권신고서나 채권계산서를 검토하여 필요하면 배당이의를 하여야 한다.

　　가등기담보권, 양도담보권을 회생담보권으로 규정하고(법 제141조 제1항) 있는 회생절차와 달리 파산절차에는 이러한 규정이 없어 논란이 있으나, 「가등기담보 등에 관한 법률」의 적용 여부나 양도담보권의 법적 성질에 관한 논의와 무관하게 가등기담보권, 양도담보권은 별제권으로 보는 것이 일반적이다.[54][55] 「가등기담보 등에 관한 법률」 제17조는 파산재단에 속하는 부동산에 설정한 담보가등기권리에 대하여는 법 중 저당권에 관한 규정을 적용한다고 규정하고 있다.

　　1항 제1호 내지 제3호, 제2항의 집행취소서류로 제출하면 될 것이다. 민사집행(II), 763, 764면.

53) 구 회사정리법상 회사정리절차와 관련한 것이나 대법원 2001. 6. 1. 선고 99다66649 판결. 곽윤직, 민법주해[VII] 물권(4), 박영사(1992), 24면(박해성 집필 부분)은 채무자에 대하여 파산선고가 내려진 경우 채무자는 거래능력을 잃게 되기 때문에 더 이상의 피담보채권 발생의 가능성은 소멸하고, 따라서 근저당권은 파산선고시 확정된다고 하여야 할 것이고, 물상보증인에 대하여 파산선고가 내려진 경우, 파산이 파산자의 총재산에 대한 일괄적 환가절차이기 때문에 당해 목적물에 대하여 경매 등의 신청이 있는 경우와 같고, 따라서 이 점에서 근저당권은 확정된다고 보아야 하며, 또 구 파산법 제45조의 해석상 파산선고 후에는 근저당권자가 근저당권의 피담보채권을 취득하더라도 파산채권자에 대한 관계에서 그 취득을 대항할 수 없기 때문에 파산선고 후에는 피담보채권이 발생할 여지가 없고, 따라서 이 점에서도 파산선고시 근저당권은 확정된다고 보아야 한다고 설명한다. 참고로 일본 민법 제398조의20 제1항 제4호는 채무자 또는 근저당권설정자가 파산절차개시의 결정을 받은 때에는 근저당권이 담보할 원본은 확정된다고 명문으로 규정하고 있다. 條解破産法, 501면.

54) 구 화의법상 화의절차에 관한 것이나 대법원 2002. 4. 23. 선고 2000두8752 판결은 "화의법 제44조는 파산의 경우에 별제권을 행사할 수 있는 권리를 가지는 자를 별제권자로 보고, 파산법 제84조는 유치권, 질권, 저당권 또는 전세권을 가진 자는 그 목적인 재산에 관하여 별제권을 가진다고 규정하고 있는바, 양도담보권자는 위 각 규정에서 별제권을 가지는 자로 되어 있지는 않지만 특정 재산에 대한 담보권을 가진다는 점에서 별제권을 가지는 것으로 열거된 유치권자 등과 다름이 없으므로 그들과 마찬가지로 화의법상 별제권을 행사할 수 있는 권리를 가지는 자로 봄이 상당하다."라고 판시하였다. 대법원 2010. 1. 14. 선고 2006다17201 판결은 "어음의 양도담보권자는 채무자의 어음 발행인에 대한 어음상 청구권에 대하여 담보권을 갖는다는 점에서 별제권을 가지는 것으로 열거된 유치권자나 질권자 등과 다름이 없으므로 파산법상 별제권을 행사할 수 있는 권리를 가지는 자로 봄이 상당하고, 그 어음 발행인을 채무자와 함께 채무를 부담하는 자로 볼 수는 없다."라고 판시하였다.

55) 김재형, "도산절차에서의 담보권자의 지위", 민사판례연구 28권, 박영사(2006), 1140-1142면; 양창수·김형석, 민법III 권리의 보전과 담보, 박영사(2012), 460면; 전병서, 301-304면; 임준호, "파산절차상 담보권의 처리", 재판자료 제83집, 제86면.

파산채권자인 별제권자는 채권신고를 하지 않고도 별제권을 행사할 수 있으나, 채권신고를 할 때에는 피담보채권액 및 원인 등 법 제447조 제1항 각 호의 사항 외에도 별제권의 목적과 그 행사에 의하여 변제를 받을 수 없는 채권액(예정부족액)을 신고하여야 하고, 채권조사기일에서 파산관재인은 피담보채권의 존부 및 범위에 관한 시·부인과 이를 전제로 한 예정부족액에 관하여 시·부인을 하게 된다. 채권조사기일에서 파산관재인이 신고된 파산채권을 별제권부 파산채권으로 시인하였다고 하더라도 그것이 법 제492조 제13호의 별제권의 승인으로서의 효력을 가지는 것은 아니므로, 그 후에도 파산관재인은 별제권의 존부에 관하여 다툴 수 있다(별제권자의 파산채권에 대한 시·부인에 관한 자세한 내용은 제8장 제3절 5. 가. 참조).

실무에서는 통상 별제권의 승인만을 단독으로 하는 경우는 드물고, 파산관재인이 별제권의 목적인 재산을 환수하거나 임의매각하면서 그 전제로서 별제권을 승인하는 예가 많다. 별제권자가 법률에 정한 방법에 의하지 아니하고 별제권의 목적을 처분하는 권리를 가지는 때로서($^{법 제498조}_{제1항}$), 별제권자가 그러한 처분을 하는 것이 파산관재인이 민사집행법에 의하거나 임의매각의 방법으로 별제권의 목적인 재산을 환가하는 것보다 파산재단에 유리하여, 파산관재인이 별제권자로 하여금 재산을 처분하도록 인도를 하는 때에도 별제권의 승인이 필요하다.

라. 상계의 승인

상계의 승인에 관하여도, 법 제492조 제13호를 유추적용하여 법원의 허가를 받도록 하고 있다. 파산관재인이 하는 상계뿐 아니라 파산채권자가 하는 상계의 승인도 포함한다. 후자의 경우 당연히 파산채권자가 행하는 상계 자체는 법원의 허가사항이 아니나, 파산관재인 입장에서 파산채권자가 행한 상계가 적법함을 인정하여 반대채권의 이행청구 등을 하지 않고 종결 처리하겠다는 취지의 승인신청이다(파산절차에서의 상계에 관한 자세한 내용은 제15장 참조).

9. 별제권 목적의 환수

별제권 목적의 환수란, 별제권의 목적 예컨대 담보로 제공한 부동산에 관하여 그 담보된 채무를 파산관재인이 변제하고, 당해 담보권을 소멸시키는 것을 말한다(법제492조제14호). 그 목적물의 가액이 피담보채권보다 고액일 때는 파산재단에 여유가 있다면 파산관재인이 피담보채무를 변제하고 별제권의 목적을 환수하여 임의매각하는 것이 파산재단에 유리할 수도 있다. 또한 파산재단에 피담보채무를 바로 변제할 여유가 없더라도 파산관재인으로서는 매수인으로 하여금 별제권의 피담보채무를 면책적으로 인수하거나 매매대금 지급에 갈음하여 피담보채무를 변제하도록 하여 별제권의 목적을 임의매각하거나, 별제권자와 피담보채무의 변제액, 변제 시점·방법 등에 관하여 화해계약을 체결하고 별제권의 목적을 환수하거나 임의매각을 하는 것이 파산재단에 유리한 경우가 많다. 따라서 파산관재인은 별제권자와 사이에 별제권 목적의 임의매각을 위하여 협의를 할 필요가 있다.[56]

다만 별제권 목적의 환수에 대한 허가는 임의매각 계획이 확정된 단계에서 그 목적의 임의매각에 대한 허가와 병행하여 허가되고 있는 것이 통례이다. 임의매각의 구체적 계획도 세우지 아니한 채 환수에 대한 허가만을 선행시키는 것은 파산재단에 유리한 임의매각이 불가능하게 된 때에 파산재단에 손해를 끼칠 위험성이 있기 때문이다.

10. 파산재단의 부담을 수반하는 계약의 체결

구 파산법에서는 파산관재인이 파산재단의 부담을 수반하는, 즉 재단채권의 발생 근거가 되는 계약의 체결에 관하여 법원의 허가를 얻어야 하는가에 관하여 다툼이 있었다. 예컨대 파산관재인이 보조인과 체결하는 고용계약, 파산재단에 속하는 재산에 관한 소송 관련 소송위임약정 등은 구 파산법 제187조에 법원의 허가를 얻어야 하는 행위의 하나로 규정되어 있지 않았다. 다만 법원의 재단채권 승인을 얻지 못하면 파산관재인이 자기의 비용으로 이들 보조인의 급여 또는 변호사의 보수를 지급하여야 하므로, 미리 재단채권 발생의 근거가 되는 계약의

---

56) 실무에서는 별제권의 기초가 되는 실체법상 담보권에 우선하는 다른 권리자(예컨대, 당해세의 조세채권자, 최종 3개월분 임금 등을 가진 근로자, 체당금을 가진 근로복지공단 등)의 채권액이 다액이어서 별제권자가 별제권을 행사할 실익이 적거나, 파산관재인의 임의매각대금으로 변제를 받는 것이 별제권을 행사하는 것보다 신속하게 채권을 회수할 수 있어서, 별제권자가 파산관재인의 임의매각에 응하는 경우가 많다. 다만 파산관재인과 별제권자 사이에 합의가 되지 않으면 임의매각이 불가능하므로 이 경우 파산관재인은 환가 실익을 검토하여 환가를 포기하거나 신속히 민사집행법에 따른 환가 등을 하는 수밖에 없다. 특히 별제권의 목적에 후순위 담보권자가 있는 경우 담보권자 사이에 이해관계가 달라 후순위 담보권자가 헐값 매각 등을 이유로 임의매각에 응하지 않는 경우가 있다.

체결에 관하여도 법원의 허가를 얻는 것이 실무였다. 법 제492조 제15호는 파산
관재인이 파산재단의 부담을 수반하는 계약의 체결을 하고자 하는 경우에는 법
원의 허가를 받아야 함을 명시적으로 규정하였다.

　파산관재인이 파산재단의 부담을 수반하는 계약을 체결하더라도 법이 규율
하고 있는 것 외에는 그 계약의 본질은 사적인 계약관계이므로 사적 자치와 계
약자유의 원칙 등 사법의 원리가 적용되고 국가를 당사자로 하는 계약에 관한
법률 등은 적용되지 않는다.

11. 그 밖에 법원이 지정하는 행위

　법 제492조 제16호는 같은 조 제1호 내지 제15호 소정의 행위 외에도 법원
이 파산관재인의 관재업무 감독을 위하여 필요하다고 인정하는 행위는 법원의
허가를 받아야 하는 것으로 미리 지정할 수 있도록 하는 규정이다.[57] 파산관재
인이 법원의 허가를 받아 영업을 계속하는 경우에는 특히 법 제492조 제1호 내
지 제15호에 해당하지 아니하는 행위를 미리 지정하여 허가를 받도록 할 필요
가 있을 것이다. 다만 서울회생법원은 파산관재인의 관재업무의 원활한 수행을
위하여 원칙적으로 법원의 허가를 받아야 하는 행위를 따로 지정하지는 아니하
고 있다.

제 4 절　고가품의 관리

　파산재단에 속하는 화폐, 유가증권 그 밖의 고가품의 보관방법은 법원이 정
하고(법 제487조), 채권자집회는 고가품의 보관방법에 관하여 결의를 할 수 있다
(법 제489조 제2호). 파산관재인이 임치한 화폐, 유가증권 그 밖의 고가품의 반환을 요구하
고자 하는 때에는 감사위원의 동의를 얻어야 하며, 감사위원이 없는 때에는 법
원의 허가를 받아야 하고, 다만 채권자집회에서 다른 결의를 한 때에는 그 결의
에 의한다(법 제500조 제1항). 주로 파산관재인이 임치하는 것은 파산재단에 속하는 금전이
나 주식, 회사채 등 유가증권이다.

---

57) 파산관재인이 파산재단에 속하는 재산을 임의매각하는 경우에 관한 것이나 대법원 2010. 11.
　11. 선고 2010다56265 판결, 대법원 2013. 6. 14.자 2010마1719 결정.

파산관재인이 법원이 지정한 임치금의 보관장소인 금융기관(지점) 내에서 예금의 종류를 바꾸는 것(예컨대 보통예금을 정기예금으로 바꾸는 것)은 임치금이 파산관재인에게 현물로 반환되는 것은 아니나, 같은 금융기관 내에서의 예금계좌 간 이체 또는 대체도 파산관재인의 반환청구에 따라 임치금 현물의 반환과 다시 임치하는 과정이 단축되어 이루어지는 것에 불과하므로, 서울회생법원은 법원의 허가를 받도록 하고 있다.

임치금반환에 대한 허가는 건별로 하는 것이 원칙이나, 비용에 관하여 적정하게 편성된 월별 예산안이 제출된 경우에는 월 단위로 임치금반환의 허가를 하고, 매월 비용의 지출내역과 영수증 등을 첨부하여 예산에 대한 집행결과를 보고하도록 하기도 한다.

법원은 파산관재인이 정기보고서를 제출할 때 반드시 당해 분기의 수지계산서, 임치금계좌의 잔액증명서 및 거래내역을 첨부하도록 하여 파산재단 임치금계좌 잔액을 명확하게 함으로써 파산관재인의 금전지출에 부정이 없도록 감독하여야 한다(고가품의 보관에 관한 자세한 내용은 제6장 제2절 8. 참조).

제 5 절 비용과 보수의 지급

파산관재인은 비용을 미리 받거나 보수 또는 특별보상금을 받을 수 있다. 이 경우 보수 및 특별보상금의 액은 법원이 정한다(법 제30조 제1항 제1호). 이들은 모두 재단채권으로서(법 제473조 제3호) 파산재단으로부터 지급하여야 하지만, 파산재단이 형성되지 않은 경우에는 예납금을 파산재단에 편입하여 그로부터 지급할 수 있다. 파산관재인은 필요한 때에는 그 직무를 행하게 하기 위하여 자기의 책임으로 대리인을 선임할 수 있고, 그 대리인의 선임은 법원의 허가를 받아야 하는데(법 제362조 제1항, 제2항), 파산관재인대리도 비용을 미리 받거나 보수 또는 특별보상금을 받을 수 있다.

1. 비용의 지급

가. 비   용

관재업무에 필요한 비용으로는 파산재단의 유지·관리비용(사무실 임대료, 관리비, 화재보험료, 자동차보험료, 임차한 창고의 사용료, 경비용역비, 전기·가스요금, 상하수도요금 등), 파산재단에 속하는 재산의 환가비용(감정료, 매각수수료, 운송비, 인지대, 등기비용 등), 소송비용(인지대, 송달료, 보전처분 보증금, 집행예납금 등), 사무처리비용(보조인 급여,[58] 사무용품 비용, 문서 인쇄대금, 통신비, 우편비용, 여비, 교통비, 숙박비, 공고비, 회계감사 및 세무조정 용역비용, 조세·공과금 등) 등이 있다.

나. 비용의 선급

파산관재인은 비용을 미리 받을 수 있으므로, 위와 같은 비용을 지출하기 전에 미리 비용의 예정액을 소명하여 선급을 신청할 수 있다.[59] 법원은 위 신청서에 비용지출 및 그 선급의 필요성에 관한 설명과 소명자료가 있는지 검토하고, 의문이 있으면 설명을 구하거나 보완자료의 제출을 명한다. 매월 정기적으로 지출되는 항목에 대해서는 월 1회 허가를 하고, 일시적으로 지출되는 것은 수시로 허가를 한다. 다만 실무에서는 금액이 비교적 큰 보조인 급여 외에 사무용품 비용, 우편비용, 교통비 등 액수가 크지 않고 정기적으로 지급되는 성질의 비용은 파산관재인이 선급을 받기보다는 편의상 자비로 지출한 후 정기적으로 재단채권 승인 및 임치금반환 허가를 받아 파산재단으로부터 지급받는 경우가 많고, 지출할 액수가 정해져 있는 비용은 임치금반환 허가를 받아 파산재단의 임치금계좌에서 바로 재단채권자에게 이체하는 등으로 지출하는 것이 일반적이다.

파산관재인이 선급을 받은 비용의 사용처, 사용 후 잔액 등에 관하여는 반드시 소명자료를 첨부하여 사후보고를 하도록 한다. 과다한 지출이 생기기 쉬운 것으로는 보조인의 급여, 수당을 포함한 사무실 운영경비, 부동산 감정료, 회계감사 및 세무조정 용역비용 등이 있다. 부동산 감정 또는 회계감사 및 세무조정

---

58) 파산관재인이 채무자의 임직원이었던 사람을 보조인으로 고용하는 경우, 그 급여는 파산선고 전과 비교하여 10~20%가량 감액하고, 직급에 따라 감액 비율에 차등을 두는 경우가 많다. 다만 보조인에게 낮은 급여를 지급할 경우 근무의욕을 상실시켜 환가의 효율성을 떨어뜨림은 물론 잦은 이직과 금전사고 등을 초래할 우려가 있으므로 보조인을 활용하여 얻을 수 있는 이익이 상당한 경우에는 파산선고 전 지급받던 금액에 준하여 지급할 수도 있을 것이다.
　　한편 파산관재인이 파산선고 전 채무자의 근로자를 외형상 단절 없이 보조인으로 고용하였다고 하더라도 그 전의 고용계약은 채무자와 근로자 사이의 것이고, 보조인은 파산관재인이 제3자로서 위 고용계약을 해지한 후 새로운 고용계약을 체결하여 고용한 것이므로, 파산관재인이 지급하여야 할 퇴직금의 산정기준이 되는 근로기간의 기산일은 파산선고 후 최초의 보조인 고용계약에 따라 근로를 시작한 때가 되며, 파산선고 전의 근로기간을 합산할 수는 없다고 본다. 연차 유급휴가와 관련하여서도 파산선고 전의 근로기간을 합산할 수 없다고 본다.
59) 파산관재인이 선급 받으려고 하는 비용이 법 제492조 소정의 행위에 관한 비용인 때에는, 파산관재인은 비용을 선급 받기 전에 그 규정에 따른 행위에 대한 허가를 신청하여 허가를 받은 다음 비용의 선급을 신청하거나 그 규정에 따른 행위에 대한 허가신청과 함께 비용의 선급을 신청하여야 할 것이다.

등의 용역에 관하여는 파산관재인으로 하여금 미리 법원의 감독을 받아 과다한 지출을 하지 않도록 지도한다.

파산관재인은 선급을 받은 비용을 사용하고 잔액이 있으면 파산재단에 반환하고, 부족액이 있으면 다시 법원에 비용의 지급 또는 선급을 신청한다.

파산재단이 형성되어 있지 않고 예납금이 있는 경우에는 파산관재인으로 하여금 예납금의 파산재단 편입신청서를 제출하게 하여 보관금출급명령에 따라 예납금의 전부 또는 일부를 파산재단에 편입한 후에, 파산재단이 형성되어 있으면 바로, 재단채권 승인 및 임치금반환 허가신청서를 제출하게 하여 법원의 허가를 받은 후 임치금을 반환받아 비용을 지출하게 한다.

다. 비용의 후급

파산재단이 형성되어 있지 않거나 법원의 허가를 받을 시간적인 여유가 없는 경우 또는 편의상 파산관재인이 자비로 비용을 대신 지출하는 경우가 있다.[60] 이때 파산관재인은 파산재단에 대하여 비용상환청구권을 갖게 되고 이는 재단채권에 해당한다. 이 경우 파산관재인은 재단채권 승인 및 임치금반환 허가를 받아 파산재단으로부터 그 비용의 후급을 받을 수 있다.

다만 사무용품 비용, 우편비용, 교통비 등 액수가 크지 않고 정기적으로 지급되는 성질의 비용이 아닌 한 파산관재인이 자비로 먼저 비용을 대신 지출하고 파산재단으로부터 그 비용의 후급을 받는 것은 적절하지 않다. 파산관재인은 법원의 허가를 받을 시간적인 여유가 없는 경우가 아닌 한 사전에 법원에 임치금반환 허가신청을 하여 그 허가를 받은 후에 파산재단으로부터 직접 비용을 지출하여야 한다. 물론 비용을 지출하는 행위가 법 제492조 소정의 행위에 관한 것일 때에는 그 행위에 대한 법원의 허가를 별도로 받아야 한다.

2. 파산관재인의 보수 및 특별보상금

가. 보수 및 특별보상금의 결정

파산관재인은 보수 또는 특별보상금을 받을 수 있고, 보수 및 특별보상금의 액은 법원이 정한다(제30조 제1항 제1호). 이 보수 결정에 대해서는 즉시항고를 할 수 있다

---

60) 예를 들어 전기요금의 체납으로 전기공급 중단이 임박한 경우 파산관재인이 자비로 먼저 체납한 전기요금을 납부하는 경우가 있을 수 있다.

(법 제30조
제3항).

나. 보수 결정의 기준

1) 개   요

파산관재인의 보수 및 특별보상금은 그 직무와 책임에 상응한 것이어야 한
다(법 제30조
제2항). 그러나 법은 구체적인 보수 결정의 기준에 관하여는 규정하고 있지
않다.

종래 서울중앙지방법원 파산부는 서울중앙지방법원 파산부 파산실무준칙
제4호로 「파산관재인의 보수산정 기준」(이하 편의상 '기존 보수준칙'이라 한다)([참고
자료 3])을 제정하여 2001. 11. 1.부터 시행하다가, 서울중앙지방법원 파산부 법인
파산실무준칙 제1호로 「법인 파산관재인의 보수 등에 관한 준칙」을[61] 제정하여
2012. 8. 1.부터 시행하였고, 위 법인파산실무준칙 제1호를 법인파산실무준칙 제3
호로(이하 편의상 '변경 보수준칙'이라 한다)([참고자료 15]) 개정하여 2013. 8. 1.부터
시행하고 있었다.[62]

서울회생법원은 파산관재인에게 적정한 보수와 특별보상금이 지급될 수 있
도록 하기 위하여 법 제30조 제1항에 의한 파산관재인의 보수·특별보상금의
액수 및 지급시기 등에 관하여 필요한 사항을 정함을 목적으로 서울회생법원 실
무준칙 제322호 「법인 파산관재인의 보수 등」(이하 편의상 '서울회생법원 보수준칙'
이라 한다)을 제정하여 시행하고 있다([참고자료 21]).[63] 서울회생법원 보수준칙은
파산관재인에 지급할 보수의 총액은 파산관재인이 수집한 파산재단의 가액(수집

---

61) 위 서울중앙지방법원 파산부 법인파산실무준칙 제1호 부칙(2012. 8. 1.) 제2조 제1항은 이 준
칙은 시행일 이후 파산이 선고된 사건 중 파산선고 당시 확인된 부채총액이 50억 원 미만인 사
건에 적용하고, 다만 이 준칙 제3조(소송수행보수)는 시행일 당시 진행 중인 파산사건(시행일
이후 소 또는 상소 등을 제기한 경우에 한한다)과 파산선고 당시 확인된 부채총액이 50억 원
이상인 사건에도 적용한다고 규정하고, 제2항은 이 준칙이 적용되지 않는 경우에는 서울중앙지
방법원 파산부 파산실무준칙인 '파산관재인의 보수산정 기준'을 적용한다고 규정하고 있다.

62) 위 변경 보수준칙 부칙(2013. 8. 1.) 제2조 제1항은 이 준칙은 시행일 이후 파산이 선고된 사
건 및 이 준칙 시행일 이전에 파산이 선고된 사건이라도 2012. 8. 1. 제정된 서울중앙지방법원
파산부 법인파산실무준칙 제1호 법인 파산관재인의 보수 등에 관한 준칙이 적용되고 있는 파산
사건에 적용하고, 다만 종전의 규정에 의하여 생긴 효력에는 영향을 미치지 아니한다고 규정하
고, 제2항은 제1항에 따라 이 준칙이 적용되지 않는 경우에는 서울중앙지방법원 파산부 실무준
칙인 '파산관재인의 보수산정 기준'을 적용한다고 규정하고 있었다. 그에 따라 2012. 7. 31. 이전
에 파산이 선고된 사건 및 2012. 8. 1.부터 2013. 7. 31.까지 사이에 파산이 선고된 사건 중 파산
선고 당시 확인된 부채총액이 50억 원 이상인 사건은 여전히 서울중앙지방법원 파산부의 '기존
보수준칙'이 적용되었다.

63) 서울회생법원 보수준칙은 변경 보수준칙과 동일한 내용이다.

액)을 기준으로 산정하도록 규정하고 있다. 수집한 파산재단의 규모가 크면 통상 처리하여야 할 사무량도 많고 파산관재인에게 고액 환가의 동기를 부여하기 위하여 그와 같이 정한 것이다.

  2) 서울회생법원 보수준칙 및 서울중앙지방법원 파산부의 변경 보수준칙의 내용

  기존 보수준칙과 달리, 변경 보수준칙 및 서울회생법원 보수준칙은 파산관재인이 파산선고 이후 고용한 보조인에게 지급된 급여와 보조인의 채용으로 인하여 발생한 모든 비용을 파산관재인에게 지급할 보수의 총액에서 공제하는 것을 원칙으로 하고(서울회생법원 보수준칙 제2조 제3항, 변경 보수준칙 제2조 제3항), 파산관재인이 파산재단에 관한 소송을 직접 수행한 경우, 파산관재인에게 각 심급단위로 소송목적의 값을 기준으로 「변호사보수의 소송비용 산입에 관한 규칙」에 따라 계산한 변호사 보수 상당액을 소송수행보수로 지급하며, 파산관재인이 직접 수행한 부인의 청구, 부인의 소, 부인의 청구 결정에 대한 이의의 소 등에서 승소하여 그 판결 또는 결정이 확정된 경우에는 소송수행보수를 증액할 수 있도록 하는(서울회생법원 보수준칙 제3조, 변경 보수준칙 제3조) 것을 주된 내용으로 한다.

  3) 서울회생법원 보수준칙에 따른 보수 결정의 기준

  파산관재인에게 지급할 보수의 총액은 파산관재인이 수집한 파산재단의 가액(수집액)을 기준으로 아래 표와 같이 산정한 기준보수를 아래 ⓐ 내지 ⓗ의 사유를 고려하여 50%의 범위 내에서 증감하고, 서울회생법원 보수준칙 제3조에 따라 산정한 소송수행보수를 합산하여 산정한다.

  수집액은 다음과 같이 산정한다.

  ① 파산관재인이 현금화한 것을 기준으로 한다. 단, 파산선고 당시 현금이나 현금 등가물과 같이 이미 현금화가 되어 있는 것은 제외한다.

  ② 현금화 대상 재산이 별제권과 환취권을 부담하는 경우, 추심 대상 채권에 반대채권이 있는 경우에는 정산 후 차액만 수집액에 산입한다. 단, 파산관재인이 별제권자나 환취권자의 요구를 받아 현금화 대상 재산을 현금화한 경우에는 현금화한 액수 전부 또는 일부를 수집액에 산입할 수 있다.

  ③ 채무자가 영업을 계속하는 경우, 그 수입에서 비용을 뺀 차액만을 수집액에 산입한다.

  ④ 파산관재인이 중간에 사임 또는 해임되어 새로운 파산관재인이 선임되는 경우, 그 수집액은 당해 파산관재인이 수집한 파산재단만의 가액으로 한다.

기준보수의 산정

기준보수는 다음 산식에 따라 산정한다.

기준보수 = ④ + ③ × (수집액 - ①)

① 수집액(이상)	② 수집액(미만)	③ 보수상승율	④ 보수(이상)	⑤ 보수(미만)
0원	1억 원	16%	300만 원	1,900만 원
1억 원	2억 원	12%	1,900만 원	3,100만 원
2억 원	10억 원	8%	3,100만 원	9,500만 원
10억 원	30억 원	4%	9,500만 원	1억 7,500만 원
30억 원	100억 원	1%	1억 7,500만 원	2억 4,500만 원
100억 원	~	0.5%	2억 4,500만 원	~

증감사유는 ⓐ 채권의 종류와 채권자의 수, ⓑ 관재업무 수행기간과 배당 횟수, ⓒ 관재업무의 구체적 내용과 난이도, 채무자가 영업을 계속하였는지 여부, ⓓ 관재업무를 위하여 행한 법률검토 내용과 횟수, ⓔ 관재업무를 위한 근무 장소, 근무형태, ⓕ 파산관재인 정기보고서, 법원이 요청하는 각종 보고서의 제출 여부와 그 내용의 충실도, ⓖ 예상 배당률과 실제 배당률, ⓗ 기타 관재업무와 관련하여 파산관재인 보수 결정에 필요한 사항 등이다.

아래의 항목은 파산관재인에게 지급할 보수의 총액에서 공제한다. 단, 영업계속 등 부득이한 사정으로 보조인을 고용하는 경우 전부 또는 일부를 공제하지 아니할 수 있다.

① 파산관재인이 파산선고 이후 고용한 보조인에게 지급된 급여(연차수당, 명절상여금, 공로상여금, 연말정산금, 식비 등 각종 보조경비 명목의 실질급여 등 보조인에게 지급되는 모든 금전을 포함한다)

② 위 ①의 경우, 공공보험료, 신원보증보험료 등 보조인의 채용으로 발생한 모든 비용

다. 보수의 종류 및 지급 시기

법에는 보수 지급의 시기에 관하여 아무런 정함이 없다. 보수 지급의 방법으로는 정액을 정기적으로 주는 방법과 성과급으로 일시에 주는 방법이 있다. 서울중앙지방법원 파산부의 기존 보수준칙, 변경 보수준칙 및 서울회생법원 보수준칙 모두 파산관재인의 신속한 환가·배당업무 수행을 독려하는 의미에서 중

간배당 및 최후배당의 허가시에 보수를 지급하는 성과급제를 원칙으로 하고 있다(기존 보수준칙 제2조 제2항, 등). 보수의 종류 및 지급시기는 다음과 같다.

1) 서울중앙지방법원 파산부의 기존 보수준칙

가) 선보수

제1회 채권자집회를 종료한 직후 파산관재인에 대하여 선보수를 지급한다. 파산관재인에게 지급되는 선보수는 3,000만 원 이하의 범위에서 파산재단의 규모, 채권조사의 난이도, 채권자집회 준비과정 등을 고려하여 결정하도록 하고 있었다(기존 보수준칙 제2조 제1항, 제3조).

나) 중간보수

(1) 중간배당시의 중간보수

영업을 계속하지 않는 채무자의 파산관재인에 대해서는 선보수 지급 후 매 회 배당이 이루어질 때마다 중간보수를 지급하고, 중간보수는 중간배당시까지의 총 수집액에 의하여 보수산정표상 기준보수를 산정한 다음 파산관재인이 개인적으로 파산재단이나 보조인을 위하여 지출한 비용 및 소송수행에 따른 보수를 합산한 후 기지급된 보수액 중 선보수와 보수산정표에 따라 산정된 기준보수에 해당하는 금액을 차감하여 결정하도록 하고 있었다(기존 보수준칙 제2조 제2항, 제4조 제1항).

(2) 영업 계속의 경우

영업을 계속하는 채무자의 파산관재인에 대해서는 선보수 지급 후 매 분기 마지막 달마다 중간보수를 지급하고 파산절차 종결시 최종보수를 정산하나, 매 분기 지급되는 중간보수는 파산선고일부터 2년을 넘지 못하되, 다만 관재업무의 복잡성, 환가 진행의 정도 등을 고려하여 1년의 범위 내에서 연장할 수 있도록 하고 있었다(기존 보수준칙 제2조 제3항).

다) 특별보수

파산관재인이 환가에 이례적인 성과를 거두는 등 파산재단의 재산증식에 특별한 기여를 하거나 영업양도나 기업인수합병에 성공하여 파산절차를 조기에 종결한 경우 파산관재인에게 특별보수를 지급할 수 있도록 하고 있었다(기존 보수준칙 제6조 제1항).

라) 최종보수

최종보수는 최후 배당시까지 총 수집액에 의하여 보수산정표에 따라 기준보수를 산정하고 기준보수의 25%의 범위 안에서 적정한 금액을 가산한 다음 파산관재인이 개인적으로 파산재단이나 보조인을 위하여 지출한 비용 및 소송수행에 따른 보수를 합산한 후 기지급된 보수액 중 선보수와 보수산정표에 따라 산정된 기준보수에 해당하는 금액을 차감하여 결정하도록 하고 있었다(^{기존 보수준칙}_{제5조 제1항}). 파산관재인이 중도에 사임하거나 해임되는 경우에도 최종보수를 정산하였다 (^{기존 보수준칙}_{제2조 제4항}).

2) 서울회생법원 보수준칙

가) 우선보수

법원은 파산관재인으로부터 파산재단의 점유착수보고를 받은 직후, 파산관재인에게 우선보수를 지급한다. 법원은 3,000만 원 이하의 범위에서 파산재단의 규모, 파산재단의 점유·관리업무의 난이도 등을 고려하여 우선보수의 액수를 결정한다(^{서울회생법원}_{보수준칙 제5조})([기재례 30]).

나) 중간보수

법원은 ① 제1회 채권자집회와 일반 채권조사기일이 종료된 후, ② 중간배당이 이루어지는 경우, ③ 파산재단이 부족하여 파산채권자들에게 배당하지 못하고 재단채권자에 대한 변제만으로 파산절차가 종결될 것으로 예상하여 재단채권자들에게 일괄 변제를 하는 경우(다만, 파산폐지 직전에 일괄 변제를 하는 경우는 제외한다), ④ 채무자가 영업을 계속하는 경우[이 경우 제1회 채권자집회가 종료된 때부터 파산선고를 받은 후 2년이 되는 때까지(관재업무의 복잡성, 현금화 진행의 정도 등을 고려하여 1년의 범위 내에서 연장할 수 있다) 매 분기 마지막 달에 중간보수를 지급한다], ⑤ 파산관재인이 신청하는 경우 파산관재인에게 중간보수를 지급할 수 있다(^{서울회생법원}_{보수준칙 제6조 제1항}).

법원은 중간보수를 지급할 때까지 수집액을 기준으로 서울회생법원 보수준칙 제2조에 따라 산정한 기준보수에서 이미 지급한 보수(소송수행보수, 특별보상금은 제외한다)를 뺀 나머지 금액을 파산재단의 점유·관리업무와 배당업무의 난이도 등에 따라 가감하여 중간보수의 액수를 결정한다(^{서울회생법원}_{보수준칙 제6조 제2항})([기재례 81]).

다) 소송수행보수

법원은 파산재단에 관한 소송(조정, 화해, 행정심판 등도 이에 준한다)을 직접 수행한 파산관재인에게 각 심급단위로 소송목적의 값을 기준으로 「변호사보수의 소송비용 산입에 관한 규칙」에 따라 계산한 변호사 보수 상당액을 지급한다. 이 보수는 「변호사보수의 소송비용 산입에 관한 규칙」 제6조에 따라 감액할 수 있다(^{서울회생법원}_{보수준칙 제3조 제1항}). 법원은 파산관재인이 직접 수행하는 파산재단에 관한 소송이 각 심급에서 종결하는 경우, 파산관재인의 신청을 받아 위와 같이 산정한 소송수행보수를 지급한다(보수준칙 제3조 제2항 서울회생법원)([기재례 82]).

파산관재인이 직접 수행한 부인의 청구, 부인의 소, 부인의 청구 결정에 대한 이의의 소 등에서 승소하여 그 판결 또는 결정이 확정된 경우에는 파산재단이 얻게 된 이익의 30% 범위 내에서 제반 사정을 고려하여 파산관재인에게 지급할 소송수행보수를 증액할 수 있다(보수준칙 제3조 제3항 서울회생법원).

라) 최종보수

법원은 파산절차를 종료하는 경우 또는 파산관재인이 중도에 사임하거나 해임되는 경우에 파산관재인에게 최종보수로 당시까지의 수집액과 소송수행 결과 등을 기준으로 서울회생법원 보수준칙 제2조, 제3조에 따라 산정한 보수의 총액에서 이미 지급한 보수를 뺀 나머지 금액을 지급한다(보수준칙 제7조 제1항 서울회생법원). 법원은 위 최종보수의 액수를 결정할 때 서울회생법원 보수준칙 제8조에 따라 산정한 특별보상금을 합산할 수 있다(보수준칙 제7조 제2항 서울회생법원).

실무에서는 파산관재인이 파산재단에 속하는 재산에 관한 환가를 종료하고 이시폐지 사안에서는 이시폐지 신청과 재단채권 안분변제를 위한 승인 및 임치금반환 허가신청을 하면서 최종보수 결정 신청 내지 최종보수 결정을 위한 소명자료를 제출하면[64] 법원이 최종보수 결정을 하고 있다.

마) 특별보상금

법원은 ① 현금화에 이례적인 성과를 거두어 파산재단의 증식에 특별히 이바지한 경우, ② 영업양도나 기업인수합병에 성공하는 등 특별한 방법으로 파산절차를 파산선고로부터 2년 이내에 조기 종결한 경우에는 파산관재인의 신청을 받아 특별보상금을 지급할 수 있다(보수준칙 제8조 제1항 서울회생법원).

현금화에 이례적인 성과를 거두어 파산재단의 증식에 특별히 이바지한 경우로는, ㉠ 부동산 위에 설정된 담보권의 피담보채권 총액이 부동산의 시가를 초과함에도 부동산 매각대금의 일부를 파산재단에 유입시킨 경우(다만 당해세와 체당금 등 경매절차에 의할 경우 당연히 파산관재인이 배당받았어야 할 금액은 유입액에서 제외한다), ㉡ 파산선고 전에 이미 대손상각이 된 채권을 회수한 경우, ㉢ 파산재단에 속한 부동산·동산을 예정가(원칙적으로 감정가를 말한다. 감정가가 없는 경우 공시지가 등 적정한 방법으로 시가를 반영한 액수를 말한다) 이상으로 환가한 경

---

64) 서울회생법원 보수준칙 제9조는 법원은 파산관재인에게 보수와 특별보상금의 액수를 산정하기 위하여 필요한 자료의 제출을 요구할 수 있다고 규정하고 있다. 실무에서는 파산관재인이 보수 결정신청 등을 하면서 먼저 소명자료를 제출하고, 법원은 소명이 부족한 경우 추가 자료를 제출하도록 하는 것이 일반적이다.

우나 ㉣ 그 밖에 이에 준하는 경우가 있다.

파산관재인이 현금화에 이례적인 성과를 거두어 파산재단의 증식에 특별히 이바지한 경우(위 ①의 경우)의 특별보상금 액수는 그로 인하여 파산재단이 얻게 된 이익의 30% 범위 내에서 제반 사정을 고려하여 정하고, 특별한 방법으로 파산절차를 파산선고로부터 2년 이내에 조기 종결한 경우(위 ②의 경우)의 특별보상금 액수는 기준보수의 100% 범위 내에서 제반 사정을 고려하여 정한다(^{서울회생법원 보수준칙}_{제8조 제2항, 제3항}).

라. 관련 문제

파산관재인이 여럿인 경우 또는 파산관재인대리가 선임된 경우, 파산관재인 1인에게 지급할 보수의 액수는 서울회생법원 보수준칙 제2조에 따라 산정한 보수의 총액을 파산관재인과 파산관재인대리 전체 인원수로 나누어 산정함을 원칙으로 한다(^{서울회생법원}_{보수준칙 제3조}).

한편, 법무법인 또는 법무법인(유한)의 구성원이나 소속 변호사가 파산관재인으로 선임되는 경우 그 변호사는 독립된 사업자가 아니므로 보수 결정시 부가가치세를 고려하지 않는다. 또한 개업하여 법률사무소를 개설·운영 중인 변호사가 파산관재인으로 선임된 경우에 보수액에 부가가치세 상당액을 가산하여 보수 결정을 하여야 하는지가 문제되나, 파산관재인인 변호사가 독립된 자격으로 용역을 공급하고 대가를 받는 것은 부가가치세가 면세되는 용역의 공급에 해당하는 것으로 해석하여 부가가치세를 별도로 지급하지 아니하는 것이 실무이다 (^{부가가치세법 제26조 제1항 제15호,}
_{같은 법 시행령 제42조 제1호 또는 제2호}).

서울회생법원에서는 원칙적으로 파산관재인이 파산재단으로부터 보수를 지급받은 후 스스로 세무서에 소득세를 신고·납부하도록 하고 있으나, 채무자가 영업 계속 중이거나 사업자등록이 말소되지 않고 유지되어 소득세에 대한 원천징수의무가 있는 경우에는 소득세 원천징수세액을 제외한 나머지 보수금액만을 임치금 반환허가를 통하여 지급하도록 하고 있다.[65]

---

65) 서울회생법원은 2017하합15 사건(주식회사 한진해운)에서 파산관재인에 대한 중간보수 지급과 관련하여 위와 같이 소득세 원천징수분을 제외한 나머지 보수액만을 지급하는 내용의 임치금반환 허가를 한 사례가 있다. 그러나 파산관재인이 제공하는 용역이 부가가치세가 면제되는 부가가치세법 제26조 제1항 제15호에 해당하지 않는다고 볼 경우에는 파산관재인의 사업소득에 대한 원천징수의무가 인정되지 않을 수 있다.

제 6 절 파산관재인의 변경

1. 사   임

파산관재인은 정당한 사유가 있는 때에는 법원의 허가를 받아 사임할 수 있다(_법제363조).

실무상 '정당한 사유'에는 건강상 이유, 파산사건과 이해관계가 생긴 경우 등이 포함되는 것으로 보고 있다.

법원은 파산관재인이 사임허가를 신청하면 정당한 사유가 있는지 확인한 후 사임을 허가하는 결정을 한다. 통상 파산관재인은 사임허가를 신청하기 이전에 미리 법원에 사임의사가 있음을 알리게 되는데, 법원이 사임을 허가하는 경우에는 후임 파산관재인을 선임하기 위한 준비에 필요한 기간 등을 고려하여 사임허가신청 및 허가의 시기를 정하고 후임 파산관재인이 될 파산관재인 후보자가 사임하는 파산관재인의 업무를 즉시 인수할 수 있도록 함으로써 파산관재인 변경으로 인한 업무의 공백이 없도록 조치한다. 부득이하게 관재업무의 공백이 생긴 경우에도 법원의 허가를 받아 사임하여 임무가 종료한 전임 파산관재인은 급박한 사정이 있는 때에는 후임의 파산관재인이 재산을 관리할 수 있게 될 때까지 필요한 처분을 하여야 하는 긴급처분의무가 있다(_법제366조).

법원은 파산관재인의 사임을 허가하는 결정과 동시에 후임 파산관재인을 선임하는 결정을 한다([기재례 32]). 후임 파산관재인의 선정 기준, 선임의 절차는 파산선고시의 그것과 같다.

2. 해   임

법원은 채권자집회의 결의, 감사위원의 신청에 의하거나 직권으로 파산관재인을 해임할 수 있다. 이 경우에는 파산관재인을 심문하여야 한다(_{법 제364조}제1항). 파산관재인에 대한 해임결정에 대하여는 즉시항고를 할 수 있으나, 그 즉시항고에는 집행정지의 효력이 없다(_{법 제364조}제2항, 제3항).

파산관재인에 대한 해임사유에 관하여는 특별한 규정이 없으나, 법원 및 파산채권자 등 이해관계인의 신뢰를 배반하는 파산관재인의 직무상 의무를 위반하는 행위가[66] 있으면 해임할 수 있다고 할 것이다. 그러나 실제로 파산관재인을 해임할 경우 관재업무에 중대한 차질을 가져오게 되므로, 가능한 한 파산관재인을 선임하는 과정에서 부적격자를 배제하고, 선임 후에는 파산관재인의 관재업무에 대한 감독을 철저히 하여 파산관재인을 해임하여야 하는 문제가 생기지 않도록 하여야 한다. 해임사유가 인정되는 경우에는 파산관재인에게 사임을 권고하는 것도 한 가지 방법일 것이다. 해임된 파산관재인의 경우에도 긴급처분의무가 있는 것은 사임의 경우와 같다.

법원은 파산관재인의 해임결정을 하기 전에 미리 후임 파산관재인을 선정하여, 파산관재인을 해임하는 결정과 동시에 후임 파산관재인을 선임하는 결정을 한다([기재례 33]).

3. 임기만료

서울회생법원은 파산절차의 신속한 진행을 도모하기 위한 일환으로 파산관재인의 임기제를[67] 시행하고 있고, 임기가 만료한 파산관재인의 관재업무 수행 경과를 실질적으로 심사한 후, 재선임 내지 개임하는 방법으로 파산절차의 장기화 방지를 도모하고 있다.

파산관재인이 임기가 만료되었으나, 재선임을 하기로 한 경우에는 파산관재인으로 재선임하는 결정을 하고([기재례 34]), 재선임을 하지 않기로 한 경우에는 신속히 후임 파산관재인을 선임하는 결정을 한다.

4. 파산관재인 변경 후의 조치 등

법원은 파산선고를 한 때에는 파산관재인의 성명 및 사무소를 공고하고 알고 있는 채권자·채무자 및 재산소지자에게는 이를 기재한 서면을 송달하여야 하는데, 파산관재인이 변경됨으로써 공고하고 송달한 사항이 변경되었으므로 후

---

66) 예를 들어, 별다른 이유 없이 법 제492조 소정의 행위를 법원의 허가를 받지 아니하고 하는 경우, 파산재단에 속하는 재산을 객관적인 가치와 비교하여 염가에 매각하여 특정인이 이익을 얻도록 하는 경우, 선지출한 비용의 지급을 구하는 임치금반환 허가신청서에 위·변조한 증빙자료를 제출한 경우, 파산재단에 속하는 재산의 매각대금을 법원이 정한 금융기관의 임치금계좌가 아닌 파산관재인의 개인 명의 예금계좌에 입금하는 경우 등이 이에 해당한다.

67) 서울회생법원은 파산관재인의 임기의 종기를 파산선고일로부터 2년 후 최초로 도래하는 6월 말 또는 12월 말로 정하고 있다.

임 파산관재인의 성명 및 사무소를 공고하고 이를 기재한 서면을 송달하여야 한다(법 제313조 제3항, 제1항 제2호, 제2항). 또한 법원은 체신관서 등에 대하여 채무자에게 보내는 우편물・전보 그 밖의 운송물을 후임 파산관재인에게 배달하는 것으로 촉탁을 변경하여야 하고(법 제485조 제1항, 제484조 제1항)([기재례 37]), 법원사무관등은 직권으로 지체 없이 촉탁서에 전임 파산관재인의 사임을 허가하는 결정 등과 후임 파산관재인을 선임하는 결정의 등본 또는 초본을 첨부하여 파산관재인의 변경에 따른 등기를 촉탁하여야 한다(법 제23조 제3항)([기재례 36]).

파산관재인의 임무가 종료한 때에는 파산관재인은 지체 없이 채권자집회에 계산의 보고를 하여야 하므로(법 제365조 제1항), 법원은 직권으로 전임 파산관재인의 임무 종료에 따른 계산보고를 위한 채권자집회를 소집한다(법 제367조)([기재례 92], [기재례 93], [기재례 94]). 실무에서는 전임 파산관재인의 사임을 허가하는 결정 등과 동시에 후임 파산관재인을 선임하는 결정뿐만 아니라 채권자집회를 소집하는 결정을 하는 것이 일반적이고, 후임 파산관재인의 성명 및 사무소의 공고・송달도 채권자집회의 소집에 따른 공고(법 제368조 제1항)・통지와 함께 한다([기재례 35]).

법원이 전임 파산관재인의 임무종료에 따른 계산보고를 위한 채권자집회를 소집한 경우 전임 파산관재인은 이해관계인의 열람을 위하여 계산보고서와 그 계산보고서에 관한 감사위원의 의견서를 채권자집회일 3일 전까지 법원에 제출하여야 한다(법 제365조 제3항). 채무자, 파산채권자 또는 후임의 파산관재인이 채권자집회에서 계산에 대하여 이의를 진술하지 아니한 때에는 전임 파산관재인의 계산을 승인한 것으로 본다(법 제365조 제2항). 후임 파산관재인은, 특히 전임 파산관재인이 해임된 경우를 포함하여 전임 파산관재인이 관재업무의 수행 과정에서 직무상 의무를 위반하는 행위를 하는 등으로 파산재단에 손해가 발생하였는지에 대하여 조사가 마쳐지지 아니하였다면 전임 파산관재인의 계산에 이의를 진술하여야 할 필요가 있을 것이다. 여럿의 공동파산관재인 중 한 사람이 변경된 경우에 채권자집회에서 계산의 보고를 하여야 하는가에 관하여 다툼이 있을 수 있지만, 실무에서는 이 경우에도 채권자집회에서의 계산의 승인에 따라 전임 공동파산관재인이 면책될 수 있다고 보므로, 채권자집회에서 계산의 보고를 하여야 한다고 본다.

파산관재인이 중간에 사임 또는 해임되어 새로운 파산관재인이 선임되는 경우 그 수집액은 당해 파산관재인이 수집한 파산재단만의 가액으로 하여 산정하고(서울회생법원 보수준칙 제2조 제2항 제4호), 법원이 전임 파산관재인에게 지급할 보수를 결정하면 그 보수는 후임 파산관재인이 임치금반환 허가를 받아서 지급한다. 법원이 파산관재인을 해임한 경우 해임된 파산관재인에게 보수를 지급하여야 하는지에 대하여 다툼이 있을 수 있으나 원칙적으로 해임에 소급효가 없고 해임될 때까지는 파산관재인의 관재업무를 수행한 것이므로 보수를 지급하여야 할 것이다. 다만 사임경위, 해임사유에 따라서 보수의 전부 또는 일부를 감액하거나 그 보수 결정을 유보하여야 할 수도 있고 경우에 따라서는 해임된 파산관재인에 대하여는 보수를 포기하도록 할 필요가 있을 수도 있다.

후임 파산관재인은 취임 직후 지체 없이 전임 파산관재인으로부터 전임 파산관재인이 채무자로부터 인도받은 일체의 장부 그 밖의 자료, 전임 파산관재인의 관재업무 수행에 관한 일체의 자료, 임치금계좌의 통장 및 전임 파산관재인의 파산관재인 인감을 인도받는 등 파산재단에 속하는 재산의 점유 및 관리에 착수하여야 하고, 법원에 점유 및 관리 착수보고서를 제출하여야 한다. 또한 후임 파산관재인은 전임 파산관재인이 관재업무의 수행 과정에서 직무상 의무를 위반하는 행위를 하는 등으로 파산재단에 손해가 발생하였는지에 대하여도 조사를 하여야 한다.

후임 파산관재인은 전임 파산관재인을 당사자로 하여 계속 중인 소송 등이 있는 경우 파산선고와 동시에 파산관재인으로 새로 선임된 경우와 마찬가지로 소송이 계속 중인 법원에 소송수계신청을(민사소송법 제237조 제1항) 하는 등의 조치를 하여야 한다. 소송계속 중에 파산관재인이 추가로 선임된 경우에도 소송절차는 중단되고 공동파산관재인 전원이 그 소송을 수계하여야 하나,[68] 그 반대로 공동파산관재인이 선임되었다가 소송계속 중에 그중 일부가 사임한 경우에는 소송절차는 중단되지 아니하고 남아 있는 파산관재인이 별도의 수계절차를 거칠 필요 없이 소송행위를 할 수 있다.[69]

---

68) 대법원 2009. 9. 10. 선고 2008다62533 판결.
69) 대법원 2008. 4. 24. 선고 2006다14363 판결은 "파산관재인이 여럿인 경우에는 법원의 허가를 얻어 직무를 분장하였다는 등의 특별한 사정이 없는 한 그 여럿의 파산관재인 전원이 파산재단의 관리처분권을 갖고 있기 때문에 파산관재인 전원이 소송당사자가 되어야 하므로 그 소송은 필수적 공동소송에 해당한다고 할 것이다. 다만, 민사소송법 제54조가 여러 선정당사자 가운데 죽거나 그 자격을 잃은 사람이 있는 경우에는 다른 당사자가 모두를 위하여 소송행위를 한다고 규정하고 있음에 비추어 볼 때, 공동파산관재인 중 일부가 파산관재인의 자격을 상실한 때에는 남아 있는 파산관재인에게 관리처분권이 귀속되고 소송절차는 중단되지 아니한다고 할 것이므로, 남아 있는 파산관재인은 자격을 상실한 파산관재인을 수계하기 위한 절차를 따로 거칠 필요가 없이 혼자서 소송행위를 할 수 있다고 할 것이다."라고 판시하였다.

제13장

·
·
·

법인의 이사
등의 책임

제 1 절 일 반 론

1. 이사 등에 대한 손해배상청구권 등의 조사확정절차의 의의

파산선고를 받은 법인의 이사 등 경영자가 법인에 대하여 출자이행책임 또는 손해배상책임을 부담하는 경우 파산관재인이 통상의 민사소송을 제기하여 이사 등의 책임을 추궁하는 것도 가능하겠으나, 소송으로 이행을 명하는 판결을 받는 데에는 상당한 시간과 비용이 들어 신속을 요하는 파산절차에 적당하지 아니하다. 따라서 법 제352조는 비송사건의 일종으로서 법원이 간이·신속하게 법인의 이사 등에 대한 출자이행청구권이나 이사 등의 책임에 기한 손해배상청구권의 존재와 내용을 조사확정하는 절차를 신설하였는바, 이는 종래 구 회사정리법 제72조에 규정되어 있던 사정재판절차를 법인인 채무자에 대한 파산절차에 새로이 도입한 것이다.[1]

이 절차는 분식결산에 의한 위법배당 등 비교적 주장, 증명이 용이한 개별적 손해에 관한 책임을 추궁하기 위하여 행하여질 것으로 보이는바, 신속하게 손해배상이 실현되면 배당재원이 증가하고 그 위하적 효과로 부실경영에 중대한 책임이 있는 이사 등에 대하여 그 책임을 추궁하기 위한 교섭이 유리하게 전개될 것도 기대할 수 있다.[2]

이사에게 부실경영에 중대한 책임이 있는지 여부는 파산관재인이 제1회 채권자집회에서 보고하여야 할 사항 중의 하나이다(법 제488조).

2. 손해배상책임의 발생 및 손해배상액의 제한

가. 이사 등의 손해배상책임의 발생

주식회사나 유한회사인 채무자의 이사가 고의 또는 과실로 법령 또는 정관

---

1) 법은 이사 등에 대한 출자이행청구권이나 손해배상청구권의 보전을 위한 보전처분절차를 신설하고, 간이·신속한 조사확정재판절차에 따라 침해될 수 있는 이사 등의 재판받을 권리를 보장하기 위하여 통상의 민사소송절차로서 조사확정재판에 불복할 수 있도록 조사확정재판에 대한 이의의 소도 신설하였는데, 이에 관하여는 제13장 제2절과 제4절에서 설명한다.
2) 구 회사정리법상 회사정리절차에서 이사에 대한 그 책임에 기한 손해배상청구권의 사정재판절차를 활용하여 정리회사 한보철강 주식회사의 구 경영진에 대하여 고액의 손해배상청구권이 인정된 사례가 있다(서울지방법원 1998. 9. 28.자 98파1768 결정).

에 위반한 행위를 하거나 그 임무를 게을리한 경우에는 그 이사는 회사에 대하여 연대하여 손해를 배상할 책임이 있고, 그 행위가 이사회의 결의에 의한 것인 때에는 그 결의에 찬성한 이사도 같은 책임이 있다(상법 제399조 제1항, 제2항, 제567조).[3)4)] 상법 제399조 제1항에서 규정하고 있는 이사의 회사에 대한 손해배상책임은 일반불법행위책임이 아니라 위임관계로 인한 채무불이행책임이므로 그 소멸시효기간은 일반채무의 경우와 같이 10년이라고 보아야 한다.[5)]

　　이사의 손해배상책임과 관련하여서는, 이사의 행위가 경영판단의 원칙에 따라 허용되는 경영판단의 재량범위 내에 있는 것이어서 이사가 손해배상책임을 부담하지 않는 사안인지 여부가 문제된다. 경영판단의 원칙이란, 이사가 임무를 수행함에 있어서 행한 행위가 합리적으로 이용 가능한 범위 내에서 필요한 정보를 충분히 수집·조사하고 검토하는 절차를 거친 다음, 이를 근거로 회사의 최대 이익에 부합한다고 합리적으로 신뢰하고 신의성실을 다하여 경영상의 판단을 내렸고, 그 내용이 현저히 불합리하지 않은 것으로서 통상의 이사를 기준으로 할 때 합리적으로 선택할 수 있는 범위 안에 있는 것이라면, 비록 사후에 회사가 손해를 입게 되는 결과가 발생하였다 하더라도 그 이사의 행위는 허용되는 경영판단의 재량범위 내에 있는 것이어서 회사에 대하여 손해배상책임을 부담하지 않는다는 것이다.[6)7)] 이사가 임무를 수행함에 있어서 법령을 위반한 때에는 그 행위 자체가 회사에 대하여 채무불이행에 해당하므로, 그로 인하여 회사에

---

3) 상법에는 위에서 본 제399조의 규정 이외에도 이사의 주식회사에 대한 손해배상책임과 관련하여, 이사가 이사회의 승인 없이 현재 또는 장래에 회사의 이익이 될 수 있는 회사의 사업기회를 자기 또는 제3자의 이익을 위하여 이용하여서는 아니 됨에도 이를 위반하여 회사에 손해를 발생시킨 경우의 손해배상책임에 관한 규정(상법 제397조의2), 대표이사에 갈음하여 둔 집행임원이 고의 또는 과실로 법령이나 정관을 위반한 행위를 하거나 그 임무를 게을리한 경우의 손해배상책임에 관한 규정(상법 제408조의8 제1항)과 당해 결산기의 대차대조표상 순자산액이 상법 제462조 제1항 각호의 금액의 합계액에 미치지 못함에도 불구하고 중간배당을 한 경우 이사의 그 차액배상책임에 관한 규정(상법 제462조의3 제4항)이 있다.

4) 상법 제399조에 따른 이사의 회사에 대한 책임은 주주 전원의 동의로 면제할 수 있는데(상법 제400조 제1항), 주주 전원의 동의로 면제할 수 있는 이사의 회사에 대한 책임은 위임관계로 인한 채무불이행책임이므로, 주주 전원이 책임면제의 의사표시를 하였다 하더라도 이사의 회사에 대한 불법행위책임은 면제할 수 없다(대법원 2017. 3. 9. 선고 2016다259073 판결 등).

5) 대법원 2006. 8. 25. 선고 2004다24144 판결 등. 위 규정에 의한 손해배상책임 외에도 이사에게는 일반불법행위로 인한 손해배상책임이 동시에 성립될 수 있다(대법원 2002. 6. 14. 선고 2002다11441 판결 등).

6) 대법원 2007. 10. 11. 선고 2006다33333 판결, 대법원 2011. 10. 13. 선고 2009다80521 판결 등.

7) 서울중앙지방법원 2010. 6. 23.자 2010회정8 결정은 채무자의 종전 대표이사가 우회상장을 위하여 이사회 결의 없이 상장폐지 대상기업의 인수를 추진하고, 상장폐지요건을 벗어나기 위한 외양만을 갖추기 위해 기업인수전문 브로커로 하여금 채무자 명의로 다액의 어음, 수표를 발행하게 한 행위는 경영판단의 재량범위를 벗어났다는 취지로 판시하였다.

손해가 발생한 이상 손해배상책임을 면할 수 없고, 위와 같은 법령을 위반한 행위에 대하여는 이사가 임무를 수행함에 있어서 선량한 관리자의 주의의무를 위반하여 임무해태로 인한 손해배상책임이 문제되는 경우에 고려될 수 있는 경영판단의 원칙은 적용될 여지가 없다.[8]

그리고 ① 회사에 대한 자신의 영향력을 이용하여 이사에게 업무집행을 지시한 자, ② 이사의 이름으로 직접 업무를 집행한 자, ③ 이사가 아니면서 명예회장·회장·사장·부사장·전무·상무·이사 기타 회사의 업무를 집행할 권한이 있는 것으로 인정될 만한 명칭을 사용하여 회사의 업무를 집행한 자는 그 지시하거나 집행한 업무에 관하여 상법 제399조의 적용에 있어서 이를 이사로 보고, 회사에 대하여 손해를 배상할 책임이 있는 이사는 그 업무집행지시자 등과 연대하여 그 책임을 진다(상법 제401조의2). 감사가 그 임무를 해태한 때에는 그 감사는 회사에 대하여 연대하여 손해를 배상할 책임이 있고, 감사가 회사에 대하여 손해를 배상할 책임이 있는 경우에 이사도 그 책임이 있는 때에는 그 감사와 이사는 연대하여 배상할 책임이 있다(상법 제414조 제1항, 제2항).

나. 손해배상액의 제한

이사가 법령 또는 정관을 위반한 행위를 하거나 그 임무를 해태함으로써 회사에 대하여 손해를 배상할 책임이 있는 경우에 그 손해배상의 범위를 정할 때에는, 당해 사업의 내용과 성격, 당해 이사의 임무위반의 경위 및 임무위반행위의 태양, 회사의 손해 발생 및 확대에 관여된 객관적인 사정이나 그 정도, 평소 이사의 회사에 대한 공헌도, 임무 위반행위로 인한 당해 이사의 이득 유무, 회사의 조직체계의 흠결 유무나 위험관리체제의 구축 여부 등 제반 사정을 참작하여 손해분담의 공평이라는 손해배상제도의 이념에 비추어 그 손해배상액을 제한할 수 있다. 이때에 손해배상액 제한의 참작사유에 관한 사실인정이나 그 제한의 비율을 정하는 것은, 그것이 형평의 원칙에 비추어 현저히 불합리한 것이 아닌 한 사실심의 전권사항이다.[9]

---

8) 대법원 2006. 11. 9. 선고 2004다41651, 41668 판결, 대법원 2011. 4. 14. 선고 2008다14633 판결 등.
9) 대법원 2004. 12. 10. 선고 2002다60467, 60474 판결, 대법원 2018. 10. 25. 선고 2016다16191 판결 등.

제 2 절 보전처분

파산재단에 속하는 재산인 이사 등에 대한 손해배상청구권 등의 실효성을 확보하기 위하여 법이 신설한 특수보전처분이다. 이 보전처분은 신청인만을 위한 것이 아니라 총채권자의 이익을 위하여 파산재단에 속하는 재산(금전채권)을 보전하기 위한 것이라는 점에서 통상의 민사집행법상 보전처분과 다르다. 그렇기 때문에 담보제공을 필요로 하지 않고, 파산계속법원이 관할하며, 법원이 보전처분을 한 이후 그 변경 및 취소도 직권에 의하여 수시로 가능하다. 그러나 본안의 민사소송이 상정되어 있다는 점에서 법 제323조의 보전처분보다는 통상의 민사집행법상의 보전처분에 가까운 면도 있다.[10]

1. 보전처분절차의 개시

법원은 법인인 채무자에 대하여 파산선고가 있은 후 필요하다고 인정하는 때에는 파산관재인의 신청에 의하거나 직권으로 채무자의 발기인·이사(상법 제401조의2 제1항의 규정에 의하여 이사로 보는 자를 포함한다), 감사·검사인 또는 청산인(이하 본 장에서 '이사등'이라 한다)에 대한 출자이행청구권 또는 이사등의 책임에 기한 손해배상청구권을 보전하기 위하여 해당 이사등의 재산에 대한 보전처분을 할 수 있다(법 제351조 제1항).

보전처분의 신청권은 파산관재인에게 있고, 채권자에게는 없다. 파산관재인은 법 제351조 제1항의 규정에 의한 청구권이 있음을 알게 된 때에는 법원에 그 규정에 의한 보전처분을 신청하여야 한다(법 제351조 제2항).

다만 법원은 긴급한 필요가 있다고 인정하는 때에는 파산선고 전이라도 채무자의 신청에 의하거나 직권으로 법 제351조 제1항의 규정에 의한 보전처분을 할 수 있으므로(법 제351조 제3항), 파산선고 전에는 채무자에게도 신청권이 인정된다.

보전처분 신청서를 접수할 법원은 파산사건이 계속되어 있는 법원이다.[11]

---

10) 條解破産法 1186면.

11) 신청서에는 2,000원의 인지를 붙여야 하고, 별도의 사건번호가 부여되지 않으며, 파산사건 기록에 가철한다[민사접수서류에 붙일 인지액 및 그 편철방법 등에 관한 예규(재민91-1)(재판예규 제1692호) 제3조 참조].

2. 보전처분의 결정

보전처분은 민사집행법상 보전처분에 준하여 법원의 결정으로 한다. 가압류를 원칙으로 하나, 채무자의 권리를 보전할 필요에 따라 민사집행상의 가처분도 할 수 있다.[12] 다만 법이 인정한 특수보전처분의 일종이기 때문에 담보제공을 필요로 하지 아니한다.

보전처분 결정에는 직권으로 결정한 것을 포함하여 시효중단의 효력이 있다.[13]

3. 보전처분의 변경 · 취소 및 즉시항고

법원은 관리위원회의 의견을 들어 법 제351조 제1항 또는 제3항의 규정에 의한 보전처분을 변경하거나 취소할 수 있다(법 제351조 제4항).

법 제351조 제1항 또는 제3항의 규정에 의한 보전처분과 같은 조 제4항의 규정에 의한 결정에 대하여는 즉시항고를 할 수 있지만(법 제351조 제5항), 그 즉시항고는 집행정지의 효력이 없다(법 제351조 제6항). 즉시항고를 할 수 있으므로 민사집행법에 따른 보전처분에 대한 이의는 할 수 없다고 본다.

보전처분이나 보전처분을 변경하거나 취소하는 결정과 이에 대한 즉시항고에 대한 재판이 있는 때에는 그 결정서를 당사자에게 송달하여야 한다(법 제351조 제7항).

4. 보전처분의 등기 또는 등록의 촉탁

이사등의 재산에 속하는 권리로서 등기된 권리에 관하여 법 제351조 제1항 또는 제3항의 규정에 의한 보전처분이 있는 때 법원사무관등은 직권으로 지체없이 촉탁서에 결정서의 등본 또는 초본을 첨부하여 보전처분의 등기를 촉탁하

---

12) 예를 들면, 훼손의 우려가 있는 재산에 대한 집행관 보관, 이사등이 소유한 주택에 대한 관리명령 등을 생각할 수 있다. 條解破産法, 1190면.

13) 그 근거에 관하여 민법 제168조 제2항의 가압류 또는 가처분에 해당한다는 견해(條解破産法, 1190면)와 법 제352조 제2항에 의하여 조사확정의 신청이 재판상의 청구로 간주되는 것에서 찾는 견해가 있다.
한편 보전처분의 신청에 대하여도 시효중단의 효력을 인정하는 견해가 있는데 이는 다시 상대방에 대한 통지의 유무에 대한 언급 없이 시효중단을 인정하는 견해와 이를 지적하면서 상대방에 대하여 통지되지 않은 상태에서는 시효중단의 효력을 인정할 수 없다는 견해로 나뉜다(條解破産法, 1190면).

여야 하고, 그 보전처분이 취소 또는 변경되거나 효력을 상실한 때에도 또한 같다(규칙 제10조).[14] 이는 이사등의 재산에 속하는 권리로서 등록된 것에 관하여 준용된다(규칙 제10조 제2항).

제 3 절 이사 등에 대한 손해배상청구권 등의 조사확정재판

1. 조사확정절차의 개시

법원은 법인인 채무자에 대하여 파산선고가 있는 경우 필요하다고 인정하는 때에는 파산관재인의 신청에 의하거나 직권으로 이사등에 대한 출자이행청구권이나 이사등의 책임에 기한 손해배상청구권의 존부와 그 내용을 조사확정하는 재판을 할 수 있다(법 제352조 제1항). 조사확정절차는 파산관재인의 신청에 의하거나 직권으로 개시된다.

가. 파산관재인의 신청의무

파산절차에서 법인인 채무자의 이사등에 대한 책임추궁은 파산재단을 관리 및 처분하는 권한이 전속된 파산관재인(법 제384조)의 중요한 직무 중의 하나이고, 이것을 적절하게 행하지 않는 것은 파산관재인의 의무위반이 된다. 따라서 파산관재인은 이사등에 대한 법 제352조 제1항의 규정에 의한 청구권이 있음을 알게된 때에는 법원에 조사확정의 신청을 하여야 한다(법 제352조 제2항). 채무자나 채권자에게는 신청권이 없으나, 만일 채무자나 채권자가 조사확정의 신청을 하는 경우 파산관재인은 이사등에 대한 법 제352조 제1항의 규정에 의한 청구권이 있는지를 검토하여 필요한 조치를 하여야 할 것이다.

파산관재인은 조사확정의 신청을 하는 때에는 그 원인되는 사실, 즉 이사등의 선량한 관리자의 주의의무 위반 등 손해배상청구권 등의 원인되는 사실을 소명하여야 한다(법 제352조 제3항). 예를 들어 위법배당의 경우에는 이사회 회의록, 결산서, 주주총회 소집통지에 첨부되는 계산서류, 감사보고서, 공인회계사의 감정서 등에

---

14) 「채무자 회생 및 파산에 관한 법률」에 따른 부동산 등의 등기 사무처리지침(등기예규 제1516호)은 제2장에 보전처분의 등기절차에 관하여 자세한 규정을 두고 있다.

의하여 소명할 수 있다.

나. 법원의 직권 개시

이사등에 대한 손해배상청구권 등에 관하여는 법원이 직권으로 그 조사확정절차를 개시할 수 있다. 법원이 직권으로 조사확정절차를 개시하는 때에는 그 취지의 결정을 하여야 한다(법 제352조 제4항). 이는 조사확정절차의 개시시점 및 시효중단의 효력이 발생하는 시점을 명확하게 하고 그 상대방인 이사등에게 방어의 기회를 부여하기 위해서이다.

다. 시효중단의 효력

파산관재인의 조사확정의 신청은 기본적으로 법인인 채무자의 이사등에 대한 손해배상청구권 등을 주장하여 그 존재 및 범위의 재판상 확정을 구하는 것이므로 재판상의 청구로 간주하여 조사확정의 신청에는 시효중단의 효력을 인정하고 있다. 반면에 조사확정절차가 직권으로 개시된 경우에는 파산관재인이 채무자의 이사등에 대한 손해배상청구권 등을 주장하는 것은 아니지만, 그 경우에도 손해배상청구권 등의 재판상 확정이라고 하는 조사확정절차의 실질을 감안하여 조사확정의 신청이 있는 경우에 준하여 시효중단의 효력을 인정하여, 법은 제352조 제1항의 규정에 의한 신청이 있거나 같은 조 제4항의 규정에 의한 조사확정절차개시결정이 있은 때에는 시효의 중단에 관하여는 재판상의 청구가 있은 것으로 본다고 규정하고 있다(법 제352조 제5항).

2. 주주 대표소송과의 관계

파산선고 후에 주주가 대표소송(상법 제403조)을 제기할 수 있는 것인지가 문제되나, 파산절차에서는 이사 또는 감사에 대한 책임을 추궁하는 소는 회사의 재산관계에 관한 소로서 파산재단에 속하는 재산의 관리처분권을 가진 파산관재인이 당사자적격을 가지고 그 소를 제기할 것인지의 여부는 파산관재인의 판단에 위임되어 있으므로, 회사가 이사 또는 감사에 대한 책임추궁을 게을리할 것을 예상하여 마련된 주주의 대표소송 제도는 파산절차가 진행 중인 경우에는 적용되지 않고, 따라서 주주의 대표소송은 허용되지 않는다고 본다. 이는 주주가 회사에 대하여 책임추궁의 소의 제기를 청구하였지만, 회사가 소를 제기하지 않고

있는 사이에 회사에 대하여 파산선고가 있은 경우에도 마찬가지이다.[15]

한편 파산선고 전 주주가 회사를 위하여 이사 등의 책임을 추궁하는 대표소송을 제기한 경우에는 파산선고가 있으면 그 소송절차는 중단되고 파산관재인이 수계할 수 있다고 본다.

3. 조사확정절차의 상대방 및 대상

가. 상대방

조사확정절차의 상대방은 채무자의 발기인·이사(상법 제401조의2 제1항의 규정에 의하여 이사로 보는 자를 포함한다), 감사·검사인 또는 청산인이다. 파산선고시에도 그 지위에 있어야 하는 것은 아니다.

나. 심리 대상

1) 출자이행청구권

발기인의 인수, 납입담보책임(상법 제321조) 및 이사의 인수담보책임(상법 제428조 제1항) 등이 조사확정절차의 심리 대상이 된다. 이는 손해배상책임이 아니라 상법이 자본충실의 요청에 따라 특별히 인정한 법정책임으로서 무과실책임이다.

2) 손해배상청구권

발기인(상법 제322조 제1항), 이사(상법 제397조의2, 제399조 등), 업무집행지시자 등(상법 제401조의2, 제399조), 감사(상법 제414조 제1항), 검사인(상법 제325조 등), 청산인(상법 제542조 제2항, 제399조)의 채무자에 대한 손해배상책임이 조사확정절차의 심리 대상이 된다. 민법이나 상법상의 원인에 한정할 것은 아니다.[16]

---

15) 대법원 2002. 7. 12. 선고 2001다2617 판결. 이 판결에 관하여는 박경호, "파산절차가 진행 중인 회사의 주주가 회사의 이사 또는 감사를 상대로 대표소송을 제기할 수 있는지 여부(=소극)", 대법원판례해설 제42호, 법원도서관(2003), 726-741면.

16) 예를 들어, 법원이 선임한 검사인의 손해배상책임에 관하여는 상법에 규정이 있으나(상법 제325조), 주주총회가 선임한 검사인의 손해배상책임에 관하여는 별다른 규정이 없다. 그러나 주주총회가 선임한 검사인이 임무를 해태한 경우에는 회사에 대하여 민법에 따른 채무불이행책임 또는 불법행위책임을 지게 된다. 정동윤, 주석 상법: 회사(Ⅱ), 제5판, 한국사법행정학회(2014), 295면(김재범 집필 부분). 채무자가 민법의 규정에 따른 사단법인 또는 재단법인인 경우 그 법인의 이사는 임무를 해태한 때에 민법 제65조의 규정에 따라 법인에 대하여 연대하여 손해배상책임이 있다.

4. 조사확정절차의 심리와 재판 등

가. 심   리

조사확정절차는 실체법상의 청구권인 손해배상청구권 등의 존부에 관한 판단을 간이·신속한 처리를 위하여 제1차적으로 결정절차에 의하도록 한 것이나, 최대한 이사등에게 방어의 기회를 부여하기 위해서 법 제352조 제1항의 규정에 의한 조사확정재판과 조사확정의 신청을 기각하는 재판을 하는 때에는 이사등 이해관계인에 대한 심문을 필요적으로 거치도록 하고 있다(법 제352조 제7항). 심문은 기일을 지정하여서 할 수 있고, 서면으로 할 수도 있다. 법원은 이해관계인으로부터 제출된 자료를 심리하는 것 이외에도 직권으로 필요한 조사를 할 수 있다(법 제12조 제2항).

나. 재   판

법원은 조사확정의 원인되는 사실이 소명되었다고 인정하는 때는 이사등에 대한 출자이행청구권이나 이사등의 책임에 기한 손해배상청구권의 존재와 그 내용을 확정하는 결정을 하고, 그렇지 않으면 조사확정의 신청을 기각하는 결정을 한다.[17] 파산관재인은 조사확정의 신청을 할 때 신청취지에 일정 금액을 표시하여야 하지만, 사건의 비송적 성격 및 법원이 직권으로 절차를 개시할 수 있는 점 등에 비추어, 법원은 이것에 구속되지 않고 자유롭게 손해배상액을 조사확정할 수 있다.[18]

이사등에 대한 손해배상청구권 등의 존재를 확정하는 결정의 주문은 "상대방(이사)은 파산관재인(신청인)에게 ○○원을 지급하라."라는 형태의 주문과 "채무자의 상대방(이사)에 대한 손해배상청구권을 ○○원 및 이에 대한 2019. ○.○.부터 다 갚는 날까지 연 6%의 비율에 의한 금원으로 확정한다."라는 형태의 주문을[19] 생각하여 볼 수 있는데, 법 제354조가 확정된 조사확정재판은 이행을 명한 확정판결과 동일한 효력이 있다고 규정하는 점 등에 비추어 보면 후자의 주문 형태가 타당하다. 지연손해금을 포함한 손해배상청구권 등을 조사확정하는

---

17) 예외적인 사례로 법원이 직권으로 조사확정절차개시결정을 하였으나 심리 결과 조사확정의 원인되는 사실이 인정되지 아니하는 경우에는 이사등에 대한 손해배상청구권 등이 존재하지 아니함을 확정하는 결정을 하여야 할 것이다. 이에 대하여 법원은 조사확정재판을 하지 아니하고 조사확정절차를 종결하는 결정을 직권으로 할 수 있다는 견해가 있다. 條解破産法, 1195, 1199면.

18) 條解破産法, 1199, 1200면.

19) 서울지방법원 1998. 9. 28.자 98파1768 결정, 서울중앙지방법원 2013. 10. 18.자 2012하확141 결정.

재판의 경우 지연손해금 이율과 관련하여 소송촉진 등에 관한 특례법 제3조 제1 항은 적용되지 않는다고 본다.[20]

법 제352조 제1항의 규정에 의한 조사확정재판과 조사확정의 신청을 기각 하는 재판은 이유를 붙인 결정으로 하여야 한다(법 제352조 제6항).

한편 조사확정절차에서 파산관재인이 이사등과 사이에 손해배상청구권 등 에 관하여 화해나 조정을 할 수 있는지에 대하여는 견해의 대립이 있으나 조사 확정재판의 대상이 되는 권리는 당사자가 처분할 수 있는 것이므로 소송상 화해 또는 조정이 가능하다고 본다.[21]

다. 송   달

조사확정결정이 있은 때에는 그 결정서를 당사자에게 송달하여야 한다 (법 제352조 제9항). 여기서 '조사확정결정'이 이사등에 대한 손해배상청구권 등의 존재와 그 내용을 조사확정하는 재판만을 의미하는지, 조사확정의 신청을 전부 기각하 는 재판 등도 포함하는지는 견해의 대립이 있으나, 법의 규정에 의한 재판은 직 권으로 송달하여야 하므로(법 제8조 제1항) 조사확정의 신청을 전부 기각하는 재판 등도 그 당사자에게는 송달하여야 할 것이다.

라. 절차의 종료

조사확정절차는 파산절차의 목적을 달성하기 위하여 파산절차의 계속 중에 한하여 인정되는 특수한 책임추궁절차이기 때문에 이미 조사확정결정이 있은 후의 것을 제외하고는 파산절차가 종료한 때에 조사확정절차 역시 종료한다(법 제352조 제8항).

5. 조사확정절차에서의 결정의 효력

법 제353조 제1항의 규정에 의한 이의의 소가 같은 항의 기간 안에 제기되 지 아니하거나 취하된 때 또는 각하된 때에는 조사확정재판은[22] 이행을 명한

---

20) 통상의 민사소송으로 손해배상청구 소송을 제기한 경우와의 균형상 적용되어야 한다는 견해 도 있으나, 조사확정재판(결정)을 '금전채무의 전부 또는 일부의 이행을 명하는 판결(심판)'에 해당한다고 보기 어렵고(소송촉진 등에 관한 특례법 제3조 제1항), 조사확정재판의 비송적 성격 등에 비추어 부정함이 타당하다. 참고로 대법원 2013. 1. 16. 선고 2012다32713 판결은 회생채권 확정의 소는 금전채무의 전부 또는 일부의 이행을 구하는 소가 아니므로 이에 대한 판결을 선 고할 경우 소송촉진 등에 관한 특례법 제3조 제1항 본문이 적용되지 않는다는 취지로 판시하였다.

21) 條解破産法, 1200, 1201면.

확정판결과 동일한 효력이 있다(제354조). 즉 확정된 조사확정재판은 집행력을 가지는데, 기판력도 인정되는지에 관하여는 견해의 대립이 있다.

　파산관재인만이 이의의 소를 제기하고 이사등은 법 제353조 제1항의 기간 안에 이의의 소를 제기하지 않은 경우에 이의가 없는 범위에서 조사확정재판에 집행력이 발생하는지 문제된다. 조사확정재판을 받은 이사등은 이의의 소의 제소기간 경과 후라도 부대항소 규정을(민사소송법제403조) 유추적용하여 파산관재인이 제기한 이의의 소에 부대하는 이의의 소를 제기하고 조사확정재판보다도 자신에게 유리한 판결을 구할 수 있다는 이유로 이의의 소가 제기되지 않은 부분도 확정되지 않고 그 부분에 대하여 집행력도 발생하지 않는다고 보는 견해가 있으나,[23] 제1심인 조사확정재판에 대한 이의의 소에 대하여 민사소송법의 부대항소 규정을 유추할 수 있는 아무런 근거가 없어 이른바 파산관재인이 제기한 이의의 소에 부대하는 이의의 소는 허용되지 않으므로, 이의의 소가 제기되지 않은 부분은 확정되어 집행력(제354조)을 가진다는 반대견해도 있다.

　조사확정의 신청을 기각한 재판은 조사확정이라고 하는 간이한 방법으로는 손해배상을 명할 수 없다는 것을 확인하는 것에 지나지 않고, 이사등에 대한 손해배상청구권 등의 부존재 자체를 확인하는 것은 아니다. 때문에 조사확정재판 신청을 기각하는 재판에는 기판력이 없어 파산관재인이 해당 이사등에 대하여 통상의 민사소송으로 손해배상청구 등을 하는 것을 방해하지 않는다.[24]

제 4 절 조사확정재판에 대한 이의의 소

1. 조사확정재판에 대한 불복방법

　법 제352조 제1항의 규정에 의한 조사확정의 재판에 불복이 있는 자는 결정을 송달받은 날부터 1월 이내에 이의의 소를 제기할 수 있다(법 제353조제1항). 법은 조사확정절차라는 결정절차를 통하여 간이·신속하게 이사등에 대한 손해배상책임 등을 추궁할 수 있도록 함과 동시에 그에 대한 불복절차로서 조사확정의 재

---

22) 여기서 조사확정재판은 손해배상청구권 등의 존재를 일부라도 확정한 결정을 말한다고 본다.
23) 條解破産法, 1206면.
24) 條解破産法, 1202면.

판을 받은 이사등과 조사확정의 신청이 일부 기각된 파산관재인에 대하여 구두
변론에 의한 판결절차를 보장하기 위하여 이의의 소라는 소송절차를 마련하고
있다. 따라서 조사확정의 재판은 결정의 형식으로 행하여지지만 이에 대한 불복
방법은 이의의 소에 한정되므로 즉시항고는 할 수 없다.

2. 이의의 소의 대상

이의의 소의 대상이 되는 조사확정의 재판은 일부라도 이사등에 대한 손해
배상청구권 등이 존재한다고 확정한 재판을 가리킨다. 법 제352조 제6항이 '조사
확정의 재판'과 '조사확정의 신청을 기각하는 재판'을 명확하게 구분하여 사용하
고 법 제353조 제1항이 전자에 대해서만 이의의 소를 제기할 수 있다고 규정하
고 있는 것을 볼 때, 파산관재인의 조사확정의 신청을 전부 기각한 재판에 대해
서는 이의의 소를 제기할 수 없고 별도로 통상의 민사소송을 제기할 수밖에 없
다고 본다.25)26)

---

25) 條解破産法, 1202면.

26) 법은 제352조 제1항에서 손해배상채권 등의 '존부'와 그 내용을 조사확정하는 재판을 할 수
있다고 규정하면서, 다시 같은 조 제6항에서는 제1항의 규정에 의한 '조사확정의 재판'과 '조사
확정의 신청을 기각하는 재판'을 구분하여 규정하고 있고, 같은 조 제8항과 제9항에서는 '조사확
정결정'이라는 용어를 사용하고 있다. 또한 법 제353조 제1항은 법 제352조 제1항의 규정에 의
한 조사확정의 재판에 불복이 있는 자가 이의의 소를 제기할 수 있다고 규정하면서, 같은 조
제3항은 파산관재인이 이의의 소를 제기하는 경우를 명시적으로 규정하고 있다. 법 제353조 제6
항은 제1항의 규정에 의한 소에 대한 판결에서는 같은 항의 결정을 인가·변경 또는 취소한다
고 규정하고, 같은 조 제7항에서는 조사확정의 결정을 인가하거나 변경하는 판결은 강제집행에
관하여는 이행을 명한 판결과 동일한 효력이 있다고 규정하고 있다.
여기에서 파산관재인이 이의의 소를 제기할 수 있는 경우가 어떠한 경우인지와 조사확정의
재판과 조사확정결정의 의미가 무엇인지 등의 문제가 발생한다.
일본 파산법에서는 이의의 소의 대상을 임원책임사정결정이라고 규정하면서 임원의 책임에
기한 손해배상청구권의 사정의 재판을 임원책임사정결정이라고 한다고 규정하고 있는데(일본
파산법 제178조 제1항, 제180조 제1항), 파산관재인이 원고인 경우가 규정되어 있음을 이유로
하여 신청액의 일부가 기각된 파산관재인이 이의의 소를 제기할 수 있다고 해석되고 있다. 파
산관재인의 신청을 전부 인용한 경우와 법원의 직권에 의한 경우에 대하여 파산관재인이 이의
의 소를 제기할 수 있는지에 관하여는 견해의 대립이 있으나, 조사확정절차와 그 이의의 소의
소송절차는 실질적으로 전체를 하나의 소송절차로 볼 수 있기에 파산관재인은 소의 변경에 준
하여 청구의 기초에 변경이 없는 한 청구 확장의 실질을 갖는 이의의 소를 제기할 수 있다는
견해가 있다(條解破産法, 1202, 1203면).
우리나라에서는 파산관재인의 조사확정의 신청이 전부 기각된 경우와 법원이 직권으로 조사
확정결정을 한 경우에도 이의의 소 제기가 가능하다고 보는 학설이 기재된 문헌은 현재까지 찾
기 어렵다. 다만 법 제352조 제1항에 손해배상채권의 '존부'라고 하여 부존재하는 경우(신청을
기각하는 경우)도 포함되는 듯한 문언(존부는 존재 또는 부존재라는 의미이므로, 전부 존재와
전부 부존재를 포함하는 것으로 해석될 여지가 있다)이 있어서 문언상으로는 일본 파산법의 문
언보다도 제352조 제1항의 규정에 의한 조사확정의 재판에 손해배상채권의 부존재를 확정하는

3. 제소기간 및 관할법원

이의의 소는 조사확정결정을 송달받은 날부터 1월 이내에 제기하여야 하고 (법 제353조 제1항), 그 기간은 불변기간으로 한다(법 제353조 제2항).

이의의 소는 파산사건이 계속되어 있는 회생법원인 파산계속법원의 관할에 전속한다(법 제353조 제4항).

4. 당 사 자

가. 제소권자

이의의 소를 제기할 수 있는 자는 조사확정의 재판에 불복이 있는 자이다 (법 제353조 제1항). 조사확정의 재판을 받은 이사등은 물론이고, 파산관재인도 조사확정의 신청이 일부 인용된 경우, 즉 신청취지 중 일부인 손해배상청구권 등만이 존재한다고 확정하고 나머지 부분의 신청을 기각한 조사확정재판 중 기각된 부분에 대하여 이의의 소를 제기할 수 있다.

재판, 즉 파산관재인의 조사확정의 신청을 기각하는 재판도 포함하는 것으로 볼 여지가 있기는 하다.

그러나 법 제352조 제6항에서 제1항의 규정에 의한 조사확정의 재판과 조사확정의 신청을 기각하는 재판을 구분하고 있다는 점을 중시하여, 법 제353조 제1항에 규정된 '제352조 제1항의 규정에 의한 조사확정의 재판'은 적어도 파산관재인의 조사확정 신청의 일부라도 인용하여 손해배상채권 등의 존재와 내용을 정하는 재판을 가리키고 조사확정의 신청을 전부 기각하는 재판만이 있는 경우는 제외한다고 보는 견해가 현재까지의 문헌에 나타난 학설로 보인다(이러한 입장에서 보면, '존부'라는 문언은 부주의하게 입법된 것으로 보인다). 같은 취지에서 비록 용어가 다르기는 하나, 법 제352조 제8항과 제9항의 조사확정결정도 법 제352조 제1항의 규정에 의한 조사확정의 재판을 가리키는 것으로 보이므로, 마찬가지로 조사확정의 신청을 전부 기각하는 결정은 포함되지 않고, 적어도 손해배상청구권 등의 일부라도 존재한다고 확정한 결정을 뜻한다고 해석할 수 있다.

한편 법 제353조 제6항에서의 제1항의 결정은 마찬가지로 손해배상청구권 등의 일부라도 존재한다고 확정한 결정을 의미하는 것으로 해석할 수 있고, 법 제353조 제7항의 조사확정의 결정도 마찬가지이나, 다만 이행을 명한 판결과 동일한 효력이 있는 부분은 손해배상청구권 등의 존재를 확정한 부분에 한한다.

법 제354조에서는 조사확정재판은 이행을 명한 확정판결과 동일한 효력이 있다고 규정하고 있는데, 여기서도 조사확정재판은 손해배상청구권 등의 일부라도 존재한다고 확정한 결정을 말하는 것이고 그중 손해배상청구권 등의 존재를 확정한 부분에 한하여 확정판결과 동일한 효력이 있다는 것으로 해석된다.

이 절에서 특별한 언급이 없으면 조사확정재판 또는 조사확정의 재판은 손해배상청구권 등이 일부라도 존재한다고 확정한 결정을 의미한다.

나. 상 대 방

조사확정절차의 개시가 신청 또는 직권에 의하였는지 여부에 상관없이 이의의 소를 제기하는 자가 이사등인 때에는 파산관재인을, 파산관재인인 때에는 이사등을 각각 피고로 하여야 한다(^{법 제353조}_{제3항}). 구체적으로는 파산관재인이 신청한 조사확정절차에서 전부 또는 일부 인용의 조사확정재판이 있는 때에 이사등이 이의의 소를 제기한 경우에는 파산관재인이 피고가 되고, 반대로 일부를 기각한 조사확정재판에 대하여 파산관재인이 이의의 소를 제기한 경우에는 이사등이 피고로 된다. 또한 조사확정절차가 직권으로 개시된 때에 이사등이 이의의 소를 제기한 경우에는 파산관재인이 피고로 된다.[27]

5. 이의의 소의 변론

이의의 소의 변론은 결정을 송달받은 날부터 1월을 경과한 후가 아니면 개시할 수 없다(^{법 제353조}_{제4항}). 하나의 조사확정재판에 대한 여러 개의 소가 동시에 계속되어 있는 때에는 법원은 변론을 병합하여야 한다(^{법 제353조}_{제5항}).[28] 반면에 여럿의 이사등에 대하여 별도의 조사확정절차에서 각각 조사확정재판이 행하여져 이의의 소가 각각에 대하여 제기된 경우에는 법원이 반드시 변론을 병합할 필요는 없다.

이의의 소는 조사확정의 대상이 된 이사등의 회사에 대한 손해배상책임 등을 둘러싼 분쟁을 전부 해결하려는 것이 목적이기 때문에, 이의의 소에서 당사자는 조사확정절차에서 주장하지 아니한 사실도 주장할 수 있다.[29]

6. 이의의 소의 판결

이의의 소에서는, 이사등이 원고인 경우 조사확정재판에서 존재하는 것으로 조사확정된 채무자의 손해배상청구권 등 가운데 이사등이 변경 또는 취소를 구

---

27) 파산채권자가 파산관재인 측에 보조참가할 수 있는지 여부에 관하여는 견해의 대립이 있으나, 통상의 파산채권자는 일반적·반사적인 사실상의 이해관계를 가지고 있으므로 보조참가를 할 수 없다고 본다. 條解破産法, 1204면.
28) 파산관재인의 신청을 일부 인용한 조사확정재판에 대하여 신청인인 파산관재인과 상대방인 이사등이 각각 이의의 소를 제기한 경우에는 이를 병합하여야 한다.
29) 條解破産法, 1204면.

하는 범위의 손해배상청구권 등의 존재 여부가 소송물이고, 파산관재인이 원고인 경우 조사확정재판에서 존재하는 것으로 조사확정된 채무자의 손해배상청구권 등을 초과하여 파산관재인이 변경을 구하는 범위의 그 재판에서는 인용되지 아니한 손해배상청구권 등의 존재 여부가 소송물이므로, 법원은 그 범위 내에서 판결을 하여야 한다.

이처럼 이의의 소에서는 채무자의 이사등에 대한 손해배상청구권 등의 존부 및 범위에 대하여 심리가 이루어지는데 이의의 소의 선행절차에서 이사등에 대한 손해배상청구권 등의 존부와 그 내용을 조사확정하는 재판이 행하여졌으므로, 이의의 소에 대한 판결에서는 소를 부적법한 것으로 각하하는 때를 제외하고 그 결정을 인가·변경 또는 취소하는 형태로 판단을 표시하게 된다(법 제353조 제6항).

조사확정의 결정을 인가하거나 변경하는 판결은 판결의 주문 중에 이행을 명하는 문언은 포함되어 있지 않지만, 실질적으로는 이사등에게 손해배상 등을 명하는 내용을 포함하고 있기 때문에 그 판결에 강제집행에 관하여는 이행을 명한 판결과 동일한 효력을 인정하고 있다(법 제353조 제7항).

조사확정의 결정을 인가 또는 변경하는 판결에 대하여 가집행을 선고할 수 있는지에 관하여는 법상 별도의 규정은 없으나,[30] 법 제33조, 민사소송법 제213조 제1항에 따라 가집행을 선고하여야 할 것이다.[31] 법 제353조 제7항은 집행력에 관해서만 규정하고 있으나 위 판결이 확정되면 법 제33조, 민사소송법 제216조 제1항에 따라 기판력이 있다. 이의의 소의 판결에 대하여는 민사소송법의 규정에 따라 상소할 수 있다.

7. 파산절차의 종료와 이의의 소

조사확정절차는 파산절차가 종료한 때에는 종료하지만, 이미 조사확정결정이 있은 후의 것은 소송경제의 관점에서 제외하여 그 절차는 종료하지 아니한다(법 제352조 제8항). 여기서의 조사확정결정은 이사등에 대한 손해배상청구권 등이 일부라도 존재한다는 결정을 말한다. 따라서 파산절차의 종료 전에 조사확정결정이 있었으나 종료 당시 그 이의의 소의 제소기간이 아직 지나지 않아 확정되지 않은

---

30) 일본 파산법 제180조 제6항은 명문으로 가집행을 선고할 수 있도록 규정하고 있다.
31) 이에 대하여 법 제353조 제7항의 규정상 이의의 소에서 조사확정의 결정을 인가하거나 변경하는 판결이 있으면 그 확정 여부와 무관하게 그 판결에는 집행력이 있고, 다만 상소하여 다투는 상대방이 집행정지 등을 위한 잠정처분을 받아야 한다는 견해가 있다.

것인 경우에는 파산절차가 종료된 후라도 이의의 소를 제기할 수 있다. 파산절차의 종료 당시 이의의 소가 이미 계속되어 있는 경우에는 파산절차의 종료에 의하여 당사자적격이 파산관재인에서 채무자로 변경되므로 이의의 소의 소송절차는 중단되고 채무자가 이를 수계하여야 한다.

法 人 破 産 實 務

제14장

· · ·

부 인 권

제1절 개 관

1. 의의 및 취지

부인권이란 파산선고 전에 채무자가 파산채권자를 해하는 행위를 한 경우 그 행위의 효력을 부인하고 일탈된 재산을 파산재단에 회복하기 위하여 파산관재인이 행하는 법상의 권리이다(제391조). 부인권은 파산신청 전에 채무자가 지급 불능이나 부채초과 상태, 즉 경제적 파탄상태에 빠졌음에도 불구하고 그의 재산을 무상으로 제3자에게 증여하거나 염가로 매각하여 채권자 전체에 대한 책임재산을 절대적으로 감소시킴으로써 채권자 전체의 이익을 해하는 사해행위와 지급능력이 부족한 때에 특정의 채권자에게만 변제하거나 담보를 제공하여 다른 채권자와의 공평을 해하는 결과를 초래하는 편파행위의 효력을 부정하여, 일단 책임재산으로부터 일탈된 재산을 파산재단에 회복시켜서 파산채권자에 대하여 공평한 배당을 가능하게 하는 제도이다.[1]

그러나 부인권의 지나친 확대해석은 거래의 안전을 위협할 수 있으므로 부인권의 행사 여부를 결정함에 있어서 이러한 점을 고려하여 제도를 운용할 필요가 있다.

2. 다른 절차상의 부인권 등과 비교

파산절차상의 부인권과 회생절차상의 부인권은 입법목적과 규정방법이 거의 동일하다. 그러나 다음과 같은 점에서 양 제도는 차이가 있다. ① 회생절차상의 부인권은 기업의 유지·재건을 위한 채무자의 수익력 내지 기업가치의 회복을 목적으로 한다. 그리고 회복한 재산을 반드시 환가하여야 하는 것도 아니다. 그러나 파산절차상의 부인권은 일탈한 재산을 회복하고 이를 환가하여 채권자들에게 더 많은 배당을 하는 것을 주된 목적으로 한다. ② 회생절차에서는 담보권자도 권리행사의 제약을 받으므로 회생절차개시 전의 담보권의 실행 또는 담보권자에 대한 변제가 부인될 수 있다.[2] 그러나 파산절차에서 담보권자는 별제권

---

1) 대법원 2004. 1. 29. 선고 2003다40743 판결.
2) 대법원 2003. 2. 28. 선고 2000다50275 판결, 대법원 2011. 11. 24. 선고 2009다76362 판결.

자로서 개별적인 권리행사를 할 수 있으므로 파산선고 전에 담보권을 실행하거나 담보권자에게 변제하더라도 부인의 대상이 되지 않는다. ③ 회생절차에서는 회생채권에 해당하는 회생절차개시 전의 벌금·과료·형사소송비용·추징금·과태료 채권과 국세징수법 또는 지방세기본법에 의하여 징수할 수 있는 청구권(국세징수의 예에 의하여 징수할 수 있는 청구권으로서 그 징수우선순위가 일반 회생채권보다 우선하는 것을 포함한다)에 관하여 그 징수권한을 가진 자에 대하여 한 담보의 제공 또는 채무의 소멸에 관한 행위는 부인할 수 없으나(법 제100조),[3] 파산절차에서는 이와 같은 규정을 두고 있지 않다.

파산절차상의 부인권과 민법 제406조의 채권자취소권은 채권자를 해하는 행위의 효력을 부인하고 일탈된 공동담보의 회복을 도모하여 채권자들을 보호한다는 점에서 제도적 취지를 같이 하고 있다. 그러나 채권자취소권은 집단적인 채무처리절차의 개시를 전제로 하지 않고 개별적으로 채권자에게 인정되는 권리로서, 사해행위 당시 채무초과의 상태에 있어야 하고 취소대상인 행위나 행사의 방법 등이 매우 제한적이다. 반면 집단적 채무처리절차인 파산절차상의 부인권은 채권자 간의 공평한 처우를 위하여 행사 권한이 파산관재인에게 전속하고 부인의 대상행위가 부채초과 상태에서 이루어져야 할 필요도 없고,[4] 부인 대상인 행위나 행사의 방법 등이 완화된 강력한 권리이다.[5] 따라서 파산선고 후에는 파산관재인이 총 채권자에 대한 평등변제를 목적으로 하는 부인권을 행사하여야 하고, 파산절차에 의하지 않고는 파산채권을 행사할 수 없는 파산채권자가 개별적 강제집행을 전제로 개별 채권에 대한 책임재산을 보전하기 위한 채권자취소의 소를 제기할 수 없다.[6]

3. 부인권의 법적 성질

과거에는 부인권이 공권인가 사권인가에 대한 논의가 있었으나, 현재 부인권은 실체법상의 사권이라고 해석함에 이론이 없다. 사권으로 보는 경우에도 그

---

3) 학설은 법 제100조 제2항의 규정을 위기부인에 관한 법 제100조 제1항 제2호, 제3호의 특별규정으로 이해하고, 제1호의 고의부인에 해당하는 경우에는 부인할 수 있다고 해석한다. 이에 관하여는 회생사건실무(상), 제8장 제1절 2. 가. 4. 참조.

4) 대법원 2005. 11. 10. 선고 2003다271 판결.

5) 채권자취소권은 소송상 공격방어방법으로 주장할 수 없지만(대법원 1998. 3. 13. 선고 95다48599, 48605 판결 등), 부인권은 항변의 방법으로도 행사할 수 있다(법 제396조 제1항).

6) 대법원 2018. 6. 15. 선고 2017다265129 판결.

것이 청구권인가 형성권인가 견해의 대립이 있으나, 법 제397조 제1항이 '부인권의 행사는 파산재단을 원상으로 회복시킨다'고 규정하여 부인의 효과인 원상회복을 부인권의 행사에 의하게 하고 있으므로 파산관재인이 수익자 또는 전득자에게 부인의 대상이 되는 행위의 효력을 부인하는 의사표시를 하여야 한다는 형성권설이 통설이다.[7]

4. 부인권의 유형

부인권의 유형은 여러 가지로 나눌 수 있으나 일반적으로 ① 채무자가 파산채권자를 해하는 것을 알고 한 행위를 부인하는 고의부인(故意否認)($^{법 제391조}_{제1호}$), ② 채무자가 지급정지 등 경제적 파탄이 표면화된 시기에 한 행위를 부인하는 위기부인(危機否認)[위기부인은 다시 ㉠ 채무자의 의무에 속한 본지행위부인(本旨行爲否認)과($^{법 제391조}_{제2호}$) ㉡ 채무자의 의무에 속하지 않는 행위를 부인하는 비본지행위부인(非本旨行爲否認)으로($^{법 제391조}_{제3호}$) 나눌 수 있다], ③ 채무자가 한 무상행위 및 이와 동일시할 수 있는 유상행위를 부인하는 무상부인(無償否認)으로($^{법 제391조}_{제4호}$) 나눌 수 있다.[8]

또한 채무자와 특수관계에 있는 자를 상대방으로 한 행위에 대한 특칙이 ($^{법}_{제392조}$) 있다. 그 밖에 특수한 부인으로 권리변동의 성립요건·대항요건의 부인 ($^{법}_{제394조}$), 집행행위의 부인이($^{법}_{제395조}$) 있다.

---

7) 김주학, 321면; 전병서, 268면; 일본도 마찬가지이다. 伊藤眞, 434, 435면. 참고로 독일은 원상회복청구권을 행사하면 되고, 형식적으로 부인의 의사표시를 할 필요가 없다고 한다. BGH NJW 1997, 187; Pape, 405면.

8) 참고로 미국은 부인의 유형을 편파행위(preference) 부인(11 U.S.C. §547), 사해행위(fraudulent transfer and obligation) 부인(11 U.S.C. §548)으로 나누고 있다. 일본은 부인의 유형을 고의부인, 위기부인(본지행위와 비본지행위의 부인), 무상부인으로 구분하였으나, 현재는 사해행위부인, 편파행위부인, 무상행위부인으로 구분하고 있다(일본 파산법 제160조). 독일은 그 대상이 되는 행위에 초점을 맞추어 본지행위부인(Kongruenzanfechtung, 도산법 제130조), 비본지행위부인(Inkongruenzanfechtung, 도산법 제131조), 직접부인(Unmittelbarkeits- anfechtung, 도산법 제132조, 채권자를 직접 해하는 행위의 부인), 고의부인(Vorsatzanfechtung, 도산법 제133조 제1항), 무상부인(Schenkungsanfechtung, 도산법 제134조)으로 나눈다.

부인권의 유형

구분	고의부인 (법 제391조 제1호)	위기부인		무상부인 (법 제391조 제4호)
		본지행위 (법 제391조 제2호)	비본지행위 (법 제391조 제3호)	
행위시기	제한 없음	지급정지 또는 파산신청 후	지급정지나 파산신청 후 또는 그 전 60일 이내	지급정지나 파산신청 후 또는 그 전 6월 이내
주관적 요건 (채무자)	사해의사 (파산관재인이 증명)	×	×	×
주관적 요건 (수익자)	사해성 (수익자가 선의 증명)	위기시기 (파산관재인이 악의 증명)	위기시기 또는 사해성 (수익자가 선의 증명)	×
특수관계인에 관한 특칙	해당 사항 없음	위기시기에 대한 수익자의 악의 추정	지급정지나 파산신청 후 또는 그 전 1년 이내로 행위시기 연장	지급정지나 파산신청 후 또는 그 전 1년 이내로 행위시기 연장

제 2 절   성립요건

1. 일반적 성립요건

법 제391조는 부인할 행위의 내용, 시기에 따라 고의부인, 위기부인(본지행위의 위기부인 및 비본지행위의 위기부인), 무상부인의 세 가지 유형을 인정하고 있는데, 각 유형마다의 특유한 성립요건 외에 공통되는 일반적 성립요건으로서 채무자의 행위, 행위의 유해성 및 상당성이 문제된다.

가. 채무자의 행위 – 적극적 요건

1) 행위의 주체

법 제391조의 각 호는 '채무자가 … 한 행위'라고 규정하고 있어 부인권의 대상이 되는 행위는 채무자의 행위 또는 이와 동일시되는 행위에 한하는지가 문제된다.[9] 부인의 대상은 원칙적으로 채무자의 행위라고 할 것이고, 다만 채무자의 행위가 없었다고 하더라도 채무자와의 통모 등 특별한 사정이 있어서 채권자 또는 제3자의 행위를 채무자의 행위와 동일시 할 수 있는 경우에는 예외적으로 그 채권자 또는 제3자의 행위도 부인의 대상으로 할 수 있다.[10]

채무자의 행위와 동일시 할 수 있는 경우로는, 회사를 분할하면서 회사분할로 신설되는 채무자에게 이전하기로 한 상표권을 분할 전 회사가 채무자에게 이전하지 않고 다른 자에게 이전한 경우,[11] 실질적으로 채무자가 보유한 100% 자회사 명의의 정기예금채권에 대해 질권을 설정한 경우가[12] 있다.

제3자의 변제도 채무자의 행위와 동일시할 수 있다면, 부인할 수 있다. 일본의 판례 중에는 지방공무원공제조합의 조합원인 공무원에 대한 급여지급기관이 급여를 지급함에 있어 조합원(개인인 채무자)의 공제조합에 대한 대부금 채무 상당액을 미리 공제하여 공제조합에 대위변제한 후 조합원에 대하여 파산선고가 내려진 경우 급여지급기관의 대위변제는 조합에 대한 조합원의 채무변제를 대행하는 것이라고 하여 위기부인을 인정한 예,[13] 채무자가 제3자에게 변제를 의뢰하여 실질적으로 채무자의 계산으로 변제한 경우 고의부인을 인정한 예,[14] 채권자가 대리수령한 것을 자기의 채권의 변제에 충당한 행위의 부인을 인정한 예[15] 등이 있다.

채무자의 대출채무 등을 담보하기 위하여 채무자의 특정 거래처에 대한 현재·장래의 매출채권의 포괄적인 양도를 목적으로 하는 대물변제예약(또는 예약형 집합채권의 양도담보계약)의 경우, 그 약정은 특정 채권자에게만 담보를 제공하는 편파행위에 해당할 수 있고, 채권양도계약을 성립시키는 상대방의 예약완결 의사표시는 이를 실질적으로 채무자의 행위와 동일시할 만한 특별한 사정이 있다면 부인의 대상이 된다.[16][17] 채권자의 상계 의사표시는 채무자의 행위가 아니

---

9) 이에 관하여 채무자의 행위가 필요하다는 견해, 채무자의 행위로 한정할 필요가 없다는 견해, 고의부인의 경우에만 채무자의 행위가 필요하다는 견해(절충설)가 대립하고 있다. 김주학, 327, 328면; 전병서, 242면.

10) 대법원 2002. 7. 9. 선고 99다73159 판결, 대법원 2004. 2. 12. 선고 2003다53497 판결, 대법원 2011. 10. 13. 선고 2011다56637, 56644 판결, 대법원 2011. 11. 24. 선고 2009다76362 판결 등.

11) 서울중앙지방법원 2010. 9. 3. 선고 2010가합22649, 22755(병합) 판결(항소기각 및 심리불속행 상고기각 확정).

12) 일본 東京高等裁判所 平成21年1月29日 平成20(ネ)第3923号 判決(채무자가 미국 내 100% 자회사를 설립하여 미국의 부동산투자사업에 참가하여 받은 청산금을 채무자가 설립한 다른 100% 자회사 명의의 정기예금계좌로 수령한 다음, 그 자회사가 정기예금계좌에 질권을 설정한 사례).

13) 일본 最高裁判所 平成2年7月19日 昭和62(オ)第1083号 判決.

14) 일본 大阪地方裁判所 昭和52年9月21日 昭和52(ワ)第1918号 判決.

15) 일본 東京高等裁判所 昭和61年3月26日 昭和60(ネ)第1266号 判決.

므로 원칙적으로는 부인의 여지가 없지만,[18][19] 상계적상을 야기한 채무자의 행위를 부인의 대상으로 보아 그 행위가 부인되면 그 결과로 상계가 효력을 잃는다.[20]

---

16) 대법원 2011. 10. 13. 선고 2011다56637, 56644 판결은 예약완결의 의사표시 당시 채무자는 자금 사정이 급격히 악화된 상태였고 채권자도 이러한 사정을 잘 알면서도 자신의 채권을 미리 우선적으로 확보하기 위하여 채무자와 통모하여 채무자로부터 거래처에 대한 대금채권 관련 정보를 제공받아 그에 기하여 예약완결권과 채무자의 매출채권 중에서 대물변제로서 양도·양수할 대금채권을 선택할 수 있는 선택권을 행사하는 등 채권자의 예약완결 의사표시가 실질적으로 채무자의 행위와 동일시할 만한 특별한 사정이 있었다고 보아 부인의 대상에 해당한다는 취지로 판시하였다, 반대로 특별한 사정을 찾아볼 수 없어 부인의 대상에 해당하지 않는다고 본 사례로는 대법원 2002. 7. 9. 선고 2001다46761 판결, 대법원 2004. 2. 12. 선고 2003다53497 판결 등.

17) 참고로 일본 最高裁判所 平成16年7月16日 平成13(受)第1797号 判決은 채무자의 지급정지 등을 정지조건으로 하는 채권양도계약은 그 계약체결행위 자체는 위기시기 전에 하여진 것이지만, 계약당사자는 그 계약에 의한 채권양도의 효력발생을 채무자의 지급정지 등의 위기시기의 도래에 의하게 하고, 이것을 정지조건으로 함으로써, 위기시기에 이를 때까지 채무자의 책임재산에 속했던 채권을 채무자의 위기시기가 도래하자 바로 당해 채권자에게 귀속시켜 책임재산으로부터 일출시키는 것을 미리 의도하고, 이것을 목적으로 하여 당해 계약을 체결한 것이라면서, 위 계약의 내용, 그 목적 등에 비추어 보면, 위 계약은 일본 파산법 72조 2호의 규정의 취지에 반하고, 그 실효성을 잃게 하는 것이며, 그 계약 내용을 실질적으로 보면 위 계약에 관련된 채권양도는 채무자에게 지급정지 등의 위기시기가 도래한 후에 행하여진 채권양도와 동일시하여야 하는 것이고, 위 규정에 의한 부인권 행사의 대상이 된다고 해석하는 것이 상당하다는 취지로 판시하였다. 같은 취지로 일본 最高裁判所 平成16年9月14日 平成15(受)第339号 判決.

18) 회생절차에 관한 것이나 대법원 2014. 9. 24. 선고 2013다200513 판결은, A은행이 B회사와 물품대금 등을 납품업체의 대출금 변제에 충당할 수 있도록 A은행에 개설된 지정계좌로 지급하기로 협약을 체결하고, 납품업체인 채무자와 여신거래약정을 체결하여 대출을 실행한 다음 위 계좌에 입금된 돈을 대출금 변제에 충당해 왔는데, B회사가 채무자에 대한 회생절차개시신청 후에도 위 계좌로 물품대금을 입금하자 A은행이 예금반환채권과 대출금채권의 상계를 주장한 사안에서, B회사가 마이너스통장에 물품대금 등을 입금함에 있어 채무자와 A은행이 통모하였다거나 B회사 등의 위와 같은 입금행위를 채무자에 의한 채무소멸행위로 볼 수 있는 특별한 사정이 있다고 인정할 증거가 없고, 오히려 그 중 B회사가 입금한 돈에 상응하는 대출금채무의 소멸은 채무자의 의사와는 무관하게 회생채권자인 B회사의 상계 의사표시에 의한 것이라는 이유로, 위 대출금채무 소멸행위가 법 제100조 제1항 제2호에서 정한 부인권의 대상이 아니라고 판단한 원심의 판단은 정당하다는 취지로 판시하였다.

19) 일본 最高裁判所 昭和41年4月8日 昭和39(オ)第1158号 判決, 最高裁判所 平成2年11月26日 昭和63(オ)第4号 判決. 채권자가 채권자대위권(민법 제404조)을 행사하여 채무자에게 지급되어야 할 대금을 대신 수령하고 이를 자신의 채권과 상계한 경우에도 부인권을 행사할 수 있는지 논란이 있다. 이에 관하여는 정문경, "부인권 행사에 관한 실무상 몇 가지 쟁점", 도산법연구 제2권 제2호, 사단법인 도산법연구회(2011), 32-34면.

20) 대법원 1993. 9. 14. 선고 92다12728 판결은, A 은행이 B 회사가 매입을 의뢰한 환어음의 매입대금을 상계의 법리에 의하여 B 회사에 대한 일반 수출금융채권에 변제충당하는 것이 가능하였다 하더라도, B 회사가 정리절차개시신청이 있음을 알고 있는 채권자인 A 은행에게 어음의 매입을 의뢰하여 A 은행이 위 어음을 매입하고 그로 인하여 B 회사에게 지급하게 되는 어음매입대금을 자신의 B 회사에 대한 채권의 변제에 충당하였다고 한다면, 그 후 정리절차개시결정이 있은 때에는 B 회사의 위와 같은 어음매입의뢰행위는 결과적으로는 정리회사의 채무를 소멸시키는 것으로서 구 회사정리법 제78조 제1항의 규정에 의하여 부인권의 대상이 되어 은행의 변제충당행위는 효력을 잃게 된다는 취지로 판시하였다. 다만 이 판결은 상계적상을 야기한 채무자의 행위를 부인의 대상으로 보고 있으나, 이는 1998. 2. 24. 개정된 구 정리회사법에서 제

다만 채무자에 대한 강제집행에 의한 채무소멸에 관한 행위도 위기부인의 대상이 되는데, 이 경우에는 채무자의 행위와 같이 볼만한 특별한 사정이 있을 것을 요하지 아니한다(이에 관하여는 제14장 제2절 3. 라. 참조).

2) 행위의 태양

부인권은 채무자의 행위를 실효시키는 것이 아니라 법에 반하여 변동된 재산관계를 원상회복시키는 것을 목적으로 하므로, 부인의 대상이 되는 행위로는 부동산·동산의 매각, 증여, 채권양도, 채무면제, 영업양도[21] 등과 같은 협의의 법률행위에 한하지 않고 변제, 채무승인, 소멸시효이익의 포기, 법정추인, 채권양도의 통지·승낙,[22] 등기·등록, 동산의 인도 등과 같은 법률효과를 발생시키는 일체의 행위를 포함한다. 또 사법상의 행위에 한하지 않고 소송법상의 행위인 재판상의 자백, 청구의 포기 및 인낙, 재판상의 화해, 소·상소의 취하, 상소권의 포기, 공정증서의 작성, 염가의 경매 등도 부인의 대상이 되고, 공법상의 행위도 부인의 대상이 된다. 회사설립, 현물출자[다만 행위의 유해성에 관하여는 제14장 제2절 1. 나. 5) 참조], 신주발행, 합병, 회사분할[23] 등과 같이 회사조직에 관한 행위도 부인의 대상이 된다. 무의결권 상환우선주에 대한 상환행위도 부인의 대상이 된다.[24]

채무자의 부작위도 부인의 대상이 된다.[25] 따라서 시효중단의 해태,[26] 지급

163조 제2호로 '정리채권자 또는 정리담보권자가 지급의 정지 또는 파산·화의개시·정리절차 개시의 신청이 있었음을 알고 회사에 대하여 채무를 부담한 때'가 상계금지사유로 추가되기 전의 사안에 관한 것이다.

21) 일본 東京地方裁判所 平成22年11月30日 平成22年(モ)第82063号 決定.

22) 승낙에 대해서는 부인의 성립요건으로서 채무자의 행위가 필요한지와 관련하여 부인할 수 있는지에 대하여 견해의 대립이 있다. 박성철, "파산법상의 부인권", 재판자료 제83집, 282, 283면; 전병서, 261면. 참고로 일본 最高裁判所 昭和40年3月9日 昭和37(オ)第374号 判決은 부인할 수 있는 대항요건 구비행위도 파산자의 행위 또는 이와 동일시할 수 있는 것에 한하므로, 파산자의 채권양도에 대한 제3채무자의 승낙은 대항요건 부인의 대상이 되지 않는다는 취지로 판시하였다.

23) 일본에서는 경영이 악화된 회사가 구조조정의 방법으로 수익성이 좋은 사업부문과 나쁜 사업부문을 분리하는 회사분할의 수법을 많이 이용하기 때문에 문제가 된다고 한다. 이에 관한 자세한 내용은 伊藤眞, 會社更生法, 有斐閣(2012), 382-386면. 참고로 最高裁判所 平成24年10月12日 平成22(受)第622号 判決은 회사분할이 재산권을 목적으로 하는 법률행위이고, 분할 전 회사의 채권자를 보호하기 위한 규정으로는 한계가 있으므로, 사해행위취소를 긍정하면서도, 사해행위취소권의 행사에 의해 신설분할을 취소했다고 하더라도 그 취소의 효력은 신설분할에 의한 주식회사 설립의 효력에는 아무런 영향을 미치지 않고, 채무의 보전에 필요한 한도 내에서만 신설회사에 대한 권리승계효력을 부정할 수 있다고 하였다. 이에 대해 우리나라는 회사분할시 설립되는 회사와 존속하는 회사가 회사채무에 관하여 연대하여 변제할 책임을 부과하고 있고 (상법 제530조의9 제1항), 일본과 달리 회사분할로 채권자를 해할 우려가 없으므로, 회사분할은 부인의 대상에서 제외된다는 견해도 있다.

24) 서울중앙지방법원 2012. 12. 7. 선고 2012가합19180 판결(항소심에서 강제조정으로 종결).

명령에 대한 이의신청의 부제기,[27] 지급거절증서의 부작성, 변론기일에의 불출석, 공격방어방법의 부제출 등의 경우에 부인이 될 수 있다. 다만 부인의 효과는 상대적이므로 소멸시효의 효과가 부인된 경우 파산관재인은 채무자의 상대방에 대하여 채무의 이행을 청구할 수 있는 반면 채무자와 그 상대방 사이에는 여전히 채권이 시효완성으로 소멸된 것으로 취급된다.[28]

또한 부인의 대상이 되는 행위는 반드시 법률적으로 유효한 것일 필요는 없고, 허위표시, 착오, 반사회질서의 법률행위 등과 같이 무효 또는 취소의 사유가 있더라도 무방하다. 채무자의 급부가 불법원인급여에 해당하여 파산선고를 받은 채무자가 반환을 청구할 수 없다고 하더라도 파산관재인은 이를 부인하고 그 반환을 청구할 수 있다. 파산관재인은 행위의 무효·취소와 부인의 주장을 동시에 할 수 있고 부인의 주장만을 할 수도 있다.

나. 행위의 유해성 – 적극적 요건

부인의 대상이 되는 행위는 객관적으로 파산채권자에게 유해한 행위, 즉 손해를 입힐 수 있는 행위이어야 한다.[29] 파산채권자에게 손해를 입힐 수 있는 행위에는 채무자의 일반재산을 절대적으로 감소시키는 사해행위 외에 채권자 간의 평등을 저해하는 편파행위도 포함된다는 것이 판례이다.[30] 즉 사해행위이든 편파행위이든 당해 행위로 말미암아 채권자들의 배당률이 낮아질 때 행위의 유해성이 인정된다.[31] 적극재산의 감소(예컨대, 저가매각, 증여, 면제 등)뿐만 아니라 소

---

25) 임채웅, "사해행위로서의 소송행위의 취소 및 부인에 관한 연구", 민사재판의 제문제 제16권, 한국사법행정학회(2007), 310면; 일본 大審院 昭和10年8月8日 昭和10(オ)第211号 判決.

26) 다만 서울고등법원 2009. 6. 3. 선고 2008나107629 판결은, 채무자에 대하여 2007. 10. 12. 파산이 선고되고 채무자의 제3채무자에 대한 채권의 소멸시효가 2007. 11. 28. 완성된 사안에서, 채무자가 적극재산의 감소를 인식하지 못한 단순한 부작위는 부인권의 대상이라고 볼 수 없다면서, 소멸시효 완성의 시기가 파산신청이 있은 후이지만 달리 채무자가 제3채무자에 대한 판결금 채권이 소멸시효 완성 단계에 있음을 알고서도 시효를 중단시키는 등의 행위를 하지 아니한 것이라고 인정할 증거가 없는 이상 파산관재인은 채무자의 부작위를 부인권의 대상으로 삼을 수 없다는 취지로 판시하였다.

27) 대법원 2005. 9. 29. 선고 2003다30135 판결.

28) 박성철, "파산법상의 부인권", 재판자료 제83집, 254면.

29) 대법원 2017. 5. 30. 선고 2017다205073 판결.

30) 대법원 2002. 8. 23. 선고 2001다78898 판결, 대법원 2005. 11. 10. 선고 2003다271 판결, 대법원 2005. 11. 10. 선고 2003다2345 판결 등. 구 파산법 제64조 제2호와 달리 법 제391조 제2호는 담보의 제공, 채무소멸에 관한 행위와 병렬적으로 '파산채권자를 해하는 행위'를 규정하고 있어, '파산채권자를 해하는 행위'에 편파행위가 포함되는지 논란이 있었는데(오수근, 233, 234면), 대법원 2011. 10. 13. 선고 2011다56637, 56644 판결은 현행법에서도 '파산채권자를 해하는 행위'에 편파행위가 포함된다고 해석하였다.

극재산의 증가(예컨대, 채무의 보증, 채무인수 등)도 유해성이 인정되지만, 증여의 거절 등과 같이 단순히 파산재단의 증가를 방해하는 것에 그치는 행위는 유해성이 인정되지 않는다.

일체로 이루어진 행위에 대한 법상 부인권 행사의 요건으로서의 유해성은 그 행위 전체가 파산채권자에게 미치는 영향을 두고 판단되어야 할 것이며, 그 전체를 통틀어 판단할 때 파산채권자에게 불이익을 주는 것이 아니라면 개별약정만을 따로 분리하여 그것만을 가지고 유해성이 있다고 판단하여서는 안 된다.[32]

부인의 대상이 되는 행위가 파산채권자를 해하는 행위인지 여부는 그 행위 당시를 기준으로 판단하여야 한다.[33]

아래에서는 행위의 유해성이 문제되는 몇 가지 행위 유형에 대해 살펴본다.

1) 매각행위

부동산의 매각에 있어서 부당한 가격으로 매각한 경우는 물론이고, 적정한 가격으로 매각한 경우라도 소비하기 쉬운 금전으로 환가하는 것은 재산의 일반 담보력을 저하시키는 것이므로 원칙적으로 일반 채권자를 해하는 행위라고 보는 것이 통설이다.[34]

---

31) 대법원 2016. 5. 12. 선고 2016다5788 판결은 "채무자의 일반재산의 유지·확보를 주된 목적으로 하는 채권자취소권의 경우와 달리, 이른바 편파행위까지 규제 대상으로 하는 법상의 부인권 제도에 있어서는 반드시 그 행위 당시 부채의 총액이 자산의 총액을 초과하는 상태에 있어야만 부인권을 행사할 수 있다고 볼 필요가 없다. 행위 당시 자산 초과 상태였다 하여도 장차 파산 절차에서 배당재원이 재단채권과 파산채권을 전부 만족시킬 수 없는 이상, 그리고 그러한 개연성이 존재하는 이상, 일부 특정 채권자에게만 변제를 한다거나 담보를 제공하는 것은 다른 채권자들이 파산절차에서 배당받아야 할 배당액을 감소시키는 행위로서 부인권 행사의 대상이 된다."라고 판시하였다.

32) 대법원 2002. 9. 24. 선고 2001다39473 판결, 대법원 2018. 4. 12. 선고 2016다247209 판결. 이와 관련하여 가분적인 행위의 경우 부인권의 행사가 채권자를 해하게 되는 일부 행위로 제한되는지 논란이 있다. 일본 大審院 昭和14年12月8日 昭和14(オ)第533号 判決은 파산자 은행이 담보 목적물인 부동산으로부터 채권 중 일부를 회수하고 나머지 채무를 면제한 사안에서, 부인할 수 있는 행위가 가분적이라면 파산관재인은 채권자를 해하는 한도 내에서 부인권을 행사해야 하고 행위 전부를 부인할 수 없다고 하면서, 위 부동산의 가액이 피담보채권액보다 적고, 채무자가 면제받은 부분을 변제할 수 있는 재산을 가지고 있지 않을 때에는 면제행위 전부를 부인할 수 없다고 한 반면, 일본 最高裁判所 平成17年11月8日 平成17(オ)第153号, 平成17(受)第178号 判決은 여러 필지의 부동산이 공동담보로 제공된 사안에서, 부인권은 전체 채권자의 안분배당을 위한 것으로 채권자취소권과 달리 그 행사에 있어 한계를 배제하고 있다는 이유로 초과부분이 아닌 공동담보로 제공된 부동산 전부에 대하여 부인의 효력을 인정하였다. 이에 관하여는 정문경, "부인권 행사에 관한 실무상 몇 가지 쟁점", 도산법연구 제2권 제2호, 사단법인 도산법연구회 (2011), 48-50면.

33) 대법원 2018. 10. 25. 선고 2017다287648, 287655 판결. 이는 특별한 사정이 없는 한 그 행위가 정지조건부인 경우라 하더라도 마찬가지이다.

34) 채권자취소권의 경우, 채무자가 자기의 유일한 재산인 부동산을 매각하여 소비하기 쉬운 금전

다만 그 행위의 부당성은 별도로 검토해볼 필요가 있다. 이 경우 행위의 부당성을 쉽게 인정한다면, 채무자의 구조조정행위를 원천적으로 봉쇄할 우려가 있다. 다만 채무자가 제3자에게 저당권이 설정되어 있는 재산을 양도한 경우, 양도한 재산 중에서 일반 채권자들의 공동담보에 제공되는 책임재산은 저당권의 피담보채권액을 공제한 나머지 부분이고, 부인권 행사의 대상인 행위는 이와 같이 산정된 일반 채권자들을 위한 책임재산의 범위 내에서 성립하므로, 피담보채권액이 양도한 재산의 가액을 초과할 때에는 그 재산의 양도는 부인권 행사의 대상이 되지 않는다.[35]

이에 비교하여 담보가치가 적은 동산의 매각행위는 부당한 염가매각이 아닌 한 부인의 대상이 되지 않는다.[36]

2) 변제행위

변제행위와 관련하여 문제되는 것은 본지변제, 차입금에 의한 변제, 담보권자에 대한 변제·대물변제, 임금채권자에 대한 변제 등이다.

가) 본지변제와 고의부인

변제기가 도래한 채권을 변제하는 본지변제행위가 형식적 위기시기에 이루

으로 바꾸는 행위는 상당한 가격에 매각하는 것이라고 하더라도 원칙적으로 사해행위가 된다는 것이 확고한 판례의 입장이다(대법원 1997. 5. 9. 선고 96다2606, 2613 판결, 대법원 1998. 4. 14. 선고 97다54420 판결, 대법원 2000. 11. 24. 선고 2000다41523 판결, 대법원 2017. 11. 29. 선고 2017다241819 판결 등). 다만 대법원 2015. 10. 29. 선고 2013다83992 판결은 "부동산의 매각 목적이 채무의 변제 또는 변제자력을 얻기 위한 것이고, 그 대금이 부당한 염가가 아니며, 실제 이를 채권자에 대한 변제에 사용하거나 변제자력을 유지하고 있는 경우에는, 채무자가 일부 채권자와 통모하여 다른 채권자를 해할 의사를 가지고 변제를 하는 등의 특별한 사정이 없는 한, 사해행위에 해당한다고 볼 수 없다."라고 판시하였다[이 판결에 관하여는 박정제, "채무자가 유일한 부동산을 상당한 대가를 받고 매각하고 그 매각 대금으로 일부 채권자에게 변제한 경우 매각행위가 사해행위에 해당하는지 여부", 대법원판례해설 제105호, 법원도서관(2016), 69~106면].

　참고로 일본 파산법 제161조 제1항은 파산자가 그 가지는 재산을 처분하는 행위를 한 경우에 그 행위의 상대방으로부터 상당한 대가를 취득하고 있는 때에는 그 행위는, ① 당해 행위가 부동산의 금전에의 환가 그 밖의 당해 처분에 의한 재산의 종류의 변경에 의하여 파산자에서 은닉, 무상의 공여 그 밖의 파산채권자를 해하는 처분(은닉 등의 처분)을 할 우려를 실제로 생기게 하는 것, ② 파산자가 당해 행위 당시 대가로서 취득한 금전 그 밖의 재산에 대하여 은닉 등의 처분을 할 의사를 가지고 있는 것, ③ 상대방이 당해 행위 당시 파산자가 은닉 등의 처분을 할 의사를 가지고 있는 것을 알고 있은 것의 어느 하나에 해당하는 경우에 한하여 파산절차 개시 후 파산재단을 위하여 부인할 수 있다고 규정하고 있다. 미국 연방파산법은 목적물의 상당한 가격보다 낮은 가격으로 처분한 경우에만 사해적 양도로 부인이 된다고 하고 있다[11 U.S.C. §548(a)(1)(B)(i)].

35) 대법원 2017. 5. 30. 선고 2017다205073 판결.

36) 일본 파산법 제161조 제1항이 제정되기 전 일본의 판례도 이와 같다. 일본 大審院 昭和7年12月23日 昭和7(才)第993号 判決. 다만 중요한 동산의 매각은 부동산에 준하여 판단해야 할 것이다. 박성철, "파산법상의 부인권", 재판자료 제83집, 259면.

어진 경우 불평등 변제로서 위기부인의 대상이 될 수 있다는 점에 대해서는 이론의 여지가 없다. 나아가 고의부인의 대상이 되는지에 대해서는 논란이 있지만, 통설 및 판례는[37] 고의부인의 대상으로 삼고 있다. 법 제391조 제1호에서 말하는 '행위'에 본지변제가 제외되어 있다고 볼 수 없고, 그와 같이 해석하더라도 당해 변제를 수령한 특정 채권자의 이익을 부당하게 해하는 것이 아니라는 것을 이유로 한다.

다만 채무자가 지급불능 상태에서 특정 채권자에 대한 변제 등 채무소멸에 관한 행위를 하였다고 하더라도, 이것이 새로운 물품공급이나 역무 제공 등과 동시에 교환적으로 행하여졌고, 채무자가 받은 급부의 가액과 당해 행위에 의하여 소멸한 채무액 사이에 합리적인 균형을 인정할 수 있다면 특별한 사정이 없는 한 이러한 채무소멸행위는 파산채권자를 해하는 행위로 볼 수 없어 법 제391조 제1호에 따라 부인할 수 있는 행위에 해당하지 않는다.[38]

그리고 본지변제에 대한 고의부인을 인정하기 위해서는 법이 정한 부인대상 행위 유형화의 취지를 몰각시키는 것을 방지하고 거래 안전과의 균형을 도모하기 위해서는, 특정 채권자에게 변제하거나 담보를 제공하는 편파행위를 고의부인의 대상으로 할 경우, 파산절차가 개시되는 경우에 적용되는 채권자평등의 원칙을 회피하기 위하여 특정 채권자에게만 변제 혹은 담보를 제공한다는 인식이 필요하다.[39]

---

37) 대법원 2006. 6. 15. 선고 2004다46519 판결, 대법원 2015. 12. 10. 선고 2015다235582 판결.
38) 대법원 2018. 10. 25. 선고 2017다287648, 287655 판결은, 갑 주식회사가 지급불능 상태에서 변호사인 을 등과 부가가치세 경정거부처분에 대한 심판청구 및 행정소송에 대한 사무처리를 위임하는 계약을 체결하면서 착수금 없이 성공보수금만 지급하되 갑 회사는 을 등에게 환급세액 수령업무를 위임하며 을 등은 환급액 전액을 입금받은 후 보수를 정산한 나머지 금액을 갑 회사로 송금하기로 약정하였고, 이에 갑 회사가 국세기본법령에 따라 을에게 '국세환급금양도요구서'를 작성·교부하였는데, 을 등이 부가가치세 경정거부처분의 취소를 구하는 행정소송을 제기하여 승소판결이 선고·확정되자 갑 회사가 부가가치세 환급금채권 중 성공보수금 상당액을 을에게 양도하는 내용의 채권양도계약서를 작성하였고, 그 후 갑 회사가 파산선고를 받은 사안에서, 국세환급금양도요구서가 작성·교부될 당시 갑 회사는 이미 지급불능 상태에 있었으나 갑 회사가 을에게 환급금채권 중 성공보수금 상당액을 양도한 행위는 을의 역무제공과 실질적으로 동시교환적으로 행하여진 것으로 볼 수 있고, 그러한 역무제공과 채권양도금액 사이에 합리적인 균형을 인정할 수 있으므로 파산채권자를 해하는 행위로 볼 수 없어 법 제391조 제1호에 따라 부인할 수 있는 행위에 해당하지 않는다는 취지로 판시하였다.
39) 대법원 2005. 11. 10. 선고 2003다271 판결, 대법원 2014. 9. 25. 선고 2014다214885 판결, 대법원 2015. 12. 10. 선고 2015다235582 판결 등. 다만 회생절차에 관한 것이나 대법원 2016. 1. 14. 선고 2014다18131 판결은 채권자평등의 원칙을 회피하기 위하여 특정 채권자에게 변제한다는 인식이 필요한 것에서 더 나아가 회생채권자 등에 대한 적극적인 가해의 의사 내지 의욕까지 필요한 것은 아니라는 취지로 판시하였다.

나) 차입금에 의한 변제

채무자가 제3자로부터 자금을 차입하여 특정 채권자에게만 변제를 한 경우 다른 채권자와의 평등을 해하는 것으로서 원칙적으로 부인의 대상이 된다. 문제는 나아가 전적으로 특정 채무의 변제를 위하여 차입을 하고 변제가 행하여진 경우이다. 이에 관하여 학설의 대립이 있으나,[40] 판례는 일체로 이루어진 행위의 유해성은 그 행위 전체가 채권자에게 미치는 영향을 두고 판단되어야 하기 때문에 일체로 이루어진 행위는 그 전체를 통틀어 판단할 때 채권자에게 불이익을 주는 것이 아니라면 개별약정만을 따로 분리하여 그것만을 가지고 유해성이 있다고 판단하여서는 안 된다면서, 채무자가 제3자로부터 자금을 차입하여 변제 등 특정 채무를 소멸시키는 경우, 제3자와 채무자가 차입금을 특정 채무를 소멸시키는 데에 사용하기로 약정하고, 실제 그와 같은 약정에 따라 특정 채무에 대한 변제 등이 이루어졌으며, 차입과 변제 등이 이루어진 시기와 경위, 방법 등 제반 사정에 비추어 실질적으로 특정 채무의 변제 등이 당해 차입금에 의하여 이루어진 것이라고 볼 수 있고, 이자, 변제기, 담보제공 여부 등 차입 조건이나 차입금을 제공하는 제3자와 채무자의 관계 등에 비추어 차입 이전과 비교할 때 변제 등 채무소멸이 이루어진 이후에 채무자 재산이 감소되지 아니한 것으로 평가될 수 있다면, 해당 변제 등 채무소멸행위는 전체적으로 보아 채권자를 해하지 아니하여 부인의 대상이 되지 아니하고, 그와 같은 제3자와 채무자의 약정은 반드시 명시적으로 행하여질 필요는 없고 묵시적으로도 이루어질 수 있다고 한다.[41]

다) 담보권자에 대한 변제·대물변제

파산절차에서는 별제권자인 담보권자에 대한 변제는 파산채권자의 이익과는 무관하기 때문에 부인의 대상이 될 수 없으며[42][43] 대물변제의 경우에도 피

---

40) 이에 관하여는 이진만, "통합도산법상의 부인권 -부인의 대상을 중심으로-", 민사판례연구 28권, 박영사(2006), 918-921면.

41) 회생절차에 관한 것이나 대법원 2011. 5. 13. 선고 2009다75291 판결(이 판결은 채무자가 제3자로부터 금원을 제공받을 당시에 채권자에 대한 채무 변제를 위한 용도로만 사용하기로 하는 조건으로 이를 제공받았음을 인정할 수 없어 채권자에 대한 채무 변제를 부인의 대상이 된다고 보았다), 대법원 2018. 4. 12. 선고 2016다247209 판결. 참고로 일본 最高裁判所 平成5年1月25日 平成1(オ)第1062号 判決은 차입채무가 변제된 채무보다 이자 등의 내용이 중하지 아니하고 차입 즉시 변제함으로써 유용의 우려가 없는 등의 사정을 언급하면서 차입금으로 변제가 예정된 특정 채무를 변제하여도 채권자의 공동담보를 감소시키지 않아 채권자를 해하는 행위가 아니라는 취지로 판시하였다.

42) 박성철, "파산법상의 부인권", 재판자료 제83집, 247, 248면; 전병서, 246면; 오수근, 239, 240면. 다만 저당권이 설정된 부동산의 가액이 피담보채권액에 현저히 미달하는 등의 경우에는 채

담보채권과 목적물의 가액이 균형을 유지하는 한 부인의 대상이 되지 않는다. 따라서 목적물의 가액이 피담보채권을 초과하는 경우 그 초과 부분에 대한 대물변제행위는 부인권을 행사하여 차액에 대한 상환을 구할 수 있다.[44)]

라) 임금채권자에 대한 변제·대물변제

재단채권으로 우선변제되는 임금채권자에 대한 변제나 대물변제의 경우, 재단채권도 파산절차에서는 파산관재인에 의하여 법상 우선순위에 따라 변제를 받아야 하고, 같은 순위에 있는 다른 재단채권자들의 권리를 해할 수 있으므로 부인권 행사의 대상이 된다.[45)] 다만 임금채권자에 대한 변제가 파산재단의 확보를 위해 불가피하거나, 부인권을 행사하더라도 그 이익이 대부분 동일한 채권자에게 귀속되는 경우라면 행위의 상당성이 인정되어 부인권 행사가 부정될 수 있을 것이다.[46)]

3) 담보권의 설정행위 및 담보권의 실행행위와 부인

가) 담보권의 설정행위

기존 채무를 위한 담보권 설정행위가 부인의 대상이 됨에는 특별한 이견이 없다.[47)] 문제는 신규차입을 위하여 담보권을 설정하는 행위가 부인의 대상이 될 수 있는지 여부이다. 판례는 채무자가 지급불능 상태에서 특정 채권자에게 담보를 제공하였다고 하더라도 이것이 신규차입과 동시에 교환적으로 행하여졌고, 그 차입금과 담보 목적물의 가격 사이에 합리적인 균형을 인정할 수 있으며, 이로써 채무자가 차입금을 은닉하거나 증여하는 등 파산채권자를 해하는 처분을

무자의 저당권자에 대한 변제가 부인의 대상이 될 가능성이 있다.

43) 서울중앙지방법원 2006. 6. 22. 선고 2005가합113015 판결(미항소 확정).

44) 注解破産法(上), 437면.

45) 대법원 1999. 9. 3. 선고 99다6982 판결(채무자가 거래정지처분을 받기 직전에 그 사정을 잘 알고 있는 직원들에게 우선적 파산채권 등인 임금 등 채권에 갈음한다는 명목으로 재산 일체를 양도한 사안에서 파산채권자를 해하는 행위에 해당한다고 판단한 사례), 대법원 2004. 1. 29. 선고 2003다40743 판결(별제권이 없이 단지 우선특권이 있는 임금채권자는 구 파산법 제38조 제10호의 재단채권자 또는 구 파산법 제32조의 우선적 파산채권자에 불과하여 평등변제가 이루어질 필요가 있기 때문에 유해성의 관점에서 부인의 가능성을 부정할 수는 없다고 판단한 사례).

46) 고원석, "임금채권의 변제와 파산법상의 고의부인", 민사재판의 제문제 제11권, 한국사법행정학회(2002), 365면. 또한 이시폐지가 예상되는 상황에서 조세채권이 임금채권에 비해 현저하게 다액인 경우에는, 임금채권자에 대해 부인권을 행사하더라도 그 이익이 대부분 조세채권의 변제에 사용되어 임금채권자에게 가혹한 결과가 될 수 있으므로, 행위의 부당성 여부를 판단할 때 신중한 검토가 요구된다.

47) 채권자취소권에 관한 것이나 대법원 2010. 4. 29. 선고 2009다104564 판결은 "채무자가 사업의 갱생이나 계속 추진의 의도였다 하더라도 신규자금의 융통 없이 단지 기존채무의 이행을 유예받기 위하여 자신의 채권자 중 한 사람에게 담보를 제공하는 행위는 다른 특별한 사정이 없는 한 다른 채권자들에 대한 관계에서는 사해행위에 해당한다고 보아야 한다."라고 판시하였다.

할 우려를 생기게 하는 것이 아니라면 이러한 담보제공행위는 파산채권자를 해하는 행위로 볼 수 없어 법 제391조 각 호에 따라 부인할 수 있는 행위에 해당하지 않는다고 한다.[48]

또한 자금난으로 사업을 계속 추진하기 어려운 상황에 처한 채무자가 자금을 융통하여 사업을 계속 추진하는 것이 채무 변제력을 갖게 되는 최선의 방법이라고 생각하고 신규자금을 융통하기 위하여 부득이 부동산 또는 유체동산 등을 특정 채권자에게 담보로 제공하고 그로부터 신규자금을 추가로 융통받았다면 특별한 사정이 없는 한 채무자의 담보권 설정행위는 부인의 대상이 될 수 없다.[49][50] 다만 형식적으로는 기존 채무의 변제를 받고 그 직후 같은 금액을 신규대출하는 방식을 취하였지만, 그 실질 및 경제적 효과에 있어서 기존 채무에 대한 기한의 연장에 불과한 경우 이를 담보하기 위하여 이루어진 근저당권 설정행위가 부인의 대상이 된다고 본 사례가 있다.[51]

나) 담보권의 실행행위

파산절차에서는 회생절차와는 달리 담보권자는 파산절차에 의하지 아니하고 별제권을 행사할 수 있다(법 제412조). 따라서 그 담보권 설정행위 자체가 부인되지 아니하는 한 담보권의 실행행위가 부인의 대상이 되지는 않는다.[52]

---

48) 대법원 2017. 9. 21. 선고 2015다240447 판결.

49) 채권자취소권에 관한 것이나 대법원 2001. 5. 8. 선고 2000다50015 판결, 대법원 2012. 12. 26. 선고 2011다60421 판결(계속적인 거래관계에 있는 구입처로부터 물품을 공급받기 위하여 외상매입대금채무에 대한 담보를 제공한 사례), 대법원 2014. 3. 27. 선고 2013다93746, 93753 판결 등. 다만 사업의 계속 추진과는 아무런 관계가 없는 기존 채무를 아울러 피담보채무 범위에 포함시켰다면, 그 부분에 한하여 사해행위에 해당할 여지는 있다. 대법원 2002. 3. 29. 선고 2000다25842 판결 등.

50) 일본의 통설과 판례도 적정가격에 의한 부동산 매각에 준하여 부인을 인정하지 않을 여지가 있다고 해석한다. 일본 最高裁判所 昭和43年2月2日 昭和40(オ)第897号 判決은 위기상태에 있는 회사가 우선권이 있는 근로자의 임금으로 지급할 자금을 차입하기 위해 유일한 부동산에 양도담보를 설정한 사안에서, 부인권 행사를 부정하기 위해서는 특별한 사정이 없는 한 그 부동산의 가액과 피담보채권액 사이에 합리적인 균형이 있어야 한다고 하여 구제금융에 수반한 담보설정이 부인의 대상이 되지 않을 여지를 인정하였다. 현재 일본 파산법 제162조 제1항은 부인의 대상인 행위를 '기존' 채무에 관하여 한 담보제공행위 또는 채무소멸행위로 제한함으로써 이른바 '동시교환적 행위'를 부인의 대상에서 제외하였다. 미국은 신규대출과 그에 따른 담보권설정은 그 가치가 현저하게 괴리되지 않는 한 '동시교환적 행위'(contemporaneous exchange)에 해당한다며 부인대상에서 제외한다[11 U.S.C. §547(c)(1)].

51) 대법원 2005. 11. 10. 선고 2003다271 판결.

52) 대법원 2009. 5. 28. 선고 2005다56865 판결은, 질권설정행위를 부인하여 그 효력이 상실된 경우에는 그에 기하여 발생한 질권도 소급적으로 존재하지 않게 되고, 질권이 소급적으로 존재하지 아니하게 된 이상 그에 기초한 질권실행행위도 그 효력을 상실하였다고 봄이 상당하며, 구 파산법상 담보권의 실행에 대하여는 별도로 부인권을 행사할 수도 없는 것이므로, 파산관재인이 별도로 질권실행행위를 부인하여야만 원상회복의 효과를 얻을 수 있는 것은 아니라는 취지

4) 어음·수표의 발행, 인수, 배서행위

채무자가 기존채무의 변제에 갈음하여 또는 변제를 위하여 어음 등을 발행, 인수 또는 배서하는 경우 부인의 대상이 될 수 있는지 논의가 있다. 통설은 어음·수표채권에는 강력한 권리추정의 효력이 인정되어 채권확정에 관한 소송 등에서 증명책임을 전환시키고 어음·수표채권이 양도된 경우 채무자가 가지는 인적 항변이 절단될 수 있으므로 부인의 여지를 인정한다.[53]

5) 현물출자에 의한 신주발행

회사가 현물출자를 받고 신주를 발행하는 행위는, 비록 현물출자의 목적물이 과대평가되었다고 하더라도 특별한 사정이 없는 한 회사의 재산이 감소하지 아니하고 증가하게 되므로, 이러한 행위는 고의부인의 취지에 반하거나 그 실효성을 상실시키는 것이라 할 수 없으므로 고의부인의 대상이 되지 아니한다.[54]

다. 행위의 상당성 – 소극적 요건

파산절차상 부인의 대상이 되는 행위가 파산채권자에게 유해하다고 하더라도 행위 당시 개별적·구체적 사정에 따라서는 당해 행위가 사회적으로 필요하고 상당하였다거나 불가피하였다고 인정되어 일반 파산채권자가 파산재단의 감소나 불공평을 감수하여야 한다고 볼 수 있는 경우가 있을 수 있다. 그와 같은 예외적인 경우에는 채권자 평등, 채무자 보호와 파산 이해관계의 조정이라는 법의 지도이념이나 정의관념에 비추어 법 제391조에서 정한 부인권 행사의 대상이 될 수 없다고 보아야 한다.

여기에서 행위의 상당성 유무는 행위 당시 채무자의 재산 및 영업 상태, 행위의 목적·의도와 동기 등 채무자의 주관적 상태를 고려함은 물론, 변제행위에서는 변제자금의 원천, 채무자와 채권자 사이의 관계, 채권자가 채무자와 통모하거나 동인에게 변제를 강요하는 등 영향력을 행사하였는지 등을 기준으로 하여 신의칙과 공평의 이념에 비추어 구체적으로 판단하여야 한다. 그리고 그와 같은

로 판시하였다.

[53] 서울고등법원 2000. 7. 21. 선고 2000나13339 판결(미상고 확정)은 아무런 대가를 받지 아니하고 한 약속어음의 배서에 대한 부인권 행사를 인정하였고, 서울고등법원 2013. 3. 8. 선고 2012나29818 판결(미상고 확정)은 채무자의 약속어음 발행행위와 약속어음공정증서 작성행위, 채권자가 그 약속어음공정증서를 집행권원으로 하여 받은 채권압류 및 전부명령에 대한 부인권 행사를 인정하였다.

[54] 구 회사정리법상 회사정리절차에 관한 것이나 대법원 2004. 9. 3. 선고 2004다27686 판결. 기존 채권자의 입장에서도 이러한 현물출자에 의해 아무런 불이익을 입지 않고, 오히려 부인권을 행사하면 출자를 환급해야 하므로 불이익을 입게 된다.

부당성의 요건을 흠결하였다는 사정에 대한 주장·증명책임은 상대방인 수익자에게 있다.[55] 즉 이 요건은 부인권 행사의 소극적 요건에 해당하는 것이다.

행위의 상당성이 인정되는 사례로는, 근로자의 임금을 지급하기 위하여 양도담보를 설정하는 경우, 영업을 계속하기 위한 자금을 조달하기 위하여 부동산, 재고자산 또는 현재·장래의 채권에 양도담보를 설정하거나 이를 매각한 경우 등을 들 수 있다.

2. 개별적 성립요건

가. 고의부인

1) 의 의

파산관재인은 파산재단을 위하여 채무자가 파산채권자를 해하는 것을 알고 한 행위를 부인할 수 있다(법제391조). 다만 이로 인하여 이익을 받은 자가 그 행위 당시 파산채권자를 해하게 되는 사실을 알지 못한 경우에는 그러하지 아니하다 (법제391조 단서). 이처럼 채무자가 파산채권자를 해하는 것을 알고 한 행위에 대하여 부인하는 것을 고의부인이라 한다. 채무자의 사해의사를 요건으로 하는 부인으로서 민법상의 채권자취소권과 실질을 같이 한다.

2) 요 건

고의부인의 성립요건은 ① 객관적 요건으로서 파산채권자를 해하는 행위가 있어야 하고(사해행위), ② 주관적 요건으로서 채무자가 행위 당시 그 행위에 의하여 파산채권자를 해한다는 사실을 알고 있어야 한다(사해의사). 사해행위와 사해의사에 대한 증명책임은 파산관재인이 부담한다.

'채무자가 파산채권자를 해하는 것을 알고 한 행위'라 함은 총채권자의 공동담보가 되는 채무자의 일반재산을 파산재단으로부터 일탈시킴으로써 파산재단을 감소시키는 행위뿐만 아니라, 특정한 채권자에 대한 변제나 담보의 제공과 같이 그 행위가 채무자의 재산관계에 영향을 미쳐 특정한 채권자를 배당에서 유리하게 하고 이로 인하여 파산채권자들 사이의 평등한 배당을 저해하는 이른바 편파행위도 포함된다(이에 관하여는 제14장 제2절 1. 나. 참조).

---

55) 대법원 2002. 8. 23. 선고 2001다78898 판결, 대법원 2004. 3. 26. 선고 2003다65049 판결, 대법원 2011. 5. 13. 선고 2009다75291 판결, 대법원 2011. 10. 13. 선고 2011다56637, 56644 판결, 대법원 2015. 12. 10. 선고 2015다235582 판결, 대법원 2018. 10. 25. 선고 2017다287648, 287655 판결 등.

사해의사에 대하여는 다수설과 판례가[56] 인식설을 취하여 적극적인 가해의
의사 내지 의욕까지 필요한 것은 아니라고 본다. 즉 부인의 대상이 되는 행위
당시에 채무자가 그 행위로 인하여 파산채권자를 위한 공동담보인 책임재산이
절대적으로 감소되거나 다른 채권자의 만족을 저하시킨다는 인식이 있어야 하는
데, 사해행위의 경우에는 현재 자신의 변제자력이 부족하다는 사실과 그 행위로
인하여 채무자의 일반재산이 감소한다는 사실에 대한 인식만으로 충분하다. 특
정채권자에게 변제하거나 담보를 제공하는 편파행위를 고의부인의 대상으로 할
경우, 파산절차가 개시되는 경우에 적용되는 채권자평등의 원칙을 회피하기 위
하여 특정 채권자에게만 변제 혹은 담보를 제공한다는 인식이 필요하다고 보아
야 한다. 채무자 본인이 아니라 대리인이 행위를 한 경우 대리인을 기준으로 사
해의사를 판단한다(민법
제116조).

채무자의 행위가 위와 같은 요건을 충족하고, 수익자 역시 채무자의 사해의
사와 마찬가지로 파산채권자를 해한다는 인식이 있어야 한다.

법 제391조 제1호에서 정하는 부인의 대상이 되는 행위라고 하더라도 이로
인하여 이익을 받은 자(수익자)가 그 행위 당시 파산채권자를 해하게 되는 사실
을 알지 못한 경우에는 부인할 수 없으나, 그와 같은 수익자의 악의는 추정되므
로, 수익자 자신이 그 선의에 대한 증명책임을 부담한다.[57] 선의인 이상 그에
대하여 과실이 있는지 여부는 묻지 않는다.[58]

3) 구체적인 사례

고의부인을 긍정한 사례로는 임금우선특권이 인정되는 구 파산법 제38조
제10호의 재단채권자 또는 구 파산법 제32조 소정의 우선적 파산채권자에 대하
여 명예퇴직금을 지급한 경우,[59] 채무자의 모그룹이 부도로 와해되고 대주주인
종합금융회사도 영업정지를 당하여 더 이상 채무자가 자금을 조달하지 못한 상
황이 되었고, 담보설정계약 1개월 전에 자본금이 전액 잠식된 상태를 나타내는
채무자의 결산재무제표가 공표된 상태에서 채권에 대하여 질권을 설정한 경

---

56) 대법원 2005. 11. 10. 선고 2003다271 판결, 대법원 2006. 6. 15. 선고 2004다46519 판결, 대법
    원 2015. 12. 10. 선고 2015다235582 판결, 대법원 2016. 1. 14. 선고 2014다18131 판결 등. 채권
    자취소권에 관한 것이나 대법원 2009. 3. 26. 선고 2007다63102 판결은 사해의사란 채무자가 법
    률행위를 함에 있어 그 채권자를 해함을 안다는 것이고, 여기서 '안다'고 함은 의도나 의욕을 의
    미하는 것이 아니라 단순한 인식으로 충분하다는 취지로 판시하였다.
57) 대법원 2011. 5. 13. 선고 2009다75291 판결, 대법원 2011. 10. 13. 선고 2011다56637, 56644 판
    결, 대법원 2018. 10. 25. 선고 2017다287648, 287655 판결 등.
58) 박성철, "파산법상의 부인권", 재판자료 제83집, 262면; 전병서, 247면.
59) 대법원 2004. 1. 29. 선고 2003다40743 판결.

우,[60] 유동성 부족으로 예금인출사태를 겪고 있는 회사(금융기관)가 채권자(다른
금융기관)에게 제3자 발행의 약속어음을 담보로 제공한 경우,[61] 부도유예 대상기
업으로 지정된 후 수개월간 채권의 행사가 유예됨에도 담보조로 채권양도를 한
경우,[62] 부도 5일 전에 이자율 연 10.5%의 기존 대여금채무를 이자율 연 12%의
환매대금채무로 전환한 경우,[63] 지급정지 후 전세금반환채무를 담보하기 위하여
근저당권을 설정한 경우,[64] 채무자에 대한 신용등급을 하향조정한 지 5일 만에,
회사정리개시신청일 4일 전에 특정 채권자의 요구에 의해 변제한 경우,[65] 담보
권을 설정하여 준 후 10일이 지나 부도가 났고 담보제공시 정리절차 개시신청
을 준비하고 있던 경우,[66] 기업개선명령 대상기업으로 지정된 기업의 사채발행
에 대하여 상대방과 사채보증보험계약상 구상금채무에 대하여 연대보증을 한 경
우,[67] 부도 후 어음금채무의 변제에 갈음하여 임대차계약을 체결한 경우,[68] 부
채초과로 부도가 임박한 상태의 채무자가 자기 또는 자회사가 개설한 은행 대출
계좌에서 인출한 자금으로 자기앞수표를 발행받아 차용금의 변제, 증여, 대여 등
어떠한 명목으로든 대표이사에게 교부한 경우,[69] 저축은행이 영업정지가 임박한
상태에서 고액의 예금채권자들에게만 따로 연락을 취하여 예금을 지급한 경
우,[70] 저축은행이 대규모 예금인출사태 및 영업정지가 예상되는 상황에서 직원
또는 직원의 친인척 등에게 예금을 지급한 경우,[71] 채무자가 사기 범행 피해로
채권자에 대한 채무 전액을 변제할 수 없는 상황에서 채권자에게 사업체의 공장
및 부지를 대물변제한 경우[72] 등이 있다.

---

60) 대법원 2003. 7. 22. 선고 2003다5566 판결.

61) 서울고등법원 2002. 1. 31. 선고 2001나24237 판결(상고기각 확정).

62) 서울지방법원 2001. 11. 7. 선고 2000가합77596 판결(미항소 확정).

63) 서울지방법원 2000. 8. 10. 선고 98가합105221 판결(미항소 확정).

64) 서울지방법원 1999. 11. 11. 선고 99가합66804 판결(미항소 확정).

65) 서울중앙지방법원 2005. 10. 7. 선고 2004가합110576 판결(항소취하 확정).

66) 서울지방법원 2001. 1. 9. 선고 2000가합15314 판결(미항소 확정).

67) 대법원 2001. 2. 9. 선고 2000다63523 판결.

68) 서울고등법원 2001. 6. 5. 선고 2000나41426 판결. 이 판결은 구 회사정리법 제78조 제1항 제1
호, 제2호, 제4호에 해당한다고 판시하였다.

69) 대법원 2011. 5. 13. 선고 2009다75291 판결.

70) 대법원 2014. 9. 25. 선고 2014다214885 판결.

71) 대법원 2015. 12. 10. 선고 2015다235582 판결.

72) 대법원 2016. 5. 12. 선고 2016다5788 판결.

나. 위기부인

1) 본지행위에 대한 위기부인

가) 의   의

파산관재인은 파산재단을 위하여 채무자가 지급정지 또는 파산신청이 있은 후에 한 파산채권자를 해하는 행위와 담보의 제공 또는 채무소멸에 관한 행위를 부인할 수 있다(법제391조). 다만, 이로 인하여 이익을 받은 자가 그 행위 당시 지급정지 또는 파산신청이 있은 것을 알고 있은 때에 한한다(법제391조). 이처럼 채무자가 지급정지 등 위기의 시기에 한 파산채권자를 해하는 행위, 담보제공 또는 채무소멸에 관한 행위를 채무자의 사해의사의 존부와 관계없이 부인하는 것을 위기부인이라 한다. 채무자의 의무에 속하는 본지행위를 대상으로 한다는 점에서 채무자의 의무에 속하지 아니하는 비본지행위를 부인하는 법 제391조 제3호와 구별되고, 수익자의 악의에 대한 증명책임이 파산관재인에게 있다는 점에서 수익자에게 선의의 증명책임이 있는 법 제391조 제1호와 차이를 두고 있다. 위기부인은 어느 것이나 채무자의 사해의사를 요건으로 하지 않는다는 점에서 고의부인 또는 채권자취소권과 다르다.

나) 요   건

본지행위에 대한 법 제391조 제2호 부인의 성립요건은 ① 객관적 요건으로서 파산채권자를 해하는 행위, 담보의 제공 또는 채무의 소멸에 관한 행위라야 하고, ② 시기적 요건으로서 채무자가 지급정지 또는 파산신청이 있은 후에 한 행위라야 하며, ③ 주관적 요건으로서 수익자가 행위 당시 지급정지 등의 사실을 알고 있을 것이[73] 필요하다. 성립요건에 대한 증명책임은 모두 파산관재인이 부담한다.

본 호에서 '파산채권자를 해하는 행위'란 담보의 제공,[74] 채무의 소멸이라는[75] 편파행위(불평등행위)를 제외한 총 채권자를 해하는 사해행위, 즉 일반재산

---

73) 서울지방법원 1999. 12. 14. 선고 99가합73826 판결(미항소 확정)은 수익자가 채무자의 지급정지를 안 이상 파산채권자를 해함을 알지 못하였거나 해할 의사가 없었다고 하더라도 부인을 면할 수 없다고 하였다. 한편 파산절차와 달리 회생절차에서는 수익자가 행위 당시 지급정지 등이 있는 사실을 몰랐다 하더라도 회생채권자나 회생담보권자를 해하는 사실을 알고 있는 경우에는 부인할 수 있다(법 제100조 제1항 제2호).

74) 일반적으로 이미 체결한 담보권설정계약에 따라 그 의무의 이행으로 질권·근저당권·양도담보권·가등기담보권 등을 설정하는 행위를 말한다. 신규차입을 위하여 담보권을 설정하는 행위가 유해성이 있어 부인권 행사의 대상이 되는가에 관하여는 제14장 제2절 1. 나. 3) 참조.

75) 이행기가 도래한 채무에 대한 변제, 기존의 약정에 따른 특정 채권자에 대한 경개·대물변제

감소행위를 의미한다는 것이 일반적이다. 변제기가 도래한 채권을 변제하는 본
지변제행위도 그 대상이 됨은 법문에 규정되어 있다.[76]

또 '지급정지'라 함은 채무자가 변제기에 있는 채무를 자력의 결핍으로 인
하여 일반적, 계속적으로 변제할 수 없다는 것을 명시적, 묵시적으로 외부에 표
시하는 것을 말하고, 여기서 자력의 결핍이란 단순한 부채초과 상태를 의미하는
것이 아니라 채무자에게 채무를 변제할 수 있는 자산이 없고 변제의 유예를 받
거나 또는 변제하기에 충분한 융통을 받을 신용도 없는 것을 말한다.[77] 채무자
가 주거래은행에 부도유예협약 대상업체로 선정하여 달라고 요청하였다거나 주
거래은행이 당해 채무자를 부실징후기업으로 판단하여 부도유예협약 대상기업으
로 결정하였다고 하여 곧바로 당해 채무자가 지급정지 상태에 있다고 할 수 없
다.[78] 채무자가 어음을 발행한 후 은행이나 어음교환소로부터 당좌거래정지처분
을 받은 때에는 특별한 사정이 없는 한 지급정지 상태에 있다.[79] 다만 채무자가
채무정리를 하면서 부수적으로 채권자에게 변제기한의 연기나 일부 면제를 요청
하였다고 하더라도 회생할 합리적인 가능성이 있다면 지급정지에 해당하지 않는
다.[80] 지급정지 또는 파산신청에 기하여 파산이 선고된 경우에만 위기부인이 인
정되는 것이므로, 지급정지 또는 파산신청이 있은 후 그 지급정지가 해소되거나
파산신청이 취하된 경우라면 나중에 다시 파산신청을 하여 파산이 선고되더라도
이전 지급정지 또는 파산신청을 이유로 부인할 수는 없다.[81]

등이 여기에 속한다.

76) 대법원 2004. 3. 26. 선고 2003다65049 판결.

77) 대법원 2007. 8. 24. 선고 2006다80636 판결, 대법원 2011. 11. 10. 선고 2011다55504 판결(건설
회사인 채무자가 임대료 지급을 위하여 채권자 A에게 발행한 약속어음이 2009년 8월경 부도처
리되었고, 2009년 10월경부터 자금난을 겪으면서 2009년 11월경에는 공사를 제대로 수행하지
못하고 노임도 지불하지 못하는 등 사실상 폐업상태에 이르게 되었으며, 채권자 B의 채무자에
대한 2009. 10. 5.자 가압류 및 채권자 C의 채무자에 대한 2009. 11. 5.자 가압류를 위시하여 채
권자들의 채권보전조치가 2009. 11.경 집중적으로 연이어 이루어진 사안에서 적어도 2009. 11. 5.
자 가압류가 이루어진 시점에는 지급정지 상태에 있었다고 본 사례), 대법원 2018. 7. 12. 선고
2014다13983 판결. 여기서 말하는 지급정지가 파산원인인 지급불능을 추정하는 지급정지와 동
일하다고 보는 것이 통설이나, 채무자의 실질적인 파산상태를 기준으로 하여 지급정지의 여부
를 판단하자는 견해도 유력하게 주장되고 있다(박성철, "파산법상의 부인권", 재판자료 83집,
266면; 전병서, 249면). 참고로 독일 도산법 제130조의 본지행위 부인은 지급정지 대신 지급불능
(Zahlungsunfähigkeit)을 기준으로 삼고 있고, 일본 파산법 제162조 제1항은 지급정지 대신 지급
불능을 기준으로 위기시에 해당하는지 여부를 판단하고 있다.

78) 대법원 2001. 6. 29. 선고 2000다63554 판결.

79) 대법원 2002. 11. 8. 선고 2002다28746 판결. 이 판결은 채무자의 당좌거래정지처분을 알고 있
었던 자는 특별한 사정이 없는 한 채무자가 지급정지 상태에 있었음을 알고 있었다고 봄이 상
당하다는 취지로 판시하였다.

80) 일본 東京地方裁判所 平成23年11月24日 平成23年(ミ)第897号 決定.

주관적 요건과 관련하여 수익자가 금융기관일 경우는 채무자가 부도를 낸 사실을 알고 있는 것이 통상이므로 그 요건을 증명하는 것이 비교적 용이할 것이다.

다) 구체적인 사례

본지행위의 위기부인을 긍정한 사례로는 여신전문금융기관인 상대방이 채무자가 어음을 발행한 후 은행이나 어음교환소로부터 당좌거래정지처분을 받은 사실을 알면서 변제받은 경우,[82] 어음부도 후 근저당권을 설정하여 준 경우,[83] 부도 후 물품대금의 대물변제 내지 담보목적으로 임대차계약을 체결한 경우,[84] 부도 후 어음금채무에 갈음하여 임차권 대물변제계약을 체결한 경우,[85] 지급정지 후 담보권자에 대한 채무변제를 위하여 매출채권을 양도한 경우[86] 등이 있다. 한편 1차 부도는 지급제시된 어음이 지급거절된 상태로 최종부도가 있기 전까지는 거래정지처분 등이 내려지지 아니한 상태라는 이유로 1차 부도를 낸 채무자가 부도 당일 14 : 00경 변제합의를 하여 변제를 하고, 21 : 30경 회사정리절차 개시신청을 하고서 다음 날 최종 부도를 낸 경우에 부인권을 부정한 사례가 있다.[87]

2) 비본지행위에 대한 위기부인

가) 의   의

파산관재인은 파산재단을 위하여 채무자가 지급정지나 파산신청이 있은 후 또는 그 전 60일 이내에 한 담보의 제공 또는 채무소멸에 관한 행위로서 채무자의 의무에 속하지 아니하거나 그 방법 또는 시기가 채무자의 의무에 속하지

---

81) 전병서, 248, 249면. 구 화의법에 따라 채무자에 대한 화의절차에 의하여 화의인가결정이 확정된 후에 화의가 취소되고 파산선고가 내려진 경우에 관한 것이나 대법원 2007. 8. 24. 선고 2006다80636 판결은 구 화의법상 화의인가결정이 확정되면 화의채무자의 화의개시신청 당시의 지급정지상태 또는 그에 준하는 위기상태는 해소되었다고 볼 수 있으므로, 화의인가결정의 확정 후에 새로운 사정이 발생하여 화의가 취소되고 파산선고가 내려진 경우에는 부인권의 요건이 되는 '지급정지'는 파산선고 내지 파산절차와 직결되는, 즉 상당인과관계가 있는 범위 내의 지급정지상태 또는 그에 준하는 위기상태로 한정하여 해석함이 타당하고, 선행 화의절차의 종료 여부나 그 진행 기간 내지 경과 등을 고려하지 않은 채 아무런 제한 없이 종전의 화의개시의 원인이 된 선행 지급정지상태 또는 그에 준하는 위기상태를 '지급정지'로 보는 것은 부인권 행사의 대상을 지나치게 확대하여 채권자의 지위를 불안정하게 하고 거래의 안전을 해할 수도 있어 그대로 받아들일 수는 없다는 취지로 판시하였다.
82) 대법원 2002. 11. 8. 선고 2002다28746 판결.
83) 서울지방법원 2000. 3. 17. 선고 99가합44248 판결(미항소 확정).
84) 인천지방법원 2000. 11. 29. 선고 2000가합3824 판결(미항소 확정).
85) 서울지방법원 2000. 3. 23. 선고 99가합75822 판결(상고기각 확정), 서울지방법원 2000. 4. 11. 선고 99가합75815 판결(상고기각 확정).
86) 대법원 2007. 7. 13. 선고 2005다71710 판결.
87) 서울고등법원 2000. 5. 3. 선고 99나58367 판결(미상고 확정).

아니하는 것을 부인할 수 있다(볒 젵391좇). 다만, 채권자가 그 행위 당시 지급정지나 파산신청이 있은 것 또는 파산채권자를 해하게 되는 사실을 알지 못한 경우를 제외한다(볒 젵391좇). 이처럼 비본지행위에 대한 위기부인은 담보의 제공 또는 채무의 소멸에 관한 행위를 부인의 대상으로 한다는 점에서 법 제391조 제2호의 부인과 같은 점이 있으나 채무자의 의무에 속하지 아니하는 행위(비본지행위)를 부인의 대상으로 한다는 점에서 차이가 있다. 이에 따라 법은 법 제391조 제2호의 부인보다 시기적 요건을 완화하여 부인대상을 지급정지 등이 있기 이전 60일 내에 이루어진 행위까지 확대하고 있다.

나) 요   건

비본지행위에 대한 법 제391조 제3호 부인의 성립요건은 ① 객관적 요건으로서 담보의 제공 또는 채무의 소멸에 관한 행위로서 그 행위 자체나 방법 또는 시기가 채무자의 의무에 속하지 아니하는 행위라야 하고, ② 시기적 요건으로서 채무자가 지급정지 등이 있은 후 또는 그 전 60일 내에 한 행위라야 한다. 성립요건에 대한 증명책임은 파산관재인이 부담한다.

행위 자체가 채무자의 의무에 속하지 아니하는 예로는 채무자가 기존의 채무에 대하여 담보를 제공하기로 하는 약속이 없음에도 담보제공을 하는 경우,[88] 변제기한의 유예를 받거나 집행을 면하기 위하여 담보를 제공하는 경우[89] 등을 들 수 있다. 방법이 의무에 속하지 아니하는 예로는 본래 약정이 없음에도 대물변제를 하는 경우를, 시기가 의무에 속하지 아니하는 예로는 변제기 전에 채무를 변제하는 경우를 들 수 있다.

특히 문제가 되는 것은 여신거래약관 등에 흔히 있는 '채무자의 신용변동, 담보가치의 감소, 기타 채권보전상 필요하다고 인정될 상당한 사유가 발생한 경우에는 채무자는 채권자의 청구에 의하여 채권자가 승인하는 담보나 추가담보의 제공 또는 보증인을 세우거나 이를 추가한다' 등과 같은 규정에 의하여 추가담보를 제공하는 것이 채무자의 의무에 속하는지 여부에 관한 판단이다. 판례는

---

88) 서울중앙지방법원 2005. 10. 7. 선고 2004가합110576 판결(항소취하 확정)은 재산상태가 악화된 채무자가 거래처에 대한 물품대금채권을 어음할인을 해 준 상대방에게 양도하고 양도통지를 한 것은 의무에 없는 담보제공행위에 해당하며, 종전 어음할인 대출시 담보제공이 없었다면 별도의 약정 없이 대환시에 추가로 담보를 제공하는 것은 구체적인 담보제공 의무에 기한 것이라 할 수 없다는 취지로 판시하였다.

89) 대법원 2011. 11. 10. 선고 2011다55504 판결(채무자가 건설자재 임대차계약에 따른 건설자재 차임의 지급을 연체하여, 상대방이 채권확보차원에서 채무자의 공사대금채권을 가압류하자, 채무자가 위 가압류를 해제하기 위해 채권을 양도하고, 다시 상대방의 요청에 따라 채권을 양도한 경우), 서울고등법원 2000. 6. 23. 선고 99나54624 판결(미상고 확정).

법 제391조 제3호의 '채무자의 의무에 속한다'라고 함은 일반적·추상적 의무로
는 부족하고 구체적 의무를 부담하여 채권자가 그 구체적 의무의 이행을 청구할
권리를 가지는 경우를 의미한다고 해석함이 상당하다고 하면서,[90] 위 여신거래
약관 등의 규정은 채무자에게 구체적인 담보제공의무를 부담시키는 것은 아니어
서 채무자가 이에 불응하여도 채권자는 그의 이행을 소구할 수 없으므로, 그 약
관 규정에 기한 담보제공을 채무자의 의무에 속한다고 볼 수 없다고 한다.[91]

　법 제391조 제3호에서 정하는 부인의 대상이 되는 행위라고 하더라도 채권
자(수익자)가 그 행위 당시 지급정지나 파산신청이 있은 것 또는 파산채권자를
해하게 되는 사실을 알지 못한 경우에는 부인할 수 없으나, 그와 같은 수익자의
악의는 추정되므로 수익자 자신이 그 선의에 대한 증명책임을 부담한다.[92]

　다) 구체적인 사례

　비본지행위의 위기부인을 긍정한 사례로는 사채의 만기가 도래한 후 근저
당권이 설정되었고 근저당권이 설정되고 나서 6일 후 부도가 난 경우,[93] 변제기
의 연장을 위하여 담보제공을 하고 수일 만에 부도가 난 경우,[94] 외상대금채무
의 변제기가 도래하였으나 어음개서의 방법으로 만기를 연장한 경우 개서한 어
음의 만기 전인 부도 당일에 채무를 변제한 경우,[95] 실질적으로 만기가 도래한
어음의 만기연장을 받거나 또는 부도처분을 회피하기 위하여 담보를 제공하는
경우,[96] 위탁판매계약에 따라 지급받은 보증금의 반환의무에 갈음하여 10년간의
상표권 전용사용권계약을 체결하는 경우,[97] 기업개선작업약정에 따라 정리대상
금융기관 보증 회사채를 보유한 채권자가 정리대상 금융기관에 대한 파산절차의
최종배당 시점에서야 조기상환청구권을 행사할 수 있어 회사채를 발행한 채무자
는 정리대상 금융기관의 최후배당 이전에 조기상환청구권의 행사에 따라 상환금
을 지급할 법률상 의무가 없고 채무자의 파산신청이 예정되어 있는데도 변제기
이전에 채권자에게 상환금을 변제한 경우[98] 등이 있다.

---

90) 대법원 2011. 11. 10. 선고 2011다55504 판결.
91) 대법원 2000. 12. 8. 선고 2000다26067 판결, 대법원 2002. 2. 8. 선고 2001다55116 판결, 대법
　　원 2006. 6. 29. 선고 2004다32503 판결.
92) 대법원 2011. 11. 10. 선고 2011다55504 판결.
93) 대법원 2001. 5. 15. 선고 2001다16852 판결(다른 사정도 언급되고 있다).
94) 서울고등법원 2000. 6. 23. 선고 99나54624 판결(미상고 확정).
95) 서울고등법원 2000. 5. 3. 선고 99나58367 판결(미상고 확정).
96) 대법원 2006. 6. 29. 선고 2004다32503 판결.
97) 서울중앙지방법원 2013. 6. 28. 선고 2013가합500010 판결(상고기각 확정).

다. 무상부인

1) 의   의

파산관재인은 파산재단을 위하여 채무자가 지급정지 또는 파산신청이 있은 후 또는 그 전 6월 이내에 한 무상행위 및 이와 동일시할 수 있는 유상행위를 부인할 수 있다(법 제391조 제4호). 이처럼 무상부인이란 채무자가 한 무상행위 또는 이와 동일시하여야 할 유상행위를 부인하는 것을 말한다. 무상행위 또는 이와 동일시할 정도의 유상행위에 대해서는 파산채권자를 해할 위험성이 현저한 반면 상대방의 이익을 고려할 필요성은 적으므로 수익자의 악의도 요건으로 하지 않는다.

2) 요   건

무상부인의 성립요건은 ① 객관적 요건으로서 무상행위 또는 이와 동일시할 수 있는 유상행위라야 하고, ② 시기적 요건으로서 채무자가 지급정지 등이 있은 후 또는 그 전 6개월 이내에 한 행위라야 한다. 성립요건에 대한 증명책임은 파산관재인이 부담한다.

'무상행위'라 함은 채무자가 대가를 받지 않고 적극재산을 감소시키거나 소극재산, 즉 채무를 증가시키는 일체의 행위를 말하고, '이와 동일시하여야 할 행위'란 상대방이 반대급부로서 출연한 대가가 지나치게 근소하여 사실상 무상행위와 다름없는 경우를 말한다.[99] 무상행위로는 증여, 유증, 채무면제, 권리의 포기, 시효이익의 포기, 시효중단의 해태, 사용대차, 지상권의 무상설정 등의 법률행위와 소의 취하, 청구의 포기와 인낙, 소송상의 화해, 재판상 자백 등과 같은 소송행위도 포함한다.

무상행위인지 여부는 채무자를 기준으로 하여 판단해야 하지 수익자인 채권자의 입장에서 무상인지 여부를 판단해서는 아니 된다. 따라서 채무자가 의무 없이 타인을 위하여 한 보증 또는 담보의 제공은, 그것이 채권자의 타인에 대한

---

98) 대법원 2010. 6. 10. 선고 2010다6024 판결.
99) 대법원 1999. 3. 26. 선고 97다20755 판결, 대법원 2001. 7. 13. 선고 2001다5388 판결, 대법원 2002. 2. 26. 선고 2001다67331 판결, 대법원 2003. 9. 26. 선고 2003다29128 판결 등. 서울지방법원 1999. 6. 9. 선고 98가합70776 판결(미항소 확정)은 정리회사가 연대보증한 금액이 1,040억 원 정도이고 반대급부는 72억 원 정도에 불과하여 무상행위와 동일시해야 할 경우에 해당한다고 하였고, 서울중앙지방법원 2005. 7. 28. 선고 2004가합3159 판결(항소취하간주 확정)은 정리회사가 거래정지 처분을 받은 후 상대방에게 20년간 아시아 시장에서의 소주 독점판매권을 50만 달러에 부여한 것은 무상행위와 동일시해야 할 유상행위에 해당한다고 판시하였다. 참고로 독일 도산법 제134조 제1항도 무상급부는 부인할 수 있다고 하면서, 같은 조 제2항은 선물, 축의금, 기념품 등과 같은 일상적인 선물은 무상부인의 대상에서 제외하고 있다.

출연 등의 직접적인 원인이 되는 경우에도, 채무자가 그 대가로서 직접적이고도 현실적인 경제적 이익을[100)101)] 받지 아니하는 한 무상행위에 해당한다. 이는 주채무자와 채무자가 이른바 계열회사 내지 가족회사인 관계에 있다고 하여 달라지지 않는다.[102)]

한편 법 제391조 제4호는 시기적 요건도 보다 완화하여 지급정지나 파산신청이 있은 후 또는 그 전 6개월 이내에 한 무상행위를 부인의 대상으로 한다. 채권자와 주채무자 사이의 계속적 거래관계에 대한 보증인의 근보증행위가 이루어진 시점에 대한 판단은 보증의 의사표시 당시를 기준으로 하여야 하고, 주채무가 실질적으로 발생하여 구체적인 보증채무가 발생한 때를 기준으로 할 것이 아니다.[103)] 최초 어음할인과 이에 대한 채무자의 연대보증 등 대출거래가 있은 후 대환에 의하여 변제기가 연장되어 옴에 따라 최초의 대출거래시기가 채무자의 지급정지일로부터 6개월 전 이전에 해당하게 된 경우에는 마지막 대환거래일이 지급정지일로부터 6개월 이내에 해당하더라도 채무자의 연대보증행위는 본호의 부인의 대상이 될 수 없다.[104)]

---

100) 경제적 이익의 의미에 관한 자세한 내용은 임채웅, "도산법상 무상부인권의 행사요건으로서의 무상 및 특수관계인의 의미에 관한 연구", 도산법연구 제1권 제1호, 사단법인 도산법연구회 (2010), 177-186면.

101) 참고로 상법 제542조의9 제1항, 같은 법 시행령 제35조 제1항은 상장회사는 주요주주 및 그 특수관계인, 이사 또는 감사를 상대방으로 하거나 그를 위하여 채무이행의 보증이나 담보를 제공하는 거래 등을 원칙적으로 금지하고, 「독점규제 및 공정거래에 관한 법률」 제10조의2 제1항은 상호출자제한기업집단에 속하는 회사의 채무보증을 원칙적으로 금지하고 있다.

102) 대법원 2002. 2. 26. 선고 2001다67331 판결, 대법원 2008. 11. 27. 선고 2006다50444 판결, 대법원 2009. 2. 12. 선고 2008다48117 판결, 대법원 2014. 5. 29. 선고 2014다765 판결 등. 회사정리법상 회사정리절차에 관한 것이나 대법원 1999. 3. 26. 선고 97다20755 판결은 "정리회사의 보증행위와 이로써 이익을 얻은 채권자의 출연과의 사이에는 사실상의 관계가 있음에 지나지 않고, 정리회사가 취득하게 될 구상권이 언제나 보증행위의 대가로서의 경제적 이익에 해당한다고 볼 수도 없으며, 나아가 정리회사가 계열회사를 위하여 위와 같은 보증을 한 경우에 있어서도 당해 정리절차는 계열회사와는 별개로 정리회사의 정리재건과 이를 통한 총채권자의 만족을 목적으로 하여 행하여지는 것이라는 점에 비추어 보면, 주채무자가 계열회사라는 사정만으로는 주채무자의 경제적 이익이, 곧 보증인인 정리회사의 경제적 이익이라고 단정할 수 없고, 따라서 정리회사가 보증의 대가로서 직접적이고도 현실적인 경제적 이익을 받지 아니하는 한, 그 행위의 무상성을 부정할 수는 없다 할 것이다."라고 판시하였다. 대법원 2009. 5. 28. 선고 2005다56865 판결은 "파산자가 계열회사인 주채무자 회사의 주식을 다량 보유하고 있었다거나 그 주채무자 회사가 발행한 거액의 회사채를 파산자가 이미 지급보증한 상태였다는 등의 사정만으로는 주채무자의 경제적 이익이 곧바로 보증인인 파산자의 경제적 이익이라고 단정할 수 없으며, 파산자가 보증 또는 담보제공의 대가로서 직접적이고도 현실적인 경제적 이익을 얻지 아니하는 한, 그 행위의 무상성을 부정할 수는 없다고 보아야 하고, 그 담보제공 당시 또는 담보권행사 당시 파산자에게 자력이 충분하였다는 사정만으로 그 부인권행사에 지장이 생기는 것도 아니다."라고 판시하였다.

103) 대법원 2002. 7. 9. 선고 99다73159 판결.

104) 대법원 2001. 11. 13. 선고 2001다55222, 55239(병합) 판결은 금융기관과 채무자가 새로운 자금

한편 무상행위의 부인은 그 대상인 행위가 대가를 수반하지 않는 것으로서 파산채권자 일반의 이익을 해할 위험이 특히 현저하기 때문에 채무자와 수익자의 주관적 사정을 고려하지 아니하고 오로지 행위의 내용과 시기에 착안하여 특수한 부인유형으로서 규정되어 있는 점에 비추어, 그 행위의 상당성 여부의 판단에 있어서도 행위의 목적·의도와 동기, 수익자와의 통모 여부 등 채무자와 수익자의 주관적 상태보다는 행위 당시의 채무자의 재산 및 영업 상태, 행위의 사회경제적 필요성, 행위의 내용 및 금액과 이로 인한 채무자의 경제적 이익 등 객관적 요소를 종합적으로 고려하여 판단하여야 한다.[105]

3) 구체적 사례

무상부인을 긍정한 사례로는 계약직 사원으로 고용형태를 변경하면서 정해진 퇴직금 외에 별도로 평균임금 6개월 내지 22개월분의 명예퇴직금을 지급한 지 불과 5개월이 지나지 않아 회사의 BIS비율이 마이너스 상태에서 평균임금 18개월분의 명예퇴직금을 다시 지급한 행위,[106] 계열회사에 대한 지급보증,[107] 대가 없는 약속어음 배서행위,[108] 부도 후 부동산의 증여,[109] 연대보증 후 연대보증채무의 기한유예를 받기 위한 물상보증(담보제공행위)[110] 등이 있다.

3. 특별요건

가. 특수관계인을 상대방으로 한 행위에 대한 특칙

1) 본지행위의 위기부인에 대한 특례

법 제391조 제2호(본지행위의 위기부인) 단서의 규정을 적용하는 경우 이익을 받는 자가 채무자와 대통령령이[111] 정하는 범위의 특수관계에 있는 자(특수관계

의 실질적 수수 없이 문서상으로만 신규대출의 형식을 구비하여 기존 채무를 변제한 것으로 처리하는 이른바 대환은 특별한 사정이 없는 한 실질적으로는 기존 채무의 변제기의 연장에 불과하고 이렇게 대환이 이루어진 경우에는 기존채무가 동일성을 유지한 채 존속하는 것임을 전제로 판시하고 있다. 유사한 취지의 판결로 대법원 2001. 7. 13. 선고 2001다5388 판결, 대법원 2001. 5. 29. 선고 2001다16814 판결 등.
105) 대법원 2012. 6. 28. 선고 2012다30427 판결, 대법원 2015. 5. 29. 선고 2012다87751 판결.
106) 대법원 2004. 1. 29. 선고 2003다40743 판결은 명예퇴직금의 지급행위는 퇴직하는 데에 대한 위로의 성격이 있음을 부인할 수는 없으나 그 액수가 지나치게 과다한 경우에는 무상행위와 동시하여야 할 유상행위에 해당한다고 판시하였다.
107) 대법원 2001. 5. 8. 선고 99다32875 판결, 대법원 1999. 3. 26. 선고 97다20755 판결 등.
108) 서울고등법원 2000. 7. 21. 선고 2000나13339 판결(미상고 확정).
109) 서울지방법원 2001. 11. 15. 선고 2001가합968 판결(미상고 확정).
110) 대법원 2002. 3. 26. 선고 2000다67075 판결.

인)인 때에는 그 특수관계인이 행위 당시 지급정지 또는 파산신청이 있은 것을 알고 있었던 것으로 추정한다(법 제392조 제1항).[112] 따라서 수익자에 대한 주관적 요건의 증명책임을 파산관재인이 부담하는 통상의 경우와 달리, 수익자는 자신이 선의라는 사실을 증명함으로써 부인의 대상에서 제외될 수 있다.

2) 비본지행위의 위기부인에 대한 특례

법 제391조 제3호의 규정을 적용하는 경우 특수관계인을 상대방으로 하는 행위에 대하여는 같은 호 본문에 규정된 '60일'을 '1년'으로 하고, 같은 호 단서를 적용하는 경우에는 그 특수관계인이 그 행위 당시 지급정지 또는 파산신청이 있은 것과 파산채권자를 해하는 사실을 알고 있었던 것으로 추정한다(법 제392조 제2항). 따라서 특수관계인이 선의의 증명책임을 진다.[113]

---

111) 시행령 제4조(특수관계인) 법 제101조 제1항, 법 제218조 제2항 각 호 및 법 제392조 제1항에서 '대통령령이 정하는 범위의 특수관계에 있는 자'라 함은 다음 각 호의 어느 하나에 해당하는 자를 말한다.
  1. 본인이 개인인 경우에는 다음 각 목의 어느 하나에 해당하는 자
  가. 배우자(사실상의 혼인관계에 있는 자를 포함한다. 이하 같다)
  나. 8촌 이내의 혈족이거나 4촌 이내의 인척
  다. 본인의 금전 그 밖의 재산에 의하여 생계를 유지하는 자이거나 본인과 생계를 함께 하는 자
  라. 본인이 단독으로 또는 그와 가목 내지 다목의 관계에 있는 자와 합하여 100분의 30이상을 출자하거나 임원의 임면 등의 방법으로 법인 그 밖의 단체의 주요 경영사항에 대하여 사실상 영향력을 행사하고 있는 경우에는 당해 법인 그 밖의 단체와 그 임원
  마. 본인이 단독으로 또는 그와 가목 내지 라목의 관계에 있는 자와 합하여 100분의 30이상을 출자하거나 임원의 임면 등의 방법으로 법인 그 밖의 단체의 주요 경영사항에 대하여 사실상 영향력을 행사하고 있는 경우에는 당해 법인 그 밖의 단체와 그 임원
  2. 본인이 법인 그 밖의 단체인 경우에는 다음 각 목의 어느 하나에 해당하는 자
  가. 임원
  나. 계열회사(「독점규제 및 공정거래에 관한 법률」 제2조 제3호에 따른 계열회사를 말한다) 및 그 임원
  다. 단독으로 또는 제1호 각 목의 관계에 있는 자와 합하여 본인에게 100분의 30이상을 출자하거나 임원의 임면 등의 방법으로 본인의 주요 경영사항에 대하여 사실상 영향력을 행사하고 있는 개인 및 그와 제1호 각 목의 관계에 있는 자와 법인 그 밖의 단체(계열회사를 제외한다. 이하 이 호에서 같다) 및 그 임원
  라. 본인이 단독으로 또는 그와 가목 내지 다목의 관계에 있는 자와 합하여 100분의 30이상을 출자하거나 임원의 임면 등의 방법으로 단체의 주요 경영사항에 대하여 사실상 영향력을 행사하고 있는 경우에는 당해 법인 그 밖의 단체 및 그 임원
112) 구 파산법 제64조 제3호는 본지 위기부인에 대한 특례로서 친족 등을 상대방으로 한 본지행위부인에 관하여 규정하고 있었다. 제3호의 부인은 제2호의 본지 위기부인과 동일한 행위를 대상으로 하나 행위의 상대방이 채무자의 친족 또는 동거자인 점에서 차이가 나고, 채무자의 의무에 속하는 행위를 대상으로 한다는 점에서 제4호의 비본지 위기부인과 다르다고 해석하였다.
113) 다만 비본지행위에 대한 위기부인은 통상의 경우에도 수익자가 선의의 증명책임을 부담하므로 법 제392조 제2항 후단은 무익한 규정이다.

3) 무상부인에 대한 특례

법 제391조 제4호의 규정을 적용하는 경우 특수관계인을 상대방으로 하는 행위인 때에는 같은 호에 규정된 '6월'을 '1년'으로 한다(법 제392조 제3항). 여기서 상대방이 특수관계인인 경우라 함은 부인의 대상이 연대보증행위인 경우에는 그 연대보증행위의 직접 상대방으로서 보증에 관한 권리를 취득하여 이를 행사하는 채권자가 채무자의 특수관계인인 경우를 말하고, 주채무자가 채무자와 특수관계인인 경우는 해당되지 않는다.[114]

나. 어음채무의 지급에 관한 부인의 제한

법 제391조의 규정은 채무자로부터 어음의 지급을 받은 자가 그 지급을 받지 아니하면 채무자의 1인 또는 여럿에 대한 어음상의 권리를 상실하게 되었을 경우에는 적용하지 아니한다(법 제393조 제1항). 따라서 어음·수표채무 변제의 경우에는[115] 일정한 요건 아래 법 제391조에서 규정한 부인의 유형에 해당하더라도 부인할 수 없도록 하고 있다. 이는 어음·수표 소지인이 채무자가 어음·수표금을 제공함에도 이를 수령하지 않을 경우 상환청구권을 상실하게 되고, 따라서 변제를 받을 수밖에 없음에도 나중에 파산절차에서 그 변제가 부인된다면 그때는 이미 거절증서작성기간이 도과되어 역시 상환청구권을 상실하게 되는 불합리한 결과를 초래하고 어음·수표거래의 안전을 해하기 때문에 부인의 대상에서 제외한 것이다.

그러나 법 제393조 제1항의 경우 최종의 상환의무자 또는 어음의 발행을 위탁한 자가 그 발행 당시에 지급정지 또는 파산신청이 있었음을 알았거나 또는 과실로 인하여 이를 알지 못한 때에는 파산관재인은 그로 하여금 채무자가 지급한 금액을 상환하게 할 수 있다(법 제393조 제2항). 경우에 따라서는 이를 악용하여 어음·수표금의 변제를 받는 방법으로 우선변제를 받을 수 있으므로 이를 제한하기 위한 것이다. 예를 들어 채권자가 자기를 수취인으로 한 약속어음을 채무자에게 발행하도록 한 다음 제3자에게 배서양도하여 대가를 받고, 제3자는 채무자에게

---

114) 대법원 2009. 2. 12. 선고 2008다48117 판결, 대법원 2015. 12. 10. 선고 2015다233340 판결, 대법원 2019. 1. 17. 선고 2015다227017 판결.

115) 통설은 법 제393조 제1항에서 말하는 '어음의 지급'이란 약속어음의 발행인·환어음의 인수인과 지급인·수표의 지급인에 의한 지급을 의미하고, '1인 또는 여럿에 대한 어음상의 권리'란 전자에 대한 상환청구권을 의미한다고 해석하고 있다. 약속어음의 수취인이 소지인인 경우, 거절증서작성이 면제된 어음의 경우는 상환청구권이 문제되지 않으므로 이 규정이 적용되지 않는다. 전병서, 257면.

어음을 제시하여 어음금을 지급받은 경우 또는 채권자가 채무자에게 위탁하여 채무자를 발행인, 제3자를 수취인으로 한 약속어음을 발행하게 하고 제3자로부터 배서양도받아 채무자로부터 어음금을 지급받은 경우이다.

다. 성립요건·대항요건의 부인

1) 의   의

지급정지 또는 파산신청이 있은 후에 권리의 설정·이전 또는 변경의 효력을 생기게 하는 등기 또는 등록이 행하여진 경우 그 등기 또는 등록이 그 원인인 채무부담행위가 있은 날부터 15일을 경과한 후에 지급정지 또는 파산신청이 있음을 알고 행한 것인 때에는 이를 부인할 수 있다(법 제394조 제1항 본문). 다만, 가등기 또는 가등록을 한 후 이에 의하여 본등기 또는 본등록을 한 때에는 그러하지 아니하다(법 제394조 제1항 단서). 지급정지 또는 파산신청이 있은 후에 권리의 설정·이전 또는 변경을 제3자에게 대항하기 위하여 필요한 행위를 한 경우 그 행위가 권리의 설정·이전 또는 변경이 있은 날부터 15일을 경과한 후에 지급정지 또는 파산신청이 있음을 알고 행한 것인 때에도 같다(법 제394조 제2항).

이처럼 법 제394조는 성립요건·대항요건의 구비행위를 권리변동의 원인행위와 분리하여 그 원인행위를 부인할 수 없는 경우에도 독자적으로 성립요건·대항요건의 구비행위를 부인할 수 있도록 규정하고 있다(물론 원인인 채무부담행위도 부인할 수 있는 경우 파산관재인은 선택에 따라 성립요건·대항요건의 구비행위만을 부인할 수도 있다). 성립요건·대항요건의 구비행위에 대한 부인을 인정하는 취지는 원인행위가 있었음에도 상당기간 성립요건·대항요건의 구비행위를 하지 않고 있다가 지급정지 등이 있은 후에 그 구비행위를 한다는 것은 일반 채권자들에게 예상치 않았던 손해를 끼치기 때문에 이를 부인할 수 있게 한 것이다.

2) 일반 부인권과의 관계

본조의 부인규정과 법 제391조의 관계에 대하여 견해가 대립되고 있으나[116] 통설과 판례는[117] 성립요건·대항요건의 구비행위도 본래 법 제391조의 일반 규정에 의한 부인의 대상이 되어야 하지만, 권리변동의 원인이 되는 행위를 부인

---

116) 박성철, "파산법상의 부인권", 재판자료 제83집, 280, 281면; 전병서, 261, 262면.

117) 대법원 2001. 9. 4. 선고 2001다25931 판결, 대법원 2004. 2. 12. 선고 2003다53497 판결[이 판결에 관하여는 심준보, "회사정리법상 대항요건의 부인", 대법원판례해설 제49호, 법원도서관 (2004), 846, 847면], 대법원 2007. 7. 13. 선고 2006다13223 판결, 대법원 2007. 7. 13. 선고 2005다72348 판결.

할 수 없는 경우에는 가능한 한 성립요건·대항요건을 구비시켜 당사자가 의도한 목적을 달성시키면서 법 제394조 소정의 엄격한 요건을 충족시키는 경우에만 특별히 이를 부인할 수 있도록 한 것이라고 해석되므로, 권리변동의 성립요건·대항요건을 구비하는 행위는 법 제394조 소정의 엄격한 요건을 충족시키는 경우에만 부인의 대상이 될 뿐이지, 이와 별도로 법 제391조에 의한 부인의 대상이 될 수는 없다고 해석한다. 따라서 성립요건·대항요건의 구비행위에 관하여는 위기부인뿐만 아니라 지급정지 등의 전후를 막론하고 법 제391조 제1항 제1호의 고의부인도 인정되지 않는다. 채권양도사실을 통지한 행위가 권리의 이전행위로부터 15일 이내에 이루어졌다면 선의, 악의를 불문하고 본조에 의한 부인권을 행사할 수 없다.[118)]

3) 성립요건

① 객관적 요건으로서 권리의 설정·이전 또는 변경의 효력을 생기게 하는 등기 또는 등록이 행하여지거나 제3자에게 대항하기 위하여 필요한 행위를 하여야 한다. 즉 성립요건 또는 대항요건을 구비하는 행위가 있어야 한다. 부동산의 등기, 동산의 인도, 채권의 양도와 입질에 관한 통지와 승낙,[119)] 지시채권의 배서·교부, 선박의 등기, 자동차의 등록 등을 구비하는 행위를 가리킨다. ② 시기적 요건으로서 그 성립요건 또는 대항요건을 구비하는 행위가 권리의 설정·이전 또는 변경의 원인인 채무부담행위가 있은 날부터(성립요건의 경우) 또는 권리의 설정·이전 또는 변경이 있은 날부터(대항요건인 경우) 각 15일을 경과한 후에 이루어져야 한다. 유의해야 할 점은 성립요건 또는 대항요건을 구비하여야 하는 위 15일의 기간은 권리변동의 원인행위가 이루어진 날이 아니고 그 원인행위의 효력이 발생하는 날부터 기산하여야 한다.[120)] ③ 주관적 요건으로서 수익자가 지급정지 또는 파산신청이 있음을 알고 있어야 한다. 성립요건에 대한 증명책임

---

118) 대법원 2002. 7. 9. 선고 2001다46761 판결(이 판결은 상대방의 예약완결권 행사행위를 부인할 수 없는 이상 상대방이 채무자를 대리하여 제3채무자에게 매출채권양도사실을 통지한 행위는 예약완결권의 행사로 효력이 발생한 매출채권의 양도사실을 통지하여 그 채권 양도의 대항력을 갖추는 행위이므로 구 회사정리법 제78조 제1항 제2호가 부인의 요건으로 정한 정리채권자 등을 해하는 행위와 담보의 제공 또는 채무의 소멸에 관한 행위에 해당한다고 할 수 없다는 취지로 판시하였다).

119) 승낙에 대해서는 앞서 본 바와 같이 논란이 있다.

120) 대법원 2001. 9. 4. 선고 2001다25931 판결, 대법원 2004. 2. 12. 선고 2003다53497 판결(매출채권에 관한 대물변제예약의 경우에는 대물변제예약시에 권리가 이전되었다고 할 수 없고, 예약완결시에 이전되었다고 보아야 하며, 상대방이 예약완결일로부터 15일 이내에 채무자를 대행하여 제3채무자에게 채권양도사실을 통지함으로써 대항요건을 구비하는 행위를 한 이상 구 회사정리법 제80조 제1항 소정의 부인권이 인정될 여지가 없다고 한 사례).

은 파산관재인에게 있다.

4) 예 외

그러나 지급정지 또는 파산신청이 있기 전에 가등기 또는 가등록을 한 후 이에 의하여 본등기 또는 본등록을 한 때에는 부인의 대상이 되지 않는다(별표 제394조). 이미 가등기 또는 가등록을 한 경우에는 당해 재산이 채무자의 일반재 산으로부터 일탈될 가능성을 대외적으로 공시하고 있기 때문에 가등기 또는 가 등록에 기초하여 본등기 또는 본등록이 이루어지더라도 일반 채권자들에게 예상 치 않은 손해를 끼친다고 할 수 없기 때문이다. 다만 가등기 또는 가등록 자체 가 법 제394조 제1항 본문의 요건을 충족하면 부인할 수 있는 것은 별개이 다.[121]

라. 집행행위의 부인

부인권은 부인하고자 하는 행위에 관하여 집행력 있는 집행권원이 있는 때 또는 그 행위가 집행행위에 의한 것인 때에도 행사할 수 있다(별표 제395조). 집행행위 의 부인이란 부인하고자 하는 행위에 관하여 상대방이 이미 집행권원을 가 지고 있거나 그 행위가 집행행위로서 이루어진 것이라도 부인하는 것을 말 한다. 따라서 통설은 법 제395조가 새로운 부인의 유형을 규정한 것이 아니 라 집행행위도 부인에 관한 일반조항인 법 제391조 각 호의 부인대상이 된 다는 것을 주의적으로 규정한 것에 불과하다고 해석한다.[122]

본조 전단의 '부인하고자 하는 행위에 관하여 집행력 있는 집행권원이 있는 때'와 관련하여 부인의 대상이 되는 행위는 ① 집행권원의 내용을 이루는 의무 를 발생시키는 채무자의 원인행위(매매계약, 담보권설정계약 등 원인행위가 의무이행 이전에 부인되면 실체법상 이행의무는 소멸하는데, 집행권원의 집행력도 소멸하는지에 대해서는 다툼이 있다),[123][124] ② 집행권원 자체를 성립시킨 채무자의 소송행위(청

---

121) 일본 最高裁判所 平成8年10月17日 平成7(才)1060号 判決은 가등기가처분명령에 기한 가등기를 부인하였다.

122) 전병서, 262면. 부인권은 사실심 변론종결 이후 발생한 실체법상 형성권이므로, 기판력의 시적 범위상 집행권원의 기판력이 부인권의 행사에 장애가 되지 않는다. 참고로 독일에서는 집행행 위의 부인에 관한 별도의 규정을 두고 있지 않지만, 집행권원 자체를 성립시키는 소송행위도 부인의 대상이 된다고 하고 있다. Pape, 405면.

123) 집행력도 소멸한다는 견해로는 박성철, "파산법상의 부인권", 재판자료 제83집, 286면; 전병서, 263면; 條解會社更生法(中), 102면; 注解破産法(上), 506면. 집행력을 배제하기 위해서는 청구이 의의 소를 제기하여야 한다는 견해로는 條解破産法, 1123면.

124) 채무자에 의한 이행이 이루어지기 전이라면 부인의 소 등으로 채무부존재 확인의 소를 제기

구의 인낙·포기, 재판상 화해, 재판상 자백, 변론기일에서의 불출석, 공격방어방법의 부제출, 지급명령에 대한 이의신청 부제기, 상소 부제기, 집행수락의 의사표시 등이 여기에 해당한다. 이러한 소송행위가 부인되면 그 기판력이나 집행력은 배제되지만, 실체법상 원인행위는 소멸하지 않는다),[125] ③ 집행권원의 내용을 이루는 의무를 이행하는 행위(강제집행, 임의변제 등 의무를 이행하는 행위가 부인되어도 집행권원 자체는 실효되지 않고, 수익자는 집행권원이 있는 파산채권자가 된다)가[126] 있다.

본조 후단의 '부인하고자 하는 행위가 집행행위에 의한 것인 때'와 관련하여 부인의 대상은 집행행위에 의하여 실현되는 실체법상의 효과가 아니라 집행행위 자체라는 것이 통설이다. 여기서 집행행위는 원칙적으로 집행기관의 행위를 가리키는 것으로 집행권원에 의한 채권의 만족적 실현을 직접적인 목적으로 하는 행위를 의미한다.[127]

집행행위의 부인에 대하여 채무자의 행위가 필요한지, 사해의사는 어느 정도 요구하는지 논란이 있다. 판례는[128] 법 제391조 각 호에서 부인권의 행사 대상인 행위의 주체를 채무자로 규정한 것과 달리 제395조에서는 아무런 제한을 두지 않고 있는데, 이는 부인하고자 하는 행위가 '집행행위에 의한 것인 때'는 집행법원 등 집행기관에 의한 집행절차상의 결정에 의한 경우를 당연히 예정하고 있고, 그러한 경우에는 채무자의 행위가 개입할 여지가 없기 때문이라면서,

---

하여 채무자의 원인행위에 기한 채무를 부인하거나 청구이의의 소를 제기하여 집행권원의 집행력을 배제할 수 있다. 채무자에 의한 이행이 이미 이루어진 후라면 부인의 소 등으로 채무자로부터 받은 급부의 반환을 구하는 소송을 제기할 수 있다.

125) 다만 이 경우 집행권원의 집행력을 배제시키는 방법이 문제된다. 條解破産法, 1123면은 청구이의의 소를 제기할 수 있다고 하면서 부인권 행사가 변론종결 후에 생긴 사유에 해당한다고 한다(또한 이 경우에는 집행권원의 내용인 의무 그 자체에 대하여는 부인의 효력이 미치지 않기 때문에 다툼의 여지가 남는다고 한다). 이에 대하여 정문경, "부인권 행사에 관한 실무상 몇 가지 쟁점", 도산법연구 제2권 제2호, 사단법인 도산법연구회(2011), 44-47면은 청구이의의 사유에 해당하지 않으므로 청구이의의 소가 제기될 수 없고, 채무부존재확인의 소를 제기하여 다투는 방법을 제시하고 있다.

126) 부인의 소 등으로 채무자로부터 받은 급부의 반환을 구하는 소송을 제기할 수 있다.

127) 회생절차에 관한 것이나 대법원 2011. 11. 24. 선고 2009다76362 판결은 법 제104조의 집행행위라 함은 집행권원이나 담보권의 실행에 의한 채권의 만족적 실현을 직접적인 목적으로 하는 행위를 의미하고, 담보권의 취득이나 설정을 위한 행위는 이에 해당하지 않는다고 볼 것이라면서, 법 제104조의 집행행위는 원칙적으로 집행기관의 행위를 가리키는 것이지만, 집행기관에 의하지 아니하고 질권자가 직접 질물을 매각하거나 스스로 취득하여 피담보채권에 충당하는 등의 행위에 대해서도 집행기관에 의한 집행행위의 경우를 유추하여 법 제100조 제1항 제2호에 의한 부인권 행사의 대상이 될 수 있다는 취지로 판시하였다. 다만, 파산절차에서 담보권자는 파산절차에 의하지 아니하고 별제권을 행사할 수 있으므로, 담보권실행 등을 위한 경매는 집행행위에 포함되지 않는다. 김형두, "담보권의 실행행위에 대한 관리인의 부인권", 민사판례연구 26권, 박영사(2004), 566면.

128) 대법원 2011. 11. 24. 선고 2009다76362 판결.

집행행위를 위기부인으로 부인하는 경우에는 반드시 그것을 채무자의 행위와 같이 볼만한 특별한 사정이 있을 것을 요하지 아니한다고 볼 것이라고 한다. 다만 집행행위에 대하여 부인권을 행사할 경우에도 행위주체의 점을 제외하고는 법 제391조 각호 중 어느 하나에 해당하는 요건을 갖추어야 한다고 하였다. 따라서 집행행위를 법 제391조 제1호에 의하여 부인할 때에는 채무자의 주관적 요건을 필요로 하는 고의부인의 성질상 채무자가 파산채권자들을 해함을 알면서도 채권자의 집행행위를 적극적으로 유도하는 등 그 집행행위가 '채무자가 파산채권자들을 해함을 알면서도 변제한 것'과 사실상 동일하다고 볼 수 있는 특별한 사정이 요구된다고 본다.[129]

집행행위의 부인에 해당하는 경우로는 채권자가 전부명령을 받은 행위,[130] 채무자의 제3채무자에 대한 채권에 관하여 채권압류 및 추심명령을 받아 압류된 채권을 추심하여 채무변제에 충당하는 행위,[131] 강제집행절차에서 배당금을 수령하는 행위,[132] 고의부인의 대상인 근저당권설정계약에 의하여 근저당권을 설정받은 채권자가 토지가 수용되자 물상대위권을 행사하여 수용보상금채권에 관하여 채권압류 및 전부명령을 받은 경우[133] 등이 있다.

마. 전득자에 대한 부인

파산관재인은 ① 전득자가 전득 당시 각각 그 전자(前者)에 대한 부인의 원

---

129) 대법원 2018. 7. 24. 선고 2018다204008 판결, 대법원 2018. 7. 24. 선고 2018다210348 판결. 참고로 일본 大審院 昭和8년12月28日 昭和8(オ)第1551号 判決, 大審院 昭和14년6月3日 昭和13(オ)第2078호 判決, 最高裁判所 昭和37년12月6日 昭和37(オ)第422号 判決 등은 집행행위가 고의부인의 대상이 되기 위해서는 채무자가 사해의사를 가지고 고의로 강제집행을 초래하거나 또는 그 강제집행이 채무자가 사해의사를 가지고 변제한 것과 사실상 동일하다고 볼 수 있는 경우여야 한다고 판시하였다.

130) 서울고등법원 2013. 1. 17. 선고 2012나52191 판결(미상고 확정)은 파산관재인의 청구가 기각된 사안이기는 하나 채권자가 전부명령에 기하여 전부금까지 변제받은 경우에는 파산관재인은 전부명령 및 전부금의 수령행위 모두를 부인의 대상으로 하여야 한다는 취지로 판시하였다. 반면 서울고등법원 2013. 3. 8. 선고 2012나29818 판결(미상고 확정)은 파산관재인이, 채무자의 약속어음 발행행위와 약속어음공정증서 작성행위 및 채권자가 위 약속어음공정증서를 집행권원으로 하여 받은 채권압류 및 전부명령, 그 채권압류 및 전부명령에 기하여 제3채무자를 상대로 제기한 전부금 청구소송에서의 조정을 갈음하는 결정 및 그에 따른 채권자의 전부금 수령행위를 모두 부인한다고 주장한 사안에서, 채권자가 위 채권압류 및 전부명령에 기하여 제3채무자를 상대로 제기한 전부금 청구소송에서 조정을 갈음하는 결정을 받고 그에 따라 전부금을 수령한 행위는 법 제391조 제1호 또는 법 제395조 후단에 해당하지 않는다면서 이를 원상회복의 방법에 있어 고려할 것이라는 취지로 판시하였다.

131) 대법원 2002. 11. 8. 선고 2002다28746 판결.

132) 대법원 2005. 9. 29. 선고 2003다30135 판결.

133) 서울고등법원 2016. 9. 29. 선고 2015나2064535 판결(심리불속행 상고기각 확정).

인이 있음을 안 때, ② 전득자가 법 제392조의 규정에 의한 특수관계인인 때[다만, 전득 당시 각각 그 전자(前者)에 대한 부인의 원인이 있음을 알지 못한 때에는 그러하지 아니하다], ③ 전득자가 무상행위 또는 이와 동일시할 수 있는 유상행위로 인하여 전득한 경우 각각 그 전자(前者)에 대하여 부인의 원인이 있는 때의 어느 하나에 해당하는 때에는 전득자에 대하여도 부인권을 행사할 수 있다(법 제403조 제1항). 위 ③에 의하여 부인권이 행사된 경우에 관하여 법 제397조 제2항의 규정을 준용한다(법 제403조 제2항).

부인권의 실효성을 확보하기 위해서는 전득자에 대해서도 부인의 효과가 미치도록 할 필요가 있고, 반면 이를 관철할 경우 거래의 안전을 해칠 우려가 있다. 법 제403조는 일정한 요건 아래 부인의 효력을 전득자에게 주장할 수 있도록 규정하여 전득자를 보호하고 있다. 전득자에 대하여 부인권을 행사한다는 의미는 부인의 대상이 되는 행위가 채무자와 수익자 사이의 행위이고 다만 그 효과를 전득자에게 주장한다는 것이다.[134] 전득자에게 부인을 주장하기 위해 수익자에 대하여 부인권을 행사할 필요도 없다.[135] 수익자가 파산하여 파산관재인이 선임된 경우, 파산관재인을 전득자로 취급할 것인지 견해의 대립이 있으나, 수익자로 취급해야 할 것이다.[136]

전득자에 대한 부인의 공통적인 성립요건은 전득자의 전자에 대한 부인의 원인이 있어야 한다. 따라서 수익자에 대해서는 법 제391조의 각 호 내지 법 제393조, 제394조, 제395조의 요건을 충족해야 하고, 중간 전득자가 있을 때에는 중간 전득자에 대하여 법 제403조의 요건을 갖추어야 한다. 나아가 파산관재인이 부인대상 행위의 전득자에 대하여 부인권을 행사하기 위해서는 특별 성립요건으로서 전득자가 그 전자인 수익자 내지 전득자에 대하여 각각 법 제391조 등에서 정하는 부인의 원인이 있음을 알아야 하고(법 제403조 제1항 제1호), 특별한 사정이 없는

---

134) 대법원 2004. 8. 30. 선고 2004다21923 판결은 채권자가 전득자를 상대로 하여 사해행위의 취소와 함께 책임재산의 회복을 구하는 사해행위취소의 소를 제기한 경우에 그 취소의 효과는 채권자와 전득자 사이의 상대적인 관계에서만 생기는 것이고 채무자 또는 수익자 사이의 법률관계에는 미치지 않는 것이므로, 이 경우 취소의 대상이 되는 사해행위는 채무자와 수익자 사이에서 행하여진 법률행위에 국한되고 수익자와 전득자 사이의 법률행위는 취소의 대상이 되지 않는다 할 것이어서, 채무자와 수익자 사이의 법률행위를 취소하고 전득자로 하여금 채무자에게 명의회복을 하도록 명한 것은 정당하다고 판시하였다. 위 법리는 부인권에 관하여도 동일하게 인정될 수 있다.
135) 일본 大審院 昭和15年3月9日 昭和14(才)第1332号 判決.
136) 임치용(3), 34, 35면. 서울고등법원 2003. 11. 5. 선고 2002나34088 판결(미상고 확정)은 파산관재인이 수익자임을 전제로 가액배상청구권은 파산채권으로 취급해야 한다고 판시하였다.

한 이러한 전득자의 악의에 대한 증명책임은 전득자에 대한 부인권을 행사하는 파산관재인에게 있다.[137] 다만 전득자가 법 제392조의 규정에 의한 특수관계인 일 때는 그와 같은 전득자의 악의는 추정되므로, 전득자 자신이 그 선의에 대한 증명책임을 부담한다(법 제403조제1항 제2호). 전득자가 무상행위 또는 이와 동일시할 수 있는 유상행위로 인하여 전득한 경우에는 각각 그 전자에 대하여 부인의 원인이 있는 때 부인의 대상이 되고, 전득자의 악의는 요건으로 하지 않는다(법 제403조제1항 제3호).

제 3 절 부인권의 행사

1. 부인권의 주체

부인권의 행사주체는 파산관재인으로 한정되어 있다(법 제396조제1항). 따라서 파산채권자는 부인권을 대위하여 행사할 수 없고,[138] 법원에 대하여 파산관재인에게 부인권의 행사를 명하도록 신청할 수 있을 뿐이다. 법원은 파산채권자의 신청에 의하거나 직권으로 파산관재인에게 부인권의 행사를 명할 수 있다(법 제396조제2항). 따라서 제3자가 채무자와 수익자 간의 행위가 부인할 수 있는 행위에 해당한다는 이유로 무효확인을 구하는 것은 파산관재인만이 행사할 수 있는 부인권을 행사하는 것이 되고 부인의 효력이 파산재단과 상대방 간에서만 생기고 제3자에 대하여는 효력이 미치지 아니하는 점에[139] 비추어 부적법하다. 한편 법 제6조 제1항 또는 제2항, 제8항의 규정에 의하여 회생절차폐지의 결정 등이 확정되어 법원의 파산선고에 의하여 파산절차로 이행된 견련파산의 경우, 파산관재인은 회생절차에서 관리인의 부인권 행사를 수계한다(법 제6조제6항, 제10항).[140] 관리인과 파산관재인 둘 다 부인권 행사의 주체이고, 소송경제 측면을 고려하여 수계를 인정한 것이다.

법 제396조는 부인권의 행사자가 파산관재인임을 규정한 것이고 부인권의 귀속주체까지 규정한 것으로는 보지 않는다. 부인권의 귀속주체를 어떻게 볼 것인가 하는 문제는 파산재단의 법적 성질, 파산관재인의 법적 지위에 대한 논의

---

137) 대법원 2011. 5. 13. 선고 2009다75291 판결.
138) 대법원 2002. 9. 10. 선고 2002다9189 판결.
139) 대법원 2005. 12. 22. 선고 2003다55059 판결.
140) 대법원 2015. 5. 29. 선고 2012다87751 판결.

와 밀접하게 관련되어 파산관재인설, 채무자설, 파산재단설, 파산채권자설, 파산관재인기구설 등이 주장되고 있다.[141]

2. 행사의 방법

부인권은 소, 부인의 청구 또는 항변의 방법으로 재판상 행사한다($^{법\ 제396조}_{제1항}$).[142] 어느 수단을 선택할지는 파산관재인이 판단한다.[143] 민법 제406조 제1항에 따라 채권자가 제기한 채권자취소소송이 파산선고 당시 법원에 계속되어 있는 때에는 파산관재인은 그 중단된 소송의 원고인 채권자 측을 수계할 수 있고, 수계한 후 청구변경의 방법으로 부인권을 행사할 수도 있다[채권자취소소송의 수계에 관한 자세한 내용은 제4장. 제3절 1. 라. 1) 나) (3) 참조]. 만일 파산관재인이 부인의 소 또는 부인의 청구를 취하하거나 부인의 항변을 철회한 경우에는 부인권은 처음부터 행사되지 않는 것으로 보아야 한다.[144]

가. 부인의 소

1) 법원의 허가

파산관재인은 부인의 소를 제기하거나 취하, 소송상 화해, 청구의 포기 등을 하기 위해서는 법원의 허가를 받아야 한다($^{법\ 제492조\ 제10호}_{내지\ 제12호}$). 서울회생법원은 파산선고 전 채무자의 대표자를 심문하면서 부인대상이 될 만한 행위가 있는지 살펴보고, 파산선고시 파산관재인에게 여러 가지 주의사항과 함께 부인권을 행사할

---

141) 박성철, "파산법상의 부인권", 재판자료 제83집, 243-245면; 임종헌, "일본 파산법상의 부인권에 관한 연구", 재판자료 제66집, 법원도서관(1994), 812-815면; 전병서, 267면; 注解破産法(上), 407면.

142) 한편 법 제396조 제1항이 부인권을 재판상 행사하도록 하고 있는 것과 관련하여, 파산관재인이 재판 외에서 부인의 의사표시를 하고, 상대방이 이를 승인하여 화해를 한 경우 이를 재판상 부인에 준하여 취급하여야 하는가에 관하여는 견해의 대립이 있다. 재판상 부인에 준하여 취급하여야 한다는 견해로는 전병서, 272면; 伊藤眞, 573, 574면. 이를 굳이 부인권의 행사로 해석할 필요가 없다는 견해로는 임채웅, "부인소송의 연구", 사법 4호, 사법연구지원재단(2008), 104, 105면; 條解破産法, 1169면. 일본의 통설, 판례는 화해계약을 체결하더라도 부인등기를 할 수 없다는 점과 변제한 채권이 되살아나지 않는다는 점 등을 이유로 부인의 효과가 나지 않는다고 한다.

143) 대법원 2009. 5. 28. 선고 2005다56865 판결은 "부인권은 파산채권자의 보호를 위하여 파산자의 행위를 부인함으로써 파산재단의 충실을 도모함에 그 제도의 취지가 있는 것으로서 파산자와 그 상대방 간의 이해를 조절하기 위한 것이 아니므로, 원칙적으로 무상성, 유해성, 부당성 등 부인권행사의 요건이 충족되는 한 파산관재인의 부인권행사가 부인권제도의 본질에 반한다거나 신의칙위반 또는 권리남용에 해당한다고 볼 수 없다."라고 판시하였다.

144) 임채웅, "부인소송의 연구", 사법 4호, 사법연구지원재단(2008), 82면.

만한 거래관계나 변제내역이 있는지 검토하도록 지도하고 있다. 파산관재인이 부인의 소 제기에 대하여 허가신청을 하는 경우 승소 가능성과 승소할 경우 파산재단에 편입될 가능성 등을 고려하여 허가 여부를 결정한다.

파산절차가 지연되는 것을 막기 위해 파산관재인은 우선 상대방과 교섭하여 조기에 화해를 시도해야 하고, 화해가 곤란한 경우에 부인의 소나 부인의 청구를 제기하여야 한다. 부인권 행사가 명백히 인정될 사안의 경우에는 신속한 해결을 위해 부인의 청구를 신청해야 하고, 부인권이 인정될 것인지 의문이 있거나[145] 부인의 청구가 인용되더라도 상대방이 이의의 소를 제기할 것으로 예상되는 경우에는 곧바로 부인의 소를 제기하는 것이 좋을 수 있다.

2) 당 사 자

부인권은 수익자 또는 전득자 중 어느 일방 또는 쌍방을 상대로 하여 행사할 수 있고(채무자는 부인권 행사의 상대방이 아니다), 쌍방을 상대로 소를 제기하는 경우 필요적 공동소송이 아니라 통상의 공동소송이 된다. 앞서 본 바와 같이 부인권의 행사주체는 파산관재인으로 한정되어 있으므로, 파산채권자는 파산관재인을 대위하여 부인의 소를 제기할 수 없지만, 보조참가는 할 수 있다.

3) 관 할

부인의 소는 파산계속법원의 관할에 전속한다(법 제396조 제3항). 따라서 파산관재인이 채권자가 제기한 채권자취소소송을 수계한 후 청구변경의 방법으로 부인권을 행사하는 경우에, 채권자취소소송이 계속 중인 법원이 파산계속법원이 아니라면 그 법원은 관할법원인 파산계속법원으로 사건을 이송하여야 한다.[146][147] 다만, 채권자취소소송이 항소심에 계속된 후에는 파산관재인이 소송을 수계하여 부인

---

145) 다만 부인의 청구는 부인의 소와 달리 상대방의 동의 없이 자유로이 청구를 취하할 수 있으므로, 상대방의 예상되는 반론이 불분명한 경우에는 우선 부인의 청구를 하여 상대방의 반론을 들어본 다음 사정에 따라 부인의 청구를 취하하고 직접 부인의 소를 제기하는 방법도 고려해볼 수 있다.

146) 대법원 2018. 6. 15. 선고 2017다265129 판결.

147) 배당이의의 소는 배당을 실시한 집행법원이 속한 지방법원의 관할에 전속하므로(민사집행법 제155조 제1항, 제21조), 채권자취소소송에 배당이의의 소가 병합되어 있는 경우에는 전속관할 경합의 문제가 발생할 수 있고, 이때에는 이미 사건이 계속 중이라면 파산계속법원으로 이송하지 않는 것이 바람직하다는 견해가 있다. 한편, 파산관재인이 확정된 지급명령 또는 집행력있는 공정증서가 있는 채권에 대하여 부인권 행사 대상에 해당함을 이유로 이의하는 경우, 이의의 방법으로 청구이의의 소를 제기하면서 부인권을 행사할 수 있을 것인데, 청구이의의 소는 원칙적으로 집행권원이 확정된 지급명령인 경우에는 지급명령을 내린 지방법원에, 공정증서인 경우에는 채무자의 보통재판적이 있는 곳의 법원의 관할에 전속하므로(민사집행법 제58조 제4항, 제59조 제4항, 제21조) 이 경우에도 역시 전속관할 경합의 문제가 발생할 수 있고, 따라서 이미 계속 중인 사건은 파산계속법원으로 이송하지 않는 것이 바람직하다는 견해가 있다.

권을 행사하더라도 법 제396조 제3항이 적용되지 않고 항소심법원이 소송을 심리·판단할 권한을 계속 가진다.[148]

4) 소 송 물

부인의 소의 법적 성질에 대하여 판결 주문에서 부인을 선언하는 형성소송설과 부인의 선언이 아닌 금전의 지급이나 물건의 반환 등 부인에 기초하여 생기는 상대방의 의무를 판결 주문에 기재하면 충분하다는 이행·확인소송설이 대립하고 있다. 서울회생법원의 실무는 이행·확인소송설을 따르고 있다.[149]

이행·확인소송설에 의할 때 부인의 소의 소송물은 부인권 자체가 아니라 부인의 효과로서 발생한 권리관계에 기한 이행청구권 또는 그 청구권의 존부이다. 따라서 부인의 주장은 공격방어방법으로서 판결이유 중에서 판단되고, 파산관재인은 변론종결일까지 소 제기 당시 한 부인의 주장을[150] 변경·보완할 수 있다.[151] 부인권을 소에 의하여 행사한다는 것은 부인의 대상이 되는 행위가 그 효력을 소급적으로 상실하게 됨으로써 발생하는 법률적인 효과에 따라 원상회복의무의 이행을 구하는 소를 제기하거나, 그 법률관계의 존재 또는 부존재 확인을 구하는 소를 제기하는 방법에 의할 수도 있다는 의미로 보아야 할 것이다.[152] 실무상 청구취지에 부인과 그 효과로서의 금전반환을 함께 구하는 경우

---

148) 대법원 2017. 5. 30. 선고 2017다205073 판결.

149) 서울회생법원 2018. 1. 24. 선고 2017가합101275 판결(항소기각 및 심리불속행 상고기각 확정). 다수설 역시 이와 같다. 박성철, "파산법상의 부인권", 재판자료 제83집, 295, 296면; 전병서, 268면; 정문경, "부인권 행사에 관한 실무상 몇 가지 쟁점", 도산법연구 제2권 제2호, 사단법인 도산법연구회(2011), 41면. 일본의 통설과 실무도 이행·확인소송설을 따르고 있다. 伊藤眞, 568면.

150) 참고로 대법원 2010. 6. 10. 선고 2010다6024 판결은 제1심에서 당사자가 '변제가 본지변제인 것은 쌍방 다툼이 없다'고 진술하였으나, 이는 변제가 채무자의 의무에 속하지 아니하거나 그 방법 또는 시기가 채무자의 의무에 속하지 아니하는 것인지에 관한 진술로서 이른바 권리자백에 해당하는 것으로, 민사소송법 제288조가 규정하고 있는 자백의 대상이 아니므로 원심이 당사자의 진술에도 불구하고 변제가 비본지변제라고 판단하였다고 한 데에는 법리오해의 위법이 없다는 취지로 판시하였다.

151) 박성철, "파산법상의 부인권", 재판자료 제83집, 296면; 서울고등법원 2002. 7. 5. 선고 2001나72342 판결(상고기각 확정), 서울고등법원 2014. 11. 27. 선고 2014나13923 판결(심리불속행 상고기각 확정).

152) 서울고등법원 2005. 9. 14. 선고 2003나36821 판결은 파산관재인이 청구원인으로 담보제공행위 등에 대한 부인권을 행사한다는 주장을 하면서 청구취지로서 그와 같은 부인권 행사로 인하여 발생하는 법률효과에 기한 원상회복청구를 하는 부인의 소를 제기한 사안에서, 상대방이 한 구 파산법상 부인권은 그 본질상 형성권에 해당하므로 담보제공행위 등에 대한 부인권을 행사하려면 소를 형성의 소로서 제기하여야 함에도 파산관재인이 단순히 이행의 소만을 제기하는 방법에 의하여 부인권을 행사하고 있기 때문에 부인권 행사에 부적법하다는 취지의 피고의 주장에 대하여, 특별한 경우가 아닌 한 부인권은 소송에서 공격방어방법으로서 행사되고 판단됨으로 족한 것이고 반드시 형성의 소를 제기하는 방법에 의하여만 부인권을 행사할 수 있는 것은 아니라고 판시하였다. 그 상고심인 대법원 2009. 5. 28. 선고 2005다56865 판결도 다른 이유로 원심판결을 파기하였으

도 있으나,[153] 이행·확인소송설에 따르면 청구원인에 부인권을 행사한다는 주장을 하고, 청구취지에는 금전반환 또는 부인의 등기절차 이행 등 부인권 행사로 인하여 발생하는 법률효과를 구하면 된다.

비록 법은 고의부인, 위기부인, 무상부인을 요건을 나누어 별도로 규정하고 있지만, 이행·확인소송설에 따른다면 부인의 유형에 따라 별개의 형성소송이 인정되는 것은 아니고, 부인의 유형이 서로 상호배타적인 관계에 있는 것도 아니므로, 1개의 행위가 각 부인의 유형에 해당하는 경우에는 어느 것이라도 주장할 수 있다. 부인권 행사에 있어 부인의 요건은 공격방어방법에 해당하므로 파산관재인은 세 가지 부인유형 중 어느 것이라도 주장하여 부인대상 행위를 부인할 수 있고, 법원은 당사자가 주장하는 부인의 유형에 구속되지 않고 다른 유형의 부인을 인정할 수 있다. 그러나 앞서 본 바와 같이 부인의 유형에 따라 그 요건과 효과가 다르기 때문에, 파산관재인은 부인의 유형 중 어느 것에 해당하는지 밝히고, 부인의 유형에 따라 주위적·예비적, 선택적으로 주장을 구성해야 한다.

5) 주 문 례

가) 부인의 선언 여부

이행·확인소송설에 따른다면, 부인대상 행위를 '부인한다'는 형성판결의 주문을 내지 않는다. 원고가 '부인한다'는 주문을 구하는 경우, 부인의 선언을 구하는 확인청구로 선해하여 부인의 선언을 구할 이익(확인의 이익)이 있는지 판단해야 할 것인데, 별도로 원상회복 또는 가액배상을 구하는 경우에는 확인의 이익

나, 파산관재인이 청구원인으로 부인권을 행사한다는 주장을 하면서 청구취지로서 부인권 행사로 인하여 발생하는 법률효과에 기한 청구를 하여 부인권을 행사한 것은 적법하다는 취지로 판시하였다.

153) 법원이 파산관재인, 관리인이 구하는 바에 따라 주문에 부인대상 행위를 '부인한다'는 문구를 기재하고 함께 원상회복의무의 이행을 명하는 판결을 선고한 사례[서울고등법원 2004. 5. 4. 선고 2003나45092 판결(상고기각 확정), 서울고등법원 2008. 10. 15. 선고 2007나118530 판결(심리불속행 상고기각 확정), 수원지방법원 2015. 11. 27. 선고 2014가합67501 판결(항소기각 및 심리불속행 상고기각 확정, 항고심인 서울고등법원 2016. 10. 27. 선고 2015나2073317 판결은 '부인한다'는 청구취지가 이행소송이라는 부인소송의 법적 성질에 반하여 허용될 수 없는 것이므로 이에 기초한 제1심판결의 주문은 부적법하다는 취지의 주장에 대하여, 부인의 소에 있어 그 청구취지와 같은 형태의 청구도 허용된다는 이유로 그 주장을 받아들이지 아니하였다)], 파산관재인이 청구취지 변경신청서에 '부인한다'는 청구취지를 함께 기재하였으나 원상회복의무의 이행을 명하는 주문만의 판결을 선고한 사례[서울고등법원 2016. 10. 25. 선고 2016나2017598 판결(부인권을 재판상 행사하는 경우에는 부인의 법률적 효과로서 금전의 지급이나 물건의 반환 등을 구하는 것으로 충분하므로 '부인한다'는 청구취지 부분은 소송법상 청구가 아니라 부인권 행사임을 명시하는 의미로 기재한 것으로 보아 판단하지 아니한다고 하였다. 심리불속행 상고기각 확정)] 등이 있으나, 그 사례가 많지는 않다.

이 없다고 할 것이다.[154]

나) 원상회복 또는 가액배상으로 금전의 지급을 명하는 경우

채권자취소권에서는 원상회복의 상대방을 채무자 대신 채권자로 할 수 있지만, 부인권의 행사에서는 파산관재인(원고)만이 원상회복의 상대방이 된다(지연손해금의 기산점과 이율에 대하여는 제14장 제4절 1. 참조).

> 피고는 원고에게 1억 원 및 이에 대하여 2019. 4. 1.부터 2019. 11. 21.까지는 연 5%의, 그 다음날부터 다 갚는 날까지는 연 15%의 각 비율로 계산한 돈을 지급하라.

다) 부동산의 처분행위를 부인하는 경우

법 제26조 제1항은 등기의 원인인 행위가 부인된 때 또는 등기가 부인된 때 파산관재인은 부인의 등기를 신청하여야 한다고 규정하고 있는데, 이 등기는 파산절차가 인정하는 특별한 등기이기 때문에, 등기의 원인인 행위가 부인되거나 등기 자체가 부인된 경우에는 이전등기 또는 말소등기가 아닌 부인등기절차의 이행을 명하여야 한다.[155][156] 또한 법에서는 등기원인인 행위의 부인과 등기 자체의 부인을 명백히 구분하고 있으므로 주문 역시 이를 구분하여야 한다(부인의 등기에 관한 자세한 내용은 제14장 제4절 5. 참조).[157] 그 주문례는 다음과 같다.[158]

---

154) 대전고등법원 2005. 9. 30. 선고 2004나10655 판결(심리불속행 상고기각 확정), 서울중앙지방법원 2009. 4. 15. 선고 2007가합46195 판결(항소기각 확정), 광주지방법원 2015. 4. 24. 선고 2014가합316 판결(항소기각 및 심리불속행 상고기각 확정, 다만 파산관재인은 항소 및 상고하지 아니하였다), 울산지방법원 2016. 3. 31. 선고 2015가합21239 판결(항소 및 부대항소기각 확정) 등. 앞서 본 바와 같이 '부인한다'는 청구취지에 관하여 따로 판단하지 아니하거나 무익적 기재라고 보는 실무례도 있다. 임치용(3), 32면은 청구취지에 '부인하고'라는 문구가 기재되어도 이를 불필요한 문구를 기재한 것으로 처리하고, 별도로 소의 이익이 없다고 소 각하 판결을 할 필요가 없다는 견해를 취한다.

155) 소유권이전청구권가등기의 이전등기(부기등기)를 부인하는 경우에는 임치용(3), 46-48면.

156) 서울회생법원 2018. 10. 17. 선고 2017가합101138 판결(미항소 확정)은 채무자가 채권자와 근저당권설정계약을 체결하고 근저당권설정등기를 마쳐준 행위 일부가 부인의 대상으로 인정된 사안에서, "피고는 원고에게 별지 목록 기재 부동산에 관하여 ○○지방법원 20○○. ○. ○. 접수 제○호로 마친 근저당권설정등기의 채권최고액 1,200,000,000원 중 782,114,334원 부분에 관하여 부인등기절차를 이행하라."라는 주문의 판결을 선고하였다. 이 판결에 따른 부인의 등기는 부동산등기부 권리자 및 기타사항란에 "채권최고액 금 1,200,000,000원 중 금 782,114,334원 부분에 관하여 부인"이라고 기재되어 마쳐졌다.

157) 등기원인행위를 부인하면 "등기원인의 부인등기절차를 이행하라.", 등기 자체를 부인하면 "등기의 부인등기절차를 이행하라."로 구분하여 표기해야 한다. 부동산등기실무(Ⅲ), 371-373면.

피고는 원고에게 별지 목록 기재 부동산에 관하여 서울중앙지방법원 2019. 4. 1. 접수 제100호로 마친 소유권이전등기(소유권이전등기 원인)의 부인등 기절차를 이행하라.

라) 채권양도 또는 그 대항요건을 부인하는 경우

채권양도뿐 아니라 채권양도 통지까지 이루어진 경우, 제3채무자에게 그 채권을 다시 파산관재인에 양도하였다는 통지를 이행하라고 하기도 하나,[159] 제3채무자에게 양도행위를 부인하였다는 통지를 하도록 하는 것이 타당하다.[160] 전부명령을 받았으나, 집행채권자가 제3채무자로부터 지급받지 않은 경우도 마찬가지이다.[161] 주문례는 다음과 같다.

피고는 ○○○(제3채무자)에게 피고와 채무자 사이의 별지 목록 기재 채권에 관한 2018. 4. 1.자 양도행위(채권압류 및 전부명령에 기한 채권이전)가

---

158) 한편 부동산 이외 자동차, 지식재산권과 같이 등기·등록된 재산에 관하여 부인권을 행사한 경우에도 법 제27조가 제26조를 준용하고 있으므로, 부인등록절차를 이행하라는 주문을 내야한다는 견해와 부인등록절차가 마련되어 있지 않아 혼란을 야기할 수 있으므로 소유권이전등록의 말소등록절차 또는 부인권 행사를 원인으로 한 소유권이전등록절차를 이행하라는 주문("**피고는 원고에게 별지 목록 기재 자동차에 관하여 2019. 4. 1. 부인권 행사를 원인으로 한 소유권이전등록절차를 이행하라.**")을 내야 한다는 견해가 대립하고 있다. 서울중앙지방법원 2010. 6. 14.자 2010하기43 결정은 '부인권 행사를 원인으로 소유권이전등록절차를 이행하라'는 주문의 부인의 결정을 하였고 이에 대하여 상대방이 이의의 소를 제기하였으나 서울중앙지방법원 2011. 1. 21. 선고 2010가합74473 판결(항소기각 및 심리불속행 상고기각 확정)은 부인의 결정을 인가하였다. 서울중앙지방법원 2006. 11. 22. 선고 2005가합58002 판결(항소기각 및 심리불속행 상고기각 확정)은 상표·서비스표에 관하여 설정등록의 말소등록절차를 이행하라는 주문을 낸 바 있다. 반면 회생절차에 관한 것이나 서울고등법원 2013. 6. 13. 선고 2012나61942 판결(미상고 확정)은 채무자가 그 재산의 소유권을 제3자에게 이전하여 그 등기를 마친 후에 채무자의 그 행위가 부인된 경우에 등기의 원상회복을 위해서는 관리인이 그 행위의 상대방에 대하여 그 등기의 부인등기절차 이행을 청구하여야 하고, 이는 상표권 등과 같이 등록된 권리의 경우에도 마찬가지라고 판시하면서, "**상표권이전등록의 원인의 부인등록절차를 이행하라.**"라는 주문의 판결을 선고하였다.

159) 서울지방법원 2001. 3. 30. 선고 2000가합16683 판결(상고기각 확정), 서울중앙지방법원 2007. 9. 19. 선고 2006가합24068 판결(항소기각 및 심리불속행 상고기각 확정). 이 경우 양도를 받는 자가 파산관재인인지 아니면 채무자인지 논란이 있으나, 임채웅, "부인소송의 연구", 사법 4호, 사법연구지원재단(2008), 91, 92면은 원상회복으로 금전의 지급 또는 동산의 인도를 구하는 경우와 달리 채권양도를 부인하는 경우에는 원상회복의 상대방을 채무자로 해야 한다고 설명한다.

160) 임치용(3), 43, 44면; 서울고등법원 2016. 12. 22. 선고 2016나9829 판결(미상고 확정), 서울중앙지방법원 2015. 10. 22. 선고 2015가합537320 판결(미항소 확정), 서울회생법원 2017. 12. 6. 선고 2017가합100944 판결(미항소 확정) 등.

161) 일본 福岡高等裁判所 昭和32年11月26日 昭和31(ネ)第204号 判決. 한편 東京地裁破産實務研究會, 破産管財の手引(增補版), 金融財政事情研究會(2012), 217면; 中山孝雄·金澤秀樹 編, 破産管財の手引(第2版), 金融財政事情研究會(2015), 231면 등은 일본에서는 실무상 별도로 채권양도통지를 하는 대신 그 채권이 원고에게 있음을 확인하는 주문만 내고 있다고 한다.

2019. 4. 1. 부인되어 그 효력이 상실되었다는 취지의 통지를 하라.

채권양도행위가 아닌 대항요건 구비행위인 양도통지 자체가 부인되는 경우에는 별도로 상대방에 대하여 제3채무자를 상대로 부인의 통지의 이행을 명할 필요가 없다는 견해가 있다.[162]

한편 채권양도 또는 그 대항요건을 부인하는 경우, 제3채무자가 이미 변제 공탁을 하였다면, 제3채무자는 더 이행할 의무가 남아 있지 않으므로 제3채무자를 상대로 부인의 통지를 할 필요는 없고, 공탁금 출급청구권 양도의 의사표시를 하고 대한민국에 그 양도통지를 하거나(확지 공탁의 경우), 공탁금 출급청구권이 원고에게 있음을 확인(상대적 불확지공탁의 경우)하면 된다. 주문례는 다음과 같다.

(확지 공탁의 경우)

피고는 원고에게 ○○○(제3채무자)이 2019. 4. 1. 서울중앙지방법원 2019년 금 제100호로 공탁한 공탁금 1억 원에 대한 출급청구권을 양도하는 의사표시를 하고, 대한민국(소관: 서울중앙지방법원 공탁공무원)에게 위 출급청구권을 양도하였다는 취지의 통지를 하라.

(상대적 불확지공탁의 경우)

○○○(제3채무자)이 2019. 4. 1. 서울중앙지방법원 2019년 금 제100호로 공탁한 공탁금 1억 원에 대한 출급청구권은 원고에게 있음을 확인한다.

마) 원상회복 또는 가액배상이 없는 경우

부인의 대상이 되는 법률행위가 부인되어 효력이 없음을 확인하는 주문을 내면 된다.[163] 주문례는 다음과 같다.

피고와 채무자 ○○○ 사이에 별지 목록 기재 부동산에 관하여 2019. 4. 1.

---

162) 김정만·정문경·문성호·남준우, "법인파산실무의 주요 논점", 저스티스 제124호, 한국법학원 (2011), 469면; 일본 東京地方裁判所 平成10年 12月 24日 平成10(ワ)第15281号 判決.

163) 예를 들어, 채무자가 채권을 양도하였으나 아직 양도를 통지하지 않은 경우, 매매계약 또는 양도담보계약을 체결하였으나 실질적인 급부의 이전은 없는 경우 등이 있다. 한편 임치용(3), 31, 32면은 이 경우 부인 주문을 내야 한다고 설명한다.

체결된 매매계약(대물변제약정)은 무효임을 확인한다[또는, 피고와 채무자
사이의 위 매매계약(대물변제약정)은 2019. 8. 1. 부인되었음을 확인한다].

바) 종된 주문

부인권 행사에 따른 원상회복 등에 관한 이행판결에 대해서는 가집행 선고
가 가능하다.[164] 가액배상 등의 지연손해금 이율과 관련하여 「소송촉진 등에 관
한 특례법」 제3조 제1항도 적용된다.[165]

나. 부인의 청구 및 부인의 청구를 인용하는 결정에 대한 이의의 소

부인의 청구는 법에서 정하고 있는 부인권 행사방법의 하나로서 결정에 의
한 간이한 절차이다. 구 회사정리법 제82조 제1항은 관리인의 부인권 행사방법
중 하나로 부인의 청구를 인정하면서도 구 파산법 제68조 제1항은 부인의 청구
를 인정하지 아니하였으나 현행법은 이를 인정하여 회생절차와의 불일치를 해소
하였다.

부인의 청구는 부인의 소와 마찬가지로 파산계속법원의 전속관할에 속한다
(법 제396조 제3항). 서울회생법원은 부인의 소와는 달리 파산을 선고한 재판부에서 부인의
청구 사건을 담당하고 있다. 이러한 사정 때문에 서울회생법원은 부인의 청구
신청은 법원의 허가사항으로 보지 않고 있다(이에 관하여는 제12장 제3절 5. 참조).

부인의 청구는 소가와 상관없이 인지액이 1,000원이다. 부인의 청구 사건에
서는 당사자를 ‘청구인(또는 신청인)’, ‘상대방’이라고 표기한다. 사건부호는 ‘하기’
이다.

부인의 청구에 관하여는 법 제106조 및 제107조의 규정이 준용된다(법 제396조 제4항).
파산관재인은 부인의 청구를 하는 때에는 그 원인인 사실을 소명해야 한다

164) 대법원 2000. 3. 13.자 99그90 결정은 “부인의 소와 병합하여 금전의 지급을 구하는 경우 그
청구를 인용할 때에는 금전지급을 명하는 부분에 대하여는 가집행을 허용할 수 있는 것으로 해
석함이 상당하다.”라고 판시하였다.
165) 대법원 2014. 9. 25. 선고 2014다214885 판결은 “부인권 행사에 따른 원상회복은 부인된 행위
가 없었던 원상태로 회복되게 하는 것을 말하므로, 채무자의 채권자에 대한 변제행위가 부인된
결과 채권자가 변제받은 금액을 반환하는 경우 변제받은 날부터 발생한 법정이자 역시 과실로
서 함께 반환되어야 하고, 한편 소로써 부인권을 행사함과 아울러 원상회복으로 금전의 반환을
구하는 경우 채무자는 그 소장 부본을 송달받은 다음 날부터 반환의무의 이행지체로 인한 지체
책임을 진다고 할 것이다.”라고 하면서, 원심이 위 법리와 같은 취지에서 피고는 원고에게 예금
인출일부터 적어도 원심판결 선고일까지는 민법이 정한 연 5%의, 그 다음 날부터는 다 갚는 날
까지는 소송촉진 등에 관한 특례법이 정한 연 20%의 각 비율로 계산한 이자 및 지연손해금을
지급할 의무가 있다고 판단한 것은 정당하다고 판시하였다.

(^{법 제106조} ^{제1항}). 부인의 청구를 인용하거나 그것을 기각하는 재판은 이유를 붙인 결정으로 하여야 하고(^{법 제106조} ^{제2항}), 그 결정을 하는 때에는 반드시 상대방을 심문하여야 한다(^{법 제106조} ^{제3항}). 법원은 부인의 청구를 인용하는 결정을 한 때에는 그 결정서를 당사자에게 송달하여야 한다(^{법 제106조} ^{제4항}).

채권조사확정재판에서는 조정을 명시적으로 인정하나(^{규칙 제66조} ^{제2항}), 부인의 청구에서는 이에 관한 규정이 없어 조정이 가능한지 논란이 있다.[166] 부인의 청구를 기각하는 결정에는 기판력이 발생하지 않기 때문에 상대방의 동의 없이 부인의 청구 신청을 취하하는 것이 가능하다.[167]

부인의 청구를 인용하는 결정의 주문은 부인의 소와 같다.[168] 부인의 청구도 사건을 완결하는 재판이므로 소송비용 부담의 재판은 해야 하지만(^{민사소송법} ^{제104조}), 판결이 아니므로 가집행선고를 할 수는 없다.[169] 가액배상 등의 지연손해금 이율과 관련하여 「소송촉진 등에 관한 특례법」 제3조 제1항이 적용되는지에 대해 논란이 있으나,[170] 실무는 대체로 그 적용을 긍정하고 있다.[171]

부인의 청구를 인용하는 결정에 대하여 불복이 있는 자는 그 송달받은 날로부터 1개월 이내에 이의의 소를 제기할 수 있고(^{법 제107조} ^{제1항}), 그 기간은 불변기간으로 한다(^{법 제107조} ^{제2항}). 반면 부인의 청구를 기각하는 결정에 대하여는 불복할 수 없다. 별도로 부인의 소를 제기하면 충분하기 때문이다.

---

166) 임채웅, "부인소송의 연구", 사법 4호, 사법연구지원재단(2008), 104면은 민사조정법 제1조에서 조정절차는 민사에 관한 분쟁에 적용된다고 하여 판결절차에 국한하고 있지 아니하므로, 부인의 청구에서도 조정이 가능하다고 본다. 서울회생법원에서는 이러한 논란 때문에 부인의 청구 사건을 조정절차에 회부하지 않고 있고, 조정에 갈음하는 결정도 하지 않고 있다. 대신 부인의 청구를 포함한 파산절차에 관하여는 민사소송법이 준용되므로(법 제33조), 화해권고결정(민사소송법 제225조 이하)을 적극 이용하고 있다. 참고로 일본도 부인의 청구 사건 중 재판상 화해가 가능하다고 보고 있다. 條解破産法, 1175면.

167) 條解破産法, 1175면.

168) 부인의 청구에서 집행권원의 집행력을 배제하기 위해 청구이의 소와 같이 형성판결의 주문을 낼 수 있는지 논란이 있으나, 형성의 소는 법률상 규정이 있어야만 가능하므로, 부인의 청구에서는 이와 같은 주문을 낼 수는 없고, "청구인의 상대방에 대한 공증인가 법무법인 A 2018. 1. 5. 작성 2018년 증서 제100호 약속어음공정증서에 기한 채무는 존재하지 아니함을 확인한다."와 같은 형식의 주문만 가능할 것으로 보인다.

169) 정문경, "부인권 행사에 관한 실무상 몇 가지 쟁점", 도산법연구 제2권 제2호, 사단법인 도산법연구회(2011), 58면. 입법론적으로 가집행을 허용하여야 한다는 견해로는 임채웅, "부인소송의 연구", 사법 4호, 사법연구지원재단(2008), 101, 102면.

170) 「소송촉진 등에 관한 특례법」 제3조 제1항은 '판결(심판)을 선고할 경우'에 적용한다고 하고 있어 부인의 청구에 대한 결정에도 적용되지 않는다는 견해도 있으나, 부인의 소에서 「소송촉진 등에 관한 특례법」 제3조 제1항이 적용되는 점과 균형을 맞추기 위해 이를 적용해야 한다는 견해도 있다.

171) 서울중앙지방법원 2018. 1. 10. 선고 2017나45072 판결(심리불속행 상고기각 확정).

부인의 청구를 인용하는 결정에 대한 이의의 소는 파산계속법원의 관할에 전속한다(법 제107조). 그 이의의 소에 대한 판결에서는 부인의 청구를 인용하는 결정을 인가·변경 또는 취소한다. 다만 부적법한 것으로 각하하는 때에는 그러하지 아니하다(법 제107조). 부인권의 행사에 기하여 급부를 명하는 내용의 결정을 인가 또는 변경하는 경우 가집행 선고를 할 수 있는지에 관하여 논란이 있다.[172]

부인의 청구를 인용하는 결정의 전부 또는 일부를 인가하는 판결이 확정된 때에는 그 결정(그 판결에서 인가된 부분에 한한다)은 확정판결과 동일한 효력이 있다. 그 이의의 소가 그 송달받은 날로부터 1개월 이내에 제기되지 아니한 때, 취하된 때 또는 각하된 경우의 부인의 청구를 인용하는 결정에 관하여도 또한 같다(법 제107조).

다. 부인의 항변

파산관재인은 상대방이 제기한 소송에 대하여 항변으로 부인의 의사표시를 제출하여 그 청구의 기각을 구하거나, 상대방의 항변에 대하여 재항변으로 부인의 의사표시를 제출하여 그 배척을 구할 수 있다.[173]

3. 부인권과 채권조사절차

파산관재인은 채권자들을 통하여 정보를 수집하여, 채권조사를 함에 있어서 부인권의 행사 여부를 고려하여 해당 신고된 파산채권에 대한 이의 여부를 결정해야 한다[이에 관하여는 제8장 제3절 5. 차. 2) 가) 참조]. 채권조사기일에 파산관재인이 아무런 이의도 제기하지 아니하고 다른 채권자들 역시 이의를 제기하지 아니하여 파산채권이 그대로 확정된 경우 그 후에는 부인권을 행사하여 파산채권자표 기재 무효확인을 구할 수 없으므로,[174] 파산관재인으로서는 채권조사를 함에 있어 부인의 대상 유무에 주의해야 한다.

---

172) 민사소송법에 의하여 가집행을 붙일 수 있다는 견해로는 임채웅, "부인소송의 연구", 사법 4호, 사법연구지원재단(2008), 101면. 참고로 일본 파산법 제175조 제5항은 부인의 청구를 인용하는 결정을 인가하거나 또는 변경하는 판결에 대하여 소송수리재판소는 일본 민사소송법 제259조 제1항이 정하는 바에 따라 가집행의 선고를 할 수 있다고 규정하고 있다.

173) 법 제396조 제3항은 부인의 소와 부인의 청구사건은 파산계속법원의 관할에 전속한다고 규정하고 있으므로, 파산관재인이 당사자인 소송에서 항변 또는 재항변으로 부인권을 행사하는 경우 그 사건은 원칙적으로 파산계속법원의 관할에 전속하지 아니한다.

174) 대법원 2003. 5. 30. 선고 2003다18685 판결, 대법원 2006. 7. 6. 선고 2004다17436 판결.

제 4 절 부인권 행사의 효과

1. 원상회복

　　파산관재인이 부인권을 행사하면 그 대상이 되는 행위는 파산재단과의 관계에서 무효가 되고, 파산재단을 원상으로 회복시킨다(법 제397조 제1항). 즉 부인권 행사의 효과는 물권적으로 발생하고 파산관재인의 부인권 행사에 의하여 일탈되었던 재산은 상대방의 행위를 기다리지 않고 당연히 채무자에 복귀한다(물권적 효과설).[175] 다만 그 효과는 파산재단과 부인의 상대방 사이에서만 생기고 제3자에[176] 대해서는 효력을 미치지 않는다(상대적 무효설).[177]

　　부인권의 행사는 변제행위, 담보권 설정행위를 소급하여 무효로 한다. 원상회복과 관련하여 금전 교부행위가 부인된 경우에는 상대방은 채무자로부터 교부받은 액수와 같은 금액의 금전 및 교부받은 날 이후의 법정이자를 반환하면 된다.[178][179] 원상회복되는 권리의 변동에 등기 등의 공시방법이 필요하거나 채권

---

175) 참고로 일본의 통설도 물권적 효과설을 따르고 있다(伊藤眞, 576면; 條解破産法, 1129면). 독일에서는 원상회복청구권의 법적 성질에 관하여 물권설, 채권설, 책임설이 대립하고 있는데, 실무는 채권설(채권적 효과설)을 따르고 있다(BGHZ 101, 286, 288). Foerste, 161면.

176) 임치용(3), 35, 36면은 제3자라 함은 상대방 이외의 자로 부인권이 행사되기 전 부인의 대상이 될 행위에서 생긴 법률효과를 기초로 새로운 권리를 취득한 자를 말한다. 이와 달리 채권자취소권에 관한 것이나 대법원 2009. 6. 11. 선고 2008다7109 판결은 사해행위의 취소에 상대적 효력만을 인정하는 것은 사해행위 취소채권자와 수익자 그리고 제3자의 이익을 조정하기 위한 것으로 그 취소의 효력이 미치지 아니하는 제3자의 범위를 사해행위를 기초로 목적부동산에 관하여 새롭게 법률행위를 한 그 목적부동산의 전득자 등만으로 한정할 것은 아니라고 판시한 바 있는데, 서울고등법원 2016. 7. 22. 선고 2015나2050192 판결(미확정)은 이러한 법리가 부인권 행사의 효력에 관해서도 동일하게 적용된다고 판시하였다.
　　부보금융기관과 새로운 거래 없이 예금자보호법에 의하여 부보금융기관에 보험금 지급의무를 부담하게 된 예금보험공사[서울고등법원 2009. 4. 24. 선고 2008나107186 판결(미상고 확정)], 채무자가 보증인으로 채권자에게 부인의 대상이 되는 담보제공행위를 한 경우 주채무자[서울중앙지방법원 2006. 5. 18. 선고 2005가합76482 판결(항고심에서 화해권고결정 확정)]는 제3자에 해당하지 않는다.

177) 대법원 2005. 12. 22. 선고 2003다55059 판결. 제3자는 부인의 대상이 되는 행위의 무효를 주장할 수 없다[서울고등법원 2006. 9. 28. 선고 2005나87427 판결(미상고 확정)].

178) 대법원 2014. 9. 25. 선고 2014다214885 판결. 대법원 2007. 10. 11. 선고 2005다43999 판결은 부인권 행사에 따른 원상회복은 부인된 행위가 없었던 원상태로 회복되게 하는 것을 말하므로, 채무자의 제3자에 대한 금전채권의 양도행위가 부인된 결과 제3자가 당해 채권의 추심에 의하여 얻은 금전 상당액을 반환하는 경우 추심일로부터 발생한 법정이자 역시 과실로서 함께 반환되어야 한다는 취지로 판시하였다.
　　부인권은 채권자취소권과 달리 채무자와 수익자 또는 전득자 사이에 효력이 있는 것이고, 그 효력은 부인의 대상이 되는 행위 이전의 상태로 회복시키는 것이기 때문에, 계약의 해제로

양도 통지 등의 대항요건이 필요한 경우에 그 권리취득의 원인행위가 부인되면 파산관재인은 부인의 등기 등을 신청하거나 통지 등에 의한 대항요건을 구비하여야 한다.[180] 등기의 원인이 부인되거나 등기 자체가 부인된 때 부인의 등기를 하여야 한다(별제26조).

채무자의 면제, 권리의 포기를 부인하면 이로 인하여 소멸한 권리가 부활하여 파산재단에 귀속한다.[181] 채무자의 보증행위를 부인하면 수익자는 보증채권자의 지위를 잃는다.

부인권 행사의 효력발생시기에 대하여 판결확정시설, 의사표시설, 절충설(소의 제기나 항변의 제출에 의하여 불확정적 효력이 발생하고 부인권 존부의 판단에 관한 판결이 확정되었을 때 소급하여 확정적 효력이 발생한다는 견해이다) 등의 대립이 있으나, 실무는 의사표시설(행사시설)을 따르고 있다.[182] 의사표시설에 의하는 경우 부인권 행사의 효력은 의사표시가 상대방에게 도달한 때, 즉 부인권 행사의 취

인한 원상회복시 반환할 금전에 그 받은 날로부터 이자를 붙여 반환하는 것(민법 제548조 제2항)과 같이 금전 수령일로부터 법정이자를 지급하도록 하고, 부인권 행사의 효력발생시기부터는 지연손해금을 지급하도록 한 것이다. 정문경, "부인권 행사에 관한 실무상 몇 가지 쟁점", 도산법연구 제2권 제2호, 사단법인 도산법연구회(2011), 51, 52면.

이 경우 부인의 대상이 되는 행위가 상행위일 때 연 6%의 상사이율을 청구할 수 있는지 여부가 문제되나, 학설은 대체로 이를 긍정한다[김주학, 347면; 임치용(3), 41면; 박성철, "파산법상의 부인권", 재판자료 제83집, 304면; 임채웅, "부인소송의 연구", 사법 4호, 사법연구지원재단(2008), 97, 98면]. 앞서 본 대법원 2007. 10. 11. 선고 2005다43999 판결의 원심인 서울고등법원 2005. 6. 23. 선고 2004나78303 판결도 이율을 연 6%로 하였다. 일본의 통설과 판례 역시 이와 같다[伊藤眞, 576, 577면; 일본 最高裁判所 昭和40年4月22日 昭和36(オ)第1095, 1096号 判決].

179) 서울고등법원 2018. 5. 4. 선고 2017나2031812 판결(미상고 확정)은 채무자의 부동산에 관한 상속재산 분할협의에 대한 부인권 행사를 인정한 사안에서 부인되는 범위에서 원물뿐 아니라 원물에 대한 과실도 원상회복의 대상이 된다고 판시하면서 부동산에 대한 임대료의 반환과 그에 대한 지연이자의 지급을 명하였다.

180) 서울고등법원 2001. 6. 26. 선고 2000나52006 판결. 다만 그 상고심인 대법원 2002. 7. 9. 선고 2001다46761 판결은 다른 이유로 원심판결을 파기하였다.

181) 정문경, "부인권 행사에 관한 실무상 몇 가지 쟁점", 도산법연구 제2권 제2호, 사단법인 도산법연구회(2011), 52, 53면은 이러한 경우 파산관재인은 부활한 채권에 관하여 당초 정한 바에 따라 이자 또는 지연손해금을 청구할 수 있게 되지만, 상대방은 면제의 의사표시를 받은 때부터 부인권 행사의 의사표시를 받을 때까지 채무자의 채권이 소멸된 것으로 생각하여 이행을 하지 않았던 사정을 고려하면, 현실적으로 지연손해금은 부인권 행사의 의사표시가 도달한 다음 날부터 기산하는 것이 타당하다는 견해를 취한다.

182) 의사표시설에 의하면, 파산관재인이 2019. 1. 5. 부인의 소를 제기한 다음 2019. 2. 1. 별소에서 부인의 항변을 제출한 경우, 2019. 1. 5. 이미 부인권을 행사하였으므로, 2019. 2. 1. 새롭게 부인권을 행사할 필요가 없다. 따라서 새롭게 제출된 부인의 항변과 관련하여, 이행·확인소송설의 입장에서 보면 이미 부인의 소에서 청구가 받아들여지지 않았더라도 부인권의 성립요건 부분까지 기판력이 발생한 것은 아니므로, 별소에서는 2019. 1. 5. 부인권이 행사된 것으로 보고 그 성립요건에 대해 다시 판단해야 한다. 임채웅, "부인소송의 연구", 사법 4호, 사법연구지원재단(2008), 79-81면.

지가 기재된 서면이 상대방에게 송달된 때 발생한다. 따라서 금전 교부행위가
부인된 경우에는 상대방은 부인권 행사의 취지가 기재된 서면(통상 부인의 청구
신청서 또는 소장)을 송달받은 다음 날부터 원상회복으로 반환할 금액에 대한 지
연손해금(법정이율에 의함)을 지급할 의무가 있다.[183]

2. 가액배상

파산관재인이 부인권을 행사할 당시 이미 그 대상이 되는 재산이 물리적으
로 멸실, 훼손되거나 금전과 같이 일반재산에 편입되어 특정될 수 없는 경우, 또
는 상대방이 제3자에게 처분하여 현존하지 않는다거나 담보물을 매각·처분하여
배당금·매각대금 등을 금전으로 수령한 경우 등에는 가액배상을 청구할 수 있
다.[184] 파산절차상으로는 가액배상을 직접적으로 규정하고 있지는 않으나 부인
권 제도의 취지와 선의 무상취득자의 현존이익 반환의무를 규정한 법 제397조
제2항, 제403조 제2항과 가액상환에 따른 상대방 채권의 부활을 규정한 법 제
399조 등을 근거로 인정하는 것이 통설 및 판례이다.[185]

가액배상과 관련하여 문제되는 것은 배상액산정의 기준시점이다. 다양한 학
설이 대립하고 있는데, 실무는 부인권 행사의 효력발생시기와 일치시켜 부인권
을 행사할 때의 가액이라는 입장을 취하고 있다.[186] 수익자가 부인대상 행위인
채권양도로 양수받은 채권을 추심한 경우에는, 금전 교부행위가 부인되어 원상
회복을 구하는 경우와 마찬가지로 금전을 수령한 날부터 부인권 행사의 효력이
발생한 때까지는 법정이자의 지급을 구할 수 있고, 부인권 행사의 효력발생일

---

183) 대법원 2014. 9. 25. 선고 2014다214885 판결.

184) 대법원 2003. 7. 22. 선고 2003다5566 판결, 서울지방법원 1999. 12. 21. 선고 99가합48523 판결
(미항소 확정), 서울중앙지방법원 2005. 10. 7. 선고 2004가합110576 판결(항소취하). 한편 대법
원 2013. 4. 11. 선고 2012다211 판결은 채무자가 강제집행을 회피할 목적으로 자기의 사실상
유일한 재산을 제3자에게 무상으로 양도한 행위는 다른 파산채권자들과의 관계에서 사해행위가
되고, 그 제3자가 양수채권을 추심하여 그 돈을 채무자에게 주었다고 하더라도 그 금액 상당을
원상회복이나 가액반환의 범위에서 공제할 것은 아니라고 판시하였다. 나아가 東京高等裁判所
昭和35年9月14日 昭和34(ネ)第1151호 判決은 재산 그 자체는 현존하지만 경제적 가치가 없는
경우에도 가액배상을 할 것이고, 동종·동질·동량의 대체물로 반환할 의무는 없다고 판시하
였다.

185) 대법원 2003. 2. 28. 선고 2000다50275 판결.

186) 서울고등법원 2016. 4. 28. 선고 2015나10440 판결(미상고 확정), 서울고등법원 2016. 10. 25.
선고 2016나2017598 판결(심리불속행 상고기각 확정), 서울고등법원 2018. 6. 22. 선고 2018나
2009669 판결(심리불속행 상고기각 확정) 등. 일본 最高裁判所 昭和61年4月3日 昭和58(オ)第
1447호 判決 등 일본의 주류적인 판례는 부인권 행사시를 기준으로 한다.

다음 날부터는 가액배상에 대한 지연손해금의 지급도 구할 수 있다.[187]

3. 무상부인과 선의자의 보호

법 제391조 제4호의 규정에 의한 행위가 부인된 경우, 즉 무상부인의 경우 상대방이 그 행위 당시 선의인 때에는 이익이 현존하는 한도 안에서 상환하면 된다(법 제397조 제2항). 위와 같이 부인의 대상이 된 행위가 무상행위인 경우 그 행위의 상대방이 선의이었을 때에는 그를 보호하기 위하여 반환의 범위를 경감하여 현존이익으로 제한하는 취지는, 무상부인의 경우에는 상대방의 선의·악의를 묻지 않으므로 무상으로 이익을 받은 선의의 수익자가 당해 이익을 소비·상실하여 버린 경우까지 파산재단에 대하여 완전한 원상회복의무를 부담시키는 것은 가혹한 결과가 되기 때문이다. 이에 선의의 상대방을 보호하기 위하여 반환의 범위를 경감한 것이다.

여기에서 선의라 함은 수익자가 채무자와 사이에 나중에 부인의 대상이 될 행위를 할 당시에 그 행위가 파산채권자를 해친다는 것과 채무자에 대하여 지급정지 또는 파산신청이 이루어진 사실을 알지 못한 것을 말한다.[188] 무상행위와 동일시할 수 있는 유상행위가 부인된 때에도 선의의 상대방은 현존이익을 상환하면 충분하고, 상대방의 반대급부가 현존하더라도 그 반대급부의 반환까지 인정할 필요는 없다.[189]

이는 전득자가 무상행위 또는 이와 동일시할 수 있는 유상행위로 인하여 전득한 경우에도(법 제403조 제1항 제3호) 준용되어, 전득자는 그 행위 당시 선의인 때에는 이익이 현존하는 한도 안에서 상환하면 된다(법 제403조 제2항).

4. 상대방의 지위

가. 반대급부의 반환청구

부인권은 파산재단을 부인의 대상이 되는 행위 이전의 상태로 원상회복을 시키는 데 있지 상대방에게 제재를 가하거나 채무자로 하여금 부당하게 이익을

---

187) 대법원 2007. 10. 11. 선고 2005다43999 판결, 대법원 2014. 9. 25. 선고 2014다214885 판결.
188) 대법원 2009. 5. 28. 선고 2005다56865 판결.
189) 김주학, 351면; 전병서, 277면.

얻게 하려는 것이 아니다. 따라서 채무자의 행위가 부인된 경우 채무자의 급부에 대하여 한 상대방의 반대급부는[190] 파산재단으로부터 반환되어야 한다. 이러한 반대급부의 반환청구는 주로 사해행위(재산감소행위)가 부인되는 경우에 문제된다.

구체적인 반환방법은 채무자가 받은 반대급부가 파산재단 중에 현존하고 있는지 여부에 따라 달라진다.[191] 채무자의 행위가 부인된 경우 만약 채무자가 받은 반대급부가 파산재단 중에 현존하는 때에는 상대방은 환취권의(법제407조) 행사로 그 반환을 청구할 수 있고(법제398조제1항 전단), 상대방은 파산관재인에 대하여 동시이행의 항변권을 행사할 수 있다. 그런데 채무자가 받은 반대급부 자체는 파산재단 중에 현존하지 않으나 그 반대급부로 인하여 생긴 이익이 현존하는 때에는 상대방은 그 이익의 한도 안에서 재단채권자로서 그 권리를 행사할 수 있다(법제398조제1항 후단). 이 경우에도 반대급부가 현존하는 경우와 마찬가지로 상대방은 파산관재인에 대하여 동시이행의 항변권을 행사할 수 있고, 서로 상계를 할 수도 있다.[192] 현존이익의 존재에 대한 증명책임은 상대방에게 있다.

채무자의 행위가 부인된 경우 파산재단 중에 반대급부 자체는 물론 그 반대급부로 인하여 생긴 이익조차 현존하지 아니한 때에는 상대방은 그 가액의 상환에 관하여 파산채권자로서 권리를 행사할 수 있다(법제398조제2항 전문).[193] 이 경우에는 상대방은 동시이행의 항변권이나 상계를 주장할 수 없다. 상대방은 부인에 의한 원상회복의무 등을 이행한 경우에 비로소 파산채권자가 된다.

또한 반대급부의 가액이 현존하는 이익보다 크다면 그 차액에 대해서 상대

---

190) 대법원 2009. 5. 28. 선고 2005다56865 판결은 여기에서 '반대급부'라 함은 부인의 목적인 채무자의 행위의 대가로 채무자가 얻은 급부를 말한다는 취지로 판시하였다. 부담부 증여에서의 부담과 같이 대가는 아니지만, 급부의 보상으로 볼 수 있는 것이나 소극적 부담의 감소도 포함한다.

191) 반대급부가 현존하는지 여부를 어느 시점을 기준으로 판단할 것인지에 대해 논란이 있는데, 통설은 변론종결시를 기준으로 한다. 김주학, 344, 345면; 박성철, "파산법상의 부인권", 재판자료 제83집, 313면.

192) 전병서, 277면.

193) 반대급부가 금전인 경우 상대방이 청구할 수 있는 반환 범위와 관련하여서는 견해의 대립이 있다. 이에 관하여는 김주학, 345, 346면; 임종헌, "일본 파산법상의 부인권에 관한 연구", 재판자료 제66집, 법원도서관(1994), 834, 835면. 원칙적으로 현존이익이 존재하지 않는 것으로 보는 입장으로는 박성철, "파산법상의 부인권", 재판자료 제83집, 314면; 전병서, 278면. 쌍방미이행 쌍무계약과 비교하여 입법론상 의문을 제기하는 견해로는 임치용(3), 37-40면. 참고로 일본 파산법 제168조 제1항은 급부가 현존하지 않은 경우에는 재단채권자로서 반대급부의 가액의 반환을 청구할 수 있고, 같은 조 제2항은 채무자가 행위 당시 은닉 등 처분할 의사를 갖고 있고 상대방도 악의라면, 현존이익이 있는 경우의 이익상환청구권을 재단채권으로, 현존이익이 없는 경우의 가액배상청구권을 파산채권으로 인정하고 있다.

방은 역시 파산채권자로서 권리를 행사할 수 있다(법 제398조 제2항 후문). 이는 파산재단 중에 반대급부로 인하여 생긴 이익이 현존하지만(법 제398조 제1항 후단), 그 현존하는 이익이 반대급부의 가액을 밑도는 때에 문제될 수 있다.[194]

나. 상대방 채권의 회복

채무자의 변제 그 밖의 채무소멸에 관한 행위가[195] 부인된 경우 상대방이 그가 받은 급부를 반환하거나 그 가액을 상환한 때에는 상대방의 채권은 원상으로 회복된다(법 제399조). 상대방의 선이행의무를 명시하고 있는데, 이는 상대방의 의무를 선이행시켜 먼저 파산재단을 현실적으로 원상회복시킨 후에야 비로소 상대방의 채권을 부활시키겠다는 것이다. 상대방은 원상회복된 채권을 자동채권으로 하여 원상회복청구권과 상계할 수도 없다.[196]

채무자의 채무소멸에 관한 행위가 부인되는 경우 상대방이 채무자로부터 받은 급부를 반환하거나 그 가액을 상환하면 상대방의 채권은 법률상 당연히 부활하고 그 채권은 변제 등에 의하여 소멸한 때부터 부인에 의하여 부활한 때까지의 사이에 소멸시효가 진행하지 않으며 제척기간의 계산시에도 그 중간기간은 공제된다. 한편 일부의 급부가 반환된 경우에는 상대방의 채권도 그 비율에 따라 부활한다.[197]

채무자의 행위가 부인되어 상대방의 채권이 부활하는 경우에는 종전의 물적·인적담보도 부활하는지 여부가 문제되는데 통설은 이를 긍정한다.[198] 이때

---

194) 전병서, 278면.
195) 따라서 본조는 채무자의 변제 등 채무소멸행위(편파행위)가 부인된 경우에 한하여 적용되며 원인행위가 부인된 경우에는 적용되지 않는다. 채무자가 물상보증인으로 이행한 경우에도 적용된다.
196) 대법원 2004. 1. 29. 선고 2003다40743 판결, 2007. 7. 13. 선고 2005나71710 판결. 임치용(3), 41면은 파산관재인이 갖는 원상회복청구권과 상대방이 채무자에 대하여 갖는 파산채권은 상계적상에 있지 아니한데, 그 근거로는 원상회복의무가 선이행이므로 원상회복청구를 이행하여야 비로소 파산채권이 부활하게 된다는 견해와 파산선고 후 부인권 행사에 의하여 파산채권자가 파산재단에 대하여 채무를 부담하게 되기 때문이라는 견해가 있다면서, 파산채권자가 부인권의 대상이 되는 변제를 받은 후에도 여전히 잔액의 파산채권을 보유하고 있는 경우 상계를 금지하는 것이 공평에 합치되는데 전설을 취하면 잔액의 파산채권과 부인권에 기한 원상회복청구권은 상계적상에 있으므로 상계할 수 있게 되어 부당하다면서 후설이 이론상 타당하다고 한다. 서울고등법원 2016. 6. 24. 선고 2015나28533 판결(상고장각하 확정)은 상대방의 파산관재인에 대한 가액반환채무는 파산선고 당시 채무자에 대하여 부담하는 채무가 아니어서 법 제416조에 해당하지 않고, 파산관재인의 부인권 행사에 따라 성립한 상대방의 가액반환채무는 채무자에 대한 파산선고 후에 부담하게 되는 채무에 해당하므로 법 제422조 제1호의 상계금지사유에 따라 상계할 수 없다는 취지로 판시하였다.
197) 박성철, "파산법상의 부인권", 재판자료 제83집, 316면.

담보권의 등기가 말소된 후 부활하기까지 사이에 제3자가 목적재산 위에 소유권이나 담보권을 취득한 경우 상대방은 부활한 저당권 등을 그 제3자에게 대항할 수 있는지에 대해서는 다툼이 있다.[199] 한편 상대방의 담보권이 부인됨으로 말미암아 순위가 올라갔던 후순위 담보권자에 대하여는, 상대방은 부활한 담보권을 등기 없이 대항할 수 있다. 후순위 담보권자는 원래 상대방의 구 담보권에 순위가 뒤지기 때문에 예측하지 못한 손해를 입은 것이 아니기 때문이다.

다. 부인의 상대방이 전득자인 경우

법 제398조와 제399조는 부인의 상대방이 수익자인 경우를 전제로 한 것이다. 파산관재인이 전득자를 상대로 부인권을 행사하는 경우, 전득자는 법 제398조에 의한 반대급부의 반환청구 또는 법 제399조에 의한 채권의 부활을 주장할 수 없고, 자신의 전자에 대해 담보책임을 청구할 수 있을 뿐이다.

5. 부인의 등기

가. 의 의

법 제26조 제1항은 등기의 원인인 행위가 부인된 때에는 파산관재인은 부인의 등기를 신청하여야 하고, 등기가 부인된 때에도 또한 같다고 규정함으로써 파산관재인에게 부인의 등기를 신청할 의무를 부과하고 있다.[200] 부인의 목적을 확실하게 이루기 위하여 부인에 의해 재산이 파산재단으로 복귀한 것에 관하여 등기를 할 필요가 있다. 이러한 등기를 부인의 등기라고 한다.

부인의 등기의 성질에 관하여 논란이 있다. 현재 학설상 부인권을 행사하면 물권적 효과가 발생하므로 이를 제3자에게 경고하기 위한 예고등기의 일종이라는 견해(예고등기설), 부인등기는 특별히 인정된 등기가 아니라 말소등기와 같은

---

198) 김주학, 350면; 전병서, 279면; 박성철, "파산법상의 부인권", 재판자료 제83집, 316면. 일본 最高裁判所 昭和48年11月22日 昭和48(オ)第726号 判決.

199) 보증 등 인적담보의 경우에도 연대보증인의 채권자에 대한 변제가 부인되는 경우, 해당 연대보증인에게 이미 구상의무를 이행한 다른 연대보증인의 연대보증채무가 부활하는지와 같이, 연대채무 등의 소멸 후 새롭게 이해관계를 가지게 된 제3자에게 인적담보의 부활을 주장할 수 있는지가 문제된다. 자세한 내용은 高田昌宏, "辨濟否認と連帶保證債務の復活", 倒産判例百選[第5版](別冊ジュリスト No. 216), 有斐閣(2013), 84, 85면.

200) 파산관재인이 부인의 소나 부인의 청구에 의하지 않고 화해 등을 통해 부동산을 회복한 경우에는 부인의 등기가 아니라 소유권이전등기의 말소나 이에 갈음하는 소유권이전등기를 하면 된다.

통상적인 등기의 총칭에 불과하다는 견해(통상등기설),[201] 부인권 행사에 의하여 생기는 특수한 법률관계를 공시하기 위하여 법이 인정한 특별한 등기라는 견해(특수등기설)가[202] 대립한다. 예고등기설 또는 통상등기설에 의하면 판결의 주문은 통상적인 소송과 다를 바 없으나, 특수등기설의 입장을 취하는 경우 판결의 주문은 부인등기절차를 명하는 형태가 된다. 현행법은 법 제26조에서 특수등기설에 따라 부인등기의 말소에 관하여 규정하였다.

나. 법 제26조 제1항의 등기

등기의 원인인 행위가 부인되거나 등기가 부인된 때에는[203] 파산관재인은 단독으로 부인의 등기를 신청하여야 한다(법 제26조 제1항,「채무자 회생 및 파산에 관한 법률」에 따른 부동산 등의 등기 사무처리지침(등기예규 제1516호) 제11조 제1항).

부인의 등기의 신청서에는 등기원인을 증명하는 서면으로 부인소송과 관련된 청구를 인용하는 판결 또는 부인의 청구를 인용하는 결정을 인가하는 판결의 판결서 등본 및 그 확정증명서 또는 부인의 청구를 인용하는 결정서 등본 및 그 확정증명서를 첨부하여야 하고(「채무자 회생 및 파산에 관한 법률」에 따른 부동산 등의 등기 사무처리지침(등기예규 제1516호) 제11조 제2항),[204] 부인의 등기의 신청은 부인권자가 단독으로 행하는 것이므로, 신청인이 파산관재인이라는 사실을 소명하는 자료를 함께 제출하여야 한다(「채무자 회생 및 파산에 관한 법률」에 따른 부동산 등의 등기 사무처리지침(등기예규 제1516호) 제11조 제3항).

등기신청서에는, 등기원인 행위의 부인등기는 등기목적을 "○번 등기원인의 채무자 회생 및 파산에 관한 법률에 의한 부인"으로, 등기원인을 "○년 ○월 ○일 판결(또는 결정)"으로 각 기재하되, 그 일자는 판결 또는 결정의 확정일로 하고(「채무자 회생 및 파산에 관한 법률」에 따른 부동산 등의 등기 사무처리지침(등기예규 제1516호) 제11조 제4항), 등기의 부인등기는 등기목적을 "○번 등기의 채무자 회생 및 파산에 관한 법률에 의한 부인"으로, 등기원인을 "○년 ○월 ○일 판결(또는 결정)"으로 각 기재하되, 그 일자는 판결 또는 결정의 확정일

---

201) 條解會社更生法(上), 255면.

202) 부동산등기실무(Ⅲ), 370, 371면; 전병서, 275면; 伊藤眞, 577면; 注解 會社更生法, 74면. 여기서 말하는 '특수한 법률관계'란 파산절차 내에서 채무자와 상대방 사이에 상대적으로 물권이 복귀하고, 파산절차가 취소·폐지되면 부인의 효력이 소멸하여 종전의 등기가 유효한 등기로 되는 것을 의미한다. 참고로 일본 판례는 最高裁判所 昭和49年6月27日 昭和46(オ)第242号 判決에 의해 특수등기설로 통일되었다.

203) 등기원인행위의 부인과 등기의 부인은 명백히 구분되고, 등기의 부인은 앞서 본 바와 같이 그 성립요건에 있어 법 제394조의 제한을 받지만(제14장 제2절 3. 다. 참조), 양쪽 다 부인등기의 효력은 같다. 부동산등기실무(Ⅲ), 371, 372면.

204) 이 경우 판결(결정)의 주문은 부인등기절차의 이행을 명하는 형태라야 한다. 부인의 등기를 명하는 것이 주문에 기재되어야 하고 이유 중에 나타난 것으로는 부인의 등기를 할 수 없다고 본다. 부인의 등기를 명하는 판결이 이행판결인 이상 그 주문에 이행의 대상인 등기가 적시되어야 하기 때문이다. 부동산등기실무(Ⅲ), 372, 373면; 전병서, 275, 276면; 條解破産法, 1740면.

로 한다(「채무자 회생 및 파산에 관한 법률」에 따른 부동산 등의 / 등기 사무처리지침(등기예규 제1516호) 제11조 제5항). 등기의 실행방법은 말소등기의 경우에는 그 대상이 되는 등기를 말소하는 표시를 하지만 부인등기는 말소하지 않고 주등기로 ○번 등기가 부인되었다는 기록을 한다.

법 제26조의 규정에 의한 부인의 등기는 당사자의 신청에 의한 것이라도 등록면허세가 면제된다(법 제26조 제2항, 「채무자 회생 및 파산에 관한 법률」에 따른 / 부동산 등의 등기 사무처리지침(등기예규 제1516호) 제4조 제2항).

부인등기가 마쳐진 이후에는 당해 부동산 또는 당해 부동산 위의 권리는 파산재단에 속하고, 등기부상 명의인이 그 부동산 또는 그 부동산 위의 권리를 관리, 처분할 수 있는 권리를 상실하였다는 사실이 공시되었으므로, 부인된 등기의 명의인을 등기의무자로 하는 등기신청이 있는 경우, 등기관은 이를 각하하여야 한다(「채무자 회생 및 파산에 관한 법률」에 따른 부동산 등의 / 등기 사무처리지침(등기예규 제1516호) 제12조 제2항). 신청정보의 등기의무자의 표시가 등기기록과 일치하지 아니한 경우에 해당하기 때문이다(부동산등기법 / 제29조 제7호 본문). 부인등기가 마쳐진 후에 파산절차에 관한 등기의 촉탁이 있는 경우 등기관은 이를 수리하여야 하고, 진정한 소유자를 등기의무자로 한 등기의 신청은 수리할 수 있다.[205]

다. 법 제26조 제3항의 등기(부인의 효과를 실효시키는 말소)

법 제26조 제3항은 법 제23조 제1항 제1호 내지 제3호 및 제5호의 규정은 제1항의 경우에 관하여 준용한다고 규정하고 있다.[206]

부인등기가 마쳐진 이후에는 당해 부동산 또는 당해 부동산 위의 권리는 파산재단에 속한다는 사실이 공시되었으므로, 파산취소·파산폐지 또는 파산종결의 결정이 있는 경우 법원사무관등은 직권으로 지체 없이 촉탁서에 결정서의 등본 또는 초본 등 관련 서류를 첨부하여 파산취소·파산폐지 또는 파산종결의 등기를 촉탁하여야 하고(법 제26조 제3항, / 제23조 제1항 제5호), 등기관은 이를 수리하여야 한다(「채무자 회생 및 파산에 관한 법률」에 따른 부동산 등의 / 등기 사무처리지침(등기예규 제1516호) 제12조 제3항).[207]

부인권은 파산절차의 목적을 실현하기 위하여 인정된 법상의 특유한 제도

---

205) 부동산등기실무(Ⅲ), 372-374면.

206) 법 제23조 제1항 제1호 내지 제3호 및 제5호는 법인에 관한 상업등기의 촉탁에 관한 규정이므로 법 제24조 제5항을 거쳐서 법 제23조 제1항 제5호를 준용하도록 해야 했을 것이다. 입법론상 검토를 요한다.

207) 부인의 대상인 등기가 파산선고 전에 마쳐진 소유권이전등기인 경우에는 부인등기의 신청 당시에 파산선고의 등기가 되어 있지 않을 수 있다. 이러한 경우에도 부인의 효과가 소멸·확정되었다는 것을 공시하기 위하여 법원사무관등은 파산취소·파산폐지 또는 파산종결뿐만 아니라 파산선고의 등기도 촉탁하여야 한다(법 제26조 제3항, 제23조 제1항 제1호). 등기관은 파산선고의 등기가 없는 경우에도 위 촉탁을 수리하여 그에 따른 등기를 해야 한다. 부동산등기실무(Ⅲ), 374면.

로서 파산절차의 진행을 전제로 하는 권리인 이상 파산절차가 종료되면 더 이상 존재할 이유가 없으므로 부인의 효과도 당연히 소멸한다. 이러한 경우에 부인등기가 마쳐진 재산이 환가되지 아니하고 파산재단 중에 현존하고 있다면 부인의 효과가 소멸한 이상 이를 부인의 상대방에게 반환하여야 한다. 따라서 그와 같은 취지를 나타내기 위하여 위와 같은 등기촉탁 규정을 두고 있다.

그러나 위와 같은 파산취소·파산폐지 또는 파산종결의 등기만으로 부인의 효과가 소멸되었다는 뜻을 공시하는 데 불충분하고, 부인대상 행위의 상대방은 부인의 등기가 그대로 남게 된 결과 그 권리행사에 사실상 제약을 받을 수 있다. 부인등기가 마쳐진 이후 파산선고 취소결정이 확정되거나, 법 제26조제4항에 의한 임의매각 등에 의하여 제3자에게 이전등기를 하지 아니한 채 파산폐지결정이 확정된 때 또는 파산종결결정이 있는 때에는 부인의 효과는 상실되므로, 등기상 이해관계 있는 제3자[208] 있는 경우를 제외하고는, 부인의 등기는 법원의 촉탁에 의하여 이를 말소할 수 있다(「채무자 회생 및 파산에 관한 법률」에 따른 부동산 등의 등기 사무처리지침(등기예규 제1516호) 제24조).[209]

라. 법 제26조 제4항의 등기(부인의 효력을 인정하면서 절차가 종료된 경우)

부인등기가 마쳐진 이후에는 당해 부동산 또는 당해 부동산 위의 권리는 파산재단에 속한다는 사실이 공시되었으므로, 파산관재인이 부인의 등기가 된 재산을 임의매각하거나 민사집행법에 의하여 매각하고 제3자에게 이전등기를 한 때에는, 법원은 법 제26조 제4항에 의하여 부인의 등기, 부인된 행위를 원인으로 하는 등기, 부인된 등기 및 위 각 등기의 뒤에 되어 있는 등기로서 파산채권자에게 대항할 수 없는 것의 말소를 촉탁하여야 하고, 등기관은 이를 수리하여야 한다(법 제26조 제4항, 「채무자 회생 및 파산에 관한 법률」에 따른 부동산 등의 등기 사무처리지침(등기예규 제1516호) 제13조). 이 규정은 부인의 효과가 확정되어 그 효력을 인정하면서 파산절차가 종료되는 경우에도 유추적용된다고 본다.[210]

---

208) 등기상 이해관계 있는 제3자가 있는지 여부는 파산취소·파산폐지 결정이 확정되거나 파산종결 결정이 있던 당시를 기준으로 판단한다. 파산취소·파산폐지 결정이 확정되거나 파산종결 결정이 있는 경우 지체 없이 부인등기의 말소를 촉탁하여야 할 것이기 때문이다.

209) 일본 파산법 제260조 제4항은 재판소서기관은 부인등기가 되어 있는 경우에 파산자에 대하여 파산절차개시결정의 취소 또는 파산절차폐지결정이 확정된 때 또는 파산절차 종결의 결정이 있는 때에는 직권으로 지체 없이 당해 부인등기의 말소를 촉탁하여야 한다고 규정하고 있다.

210) 부동산등기실무(Ⅲ), 375, 376면. 서울중앙지방법원 2008하합65 사건(주식회사 토로스아르테미스)에서는, 건물에 관한 소유권이전등기가 부인권 행사에 의해 부인되었으나, 유치권자 등과 같은 별제권자에 의해 해당 건물에 대한 임의경매가 진행되어 그 건물에 대한 환가를 포기하고 이시폐지가 되면서, 부인의 등기뿐만 아니라, 부인된 행위를 원인으로 하는 등기, 부인된 등기 및 위 각 등기의 뒤에 되어 있는 등기도 말소를 촉탁한 바 있다.

　　파산관재인이 법원의 허가를 받아 부인권 행사로 되찾아온 부동산을 제3자에게 임의매각한 경우, 매수인으로서는 등기부에 부인의 등기, 부인된 행위를 원인으로 한 등기 등의 존재로 인하여 소유권 행사에 사실상 지장을 받을 수 있다. 그리하여 법은 위와 같은 등기를 법원의 말소촉탁에 의하여 말소함으로써 파산관재인의 환가업무의 효율성을 높이고 매수인의 권리행사에 지장이 없도록 하고 있는 것이다.[211]

　　파산채권자에게 대항할 수 있는 등기를 말소촉탁의 대상에서 제외한 것은 등기상 이해관계 있는 제3자를 보호하기 위해서이다. 대항할 수 있는지 여부를 판단하는 기준으로 '파산채권자'를 든 것은 부인권 행사의 효과가 별제권이 없는 파산채권자에게 귀속되는 점을 고려하여 일반적인 의미에서 파산채권자를 적시한 것일 뿐 그 이외에는 큰 의미가 없다.

　　부인의 등기 등의 말소등기를 촉탁할 경우 촉탁의 주체는 법원사무관등이 아니라 법원이다. 또한 법원이 직권으로 말소촉탁하는 것이 아니라 이해관계인의 신청에 의하여야 하며, 촉탁의 시기는 '임의매각을 원인으로 하는 등기가 마쳐진 후'이어야 한다. 부인대상 행위의 상대방(수익자 또는 전득자)이 부인의 등기가 말소된 것을 기화로 이를 처분할 위험성을 방지하기 위함이다.

　　다만 법은 물론 등기예규에서도 부인된 행위 후 부인의 등기가 되기 전까지 사이에 부인된 행위를 등기원인으로 한 등기 또는 부인된 등기의 뒤에 되어 있는 등기로서 파산채권자에게 대항할 수 있는 제3자 명의의 등기가 있는 경우에 부인의 등기 말소 촉탁과 관련하여 아무런 규정을 두고 있지 않으므로, 이 경우의 등기촉탁에 관한 근거규정이 마련되어야 할 필요가 있다.[212]

---

211) 구 파산법 시행 당시의 등기선례 200504-4는 "근저당권설정등기의 원인행위가 부인되어 파산법에 따른 부인의 등기가 이루어진 후 파산관재인이 그 부동산을 임의매각하여 소유권이 이전된 경우, 부인된 행위를 원인으로 하는 근저당권설정등기는 현재의 소유명의인 또는 파산관재인과 근저당권자의 공동신청에 의하여 말소할 수 있으며, 이 경우 부인의 등기는 등기관이 직권으로 말소하게 될 것이다."라고 하였다. 일반적으로 신청에 의한 등기는 그 말소도 신청에 의해야 하기 때문에 파산관재인의 단독신청에 의하여 경료된 부인등기의 말소 역시 신청에 의하여야 하지만, 부인등기의 경우 그 법적 판단이 곤란한 경우가 있어, 법은 법원의 촉탁에 의하도록 하였다. 부동산등기실무(Ⅲ), 374, 376면.

212) 일본 파산법 제260조 제2항은 등기관은 부인등기와 관계있는 권리에 관한 등기를 하는 때에는 직권으로 당해 부인등기(제1호), 부인된 행위를 등기원인으로 하는 등기 또는 부인된 등기(제2호), 부인된 행위를 등기원인으로 하는 등기 또는 부인된 등기에 뒤처지는 등기가 있는 때에는 당해 등기(제3호)를 말소하여야 한다고 규정하고, 같은 조 제3항은 전항에 규정하는 경우에 부인된 행위 후 부인등기가 되기까지의 사이에 동항 제2호에 정한 등기와 관계있는 권리를 목적으로 하는 제3자의 권리에 관한 등기(파산절차와의 관계에 있어서 그 효력을 주장할 수 있는 것에 한한다)가 되어 있는 때에는 같은 항의 규정에도 불구하고, 등기관은 직권으로 당해 부인등기의 말소 및 같은 호에서 정한 등기에 관계되는 권리의 파산자에게로의 이전등기를 하여

제 5 절 부인권의 소멸

1. 부인권 행사의 기간

부인권은 파산선고가 있은 날부터[213] 2년이 경과한 때에는 행사할 수 없다 (법 제405조). 법 제391조 각호의 행위, 즉 부인의 대상이 되는 행위를 한 날부터 10년이 경과한 때에도 또한 같다(법 제405조 후문).[214][215] 조속한 법률관계의 확정을 통하여 거래안전을 확보하기 위한 규정이다.

2. 지급정지를 안 것을 이유로 하는 부인의 제한

파산선고가 있은 날부터 1년 전에 한 행위는 지급정지의 사실을 안 것을 이유로 하여 부인할 수 없다(법 제404조). 이는 지급정지로부터 1년 이상 경과한 후

야 한다고 규정하고 있다.

213) 회생절차에서 제척기간(법 제112조)의 경과로 관리인의 부인권이 소멸한 이후 법 제6조 제1항, 제2항에 따라 파산선고가 된 경우, 파산관재인이 부인권을 행사할 수 있는지에 관하여는 견해의 대립이 있다. 실무에서는 파산절차에서 파산관재인의 부인권 행사기간인 제척기간은 법 제405조의 규정에 의하여 파산선고가 있은 날부터 기산하여야 한다고 본다(이에 관하여는 제18장 제2절 3. 가. 참조). 박성철, "파산법상의 부인권", 재판자료 제83집, 317면은 견련파산의 경우에도 제척기간의 기산일은 회생절차개시일이 아니라 파산선고일이라고 한다. 참고로 일본은 견련파산의 경우 부인권 행사기간을 합리적으로 조정하기 위해, 재생(갱생)계획불인가, 재생(갱생)절차폐지, 재생계획취소 이후 파산이 선고되면 재생(갱생)절차개시결정일(민사재생법 제252조 제2항, 회사갱생법 제254조 제2항), 파산이 선고된 후 재생(갱생)절차가 개시되었으나 재생(갱생)계획인가에 의하여 파산선고가 효력을 잃은 후 재생(갱생) 절차가 폐지되고 직권에 의한 파산선고가 된 경우에는 종전 파산선고일(민사재생법 제252조 제4항, 회사갱생법 제254조 제4항)을 각 파산선고일로 보고 부인권 행사기간을 기산하고 있다.

214) 구 파산법 제77조는 부인권은 파산선고가 있은 날로부터 2년간 이를 행사하지 아니하면 소멸시효가 완성하고, 제64조 각호의 행위를 한 날부터 10년을 경과한 때에도 또한 같다고 규정하고 있었는바, 위 2년의 기간은 소멸시효기간으로, 10년의 기간은 제척기간으로 해석하였으나, 현행법은 소멸시효라는 표현을 삭제하고 양자 모두 제척기간으로 통일하였다.

215) 파산관재인이 채권자취소소송을 수계한 후 청구변경의 방법으로 부인권 행사를 한 경우 제척기간의 준수 여부 판단에 관하여, 대법원 2016. 7. 29. 선고 2015다33656 판결은 "파산채권자가 파산채무자에 대한 파산선고 이전에 적법하게 제기한 채권자취소소송을 파산관재인이 수계하면, 파산채권자가 제기한 채권자취소소송의 소송상 효과는 파산관재인에게 그대로 승계되므로, 파산관재인이 채권자취소소송을 수계한 후 이를 승계한 한도에서 청구변경의 방법으로 부인권 행사를 한 경우, 특별한 사정이 없는 한, 그 제척기간의 준수 여부는 중단 전 채권자취소소송이 법원에 처음 계속된 때를 기준으로 판단하여야 한다."라고 판시하였다. 이 판결에 대한 비판적인 견해로는 전원열, "부인권과 제척기간 -대법원 2016. 7. 29. 선고 2015다33656 판결-", 법조 제720호, 법조협회(2016), 485-529면.

파산선고가 되었다면 지급정지와 파산선고 사이에 인과관계가 있다고 보기 어렵고, 수익자의 지위를 장기간 불안정한 상태에 방치하는 것은 부당하다는 취지에서 거래의 안전을 도모하기 위하여 둔 규정이다. 여기서 지급정지의 사실을 안 것을 이유로 하는 부인이라 함은 법 제391조 제2호 또는 제3호의 위기부인을 말한다.

다만 판례는 회생절차 등으로 인하여 법률상 파산선고를 할 수 없는 기간을 위기부인의 행사기간에 산입하는 것은 형평의 원칙에 반한다는 점 등을 고려하면, 지급정지 후에 회생절차 등의 선행 도산절차를 거쳐 파산선고가 된 경우에는 특별한 사정이 없는 한 법 제404조의 위기부인의 행사기간에 회생절차 등으로 인하여 소요된 기간은 산입되지 아니한다고 한다.[216]

3. 파산절차의 종료

판례는 부인권은 파산선고 이전에 부당하게 처분된 채무자의 재산을 회복함으로써 파산절차의 목적을 실현하기 위하여 인정된 법상의 특유한 제도로서 파산절차의 진행을 전제로 파산관재인만이 행사할 수 있는 권리이므로, 파산절차의 종료에 의하여 소멸하고,[217] 비록 파산절차 진행 중에 부인권이 행사되었다고 하더라도 이에 기하여 파산재단으로 재산이 회복되기 이전에 파산절차가 종료한 때에는 부인권 행사의 효과로서 상대방에 대하여 재산의 반환을 구하거나 또는 그 가액의 상환을 구하는 권리 또한 소멸한다고 한다.

따라서 부인의 소 또는 부인권의 청구 절차의 계속 중에 파산절차가 종료된 경우에는 파산관재인의 자격이 소멸함과 동시에 당해 소송에 관계된 권리 또

---

216) 대법원 2019. 1. 31. 선고 2015다240041 판결. 이 판결은 위와 같은 법리는 법 제422조 제4호 단서, 제2호 단서 (다)목에도 마찬가지로 적용된다고 할 것이라고 하면서, 채무자가 2011. 4. 20. 회생절차개시신청을 하여 2011. 5. 19. 회생절차개시결정을 받았고 회생계획인가 전인 2012. 2. 24. 회생절차폐지결정을 받아 2012. 3. 10. 그 폐지결정이 확정되고 2012. 3. 12. 파산선고를 받은 사안에서, 위 회생절차에 소요된 기간인 2011. 4. 20.부터 2012. 3. 10.까지를 공제하면 피고가 양수금채권의 취득원인이라고 주장하는 2010. 7. 29.자 의결시점은 파산선고가 있은 날인 2012. 3. 12.로부터 '1년 이내'에 이루어진 것으로 보는 것이 옳다고 판시하였다. 이에 관하여는 제18장 제2절 3. 가. 참조.

217) 대법원 2006. 10. 26. 선고 2005다75880 판결, 대법원 2016. 4. 12. 선고 2014다68761 판결, 서울고등법원 2013. 7. 11. 선고 2012나73709 판결(미상고 확정) 등; 박성철, "파산법상의 부인권", 재판자료 제83집, 318면; 伊藤眞, 575면. 회생절차에서는 이 때문에 부인권 행사를 위해 회사를 분할하여 분할신설법인을 설립하고, 그 소송의 결과에 따른 권리의무를 분할존속회사에 이전하는 내용의 회사분할을 회생계획에 반영하고 있다. 이에 관하여는 회생사건실무(상) 제13장 제5절 8. 참조.

한 절대적으로 소멸하고 어느 누구도 이를 승계할 수 없다. 그 부인의 소 또는 부인권의 청구절차는 이를 수계할 사람이 없게 되므로 그대로 종료되고, 소송수계신청이 있을 경우에는 법원은 그 신청을 기각하고 필요한 경우 소송종료선언을 하여야 한다.[218] 한편 채권조사확정재판이나 그에 대한 이의의 소 등에서 파산관재인이 항변의 방법으로 부인권을 행사한 후 그 절차의 진행 중에 파산절차가 종료한 때에는 부인의 항변은 이유가 없는 것이 될 것이다.

부인권 행사에 따른 원상회복 등이 이루어지지 않은 채 파산절차가 종료하면, 더 이상 원상회복을 구할 여지는 없게 된다. 원상회복된 재산이 환가되지 않은 상태에서 파산절차가 종료하면, 현존하는 한도 내에서 부인권도 소멸하므로, 그 재산은 상대방에게 반환되어야 한다.[219] 다만 부인의 소가 채권자가 제기하였던 채권자취소소송을 파산관재인이 수계한 후 청구변경의 방법으로 부인권을 행사한 것일 때에는 그 부인의 소가 계속 중에 파산절차가 종료하는 경우에는 종전의 채권자가 채권자취소소송으로 수계하면 된다. 이러한 판례의 태도에 대하여 이미 부인의 효과가 발생한 경우와 비교하여 의문을 제기하는 하급심 판결도 있다.[220]

4. 포기 및 화해

파산관재인은 부인의 소 또는 부인의 청구에서도 법원의 허가를 받아 조정 또는 화해를 하고 있고, 부인권 행사의 실익이 없는 경우에는 법원의 허가를 받아 부인권의 행사를 포기하기도 한다.

---

218) 구 회사정리법상 회사정리절차가 종결된 경우에 관한 것이나 대법원 2006. 10. 12. 선고 2005다59307 판결("원고와 피고 사이의 이 사건 소송은 서울중앙지방법원 2003회9 회사정리사건의 2005. 9. 27.자 회사정리절차종결결정으로 종료되었다. 원고 소송수계신청인의 수계신청을 기각한다."라는 주문의 판결을 선고하였다), 대법원 2007. 2. 22. 선고 2006다20429 판결.

219) 전병서, 273면; 伊藤眞, 575면.

220) 서울고등법원 2006. 2. 8. 선고 2004나73452 판결은 회사정리절차가 폐지되는 경우에는 부인권이 소멸하지만, 회사정리절차가 종결된 경우에는 회사가 수계하여 부인의 효과를 주장할 수 있다고 판시하였으나, 그 상고심인 대법원 2007. 2. 22. 선고 2006다20429 판결은 회사정리절차의 종결로 부인권이 소멸한다고 판시하면서 원심을 파기하였다.

法 人 破 産 實 務

제15장

·
·
·

상 계

제1절 파산채권자의 상계권 행사

1. 개 관

채무자에 대하여 파산이 선고되면 파산채권은 파산절차에 의하지 아니하고는 행사할 수 없다(법 제424조). 이를 개별행사금지의 원칙이라 한다. 그러나 파산채권자가 파산선고 당시 채무자에 대하여 채무를 부담하는 때에는 파산절차에 의하지 아니하고 상계할 수 있다(법 제416조). 이는 파산채권자와 채무자 상호 간에 상대방에 대한 채권·채무를 가지고 있는 경우에는 상계함으로써 상쇄할 수 있다는 당사자의 기대를 보호하고자 하는 것이다.[1] 상계에 의하여 채권자는 자기가 가진 자동채권을 수동채권의 한도에서 확실하고 실질적으로 회수할 수 있게 되므로, 이와 같은 상계의 담보적 기능이 가장 잘 발휘되는 것이 바로 채무자가 파산한 경우이다.

상계권의 행사는 파산절차가 진행 중인 동안에도 가능하고, 파산관재인에 대하여 재판상 또는 재판 외에서의 의사표시로 할 수 있다. 이 경우 민법 기타 실체법상의 상계요건이 파산절차와의 관계에서 완화되거나(법 제417조 내지 제421조) 파산채권자 사이 공평의 관점에서 제한되기도 한다(법 제422조).

파산선고 전에 이미 상계적상이 있었던 경우, 파산선고 전에 상계의 의사표시가 되어 있는 경우도 있을 수 있는데, 이와 같은 상계도 상계금지에 저촉되지 않는 한 유효하며 그 채권소멸의 효과는 '상계할 수 있는 때'로 소급한다(민법 제493조 제2항). 다만 법 제422조에 위반된 상계는 후일 파산선고가 된 경우 당초로 소급하여 무효로 된다.[2]

2. 자동채권

가. 상계권의 확장

파산선고시에 기한미도래의 기한부채권, 해제조건부채권, 비금전채권, 금액

---

1) 대법원 2017. 3. 15. 선고 2015다252501 판결.
2) 조병현, "파산절차상의 상계권행사", 재판자료 제83집, 342면; 양창수, "파산절차상의 상계 -소위 상계의 확장에 대한 입법론적 재고를 포함하여-", 민법연구 제7권, 박영사(2003), 221면; 전병서 332면.

불확정의 금전채권, 외국통화채권, 금액 또는 존속기간이 불확정한 정기금채권 등도 모두 자동채권이 될 수 있다(법 제417조, 전문, 제426조). 이 규정에 의하여 동종채권이 아니더라도 상계할 수 있고, 자동채권의 기한이 도래하지 아니한 경우에도 상계할 수 있게 되는 등 민법상의 상계요건보다[3] 확장되므로 이를 강학상 '상계권의 확장'이라 칭한다.[4] 이들 채권은 파산선고로 인하여 금전화, 현재화되고, 파산은 청산절차이므로 이들 채권의 채권자가 상계에 대하여 가지는 기대는 한층 크다고 할 수 있다.

자동채권의 평가액은 파산선고시를 기준으로 한 금액이지만(법 제420조 제2항, 제426조, 제427조), 파산채권이 이자 없는 채권 또는 정기금채권인 때에는 법 제446조 제1항 제5호 내지 제7호에 해당하는 부분을 공제한 액의 한도 안에서 상계할 수 있으므로 (법 제420조 제1항), 후순위파산채권에 해당하는 부분은 제외된다. 또한 이자 있는 기한부채권에 있어서 파산선고 후의 이자는 자동채권으로 삼을 수 없다고 봄이 타당하다. 파산선고 후의 이자는 후순위파산채권으로서 일반 파산채권보다 열후적인 취급을 받아야 함에도 상계를 통하여 우선적인 변제를 받는 것을 막기 위한 것이다.[5]

나. 해제조건부채권

자동채권이 해제조건부채권인 경우에도 채권 자체는 이미 발생하고 있는 것이므로, 이것으로 상계할 수 있다. 그러나 파산절차 중 해제조건이 성취하면 그 채권은 소멸하게 되고 상계되었던 채무를 파산재단에 이행하여야 한다. 이때 파산채권자가 무자력이면 파산재단은 손해를 입게 된다. 이를 피하기 위하여 해

---

3) 민법상의 상계요건은 첫째, 채권자와 채무자가 각각 상대방에 대하여 채권을 가질 것, 둘째, 두 채권이 동종의 목적을 가질 것, 셋째, 쌍방의 채권에 대하여 변제기가 도래하였을 것(수동채권의 경우는 기한 미도래도 가능), 넷째, 상계금지규정에 해당하지 아니할 것이다.

4) 이에 대하여 양창수, "파산절차상의 상계 -소위 상계권의 확장에 대한 입법론적 재고를 포함하여-", 민법연구 제7권, 박영사(2003), 228-231면은, ① 파산채권의 현재화, 금전화, 무조건채권화라는 '파산채권의 등질화'가 상계권의 확장을 정당화하기에 충분한지 의문인 점, ② 우리 판례는 자동채권의 변제기가 수동채권의 변제기보다 뒤에 도래하는 경우에 수동채권이 개별집행에서 압류되면 자동채권의 채권자는 상계할 수 없다는 태도를 취하는데, 파산절차가 개시되면, 같은 경우에 수동채권이 파산재단에 속하는 때에도 상계할 수 있게 되는 점(법 제417조 전문), ③ 변제기가 도래하지 아니한 채권을 채무자가 변제하는 행위는 부인대상 행위가 될 수 있으므로, 항상 채무소멸의 효과를 가져온다고 할 수 없는데, 파산절차가 개시된 후에는 채권자가 상계권의 확장에 의하여 자신의 채무를 내세워 파산재단으로부터 만족을 얻을 수 있게 되는 것은 납득하기 어려운 점 등에 비추어, 상계권의 확장에 대한 입법적 재고가 필요하다는 비판적 견해를 취한다. 그러나 현행법이나 일본의 파산법도 상계권의 확장에 관한 조항은 개정하지 아니하였다(일본 파산법 제67조).

5) 條解破産法, 539면.

제조건부채권을 가진 자가 상계를 하는 때에는 그 상계액에 관하여 담보를 제공하거나 임치를 하여야 한다(법제419조). 해제조건부채권의 조건이 최후배당의 배당제외기간 안에 성취되지 못한 때에는 채권자가 제공한 담보는 그 효력을 상실하여 채권자에게 반환하여야 하고, 임치한 금액은 이를 그 채권자에게 지급하여야 한다(법 제524조 후문).

다. 정지조건부채권 또는 장래의 청구권

자동채권이 정지조건부채권 또는 장래의 청구권일 경우 조건이 성취되거나 장래의 청구권이 현실화하지 않는 한 상계할 수 없다. 다만 위와 같은 채권을 가진 자가 채무자에 대해 채무를 부담하고 있을 경우 그 채무를 변제한 뒤에 조건이 성취되거나 장래의 채권이 현실화하더라도 그때는 이미 채무가 소멸하여 상계할 수 없으므로, 법은 후일의 상계권을 확보하기 위한 방편으로 정지조건부채권 또는 장래의 청구권을 가진 자가 그 채무를 변제하는 때에는 후일 상계를 하기 위하여 그 채권액의 한도 안에서 변제액의 임치를 청구할 수 있다고 규정하고 있다(제418조).[6][7]

정지조건부채권의 조건이 성취되거나 장래의 채권이 현실화한 때에는 그 채권을 가진 자는 최후배당의 배당제외기간이 끝나기 전까지 상계를 하여야 한다. 만약 최후배당의 배당제외기간 내에 조건이 성취하지 않거나 장래의 청구권이 현실화하지 않는 경우에는 그 임치한 금액은 다른 채권자에 대한 배당에 쓰이게 된다(법 제526조 후문).

---

6) 예컨대 채무자에 대하여 1,000만 원의 채무를 부담하는 파산채권자가 800만 원의 정지조건부채권을 갖는 경우 1,000만 원을 변제하면서 800만 원의 임치를 구할 수 있다.

7) 대법원 2017. 1. 25. 선고 2015다203578, 203585 판결은 "법이 제418조에서 정지조건부 파산채권자 등에게 채무변제금에 대한 임치청구권을 인정하면서도 임치청구의 방법이나 절차에 대하여 별도의 규정을 두지 아니한 이상, 정지조건부 파산채권자는 법 제418조를 근거로 파산관재인에 대하여 민사소송의 방법으로 채무변제금에 대한 임치의 이행을 청구할 수 있다. 나아가 정지조건부 파산채권자는 그의 정지조건부 채권액 한도 안에서 파산관재인에게 자신이 변제하는 금액의 임치를 청구할 수 있으므로, 정지조건부 파산채권자가 채무를 실제로 변제할 때에 그의 채권액이 채무변제액을 초과한다는 사실을 증명한 경우에는 파산채권자는 자신이 변제하는 금액 전부에 대하여 임치를 청구할 수 있다."라고 판시하였다. 참고로 그 원심인 서울고등법원 2014. 12. 12. 선고 2014나2013172(본소), 2014나2013189(반소) 판결(상고기각 확정)은 "원고(반소피고)는 피고(반소원고)로부터 1,654,791,965원 및 이에 대하여 2013. 4. 30.부터 2014. 3. 28.까지는 연 5%의, 그 다음날부터 다 갚는 날까지는 연 20%의 각 비율에 의한 금원을 지급받은 다음 위 금원 중 1,654,791,965원 및 이에 대하여 2013. 4. 30.부터 2014. 3. 28.까지 연 5%의 비율에 의한 금원을 원고(반소피고)가 서울중앙지방법원의 허가를 받아 개설한 임치금 계좌에 임치하라."라는 주문의 판결을 선고하였다.

라. 재단채권

파산재단이 재단채권의 총액을 변제하기에 부족한 것이 분명하게 된 때에 재단채권자의 상계가 허용되는지에 관하여 견해가 나뉘어 있다. 파산채권도 파산절차에 의하여 안분하여 변제받는 것임에도 법 제416조에서 상계에 대하여 예외를 두고 있고, 재단채권자는 파산절차에 의하지 아니하고 수시로 변제받을 수 있을 뿐 아니라 법상 상계금지의 제한을 받지 아니하고 있으므로 재단채권에 대하여 상계의 제한을 가하는 것은 타당하지 않다.[8][9]

3. 수동채권

수동채권(상계권자의 반대채무)은 금전채권이거나 자동채권과 동종 목적의 채권이어야 한다. 그러나 수동채권이 기한부나 조건부인 때 또는 장래의 청구권에 관한 것인 때에는 파산채권자는 스스로 기한의 이익 또는 조건 성부의 기회를 포기하고 또는 청구권의 현실화를 승인(장래의 불발생 가능성을 포기)하여 이를 현재화시켜 상계할 수 있다(법 제417조). 이 경우 법 제420조는 적용되지 않으므로 파산채권자는 액면 금액으로 상계하여야 한다.

파산채권자가 기한부채무, 정지조건부채무(보증계약에 기한 구상채무, 보증보험에 기한 보험금 지급채무) 또는 장래의 채무를 수동채권으로 삼아 상계를 하는 경우 파산선고 후에 기한이 도래하거나 조건이 성취되면 법 제422조 제1호의 파산선고 후에 파산재단에 대하여 채무를 부담한 때에 해당하여 상계가 금지되는지에 관하

---

8) 참고로 대법원 2016. 5. 24. 선고 2015다78093 판결은, 회생절차가 진행되다가 파산절차로 이행된 경우 공익채권을 재단채권으로 보호하는 법 제6조 제1항, 제4항의 내용과 취지에 비추어 보면, 채무자에 대하여 회생계획인가가 있은 후 회생절차폐지의 결정이 확정되어 법 제6조 제1항에 의한 직권 파산선고에 따라 파산절차로 이행된 경우, 특별한 사정이 없는 한, 공익채권자가 채무자에 대한 회생절차의 진행 중에 자신의 채권을 자동채권으로 하여 채무자의 재산인 채권을 수동채권으로 삼아 상계한 것에 파산채권자의 상계금지사유를 규정한 법 제422조 제2호가 적용될 수 없다는 취지로 판시하였다.

9) 일본 大阪地方裁判所 昭和45年3月13日 昭和43年(ワ)第5825号 判決. 일본의 통설도 같은 태도이다. 條解破産法 503면; 山本克己, 破産法·民事再生法概論, 商事法務(2012), 202면. 반대설로는 김경욱, "파산절차에 있어서 상계권의 행사", 민사소송: 한국민사소송법학회지 Vol. 5, 한국사법행정학회(2002), 458면; 전병서, 318, 319면. 위 반대설은 파산재단이 재단채권의 총액을 변제하기에 부족한 것이 분명하게 된 경우, 재단채권자 및 파산관재인 어느 쪽에서도 상계할 수 없다는 취지로 주장하고 있다. 다만 일본의 유력설은 일본 파산법 제152조 제1항(법 제477조 제1항) 본문의 문언상, 파산재단이 재단채권의 총액을 변제하기에 부족한 경우 파산관재인은 상계할 수 없으나, 재단채권자는 상계할 수 있다고 한다. 山本克己, 破産法·民事再生法概論, 商事法務(2012), 202-203면.

여 다툼이 있다.[10] 법 제417조의 후문의 취지는 파산채권자가 기한부 또는 정지조건부채무를 수동채권으로 삼아 파산채권을 자동채권으로 하는 상계를 허용함으로써 상계의 담보적 기능에 대한 기대를 보호함에 있는 것이다. 따라서 파산채권자는 자신이 이행할 반대채무가 파산선고시에 기한부인 경우에는 기한의 이익을 포기할 수 있고, 정지조건부인 경우에는 정지조건 불성취의 이익을 포기할 수 있을 뿐 아니라 파산선고 후에 기한이 도래하거나 조건이 성취한 경우에도 법 제417조 후문에 의하여 그 채무(수동채권)에 대응하는 파산채권을 자동채권으로 상계할 수 있다고 봄이 타당하다. 판례 역시 이러한 상계를 긍정하고 있다.[11]

한편 임대인이 파산한 경우, 파산채권자인 임차인이 차임채무를 수동채권으로 하여 제한 없이 상계를 하게 되면 파산재단에 편입될 재원이 줄어들게 되므로, 법은 특칙을 두어 임차인이 파산선고시의 당기 및 차기의 차임에 관하여만 상계를 할 수 있도록 하여 임차인의 수동채권의 범위를 제한하였다(법 제421조 제1항 전문). 다만 보증금이 있는 경우에는 그 후의 차임에 관하여도 상계가 허용된다(법 제421조 제1항 후문).[12]

제 2 절 상계권 행사에 대한 파산관재인의 대응

1. 부인권 행사의 대상이 되는지 여부

상계금지와 부인권은 양자 모두 정의와 공평의 관념에 터 잡아 채권자 간

---

10) 대립하는 견해에 관하여는 전병서, 323, 324면.

11) 대법원 2002. 11. 26. 선고 2001다833 판결은 구 파산법 제95조 제1호는 '파산선고 후에 파산재단에 대하여 채무를 부담한 때'를 상계제한사유의 하나로 규정하고 있으나, 구 파산법 제90조에서는 파산채권자는 조건부 채권을 수동채권으로 하여서도 상계할 수 있다고 규정하고 있으므로 이에 해당되는 경우 그 조건이 파산선고 후에 성취되었다고 하더라도 그 상계는 적법한 것으로 볼 것이라는 취지로 판시하였다. 일본 最高裁判所 平成17年1月17日 平成13年(受)第704号 判決도 이를 허용하며 이것이 일본의 다수설이다.

12) 이와 관련하여 양창수, "파산절차상의 상계 -소위 상계권의 확장에 대한 입법론적 재고를 포함하여-", 민법연구 제7권, 박영사(2003), 215-216면은 보증금반환채권이 보증금에서 임대차 종료 후에 미지급차임 및 차임 상당 손해배상금(또는 부당이득금), 나아가 원상회복에 필요한 비용 등 당해 임대차에 관련한 임차인의 제반 채무를 공제하고 남은 것이 있을 때 비로소 '발생'하는 것이라면, 적어도 임대인이 임대차에 관련한 자신의 채권을 보증금으로써 충당하는 통상의 경우를 전제로 할 때에는, 임대차 종료 후에 현실로 보증금반환채권이 발생하였다면 이는 그로써 만족을 도모할 차임채무는 이미 없다는 말이고, 다른 한편 미이행의 차임채무가 남아 있다면 이미 보증금반환채권이란 있을 수 없는 경우이기 때문에, 그것을 자동채권으로 하여 상계할 수 있는 차임채무라는 것이 과연 존재할 수 있는지 또는 어떠한 경우에 존재할 수 있는지가 의문이라고 한다.

의 평등을 해하는 행위의 효력을 부정하는 것이 공통된 취지이지만, 그 적용 범위가 동일한 것은 아니므로 법 제422조의 상계금지사유에 해당하지 않는 상계권의 행사가 법 제391조의 부인권 행사의 대상으로 될 여지가 있는가 문제된다. 그러나 채무자의 파산에 관여하지 않은 파산채권자로서는 채무자의 파산으로 인하여 자기가 파산선고 전부터 가지는 상계권에 영향을 받는 것은 부당하고, 파산채권자의 상계권 행사 자체는 채무자의 행위라고 할 수 없으므로 법 제391조 각호의 부인권 행사의 대상이 될 수 없다.[13)14)] 다만 상계적상을 야기한 채무자의 행위를 부인의 대상으로 보아 그 행위가 부인되면 그 결과로 상계가 효력을 잃는다[이에 관하여는 제14장 제2절 1. 가. 1) 참조].[15)]

2. 상계금지사유 해당 여부의 검토

파산선고 후 또는 위기시기에 악의로 채권·채무의 대립관계를 창설하는 경우 채권자가 상계에 관하여 정당한 이익을 가진다고는 할 수 없고, 파산채권자 사이의 공평을 해칠 우려가 있다. 법 제422조는 이러한 취지에서 파산채권자의 상계권을 제한하고 있다.[16)] 이 규정은 강행규정이므로 이에 반하는 상계를

---

13) 회생절차에 관한 것이나 대법원 2014. 9. 24. 선고 2013다200513 판결은, A 은행이 B 회사와 물품대금 등을 납품업체의 대출금 변제에 충당할 수 있도록 A 은행에 개설된 지정계좌로 지급하기로 협약을 체결하고, 납품업체인 채무자와 여신거래약정을 체결하여 대출을 실행한 다음 위 계좌에 입금된 돈을 대출금 변제에 충당해 왔는데, B 회사가 채무자에 대한 회생절차개시신청 후에도 위 계좌로 물품대금을 입금하자 A 은행이 예금반환채무와 대출금 채권의 상계를 주장한 사안에서, B 회사가 마이너스통장에 물품대금 등을 입금함에 있어 채무자와 A 은행이 통모하였다거나 B 회사 등의 위와 같은 입금행위를 채무자에 의한 채무소멸행위로 볼 수 있는 특별한 사정이 있다고 인정할 증거가 없고, 오히려 그 중 B 회사가 입금한 돈에 상응하는 대출금 채무의 소멸은 채무자의 의사와는 무관하게 회생채권자인 B 회사의 상계 의사표시에 의한 것이라는 이유로, 위 대출금채무 소멸행위가 법 제100조 제1항 제2호에서 정한 부인권의 대상이 아니라고 판단한 원심의 판단은 정당하다는 취지로 판시하였다.

14) 일본 最高裁判所 昭和41年4月8日 昭和39(オ)第1158号 판결, 最高裁判所 平成2年11月26日 昭和63(オ)4号 判決.

15) 대법원 1993. 9. 14. 선고 92다12728 판결.

16) 하나의 계약에서 공제가 이루어지는 경우에는 상계금지규정이 적용되지 않는다. 대법원 2007. 9. 28. 선고 2005다15598 전원합의체 판결은, "생명보험계약의 약관에 보험계약자는 보험계약의 해약환급금의 범위 내에서 보험회사가 정한 방법에 따라 대출을 받을 수 있고, 이에 따라 대출이 된 경우에 보험계약자는 그 대출 원리금을 언제든지 상환할 수 있으며, 만약 상환하지 아니한 동안에 보험금이나 해약환급금의 지급사유가 발생한 때에는 위 대출 원리금을 공제하고 나머지 금액만을 지급한다는 취지로 규정되어 있다면, 그와 같은 약관에 따른 대출계약(보험약관대출계약)은 약관상의 의무의 이행으로 행하여지는 것으로서 보험계약과 별개의 독립된 계약이 아니라 보험계약과 일체를 이루는 하나의 계약이라고 보아야 하고, 보험약관대출금의 경제적 실질은 보험회사가 장차 지급하여야 할 보험금이나 해약환급금을 미리 지급하는 선급금과 같은 성격이라고 보아야 한다. 따라서 위와 같은 약관에서 비록 '대출'이라는 용어를 사용하고 있더라

유효하다고 하는 취지의 파산채권자와 파산관재인 사이의 합의는 무효이다.[17]

가. 파산채권자가 파산선고 후에 파산재단에 대하여 채무를 부담한 때
(법 제422조
제1호)

이는 파산채권자가 파산선고 후에 부담한 채무를 파산채권과 상계하도록 허용한다면 그 파산채권자에게 그 금액에 대하여 다른 파산채권자들보다 우선하여 변제하는 것을 용인하는 것이 되어 결과적으로 파산채권자 사이의 공평을 해치게 되므로, 이를 방지하기 위하여 상계를 금지하고 파산절차에 의하여 파산채권을 행사하도록 한 것에 그 목적이 있다.[18]

예컨대, 파산채권자가 파산선고 후에 파산재단에 속하는 물건을 구입하여 부담한 매매대금채무,[19] 파산재단에 속하는 재산을 임차한 경우의 파산선고 후

도 이는 일반적인 대출과는 달리 소비대차로서의 법적 성격을 가지는 것은 아니라고 할 것이며, 보험금이나 해약환급금에서 대출 원리금을 공제하고 지급한다는 것은 보험금이나 해약환급금의 선급금의 성격을 가지는 위 대출 원리금을 제외한 나머지 금액만을 지급한다는 의미이므로 민법상의 상계와는 성격이 다르다고 할 것이다."라고 판시하면서, 생명보험계약의 해지로 인한 해약환급금과 보험약관대출금 사이에서는 상계의 법리가 적용되지 아니하고, 보험회사는 생명보험계약 해지 당시의 보험약관대출 원리금 상당의 선급금을 뺀 나머지 금액에 한하여 해약환급금으로서 반환할 의무가 있다고 할 것이므로, 생명보험계약이 해지되기 전에 보험회사에 관하여 구 회사정리법에 의한 회사정리절차가 개시되어 정리채권신고기간이 만료되었다고 하더라도 구 회사정리법 제162조 제1항의 상계제한 규정은 적용될 여지가 없다는 취지로 판시하였다.

17) 대법원 2017. 11. 9. 선고 2016다223456 판결; 전병서, 325면. 條解破産法, 552면. 일본 最高裁判所 昭和52年12月6日 昭和52年(オ)第330号 判決은 본조의 규정은 채권자 사이의 실질적 평등을 도모할 목적으로 강행규정으로 해석하여야 하므로, 그 효력을 배제하기 위한 당사자 사이의 합의는, 파산관재인과 파산채권자 사이에서 이루어진 것이라도, 특별한 사정이 없는 한 무효라고 해석함이 타당하다고 판시하였다.

18) 대법원 2003. 12. 26. 선고 2003다35918 판결. 대법원 2017. 11. 9. 선고 2016다223456 판결은 위와 같은 법리는 특별한 사정이 없는 한 파산채권자가 파산선고 후에 부담한 채무에서 파산채권을 공제하는 경우에도 적용되며, 파산채권자와 파산관재인이 그 공제에 관하여 합의하였다 하더라도 다른 사정이 없다면 마찬가지로 봄이 타당하다고 하면서, 주택임차인이 주택임대차보호법 제3조 제1항의 규정에 의한 대항요건을 갖추고 임대차계약증서상의 확정일자를 받은 후 임대인이 파산한 경우에, 법 제492조 제14호에서 정한 별제권 목적물의 환수절차 등에 따른 특별한 사정이 없는 한, 위 임대차보증금반환채권을 가지고 주택임차인이 임대인에 대한 파산선고 후에 파산재단에 부담한 채무에 대하여 상계하거나 그 채무에서 공제하는 것까지 허용되지는 아니하며, 그에 관한 합의 역시 효력이 없다고 봄이 타당하다는 취지로 판시하였다.

19) 임대인이 파산한 경우에 임차인이 목적물을 매수하면서 임대보증금반환채권을 자동채권으로 하여 파산재단에 속하는 매매대금채권을 수동채권으로 삼아 상계할 것을 원하더라도 이 경우 상계가 금지된다. 대법원 2012. 11. 29. 선고 2011다30963 판결은 임대주택법상 임대사업자인 채무자가 파산선고를 받은 후 임차인들이 관할 지방자치단체장으로부터 직접 분양전환승인을 받아 파산관재인을 상대로 해당 아파트에 관한 매도청구권을 행사한 사안에서, 임차인들은 채무자에 대하여 파산선고가 있은 후 임대주택법에서 정한 매도청구권을 행사하여 파산관재인에 대하여 매매대금지급채무를 부담하게 되었음에 반해, 임차인들의 파산관재인에 대한 임대차보증금반환채권은 채무자에 대한 파산선고 전의 임대차계약에 기하여 생긴 채권에 해당함을 알 수 있으므로, 특별한 사정이 없는 한 임차인들의 파산관재인에 대한 매매대금지급채무에서 임대차

차임채무, 파산관재인의 부인권 행사 결과 생긴 상대방의 반환채무, 파산선고 후 파산재단에 대하여 부담하게 된 부당이득반환채무, 쌍방미이행 쌍무계약에 관하여 파산관재인이 해제를 선택한 경우 상대방의 원상회복의무, 이행을 선택한 경우 상대방의 계약상의 채무 등은 모두 파산재단에 대하여 현실로 이행되어야 그 의미가 있는 것이고, 상계를 허용하면 일부 채권자에게 우선변제를 하는 것이 되므로, 이들 채무의 전부 또는 일부와 파산채권을 대등액에서 상계하는 것은 허용되지 않는다.

또 채무부담의 원인 또는 원인 발생의 시기를 막론하고 당해 파산채권자가 채무를 현실로 부담하게 된 시기가 파산선고 후이면 상계는 금지된다. 즉 채무 자체가 파산선고 후에 발생한 경우만을 의미하는 것이 아니라 파산선고 전에 발생한 제3자의 파산재단에 대한 채무를 파산선고 후에 파산채권자가 인수하는 경우도 포함되고 그 인수는 합병 등 포괄승계로 인한 것이라도 관계없다.[20) 또한 파산선고 전에 발생한 제3자의 파산채권자에 대한 채권을 파산선고 후에 파산관재인이 양수함에 따라 파산채권자가 파산재단에 대하여 채무를 부담하는 경우에도 마찬가지이다.[21) 은행이 파산채권자가 되는 때에는 제3자가 파산선고 후에 채무자의 계좌에 이체를 한 결과로 은행이 파산재단에 대하여 예금반환채무를

보증금반환채권을 공제할 수 없다는 취지로 판시하였다.

다만, 대법원 2017. 11. 9. 선고 2015다44274 판결은 채무자에 대하여 파산선고가 있은 후 분양전환 합의에 따라 파산관재인에 대하여 매매대금지급채무를 부담하게 된 주택임대차보호법상 대항요건 및 확정일자를 갖춘 임차인들은 법 제415조 제1항에 의하여 인정된 우선변제권의 한도 내에서는 파산절차에 의하지 아니하고 임차보증금반환채권의 만족을 받을 수 있고, 이러한 임차인들은 파산절차에서 별제권자에 준하는 지위에 있으므로, 파산관재인이 법 제492조 제14호에 따라 '별제권의 목적의 환수'에 관한 법원의 허가 등을 얻어 임차인들에게 임대차보증금반환채무액 상당의 환수대금을 지급하는 것도 가능하며, 나아가 이러한 경우 임차인들의 환수대금채권은 파산선고 전의 원인으로 발생한 파산채권이 아니므로 그러한 환수대금채권으로 파산관재인의 매매대금지급채권과 대등액에서 상계하는 것도 가능하다는 취지로 판시하였다.

20) 대법원 2003. 12. 26. 선고 2003다35918 판결은 파산자가 A에 대하여 채권(48억 원가량)을, A도 파산자에 대하여 파산채권(44억 원가량)을 각기 보유하고 있고 A의 파산채권액에 상응하는 금액에 대하여는 파산자에 대한 파산선고 당시 이미 상계적상에 도달하여 있었으나, 파산선고 후 파산자에 대하여 별도의 파산채권을 가지고 있던 B가 A를 흡수합병한 사안에서, 그 상계금액을 넘는 채무는 결국 파산채권자인 B가 파산자에 대한 파산선고 후에 A를 흡수합병함으로써 부담하게 된 채무에 해당하므로 그 채무를 B 자신의 파산채권과 상계하는 것은 허용되지 아니한다는 취지로 판시하였다. 부산고등법원 2001. 11. 2. 선고 2001나4804 판결(미상고 확정)은 합병은 합병당사자 사이의 의사 합치에 의하여 이루어지므로 파산채권자가 파산선고 후에 합병을 통하여 파산자에 대한 채무를 부담하고 있는 다른 합병당사자를 합병한 다음 그 파산채권과 합병하여 부담하게 된 채무를 상계함으로써 결과적으로 그 파산채권자가 우선변제권을 취득하는 것을 허용하게 되어 채권자평등의 원칙을 위하여 위와 같이 상계금지를 규정한 구 파산법 제95조 제1호의 입법취지를 잠탈하게 되는 점을 상계금지의 이유로 들고 있다.

21) 대법원 2014. 11. 27. 선고 2012다80231 판결.

부담하는 때에도 본 호에 의하여 상계는 금지된다.

파산재단에 속하는 약속어음의 추심권을 파산관재인에게 대항할 수 없는 자가 파산선고 후에 그 약속어음을 추심한 경우 취득하는 추심금반환채무, 파산재단에 속하는 재산에 대한 양도담보권자의 청산의무가 파산선고 후에 구체화한 경우 청산금지급채무도 본 호에 의하여 상계가 금지된다.

정지조건부채무를 내용으로 하는 계약이 파산선고 전에 성립되어 있으면, 파산선고 후 조건이 성취되어 파산선고 후에 채무를 부담하게 되지만 본 호에 불구하고 법 제417조 후문에 의하여 상계가 허용된다.[22]

나. 파산채권자가 지급정지 또는 파산신청이 있었음을 알고 채무자에 대하여 채무를 부담한 때(법 제422조 제2호)

여기서 지급정지라 함은 채무자가 변제기에 있는 채무를 자력의 결핍으로 인하여 일반적, 계속적으로 변제할 수 없다는 것을 명시적, 묵시적으로 외부에 표시하는 것을 말한다[지급정지에 관한 자세한 내용은 제14장 제2절 2. 나. 1) 나) 참조]. 지급정지의 사유로는 채무자가 발행한 어음의 부도처리 등을 들 수 있다.[23]

그 취지는 파산채권자가 채무자에 대한 지급정지 또는 파산신청 등이 있는 이른바 위기상태에 있음을 알면서 채무자에 대하여 새로운 채무를 부담하였으면서도 이를 수동채권으로 삼아 기존의 다른 파산채권과 상계할 수 있다고 한다면 채권자들 사이의 공평을 해치기 때문이다.[24]

위 조문에는 상계가 금지되는 기간에 관하여 아무런 제한이 없으므로 파산선고 전 상계에도 적용되는 것으로 보아야 하고, 따라서 위 조문에서 정한 금지사유가 있는 경우에는 파산선고 전에 상계의 의사표시를 하였더라도 파산이 선고되면 그 상계는 소급하여 효력을 잃는다고 보아야 한다.[25]

본 호에 해당하는 사례로는 파산채권자가 지급정지 후 채무자로부터 물품을 매수한 경우의 그 대금지급채무, 백화점의 부도 후 백화점에 대한 장래의 판매대금을 담보하기 위하여 백화점으로부터 받은 선급금의 반환채무,[26] 은행이 채무자의 지급정지 후 채무자의 거래처로부터 채무자 계좌로 입금된 금원에 대

---

22) 대법원 2002. 11. 26. 선고 2001다833 판결.
23) 대법원 2002. 11. 8. 선고 2002다28746 판결.
24) 대법원 2005. 9. 28. 선고 2003다61931 판결.
25) 대법원 2015. 9. 10. 선고 2014다68303 판결.
26) 서울고등법원 2001. 2. 2. 선고 2000나41723 판결(미상고 확정).

하여 부담하는 예금반환채무 등을 수동채권으로 상계하는 경우 등이 있다. 이 시기에는 파산채권의 가격이 하락하고 있기 때문이다.

이 경우에 상계의 무효를 주장하는 파산관재인은 상계권자가 악의라는 것을 증명하여야 한다.

본 호는 지급불능에 대하여는 규율하지 않고 있는데, 파산채권자가 지급불능에 있었음을 알고 채무자에 대하여 채무부담을 한 경우에도 본 호를 유추적용함이 타당하다.[27]

한편, 채무자에 대하여 회생계획인가가 있은 후 회생절차폐지의 결정이 확정되어 법 제6조 제1항에 의한 직권 파산선고에 따라 파산절차로 이행된 때에, 회생절차개시신청 전에 지급정지나 파산신청 또는 사기파산죄에 해당하는 법인인 채무자의 이사 등의 행위가 없었다면, 채무자의 '회생절차개시신청'은 파산절차에서 상계의 금지의 범위를 정하는 기준이 되는 '지급정지' 또는 '파산신청'으로 의제된다(법 제6조 제4항, 제1호). 따라서 은행이 예금반환채무를 수동채권으로 하여 상계를 함에 있어 예금반환채무를 부담할 당시 지급정지 또는 파산신청으로 의제되는 회생절차개시신청 사실을 알고 있었다면, 본 호의 적용대상이 된다.[28]

다만 다음의 어느 하나에 해당하는 때에는 상계가 허용된다(법 제422조, 제2호 단서). 상계를 허용하는 근거는 위기시기 이전에 존재한 채권자의 정당한 상계기대를 보호하기 위한 것이다. 그 상계금지의 예외사유에 해당하는 사실은 파산채권자가 증명하여야 한다.

1) 채무의 부담이 법정의 원인에 의한 때

상속 · 합병 또는 사무관리 · 부당이득과[29] 같이 채무부담의 원인이 법률의 규정에 근거하는 경우이다.[30] 민사소송법 제215조 제1항, 제2항에 따른 가집행선고의 실효로 인한 가지급물 반환채무는 '채무의 부담이 법정의 원인에 의한

---

27) 전병서, 328면.

28) 대법원 2016. 8. 17. 선고 2016다216670 판결. 이 판결에 관하여는 김희중, "채무자에 대하여 회생계획인가가 있은 후 회생절차폐지의 결정과 파산선고에 따라 파산절차로 이행된 경우, 파산절차에서 상계의 금지의 범위를 정하는 기준시점", 대법원판례해설 제109호, 법원도서관 (2017), 524-545면.

29) 대법원 2001. 10. 30. 선고 2001다29636 판결은 채권자의 채무는 채권자가 계약이전결정에 따라 인수한 계약에 의하여 수령하였다가 소급적으로 계약이전대상에서 제외됨으로써 법률상 원인 없이 취득한 부당이득의 반환채무로서 구 파산법 제95조 제2호 단서에서 정한 법정의 원인에 기한 때에 해당하므로 이를 수동채권으로 한 상계는 적법하다는 취지로 판시하였다.

30) 다만 합병이나 회사분할이 상계목적으로 이루어진 경우에는 '법정의 원인'에 포함되지 않는다고 해석된다. 條解破産法, 559면.

때'에 해당하지만,[31] 신용협동조합법 제44조에 따른 단위신용협동조합의 신용협동조합중앙회에의 여유자금 예치는 이에 해당하지 않는다.[32]

2) 파산채권자가 지급정지나 파산신청이 있었음을 알기 전에 생긴 원인에 의한 때

여기서 '전에 생긴 원인'에 해당하는 법률관계란, 채권자에게 구체적인 상계기대를 발생시킬 정도로 직접적인 것이어야 하고, 개별적인 경우에 구체적인 사정을 종합하여 상계의 담보적 작용에 대한 채권자의 신뢰가 보호할 가치가 있는 정당한 것으로 인정되는 경우이어야 할 것이다.[33]

예컨대 파산채권자가 지급정지나 파산신청이 있었음을 알기 전에 채무자와 사이에 채무자가 채무의 이행을 하지 않은 때에는 파산채권자가 점유하는 채무자의 어음 등을 추심 또는 처분하여 그 취득금을 채무의 변제에 충당할 수 있다는 취지의 어음의 추심위임계약은 '전에 생긴 원인'에 해당한다. 그러나 추심위임계약이라도 은행여신거래 약관에 '기한의 도래 또는 기한 전 채무변제의무 등 기타의 사유로 은행에 대한 채무를 이행하여야 하는 경우에 그 채무와 채무자의 제 예치금 기타의 채권을 그 채권의 기한도래 여부에 불구하고 은행은 서면통지에 의하여 상계할 수 있다'는 규정만으로는 바로 채무자의 은행에 대한 예금 등의 채권을 처음부터 담보의 목적으로 한다는 점에 대한 정당한 기대가 은행에 있었다고 보기 어렵다. 처음부터 추심위임에 의한 채권회수를 전제로 금원을 대여하였다거나, 채무를 변제하기 위한 수단으로 추심위임이 이용된 경우에 채무자가 추심위임을 철회하거나 직접 추심하거나 혹은 제3자에게 중복하여 추심위임을 하지 아니한다는 특약을 하였다는 등의 특별한 사정이 없는 한 구체적인 어음의 추심위임행위 자체나 위임사무의 처리경과만으로 수임인인 은행에

---

31) 대법원 2009. 12. 10. 선고 2009다53802 판결.
32) 대법원 2002. 1. 25. 선고 2001다67812 판결.
33) 대법원 2005. 9. 28. 선고 2003다61931 판결, 대법원 2008. 7. 10. 선고 2005다24981 판결, 대법원 2016. 4. 12. 선고 2015다1802 판결 등. 같은 취지에서 대법원 2002. 2. 8. 선고 2001다55116 판결은 신용협동조합중앙회가 파산자의 영업정지 이틀 전에 파산자의 제3자에 대한 예금채권에 질권을 설정한 다음, 위 예금채권의 만기가 도래하자 원리금을 인출하여 신용협동조합중앙회에 별단예탁금으로 예치하여 파산자에 대한 채권과 상계한 사안에서, 신용협동조합중앙회의 질권 설정행위가 부인되는 이상, 신용협동조합중앙회가 파산자에 대한 채권을 자동채권으로 하여 상계조치한 신용협동조합중앙회의 파산자에 대한 예탁금 반환채무가 질권 행사를 위한 절차의 일환으로 이루어진 별단예금에 따른 것이라 하더라도, 그와 같은 예탁금 반환채무의 부담이 구 파산법 제95조 제2호 소정의 '파산채권자가 지급정지나 파산신청이 있었음을 알기 전에 생긴 원인에 기한 때'에 해당된다고 볼 수 없고, 따라서 신용협동조합중앙회가 지급정지 있었음을 알고서 부담한 위 채무를 수동채권으로 하는 상계는 허용될 수 없는 것이라는 취지로 판시하였다.

게 구체적인 상계기대를 발생시킬 정도의 직접적인 원인에 해당한다고 볼 수 없다.[34]

당좌거래계약이나 보통예금계약이 있는 것만으로는 이것을 '전에 생긴 원인'이라고 할 수 없다.[35] 따라서 채무자가 지급정지 후에도 해지하지 않고 남겨둔 당좌예금계좌에 채무자의 거래처로부터 돈이 입금된 경우, 은행은 채무자에 대한 대여금채권과 이 예금반환채권을 상계할 수 없다. 은행과 채무자 또는 제3자 사이의 약정으로서 은행과 채무자 사이의 채권담보를 위하여 제3자가 채무자에 대한 지급을 채무자의 은행 계좌에 입금하는 방법으로만 하는 이른바 이체지정의 경우, 은행은 악의로 되기 전에 정당한 상계의 기대를 가졌다고 인정되므로 위기시기에 제3자가 입금하여 은행이 채무자에 대하여 예금반환채무를 부담하게 되었다고 하더라도 상계는 허용된다.[36][37] 채무자가 특정의 채권자에게 변제를 대리수령할 권한을 부여하여 이를 철회하지 않기로 합의하고 파산선고를 받은 채무자에 대한 제3채무자도 이를 승낙한 뒤에 위기시기에 대리수령이 행해진 경우에도 상계는 허용된다.

3) 채무의 부담이 파산선고가 있은 날부터 1년 전에 생긴 원인에 의한 때

파산채권자의 부담이 지급정지가 있은 후에 생긴 것이라 하더라도 파산선고가 있는 날로부터 1년 전에 생긴 원인에 의한 때에는 이를 수동채권으로 한

---

34) 대법원 2005. 9. 28. 선고 2003다61931 판결. 이 판결은 수임인의 취득물 인도이전 의무는 추심의뢰나 제3채무자에 대한 청구(지급제시)로 인하여 발생하는 것이 아니라 현실적으로 제3채무자로부터 지급받은 경우에 구체적으로 발생하는 것이어서 추심의뢰나 지급제시 자체를 수임인의 의무발생의 구체적·직접적 원인으로 볼 수 없다고 판시하였다.

35) 전병서 329면; 條解破産法 560면.

36) 조병현, "파산절차상의 상계권 행사", 재판자료 제83집, 348면; 전병서 330면; 條解破産法 560, 561면.

37) 회생절차에 관한 것이나 대법원 2014. 9. 24. 선고 2013다200513 판결은, A 은행이 B 회사와 물품대금 등을 납품업체의 대출금 변제에 충당할 수 있도록 A 은행에 개설된 지정계좌로 지급하기로 협약을 체결하고, 납품업체인 채무자와 여신거래약정을 체결하여 대출을 실행한 다음 위 계좌에 입금된 돈을 대출금 변제에 충당해 왔는데, B 회사가 채무자에 대한 회생절차개시신청 후에도 위 계좌로 물품대금을 입금하자 A 은행이 예금반환채무와 대출금 채권의 상계를 주장한 사안에서, 위 대출 약정은 채무자와 A 은행 및 B 회사 사이에서 채무자가 B 회사에 대한 물품대금을 마이너스통장을 통해서만 지급받기로 하는 이체지정의 합의를 포함하고 있고 약정의 내용상 위 합의는 채무자가 임의로 철회하거나 변경할 수 없으므로, A 은행은 회생절차개시신청 전에 이미 B 회사가 지급하는 물품대금에 대한 예금반환채무를 부담할 것이 거의 확정적이었기 때문에 이를 수동채권으로 하여 A 은행의 대출금채권과 상계할 수 있을 것이라는 정당한 신뢰를 가졌다고 봄이 상당하다는 이유로, B 회사가 입금한 물품대금에 대한 A 은행의 상계의사표시는 회생절차개시신청이 있었음을 알기 전의 원인인 위 대출 약정에 따라 부담하게 된 채무에 관한 것이어서 법 제145조 제2호 단서 (나)목에 의하여 유효하고, 그로 인하여 A 은행의 채무자에 대한 위 금액 상당의 예금반환채무는 채무자의 A 은행에 대한 대출금반환채무와 대등액에서 소멸하였다고 판단한 원심의 판단은 정당하다는 취지로 판시하였다.

상계는 허용된다는 취지이다. 왜냐하면, 파산선고시부터 1년 전에 행해진 채무부담의 경우 통상 채권자에게는 채권 가격의 하락을 전보할 수단으로써 채무를 부담한다는 의사가 없을 것이고 상계기대를 보호함으로써 거래의 안전을 유지할 필요도 있기 때문이다.

다. 파산선고를 받은 채무자의 채무자가 파산선고 후에 타인의 파산채권을 취득한 때($^{법 제422조}_{제3호}$)

법 제422조 제1호와 마찬가지로 상계는 파산선고시가 그 기준시가 되므로, 그 후에 타인으로부터 취득한 파산채권을 자동채권으로 하는 상계는 허용되지 않는다. 파산채권을 취득한 자의 선의, 악의를 묻지 않는다. 상속·합병 등의 포괄승계의 경우도 포함된다. 파산채권의 취득원인이 파산선고 전에 발생하였다고 하더라도, 파산선고 후에 비로소 대항요건을 구비한 양수채권에 의한 상계는 금지된다.

본 호에서 말하는 파산채권의 취득에 관하여 해석론상 쟁점이 되는 것은 구상권에 관한 것이다. 파산재단에 대하여 채무를 부담하는 A가 다른 파산채권자 B에 대하여 파산재단을 대신하여 제3자 변제를 한 후에 구상권을 취득하고 구상권을 자동채권으로 하여 파산재단에 부담하는 채무와 상계하는 것은 실질적으로 B로부터 파산선고 후에 파산채권을 매입하는 것과 다름없으므로 허용되지 아니한다. 그러나 채무자의 연대보증인이 파산선고 후에 보증채무를 전부 이행한 경우에 연대보증인이 취득한 구상채권을 자동채권으로 채무자에 대한 채무와 상계하는 것은 허용된다. 왜냐하면 비록 대위변제가 파산선고 후에 이루어졌다고 하더라도 보증인의 구상권은 파산선고 전에 성립한 보증의 원인이 된 계약 등에 기하여 성립된 것으로 법 제430조 제1항에 의하여 장래의 구상권 또는 정지조건부 채권으로 인정되고 법 제418조에 의하여 조건성취에 따라 장래의 청구권도 상계가 허용되기 때문이다.[38)]

---

38) 대법원 2008. 8. 21. 선고 2007다37752 판결은 파산자의 보증인이 파산선고 후에 보증채무를 전부 이행함으로써 구상권을 취득한 경우, 그 구상권은 파산선고 당시 이미 장래의 구상권으로서 파산채권으로 존재하고 있었다고 보아야 하는 점, 파산절차에서는 장래의 청구권을 자동채권으로 한 상계가 허용되는 점, 정지조건부채권 또는 장래의 청구권을 가진 자가 그 채무를 변제하는 경우에는 후일 상계를 하기 위하여 그 채권액의 한도에서 변제액의 임치를 청구할 수 있는 점 등에 비추어, 그 구상권을 자동채권으로 하여 파산채무자에 대한 채무와 상계할 수 있다고 봄이 상당하다면서도, 파산선고 후에 파산채권자가 다른 채무자로부터 일부 변제를 받거나 다른 채무자에 대한 회사정리절차 내지 파산절차에 참가하여 변제 또는 배당을 받았다 하더라도 그에 의하여 채권자가 채권 전액에 대하여 만족을 얻은 것이 아닌 한 파산채권액에 감소

라. 파산선고를 받은 채무자의 채무자가 지급정지 또는 파산신청이 있었 음을 알고 파산채권을 취득한 때(법 제422조 제4호)

법이 위와 같이 파산채권에 의한 상계를 제한한 취지는 채무자에 대하여 채무를 부담하고 있던 채무자가 채무자에게 위기상태가 생긴 이후에 새로 채권을 취득하여 상계할 수 있다고 하면, 파산채권자 상호 간의 공평을 해칠 수 있기 때문이다.[39]

지급정지 또는 파산신청이 있었던 때에는 파산채권의 가치가 하락하고 있는 것이 보통이므로 전 호와 마찬가지의 이유로 상계가 금지된다. 상계권자가 지급정지 등의 사실을 알고 있어야 한다는 점에서 법 제422조 제3호와 다르다. 채무자의 지급정지가 아닌 지급불능을 알고 채권을 취득한 경우도 포함한다.[40] 본 호는 제3호와 달리 '타인의' 파산채권을 취득한 것을 요건으로 하고 있지 않으므로 위기시기에 있어서 채무자와의 거래에 의하여 채권을 취득하여도 본 호가 적용된다.[41]

이 경우에 상계의 무효를 주장하는 파산관재인은 상계권자가 악의라는 것을 증명하여야 한다.

그러나 다음의 어느 하나에 해당하는 때에는 상계가 허용된다(법 제422조 제4호 단서). 그 상계금지의 예외사유에 해당하는 사실은 파산선고를 받은 채무자의 채무자가 증명하여야 한다.

1) 채권의 취득이 법정의 원인에 의한 때

상속·합병·사무관리·부당이득 등에 관하여는, 원칙적으로 취득자가 의도적으로 채권·채무의 대립상태를 만들 여지가 없으므로 상계가 허용된다. 그러나 파산선고를 받은 채무자에 대하여 채무를 부담하는 자가 자신의 채권자(파산

를 가져오는 것은 아니어서, 채권자는 여전히 파산선고시의 채권 전액으로써 계속하여 파산절차에 참가할 수 있고, 채권의 일부에 대한 대위변제를 한 구상권자가 자신이 변제한 가액에 비례하여 채권자와 함께 파산채권자로서 권리를 행사할 수 있는 것은 아니므로, 파산자의 보증인이 파산선고 후 채권자에게 그 보증채무의 일부를 변제하여 그 출재액을 한도로 파산자에 대하여 구상권을 취득하였다 하더라도 채권자가 파산선고시의 채권 전액을 파산채권으로 신고한 이상 보증인으로서는 파산자에 대하여 그 구상권을 파산채권으로 행사할 수 없어 이를 자동채권으로 하여 파산자에 대한 채무와 상계할 수도 없다고 보아야 한다는 취지로 판시하였다.

39) 대법원 2017. 3. 15. 선고 2015다252501 판결.

40) 양창수, "파산절차상의 상계 -소위 상계권의 확장에 대한 입법론적 재고를 포함하여-", 민법연구 제7권, 박영사(2003), 219면.

41) 전병서, 332면.

선고를 받은 채무자)로부터의 부탁 없이 파산채권에 관하여 제3자 변제를 한 경우
에 취득하는 구상권과 같이, 채무자가 의도적으로 채권·채무의 대립상태를 만
들었다고 인정되는 경우는 상계가 금지된다.[42]

  2) 채권의 취득이 파산선고를 받은 채무자의 채무자가 지급정지나 파산신청
    이 있었음을 알기 전에 생긴 원인에 의한 때

  파산채권을 취득한 것은 채무자에게 위기상태가 생긴 이후이지만 그 이전
에 이미 채권취득의 원인이 형성되어 있었던 경우에는 상계에 대한 파산채권자
의 기대를 보호해 줄 필요가 있으므로, 그러한 경우에는 예외적으로 상계를 할
수 있도록 한 것으로, 그 취지를 고려해 보면 위기상태의 존재를 알게 된 이후
에 취득한 채권이 그 이전부터 존재한 사유, 즉 '전의 원인'에 의하여 발생하였
다고 하려면 그 원인은 채권자에게 상계의 기대를 발생시킬 정도로 직접적인 것
이어야 할 뿐 아니라 구체적인 사정을 종합하여 상계의 담보적 작용에 대한 파
산채권자의 신뢰가 보호할 가치가 있는 정당한 것으로 인정되어야 한다.[43]

  환매특약부 어음할인계약에 기하여 어음을 할인취득하였다가 할인의뢰인의
지급정지를 이유로 환매권을 행사함으로써 취득한 할인의뢰인에 대한 환매대금
청구권에 의한 상계는 허용된다. 지급정지 전에 체결된 매매계약을 파산선고 후
에 해제한 경우의 대금반환채권도 채권자가 악의로 되기 이전의 원인에 기하여
취득한 것이므로 상계가 허용된다. 파산채권자인 은행이 채무자에게 자금을 융
자하면서 그 대여금의 회수를 담보할 목적으로 예금자로부터 지급정지 전에 어
음금의 추심수령 또는 대금 수령의 포괄적 대리권을 수여받고 있는 경우, 은행
이 위 대리권의 행사에 의하여 파산선고를 받은 채무자의 제3채무자로부터 수령
한 금원과 상계하는 것은 허용된다.[44]

  3) 채권의 취득이 파산선고가 있은 날부터 1년 전에 생긴 원인에 의한 때

  법 제422조 제2호 다목과 마찬가지로 거래의 안전을 위하여 예외로 한 것

---

42) 전병서, 333면.
43) 회생절차에 관한 것이나 대법원 2017. 3. 15. 선고 2015다252501 판결(회생채권자는 채무자가
   운영하는 골프장의 회원권에 관하여 입회계약을 체결하고 입회금을 납부한 회원이자 임대차보
   증금을 받고 채무자에게 위 골프장 부지 및 건물을 임대한 임대인인데, 임대차기간 중 채무자
   가 회생절차개시 신청을 하자, 골프장 회원권에 관한 탈퇴 신청을 하면서 채무자를 상대로 자
   신의 입회금반환채권 중 일부를 자동채권으로 하여 채무자의 임대차보증금반환채권과 상계한다
   는 의사표시를 한 사안에서, 위 입회금반환채권은 법 제145조 제4호 단서, 제2호 단서 (나)목에
   서 정한 상계금지의 예외사유인 '회생절차개시의 신청이 있은 것을 알기 전에 생긴 원인'에 의
   하여 취득한 회생채권에 해당한다고 한 사례).
44) 일본 最高裁判所 昭和40年11月2日 昭和38(オ)第1003호 判決.

이다.

마. 그 밖의 상계금지

민법상의 상계금지사유가 있으면 파산절차에서도 상계할 수 없음은 당연하다. 실무상 자주 문제가 되는 사안은 다음과 같다.

첫째, 채무자가 한 변제 등의 채무소멸행위가 부인되는 경우에 상대방의 채권이 당연히 부활하지만, 그 부활의 시기에 관하여 법 제399조는 부인권 행사시가 아니고 상대방이 채무자로부터 받은 급부를 반환하거나 그 가액을 상환한 때라고 하여 상대방의 선이행을 인정하고 있고, 상대방의 반환·상환의무는 파산선고 후에 파산재단에 대하여 부담한 채무에 해당하므로 상대방의 반환·상환의무와 부활하는 채권 사이에는 동시이행의 관계가 성립하지 않을 뿐 아니라 부활하는 파산채권을 자동채권으로 하여 반환채무와 상계할 수 없다(이에 관하여는 제14장 제4절 4. 나. 참조).[45]

둘째, 채무자가 근로자에 대하여 대여금채권을 갖고 있고 근로자는 채무자에 대하여 미지급 임금채권을 갖고 있는 경우 파산관재인이 대여금채권을 자동채권으로 하여 상계할 수 있는가 하는 점이다. 재단채권은 파산절차에 의하지 아니하고 행사할 수 있으므로 재단채권자가 파산재단에 부담하는 채무를 수동채권으로 삼아 상계하는 것이나 그 반대로, 파산관재인이 재단채권자를 상대로 파산재단에 속하는 채권을 자동채권으로, 재단채권을 수동채권으로 삼아 상계하는 것은 민법의 일반원칙에 따라 허용된다.

그러나 근로기준법 제43조 제1항 본문에 의하면 임금은 반드시 근로자에게 직접 지급하여야 하므로 파산관재인이 임금채권을 수동채권으로 하는 일방적인 상계는 부적법하고, 반대로 근로자들이 임금채권을 자동채권으로 하는 상계는 적법하며, 근로자가 파산관재인의 상계에 대하여 자유로운 의사에 터 잡아 동의하는 경우에만 상계가 유효하다.[46]

셋째, 금융기관이 수탁보증인으로서 주채무자(채무자)가 부담하는 채무(대출채무 또는 회사채발행으로 인한 채무)를 보증한 경우에 수탁보증인이 민법 제442조에 기하여 사전구상권을 자동채권으로 행사하는 경우에 채무자는 민법 제443조소정의 담보청구권을 행사할 수 있으므로 이와 같이 항변권이 부착되어 있는 자

---

45) 대법원 2004. 1. 29. 선고 2003다40743 판결.
46) 대법원 2001. 10. 23. 선고 2001다25184 판결.

동채권으로 상계할 수 없다.[47)]

넷째, 채무자가 금융기관에 예치한 별단예금 중 사고신고담보금을 수동채권
으로 하는 은행의 상계는 별단예금채권을 압류한 어음채권자에 대한 관계에서
상계권의 남용에 해당된다.[48)] 별단예금제도는 일반의 예금과는 달리 어음소지인
의 어음상 권리가 확인되는 경우에는 당해 어음채권의 지급을 확보하려는 데 그
제도의 취지가 있으므로 그 제도 목적에 부합하는 어음소지인이 그 채권을 압류
한 것에 우선하여 그와 관계없는 은행의 상계주장은 허용되지 않는다는 데 있
다.[49)] 그러나 별단예금 중 당좌개설을 하면서 예치한 당좌개설보증금에 대하여
는 은행거래약관에서도 거래처의 은행에 대한 채무와 상계가 가능하도록 규정하
고 있고, 사고신고담보금과 기능을 달리하므로 상계가 가능하다.[50)]

다섯째, 파산선고 후의 이자는 후순위파산채권이므로 이를 자동채권으로 하
는 상계는 금지된다($\frac{법 제420조}{제1항}$). 그러나 당사자 사이에 후순위로 변제하기로 약정
한 채권이라도[51)] 별도로 당사자가 파산절차에 들어갈 때에는 반대채무와 상계
할 수 있다는 상계권을 부여하는 특약을 하였다면, 비록 위 특약이 후순위 차입
금은 상계약정이나 담보제공약정을 금지하도록 규정한 증권회사의 재무건전성
준칙(1997. 2. 28. 제정된 것. 현행 금융투자업규정 제3-13조 제1항 제2호, 제5호에도 같
은 취지의 규정이 있다) 제9조 제2항 제4호에 위반하더라도 이를 사법상 무효로
볼 수는 없다.[52)]

---

47) 대법원 2004. 5. 28. 선고 2001다81245 판결.
48) 대법원 1989. 1. 31. 선고 87다카800 판결.
49) 양창수·김재형, 계약법, 박영사(2010), 337-338면.
50) 약관에는 당좌거래를 하기 위하여 은행이 정한 당좌예금거래보증금을 예치하여야 하고, 예금
  을 해지하더라도 사용하지 않은 수표·어음용지를 모두 회수한 뒤에 돌려주게 되어 있고, 보증
  금을 거래처가 은행에 갚아야 할 채무변제로 충당할 수 있음을 규정하고 있다.
51) 대출금의 변제기 전에 당사자에 대하여 파산선고가 되는 경우에는 그 파산절차에서 다른 채
  권 전액이 우선변제되고 남는 재산이 있을 경우에 한하여 파산절차에 따른 변제 또는 배당을
  받거나 당자자에 대한 채무와 상계할 수 있도록 하는 특약이 붙어 있다.
52) 대법원 2002. 9. 24. 선고 2001다39473 판결. 통상적으로 후순위사채에는 금융투자업규정 제
  3-13조 제1항 제2호에 따라 '발행회사에 대하여 파산절차, 회생절차 등 도산절차가 개시되는 경
  우, 본 사채와 동일하거나 열후한 후순위 특약이 부가된 채권 및 주주의 권리를 제외한 다른
  모든 채권이 그 전액에 대하여 변제가 완료될 때까지 사채소지자는 사채에 관한 권리를 자동채
  권으로 하여 발행회사에 대하여 상계할 수 없다'는 상계금지조항을 두고 있다.

3. 상계권 행사의 방법·시기·내용

가. 행사의 방법

파산채권자는 파산절차에 의하지 않고 상계를 할 수 있으므로(^법_{제416조}), 채무자가 아닌 파산관재인에 대하여 재판상 또는 재판 외에서 일방적 의사표시로 상계를 할 수 있다.

나. 행사의 시기

상계권을 행사하는 시기에 관하여는 회생절차와(^{법 제144조}_{제1항}) 달리 법률상 별도의 제한이 없으므로 상계권의 행사는 파산절차가 계속되는 동안 언제나 허용된다.[53] 따라서 선행하는 회생절차에서 회생채권자로서 상계권을 행사하지 아니하고 회생절차폐지의 결정이 확정된 후 파산절차로 이행된 경우에도 파산채권자는 상계의 의사표시를 할 수 있다.[54]

파산절차에서도 파산채권자가 파산채권을 자동채권으로 상계하기 위하여 채권신고·조사절차를 거쳐 파산채권으로 확정되어야 하는지에 관하여 견해의 대립이 있으나 통설과 실무는 부정설의 입장이다.[55] 구 회사정리법 제163조 제1

---

[53] 전병서, 336면은 파산채권자가 상계권을 행사할 수 있는데도 상계할 것인지 여부에 대한 태도를 분명히 하지 않기 때문에 파산관재인의 관재업무가 지장을 받는 경우가 있으므로 파산절차의 원활한 진행을 도모하기 위하여 파산관재인이 기간을 정하여 파산채권자에게 상계권의 행사를 최고하고 그 기간 안에 상계가 없는 경우에는 실권하여 상계권을 행사할 수 없도록 하는 방안도 입법론적으로 생각하여 볼 수 있다고 한다. 참고로 일본 파산법 제73조 제1항은 파산관재인은 파산채권의 조사기간이 경과한 후 또는 파산채권의 조사기일이 종료한 후 제67조의 규정에 따라 상계를 할 수 있는 파산채권자에 대하여 1월 이상의 기간을 정하여 그 기간 내에 당해 파산채권을 가지고 상계를 하는 것인지의 여부를 확답하여야 할 취지를 최고할 수 있다고 규정하고(그러나 파산채권자의 부담하는 채무가 변제기에 있는 때에 한한다), 제73조 제2항은 전항의 규정에 따른 최고가 있는 경우에 파산채권자가 동항의 규정에 따라 정한 기간 내에 확답을 하지 아니한 때에는 당해 파산채권자는 파산절차의 관계에서는 당해 파산채권에 관한 상계의 효력을 주장할 수 없다고 규정하고 있다.

[54] 대법원 2003. 1. 24. 선고 2002다34253 판결은 구 파산법은 구 회사정리법의 경우와 달리 상계권을 실행함에 있어 특별한 시기적 제한을 두지 않고 있고, 구 파산법 제95조의 상계금지 규정에 저촉되지 않고 정당한 상계 기대가 인정되는 한 상계권의 실행이 자유롭게 허용되므로 채권자가 회사정리절차폐지결정의 확정 이후에 정리채권으로 파산관재인에 대하여 상계 의사표시를 하는 데에는 아무런 제한이 없고, 채권자가 회사정리절차에서 소정의 기간 내에 상계권을 행사하지 아니하였다고 하여 그 상계권을 포기하였다거나, 회사정리절차폐지 후 이어지는 파산절차에서 그 상계권을 행사하는 것이 구 파산법의 취지에 반하여 상계권 남용에 해당하거나 신의칙에 반한다고 할 수 없다고 한 원심의 판단은 정당하다는 취지로 판시하였다.

[55] 조병현, "파산절차상의 상계권행사", 재판자료 제83집, 362면; 양창수, "파산절차상의 상계 -소위 상계권의 확장에 대한 입법론적 재고를 포함하여-", 민법연구 제7권, 박영사(2003), 222면; 전병서, 335면.

호는 정리채권자가 정리절차개시 후에 회사에 대하여 채무를 부담한 때에는 상
계를 하지 못한다고 규정하고 있었다. 회사정리절차가 파산절차로 이행되었을
때에도 위 제1호가 적용되는지에 관하여 판례는 상계금지의 효과를 파산선고 이
후까지 연장한다는 규정을 두고 있지 아니하고, 구 파산법에는 구 회사정리법과
별도로 상계권 행사가 금지되는 경우를 구 파산법 제95조에서 명문으로 규정하
고 있는 점을 들어 파산절차에서는 파산채권자의 반대채무가 회사정리절차개시
후에 발생한 경우에도 이를 상계할 수 있다고 하였다.[56]

   파산채권자는 파산절차에 참가하여 채권의 신고·조사·확정 후에도, 또 일
부의 배당을 받은 후의 잔액에 관하여도 상계할 수 있다. 다만 배당표 확정 후
에는 상계권을 행사할 수 없다는 견해도[57] 있으나 파산절차에서는 회생절차와
달리 파산채권을 신고하지 아니하였다 하여 실권의 제재가 있는 것은 아니고 단
지 배당의 제외기간 후에 실시되는 당해 배당에 참가할 수 없을 뿐 그 후의 배
당절차에 참가할 수 있는 것이므로 한번 배당표가 작성된 이후에 상계를 금지할
이론상의 근거는 없다.

   파산채권자로서는 파산선고 후 신속히 상계를 하는 것이 유리할 것이다. 예
컨대 은행거래약정서에 상계의 충당에 관하여 특약이 있다고 하더라도 이 특약
은 파산관재인에게 대항할 수 없으므로 민법의 규정에 따라 충당이 이루어지게
되기 때문이다. 파산관재인으로서도 파산채권의 확정 및 파산재단에 속하는 채
권의 추심을 신속하게 할 필요가 있으므로, 상계를 하지 않고 있는 파산채권자
에게 상계를 촉구하고, 경우에 따라서는 스스로 상계권을 행사하는 것을 검토하
여야 할 것이다.

   다. 행사의 내용

   파산채권자로부터 상계통지를 받은 경우, 파산관재인은 자동채권, 수동채권
이 특정되었는지 주의하여야 한다. 파산절차는 일정한 경우에 민법의 상계요건
을 확장하고 있고($\frac{법 제417조}{내지 제421조}$), 전술한 바와 같이 은행거래약정서 등의 특약은 파산
관재인에 대항할 수 없으므로 상계적상시기 또는 상계의 충당에 관하여는 민법
의 규정에 따라야 하는데, 파산채권자 중에는 이를 무시하고 상계하는 예가 있
다. 따라서 그 경우에는 파산관재인이 파산채권자에 대하여 이의를 하고, 상계의

---

56) 대법원 2005. 10. 14. 선고 2005다27225 판결.
57) 조병현, "파산절차상의 상계권행사", 재판자료 제83집, 362면.

내용을 명확하게 하여야 한다. 특히 수동채권으로 이자 있는 채권과 이자 없는 채권 또는 담보부채권과 무담보채권 등이 있고 자동채권으로 그 전부를 충당할 수 없는데 당사자가 변제에 충당할 채무를 지정하지 아니한 때에는, 민법에 따라 파산관재인을 위하여 변제의 이익이 많은 것부터 충당할 수 있기 때문이다(민법 제477조 제2호).

4. 상계권 남용의 유무

당사자가 상계의 대상이 되는 채권이나 채무를 취득하게 된 목적과 경위, 상계권을 행사함에 이른 구체적·개별적 사정에 비추어, 그것이 상계제도의 목적이나 기능을 일탈하고, 법적으로 보호받을 만한 가치가 없는 경우에는, 그 상계권의 행사는 신의칙에 반하거나 상계에 관한 권리를 남용하는 것으로서 허용되지 않는다고 함이 상당하고, 상계권 행사를 제한하는 위와 같은 근거에 비추어 볼 때 일반적인 권리 남용의 경우에 요구되는 주관적 요건을 필요로 하는 것은 아니라고 할 것이다.[58]

견련파산의 경우 파산채권자가 회생절차에서 소정의 기간 내에 상계권을 행사하지 아니하였다고 하여 그 상계권을 행사하는 것이 법의 취지에 반하여 상계권 남용에 해당하거나 신의칙에 반하는 것이라고 단정할 수 없다.[59]

5. 파산관재인의 대응

파산관재인은 파산채권자가 상계권을 행사하기 전에 미리 상계가 예상되는 자동채권, 수동채권의 발생원인 등을 검토한 후, 예상되는 상계권의 행사가 상계금지사유에 해당하거나 상계권의 남용에 해당한다고 판단되면, 파산채권자에게 그 취지를 설명하여 상계권의 행사를 단념시키고, 파산재단에 속하는 채권의 회수를 도모하여야 한다.

파산채권자가 상계권을 행사해 오면 우선 상계에 제공된 자동채권, 수동채권의 발생원인 등을 검토하여야 한다. 채권자가 후순위파산채권을 자동채권으로 상계해 온 경우, 임차인이 임차목적물 반환 전에 임차보증금반환청구권을 자동

58) 대법원 2003. 1. 24. 선고 2002다34253 판결.
59) 대법원 2003. 4. 11. 선고 2002다59481 판결 등.

채권으로 하여 상계통지를 하는 경우 등에는 상계가 허용되지 않는 이유를 주지
시켜야 한다. 당해 상계가 상계금지사유 내지 상계권의 남용에 해당하는 경우에
는 당해 상계를 무효라고 주장하여 파산채권자와 교섭하여야 하고, 경우에 따라
서는 소송 등의 법적 절차를 취할 필요도 있을 것이다.

특히 파산선고 전에 이미 상계가 행해진 경우에는 그 상계의 효력에 관하
여 묵인하는 경향이 있으므로, 법원으로서는 파산관재인으로 하여금 파산선고
전에 이미 행해진 상계의 유무 및 그 내용을 파악하게 하고 그 상계가 상계금
지사유에 해당하지 않는지 또는 상계권의 남용에 해당하지 않는지를 신중히 검
토하도록 지도하여야 한다. 파산관재인이 파산채권자의 자동채권을 인정할 수
없다면 상대방이 부담하는 반대채무(즉 파산재단에 속하는 자동채권)에 대하여 이
행소송을 제기하여 그 소송에서 상계의 적부를 다투어야 한다.

제 3 절 파산관재인의 상계권 행사

1. 파산관재인이 하는 상계의 가부

법의 상계 규정은 파산채권자가 그의 파산채권을 자동채권으로, 파산재단에
속하는 채권을 수동채권으로 삼아 상계하는 것에 관한 것으로서 원칙적으로는
파산관재인이 하는 상계에는 적용되지 않는다. 따라서 파산관재인이 하는 상계
는 민법의 규정에 의하여야 한다.

그리하여 파산관재인이 파산재단에 속하는 채권을 자동채권으로 하고, 파산
채권을 수동채권으로 삼아 상계하는 것이 허용되는가에 관하여는 견해가 나뉜
다. 적극설은 법에 이를 금지하는 규정이 없으므로 민법의 규정에 따라 상계할
수 있고, 파산채권자가 상당한 기간 내에 상계권을 행사하지 않으면 파산관재인
은 계속 불안정한 지위에 놓이게 되어 원활한 관재업무의 수행에 지장이 있다는
점을 근거로 한다.[60] 그러나 소극설은 파산관재인의 상계를 허용하면 파산관재
인이 특정 파산채권에 관하여만 우선변제하는 것과 동일한 결과가 되어 채권자

---

60) 우리나라의 다수설이다. 조병현, "파산절차상의 상계권행사", 재판자료 제838집, 332면; 김경욱, "파산절차에 있어서 상계권의 행사", 민사소송: 한국민사소송법학회지 Vol. 5, 한국사법행정학회(2002), 452면; 전병서, 317, 318면.

사이의 공평을 해하므로 특별한 사정이 없는 한 허용되지 않는다고 한다.[61]

실무상 파산관재인에 의한 상계를 허용하는 것이 파산채권자가 상계하는 경우보다 더 파산재단에 유리한 경우가 있다. 예컨대 파산채권 중 담보부채권과 무담보채권 또는 이자 있는 채권과 이자 없는 채권이 있고 파산재단에 속하는 채권으로서 그 전부를 상계할 수 없는 경우이다. 이때 파산채권자가 무담보채권, 이자 없는 채권을 자동채권으로 하여 상계하는 것보다 파산관재인이 상계에 공할 수동채권(파산채권)을 선택할 수 있도록(민법제476조제1항) 하는 것이, 파산절차에 더 유리함은 당연하다. 또한 파산채권자의 상계를 허용하는 범위에서 파산관재인의 상계를 인정하더라도 불합리하다고는 할 수 없다. 왜냐하면 파산관재인이 상계를 하지 않는다고 해서 파산채권자가 파산재단에 속하는 채권에 관하여는 그 전액을 파산관재인에게 지급하고, 파산채권에 관하여는 파산절차에 의한 배당으로 만족할 것을 기대하기는 어려우며, 파산관재인이 파산채권자를 상대로 파산재단에 속하는 채권에 관한 이행의 소를 제기할 경우 파산채권자가 상계권을 행사하게 되면 파산관재인으로서는 전부 패소하거나 일부 승소할 수밖에 없게 되어 의미 없는 소송비용만을 지급하게 되는 결과가 될 가능성이 높기 때문이다.[62] 따라서 관재업무를 신속히 처리할 필요가 있는 경우(예컨대 파산채권자가 파산관재인의 촉구에도 불구하고 장기간 상계권을 행사하지 않는 경우 등)에는 파산관재인이 상계권을 행사하도록 허용하여도 무방하다고 할 것이다.

이와 같은 이유에서 실무에서는 원칙적으로 상계금지사유에 해당하지 않는 한 파산관재인의 상계를 허용하고 있다.[63] 물론 이 경우 법 제492조 제13호를 유추하여 법원의 허가를 받도록 하고 있다. 파산채권자가 배당률 또는 배당액의 통지에 의하여 배당금청구권을 취득한 경우는, 법 제422조의 제한 없이 파산관재인이나 파산채권자가 배당금청구권과 파산재단에 속하는 채권을 상계하는 것

---

61) 일본의 경우 소극설이 종전의 다수설이었으나, 일본 파산법 제102조로 파산관재인은 파산재단에 속하는 채권을 가지고 파산채권과 상계하는 것이 파산채권자의 일반의 이익에 적합한 때에는 재판소의 허가를 얻어 그 상계를 할 수 있다는 명문의 규정을 두었다.

62) 김경욱, "파산절차에 있어서 상계권의 행사", 민사소송: 한국민사소송법학회지 Vol. 5, 한국사법행정학회(2002), 451면.

63) 서울중앙지방법원 2004하합43 사건(영풍산업 주식회사)에서는 실제 아파트에 하자가 존재하지 않는 것으로 확인이 되었음에도 대한주택보증(파산채권자)이 파산관재인에게 입주자대표회의의 확인서를 요구하면서 하자담보예치금의 지급을 거부하였고, 입주자대표회의는 이를 기화로 파산관재인에게 위 확인서 작성의 대가로 아파트에 CCTV 설치 등 부당한 요구를 하였다. 이에 파산관재인은 법원의 허가를 받아 대한주택보증의 파산채권과 파산재단의 하자담보예치금반환채권을 상계한 후 당해 파산절차를 종결하였다.

이 가능하다는 점에 관하여는 이론이 없다[이에 관하여는 제16장 제2절 3. 자. 1) 참조].[64]

2. 파산관재인이 상계권을 행사하는 경우의 유의점

가. 상계금지사유와의 관계

파산관재인의 상계권 행사를 인정하더라도 그것은 관재업무의 원활한 수행을 위해서만 인정되는 것이므로, 파산관재인도 법 제422조의 제한에 반하여 상계할 수는 없다. 즉 파산관재인이 상계권을 행사할 수 있는 범위는 법에 의하여 파산채권자에게 인정되고 있는 상계의 범위 내로 제한되는 것이다. 법 제422조는 강행규정이므로 이에 반하는 상계는 무효이다. 따라서 상계금지사유에 해당하는지 여부에 관하여 파산관재인은 신중하게 검토할 필요가 있고, 만일 의심이 있는 경우에는 상계권의 행사를 삼가야 한다.

나. 행사의 방법·시기

파산관재인이 하는 상계권의 행사는 민법의 규정에 따르므로, 파산채권자에 대하여 재판상 또는 재판 외에서 일방적 의사표시로 하면 된다. 재판 외에서 상계권을 행사하는 경우는 시기 및 내용을 명확히 하여 두기 위해 내용증명우편에 의하여 한다. 파산채권자가 상계권을 행사할 수 있는 동안에는 파산관재인도 언제든지 상계권을 행사할 수 있다.

다. 자동채권·수동채권의 선택

상계충당과 관련하여 자동채권, 수동채권의 선택이 중요한데, 파산관재인은 당연히 파산재단에 가장 유리한 선택을 하여야 한다. 파산관재인은 먼저 파산채권자와 합의를 통해 파산재단에 가장 유리한 상계를 이끌어 내고, 합의가 어려운 경우에는 상계를 통해 파산재단에 가장 큰 채무소멸의 효과를 얻을 수 있는 수동채권을 지정하여 그 변제에 충당할 수 있다.

---

64) 김경욱, "파산절차에 있어서 상계권의 행사", 민사소송: 한국민사소송법학회지 Vol. 5, 한국사법행정학회(2002), 454면. 파산선고 후에 채무를 부담하는 파산채권자는 당해 채무와 파산채권을 상계할 수 없으나 배당률이 통지되어 구체적인 배당금청구권이 발생한 경우에는 파산선고 후에 취득한 위 상계금지 채권을 수동채권으로, 배당금청구권을 자동채권으로 상계할 수 있다.

3. 상계에 관한 합의와 그 유의점

파산관재인이 파산채권자와 상계에 관하여 합의를 하는 경우가 있는데, 이 경우에도 법 제422조의 상계금지사유에 반하는 합의는 무효라고 해석되므로, 상계가 허용되는 범위 내만 합의하여야 한다.

제16장

·
·
·

배　당

제 1 절   일 반 론

배당은 파산관재인이 파산재단에 속하는 재산을 환가하여 얻은 금전을 파산채권자에게 그 채권의 순위, 채권액에 따라 평등한 비율로(법 제440조) 분배하여 변제하는 절차이다(법 제505조 이하). 파산관재인은 채권조사에 의하여 배당에 참가할 채권이 확정되고 배당에 적당한 재원이 확보되면 배당을 실시하는데, 그 시기에 따라 중간배당, 최후배당, 추가배당으로 구분된다.

일반적으로 채권조사의 일반기일 종료 후 파산재단에 속하는 재산이 모두 환가·처분되기 이전이지만 상당한 정도의 배당할 금전이 축적된 단계에 행하여지는 것이 중간배당이고, 이 단계에서는 파산재단의 환가와 배당이 병행하여 행해진다. 파산재단의 환가가 모두 종료하여 파산종결을 전제로 최종적으로 행하여지는 것이 최후배당이다. 추가배당은 최후배당의 배당액 통지를 한 후에 새로 배당에 충당할 재산이 있게 된 때 또는 파산종결의 결정이 있은 후에 새로 배당에 충당할 재산이 있게 된 때 보충적으로 행하는 배당절차이다.

배당은 상당한 시일이 걸리고 복잡한 절차이므로, 미리 배당예정일을 잡고 그날로부터 역산한 시간표를 만들어 참조하면 편리하다. 서울회생법원에서는 별표(이 장 말미 이하)와 같은 일정표를 만들어 배당절차의 진행에 참조하고 있다.

서울회생법원은 파산채권자의 조기 만족을 위하여 파산관재인에게 상당한 정도의 배당할 금전이 있는 파산재단의 경우 지체 없이 중간배당을 실시할 것을 주지시키는 등 신속한 배당업무의 수행을 촉구하고 있다.

제 2 절   중간배당

1. 시   기

법 제312조 제1항 제3호의 규정에 의한 채권조사기일, 즉 채권조사의 일반기일이 종료된 후에는 파산관재인은 배당하기에 적당한 금전이 있을 때마다 지체 없이 배당을 하여야 한다(법 제505조). 이는 파산채권자에 대한 신속한 배당을 요구하는 취지이지만, 중간배당은 어디까지나 관재업무 중간에 행하는 것이고, 중간배당을 실시함에 따라 오히려 절차가 지연될 우려도 있다. 따라서 중간배당을 실시할 것인가 여부는 최종적인 예상배당률, 남아있는 환가업무의 내용 및 환가 종료까지의 예상 소요기간 등의 사정을 참작하여 결정하여야 한다.

서울회생법원에서는 환가업무가 종료되기까지 어느 정도 시간이 소요될 것이 예상되고 다수의 파산채권자에게 최종 예상배당률 중 일정 부분에 대하여 배당이 가능한 재원이 마련된 경우에 중간배당을 실시하고 있고, 중간배당시 파산 관재인에게는 중간보수를 지급하고 있다.

이와 같이 중간배당을 실시함으로써 파산채권자에게 일부라도 조기에 만족을 줄 수 있고, 파산관재인으로서도 거액의 배당재원을 관리하는 데 따르는 위험을 줄일 수 있다. 중간배당은 반드시 1회에 한하는 것은 아니고, 수시로 실시할 수 있으나 그에 따르는 파산절차의 지연과 절차비용을 고려하여 판단하여야 한다.

한편 간이파산절차의 경우에는 파산재단의 규모가 작기 때문에 중간배당을 실시하지 않고, 배당은 1회로 하며 최후의 배당에 관한 규정에 의하나, 다만 추가배당을 할 수 있다(법 제555조).

2. 사전 검토사항

가. 예납금의 파산재단 편입

파산관재인은 파산재단에 편입시킬 예납금이 남아 있는지 여부를 확인한 후 잔액이 있으면 예납금을 파산재단으로 편입할 수 있다. 예납금을 배당재원으로 하고자 할 경우 법원보관금으로 두는 것보다는 파산재단에 편입하여 파산절차의 비용이나 배당재원으로 사용하는 것이 효율적일 수 있기 때문이다. 실무상 파산관재인이 예납금의 파산재단 편입신청을 하면 재판장이 담임법관으로서 법원보관금 출급명령서를 파산관재인에게 교부한다(법원보관금취급규칙 제13조 제1항). 그러나 일반적으로 예납금의 액수가 크지 않고 법원보관금으로 두는 것이 업무처리에 편리하기 때문에 서울회생법원은 중간배당시 이 절차를 거치지 않기도 한다.

나. 재단채권의 처리

재단채권의 변제가 완료되지 않은 경우에는 이를 변제하고, 장래 지급이 예상되는 재단채권(교부청구가 되지 않은 조세라고 하더라도 지급의무는 있다)은 그 예상 지출액을 파산재단에 남겨 두어야 한다. 채권자 신청 사건의 경우 신청인이 납부한 예납금 등도 전액 변제하였는지 확인하여야 한다.

다. 남아 있는 관재업무의 확인

관재업무의 종료 가능성 및 향후 남아 있는 관재업무를 검토하여 이에 필요한 절차비용 등을 충당하고도 최후배당이 가능한지 확인한다.

라. 채권조사 종료의 확인

아직 조사하지 않은 신고된 파산채권(채권조사의 일반기일 후에 신고된 채권 또는 조사가 보류된 채권)이 있으면 채권조사 특별기일의 지정을 법원에 신청하여 조사를 마쳐야 한다. 이의채권에 관하여는 이의를 철회할 것은 없는지 검토하여야 하고, 신고된 파산채권 중 취하되거나 명의가 변경된 것이 있는지 등을 확인하여야 한다.

3. 절   차

가. 배당허가

파산관재인이 중간배당을 하는 때에는 법원의 허가를 받아야 한다. 다만, 감사위원이 있는 때에는 감사위원의 동의를 얻어야 한다(법제506조). 중간배당 허가신청서에는 중간배당이 필요한 사유, 배당 가능한 금액, 배당에 참가시킬 파산채권의 액, 우선권 있는 파산채권·일반 파산채권·후순위파산채권의 구별, 예상배당률 등을 기재하고, 수지계산서, 파산재단 임치금계좌의 거래내역조회서, 향후의 관재업무, 파산재단 증식 예상액, 배당액을 임치하여야 하는 채권자와 그 금액 등에 관한 보고서를 첨부한다. 법원은 파산관재인의 보수, 보류하여야 할 잉여분, 예상되는 절차비용, 예납금의 환부 요부, 법원보관금의 잔액, 배당률 등을 고려하여 허가 여부를 결정한다.

실무상으로는 파산관재인이 배당허가신청과 동시에 배당표를 작성하여 제출하고 있는데, 배당표를 미리 작성하여 제출함으로써 배당절차에서 발생할 수 있는 오류를 줄일 수 있고 절차상으로도 간편하므로, 이와 같은 처리를 허가하고 있다.

서울회생법원에서는 배당허가와 함께 파산관재인으로부터 보수 산정에 필요한 자료를 제출받아 이를 검토한 후 파산관재인의 중간보수를 결정한다[중간 보수에 관한 자세한 내용은 제12장 제5절 2. 다. 2) 나) 참조].

나. 배당표의 작성

파산관재인은 파산채권자표와 대조하여 배당표를 작성하고($_{제507조}^{별}$), 이해관계인의 열람을 위하여 이를 법원에 제출하여야 한다($_{제508조}^{별}$).

배당표에는 배당에 참가시킬 각 채권을 우선권의 유무에 의하여 구별한 다음(이 경우 우선권이 있는 채권은 그 순위에 따라 기재하고, 우선권이 없는 채권은 법 제446조의 규정에 의하여 다른 채권보다 후순위인 것을 구분하여 기재하여야 한다) ① 배당에 참가시킬 채권자의 성명 및 주소, ② 배당에 참가시킬 채권의 액, ③ 배당할 수 있는 금액을 기재하여야 한다($_{제507조}^{별}$). 중간배당시에는 임치할 채권과 그 금액도 함께 기재하여야 한다([기재례 83]).

아래에서는 배당표에 기재하여야 하는 사항에 관하여 문제되는 점을 살펴본다.

1) 배당에 참가시킬 채권자의 성명 및 주소

배당에 참가시킬 채권을 가진 채권자를 말한다. 법인인 경우 법인의 형태(주식회사, 유한회사 등)를 표시하고 자연인인 경우 그 성명을 기재한다. 「금융산업의 구조개선에 관한 법률」 제21조, 「농업협동조합의 구조개선에 관한 법률」 제10조 제3항 등에 의하여 파산참가기관 또는 관리기관이 제출한 예금자표에 기재된 각 예금자도 배당표에 기재하여야 한다. 주소를 알 수 없는 경우에는 주소불명이라고 기재할 수밖에 없다.

2) 배당에 참가시킬 채권

배당에 참가시킬 채권은, 신고를 한 파산채권으로서 채권조사기일에 채권조사를 마친 채권 가운데 다음의 것을 말한다. 신고만 되고 아직 채권조사를 마치지 않은 파산채권은 배당에 참가시킬 채권에 포함되지 않는다.

한편 파산채권자가 스스로 채무자에 대한 채권을 포기하거나, 다른 파산채권자보다 후순위로 배당받는 것에 동의하면 그 채권은 배당에서 제외되거나 후순위로 배당한다.[1]

---

1) 서울중앙지방법원 2010하합81 사건(주식회사 아니코), 2010하합93 사건(엔터테인먼트쇼핑 주식회사) 등에서 채무자의 경영진이 보유한 파산채권에 관하여 이처럼 처리한 사례가 있다.

가) 채권조사절차에 의하여 확정된 파산채권($\frac{법 제512조}{제1항의 반대해석}$)

채권조사기일에서 파산관재인 및 파산채권자의 이의가 없이 확정되었거나 채권조사기일에 이의가 있었지만 그 후 이의가 철회된 경우, 채권조사확정재판이나 그에 대한 이의의 소 또는 이의채권에 관하여 파산선고 당시 계속되어 있던 소송으로서 채권자 또는 이의자가 수계한 소송 등에서 이의채권의 존재가 확정된 경우를 말한다. 그 확정 결과가 파산채권자표에 정확히 기재되었는지 확인하여야 한다.

정지조건부채권 또는 장래의 청구권은 그 전액을 파산채권액으로 하므로 ($\frac{법}{제427조}$) 배당표에는 기재하여야 하지만, 최후배당의 배당제외기간 안에 이를 행사할 수 있게 되지 못한 때에는 그 채권자는 배당에서 제외되므로($\frac{법}{제523조}$) 중간배당시에는 그 채권에 대한 배당액을 임치하게 된다($\frac{법 제519조}{제4호}$). 반면 배당표 작성 당시에 이미 조건이 성취되거나 채권이 현실적으로 발생하였고 채권자가 그 사실을 증명한 경우에는 무조건의 권리 또는 실재의 청구권으로 취급하여 배당한다.

해제조건부채권도 그 전액을 파산채권액으로 하나($\frac{법}{제427조}$), 배당표 작성 당시 이미 조건이 성취한 때에는 그 효력으로서 채권이 존재하지 않게 되므로, 배당에 참가할 수 있는 채권에서 제외한다. 배당표 작성 당시까지 해제조건이 성취되지 않은 해제조건부채권은 배당표에는 기재하여야 하지만, 해제조건부채권을 가진 자는 상당한 담보를 제공하지 아니하면 배당을 받을 수 없으므로($\frac{법}{제516조}$), 해제조건이 성취되지 않았는데 그 채권자가 배당을 요구하면 파산관재인은 배당액에 상당하는 담보를 제공할 것을 요구할 수 있고, 담보를 제공하지 아니하면 중간배당시에는 그 채권에 대한 배당액을 임치하게 된다($\frac{법 제519조}{제5호}$). 실무에서는 담보의 환가성이나 가격변동 가능성 등을 고려하여 금전 또는 법원이 인정하는 유가증권을 담보로 제공하게 하고 있어 채권자가 상당한 담보를 제공하고 배당금을 수령하는 경우는 드물고, 파산관재인은 배당액을 임치하는 것이 일반적이다.

나) 채권조사절차에 의하여 확정된 파산채권이 변제 등으로 소멸한 경우

여럿의 채무자가 각각 전부의 채무를 이행하여야 하는 경우 그중 1인에 대한 파산절차에서 채권조사를 거쳐 일단 확정된 파산채권을 가진 채권자가 다른 전부의무자로부터 일부의 변제를 받은 경우 파산채권자는 채권 전액의 변제를 받지 않은 한 당초의 신고한 채권액 전액을 기초로 한 배당을 받을 수 있다(현존액주의)($\frac{법 제428조,}{제429조}$).[2] 채권자가 다른 전부의무자로부터 채권액 일부를 배당표 작성 전에 변제받았다고 하더라도, 채권자에게 변제받은 부분만큼 채권신고를 취

하할 의무가 있다고 할 수는 없다. 그러나 실무에서는 채권자가 전부의무자로부터 채권 일부를 변제받고 신고한 채권액 중 그 일부 변제액에 관하여 전부의무자와 연명으로 전부의무자를 채권자로 하는 파산채권자표 명의변경 신고를 한 경우나 채권자가 전부의무자로부터의 일부 변제액에 관한 채권신고를 취하하고 전부의무자가 채권 일부에 대한 대위변제에 따른 현재의 구상권을 파산채권으로 신고한 경우에는, 그 일부 변제액 부분에 관하여 전부의무자에게 배당한다. 다만 채권자가 일부의 변제를 받은 부분의 파산채권자표 명의변경 신고 등을 거절할 경우에는 원래의 신고한 채권액 전액을 기초로 채권자에게 배당할 수밖에 없다.

채권자가 신고한 파산채권을 전부 변제받은 경우 채권자가 보증인 등을 채권자로 변경하는 파산채권자표 명의변경절차를 밟지 않는다면 변제자대위로(민법 제481조) 채권자의 채권을 행사할 수 있게 된 다른 전부의무자는 단독으로 증거자료를 첨부하여 파산채권자표 명의변경신고를 할 수 있다(규칙 제76조).

한편 주채무자가 파산한 후 보증인이 채권자의 채권 일부를 대위하여 변제하였는데 채권자가 주채무자에 대한 파산절차에서 신고한 채권액에 따라 배당받을 경우 그 금액과 보증인으로부터 변제받은 금액의 합계가 채권액을 초과하는 때에 그 채권액을 초과하는 금액을 누구에게 배당하여야 하는지 등에 관하여는, ① 채권자가 신고한 채권액 전액에 따라 배당받을 수 있고 채권액을 초과하는 금액에 대해서는 채권자의 대위변제한 보증인에 대한 부당이득이 된다는 견해, ② 보증인의 대위변제에 의하여 실체법적으로 보증인이 채권자를 대위할 수 있는 지위에 있는 점을 중시하여 보증인이 파산채권자표 명의변경 신고를 하지 않았어도 파산관재인은 채권자의 채권액을 초과하는 금액을 보증인에게 배당하여야 한다는 견해, ③ 채권액을 초과하는 금액은 다른 파산채권자 및 주채무자의 파산재단과의 사이에서 부당이득이 되기 때문에 파산관재인은 그 금액을 채권자에게 배당하지 않고 다른 파산채권자에 대한 배당재원으로 활용해야 한다는 견해가 있다.[3]

파산선고 후 채권자의 채권 전액이 소멸한 경우에는 그 시점에서 파산선고 당시의 현존액주의는 적용되지 않고 채권자는 파산재단에 대하여 권리를 행사할 수 없기 때문에 파산재단으로부터 초과하여 배당받을 수 없다고도 볼 수 있으

---

2) 대법원 2001. 6. 29. 선고 2001다24938 판결. 여럿의 전부의무자가 있는 경우 현존액주의에 관한 자세한 내용은 제8장 제3절 5. 나. 참조.

3) 김정만, "도산절차상 현존액주의", 사법논집 제52집, 법원도서관(2011), 181-186면.

나, 파산관재인으로서는 파산채권자표에 파산채권자로 기재되지 않은 자에게는 배당할 의무가 없고 파산채권자표 명의변경절차를 거쳐 대위변제자가 파산채권자표에 채권자로 기재된 경우에 비로소 대위변제자에게 배당할 수 있다고 할 것이므로, 파산관재인은 그 이후의 배당액을 바로 보증인에게 배당할 수는 없다고 보아야 한다.[4)5)]

한편 채권조사를 거쳐 확정된 채권에 관하여 파산채권자가 상계권을 행사하거나 파산채권자가 채무자가 원인채권과 관련하여 교부한 환어음의 지급을 받은 경우 파산관재인은 상계 또는 어음금 지급의 사실을 알게 되는 때에는 우선 채권자에게 채권신고의 취하를 요구하여야 하며, 이에 응하지 않으면 청구이의의 소 또는 파산채권 부존재 확인의 소 등을 제기할 수도 있다.[6)]

파산관재인이 채권소멸을 이유로 채권자를 상대로 청구이의의 소 또는 파산채권 부존재 확인의 소를 제기하여 그 소송 진행 중에 배당을 실시하는 경우 원칙적으로 당해 채권자에게 배당금을 지급하여야 하겠으나, 실무에서는 법 제519조 제1호를 유추적용하여 당해 소송의 종결시까지 배당금을 임치하기도 하는데, 채권이 소멸한 것이 분명하다면 청구이의의 소 등을 제기할 필요 없이 배당에서 제외할 수 있다는 견해도 있다.[7)8)]

---

4) 일본 最高裁判所 平成29年9月12日 平成29年(許)第3号 決定은 일본 파산법 제104조 제1항(우리 법 제428조와 같은 취지의 규정이다) 및 제2항은 배당액 계산의 기초가 되는 채권액과 실체법상의 채권액과의 괴리를 인정하는 것으로 결과적으로 채권자가 실체법상 채권액을 초과하는 금액의 배당을 받는 사태가 발생하는 것을 허용하는 것으로 해석된다면서(그러한 배당을 받은 채권자가 채권 일부를 변제한 구상권자에 대하여 부당이득으로 초과 부분 상당액을 반환하여야 할 의무를 부담하는 것은 별론으로 한다고 하였다), 파산채권자가 파산절차개시 후에 물상보증인으로부터 채권의 일부 변제를 받은 경우에 파산절차개시 당시 채권액으로 확정된 것을 기초로 계산한 배당액이 실체법상 남은 채권액을 초과하는 때에도 그 초과하는 부분은 해당 파산채권에 대하여 배당해야 한다는 취지로 판시하였다.

5) 대법원 2009. 5. 14. 선고 2008다40052, 40069 판결은 보증채무자에 대한 파산절차에서 배당을 받아 파산선고 전 이자 및 원금의 일부를 변제받은 채권자가 주채무자에 대한 회사정리절차에서 잔존 원금을 초과하여 변제를 받은 사안에서, 초과변제된 부분은 보증채무자의 파산재단에 대한 부당이득이 된다는 취지로 판시하였다.

6) 한편 임치용(1), 288면은 파산채권 확정의 효력으로서 '확정판결과 동일한 효력'의 의미에 관하여 판례와 같이 기판력부정설을 일관한다면 기판력의 시적 범위의 문제는 생기지 아니하므로 청구이의의 소를 인정할 필요가 없고, 무효확인의 소를 인정하는 것으로 충분하다는 견해를 취한다.

7) 대법원 2009. 5. 28. 선고 2005다56865 판결은 확정된 파산채권을 갖고 있는 자가 자신의 파산채권 취득원인인 대위변제가 부인 대상 행위에 해당된다며 대위변제를 받은 원채권자를 상대로 부인권 소송을 제기한 사정이 있다 하더라도, 그 승소 여부가 불분명한 상태에서는 그러한 사정만으로 파산관재인이 그 파산채권자의 확정된 파산채권에 대한 배당을 거절할 권한이나 의무가 있다고 볼 수 없고, 원채권자가 그 파산채권자의 부인권행사에 응하여 실제로 원상회복의 무를 이행하고 원채권이 부활하였음을 증명하면서 자신을 파산채권자로 취급해 줄 것을 요구하지 않는 한 파산관재인이 원채권자를 파산채권자로 취급할 수도 없는 것이므로, 파산관재인이

다) 이의 있는 파산채권

집행력 있는 집행권원이나 종국판결이 있는 채권에 관하여 이의가 있는 파산관재인 또는 다른 파산채권자가 채무자가 할 수 있는 소송절차에 의하여 이의를 주장하여도(법 제466조 제1항), 그 이의가 있는 파산채권은 위 소송절차에 의하여 부존재가 확정되지 않는 한 배당에 참가할 수 있다. 다만 법 제466조의 규정에 의하여 이의가 있는 채권에 관하여 소의 제기 또는 소송의 수계가 있는 경우 그 채권에 대한 배당액은 임치하게 된다(법 제519조 제1호).

반면 집행력 있는 집행권원이나 종국판결이 없는 채권에 관하여 이의가 있는 때에는 이의가 철회되지 않는 한, 채권자가 배당공고가 있은 날부터 기산하여 14일인 배당제외기간 이내에 파산관재인에 대하여 채권조사확정재판을 신청하거나 법 제463조 제1항의 소송을 제기하거나 소송을 수계한 것을 증명하지 아니한 때에는 그 배당으로부터 제외된다(법 제512조 제1항). 배당표 작성 후에 그 증명이 있는 때에는 파산관재인은 즉시 배당표를 경정하여야 한다(법 제513조 제2호). 다만 법 제462조 내지 제464조의 규정에 의하여 이의가 있는 채권에 관하여 채권조사확정재판의 신청, 소의 제기 또는 소송의 수계가 있는 경우 그 채권에 대한 배당액도 임치하게 된다(법 제519조 제1호). 만일 채권자가 그 증명을 하지 아니하면 배당에서 제외되지만, 그 후의 배당에 관한 배당제외기간 안에 그 증명을 한 때에는 그 전의 배당에서 받을 수 있었을 액에 관하여 동일한 순위의 다른 채권자에 우선하여 배당을 받을 수 있다(법 제518조).[9]

라) 별제권자의 파산채권

별제권자는 배당공고가 있은 날부터 기산하여 14일인 배당제외기간 안에 파산관재인에 대하여 그 권리의 목적의 처분에 착수한 것을 증명하고, 그 처분

위와 같은 상태에서 구 파산법에 따라 채권자표 등에 기초하여 당해 파산채권자의 확정된 파산채권에 대하여 실시한 배당은 채권의 준점유자에 대한 변제로서 유효하다는 취지로 판시하였다.

8) 서울회생법원 2009하합33 사건(주식회사 퍼스트코프)에서는 배당을 받을 채권에 대하여 재심의 소가 계속 중인 경우 배당금의 임치사유에 해당되는지가 문제되었으나 법 제519조 제1호에 정한 소송이 확정될 때까지 임치하는 것으로 해석되는 점, 재심의 제기만으로 확정차단의 효력이 없는 점 등에 비추어 임치사유에 해당하지 않는다고 보고 배당금을 현실로 지급한 사례가 있다.

9) 대법원 2005. 10. 28. 선고 2005다28273 판결은 "민법 제171조는 파산절차참가는 채권자가 이를 취소하거나 그 청구가 각하된 때에는 시효중단의 효력이 없다고 규정하고 있는바, 채권조사기일에서 파산관재인이 신고채권에 대하여 이의를 제기하거나 채권자가 법정기간 내에 파산채권 확정의 소를 제기하지 아니하여 배당에서 제척되었다고 하더라도 그것이 위 규정에서 말하는 '그 청구가 각하된 때'에 해당한다고 볼 수는 없다 할 것이고, 따라서 파산절차참가로 인한 시효중단의 효력은 파산절차가 종결될 때까지 계속 존속한다고 할 것이다."라고 판시하였다.

에 의하여 변제를 받을 수 없는 채권액(이른바 예정부족액)을 소명한 때에는 중간 배당에 참가할 수 있고, 소명하지 아니한 때에는 배당에서 제외된다(^{법 제512조}_{제2항}). 배당표 작성 후에 그 증명 또는 소명이 있는 때에는 파산관재인은 즉시 배당표를 경정하여야 하고(^{법 제513조}_{제2호}), 다만 법 제512조 제2항의 규정에 의하여 별제권자가 소명한 채권액에 대한 배당액은 임치하게 된다(^{법 제519조}_{제3호}). 예정부족액의 소명은 예상되는 금액이어서 증명할 수 없기 때문에 소명으로 충분한 것으로 규정하였다.

그러나 별제권자가 배당제외기간 안에 파산관재인에 대하여 그 권리포기의 의사를 표시하거나 그 권리의 행사에 의하여 변제를 받을 수 없었던 채권액(이른바 확정부족액)을 증명한 때에는 파산관재인은 즉시 배당표를 경정하여야 한다(^{법 제513조}_{제3호}). 별제권 포기의 의사표시는 파산관재인에 대하여 하여야 하고, 채무자의 종전 대표자에게 한 그 의사표시는 특별한 사정이 없는 한 무효라고 보아야 한다.[10]

별제권의 목적의 처분에 착수한 것의 증명은 경매에 의하는 경우 경매개시결정이나 경매신청서 접수증명의 제출로 충분하지만, 경매에 의하면 남을 가망이 없어 별제권자가 임의매각을 원하는 경우에는 단순히 임의매각의 희망 의사나 의향을 표시한 것만으로는 부족하고, 별제권의 행사의 착수와 동일시할 수 있을 정도의 객관적·구체적 행동이 필요하다.

마) 법 제446조 제1항 제4호에 열거된 청구권

벌금·과료·형사소송비용·추징금 및 과태료 청구권은(^{법 제446조}_{제1항 제4호}) 집행권원이 있는 채권과 동일하게 취급한다(^{법 제472조}_{제2항, 제466조}). 그러나 배당률의 통지를 발송하기 전에 이의를 위한 행정심판 또는 소송 그 밖의 불복절차가 종결되지 아니한 채권에 대한 배당액은 임치하게 된다(^{법 제519조}_{제2호}). 법 제446조 제1항 제4호에 규정한 '벌금·과료·형사소송비용·추징금 및 과태료'에 대한 불복은 행정심판 및 행정

---

10) 참고로 일본 最高裁判所 平成16年10月1日 平成16(許)第5号 決定은 파산재단으로부터 포기된 재산을 목적으로 하는 별제권에 대해 별제권자가 그 포기 의사표시를 해야 할 상대방은 파산자가 주식회사일 경우를 포함해 파산자인데, 주식회사가 파산선고를 받고 해산한 경우 파산선고 당시의 대표이사는 일본 상법 제417조 제1항 본문의 규정에 따라 당연히 청산인이 되는 것이 아니고, 회사 재산에 대한 관리처분 권한을 잃게 되는 것으로 해석해야 하며, 그 후에 별제권의 목적이 된 재산이 파산재단으로부터 포기되었다고 하더라도 해당 재산에 대해 파산선고 당시의 대표이사가 관리처분 권한을 갖는다고 해석할 이유는 없다면서, 별제권 포기의 의사표시를 수령하고, 그 말소등기 수속을 하는 것 등의 관리처분 행위는 일본 상법 제417조 제1항 단서의 규정에 의한 청산인 또는 같은 조 제2항의 규정에 의해 선임되는 청산인에 의해 행해져야 할 것이므로, 파산자가 주식회사일 경우 파산재단으로부터 포기된 재산을 목적으로 하는 별제권에 대해 별제권자가 파산선고 당시의 대표이사에 대해 한 별제권 포기의 의사표시는 이를 유효로 볼 수 있는 특별한 사정이 없는 한 무효로 해석하는 것이 상당하다는 취지로 판시하였다.

소송이 아닌 재심, 형사 상소, 비송사건절차에 따른 이의 또는 항고 등의 방법으로도 이루어질 것이므로 법은 '그 밖의 불복절차'를 추가로 규정하였다.

3) 배당에 참가시킬 채권의 액

배당을 받을 기준이 되는 채권액이므로 당해 배당 이전에 그 일부에 관하여 배당을 받았더라도 감액하지 않고 전액을 기재한다. 따라서 파산채권이 배당 외의 원인으로 소멸한 경우를 제외하고는 원칙적으로 제2회의 배당 이후에 있어서도 제1회의 배당표에 기재한 금액을 기재하는 것이 실무이다.

4) 배당할 수 있는 금액

임치금 잔액에서 향후 예상되는 절차비용을 차감한 액이 배당할 수 있는 금액으로 된다. 예상되는 절차비용에는 파산관재인 보수, 사무실 임대료, 보조인 급여, 조세·공과금 등 파산재단의 유지·관리비용, 파산재단에 속하는 재산의 환가비용, 소송비용, 사무처리비용이 포함된다. 중간배당시에는 최후배당의 재원이 너무 적게 되지 않도록 주의한다. 또한 법 제512조의 규정에 의한 증명 또는 소명을 하지 아니하여 당해 배당에서 제외된 채권자라고 하더라도 그 후의 배당에서는 그 증명 또는 소명이 이루어질 가능성이 있다고 생각되는 경우에는, 그 채권에 대한 배당액만큼의 배당재원을 파산재단에 유보해 둘 필요가 있다.

실무에서는 배당표에 개개 채권자에게 배당할 수 있는 금액과 그 합계액을 기재한다. 예상배당률도 함께 기재하는 경우가 있으나, 반드시 필요한 것은 아니다.

각 채권자의 배당액은, 배당할 수 있는 금액을 배당에 참가시킬 채권의 총액으로 나누어 산출한 비율인 예상배당률(배당표를 작성하여 제출하고 배당액을 공고한 후 법 제513조, 제514조에 의한 배당표의 경정이 없으면 이 예상배당률이 곧 법 제515조의 배당률과 일치하게 된다)에 각 채권자의 배당에 참가시킬 채권액을 곱하는 방법으로 계산한다. 비율을 소수점 이하 어느 정도까지로 정하여야 하는가에 관하여는 따로 정한 바가 없으나, 소수점 이하 자릿수를 많게 하는 것이 그 잉여가 생길 가능성이 적어 바람직하다. 실무상 대개 소수점 이하 넷째 자리까지 산정하고 있다.

이 예상배당률은 잔여 재산에 여유가 있게 정해 두어야 배당액 공고 후 예상하지 못한 재단채권이 발생하더라도 그 여유자금으로 재단채권을 변제함으로써 배당할 수 있는 금액을 감소시키지 않고 배당할 수 있다.[11] 배당액 공고 후

---

11) 파산채권자에 대한 배당률 통지를 하기 전에는 재단채권을 우선하여 변제하여야 한다(법 제

배당제외기간 내에 이의 있는 채권에 관하여 채권자가 채권조사확정재판을 신청
하거나 법 제463조 제1항의 소송을 제기하거나 소송을 수계한 것을 증명함으로
써 배당에 참가시킬 채권의 총액이 증가한 경우에는(법 제512조) 예상배당률을 유지
하는 한 여유자금으로 배당할 수 있는 금액도 증가시켜야 한다. 이때 이미 공고
된 내용에 변경사항이 생겼지만 각 채권자의 배당액에는 변동이 없으므로 다시
공고를 하지는 않고 있다(법 제509조 단서,).

    중간배당의 경우에는 계산의 편의상 예상배당률을 미리 정하고 여기에 각
채권자의 배당에 참가시킬 채권의 액을 곱하여 각 채권자의 배당액을 결정하고,
그 합계액으로써 배당할 수 있는 금액을 기재하는 방법을 사용하기도 한다.

    5) 배당에 참가시킬 채권에 관한 우선권의 유무 등에 의한 구별

    배당에 참가시킬 채권은 우선권의 유무에 의하여 구별한다. 이 경우 우선권
이 있는 채권은 그 순위에 따라 기재하고, 우선권이 없는 채권은 법 제446조의
규정에 의하여 다른 채권보다 후순위인 것을 기재하여야 한다(법 제507조). 우선권
있는 파산채권은 다른 채권에 우선하고(법 제441조), 후순위파산채권은 일반 파산채권
에 대하여 배당을 통한 변제가 모두 이루어진 후에야 비로소 배당을 받을 수
있기 때문이다. 실무상 후순위파산채권에까지 배당이 되는 경우는 극히 드물다.

    6) 종전의 배당에서 제외된 자의 우선배당

    이의 있는 채권 및 별제권자의 파산채권에 관하여 법 제512조의 규정에 의
한 증명 또는 소명을 하지 아니하여 종전의 배당에서 제외된 채권자가 그 후의
배당에서 그 배당에 관한 배당제외기간 안에 그 증명 또는 소명을 한 때에는
그 전의 배당에서 받을 수 있었을 액에 관하여 동일한 순위의 다른 채권자에
우선하여 배당을 받을 수 있다(법 제518조). 동일한 순위의 채권자 사이에 공평을 유
지하기 위하여 둔 규정으로서, 중간배당을 여러 차례 실시할 경우 제2회 이후의
중간배당 및 최후배당의 경우에는 이 점을 주의하여야 한다.

    파산관재인이 간과하여 종전의 배당에서 제외된 자 또는 채권신고기간 후
에 신고한 채권자로서 채권조사를 마치지 아니하여 전의 배당에 참가할 수 없었
던 자에게도, 실무상 그 경위와 채권자 사이의 형평 등을 고려하여 법 제518조
를 유추적용함으로써 우선배당을 실시할 수 있다고 보고 있다.[12]

    534조).

  12) 예컨대, 제1회, 제2회 중간배당의 배당률이 각 2%이고, 제3회 배당 전에 채권신고를 하여 확
     정된 파산채권액이 100억 원이라면, 제1회, 제2회에 배당에 참가하였을 경우 받을 수 있었을 배
     당액인 4억 원의 범위에서 제3회 배당에서 우선배당을 받는다. 제3회 배당의 배당할 수 있는

다. 배당표의 제출, 배당액의 공고 및 배당제외기간

파산관재인은 이해관계인의 열람을 위하여 배당표를 법원에 제출하여야 한다(법제508조). 또한 파산관재인은 배당에 참가시킬 채권의 총액과 배당할 수 있는 금액을 공고하여야 한다(법제509조)([기재례 84]).

실무상 위 공고는 대한민국 법원 홈페이지(http://www.scourt.go.kr) 대국민서비스 중 공고란에 있는 '회생·파산' 게시판에 파산관재인 명의로 공고사항을 게시하는 방법으로 한다.

배당공고가 있으면 배당제외기간이 진행한다. 중간배당의 배당제외기간은 배당공고가 있은 날부터 기산하여 14일이다(법제512조).

라. 배당중지 및 속행의 공고

배당절차의 진행 중에 회생절차개시 또는 간이회생절차개시의 신청으로 법원이 법 제44조 제1항의 규정에 의하여 배당의 중지를 명한 때에는 그 뜻을 공고하여야 하고(법제510조), 법 제44조 제1항의 규정에 의하여 배당의 중지를 명한 경우 회생절차개시신청 또는 간이회생절차개시신청의 기각, 회생절차 또는 간이회생절차의 폐지(법 제293조의5 제3항에 따른 간이회생절차폐지의 결정 시 회생절차가 속행된 경우는 제외한다), 회생계획불인가의 어느 하나에 해당하는 결정이 확정된 때에는 법원은 배당절차를 속행하고 그 뜻을 공고하여야 한다(법제511조).

마. 배당표의 경정

1) 경정사유

다음의 어느 하나에 해당하는 때에는 파산관재인은 즉시 배당표를 경정하여야 한다(법 제513조 제1호). 파산관재인은 배당표의 경정사유가 발생하면 배당표를 경정한 후에, 그렇지 않으면 당초의 배당표에 따라서 지체 없이 배당에 착수하여야 한다.

① 명확한 오기, 오류를 발견한 경우[13]

② 파산채권자표를 경정하여야 하는 사유가 배당제외기간 안에 생긴 때(법 제513조 제1호)

　　예컨대 채권조사확정재판, 그에 대한 이의의 소 또는 이의채권에 관하

　금액에 종전의 배당률(4%)을 곱한 금액을 우선하여 배당받는 것이 아니다.

13) 배당표에 대한 이의신청기간이 경과한 후라도 명백한 오기, 오류가 발견된 경우에는 배당률의 결정·통지 전까지 배당표를 경정할 수 있다고 보아야 한다.

여 파산선고 당시 계속되어 있던 소송으로서 채권자 또는 이의자가 수계한 소송 등의 종결, 이의의 철회, 채권신고의 취하, 채권양도에 의한 파산채권자표 명의변경 등이다.

③ 법 제512조의 규정에 의한 증명 또는 소명이 있는 때(법 제513조제2호)

배당제외기간 내에 이의 있는 채권에 관하여 채권자가 파산관재인에 대하여 채권조사확정재판을 신청하거나 법 제463조 제1항의 소송을 제기하거나 소송을 수계한 것을 증명한 때 또는 별제권자가 파산관재인에 대하여 그 권리의 목적의 처분에 착수한 것을 증명하고 그 처분에 의하여 변제를 받을 수 없는 채권액을 소명한 때를 말한다.

④ 별제권자가 배당제외기간 안에 파산관재인에 대하여 그 권리포기의 의사를 표시하거나 그 권리의 행사에 의하여 변제받을 수 없었던 채권액을 증명한 때(법 제513조제3호)[14]

⑤ 배당표에 대한 이의가 인정되어 법원이 배당표의 경정을 명한 때(법제514조)

2) 경정절차

파산관재인은 직권으로 또는 파산채권자의 신청에[15] 의하여 배당표를 경정하여야 한다. 배당표를 경정하는 때에는 법원의 허가를 받을 필요가 없다(다만 배당표를 경정하는 때에는 사전에 법원에 보고하여 지도를 받는 것이 일반적이다). 법 제508조를 유추적용하여 파산관재인은 이해관계인의 열람을 위하여 경정한 배당표도 법원에 제출하여야 한다.

파산관재인은 법 제513조의 규정에 의하여 배당표를 경정한 때에는 배당액의 공고를 다시 할 필요가 없다(법 제509조). 서울회생법원의 실무도 다시 공고를 하지는 않고, 다만 최초의 배당액 공고시 공고사항이 추후 변경될 수 있음을 함께 알리고 있다.

바. 배당표에 대한 이의

1) 이의신청

신고한 파산채권자는 배당표에 대하여 배당제외기간 경과 후 7일 이내에 한하여 법원에 이의를 신청할 수 있다(법 제514조제1항).[16] 재단채권자나 채무자에게는 이

---

14) 법 제513조 제2호의 경정 사유에 해당하는 별제권자에 대하여는 법 제519조 제3호에 의하여 그 채권에 대한 배당액을 임치하고, 법 제513조 제3호의 경정 사유에 해당하는 별제권자에 대하여는 그 배당액을 현실로 지급하게 된다.

15) 다만 파산채권자의 신청은 파산관재인의 직권발동을 촉구하는 것에 불과하다.

의를 신청할 권한이 없다. 법원에 채권신고를 하지 않은 파산채권자에게도 이의를 신청할 권한이 없다.

채권자는 예컨대 자신의 채권이 배당에 참가시킬 채권에 포함되어 있지 않다든지, 배당으로부터 제외되어야 할 다른 채권이 포함되어 있다든지, 채권액 또는 순위에 오류가 있다는 등의 사유를 주장할 수 있다. 그러나 채권자가 배당제외기간이 경과 후에 배당에 참가하기 위하여 필요한 증명 또는 소명을 하였다는 주장, 채권조사를 거쳐 확정된 채권을 배당에 참가시킬 채권에 포함한 데에 대한 이의 주장[17] 등은 이의신청의 사유가 되지 않는다.

이의신청은 법원(파산사건을 담당하는 재판부에서 담당하는 것이 절차의 신속한 처리에 적합할 것이다)에 하도록 규정되어 있으므로(법 제514조 제1항), 이 절차에는 법 제1편(총칙)의 규정이 적용된다. 따라서 이의신청은 서면으로 하여야 하고(법 제14조), 이의신청에 대한 재판은 변론을 열지 아니하고 할 수 있으며(법 제12조 제1항), 서면 또는 구두로 당사자를 심문하거나 직권으로 필요한 조사를 할 수 있다(법 제12조 제2항). 이의신청이 있으면 법원은 파산관재인에게 배당절차를 중지하도록 지시한다.

2) 이의신청에 대한 결정

법원은 이의가 이유 있는 때에는 파산관재인에게 배당표의 경정을 명하는 결정을 한다(법 제514조 제2항 전문)([기재례 85]). 그 결정서는 송달을 요하지 않고, 이해관계인이 열람할 수 있도록 법원에 비치하여야 한다. 비치의 공고에 관하여는 규정이 없지만, 사정에 따라서는 그 결정서를 비치하였음을 통지 또는 공고할 필요가 있을 것이다. 배당표의 경정을 명하는 결정에 대하여는 파산관재인 또는 경정으로 불이익을 받는 파산채권자가 즉시항고를 할 수 있고, 이 경우 항고기간은 결정서를 법원에 비치한 날부터 기산하여 1주간이다(법 제514조 제3항).[18]

법원은 이의가 이유 없는 때에는 이의신청을 기각하는 결정을 하고([기재례 86]), 직권으로 이의신청을 한 채권자, 그 상대방 및 파산관재인에게 그 결정서를 송달한다(법 제8조 제1항). 이의신청을 기각하는 결정에 대하여는 이의를 신청한 파산채권자가 즉시항고를 할 수 있고(법 제514조 제3항 전문), 이 경우 항고기간은 결정서가 송달된

---

16) 배당표에 대한 불복은 법 제514조에 따른 이의로만 가능하고 통상의 소송절차에 따른 불복은 허용되지 않는다.

17) 서울고등법원 2016. 10. 25.자 2016라1262 결정(미재항고 확정).

18) 법 제514조 제2항 후문과 같은 조 제3항 후문은 입법상 착오로 중복된 규정이다. 종래 구 파산법은 배당표에 대한 이의에 관하여 제236조 제1항, 제2항으로 현행법 제514조 제1항, 제2항에 해당하는 규정만을 두고 있었고, 현행법 제514조 제3항에 해당하는 규정은 따로 없었다.

날부터 1주간이다(법 제33조, 민사소송법).
제444조 제1항).

법원은 이의에 대한 결정을 한 후 파산관재인에게, 중간배당의 경우에는 그 확정을 기다릴 필요 없이 배당절차를 진행하도록 하고(법 제515조),[19] 최후배당의 경우에는 그 결정이 확정된 후 배당절차를 진행하도록 지시한다(법 제522조).

사. 배당률의 결정 및 통지

1) 배당률의 결정

배당액의 공고 후 배당에 참가시킬 채권이나 배당할 수 있는 금액이 달라질 수 있기 때문에, 파산관재인은 배당표에 대한 이의가 없는 때에는 법 제514조 제1항의 규정에 의한 기간이 경과한 후 또는 배당표에 대한 이의가 있는 때에는 이에 대한 결정이 있은 후 지체 없이 배당률을 정하여야 한다(법 제515조 제1항). 배당률을 정하는 때에는 법원의 허가를 받아야 하고, 다만 감사위원이 있는 때에는 감사위원의 동의를 얻어야 한다(법 제515조 제2항).

배당률은 배당할 수 있는 금액(분자)을 배당에 참가시킬 채권의 총액(분모)으로 나누어 산출한 비율이다. 배당에 참가시킬 채권의 총액은 배당액의 공고 후 배당표 경정의 결과 변경된 금액으로 한다. 물론 배당표의 경정이 없으면 공고한 금액과 같은 금액이 된다. 배당할 수 있는 금액은 배당률의 결정통지 시점을 기준으로 그때까지 새로이 알려진 재단채권 등을 공제한 금액으로 한다(법 제534조). 앞서 본 바와 같이 파산관재인이 잔여 재산에 충분한 여유가 있게 예상배당률을 정한 경우에는 배당할 수 있는 금액을 변경할 필요는 없을 것이다.

배당률은 우선권 있는 파산채권자와 일반 파산채권자를 나누어 정하고, 동일순위로 변제하여야 하는 채권은 각각 그 채권액의 비율에 따라 정하여야 한다(법 제440조). 우선권 있는 채권에 대하여 전액 배당이 되지 않으면 일반 파산채권의 배당률을 정할 수 없고, 마찬가지로 일반 파산채권에 대하여 전액 배당이 되지 않으면 후순위파산채권의 배당률을 정할 수 없다.

2) 배당률의 통지

파산관재인은 배당에 참가시킬 각 채권자에게 배당률을 통지하여야 한다(법 제515조 제1항). 서울회생법원의 실무는 동시에 배당액도 통지하고 있다.

배당통지서에는 배당률, 배당액 외에 배당예정일, 장소, 지급방법 등을 기재

---

19) 다만 배당률의 결정과 통지를 하려면, 이의에 대한 결정이 확정되는 것이 필요한 것인지에 대하여 견해의 대립이 있을 수 있다. 注解破産法(下), 586면.

한다([기재례 87]). 또한 배당금을 직접 교부하지 않고 채권자의 예금계좌에 송금하는 방법으로 배당을 실시하는 경우에는 배당금의 영수증, 송금의뢰서(파산채권신고서와 함께 배당금을 수령할 예금통장 사본을 제출한 파산채권자에게는 별도로 송금의뢰서를 보낼 필요가 없다)의 용지를 동봉하여 발송한다([기재례 88]). 송금의뢰서 및 영수증에 날인된 인감은 채권신고시에 사용한 인감과 동일한 것을 사용하도록 주의를 환기시키고, 이를 위하여 미리 채권신고서의 사본을 동봉하여 보내는 방법도 좋다. 또한 파산관재인이 법 제517조 제2항에 따라 채권증서에 배당한 금액을 기입하고 기명날인하기 위하여 채권증서 등도 제출하도록 통지하여 두는 것이 좋다.

배당률의 통지에 의하여 배당률은 확정되고, 각 채권자는 파산관재인에 대한 구체적인 배당금 지급청구권을 취득한다.[20] 파산채권자는 법 제422조 제1호의 규정에도 불구하고 배당금 지급청구권을 자동채권으로 파산선고 후에 파산재단에 대하여 부담한 채무와 상계할 수 있다. 배당금 지급청구권을 자동채권으로 상계하는 경우에는 사실상 우선변제의 효과가 없어서 파산채권자 사이에 공평을 해칠 우려가 없기 때문이다.

배당률의 통지를 하기 전에 파산관재인이 알고 있지 아니한 재단채권자는 각 배당에서 배당할 금액으로써 변제를 받을 수 없게 된다(법제534조).

아. 임치금반환 허가

파산관재인은 임치금을 반환받아 배당금을 지급하여야 하므로 미리 법원으로부터 배당금 총액만큼의 임치금반환 허가를 받아야 한다.

자. 배당의 실시와 임치

1) 배당금의 지급방법

파산채권자는 파산관재인이 그 직무를 행하는 장소에서 배당을 받아야 하므로(법제517조제1항), 배당금 지급청구권은 금전채권인 경우에도 추심채무이고, 원칙적으로 파산채권자가 파산관재인의 사무소에 가서 배당금을 수령하여야 한다. 파산관재인은 배당금을 지급받는 자에게 영수증을 청구하여야 한다(민법제474조).

그러나 실무상 배당일 당일의 사무의 번잡, 파산관재인 사무소에 찾아가야 하는 불편 등을 피하기 위하여 채권자의 예금계좌에 송금하여 처리하는 경우가

---

20) 대법원 2005. 8. 19. 선고 2003다22042 판결, 대법원 2005. 9. 15. 선고 2005다22886 판결.

많다. 그 밖에 파산관재인과 파산채권자 사이에 별도의 지급방법을 합의할 수도 있다(법제517조항반씨). 예를 들어, 배당금을 지급하는 대신 법원의 허가를 받아 채무자가 보유한 채권을 양도하는 것으로 배당금의 지급을 갈음하는 것도 가능하다.[21] 파산관재인의 요청에 따라 파산채권자가 파산관재인에게 배당금을 송금받을 계좌의 지정 및 통지를 하였다면, 현실적으로 파산관재인의 사무소를 방문하여 배당금의 지급을 구하지 않더라도 추심채무의 이행에 필요한 협력을 다한 것이므로, 파산관재인은 파산채권자가 지정·통보한 계좌에 배당금 원금 및 그에 대한 지연손해금을 송금하여야 하고 단지 배당금을 수령할 것을 통보한 것만으로 적법한 이행의 제공이 있었다고 볼 수 없다.[22]

배당금을 직접 교부할 때는 고가품 보관장소로 지정된 금융기관이 발행한 자기앞수표로 지급하는 것이 편리하다. 배당금 지급청구권은 추심채무이므로 파산채권자의 예금계좌에 송금할 경우 송금수수료는 배당액에서 공제한다(다만 임치금이 다액이어서 임치금 보관장소인 금융기관에서 송금수수료를 면제하는 경우도 있다).

채권자가 채권조사 종료 후 어음 등의 지시증권을 분실한 경우에는 제권판결을 얻지 않은 한 배당금을 지급할 수 없으므로,[23] 파산관재인은 그 배당금을 공탁한다. 그 외의 채권증서를 분실한 경우에는 영수증을 받고 배당금을 지급할 수 있다.

파산채권자가 파산재단에 채무를 부담하고 있는 경우 파산관재인 또는 파산채권자는 파산재단에 속하는 채권과 배당금 지급청구권을 상계할 수 있다.[24] 그러나 파산관재인이 파산채권자에 대한 파산재단에 속하는 채권이 존재하지 아

---

21) 서울중앙지방법원은 2005하합44 사건(주식회사 삼애인더스) 사건에서, 파산이 선고된 주식회사 퍼스트코프에 배당금의 지급 대신 법인세 환급금 채권을 양도하는 것을 허가한 사례가 있다.

22) 대법원 2005. 8. 19. 선고 2003다22042 판결.

23) 파산관재인이 채권증서에 부기할 의무(법 제517조 제2항)를 이행할 수 없을 뿐만 아니라, 어음이 전전 유통되어 선의의 제3자에게 피해를 줄 수 있기 때문이다. 다만 배당금이 소액인 경우나 장래에 분쟁이 발생할 가능성이 적다고 판단된 경우에 최후배당에 있어서는 어음 등을 제시할 수 없는 사정과 어음상 권리 등을 보유한 제3자가 나타난 경우에 당해 파산채권자가 책임을 지는 취지의 각서 등을 받고 배당금을 지급하는 것으로 운용할 수도 있을 것이다.

24) 서울회생법원 2015하합114 사건(잠실동22번지아파트재건축조합)에서는 파산재단에 속하는 채권으로 파산채권자 A에 대한 가지급금 반환청구권(파산채권자 A가 채무자를 대위하여 제3채무자를 상대로 채권자대위소송을 제기하여 그 소송계속 중에 제3채무자로부터 가지급금을 받은 상태에서 파산이 선고되었다), 파산채권자 B에 대한 부인권 행사에 따른 원상회복청구권(파산채권자 B가 채무자로부터 편파변제를 받았다)이 있었는데, 파산관재인이 파산채권자 A, B와 화해계약을 체결하여 그들에 대한 채권을 실제로 추심하지 아니하고, 3차례에 걸쳐 중간배당을 하면서 각 중간배당시마다 파산재단에 속하는 파산채권자 A, B에 대한 채권을 자동채권으로 하여 파산채권자 A, B의 배당금 지급청구권을 수동채권으로 삼아 상계하고, 파산재단에 속하는 채권이 모두 소멸한 후에 최후배당을 하였다.

니함에도 부당하게 상계하여 파산채권자에게 배당하지 아니한 것은 불법행위를 구성하고, 파산관재인은 파산채권자에 대하여 손해배상책임을 지게 된다.[25]

2) 배당금의 임치

파산관재인은 중간배당시 ① 법 제462조 내지 제464조 또는 제466조의 규정에 의하여 이의가 있는 채권에 관하여 채권조사확정재판의 신청, 소의 제기 또는 소송의 수계가 있는 경우 그 채권, ② 배당률의 통지를 발송하기 전에 행정심판 또는 소송 그 밖의 불복절차가 종결되지 아니한 채권, ③ 법 제512조 제2항의 규정에 의하여 별제권자가 소명한 채권액, ④ 정지조건부채권과 장래의 청구권, ⑤ 법 제516조의 규정에 의하여 담보를 제공하지 아니한 해제조건부채권에 대한 배당액은 현실로 지급하지 않고 임치하여야 한다(_법제519조).

임치는 법원이 지정하거나 채권자집회가 결의한 임치금의 보관장소인 금융기관(지점)에 한다(_{법 제487조,}제489조 제2호). 배당액을 임치하는 경우 기존의 임치금계좌와는 별도로 배당액의 임치 명목의 별도의 계좌를 개설하여야 하는지가 문제될 수 있으나, 현재 서울회생법원의 실무는 따로 배당액의 임치 목적으로 임치금계좌를 개설하도록 하고 있지는 않다.

3) 배당금의 공탁

파산관재인은 채권자를 위하여 ① 법 제519조 제1호 또는 제2호의 규정에 의하여 임치한 배당액, ② 배당액의 통지를 발송하기 전에 행정심판 또는 소송 그 밖의 불복절차가 종결되지 아니한 채권에 대한 배당액, ③ 채권자가 수령하지 아니한 배당액을[26] 공탁하여야 한다(_법제528조). 실무상 중간배당시 임치한 배당액은 임치하여 두었다가 최후배당시 한꺼번에 공탁하고 있다.

공탁의 절차는 공탁법의 규정에 따른다. 배당금 지급청구권은 추심채무이므로, 공탁은 채무이행지인 파산관재인 사무소 소재지의 공탁소에 하여야 한다(_{민법 제488조}제1항).[27]

배당금을 공탁하는 경우에는 공탁규칙 제21조 제3항에 의하여, 공탁서에 피공탁자의 주소를 표시하는 때에는 그 주소를 소명하는 서면, 즉 관공서에서 발

---

25) 대법원 2007. 10. 11. 선고 2005다45544, 45551 판결.

26) 채권자가 배당금 수령을 거절하거나 발송한 배당통지서가 이사불명 등의 사유로 반송되어 오고 전화 등으로 확인한 후 수령을 기대할 수 없으면 배당금을 공탁한다.

27) 파산관재인이 법 제528조 제3호에 따라 파산채권자를 위하여 배당액을 변제공탁할 경우에 채무이행지인 파산관재인이 직무를 수행하는 장소를 관할하는 지방법원에 공탁할 수 있다(공탁선례 제2-106호 참조).

급받은 서면(주민등록표등·초본, 법인등기사항증명서 등)을 첨부하여야 하고,[28][29] 피공탁자의 주소가 불명인 경우에는 이를 소명하는 서면, 즉 피공탁자의 최종주소를 소명하는 서면(말소된 주민등록표등·초본 등) 및 그 주소지에 피공탁자가 거주하지 않는다는 것을 소명하는 자료[30] 등을 첨부하여야 한다.[31][32]

배당금을 공탁하는 데 지출되는 주민등록표등·초본 발급비용과 송달료는 파산채권자가 부담해야 하므로,[33] 배당액에서 위와 같은 비용을 공제하고 남은 금액을 공탁해야 한다(다만 공탁 대행수수료는 파산재단이 부담해야 한다).[34]

---

28) 종래에는 파산관재인이 주민등록법 제29조 제2항 제6호, 같은 법 시행령 제47조 제4항, 같은 법 시행규칙 제13조 제1항에 의하여 이해관계 사실확인서 등을 제출하여 주민등록등·초본을 발급받았으나, 2011. 10. 13. 행정안전부령 제244호로 주민등록법 시행규칙이 개정되어 주민등록표등·초본 발급 요건이 강화되면서, 파산채권자의 주민등록표등·초본을 발급받기 위하여 법원의 주소보정명령이 필요하게 되었다. 서울중앙지방법원은 2000하47 사건(주식회사 대한상호신용금고), 2001하118 사건(주식회사 동아상호신용금고), 2005하합50 사건(주식회사 한중상호저축은행) 등에서 배당액 공탁을 위하여 파산관재인을 상대로 주소보정명령을 하고, 파산관재인에게 그 결과를 사후에 법원에 보고하도록 한 바 있다. 한편 서울회생법원은 98하128 사건(주식회사 기산)에서 일부 파산채권자가 사망함에 따라 배당액 공탁을 위하여 그 상속인의 존부와 인적사항을 확인할 필요가 있어 파산관재인을 상대로 가족관계증명서, 기본증명서, 제적등본(초본), 주민등록등본(초본)을 발급받아 제출하라는 보정명령을 하고, 마찬가지로 파산관재인에게 그 결과를 사후에 법원에 보고하도록 한 바 있다.

29) 피공탁자가 외국인인 경우는 본국 관공서의 주소증명 또는 거주사실증명, 주소증명을 발급하는 기관이 없는 경우에는 주소를 공증한 공정증서를, 재외국민의 경우는 주민등록표등·초본 또는 재외국민등록부등본(다만, 주재국에 대한민국 재외공관이 없는 경우에는 주소를 공증한 서면)을 주소소명서면으로 본다. 그 외에 주소증명서에 대신할 수 있는 증명서(신분증, 여권, 외국인등록사실증명서, 국내거소신고사실증명서 등)를 본국 및 대한민국의 관공서에서 발급하는 경우 그 증명서 및 공탁관이 원본과 동일함을 인정한 사본도 주소소명서면으로 본다[「외국인 등을 위한 공탁신청에 관한 지침」(행정예규 제1083호) 제3조].

30) 피공탁자가 최종주소에 거주하지 않는다는 것을 소명하는 자료의 예로는, ① 피공탁자가 최종주소에 거주하지 않는다는 내용의 통·반장 또는 피공탁자의 최종주소에 주민등록을 한 거주민의 확인서, ② 피공탁자의 최종주소에 주민등록이 되어 있지 않다는 내용의 동장 확인서, ③ 피공탁자의 최종주소로 발송한 우편물이 이사불명 또는 수취인불명 등으로 반송되었다는 취지가 기재된 최근의 우편송달보고서 또는 배달증명 등을 들 수 있다.

31) 피공탁자가 외국인이거나 재외국민으로 주소가 분명하지 아니한 경우 공탁의 직접 원인이 되는 서면(말소된 주민등록표 등·초본 등)에 나타난 주소지를 최종주소지로 기재하고, 그 최종주소지에 피공탁자가 거주하지 않는다는 것을 소명하는 서면(발송된 우편물이 이사불명 등으로 반송되었다는 취지가 기재된 최근의 배달증명서 등)을 제출하여야 한다[「외국인 등을 위한 공탁신청에 관한 지침」(행정예규 제1083호) 제4조].

32) 법원행정처, 공탁실무편람(2015), 68~70면.

33) 배당금 지급청구권은 추심채무이고 특히 배당액의 공탁은, 채권의 미확정으로 채권자가 법률상 배당액을 수령할 수 없거나 현실적으로 배당액을 수령하지 아니하여 하게 되는 점을 고려할 때, 그 공탁비용은 민법 제403조, 제473조 후문에 의한 채권자지체 또는 채권자의 행위로 인하여 증가된 변제비용에 해당하여 채권자가 부담하여야 한다고 본다.

34) 서울회생법원은 98하128 사건(주식회사 기산)에서 공탁비용을 공제한 배당액만 공탁하도록 한 바 있다. 만약 공탁비용을 배당액에서 공제하지 않고 파산재단의 부담으로 지출한 경우에는, 그 공탁대상 채권자에 대하여 공탁비용 상당의 비용상환청구권을 취득할 것인데, 이를 그대로 둔 채 파산절차를 종결하게 되면 추가배당의 문제가 발생할 수 있고, 그 채권의 환가금액이 다시

4) 배당금의 변제충당

배당에 관하여도 민법 제476조 이하의 변제충당에 관한 규정이 적용된다. 따라서 어느 채권의 원금과 이자, 지연손해금이 모두 파산채권으로 신고된 경우 민법 제479조에 의하여 이자, 지연손해금부터 충당된다고 해석되고, 실무상 배당표에도 원금과 이자, 지연손해금을 구별하여 기재하지는 않는다.[35]

실무에서는 채무자가 금융기관인 경우 채권자가 예금의 원금 및 이자 채권을 신고하였으나 배당금이 원금에도 미치지 못하면 원천징수를 하지 않고, 만일 원금을 초과하여 이자에 대하여도 배당이 실시된 경우라면 이자 부분에 관하여 원천징수를 하기도 하였다(소득세법 제16조 제1항 제3호, 제127조 제1항 제1호, 법인세법 제73조 제1항 제1호). 다만 내국법인 중 대통령령으로 정하는 금융회사 등에 지급되는 이자소득에 대하여는 법인세를 원천징수하지 아니하고(법인세법 제73조 제1항), 내국법인에 지급되는 이자소득 중 법인세가 부과되지 아니하거나 면제되는 소득 등 대통령령으로 정하는 소득에 대하여는 법인세를 원천징수하지 아니한다(법인세법 제73조 제2항).[36] 한편 지연손해금은 원천징수의 대상인 이자소득에 포함되지 아니한다.[37]

차. 배당금 지급채무의 변제기

배당금 지급채무의 변제기는 각 배당이 실시될 때마다 파산관재인이 법원의 허가를 받아 정한 배당일이 된다. 한편 배당률을 정하여 통지함으로써 발생한 구체적 배당금 지급채무의 이행은 파산재단을 대표한 파산관재인의 의무이지 채무자의 의무는 아니므로, 배당금 지급채무는 파산채권의 원래 속성이나 채무자가 상인인지 여부와는 무관하게 민사채무로 봄이 타당하고, 그 지연으로 인한 지연손해금에 적용될 법정이율은 원래 파산채권의 속성이나 약정이율 혹은 집행권원에서 정한 지연이율에 영향을 받지 아니하고 민사법정이율인 연 5%가 적용

채권자들에 대한 추가배당재원이 되어 불필요한 순환이 반복될 수 있다. 따라서 공탁비용 지출 허가와 동시에 위와 같은 부당이득반환청구권의 포기 허가도 함께 하는 방안을 고려할 필요가 있다. 김정만·정문경·문성호·남준우, "법인파산실무의 주요 논점", 저스티스 제124호, 한국법학원(2011), 474면.

35) 대법원 2009. 5. 14. 선고 2008다40052, 40069 판결. 이에 대하여 파산채권에 배당함에 있어서는 법 제440조에 의하여 동일순위로 변제하여야 하는 채권은 각각 그 채권액의 비율에 따라 변제하는 것이므로, 어느 채권의 원금과 이자, 지연손해금이 모두 파산채권으로 신고된 경우 원금과 이자, 지연손해금은 별개의 파산채권으로 취급되어 각각 그 채권액의 비율에 따라 배당을 하는 것이고, 그 변제 또한 각각 그 채권에 대하여 이루어지는 것이기에, 민법 제479조에 의하여 이자, 지연손해금부터 변제에 충당되는 것은 아니라는 견해가 있다.

36) 법인세법 시행령 제111조.

37) 대법원 1997. 3. 28. 선고 95누7406 판결, 대법원 1997. 9. 5. 선고 96누16315 판결 등.

된다.[38]

다만 배당일의 도과로 곧바로 이행지체의 책임을 지는 것은 아니고, 배당금 지급청구권은 추심채무이어서(법제517조제1항본문) 파산채권자의 협력을 필요로 하므로 파산채권자의 이행 최고가 있은 때부터 지체책임을 부담한다. 따라서 파산관재인이 배당금을 준비하는 등 이행을 제공하였음에도 파산채권자가 파산관재인 사무소를 방문하거나 송금받을 계좌를 지정하여 통지하는 등의 조치를 취하지 않는다면, 채권자지체에 해당하여 파산채권자가 이행을 최고할 때까지는 지연이자가 발생하지 않는다(민법제402조). 다만 파산채권자가 이행의 최고를 한 이상 파산관재인이 배당일 이후 배당금 수령을 통보한 것만으로는 구체적인 배당금 지급청구권에 대한 이행지체의 책임을 면할 수 없고, 파산채권자가 통보한 계좌에 송금하는 등 적법한 이행의 제공을 해야 지체책임을 면하게 된다.

파산관재인은 법 제462조 내지 제464조 또는 제466조의 규정에 의하여 이의가 있는 채권에 관하여 채권조사확정재판의 신청, 소의 제기 또는 소송의 수계가 있는 경우 그 채권에 대한 배당액을 임치하여야 하는데, 이처럼 임치한 배당액에 대하여 임치일부터 채권이 확정되어 실제로 배당하는 날까지 임치금에 대하여 발생한 이자는 파산재단에 속한다.[39] 이의가 있는 채권은 아직 확정되지 아니하여 그 채권에 대한 배당금 지급청구권은 변제기가 도래하지 아니하였을 뿐만 아니라 중간배당에 있어서 임치금은 파산재단에 속하고 그 과실에 해당하는 이자 역시 파산재단에 귀속되기 때문이다.

한편 배당금 지급청구권도 채권으로 10년의 시효로 소멸하는지, 아니면 파산채권은 파산절차가 종결되기 전까지 시효가 중단되어 소멸하지 않으므로 배당금 지급청구권 역시 파산절차가 종결되기 전까지 시효가 중단되어 소멸하지 않는지 논란이 있다.[40]

---

38) 대법원 2005. 8. 19. 선고 2003다22042 판결. 이 경우 배당금 지급채무의 이행지체로 인한 지연손해금은 파산관재인의 행위로 인하여 발생한 청구권이므로 법 제473조 제4호의 재단채권이 된다. 위 판결에 관하여는 최동렬, "파산관재인의 배당률지급통지에 의하여 발생한 배당금지급채무의 이행지체로 인한 지연손해금의 적용이율", 대법원판례해설 제57호, 법원도서관(2006), 205~223면.
39) 대법원 2003. 1. 24. 선고 2002다51388 판결.
40) 서울중앙지방법원 98하118(고려증권 주식회사) 사건에서는 중간배당시 배당률의 통지를 받고도 배당금을 수령하지 않은 외국회사의 배당금 지급청구권(그 외국회사는 파산채권을 다른 자에게 양도한 상태였기 때문에 배당금 지급청구권만 남은 상태였다)이 시효로 소멸한 것으로 보고, 그 배당금을 파산재단에 편입시켜 최후배당의 재원으로 사용한 바 있다.

카. 배당실시보고서 제출

배당이 종료한 때에는 파산관재인은 신속하게 배당실시보고서를 작성하고, 배당금 영수증 또는 송금의뢰서의 사본을 첨부하여 법원에 제출한다. 공탁한 경우에는 공탁서 사본을 첨부하여 제출한다. 채권자가 공탁금을 수령하고자 하는 경우에는 파산관재인으로부터 공탁서 원본을 교부받아야 한다.

타. 파산채권자표 및 채권증서에 배당액 기입

파산관재인은 배당을 한 때에는 파산채권자표 및 채권증서에 배당한 금액을 기입하고 기명날인하여야 한다(법 제517조 제2항). 파산관재인이 보관하고 있는 파산채권자표 등본에도 배당한 금액을 기입하고 기명날인한다. 이는 배당금을 지급하였다는 근거와 채권자의 집행권원으로서의 효력 범위를 분명히 하기 위한 절차이다.[41] 다만 위 규정만으로 채권자에게 채권증서 자체를 배당금 지급과 동시이행으로 파산관재인에게 교부하여야 할 의무가 인정되는 것은 아니다. 배당한 금액을 기입할 채권증서에는 어음 등의 지시증권, 공정증서 등이 있고, 어음 등의 경우에는 배당금 지급을 기입한 부전지를 붙여 간인하는 방법, 배당률을 기입하는 방법도 있다.

채권증서가 있는 경우에 파산관재인이 확정채권을 전액 배당하는 때에는 채권자로부터 채권증서를 교부받아야 한다(민법 제475조 전문). 중간배당을 여러 차례 해야 하는 경우에는, 미리 채권자로부터 채권증서를 제출받아 보관하여 두는 것이 편리하다.[42]

파. 잘못 지급된 배당금의 반환

파산관재인이 중간배당을 실시하면서, 특정 채권자에게 정당한 몫 이상의 배당금을 지급한 경우, 그 채권자를 상대로 부당이득반환청구를 할 수 있는지

---

41) 전병서, 370면은 파산채권자표의 기재에 의하여 배당금을 지급하고, 채권자의 집행권원으로서의 효력의 범위도 분명히 할 수 있으므로, 중복하여 채권의 증서에 배당금액을 기입하는 것은 불필요하다는 견해를 취한다. 일본은 배당절차의 신속, 합리화의 관점에서 채권증서에 조사결과 및 배당금액을 기재, 날인하는 제도를 폐지하였다(일본 파산법 제130조, 제193조).

42) 다만 파산채권자는 파산채권 전액을 변제받는 경우가 아닌 한 파산관재인에게 배당금의 지급을 구함에 있어 채권증서를 지참·제출할 의무는 없으므로, 파산관재인은 파산채권자에 대한 일부변제 후 주채무자에 대한 구상권 행사를 위해 채권증서의 제출을 요구하였음에도 파산채권자가 불응한다고 하여 배당금의 지급을 보류할 수는 없다. 대법원 2005. 8. 19. 선고 2003다22042 판결.

논란이 있다. 파산관재인이 배당표를 잘못 작성하여 배당을 한 것이고, 다른 파산채권자가 배당표에 대해 이의를 제기하지 아니하였다면, 부당이득반환청구가 인정되기 어렵다는 견해와 파산채권자 사이의 평등한 배당을 위하여 파산관재인은 중간배당금을 과다하게 지급받은 파산채권자를 상대로 부당이득반환청구를 할 수 있다는 견해가 있다.[43]

제 3 절 최후배당

최후배당은 파산재단의 환가가 모두 종료된 다음 파산종결을 전제로 최종적으로 1회에 한하여 행하는 것이므로, 중간배당의 경우와 몇 가지 점에서 차이가 있다.

1. 시   기

최후배당은 파산관재인이 파산재단을 전부 환가한 후에 실시한다. 그러나 가치가 없어 환가하지 못한 재산은 법원의 허가를 받아 포기하면 되므로(법 제492조 제12호), 포기할 재산이 있더라도 최후배당은 할 수 있다. 또한 법 제462조 내지 제464조 또는 제466조의 규정에 의하여 이의가 있는 채권에 관하여 채권조사확정재판의 신청, 소의 제기 또는 소송의 수계가 있는 경우 그 절차가 아직 종결되지 아니하였더라도 그 채권에 대한 배당액은 공탁하면 되므로(법 제528조 제1호, 제519조 제1호) 최후배당을 하는 데는 지장이 없다. 한편 다액 채권자가 제3자(예컨대 채무자의 대표자)로부터 제공받은 물적 담보를 가지고 있고, 그 담보권을 실행하여도 구상 또는 대위로 인한 파산채권 총액에 실질적인 변동이 없을 경우에는, 그 채권자의 담보권 실행이 종료될 때까지 최후배당을 연기할 필요는 없을 것이다.

현재 서울회생법원은 파산관재인으로 하여금 파산선고일로부터 2년(복잡한 경우에는 3년) 내에 파산절차를 종결하도록 유도하고 있으므로[44] 최후배당 역시

---

43) 독일은 배당표에 대한 이의와 별도로, 배당표에 기재되어 있으나 실수로 배당금을 지급받지 못한 채권자들은 도산관리인에게 즉시 그 지급을 구할 수 있으나, 배당을 받은 다른 채권자들에게 부당이득반환을 구할 수는 없다고 한다. 다만 배당절차에서 신고한 파산채권 이상을 배당받거나 정당한 몫 이상을 배당받은 채권자는 부당이득으로 이를 도산관리인에게 반환하여야 한다는 것이 통설이다.

44) 서울회생법원은 채무자가 영업을 계속하는 경우에는 제1회 채권자집회가 종료된 때부터 파산

그 안에 실시하는 것이 바람직하다.

중간배당 실시 후 예상치 못한 재단채권의 증가로 배당재원이 없게 되는 경우가 있을 수 있다. 서울중앙지방법원에서는 최후배당의 절차를 생략하여도 파산채권자들의 이의가 있을 가능성이 없다고 보아 바로 파산종결절차를 진행한 바 있다.[45] 다만 법 제519조와 같은 종전 중간배당의 배당액을 임치한 채권이 있는 경우에는 임치금의 배당 내지 공탁을 위하여 형식적인 최후배당절차를 거친 다음 파산종결절차를 진행하여야 한다.

2. 사전 검토사항

가. 예납금 처리의 확인

파산관재인은 파산재단에 편입시킬 예납금이 남아 있는지 여부를 확인한 후 잔액이 있으면 예납금을 파산재단으로 편입하여야 한다.[46]

나. 환가를 마치지 않은 재산 유무의 확인

파산관재인은 제1회 채권자집회에서 보고한 재산목록 등과 대조하여 환가가 가능한데도 환가하지 못한 재산이 있는지, 파산재단 임치금에 대하여 그동안 발생한 이자가 있는지, 회수하지 않은 소송비용이 있는지, 회수하지 않은 국세환급금은 어떻게 처리할 것인지[47] 등을 확인하고, 환가가 불가능한 재산에 관하여

선고를 받은 후 2년이 되는 때까지만(관재업무의 복잡성, 현금화 진행의 정도 등을 고려하여 1년의 범위 내에서 연장할 수 있다) 매 분기 마지막 달에 중간보수를 지급하고 있다(서울회생법원 실무준칙 제322호 「법인 파산관재인의 보수 등」 제6조 제1항 제4호).

45) 서울중앙지방법원 2001하45 사건(대한렌트카 주식회사)의 경우 제2회 중간배당을 마친 후에 부과된 부가가치세를 납부하는 과정에서 재원을 모두 소비하는 바람에 최후배당 없이 파산종결절차를 밟은 바 있다. 이에 대해서는 위 사건의 경우와 같이 앞서 중간배당을 최후배당으로 보아 파산절차를 종결하면 된다는 견해, 파산재단 부족에 의한 파산폐지 결정을 해야 한다는 견해, 최후배당이 파산적 청산의 결말을 짓는 것이라는 점을 중시하여 배당에 충당할 금전이 없는 경우라도 최후배당을 형식적으로 실시하여야 한다는 견해가 대립하고 있다. 전병서, 370-371면.

46) 구 파산법이 적용되는 사건의 경우에는 관보와 법원이 지정하는 일간신문에 게재하는 방법으로 공고를 해야 하므로(구 파산법 제105조 제1항) 배당공고비용, 최후배당 제외기간 및 채권자집회 소집 공고비용, 파산종결 결정 공고비용을 공제한 나머지를 파산재단에 편입하도록 하였으나, 현행법이 적용되는 사건은 규칙 제6조 제1항 제2호에서 규정한 '전자통신매체를 이용한 공고', 즉 대한민국 법원 홈페이지 게시판을 통한 공고를 활용하고 있어서 별도로 공고비용이 발생하지 않기 때문에 공고비용을 예납금으로 남겨 둘 필요가 없다.

47) 청산 중에 있는 내국법인의 잔여재산가액이 사업연도 중에 확정된 경우에는 그 사업연도 개시일부터 잔여재산가액의 확정일까지의 기간을 1사업연도로 보는데(법인세법 제8조 제4항 제1호), 이때 '잔여재산가액확정일'은 청산소득 법인세에 관한 법인세법 시행령 제124조 제3항 제1호에 따라 '해산등기일(파산등기일) 현재의 잔여재산의 추심 또는 환가처분을 완료한 날'로 봐

는 법원의 허가를 얻어 이를 포기한다(법 제492조 제12호). 만일 파산관재인이 환가를 하지 않고 포기하지도 않은 재산이 있는 경우 임무 종료에 따른 계산보고를 위한 채권자집회에서 그 재산의 처분에 관한 결의를 하여야 한다(법 제529조).

다. 미변제 재단채권의 처리

보조인 급여 등의 관재비용, 조세 등의 지급을 완료하였는지 확인한다. 배당액 통지 전에 청구된 재단채권을 무시하고 최후배당의 배당표를 확정시켜 이에 기하여 배당을 실시한 결과 재단채권자가 변제를 받지 못하게 된 경우에는 파산관재인은 재단채권자가 입은 손해를 배상하여야 한다(법 제361조 제2항).

라. 채권조사 종료의 확인

중간배당의 경우와 마찬가지로, 아직 조사하지 않은 신고된 파산채권이 있으면 채권조사 특별기일의 지정을 법원에 신청하여 조사를 마쳐야 하고, 이의채권에 관하여는 이의를 철회할 것은 없는지 검토하여야 하며, 신고된 파산채권 중 취하되거나 명의가 변경된 것이 있는지 등을 확인하여야 한다.[48]

3. 절   차

가. 배당허가

파산관재인이 최후배당을 하는 경우에는 감사위원의 동의가 있는 때에도 법원의 허가를 받아야 한다(법 제520조). 최후배당 허가신청서에는 중간배당의 경우와 마찬가지로, 배당 가능한 금액, 배당에 참가시킬 파산채권의 액, 우선권 있는 파

야 할 것이다. 이 경우 통상 최후배당의 허가를 받은 때 잔여재산의 추심 또는 환가처분이 완료된 것이 되므로, 파산관재인은 최후배당의 허가를 받은 날이 속하는 달의 말일부터 3개월 이내에 법인세를 신고하여(법인세법 제60조 제1항) 국세환급금을 받을 수 있는데, 국세환급금은 법인세를 신고한 때로부터 일정기간이 경과한 후에야 환급이 되기 때문에 최후배당금 지급 이후에 환급이 예상되는 경우 이를 어떻게 처리할지 논란이 있다. 실무상으로는 실제 환급받는 국세환급금은 소액이기 때문에 파산관재인 보수나 보조인 급여로 지출하거나, 국세환급금에 관한 권리의 양도(국세기본법 제53조) 등을 통해 처리하는 것이 일반적이다. 이에 관하여는 최두호, "법인파산절차에서의 몇 가지 쟁점", 도산법연구 제1권 제1호, 사단법인 도산법연구회(2010), 243-246면.

48) 실무에서는 이의가 있는 채권, 정지조건부채권과 장래의 청구권, 별제권자의 파산채권 등 그 채권자가 최후배당의 배당제외기간 안에 소정의 증명을 하여야만 배당에 참가할 수 있는 채권이 있는 경우 파산관재인은 최후배당절차의 신속한 진행을 위하여 그 채권의 현황(이의가 있는 채권의 확정 여부, 정지조건부채권의 조건성취 여부, 장래의 청구권의 현실화 여부, 별제권자의 확정부족액 존부 및 액수)을 미리 파악한 후 최후배당허가를 신청하는 것이 일반적이다.

산채권·일반 파산채권·후순위파산채권의 구별, 예상배당률 등을 기재하고, 수지계산서, 파산재단 임치금계좌의 거래내역조회서, 배당액을 임치·공탁하여야 하는 채권자와 그 금액 등에 관한 보고서를 첨부한다. 실무상으로는 중간배당의 경우와 마찬가지로 배당허가신청과 동시에 배당표를 작성하여 제출하고 있다. 법원은 파산관재인의 파산재단 환가 완료 여부, 재단채권의 변제 완료 여부, 채권조사 종료 여부, 조사된 파산채권의 배당표에서의 누락 여부를 검토한 후 허가 여부를 결정한다.

별제권자의 파산채권이 있는 경우에는 채권자가 별제권을 행사하고 있는 경매절차의 진행 상황을 고려하여 그 경매절차에서의 배당기일 이후에 최후배당 허가를 하는 방법을 고려해 볼 수 있다. 왜냐하면 별제권자는 최후배당의 배당 제외기간 안에 예를 들면 경매절차에서 수령한 배당액을 알 수 있는 서면(배당표, 채권신고서, 채권계산서 등)을 제출하여 그 권리의 행사에 의하여 변제를 받을 수 없었던 채권액(확정부족액)을 증명하여야 하는데, 별제권의 행사에 따른 경매절차가 늦어져 최후배당의 배당제외기간 내 별제권 실행이 완료되지 않은 경우에는 별제권자가 확정부족액을 증명할 수 없는 문제가 발생하고 그 경우 배당에서 제외되어 배당액의 임치 또는 공탁도 받을 수 없다고 해석되기 때문이다.[49]

나. 배당표의 검토

파산관재인은 중간배당의 경우와 마찬가지로 법 제507조 제1항 각호의 사항을 기재하고 배당에 참가시킬 각 채권을 우선권의 유무에 의하여 구별한 배당표를 작성하고(법 제507조), 이해관계인의 열람을 위하여 이를 법원에 제출하여야 한다 (법 제508조)(배당표의 작성에 관한 자세한 내용은 제16장 제2절 3. 나. 참조). 제출된 배당표를 검토할 때에는 배당에 참가시킬 채권 가운데 누락된 파산채권이 있는지, 배당에 참가시킬 채권자의 성명 및 주소, 그 채권액 또는 순위가 정확한지 등을 확인한다.

배당표는 그에 대한 이의신청기간이 경과하거나(법 제514조 제1항), 그 이의신청이 취하되거나, 이의신청에 대한 법원의 재판이(법 제514조 제2항, 제3항) 확정된 때 확정되고, 이로써

---

49) 이에 따라 별제권의 실행이 완료되기 전이라도 파산관재인이 인정하는 일정한 금액에 대하여 파산채권자로서 배당에 참가하는 것을 인정하는 방안 등이 입법론적으로 검토되고 있다. 전병서, 382면. 일본 파산법 제198조 제3항은 담보권에 의하여 담보된 채권의 전부 또는 일부가 파산선고 후에 담보되지 못하게 된 것을 증명하면 배당절차에 참가할 수 있도록 규정하고 있다.

배당에 참가시킬 채권자의 범위와 배당에 참가시킬 채권의 액이 최종적으로 확정된다.

1) 배당에 참가시킬 채권

정지조건부채권 또는 장래의 청구권은 그 전액을 파산채권액으로 하므로 중간배당의 경우와 마찬가지로 배당표에 이를 기재한다. 다만 그 채권이 최후배당의 배당제외기간 안에 이를 행사할 수 있게 되지 못한 때에는 그 채권자는 배당에서 제외된다(법제523조). 이 경우 그 채권에 대하여 배당할 수 있었던 금액은 '새로 배당에 충당할 재산'이 되므로 법 제527조에 의하여 파산관재인은 지체 없이 배당표를 경정하여야 한다.

해제조건부채권도 그 전액을 파산채권으로 하고, 배당에 참가할 수 있다. 배당표 작성 당시까지 해제조건이 성취되지 않았다면, 파산관재인은 채권자에게 배당액에 상당하는 담보를 제공할 것을 요구할 수 있고, 담보를 제공하지 아니하면 배당액을 임치하는 것은 중간배당의 경우와 같다. 그 해제조건이 최후배당의 배당제외기간 안에 성취되지 못한 때에는 법 제516조의 규정에 의하여 제공한 담보는 그 효력을 상실하고, 파산관재인은 법 제519조 제5호의 규정에 의하여 임치한 금액은 이를 그 채권자에게 지급하여야 한다(법제524조).

이의가 있는 채권 중 집행력 있는 집행권원이나 종국판결이 있는 채권에 관하여는, 중간배당의 경우와 마찬가지로 배당에 참가시킬 채권으로 보아 배당표에 이를 기재한다. 다만 이의자가 채무자가 할 수 있는 소송절차에 의하여 이의를 주장하여 법 제466조의 규정에 의하여 그 채권에 관하여 소의 제기 또는 소송의 수계가 있는 경우 그 채권에 대한 배당액을 임치 및 공탁하여야 한다(법 제528조 제1호, 제519조 제1호). 만일 최후배당의 배당제외기간 안에 이의채권의 존재가 확정된 때에는 '파산채권자표를 경정하여야 하는 사유가 배당제외기간 안에 생긴 때'에 해당하므로 배당표를 경정하여 현실로 배당금을 지급한다. 반면 파산관재인에 의한 배당액 통지 전에 이의채권의 부존재가 확정된 때에는 그 채권에 대하여 배당할 수 있었던 금액은 '새로 배당에 충당할 재산'이 되므로 법 제527조에 의하여 파산관재인은 지체 없이 배당표를 경정하여야 한다.

반면 이의가 있는 채권 중 집행력 있는 집행권원이나 종국판결이 없는 채권에 관하여는 중간배당의 경우와 달리 법 제512조 제1항 및 법 제513조 제2호가 적용되지 아니하므로, 다음과 같이 처리된다.

① 채권조사확정재판을 신청하거나 그에 대한 이의의 소를 제기하여야 하

는데 이를 하지 아니하거나 그 신청 또는 소를 취하하는 등으로 이의채권이 부존재가 확정되었거나 채권신고가 없는 것으로 보게 된 이의채권의 경우에는 배당에서 제외된다. ② 채권조사확정재판을 신청하거나 그에 대한 이의의 소를 제기하여 계속 중이거나 또는 이의채권에 관하여 파산선고 당시 계속되어 있던 소송을 채권자가 수계하여 계속 중인 경우에는 배당에 참가시킬 채권으로 보아 배당표에 이를 기재한다. 배당액 통지 전에 이의채권의 존재 또는 부존재가 확정되는 경우 배당표를 경정하여야 하는 것은 집행력 있는 집행권원이나 종국판결이 있는 이의가 있는 채권의 경우와 같다. ③ 한편 이의채권에 관하여 파산선고 당시 계속되어 있던 소송을 채권자가 수계하지 않은 경우에는 법 제519조 제1호의 반대해석상 그 채권에 대한 배당액의 임치가 불가능한 점에 비추어 보면 그 채권을 배당에 참가시킬 수 없으므로, 배당표에도 기재하지 않는다. 다만 배당표가 작성된 후 최후배당의 배당제외기간 내에 채권자가 소송을 수계하고 증명을 한 때에는 그 채권을 배당에 참가시켜야 하는데, 이를 위해서는 채권자가 배당표에 대한 이의를 신청하여야 할 것이다.

별제권자가 최후배당의 배당제외기간 안에 파산관재인에 대하여 그 권리포기의 의사를 표시하지 아니하거나 그 권리의 행사에 의하여 변제를 받을 수 없었던 채권액(확정부족액)을 증명하지 아니한 때에는 배당에서 제외된다(제525조). 실무에서는 별제권자의 파산채권은 배당표 작성시에 이를 기재하지 않고, 별제권자가 위와 같이 최후배당의 배당제외기간 안에 파산관재인에 대하여 그 권리포기의 의사를 표시하거나 확정부족액을 증명한 때에 파산관재인이 즉시 배당표를 경정한다. 만일 파산관재인이 배당표를 경정하지 아니하는 때에는 별제권자가 배당표에 대한 이의를 신청하여야 할 것이다.

2) 배당에 참가시킬 채권의 액

배당을 받을 기준이 되는 채권액이므로 최후배당 이전에 그 일부에 관하여 중간배당을 받았더라도 감액하지 않고 전액을 기재한다. 따라서 최후배당에 있어서도 제1회 중간배당시의 배당표에 기재한 금액을 기재하는 것이 실무이다.

3) 배당할 수 있는 금액

배당할 수 있는 금액을 산정함에 있어서는 최후배당 후에 파산재단이 남지 않도록 주의하여야 한다. 따라서 최후배당예정일을 미리 정하고, 그때까지의 임치금의 예금이자(고가품 보관장소인 금융기관의 임치금계좌 해지 예상조회서 등 계산서를 첨부하면 된다)를 포함시키고,[50] 파산재단 편입이 가능한 예납금의 잔액, 조

세 등의 환급금 등이 없는지도 미리 검토하여야 한다. 한편 최후배당의 배당제
외기간 공고, 배당공고, 배당액 통지, 파산관재인의 임무종료에 따른 계산보고를
위한 채권자집회 소집 공고·송달, 파산종결 결정 공고에 소요될 비용과 배당허
가신청시부터 파산종결까지의 관재업무비용 등을 미리 예상하여 파산재단에 남
겨 두어야 한다.

4) 종전의 배당에서 제외된 자의 우선배당

이의 있는 채권 및 별제권자의 파산채권에 관하여 법 제512조의 규정에 의
한 증명 또는 소명을 하지 아니하여 종전의 배당에서 제외된 채권자가 최후배당
에서 그 배당제외기간 안에 그 증명을 한 때에는 그 전의 배당에서 받을 수 있
었을 액에 관하여 동일한 순위의 다른 채권자에 우선하여 배당을 받을 수 있는
것도 중간배당의 경우와 같다(제518조^별).

다. 배당표의 제출 및 배당액의 공고

파산관재인은 이해관계인의 열람을 위하여 배당표를 법원에 제출하여야 한
다(제508조^별). 한편 파산관재인은 법원으로부터 최후배당허가를 받은 후 배당에 참가
시킬 채권의 총액과 배당할 수 있는 금액을 공고하여야 한다(제509조^별). 이 경우 배
당공고시 공고 내용이 추후 변경될 수 있음을 함께 알리고 있다.

라. 최후배당의 배당제외기간 결정·계산보고를 위한 채권자집회 소집

1) 최후배당제외기간 결정 및 공고

중간배당의 경우 법이 배당제외기간을 배당공고가 있은 날부터 14일로 정
하고 있는 것과는 달리, 최후배당에 관한 배당제외기간은 배당의 공고가 있은
날부터 14일 이상 30일 이내에서 법원이 정한다(제521조^별).[51] 실무에서는 파산관재인

---

50) 파산관재인은 파산채권 최후배당(파산종결의 경우) 또는 재단채권 안분변제(이시폐지의 경우)
를 하는 경우 고가품 보관장소인 금융기관의 임치금계좌 해지 예상조회서 등 계산서를 통하여
확인한 배당금 지급 예정일 또는 재단채권 변제 예정일까지의 임치금의 예금이자를 배당·변제
재원에 포함하여야 하는 것이 원칙이다. 그러나 기술적인 문제나 배당금 지급 또는 재단채권
변제가 늦어지는 등으로 금융기관의 계산서에 따른 예상 이자액보다 실제 발생한 이자액이 더
많은 경우가 있다. 서울회생법원은 이처럼 최후배당 또는 재단채권 안분변제시 정확한 예금이
자를 산정하기 어려워 부득이 추가배당이나 재단채권 안분변제의 재원으로 삼기에 부족한 소액
의 이자 등이 발생한 경우에는, 추가배당을 하거나 추가로 재단채권을 안분변제하지 않고 파산
관재인이 초과 이자액을 보조인의 급여, 사무비용(복사비, 문구비), 중요한 서류 보관비용 등 절
차비용에 충당하는 것을 허용하고 있다.

51) 파산채권자로서는 최종적 권리행사의 기회이므로 법원이 기간을 조정할 수 있도록 한 것으로
보이는데, 서울회생법원은 통상 14일로 정하고 있다. 한편 일본 파산법 제198조 제1항은 절차의

이 최후배당에 관한 배당공고 게재를 보고하는 즉시 최후배당의 배당제외기간을 결정하고, 이를 공고 및 송달한다([기재례 89], [기재례 90]). 또한 서울회생법원은 파산절차의 신속한 진행을 위하여 최후배당의 배당제외기간을 결정함과 동시에 파산관재인의 임무종료에 따른 계산보고를 위한 채권자집회를 소집하는 결정을 하고, 채권자집회의 기일과 회의의 목적사항도 공고하고 있다(^{법 제365조 제1항,}_{제367조, 제368조 제1항}) ([기재례 95], [기재례 96]).

한편 서울회생법원은 최후배당의 배당제외기간을 연장할 수 있다고 보고 있다[최후배당의 배당제외기간이 경과하기 직전에 신고된 파산채권의 처리에 관한 자세한 내용은 제8장 제3절 2. 바. 2) 참조].

2) 최후배당의 배당제외기간 경과의 효과

정지조건부채권 또는 장래의 청구권이 최후배당의 배당제외기간 안에 이를 행사할 수 있게 되지 못한 때에는 그 채권자는 배당에서 제외된다(_{제523조}^별). 별제권자가 최후배당의 배당제외기간 안에 파산관재인에 대하여 그 권리포기의 의사를 표시하지 아니하거나 그 권리의 행사에 의하여 변제를 받을 수 없었던 채권액(확정부족액)을 증명하지 아니한 때에는 배당에서 제외된다(_{제525조}^별). 법 제523조 또는 제525조의 규정에 의하여 배당에서 제외된 채권자를 위하여 임치한 금액은 이를 다른 채권자에게 배당하여야 한다(^{법 제526조}_{전문}). 정지조건부채권 또는 장래의 청구권, 별제권자의 파산채권에 대하여 종전의 중간배당에서 임치한 배당액의 경우도 마찬가지라고 해석된다.

한편 해제조건부채권의 조건이 최후배당의 배당제외기간 안에 성취되지 못한 때에는 법 제516조의 규정에 의하여 제공한 담보는 그 효력을 상실하고, 법 제519조 제5호의 규정에 의하여 임치한 금액은 이를 그 채권자에게 지급하여야 한다(^{법 제524조}_{전문}).

아래에서 보는 바와 같이 추가배당의 경우에는 최후배당에서와 같은 배당제외기간이 없으므로, 최후배당의 배당제외기간 내에 채권확정의 절차를 밟고 이를 증명하지 아니한 파산채권자는 최후배당뿐만 아니라 추가배당에도 참가할 수 없게 된다.

마. 배당표의 경정

다음의 어느 하나에 해당하는 때에는 파산관재인은 즉시 배당표를 경정하

신속을 도모하기 위해 배당제외기간을 2주로 규정하고 있다.

여야 한다.

① 명백한 오기, 오류를 발견한 경우

② 파산채권자표를 경정하여야 하는 사유가 최후배당의 배당제외기간 안에 생긴 때(법 제513조 제1호)

③ 별제권자가 최후배당의 배당제외기간 안에 파산관재인에 대하여 그 권리포기의 의사를 표시하거나 그 권리의 행사에 의하여 변제를 받을 수 없었던 채권액을 증명한 때(법 제513조 제3호)

④ 배당표에 대한 이의가 인정되어 법원이 배당표의 경정을 명한 때(제514조)

⑤ 배당액의 통지를 발송하기 전에 새로 배당에 충당할 재산이 있게 된 때(법 제527조)

파산관재인은 이해관계인의 열람을 위하여 경정한 배당표를 법원에 제출하여야 한다(법 제508조 유추적용). 그러나 배당표를 경정한 때에는 배당액의 공고를 다시 할 필요가 없다(법 제509조 단서). 서울회생법원의 실무도 다시 공고를 하지는 않고, 다만 최초의 배당액 공고시 공고사항이 추후 변경될 수 있음을 함께 알리고 있다.

바. 배당표에 대한 이의

채권자는 배당표에 대하여 최후배당의 배당제외기간 경과 후 7일 이내에 한하여 법원에 이의를 신청할 수 있다(법 제514조). 신청권자, 이의사유, 이의방법, 이의신청에 관한 결정에 대한 불복방법 등은 중간배당의 경우 같다. 법원은 최후배당의 경우에는 이의에 대한 결정을 한 후 그 결정이 확정된 후 배당절차를 진행하도록 파산관재인에게 지시한다(법 제515조 제1항, 제522조).

사. 배당액의 결정 및 통지

최후배당에서 파산관재인은 배당표에 대한 이의가 없는 때에는 법 제514조 제1항의 규정에 의한 기간이 경과한 후 또는 배당표에 대한 이의가 있는 때에는 그에 대한 결정이 확정되어 배당표에 대한 이의가 종결된 후 지체 없이 각 채권자에 대한 배당액을 정하여 그 통지를 하여야 한다(법 제522조).

법에는 중간배당의 경우에는 배당률을(법 제515조), 최후배당의 경우에는 배당액을(법 제522조) 통지하도록 규정하고 있지만, 실무상으로는 두 경우 모두 배당률과 배당액을 함께 통지하고 있다. 다만 최후배당시 배당률을 정하는 때에는 중간배당의 경우에서처럼 법원의 허가나 감사위원의 동의를 얻을 필요는 없다고 본다.

배당액의 결정은 다음과 같이 한다. 우선 공고한 배당할 수 있는 금액에 (법 제509조) 새로 배당에 충당할 수 있게 된 재산(법 제527조) 및 법 제523조 또는 제525조의 규정에 의하여 최후배당에서 제외된 채권자를 위하여 임치한 금액을(법 제526조 전문) 더하고, 이 합계액에서 배당액의 결정·통지 시점을 기준으로 그때까지 새로이 알려진 재단채권에 대한 변제액, 배당액 통지비용 등 예상되는 절차비용과 파산 관재인 보수를 공제한 금액을 배당에 참가시킬 채권액으로 나눈 비율을 각 채권자의 채권액에 곱하면 된다.

배당액의 통지에 의하여 배당액이 확정되고, 그 변경은 허용되지 않으며, 각 채권자가 그 통지를 받은 때 구체적인 배당금 지급청구권을 취득하는 점은 중간배당의 경우와 같다. 배당액의 통지를 발송한 후 체납한 조세의 교부청구 등에 의하여 재단채권자가 있는 사실을 알게 되었다고 해도, 배당액의 통지를 하기 전에 파산관재인이 알고 있지 아니한 재단채권자는 최후배당에서 배당할 금액으로써 변제를 받을 수 없게 되는 점도 마찬가지이다(법 제534조).

아. 배당의 실시와 임치 및 공탁

1) 배당금의 지급방법

중간배당의 경우와 같다.

2) 배당금의 임치 또는 공탁

① 파산관재인은 법 제462조 내지 제464조 또는 제466조의 규정에 의하여 이의가 있는 채권에 관하여 채권조사확정재판의 신청, 소의 제기 또는 소송의 수계가 있는 경우 그 채권에 대한 배당액을 임치하여야 하고(법 제519조 제1호), 채권자를 위하여 법 제519조 제1호의 규정에 의하여 임치한 배당액을 공탁하여야 한다(법 제528조 제1호).

이의채권에 대한 채권확정절차가 진행 중인 경우 파산관재인은 그 채권에 대한 배당액을 임치하고, 이를 공탁하여야 한다. 파산관재인은 이의채권에 관하여 종전의 중간배당시 배당액을 임치한 것으로서 최후배당시에도 아직 채권확정절차가 진행 중인 경우에는, 종전의 중간배당에서 임치한 배당액과 최후배당에서의 배당액 모두를 공탁하여야 한다.

② 파산관재인은 채권자를 위하여 종전의 중간배당에서 법 제519조 제2호의 규정에 의하여 배당률의 통지를 발송하기 전에 행정심판 또는 소송 그 밖의 불복절차가 종결되지 아니한 채권에 대하여 임치한 배당액 및 최후배당에서 배

당액의 통지를 발송하기 전에 행정심판 또는 소송 그 밖의 불복절차가 종결되지 아니한 채권에 대한 배당액을 공탁하여야 한다(법 제528조 제1호, 제2호).

법 제446조 제1항 제4호에 열거된 청구권 중에서 종전의 중간배당에서 법 제519조 제2호의 임치사유에 해당하여 그 규정에 의하여 임치한 배당액은 법 제528조 제1호에 의하여 공탁하고, 법 제528조 제2호의 공탁사유에 해당하는 배당액은 그 규정에 따라 공탁한다. 다만 법 제528조 제1호의 규정에 의한 공탁과 같은 조 제2호의 규정에 의한 공탁은 구별의 실익이 크지 않다.

③ 파산관재인은 채권자를 위하여 채권자가 수령하지 아니한 배당액을 공탁하여야 한다(법 제528조 제3호).

채권자가 수령하지 않거나 배당실시 당시 채권자의 소재불명으로 수령을 기대할 수 없는 경우, 구체적인 배당금 지급청구권의 양도에 관하여 다툼이 있거나 상속인이 누구인지 불분명하다든지 하여 채권자를 알 수 없는 경우도 포함된다.[52] 이 경우 파산관재인은 그 배당액을 공탁하여야 한다.

3) 공탁절차
공탁의 절차는 공탁법의 규정에 따른다.

4) 공탁의 법적 성격 및 공탁의 생략
법 제528조 제1호·제2호의 공탁은 집행공탁의 성질을 가지고, 파산관재인은 이 공탁에 의하여 책임을 면한다. 법 제528조 제3호의 공탁은 변제공탁으로서 이에 의하여 변제공탁된 금액 상당의 파산채권은 소멸한다.

공탁비용조차 충당하기 어려워 공탁이 불가능한 소액배당금의 처리가 문제되는데 현재 서울회생법원은 공탁에 소요되는 비용에 미치지 않는 소액배당금에 대하여는 최후배당시까지 파산채권자의 소재를 추적한 후 수령거절, 소재불명 등의 사유로 더 이상 추적이 불가능하다고 판단되는 경우에는 비용을 고려하여 공탁하지 아니하고 사전에 최후배당에서 배제하여 다른 채권자들에게 배당하거나, 파산관재인 보수, 절차비용의 재원으로 사용하고 있다.[53]

---

52) 서울회생법원 98하128 사건(주식회사 기산)에서는 신고한 파산채권자가 사망하였으나 그 상속인의 존부가 분명하지 아니하여 파산관재인이 관할 가정법원에 민법 제1053조의 규정에 의한 상속재산관리인 선임신청을 한 사례가 있다.

53) 일본은 공탁비용보다 적은 소액배당금에 대하여는 배당을 하지 아니하던 종래의 실무를 반영하여 1,000엔 미만의 금액은 파산채권신고 또는 신고명의 변경 당시에 배당금 수령의사가 있음을 신고하지 않는 한 배당하지 않고 다른 채권자들에게 배당하도록 규정하였다(일본 파산법 제201조 제5항, 일본 파산규칙 제32조 제1항). 즉, 파산채권자의 추정적 의사를 근거로 배당에서 제외시키고 있는 것이다. 미국은 배당금이 5달러를 넘지 않는다면, 배당을 실시하지 않고, 법원 서기관에 임치하도록 하고 있다(미국 연방파산규칙 제3010조). 파산채권자가 배당을 받기를 희

한편 「금융산업의 구조개선에 관한 법률」 제23조, 「농업협동조합의 구조개선에 관한 법률」 제10조 제3항 등에 의하여 파산참가기관인 예금보험공사, 관리기관인 농업협동조합중앙회 등은 예금자가 직접 파산절차에 참가하는 경우를 제외하고는 법원에 제출한 예금자표에 기재된 예금채권의 예금자를 위하여 파산절차에 관한 모든 행위를 할 수 있으므로, 예금자표에 기재된 예금채권에 대한 배당금 역시 대리수령을 할 수 있다. 이 경우 예금보험공사 등이 대리수령을 하더라도 예금자에게 이를 통지할 필요가 없어, 공탁과 달리 별도의 비용이 들지 않는다. 따라서 서울회생법원은 파산참가기관 또는 관리기관인 예금보험공사 등이 대리수령을 할 수 있는 경우에는, 소액배당금을 받는 파산채권자를 최후배당에서 배제하지 않고 예금보험공사 등이 배당금을 대리수령하는 것을 허용하고 있다. 현재 예금보험공사는 예금자를 위하여 대리수령한 3만 원 이하의 소액배당금[54] 및 공탁이 불가능한 배당금을 예금보험공사 인터넷 홈페이지(http://www.kdic.or.kr)의 '미수령금 통합신청시스템'을 통해 안내하여 예금자가 이를 찾아갈 수 있도록 독려하고 있다.[55]

자. 배당실시보고서 제출, 파산채권자표 및 채권증서에 배당액 기입

배당이 종료한 때에는 파산관재인은 신속하게 배당실시보고서를 작성하여 법원에 제출한다. 이 경우 첨부할 서류는 중간배당의 경우와 같다.

파산관재인이 파산채권자표 및 채권증서에 배당한 금액을 기입하고 기명날인하여야 하는 것도 중간배당의 경우와 같다.

4. 관련 문제

가. 잉여가 발생하는 경우

파산재단의 수집액이 재단채권 및 확정된 파산채권액을 상회하여 잉여가 생기는 경우(채무 대부분이 관계회사에 대한 채무인데 관계회사가 채권신고를 하지 않

망하면 임치한 금전에서 배당을 받게 된다.

54) 서울중앙지방법원 2001하81 사건(주식회사 동방상호신용금고)에서는 실지급액 3만 원 이하의 배당금은 예금보험공사가 파산참가기관으로서 대리수령하고, 3만 원 초과의 배당금은 변제공탁을 하였다.

55) 예금보험공사는 미수령 배당금의 운용, 지급, 시효 경과 후의 처리기준에 관하여 2013년 8월부터 '미수령 배당금 관리기준'을 마련하여 시행하고 있다.

은 경우, 파산재단에 속하는 부동산 등이 값이 오른 경우, 파산관재인이 소송을 통하여 상당한 파산재단을 수집한 경우 등)에는 동의에 의한 파산폐지(제538조)절차에 의하는 것도 생각해 볼 수 있다(동의폐지에 관한 자세한 내용은 제17장 제2절 3. 참조).[56] 다만, 일반적으로 동의에 의한 파산폐지는 그 요건이 엄격할 뿐 아니라, 법인의 경우 법인계속의 절차를 밟아야 하는(제540조) 등 실질적으로 곤란한 점이 있으므로, 최후배당을 실시하여 파산절차를 종료하면서, 동시에 청산인을 선임하여 잔여재산을 주주 등 정당한 권리자에게 공평하게 분배하도록 할 필요가 있다.[57]

나. 별제권자

별제권자가 별제권의 행사에 착수하여 경매절차가 진행 중이지만 매수신고가 없어서 계속 유찰되는 경우, 최저매각가격과 별제권자의 피담보채권을 비교하여 전혀 잉여가 기대되지 않으면 파산관재인은 법원의 허가를 얻어 당해 부동산을 파산재단으로부터 포기한 후 최후배당을 실시하면 된다. 이때 별제권자는 준별제권자의(제414조) 지위를 갖게 되므로, 경매절차가 종료하지 않은 상태에서는 별제권을 포기하지 않는 한 최후배당에서 제외될 수밖에 없다. 다만 앞서 본 바와 같이 경매절차의 진행 상황을 고려하여 그 경매절차에서의 배당기일 이후에 최후배당허가를 하는 방법을 고려해 보아야 하는 경우도 있다.

제 4 절 추가배당

1. 추가배당을 하여야 하는 경우

추가배당은 최후배당의 배당액 통지를 한 후에 새로 배당에 충당할 재산이 있게 된 때 또는 파산종결의 결정이 있은 후에 새로 배당에 충당할 재산이 있게 된 때에 보충적으로 행하는 배당절차로(법 제531조 제1항) 시행횟수의 제한이 없다.

구체적으로 추가배당을 하여야 할 경우의 예를 들면 다음과 같다.

---

56) 서울회생법원 2009하합33 사건(주식회사 퍼스트코프)에서는 위와 같이 잉여가 발생하였고 파산채권자 전원이 동의하여 동의에 의한 파산폐지 결정을 하였다.

57) 파산관재인이 파산절차 내에서 허가를 받아 주주에게 배당 또는 잔여재산을 분배하는 방식으로 처리하는 방안도 생각해볼 수 있으나, 파산절차에서의 배당은 파산채권자에게 하는 것이지 주주에게 하는 것이 아니고, 정당한 주주인지 여부에 대하여 조사절차를 거치지 않은 상태에서 주주에게 임의로 배당 또는 잔여재산을 분배하는 것은 적절하다고 보기 어렵다.

① 법 제462조 내지 제464조 또는 제466조의 규정에 의하여 이의가 있는 채권에 관하여 채권조사확정재판의 신청, 소의 제기 또는 소송의 수계가 있어 그 채권에 대한 배당액을 공탁하였으나(법 제528조 제1호, 제519조 제1호), 채권확정절차에서 그 이의채권의 부존재가 확정되는 등으로 그 이의채권에 대하여 공탁한 배당액을 다른 파산채권자에게 배당할 수 있게 된 때

② 최후배당의 배당액 통지를 한 후 파산종결 결정 전에 채무자의 은닉재산이 새로 발견된 때

한편 파산종결 결정 후에 채무자의 파산재단에 속하는 재산이 새로 발견된 경우 이를 추가배당에 충당할 재산이라고 할 수 있는가에 관하여는 견해의 대립이 있다.[58] 원칙적으로 파산종결 결정으로 채무자의 재산에 대한 파산관재인의 관리처분권한은 소멸하므로 청산절차를 밟아야 할 것이나, 파산관재인이 당해 재산을 추가배당의 대상으로 삼을 것을 예정하였거나 예정하였어야 할 특별한 사정(예컨대 파산관재인이 임무를 해태한 나머지 본래 파산절차에서 행하였어야 할 배당을 하지 않은 경우, 파산절차가 종결된 이후 채무자가 제3자로부터 배당금을 수령하는 경우 등)이 있는 때에는 파산관재인의 임무가 아직 종료하지 않았다고 보아 추가배당을 할 수 있다.[59]

③ 일단 재단채권을 변제하거나 파산채권자에 대해 배당을 하였으나 그 후에 파산재단으로 반환된 금전이 발생한 때

---

58) 법 제531조 제1항 후문에서 '파산종결의 결정이 있은 후에 새로 배당에 충당할 재산이 있게 된 때에도 또한 같다.'라는 문언의 해석과 관련하여 문제된다. 임치용(2), 77면은 특히 파산종결 후 3년 이상이 지나 대부분의 채권이 단기소멸시효가 완성된 후라면, 파산채권자를 위하여 배당을 하는 경우가 드물 것이기 때문에, 청산절차를 밟아야 한다고 한다. 전병서, 375면은 파산종결 결정에 의하여 채무자의 관리처분권이 회복되므로 그 후에 파산관재인이 재산을 발견하여도 배당재원이 될 수 없고, 파산종결 결정 후에 파산관재인의 임무가 잔존한다고 하여도 그 대상을 종결 당시 현실로 점유관리하고 있는 재산에 한정하지 않으면 언제까지나 임무가 종결되지 않게 된다는 등의 이유에서 파산종결 결정까지 발견된 재산에 대해서만 추가배당이 가능하다고 한다. 이에 대하여 伊藤眞, 687면은 파산종결 후에 파산관재인이 적극적으로 추가배당을 할 재원을 찾을 의무를 부담할 이유는 없지만, 채무자가 은닉한 재산이 우연히 발견되는 경우에도 추가배당의 가능성을 부정하는 것은 타당하지 않다고 지적하고 있다.

59) 일본 最高裁判所 平成5年6月25日 平成3(オ)第1334号 判決은 파산절차가 종결된 후의 파산자의 재산에 관한 소송은 당해 재산이 파산재단을 구성할 수 있는 것이었더라도 파산관재인에 의하여 파산절차의 과정에서 파산종결 후에 당해 재산을 가지고 추가배당의 대상으로 할 것을 예정하거나 예정하였어야 할 특단의 사정이 없는 한 파산관재인에게 당사자적격이 없다고 해석하는 것이 타당하다면서, 예를 들면, 파산종결 후 파산채권 확정소송 등에서 파산채권자가 패소했기 때문에 해당 채권자를 위해 공탁했던 배당액을 다른 채권자에게 배당할 필요가 생긴 경우 또는 파산관재인이 임무를 해태했기 때문에 원래 파산절차의 과정에서 수행해야 배당을 하지 못한 경우 등 파산관재인이 당해 재산을 가지고 추가배당의 대상으로 할 것을 예정하거나 예정하였어야 할 특단의 사정이 있을 때에는 파산관재인의 임무는 아직 끝나지 않기 때문에 해당 재산에 대한 관리처분권도 소멸하지 아니한다는 취지로 판시하였다.

예컨대 해제조건부채권을 가진 파산채권자에게 배당을 한 후 해제조건이 성취된 경우[60] 또는 파산관재인이 파산채권자에 대하여 과다배당을 하거나 착오에 의하여 재단채권자에게 변제하였는데 변제수령자가 부당 수령한 금전을 반환한 경우(예를 들어, 재단채권인 임금채권으로 변제한 것 중에 파산채권인 임원의 보수가 포함된 것이 발견되고 그 임원에 대한 보수 상당액이 반환된 경우) 등이다.

④ 파산재단 임치금계좌의 예금 이자를 최후배당재원에서 누락하거나 계산 착오가 있었던 때

⑤ 최후배당시 환가를 누락한 파산재단에 대한 조세환급금이 있는 때

⑥ 최후배당 전 파산재단에의 편입이 가능한 예납금이 누락된 때[61]

그러나 ④ 내지 ⑥의 사유로 추가배당을 하게 되는 것은 바람직하지 않으므로 파산관재인으로서는 최후배당시에 미리 잔여 파산재단이 생기지 않도록 충분히 검토하여야 하고, 법원도 이 점에 관하여 미리 주의를 환기시켜 둘 필요가 있다.

그런데 추가배당절차에 소요되는 비용 정도밖에 충당하지 못할 정도의 재산은 추가배당에 충당할 상당한 재산이라고 할 수 없다. 파산채권자의 수, 각 채권액의 다과 등 당해 사건의 규모에 따라 배당절차에 소요될 비용도 달라지므로, 상당한 재산인지 여부를 일률적으로 논할 수는 없다. 추가배당하기에는 근소한 금액의 잉여가 생긴 때에는 이를 파산관재인의 추가보수로 정하거나 파산관재인이 파산종결 후에 채무자에게 인도하여야 한다.

2. 추가배당의 절차

가. 추가배당의 공고 및 통지

추가배당은 파산종결 후에도 할 수 있다(법 제531조). 이 한도에서 파산종결 후에도 종전 파산관재인의 임무는 끝나지 않고 그 권한도 소멸하지 않는 것이라고 할 수 있다. 다만 이 경우 부활하는 파산관재인 권한의 범위가 어디까지인지는 논란이 있다.[62]

---

60) 앞의 논의와 같이 파산종결 후 아직 상당한 기간이 경과하지 아니하였다는 등의 파산관재인에게 채권자에 대한 부당이득반환청구권을 행사하여 추가배당을 실시할 것을 기대할 수 있는 사정이 있어야 한다. 注解破産法(下), 603면.

61) 특히 견련파산 사건에서 회생절차의 비용으로 납부된 예납금의 파산재단 편입이 누락될 가능성이 있다.

파산종결 결정이 있은 후에 새로 배당에 충당할 재산이 있게 된 때에는 파산종결로 폐쇄된 법인인 채무자의 등기기록을 부활시키고(상업등기규칙),[63] 파산관 재인은 추가배당에 충당할 재산을 환가하여 법원으로부터 고가품 보관장소로 지 정받은 금융기관에 개설한 파산관재인 명의의 계좌에 그 배당재원을 보관한다. 그리고 파산관재인은 법원의 추가배당 허가를 받아 지체 없이 배당할 수 있는 금액을 공고하고,[64] 각 채권자에 대한 배당액을 정하여 통지하여야 한다 (법 제531조 제2항). 실무상 배당액 외에 배당률도 함께 통지하고 있다.

추가배당은 최후배당의 보충에 불과하므로 추가배당의 기준은 최후배당의 것을 기준으로 한다. 최후배당 후 새로이 채권조사를 위한 특별기일을 열 수 없 고, 최후배당에서 제외된 파산채권자는 추가배당에 참가할 수 없으며, 새로이 배 당제외기간을 정할 필요가 없다. 또한 추가배당은 최후배당에 관하여 작성한 배 당표에 의하여 한다(법제532조). 따라서 파산관재인은 법원에 배당표를 새로 작성·제출할 필요도 없으며, 배당표의 경정이나 채권자의 배당표에 대한 이의도 인정 되지 않는다. 파산채권자는 배당액 통지를 받으면 확정적인 배당청구권을 취득 하게 된다.

배당액의 통지를 하기 전에 파산관재인이 알고 있지 아니한 재단채권자는 추가배당에서 배당할 금액으로써 변제를 받을 수 없게 된다(법제534조).

---

62) 종전 파산관재인은 우선 추가배당을 실시하기 위해 필요한 사항(예를 들어, 종전 파산관재인 이 추가배당 업무를 보조할 보조인을 고용하는 것)에 관하여 권한을 행사할 수 있고, 그 이외의 사항(예를 들어, 채무자가 한 가압류 등 보전처분을 취소하는 것)에 대해서는 권한을 행사할 수 없다. 다만 추가배당재원이 되는 재산이 현금 이외의 형태여서 이를 환가하는 것과 같이 종전 파산관재인의 권한에 속하는 것인지 모호한 사항이 있을 수 있다. 독일은 법원이 직권 또는 도 산관리인의 신청에 의하여 추가배당을 명하면(독일 도산법 제203조), 도산관리인은 새로 발견된 재산을 환가하여 배당할 수 있다고(독일 도산법 제205조) 규정하고 있다.
한편 종전 파산관재인의 권한에 속하지 아니한 사항에 관하여는 별도로 청산인을 선임하여야 할 것이나, 종전 파산관재인과 청산인의 권한이 충돌하는 문제를 막기 위해서는 종전 파산관재 인을 청산인으로 선임함이 타당하다. 서울중앙지방법원은 2000하151 사건(신화건설 주식회사)에 서, 추가배당이 예정되어 있던 중에 대지권에 관한 소유권이전등기절차의 이행 등 잔여 업무가 남아있다는 사실이 밝혀지자, 종전 파산관재인을 청산인으로 선임하여 잔여 업무를 처리하도록 한 바 있다.
63) 서울중앙지방법원 2001하81 사건(주식회사 동방상호신용금고)에서는 파산종결 후 자산매각 사 후정산금이 생기고, 서울회생법원 2015하합100071 사건(파스텍 주식회사)에서는 파산종결 후 채 무자가 제3자로부터 수령하게 될 배당금이 생기게 됨에 따라 추가배당을 위하여 법인의 등기기 록을 부활시킨 사례가 있다.
64) 일본 파산법은 추가배당의 공고 규정을 삭제하였다(일본 파산법 제215조 제4항, 제5항).

나. 계산보고서의 제출 및 인가

파산관재인이 추가배당을 한 때에는 지체 없이 계산보고서를 작성하여 법원의 인가를 받아야 한다(법 제533조)([기재례 91]). 최후배당의 경우와는 달리 따로 계산보고를 위한 채권자집회를 소집하여 그 승인을 받을 필요는 없다. 계산보고서에 대한 법원의 인가에 의하여 추가배당에 관한 파산관재인의 책임은 소멸한다. 그 인가결정에 대하여는 즉시항고를 할 수 있다(법 제533조). 다만 최후배당 후 파산종결 결정 전에 추가배당을 한 때에는 파산관재인의 임무종료에 따른 계산보고를 위한 채권자집회에서 추가배당내역을 포함하여 계산을 보고하면 되고, 파산종결에 따른 계산보고와 별도로 추가배당의 계산보고를 할 필요는 없을 것이다.

중간배당의 절차

날짜	기간	파산관재인이 할 절차	법원이 할 절차	주의점	근거 조문
D-60		예납금의 처리		최후배당시에만 하여도 무방함	
D-58		중간배당 허가신청		허가신청서, 수지계산서, 임치금계좌 거래내역 조회서 첨부	506
D-55			중간배당 허가	감사위원이 있으면 감사위원 동의	506
D-55			파산관재인 보수 결정	실무준칙 참고	
D-53		배당표 작성·제출			507, 508
D-52			배당표 검토		
D-45		공고 촉탁 의뢰		배당표 제출과 동시에 할 수도 있음	
D-42			공고 촉탁		
D-41		배당공고		관보게재 또는 대법원규칙이 정하는 방법	509, 9①
D-39	2주	배당공고게재 보고		관보공고 복사하여 첨부, 인터넷공고 출력문 첨부	
		배당표 경정			513
D-27		배당제외기간 만료		공고일로부터 2주	512
D-20	1주	배당표에 대한 이의신청기간 만료		배당제외기간 만료일로부터 1주	514
D-17		배당률결정허가신청		우선채권, 일반채권을 구분하여 기재	
D-14			배당률 결정 허가	감사위원이 있으면 감사위원 동의	515②
D-9		배당통지		배당실시의 취지, 배당률, 배당액을 통지	515①
D-6		임치금반환허가신청			
D-3			임치금 반환 허가		500
D		배당실시		배당금 지급	517①
D		배당액 임치			519
D+3		배당실시보고서 작성·제출		영수증 첨부	
D+5		파산채권자표에 배당액 기입			517②

최후배당의 절차

날짜	기간	파산관재인이 할 절차	법원이 할 절차	주의점	근거 조문
D-60		예납금의 처리 (예납금의 파산재단 편입 신청)	재판장의 법원보관금 출급명령		
D-58		최후배당 허가신청		허가신청서, 수지계산서, 임치금계좌 거래내역 조회서 첨부	
D-55			최후배당 허가	감사위원이 있어도 법원의 허가 필요	520
D-55			파산관재인 보수 결정	실무준칙 참고	
D-53		배당표 작성·제출			507, 508
D-52			배당표 검토		
D-45		공고 촉탁 의뢰		배당표 제출과 동시에 할 수도 있음	
D-42			공고 촉탁		
D-44		배당공고		관보게재 또는 대법원 규칙이 정하는 방법	509, 9①
D-42	통상 2-3 주	배당공고게재 보고 및 배당제외기간 결정 신청		관보공고 복사하여 첨부, 인터넷공고 출력문 첨부	
D-40			최후배당의 배당제외기간 및 채권자집회 소집 결정, 공고	배당제외기간은 배당공고일로부터 14일 이상 30일 이내	521, 365, 367, 368
		배당표 경정			513
D-22		배당제외기간 만료			521
D-15	1주	배당표에 대한 이의신청기간 만료		배당제외기간 만료일로부터 1주	514
D-13		배당통지		배당실시의 취지, 배당액을 통지	522
D-3		임치금반환허가신청			
D-2			임치금반환허가		500
D		배당실시		배당금 지급	517①
D		배당액 공탁			528
D+3		배당실시보고서 작성·제출		영수증, 공탁서 사본 첨부	
D+5		채권자표에 배당액 기입			517②
D+12		임무종료에 의한 계산보고서 작성·제출			365
D+20		계산보고를 위한 채권자집회			365, 529
D+20			파산종결 결정, 공고		530

추가배당의 절차

날짜	파산관재인이 할 절차	법원이 할 절차	주의점	근거조문
D-21	추가배당 허가신청		허가신청서, 잔여 자산의 가액증명서 첨부	
D-20		추가배당 허가		531①
D-20		파산관재인 보수 결정 (은닉재산 환수와 같은 예외적인 경우)	실무준칙 참고	
D-19	공고 촉탁 의뢰			
D-17		공고 촉탁		
D-17	배당공고		관보게재 또는 대법원규칙이 정하는 방법	531②, 9①
D-15	배당공고게재 보고		관보공고 복사하여 첨부, 인터넷공고 출력문 첨부	
D-13	배당통지		배당실시의 취지·배당액 통지	531②
D-3	(임치금반환허가신청)		추가배당재원이 고가품 보관장소에 임치되어 있는 경우	
D-2		(임치금반환허가)		500
D	배당실시		배당금 지급	517①
D	배당액 공탁			528
D+3	배당실시보고서 작성·제출		영수증, 공탁서 사본 첨부 공탁서 원본은 별도로 법원에 보관	
D+4	파산채권자표에 배당액 기입			517②
D+5	계산보고서 작성·제출	인가결정		533①
D+5		(파산종결 결정, 공고)	파산종결 전 추가배당이 이루어진 경우	530

각 배당절차의 비교

	중간배당	최후배당	추가배당
감사위원이 있는 경우 허가 주체	감사위원 또는 법원	감사위원 및 법원	법원
중간배당의 참가채권 / 최후배당의 제외채권	* 조사결과 확정된 채권 * 미확정채권으로서 집행권원이 있는 채권 * 배당제외기간 내에 조사확정 재판 신청 등을 증명한 이의 있는 집행권원이 없는 채권 * 배당제외기간 내에 실행착수, 예정부족액 소명한 별제권	* 최후배당제외기간내 행사 못하게 된 정지조건부 채권, 장래채권 * 최후배당제외기간내 조건 성취된 해제조건부 채권 * 포기의사 표시 · 부족액 증명 없는 별제권	좌동
배당표의 작성 · 제출	○(507, 508)	○(507, 508)	×
배당제외기간	○(법정사항, 512)	○(법원의 결정, 521)	×
배당공고, 배당률(액)통지	○(509, 515①)	○(509, 522)	○(531②)
배당표 경정, 배당표 이의	○(513, 514)	○(513, 527, 514)	×
배당률에 대한 허가	○(515②)	×	×
계산보고서 제출	×	○(365)	○(533①)
계산보고집회	×	○(365, 529)	×
배당횟수	제한 무(간이파산 제외)	1회	제한 무
계산보고서 인가결정	×	×	○(533①)

제17장

·
·
·

파산절차의
종료[*]

제1절 파산의 종결

1. 배당종료 후의 절차 개요

파산관재인은 임무가 종료한 때에는 지체 없이 채권자집회에 계산의 보고를 하여야 한다(법 제365조 제1항). 서울회생법원에서는 파산절차의 신속한 진행을 위하여 최후배당의 배당제외기간 결정시에 계산보고를 위한 채권자집회의 기일을 함께 결정·공고하고 있다. 파산관재인은 이해관계인의 열람을 위하여 관재업무에 관한 계산보고서를 채권자집회일 3일 전까지 법원에 제출하여야 하고(법 제365조 제3항), 계산보고를 위한 채권자집회에서 계산보고를 한다.

파산채권자 등이 계산을 승인하고 채권자집회가 종결된 때에는, 법원은 파산종결 결정을 하고 그 주문 및 이유의 요지를 공고한다(법 제530조). 이 공고에 의하여 파산종결의 효과가 생기고, 파산관재인의 임무도 원칙적으로 종료한다.[1]

2. 파산종결 무렵의 잔무 처리

가. 상업장부 등 중요한 서류의 보존

파산관재인이 채무자로부터 인도받은 상업장부 기타 영업에 관한 중요한 서류와 파산관재인의 관재업무 수행과정에서 생긴 파산에 관한 중요한 서류는 상법상 보존의무 규정(상법 제33조, 제266조, 제269조, 제287조의45, 제541조, 제613조 제1항)을 유추하면 파산종결 후에도 보존하여야 하고, 환가의 대상인 재산에는 해당하지 않는다. 중요하지 않은 서류는 파산종결 직전에 법원의 허가를 받아 폐기하면 되나, 중요한 서류는 청산절차에서 그 서류의 보존인과 보존방법을 정하도록 한 규정을(상법 제266조, 제269조, 제287조의45, 제541조, 제613조 제1항) 파산절차에도 유추적용하여 보존하는 것이 타당하다. 따라서 서울회생법원은 중요한 서류에 대하여 특별한 사정이 없는 한 파산관재인의 신청을 받아 파산관재인을 보존인으로 정하고, 파산관재인으로 하여금 이를 그 사무소에서 보관하게

---

* 파산절차의 종료에 대하여 구 파산법은 제63조 제1항, 제78조 제1항, 제339조 제1항에서 '해지'라는 용어를 사용하였으나(민사소송법 제239조, 제240조도 '해지'라는 용어를 사용하고 있다), 현행법은 '종료'라는 용어로 대체하였다(법 제350조 제1항, 제352조 제8항, 제406조 제1항,). 이는 파산취소 결정의 확정, 파산선고와 동시에 하는 파산폐지(동시폐지), 파산선고 후에 비용부족으로 인한 파산폐지(이시폐지), 동의에 의한 파산폐지 등 파산폐지 결정의 확정, 회생계획의 인가에 의한 파산절차의 실효, 파산종결 결정 등을 포함하는 개념이다.

하거나([기재례 103]) 보존인의 직접 보관이 적절하지 아니한 경우 일정 기간 창고업자에게 임치하되 임치기간이 종료하면 폐기하는 내용으로 보존방법을 정하고 있다. 그 보관비용은 파산관재인이 미리 재단채권의 승인을 받아 창고업자에게 선급한다.[1]

이시폐지의 경우에도 위와 같은 방식으로 상업장부 등 중요한 서류를 보존하여야 할 것이나, 동의폐지 또는 회생계획인가에 의하여 파산절차가 실효된 경우에는 파산관재인은 채무자의 대표자나 관리인 등에게 상업장부 등을 인도하여야 할 필요가 있을 것이다.

나. 법인세 신고 등

내국법인이 사업연도 중에 파산으로 인하여 해산한 경우에는 그 사업연도 개시일부터 파산등기일까지의 기간과 파산등기일의 다음 날부터 그 사업연도 종료일까지의 기간을 각각 1사업연도로 보고, 잔여재산가액이 사업연도 중에 확정된 경우 그 사업연도 개시일부터 잔여재산가액 확정일까지의 기간을 1사업연도로 본다 (법인세법 제8조 제1항, 제4항 제1호). 청산소득에[2] 대한 법인세의 납부의무가 있는 내국법인은 잔여재산가액확정일인 파산등기일 현재의 잔여재산의 추심 또는 환가처분을 완료하는 날이 속하는 달의 말일부터 3개월 이내에 청산소득에 대한 법인세의 과세표준과 세액을 납세지 관할 세무서장에게 신고하여야 하고(확정신고)(법인세법 제84조 제1항 제1호, 법 시행령 제124조 제3항 제1호), 그 신고는 청산소득의 금액이 없는 경우에도 하여야 한다(법인세법 제84조 제3항). 내국법인이 해산등기일부터 1년이 되는 날까지 잔여재산가액이 확정되지 아니한 경우 그 1년이

---

1) 서울중앙지방법원 파산부는 문서보관방법, 문서의 중요도에 따른 분류기준, 보관기간 등에 관하여 서울중앙지방법원 파산부 파산실무준칙 제6호로 「파산종결시 중요서류 처리요령」을 제정하여 시행하고 있었다([참고자료 4]).

2) 법인세법 제79조 제1항은 내국법인이 해산한 경우 그 청산소득의 금액은 그 법인의 해산에 의한 잔여재산의 가액에서 해산등기일 현재의 자본금 또는 출자금과 잉여금의 합계액을 공제한 금액으로 한다고 규정하고 있다.

한편 법인세법 제79조 제6항은 내국법인의 해산에 의한 청산소득의 금액을 계산할 때 그 청산기간에 생기는 각 사업연도의 소득금액이 있는 경우에는 그 법인의 해당 각 사업연도의 소득금액에 산입한다고 규정하고 있다. 여기서 파산관재인이 파산재단에 속하는 재산을 환가한 금액이 위 법인세법 제79조 제6항의 '각 사업연도의 소득금액'에 해당하는지 의문이 생길 수 있다. 그러나 법인세법 시행규칙 제61조가 법인이 해산등기일 현재의 자산을 청산기간 중에 처분한 금액(환가를 위한 재고자산의 처분액을 포함한다)은 이를 청산소득에 포함하고, 다만 청산기간 중에 해산 전의 사업을 계속하여 영위하는 경우 당해사업에서 발생한 사업수입이나 임대수입, 공·사채 및 예금의 이자수입등은 그러하지 아니하다고 규정하고 있으므로, 파산관재인이 파산재단에 속한 재산을 환가한 금액은 그것이 파산선고 전의 영업을 계속하는 과정에서 발생한 것이 아닌 한 법인세법 제79조 제6항의 '각 사업연도의 소득금액'이 아닌 같은 조 제1항의 '청산소득의 금액'에 해당한다고 보아야 할 것이다.

되는 날이 속하는 달의 말일부터 1개월 이내에 이를 납세지 관할 세무서장에게 신고하여야 한다(중간신고)(^{법인세법 제85조}_{제1항 제2호}).

부가가치세법에 따라 등록한 사업자는 폐업을 하면 지체 없이 사업장 관할 세무서장에게 신고하여야 하고(^{부가가치세법}_{제8조 제7항}), 사업자는 각 과세기간에 대한 과세표준과 납부세액 또는 환급세액을 폐업일이 속한 달의 다음 달 25일 이내에 납세지 관할 세무서장에게 신고하여야 한다(^{부가가치세법}_{제49조 제1항}).

실무에서는 파산관재인이 위와 같은 법인세법 및 부가가치세법의 규정에 따라 청산소득에 대한 법인세 신고[3] 또는 폐업신고 및 폐업 부가가치세 신고를 하는 경우가 있다. 그런데 청산소득에 대한 법인세 신고 또는 폐업 부가가치세 신고로 인하여 세액 등이 확정되어야 세무서장이 국세환급금을 결정하게 되므로, 최후배당 전에 국세환급금을 환급받지 못하는 상황이 발생하기도 한다. 이때에는 파산종결이 되는 경우 미납된 조세채권이 존재하지 않아 국세환급금이 파산재단에 귀속될 것이 분명하므로, 최후배당 전에 국세환급금을 제3자에게 양도하여(^{국세기본법}_{제53조}) 그 양도대금을 최후배당의 재원에 포함하는 방안을 생각하여 볼 수 있다.[4]

파산선고를 받은 법인에 부과된 조세채권 중 파산종결시까지 변제되지 아니한 것은 파산절차 종결 후에도 면책되지 아니하나 파산종결의 등기가 이루어지고 잔여재산이 없으면 법인격이 소멸하므로 그때까지 변제되지 아니한 조세채권은 사실상 소멸하게 된다.

3. 계산보고를 위한 채권자집회

가. 소   집

법원은 파산관재인으로부터 최후배당에 관한 배당공고 게재를 보고받는 즉

---

3) 이러한 실무례에 대하여, 법인세법 제79조 제1항은 내국법인이 해산한 경우 그 청산소득의 금액은 그 법인의 해산에 의한 잔여재산의 가액에서 해산등기일 현재의 자본금 또는 출자금과 잉여금의 합계액을 공제한 금액으로 한다고 규정하고, 같은 법 시행령 제121조 제1항은 법 제79조 제1항의 규정에 의한 잔여재산의 가액은 자산총액에서 부채총액을 공제한 금액으로 한다고 규정하고 있으므로, 내국법인이 부채초과로 파산선고를 받아 해산한 경우 특별한 사정이 없는 한 그 청산소득의 금액은 (-)임이 명백하여 청산소득에 대한 법인세액은 없고, 파산관재인이 청산소득에 대한 확정신고 및 중간신고를 하지 아니한 경우에도 그 법인세액이 없어 사실상 가산세가 적용되지 아니하므로, 파산관재인이 청산소득에 대한 법인세 신고를 반드시 할 필요가 없다고 보는 실무례도 있다.

4) 최두호, "법인파산절차에서의 몇 가지 쟁점", 도산법연구 제1권 제1호, 사단법인 도산법연구회 (2010), 243-246면.

시 최후배당의 배당제외기간을 결정함과 동시에 파산관재인의 임무종료에 따른 계산보고를 위한 채권자집회를 소집하는 결정을 하고, 최후배당의 배당제외기간과 채권자집회의 기일과 회의의 목적사항을 공고한다(법 제365조 제1항, 제367조, 제368조 제1항)([기재례 95], [기재례 96]). 채권자집회의 기일은 파산채권자의 수, 최후배당금의 규모 등을 고려하여 최후배당금 지급이 완료될 것으로 예상되는 시점 이후로 정하여야 하고, 파산관재인과 기일에 관하여 사전에 협의하는 것이 좋다.

다만 파산채권자가 많아 배당금 지급·공탁에 장기간이 소요될 것으로 예상되는 등 최후배당의 배당제외기간 결정시 채권자집회의 기일을 함께 정하는 것이 적절하지 아니한 사정이 있으면 배당절차를 마친 후 채권자집회를 소집할 수도 있다([기재례 92], [기재례 93], [기재례 94]).

나. 계산보고서 제출

파산관재인은 이해관계인의 열람을 위하여 계산보고서와 감사위원이 있는 때에는 그 계산보고서에 관한 감사위원의 의견서를 채권자집회일 3일 전까지 법원에 제출하여야 한다(법 제365조 제3항).[5]

계산보고서의 내용에 관하여 특별한 규정은 없으나, 계산보고서는 채무자, 파산채권자가 이에 대하여 이의를 진술하여 파산관재인의 책임을 묻는 근거 서류이므로 이의의 판단 자료가 될 수 있도록 관재업무 전반을 알 수 있게 상세히 기재하여야 한다. 실무상으로는 보통 수지계산서와 최종업무보고서를 제출하도록 하고 있다. 수지계산서에는 수입과 지출의 내역과 금액을 항목별로 기재하고([기재례 97]), 최종업무보고서에는 파산선고시부터 최후배당시까지의 관재업무 전반에 관한 상세한 내역을 기재하도록 하고 있다. 또한 서울회생법원은 계산보고서에 파산재단에 속하는 재산의 최종 환가 결과를 기재한 재산목록을 첨부하도록 하고 있다.

다. 채권자집회의 진행

파산관재인은 채권자집회가 시작되기에 앞서 출석한 채무자, 파산채권자에게 수지계산서와 최종업무보고서를 배포하고, 채권자집회에서는 재판장의 지휘에 따라 그 내용을 구두로 진술한다([기재례 98]).

---

5) 서울회생법원은 파산관재인으로 하여금 채권자집회기일의 전 주까지 재판부에 재산목록 등을 첨부한 계산보고서 초안을 제출하도록 하고 있다.

법원은 파산관재인이 계산보고를 한 후 채무자 및 신고한 파산채권자에게 파산관재인의 계산에 대하여 의견이나 이의를 진술할 기회를 부여한다. 계산에 대한 채무자 및 신고한 파산채권자의 승인 또는 이의는 기일에서 구두로 진술하여야 한다. 이의를 진술하지 아니한 때에는 파산관재인의 계산을 승인한 것으로 본다(법 제365조 제2항). 채권자집회의 기일에 출석하지 아니한 채무자 또는 신고한 파산채권자도 승인한 것으로 보아야 할 것이다.[6] 이의를 진술한 채무자 또는 신고한 파산채권자가 있는 경우 파산관재인으로 하여금 이에 관하여 석명하거나 증거서류 등을 제출하게 하고, 필요한 경우에는 채권자집회의 기일을 속행하여 계산내용을 보정하도록 할 수도 있다. 그러나 이의를 진술한 채무자 또는 신고한 파산채권자가 있어도 법원이 파산종결 결정을 하는 데에는 지장이 없고,[7] 다만 파산관재인과 이의한 파산채권자 등 사이의 손해배상청구 등의 문제만 남게 된다.

또한 계산보고를 위한 채권자집회에서는 파산관재인이 가치 없다고 인정하여 환가하지 아니한 재산의 처분에 관한 결의를 하여야 한다(법 제529조). 채권자집회가 이와 같은 재산을 가치 있다고 보고 환가할 것을 결의한 경우에는 파산관재인은 이 결의에 따라야 한다. 이 경우에는 파산관재인에게 그 환가의 결과를 보고하도록 하기 위해 채권자집회의 기일을 속행하여야 한다. 실무상으로는 파산관재인이 사전에 법 제492조 제12호에 따라 법원의 허가를 받아 가치 없는 재산을 포기하거나 폐기하는 방법으로 처리하고 있어, 따로 채권자집회에서 이 결의를 하지 않고 있다.

4. 파산종결 결정

계산보고를 위한 채권자집회가 종결된 때에는 법원은 파산종결 결정을 하고 그 주문 및 이유의 요지를 공고하여야 한다(법 제530조)([기재례 99], [기재례 100]).

법원은 파산종결 결정이 있는 때에는 체신관서 등에 대하여 우편물 등의 배달촉탁을 취소하고(법 제485조 제2항)([기재례 102]), 법인에 대하여 그 법인의 설립이나 목적인 사업에 관하여 행정청의 허가가 있는 때에는 주무관청에 파산종결 결정이 있음을 통지하여야 한다(법 제314조).

---

6) 승인의 효과에 관하여는 견해의 대립이 있을 수 있으나, 파산관재인은 계산을 승인받더라도 부정행위에 대한 책임을 면하지 못한다고 보아야 한다(상법 제540조 제2항 등).

7) 條解破産法, 1461면.

법인인 채무자에 대하여 파산종결 결정이 있는 경우 법원사무관등은 직권으로 지체 없이 촉탁서에 파산종결 결정서의 등본 또는 초본을 첨부하여 채무자의 각 사무소 및 영업소의 소재지의 등기소에 그 등기를 촉탁하여야 한다(법 제23조)([기재례 101]). 등기관은 파산종결의 등기를 한 경우에는 당해 등기부를 폐쇄하여야 한다(채무자 회생 및 파산에 관한 법률,에 따른 법인등기 사무처리지침(등기예규 제1518호) 제16조 제2항 본문).

5. 파산종결의 효과

파산종결 결정이 공고되면 공고가 있은 때로부터[8] 다음과 같은 파산종결의 효과가 발생한다.

가. 채무자에 대한 효과

개인이 아닌 채무자의 경우 파산종결의 법적 성질에 비추어 그 결정이 있으면 일단 잔여재산이 없는 것으로 보아도 좋을 것이다. 잔여재산이 없으면 법인격이 소멸한다.

파산종결 후 적극재산이 남아 있거나 새로운 재산이 발견되면, 채무자는 그 재산에 관한 청산의 목적 범위 내에서 존속하게 되고[9] 그 재산의 관리처분권을 회복한다. 따라서 파산관재인이 파산재단에서 환가를 포기한 재산이 있으면 채무자는 이를 자유로이 처분할 수 있다. 그러나 파산종결 후 발견된 잔여재산이 추가배당에 충당할 수 있는 것이라거나 최후배당에서 이의가 있는 채권에 대하여 공탁한 배당액과 같이 그 이의가 있는 채권에 관한 채권조사확정재판의 신청, 소의 제기 또는 소송 수계의 결과에 따라 다른 파산채권자에게 배당할 수 있는 것은, 파산관재인이 파산절차의 속행이라고 할 수 있는 추가배당절차를(법 제531조) 통하여 파산채권자에 배당할 재원이 되므로, 그 재산에 대한 관리처분권은 채무자가 아니라 파산관재인이 가진다(추가배당에 관한 자세한 내용은 제16장 제4절 참고).

잔여재산이 추가배당의 대상이 아니라면 청산절차를 진행하여야 하는데, 이 경우 누가 청산인으로 되어야 하는가에 관하여, 근소한 잔여재산 처리를 위해

---

8) 전병서, 374면; 條解破産法, 1461면.
9) 대법원 1989. 11. 24. 선고 89다카2483 판결은 법인이 잔여재산 없이 그에 대한 파산절차가 종료되면 청산종결의 경우와 마찬가지로 그 인격이 소멸한다고 할 것이나, 아직도 적극재산이 잔존하고 있다면 법인은 그 재산에 관한 청산목적의 범위 내에서는 존속한다고 판시하였다.

새롭게 청산인을 선임하는 것은 불합리하다는 이유로 종전의 이사가 당연히 청산인이 된다는 견해와,[10] 법인이 파산하면 민법 제690조에 따라 법인과 이사 사이의 위임계약이 종료하므로 종전의 이사가 당연히 청산인으로 되는 것은 아니고, 정관에 미리 정함이 있거나 주주총회 등에서 청산인을 선임한 경우가 아니면 이해관계인의 신청에 의하여 법원이 청산인을 선임하여야 한다는 견해[11][12] 등이 주장되고 있다.[13] 서울중앙지방법원의 경우 파산채권자의 신청에 의하여 종전 파산관재인을 청산인으로 선임한 사례가 있다.[14] 이 경우에 파산채권자는 청산인을 대표자로 하는 청산법인을 상대로 잔여재산에 대한 강제집행, 가압류, 가처분을 할 수 있다.

나. 파산절차의 기관에 대한 효과

파산관재인, 감사위원, 채권자집회의 임무도 종료한다.

파산선고 전에 제기되어 당사자가 파산선고를 받아 중단된 파산재단에 관한 소송을 파산관재인이 수계한 뒤 파산절차가 종결된 때에는 소송절차는 중단되며, 파산선고를 받은 자가 소송절차를 수계하여야 한다(민사소송법/제240조).

다만 파산채권조사확정재판의 절차가 진행 중이거나 파산채권조사확정재판에 대한 이의의 소 등 파산채권의 확정에 관한 소송의 계속 중에 파산절차가 최후배당을 마치고 종결되더라도 위 소송은 이의가 있는 파산채권에 대하여 공탁한 배당액의 귀속을 마무리할 필요가 있으므로 종래의 소송당사자 사이에서 그대로 속행되므로 그 범위에서는 파산관재인의 임무가 종료하지 않고 채무자의

---

10) 注解破産法(下), 755면; 伊藤眞, 699면.

11) 주식회사의 청산인에 관하여, 상법 제531조 제1항은 회사가 해산한 때에는 합병·분할·분할합병 또는 파산의 경우 외에는 이사가 청산인이 되고, 다만 정관에 다른 정함이 있거나 주주총회에서 타인을 선임한 때에는 그러하지 아니하다고 규정하며, 제2항은 청산인이 없는 때에는 법원은 이해관계인의 청구에 의하여 청산인을 선임한다고 규정하고 있다.

12) 후자의 견해가 일본 실무의 입장이라고 한다. 일본 最高裁判所 昭和43年3月15日 昭和42(オ)第124号 判決(동시폐지의 경우 종전의 이사가 그대로 청산인이 되지 않는다고 하였다), 最高裁判所 平成16年10月1日 平成16(許)第5号 決定(파산재단으로부터 포기된 재산에 관하여 별제권 포기의 의사표시를 수령하고 그 말소등기 수속을 하는 것 등의 관리처분 행위는 파산선고 당시의 대표이사가 아닌 새로 선임된 청산인에 의해 행해져야 한다고 하였다).

13) 대립하는 견해에 관하여는 이동원, "법인의 파산과 청산의 경계에서 생기는 문제들", 회생과 파산 Vol. 1, 사법발전재단(2012), 188-190면; 條解破産法, 1462면.

14) 서울중앙지방법원 2006비합160 사건(공영토건 주식회사, 이시폐지 후 새로운 재산이 발견되어 변호사를 청산인으로 선임한 사례), 서울중앙지방법원 2011비합5081 사건(신화건설 주식회사, 파산종결 후 대지권이전등기를 이행해 줄 잔여의무가 발견되어 변호사를 청산인으로 선임한 사례).

관리처분권도 회복되지 아니한다. 그 외 추가배당이 필요한 경우에도 마찬가지이다.

다. 파산채권자에 대한 효과

파산채권자는 파산절차에 의하여만 권리를 행사하여야 한다는 구속에서 벗어나, 자유로이 그 권리를 행사할 수 있다. 확정채권에 대하여 채무자가 채권조사기일에서 이의를 진술하지 아니한 때에는 파산채권자표의 기재는 파산선고를 받은 채무자에 대하여 확정판결과 동일한 효력을 가지고, 채권자는 파산종결 후에 파산채권자표의 기재에 의하여 이를 집행권원으로 하여 강제집행을 할 수 있다. 이 경우 민사집행법 제 2 조(집행실시자) 내지 제18조(집행비용의 예납 등), 제20조(공공기관의 원조) 및 제28조(집행력있는 정본) 내지 제55조(외국에서 할 집행)의 규정이 준용된다(_{제535조}^법).

파산이 종결되어 채무자의 법인격이 소멸하더라도, 파산채권자가 채무자의 보증인 그 밖에 채무자와 더불어 채무를 부담하는 자에 대하여 가지는 권리와 파산채권자를 위하여 제공한 담보에는 영향을 미치지 아니한다(_{제2항, 제567조}^{법 제548조}).[15][16] 다만 파산절차에 의하여 배당받은 범위 내에서 채무는 절대적으로 소멸하므로 나머지 부분에 한하여 보증인 등에 대한 권리를 행사하여야 할 것이다.

한편 파산절차 참가에 의하여 시효가 중단된 때에는(_{제171조}^{민법}) 다른 시효 중단사유가 있는 경우를 제외하고 파산종결에 의하여 시효가 새로이 진행한다(_{제1항}^{민법 제178조}).

6. 파산종결 후의 잔무

파산종결로 인하여 파산관재인의 임무가 종료한 경우에도 급박한 사정이 있는 때에는 파산관재인은 이해관계인에게 불측의 손해가 생기지 않도록 채무자

---

15) 이와 관련하여, 신용보증기금법 제30조의3, 기술신용보증기금법 제37조의3, 「중소기업진흥에 관한 법률」 제74조의2는 채권자가 신용보증기금, 기술신용보증기금, 중소기업진흥공단인 경우 법 제567조에도 불구하고 중소기업의 회생계획인가결정을 받는 시점 및 파산선고 이후 면책결정을 받는 시점에 주채무가 감경 또는 면제될 경우 연대보증채무도 동일한 비율로 감경 또는 면제한다고 규정하고 있으나, 면책에 관한 규정이 적용되지 않는 법인파산 사건은 이에 해당하지 않는다.

16) 일본 最高裁判所 平成15年3月14日 平成13(受)第751号 判決은 파산종결로 법인격이 소멸한 경우에는 파산한 법인이 부담했던 채무도 소멸하게 되어 존재하지 않는 채무에 대한 소멸시효의 진행을 생각할 수 없으므로, 보증인은 주채무에 대한 소멸시효가 법인격 소멸 후 완성되었음을 주장하며 주채무의 시효완성을 원용할 수 없다고 판시하였다.

가 재산을 관리할 수 있게 될 때까지 필요한 처분을 하여야 하고(법 제366조), 파산종 결의 결정이 있은 후에 새로 배당에 충당할 재산이 있게 된 때에는 파산관재인 은 법원의 허가를 받아 추가배당을 하여야 한다(법 제531조 제1항)(추가배당에 관한 자세한 내용은 제16장 제4절 참조).

7. 불복신청

파산종결 결정에 대하여는 법에 따로 규정이 없으므로 불복할 수 없다 (법 제13조 제1항). 만약 파산관재인의 행위로 손해를 입은 파산채권자가 있다 하더라도 개별적인 소송을 통해 해결하여야 할 것이다.

제 2 절 파산의 폐지

1. 동시폐지

가. 동시폐지의 요건

파산선고 후에 채무자 재산의 환가·배당이라는 파산제도 본래의 목적을 달성하지 않은 채 파산절차를 장래를 향하여 중지하는 것을 파산의 폐지라고 하고, 그중 파산선고와 동시에 파산절차를 폐지하는 것을 실무에서는 동시폐지라 고 한다. 법원은 파산재단으로 파산절차의 비용을 충당하기에 부족하다고 인정 되는 때에 파산선고와 동시에 파산폐지의 결정을 한다(법 제317조 제1항). 따라서 동시폐지 는 예상되는 파산재단이 파산절차의 비용을 충당하기에 부족하다고 인정되는 경 우에 하고, 파산절차의 비용을 충당하기에 충분한 금액이 미리 납부된 때에는 동시폐지를 하지 아니한다(법 제318조).

개인이 아닌 채무자의 경우 자산의 파악이 쉽지 않고, 부채액이 다액이며, 추심하여야 할 매출금 채권이 있거나 부인할 수 있는 행위가 발견되는 경우가 있으므로 이러한 사항의 조사를 위하여 파산관재인을 선임하여야 할 필요가 있 는 경우가 많다. 또한 동시폐지 후 재산이 발견되면 청산인의 선임이 필요하게 되는 등 절차가 번잡해지며, 청산인에게 고액의 보수가 지급될 경우 이해관계인 에게 중대한 영향을 미치게 되므로, 동시폐지는 신중히 하여야 한다.

서울회생법원의 실무는 가급적 동시폐지를 지양하고 있고,[17] 동시폐지 결정을 하더라도 그에 앞서 채권자에게 채무자의 상태를 알리고, 환가할 만한 재산이 있는지, 예납금을 대신 납부할 의사가 있는지 등에 관하여 의견조회를 하고 있다.

문제되는 것은 채무자 소유의 부동산이 있는 경우이다. 피담보채권액이 부동산의 가격을 상회하고 있더라도 그 차액이 크지 않은 경우에는, 파산관재인의 역량에 따라 임의매각에 의하여 잉여가 생기게 할 수도 있으므로 더욱 신중히 판단하여야 한다. 부동산의 가격은 반드시 감정에 의하여야 하는 것은 아니고, 공시지가, 인근 부동산중개업자의 의견서, 유사물건의 거래사례, 담보권자인 금융기관의 평가액, 부동산이 이미 경매 중인 때에는 그 최저경매가격 등을 참조하면 충분하다. 이들 자료를 살펴보아 피담보채권액이 부동산 가격을 크게 상회하는 경우에는 그 잉여가 없다고 보아도 좋다. 그러나 부동산의 가격을 알 수 없고 피담보채권의 존부에도 의심이 있는 경우에는 동시폐지를 하지 않고, 파산관재인을 선임하는 것이 타당하다.

나. 동시폐지의 절차

예컨대, 영업이 정지된 후 상당 기간이 경과하여 종업원이 모두 퇴사하고 영업조직이 와해된 상태에 있으며, 신청대리인이 제출한 재산목록과 채무자 심문 결과에 의하여 기준액을 넘는 파산재단의 형성이 기대되지 않을 뿐 아니라 예납금조차 납부하지 못할 형편인 것이 소명된다면, 동시폐지의 대상으로 보아 주요 채권자들에게 동시폐지에 관한 의견조회를 하여([기재례 7]), 이 의견조회에서도 채무자의 재산 또는 부인할 수 있는 행위가 발견되지 않을 경우 동시폐지를 할 수 있을 것이다([기재례 28]).

법원은 파산결정의 주문과 함께 파산폐지결정의 주문 및 이유의 요지를 공고하고(법 제317조 제2항), 채권자들에게 통지하며(법 제313조 제2항의 유추적용)([기재례 29]), 법인에 대하여 그 법인의 설립이나 목적인 사업에 관하여 행정청의 허가가 있는 때에는 파산의 선고가 있음과 파산폐지의 결정이 확정되었음을 주무관청에 통지한다(법 제314조).

---

17) 서울중앙지방법원 및 서울회생법원의 법인파산 사건 중 동시폐지 결정 사건은 2008년 이후 많이 감소하였고, 특히 2009년 이후 동시폐지한 사건은 대부분 유동화전문회사에 대한 것이었다. 유동화전문회사의 경우에도 ① 채권자가 1인 또는 소수이고, 채권자들이 모두 동시폐지에 동의하는 경우, ② 부인권 행사의 대상을 발견하기 어려운 경우, ③ 파산관재인이 실질적으로 환가할 자산이 없는 경우, ④ 파산절차 비용을 고려할 때 사적청산에 의함이 채권자에게 이익이라고 인정되는 경우에 한하여 동시폐지를 하고 있다.

법인인 채무자에 대하여 파산선고의 결정과 파산폐지의 결정이 있는 경우 직권으로 지체 없이 촉탁서에 파산선고 및 파산폐지 결정서의 등본 또는 초본을 첨부하여 채무자의 각 사무소 및 영업소의 소재지의 등기소에 그 등기를 촉탁하여야 한다(법 제23조 제1항 제5호).[18]

다. 동시폐지의 효과

개인이 아닌 채무자에 대하여 동시폐지의 결정이 확정되면, 법인은 잔여재산이 없는 한 법인격이 소멸하게 된다. 동시폐지의 법적 성질에 비추어 그 결정만으로는 잔여재산의 유무에 대한 판단이 내려지지 않은 것으로 보아야 한다.

잔여재산이 남아 있는 한 법인격은 소멸하지 않고, 청산의 목적 범위 내에서 존속하게 되지만 이 경우 누가 청산인으로 되어야 하는가에 관하여는 견해의 대립이 있다(이에 관하여는 제17장 제1절 5. 가. 참조).

동시폐지를 한 경우에는 파산재단 자체가 처음부터 성립하지 않으므로 법 제348조는 적용되지 않는다. 즉 파산선고 전에 채무자에게 속하는 재산에 대하여 행하여진 강제집행·가압류 또는 가처분은 그 효력을 잃지 않는다.

라. 즉시항고

파산선고와 동시에 파산폐지의 결정을 한 경우 파산폐지의 결정에 대하여만 즉시항고를 할 수 있고(법 제317조 제3항), 그 즉시항고는 집행정지의 효력이 없다(법 제317조 제4항).

즉시항고에 따라 파산폐지결정의 취소가 확정된 때에는 법원은 파산관재인을 선임하는 등 통상의 파산절차에 따른 조치를 하여야 한다(법 제317조 제5항).

---

18) 등기실무에서는 동시폐지의 등기는 그 파산폐지 결정이 확정되었을 때 등기하여야 한다는 견해가 있다. 그러나 파산선고와 동시에 하는 파산폐지 결정에 대한 즉시항고는 집행정지의 효력이 없고(법 제317조 제4항), 회생절차폐지의 경우에는 법 제23조 제1항 제2호가 그 결정이 확정된 경우 법원사무관등이 등기촉탁을 하도록 하고 있음에 반하여, 파산폐지의 경우에는 법 제23조 제1항 제5호가 그 확정을 필요로 하지 않고 단지 '파산폐지의 결정이 있는 경우' 법원사무관등이 등기촉탁을 하도록 규정하고 있으므로, 파산선고와 동시에 하는 파산폐지 결정이 확정될 것을 기다려 등기촉탁을 할 필요가 없다. 등기관은 파산선고의 등기와 파산폐지의 등기를 동시에 하고 파산선고 결정 및 파산폐지 결정의 확정연월일이 아닌 재판연월일을 기록하면 충분하다(상업등기규칙 제55조 제2항).

2. 이시폐지

가. 이시폐지의 요건

법원은 파산선고 후에 파산재단으로 파산절차의 비용을 충당하기에 부족하다고 인정되는 때에는 파산관재인의 신청에 의하거나 직권으로 파산폐지결정을 하여야 한다(법 제545조). 이처럼 파산선고 후 파산재단 부족으로 파산절차를 폐지하는 것을 실무에서는 이시폐지라고 한다.

서울회생법원은 실무상 파산재단의 환가가 완료되었으나 배당절차로 나아가지 못하고 재단채권의 일부 변제에 그치는 경우에는 이시폐지로 파산절차를 종료하고 있다. 특히 파산관재인이 제1회 채권자집회의 기일 및 채권조사의 일반기일 전에 파산재단에 속하는 재산의 환가와 재단채권의 안분변제를 모두 마친 때에는, 파산관재인의 신청에 따라 채권조사기일을 추후지정하는 결정을 하고 동시에 제1회 채권자집회의 기일과 같은 일시에 파산폐지에 관한 의견청취 및 파산관재인의 임무종료에 따른 계산보고를 위한 채권자집회를 소집하는 결정을 함으로써, 제1회 채권자집회의 기일과 파산폐지에 관한 의견청취 및 계산보고를 위한 채권자집회의 기일을 병행하여 진행함으로써, 파산절차의 신속을 도모하고 있다.[19)]

1) 파산재단의 부족

파산재단 부족 여부의 판단은, 파산관재인이 현실로 점유하고 있는 재산 및 부인권 행사 등에 의하여 회수가 예상되는 재산 등의 평가액과 파산채권자의 공동의 이익을 위한 재판비용, 파산재단의 관리·환가 및 배당에 관한 비용, 파산관재인의 보수 등 파산절차비용을 비교하여 검토한다. 재산의 평가에 있어서는 현재의 가액뿐 아니라 장래의 가치 상승도 고려하여 판단하여야 한다.

2) 추가 예납금의 미납부

파산절차비용을 충당하기에 충분한 금액이 미리 납부되어 있는 때에는 파산폐지결정을 할 수 없다(법 제545조 제2항). 환가할 재산이 남아 있으나, 신청인이 납부한 예납금의 잔액과 파산재단의 시재만으로 파산재단에 속하는 재산의 환가 등을 위하여 필요하다고 예상되는 파산절차의 비용을 충당하기에 부족한 경우에는 파산신청을 한 채권자나 가장 많은 몫의 변제나 배당을 받을 수 있는 재단채권자 또는 파산채권자로 하여금 부족한 예납금을 추가로 납부하게 하는 방안을 생각

---

19) 이른바 간이화절차(Fast Track)라고 한다.

하여 볼 수 있다.[20] 그러나 신청인의 예납금이 남아 있고, 채권자가 추가로 예납금을 납부하였다고 하더라도, 장래 파산재단의 증가가 예상되지 않는 때에는 파산폐지의 결정을 할 수 있다는 견해도 있다.[21]

3) 환가의 종료

파산재단에 속하는 재산의 환가를 종료하지 않은 채 파산폐지 결정을 하는 것은 파산재단의 평가가 완전하게 되지 않을 우려가 있고 파산관재인의 임무를 다하지 않은 것이 되므로 피하는 것이 옳다. 그러나 환가를 통해 파산재단이 얻을 수 있는 이익보다 지출하여야 할 파산절차비용이 더 많고, 소송 등으로 파산절차의 종료를 장기화시키는 재산과 같이, 환가의 실익이 없는 재산의 경우에는 그 환가를 포기하거나 환가를 종료하지 아니하였더라도 파산절차를 폐지하는 것을 고려할 필요가 있다.

나. 이시폐지의 절차

1) 파산관재인의 신청 또는 법원의 직권

파산관재인은 파산재단에 속하는 재산의 환가를 마치고 남은 예납금을 파산재단에 편입하였으나 파산재단으로써 파산절차의 비용을 충당하기에 부족하다고 판단하면 즉시 법원에 파산폐지의 신청을 하여야 한다. 법원이 직권으로도 파산폐지의 결정을 할 수 있게 되어 있으나 실무상 파산재단의 현황은 파산관재인이 가장 잘 알고 있으므로 파산관재인의 신청을 기다려 파산폐지절차를 진행한다. 파산채권자나 채무자에게는 신청권이 없으므로 이들의 신청은 파산관재인의 신청 또는 법원의 직권발동을 촉구하는 의미로 해석한다.

신청의 시기에 관하여는 특별한 제한이 없으므로 파산선고시부터 파산종료시까지 사이에 언제라도 할 수 있다. 실무에서는 파산관재인이 파산재단에 속하는 재산의 환가와 변제해야 할 재단채권의 파악을 모두 마친 후에, 파산폐지의 신청과 재단채권의 승인 및 변제를 위한 임치금반환 허가신청을 함께 하는 것이 일반적이다.

2) 재단채권의 일괄 변제 및 잔무 처리

법 제547조는 파산폐지결정이 확정된 때에는 파산관재인은 재단채권의 변

---

20) 서울회생법원은 채권자가 파산신청을 한 2015하합100138 사건(주식회사 대림기획), 2017하합100001 사건(세아건설 주식회사)에서 파산신청을 한 채권자에게 추가 비용예납명령을 하여 예납금을 추가로 납부하게 하였다.

21) 注解破産法(下), 774면; 條解破産法, 1440면.

제를 하여야 하며, 이의가 있는 것에 관하여는 채권자를 위하여 공탁을 하여야 한다고 규정하고 있어 그에 의하면 파산폐지 결정이 확정된 때에 파산관재인은 재단채권의 변제를 하여야 하나, 실무상으로는 파산관재인이 재단채권의 변제를 마친 후 채권자집회에서 파산폐지에 관한 파산채권자의 의견을 듣고, 파산관재인으로부터 임무종료에 따른 계산보고를 받은 다음 파산폐지 결정을 하고 있다. 따라서 파산관재인은 환가가 종료되면 남은 예납금의 파산재단 편입절차를 거친 후 채권자집회 전에 미리 법원의 허가를 받아 채권자집회 기일까지의 경비와 파산관재인의 최종보수를 재단채권으로 승인받아 지급하고, 남은 것이 있으면 변제되지 아니한 재단채권을 변제하여 파산재단의 잔액을 영(零)으로 만든 후 채권자집회에서 계산보고를 하는 방법으로 이시폐지절차를 진행하게 된다. 재단채권 변제에 관하여는 법 제477조, 제478조가 적용된다(재단채권의 승인·변제에 관하여는 제12장 제3절 8. 가. 및 제9장 제3절 2. 참조).

또한 파산관재인은 파산종결의 경우와 마찬가지로 상업장부 등 중요한 서류의 보존과 법인세 신고 등의 잔무를 처리하여야 한다(이에 관하여는 제17장 제1절 2. 참조).

간혹 예납금의 파산재단 편입이 누락된 채 파산폐지 결정이 확정되는 경우가 있다. 남아 있는 예납금이 소액이어서 재단채권을 변제할 정도에 그친다면, 예납금은 당초 파산절차의 비용으로 사용되고 남는 것이 있을 때에는 재단채권에 대한 변제재원으로 사용될 것이 예정되어 있었던 것이므로, 추가배당에 관한 규정을 유추적용하여 이를 재단채권의 추가 변제재원으로 사용하고 그 한도 내에서는 파산관재인의 임무가 종료되지 아니한 것으로 보는 것이 서울회생법원의 실무이다.[22]

3) 파산폐지에 관한 의견청취 및 계산보고를 위한 채권자집회

법원은 파산폐지의 결정을 하는 경우 채권자집회의 의견을 들어야 하므로(법 제545조 제1항 후문), 파산관재인의 파산폐지신청이 있으면 파산폐지에 관한 의견청취를 위한 채권자집회를 소집하고(법 제367조), 채권자집회의 기일과 회의의 목적 사항을 공고한다(법 제368조 제1항). 실무상 파산관재인의 임무종료에 따른 계산보고를 위한 채권자집회와 파산폐지에 관한 의견청취를 위한 채권자집회를 같은 기일로 지정하여 소

---

22) 이동원, "법인의 파산과 청산의 경계에서 생기는 문제들", 회생과 파산 Vol. 1, 사법발전재단(2012), 209-210면. 한편 남아 있는 예납금이 고액이어서 파산폐지 당시 변제되지 아니한 재단채권을 모두 변제하고도 남는다면, 그 잔액으로 파산관재인이 파산채권자에 대한 배당을 할 수 있는지에 관하여는 견해의 대립이 있을 수 있다.

집하고 있으며, 공고문에는 회의의 목적사항으로 두 가지를 모두 기재한다([기재례 104], [기재례 105]).

채권자집회의 의견을 듣도록 한 것은 파산채권자에게 파산재단이 파산절차의 비용을 충당하기에 충분하다는 사실을 증명할 기회 또는 추가 예납금 납부에 의하여 파산폐지를 회피할 기회를 주고 법원이 판단 자료를 얻기 위한 것이다.

채권자집회에서는 파산채권자에게 파산관재인의 파산폐지신청이 있었음을 고지하고 의견을 진술할 기회를 주면 충분하고, 따로 결의를 하지는 않는다. 법원은 파산채권자의 의견을 참조할 뿐이고 그 의견에 구속되는 것은 아니다. 채권자집회에 1인의 파산채권자도 출석하지 않은 경우에도 파산채권자에게 의견을 진술할 기회는 준 것이므로 파산폐지 결정을 하는 데에는 아무런 지장이 없다. 채권자집회에서는 파산폐지결정에 관한 파산채권자의 의견을 들은 후 파산관재인으로부터 임무종료에 따른 계산을 보고받는다(계산보고를 위한 채권자집회에 관한 자세한 내용은 제17장 제1절 3. 참조)([기재례 106]).

4) 파산폐지 결정

법원은 채권자집회의 의견을 듣고 파산관재인으로부터 임무종료에 따른 계산을 보고받은 후 파산폐지의 결정을 한다. 법원은 파산폐지결정을 한 때에는 그 주문 및 이유의 요지를 공고하여야 한다(법제546조)([기재례 107], [기재례 108]).

법원은 파산폐지의 결정이 확정된 때에는 체신관서 등에 대하여 우편물 등의 배달촉탁을 취소하고(법제485조제2항), 법인에 대하여 그 법인의 설립이나 목적인 사업에 관하여 행정청의 허가가 있는 때에는 주무관청에 파산폐지의 결정이 확정되었음을 통지하여야 한다(법제314조).

법인인 채무자에 대하여 파산폐지의 결정이 있는 경우 법원사무관등은 직권으로 지체 없이 촉탁서에 파산종결 결정서의 등본 또는 초본을 첨부하여 채무자의 각 사무소 및 영업소의 소재지의 등기소에 그 등기를 촉탁하여야 한다(법제23조제1항제5호)([기재례 109]). 등기관은 파산폐지의 등기를 한 경우에는 당해 등기부를 폐쇄하여야 한다(「채무자 회생 및 파산에 관한 법률」에 따른 법인등기 사무처리지침(등기예규 제1518호) 제16조 제2항 본문).

다. 즉시항고

파산선고 후에 하는 파산폐지의 신청에 관한 재판 및 파산폐지 결정에 대하여는 즉시항고를 할 수 있다(법제545조제3항). 파산선고 후에 하는 파산폐지의 결정은 확정되어야 효력이 있고, 파산폐지 결정에 대한 즉시항고는 집행정지의 효력이 있다(_{제1항}제_{13조}본문). 따라서 파산폐지 결정에 대하여 즉시항고가 제기된 경우 그 결정이 확정될 때까지 파산관재인의 임무는 종료하지 아니하고, 채무자는 파산재단의 관리처분권을 회복하지 못한다. 파산채권자도 그 권리를 파산절차에 의하지 아니하고는 행사할 수 없다.

라. 파산폐지 결정 확정의 효과

파산폐지의 결정이 확정되면 그 결정이 확정된 때로부터 다음과 같은 파산폐지의 효과가 발생한다.

1) 채무자에 대한 효과

채무자는 파산재단에 속하던 재산의 관리처분권을 회복하고, 채무자의 법률행위에 대한 제한도 없어지게 된다. 그러나 파산폐지 결정에는 소급효가 없으므로 파산관재인이 파산절차 중에 행한 행위는 유효하고 이와 저촉되는 채무자의 행위는 효력이 없다.

개인이 아닌 채무자의 경우 잔여재산이 없는 한 법인격이 소멸하지만, 잔여재산이 발견되면 그 청산의 목적 범위 내에서 존속한다. 파산재단의 환가가 완료되었으나 배당절차로 나아가지 못하고 재단채권의 변제에 그치는 경우에 이시폐지로 파산절차를 종료하고 있는 서울회생법원의 실무에 비추어 보면, 실무상 이시폐지 결정이 있으면 일단 잔여재산이 없는 것으로 보아도 좋을 것이다.

2) 파산관재인에 대한 효과

파산관재인의 임무는 종료한다.

파산선고 전에 제기되어 당사자가 파산선고를 받아 중단된 파산재단에 관한 소송을 파산관재인이 수계한 뒤 파산폐지의 결정이 확정된 때에는 소송절차는 중단되며, 파산선고를 받은 자가 소송절차를 수계하여야 한다(_{제240조}민사소송법). 그런데 부인권은 파산절차의 진행을 전제로 파산관재인만이 행사할 수 있는 권리이므로, 파산관재인이 제기한 소송 가운데 부인의 소와 부인의 청구는 당연히 종료한다.[23]

---

23) 구 회사정리법상 회사정리절차에 관한 것이나 대법원 2007. 2. 22. 선고 2006다20429 판결은 "구 회사정리법 제78조가 정하는 부인권은 정리절차개시 결정 이전에 부당하게 처분된 회사재산을 회복함으로써 회사사업을 유지·갱생시키고자 인정된 회사정리법상의 특유한 제도로서 정리절차의 진행을 전제로 관리인만이 행사할 수 있는 권리이므로 정리절차의 종결에 의하여 소멸하고, 비록 정리절차 진행 중에 부인권이 행사되었다고 하더라도 이에 기하여 정리회사에게로 재산이 회복되기 이전에 정리절차가 종료한 때에는 부인권 행사의 효과로서 상대방에 대하여 재산의 반환을 구하거나 또는 그 가액의 상환을 구하는 권리 또한 소멸한다고 보아야 할 것

법인의 이사등에 대한 손해배상청구권 등의 조사확정절차는 이미 조사확정
결정이 있은 후의 것을 제외하고는 파산절차가 종료한 때에 종료한다(법 제352조 제8항).
따라서 파산폐지 결정 전에 조사확정결정이 있었으나 파산폐지 결정의 확정 당
시 그 이의의 소의 제소기간이 아직 지나지 않은 경우에는 이의의 소를 제기할
수 있고, 파산폐지 결정의 확정 당시 이의의 소가 이미 계속되어 있는 경우에는
채무자가 그 소송절차를 수계하여야 한다(파산절차의 종료와 조사확정 결정에 대한
이의의 소에 관한 자세한 내용은 제13장 제4절 7. 참조).

파산폐지 결정의 확정 당시 파산채권조사확정재판의 절차가 진행 중인 경
우에는 당해 채권조사확정재판은 파산절차에 내에서 배당에 참가할 파산채권의
조속한 확정을 위하여 심문을 거쳐서 하는 간단한 절차이고, 파산폐지 결정의
확정 후에는 이를 계속할 실익이 없으므로, 채권조사확정재판의 절차는 파산폐
지 결정의 확정과 동시에 종료된다고 본다. 파산폐지 결정의 확정 당시 파산관
재인을 당사자로 한 파산채권조사확정재판에 대한 이의의 소가 계속 중인 경우
에는 견해의 대립이 있을 수 있으나 그 소송절차는 종료되지 아니하고 중단되며
파산선고를 받은 채무자가 수계하여야 한다고 본다.

3) 파산채권자에 대한 효과

파산채권자는 자유로이 그 권리를 행사할 수 있다. 파산선고 전에 집행력
있는 집행권원을 가지고 있었던 경우나 확정채권에 대하여 채무자가 채권조사기
일에서 이의를 진술하지 아니한 때에는 채권자는 위 집행권원이나 파산채권자표
의 기재에 의하여 강제집행을 할 수 있다(법 제548조 제1항, 제535조).

파산이 폐지되더라도 파산종결과 마찬가지로 파산채권자가 채무자의 보증
인 그 밖에 채무자와 더불어 채무를 부담하는 자에 대하여 가지는 권리와 파산
채권자를 위하여 제공한 담보에는 영향을 미치지 아니한다(법 제548조 제2항, 제567조).

파산선고 전에 절차가 개시되었지만 파산선고에 의하여 실효된 강제집행·
가압류 또는 가처분 등이 파산폐지에 의하여 부활하는가에 관하여는 다툼이 있
다. 즉 파산폐지 결정에는 소급효가 없으므로 부활하지 않는다는 견해와[24] 법
제348조는 파산재단에 대한 관계에서 상대적으로 실효하는 것이므로 파산의 폐

이므로, 부인의 소 또는 부인권의 행사에 기한 청구의 계속중에 정리절차종결 결정이 확정된
경우에는 관리인의 자격이 소멸함과 동시에 당해 소송에 관계된 권리 또한 절대적으로 소멸하
고 어느 누구도 이를 승계할 수 없다."라고 판시하면서, 소송종료선언을 하고 채무자의 소송수
계신청을 기각하였다. 같은 취지의 판결로 대법원 1995. 10. 13. 선고 95다30253 판결, 대법원
2007. 2. 22. 선고 2006다20429 판결, 대법원 2016. 4. 12. 선고 2014다68761 판결 등.

24) 注解破産法(下), 756, 757면.

지로 당연히 부활한다는 견해로[25] 나뉘어 있다. 실무는 소극설의 입장이고,[26] 소극설에 의하면 채권자는 파산폐지 결정이 확정된 후에 다시 강제집행·가압류 또는 가처분의 신청을 하여야 한다.

마. 파산폐지 결정 확정 후의 절차

법이 규정한 바에 의하면 이시폐지를 위해서는, 먼저 채권자집회가 소집되어 파산폐지에 대한 채권자집회의 의견을 들어야 하고, 파산폐지 결정이 확정되면 비로소 파산관재인이 재단채권을 변제·공탁하며, 다시 채권자집회가 소집되어 파산관재인으로부터 계산보고를 받아야 한다고 볼 수 있다.

그러나 실무상으로는 파산폐지에 관한 의견청취를 위한 채권자집회에서 파산폐지에 반대하는 의견이 나오는 예는 드물다. 또한 파산폐지에 반대하는 의견이 있다고 하더라도 법원이 파산폐지 결정을 하는 데 지장이 되는 것은 아니고, 파산채권자에게는 즉시항고로써 불복할 기회가 부여되어 있으므로, 위와 같이 파산폐지에 관한 의견청취를 위한 채권자집회를 소집하고, 파산폐지의 결정이 확정된 후에 파산관재인이 재단채권의 변제를 하도록 하며, 다시 파산관재인의 임무종료에 따른 계산보고를 위한 채권자집회를 소집하는 것은 법원뿐 아니라 파산채권자 및 파산관재인에게 이중의 불편을 줄 뿐 별다른 실익이 없다. 이에 실무에서는, 앞서 본 바와 같이 파산관재인이 재단채권의 변제를 마친 시점 후로 채권자집회를 소집하고, 파산폐지에 관한 의견청취를 위한 채권자집회의 기일 및 파산관재인의 임무종료에 따른 계산보고를 위한 채권자집회의 기일을 같은 기일로 지정하여 소집하며, 파산관재인은 파산재단의 잔액을 영으로 만든 후 채권자집회에서 계산보고를 하는 방법으로 이시폐지절차를 진행하고 있다.

파산관재인은 파산폐지를 위하여 재단채권을 변제하는 경우 이의가 있는 재단채권에 관하여는 채권자를 위하여 공탁을 하여야 한다(법 제547조).[27] 이의가 있

25) 정준영, "파산절차가 계속중인 민사소송에 미치는 영향", 재판자료 제83집(1999), 법원도서관, 193-194면은 파산관재인이 파산선고 후 파산폐지 전에 행한 관리·처분행위의 효력은 완전히 유효하므로, 외관상으로 집행처분이 취소되지 아니하고 남아 있는 집행처분만이 부활하는 것이라고 해석한다.

26) 대법원 2014. 12. 11. 선고 2014다210159 판결은 "채무자가 파산선고를 받으면 파산선고 전에 파산채권에 기하여 파산재단에 속하는 재산에 대하여 행하여진 강제집행·가압류 또는 가처분은 파산재단에 대하여는 그 효력을 잃고(법 제348조 제1항 본문), 파산폐지의 결정에는 소급효가 없으므로, 파산선고로 효력을 잃은 강제집행 등은 사후적으로 파산폐지결정이 확정되더라도 그 효력이 부활하지 아니한다."라고 판시하였다.

27) 법 제547조가 규정하는 대로 파산폐지 결정이 확정된 후에 재단채권을 변제하는 경우에는 파

는 재단채권에 관하여 공탁이 이루어진 경우 재단채권 존부에 관하여 재단채권자가 소를 제기하고자 할 경우 누구를 상대로 하여야 하는지, 재단채권자가 패소한 경우에는 공탁금은 어떻게 처리하여야 하는지 문제된다. 이의가 있는 재단채권에 관하여 공탁이 이루어진 경우에는 관리처분권을 회복한 채무자와 재단채권자 사이의 문제라는 견해와 법 제547조는 파산폐지결정이 확정된 후에도 재단채권의 변제에 관한 한 파산관재인의 임무는 종료하지 아니함을 전제로 한 것이고, 재단채권의 변제재원은 파산재단에 속하는 재산이기 때문에 그 한도 내에서는 파산관재인의 관리처분권은 잔존한다고 보아야 한다는 이유로, 공탁 후 재단채권의 존부에 관한 소송에 관하여는 파산관재인이 당사자가 되어야 하고, 재단채권이 부존재하는 것으로 확정된 경우에는 파산관재인이 공탁금을 회수하여 파산폐지 당시의 재단채권자에게 변제하여야 한다는 견해가 있다.[28] 공탁의 절차는 공탁법에 따른다.

파산관재인은 파산폐지 결정이 확정되어 임무가 종료한 경우에도 급박한 사정이 있는 때에는 채무자가 재산을 관리할 수 있게 될 때까지 필요한 처분을 하여야 한다(법제366조).

3. 동의폐지

가. 의   의

법원은 채무자가 채권신고기간 안에 신고한 파산채권자 전원의 동의를 얻은 때에는 채무자의 신청에 의하여 파산폐지의 결정을 할 수 있다(법제538조). 이처럼 파산선고 후 파산채권자의 동의를 얻어 파산절차를 폐지하는 것을 동의폐지

산폐지 결정 확정 후 파산재단의 관리처분권이 채무자에게 회복된다는 점을 근거로 재단채권에 대한 이의권이 채무자에게 있다고 주장하는 견해도 있을 수 있으나, 이 경우에도 대부분의 재단채권에 대한 변제 책임이 파산관재인에게 있다는 점에서 파산관재인에게 이의권이 있다고 보아야 한다.

28) 이동원, "법인의 파산과 청산의 경계에서 생기는 문제들", 회생과 파산 Vol. 1, 사법발전재단 (2012), 208면. 일본 파산법 제90조 제2항은 파산절차개시 결정의 취소 또는 파산절차폐지의 결정이 된 경우에는 파산관재인은 재단채권을 변제하여야 하나, 그 존부 또는 액수에 대하여 다툼이 있는 재단채권에 대하여 그 채권을 가지는 자를 위하여 공탁하여야 한다고 규정하고 있다. 이와 관련하여 條解破産法, 692, 693면은 여기서의 '다툼'은 원칙적으로 파산선고 후에 생긴 재단채권의 경우 파산관재인과 재단채권자 사이의 다툼, 파산선고 전에 생긴 것이나 정책적인 이유로 재단채권으로 격상된 것은 채무자와 재단채권자 사이의 다툼으로 해석하는 것이 타당하다면서, 그 다툼의 해결은 전자의 경우 파산관재인, 후자의 경우 채무자가 각각 당사자가 되어 실시하는 것이 상당하다고 한다.

라고 한다. 동의폐지는 파산절차에 참가한 파산채권자 전원이 파산절차의 종료를 희망하는 경우에, 이와 같은 처분권자의 의사를 존중하는 것이 타당하다는 취지에서 둔 것이다. 채무자가 융자나 채무면제 등을 통하여 지급불능 상태를 해소할 수 있다고 판단되는 경우 시도해 볼 수 있는 갱생의 한 방법이라고 할 수 있다.[29]

나. 요 건

채무자가 법 제447조의 규정에 의한 채권신고기간 안에 신고한 파산채권자 전원의 동의를 얻거나(법 제538조 제1항 제1호), 채권자 전원의 동의를 얻지 못한 경우에는 동의를 하지 아니한 파산채권자에 대하여 다른 파산채권자의 동의를 얻어 파산재단으로부터 담보를 제공하여야 한다(법 제538조 제1항 제2호). 파산채권자의 동의는 채권 자체를 포기한다는 의미가 아니라 파산절차의 속행을 요구하는 이익을 포기한다는 법원에 대한 소송행위이다.

1) 채권신고기간 안에 신고한 파산채권자 전원의 동의

채무자가 동의를 얻어야 하는 파산채권자는 채권신고기간 안에 신고한 파산채권자이기만 하면 충분하고, 우선권의 유무를 불문하며 조건부 채권이나 기한부 채권도 상관없다.[30]

신고하지 아니한 파산채권자, 재단채권자, 환취권자의 동의는 필요하지 않다. 별제권자도 예정부족액의 증명이 없는 한 동의를 요하지 않는다.[31]

법 제447조의 규정에 의한 채권신고기간 후에 신고한 파산채권자의 동의도 필요한가에 관하여는 다툼이 있으나, 이러한 파산채권자에 대하여는 동의폐지신청에 관한 이의권이 보장된 것으로 충분하고(법 제543조 제2항), 법문상 이들 채권자의 동의가 필요하다고는 규정하고 있지 않으므로, 동의가 필요하지 않다고 해석한다.[32]

이 동의의 상대방은 채무자가 아니라 법원이다.

---

29) 서울중앙지방법원은 2001하5(93파2248) 사건(주식회사 한양), 2007하합61 사건(한미지기 주식회사), 2011하합9 사건(주식회사 윈펙에어), 2012하합63 사건(에코레일 주식회사) 등에서 동의폐지 결정을 하였고, 서울회생법원은 2009하합33 사건(주식회사 퍼스트코프)에서 동의폐지 결정을 하였다.

30) 條解破産法, 1448면. 伊藤眞, 693면은 채권신고기간 안에 채권신고가 없는 경우, 신고된 채권이 모두 취하된 경우에도 동의에 의한 파산폐지에 준하여 파산폐지의 신청을 할 수 있고, 직권에 의한 파산폐지도 가능하다고 한다.

31) 注解破産法(下), 759면; 伊藤眞, 694면.

32) 條解破産法, 1148면; 伊藤眞, 694면.

2) 동의를 하지 아니한 채권신고기간 안에 신고한 파산채권자에 대한 담보
   의 제공

채무자는 파산폐지에 동의하지 아니한 채권신고기간 안에 신고한 파산채권
자에 대하여는 파산폐지에 동의한 다른 파산채권자의 동의를 얻어 파산재단에
속하는 재산을 담보로 제공할 수 있다. 채무자는 파산선고에 의하여 파산재단에
속하는 재산의 관리처분권을 상실하므로 원래 파산재단에 속하는 재산을 담보로
제공할 권한이 없지만, 파산폐지 결정이 확정되면 이 권한을 회복하게 될 지위
에 있으므로 이를 허용한 것이다. 파산폐지에 동의한 파산채권자의 담보제공에
대한 동의의 의사표시는 파산폐지에 대한 동의와는 달리 채무자에 대하여 하는
소송행위라고 해석한다. 파산재단에 속하지 않는 채무자의 자유재산 내지 제3자
의 재산으로도 담보를 제공할 수 있지만, 이 경우에는 다른 파산채권자의 동의
가 필요하지 않다.[33]

담보제공의 방법에 대하여는 현실의 제공이 필요하다는 견해와 제공할 담
보를 구체적으로 특정하여 이를 고지하면 충분하다는 견해가 있다.[34] 채무자는
파산재단의 관리처분권이 없어 파산재단에 속한 재산을 관념적으로 담보에 제공
할 수 있을 뿐이므로 후설이 타당하다.[35] 담보는 피담보채권인 파산채권이 소멸
할 때까지 존속한다. 제공하는 담보에는 금전, 유가증권, 부동산 등이 있다.

채무자가 파산채권자에게 제공하는 담보가 상당한지 여부는 법원의 재량으
로 정한다(법 제538조). 파산폐지에 동의하지 아니한 파산채권자 스스로가 담보가 상
당하다고 인정하는 경우에는 결정할 필요가 없다.

담보액의 상당성 판단과 관련하여, 피담보채권의 범위를 어떻게 정하는가가
문제된다. 당해 파산폐지에 동의하지 아니한 파산채권자가 받을 수 있는 배당예
상액이라는 견해와[36] 파산폐지에 동의하지 아니한 파산채권자의 신고한 채권액
전액이라는 견해가[37] 있다. 전자의 견해는 파산폐지에 동의하지 아니한 파산채

---

33) 일본 파산법 제218조 제1항 제2호는 동의에 의한 파산폐지의 요건으로 '동의를 하지 아니한
   파산채권자가 있는 경우에 당해 파산채권자에 대하여 재판소가 상당하다고 인정하는 담보를 제
   공하고 있는 때'를 규정하면서 그 단서에서 '파산재단에서 당해 담보를 제공한 경우에는 파산재
   단에서 당해 담보를 제공한 것에 대하여 다른 신고를 한 파산채권자의 동의를 얻는 때에 한한
   다'고 규정함으로써, 파산재단에서 담보를 제공하는 경우에만 파산채권자의 동의가 필요함을 분
   명히 하였다.

34) 條解破産法, 1150면.

35) 서울중앙지방법원 2001하5(93파2248) 사건(주식회사 한양)의 경우 채무자의 인수인으로부터
   담보가 현실 제공되었다.

36) 條解破産法 1450, 1451면; 伊藤眞, 693면.

권자에게는 파산채권자표에 의한 강제집행이 보장되어 있으므로 채권 전액을 담보에 의해 보장할 필요는 없음을 근거로 한다. 이에 대하여 후자의 견해는, 전자의 견해에 의한다면 파산폐지에 동의하지 아니한 파산채권자는 제공받은 담보에 대하여 담보권을 행사함과 동시에 변제받지 못한 나머지 채권을 변제받기 위하여 집행권원이 되는 파산채권자표를 통해 채무자의 다른 재산에 강제집행을 할 것이어서, 동의한 파산채권자와 채무자 사이에 이루어질 것으로 예상되는 채무 변제약정의 이행가능성 및 동의폐지 제도의 실효성이 확보될 수 없다는 점을 이유로 후자의 견해가 타당하다고 주장한다.[38] 담보가 상당한지 여부에 관한 법원의 결정에 대하여는 불복할 수 없다(법 제13조, 제1항).

3) 미확정 파산채권자에 대한 동의의 요부

채권조사기일에 파산관재인 또는 다른 파산채권자가 이의를 진술하여 확정되지 않은 미확정채권에 관하여 그 채권자의 동의가 필요한지 여부는 법원이 정하고(법 제538조, 제2항 전문), 그 결정에 대하여는 불복할 수 없다(법 제13조, 제1항). 여기서의 동의에는 파산폐지에 대한 동의와 동의하지 않는 다른 파산채권자에게 담보를 제공하는 것에 대한 동의를 포함한다. 법원이 미확정 파산채권자의 동의가 필요하다고 정하면 채무자는 미확정 파산채권자의 동의도 얻어야 한다.

다. 절   차

1) 채무자의 신청

채무자의 신청이 있어야 한다. 채무자가 법인인 경우에는 이사 전원의 합의가 있어야 하고(법 제539조, 제1항), 사단법인은 정관의 변경에 관한 규정에 따라, 재단법인은 주무관청의 허가를 받아 각 법인을 존속시키는 절차를 밟아야 한다(법 제540조). 정관의 변경에 관한 규정에 의한다는 것은 민법상의 사단법인은 총사원 3분의 2 이상의 동의(민법 제42조), 합명회사·합자회사·유한책임회사는 총사원의 동의(상법 제204조, 제269조, 제287조의16), 주식회사는 출석한 주주의 의결권의 3분의 2 이상의 수와 발행주식총수의 3분의 1 이상의 수로써 한 주주총회의 특별결의(상법 제433조, 제434조), 유한회사는 총사원의 반수 이상이며 총사원의 의결권의 4분의 3 이상을 가지는 자의 동의로 한 특별결의(상법 제584조, 제585조)에 의하는 것을 말한다.

---

37) 注解破産法(下), 762면.

38) 서울중앙지방법원 2001하5(93파2248) 사건(주식회사 한양)에서 채무자의 인수인은 파산폐지에 동의하지 아니한 파산채권자들을 위하여 그 신고한 채권액 전액을 현금으로 제공하였다.

채무자는 채권신고기간이 지난 후라면 파산절차의 종료에 이르기까지 언제든 파산폐지신청을 할 수 있다.[39]

2) 신청서와 함께 제출하여야 하는 서면

파산폐지신청을 하는 때에는 신청요건이 구비되었음을 증명할 수 있는 서면을 제출하여야 한다(법 제541조). 파산폐지신청에 관한 이사 전원의 합의서, 신고한 파산채권자의 파산폐지동의서, 파산폐지에 동의하지 아니한 파산채권자에 대한 다른 파산채권자의 담보제공동의서, 파산폐지에 동의하지 아니한 파산채권자에게 담보를 제공하였음을 증명할 수 있는 서면, 미확정 파산채권자의 동의가 필요한지 여부에 관한 법원의 결정서, 파산채권자에 제공하는 담보가 상당한가 여부에 관한 법원의 결정서, 파산선고를 받은 채무자가 법인인 경우에는 법인을 존속시키는 절차를 밟았다는 것을 증명할 수 있는 서면(예컨대 주식회사의 경우 상법 제519조, 제434조의 규정에 따른 회사계속 결의를 한 임시주주총회 의사록)을 함께 제출하여야 한다.

신고한 파산채권자의 파산폐지동의서는 파산채권자가 법원에 대하여 파산폐지에 동의한다는 의사를 기재한 서면이지만 파산채권자가 직접 법원에 제출하지 않고 채무자를 통하여 제출하여도 좋다.

3) 공고 및 서류의 비치

파산폐지신청이 있는 때에는 법원은 파산폐지신청이 있다는 뜻을 공고하고([기재례 110]), 이해관계인이 열람할 수 있도록 신청에 관한 서류를 법원에 비치하여야 한다(법 제542조). 파산폐지에 동의하지 아니한 파산채권자에게 파산폐지신청이 있었음을 알리고 이에 대하여 이의를 신청할 기회를 부여하려는 취지에서 둔 규정이다. 실무에서는 파산폐지신청서와 함께 제출된 서류상 파산폐지의 신청에 형식상 미비한 점이 없고 신청이 적법하다고 인정될 때에 공고를 한다. 파산폐지신청서와 함께 제출된 서류가 미비하거나 파산폐지 결정에 필요한 요건의 구비 여부가 불분명할 때에는 보정할 것을 명하고, 보정이 된 때에 공고를 한다.

4) 이의신청

파산채권자는 법원이 파산폐지신청이 있다는 뜻을 공고한 날로부터 14일 이내에 파산폐지신청에 관하여 법원에 이의를 신청할 수 있고(법 제543조 제1항), 그 기간이 경과하기 전에 신고한 파산채권자도 이의를 신청할 수 있다(법 제543조 제2항). 파산폐지에 동의한 파산채권자도 이의를 신청할 수 있으나, 신고하지 아니한 파산채권

---

39) 條解破産法, 1152면.

자에게는 이의신청권이 없다고 해석한다. 재단채권자, 환취권자에게도 이의신청권이 없다.

　이의사유로는 자기는 파산폐지에 동의하지 않는다든지, 자기의 동의가 채무자 등의 사기·강박 또는 착오 등 하자 있는 의사표시에 의한 것이라거나, 파산폐지에 관하여 달리 동의를 얻어야 하는 파산채권자가 있는데 그 동의가 없다든지 하는 것을 예로 들 수 있다.

　이의신청이 이유 있다고 인정하는 경우에는 결국 파산폐지신청을 기각하게 되고, 이의신청이 이유 없다고 인정하는 경우에는 파산폐지 결정을 하게 되므로, 이의신청에 대하여 따로 재판을 하지는 않는다.

　5) 의견청취

　법원은 이의신청기간이 경과한 후 파산폐지 결정에 필요한 요건의 구비 여부에 관하여 채무자 및 파산관재인과 이의를 신청한 파산채권자의 의견을 들어야 한다(법제544조). 의견청취의 방식에는 제한이 없으므로 의견서를 제출받아도 좋고([기재례 111]), 기일을 열어 심문을 하여도 좋다. 의견을 진술할 기회를 부여하였으나 의견서를 기일까지 제출하지 않는다든지 심문기일에 출석하지 않는 때에는 의견을 듣지 않고 결정할 수 있다.

　의견청취의 내용은 파산폐지의 결정을 함에 필요한 요건을(법제538조,제540조) 구비하였는가 여부이다.

　6) 동의에 의한 파산폐지 신청에 대한 재판

　법원은 형식상 미비한 점에 관하여 채무자에 대하여 보정을 명하였으나 보정하지 않은 때, 그 밖에 파산폐지신청에 필요한 요건을 구비하지 않았다고 인정한 때에는 신청을 부적법한 것으로서 각하하고([기재례 112]), 신고한 파산채권자의 이의가 이유 있다고 인정하는 때에는 파산폐지신청을 기각하는 결정을 한다. 채무자는 이에 대하여 즉시항고를 할 수 있다(법제538조제3항).

　법원은 파산폐지신청이 파산폐지 결정에 필요한 요건을 구비하였고, 신고한 파산채권자의 이의가 있었으나 그 이의가 이유 없다고 인정하는 때에는 파산폐지의 결정을 하고, 그 주문 및 이유의 요지를 공고한다(법제546조)([기재례 113], [기재례 114]). 파산폐지 결정에 대하여는 신고한 파산채권자뿐만 아니라 신고하지 아니한 파산채권자나 재단채권자, 파산관재인이 즉시항고할 수 있다고 본다(법제538조제3항). 동의에 의한 파산폐지의 결정은 확정되어야 효력이 있고, 파산폐지 결정에 대한 즉시항고는 집행정지의 효력이 있다(법 제13조 제1항 본문).

라. 동의에 의한 파산폐지 결정 확정의 효과 및 확정 후의 절차

동의에 의한 파산폐지 결정이 확정되면 채무자는 파산재단의 관리처분권을 회복하는 반면 파산관재인의 임무는 종료하므로 재단채권을 변제하고(법 제547조)[40] 채권자집회에서 계산보고를 하여야 한다는 점과 파산폐지 결정에 소급효가 없다는 점은 앞서 파산폐지 결정이 확정된 경우의 설명과 같다.

그러나 파산폐지 결정이 확정된 경우와 달리 채무자가 법인인 경우 법인 존속의 절차를(법 제540조) 거쳐 해산 전의 상태로 복귀한다. 채무자는 파산재단에 속하는 재산에 대한 관리처분권을 회복하나, 그 회복은 소급효가 있는 것이 아니고 파산관재인이 이미 행한 처분행위에는 아무런 영향도 미치지 않는다. 이와 관련하여 파산선고로 실효되었던 영업을 위한 면허, 등록, 인·허가 등이 회복되는지 논란이 있을 수 있는데, 파산선고로 당연 실효되었던 건설업면허가 동의폐지로 인하여 부활하고 건설공사 실적도 그대로 인정된 사례가 있다.[41]

이시폐지에서와 같이, 법원은 동의에 의한 파산폐지의 결정이 확정된 때에는 체신관서 등에 대하여 우편물 등의 배달촉탁을 취소하고(법 제485조 제2항), 법인에 대하여 그 법인의 설립이나 목적인 사업에 관하여 행정청의 허가가 있는 때에는 주무관청에 파산폐지의 결정이 확정되었음을 통지하여야 한다(법 제314조).

또한 법인인 채무자에 대하여 파산폐지의 결정이 있는 경우 법원사무관등은 직권으로 지체 없이 촉탁서에 파산폐지 결정서의 등본 또는 초본을 첨부하여 채무자의 각 사무소 및 영업소의 소재지의 등기소에 그 등기를 촉탁하여야 한다 (법 제23조 제1항 제5호). 다만 등기관은 동의에 의한 파산폐지의 등기를 한 경우에는 등기부를 폐쇄하지 아니하고, 직권으로 파산선고의 등기, 파산관재인, 파산관재인대리에 관한 등기를 말소하여야 한다(「채무자 회생 및 파산에 관한 법률」에 따른 법인등기 사무처리지침(등기예규 제1518호) 제16조 제2항 단서).

---

40) 서울중앙지방법원 2001하5(93파2248) 사건(주식회사 한양)에서는 동의폐지절차를 밟으면서 보조인들을 피보험자로 하는 퇴직보험계약을 체결하는 등 재단채권에 관하여 개별변제약정을 체결하거나 변제액을 은행 등에 예치하는 방법으로 재단채권 변제에 관한 보호장치를 마련하였다. 條解破産法, 1451면은 명문의 요건은 아니지만 재단채권자에 대한 변제가 가능하다거나 그 동의가 있는 것을 동의에 의한 파산폐지의 요구사항으로 보아야 한다는 견해를 취한다.

41) '건설교통부 2003. 1. 17.자 건경 58010-55 주식회사 한양에 대한 질의 회신'에서는 주식회사 한양에 대한 동의폐지 결정이 확정됨으로써 실효된 건설업 등록의 회복은 물론 주식회사 한양의 건설공사 실적도 그대로 인정된다고 하였다. 홍성준, "도산기업의 M&A", (제45기 특별연수) 기업의 인수·합병의 제문제, 대한변호사협회(2007), 42, 43면에서 재인용.

제 3 절   파산의 취소

1. 파산의 취소

채권자로부터 파산신청이 있어서 파산이 선고된 경우에, 채무자가 파산원인이 없다고 주장하여 파산선고를 다투는 경우가 있다. 또한 채무자의 파산신청에 따라 파산이 선고된 경우에도 채권자가 파산원인이 없다고 주장하여 파산선고를 다투는 경우가 있다.

파산선고 결정에 대하여는 이해관계를 가진 자가 즉시항고를 할 수 있다(법 제316조 제1항, 제13조 제1항). 채무자 신청의 경우 채권자와 신청인 외의 파산신청권자가, 채권자 신청의 경우 채무자와 신청인 외의 다른 채권자가 즉시항고를 할 수 있을 것이다. 파산선고는 공고를 하므로, 파산선고 결정에 대한 즉시항고는 공고가 있은 날부터 14일 이내에 하여야 한다(법 제13조 제2항).

파산선고 결정에 대한 즉시항고는 집행정지의 효력이 없으므로(법 제316조 제3항), 즉시항고가 제기되더라도 파산관재인이 관리처분권을 행사하고 법원이 채권자집회와 채권조사기일을 진행하는 데에는 아무런 영향이 없다. 서울회생법원의 실무는 파산선고 결정에 대하여 즉시항고가 제기되더라도 파산선고 당시 공고된 바 있는 제1회 채권자집회의 기일과 채권조사기일은 즉시항고에 대한 상소심 결정 이후로 연기하지 않고 예정대로 진행하고 있다.

즉시항고를 심리하는 항고심에서의 새로운 사실과 증거의 제출은, 항고심에서 심문을 연 때에는 그 심문종결 시까지, 심문을 열지 아니한 때에는 결정의 고지 시까지 가능하고, 항고법원은 그때까지 제출된 자료를 토대로 원심 재판 혹은 항고이유의 옳고 그름을 판단한다.[42] 따라서 파산선고 결정에 대하여 즉시항고가 제기된 경우 파산원인의 존부는 항고심의 심문종결 시 또는 결정의 고지 시를 기준으로 판단하므로, 제1심법원의 파산선고 결정 이후에 채무자가 부채초과 상태를 면하였다면 항고심으로서는 그와 같은 사정을 참작하여 법 제305조에 정한 사유의 존부를 판단하여야 한다.[43] 다만 파산선고는 모든 채권자를 위

---

42) 대법원 2010. 7. 30.자 2010마539 결정 등.

43) 서울고등법원 2011. 11. 16.자 2010라1674 결정(채무자의 항고를 인용하여 파산선고 결정을 취소한 결정으로, 파산관재인이 재항고하였으나 심리불속행 재항고기각 확정).

하여 효력이 생기므로 특별한 사정이 없는 한 파산선고 후 신청채권자가 신청을 취하하거나 신청채권자의 채권이 소멸하였다는 사정만으로는 항고법원이 파산선고 결정을 취소할 수 없다.[44]

항고법원은 즉시항고의 절차가 법률에 위반되거나 즉시항고가 이유 없다고 인정하는 때에는 결정으로 즉시항고를 각하 또는 기각하여야 하고(법 제316조 제4항), 즉시항고가 이유 있다고 인정하는 때에는 원래의 결정을 취소하고 사건을 원심법원에 환송하여야 한다(법 제316조 제5항). 항고법원이 파산취소의 결정을 한 경우 그 결정에 대하여는 파산채권자 등 이해관계를 가진 자가 재항고할 수 있다고 할 것이므로, 항고법원은 그 결정을 공고하고 송달할 필요가 있다(법 제313조 제1항의 유추적용).[45][46]

2. 파산취소의 효과

파산취소의 결정이 확정되면 파산선고는 소급적으로 효력을 잃기 때문에 채무자 및 파산채권자에 대한 제한 및 파산관재인의 권한은 모두 소멸한다.

가. 채무자에 대한 효과

파산종결 및 파산폐지의 경우와는 달리 파산선고에 의하여 발생한 법률상 효과(예컨대 위임관계의 종료, 대리권의 소멸 등)는 소급적으로 소멸하고 파산선고 전의 상태로 회복된다. 파산선고 후에 파산재단에 속하는 재산에 관하여 채무자가 한 법률행위는 채권자에게 대항할 수 있게 된다.

나. 파산관재인에 대한 효과

파산관재인은 파산취소에 의하여 그 지위를 상실한다. 다만 제3자에 대한 거래의 안전을 도모하기 위하여, 파산선고시부터 취소까지 사이에 파산관재인에

---

44) 대법원 2012. 3. 20.자 2010마224 결정.

45) 회생절차에서 회생계획 인가결정에 대한 즉시항고를 항고법원이 받아들여 그 인가결정을 취소하는 결정을 한 경우에 회생계획 인가결정의 취소결정에 대한 고지방법에 관한 것이나 대법원 2016. 7. 1.자 2015재마94 결정.

46) 물론 파산선고 결정에 대하여 적법한 즉시항가가 제기되었을 때, 파산선고를 한 원심법원은 항고에 정당한 이유가 있다고 인정하는 때에는 재도의 고안으로 그 재판을 경정하여(법 제33조, 민사소송법 제446조), 파산선고를 취소하고 파산신청을 각하 또는 기각하는 결정을 할 수도 있다. 만일 원심법원이 재도의 고안으로 파산취소의 결정을 한 경우에는 항고법원이 파산취소의 결정을 한 경우와 같이 법 제325조에 따라 파산취소의 결정이 확정된 때에 하는 공고 및 송달과는 별개로, 그 재도의 고안에 따른 결정을 공고하고 송달할 필요가 있다.

의하여 행하여진 행위의 효력은 그대로 유효하다고 해석한다.[47]

파산취소의 경우에도 파산관재인은 보수를 받을 수 있다(법 제30조
제1항 제1호). 다만 파산관재인의 보수를 일부 선급한 경우에는 따로 보수를 지급하지 않는 경우가 많을 것이다. 부인권은 유효한 파산선고를 전제로 하는 것이므로 행사할 수 없다.

다. 파산채권자에 대한 효과

파산채권자는 그 권리 행사에 아무런 제한도 받지 않게 된다. 그러나 파산절차에서의 채권조사의 결과는 아무런 효과가 없고, 파산채권자표에 기재되었다고 해도 확정판결과 같은 효력을 가지지 못한다. 파산채권 신고에 의한 시효중단의 효력은 파산취소에 의하여 영향을 받지 않는다(민법 제171조
참조).[48]

라. 파산재단에 관한 소송, 강제집행·가압류·가처분에 대한 효과

파산재단에 관한 소송으로 파산선고 전에 제기되어 파산선고에 의하여 중단되었지만 아직 수계가 이루어지지 않은 것은 채무자가 당연히 수계하고(민사소송법
제239조), 파산관재인이 수계한 것은 다시 중단되고 채무자가 수계하여야 한다(민사소송법
제240조). 파산선고 후에 파산관재인이 원고로서 제기한 소송도 중단되고 원칙적으로 채무자가 수계한다. 다만 부인권은 파산의 취소에 의하여 소멸하므로, 부인에 관한 소송 중 부인 이외의 요소(예컨대 제3자가 제기한 환취권에 기한 소송에서 파산관재인이 부인의 항변을 제출한 경우)가 없는 것은 당연히 종료한다. 파산선고 후에 파산관재인을 피고로 하여 제기된 소송도 중단하고, 채무자가 수계한다. 채권자가 환취권의 행사로서 제기한 동산 인도청구의 소가 이에 해당한다. 채권조사확정재판의 절차는 파산취소로 파산절차에서의 채권조사결과에 대한 법적 효과가 없어지게 되므로 당연히 종료한다. 채권조사확정재판에 대한 이의의 소가 계속 중인 경우에는 견해의 대립이 있을 수 있으나 그 소송절차 또한 종료된다고 보아야 할 것이다.

파산선고 전에 개시된 파산재단에 속하는 재산에 대한 강제집행·가압류 또는 가처분으로서 파산선고에 의하여 그 효력을 잃은 것은(법 제348조
제1항), 이들이 각 집행절차에서 집행취소되지 않고 대상 재산이 채무자에게 환원되는 경우, 파산

---

47) 條解破産法, 298면.

48) 이에 대하여 파산선고가 취소되면 파산선고는 소급적으로 효력을 잃으므로, 파산채권 신고는 파산선고 취소결정의 확정시까지 민법 제174조 최고로서의 시효중단 효력만 있을 뿐이라는 견해가 있다. 條解破産法, 299면.

선고시의 상태를 기준으로 하여 효력을 회복하고 그 절차를 속행할 수 있다.[49]

3. 파산취소 결정 확정 후의 처리

가. 공고 등

파산취소의 결정이 확정된 때에는 법원은 그 주문을 공고하고(법 제325조 제1항)([기재례 115]),[50] 알고 있는 채권자·채무자 및 재산소지자에게 파산취소 결정의 주문을 기재한 서면을 송달하여야 하며([기재례 116]), 검사에게 파산취소 사실을 통지할 수 있다(법 제313조 제2항, 제315조 제2항). 법원은 파산취소의 결정이 확정된 때에는 체신관서 등에 대하여 우편물 등의 배달촉탁을 취소하고(법 제485조 제2항), 법인에 대하여 그 법인의 설립이나 목적인 사업에 관하여 행정청의 허가가 있는 때에는 주무관청에 파산취소의 결정이 확정되었음을 통지하여야 한다(법 제314조).

또한 법인인 채무자에 대하여 파산취소의 결정이 있는 경우 법원사무관등은 직권으로 지체 없이 촉탁서에 파산취소 결정서의 등본 또는 초본을 첨부하여 채무자의 각 사무소 및 영업소의 소재지의 등기소에 그 등기를 촉탁하여야 한다(법 제23조 제1항 제5호)([기재례 117]). 등기관은 파산선고 취소의 등기를 한 때에는 직권으로 파산선고의 등기, 파산관재인에 관한 등기, 파산관재인대리에 관한 등기를 말소하여야 한다(「채무자 회생 및 파산에 관한 법률」에 따른 법인등기 사무처리지침(등기예규 제1518호) 제16조 제1항).

나. 재단채권의 변제 및 공탁

파산취소의 결정이 확정된 때에는 파산관재인은 재단채권의 변제를 하여야 하며 이의가 있는 것에 관하여는 채권자를 위하여 공탁을 하여야 한다(법 제325조 제2항, 제547조).[51] 필요한 경우에는 법원의 허가를 받아 파산재단에 속하는 재산을

---

49) 예컨대, 파산선고에 의하여 가압류등기가 효력을 잃었지만 그 등기는 말소되지 않은 상태에서 파산취소의 등기가 되고 가압류등기에 이어 강제집행개시 결정의 등기가 촉탁되었다면, 등기관은 그에 따른 등기를 하여야 한다. 부동산등기실무(Ⅲ), 390면.

50) 법 제325조 제1항 및 같은 조 제2항, 제313조 제2항의 규정에 의한 공고 및 송달은 항고법원이 아닌 파산선고를 한 법원이 한다. 서울중앙지방법원은 2009하합8 사건(재단법인 제중의료복지재단)에서 파산선고 결정에 대하여 즉시항고가 제기되어 항고법원이 한 파산취소의 결정이 확정되자 그 파산취소 결정의 확정에 따른 공고 및 송달을 하였다.

51) 注解破産法(下), 778면은 파산취소 결정이 확정되면 파산관재인의 권한이 소멸하고 재단채권과 파산채권의 구별도 없어지게 되나, 파산관재인은 파산절차에 대한 신뢰성을 유지하기 위하여 위 규정에 따라 파산선고 이후에 생긴 재단채권을 변제하여야 한다고 한다. 이에 대하여 條解破産法, 692면은 문언 해석상 모든 재단채권을 의미한다고 해석할 수밖에 없으나, 정책적인 이유로 재단채권으로 된 조세채권, 임금채권 등에 대해서까지 변제하도록 한 것은 의문이라고

환가할 수도 있다. 재단채권 변제 후 잔여재산이 있으면 채무자에게 인도한다.

다. 계산보고를 위한 채권자집회

파산관재인의 임무가 종료한 것이므로 채권자집회에서 계산보고를 하여야 한다(법제365조). 법원은 파산관재인에게 파산취소 결정이 확정되면 즉시 파산취소 결정 확정일을 기준으로 한 업무보고서 및 수지계산서를 제출하도록 하고, 수지계산서를 기초로 보수를 결정한다. 계산보고를 위한 채권자집회의 절차에 관하여는 앞서 본 바와 같다.

제 4 절   회생절차개시 및 회생계획인가의 효과

1. 회생절차개시결정이 있는 경우

법은 재건형 절차인 회생절차를 파산절차에 우선하고 있다.

채무자는 파산선고를 받아 파산절차가 진행 중이더라도 회생절차개시신청을 할 수 있고(법제35조제2항),[52] 법원은 회생절차개시신청이 있는 경우 필요하다고 인정하는 때에는 회생절차개시신청에 대한 결정이 있을 때까지 채무자에 대한 파산절차의 중지를 명할 수 있으며(법제44조제1항제1호), 회생절차개시결정이 있는 때에는 기존의 파산절차는 중지된다(법제58조제2항제1호). 따라서 파산선고를 받지 아니한 채무자에 대하여 파산절차에 관한 중지명령이 있거나 회생절차개시결정이 있는 때에는 법원은 채무자를 심문하거나 법 제323조의 규정에 의한 보전처분을 명할 수 없고 파산선고를 할 수도 없다. 파산선고를 받은 채무자에 대하여 파산절차에 관한 중지명령이 있거나 회생절차개시결정이 있는 때에는 파산절차의 진행이 중지되어 파산관재인의 파산재단에 속하는 재산에 대한 관리처분권의 행사가 중지되고, 법원도 파산절차가 계속됨을 전제로 한 재판 등을 할 수 없게 된다.

한다.

52) 동아건설산업 주식회사의 경우 파산절차(서울중앙지방법원 2001하111) 진행 중 회사정리법상의 정리절차개시신청(서울중앙지방법원 2002회20)이 되었으나 2003. 1. 30. 기각되었고, 그에 대한 항고(서울고등법원 2003라99) 역시 2005. 6. 10. 기각되었다가(미상고 확정), 다시 2006. 12. 11. 회생신청(서울중앙지방법원 2006회합16)이 되어, 2007. 1. 9. 회생절차개시결정을 받았고, 2007. 10. 16. 회생계획인가결정을 받았다.

회생절차개시결정이 있는 때에는 파산신청을 할 수 없다(법 제58조 제1항 제1호). 파산신청이 있는 경우에는 이를 각하한다.

파산선고를 받은 채무자에 대하여 회생절차개시신청 또는 간이회생절차개시신청의 기각결정(법 제293조의5 제2항 제2호 가목의 회생절차개시결정이 있는 경우는 제외한다), 회생계획인가 전 회생절차폐지결정 또는 간이회생절차폐지결정(법 제293조의5 제3항에 따른 간이회생절차폐지결정 시 같은 조 제4항에 따라 회생절차가 속행된 경우는 제외한다), 회생계획불인가결정의 어느 하나에 해당하는 결정이 확정되면 파산절차가 속행된다(법 제7조 제1항). 이때 파산신청이 있었으나 아직 파산선고를 받지 아니한 채무자에 대하여는, 속행되는 기존의 파산절차에서 파산이 선고될 수 있는 것과 별개로 회생절차가 계속되어 있던 법원이 법 제6조 제2항의 규정에 의하여 파산을 선고하는 것도 가능하다고 할 것이다.

회생절차에 있어 회생절차개시결정으로 중지된 절차의 속행 또는 취소명령은 파산절차에는 적용되지 아니하므로, 파산절차의 속행 또는 취소명령은 허용되지 아니한다(법 제58조 제5항 단서).

2. 회생계획인가결정이 있는 경우

회생계획인가의 결정이 있는 때에는[53] 법 제58조 제2항의 규정에 의하여 중지된 파산절차는 그 효력을 잃고(법 제256조 제1항 본문), 효력을 잃은 파산절차에서의 재단채권(법 제473조 제2호 및 제9호에 해당하는 것을 제외한다)은 공익채권으로 한다(법 제256조 제2항).

파산선고를 받지 아니한 채무자에 대하여 회생계획인가가 있은 후 회생절차폐지 또는 간이회생절차폐지의 결정이 확정된 경우 이미 실효된 파산절차의 효력은 부활하지 아니하고, 법원은 그 채무자에게 파산의 원인이 되는 사실이 있다고 인정하는 때에는 직권으로 파산을 선고하여야 한다(법 제6조 제1항). 파산선고를 받은 채무자에 대한 회생계획인가결정으로 파산절차가 효력을 잃은 후 법 제288조에 따라 회생절차폐지결정 또는 간이회생절차폐지결정이 확정된 경우에도 법원은 직권으로 파산을 선고하여야 한다(법 제6조 제8항)(회생절차폐지 등에 따른 파산선고에 관한 자세한 내용은 제18장 제2절 1. 참조).

파산선고를 받은 채무자에 대하여 회생계획인가의 결정이 있는 경우 회생

---

53) 회생계획은 인가의 결정이 있은 때부터 효력이 생긴다(법 제246조).

계획인가결정은 독립한 파산종료 원인이므로, 따로 파산종결 결정이나 파산취소
의 결정은 필요하지 않다. 그러나 파산절차의 실효로 파산관재인의 임무는 종료
한 것이므로, 이에 따른 계산보고를 위한 채권자집회를 소집하여 파산관재인으
로 하여금 계산보고를 하게 하는 것이 실무이다(법_{제365조}).[54]

　　법인인 채무자에 대하여 회생계획인가의 결정이 있는 경우에는 회생사건을
담당한 재판부의 법원사무관등은 직권으로 지체 없이 촉탁서에 회생계획인가 결
정서의 등본 또는 초본을 첨부하여 채무자의 각 사무소 및 영업소의 소재지의
등기소에 그 등기를 촉탁하여야 하는데(법_{제23조} _{제1항 제3호}), 등기소는 회생계획인가의 등기
를 하는 경우 채무자에 대하여 파산등기가 있는 때에는 직권으로 그 등기를 말
소하여야 한다(법_{제25조} _{제2항}). 한편 파산사건을 담당한 법원이 채무자의 재산에 속하는
권리로서 등기·등록된 것에 관하여 법 제323조 제1항의 규정에 의한 보전처분
을 하였거나 이사등의 재산에 속하는 권리로서 등기·등록된 권리에 관하여 법
제351조 제1항 또는 제3항의 규정에 의한 보전처분을 하였던 때에는 회생계획
인가의 결정으로 그 보전처분이 효력을 상실하였으므로, 법원사무관등은 직권으
로 지체없이 보전처분의 등기의 말소를 촉탁하여야 한다(규칙_{제10조}).

---

54) 서울회생법원은 2017하합6 사건(주식회사 신니개발)에서 파산선고 후 채무자에 대하여 청주지
　　방법원 2017회합50012 사건으로 회생절차가 개시되고 회생계획이 인가되어 파산절차가 실효됨
　　에 따라, 파산관재인의 임무종료에 따른 계산보고를 위한 채권자집회를 소집하였다.

제18장

·
·
·

견련파산

제1절 개 요

법은 회생절차 우선주의를 취하여 회생절차를 파산절차보다 우선하고 있다. 즉 채무자는 파산절차가 진행 중이더라도 회생절차개시신청을 할 수 있고 (법 제35조, 제2항),[1] 법원은 회생절차개시신청이 있는 경우 필요하다고 인정하는 때에는 회생절차개시신청에 대한 결정이 있을 때까지 채무자에 대한 파산절차의 중지를 명할 수 있으며(법 제44조, 제1항 제1호), 회생절차개시결정이 있는 때에는 새로운 파산신청을 할 수 없고 기존의 파산절차는 중지되며(법 제58조 제1항, 제1호, 제2항 제1호), 나아가 회생계획인가결정이 있은 때에는 법 제58조 제2항의 규정에 의하여 중지된 파산절차는 그 효력을 잃는다(법 제256조, 제1항).

그러나 그와 같이 우선적으로 진행되는 회생절차가 항상 성공적으로 종료되는 것은 아니다. 회생절차개시신청의 기각, 회생절차폐지, 회생계획불인가에 의하여 회생절차가 중도에 좌절될 수도 있다. 법은 이러한 경우 법원이 임의적 또는 필요적으로 신청에 의하거나 직권으로 파산을 선고하도록 규정하고 있는데, 그 취지는 소송경제적 관점에서 인정되는 것으로 설명되고 있다.[2] 이처럼 회생절차가 중도에 실패할 경우 법원이 임의적 또는 필요적으로 신청에 의하거나 직권으로 파산을 선고하는 것을 '견련파산'이라고 한다.

구 회사정리법은 파산선고 전의 회사에 관하여, 정리절차개시신청기각의 결정이 확정된 경우에 법원은 직권으로 파산을 선고할 수 있도록 하면서 이를 제외한 정리절차의 종료사유인 정리절차폐지결정, 정리계획불인가결정이 확정된 경우에는 법원은 직권으로 파산을 선고하여야 한다고 규정하고 있었는데 (구 회사정리법, 제23조 제1항), 법은 필요적 파산선고제도는 회생절차개시 신청인의 의사에 반하여 파산이 선고될 수 있다는 위험부담을 지움으로써 회생절차를 기피하게 하는 요인이 된다는 등의 비판을 수용하여 위와 같은 필요적 파산선고제도를 축소하였다. 이에 따라 법은 회생계획인가가 있은 후 회생절차폐지 또는 간이회생절차폐

---

[1] 법 제35조 제1항은 채무자의 청산인은 다른 법률에 의하여 채무자에 대한 파산을 신청하여야 하는 때에도 회생절차개시의 신청을 할 수 있다고 규정하고 있다.

[2] 임채홍·백창훈, 회사정리법(상)(제2판), 한국사법행정학회(2002), 162면; 條解會社更生法(上), 262면. 견련파산이 이와 같이 도산절차에 있어서 재건형으로부터 청산형으로의 원활한 연계를 도모하는 한편 회생에 실패한 기업을 퇴출시킴으로써 신속한 구조조정을 가능하게 하는 역할을 하는 것은 사실이나, 이를 강화할 경우 회생절차로의 진입 자체를 억제하는 부작용도 나타날 수 있다는 점은 주의할 필요가 있다.

지의 결정이 확정된 경우에만 필요적 파산선고제도를 유지하고, 나머지 회생절차의 종료사유인 회생절차개시신청 또는 간이회생절차개시신청의 기각결정, 회생계획인가 전 회생절차폐지결정 또는 간이회생절차폐지결정, 회생계획불인가결정이 확정된 경우에는 법원이 임의적으로 파산선고를 할 수 있도록 하고, 채무자 또는 관리인의 의사를 존중하여 사적 청산보다는 파산절차를 이용하기를 원할 경우에는 채무자 또는 관리인이 파산선고를 신청할 수 있도록 하였다.

제 2 절   회생절차로부터 파산절차로의 이행

1. 회생절차폐지 등에 따른 파산선고

가. 파산선고를 받지 아니한 채무자

1) 필요적 파산선고와 임의적 파산선고

파산선고를 받지 아니한 채무자에 대하여 회생계획인가가 있은 후 회생절차폐지 또는 간이회생절차폐지의 결정이 확정된 경우 법원은 그 채무자에게 파산의 원인이 되는 사실이 있다고 인정하는 때에는 직권으로 파산을 선고하여야 한다(법 제6조 제1항).

한편 파산선고를 받지 아니한 채무자에 대하여 ① 회생절차개시신청 또는 간이회생절차개시신청의 기각결정(법 제293조의5 제2항 제2호 가목의 회생절차개시결정이 있는 경우는 제외한다), ② 회생계획인가 전 회생절차폐지결정 또는 간이회생절차폐지결정(법 제293조의5 제3항에 따른 간이회생절차폐지결정시 같은 조 제4항에 따라 회생절차가 속행된 경우는 제외한다), ③ 회생계획불인가결정 중 어느 하나에 해당하는 결정이 확정된 경우 법원은 그 채무자에게 파산의 원인이 되는 사실이 있다고 인정하는 때에는 채무자 또는 관리인의 신청에 의하거나 직권으로 파산을 선고할 수 있다(법 제6조 제2항).

2) 요 건

법원이 법 제6조 제1항 및 제2항의 규정에 따라 필요적 또는 임의적으로 파산을 선고하기 위해서는 다음 요건이 필요하다.

우선, 당해 채무자가 파산선고를 아직 받지 아니하였어야 한다. 당해 채무자가 회생절차개시결정 전에 이미 파산선고를 받은 경우에는, 회생계획인가결정이 있기 전이라면 회생절차개시결정의 효과($\frac{별 제58조}{제2항 제1호}$) 등으로 중지된 파산절차가 속행되어야 하고($\frac{별}{제7항}$), 회생계획인가결정이 있은 후라면 중지된 파산절차가 그 효력을 잃었으므로($\frac{별 제256조}{제1항}$) 법원은 법 제6조 제1항이 아닌 같은 조 제8항의 규정에 의하여 필요적으로 파산을 선고하여야 한다.

한편 파산신청이 있었으나 아직 파산선고를 받지 아니한 채무자에 대하여 법 제6조 제2항 각 호의 어느 하나에 해당하는 결정이 확정된 경우에는, 회생절차개시신청에 대한 결정이 있을 때까지의 중지명령이나 회생절차개시결정의 효과로 중지된 기존의 법 제3편(파산절차)의 규정에 의한 파산신청에 따른 파산절차가 속행되므로 그 파산절차에서 파산이 선고될 수 있는데, 위와 같이 속행되는 기존의 파산절차와는 별개로 법원은 법 제6조 제2항의 규정에 의하여 파산을 선고하는 것도 가능하다고 할 것이다.[3]

다음으로, 회생절차개시신청 또는 간이회생절차개시신청의 기각결정(법 제293조의5 제2항 제2호 가목의 회생절차개시결정이 있는 경우는 제외한다), 회생절차폐지결정 또는 간이회생절차폐지결정(법 제293조의5 제3항에 따른 간이회생절차폐지결정시 같은 조 제4항에 따라 회생절차가 속행된 경우는 제외한다), 회생계획불인가결정이 확정된 경우라야 한다. 회생절차 또는 간이회생절차의 폐지는 회생계획인가 전후를 묻지 않으나 회생계획인가 전 회생절차폐지결정 또는 간이회생절차폐지결정이 확정된 경우에는 임의적 파산선고를 하고, 회생계획인가 후 회생절차폐지결정 또는 간이회생절차폐지결정이 확정된 경우에는 필요적 파산선고를 한다.

또한 채무자에게 파산의 원인이 되는 사실이 있다고 인정되어야 한다. 파산원인인 사실이란 법 제3편(파산절차)의 규정에서와 같이 지급불능 또는 채무초과의 상태를 말한다($\frac{법 제305조 제1항;}{제306조 제1항}$).

3) 파산선고의 시기

파산선고의 요건을 갖춘 경우 언제까지 파산선고를 하여야 하는가에 대해서는 법상 아무런 규정이 없으나, 시간이 흐르면 흐를수록 복잡한 법률관계를 야기할 가능성이 크므로 파산을 선고하기로 예정하였다면 회생절차폐지결정 등이 확정되는 대로 지체 없이 파산을 선고하는 것이 바람직하다. 회생절차를 종

---

3) 파산신청이 있었으나 아직 파산선고를 받지 아니한 채무자에 대하여 법원이 제6조 제2항의 규정에 의하여 파산을 선고한 경우, 기존의 파산신청은 신청의 이익이 없다고 할 것이므로 법원은 그 파산신청을 각하하여야 한다. 파산신청이 제기되어 파산절차가 계속되어 있는 법원과 회생절차가 계속되어 있던 법원이 같은 파산법원인 경우에는 회생절차개시신청의 기각결정 등이 확정된 후 법 제6조 제2항에 의한 파산선고 사건과 기존의 법 제3편(파산절차)의 규정에 의한 파산신청 사건을 병합하여 파산을 선고하는 방안을 생각하여 볼 수 있다.

료하는 결정이 확정된 이후에 채무자 등으로부터 법 제3편(파산절차)의 규정에 의한 파산신청이 제기되더라도 법원이 직권으로 파산선고를 하는 데 아무런 장애가 되지 않는다.

서울회생법원은 법 제6조 제1항 또는 제2항의 규정에 따라 파산선고를 하는 경우에는 특별한 사정이 없는 한 회생절차폐지결정 등의 확정일에 파산선고를 하는 것을 원칙으로 하고 있다. 이는 법 제6조 제8항의 규정에 따라 파산선고를 하는 경우에도 같다.

4) 임의적 파산선고에 있어서의 실무의 운용

구 회사정리법에서의 필요적 파산선고제도에 대한 비판을 수용하여 현행법은 회생계획인가 후 회생절차폐지결정 또는 간이회생절차폐지결정이 확정된 경우를 제외한 다른 사유로 인하여 회생절차가 종료된 경우는 모두 법원이 임의적으로 파산선고를 할 수 있도록 하였으므로, 실무상 임의적 파산선고를 함에 있어서는 다음의 요소를 고려하여 신중하게 하여야 할 것이다.

원칙적으로 사적 청산에 의하는 것보다 법원이 관여하여 파산관재인이 주도하게 되는 파산절차를 통하여 청산하는 것이 공평하고 적정하다고 판단되고, 또한 모든 이해관계인의 이익에도 합치한다면 법원은 파산선고를 하여야 할 것이다. 또한 회생절차개시신청의 기각, 회생계획인가 전 회생절차폐지, 회생계획불인가, 회생계획인가 후 회생절차폐지의 경우 등 회생절차의 진행단계별로 그 기준을 달리하여, 회생절차개시신청의 기각, 회생계획인가 전 폐지 등 앞의 단계에서 회생절차가 좌절될수록 법원에서 파악하고 있는 채무자의 재산상황, 채권자 등 이해관계인의 의사 등에 관한 정보의 양이 상대적으로 적을 수밖에 없으므로, 더욱더 신중하게 파산선고를 하여야 할 것이다. 다만 위와 같은 기준을 전제로 하더라도 다음의 경우에는 파산선고를 적극적으로 검토해 보아야 할 것이다.

가) 채무자 또는 관리인의 신청이 있는 경우

회생절차개시신청 또는 간이회생절차개시신청의 기각결정(법 제293조의5 제2항 제2호 가목의 회생절차개시결정이 있는 경우는 제외한다), 회생계획인가 전 회생절차폐지결정 또는 간이회생절차폐지결정(법 제293조의5 제3항에 따른 간이회생절차폐지결정 시 같은 조 제4항에 따라 회생절차가 속행된 경우는 제외한다), 회생계획불인가결정이 있는 경우 채무자 또는 관리인이 파산선고를 신청하는 것은[4] 채무자 또

---

4) 법 제6조 제2항의 규정만으로는 채무자 또는 관리인이 그 신청을 할 수 있는 기간이 언제인지가 명확하지 않다. 그러나 회생절차개시결정이 있는 때에는 채무자는 파산신청을 할 수 없고

는 관리인이 사적 청산에 의하는 것이 적절하지 않다고 판단하고 있다는 것을 의미하므로, 이러한 경우 법원은 채무자 또는 관리인의 신청이 타당한지 여부를 검토하여 파산선고를 할 것인지 결정하여야 한다. 법은 이러한 경우를 대비하여 구 회사정리법과 달리 채무자 또는 관리인의 신청권을 인정한 것으로 보인다. 따라서 채무자 또는 관리인이 파산선고를 신청하지 않는 경우에 직권으로 파산 선고를 하는 것은 그 신청이 있을 때보다 더욱더 신중히 하여야 한다.[5]

나) 채권자협의회 또는 채권자들의 요청이 있는 경우

채권자들이 파산선고를 원하는 경우는 여러 사유가 있을 수 있다. 채무자의 자산 규모가 크고 이해관계자가 다수인 경우로서 사적 청산에 의할 경우 채권자 등 이해관계인 사이에 불공정한 사정이 발생할 가능성이 예상되는 경우, 채무자 의 대표자를 관리인으로 선임하거나 관리인을 선임하지 아니하여 채무자의 대표 자를 관리인으로 보게 된 경우로서 관리인의 책임에 기인하여 회생절차폐지에 이른 경우, 회생절차폐지 당시 부인권 행사에 기한 소송절차가 계속 중인 경우[6]

(법 제58조 제1항 제1호) 관리인 또는 채무자는 회생절차폐지의 신청을 할 수 있을 뿐이며(법 제287조 제1항 제1호, 제2호) 채무자는 회생절차가 종료된 후에만 법 제3편(파산절차)의 규정에 의한 파산신청을 할 수 있는데, 법 제6조 제2항이 채무자에게 파산신청권을 인정한 것은 회생 절차가 종료되기 전 채무자에게 특별히 파산신청을 할 권한을 인정한 것으로 볼 수 있는 점, 채무자에게 회생절차가 종료된 후에도 법 제6조 제2항의 신청권을 인정할 경우 이는 채무자가 법 제6조 제4항부터 제7항까지의 규정이 적용되는 견련파산과 그 적용이 없는 법 제3편(파산절 차)의 규정에 따른 파산절차를 임의로 선택할 수 있도록 하는 것이어서 회생절차의 종료 후의 법률관계를 불안정하게 할 수 있는 점, 회생계획인가 전 회생절차폐지결정 또는 간이회생절차 폐지결정, 회생계획불인가결정이 확정된 때에는 회생절차가 종료되고 법 제74조 제2항에 의하 여 선임한 관리인의 권한도 동시에 소멸하는데 회생절차가 종료된 후에 관리인이었던 자에게 법 제6조 제2항의 신청권이 있다고 보기는 어려운 점 등을 고려할 때, 법 제6조 제2항의 규정 에 따라 채무자 또는 관리인이 그 신청을 할 수 있는 기간은 회생절차개시신청 또는 간이회생 절차개시신청의 기각결정, 회생계획인가 전 회생절차폐지결정 또는 간이회생절차폐지결정, 회생 계획불인가결정이 있은 때부터 그 결정이 확정되어 회생절차가 종료되기 전까지를 의미한다고 보아야 한다. 이에 관하여는 김정만, 정문경, 문성호, 남준우, "법인파산실무의 주요논점", 저스 티스 통권 제124호, 한국법학원(2011), 477면; 최두호, "법인파산절차에서의 몇 가지 쟁점", 도산 법연구 제1권 제1호, 사단법인 도산법연구회(2010), 222-223면.

서울회생법원은 채무자 또는 관리인의 신청에 따라 법 제6조 제2항의 규정에 의하여 파산선 고를 하는 경우에도 원칙적으로 회생절차폐지결정 등이 확정되어 회생절차가 종료하기 전에 그 신청이 있는 경우에만 법 제6조 제2항의 규정에 따른 견련파산으로 처리하고, 그 결정이 확정 된 후에 채무자의 파산신청이 있는 경우에는 법 제3편(파산절차)의 규정에 따른 파산절차로 처 리하고 있다.

5) 서울회생법원은 회생절차개시신청 또는 간이회생절차개시신청의 기각결정, 회생계획인가 전 회생절차폐지결정 또는 간이회생절차폐지결정, 회생계획불인가결정이 있는 경우 특별한 사정이 없는 한 그 결정의 확정 전에 채무자 또는 관리인의 신청이 있을 때에 파산선고를 하고 있다. 다만 채무자 또는 관리인의 신청이 없더라도 파산선고를 하는 것이 이해관계인 모두의 이익에 부합하는 경우에는 직권으로 파산선고를 하기도 한다.

6) 회생절차가 폐지되어 파산절차로 이행하는 경우에는 법 제6조 제6항에 의하여 파산관재인이 종전 회생절차에서 관리인이 수행 중이던 부인권 행사에 기한 소송절차를 수계함으로써 부인권

또는 부인할 수 있는 행위가 새로이 발견된 경우가 그것이다. 위와 같은 사유를 들어 채권자들이 파산선고를 요청하는 경우에는 법원은 그와 같은 채권자들의 요청이 타당하다고 판단하는 경우에는 채무자 또는 관리인의 의견을 들어 직권으로 파산선고를 할 수 있다.

5) 등기 또는 등록의 촉탁

회생절차가 중도에 종료되어 신청에 의하거나 직권으로 파산을 선고할 때에는 회생절차의 종료에 따른 등기 또는 등록 촉탁(법 제23조, 제24조, 제27조)은 파산의 등기 또는 등록 촉탁과 함께 하여야 한다(법 제6조 제3항).[7] 회생절차와 파산절차의 연속성을 등기 또는 등록의 차원에서도 연속시킴으로써 절차의 이행을 원활하게 하고, 제3자의 권리취득으로 인한 새로운 법률분쟁의 발생을 예방하기 위한 것이다.

나. 파산선고를 받은 채무자

1) 필요적 파산선고

파산선고를 받은 채무자에 대한 회생계획인가결정으로 파산절차가 효력을 잃은 후 법 제288조에 따라 회생절차폐지결정 또는 간이회생절차폐지결정이 확정된 경우에는 법원은 직권으로 파산을 선고하여야 한다(법 제6조 제8항).

채무자에 대하여 파산선고가 있었다 하더라도 그 후 회생절차개시결정이 있으면 그 효과로 파산절차가 중지되고(법 제58조 제2항 제1호), 나아가 회생계획인가결정이 있으면 중지된 파산절차는 그 효력을 잃게 된다(법 제256조 제1항). 따라서 파산선고를 받은 채무자에 대하여 회생계획인가결정이 있기 전 회생절차가 종료된 경우, 즉 회생절차개시신청 또는 간이회생절차개시신청의 기각결정(법 제293조의5 제2항 제2호 가목의 회생절차개시결정이 있는 경우는 제외한다), 회생계획인가 전 회생절차폐지결정 또는 간이회생절차폐지결정(법 제293조의5 제3항에 따른 간이회생절차폐지결정시 같은 조 제4항에 따라 회생절차가 속행된 경우는 제외한다), 회생계획불인가결정이 확정된 경우에는 중지된 파산절차가 당연히 속행되기 때문에 새로이 파산선고를

을 계속하여 행사할 수 있다(대법원 2015. 5. 29. 선고 2012다87751 판결). 이는 파산절차로 이행하지 않은 채 회생절차가 종료되는 경우에 회생절차의 종료 전에 관리인이 부인권을 행사하였다고 하더라도 부인권 행사의 효과가 회생절차의 종료로 소멸하므로(대법원 2016. 4. 12. 선고 2014다68761 판결), 채무자가 부인의 소 또는 부인의 청구 등의 절차를 승계할 수 없는 경우(대법원 2006. 10. 12. 선고 2005다59307 판결)와는 다르다.

7) 법 제6조의 규정에 의한 파산선고의 등기와 회생절차개시신청의 기각결정·회생절차폐지결정·회생계획불인가결정에 따른 법 제23조 제1항의 등기는 동시에 촉탁되어야 한다[「채무자 회생 및 파산에 관한 법률」에 따른 법인등기 사무처리지침(등기예규 제1518호) 제14조].

할 필요는 없다(법 제7조 제1항). 그러나 회생계획인가결정으로 파산절차가 효력을 잃은 후 회생계획을 수행할 수 없는 것이 명백하게 되어 법원이 법 제288조에 따라 회생절차폐지결정 또는 간이회생절차폐지의 결정을 하여 그 결정이 확정된 경우에는 새로운 파산선고를 필요로 한다. 법은 이 경우 실질적으로는 법 제7조 제1항과 같이 선행 파산절차가 계속 진행되는 것으로 볼 수 있다는 점을 고려하여 법원으로 하여금 필요적 파산선고를 하도록 하고, 법 제3편(파산절차)의 규정을 적용함에 있어서 회생계획인가결정으로 효력을 잃은 파산절차에서의 파산신청이 있은 때에 파산신청이 있은 것으로 보며, 공익채권은 재단채권으로 하도록 규정한 것이다(법 제6조 제9항).[8]

2) 등기 또는 등록의 촉탁

회생계획인가결정이 있으면 선행 파산등기 또는 등록은 회생계획인가결정의 등기 또는 등록을 하는 경우 직권으로 말소된다(법 제25조 제2항). 따라서 법원이 회생계획인가 후 회생절차 또는 간이회생절차를 폐지함에 따라 직권으로 파산선고를 할 때에는 회생절차폐지결정 또는 간이회생절차폐지결정에 따른 등기 또는 등록의 촉탁은 파산선고의 등기 또는 등록의 촉탁과 함께 하여야 한다 (법 제6조 제10항, 제3항, 「채무자 회생 및 파산에 관한 법률」에 따른 법인등기 사무처리지침(등기예규 제1518호) 제14조).

2. 이행절차

회생절차를 폐지하는 등의 사유로 회생절차를 중도에 종료하고 파산선고를 하는 경우 그 이행절차는 다음과 같다. 법원은 견련파산의 필요성을 검토하여 법 제6조 제1항 또는 제2항, 제8항의 규정에 의한 파산선고를 하기로 한 경우에는 회생절차폐지결정 등의 확정 후 지체 없이 파산선고를 할 수 있도록 사전에 필요한 준비를 하여야 한다.

가. 파산선고를 하는 법원

법 제6조 제1항 또는 제2항, 제8항의 규정에 의한 파산선고는 당해 회생사건을 담당한 재판부가 소속된 회생법원에서 하고, 그 회생사건을 담당한 재판부에 한정되는 것은 아니다. 법 제6조 제1항 또는 제2항에 따른 채무자 또는 관리

---

8) 임채홍·백창훈, 회사정리법(상)(제2판), 한국사법행정학회(2002), 165면; 條解會社更生法(上), 278면.

인의 파산신청도 그 법원에 하여야 한다. 다만 당해 회생사건을 담당한 재판부가 법 제6조 제1항 또는 제2항, 제8항에 따른 파산을 선고할지 여부를 판단하는 것이 적절한 경우가 많으므로, 서울회생법원은 실무상 그 재판부에서 파산선고를 하도록 하고 파산선고 후에는 파산사건을 전담하는 재판부로 사건을 재배당하고 있다.

나. 사건번호 · 사건명 · 접수사무 등

법원이 파산선고를 하기로 한 경우 담당 재판부는 즉시 법원사무관등에게 회생사건 기록을 인계하여 파산사건으로 접수하게 한다. 법원사무관등은 파산사건으로 접수하면서 '하합'이라는 사건별 부호문자가 표시된 새로운 사건번호와 '파산선고'라는 사건명을 붙인다. 법원은 파산선고 결정서 등을 작성함에 있어 견련파산 사건임을 표시해주기 위해, 파산사건의 사건번호 및 사건명을 기재하면서 회생사건의 사건번호 및 사건명을 병기하고 있다.

다. 관리위원회에 대한 의견조회 등

법원이 파산선고를 하기로 한 경우에는 파산선고와 동시에 선임할 파산관재인을 미리 정하여야 한다. 서울회생법원은 원칙적으로 법인 파산관재인 후보자 명단에 등재된 변호사 가운데에서 파산관재인을 선임하고 있다. 파산관재인은 관리위원회의 의견을 들어 선임하여야 하므로(법 제355조 제1항) 법원은 지체 없이 관리위원회에 파산관재인의 선임에 대한 의견조회를 하여야 한다. 그 외에도 「금융산업의 구조개선에 관한 법률」 제18조의 규정과 같이 법원이 파산선고와 동시에 정하여야 하는 사항(법 제312조 제1항) 등을 정함에 있어 다른 기관의 의견을 듣도록 한 법률의 규정이 있으면, 그에 따른 의견조회도 하여야 한다.

라. 파산절차의 비용 확보

회생절차개시의 신청을 하는 때에는 신청인은 회생절차의 비용을 미리 납부하여야 하는데(법 제39조 제1항), 채무자가 위 비용을 법원보관금으로 납부한 경우 회생절차의 종료가 확정되면 채무자는 국가에 대하여 법원보관금 잔액의 환급을 청구할 권리를 가진다. 그런데 채무자의 위 법원보관금에 관한 권리는 채무자에 대하여 파산이 선고될 경우 파산재단에 속하는 재산이라고 할 수 있으므로(법 제382조 제1항), 실무에서는 파산재단의 관리처분권을 가진 파산관재인이 회생절차에서

의 법원보관금 잔액을 출급받아 파산절차의 비용이나 재단채권에 대한 변제, 파
산채권자에 대한 배당의 재원 등으로 사용하고 있다. 한편 채무자 또는 관리인
이 법 제6조 제2항의 신청을 하였는데 회생절차의 법원보관금 잔액이 파산절차
의 비용을 충당하기에 부족하다면, 법원은 그 신청을 한 채무자 또는 관리인에
게, 파산신청을 하는 때에는 법원이 상당하다고 인정하는 금액을 파산절차의 비
용으로 미리 납부하도록 한 규정에(제303조) 따라 파산절차의 비용을 예납할 것을
명할 수도 있다.

마. 보전처분의 가부

회생절차의 종료가 확정됨과 동시에 파산선고를 하여 절차의 연속성을 유
지할 수 있는 경우에는 파산선고에 앞서 보전처분을 할 필요가 없을 것이다 그
러나 대부분의 경우 회생절차의 종료가 확정되는 시점과 파산선고를 하는 시점
사이에 시간적 간격이 발생하는 것이 불가피하므로, 법원이 파산선고를 하기에
앞서 보전처분을 할 필요가 있는 경우가 많다. 이 경우 법 제323조 제1항은 법
원은 파산선고 전이라도 이해관계인의 신청에 의하거나 직권으로 채무자의 재산
에 관하여 가압류·가처분 그 밖에 필요한 보전처분을 명할 수 있고 법원이 직
권으로 파산선고를 하는 때에도 같다고 규정하고 있으므로, 법원은 위 규정에
의하여 법 제6조 제1항 또는 제2항, 제8항의 규정에 따른 파산선고에 앞서 필요
한 보전처분을 명하는 결정을 할 수 있을 것이다.[9] 다만 보전처분을 명하는 결
정을 하였으나 파산선고를 하지 않기로 했을 때에는 법원은 지체없이 그 처분을
취소하는 결정을 하여야 할 것이다(법 제323조 제2항).

바. 파산선고

법원은 파산선고일시에 채무자의 대표자와[10] 파산관재인을 출석시켜 파산

9) 이와 관련하여 회생절차폐지결정에 대하여 즉시항고가 제기된 경우에는 그 결정이 언제 확정
될 것인지를 예상할 수 없고(특히 즉시항고기간이 지난 후에 즉시항고가 취하되면 곧바로 그
결정이 확정되는데, 이러한 경우에는 더욱 회생절차의 종료가 확정되는 시점을 예상할 수 없
다), 즉시항고가 제기되지 않더라도 실무상 회생절차폐지결정이 확정되는 시점에 곧바로 파산선
고를 하는 것은 곤란한 점을 고려할 때, 회생절차폐지결정이 있은 후 그 결정이 확정되기 전에
도 법원은 필요한 경우 미리 채무자의 행위를 제한하는 등의 보전처분을 할 수 있다고 보는 견
해가 있다(이 경우 보전처분은 다음과 같은 방식으로 하면 될 것이다. "채무자는 이 법원 2019
회합○○ 회생 사건의 2019. ○. ○.자 회생절차폐지결정이 확정된 때부터 이 법원의 채무자에
대한 파산선고결정이 있을 때까지 아래 각 행위를 하여서는 아니 된다").
10) 회생절차의 종료가 확정된 경우 관리인의 임무는 당연히 종료하고 회생절차에서 인정된 권한
도 소멸된다. 그런데 회생절차개시결정이 있으면 채무자의 업무수행권과 재산의 관리처분권이

선고 결정 및 그와 동시에 정한 사항을 고지한다. 또한 채무자의 대표자에게는 ① 법원이 필요하다고 인정하는 때에는 구인될 수 있고(법 제320조, 제319조), ② 파산관재인·감사위원 또는 채권자집회의 요청에 의하여 파산에 관하여 필요한 설명을 하여야 하며(법 제321조), ③ 일정한 경우 처벌받을 수 있음을(법 제6편) 알리면서, 제1회 채권자집회의 기일에 출석할 것과 파산관재인의 관재업무에 적극 협조할 것을 당부한다. 서울회생법원은 파산선고시 채무자의 대표자로부터 파산관재인의 관재업무 수행에 협조할 것이고 제1회 채권자집회의 기일에 출석하겠다는 취지의 서약서를 작성받고 있다.

앞서 본 것처럼 견련파산 사건임을 표시해주기 위해, 파산선고 결정서 등에는 회생사건의 사건번호 및 사건명을 병기한다([기재례 16]). 파산선고 후의 공고게재, 각종 송달 또는 통지 등은 법 제3편(파산절차)의 규정에 따른 파산선고에서의 것과 같다. 다만 앞서 본 것처럼 회생절차의 종료에 따른 등기 또는 등록촉탁(법 제23조, 제24조, 제27조)은 파산의 등기 또는 등록 촉탁과 함께 하여야 한다(법 제6조 제3항, 제10항).

3. 파산절차에 미치는 효력

가. 지급정지·파산신청의 의제

1) 파산선고를 받지 아니한 채무자

회생절차가 중도에 좌절됨에 따라 회생절차를 종료시키고 파산선고를 하는 경우 그 파산선고 전에 파산절차상 부인할 수 있는 행위나 상계금지의 범위를 정하는 기준이 되는 지급정지나 파산신청이 선행하지 않을 수 있다. 법은 이러한 경우를 고려하여 법 제6조 제1항[11] 또는 제2항의 규정에 의한 파산선고가

관리인에게 전속하게 되므로, 회생절차폐지결정 등이 확정되어 파산이 선고된 경우 파산관재인에 대하여 파산에 관하여 필요한 설명을 할 의무가 채무자의 이사에 준하여 관리인이었던 사람에게도 있다고 볼 수 있는 점, 관리인이었던 사람이 보관하고 있는 채무자의 장부, 물건 등이 있는 경우에는 이는 파산재단의 관리처분권을 가진 파산관재인이 점유착수에 따라 인도받아야 하는 것인 점 등을 고려하여, 회생절차에서 채무자의 대표자가 아닌 제3자를 관리인으로 선임하였던 경우 실무에서는 그 사람을 파산선고시 출석하도록 하여 파산관재인의 관재업무에 협조하도록 하고 있다.

11) 대법원 2016. 8. 17. 선고 2016다216670 판결은 채무자의 관리인이 인가된 회생계획을 수행하던 중 채무자에 대한 대출금채권을 회생채권으로 신고한 은행에 정기예금을 예치하였는데, 채무자에 대하여 회생절차폐지결정이 확정되어 법원이 법 제6조 제1항의 규정에 의한 파산선고를 하자 은행이 회생채권인 대출금채권을 자동채권으로 하여 채무자의 예금채권을 수동채권으로 삼아 파산관재인에 대하여 상계통지를 한 사안에서, 채무자에 대하여 법 제6조 제1항에 의한 직권 파산선고에 따라 파산절차로 이행되었으므로, 법 제6조 제4항에 따라 채무자가 회생절차 개시신청을 한 때에 채무자의 지급정지 또는 파산신청이 있었던 것으로 의제되고, 파산채권자

있는 경우 법 제3편(파산절차)의 규정을 적용함에 있어서 그 파산선고 전에 지급
의 정지 또는 파산의 신청이 없는 때에는 회생절차개시 또는 간이회생절차개시
의 신청, 법 제650조의 사기파산죄에 해당하는 법인인 채무자의 이사(업무집행사
원 그 밖에 이에 준하는 자를 포함한다)의 행위를 지급정지 또는 파산신청으로 본
다고 규정하고 있다(법 제6조).[12] 이러한 사항들이 병존하는 경우 그중 가장 빠른
시기를 적용해야 한다. 그리고 법 제6조 제4항 전단의 규정상 회생절차개시신청
등 이전에 지급정지 또는 파산신청이 있었다면 이러한 규정을 적용할 필요가 없
으므로,[13] 회생절차개시신청 등 이전에 지급정지 또는 파산신청이 없었던 경우
에 위 규정에 의한 기준시점이 적용되는 것으로 해석하여야 한다.[14][15]

인 은행은 상계의 수동채권인 예금채무를 부담할 무렵 채무자의 지급정지 또는 파산신청으로
의제되는 회생절차개시신청 사실을 알고 있었으므로, 특별한 사정이 없는 한, 은행의 상계는 법
제422조 제2호 본문에서 정한 '파산채권자가 지급정지 또는 파산신청이 있었음을 알고 채무자
에 대하여 채무를 부담한 때'에 해당하여 효력이 없다고 보아야 한다는 취지로 판시하였다.

12) 사기파산죄에 해당하는 행위 자체가 채무자에 대한 위험신호이기 때문에 그러한 행위를 지급
정지 내지 파산신청으로 본 것으로, 이사, 업무집행사원에 준하는 자란 감사, 직무대행자, 청산
인 등이라고 설명된다. 條解會社更生法(上), 270면.

13) 구체적으로 살펴보면, 파산신청이 있었으나 아직 파산선고를 받지 아니한 채무자에 대하여 회
생절차개시신청에 따라 회생절차가 개시된 후 회생절차폐지결정 등이 확정되어 법원이 법 제6
조 제1항 또는 제2항의 규정에 의한 파산선고를 한 때에는, 회생절차개시신청 이전에 이미 파
산신청이 있었으므로 법 제6조 제4항 전단을 적용할 필요가 없다고 본다. 한편 회생절차개시신
청이 있었으나 아직 회생절차가 개시되지 아니한 채무자에 대하여 파산신청이 있었고 파산이
선고되기 전 회생절차가 개시된 후 회생계획인가 전 회생절차폐지결정 등이 확정됨에 따라 법
원이 법 제6조 제2항의 규정에 의하여 파산선고를 한 때에는 법 제6조 제4항 전단이 적용될 것
인데, 이와 달리 회생절차개시결정의 효과로 중지된 기존의 파산절차가 속행되어 그 파산절차
에서 파산이 선고되었다면 법 제6조 제4항 전단을 유추적용할 수 있다는 견해가 있다(이 견해
는 회생절차가 개시된 후 새로운 파산신청을 할 수 없음에도 불구하고 파산신청이 있었는데,
부적법한 그 신청이 각하되기 전 회생절차폐지결정 등이 확정되어 기존의 파산신청에 따라 파
산이 선고된 경우에도 법 제6조 제4항 전단을 유추적용할 수 있다고 본다).

14) 김희중, "채무자에 대하여 회생계획인가가 있은 후 회생절차폐지의 결정과 파산선고에 따라
파산절차로 이행된 경우, 파산절차에서 상계의 금지의 범위를 정하는 기준시점", 대법원판례해
설 제109호, 법원도서관(2017), 530, 531면.

15) 회생절차가 종결된 후 새로운 파산신청에 의하여 파산선고가 된 경우에는 법 제6조 제4항 전
단이 적용되지 않고 이를 유추적용할 여지도 없다고 보아야 한다. 한편 구 화의법에 따라 채무
자에 대한 화의절차에 의하여 화의인가결정이 확정된 후에 화의가 취소되고 파산선고가 내려진
경우에 관한 것이나 대법원 2007. 8. 24. 선고 2006다80636 판결은, 구 화의법상 화의인가결정이
확정되면 일응 화의절차는 종료되어 채무자의 화의개시신청 당시의 지급정지상태 또는 그에 준
하는 위기상태는 일단 화의인가결정이 확정됨에 따라 해소되었다고 볼 수 있고, 화의절차에 의
하여 화의인가결정이 확정된 후에 그 화의조건에 따른 변제 등이 이루어지던 중 새로운 사정이
나 위기 상황의 발생으로 인하여 그 화의가 취소되고 파산선고가 내려진 경우에는, 구 파산법 제
64조 제5호에서 정하고 있는 '지급정지'는 그 파산선고 내지 파산절차와 직결되는, 즉 상당인과관
계가 있는 범위 내의 지급정지상태 또는 그에 준하는 위기상태로 한정하여 해석함이 상당하다면
서, 이와 달리 선행 화의절차의 종료 여부나 그 진행 기간 내지 경과 등을 고려하지 않은 채 아
무런 제한 없이 종전의 화의개시의 원인이 된 선행 지급정지상태 또는 그에 준하는 위기상태를
구 파산법 제64조 제5호에서 정하고 있는 '지급정지'로 볼 수는 없다는 취지로 판시하였다.

파산절차에서 지급정지를 안 것을 이유로 하는 파산관재인의 부인권 행사와 관련하여 파산선고가 있은 날로부터 1년 전에 한 행위는 부인할 수 없도록 하거나(법 제404조) 파산채권자의 상계권 행사와[16] 관련하여 파산채권자가 지급정지 또는 파산신청이 있었음을 알고 채무자에 대하여 채무를 부담하거나 파산선고를 받은 채무자의 채무자가 지급정지 또는 파산신청이 있었음을 알고 파산채권을 취득한 때에도 파산선고가 있은 날로부터 1년 전에 생긴 원인에 의한 때에는 상계금지의 범위에서 제외함으로써(법 제422조 제2호 다목, 제4호 단서), 법상 파산관재인의 부인권 행사 및 파산채권자의 상계금지의 범위에 일정한 기간 제한이 있는 경우가 있다 (법 제404조, 제422조 제2호 다목, 제4호 단서). 이때 종전의 회생절차가 진행된 기간도 그대로 산입하여 파산절차에서 기간 산정을 해야 될지 문제가 된다. 만약 이를 인정한다면 회생절차가 길어지면 길어질수록, 파산절차에서는 지급정지를 안 것을 이유로 하여 파산관재인이 부인할 수 없게 되거나 파산채권자나 파산선고를 받은 채무자의 채무자가 지급정지 또는 파산신청이 있었음을 알고 채무자에 대하여 채무를 부담하거나 파산채권을 취득하고도 상계를 할 수 있게 되는 부당한 결과를 초래할 수 있으므로, 회생절차가 진행된 기간은 위에서 본 지급정지를 안 것을 이유로 하는 파산관재인의 부인권 행사기간이나[17] 파산채권자의 상계금지 범위의 제외사유를 정하는 기준이 되는 기간에[18] 산입되지 아니한다.[19]

---

16) 구 회사정리법상 회사정리절차가 진행되다가 구 파산법상 파산절차로 이행된 경우에 관한 것이나 대법원 2005. 10. 14. 선고 2005다27225 판결은, 구 회사정리법은 제24조 제1항에서 공익채권은 재단채권으로 한다는 명문의 규정을 두고 있지만, 상계금지의 효과를 파산선고 이후까지 연장한다는 규정은 두고 있지 아니하며, 구 파산법 제95조에서 구 회사정리법과는 별도로 상계금지에 관한 규정을 두고 있는 점 등에 비추어 볼 때, 회사정리절차가 진행되다가 파산절차로 이행되었다고 하여 파산선고 후에도 여전히 구 회사정리법 제163조 제1호가 적용된다고 볼 수는 없다는 취지로 판시하였다.

17) 대법원 2004. 3. 26. 선고 2003다65049 판결은, 채무자가 1997. 12. 26. 부도처리되어 같은 날 화의절차 개시신청을 하였고, 1998. 6. 29. 그 화의절차 개시신청을 취하함과 동시에 회사정리절차 개시신청을 하였으며, 법원이 1999. 2. 19. 회사정리절차 개시신청을 기각하고 1999. 6. 4. 파산선고를 한 사안에서, 위 화의절차 또는 회사정리절차에 소요된 기간인 1997. 12. 26.부터 1999. 2. 19.까지를 공제하면 파산관재인의 부인권 행사 대상인 변제행위가 채무자의 파산선고가 있은 날로부터 1년 이내에 이루어진 행위에 해당한다고 본 원심의 판단이 정당하다는 취지로 판시하였다.

18) 대법원 2019. 1. 31. 선고 2015다240041 판결은, 법 제404조는 지급정지로부터 1년 이상 경과한 후 파산선고가 되었다면 지급정지와 파산선고 사이에 인과관계가 있다고 보기 어렵고, 수익자의 지위를 장기간 불안정한 상태에 방치하는 것은 부당하다는 취지에서 둔 규정이며, 회생절차 등으로 인하여 법률상 파산선고를 할 수 없는 기간을 위기부인의 행사기간에 산입하는 것은 형평의 원칙에 반한다는 점 등을 고려하면, 지급정지 후에 회생절차 등의 선행 도산절차를 거쳐 파산선고가 된 경우에는 특별한 사정이 없는 한 법 제404조의 위기부인의 행사기간에 회생절차 등으로 인하여 소요된 기간은 산입되지 아니한다고 하면서, 법 제422조 제4호 단서, 제2호 단서 (다)목은 파산선고를 받은 채무자의 채무자가 지급정지 또는 파산신청이 있었음을 알고

한편 회생절차에서 파산절차로 이행된 경우 회생절차와 파산절차는 그 절차의 목적을 달리하고 회생절차에서의 부인권과 파산절차에서의 부인권은 주된 목적, 대상 등에 있어서의 차이가 있는 점, 상당 기간의 회생절차를 거쳐 파산에 이르게 된 경우에도 파산절차 내에서 부인권을 행사할 수 없다고 한다면 부당한 결과가 초래되는 점 등을 고려할 때 파산절차에서 파산관재인의 부인권 행사기간인 제척기간은 법 제405조의 규정에 의하여 파산선고가 있은 날부터 기산하여야 할 것이다.[20]

2) 파산선고를 받은 채무자

파산선고를 받은 채무자에 대한 회생계획인가결정으로 파산절차가 효력을 잃은 후 법 제288조에 따라 회생절차폐지결정 또는 간이회생절차폐지결정이 확정된 경우에는 법원은 필요적으로 파산선고를 하여야 한다(법제6조제8항). 이 경우 뒤의 파산절차는 실질적으로 선행 파산절차의 연속이므로, 법 제3편(파산절차)의 규정을 적용함에 있어서 회생계획인가결정으로 효력을 잃은 파산절차에서의 파산신청이 있은 때에 파산신청이 있는 것으로 본다(법제6조제9항전단). 법 제6조 제8항은 파산신청에 관하여만 규정하고 지급정지에 관하여는 명시적으로 규정하지 아니하였으나, 지급정지의 경우도 같게 볼 수 있다는 견해가 있다.

한편 후행 파산절차에서, 지급정지를 안 것을 이유로 하는 파산관재인의 부인권 행사기간이나(법제404조) 부인권의 행사기간인 제척기간(법제405조) 및 파산채권자나 파산선고를 받은 채무자의 채무자가 지급정지 또는 파산신청이 있었음을 알고 채무자에 대하여 채무를 부담하거나 파산채권을 취득한 때에 상계금지의 범위에서의 제외와(법제422조제2호, 목록제4호단서) 관련하여, 법 제6조 제8항의 규정에 의한 견련파산의 경우 후행 파산절차를 실질적으로 선행 파산절차의 연속이라고 보더라도 선행 파산절차가 회생계획인가결정으로 그 효력을 잃었으므로, 그 기간 등은 선행 파산선고일이 아닌 후행 파산선고일을 기준으로 하여 기산하여야 하고, 다만 그 기간에는 실효된 선행 파산절차에서의 파산신청시부터 그 이후의 회생절차가 종

파산채권을 취득하는 경우에 파산채권의 취득이 '파산선고가 있은 날부터 1년 전에 생긴 원인에 의한 때'에는 예외적으로 상계를 허용하고 있는데, 위와 같은 법리는 여기에도 마찬가지로 적용된다고 할 것이므로, 회생절차가 진행된 후에 파산선고가 된 경우 회생절차에 소요된 기간은 위 규정에서의 기간 계산에 산입되지 아니한다는 취지로 판시하였다.

19) 條解會社更生法(上), 271면.
20) 구 회사정리법상 회사정리절차가 진행되다가 정리계획인가 후 구 파산법상 파산절차로 이행된 경우에 관한 것이나 서울고등법원 2008. 10. 15. 선고 2007나118530 판결(심리불속행 상고기각 확정).

료될 때까지의 기간을 산입하지 아니하여야 한다고 보는 견해가 있다.[21]

나. 공익채권의 재단채권으로의 의제

법은 회생절차가 중도에 좌절되는 경우 공익채권의 취급에 관하여 일률적인 규정을 두고 있지는 않다. 즉 회생절차개시결정을 취소하는 결정이 확정된 때에는 관리인은 공익채권을 변제하여야 하고, 이의 있는 공익채권의 경우에는 그 채권자를 위하여 공탁하여야 하며(법제54조
제3항), 회생절차폐지결정 또는 회생계획 불인가결정이 확정된 때에는 법 제6조 제1항의 규정에 의하여 파산선고를 하여야 하는 경우를 제외하고 관리인은 채무자의 재산으로 공익채권을 변제하고 이의 있는 것에 관하여는 그 채권자를 위하여 공탁하도록 규정하고 있다(법제291조,
제248조). 그런데 어느 경우이든 파산선고가 되는 한 회생절차에서의 공익채권은 파산절차에서는 법 제3편(파산절차)의 규정에 따라 취급될 수밖에 없다. 다만 회생절차폐지결정 등이 확정되어 법원이 파산선고를 하는 경우에 회생절차에서의 공익채권과 파산절차에서의 재단채권의 범위가 일치하는 것은 아니나, 양 절차가 연속하여 이루어지고 있는 이상 양 채권을 동일한 정도로 보호할 필요성이 있으므로 법은 공익채권을 재단채권으로 의제하는 취급을 하고 있다.[22]

구체적으로, 파산선고를 받지 아니한 채무자에 대하여 법 제6조 제1항 또는 제2항의 규정에 의한 파산선고가 있는 경우 공익채권은 재단채권으로 한다(법제6조
제4항 후단). 그러나 위의 경우와 달리 회생절차가 종료된 후에 법 제3편(파산절차)의 규정에 의한 파산신청에 따라 파산선고가 된 경우에는 절차의 연속성이 없으므로, 이때는 아직 변제되지 아니한 공익채권이 있더라도 이는 법 제3편(파산절차)의 규정에 의하여 본래 재단채권에 해당하는 것을(법
제473조) 제외하고는, 채무자

---

21) 이에 대하여 후행 파산절차에서 지급정지를 안 것을 이유로 하는 파산관재인의 부인권 행사 기간이나 부인권의 행사기간인 제척기간 및 파산채권자나 파산선고를 받은 채무자의 채무자가 지급정지 또는 파산신청이 있었음을 알고 채무자에 대하여 채무를 부담하거나 파산채권을 취득한 때에 상계금지의 범위에서의 제외와 관련하여 그 기간 등은 후행 파산선고일이 아닌 선행 파산선고일을 기준으로 하여 기산하여야 하고, 법 제405조의 규정에 의한 부인권의 행사기간인 제척기간의 경우 중간에 있는 회생절차가 진행된 기간은 그 기간에 산입되지 아니한다고 보는 견해가 있다.

22) 대법원 2016. 5. 24. 선고 2015다78093 판결은, 회생절차가 진행되다가 파산절차로 이행된 경우 공익채권을 재단채권으로 보호하는 법 제6조 제1항, 제4항의 규정의 내용과 취지에 비추어 보면, 채무자에 대하여 회생계획인가가 있은 후 회생절차폐지의 결정이 확정되어 법 제6조 제1항에 의한 직권 파산선고에 따라 파산절차로 이행된 경우, 특별한 사정이 없는 한, 공익채권자가 채무자에 대한 회생절차의 진행 중에 자신의 채권을 자동채권으로 하여 채무자의 재산인 채권을 수동채권으로 삼아 상계한 것에 파산채권자의 상계금지사유를 규정한 법 제422조 제2호가 적용될 수 없다는 취지로 판시하였다.

에 대하여 파산선고 전의 원인으로 생긴 재산상의 청구권에 불과하므로 파산채권이(제423조) 될 뿐이다.[23] 파산선고를 받은 채무자에 대한 회생계획인가결정으로 파산절차가 효력을 잃은 후 회생절차폐지결정 또는 간이회생절차폐지결정이 확정되어 법원이 직권으로 파산을 선고한 경우에도(법제6조 제8항) 공익채권은 재단채권으로 한다(법 제6조 제9항 후단).[24]

파산신청이 있었으나 아직 파산선고를 받지 아니한 채무자에 대하여 법 제6조 제2항 각호의 어느 하나에 해당하는 결정이 확정된 경우에, 회생절차개시결정의 효과 등으로 중지된 기존의 법 제3편(파산절차)의 규정에 의한 파산신청에 따른 파산절차가 속행되어 그 파산절차에서 파산이 선고된 때에는, 법 제6조 제4항 후단을 유추적용하여 회생절차에서의 공익채권을 파산절차에서의 재단채권으로 취급할 수 있다는 견해가 있다.

한편 법 제6조 제4항 또는 제9항의 규정에 의하여 종전의 회생절차에서 변제되지 아니한 공익채권을 파산절차에서 재단채권으로 취급하는 경우 그 변제순위에 관하여, 파산재단이 재단채권의 총액을 변제하기에 부족한 것이 분명하게 된 때의 재단채권의 변제순위에 관한 법 제477조의 규정이 적용되는지 여부에 관하여는 견해의 대립이 있다.

다. 파산채권의 신고, 이의와 조사 또는 확정으로 의제

1) 회생계획인가 전의 파산선고

법은 회생절차에서 파산절차로의 이행을 보다 원활하게 하기 위하여, 파산선고를 받지 아니한 채무자에 대하여 회생계획인가 전 법 제6조 제2항의 규정에 의한 파산선고가 있는 경우 법 제3편(파산절차)의 규정을 적용함에 있어서 법

---

23) 小畑英一, "更生手續終了に伴う他の手續への移行と保全處分", 判例タイムズ 臨時增刊1132号(新會社更生法の理論と實務), 判例タイムズ社(2003), 280면 이하에서는 갱생계획인가 후 폐지된 경우(인가 후 이행형) 재판소가 직권으로 파산선고를 하지 않는 경우에는 관리인은 공익채권을 변제하여야 하므로(일본 회사갱생법 제82조 제4항) 파산절차로의 이행에 따른 공익채권의 취급 문제가 생기지 않을 것이나, 공익채권의 변제가 모두 이루어지지 않은 채로 파산신청에 기하여 파산선고가 된 경우에는 변제를 받아야 할 공익채권자가 파산채권자로 되어버리는 불합리가 생기므로 이것을 피하기 위하여 파산신청이 있는 경우에도 재판소가 직권으로 파산선고를 하거나 또는 공익채권의 변제가 이루어진 후에 파산선고를 행하는 실무운용을 생각할 수 있지만, 궁극적으로는 입법으로 해결할 필요가 있다고 지적한다.

24) 이처럼 법 제6조 제4항 또는 제9항의 규정에 의하여 회생절차에서의 공익채권을 파산절차에서의 재단채권으로 취급하는 경우 법 제179조에 규정된 공익채권만을 재단채권으로 취급할 수 있는 것인지 아니면 법 제2편(회생절차)의 규정에서 공익채권으로 취급하도록 되어 있는 모든 채권을 재단채권으로 취급하여야 하는 것인지 논의가 있을 수 있으나, 공익채권을 재단채권으로 취급하는 취지를 고려한다면 전자와 같이 제한하여 해석할 필요는 없는 것으로 보인다.

제2편(회생절차)에 의한 회생채권의 신고, 이의와 조사 또는 확정은 파산절차에서 행하여진 파산채권의 신고, 이의와 조사 또는 확정으로 본다고 규정하였다(법 제6조 제5항 본문). 다만 법 제134조 내지 제138조의 규정에 의한 채권, 즉 이자 없는 기한부채권(법 제134조), 정기금채권(법 제135조), 이자 없는 불확정기한채권 등(법 제136조), 비금전채권, 외국통화채권 등(법 제137조), 조건부채권과 장래의 청구권의(법 제138조) 경우에는 회생절차와 파산절차가 서로 다르게 취급하고 있는 것을 고려하여 그 채권의 이의, 조사 및 확정에 관하여는 그러하지 아니하다고 규정하였다(법 제6조 제5항 단서).[25]

따라서 회생계획인가 전 법 제6조 제2항의 규정에 의한 파산선고가 있는 경우 회생절차에서 법 제147조의 목록에 기재된 회생채권으로서 신고된 것으로 보게 되는 회생채권을(법 제151조) 가진 채권자나 직접 회생채권의 신고를(법 제148조) 한 채권자는 신고된 회생채권과 동일한 채권을 파산절차에서 다시 파산채권으로 신고할 필요가 없다.[26] 그러한 채권자는 회생채권의 신고 후에 채권액이 증가한 경우 등에서만 신고하지 아니한 회생채권을 파산채권으로 신고하거나 신고한 사항의 변경을 신고하면 되고, 그 외에 회생절차에서 신고하지 아니한 회생채권을 가진 채권자가 파산채권의 신고를 하면 될 뿐이다.[27] 한편 회생절차에서 신고된 회생채권이 법 제134조 내지 제138조의 규정에 의한 채권인 경우 그 채권은 법 제6조 제5항 단서의 규정상 파산채권으로서 새로이 조사가 되어야 하나 파산채권으로서 다시 신고가 되어야 할 필요는 없다고 보아야 할 것이다.

---

25) 회생절차개시신청 또는 간이회생절차개시신청의 기각결정이 확정되어 파산선고를 한 경우에는 회생절차 또는 간이회생절차에서 회생채권의 신고 등이 이루어지지 아니하였으므로, 법 제6조 제5항의 규정이 적용될 여지가 없다. 회생절차개시결정 또는 간이회생절차개시결정이 있었으나 즉시항고가 제기되어 그 결정을 취소하는 결정이 확정되고 그 후 회생절차개시신청 또는 간이회생절차개시신청의 기각결정이 확정되어 파산선고를 한 경우에는 취소된 회생절차 또는 간이회생절차에서 회생채권의 신고 등이 이루어졌을 수 있는데, 이 경우 법 제6조 제5항의 규정이 적용되는지에 관하여는 견해의 대립이 있다.

26) 실무에서는 파산관재인이 파산선고 직후 신고된 회생채권을 가진 채권자에게 그 회생채권과 동일한 채권을 다시 파산채권으로 신고할 필요가 없음을 안내하기도 한다.

27) 법 제3편(파산절차)의 규정에는 회생절차에서의 법 제152조 제1항, 제3항과 같이 채권신고의 추후 보완을 제한하는 취지의 규정이 없으므로, 회생절차에서 신고기간 안에 신고를 하지 못한 데에 책임이 있는 회생채권자도 파산선고 후에는 채권신고를 할 수 있다. 이와 관련하여 채권자가 회생절차에서 신고한 회생채권과 동일한 채권을 파산절차에서 다시 파산채권으로 신고한 경우의 처리와 관련하여, 파산채권으로의 신고가 중복신고에 해당하여 부적법하다고 보이므로 법원은 채권조사에 앞서 채권자가 한 파산채권의 신고를 각하할 수 있다는 견해와 신고에 따라 파산채권조사의 대상에는 포함하되 파산관재인이 중복신고임을 이유로 이의를 진술하고 채권자가 파산채권조사확정재판의 신청을 한다면 그 신청을 권리보호의 이익이 없다고 보아 각하하면 된다는 견해가 있다. 이에 관하여는 김정만, 정문경, 문성호, 남준우, "법인파산실무의 주요논점", 저스티스 통권 제124호, 한국법학원(2011), 478면; 최두호, "법인파산절차에서의 몇 가지 쟁점", 도산법연구 제1권 제1호, 사단법인 도산법연구회(2010), 225면.

나아가 회생절차에서의 회생채권의 이의와 조사 또는 확정은 파산절차에서 행하여진 파산채권의 이의와 조사 또는 확정으로 보게 되므로, 파산절차에서는 종전의 회생절차에서 이미 조사된 회생채권을 파산채권으로 다시 조사할 필요가 없고, 종전의 회생절차에서 확정된 회생채권은 그 확정의 효력이 그대로 유지되어 파산절차에서는 확정된 파산채권으로 취급된다. 다만 회생절차에서 신고된 회생채권이 법 제134조 내지 제138조의 규정에 의한 채권인 경우 그 채권은 회생절차에서 조사 또는 확정이 되었더라도, 파산절차에서는 파산채권으로서 다시 조사 및 확정이 되어야 한다. 회생절차에서 신고기간 후에 신고된 회생채권이 있었으나 특별기일을 열어 그 조사를 하지 아니한 상태에서 파산이 선고된 경우와 같이 회생절차에서 회생채권으로 신고되었는데 조사하지 아니한 채권이 있는 경우에는 파산절차에서 그 채권을 파산채권으로 조사하여야 한다.

회생절차에서 신고된 회생채권에 대하여 관리인의 이의가 있어 권리자와 관리인 사이에 권리의 확정을 위한 회생채권조사확정재판의 절차나 회생채권조사확정재판에 대한 이의의 소의 소송절차가 회생절차의 종료가 확정된 당시 진행 중이거나 계속 중인 경우 그 절차의 처리에 관하여는 아래에서 살펴본다.

2) 회생계획인가 후의 파산선고

파산선고를 받지 아니한 채무자에 대하여 회생계획인가가 있은 후 회생절차폐지 또는 간이회생절차폐지의 결정이 확정되어 파산을 선고하는 경우와 ^(법 제6조 제1항) 파산선고를 받은 채무자에 대한 회생계획인가결정으로 파산절차가 효력을 잃은 후 회생절차폐지결정 또는 간이회생절차폐지결정이 확정되어 파산을 선고하는 경우에는(^{법 제6조 제8항}), 회생계획인가 전의 채무자에 대한 견련파산에서의 법 제6조 제5항의 규정과 같이 회생절차에서의 회생채권의 신고 등을 파산절차에서 행하여진 파산채권의 신고 등으로 보는 규정이 없다. 이는 회생계획인가결정이 있는 때에는 회생계획이나 법의 규정에 의하여 인정된 권리를 제외하고 채무자는 모든 회생채권 등에 관하여 그 책임을 면하고(^{법 제251조}), 회생채권자 등의 권리는 회생계획에 따라 변경되는데(^{법 제252조 제1항}), 회생계획인가결정이 있은 후의 회생절차폐지 또는 간이회생절차의 폐지는 회생계획의 수행과 법의 규정에 의하여 생긴 효력에 영향을 미치지 아니하므로(^{법 제288조 제4항}), 파산이 선고된 경우 회생계획인가에 따른 권리변경 등을 전제로 새로이 파산채권의 신고 등이 필요하기 때문이다.

따라서 법 제6조 제1항 또는 제8항의 규정에 의한 파산선고가 있는 경우 회생계획에서 인정된 회생채권을 가진 채권자는 회생계획에 의하여 변경된 권리의 채권액에 따라 파산채권을 신고하여야 하고 회생계획에 의하여 변경되기 전권리의 채권액에 따라 파산채권을 신고하여서는 아니 된다. 채권자는 회생계획에 따라 채권을 변제받은 때에도 변제받은 채권을 파산채권으로 신고하여서는 아니 된다.[28]

파산관재인도 회생계획인가결정으로 권리가 실권되거나[29] 회생계획에 의하여 권리가 변경된 대로, 나아가 회생계획의 수행 결과를 전제로 채권조사절차에서 채권 시·부인을 하여야 한다. 만일 회생채권을 가진 채권자가 인가된 회생계획에 따라 변경되기 전의 권리대로 파산채권을 신고한 경우나 회생절차에서 회생채권을 신고하지 아니하여 실권된 회생채권을 가진 채권자가 그 회생채권을 파산채권으로 신고한 경우, 회생계획에 따라 채권을 변제받은 채권자가 변제받기 전의 권리대로 파산채권을 신고한 경우에는 파산관재인은 권리가 변경되어 면책되거나 출자 전환되어 소멸한 부분, 변제된 부분 등에 대하여 이의를 진술하여야 할 것이다.

라. 소송절차의 중단과 수계

법 제6조 제1항 또는 제2항의 규정에 의한 파산선고가 있는 때에는 관리인 또는 보전관리인이 수행하는 소송절차는 중단되고, 이 경우 파산관재인 또는 그 상대방이 이를 수계할 수 있다(법 제6조 제6항). 이는 법 제6조 제8항의 규정에 의한 파산선고가 있는 때에 준용된다(법 제6조 제10항). 그런데 관리인 또는 보전관리인이 수행하던 소송절차는 파산재단에 속하는 재산과 관련된 것이 통상적인데, 법 제3편(파산절차)에는 이미 파산재단에 속하는 재산에 관하여 파산선고 당시 법원에 계속되어 있는 소송은 파산관재인 또는 상대방이 이를 수계할 수 있다고 규정하고 있어

---

28) 실무에서는 파산관재인이 파산선고 직후 인가된 회생계획에서 인정된 회생채권을 가진 채권자에게 위와 같은 파산채권을 신고할 경우의 주의사항에 관하여 안내하기도 한다.

29) 다만 회생절차에서 회생채권자가 회생절차의 개시사실 및 회생채권 등의 신고기간 등에 관하여 개별적인 통지를 받지 못하는 등으로 회생절차에 관하여 알지 못함으로써 회생계획안 심리를 위한 관계인집회가 끝날 때까지 채권신고를 하지 못하고, 관리인이 그 회생채권의 존재 또는 그러한 회생채권이 주장되는 사실을 알고 있거나 이를 쉽게 알 수 있었음에도 회생채권자 목록에 기재하지 아니한 경우에는 법 제251조의 규정에 불구하고 회생계획이 인가되더라도 그 회생채권은 실권되지 아니한다(대법원 2012. 2. 13.자 2011그256 결정). 이처럼 회생절차에서 신고되지 아니한 회생채권이 실권되지 아니하는 경우도 있으므로, 파산관재인은 회생채권으로 신고되지 아니한 채권이 파산채권으로 신고된 경우 법 제251조의 규정의 적용을 배제할 사정이 있는지를 검토하여 채권 시·부인을 하여야 할 것이다.

(법 제347조
제1항) 큰 의미는 없다.

법 제6조 제6항의 규정에 의하여 중단되어 파산관재인 또는 그 상대방이 수계할 수 있는 소송절차에는 종전의 회생절차에서 관리인이 수행 중이던 부인의 소, 부인의 청구, 부인의 청구를 인용하는 결정에 대한 이의의 소 등 부인권 행사에 기한 소송절차가 포함된다.[30] 관리인이 수행 중이던 회생채권조사확정재판의 절차나 채권조사확정재판에 대한 이의의 소의 소송절차에 관하여는 아래에서 따로 살펴본다.

마. 회생채권의 확정에 관한 절차의 처리[31]

1) 회생계획인가 전 폐지
가) 채권조사확정재판의 절차가 진행 중인 경우

회생계획인가 전에 회생절차가 폐지되어 법원이 법 제6조 제2항의 규정에 의하여 파산선고를 하였는데 회생절차폐지 당시 채권조사확정재판의 절차가 진행 중인 경우에는, 법 제6조 제5항 본문이 법 제3편(파산절차)의 규정을 적용함에 있어서 법 제2편(회생절차)에 의한 회생채권의 신고, 이의와 조사 또는 확정은 파산절차에서 행하여진 파산채권의 신고, 이의와 조사 또는 확정으로 본다고 규정하고 있으므로, 회생절차폐지 후 파산이 선고되지 않은 경우와는 달리[32] 회생절차폐지 당시 관리인을 당사자로 하여 진행 중인 채권조사확정재판의 절차가 당연히 종료된다고 할 수 없다. 이 경우 관리인이 당사자인 채권조사확정재판의 절차는 중단되어 파산관재인이 그 절차를 수계하여야 하고, 채권자는 신청을 회생채권의 확정을 구하는 것에서 파산채권의 확정을 구하는 것으로 변경하여야 한다고 본다.[33]

30) 대법원 2015. 5. 29. 선고 2012다87751 판결; 김정만, 정문경, 문성호, 남준우, "법인파산실무의 주요논점", 저스티스 통권 제124호, 한국법학원(2011), 479면.

31) 아래의 설명은 회생절차폐지 후 법원이 법 제6조 제1항 또는 제2항, 제8항의 규정에 의하여 파산선고를 한 이른바 '견련파산'에 해당하는 경우를 전제로 하는데, 회생계획불인가결정 등이 확정되어 법원이 위 규정에 의하여 파산선고를 한 경우와 법 제7조 제1항에 의하여 파산선고를 받은 채무자에 대하여 회생계획인가 전 회생절차폐지결정 등이 확정되어 파산절차가 속행되는 경우에도 동일하게 해석할 수 있을 것이다. 그러나 견련파산이 아닌 법 제3편(파산절차)의 규정에 의한 파산선고가 된 경우에는 그렇지 아니하다고 보아야 한다.

32) 회생계획인가 전에 회생절차가 폐지되었는데 법 제6조 제2항의 규정에 의한 파산이 선고되지 아니한 경우에는 진행 중인 채권조사확정재판의 절차는 종료된다고 본다.

33) 회생절차에서 채권조사확정재판을 신청한 채권자가 파산선고 후 그 신청을 회생채권의 확정을 구하는 것에서 파산채권의 확정을 구하는 것으로 변경하지 않더라도, 파산채권의 존부를 확정하는 주문의 재판을 하는 실무례도 있다. 이에 대하여 채권자는 파산선고 후 파산채권의 확정을 구하는 것으로 신청을 변경하지 않아도 되고 법원은 회생채권의 존부를 확정하는 재판을

다만 법 제6조 제5항 단서는 법 제134조 내지 제138조의 규정에 의한 채권의 이의, 조사 및 확정에 관하여는 그러하지 아니하다고 규정하고 있어 회생절차에서 신고된 회생채권이 법 제134조 내지 제138조의 규정에 의한 채권인 경우 그 이의, 조사 및 확정은 파산절차에서 행하여진 파산채권의 이의와 조사 또는 확정으로 볼 수 없다. 법 제6조 제5항 단서의 규정상 그 채권은 파산절차에서 파산채권으로서 새로이 조사되어야 하므로, 회생절차폐지 당시 진행 중인 그 채권에 관한 채권조사확정재판의 절차는 견련파산의 경우에도 종료된다고 본다.

한편 회생절차가 폐지되어 법원이 법 제6조 제2항의 규정에 의하여 파산선고를 한 견련파산이 아닌, 회생절차폐지결정이 확정된 후 법 제3편(파산절차)의 규정에 의한 파산선고가 된 경우에는 법 제6조 제5항의 규정이 적용되지 아니하므로, 회생절차폐지 당시 진행 중인 채권조사확정재판의 절차는 종료된다고 보아야 한다.

나) 채권조사확정재판에 대한 이의의 소가 계속 중인 경우

회생절차폐지 당시 채권조사확정재판에 대한 이의의 소가 계속 중인 경우에는,[34] 위에서 본 바와 같이 법 제6조 제5항 본문의 규정상 회생절차폐지 당시 계속 중인 회생채권조사확정재판에 대한 이의의 소는 파산채권조사확정재판에 대한 이의의 소로 취급되어야 하므로, 이 경우 관리인이 당사자인 그 소송절차는 중단되어 파산관재인이 그 소송절차를 수계하여야 하고, 청구가 변경되어야 한다고 본다.[35)36]

하면 될 뿐이며, 그에 따라 확정된 회생채권을 법 제6조 제5항의 규정에 의하여 파산절차에서는 확정된 파산채권으로 취급하면 충분하다는 견해도 있다.

34) 회생계획인가 전에 회생절차가 폐지되었는데 법 제6조 제2항의 규정에 의한 파산이 선고되지 아니한 경우에는 관리인이 당사자인 이의의 소의 소송절차는 중단되어 채무자가 그 소송절차를 수계하여야 하고 권리자는 청구를 채권의 이행 등을 구하는 것으로 변경할 수 있다고 본다. 반면 관리인이 아닌 이의한 다른 회생채권자 등이 당사자인 이의의 소의 소송절차는 종료된다고 본다.

35) 관리인이 회생채권이 존재함을 확정한 채권조사확정재판에 불복하여 이의의 소를 제기한 것이라면 파산관재인은 청구를 채권조사확정재판의 변경과 파산채권이 존재하지 아니함의 확정을 구하는 것으로 변경하여야 하고, 채권자가 회생채권이 존재하지 아니함을 확정한 채권조사확정재판에 불복하여 이의의 소를 제기한 것이라면 채권자는 청구를 채권조사확정재판의 변경과 파산채권이 존재함의 확정을 구하는 것으로 변경하여야 할 것이다. 이에 대하여도 파산관재인이나 채권자는 파산선고 후 그 청구를 변경하지 않아도 되고 법원은 회생채권의 존부를 확정한 채권조사확정재판을 그대로 인가하거나 변경하는 판결을 할 수 있다는 견해도 있다.

36) 다만 회생절차에서 신고된 회생채권이 법 제134조 내지 제138조의 규정에 의한 채권인 경우 법 제6조 제5항 단서의 규정상 그 채권은 파산절차에서 파산채권으로서 새로이 조사가 되어야 하는데, 회생절차폐지 당시 계속 중인 그 채권에 관한 채권조사확정재판에 대한 이의의 소의 소송절차가 견련파산의 경우 당연히 종료되는지와 그 취급에 관하여는 견해의 대립이 있다.

2) 회생계획인가 후 폐지[37)]

가) 채권조사확정재판의 절차가 진행 중인 경우

회생계획인가 후에 회생절차가 폐지되어 법원이 법 제6조 제1항 또는 제8항의 규정에 의하여 파산선고를 하였는데 회생절차폐지 당시 채권조사확정재판의 절차가 진행 중인 경우에는,[38)] 법 제6조 제5항과 같은 규정이 없어 파산절차에서 새로이 파산채권의 신고, 이의와 조사 또는 확정의 절차를 거쳐야 하기에, 회생절차폐지 당시 진행 중인 채권조사확정재판의 절차를 어떻게 취급할지에 관하여 견해의 대립이 있다.[39)]

이에 관하여는, ① 파산절차에서 새로이 파산채권으로서의 신고 등의 절차를 거쳐야 하므로 회생절차폐지 당시 진행 중인 회생채권조사확정재판의 절차는 종료된다고 보고, 파산절차에서 진행되는 파산채권조사확정재판의 절차를 통해 파산채권으로 확정하면 충분하다는 견해, ② 회생절차폐지 당시 관리인을 당사자로 하여 진행 중인 회생채권조사확정재판의 절차는 중단되어 파산관재인이 그 절차를 수계하여야 하고 채권자는 신청을 회생채권의 확정을 구하는 것에서 파산채권의 확정을 구하는 것으로 변경하여야 한다는 견해,[40)] ③ 회생절차폐지 당시 관리인을 당사자로 하여 진행 중인 회생채권조사확정재판의 절차는 중단되어

---

37) 구 회사정리법상 회사정리절차에 관한 것이나 대법원 2007. 10. 11. 선고 2006다57438 판결은 "구 회사정리법 제278조에 의하면, 정리계획인가 후의 정리절차의 폐지는 그 동안의 정리계획의 수행이나 법의 규정에 의하여 생긴 효력에 영향이 미치지 아니하므로, 정리절차가 폐지된 후에도 구 회사정리법 제241조에 의한 면책의 효력과 구 회사정리법 제242조에 의한 권리변동의 효력은 그대로 존속하고, 여전히 권리확정의 필요가 있다. 따라서 정리절차폐지로 인하여 종전에 계속중이던 권리확정소송이 당연히 종료한다거나 그 소의 이익이 없어진다고 볼 수 없고, 정리절차폐지 후 파산이 선고되었다 하더라도 마찬가지이다."라고 판시하였다.

38) 회생계획인가 후에 회생절차가 폐지되었는데 법 제6조 제1항의 규정에 의한 파산이 선고되지 아니한 경우에는(다만 회생계획인가 후 폐지의 경우 파산선고가 되지 않는 경우는 제한적일 수밖에 없다) 관리인이 당사자인 채권조사확정재판의 절차는 중단되어 채무자가 그 절차를 수계하여야 하고, 관리인이 아닌 다른 회생채권자 등이 당사자인 채권조사확정재판의 절차는 중단되지 않고 계속 진행된다고 본다.

39) 일본 민사재생법 제254조 제5항은 재생계획인가결정의 확정 후에 재생절차가 종료한 때에 소송이 계속하는 것으로 하는 재생절차가 종료한 때 실제로 계속하는 재생신청 등 사정신청과 관계있는 사정절차는 제252조 제1항 각 호 또는 제3항에 규정하는 파산절차개시결정이 있는 때에는 종료한다고 규정하고 있다. 이는 재생절차의 간이, 신속한 재생채권 등의 사정절차를 파산절차에 인계할 필요성 내지 합리성이 없기 때문이라고 한다(條解民事再生法, 1292면; 伊藤眞, 1147면). 일본 회사갱생법 제256조 제5항은 제163조 제1항의 규정에 따라 갱생계획인가결정 후에 갱생절차가 종료한 때에 계속하여 계속되어 있는 것으로 하는 갱생절차가 종료한 당시 계속하는 갱생채권 등 사정신청의 절차는 제254조 제1항 각 호 또는 제3항에 규정하는 파산절차개시결정이 있는 때에는 종료한다고 규정하고 있다.

40) 서울중앙지방법원 파산부 실무연구회, "도산절차와 소송 및 집행절차", 박영사(2011), 116, 117면; 김정만, 정문경, 문성호, 남준우, "법인파산실무의 주요논점", 저스티스 통권 제124호, 한국법학원(2011), 479면.

파산관재인이 그 절차를 수계하여야 하나, 회생절차가 폐지되어 파산절차로 이행된 견련파산의 경우에도 인가된 회생계획에 따라 권리가 변경되기 위한 전제로서 여전히 회생채권으로서의 권리확정절차가 필요하므로 채권자는 그 신청을 변경하여서는 아니 되고,[41] 파산절차에서 새로이 파산채권으로서의 신고, 조사 또는 확정의 절차를 거치더라도 그 절차는 회생절차에서의 회생채권으로서 확정과 인가된 회생계획에 따른 권리변경을 전제로 하는 별개의 절차이므로 회생채권조사확정절차로서 계속되어야 한다는 견해가 있다.

서울회생법원의 종전 실무는 위 ①설에 따라 실무를 운용하여 왔으나, ③설이 유력하다.

나) 채권조사확정재판에 대한 이의의 소가 계속 중인 경우

회생절차폐지 당시 회생채권조사확정재판에 대한 이의의 소가 계속 중인 경우에도 그 소송절차를 어떻게 취급할지에 관하여 견해의 대립이 있다.[42]

이에 관하여는, ① 회생절차폐지 당시 관리인을 당사자로 하여 계속 중인 회생채권조사확정재판에 대한 이의의 소의 소송절차는 중단되어 파산관재인이 그 소송절차를 수계하여야 하고, 청구가 변경되어야 한다는 견해,[43] ② 회생절차폐지 당시 관리인을 당사자로 하여 계속 중인 회생채권조사확정재판에 대한 이의의 소의 소송절차는 중단되어 파산관재인이 그 소송절차를 수계하여야 하는 것은 같으나, 그 청구를 변경하여서는 아니 되고, 법원은 회생채권의 존부를 확정한 회생채권조사확정재판을 그대로 인가하거나 변경하는 판결을 하면 충분하며, 파산절차에서 새로이 파산채권으로서의 신고, 조사 또는 확정의 절차를 거치더라도 이는 회생채권의 확정을 전제로 하는 것이어서 회생채권확정절차와는 별개의 절차라는 견해가 있다.[44]

---

41) 최두호, "법인파산절차에서의 몇 가지 쟁점", 도산법연구 제1권 제1호, 사단법인 도산법연구회 (2010), 228면.
42) 회생계획인가 후에 회생절차가 폐지되었는데 법 제6조 제1항의 규정에 의한 파산이 선고되지 아니한 경우에는 관리인이 당사자인 이의의 소의 소송절차는 중단되어 채무자가 수계하여야 하고, 관리인이 아닌 이의한 다른 회생채권자 등이 당사자인 이의의 소의 소송절차는 중단되지 않고 계속 진행된다고 본다.
43) 서울중앙지방법원 파산부 실무연구회, "도산절차와 소송 및 집행절차", 박영사(2011), 117면.
44) 이 경우 채권자가 회생절차폐지 당시 계속 중인 회생채권조사확정재판에 대한 이의의 소에서 그 존부 및 범위가 다투어지고 있는 회생채권을, 파산절차에서 새로이 파산채권으로서 신고한 때에, 위 이의의 소를 법 제464조가 규정한 이의가 있는 파산채권에 관하여 파산선고 당시 계속되어 있는 소송에 해당한다고 볼 수 있는지에 관하여는 견해의 대립이 있을 수 있다.

바. 유효한 행위의 범위 결정

법 제6조 제1항 또는 제2항의 규정에 의한 파산선고가 있는 때에는 법 제2편(회생절차)의 규정에 의하여 회생절차에서 행하여진 ① 법원, ② 관리인·보전관리인·조사위원·간이조사위원·관리위원회·관리위원·채권자협의회, ③ 채권자·담보권자·주주·지분권자(주식회사가 아닌 회사의 사원 및 그 밖에 이와 유사한 지위에 있는 자를 말한다), ④ 그 밖의 이해관계인의 어느 하나에 해당하는 자의 처분·행위 등은 그 성질에 반하지 아니하는 한 파산절차에서도 유효한 것으로 본다(법 제6조 제7항 전문).[45] 이 경우 법원은 필요하다고 인정하는 때에는 유효한 것으로 보는 처분·행위 등의 범위를 파산선고와 동시에 결정으로 정할 수 있다 (법 제6조 제7항 후문).[46] 이는 법 제6조 제8항의 규정에 의한 파산선고가 있는 때에 준용된다 (법 제6조 제10항).

실무에서는 법원이 법 제6조 제7항 후문에 의하여 유효한 것으로 보는 처분·행위 등의 범위를 따로 정하지는 아니하는 것이 일반적이다.

제 3 절 파산절차의 속행

파산선고를 받은 채무자에 대하여 ① 회생절차개시신청 또는 간이회생절차

---

45) 대법원 2017. 4. 26. 선고 2015다6517, 6524, 6531 판결은 "회생계획인가의 결정이 있은 후 회생절차가 폐지되는 경우 그동안의 회생계획의 수행이나 법률의 규정에 의하여 생긴 효력에 영향을 미치지 아니하므로(법 제288조 제4항), 회생절차가 폐지되기 전에 관리인이 법 제119조 제1항에 따라 계약을 해제하였다면 이후 회생계획폐지의 결정이 확정되어 법 제6조 제1항에 의한 직권 파산선고에 의하여 파산절차로 이행되었다고 하더라도 위 해제의 효력에는 아무런 영향을 미치지 아니한다."라고 판시하였다.

46) 구 회사정리법은 견련파산의 경우 법원은 정리절차에서 구 회사정리법에 의하여 행하여진 법원, 관리인 등의 처분이나 행위 등에 대하여 그 성질에 반하지 아니하는 한 파산절차에서도 이를 유효한 것으로 인정할 수 있고, 이 경우 법원은 유효한 것으로 인정하는 처분이나 행위 등의 범위를 파산선고와 동시에 결정으로 정하도록 하였다(구 회사정리법 제24조 제4항). 이와 관련하여, 이론상 회사정리절차에서 구 회사정리법에 따라 이루어진 처분이나 행위는 당연히 유효하고, 실무상 종료된 회사정리절차에서 이루어진 모든 처분이나 행위를 법원이 일일이 가려 유효한 것으로 인정하는 것은 불가능하다는 비판이 있었다. 실무에서도 단순히 "서울중앙지방법원 20○○회○○ 회사정리 사건의 절차에서 회사정리법에 의하여 행하여진 법원, …의 처분이나 행위 등은 그 성질에 반하지 아니하는 한 파산절차에서도 이를 유효한 것으로 인정한다."와 같이 추상적인 형태로 주문을 기재하여 왔는데, 그와 같은 비판을 수용하여 현행법은 구 회사정리법에서와 같이 법원이 반드시 유효한 것으로 인정하는 행위 등의 범위를 정하는 결정을 할 필요가 없도록 하였다.

개시신청의 기각결정(법 제293조의5 제2항 제2호 가목의 회생절차개시결정이 있는 경우는 제외한다), ② 회생계획인가 전 회생절차폐지결정 또는 간이회생절차폐지결정(법 제293조의5 제3항에 따른 간이회생절차폐지결정시 같은 조 제4항에 따라 회생절차가 속행된 경우는 제외한다), ③ 회생계획불인가결정이 확정된 때에는, 아직 회생계획인가결정이 있기 전이어서 기존의 파산절차가 그 효력을 잃지 아니하였으므로 회생절차개시결정의 효과 등으로 중지된 기존의 파산절차가 속행되게 된다.

이처럼 파산절차가 속행되는 경우, 회생절차에서의 공익채권은 채무자 또는 관리인에 대하여 파산선고 후의 원인으로 생긴 재산상의 청구권이어서 파산채권에도 해당하지 아니하고 회생절차에서의 공익채권과 파산절차에서의 재단채권을 동일한 정도로 보호할 필요성이 있으므로, 법은 기존의 파산절차가 속행되는 때에는 그 공익채권은 재단채권으로 하도록 규정하고 있다(^{법 제7조}_{제1항}). 또한 법은 위와 같이 파산절차가 속행되는 경우에 견련파산에서의 법 제6조 제5항 내지 제7항의 규정을 준용하도록 규정함으로써(^{법 제7조}_{제2항}), 파산절차가 속행되는 경우 중지되었던 기존의 파산절차와 그 후의 종료된 회생절차, 속행된 파산절차 사이의 연속성을 유지하도록 하고 있다.

제19장

· · ·

법인의
해산·청산*

제1절 법인의 해산

1. 의 의

법인의 해산이란, 법인의 인격을 소멸시키는 원인이 되는 법률사실을 말한다. 자연인이 사망하는 것처럼 법인도 해산을 통해 그 인격이 소멸하게 된다.[1] 다만 자연인이 사망하는 경우에는 상속과 같은 포괄적 승계를 통해 기존의 법률관계가 그대로 이어지지만, 법인에게는 그러한 포괄적인 승계가 인정되지 않는다. 결국 법인이 해산한 경우에는 스스로 기존의 법률관계를 처리해야 하는데, 이러한 처리과정을 청산절차라 한다.

법인의 해산·청산절차는 법인이 보유한 총재산을 모두 환가하여 전체 채권자와 그 구성원에게 나누어준다는 점에서 포괄집행의 성격을 갖는다. 이러한 점에서 법인의 해산·청산절차는 법인파산 절차와 그 본질이 같다고 할 수 있다.[2]

2. 해산원인

가. 존립기간의 만료 등 정관에 정한 해산사유의 발생

민법상 법인은 존립기간의 만료, 법인의 목적의 달성 또는 달성의 불능 기타 정관에 정한 해산사유가 발생하면 해산한다(민법 제77조 제1항). 사단법인의 경우 '존립시기나 해산사유를 정하는 때에는 그 시기 또는 사유'가 정관의 필수적 기재사항이나(민법 제40조 제7호), 존립기간이나 해산사유를 정하지 않은 경우에는 정관에 이를 기재하지 않아도 정관이 무효가 되는 것은 아니다.[3]

---

* 법인의 해산·청산절차는 민법·상법이나 법인의 설립 근거가 되는 개별 법령의 적용을 받으므로, 「채무자 회생 및 파산에 관한 법률」이 적용되는 법인파산절차와는 구별된다. 그러나 파산은 법인의 해산사유가 되고, 청산 중인 법인의 재산이 채무를 완제하기 부족한 경우에는 청산인에게 파산신청의 의무가 부과되어 있는 등 법인의 파산절차와 해산·청산절차는 서로 밀접한 관련을 가진다. 이하에서는 실무상 자주 문제가 되는 법인의 해산 및 청산절차, 외국회사 영업소의 폐쇄에 관하여 순차로 설명한다.

1) 법인은 계속하여 존속할 수 있음에도 그 인격을 소멸시키는 경제적인 이유는 임치용(2), 9면.

2) 참고로 영국은 회사의 청산절차를 회사법(Companies Act)에서 규율하다가, 1986년 도산법 (Insolvency Act 1986)을 제정하면서 개인의 도산뿐 아니라 회사의 강제청산(Winding-up by the court, 파산)과 임의청산(Voluntary Winding-up)을 함께 규율하고 있고, 도산국(Insolvency Service)에서 그 업무를 총괄하고 있다.

상법상 회사도 존립기간 만료 기타 정관으로 정한 사유의 발생으로 해산한다(상법 제227조 제1호, 제269조, 제287조의38). 이러한 존립기간 또는 해산사유는 법인등기부에 등기해야 한다(상법 제180조 제3호, 제271조 제1항, 제287조의5 제1항).

존립기간은 해산의 의사가 명확히 인식될 수 있도록 확정적으로 기재하여야 하지만, 반드시 해산의 연월일을 기재해야 하는 것은 아니다(예를 들어 '회사가 보유한 특허권의 만료시점'으로 정하여도 된다). 존립기간이 만료되어 해산한 경우, 정관변경을 통해 그 해산사유를 변경하는 것은 허용되지 않지만,[4] 회사는 사원 전부 또는 일부의 동의(상법 제229조 제1항, 제269조, 제287조의40)[5] 또는 총회의 특별결의로(상법 제519조, 제610조 제1항) 계속할 수 있고,[6] 사단법인도 위 규정을 유추적용하여 총회의 결의로 계속할 수 있다.[7]

그 밖에도 사원의 수가 일정 수 이하가 된 때, 이사의 선임이 불가능한 때, 자산유동화전문회사에서 목적자산의 존속기한이 종료되고 회사 채무가 전액 상환된 때 등을 해산사유로 정할 수도 있다. 제3자의 의사에 따라 법인이 해산한다고 정하는 것이 가능한지에 대해서는 논란이 있다.[8]

민법상 법인의 해산사유인 '법인의 목적의 달성 또는 달성의 불능'은 사회통념에 따라 객관적으로 판단해야 하고, 이사회 또는 이사의 주관적인 판단에 따라서는 안 된다.[9] 금융조합령에 의하여 설립된 사단법인인 북한 지역 내 금융조합이 해방 이후 업무집행이 사실상 중단되었다고 하여도 목적의 달성이 불능이라고 단정할 수 없다.[10] 말의 이용증진, 적정거래 등 마사진흥을 목적으로 하여 경마 사업을 주된 사업으로 한 사단법인이 법률에 의해 경마를 할 수 없게 되어도 경마 이외의 사업을 하고 있을 때에는 목적인 사업의 성공이 불능이라고

---

3) 민법주해(I), 736면.

4) 다만 존립기간 만료 이전에 총사원의 동의로 정관을 변경하여 위 존립기간을 폐지한 경우에는 비록 위 존립기간이 지난 후라 할지라도 해산등기와 회사계속등기를 할 필요가 없고, 위 존립기간 폐지의 변경등기를 신청할 수 있다. 상업등기선례 제1-68호(1994. 6. 3. 등기 3402-495 질의회답).

5) 동의하지 않은 사원은 퇴사한 것으로 본다(상법 제229조 제1항 후문).

6) 존립기간이 만료된 후 또는 정관에 정한 해산사유가 발생한 후 특별결의로 회사계속을 결의하고 존립기간·해산사유에 관한 정관 규정을 폐지한 경우, 해산의 효력은 이미 발생하였으므로, 먼저 해산등기를 하고 회사계속 등기와 존립기간·해산사유의 폐지에 관한 등기를 하여야 한다. 상업등기선례 제1-254호(1985. 5. 25. 등기 제275호), 상업등기선례 제1-256호(1993. 11. 18. 등기 제2855호 질의회답).

7) 민법주해(I), 736면.

8) 민법주해(I), 736, 737면은 법인의 독립성을 해치므로 인정되지 않는다고 한다.

9) 일본 東京高等裁判所 昭和34年7月23日 昭和31(ネ)第2409号, 昭和33(ネ)第512号 判決.

10) 대법원 1955. 7. 7. 선고 4288민상148 판결.

할 수 없다.[11] 자금조달이 어려워 목적인 사업의 성공이 불가능하게 되었다고 하여 해산결의를 하더라도, 그 목적달성의 가망이 없는 것이 아닌 때에는 그 해산결의는 무효이다.[12] 학교법인은 목적의 달성이 불가능한 때 해산하는데, 이사 정수 2/3 이상의 동의를 얻어 주무장관의 인가를 받아야 한다(사립학교법 제34조 제2항).[13]

나. 해산결의

사단법인은 정관에 다른 규정이 없는 한 총사원의 3/4 이상의 결의로 해산한다(민법 제77조, 제2항, 제78조). 해산결의의 요건을 변경하여 총사원의 동의를 요구하거나, 특정 사원에게 거부권을 인정하는 것뿐만 아니라,[14] 그 결의요건을 완화하는 것도 가능하다.[15] 다만 사원총회의 해산결의 권한을 박탈하여 다른 기관에 맡길 수는 없다.[16] 조건부·기한부 해산결의는 효력이 없다(통설).[17] 사원총회는 언제든지 해산결의를 철회할 수 있다.[18]

주식회사는 주주총회의 특별결의(출석한 주주 의결권의 2/3 이상, 발행주식총수의 1/3 이상)(상법 제517조, 제2호, 제518조), 유한회사는 사원총회의 특별결의(총사원의 1/2 이상, 총사원의 의결권의 3/4 이상)(상법 제609조 제1항, 제2호, 제2항), 합명회사·합자회사·유한책임회사는 총사원의 동의에(상법 제227조 제2호, 제269조, 제287조의38 제1호) 의하여 해산한다. 이러한 해산결의의 요건을 완화하는 것은 무효이나, 강화하는 것은 허용된다는 것이 통설이다.[19] 조건부·기한부 해산결의는 효력이 없다(통설). 해산결의의 내용은 분명하게 해산한다는 의사

---

11) 일본 東京地方裁判所 昭和32年3月30日 昭和29(ワ)第1991号 判決.

12) 일본 東京高等裁判所 昭和34年7月23日 昭和31(ネ)第2409号, 昭和33(ネ)第512号 判決.

13) 인가의 효력과 관련하여, 대법원 1989. 5. 9. 선고 87다카2407 판결은 "원래 인가는 다른 사람의 법률적 행위의 효력을 보충하여 이를 완성시켜 주는 보충적 행정행위에 지나지 않으므로, 기본적 행위인 해산결의가 성립하지 않거나 무효인 때에는 인가를 받았다 하여 해산결의가 유효하게 되는 것은 아니며 인가도 무효로 되는 것이다."라고 판시하였다.

14) 민법주해(Ⅰ), 740면.

15) 대법원 2007. 7. 24.자 2006마635 결정은 "민법 제78조의 문언의 취지 및 도시 및 주거환경정비법상 해산결의의 최소요건을 규정하고 있지는 않은 점에 비추어, 주택재건축정비사업조합이 정관으로 해산결의의 요건을 정함에 있어 총조합원 4분의 3 이상의 동의보다 완화하여 규정하는 것도 가능하고, 그것이 통상의 결의 요건에도 미달하는 등 현저히 타당성이 없는 경우가 아닌 한 유효하다고 할 것이다."라고 판시하였다.

16) 민법주해(Ⅰ), 740면.

17) 상업등기실무(Ⅱ), 376면; 임치용(2), 10면. 이에 대해 민법주해(Ⅰ), 741면은 기한부나 조건부 해산결의를 부정할 이유가 없다고 하여 통설에 반대하고 있다. 한편 일본 大審院 大正2年6月28日 明治45(オ)第221号 判決은 주식회사의 기한부 해산결의를 인정한 바 있다.

18) 민법주해(Ⅰ), 741면.

19) 주석 상법 [회사(Ⅴ)], 269면. 다만, 해산결의의 요건으로 특정 주주의 동의를 추가하는 것은 가능하지 않다고 본다.

가 표시되어야 하므로, 단순히 영업을 정지한다는 결의나 모든 재산을 양도한다는 결의는 해산결의라고 할 수 없다. 이사에 관하여 법원의 직무집행정지와 그 대행자선임 가처분결정이 있는 경우에도 주주총회에서 해산결의를 할 수 있다.[20] 다만 직무대행자는 가처분명령에 다른 정함이 있는 경우 외에는 회사의 상무에 속하지 아니한 행위를 하지 못하는데, 해산결의를 위한 주주총회를 직무대행자가 소집하기 위해서는 직무대행자선임 가처분결정 당시 직무대행자에게 이에 대한 권한을 부여하였거나, 이에 관하여 법원의 허가가 있어야 한다.[21] 금융투자업자(^{자본시장과 금융투자업에 관한} ^{법률 제417조 제1항 제3호}), 은행(^{은행법 제55조} ^{제1항 제2호}), 보험회사(^{보험업법} ^{제139조}), 상호저축은행(^{상호저축은행법} ^{제10조 제1항 제1호}), 선주상호보험조합(^{선주상호보험조합} ^{법 제46조 제3항}) 등과 같이 주무관청의 승인 또는 인가를 받아야 해산결의가 효력을 발생하는 경우도 있다.[22] 회사의 해산결의가 있더라도 청산이 종결되기 전까지는[23] 사원 전부 또는 일부의 동의나 (^{상법 제229조 제1항,} ^{제269조, 제287조의40}) 총회의 특별결의로(^{상법 제519조,} ^{제610조 제1항}) 회사를 계속할 수 있다.[24]

다. 사원의 부존재

사단법인은 사원이 없게 된 때(^{민법 제77조} ^{제2항}), 합명회사는 사원이 1인으로 된 때 (^{상법 제227조} ^{제3호}), 합자회사는 무한책임사원 또는 유한책임사원의 전원이 퇴사한 때 (^{상법 제285조} ^{제1항}),[25] 유한책임회사는 사원이 없게 된 때(^{상법 제287조의38} ^{제2호}) 각 해산한다. 반면

---

20) 상업등기실무(Ⅱ), 376면.

21) 대법원 2007. 6. 28. 선고 2006다62362 판결.

22) 집단에너지사업자의 경우 해산결의를 산업통상자원부장관에게 신고하여야 한다(집단에너지사업법 제14조 제2항).

23) 일본 大審院 昭和8年2月7日 昭和8(ク)54号 決定은 청산절차가 종결되어 법인격이 소멸하기 전까지 회사계속결의가 가능하다고 하였다. 다만 형식적 심사권밖에 없는 등기관은 회사계속 등기신청서에 첨부된 서류만으로는 청산이 종결되었는지 확인할 수 없기에 이를 확인하지 못하고 회사계속의 등기신청을 수리할 수밖에 없을 것이다. 한편 상법 제520조의2 제4항에 의해 청산이 종결된 것으로 간주된 경우에는 회사를 계속할 수 없다[상업등기실무(Ⅱ), 431, 432면].

24) 대법원 1997. 9. 9. 선고 97다12167 판결은 "청산 중인 주식회사의 청산인을 피신청인으로 하여 그 직무집행을 정지하고 직무대행자를 선임하는 가처분결정이 있은 후, 그 선임된 청산인 직무대행자가 주주들의 요구에 따라 소집한 주주총회에서 회사를 계속하기로 하는 결의와 아울러 새로운 이사들과 감사를 선임하는 결의가 있었다고 하여, 그 주주총회의 결의에 의하여 청산인 직무대행자의 권한이 당연히 소멸하는 것은 아니라고 할 것이나, 다만 특별한 사정이 없는 한 위 주주총회의 결의에 의하여 위 직무집행정지 및 직무대행자선임의 가처분결정은 더 이상 유지될 필요가 없는 사정변경이 생겼다고 할 것이므로, 위 가처분에 의하여 직무집행이 정지되었던 피신청인으로서는 위 사정변경을 이유로 가처분이의의 소를 제기하여 위 가처분의 취소를 구할 수 있다고 할 것이다."라고 판시하였다.

25) 이 경우 잔존한 무한책임사원 또는 유한책임사원은 전원의 동의로 새로 유한책임사원 또는 무한책임사원을 가입시켜서 회사를 계속할 수 있는데(상법 제285조 제2항), 잔존하는 무한책임사원 또는 유한책임사원 중 회사계속에 동의하지 않는 사원이 있는 때에, 다른 사원만의 동의

물적회사인 주식회사, 유한회사는 구성원의 부존재로 해산하지 아니한다. 한편 변호사법 제58조 제1항은 법무법인에 대하여 합명회사에 관한 조항을 준용하도록 되어 있어, 법무법인 구성원이 1인만 남은 경우에는 해산해야 하는지 견해대립이 있는데, 구성원이 1인으로 된 경우에는 구성원 전원의 동의에 의한 해산으로 보아야 하지만, 임의청산은 허용되지 않으므로(상법 제247조 제2항) 공정한 청산을 위해 청산인을 선임하는 것이 타당하다.[26]

라. 회사해산명령

이에 관하여는 제19장 제1절 3. 참조.

마. 회사해산판결[27]

회사해산판결은 회사의 사원(주주)의 이익을 보호하기 위하여 소송으로 회사의 해산을 명하는 판결을 말한다. 아래에서 살펴볼 회사해산명령과 달리, 회사해산판결은 비송이 아닌 소송으로 회사의 종류별로 개별적으로 규정되어 있는데, 합명회사·합자회사·유한책임회사의 경우에는 사원간의 불화가 극심하여 그 상태로는 회사의 존속이 곤란한 경우로 사원의 제명, 퇴사, 지분양도, 총사원의 동의에 의한 해산이 곤란한 부득이한 사유가 있는 때 사원의 청구에 의해(상법 제241조 제1항, 제269조, 제287조의42), 주식회사와 유한회사의 경우 회사의 업무가 현저한 정돈(停頓)상태를 계속하여 회복할 수 없는 손해가 생기거나 생길 염려가 있는 때, 회사재산의 관리 또는 처분의 현저한 실당(失當)으로 인하여 회사의 존립을 위태롭게 한 경우로서 부득이한 사유가 있는 때 발행주식 총수 10% 이상의 주식을 가진 주주(10% 이상의 출자좌수를 가진 사원)의 청구에 의해(상법 제520조 제1항, 제613조 제1항,) 하게 된다.

회사해산판결에는 합명회사의 설립무효·취소에 관한 상법 제186조(전속관할), 제191조(패소원고의 책임)가 준용된다(상법 제241조 제2항, 제269조, 제287조의42, 제520조 제2항, 제613조 제1항,). 회사해산판결은 본점 소재지의 지방법원에 전속한다.

로 새로 유한책임사원 또는 무한책임사원을 가입시켜서 회사를 계속할 수 있는지에 관하여 의견대립이 있으나, 실무는 할 수 없다고 한다[상업등기선례 제2-12호(2007. 3. 14. 공탁상업등기과-273 질의회답)].

26) 이에 관하여는 임치용(2), 11, 12면.

27) 회사해산청구의 소에 관한 자세한 내용은 주석 상법 [회사(Ⅴ)], 267, 274-277면; 임재연, 회사소송, 박영사(2010), 370-373면; 會社法大系(4), 207-222면, 423-435면.

바. 휴면회사의 해산의제

휴면회사란, 영업을 폐지하였음에도 해산등기와 청산등기를 하지 않고 방치하는 바람에 등기부상으로는 계속 존속하고 있는 주식회사(유한회사에는 준용되지 않는다)를 말한다. 휴면회사는 다른 사람의 상호선정 자유를 침해하고, 회사범죄의 수단이 될 수 있으므로,[28] 1984년 상법을 개정하면서 휴면회사에 대한 해산과 청산을 의제하는 규정을 신설하였다.

법원행정처장이 최후의 등기 후 5년을[29] 경과한 회사는 본점의 소재지를 관할하는 법원에 아직 영업을 폐지하지 아니하였다는 뜻의 신고를 할 것을 관보로 공고한 경우에, 그 공고한 날에 이미 최후의 등기 후 5년을 경과한 회사로서 공고한 날로부터 2월 이내에 대통령령이 정하는 바에 의하여 신고를 하지 아니한 때에는, 그 회사는 그 신고기간이 만료된 때에 해산한 것으로 본다. 그러나 그 기간 내에 등기를 한 회사에 대하여는 그렇지 않다(상법 제520조의2 제1항). 위와 같은 공고가 있는 때에는 법원은 해당회사에 대하여 그 공고가 있었다는 뜻의 통지를 발송하여야 한다(상법 제520조의2 제2항). 해산된 것으로 의제된 회사는 그 후 3년 이내에는 주주총회 특별결의에 의하여 회사를 계속할 수 있다(상법 제520조의2 제3항). 해산간주가 된 회사가 회사를 계속하지 아니한 경우 3년이 경과한 때에 청산이 종결된 것으로 본다(상법 제520조의2 제4항). 청산종결의 등기를 마치면 같은 날 당해 등기부는 폐쇄되고, 회사계속등기를 할 수 없게 된다.[30]

사. 그 밖의 해산원인

파산은 모든 법인의 해산사유이다(민법 제77조 제1항, 상법 제227조 제5호, 제269조, 제287조의38, 제1호, 제517조 제1항 제1호, 제609조 제1항 제1호).

---

28) 이러한 휴면회사는 해산 전까지 장기간 존속한 경우 세법상 중과세(지방세법 제13조 제2항, 제28조 제2항 등)를 피할 수 있다는 이점이 있어 시장에서 거래되기도 한다. 대법원 2009. 4. 23. 선고 2008두4534 판결은 등록세 중과대상을 규정하고 있는 구 지방세법(2006. 12. 30. 법률 제8147호로 개정되기 전의 것) 제138조 제1항 제1호, 제3호의 '법인의 설립'은 '설립등기에 의한 설립'을 뜻하는 것이므로, 설립등기를 마친 후 폐업한 휴면법인을 제3자가 등록세 등의 중과를 회피하기 위하여 인수하였다 하더라도 이는 '법인의 설립'에 해당한다고 볼 수는 없다는 취지로 판시하였다.

29) 참고로 일본 회사법 제472조는 주식회사의 경우 그 회사에 관한 등기가 마지막으로 있던 날로부터 12년을 경과한 휴면회사에 관하여 법무대신이 사업을 폐지하지 아니하였다는 신청을 본점 소재지의 관할 등기소에 2개월 내에 하라고 관보에 공고한 경우에는 그 기간에 신청이 되지 않으면 2개월을 경과한 날에 해산되는 것으로 보고 있다. 이사의 임기가 최장 10년까지 연장할 수 있기 때문에 최후의 등기 후 경과기간이 12년이 지나야만 휴면회사가 된다고 한다.

30) 이에 관한 자세한 내용은 상업등기실무(Ⅱ), 406, 421-422면.

상법상 회사는 합병으로 해산될 수 있다(상법 제227조 제4호, 제269조, 제287조의38 제1호, 제517조 제1항 제1호, 제609조 제1항 제1호). 주식회사는 분할·분할합병으로 해산될 수 있다(상법 제517조 제1호의2). 최저자본금에 미달하는 주식회사(상법 부칙(1984. 4. 10.) 제4조 제2항.), 최저자본총액과 최저출좌 1좌의 금액에 미달하는 유한회사는(상법 부칙(1984. 4. 10.) 제24조 제2항) 1987. 9. 1.까지 자본금 등을 증액하지 않으면 총회의 결의가 없더라도 자동적으로 해산되는 것으로 간주된다.[31]

민법상 법인이 목적 이외의 사업을 하거나 설립허가의 조건에 위반하거나 기타 공익을 해하는 행위를 한 때에는 주무관청은 법인의 설립허가를 취소할 수 있는데(민법 제38조),[32] 이러한 설립허가 취소로 민법상 법인은 해산한다(민법 제77조 제1항). 은행(은행법 제56조), 보험회사(보험업법 제137조 제1항 제6호), 상호저축은행(상호저축은행법 제21조 제1호), 투자회사·금융투자업자(자본시장과 금융투자업에 관한 법률 제202조 제1항 제6호, 제420조 제2항) 등도 그 등록·인가가 취소한 때에 해산하게 된다.

한편 보험회사(보험업법 제137조 제1항), 상호저축은행(상호저축은행법 제21조), 유동화전문회사(자산유동화에 관한 법률 제24조) 등에 대하여는 위에서 다룬 사유 이외의 해산사유(계약의 전부이전, 영업 전부의 양도·폐지, 유동화증권의 전부 상환 등)가 별도로 규정되어 있다.

3. 회사의 해산명령

가. 의   의

법원은 회사의 설립목적이 불법한 것인 때, 회사가 정당한 사유 없이 설립 후 1년 내에 영업을 개시하지 아니하거나 1년 이상 영업을 휴지하는 때, 이사 또는 회사의 업무를 집행하는 사원이 법령 또는 정관에 위반하여 회사의 존속을 허용할 수 없는 행위를 한 때에는[33] 이해관계인이나 검사의 청구에 의하여 또는 직권으로 회사의 해산을 명할 수 있다(상법 제176조 제1항).

이러한 회사해산명령제도는 회사설립에 관한 준칙주의로 인하여 자유롭게 회사를 설립하고 영업을 할 수 있게 됨으로써 그로 인해 발생하는 '회사제도의 남용'이라는 폐해를 사후에 시정하기 위한 공익적인 제도이다. 즉 대외적으로 회

---

31) 이에 관한 자세한 내용은 상업등기실무(Ⅱ), 377, 378, 639면. 한편 주식회사의 최저자본금제도는 2009. 5. 28. 법률 제9746호로, 유한회사의 최저자본총액제도는 2011. 4. 14. 법률 제10500호로 폐지되었다.

32) 비영리법인이 설립된 이후 그 법인에 대한 설립허가의 취소는 민법 제38조에 해당하는 경우에 한하여 가능하다. 대법원 1982. 10. 16. 선고 81누363 판결, 대법원 1977. 8. 23. 선고 76누145 판결.

33) 상법 제176조 제1항에서 정한 해산명령 사유는 한정적으로 열거된 것이다. 한편 이러한 해산명령 사유에 해당하여도, 이로 인해 공익에 반하는 결과가 발생하거나 그럴 가능성이 현저한 경우에만 해산명령을 할 수 있다는 견해도 있다. 주석 상법 [회사(Ⅴ)], 263면.

사의 설립이 남용되어 회사의 존재 내지 행동이 일반적으로 기대되는 사회적 임무를 수행하지 않는 결과 공익을 해하는 것이 될 경우 법인격을 부여할 만한 이유가 없다고 보아 법인격을 박탈하는 제도이다. 회사해산명령은 모든 회사에 공통적으로 적용되는 해산사유로서 상법 제3편(회사)의 제1장(통칙)에서 규정한다.

회사해산명령제도는 공익적인 견지에서 마련된 제도로서, 대내적으로 회사의 사원 내지 소수주주가 그들의 이익을 보호하기 위하여 회사를 상대로 제기하는 회사해산청구(상법 제241조, 제269조, 제287조의42, 제520조, 제613조)와는 구별된다.

나. 해산명령의 요건

1) 회사의 설립목적이 불법적인 때

정관에 기재된 목적이 불법인 경우뿐만 아니라(이 때에는 회사설립무효사유에도 해당한다) 목적 그 자체는 불법이 아니지만 배후의 실질적인 의도가 불법인 경우(예를 들어, 정관에 기재된 목적은 숙박업이나, 실제로는 도박장 개설을 영업으로 하는 경우)도 포함한다. 일본에서는 이자제한법의 적용을 피하기 위해 합자회사를 설립하고 채무자를 부당하게 착취하는 대부행위를 한 경우, 주식회사도 아닌 회사가 주무관청의 허가를 받지 않고 보험유사행위를 한 경우, 자본금이 1만 엔에 불과한 민법상 법인이 보험유사행위를 영업으로 하는 경우[34] 그 설립목적이 불법이라는 이유로 해산명령이 내려진 바 있다.[35]

2) 회사가 정당한 사유 없이 설립 후 1년 내에 영업을 개시하지 아니하거나 1년 이상 영업을 휴지하는 때

휴면회사 문제를 처리하기 위해 이를 회사해산명령의 사유로 규정하고 있다. 여기서 영업의 개시란 회사의 목적인 사업 자체를 개시하는 것을 말하며 준비행위는 포함하지 않는다.[36] 반드시 정관에 기재된 사업목적 전부를 영위할 필요는 없고, 정관에 기재된 목적 이외의 영업을 하는 경우에도 영업을 개시한 것으로 보아야 한다. 정당한 사유의 유무는 구체적으로 판단되어야 할 문제이나, 영업의 성질상 또는 외부적 장애로 인해 영업을 하지 않더라도 영업을 위한 의지와 능력이 객관적으로 표현된 경우에는 정당한 사유가 있다고 보아야 한다.[37]

---

34) 다만 회사가 보험유사 사업을 하더라도 그 행위 자체가 공서양속에 반하는 것은 아니므로 해산명령이 인정되지 않은 사례도 있다고 한다.

35) 會社法大系(4), 513면.

36) 일본 大審院 明治45年7月25日 明治45(ク)第123号 決定. 이 결정에서는 제빙회사가 제빙을 할 부지나 제빙저장소를 건설하는 것은 개업의 준비에 지나지 않는다고 하였다.

사업용 기본재산에 분쟁이 생겨 1년 이상 영업을 하지 못한 경우에 회사가 승소하여 영업을 개시한 경우라면 정당한 사유가 있으나,[38] 회사가 기본재산의 소유권귀속에 관한 소송이 계속되어 영업을 계속하지 못하였다고 하더라도 그 소송이 회사가 부당하게 제기한 것일 때에는 정당한 사유가 없다.[39] 대표이사의 위법행위로 인하여 채권자들에게 막대한 손해를 입히고 폐업에 이르게 되었고, 폐업된 이래 영업활동은 중단되었으며, 남은 업무는 민사소송 및 조세채무의 처리 등 회사의 청산에 필요한 사무로서 해산 후 청산절차를 통해 수행될 수 있다면 회사의 영업활동 휴지에 관하여 정당한 사유가 있다고 볼 수 없다.[40]

  3) 이사 또는 회사의 업무를 집행하는 사원이 법령 또는 정관에 위반하여 회사의 존속을 허용할 수 없는 행위를 한 때

  그 위반 정도가 회사의 존속을 허용할 수 없을 만큼 중대한 경우로 해당 이사·업무집행사원의 교체만으로는 구제될 수 없을 정도로 이사 등의 위법행위와 회사의 관계가 밀접한 때를 말한다.[41] 이사·주주·사원의 인적 구성으로 보아 조직법상 위반행위를 견제하지 못하는 상황이라면 해산을 명할 수 있다.

  ### 다. 절 차

  1) 관 할

  회사의 해산명령사건의 관할법원은 회사의 본점 소재지의 지방법원 합의부이다(비송사건절차법 제72조 제1항).

  2) 신청인, 신청절차

  신청인은 이해관계인 또는 검사인데, 법원이 직권으로도 개시할 수 있다. 이해관계인은 회사의 이사, 감사, 사원, 주주, 채권자와 같이 회사의 존립에 대하여 직접 법률상 이해관계를 가지는 자에 한한다. 회사의 주주나 감사가 아닌 지입된 버스의 차주는 이해관계인에 해당하지 아니한다.[42] 또한 어떤 상호를 사용

---

37) 대법원 2002. 8. 28.자 2001마6947 결정.
38) 대법원 1978. 7. 26.자 78마106 결정.
39) 대법원 1979. 1. 31.자 78마56 결정.
40) 서울고등법원 2005. 7. 13.자 2005라119 결정(재항고기각 확정).
41) 대법원 1987. 3. 6.자 87마1 결정은 대표이사가 주금납입을 가장하고 약정한 투자도 하지 않았을 뿐 아니라, 공사보증금을 횡령하여 공사를 진행시키지 못하고 있으며, 후임 대표이사들도 사기행위로 처벌받아 영업을 하지 못한 경우에 회사가 정당한 사유 없이 1년 이상 영업을 휴지하였을 뿐만 아니라 이사가 법령 또는 정관에 위반하여 회사의 존속을 허용할 수 없는 때에 해당한다고 하였다. 일본도 같은 취지이다. 일본 最高裁判所 昭和61年3月13日 昭和56(オ)第1243号 判決 등.

하려 하나 그 상호를 휴면회사가 이미 사용하고 있어 상호등기를 할 수 없다는 사실만으로는 해산청구를 할 수 있는 이해관계인에 해당하지 아니한다.[43] 신청의 방식에 대해서는 별다른 규정이 없으므로 일반원칙에 따른다($^{비송사건절차법}_{제8조, 제9조}$).

3) 심 리

해산명령신청이 있을 때에는 법원은 지체 없이 그 뜻을 관보에 공고하여야 한다([기재례 118])($^{비송사건절차법}_{제92조, 제88조 제4항}$). 법원은 재판을 하기 전에 이해관계인의 진술을 들어야 한다($^{비송사건절차법}_{제90조 제2항}$). 진술을 들어야 할 이해관계인에는 해산명령에 대하여 가장 심각한 영향을 받는 회사 자신은 물론, 주주, 채권자 등도 포함된다. 진술청취의 대상인 이해관계인의 수와 방법에 대하여는 특별한 제한이 없으므로 이는 법원이 재량으로 정한다. 실무상 신청인과 사건본인 회사의 대표이사를 심문하는 방식을 채택하고 있다. 또 회사의 해산명령은 공익에 관한 것이므로 의견요청서를 송부하는 방식으로 검사의 의견을 듣고 있다([기재례 119])($^{비송사건절차법}_{제90조 제2항}$).

4) 회사재산의 보전처분

회사의 해산명령신청이 있는 때로부터 그 재판이 있을 때까지는 시일을 요하며, 그 사이에 회사재산이 흩어질 우려가 있으므로, 법원은 해산을 명하기 전이라도 이해관계인이나 검사의 청구에 의하여 또는 직권으로 관리인의 선임 기타 회사재산의 보전에 필요한 처분을 할 수 있다($^{상법 제176조}_{제2항}$).

보전처분의 신청인은 이해관계인이나 검사이며, 법원이 직권으로도 할 수 있다. 신청의 방식에 대해 다른 제한이 없으므로 일반원칙에 따른다($^{비송사건절차법}_{제8조, 제9조}$). 그러나 신청에 의하여 보전처분을 하는 경우라도 독립한 사건번호를 부여할 필요는 없고, 해산명령사건의 기록에 가철하여 그 사건에서 재판하면 된다.

보전처분 내용은 관리인의 선임, 그 밖에 회사재산의 보전에 필요한 처분을 하는 것인바, 관리인의 선임 등에 관하여 비송사건절차법 제44조의9, 제77조, 제78조가 준용된다($^{비송사건절차법}_{제94조 제1항}$). 관리인에 관하여는 민법의 위임에 관한 규정이 준용되고($^{비송사건절차법}_{제94조 제2항}$), 법원은 관리인의 사임을 허가하거나 관리인을 해임할 수 있다($^{비송사건절차법}_{제94조의2}$).

5) 해산명령청구자의 담보제공

이해관계인이 회사해산명령의 청구를 한 때에는 법원은 회사의 청구에 의하여 상당한 담보를 제공할 것을 명할 수 있다($^{상법 제176조}_{제3항}$). 회사가 위 청구를 함

---

42) 대법원 1976. 12. 15.자 76마368 결정.
43) 대법원 1995. 9. 12.자 95마686 결정.

에는 이해관계인의 청구가 악의임을 소명하여야 한다(상법 제176조, 제4항). 위 담보제공을 명하는 절차에 대하여는 소송비용의 담보에 관한 민사소송법 제120조 제1항, 제121조부터 제126조까지의 규정이 준용된다(비송사건절차법 제97조).

6) 재판

회사의 해산을 명하는 재판은 이유를 붙인 결정으로 한다(비송사건절차법 제90조 제1항, 제75조 제1항). 법문에서는 "회사의 해산을 명할 수 있다."라고 규정되어 있으나 해산명령은 회사에 대하여 해산을 명하는 것이 아니라 그 재판이 확정된 때 당연히 회사는 해산한 것으로 된다(형성적 효력). 해산에 주무관청의 인가가 필요한 경우에도 법원이 해산명령을 하는 경우에는 그 인가를 필요로 하지 않는다.[44] 청산인 선임재판도 같이 할 수 있는지에 대해서는 논란이 있다.[45] 주문례는 다음과 같다.[46]

사건본인 회사를 해산한다.

7) 불복

회사, 이해관계인과 검사는 회사의 해산을 명하는 결정에 대하여 즉시항고할 수 있고, 이 즉시항고에는 집행정지의 효력이 있다(비송사건절차법 제91조). 검사가 해산명령 신청을 하여 해산을 명하는 재판이 있는 경우에도 이해관계인은 즉시항고를 할 수 있다.[47] 해산명령재판의 항고심절차에서는 반드시 필요적 변론을 거쳐야 하는 것은 아니다.[48] 신청을 인용하지 아니한 결정에 대하여도 신청인은 즉시항고할 수 있다(비송사건절차법 제91조). 다만 신청을 하지 않은 신청권자도 즉시항고할 수 있는가에 대하여는 견해의 대립이 있다.

---

44) 대법원 1980. 3. 11.자 80마68 결정은 자동차운송사업자인 법인의 해산결의 또는 총사원의 동의에 관하여 교통부장관의 인가를 얻어야 한다고 규정하고 있는 자동차운수사업법 제30조의 취지는 자동차운송사업을 하는 법인이 스스로 해산결의를 하거나 총사원의 동의로써 해산을 하는 경우에 교통부장관의 인가를 얻어야 한다는 것이므로, 상법 제176조의 규정에 따라 법원이 해산명령을 하는 경우에는 교통부장관의 인가를 필요로 하는 것이 아니라고 하였다.

45) 임치용(2), 14면은 파산선고는 선고와 동시에 그 효력이 발생하고 항고하더라도 집행정지의 효력이 없지만, 해산명령은 결정이 확정되어야 비로소 그 효력이 발생하므로, 해산명령의 경우에는 회사의 해산만을 명하고 별도로 청산인의 선임을 명하고 있지 않다고 한다. 따라서 회사에 대한 해산명령 결정이 확정되면 법원은 다시 이해관계인, 검사의 신청 또는 직권으로 청산인을 선임해야 한다고 설명한다. 실무상 선임신청이 없으면 법원도 직권으로 청산인을 선임하지 아니하여 사건이 방치되는 사례도 간혹 발견된다고 한다.

46) 법문에 따라 "사건본인 회사의 해산을 명한다."라고 하기도 한다.

47) 대법원 1976. 12. 15.자 76마368 결정.

48) 대법원 1987. 3. 6.자 87마1 결정.

8) 해산재판의 등기촉탁

회사는 해산명령확정일로부터 본점소재지에서는 2주 내에, 지점소재지에서는 3주 내에 해산등기를 하여야 한다(상법 제228조). 회사의 해산을 명한 재판이 확정되면 법원은 해산한 회사의 본점과 지점 소재지의 등기소에 그 등기를 촉탁하여야 한다(비송사건절 차법 제93조). 해산명령에 따른 해산의 효력은 등기 여부와 관계 없이 해산명령이 확정된 때 발생하므로, 해산명령이 확정된 후 회사가 임의로 총회의 결의로 해산하고 그에 따라 해산등기를 신청할 수 없다. 총회의 결의에 의한 해산등기와 청산인선임등기가 경료되어도 상업등기법 제116조 제1항 제2호의 '등기된 사항에 관하여 무효의 원인이 있는 때'에 해당하므로, 해산명령을 한 법원의 촉탁이 있으면 등기관은 총회의 결의에 의한 해산등기와 청산인선임등기를 직권말소한 후 해산명령에 따른 해산등기를 경료해야 한다.[49]

4. 해산의 등기

민법상 법인은 파산의 경우를 제외하고, 청산인이 취임[50] 후 3주 내에 해산의 사유 및 연월일, 청산인의 성명 및 주소와 청산인의 대표권을 제한한 때에는 그 제한을 주된 사무소 및 분사무소 소재지에서 등기하여야 한다(민법 제85조 제1항).

상법상 회사는 합병과 파산의 경우를 제외하고, 해산사유가 있었던 날부터 본점소재지에서는 2주, 지점소재지에서는 3주 내에 해산등기를 하여야 한다(상법 제228조, 제269조, 제287조의39, 제521조의2, 제613조 제1항). 합병, 분할·분할합병의 경우 존속하는 회사에 대해서는 변경등기, 합병 등으로 인하여 소멸하는 회사에 대해서는 해산등기, 합병 등으로 인하여 설립되는 회사에 대해서는 설립등기를 한다(상법 제233조, 제269조, 제287조의41, 제528조, 제530조의11 제1항, 제602조). 해산명령 등에 의하여 법원이 촉탁하는 경우를 제외하고는, 회사를 대표하는 청산인이 해산등기를 신청해야 한다(신청권자가 아닌 채권자·이해관계인·연고권자 등은 해산등기를 신청할 수 없다).[51] 보험회사가 허가취소로 해산하는 때에는 금융

---

49) 상업등기선례 제1-275호(1998. 3. 17. 등기 3402-223 질의회답).

50) 이와 관련하여 청산인의 취임일자가 문제되는데, ① 법률에 의하여 청산인이 되는 경우에는 회사가 해산된 날, ② 총회의 결의로 청산인이 선임된 경우에는 취임승낙의 효력이 발생한 날과 선임결의의 효력이 발생한 날 중 늦은 날, ③ 정관의 규정에 의하여 청산인이 선임된 경우에는 해산일과 취임승낙의 효력이 발생한 날 중 늦은 날, ④ 법원이 청산인을 선임한 경우 그 선임재판일이 취임일자가 된다. 상업등기실무(Ⅱ), 400면.

51) 상업등기선례 제1-276호(1998. 10. 2. 등기 3402-957 질의회답), 상업등기선례 제2-101호(2005. 7. 25. 공탁법인과-329 질의회답).

위원회는 7일 이내 그 보험회사의 본점과 지점소재지 등기소에 해산등기를 촉탁하고(보험업법 제137조 제2항), 투자회사가 금융위원회의 투자회사 등록의 취소로 인하여 해산한 때에도 금융위원회가 투자회사의 소재지를 관할하는 등기소에 해산등기를 촉탁한다(자본시장과 금융투자업에 관한 법률 제202조 제9항 제1호). 회사가 해산한 경우 청산의 목적범위 내로 회사의 권리능력이 제한되어 영업활동을 할 수 없으므로, 해산등기를 하는 때에는 등기관이 직권으로 이사, 대표이사, 지배인, 집행임원, 대표집행임원에 관한 등기를 말소한다(상업등기규칙 제88조, 제145조).[52]

해산의 등기를 하기 전에는 제3자에게 해산사실을 대항할 수 없다.[53]

합명회사의 경우, 회사의 재산으로 채무를 완제할 수 없는 때에는 각 사원은 연대하여 변제할 책임이 있는데(상법 제212조), 이러한 책임은 본점소재지에서 해산의 등기를 한 후 5년을 경과하면 소멸한다(상법 제267조 제1항). 다만 해산의 등기를 한 후 5년이 경과하였어도 분배하지 아니한 잔여재산이 있는 때에는 회사채권자는 이에 대하여 변제를 청구할 수 있다(상법 제267조 제2항).

한편 주식회사가 해산한 때에는 파산의 경우 외에는 이사는 지체 없이 주주에 대하여 그 통지를 하여야 한다(상법 제521조).

제 2 절 법인의 청산

1. 일 반 론

회사가 합병, 분할·분할합병에 의하여 해산되는 경우에는 그 회사는 즉시 소멸하지만, 합병, 분할·분할합병 이외의 사유에 의하여 해산되는 경우에는 곧바로 소멸하는 것이 아니라 그 동일성을 유지한 채(동일성설)[54] 채권의 추심, 채무의 변제 등 잔여 법률관계의 처리를 종료하여야만 비로소 소멸하게 된다.[55]

---

52) 그 밖의 해산의 등기에 관한 절차는 상업등기실무(Ⅱ), 382-386면.

53) 대법원 1984. 9. 25. 선고 84다카493 판결, 대법원 1981. 9. 8. 선고 80다2511 판결, 대법원 1964. 5. 5.자 선고 63마29 결정.

54) 청산 중의 회사는 해산 전의 회사와 동일한 회사로서 그 법인격에 변경이 없으므로, 청산의 목적에 반하지 않는 범위 내에서는 해산 전의 회사에 관한 법률의 규정이 그대로 적용된다. 다만 청산의 목적에 반하는 영업의 활동을 전제로 하는 규정들, 예를 들어 지배인의 선임, 경업금지의무, 이익배당, 사채발행 등의 규정은 적용되지 않는다. 또한 주식양도제한에 관한 상법 제335조의2 이하 규정도 청산 중인 회사에 적용되지는 않는다. 주석 상법 [회사(Ⅴ)], 488, 489면.

55) 법인은 해산에 의하여 청산에 필요한 범위 내의 법인격을 제외하고 나머지 법인격을 잃게 된

이러한 잔여 법률관계의 처리는 파산에 의한 해산의 경우에는 파산절차에 따르지만, 파산 이외의 사유에 의한 해산의 경우에는 상법에 의한 청산절차를 따르게 된다. 청산의 주요내용은 대체로 청산인의 선임, 현존사무의 종결, 채권의 추심과 채무의 변제, 회사재산의 조사, 재산의 환가처분, 잔여재산의 분배, 사원총회 또는 주주총회의 결산(보고)서 승인, 청산종결의 등기, 서류의 보존 등이다.

청산절차에서는 이해관계인, 특히 채권자들의 지위를 어떻게 공평하게 보호할 것인가에 초점이 있고, 이를 위하여 법인의 청산에 대하여는 법원의 감독을 받도록 하고 있다(^{민법 제95조, 비송사건절차법}_{제118조 제1항}).

민법상의 법인은 주된 사무소 소재지의 지방법원(단독판사)(^{비송사건절차법 제36조,}_{제117조 제1항}), 합명회사와 합자회사의 청산에서는 회사의 본점소재지의 지방법원(단독판사), 주식회사와 유한회사의 청산에서는 회사의 본점소재지의 지방법원 합의부가 각 관할한다(^{비송사건절차법}_{제117조}).[56] 이하 회사청산에 관한 나머지 사건도 모두 이와 같다.[57]

법원은 그 감독의 일환으로 회사의 업무를 감독하는 관청에 대하여 의견의 진술을 요청하거나 조사를 촉탁할 수 있고, 회사의 업무를 감독하는 관청은 법원에 대하여 그 회사의 청산에 관한 의견을 진술할 수 있다(^{비송사건절차법}_{제118조 제2항, 제3항}).

2. 청 산 인

가. 청산인의 선임

민법상 법인이 해산한 때에는 파산의 경우를 제외하고는 청산인이 필요하

다. 대법원 1998. 10. 27. 선고 98다18414 판결, 대법원 1992. 10. 9. 선고 92다23087 판결, 대법원 1991. 11. 22. 선고 91다22131 판결. 나아가 상법 제520조의2의 규정에 의하여 주식회사가 해산되고 그 청산이 종결된 것으로 보게 되는 회사라도 어떤 권리관계가 남아 있어 현실적으로 정리할 필요가 있으면 그 범위 내에서는 아직 완전히 소멸하지 아니한다. 대법원 2001. 7. 13. 선고 2000두5333 판결, 대법원 1991. 4. 30.자 90마672 결정. 한편 비법인사단에 해산사유가 발생하였다고 하더라도 곧바로 당사자능력이 소멸하는 것이 아니라 청산사무가 완료될 때까지 청산의 목적범위 내에서 권리·의무의 주체가 되고, 이 경우 청산 중의 비법인사단은 해산 전의 비법인사단과 동일한 사단이고 다만 그 목적이 청산 범위 내로 축소된 데 지나지 않는다. 대법원 2007. 11. 16. 선고 2006다41297 판결.

56) 법인파산 사건은 서울 전역에 설립된 회사에 대하여 서울회생법원이 관할권을 갖지만, 법인의 해산·청산 사건은 일반 민사사건의 관할에 따라 서울의 동서남북과 중앙 5개의 지방법원 관할에 속한다. 관할을 파산과 같이 일치시키자는 견해로는 임치용(2), 35면.
한편 유한책임회사의 청산 사건의 관할이 어디인지는 비송사건절차법에서 따로 정하지 않아 논란이 있는데, 합명회사와 같이 본점소재지의 지방법원(단독판사)이라 할 것이다.

57) 다만 법무법인(유한)은 유한회사에 관한 규정을 준용하지만(변호사법 제58조의17 제1항), 법무법인은 합명회사에 관한 규정을 준용하도록 하고 있어(변호사법 제58조), 법무법인의 관할이 달라지는 문제가 있다. 임치용(2), 11면.

고, 이때 청산인이 되는 자는 정관 또는 총회의 결의로 달리 정한 바가 없는 한 이사이다(민법 제82조.).[58] 합명회사·합자회사·유한책임회사가 해산한 때에는 청산인은 총사원 또는 무한책임사원 과반수의 결의로 선임하고, 청산인의 선임이 없는 때에는 업무집행사원이 청산인이 된다(상법 제251조, 제287조의45). 주식회사와 유한회사가 해산한 때에는 합병, 분할·분할합병 또는 파산의 경우 외에는 정관에 다른 정함이 있거나,[59] 주주총회 또는 사원총회에서 다른 사람을 선임하지 아니하는 한 해산 당시 이사가 청산인이 된다(상법 제531조 제1항, 제613조 제1항.). 보험회사(보험업법 제156조), 상호저축은행 (상호저축은행 법 제23조의11), 투자회사(자본시장과 금융투자업에 관한 법률 제202조) 등은 해산사유에 따라 금융위원회가 청산인을 선임하기도 한다.

실무상 주주총회에서 보통결의로 청산 전의 이사를 청산인으로 선임하고 있다. 청산인도 이사와 마찬가지로 회사와 위임관계에 있기 때문에 청산인이 성년후견개시의 심판·파산선고를 받은 경우 당연히 그 직을 상실하므로(민법 제690조), 성년후견개시의 심판·파산선고를 받은 자는 청산인이 될 수 없다.

해산 당시 선임된 임시이사·임시대표이사도 청산인·대표청산인이 된다.[60] 해산 당시 임기가 만료되었으나, 이사로서의 권리의무를 갖는 자도 청산인이 된다.[61] 한편 회사의 이사에 대한 직무집행을 정지하고 그 직무대행자를 선임하는 법원의 가처분이 있는 경우, 그 직무대행자는 회사가 해산하는 경우 당연히 청산인 직무대행자가 된다. 해산 전의 가처분이 실효되지 않은 채 새로운 가처분에 의하여 해산된 회사의 청산인 직무대행자가 선임되었다 하더라도, 선행가처분의 효력은 그대로 유지되어 그 가처분에 의하여 선임된 직무대행자만이 청산인 직무대행자로서의 권한이 있다.[62]

---

58) 대법원 2003. 11. 14. 선고 2001다32687 판결은 "비법인사단에 대하여는 사단법인에 관한 민법 규정 중 법인격을 전제로 하는 것을 제외한 규정들을 유추적용하여야 할 것이므로 비법인사단인 교회의 교인이 존재하지 않게 된 경우 그 교회는 해산하여 청산절차에 들어가서 청산의 목적범위 내에서 권리·의무의 주체가 되며, 이 경우 해산 당시 그 비법인사단의 총회에서 향후 업무를 수행할 자를 선정하였다면 민법 제82조를 유추하여 그 선임된 자가 청산인으로서 청산 중의 비법인사단을 대표하여 청산업무를 수행하게 된다."라고 판시하면서, 비법인사단인 교회의 교인들이 예배를 중단하고 다른 교회로 나가기로 결의한 후 교인 중 한 사람인 A가 교회의 재산을 보관·관리하여 오다가 교회건물에 대하여 보상금이 책정된 경우, 위 교회의 보상금처리를 위한 청산업무를 수행할 자는 해산 당시 교인들에 의하여 묵시적인 방법으로 청산인으로 선임된 A라고 하였다.

59) 여러 이사 중 특정이사만 청산인으로 하거나 제3자를 청산인으로 하는 것은 허용되지만, 감사나 제3자에게 청산인선임권을 부여하는 것, 주주총회의 청산인선임권을 박탈하는 것은 허용되지 않는다. 상업등기실무(Ⅱ), 390면; 주석 상법 [회사(Ⅴ)], 492-493면.

60) 대법원 1981. 9. 8. 선고 80다2511 판결.

61) 대법원 1991. 11. 22. 선고 91다22131 판결.

청산인은 특별히 정관이나 선임기관이 임기를 정하지 않는 한 청산사무가 종료될 때까지 그 임기가 계속된다.[63]

나. 법원에 의한 청산인의 선임

1) 법원이 청산인을 선임하는 경우

가) 민법상 법인

청산인이 될 자가 없거나 청산인의 결원으로 인하여 손해가 생길 염려가 있는 때에는 법원은 직권 또는 이해관계인(채권자·잔여재산귀속권자)이나 검사의 청구에 의하여 청산인을 선임할 수 있다(민법 제83조).

나) 합명회사·합자회사·유한책임회사

설립무효·취소의 판결이 확정된 때에는 법원은 사원 기타 이해관계인의 청구에 의하여 청산인을 선임할 수 있다(상법 제193조, 제269조, 제287조의6). 사원(무한책임사원)이 1인으로 되어 해산하거나 법원의 해산명령 또는 해산판결에 의하여 해산된 때에는 법원은 사원 기타 이해관계인이나 검사의 청구에 의하여 또는 직권으로 청산인을 선임한다(상법 제252조, 제269조, 제287조의45).

다) 주식회사·유한회사

청산인이 될 이사가 없고,[64] 정관에 다른 정함도 없으며, 주주총회 또는 사원총회에서 다른 사람을 선임하지도 않은 때 법원은 이해관계인의 청구에 의하여 청산인을 선임한다(상법 제531조 제613조 제1항). 회사에 대한 파산절차가 종결되었는데 파산채권자에게 전액 배당을 하고도 잔여재산이 있으면 법인격이 소멸하지 않으므로,[65] 이 경우에도 잔여재산을 처리할 청산인이 필요하게 되어 이해관계인의 신청에 따라 법원이 청산인을 선임하여야 한다.[66] 해산을 명하는 재판이 있었을

---

62) 대법원 1991. 12. 24. 선고 91다4355 판결. 한편 대법원 1989. 9. 12. 선고 87다카2691 판결은 청산 중인 회사의 주주총회에서 청산인을 선임하지 않고 이사를 선임하였다고 하여 그 선임결의가 무효가 되지는 않는다고 하였다.

63) 대법원 1998. 9. 3.자 97마1429 결정.

64) 상법시행법 제15조 제3항에 의한 해산간주에 따른 해산등기 및 상법 제531조 제1항에 의한 당연청산인 취임등기가 없다 하더라도 청산인이 될 이사가 있으면 법원은 청산인을 선임할 필요가 없다. 대법원 1981. 9. 8. 선고 80다2511 판결. 상법 제520조의2의 규정에 의하여 주식회사가 해산되고 그 청산이 종결된 것으로 보게 되는 회사라도(이 경우 이사의 등기가 모두 말소된다) 어떤 권리관계가 남아 현실적으로 정리할 필요가 있으면 그 범위 내에서는 아직 완전히 소멸하지 아니하고, 이러한 경우 그 회사의 해산 당시의 이사는 정관에 다른 규정이 있거나 주주총회에서 따로 청산인을 선임하지 아니한 경우에 당연히 청산인이 된다. 대법원 2000. 10. 12.자 2000마287 결정, 대법원 1994. 5. 27. 선고 94다7607 판결 등.

65) 대법원 1989. 11. 24. 선고 89다카2483 판결.

때에는 법원은 이해관계인이나 검사의 청구에 의하여 또는 직권으로 청산인을 선임한다(^{상법 제252조, 제542조}_{제1항, 제613조 제1항}). 설립무효·취소의 판결이 확정된 때도 법원은 이해관계인의 청구에 의하여 청산인을 선임할 수 있다(^{상법 제193조, 제328조}_{제2항, 제552조 제2항}).

은행법 제53조에 따라 은행업의 인가가 취소되어 은행이 해산한 경우, 법원은 이해관계인이나 금융위원회의 청구 또는 직권으로 청산인을 선임하거나 해임할 수 있다(^{은행법 제56조}_{제3항}). 예금보험공사로부터 보험금 지급 또는 자금지원을 받은 부보금융회사의 경우, 상법 제531조의 또는 법 제355조 및 청산인 또는 파산관재인의 선임에 관한 관련 법률에도 불구하고 법원은 예금보험공사 또는 그 임직원을 청산인으로 선임하여야 한다(^{예금자보호법}_{제35조의8 제1항}). 금융기관이 해산하는 경우, 상법 제531조 및 법 제335조의 규정에도 불구하고 법원은 금융위원회(금융감독원)의 추천을 받아 금융전문가 또는 예금보험공사의 임직원을 청산인으로 선임하여야 한다(^{금융산업의 구조개선에}_{관한 법률 제15조}).

2) 절 차

신청의 방식에는 특별한 규정이 없으므로 일반원칙에 의한다(^{비송사건절차법}_{제8조, 제9조}). 신청인은 법원에 선임신청을 하는 사유, 즉 청산인이 존재하지 않고, 정관이나 주주총회 등에 의하여 청산인을 선임할 수 없다는 점, 회사에 재산이 있어 청산사무를 수행할 청산인이 필요하다는 점[67] 등을 소명하여야 한다. 해산 당시 청산인이 될 이사가 있거나 주주총회 등에서 임의로 선임할 수 있음에도 편의상 또는 신청인 스스로 청산인이 되기 위하여 법원에 청산인의 선임신청을 하는 경우가 있으나, 법원에 의한 청산인의 선임은 보충적인 것이므로 이러한 경우에는 신청을 기각한다.

청산인으로 누구를 선임할 것인가는 법원의 자유재량에 속하지만, 미성년자, 성년후견 또는 한정후견을 받는 자(피성년후견인 또는 피한정후견인), 자격이 정지되거나 상실된 자, 법원에서 해임된 청산인, 파산선고를 받은 자는 청산인으

---

66) 이에 관한 견해의 대립은 민법주해(I), 755면; 파산관재인이 잔여재산을 청산절차에 준하여 배당에서 제외된 채권자에게 변제한 후, 그래도 남는 것이 있으면 주주 등에게 배당·잔여재산 분배를 마친 다음 법원이 파산종결 결정으로 파산절차를 종료하는 것이 옳다는 견해가 있다(이동원, "법인의 파산과 청산의 경계에서 생기는 문제들", 회생과 파산 Vol. 1, 한국도산법학회 (2012), 188-190면). 이에 대하여는 파산절차에서의 배당은 파산채권자에게 하는 것이지 주주에게 하는 것이 아니고, 정당한 주주인지 여부에 대하여 조사절차를 거치지 않은 상태에서 주주에게 임의로 배당 또는 잔여재산을 분배하는 것은 적절하다고 보기 어렵다는 견해가 있다. 이에 관하여는 제16장 제3절 4. 가. 참조.
67) 청산인의 선임은 청산사무가 남아 있어 법인격이 존속할 것을 전제로 하기 때문이다. 東京地方裁判所商事研究會, (類型別)會社非訟, 判例タイムズ社(2009), 46면.

로 선임될 수 없다(비송사건절차법 제36조, 제121조). 법원은 특별한 사정이 없는 한 신청인이 추천하는 변호사 등을 청산인으로 선임하고 있다. 다만 파산이 종결된 후에는 종전 파산관재인을 청산인으로 선임한다.[68] 은행의 경우, 금융감독원장 또는 그 소속직원 1명이 청산인으로 선임되어야 하므로(은행법 제57조 제1항), 금융감독원장에게 청산인 추천의뢰서를 보내야 한다. 예금보험공사의 보험금 지급 또는 자금지원을 받는 부보금융회사의 경우, 예금보험공사 또는 그 임직원이 청산인으로 선임되어야 하므로(예금자보호법 제35조의8 제1항). 예금보험공사에 청산인 추천의뢰서를 보낸다. 그 밖의 금융기관의 경우, 금융위원회(금융감독원장)의 추천을 받아 금융전문가 또는 예금보험공사의 임직원을 청산인으로 선임하여야 하므로(금융산업의 구조개선에 관한 법률 제15조에), 금융위원회(금융감독원장)에게 청산인 추천의뢰서를 보내야 한다.

청산인의 수에 대하여는 제한이 없으므로 1인이라도 상관없으며 그 경우에는 1인 청산인이 당연히 대표 청산인이 된다.[69] 청산인 선임재판에 대하여는 불복을 신청할 수 없다(비송사건절차법 제119조, 제36조). 따라서 청산인 선임의 재판에 대하여 불복이 허용됨을 전제로 하여 청산인 해임청구권을 피보전권리로 한 청산인 직무집행정지 및 직무대행자선임가처분 신청은 부적법하다.[70] 신청을 기각한 재판에 대하여는 항고를 할 수 있다(비송사건절차법 제20조 제1항). 청산인 선임결정의 주문례는 다음과 같다.

> 사건본인 회사의 (대표)청산인으로 ○○○(○○○○○○-○○○○○○○,
> 주소: ○○○)를 선임한다.

다. 청산인의 등기

민법상 법인은 파산의 경우를 제외하고, 청산인이 취임 후 3주 내에 해산의 사유 및 연월일, 청산인의 성명 및 주소와 청산인의 대표권을 제한한 때에는 그 제한을 주된 사무소 및 분사무소 소재지에서 등기하여야 한다(민법 제85조 제1항).

상법상 회사는 청산인이 선임된 날로부터 본점소재지에서는 2주, 지점소재

---

68) 서울중앙지방법원 2011. 6. 20.자 2011비합5081 결정(신화건설 주식회사). 이 결정은 파산관재인이 관재업무를 진행하면서, 불필요한 가압류를 말소하였어야 함에도 이를 말소하지 않은 바람에 그 업무에 한하여 청산인으로 선임하고, 그 업무가 종료된 이후에 청산인선임결정을 취소하였다. 이처럼 특정업무만 행할 것을 전제로 청산인을 선임하는 것을 일본은 스팟형 운영이라고 하고 있다. 東京地方裁判所商事研究會, (類型別)會社非訟, 判例タイムズ社(2009), 44면 이하.
69) 대법원 1989. 9. 12. 선고 87다카2691 판결. 실무상 공동청산인이 선임된 사례는 거의 없다.
70) 대법원 1982. 9. 14.자 81마33 결정.

지에서는 3주 내에 청산인의 성명·주민등록번호·주소(회사를 대표할 청산인을 정한 때에는 그 외의 청산인의 주소를 제외한다), 회사를 대표할 청산인을 정한 때에는 그 성명, 수인의 청산인이 공동으로 회사를 대표할 것을 정한 때에는 그 규정을 등기하여야 한다(상법 제253조, 제269조, 제287조의45, 제542조 제1항, 제613조 제1항). 다만 해산의 등기를 하기 전에는 청산인 선임등기를 할 수 없으므로, 이를 위반한 경우에는 상업등기법 제26조 제9호에 의하여 청산인 등기신청을 각하한다.[71]

청산인 등기는 제3자에 대한 대항요건에 불과하므로 청산인 취임등기가 없다 하여도 청산인 지위의 취득에는 아무런 지장이 없다.[72]

라. 임시청산인의 선임

주식회사·유한회사의 경우, 해산 당시 청산인이 될 이사가 없고, 정관에 다른 정함도 없으며, 주주총회 또는 사원총회에서 다른 사람을 선임하지도 않은 때 법원은 이해관계인의 청구에 의하여 청산인을 선임하지만(상법 제531조 제613조 제1항), 해산 당시에는 청산인이 선임되었으나, 그 후 사망·소재불명·해임·사임 등으로 현재 청산인이 없거나 장기간 부재중이고(퇴임한 청산인으로 하여금 청산인으로서의 권리의무를 가지게 하는 것이 불가능하거나 부적당한 경우를 의미한다), 주주총회(사원총회)에서 새로 청산인을 선임하는 것이 사실상 불가능하다는 사정이 있는 경우에는[73] 청산인을 선임할 것이 아니라, 임시청산인을 선임하여야 한다(상법 제542조 제2항, 제613조 제2항, 제386조 제2항, 제1항).[74]

임시청산인의 선임은 비송사건으로(비송사건절차법 제72조 제1항), 청산인 선임결의의 무효·취소 또는 청산인 해임의 소가 제기된 경우 당사자의 신청에 의하여 가처분으로써

---

71) 청산인 등기절차에 관한 자세한 내용은 상업등기실무(II), 399~405면.

72) 대법원 1981. 9. 8. 선고 80다2511 판결.

73) 대법원 2000. 11. 17.자 2000마5632 결정, 대법원 2001. 12. 6.자 2001그113 결정. 이와 관련하여, 대법원 1964. 4. 28. 선고 63다518 판결은 상법 제386조 제2항 소정 전항의 경우라 함은 법률 또는 정관에 정한 이사의 원수를 결한 일체의 경우를 말하는 것이지, 단지 임기의 만료 또는 사임으로 인하여 원수를 결한 경우만을 지칭하는 것은 아니라고 해석하고 있다.

74) 會社法大系(4), 490면. 대법원 1998. 9. 3.자 97마1429 결정은 "사건본인 회사가 휴면회사가 되어 해산등기가 마쳐졌음에도 사건본인 회사의 대표청산인으로서의 권리의무를 보유하고 있는 자가 해산등기 이후 상법의 규정에 따른 청산절차를 밟고 있지 아니하고, 재항고인의 수차례에 걸친 주소보정에도 불구하고 사건본인 회사의 대표청산인에 대한 재산관계 명시결정이 계속적으로 송달불능 상태에 있다면, 사건본인 회사의 채권자인 재항고인으로서는 현재의 대표청산인을 상대로 하여서는 재산관계 명시결정을 공시송달의 방법에 의하지 아니하고는 송달할 방법이 없게 되어 재산관계의 명시신청을 통하여 재항고인이 얻고자 하는 효과를 얻을 수 없게 되는바, 이와 같은 경우에는 사건본인 회사의 대표청산인이 부재한 것과 다름이 없어 대표청산인에게 그 권리의무를 보유하게 하는 것이 불가능 또는 부적당한 경우라고 할 것이므로, 이는 상법 제386조 제2항에 따라 사건본인 회사의 채권자로서 이해관계인인 재항고인의 청구에 의하여 일시 이사의 직무를 행할 자를 선임할 필요가 있다고 인정되는 때에 해당한다."고 하였다.

선임하는 청산인 직무대행자와(상법 제542조 제2항, 제613조 제2항, 제407조 제1항) 구별된다. 따라서 임시청산인은 새로 선임된 청산인이 취임한 때에는 당연히 그 지위를 상실한다.[75] 그 권한은 본래의 청산인과 같고, 상무에 속하지 않는 행위도 할 수 있다.[76]

임시청산인의 선임은 지방법원 합의부가 관할한다(비송사건절차법 제72조 제1항). 임시청산인 선임에 관한 재판을 하는 경우 이사(청산인)·감사의 진술을 들어야 한다(비송사건절차법 제120조, 제84조).[77] 주문례는 다음과 같다.

사건본인 회사의 임시청산인의 직무를 행할 자로 ○○○(○○○○○○-○○○○○○○, 주소: ○○○)를 선임한다.

임시청산인을 선임한 결정에 대하여는 불복할 수 없다(비송사건절차법 제120조, 제84조 제2항, 제81조 제2항). 신청인이 추천한 사람이 선임되지 않고 다른 사람이 선임되었다 하더라도 선임신청을 불허한 결정이라고 볼 수 없으므로, 이를 전제로 불복할 수 없다.[78] 다만 법원은 임시청산인 선임결정을 한 후에 그 선임결정이 부당하다고 인정될 때에는 비송사건절차법 제19조에 따라 이를 취소 또는 변경할 수 있다.[79]

마. 청산인의 해임

1) 원   칙

합명회사·합자회사·유한책임회사는 청산인 해임을 총사원(무한책임사원)의 과반수에 의하고(상법 제261조, 제269조, 제287조의45), 주식회사는 주주총회의 결의로 하며(상법 제539조 제1항), 유한회사는 사원총회의 결의로 한다(상법 제613조 제2항, 제539조 제1항). 위 결의는 이사의 해임과 달리 보통결의에 의하면 족하다. 보험회사(보험업법 제156조, 제4항, 제6항), 상호저축은행(상호저축은행법 제23조의11 제5항), 투자회사(자본시장과 금융투자업에 관한 법률 제202조 제8항) 등은 금융위원회가 청산인을 해임하기도 한다. 법원에 의하여 선임된 청산인은 총회의 결의로 해임할 수 없다(상법 제261조, 제269조, 제287조의45, 제539조 제1항, 제613조 제2항의 반대해석).

---

75) 이와 달리, 가처분에 의하여 선임된 청산인 직무대행자의 권한은 법원의 취소판결이 있기까지 유효하게 존속하고 그 판결이 있어야만 소멸한다. 상업등기실무(Ⅱ), 396면.

76) 대법원 1968. 5. 22.자 68마119 결정.

77) 다만 법원이 이사(청산인)와 감사의 진술을 할 기회를 부여하면 족하고, 이해관계를 달리하는 이사나 감사가 있는 경우라 하더라도 반드시 각 이해관계별로 빠짐없이 진술을 들어야 하는 것은 아니다. 대법원 2001. 12. 6.자 2001그113 결정.

78) 대법원 1985. 5. 28.자 85그50 결정.

79) 대법원 1968. 6. 28.자 68마597 결정, 대법원 1992. 7. 3.자 91마730 결정.

2) 법원에 의한 청산인 해임

비송사건절차법 제119조는 청산인의 해임에 관한 재판을 규정하고 있다.

민법상 법인의 경우 법원은 중대한 사유가 있는 때에는 직권 또는 이해관계인이나 검사의 청구에 의하여 청산인을 해임할 수 있다(민법 제84조). 중요한 사유라 함은, 청산인의 무능, 태만, 질병, 비행 기타 청산인으로서 부적당한 일체의 사유를 말하는 것이며, 그 판단은 법원의 재량에 속한다. 해임대상인 청산인에는 법원 스스로 선임한 청산인 외에 민법 제82조에 의하여 그 자격을 취득한 청산인도 포함된다.

합명회사·합자회사·유한책임회사의 경우 청산인이 그 직무를 집행함에 현저하게 부적임하거나 중대한 임무에 위반한 행위가 있는 때에는 사원 기타 이해관계인의 청구에 의하여 법원이 청산인을 해임할 수 있다(상법 제262조, 제269조, 제287조의45). 이는 비송사건절차법에 의한 것이므로, 소송절차에 의한 사원의 제명청구(상법 제220조, 제269조)와 달리 해임의 소는 인정되지 않는다. 청산인이 1인인 경우에는 청산인의 해임과 함께 임시청산인의 선임이 필요하게 되므로 두 가지 신청이 함께 이루어지는 것이 일반적이다. 청산인 해임의 주문례는 다음과 같다.

○○회사의 청산인 ○○○를 해임한다.
위 회사의 임시 청산인의 직무를 행할 자로 ○○○(○○○○○○-○○○○○○○, 주소: ○○○)를 선임한다.

그런데 주식회사와 유한회사에 있어서는 어느 경우에 비송사건으로서의 청산인 해임재판을 하는 것인지가 문제된다. 주식회사의 경우에는 발행주식의 100분의 3 이상에 해당하는 주식을 가진 주주(상법 제539조 제2항),[80] 유한회사의 경우에는 자본총액의 100분의 3 이상에 해당하는 출자좌수를 가진 사원(상법 제613조 제2항, 제539조 제2항,)의 청구가 있는 경우에 이를 '비송사건'으로 하여 법원이 청산인을 해임할 수 있다는 견해도 있으나, 위 상법 제539조 제2항은 그 조문의 형식이나 같은 조 제3항의 규정 내용 등에 비추어 볼 때, '비송'이 아니라 '소송'을 규정하고 있는 것임이 분명하다.[81] 따라서 상법 제539조 제2항, 제3항의 청산인 해임은 상대방 회사의

---

80) 상장회사의 경우, 6개월 전부터 계속하여 상장회사 발행주식 총수의 0.5%(최근사업연도 말 현재의 자본금이 1천억 원 이상인 상장회사의 경우 0.25%) 이상에 해당하는 주식을 가진 주주가 청구할 수 있다(상법 제542조의6 제3항, 상법 시행령 제32조).

81) 참고로 우리나라 상법 제539조 제2항에 해당하는 일본 회사법 제479조 제2항은 우리 상법의

본점소재지 법원에 청산인 등을 상대로 하는 소에 의해서만 이를 청구할 수 있을 뿐이고, 소의 방법에 의하지 않고 신청으로 바로 청산인의 해임을 구하는 것은 허용되지 않는다.[82]

다만 법원의 결정에 의하여 선임된 청산인의 경우, 법원은 선임결정 후에도 그 결정이 위법 또는 부당하다고 인정할 때에는 이를 취소 또는 변경할 수 있으므로(비송사건절차법 제19조 제1항), 선임결정의 취소라는 의미에서의 해임결정은 얼마든지 가능하다. 그러나 이러한 해임의 신청은 직권발동을 촉구하는 의미에 지나지 않으므로 독립된 신청이 아니어서, 신청인의 자격 등의 문제는 발생하지 않고 신청을 받아들이지 않는 경우에 별도로 기각하는 결정을 할 필요도 없다.

부보금융회사의 청산인으로 예금보험공사가 선임된 때에는 법원에 해임을 청구할 수 없다(예금자보호법 제35조의8 제2항).

청산인 해임의 재판에 대하여는 불복을 신청할 수 없다(비송사건절차법 제119조, 제36조). 그러나 신청을 기각한 재판에 대하여는 항고를 할 수 있다(비송사건절차법 제20조 제2항).

청산인의 해임결정이 있는 때에는 제1심 수소법원이 회사의 본점과 지점 소재지 등기소에 그 등기를 촉탁하여야 한다(비송사건절차법 제107조).

바. 청산인의 보수

법원이 청산인을 선임한 경우, 법원은 이사와 감사의 의견을 들어 보수액을 정하여 회사로 하여금 보수를 지급하게 할 수 있다(비송사건절차법 제123조, 제77조). 자발적으로 해산을 하는 경우뿐만 아니라, 채권자가 해산명령을 신청하여 해산하는 경우에도 해산된 법인이 부담한다.[83] 다만 은행법·예금자보호법에 의하여 선임된 청산인은 그 임무에 대하여 보수를 청구할 수 없고, 경비에 한하여 당해 재산에서 지급받을 수 있을 뿐이다(은행법 제57조 제2항, 예금자보호법 제35조의8 제5항). 통상 청산인의 보수는 법인에 가용재산이 형성된 이후에 지급하고 있다. 보수결정에 대해서는 즉시항고를 할 수 있다(비송사건절차법 제123조, 제77조, 제78조). 보수결정의 주문례는 다음과 같다.

합명회사, 합자회사에 관한 규정과 같이 "중요한 사유가 있는 때에는 재판소는 6월 전부터 계속하여 발행주식의 총수의 100분의 3 이상에 해당하는 주식을 가진 주주의 청구에 의하여 청산인을 해임할 수 있다."고 규정하고 있는데, 그에 관한 사건은 비송사건으로 해석되고 있다.

82) 대법원 1976. 2. 11.자 75마533 결정.

83) 임치용(2), 13면. 다만 해산명령 신청인에게 파산과 같이 청산인 보수를 포함한 비용의 부담을 명할 수 있는지 문제되나, 법인의 재산을 청산하는 과정에서 청산인의 보수를 우선지급하고 나머지 재산을 환가할 수 있고, 청산결정이 확정되어야 비로소 청산인을 선임하게 되므로, 신청인에게 해산명령 신청단계에서 보수의 예납을 명할 필요는 없다.

청산인 ○○○의 보수를 ○○○원으로 정하고 이를 사건본인 회사가 부담한다.

3. 청산사무

가. 청산의 방법

1) 개   요

청산절차는 이해관계자 특히, 채권자를 공평하게 보호하는 것을 목적으로한다. 따라서 청산은 원칙적으로 법령이 정하는 바에 따라 이루어진다. 이를 '법정청산'이라고 한다. 법정청산의 경우, 채권자보호절차를 거치는 대신 채무를 변제하지 않으면 회사의 재산을 분배할 수 없도록 하여 채권자보호에 만전을 기하는 것이 일반적이다.

다만 합명회사·합자회사의 경우, 위와 같은 법정청산도 가능하지만, 사원이 회사의 채무에 대해 직접·연대·무한 또는 유한책임을 지고 있고, 사원총회에 의한 정관자치가 비교적 많이 허용되기 때문에 청산의 절차에 있어서도 정관또는 총사원의 동의에 의한 자치적인 재산처분도 가능하다. 이를 '임의청산'이라고 한다.

2) 임의청산

합명회사·합자회사의 경우, 정관 또는 총사원의 동의로 재산처분방법을 정하여 이에 따라 청산할 수 있다(상법 제247조 제1항, 제269조). 다만 사원이 1인으로 되거나 법원의명령·판결로 해산하는 때에는 임의청산을 할 수 없다(상법 제247조 제2항, 제269조).

임의청산을 할 때에는 재산의 처분이 불공정하게 이루어질 우려가 있으므로, 채권자를 보호하기 위하여 해산사유가 있는 날로부터 2주 내에 재산목록과재무상태표를 작성하도록 하고 있다(상법 제247조 제1항, 제269조). 또한 청산인은 임의청산이 개시된 날부터 2주 내에 채권자에 대하여 임의청산에 이의가 있으면 일정한 기간내에(그 기간은 1월 이상이어야 한다) 이를 제출할 것을 공고하고, 알고 있는 채권자에게는 따로 이를 최고하여야 한다(상법 제247조 제3항, 제232조 제1항, 제269조). 채권자가 이의기간 내 이의를 제출하지 아니하면 임의청산을 승인한 것으로 보고(상법 제247조 제3항, 제232조 제2항, 제269조), 이의를제출한 경우에는 회사는 그 채권자에 대하여 변제 또는 상당한 담보를 제공하거나, 이를 목적으로 한 상당한 재산을 신탁해야 한다(상법 제247조 제3항, 제232조 제3항, 제269조). 이를 위반하여 재산을 처분함으로써 채권자를 해한 경우에는 채권자는 그 처분의 취소를 구할 수 있다(상법 제248조,제269조).

사원의 지분을 압류한 자가 있는 때에는 그 동의를 얻어야 임의청산을 할수 있다(상법 제247조제4항, 제269조). 만약 그 동의를 얻지 않고 재산을 처분한 때에는 사원의 지분을 압류한 자는 회사에 대하여 그 지분에 상당하는 금액의 지급을 청구할 수있다(상법 제249조,제269조).

3) 법정청산

민법상 법인·유한책임회사·주식회사·유한회사는 합명회사·합자회사와는 달리 법정청산만 가능하다. 따라서 당사자 쌍방이 현금과 현물을 출자하여 공동으로 주식회사를 설립하여 운영하고, 그 회사를 공동으로 경영함에 따르는 비용의 부담과 이익의 분배를 지분 비율에 따라 할 것을 내용으로 하는 동업계약은 당사자 사이에서 공동사업을 주식회사의 명의로 하고 대외관계 및 대내관계에서 주식회사의 법리에 따름을 전제로 하는 것이어서 이에 관한 청산도 주식회사의 청산에 관한 상법의 규정에 따라 이루어져야 하고, 상법에 따른 청산절차가 이루어지지 않았다면 일방 당사자는 잔여재산의 분배를 받을 수 없다.[84] 민법 제80조 제1항, 제81조 및 제87조 등 청산절차에 관한 규정은 모두 제3자의 이해관계에 중대한 영향을 미치는 것으로서 강행규정이므로, 해산한 법인이 잔여재산의 귀속자에 관한 정관규정에 반하여 잔여재산을 달리 처분할 경우 그 처분행위는 청산법인의 목적범위 외의 행위로서 특단의 사정이 없는 한 무효이다.[85]

이하에서는 법정청산에 대해서 구체적으로 살펴보도록 한다.

나. 해산 및 청산인 선임신고

1) 민법상 법인

청산인은 해산 및 청산인 취임 등기와는 별개로 취임 후 3주 내에 해산의 사유와 연월일, 청산인의 성명·주소, 청산인의 대표권을 제한한 때에는 그 제한을 주무관청에 신고하여야 한다(민법 제86조). 청산인이 이러한 해산신고를 하지 않아, 사실을 은폐하는 경우에 해당하는 경우에는 500만 원 이하의 과태료에 처한다(민법 제97조, 제4호).[86]

---

84) 대법원 2005. 4. 15. 선고 2003도7773 판결, 대법원 2004. 3. 26. 선고 2003다22448 판결, 대법원 2002. 10. 11. 선고 2001다84381 판결.
85) 대법원 2000. 12. 8. 선고 98두5279 판결, 대법원 1995. 2. 10. 선고 94다13473 판결, 대법원 1980. 4. 8. 선고 79다2036 판결.

2) 합명회사·합자회사·유한책임회사

청산인은 회사해산 및 청산인 취임 등기를 하는 것과 별개로, 취임한 후 지체 없이 회사의 재산상태를 조사하고 재산목록과 재무상태표를 작성하여 각 사원에게 교부하여야 하고, 사원의 청구가 있는 때는 언제든지 청산의 상황을 보고해야 한다(상법 제256조, 제269조, 제287조의45). 법원에 해산·청산인선임신고를 할 필요는 없다.

3) 주식회사·유한회사

청산인은 회사해산 및 청산인 취임 등기를 하고, 취임한 날로부터 2주 내에 해산의 사유와 그 연월일, 청산인의 성명, 주민등록번호, 주소를 법원에 신고해야 한다(상법 제532조, 제613조 제1항). 이 경우 해산결의·청산인선임결의를 한 주주총회의사록인증서와 해산·청산인선임등기를 마친 법인등기사항증명서를 첨부하여 제출한다.

청산인은 취임 후 지체 없이 현존사무를 종결하고, '회사의 재산상태를 조사하여 채권의 추심·채무의 변제·재산의 환가처분을 하고 분배할 재산이 있으면 주주(사원)에게 분배한다.'는 내용의 의안을 부의한다. 또한 청산개시일을 기준으로 하는 재산목록과 재무상태표를 작성하고 이를 주주총회(사원총회)에 제출하여, 그에 대한 결의·승인을 얻은 후 위 재산목록, 재무상태표, 주주총회(사원총회) 의사록을 지체 없이 법원에 제출해야 한다(상법 제533조, 제613조 제1항). 통상 청산인선임 신고일로부터 2개월 내에 회사재산보고를 하게 된다. 청산절차는 영업의 계속을 전제로 하는 것이 아니기 때문에, 청산인은 개별 재산의 청산가치로 자산을 평가하여 재무상태표를 작성하게 된다.[87] 청산인이 법원에 주주총회(사원총회)의 승인을 받은 재산목록과 재무상태표를 제출하지 아니하면 '관청에 부실한 보고를 하거나 사실을 은폐한 경우'에 해당하므로(상법 제635조, 제1항 제5호), 법원은 법무부장관에 500만 원 이하의 과태료 처분을 하도록 위반사실을 통지할 수 있다([기재례 120]).[88] 제출한 재무상태표가 부채초과임에도 청산인이 파산을 신청하지 아니하

---

86) 민법상 과태료의 경우 법원이 직권으로 과태료 사건을 개시하여 과태료를 부과한다. 다만 청산인의 주소지가 관할이 아닌 경우에는 관할법원에 위반사실을 통보하여야 할 것이다. 법원의 과태료 부과절차에 관해서는 비송사건절차법 제247조 이하가 일반법으로 적용된다. 과태료 부과절차에 관한 자세한 사항은 법원실무제요 비송, 법원행정처(2014), 247면 이하.

87) 주석 상법 [회사(Ⅴ)], 498면. 이에 대해서는 법인에 파산원인사실이 있는지 확인하기 위해서는 계속기업가치로 자산을 평가해야 한다는 반론도 있다.

88) 상법 제637조의2에 의하면 상법 제635조(제1항 제1호는 제외한다)에 따른 과태료는 법무부장관이 부과·징수하므로, 이를 통지하는 것이다. 법무부장관은 과태료를 부과할 때에는 해당 위반행위를 조사·확인한 후 위반사실, 과태료 금액, 이의제기방법, 이의제기기간 등을 구체적으로 밝혀 과태료를 낼 것을 과태료 처분 대상자에게 서면으로 통지하여야 한다(상법 시행령 제44조 제1항). 과태료 처분을 받은 자가 이의를 제기하면 법원은 법무부장관의 통보를 받아 비송사건절차법에 따른 과태료 재판을 하게 된다(상법 제637조의2 제3항).

였다면 '파산선고의 청구를 게을리한 경우'에 해당하므로(상법 제635조 제1항 제12호), 500만 원 이하의 과태료에 처한다. 법원은 법무부장관에 500만 원 이하의 과태료 처분을 하도록 위반사실을 통지할 수 있다([기재례 121]).[89]

이러한 청산인 취임신고가 접수되면 법원은 회사청산감독사건(비송사건)으로 독립한 사건기록을 조제한다. 이때 사건명은 '회사해산 및 청산인선임신고'라고 기재하는 것이 일반적이다. 사건부호는 '비합'이다. 청산인 취임신고와 동시에 청산인이 작성, 제출한 재산목록과 재무상태표는 이 기록에 통합하여 편철하고, 취임신고 후에 제출되는 재산목록 등은 이 기록에 가철한다. 기록의 보존에 관하여는, 통상 청산인이 청산종결의 보고를 하는 예가 거의 없고 법원으로서도 위 신고 등의 접수 이외에는 별도의 감독절차를 취하지 않는 경우가 많으므로, 이러한 경우에는 곧바로 기록 보존절차를 취하여도 무방하다.

한편 이와 별도로 청산인은 정기주주총회일(정기사원총회일)로부터 4주 전에 재무상태표와[90] 그 부속명세서, 사무보고서를 작성하여 감사에게 제출하고, 감사는 정기주주총회일(정기사원총회일)로부터 1주 전에 위 각 서류에 관한 감사보고서를 청산인에게 제출하여야 한다. 그리고 청산인은 정기주주총회일(정기사원총회일)로부터 1주 전에 재무상태표와 그 부속명세서, 사무보고서, 위 각 서류에 관한 감사보고서를 본점에 비치하고, 정기주주총회(사원총회)에[91] 제출하여 그 승인을 요구해야 한다(상법 제534조 제613조 제1항).

다. 현존사무의 종결·채권의 추심·자산의 환가

청산인은 청산의 목적 범위 내에서,[92] 현존사무를 종결하고, 채권을 추심하

---

89) 과거 서울중앙지방법원은 보정명령을 하여 보정의 기회를 주었음에도, 청산인이 재산목록과 재무상태표를 제출하지 아니하거나, 파산선고의 청구를 게을리한 때에는 회사해산 및 청산인선임 신고를 각하하기도 하였다. 그러나 신고를 각하한다고 하더라도 법인의 해산이나 청산인 선임이 무효가 되는 것은 아니므로 적절한 감독방법이 되지 못한다는 비판이 있어, 위와 같이 위반사실을 통지하고 곧바로 기록보존절차를 취하는 것으로 감독방식을 변경하였다.

90) 이것이 청산재무상태표인지, 결산재무상태표인지는 논란이 있다. 주석 상법 [회사(V)], 500-501면.

91) 임시주주총회에서도 승인을 할 수 있다는 견해로는 주석 상법 [회사(V)], 500면.

92) 대법원 1959. 5. 6.자 4292민재항8 결정은 "청산 중인 법인은 적극적인 권리의 취득 등은 그 직무권한 외의 행위이므로 부동산을 경락취득할 수 없다."고 하였으나, 의문이다. 일본 大審院 大正14年7月11日 大正14(ク)第435号 決定은 청산 중인 주식회사가 저당권을 실행하기 위해 경매를 신청하여 그 부동산을 매수한 경우에도 채권의 변제를 위한 추심방법으로 이는 청산의 목적 범위 내에 속한다고 하였다. 청산 중인 회사라 하더라도 영업과 함께 상호를 양도할 수 있으므로 상호권의 침해에 대해 사용폐지(상법 제23조 제2항)를 청구할 수 있다. 주석 상법 [회사(V)], 488-489면.

며, 자산을 환가한다(민법 제87조, 상법 제254조, 제269조, 제287조의45, 제542조 제1항, 제613조 제1항). 민법상 법인의 경우, 잔여재산은 원상 그대로 인도하는 것이 원칙이기 때문에 재산의 환가는 원칙적으로 청산업무에 속하지 않지만, 채무의 변제나 잔여재산의 인도에 필요한 행위(민법 제87조 제2항)에 포함된다.[93]

합명회사·합자회사·유한책임회사의 경우, 청산인이 회사의 영업의 전부 또는 일부를 양도함에는 총사원 과반수의 결의가 있어야 한다(상법 제257조, 제269조, 제287조의45).

청산인에 대하여는 이사 또는 업무집행사원에 관한 여러 규정이 준용되므로(민법 제96조, 상법 제265조, 제269조, 제287조의45, 제542조 제2항, 제613조 제2항), 청산인회의 승인을 받지 아니한 청산인의 자기거래는 상대방의 악의를 증명하면 그 무효를 주장할 수는 있다.[94] 다만 정관에 법인 재산의 처분에 관하여 이사회·청산인회의 심의의결을 거치도록 규정되어 있는 경우에도, 해산한 법인이 잔여재산의 귀속자에 관한 민법·정관의 규정에 따라 구체적으로 확정된 잔여재산이전의무의 이행으로서 그 귀속권리자에게 잔여재산을 이전하는 것은, 위 이사회·청산인회의 심의의결을 요하는 재산의 처분에 해당한다고 볼 수 없다.[95]

청산 중이어도 자산의 처분에 따르는 행정상 제한은 그대로 존속한다.[96] 폐업신고를 하고 자가공급(부가가치세법 제10조 제6항)을 하지 아니하였다면, 자산의 처분에 대해 부가가치세가 부과될 수도 있다.[97]

---

93) 민법주해(I), 764면.

94) 대법원 1981. 9. 8. 선고 80다2511 판결.

95) 대법원 2000. 12. 8. 선고 98두5279 판결. 이 판결은 귀속권리자의 대표자를 겸하고 있던 해산한 법인의 대표청산인에 의하여 잔여재산 토지에 관한 소유권이전등기가 그 귀속권리자에게 경료되었다고 하더라도 이는 쌍방대리금지 원칙에 반하지 않는다고 하였다.

96) 대법원 2010. 4. 8. 선고 2009다93329 판결(이 판결은 관할청의 해산명령으로 해산되어 사실상 학교법인으로서의 실체를 상실하고 기능을 수행할 수 없게 된 상태에서 강제경매를 포함한 경매절차를 통하여 학교법인의 기본재산을 처분하는 것도 관할청의 허가가 필요하다고 하였다), 대법원 2006. 3. 23. 선고 2004다25727 판결(의료법인이 부도로 인하여 신축공사가 중단된 건물을 제3자에게 양도하는 경우에도 주무관청의 허가를 받아야 한다고 하면서, 의료법인에 대한 주무관청의 해산허가를 해산허가 이전에 이미 허가 없이 이루어진 기본재산의 처분에 대한 사후 허가로 볼 수 없다고 하였다).

97) 대법원 1990. 2. 27. 선고 89누7283 판결. 한편 대법원 2009. 8. 20. 선고 2007두15926 판결은 구 여신전문금융업법(2002. 3. 30. 법률 제6681호로 개정되기 전의 것) 제3조에 따라 적법한 등록을 하고 여신전문금융업 중의 하나인 시설대여업을 영위하던 종합금융회사가 금융감독위원회로부터 영업인가 취소처분과 함께 시설대여업 등록 취소처분을 받은 후에 그 각 취소처분 전에 체결된 기존의 시설대여계약에 따라 청산의 목적범위 내에서 계약의 이행이 완료될 때까지 시설대여 용역을 계속 공급하면서 그 대가를 수령하는 행위는, 특별한 사정이 없는 한 당초 시설대여업 등록의 효력 범위 내의 것으로서 구 부가가치세법 제12조 제1항 제10호, 구 부가가치세법 시행령 제33조 제1항 제11호에서 정한 부가가치세 면제대상인 여신전문금융업에 해당한다고 하였다.

한편 사업의 폐지를 위하여 해산한 회사가 그 청산 과정에서 근로자를 정당하게 해고한 경우 그로써 사용자인 회사와 근로자와의 근로관계는 일단 종료되고, 청산 중의 회사가 청산업무 등을 수행하게 하기 위하여 해고된 일부 근로자를 다시 채용하였다고 하더라도 특별한 사정이 없는 한 근로관계는 그 때부터 새로이 성립되므로, 다시 채용된 이후의 퇴직금은 다시 채용된 날부터 기산하여 산정하여야 한다.[98]

라. 채무의 변제

1) 채권의 신고

민법상 법인의 경우, 청산인은 취임한 날로부터 2월 내 신문에 3회 이상의 공고로 채권자에게 일정한 기간 내에(그 기간은 2월 이상이어야 한다) 그 채권을 신고할 것과 그 기간 내에 신고하지 아니하면 청산에서 제외된다는 것을 최고하고, 알고 있는 채권자[99]에 대해서는 별도로 그 채권의 신고를 최고하여야 한다(민법 제88조, 제89조, 비송사건절차법 제65조의2). 주식회사와 유한회사의 경우, 청산인은 취임한 날로부터 2월 내 회사채권자에 일정한 기간 내에(그 기간은 2월 이상이어야 한다) 그 채권을 신고할 것과 그 기간 내에 신고하지 아니하면 청산에서 제외된다는 것을 2회 이상 신문에 공고로 최고하고, 알고 있는 채권자에 대해서는 별도로 그 채권의 신고를 최고하여야 한다(상법 제535조, 제613조 제1항).[100] 법인이 알고 있는 채권자는 청산에서 제외되지 아니한다(민법 제89조 후문, 상법 제535조 제2항 후문, 제613조 제1항).[101]

민법상 법인·주식회사·유한회사의 청산인은 채권의 신고기간 내에 채권

---

98) 대법원 2002. 11. 26. 선고 2001다36504 판결.

99) 청산인이 채권자로 인정하지 않는 자라도 청산 중의 법인에 대하여 채권을 주장하고 있는 이상 '알고 있는 채권자'로 보아야 한다. 대법원 1964. 6. 16. 선고 64다5 판결.

100) 회사를 설립하였으나 사업을 시작하지 않고 해산결의를 하여 주주 이외 다른 채권채무관계가 없다고 하더라도 청산인은 채권신고의 공고를 하여야 하고, 청산인의 청산종결 등기신청은 그 최고기간이 지난 후에 할 수 있다(다만 청산종결등기 신청시 채권신고를 최고한 공고문은 첨부할 필요는 없다)[상업등기선례 제1-280호(1997. 4. 3. 등기 3402-257 질의회답)]. 청산인이 이러한 채권신고의 공고를 게을리하거나 부정한 공고를 한 때에는 500만 원 이하의 과태료에 처한다(민법 제97조 제7호, 상법 제635조 제1항 제2호). 주식회사·유한회사의 경우 청산의 종결을 늦출 목적으로 채권의 신고기간을 부당하게 장기간으로 정한 경우에도 500만 원 이하의 과태료에 처한다(상법 제635조 제1항 제11호).
한편 이러한 최고는 채무를 승인하는 것이 아니므로 소멸시효 중단사유에는 해당하지 아니한다. 민법주해(I), 770면.

101) 알고 있는 채권자를 사실상 제외하고 청산인이 청산절차를 종결하더라도 청산사무가 종결되는 것은 아니므로, 그 범위 내에서 청산 중인 법인의 권리능력은 소멸하지 않는다. 따라서 남은 재산을 귀속권리자에게 인도하였다고 하더라도, 이는 부당이득이기 때문에, 알고 있는 채권자는 청산 중인 법인을 대위하여 그 반환을 구할 수 있다. 민법주해(I), 775면.

자에 대하여 변제하지 못한다(민법 제90조, 상법 제536조 제1항, 제613조 제1항). 부채초과 여부는 채권의 신고를 받은 후에 확인되는데, 그 전에 특정 채권자에 전액을 변제하면 나중에 부채초과 사실이 밝혀져 다른 채권자는 전액을 변제받을 수 없는 반면에 특정 채권자는 전액을 변제받는 불합리가 발생할 수 있기 때문에 이를 사전에 막기 위해 이러한 제한을 둔 것이다. 청산인이 채권의 신고기간 내 변제를 하더라도 그 변제는 유효하지만, 500만 원 이하의 과태료에 처해지고(민법 제97조 제5호, 상법 제635조 제1항 제29호), 그로 인해 손해가 발생한다면 이를 배상할 책임도 진다. 다만 청산인이 채권의 신고기간 내에 변제를 하지 못한다고 하더라도, 채권자의 권리행사에는 아무런 영향이 없다. 채권자는 채권의 신고기간 내에도 청산 중인 법인에 대한 채권을 자동채권으로 하는 상계, 담보권의 실행도 가능하다.[102] 채권자는 청산 중인 법인을 상대로 소를 제기하여 급부판결을 받을 수도 있고,[103] 청산 중인 법인에 대한 강제집행도 할 수 있다.[104] 나아가 청산 중인 법인은 채권의 신고기간 내 변제금지로 이행을 하지 못하였다고 하더라도 그 변제의 지연으로 인한 손해배상책임을 면하지는 못한다(민법 제90조 후문, 상법 제536조 제1항 후문, 제613조 제1항).

법인이 알고 있지 아니한 채권자가 채권을 신고하지 아니하여 청산에서 제외되더라도, 그 채권이 소멸하는 것은 아니다.[105] 다만 귀속권리자나 주주(사원)에게 분배되지 않은 잔여재산[일부의 주주(사원)에 대하여 이미 재산의 분배를 한 경우에는 그와 동일한 비율로 다른 주주(사원)에게 분배할 재산은 잔여재산에서 공제한다]에 대해서만 변제를 청구할 수 있다(민법 제92조, 상법 제537조, 제613조 제1항).

2) 채권신고기간 내 변제에 대한 허가

가) 의 의

앞서 본 바와 같이, 주식회사·유한회사의 청산인은 원칙적으로 채권의 신고기간 내에 채권자에 대하여 변제를 하지 못하지만(상법 제536조 제1항, 제613조 제1항), 이미 변제기가 도래하였거나 채권의 신고기간 내에 변제기가 도래한 채권으로, 소액의 채권,

---

102) 임치용(2), 24, 25면; 민법주해(I), 772면; 주석 상법 [회사(V)], 504-505면.

103) 일본 大審院 昭和9年1月24日 昭和8(オ)第2213号 判決. 이에 대한 일본의 학설대립은 민법주해 (I), 771, 772면.

104) 대법원 1999. 8. 13.자 99마2198, 2199 결정. 민법주해(I), 772면; 주석 상법 [회사(V)], 504-505 면도 같은 입장이다. 이에 대해 임치용(2), 25, 26면은 편파변제를 막겠다는 민법 제90조, 상법 제536조의 취지를 살리기 위해 강제집행은 허용되어서는 안 된다고 주장한다.

105) 대법원 1968. 6. 18. 선고 67다2528 판결. 한편 서울고등법원 1981. 3. 19. 선고 80나4140 판결 (미상고 확정)은 해산 전에 취득한 청산 중인 회사에 대한 소유권이전등기청구권은 상법 제535 조의 신고하여야 할 채권에 포함되지 아니하므로 이를 신고하지 아니하였다고 하여 실권하는 것은 아니라고 하였다.

담보 있는 채권, 기타 변제로 인하여 다른 채권자를 해할 염려가 없는 채권에[106] 대하여는 법원의 허가를 얻어 변제할 수 있다(상법 제536조 제2항, 제613조 제1항,).

한편 민법상 법인의 청산인도 채권의 신고기간 내에 채권자에 대하여 변제를 하지 못하는데(민법 제90조), 위와 같이 법원의 허가를 받아 변제를 하는 방법은 인정되지 않는다.[107]

나) 절 차

신청인은 청산인 전원이 공동으로 신청하여야 하고, 신청을 함에 있어서는 그 사유를 소명하여야 한다(비송사건절차법 제126조, 제82조). 소명자료로는 법인등기사항증명서, (채권의 신고기간이 기재된) 회사해산의 공고문, 회사의 재산상황에 관한 자료(재산목록, 재무상태표, 신청 당시 예금통장·잔고증명 등), 변제해야 할 채권의 존부와 액수, 변제기를 확인할 수 있는 자료 등을 제출한다. 재판은 이유를 붙인 결정으로 하여야 한다(비송사건절차법 제126조, 제81조 제1항). 그 주문례는 다음과 같다.

> 신청인이 사건본인 회사가 부담하는 별지 목록 기재 채무에[108] 관하여 변제를 할 것을 허가한다.

3) 변제의 실시

청산인은 신고기간 후에는 신고한 채권에 대하여 변제를 실시한다. 청산인은 변제기에 이르지 아니한 채무도 변제할 수 있다. 조건부 채권, 존속기간이 불확정한 채권, 기타 가액이 불확정한 채권에 대하여는 법원이 선임한 감정인의 평가에 의하여 변제하여야 한다(민법 제91조, 상법 제259조 제1항, 제4항, 제269조, 제287조의45, 제542조 제1항, 제613조 제1항,). 상법상 회사의 경우, 이자가 없는 채권은 채권액에서 실제 변제한 때부터 변제기까지의 법정이율에 의한 중간이자를 공제한 금액을 변제를 하면 되고, 이자가 있는 채권은 그 이율이 법정이율보다 낮은 경우에는 법정이율과 약정이율의 차이 상당의 중간이자를 공제하여 변제한다(상법 제259조 제2항, 제3항, 제269조 제287조의45, 제542조 제1항, 제613조 제1항). 약정이율이 법정이율보다 높은 경우에는 원본에 실제 변제한 때까지의 약정이자를 가산하여 지급하면 된다.

---

106) 東京地方裁判所商事研究會, (類型別)會社非訟, 判例タイムズ社(2009), 60면은 현금 이외의 자산 가치가 크게 하락하는 것을 고려하여도 자산이 부채를 충분히 초과하는 경우, 지불능력에 문제가 없는 모회사가 지급보증확약서를 제출한 경우 등에는 다른 채권자를 해하지 않는다고 본다.

107) 민법주해(I), 771면.

108) 채무는 별지 목록에서 채권자 성명·상호, 채무내역, 액수, 지급시기 등으로 특정한다. 東京地方裁判所商事研究會, (類型別)會社非訟, 判例タイムズ社(2009), 63면.

한편 합명회사·합자회사의 경우, 현존재산이 그 채무를 변제함에 부족한 때에는 청산인은 변제기에 불구하고 각 사원에 대하여 출자의 비율에 따라 출자를 청구할 수 있다(^{상법 제258조,}_{제269조}).

마. 잔여재산의 처리

앞서 본 바와 같이 법정청산에 있어 잔여재산의 처리에 관한 규정은 강행규정이므로, 이에 위배하여 잔여재산의 분배를 청구할 수도 없고, 이에 위배된 잔여재산의 분배는 무효이다[이에 관하여는 제19장 제2절 3. 가. 3) 참조].

민법상 법인의 경우, 해산한 법인의 재산은 정관으로 지정한 자에게 귀속하되, 정관으로 귀속권리자를 지정하지 아니하거나 이를 지정하는 방법을 정하지 아니한 때에는[109] 이사·청산인이 주무관청의 허가를 얻어(사단법인의 경우, 총회의 결의까지 얻어) 그 법인의 목적에 유사한 목적을 위하여 그 재산을 처분할 수 있다. 이러한 절차에 의하여 처분되지 않은 재산은 국고에 귀속한다(^{민법}_{제80조}). 귀속권리자를 지정한 정관을 변경하는 경우, 이미 지정된 자의 동의가 필요한지에 대해서는 견해의 대립이 있다.[110] 한편 앞서 본 바와 같이 정관에 법인 재산의 처분에 관하여 이사회·청산인회의 심의의결을 거치도록 규정되어 있는 경우에도, 해산한 법인이 귀속권리자에게 잔여재산을 이전하는 것은 이사회·청산인회의 심의의결을 요하는 재산의 처분에 해당하지 않는다.[111] 처리 대상인 잔여재산은 적극재산에 한정되기 때문에, 잔여재산이 국가에 귀속된다고 하더라도 법인의 취득시효완성으로 인한 소유권이전등기의무까지 국가에 귀속되는 것은 아니다.[112]

상법상 회사의 경우, 청산인은 회사의 채무를 완제한 후가 아니면 회사재산을 분배하지 못하지만,[113] 다툼이 있는 채무에 대하여는 그 변제에 필요한 재산을 보류하고 잔여재산을 분배할 수 있다(^{상법 제260조, 제269조, 제287조의45,}_{제542조 제1항, 제613조 제1항}). 주식회사의 경

---

109) 대법원 1995. 2. 10. 선고 94다13473 판결은 법인 해산시 잔여재산의 귀속권리자를 직접 지정하지 아니하고 사원총회나 이사회의 결의에 따라 이를 정하도록 하는 등 간접적으로 그 귀속권리자의 지정방법을 정해 놓은 정관 규정도 유효하고, 이사 전원의 의결에 의하여 잔여재산을 처분하도록 한 정관 규정은 성질상 등기하여야만 제3자에게 대항할 수 있는 청산인의 대표권에 관한 제한이라고 볼 수 없다고 하였다.

110) 민법주해(I), 746, 747면.

111) 대법원 2000. 12. 8. 선고 98두5279 판결.

112) 대법원 1991. 6. 25. 선고 91다10435 판결.

113) 이에 위반하여 잔여재산의 분배를 받은 주주에 대하여 청산 중인 주식회사는 그 반환을 청구할 수 있다. 일본 大審院 昭和11年12月17日 昭和11(オ)第1867号 判決.

우 각 주주가 가진 주식의 수에 따라($\frac{\text{상법}}{\text{제538조}}$)(다만 종류주식이 발행된 경우에는 종류주식의 내용에 따라야 한다), 유한회사의 경우 정관에 다른 정함이 있는 경우 외에는 각 사원의 출자좌수에 따라($\frac{\text{상법}}{\text{제612조}}$) 잔여재산을 분배한다. 잔여재산 분배청구권은 회사의 청산절차가 진행되어 회사의 채무를 완제하고 남는 재산이 있는 경우에 한하여 구체적으로 발생하는 것이므로, 회사가 사실상 도산했다고 하더라도 상법상 해산절차가 시작되지 않은 이상 주주에게 회사에 대한 구체적인 잔여재산 분배청구권이 있다고 할 수 없고, 주주는 회사가 제3자에 대하여 가지는 권리를 대위행사할 수 없다.[114] 청산인이 법령에 위반하여 잔여재산을 분배하면 500만 원 이하의 과태료 제재를 받는다($\frac{\text{상법}\ \text{제635조}}{\text{제1항}\ \text{제15호}}$). 법령에 위반하여 잔여재산이 분배된 경우 회사는 분배된 잔여재산의 반환을 구할 수 있다.[115]

바. 청산 중 파산·회생의 신청

청산인은 청산 중인 법인에 파산원인 사실이 있다고 확인되면, 지체 없이 파산신청을 해야 한다($\frac{\text{민법 제93조 제1항, 상법 제254조 제4항, 제269조,}}{\text{제287조의45, 제542조 제1항, 제613조 제1항}}$).[116] 청산인이 파산신청을 게을리한 때에는 500만 원 이하의 과태료에 처하게 된다($\frac{\text{상법 제635조}}{\text{제1항 제12호}}$). 청산인은 파산신청과 함께 이 사실을 공고해야 한다($\frac{\text{민법 제93조 제1항, 상법 제254조 제4항, 제269조,}}{\text{제287조의45, 제542조 제1항, 제613조 제1항}}$). 한편 청산인은 파산을 신청하는 대신에 법 제35조에 따라 회생절차의 개시를 신청할 수 있다.[117] 이 경우 회사계속에 관한 규정이 준용되어, 사원의 전부 또는 일부의 동의($\frac{\text{상법 제229조 제1항, 제285조}}{\text{제2항, 제287조의40}}$), 총회의 특별결의가($\frac{\text{상법 제519조}}{\text{제610조 제1항}}$) 있어야 한다($\frac{\text{법 제35조}}{\text{제2항}}$).

---

114) 서울고등법원 1997. 4. 1. 선고 96나26703 판결(미상고 확정). 구체적 잔여재산분배청구권의 발생 시기 등에 관하여는 주석 상법 [회사(Ⅴ)], 507, 508면.

115) 주석 상법 [회사(Ⅴ)], 509면.

116) 한편, 민법 제79조는 법인이 채무를 완제하지 못하게 된 때에는 이사는 지체 없이 파산신청을 할 의무를 부과하고, 민법 제97조 제6호는 이를 위반한 경우에는 500만 원 이하의 과태료에 처하도록 하고 있다. 그런데 상법은 청산인의 파산신청의무를 규정한 민법 제93조는 준용한 반면에, 민법 제79조를 준용하고 있지 않아, 회사의 이사도 파산을 신청할 의무가 있는지에 대해서는 논란이 있다. 오수근, 68면. 참고로 독일은 물적 회사에 한하여 대표이사·청산인으로 하여금 지급불능 또는 부채초과가 있는 때로부터 늦어도 3주 이내에 도산을 신청하도록 하고 있고(도산법 제15a조 제1항), 그 대표이사·청산인이 고의로 적시에 도산을 신청하지 않은 경우 3년 이하의 징역 또는 벌금형에 처하고 있으며(도산법 제15a조 제4항), 과실로 적시에 도산을 신청하지 않는 경우에는 1년 이하의 징역 또는 벌금형에 처하고 있다(도산법 제15a조 제4항).

117) 한편 파산선고를 받은 회사의 경우 파산관재인은 회생을 신청할 수 없고, 대표이사만이 회생을 신청할 수 있다. 이에 대한 입법론적 비판으로는 임치용(2), 27-29면.

4. 청산종결

가. 청산종결의 등기·신고

청산사무가 종결한 때에는, 민법상 법인의 경우, 청산인은 3주 내에 이를 등기하고 주무관청에 신고하여야 한다(민법 제94조).

합명회사·합자회사·유한책임회사의 경우, 지체 없이 계산서를 작성하여 각 사원에게 교부하고 그 승인을 받아야 하는데, 계산서를 받은 사원이 1월 내이의를 하지 아니한 때에는 그 계산을 승인한 것으로 본다(청산인에게 부정행위가 있는 경우에는 그러하지 아니하다)(상법 제263조, 제269조, 제287조의45). 청산인은 총사원의 승인이 있은 날로부터 본점소재지에서는 2주 내, 지점소재지에서는 3주 내에 종결의 등기를 하여야 한다(상법 제264조, 제269조, 제287조의45). 임의청산의 경우에도 재산처분을 완료한 때로부터 본점소재지에서는 2주 내, 지점소재지에서는 3주 내에 청산종결의 등기를 하여야 한다(상법 제247조 제5항, 제269조).

주식회사·유한회사의 경우, 청산인은 청산사무가 모두 종결되었다면, 지체 없이 결산보고서(재산목록, 재무상태표 등)를 작성하고 이를 주주총회(사원총회)에 제출하여 승인(보통결의)을 얻어야 한다(상법 제540조 제1항, 제613조 제1항). 이 경우 통상 분배할 잔여재산의 처리와 중요서류의 보존방법에 대하여 주주총회(사원총회)의 결의도 함께 한다. 주주총회(사원총회)의 승인이 있는 때에는 회사는 청산인에 대하여 그 책임을 해제한 것으로 본다(청산인의 부정행위에 대하여는 그러하지 아니하다)(상법 제540조 제2항, 제613조 제1항). 청산인은 그 승인이 있은 날로부터 본점소재지에서는 2주 내, 지점소재지에서는 3주 내에 종결의 등기를 하여야 한다(상법 제264조, 제542조 제1항, 제613조 제1항). 이때 계산을 승인한 날이 청산종결일이 된다. 청산종결의 등기를 한 때에는 그 등기기록은 폐쇄되고, 본점 등기기록이 폐쇄된 후 3년이 경과한 때에는 그 회사의 지점 등기기록도 직권으로 폐쇄될 수 있다(상업등기규칙 제154조 제1항, 제116조).

이러한 청산종결의 등기는 제3자에 대한 대항요건에 불과하다. 청산종결의 등기가 되었다고 하더라도 청산사유가 종결하지 않은 때에는 법인은 소멸하지 아니하고, 사실상 청산이 종결된 때에 권리능력을 상실한다.[118] 따라서 청산인 등 권한 있는 자가 잔여재산이 남아 있는 등 청산사무가 종결되지 않았음을 증

---

118) 대법원 2005. 11. 24. 선고 2003후2515 판결, 대법원 1994. 5. 27. 선고 94다7607 판결, 대법원 1982. 3. 23. 선고 81도1450 판결, 대법원 1980. 4. 8. 선고 79다2036 판결, 대법원 1969. 2. 4. 선고 68다2284 판결, 대법원 1968. 6. 18. 선고 67다2528 판결.

명하여 상업등기법 제116조 제1항 제2호에 의하여 청산종결등기의 말소를 신청하면, 등기관은 청산종결등기를 말소하고 당해 등기기록을 부활한다.[119] 청산종결이 간주된 휴면회사의 경우 청산사무가 남아 청산종결등기 말소신청에 따라 등기기록이 부활되어도 회사계속은 허용되지 않는다.[120]

한편 등기기록의 관리 등을 위해 회사가 해산의 등기를 한 후 또는 해산된 것으로 된 후 10년이 지난 경우에는 등기기록을 등기관이 직권으로 폐쇄할 수 있다(상업등기법 제19조). 등기기록을 폐쇄한 후 회사가 본점소재지를 관할하는 등기소에 청산을 종결하지 아니하였다는 뜻을 신고한 때에는, 등기관은 그 등기기록을 부활하여야 한다(상업등기규칙 제59조 제1항).[121]

나. 중요서류의 보존

1) 의   의

청산인이 청산을 종료하고 청산종결의 등기를 마치고 나면, 장부 기타 영업과 청산에 관한 중요한 서류는 본점 소재지에서 청산종결의 등기를 한 후 10년간 보존하여야 하고, 전표 또는 이와 유사한 서류는 5년간 보존하여야 한다(상법 제266조 제1항, 제269조, 제287조의45, 제541조 제1항, 제613조 제1항).[122] 다만 합명회사·합자회사·유한책임회사의 경우, 그 보존인과 보존방법을 총사원 과반수의 결의로 정하고(상법 제266조 제2항, 제269조, 제287조의45), 주식회사와 유한회사의 경우, 그 보존에 관하여는 청산인 기타 이해관계인의 청구에 의하여 법원이 보존인과 보존방법을 정한다(상법 제541조 제2항, 제613조 제1항). 이하에서는 주식회사와 유한회사에서의 중요서류 보존을 중심으로 살펴본다.

2) 절   차

중요서류 보존인 선임과 보존방법의 신청인은 청산인 기타 이해관계인(주주, 채권자)이다(상법 제541조 제2항, 제613조 제1항). 신청의 방식은 일반원칙에 따른다(비송사건절차법 제8조, 제9조). 통상 총회에서 중요서류 보존방법에 대해 결의하고, 청산인이 중요서류 보존인 선임과 보존방법의 신청을 구하게 된다. 이 경우 청산종결이 등재된 법인등기사항증명서, 임시총회의사록(청산법인의 재무상태표 승인 건이 포함되어야 한다), 보존인의 취임승낙서, 보관수수료포기서, 보존인의 주민등록표등본, 인감증명서, 중요서류 목

---

119) 이에 관한 자세한 내용은 상업등기실무(Ⅱ), 415-419면.
120) 상업등기실무(Ⅱ), 431, 432면.
121) 이에 관한 자세한 내용은 상업등기실무(Ⅱ), 419, 420면.
122) 상법 제33조에 의하여 청산 전부터 보존한 서류도 그 보존기간이 만료되더라도 폐기하지 못하고, 다시 10년 또는 5년간 보존해야 한다. 주석 상법 [회사(Ⅴ)], 515면.

록 등을 첨부한다. 청산인이 중요서류 보존인 선임과 보존방법의 신청을 게을리
하였다고 하더라도 제재가 부과되는 것은 아니다.

재판은 보존인 선임과 함께 보존방법을 정하는 방식으로 한다.[123] 보존인으
로 청산인 이외 제3자(자연인 또는 법인)를 선임할 수도 있다. 그 주문례는 아래
와 같다. 한편 보존인 선임의 재판에 대하여는 불복의 신청을 할 수 없다
(비송사건절차법제127조). 주주 또는 채권자에게 청산종결 후 보존서류의 열람권이 인정되는
지에 대해서는 논란이 있다.[124]

> ○○○(○○○○○○-○○○○○○, 주소: ○○○)를 사건본인 회사의 장
> 부 기타 영업과 청산에 관한 중요한 서류의 보존인으로 정한다.

> 보존인은 위 중요서류를 ○○○에 보존하여야 한다.

3) 보존의 방법

보존의 대상이 되는 회사의 장부라 함은 회사에 현존하는 일체의 장부로
회사가 임의로 작성한 것도 포함한다. 기타 영업과 청산에 관한 중요한 서류는
분쟁이 발생하는 경우 증거자료가 될 만한 중요한 것을 말한다. 보존의 대상이
되는 서류에는 재무상태표, 손익계산서, 재산목록, 총계정원장, 계정과목별원장,
매입매출장, 영업보고서, 주주총회 의사록, 주주명부, 전표, 현금출납장(회사설립
일로부터 청산종결일까지), 은행통장, 법인세 세무조정계산서철(회사설립일로부터 회
사해산일까지), 부가가치세 신고서, 급여·상여금 신고서, 국민연금·산업재해·건
강보험관계철, 청산재무상태표, 청산소득에 대한 세무조정계산서철, 해산등기일
후 법인세 세무조정계산서철, 채권신고 대장, 잔여재산분배 내역서, 각종 비용
영수증철 등이 있다.

---

123) 비송사건절차법 제127조는 보존인 선임만을 규정하고 있으나, 상법 제541조 제2항은 보존인과
보존방법을 정하도록 규정하고 있다.

124) 일본 最高裁判所 平成16年10月4日 平成14(受)第1289号 判決은 관련 규정이 없고, 중요서류 중
에는 그 주식회사 또는 제3자의 영업비밀 등 청산종결 후에도 보호해야 할 정보가 기재된 자료
가 존재할 수 있기 때문에 청산종결 후 보존인에 대한 장부·중요서류의 열람·등사 청구를 인
정하지 않는다고 하였다.

제 3 절 외국회사의 영업소 폐쇄

1. 영업소의 폐쇄

외국회사(그 설립의 준거법이 외국법인 회사)의 영업소는 독립적인 법인격을 갖지 못하지만, 영업을 마친 경우에는 법적 분쟁이 발생할 소지를 줄이기 위해 대한민국 내 재산 전부를 청산할 필요가 있으므로, 상법 제619조, 제620조는 영업소 폐쇄와 이에 따른 청산절차에 관한 규정을 두고 있다.

한편 비송사건절차법 제60조, 제66조는 대한민국에 사무소를 둔 외국법인의 등기에 관하여 규정하여 이를 간접적으로 인정하고 있으나, 그 사무소의 폐쇄를 포함하여 외국법인에 관한 일반 규정을 두고 있지는 않다. 이 때문에 외국법인의 사무소 폐쇄에 대하여도 외국회사의 영업소에 관한 규정을 유추적용할 수 있는지 논란이 있다.[125) 외국학교법인이 경제자유구역과 제주국제자유도시에 설립하는 외국교육기관을 폐쇄하거나 설립승인이 취소되는 경우에는, 민법상 법인의 청산에 관한 규정에 따라 그 외국교육기관의 회계에 속하는 재산의 전부에 관하여 청산하여야 한다(경제자유구역 및 제주국제자유도시의 외국교육기관 설립·운영에 관한 특별법 제20조).

외국회사의 영업소를 폐쇄하는 원인을 살펴보면 다음과 같다.

가. 회사의 결정에 의한 영업소 폐쇄

외국회사는 스스로의 결정에 의하여 영업소를 폐쇄할 수 있다. 외국회사가 이사회 등을 통해 대한민국 내 영업소를 폐쇄하고, 특정인을 청산인으로 선임하기로 의결을 하여 영업소를 폐쇄하게 된다. 특히, 외국회사가 외국에서 파산한 경우, 외국도산절차의 승인결정과 지원결정을 받는 방법도 있겠지만(법 제628조 이하), 외국회사의 영업소 폐쇄와 그에 따른 청산절차에 따라 영업소를 정리할 수도 있다. 한편 외국은행(외국 법령에 따라 설립되어 외국에서 은행업을 경영하는 자를 말한다)이 대한민국 내에서 은행업을 영위하기 위하여 설립한 지점·대리점을 폐쇄하고자 할 때에는 지점·대리점마다 금융위원회의 인가를 받아야 하고(은행법 제58조 제1항),

---

125) 서울중앙지방법원 2011. 10. 10.자 2011비합5166 결정은 상법 제620조를 적용하여 외국재단법인 테트노르스케베리타스의 대한민국 내에 있는 재산 전부에 대한 청산절차 개시결정을 한 바 있다. 민법주해(I), 791면은 외국회사가 아닌 외국법인에 대해서도 주무관청은 설립허가 취소에 준하는 조치로 외국법인 사무소의 폐쇄를 명할 수 있다고 설명하고 있다.

인가를 받은 지점·대리점을 이전하는 때에는 미리 금융위원회에 신고해야 한다 (은행법 제58조 제3항).

나. 법원의 명령에 의한 영업소 폐쇄

외국회사의 영업소(등기가 되지 않은 영업소[126] 역시 포함된다고 본다)가 국내 법에 비추어 영업소의 설치목적이 불법인 때, 영업소의 설치등기를 한 후 정당한 사유 없이 1년 내에 영업을 개시하지 아니하거나 1년 이상 영업을 휴지(休止)한 때, 정당한 사유 없이 지급을 정지한 때,[127] 회사의 대표자 기타 업무를 집행하는 자가 법령 또는 선량한 풍속 기타 사회질서에 위반한 행위를 한 때에는 회사의 해산명령에 준하여 폐쇄명령을 내릴 수 있다(상법 제619조). 이 경우 회사의 해산명령사건에 관한 규정이 준용된다(이에 관하여는 제19장 제1절 3. 참조). 외국회사의 영업소폐쇄명령사건의 관할법원은 외국회사 영업소 소재지의 지방법원 (단독판사)이다(비송사건절차법 제72조 제3항). 외국회사가 법원의 폐쇄명령에 위반하여 영업을 계속하는 때에는 500만 원 이하의 과태료에 처한다(상법 제635조 제1항 제32호). 외국회사의 영업소 폐쇄명령 주문례는 다음과 같다.

사건본인 회사의 대한민국 내에 있는 영업소의 폐쇄를 명한다.

다. 주무관청의 인가취소 등

외국은행은 대한민국 내에서 은행업을 영위하기 위하여 지점·대리점을 설립하고자 할 때에는 지점·대리점마다 금융위원회의 인가를 받아야 하는데 (은행법 제58조 제1항), 거짓이나 그 밖의 부정한 방법으로 인가를 받은 경우, 인가 내용 또는 인가조건을 위반한 경우, 영업정지 기간에 영업을 한 경우, 시정명령을 이행하지 아니한 경우, 은행법 또는 은행법에 따른 명령이나 처분을 위반하여 예금자·투자자의 이익을 크게 해칠 우려가 있는 경우 금융위원회는 그 인가를 취소할 수 있다(은행법 제53조 제2항). 외국은행의 본점이 합병이나 영업의 양도로 인하여 소멸한 경우, 외국은행의 본점이 위법행위·불건전한 영업행위 등의 사유로 감독기관으로부터 징계를 받은 경우, 외국은행의 본점이 휴업하거나 영업을 중지한 경

---

126) 주석 상법 [회사(Ⅶ)], 90면.

127) 이는 회사의 파산원인이기는 하지만, 외국회사에 대해 국내에서 파산(병행도산)을 선고하거나, 외국의 파산절차를 승인하는 것이 여의치 않을 경우에는 국내 채권자를 보호하기 위해 부분적 청산으로 영업소폐쇄명령을 구할 수 있도록 한 것이다.

우에도 금융위원회는 그 인가를 취소할 수 있다(은행법제60조). 외국은행의 본점이
해산 또는 파산하였거나 은행업을 폐업한 경우, 외국은행의 본점에 대한 은행업
의 인가가 취소된 경우에는 원칙적으로 그 사유가 발생한 날에 외국은행의 지
점·대리점에 대한 인가도 취소된 것으로 본다(은행법 제60조제3항).

외국은행의 지점·대리점이 은행법 제53조, 제60조 제1항, 제3항에 의해 인
가가 취소되거나 취소된 것으로 보게 되는 때에는, 당해 지점·대리점은 폐쇄되
고, 대한민국 내에 있는 재산의 전부에 대하여 청산하여야 한다(은행법제61조제1항). 이
경우 법원은 이해관계인 또는 금융위원회의 청구에 의하거나 직권으로 청산인을
선임하거나 해임할 수 있고(은행법제61조제2항), 이때에도 상법 제620조 제2항이 준용된다
(은행법 제61조제3항).

2. 영업소의 청산

가. 외국회사 영업소의 청산절차 개시 및 청산인선임

상법 제619조 제1항의 규정에 의하여 외국회사 영업소의 폐쇄를 명한 경우
에는 법원은 국내 채권자를 보호하기 위해 이해관계인의[128] 신청에 의하여 또는
직권으로 대한민국에 있는 그 회사재산의 전부에[129] 대한 청산의 개시를 명할
수 있다.[130] 이 경우 법원은 청산인을 선임하여야 한다(상법제620조제1항). 외국회사가 스
스로 영업소를 폐쇄한 경우에도 같다(상법제620조제3항).

청산절차 개시결정의 주문례는 다음과 같다.

사건본인 회사의 대한민국 내에 있는 재산 전부에 대한 청산절차의 개시를
명한다.

---

128) 국내 영업소와의 거래를 통해 발생한 채권을 보유한 채권자(그 이외의 채권자는 이해관계인
에 해당하지 않는다), 대한민국 내에서의 대표자, 외국회사의 무한책임사원·이사, 청산의 권한
이 있는 자는 이해관계인에 해당하지만, 외국회사의 주주·사원은 국내에서 잔여재산의 분배를
받지 않기 때문에 이해관계인에 해당하지 않는다. 주석 상법 [회사(Ⅶ)], 90면.
129) 국내 영업소에 속하는 재산뿐만 아니라, 국내에 있는 외국회사의 모든 재산이 청산의 대상이
된다. 주석 상법 [회사(Ⅶ)], 90, 91면.
130) 대한민국에 영업소를 설치한 외국회사가 스스로 영업소를 폐쇄한 경우, 법원이 이해관계인의
신청에 의하여 또는 직권으로 대한민국에 있는 그 회사재산의 전부에 대한 청산의 개시를 명하
고 청산인을 선임한 경우가 아닌 한, 청산절차를 거치지 않고도 영업소폐지의 등기를 신청할
수 있다. 상업등기선례 제1-293호(2000. 9. 27. 등기 3402-680 질의회답).

○○○(○○○○○○-○○○○○○○, 주소: ○○○)를 위 청산절차의 청산인으로 선임한다.

외국회사 청산절차 개시신청에 필요한 서류는 다음과 같다. 다만 아래 서류 중 납세완납증명, 직원들에 대한 임금·퇴직금 전액을 지급하였다는 소명자료가 반드시 필요한지에 대해서는 논란이 있다.[131]

① 영업소 등기사항증명서: 상호란에 '(영업소)'라고 기재되어 있다.

② 영업소를 폐쇄하기로 하는 취지의 이사회결의(증명)서와 그 번역문

③ 지점폐쇄사유서

④ 폐업사실증명원: 관할 세무서장이 발행한다.

⑤ 외국기업 국내지사 폐쇄신고서: 외국환거래규정 제9-37조 제1항에 따라 사무소를 설치한 자가 지정거래외국환은행 또는 기획재정부 장관에 폐쇄신고를 하고, 그 신고확인 사실이 부기된 신고서 사본을 법원에 제출하면 된다.

⑥ 납세증명서, 지방세 납세증명

⑦ 직원들에 대한 임금·퇴직금 전액을 지급하였다는 소명자료: 직원 각자 명의의 영수증 또는 확인서, 관할 지방노동청장의 확인서 등을 제출하면 된다. 특히 직원 명의의 영수증 또는 확인서를 제출할 때에는 지점 폐쇄 당시의 직원 전체의 수에 관한 소명자료가 제출되어야만 영수증 또는 확인서가 빠짐없이 제출되었음을 확인할 수 있는데, 통상 원천징수이행상황신고서 중 소득세징수액집계표상의 '총인원'을 지점 폐쇄 당시의 직원 수로 볼 수 있다. 고용승계 계약이 체결된 경우에는 직원 각자의 전적동의서와 진술서를 첨부한다.

⑧ 재무상태표와 손익계산서: 부채가 자산을 초과하는지 여부를 검토하여야 한다.

⑨ 청산인에 관한 자료: 취임승낙서, 보수포기서(보수포기서가 없으면 보수의 예납을 받아야 한다), 주민등록표등본(외국인의 경우 외국인등록부등본, 여권

---

131) 청산절차 개시 전에 이른바 '정책적 재단채권'에 대해 모두 변제해야 한다고 요구할 명확한 법률상 근거는 없기 때문이다. 서울중앙지방법원 2012. 12. 18.자 2012비합5208 결정(이이지시맥솔)에서 미지급세금이 일부 남아있었음에도, 외국회사로부터 이를 모두 지급할 것을 약속받고 청산절차를 개시한 바 있다. 다만 은행법 등과 같이 국내채권자에 대한 우선변제에 관한 규정(은행법 제62조 제2항, 자본시장과 금융투자업에 관한 법률 제65조 제3항 등)이 있는 경우에는 이를 요구할 수 있는 것으로 보인다.

등 국내 체류가 적법하다는 소명자료. 특히 국내 체류기간이 도과하였는지의 여부에 유의하여야 한다), 인감증명서, 이력서(변호사, 공인회계사, 세무사 등 공인자격을 가진 경우 그 자격을 증명하는 서류의 첨부를 요한다).

청산인은 외국회사가 추천한 자로 선임하는 것이 일반적이다. 다만 외국은행의 한국지점이 해산되는 때에는 금융감독원장 또는 그 소속직원 1명이 청산인으로 선임되어야 하므로($\frac{은행법 제59조}{제1항, 제57조 제1항}$), 금융감독원장에게 청산인 추천의뢰서를 보내야 한다([기재례 122]).[132] 실무상 추천받은 금융감독원 소속 직원 1명과 이사회에서 선임된 청산인 1명을 외국은행 한국지점의 공동청산인으로 선임하고 있다.[133] 외국은행 한국지점 청산인은 보수를 청구할 수 없으며, 경비만 해당 재산에서 받을 수 있다($\frac{은행법 제59조}{제1항, 제57조 제2항}$).

청산절차 개시결정과 청산인 선임결정이 있으면 청산인은 그 선임된 날부터 3주 내에 청산개시명령의 등기와 청산인의 취임등기를 신청해야 한다($\frac{상법 제620조 제2항,}{제542조, 제253조 제1항}$). 다만 법원의 청산개시명령 없이 외국회사가 스스로의 선택에 따라 청산절차를 진행하는 경우 청산인에 관한 등기, 청산종결의 등기 등 청산 관련 등기는 할 수 없다.[134]

나. 청산사무

외국회사의 영업소에 대한 청산절차는 그 성질이 허용하는 한 주식회사의 청산절차에 관한 규정을 준용한다($\frac{상법 제620조}{제2항}$). 청산인은 주식회사의 청산절차와 같이 현존사무의 종결·채권의 추심·자산의 환가, 회사채권자에의 최고, 채무의 변제, 잔여재산의 분배, 청산의 종결 등 청산업무를 수행하게 된다.

청산절차에 참가할 수 있는 채권자의 범위와 관련하여 외국회사의 외국영업소와 거래한 채권자도 청산절차에 참가할 수 있는지는 논란이 있다.[135] 외국

---

132) 외국은행에 해당하는지 불분명한 경우에는 일단 금융감독원장에게 청산인 추천의뢰서를 보내면, 금융위원장이 청산인이 필요한 경우에는 추천을 하고, 외국은행에 해당하지 않아 불필요한 경우에는 청산인 추천이 필요하지 않다는 답신을 보내는 방식을 취하고 있다. 임치용(2), 32면.

133) 서울중앙지방법원 2009. 8. 17.자 2009비합253 결정(리먼브러더스뱅크하우스 주식회사), 서울중앙지방법원 2006. 6. 7.자 2006비합131 결정(캘리포니아유니온은행). 일단 공동청산인을 선임한 다음, 추후 이사회에서 추천한 청산인을 대표청산인으로 신청하여 허가한 사례도 있다. 서울중앙지방법원 2004. 3. 15.자 2004비합57 결정(아랍은행).

134) 상업등기실무(Ⅱ), 695, 696면.

135) 제강호·이재한, "외국 회사의 파산 관련 제문제", BFL 제42호, 서울대학교 금융법센터(2010), 37면은 참가할 수 없다고 본다. 주석 상법 [회사(Ⅶ)], 91, 92면도 마찬가지다.

회사의 영업소는 파산능력이 없으므로, 청산인은 대한민국 내에 있는 재산에 한하여 파산원인 사실이 발견된다고 하더라도, 파산을 신청할 의무가 있는 것은 아니다.

외국회사의 영업소는 독립된 법인격이 없는 점을 고려하여, 상법 제532조의 청산인의 신고, 상법 제533조의 회사재산조사보고의무, 상법 제534조의 재무상태표·사무보고서·부속명세서의 제출·감사·공시·승인에 관한 규정이 준용되지 않는다. 따라서 청산종결의 등기를 한 때에는 총회로부터 계산의 승인을 받았음을 증명하는 서면을 첨부할 필요는 없고, 청산인이 작성한 청산에 관한 계산서류 등을 청산종결을 증명하는 서면으로 첨부하면 된다.[136] 또한 상법 제620조 제2항은 상법 제541조의 중요서류 보존에 관한 규정을 준용하고 있지 않은데, 그럼에도 불구하고 상법 제541조에 따라 법원이 중요서류 보존인 선임과 선임 방법을 지정해야 하는지 논란이 있다.[137]

외국회사 영업소의 청산에 따른 채무의 변제와 관련하여, 국내 채권자를 우대하는 규정이 있는 경우도 있다. 외국은행의 지점·대리점이 청산을 하거나 파산한 경우 그 자산·자본금·적립금, 그 밖의 잉여금은 대한민국 국민과 대한민국에 주소 또는 거소를 둔 외국인의 채무를 변제하는 데에 우선 충당되어야 한다(은행법 제62조 제2항). 이에 위반한 자는 1년 이하의 징역 또는 3,000만 원 이하의 벌금에 처한다(은행법 제68조 제1항 제8호). 외국 금융투자업자의 국내지점 등이 청산·파산하는 경우 그 국내에 두는 자산은 국내에 주소·거소가 있는 자에 대한 채무의 변제에 우선 충당하여야 한다(자본시장과 금융투자업에 관한 법률 제65조 제3항). 이에 위반한 자는 1년 이하의 징역 또는 3,000만 원 이하의 벌금에 처한다(자본시장과 금융투자업에 관한 법률 제446조 제10호). 외국학교법인이 경제자유구역과 제주국제자유도시에 설립한 외국교육기관을 청산하는 때에는, 외국교육기관의 재산의 전부에 의하여서도 변제하지 못하는 채무에 관하여는 외국교육기관을 설치·운영하는 외국학교법인이 변제하여야 하고, 그 자산·자본금·적립금 그 밖에 잉여금은 대한민국 국민과 대한민국 안에 주소·거소가 있는 외국인에

136) 상업등기실무(Ⅱ), 698면.
137) 임치용-(2), 33, 34면. 상법 제620조가 상법 제541조를 준용하지 않고 있지만, 비송사건절차법 제128조가 제3장 회사의 청산에 관한 규정은 그 성질상 허용되지 않는 경우를 제외하고는 상법 제620조의 청산에 이를 준용한다고 하고 있으므로, 실무상 중요서류 보존인 결정을 할 수 있다고 보고 이를 허용한 바 있다. 특히 서울중앙지방법원 2005. 2. 3.자 2005비합29 결정은 신청서에 보존인의 취임승낙서가 첨부되어 있어 대한민국 법원의 인적 재판관할권에 스스로 복속하고 있으므로, 국제사법상 재판관할권 문제는 발생하지 않는다고 보아, 보존인을 미국인으로, 보존장소를 미합중국 캘리포니아주에 있는 사무실로 정한 바 있다.

대한 채무의 변제에 우선 충당되도록 하고 있다(경제자유구역 및 제주국제자유도시의 외국교육기관 설립·운영에 관한 특별법 제20조). 청산절차를 거치지 않고 외국교육기관의 재산을 해당 외국학교법인의 다른 회계로 전출한 자는 3년 이하의 징역 또는 3,000만 원 이하의 벌금에 처한다(경제자유구역 및 제주국제자유도시의 외국교육기관 설립·운영에 관한 특별법 제22조 제5호).

서 울 회 생 법 원
제 2 1 부
결 정

사 건   2019하합○○ 파산선고

신 청 인   주식회사 ○○

(채 무 자)   서울 ○○구 ○○로 ○○

                 대표자 사내이사 ○○○

                 대리인 법무법인 ○○ 담당변호사 ○○○

위 사건에 관하여 다음과 같이 채무자 대표자에 대한 심문을 시행한다.

위 심문은 수명법관으로 하여금 하게 한다.

다 음

1. 심문일시: 2019. ○. ○. ○○:○○
2. 심문장소: 서울법원종합청사 3별관 제208호 심문실

2019. ○. ○.

재 판 장   판 사   ○ ○ ○

               판 사   ○ ○ ○

               판 사   ○ ○ ○

위 수명법관으로 판사 ○○○을 지정한다.

재 판 장   판 사   ○ ○ ○

[기재례 2] 보정명령(채무자 신청)

서 울 회 생 법 원
제 2 1 부
보 정 명 령

사   건   2019하합○○ 파산선고
신 청 인   주식회사 ○○
(채 무 자)   서울 ○○구 ○○로 ○○
               대표자 사내이사 ○○○
               대리인 법무법인 ○○ 담당변호사 ○○○

위 사건에 관하여 채무자는 이 명령을 송달받은 날로부터 5일 이내에 다음 사항을 보정하시기 바랍니다.

다   음

1. 첨부한 예시와 같은 양식으로 '자산 및 부채에 관한 목록'을 빠짐없이 작성하여 소명자료와 함께 제출하시기 바랍니다.
2. 채무자의 대표자는 이 사건 파산신청서에 숨기거나 보태지 아니하고 사실 그대로 기재하였고 위 각 항에 관하여 보정하는 사항은 진실한 것이라는 취지를 기재한 서면을 대표자 본인 명의로 작성하여 제출하시기 바랍니다.
3. 채무자의 대리인도 채무자의 대표자와 충분한 상담을 한 후 이 사건 파산신청서를 제출하였고 채무자의 대표자에게는 채무자 회생 및 파산에 관한 법률 제650조 내지 제653조, 제658조에 해당하면 처벌받을 수 있음을 설명하였는지를 기재한 서면을 작성하여, 채무자의 대표자 확인을 받아 제출하시기 바랍니다.

2019. ○. ○.

재 판 장   판 사   ○ ○ ○

[기재례 3] 보정명령(채권자 신청)

서 울 회 생 법 원
제 2 1 부
보 정 명 령

사   건   2019하합○○ 파산선고
신 청 인   ○○○
(채 권 자)   서울 ○○구 ○○로 ○○
채 무 자   주식회사 ○○
                     서울 ○○구 ○○로 ○○
                     대표자 사내이사 ○○○

위 사건에 관하여 신청인 및 채무자는 이 명령을 송달받은 날로부터 7일 이내에 다음 사항을 보정하시기 바랍니다.

다   음

신청인에 대하여,

1. 채권자의 채무자에 대한 채권이 실제 존재함을 증명할 구체적인 증거방법을 제출하시기 바랍니다.

2. 채무자에게 채무자 회생 및 파산에 관한 법률 제305조 제1항 또는 같은 법 제306조 제1항이 규정한 파산원인이 존재함을 증명할 구체적인 증거방법을 제출하시기 바랍니다.

채무자에 대하여,

1. 채권자는 채무자에 대하여 채권이 있고, 채무자에게는 파산원인이 존재한다고 주장하고 있습니다. 이와 관련하여 ① 채권자가 주장하는 채권이 존재함을 인정하는지, ② 채무자가 변제능력이 부족하여 즉시 변제하여야 할 채무를 일반적·계속적으로 변제할 수 없는 객관적 상태에 있는지 또는 채무자의 부채 총액이 자산 총액을 초과함을 인정하는지에 관하여 구체적인 답변을 기재

한 서면을 작성하여 제출하고, 다툴 사항이 있다면 그에 관한 증거방법을 제
출하시기 바랍니다.
2. 첨부한 예시와 같은 양식으로 '자산 및 부채에 관한 목록'을 빠짐없이 작성하
여 소명자료와 함께 제출하시기 바랍니다.

2019. ○. ○.

재 판 장   판 사   ○ ○ ○

[기재례 4] 자산 및 부채에 관한 목록

1. 소유·임차 부동산 목록[1]

순번	유형[2] 유지 여부[5]	주소 (임차한 경우)[6] 임대차계약기간 (소유한 경우) 취득일/취득가격	용도[3] 보증금/차임 예상 처분가격(근거)	비고 〔특히 (임차한 경우) 연체 차임 등 현황(또는 보증금 정산 내역), (소유한 경우) 담보 등 제공 내역(또는 처분 내역)〕[4]
			소명자료[7]	
1	소유	○○시 ○○구 ○○로 ○○ 토지 및 건물	사무소(본점)	토지, 건물 경매(○○지방법원 2017타 경○○) 진행 중임. ○○은행에 근저 당권설정(채무자: ○○○○ 주식회사, 채권최고액: 5억 원, 피담보채무액: 7 억 4,134만 원)됨.
	유지	2010. 2. 1. 매매/6억 원	7억 원(경매 사건 감정평가액)	
	등기사항전부증명서, 사무소 사진, 매매계약서 사본, 등기사항전부증명서, 부채확인서, 감정평가서			
2	임차	○○시 ○○구 ○○로 ○○ 건물	영업소(○○지점)	2017년 1월분 차임부터 연체함. 계약 기간 끝났으나 임대인이 임차보증금 반환하지 않아 계속 점유 중임. 적치 된 재고자산 도난 방지 조치 필요함.
	유지	2015. 4. 25.~2017. 4. 25.	5,000만 원/200만 원 (관리비 50만 원 별도)	
	임대차계약서 사본, 영업소 사진, 재고자산 사진, 내용증명 사본			
3	임차	○○시 ○○구 ○○로 ○○ 토지 및 건물	공장(제1공장)	2016. 6. 30. 합의해지함. 연체차임 500만 원과 관리비 100만 원 합계 600만 원을 임차보증금에서 공제하고 나머지 2억 9,400만 원을 2016. 7. 5. 채무자 명의 ○○은행 예금계좌(계좌 번호: ******)로 송금받았음.
	2016. 6. 30. 반환	2014. 4. 1.~2018. 4. 1.	3억 원/500만 원 (관리비 100만 원 별도)	
	임대차계약서 사본, 합의서 사본, 예금계좌 거래내역 조회서			
4	소유	○○시 ○○구 ○○로 ○○ 건물	창고	2016. 6. 30. 채무자 대표자에게 1억 2,000만 원에 매도하고 매매대금은 같은 날 채무자 명의 ○○은행 예금 계좌(계좌번호: ******)로 송금받았 음. 매도한 후에도 무상 사용 중임. 창고에 누수 발생하여 보관 중인 기 계 침수 가능성 있음.
	2016. 6. 30. 매도	2012. 5. 9. 매매/1억 원	1억 2,000만 원	
	등기사항전부증명서, 매매계약서 사본, 영수증 사본			
5	임차	○○시 ○○구 ○○로 ○○ 건물	숙소(기숙사)	입주한 근로자가 퇴거하지 않아 반환 하지 못하고 있음. 임대인이 ○○지 방법원 2017가단○○호로 인도청구소 송 제기함.
	유지	2015. 4. 1.~2017. 4. 1.	2,500만 원/40만 원	
	등기사항전부증명서, 기숙사 입소 신청서, 숙소 사진, 소장 사본			
⋮				

1) 파산신청일로부터 5년 전 이내에 채무자가 소유하거나 임차하는 등으로(그 밖에 전세, 무상사용 등 모든 유형을 포함합니다) 운영하였거나(즉 이미 채무자가 소유한 부동산을 매도하는 등 처분하였거나 임대차계약기간이 종료되는 등으로 임차한 부동산을 반환하는 등 모든 경우를 포함합니다) 파산신청일 현재까지 유지하고 있는 채무자의 사무소, 영업소와 연구소, 공장, 창고, 숙소 등 일체의 시설 관련 부동산 목록입니다.

2) 해당 부동산을 채무자가 소유한 것인지, 임차한 것인지, 무상으로 사용한 것인지 등 그 유형을 기재합니다.

3) 사무소, 영업소, 연구소, 공장, 창고, 숙소와 같이 해당 시설의 용도와 채무자가 해당 시설을 표시할 때 사용한 명칭을 기재합니다.

4) 파산관재인의 업무 수행에 도움이 될 수 있는 해당 시설 관련 부동산의 구체적인 상황을 기재합니다. 특히 해당 부동산을 임차한 것이라면 연체 차임 등의 현황(연체한 차임 액수와 이를 공제할 경우 남은 임차보증금 액수)을, 이미 종료되어 부동산을 반환하고 임차보증금을 반환받았다면 임차보증금을 정산하여 반환받은 내역과 반환받은 방법을 구체적으로 기재합니다. 해당 부동산을 소유한 것이라면 담보로 제공하거나, 임대차계약을 체결하거나, 가압류·가처분이 되었다면 그 내역을, 이미 처분하였다면 어떠한 경위로 처분하였는지, 처분한 방법은 무엇인지, 예를 들어 매도한 것이라면 매매계약의 내용과 받은 매매대금의 내역, 받은 방법 등을 구체적으로 기재합니다.

5) 파산신청일 현재 해당 시설 관련 부동산을 유지하고 있는지, 이미 폐쇄하였다면 임차한 부동산의 경우에는 반환한 날짜를, 소유한 부동산의 경우에는 처분한 날짜와 처분 원인을 기재합니다.

6) 해당 부동산을 임차한 것이라면 그 임대차계약기간과 보증금, 차임을 기재합니다. 해당 부동산을 소유한 것이라면 그 부동산을 취득한 날짜와 그 취득가격을 기재하고, 파산신청일을 기준으로 예상되는 처분가격(이미 처분하였다면 처분가격을 기재합니다)과 그 근거를 구체적으로 기재합니다.

7) 해당 부동산의 구체적인 현황, 특히 비고란에 기재한 사항을 확인할 수 있는 자료를 제출하여야 합니다. 이와 함께 해당 부동산의 내·외부를 촬영한 사진도 반드시 제출하여야 합니다.

2. 예·적금 등 금융상품 목록15)

순번	유형8)	금융기관9)	잔액10)	비고 〔특히 금융상품 용도 및 가압류 또는 지급정지 여부, 담보 등 제공 내역〕11)
	계좌번호/상품명12)		최종 거래일13)	
	소명자료14)			
1	보통예금	○○은행 ○○지점	560,010원	일상 경비(급여, 법인신용카드 대금) 지출 및 매출대금 입금 계좌임.
	******		2017. 6. 12.	
	거래내역 조회서			
2	당좌예금	○○은행 ○○지점	150,005,041원	어음 결제 계좌임. 거래처인 ○○산업에서 ○○지방법원 2017카합○○호로 가압류 결정받음. ○○은행에서 지급정지함.
	******		2017. 5. 1.	
	거래내역 조회서, 전자어음 조회서, 가압류결정 등본, 통지서			
3	정기적금	○○은행 ○○지점	52,116,410원	만기 해지하고 잔액은 순번 1번 예금계좌에 입금하였음.
	******		2016. 12. 30. 해지	
	거래내역 조회서			
4	정기예금	○○은행 ○○지점	20,949,521원	지점장의 요청에 따라 정기예금을 중도 해지하고 잔액을 ○○은행 대출금 채무를 변제하는 데에 사용함.
	******		2017. 5. 31.	
	거래내역 조회서, 변제확인서			
5	정기예금	○○은행 ○○지점	10,905,511원	○○물산에 질권설정(채무자: ○○○○ 주식회사, 채권최고액: 1,000만 원, 피담보채무액: 1,500만 원)됨.
	******		2017. 6. 15.	
	거래내역조회서, 금전소비대차약정서			
6	위탁계좌	○○증권 ○○지점	0원	○○전자 보통주 150주가 남음.
	******		2016. 8. 31.	
	거래내역 조회서			
7	자동차보험	○○손해보험	1,263,501원	○○고○○○○ 차량에 관한 보험계약임.
	영업용자동차보험		2017. 2. 5.	
	보험증권 사본, 해지환급금조회서			
⋮				

8) 보통예금, 당좌예금, 적금, 예금, 위탁계좌, 자동차보험, 화재보험 등 해당 금융상품의 유형을 기재합니다.

9) 해당 금융상품을 개설한 금융기관명을 기재하고, 은행 금융상품의 경우에는 가능한 개설지점 또는 주거래 지점도 기재합니다.

10) 파산신청일 현재 해당 예금 등의 잔액이나 보험 등의 해지환급금 액수를 기재합니다. 이미 해지한 금융상품의 경우에는 해지 당시의 잔액을 기재합니다.

11) 파산관재인의 업무 수행에 도움이 될 수 있는 사항을 기재합니다. 특히 예를 들어 임직원 급여가 지출되는 계좌, 매출대금이 입금되는 계좌, 어음이 결제되는 계좌, 대출금이 입금된 계좌 등의 해당 금융상품의 구체적인 용도를 기재하고, 해당 금융상품에 관하여 가압류(가처분)가 되었거나 금융기관에서 지급정지하였는지, 해당 금융상품을 담보로 제공하였는지와 그 내역을 구체적으로 기재합니다.

12) 해당 예금 등의 계좌번호나 보험 등의 보험 상품명을 기재합니다.

13) 해당 금융상품을 통해 마지막으로 입·출금 등 거래를 하거나 보험금을 내는 등으로 거래한 날짜를 기재합니다. 이미 해지한 금융상품의 경우에는 해지한 날짜와 해지하였다는 취지의 기재를 합니다.

14) 해당 금융상품의 파산신청일로부터 2년 전 12월 1일부터 파산신청일 현재까지의 거래내역 조회서를 반드시 제출하여야 합니다. 보험의 경우 보험증권 사본, 해지 환급금 조회서 등을 제출합니다. 그 밖에 금융상품에 관하여 지급정지가 되어 있거나, 담보로 제공하였다면 그에 관한 자료를, 금융기관으로부터 통지를 받은 것이 있다면 그 자료를 제출하여야 합니다.

15) 파산신청일로부터 5년 전 이내에 보유하였거나(즉 이미 해지한 금융상품도 포함합니다. 다만 보험계약의 경우에는 파산신청일로부터 2년 전 이내에 보유하였거나 파산신청일 현재 보유한 것만 기재합니다) 파산신청일 현재 보유한 채무자의 예금, 적금 및 보험(채무자가 보험계약자인 보험계약은 피보험자나 보험수익자가 누구인지와 무관하게 모두 포함하고, 채무자가 보험계약자가 아니더라도 피보험자나 보험수익자인 보험계약은 보험계약자가 누구인지와 무관하게 모두 포함합니다) 등 금융상품 목록입니다.

3. 자동차, 건설기계 등 목록16)

순번	종류17)	유형18)	내역(제조사·모델·등급·연식)/등록번호19)		비고 [특히 성능·외관 상태, 담보 등 제공 내역(또는 처분 내역)]20)
	보관장소(또는 처분일/원인)21)			예상 처분가격(근거)22)	
	소명자료23)				
1	자동차	소유	현대 그랜저IG 3.0 익스클루시브 2016/○○고 ○○○○		주행거리 1,360km, 차량 상태 양호함. ○○캐피탈에 근저당권 설정(채권최고액: 2,000만 원, 피담보채무액: 1,300만 원) 됨.
	○○시 ○○구 ○○로 ○○ (대표자 거주지)			3,000만 원(중고자동차거래상 견적서)	
	자동차등록원부, 금전소비대차약정서 사본, 부채확인서, 차량 사진, 견적서				
2	자동차	소유	현대 포터2 카고트럭 1톤 더블캡 CRDI 2014/ ○○노○○○○		주행거리 151,630km, 적재함 부식 심함. ○○세무서, ○○구청에서 압류함.
	○○시 ○○구 ○○로 ○○ (채무자 창고)			500만 원(중고자동차 매매사이트 시세 자료)	
	자동차등록원부, 체납처분통지서 사본, 차량 사진				
3	자동차	소유	현대 아반떼HD 1.6 VVT E16 밸류 2009/○○ 도○○○○		2011. 12. 5. 교통사고 발생하여 폐차 후 등록 말소함.
	2011. 12. 30. 폐차			-	
	자동차등록원부, 수리비 견적서, 사진				
4	자동차	임차	현대 G80 3.8 프레스티지 4WD 2016/○○마○ ○○○		○○렌트카와 2016. 2. 1. 리스 기간 2016. 3. 2.~2017. 3. 2., 보증금 2,000만 원, 월 리스료 50만 원에 리스계약 체결함.
	○○시 ○○구 ○○로 ○○ (대표자 거주지)			1,600만 원	
	자동차등록원부, 자동차리스계약서 사본, 차량 사진				
5	자동차	임차	벤츠 E300 아방가르드 2016/○○모○○○○		○○렌트카와 2016. 8. 1. 보증금 2,000만 원, 월 리스료 100만 원에 리스계약 체결함. 운영자금 마련 위해 2017. 3. 20. 1,500만 원을 받고 대표자의 배우자에게 리스계약 이전해 줌.
	2017. 3. 20. 리스계약 이전			1,500만 원	
	자동차등록원부, 자동차리스계약서 사본, 차량 사진, 리스계약승계합의서				
6	건설기계	소유	도요타 7FB14 좌식 전동지게차 2011		2016. 12. 25. 중고 건설기계 매입업자인 ○○기계에 700만 원에 매도하고 매매대금은 2016. 12. 30. 채무자 명의 ○○은행 예금계좌(계좌번호: ******)로 송금받았음.
	2016. 12. 25. 매도			700만 원	
	매매계약서 사본, 이체확인증				
⋮					

16) 등록 여부와 무관하게 파산신청일로부터 3년 전 이내에 소유하거나 임차하는 등으로 보유하였거나(즉 이미 처분하거나 임차계약을 해지한 자동차 등도 포함합니다) 파산신청일 현재 보유한 채무자의 자동차, 건설기계, 선박, 항공기 목록입니다.

17) 자동차, 건설기계, 선박, 항공기 등 해당 자산의 종류를 기재합니다.

18) 해당 자동차 등을 채무자가 소유한 것인지, 임차(리스)한 것인지, 무상으로 사용한 것인지 등 그 유형을 기재합니다.

19) 제조사, 모델, 등급, 연식 등 해당 자동차 등이 구체적으로 어떠한 것인지 확인할 수 있는 자동차 등의 내역을 기재합니다.

20) 파산관재인의 업무 수행에 도움이 될 수 있는 해당 자동차 등의 구체적인 상황을 기재합니다. 특히 해당 자동차 등의 주행거리, 성능 및 외관 상태 등 환가 가치를 확인할 수 있는 사항을 기재하고, 해당 자동차 등을 소유한 것이라면 담보로 제공하거나, 가압류·가처분이 되었다면 그 내역을, 이미 처분하였다면 어떠한 경위로 처분하였는지, 처분한 방법은 무엇인지, 예를 들어 매도한 것이라면 매매계약의 내용과 받은 매매대금의 내역, 받은 방법 등을 구체적으로 기재합니다.

21) 파산신청일 현재 해당 자동차 등을 보유하고 있다면 보관장소를 기재하고 이미 처분한 자동차 등은 처분한 날짜와 처분 원인을 기재합니다.

22) 해당 자동차 등을 소유한 것이라면 파산신청일을 기준으로 예상되는 처분가격과 그 근거를 구체적으로 기재합니다. 해당 자동차 등을 임차한 것이라면 그 임차보증금 액수 등을 기재합니다. 임차계약을 해지하거나 이미 종료되었거나 다른 사람이 승계한 경우에도 반드시 기재하여야 합니다.

23) 해당 자동차 등의 구체적인 현황, 특히 비고란에 기재한 사항을 확인할 수 있는 자료를 제출하여야 합니다. 이와 함께 해당 자동차 등의 내·외부를 촬영한 사진도 반드시 제출하여야 합니다.

4. 그 밖의 유형자산 목록24)

순번	유형25)	내역(품목, 수량 등)26)27)		비고
		보관장소	예상 처분가격(근거)	
		소명자료28)		
1-1	제품			
1-2	제품			
2-1	상품			
2-2	상품			
3-1	원재료			
3-2	원재료			
4	기계장치29)			
5	비품			
⋮				

24) 파산신청일로부터 6개월 전 이내에 소유하였거나 파산신청일 현재 소유한 채무자의 제품, 상품, 원재료, 기계장치, 비품 등 목록입니다. 이미 처분한 제품 등도 기재하여야 하나 원재료를 제품 생산에 사용한 경우, 상품을 소비자에게 직접 판매한 경우, 비품을 일상적으로 소비한 경우에 한하여 그와 같이 처분한 제품 등은 기재하지 않아도 됩니다.

25) 제품, 상품, 원재료, 기계장치, 비품 등 자산의 유형별로 나누어 기재합니다.

26) 가능한 제품 등의 품목, 제품명, 사양 별로 나누어 기재하고 그 수량도 기재합니다.

27) 보관장소, 예상처분가격(근거), 비고란은 "자동차, 건설기계 등 목록" 설명에 준하여 구체적으로 기재합니다.

28) 해당 유형자산의 구체적인 현황을 확인할 수 있는 자료를 제출하여야 하는데 해당 유형자산을 촬영한 사진을 반드시 제출하여야 합니다. 이때 제품 등이 보관된 공장, 창고 등의 전경을 촬영한 사진만을 제출해서는 아니 되고, 해당 유형자산의 수량까지 모두 확인할 수 있는 것은 아니더라도 해당 유형자산이 실제로 존재하는지 확인이 가능하고, 그 유형자산을 다른 유형자산과 구분할 수 있을 정도로 촬영한 사진을 제출하여야 합니다.

29) "자동차, 건설기계 등 목록"에 기재한 자산은 다시 기재하지 않아도 됩니다.

5. 무형자산 목록30)31)

순번	유형	내역(품목, 수량 등)		비고
		보관장소	예상 처분가격(근거)	
		소명자료		
1	특허권			
2	상표권			
3	저작권			
4	영업권			
5	시설권			
6				
7				
8				
⋮				

---

30) 파산신청일로부터 3년 전 이내에 채무자가 소유하였거나 파산신청일 현재까지 소유하고 있는 특허권, 상표권, 저작권 등 지식재산권이나 영업권, 시설권, 계약상 지위 등 일체의 무형자산 목록입니다. 채권에 해당하여 "예·적금 등 금융상품 목록"이나 "채권 목록"에 기재한 자산은 이 목록에 기재하지 않습니다.

31) "자동차, 건설기계 등 목록" 설명에 준하여 구체적으로 기재합니다.

6. 채 권 목 록32)

순번	채권 종류33)	채무자 상호·성명	채권액	채권발생일34)	비고(특히 회수 가능 여부, 집행권원 유무, 소송계속 여부 등)35)
	채무자 주소			채무자 전화번호/담당자	
1-1	외상매출금	○○○○	5,960,000원	2016. 5. 1.	연락이 끊겨 회수 불가능함.
	○○시 ○○구 ○○로 ○○			02-123-4567/○○○	
1-2	연대보증	○○○	5,960,000원	2016. 5. 1.	순번 1번에 관한 연대보증임. 개인파산신청으로 회수 불분명함.
	○○시 ○○구 ○○로 ○○			02-123-4567/○○○	
2	외상매출금	○○○○	21,610,000원	2016. 5. 1.	회수 가능함. ○○지방법원 2015가합○○호 판결 확정됨.
	○○시 ○○구 ○○로 ○○				
3	외상매출금	○○○○	100,000,000원	2016. 5. 1.	실제 존재하지 않은 가상거래임(소명서 제출).
	○○시 ○○구 ○○로 ○○				
4	대여금	○○○○	50,000,000원	2016. 5. 1.	회생신청으로 회수 불분명함. 약속어음 공정증서 있음.
	○○시 ○○구 ○○로 ○○				
5	임차보증금	○○○○	50,000,000원	2017. 4. 25.	임대인이 임차보증금 반환 거절함.
	○○시 ○○구 ○○로 ○○				
6	예금	○○은행	150,005,041원	2017. 5. 1.	○○은행이 지급정지함.
	○○시 ○○구 ○○로 ○○				
⋮					

32) 파산신청일 현재 채무자가 가진 채권 목록입니다. 그 채권이 장부상 채권인지, 장부 외 채권인지, 상대 채무자가 채무자의 채권을 인정하는지, 상대 채무자에게서 채권을 실제 변제받을 수 있는지, 채권의 소멸시효가 완성되었는지와 무관하게 모든 채권을 기재합니다.

33) 채권의 종류를 간략히 기재합니다. "소유·임차 부동산 목록"이나 "자동차, 건설기계 등 목록"에 기재하였던 채무자가 임차한 자산에 관한 임차보증금이나 "예·적금 등 금융상품 목록"에 기재하였던 금융상품에 관한 채권도 포함하여 기재합니다. 그 밖에 채무자가 당사자가 되어 체결한 계약 중 쌍방 모두가 이행을 마치지 않은 상태의 계약에 따라 채무자가 가진 채권을 빠뜨리지 않고 기재하여야 합니다(금전채권이 아닌 경우에는 비고란에 그 취지를 기재합니다).

34) 채권이 발생한 날짜를 기재하는데 상대 채무자와 계속적 거래 관계에 있는 경우에는 마지막으로 거래한 날짜를 기재합니다.

35) 파산관재인의 업무 수행에 도움이 될 수 있는 해당 채권의 구체적인 현황을 기재합니다. 특히 해당 채권의 회수와 관련하여 채무자의 자력, 채무자의 채권 인정 여부, 소멸시효 완성 여부 등을 기재하고, 집행권원이 있다면 그 내역을, 소송이 계속되어 있다면 사건번호 등 그 내역을 구체적으로 기재합니다.

7. 변제받거나 처분한 채권 목록36)

순번	유형37)	채무자 상호·성명	대상 채권액	채권 종류	처분일38)	소명자료39)
	변제받은 경위, 방법(또는 처분한 경위, 방법)40)					
1	변제	○○○○	1,000,000원	외상매출금	2017. 1. 3.	거래내역 조회서, 영수증, 세금계산서
	일상적인 외상매출금 회수임. 채무자 명의 ○○은행 예금계좌(계좌번호: ******)로 송금받았음.					
2	변제	○○○○	3,000,000원	외상매출금	2017. 2. 3.	거래내역 조회서
	일상적인 외상매출금 회수임. 채무자 명의 ○○은행 예금계좌(계좌번호: ******)로 송금받았음.					
3	양도	○○○	65,000,000원	외상매출금	2017. 6. 10.	채권양도계약서 사본, 내용증명 사본, 우편물 배달조회서
	채무자가 파산신청을 한다는 소문이 나자 채권자인 ○○정보(주소: ○○시 ○○구 ○○로 ○○, 전화번호: 02-123-4567)의 대표자 ○○○가 찾아와 담보 제공을 요구함. 그 요구에 따라 ○○○에 대한 채권을 ○○정보에게 양도하고 그 채권양도 통지를 함.					
4	양도	○○○○	50,000,000원	외상매출금	2017. 6. 11.	합의서 사본, 공정증서 등본, 합의서
	채무자가 파산신청을 한다는 소문이 나자 채권자인 ○○산업(주소: ○○시 ○○구 ○○로 ○○, 전화번호: 02-123-4567)의 대표자 ○○○가 찾아와 담보 제공을 요구함. 그 요구에 따라 ○○○에 대한 채권을 ○○산업에게 양도하고 그 채권양도 통지를 하였으며, ○○산업에 1억원짜리 약속어음을 발행하고 공정증서를 작성해주었음.					
5	면제	○○○○	30,000,000원	대여금	2016. 8. 2.	경영권양수도합의서 사본, 각서 사본
	○○○○(주소: ○○시 ○○구 ○○로 ○○, 전화번호: 02-123-4567)와의 채무자 경영권 양수도 과정에서 인수대금 정산을 위해 면제함.					
⋮						

---

36) 채무자가 파산신청일로부터 1년 전 이내에 상대 채무자에게서 변제(대물변제, 상계 등 모든 변제의 유형을 포함합니다)받거나, 처분(매매, 증여 등 양도나, 화해, 면제, 포기 등 모든 처분유형을 포함합니다)한 채권의 목록입니다.

37) 변제, 매도, 증여, 화해, 면제, 포기 등과 같이 채무자가 한 행위의 유형을 간략히 기재합니다.

38) 채권을 변제받거나 처분한 날짜를 기재합니다.

39) 해당 채권을 변제받거나 처분한 경위와 방법 등을 구체적으로 확인할 수 있는 자료를 제출하여야 합니다. 특히 일상적인 영업 활동 이외에서 채권을 변제받거나 처분한 경우에는 그 경위를 확인할 수 있는 자료를 제출하여야 합니다.

40) 채권을 변제받거나 처분한 경위와 그 방법을 기재합니다. 특히 채권을 변제받은 경우에는 그 채권을 어떻게 변제받았는지, 채권을 처분한 경우에는 어떠한 경위로 처분하게 되었는지 구체적으로 기재하고, 채권을 제3자에게 양도하는 등으로 처분한 경우에는 그 제3자의 상호, 주소, 연락처 등과 처분 내역을 구체적으로 기재합니다.

8. 소 송 등 목 록41)

순번	사건번호·사건명	원고(신청인)	피고(피신청인)	소명자료42)
	청구취지 및 청구원인 요지43)	진행 상황 및 특이사항44)		
1	○○지방법원 2010가합○○ 대여금 ○○고등법원 2012나○○	채무자	○○○	판결등본
	채무자가 2007. 6. 1. ○○○에게 대여한 3억 원의 지급을 청구함.	2013. 10. 21. 청구 전부 인용 판결		
2	○○지방법원 2015가소○○ 부당이득금	○○○	채무자	나의 사건검색
	채무자가 ○○○ 소유 토지를 무단 점유하였다고 주장하며 1,500만 원의 부당이득금 지급을 청구함.	2016. 1. 6. 소취하/채무자가 아닌 ○○가 무단 점유한 사실이 밝혀짐.		
3	○○지방법원 2016가합○○ 소유권이전등기말소	○○○ 외 1	채무자	소장 사본, 준비서면 사본, 매매계약서 사본, 등기사항전부증명서
	채무자는 2010. 1. 5. ○○○ 외 1로부터 ○○시 ○○동 ○○을 1억 원에 매수하는 내용의 매매계약을 체결함. ○○○ 외 1은 채무자가 자신들을 기망하였으며 착오로 매매계약을 체결하였다는 등의 이유로 2012. 5. 6. 위 매매계약을 취소하였다고 주장하며 위 부동산에 관한 채무자 명의 소유권이전등기 말소를 청구함.	소송계속 중(2017. 8. 13. 변론기일)/채무자는 ○○○ 외 1로부터 취소 통지를 받은 사실이 없고, 그들을 기망한 사실이 없음. 매수한 부동산 실제 면적이 공부상 면적보다 더 컸음. ○○○는 채무자의 전 대표자임.		
4	○○지방법원 2016카합○○ 처분금지가처분	○○○ 외 1	채무자	결정 등본
	위 3항 부동산에 대한 처분금지가처분 신청임.	2016. 11. 20. 신청 인용		
5	○○지방법원 2017가단○○ 손해배상	○○○	채무자	소장 사본, 매매계약서 사본
	채무자가 ○○○와 체결한 물품공급계약을 위반함으로써 손해가 발생하였다고 주장하며 6,000만 원의 지급을 청구함.	소송계속 중(기일 미지정)/물품을 공급하지 않은 사실이 있으나 이는 ○○○가 물품 제조규격서를 늦게 보내주어 제작할 시간이 없었기 때문임.		
⋮				

41) 파산신청일로부터 5년 전 이내에 확정되었거나 파산신청일 현재까지 계속되고 있는 채무자가 당사자가 된 소송사건이나 가압류, 가처분 등 신청사건 그 외에 조정이나 중재 등 그것이 확정된 경우 확정된 판결과 동일한 효력이 있는 절차에 관한 목록입니다. 특히 현재 계속되고 있는 절차는 파산선고 시 파산관재인이 그 절차를 이어받아야 하므로 빠지지 않도록 유의하여야 합니다.
42) 소송 등 현황을 확인할 수 있는 자료를 제출하여야 합니다.
43) 사건의 내용을 파악할 수 있는 정도로 청구취지와 청구원인 등 사건의 개요를 기재합니다.
44) 파산관재인의 업무 수행에 도움이 될 수 있는 해당 소송 등 사건의 진행 상황 및 사건의 전망이나 특이사항을 기재합니다. 만약 소송사건이라면 이미 확정된 사건에 관하여는 청구 또는 신청의 인용 여부와 그 날짜를 기재하고, 계속 중인 사건에 관하여는 현재 진행 상황을 기재합니다.

9. 채권자 목록[45]

순번	채무 종류	채권자 상호·성명	채무액	채무발생일	비고(특히 담보 제공 여부, 집행권원 유무, 소송계속 여부 등)[46]
	채권자 주소		채권자 전화번호/담당자		
1	외상매출금	○○○○	12,654,578원	2016. 5. 1.	채무자 소유 상품 ○○○○ 100개를 양도담보로 제공함. 담보물 예상 처분가격 1,000만 원임. ○○지방법원 2016가합○○호로 판결 확정됨.
	○○시 ○○구 ○○로 ○○		02-123-4567/○○○		
2	대여금	○○○○	910,121,000원	2013. 10. 30.	채무자 소유 ○○시 ○○구 ○○동 ○○ 건물에 근저당권설정 함. 담보물 예상 처분가격 8억 원(감정평가액)임. 대여금 액수와 관련하여 채무자의 최대주주가 차용한 돈을 채무자가 차용한 것인지와 관련하여 다툼 있음.
	○○시 ○○구 ○○로 ○○				
3	임대차보증금	○○○○	10,000,000원	2015. 6. 2.	채무자 소유 ○○시 ○○구 ○○동 ○○ 주택에 관하여 2015. 6. 2. 보증금 1,000만 원에 임대차계약 체결함. 소액 보증금 우선 특권 대상임.
	○○시 ○○구 ○○로 ○○				
4	손해배상금	○○○○	50,000,000원	2014. 8. 15.	-
	○○시 ○○구 ○○로 ○○				
5	임금, 퇴직금	○○○	6,650,120원	2015. 6. 2.	자금 사정 악화로 지급하지 못함. ○○지방법원 2017가단○○호 소송계속 중임.
	○○시 ○○구 ○○로 ○○				
6	법인세	○○세무서	2,601,050원	2017. 5. 1.	-
	○○시 ○○구 ○○로 ○○				
⋮					

---

45) 파산신청일 현재 채무자에 대한 채권자 목록입니다. 이 목록에는 채무자에 대하여 파산이 선고되는 경우 파산채권이 되는 채권뿐만 아니라 조세, 공공보험료나 미지급 임금 등 재단채권이 되는 채권 등 그 채권의 성질과 무관하게 모든 채권을 기재합니다. 또한, 채무자가 채권자에 대한 채무를 인정하지 않더라도 다툼이 있는 채권은 기재하여야 합니다.

46) 파산관재인의 업무 수행에 도움이 될 수 있는 해당 채무의 구체적인 현황을 기재합니다. 특히 해당 채무와 관련하여 담보를 제공하였다면 그 내역과 담보물로 채권자가 변제받을 수 있는 담보물 예상 처분가격을, 채권자에게 집행권원이 있다면 그 내역을, 소송이 계속되어 있다면 사건번호 등 그 내역을 구체적으로 기재합니다. 채무자가 그 채권자에 대한 채무를 인정하지 않는 경우 그 이유를 구체적으로 기재하여야 합니다.

[기재례 5] 비용예납명령

서 울 회 생 법 원
제 2 1 부
결   정

사   건   2019하합○○   파산선고
신 청 인   주식회사 ○○
(채 무 자)   서울 ○○구 ○○로 ○○
                대표자 사내이사 ○○○
                대리인 법무법인 ○○ 담당변호사 ○○○

주   문
신청인은 이 결정을 송달받은 날로부터 3일 이내에 500만 원을 예납하여야 한다.

이   유
채무자 회생 및 파산에 관한 법률 제303조를 적용하여 주문과 같이 결정한다.

2019. ○. ○.

재 판 장   판 사   ○ ○ ○

판 사   ○ ○ ○

판 사   ○ ○ ○

[기재례 6] 추가 비용예납명령

서 울 회 생 법 원
제 2 1 부
결   정

사   건   2019하합○○ 파산선고
신 청 인   ○○○
(채 권 자)   서울 ○○구 ○○로 ○○
채 무 자   주식회사 ○○
             서울 ○○구 ○○로 ○○
             대표자 사내이사 ○○○
파산관재인   변호사 ○○○

주   문
신청인은 이 결정을 송달받은 날로부터 7일 이내에 500만 원을 추가로 예납하여
야 한다.

이   유
신청인이 파산절차의 비용으로 미리 납부한 금액과 파산재단만으로는 파산절차
의 비용을 충당하기에 부족하다고 인정되므로, 채무자 회생 및 파산에 관한 법
률 제545조 제2항을 적용하여 주문과 같이 결정한다.

2019. ○. ○.

재 판 장   판 사   ○ ○ ○

판 사   ○ ○ ○

판 사   ○ ○ ○

[기재례 7] 채권자에 대한 파산절차 진행 관련 의견조회(동시폐지)

서 울 회 생 법 원
제 2 1 부

우 06594) 서울 서초구 서초중앙로 157 / ☎ 02-○○○○-○○○○/ 팩스 530-○○○○ / 주심: 판사 ○○○

시행일자	2019. ○. ○.
수 신	수신처 참조
제 목	주식회사 ○○에 대한 파산절차 진행 관련 의견조회

1. 주식회사 ○○(대표자 사내이사 ○○○, 서울 ○○구 ○○로 ○○)에 대한 이 법원 2019하합○○ 파산선고 사건과 관련한 사항입니다.
2. 다음 사항에 대하여 귀 채권자의 의견을 조회하니 2019. ○. ○.까지 이 법원에 도착할 수 있도록 문서로 회신하여 주시기 바랍니다.

다   음

1) 현재까지 위 주식회사에 대한 채권 및 담보권(별제권)의 내용
2) 위 주식회사에 대한 파산절차에서 파산관재인이 선임되어 재산을 환가할 경우, 환가금액에서 비용을 공제한 나머지로서 담보권 없는 채권자들에게 배당할만한 재산이 있는지 여부
   ① 배당할 재산이 있다면 → 채권자로서 파산절차비용(파산관재인 보수, 공고비용, 관리비용 등)을 대신 납부할 의사가 있는지 여부
   ② 배당할 재산이 없다면 → 위 주식회사에 대한 파산선고 및 동시폐지(파산절차종료)에 동의하는지 여부

재 판 장   판 사   ○   ○   ○

수신처: 주식회사 ○○은행, 주식회사 ○○저축은행, 주식회사 ○○카드, 주식회사 ○○보증보험. 끝.

[기재례 8] 감독관청에 대한 파산절차 진행 관련 의견조회

서 울 회 생 법 원
제 2 1 부

우 06594) 서울 서초구 서초중앙로 157 / ☎ 02-○○○○-○○○○/ 팩스 530-○○○○ / 주심: 판사 ○○○

시행일자   2019. ○. ○.
수   신   교육부장관, 서울특별시 교육감
제   목   학교법인 ○○○○에 대한 파산절차 진행 관련 의견조회

1. 학교법인 ○○○○(대표자 이사장 ○○○, 서울 ○○구 ○○로 ○○)에 대한
   이 법원 2019하합○○ 파산선고 사건과 관련한 사항입니다.
2. 주식회사 ○○ 등 ○인이 2019. ○. ○. 이 법원에 채무자에 대해 파산신청을
   하였는바, 위 학교법인의 목적사업(○○○○)에 대한 감독관청인 귀청의 의견
   을 조회하니, 2019. ○. ○.까지 이 법원에 도착할 수 있도록 문서로 회신하여
   주시기 바랍니다.

다   음

1) 감독관청의 관점에서 볼 때 위 학교법인이 현재 변제기에 도래한 채무를
   일반적으로 변제할 수 없는 객관적 상태(지급불능)에 있는지 여부
2) 위 학교법인에게 파산원인이 존재하는 경우라도 파산선고를 하여서는 아
   니 될 특별한 사정이 있는지 여부
3) 기타 위 학교법인에 대한 파산절차 진행에 관한 의견. 끝.

재 판 장   판 사   ○   ○   ○

[기재례 9] 파산신청 기각결정(채무자 신청, 비용미납)

서 울 회 생 법 원
제 2 1 부
결   정

사   건   2019하합○○ 파산선고

신 청 인   주식회사 ○○

채 무 자   서울 ○○구 ○○로 ○○

　　　　　　대표자 사내이사 ○○○

주   문

이 사건 신청을 기각한다.

이   유

신청인은 이 법원이 정한 기간 내에 파산절차비용 500만 원을 예납하지 아니하였으므로 채무자 회생 및 파산에 관한 법률 제309조 제1항 제1호를 적용하여 주문과 같이 결정한다.

2019. ○. ○.

재 판 장   판 사   ○ ○ ○

판 사   ○ ○ ○

판 사   ○ ○ ○

[기재례 10] 파산신청 기각결정(채권자 신청, 채권 및 파산원인사실 소명 부족)

서 울 회 생 법 원
제 2 1 부
결   정

사   건   2019하합○○ 파산선고

신 청 인   ○○○

(채 권 자)   서울 ○○구 ○○로 ○○

채 무 자   주식회사 ○○

　　　　　　　　서울 ○○구 ○○로 ○○

　　　　　　　　대표자 사내이사 ○○○

주   문

1. 이 사건 신청을 기각한다.
2. 신청비용은 신청인이 부담한다.

신 청 취 지

채무자에 대하여 파산을 선고한다는 결정

이   유

　신청인은 채무자에 대하여 ○○원의 채권이 있고, 채무자에게 지급을 할 수 없는 때의 파산원인사실이 있다고 주장한다.

　살펴건대, …에 의하면 채무자가 신청인에게 채무를 부담하고 있는 사실을 인정하기에 부족하고, 채무자에게 지급을 할 수 없는 때의 파산원인이 존재한다고 단정하기 어려우므로, 신청인의 이 사건 신청을 기각하기로 하여 주문과 같이 결정한다.

2019. ○. ○.

재 판 장   판 사   ○ ○ ○

　　　　　　　판 사   ○ ○ ○

　　　　　　　판 사   ○ ○ ○

[기재례 11] 예금보험공사에 대한 파산관재인 선임 관련 의견조회

서 울 회 생 법 원
제 2 1 부

우 06594) 서울 서초구 서초중앙로 157 / ☎ 02-○○○○-○○○○/ 팩스 530-○○○○ / 주심: 판사 ○○○

시행 일자	2019. ○. ○.
수 신	예금보험공사
제 목	○○생명보험 주식회사에 대한 파산관재인 선임 관련 의견조회

1. ○○생명보험 주식회사에 대한 이 법원 2019하합○○ 파산선고 사건과 관련한 사항입니다.
2. 예금자보호법 제35조의8에 따른 파산관재인의 선임 여부를 결정하는데 필요한 다음 사항에 관한 의견 및 자료를 2019. ○. ○.까지 이 법원에 제출하여 주시기 바랍니다.

다   음

1) 예금보험공사가 ○○생명보험 주식회사에 보험금 지급 또는 자금지원을 한 사실을 인정할 자료 및 그 지원자금 등을 효율적으로 회수할 필요가 있음을 인정할 자료
2) 파산관재인 후보에 관한 자료(예금보험공사와 예금보험공사 임직원을 복수로 추천하여 주시고, 예금보험공사 임직원의 경우 이력서, 취임승낙서, 주민등록표등본 기타 파산관재인으로서 적격을 심사할 수 있는 자료를 제출하시기 바랍니다)

※ 위 기간 내에 의견 및 자료를 제출하지 아니할 경우 예금자보호법 제35조의8이 정한 요건을 갖추지 못하였다고 보아 직권으로 예금보험공사 또는 그 임직원 외의 사람을 파산관재인으로 선임할 수 있습니다.

재 판 장   판 사   ○   ○   ○

[기재례 12] 관리위원회에 대한 파산관재인 선임에 관한 의견조회

서 울 회 생 법 원
제 2 1 부

우 06594) 서울 서초구 서초중앙로 157 / ☎ 02-○○○○-○○○○/ 팩스 530-○○○○ / 주심: 판사 ○○○

시행 일자   2019. ○. ○.
수　　신   서울회생법원 관리위원회
제　　목   파산관재인 선임에 관한 의견조회

1. 주식회사 ○○에 대한 이 법원 2019하합○○ 파산선고 사건과 관련한 사항입니다.
2. 채무자 회생 및 파산에 관한 법률 제355조 제1항에 의하여 다음 사항에 대한 의견을 조회하니, 2019. ○. ○.까지 회신하여 주시기 바랍니다.

다　　음

위 주식회사의 파산관재인으로 변호사 ○○○(19○○. ○. ○.생, 사법연수원 제○○기)을 선임함에 관한 의견

재 판 장　　판 사　　○　　○　　○

[기재례 13] 파산참가기관에 대한 채권신고기간 등 지정 관련 의견조회

서 울 회 생 법 원
제 2 1 부

우 06594) 서울 서초구 서초중앙로 157 / ☎ 02-○○○○-○○○○/ 팩스 530-○○○○ / 주심: 판사 ○○○

시행일자   2019. ○. ○.
수   신   예금보험공사
제   목   채권신고기간 및 채권조사기일 지정 관련 의견조회

1. 주식회사 ○○저축은행에 대한 이 법원 2019하합○○ 파산선고 사건과 관련 한 사항입니다.
2. 금융산업의 구조개선에 관한 법률 제18조, 제19조, 채무자 회생 및 파산에 관한 법률 제312조에 의하여 위 금융기관의 파산참가기관인 귀 공사에 대하여 다음 사항에 대한 의견을 조회하니, 2019. ○. ○.까지 이 법원에 도착할 수 있도록 문서로 회신하여 주시기 바랍니다.

다   음

1) 채권신고기간을 파산선고일로부터 4주 후로 정함에 대한 의견
2) 채권조사기일을 파산선고일로부터 8주 후로 정함에 대한 의견
3) 위 금융기관의 파산절차 진행에 대한 기타 의견. 끝.

재 판 장   판 사   ○   ○   ○

[기재례 14] 파산선고 결정(채무자 신청)

서 울 회 생 법 원
제 2 1 부
결   정

사   건   2019하합○○ 파산선고

신 청 인   주식회사 ○○

(채 무 자)   서울 ○○구 ○○로 ○○

              대표자 사내이사 ○○○

              대리인 법무법인 ○○ 담당변호사 ○○○

선고 일시   2019. ○. ○. 10:00

주   문

1. 채무자에 대하여 파산을 선고한다.

2. 변호사 ○○○(19○○. ○. ○.생, 서울 ○○구 ○○로 ○○)을 파산관재인으로 선임한다.

3. 파산관재인의 임기를 20○○. ○. ○.까지로 한다.

4. 채권신고기간을 2019. ○. ○.까지로 한다.

5. 제1회 채권자집회와 채권조사의 기일 및 장소를 2019. ○. ○. 14:00 서울법원 종합청사 3별관 제1호 법정으로 한다.

6. 채무자 회생 및 파산에 관한 법률 제492조 단서의 금액을 300만 원으로 한다.

이   유

1. 인정 사실

  기록과 심문 결과에 의하면 아래와 같은 사실을 알 수 있다.

  가. 채무자는 … 등을 목적으로 20○○. ○. ○. 설립된 자본금 ○○○만 원의 비상장법인이다.

  나. 채무자는 … 사업을 하였는데, … 인하여 손실이 누적되었다. 결국 채무자는 20○○년 ○월경 … 하면서, 영업을 중단하였다.

다. 채무자의 2018. 12. 31. 기준 재무상태표에 의하면 자산총계는 ○○○원이
　　고 부채총계는 ○○○원이나, 그 자산 대부분은 회수 가능성이 없는 것이
　　어서 실질적으로 채무자는 부채가 자산을 초과하고 있다.

2. 판단 및 결론

　　위 인정 사실에 의하면 채무자에게는 지급불능과 부채초과의 파산원인이
존재한다고 인정된다.

　　채무자 회생 및 파산에 관한 법률 제305조 제1항, 제306조 제1항을 적용하
여 채무자에 대하여 파산을 선고하고, 파산관재인의 선임에 관하여는 같은 법
제355조 제1항을, 채권신고의 기간, 제1회 채권자집회의 기일 및 채권조사의
기일에 관하여는 같은 법 제312조를, 파산관재인이 법원의 허가를 받아야 하
는 행위의 기준 금액에 대하여는 같은 법 제492조 단서를 각 적용하여 주문
과 같이 결정한다.

　　　　　　　　　　　　재 판 장　　　판 사　　　○ ○ ○

　　　　　　　　　　　　　　　　　　　판 사　　　○ ○ ○

　　　　　　　　　　　　　　　　　　　판 사　　　○ ○ ○

[기재례 15] 파산선고 결정(채권자 신청)

서 울 회 생 법 원
제 2 1 부
결   정

사   건   2019하합○○ 파산선고

신 청 인   ○○○

(채 권 자)   서울 ○○구 ○○로 ○○

채 무 자   주식회사 ○○

　　　　　　서울 ○○구 ○○로 ○○

　　　　　　대표자 사내이사 ○○○

선고 일시   2019. ○. ○. 10:00

주   문

1. 채무자에 대하여 파산을 선고한다.

2. 변호사 ○○○(19○○. ○. ○.생, 서울 ○○구 ○○로 ○○)을 파산관재인으로 선임한다.

3. 파산관재인의 임기를 2021. ○. ○.까지로 한다.

4. 채권신고기간을 2019. ○. ○.까지로 한다.

5. 제1회 채권자집회와 채권조사의 기일 및 장소를 2019. ○. ○. 14:00 서울법원 종합청사 3별관 제1호 법정으로 한다.

6. 채무자 회생 및 파산에 관한 법률 제492조 단서의 금액을 300만 원으로 한다.

이   유

1. 인정 사실

기록과 심문 결과에 의하면 아래와 같은 사실을 알 수 있다.

　가. 채무자는 … 등을 목적으로 20○○. ○. ○. 설립된 자본금 ○○○만 원의 상장법인이다.

　나. 채무자는 신청인과 20○○. ○. ○. … 약정을 체결하고,… 사업을 하였는

데, … 하였다.

다. 채무자는 20○○. ○. ○. … 하였다.

2. 판단

가. 신청인의 채무자에 대한 채권이 있는지 여부

…에 의하면 … 이므로, 신청인은 채무자에 대하여 ○○○만 원의 ○○ 채권이 존재한다고 인정된다.

나. 채무자에게 파산원인이 있는지 여부

…에 의하면 … 이므로, 채무자에게는 지급불능과 부채초과의 파산원인이 존재한다고 인정된다.

다. 파산신청이 파산절차의 남용에 해당하는지 여부

채무자는 … 이므로, 신청인의 파산신청은 파산절차의 남용에 해당한다고 주장한다. …에 의하면 … 이므로, 신청인의 파산신청이 파산절차의 남용에 해당한다고 보기 어렵고, 달리 채무자의 주장을 인정할 만한 자료가 없다. 채무자의 위 주장은 받아들일 수 없다.

3. 결론

채무자 회생 및 파산에 관한 법률 제305조 제1항, 제306조 제1항을 적용하여 채무자에 대하여 파산을 선고하고, 파산관재인의 선임에 관하여는 같은 법 제355조 제1항을, 채권신고의 기간, 제1회 채권자집회의 기일 및 채권조사의 기일에 관하여는 같은 법 제312조를, 파산관재인이 법원의 허가를 받아야 하는 행위의 기준 금액에 대하여는 같은 법 제492조 단서를 각 적용하여 주문과 같이 결정한다.

재 판 장　판 사　　○ ○ ○

판 사　　○ ○ ○

판 사　　○ ○ ○

[기재례 16] 파산선고 결정(회생계획인가 전 회생절차폐지결정 확정에 따른 임의적
　　　　　파산선고)

서 울 회 생 법 원
제 1 1 부
결　　　정

사　　　건　　　2019하합○○　파산선고
　　　　　　　　(2019회합○○　회생)
채 무 자　　　주식회사 ○○
　　　　　　　　서울 ○○구 ○○로 ○○
　　　　　　　　대표자 사내이사 ○○○
선고 일시　　　2019. ○. ○. 10:00

주　　　문

1. 채무자에 대하여 파산을 선고한다.
2. 변호사 ○○○(19○○. ○. ○.생, 서울 ○○구 ○○로 ○○)을 파산관재인으
　로 선임한다.
3. 파산관재인의 임기를 2021. ○. ○.까지로 한다.
4. 채권신고기간을 2019. ○. ○.까지로 한다.
5. 제1회 채권자집회와 채권조사의 기일 및 장소를 2019. ○. ○. 14:00 서울법원
　종합청사 3별관 제1호 법정으로 한다.
6. 채무자 회생 및 파산에 관한 법률 제492조 단서의 금액을 300만 원으로 한다.

이　　　유

1. 인정 사실
　기록에 의하면 아래와 같은 사실을 알 수 있다.
　가. 채무자는 … 등을 목적으로 19○○. ○. ○. 설립된 자본금 ○○○원의 비
　　　상장법인이다.
　나. 채무자는 … 등으로 재정적인 파탄상태에 이르렀다. 이에 채무자는 2019.

　　○. ○. 이 법원에 회생절차개시신청을 하였고, 이 법원은 2019. ○. ○. 채무자에 대하여 회생절차를 개시하는 결정을 하였다.

　다. …에 따라 이 법원은 2019. ○. ○. 채무자에 대한 회생절차를 폐지하는 결정을 하였고, 그 결정은 2019. ○. ○. 확정되었다.

　라. 채무자의 2019. ○. ○. 현재 자산총계는 ○○○원이고, 부채총계는 ○○○원으로, 채무자는 부채가 자산을 초과하고 있다.

2. 판단 및 결론

　　위 인정 사실에 의하면 채무자에게는 지급불능 내지 부채초과의 파산원인이 존재한다고 인정되므로, 채무자 회생 및 파산에 관한 법률 제6조 제2항 제2호, 제305조 제1항, 제306조 제1항을 적용하여 채무자에 대하여 관리인의 신청에 의하여(또는 직권으로) 파산을 선고하고, 파산관재인의 선임에 관하여는 같은 법 제355조 제1항을, 채권신고의 기간, 제1회 채권자집회의 기일 및 채권조사의 기일에 관하여는 같은 법 제312조를, 파산관재인이 법원의 허가를 받아야 하는 행위의 기준 금액에 대하여는 같은 법 제492조 단서를 각 적용하여 주문과 같이 결정한다.

　　　　　　　　　　재 판 장　　　판 사　　　　○ ○ ○

　　　　　　　　　　　　　　　　　판 사　　　　○ ○ ○

　　　　　　　　　　　　　　　　　판 사　　　　○ ○ ○

[기재례 17] 파산선고 및 간이파산결정

서 울 회 생 법 원
제 2 1 부
결   정

사   건   2019하합○○ 파산선고

신 청 인   주식회사 ○○

(채 무 자)   서울 ○○구 ○○로 ○○

대표자 사내이사 ○○○

대리인 법무법인 ○○ 담당변호사 ○○○

선고 일시   2019. ○. ○. 10:00

주   문

1. 채무자에 대하여 파산을 선고한다.

2. 이 사건 파산을 간이파산으로 한다.

3. 변호사 ○○○(19○○. ○. ○.생, 서울 ○○구 ○○로 ○○)을 파산관재인으로 선임한다.

4. 파산관재인의 임기를 2021. ○. ○.까지로 한다.

5. 채권신고기간을 2019. ○. ○.까지로 한다.

6. 제1회 채권자집회와 채권조사의 기일 및 장소를 2019. ○. ○. 14:00 서울법원 종합청사 3별관 제1호 법정으로 한다.

7. 채무자 회생 및 파산에 관한 법률 제492조 단서의 금액을 300만 원으로 한다.

이   유

1. 인정 사실

기록과 심문 결과에 의하면 아래와 같은 사실을 알 수 있다.

가. 채무자는 … 등을 목적으로 20○○. ○. ○. 설립된 자본금 ○○○만 원의 상장법인이다.

나. 채무자는 … 사업을 하였는데, … 인하여 손실이 누적되었다. 결국 채무자는 20○○년 ○월경 … 하면서, 영업을 중단하였다.

다. 채무자의 2018. 12. 31. 기준 재무상태표에 의하면 자산총계는 ○○○원이
고 부채총계는 ○○○원으로, 채무자는 부채가 자산을 초과하고 있다.

2. 판단 및 결론

위 인정 사실에 의하면 채무자에게는 지급불능과 부채초과의 파산원인
이 존재하고, 파산재단에 속하는 재산액이 5억 원 미만이라고 인정된다.

채무자 회생 및 파산에 관한 법률 제305조 제1항, 제306조 제1항, 제549
조 제1항을 적용하여 채무자에 대하여 파산을 선고하고 동시에 이 사건
파산을 간이파산으로 한다. 파산관재인의 선임에 관하여는 같은 법 제355
조 제1항을, 채권신고의 기간, 제1회 채권자집회의 기일 및 채권조사의 기
일에 관하여는 같은 법 제312조 제1항, 제552조를, 파산관재인이 법원의
허가를 받아야 하는 행위의 기준 금액에 대하여는 같은 법 제492조 단서
를 각 적용하여 주문과 같이 결정한다.

재 판 장   판 사   ○ ○ ○

판 사   ○ ○ ○

판 사   ○ ○ ○

[기재례 18] 파산절차 중의 간이파산결정

서 울 회 생 법 원
제 2 1 부
결   정

사   건   2019하합○○ 파산선고
채 무 자   주식회사 ○○
              서울 ○○구 ○○로 ○○
              대표자 사내이사 ○○○
파산관재인   변호사 ○○○

주   문
이 사건 파산을 간이파산으로 한다.

이   유
이 사건에 관하여 이 법원은 2019. ○. ○. 10:00 파산선고를 하고 파산절차를
진행하였으나, 파산관재인의 조사보고에 의하면 파산재단에 속하는 재산액이 5
억 원 미만임이 발견되었으므로 채무자 회생 및 파산에 관한 법률 제550조 제1
항을 적용하여 주문과 같이 결정한다.

                      2019. ○. ○.

          재 판 장   판 사   ○ ○ ○

                       판 사   ○ ○ ○

                       판 사   ○ ○ ○

[기재례 19] 간이파산 취소결정

서 울 회 생 법 원
제 2 1 부
결   정

사   건   2019하합○○ 파산선고
채 무 자   주식회사 ○○
               서울 ○○구 ○○로 ○○
               대표자 사내이사 ○○○
파산관재인   변호사 ○○○

주   문

이 사건에 관하여 이 법원이 2019. ○. ○. 한 간이파산의 결정을 취소한다.

이   유

이 사건에 관하여 이 법원은 2019. ○. ○. 10:00 파산선고와 동시에 간이파산의 결정을 하고 파산절차를 진행하였으나, 파산관재인의 조사보고에 의하면 파산재단에 속하는 재산액이 5억 원 이상임이 발견되었으므로 채무자 회생 및 파산에 관한 법률 제551조를 적용하여 주문과 같이 결정한다.

2019. ○. ○.

재 판 장   판 사   ○ ○ ○

           판 사   ○ ○ ○

           판 사   ○ ○ ○

[기재례 20] 파산관재인 선임증

2019하합○○   파산선고

선 임 증

성 명   ○○○ (19○○. ○. ○.생)

사무소   서울 ○○구 ○○로 ○○

위 사람은 주식회사 ○ ○ 의

파산관재인으로 선임되었음을 증명함.

임기: 2021. ○. ○.까지

2019. ○. ○.

서울회생법원 제21부

[기재례 21] 파산선고 공고

채무자 주식회사 ○○ 파산선고 공고

사   건   2019하합○○ 파산선고
채 무 자   주식회사 ○○
                  서울 ○○구 ○○로 ○○
                  대표자 사내이사 ○○○

위 사건에 관하여 이 법원은 2019. ○. ○. 10:00 파산선고를 하였으므로, 채무자
회생 및 파산에 관한 법률 제313조 제1항에 의하여 다음과 같이 공고합니다.

다   음

1. 파산결정의 주문
   채무자에 대하여 파산을 선고한다.
2. 파산관재인의 성명 및 사무소
   변호사 ○○○(서울 ○○구 ○○로 ○○)
3. 채권신고기간 및 채권자집회·채권조사 기일, 채권자집회 결의사항
   가. 채권신고기간 및 장소: 2019. ○. ○.까지, 서울회생법원 종합민원실
   나. 채권자집회 및 채권조사의 기일과 장소: 2019. ○. ○. 14:00, 서울법원종
       합청사 3별관 제1호 법정
   다. 채권자집회는 영업의 폐지 또는 계속, 고가품의 보관방법에 관하여 결의
       를 할 수 있음
4. 유의사항
   파산선고를 받은 자의 채무자와 파산재단에 속하는 재산의 소지자는 파산
   선고를 받은 자에게 채무를 변제하거나 그 재산을 교부하여서는 아니 되며,
   채무를 부담하는 사실, 그 재산을 소지하는 사실(소지자가 별제권을 가지고
   있는 경우에는 그 채권을 가지고 있다는 사실)을 2019. ○. ○.까지 파산관재
   인에게 신고하여야 한다.
5. 참고사항
   채무자의 주요자산 매각·포기 정보는 '대한민국 법원' 홈페이지→'대국민
   서비스'→'공고'→'회생·파산 자산매각 안내'(http://www.scourt.go.kr/porta

l/notice/mnasell/guide/index.html)에서 확인할 수 있습니다.

2019. ○. ○.

서 울 회 생 법 원
제 2 1 부

재 판 장 　　판 사 　　○ ○ ○

　　　　　　　판 사 　　○ ○ ○

　　　　　　　판 사 　　○ ○ ○

[기재례 22] 알고 있는 채권자, 채무자 및 재산소지자에 대한 파산선고 통지

서 울 회 생 법 원
제 2 1 부
통 지 서

수   신   알고 있는 채권자, 채무자 및 재산소지자
사   건   2019하합○○ 파산선고
채 무 자   주식회사 ○○
              서울 ○○구 ○○로 ○○
              대표자 사내이사 ○○○

위 사건에 관하여 이 법원은 2019. ○. ○. 10:00 파산선고를 하였으므로, 채무자
회생 및 파산에 관한 법률 제313조 제1항에 의하여 다음과 같은 사항을 통지합
니다.

다   음

1. 파산결정의 주문
   채무자에 대하여 파산을 선고한다.
2. 파산관재인의 성명 및 사무소
   변호사 ○○○(서울 ○○구 ○○로 ○○)
3. 채권신고기간 및 채권자집회·채권조사 기일, 채권자집회 결의사항
   가. 채권신고기간 및 장소: 2019. ○. ○.까지, 서울회생법원 종합민원실
   나. 채권자집회 및 채권조사의 기일과 장소: 2019. ○. ○. 14:00, 서울법원종
       합청사 3별관 제1호 법정
   다. 채권자집회는 영업의 폐지 또는 계속, 고가품의 보관방법에 관하여 결의
       를 할 수 있음
4. 유의사항
     파산선고를 받은 자의 채무자와 파산재단에 속하는 재산의 소지자는 파산
   선고를 받은 자에게 채무를 변제하거나 그 재산을 교부하여서는 아니 되며,
   채무를 부담하는 사실, 그 재산을 소지하는 사실(소지자가 별제권을 가지고
   있는 경우에는 그 채권을 가지고 있다는 사실)을 2019. ○. ○.까지 파산관재

인에게 신고하여야 한다.

5. 참고사항

  가. 파산채권신고서에 전자메일(E-mail) 주소를 기재하고 통보 희망의사에
     관하여 '있음' 표시를 할 경우, 파산관재인이 채무자의 주요재산 매각정
     보에 관하여 통보하여 줄 수 있음

  나. 채무자의 주요자산 매각·포기 정보는 '대한민국 법원' 홈페이지→'대국
     민서비스'→'공고'→'회생·파산 자산매각 안내'(http://www.scourt.go.kr
     /portal/notice/mnasell/guide/index.html)에서 확인할 수 있음

2019. ○. ○.

재 판 장   판 사   ○   ○   ○

[기재례 23] 과세관청 등에 대한 파산선고 통지

서 울 회 생 법 원
제 2 1 부
통 지 서

수　　신　　　수신처 참조
사　　건　　　2019하합○○　파산선고
채 무 자　　　주식회사 ○○
　　　　　　　서울 ○○구 ○○로 ○○
　　　　　　　대표자 사내이사 ○○○

위 사건에 관하여 이 법원은 2019. ○. ○. 10:00 파산선고를 하고 변호사 ○○
○(서울 ○○구 ○○로 ○○)을 파산관재인으로 선임하였음을 통지합니다. 첨부
한 조세채권 등 신고서에 따라 재단채권 등을 신고하시길 바랍니다. 파산선고
후 법률관계에 관하여 아래와 같이 안내해 드립니다.

다　　　음

1. 파산선고 후 파산재단에 속하는 재산에 대한 체납처분 불가
　　파산선고 후에는 파산재단에 속하는 재산에 대하여 국세징수법 또는 지방
세기본법에 의하여 징수할 수 있는 청구권(국세징수의 예에 의하여 징수할 수
있는 청구권을 포함)에 기한 체납처분을 할 수 없습니다(채무자 회생 및 파산
에 관한 법률 제349조).
2. 국세징수법·지방세기본법에 의해 징수할 수 있는 채권에 대한 변제
　　국세징수법·지방세기본법에 의해 징수할 수 있는 청구권은 채무자 회생
및 파산에 관한 법률 제473조 제2호에 정한 재단채권입니다(단, 후순위파산채
권에 해당하거나, 파산선고 후에 파산재단에 관하여 생긴 것이 아닌 때에는
그러하지 않습니다). 재단채권을 변제받기 위해서는 파산관재인에게 재단채권
의 존재를 알리면 됩니다. 별도로 법원에 파산채권으로 신고할 필요는 없습니다.
3. 파산선고 후 교부청구
　　과세관청은 파산선고 이후라도 채무자 소유의 자산에 대한 경매절차에 적
극적으로 교부청구를 하여주시기 바랍니다. 이는 파산관재인이 조세채권자 등

재단채권자들에 대한 변제와 파산채권자들에 대한 배당에 필요한 재원을 확보하는 데 큰 도움이 됩니다. 이 경우 그 교부청구에 따른 배당금은 채권자인 과세관청에 교부되지 아니하고 파산관재인에게 교부되나(대법원 2003. 6. 24. 선고 2002다70129 판결 등 참조), 파산관재인은 채무자 회생 및 파산에 관한 법률에 정한 절차에 따라 조세채권자를 비롯한 각 채권자들에게 변제·배당(변제자력 부족시에는 재단채권자들에 대한 안분변제)을 하게 됩니다.

붙임: 조세채권 등 신고서 1부

2019. ○. ○.

재 판 장   판 사   ○   ○   ○

수신처: 국세청장, ○○세무서장, 서울특별시장, ○○구청장, 국민건강보험
  공단 서울지역본부장. 끝.

[기재례 24] 조세채권 등 신고서

조세채권 등 신고서

신고일자 : 20 년 월 일

신고인　　　　명칭
　　　　　　　주소
　　　　　　　통지·송달받을 장소　　　　　　□□□-□□□
　　　　　　　담당자
　　　　　　　전화번호　　　팩시밀리　　　전자우편주소

　채무자 주식회사 ○○에 대한 2019하합○○ 파산사건에 관하여 다음과 같이 조세 등 재단채권이 있다는 사실을 알려 드립니다(증거서류 첨부).

순번	채권의 종류	채권액				
		① 파산선고 전 발생한 채권 원본	② ①에 기한 파산선고 전까지의 가산금 등	③ ①에 기한 파산선고 이후 가산금 등	④ 파산선고 후 발생한 채권 원본	⑤ ④에 기한 가산금 등

※ 위와 같이 신고한 조세채권 등이 재단채권으로 인정되면, 파산채권보다 먼저 변제받습니다(채무자 회생 및 파산에 관한 법률 제476조). 재단채권으로 인정받기 위해서는 국세·지방세이거나, 건강보험료·국민연금보험료·고용보험료·산업재해보상보험료·한국장애인고용공단의 고용부담금 등 국세징수의 예에 의하여 징수할 수 있는 청구권으로 그 징수우선순위가 일반파산채권보다 우선해야 합니다. 국유재산법상 사용료·대부료·변상금, 환경개선부담금, 벌금, 과료, 형사소송비용, 추징금, 과태료 등은 여기에 해당하지 않습니다.

※ 위 ③은 채무자 회생 및 파산에 관한 법률 제473조 제2호, 제446조 제1호, 제2호에 의하여 후순위채권에 해당합니다. 따라서 재단채권으로 우선변제를 받을 수 없습니다.

※ 위 ④는 파산재단에 관한 것이어야 합니다. 종합토지세, 재산세, 자동차세, 등록세, 면허세, 인지세 등이 여기에 해당합니다.

　위 채권에 기해 체납처분 등을 하거나 담보권을 설정받은 주식회사 ○○ 자산은 다음과 같습니다.

순번	자산의 내역	피담보채권 종류	피담보채권액	비고

위 채권에 관하여 이 사건 파산사건 이외에 계속되고 있는 소송은 다음과 같습니다.

소송이 계속 중인 법원	사건번호	당사자명
법원		원고 피고

주식회사 ○○의 파산관재인 변호사 ○○○ 귀중

※ 이 신고서에 기재하기에 부족한 때에는 별지(가능한 한 A4)에 기재하여 첨부하길 바랍니다.
※ 이 신고서는 재단채권의 유무 등을 확인하기 위해 파산관재인에게 그 내용을 알려주는 것으로, 파산채권으로 신고한 것은 아닙니다. 신고한 채권이 재단채권으로 인정받지 못하는 경우, 이를 재단채권으로 인정받기를 원하면 주식회사 ○○의 파산관재인 변호사 ○○○을 상대로 소를 제기해야 하고, 파산채권으로 인정받기 원하면 법원에 파산채권신고를 해야 합니다.

[기재례 25] 파산참가기관에 대한 파산선고 통지

서 울 회 생 법 원
제 2 1 부
통 지 서

수　　　신　　　예금보험공사(파산참가기관)
사　　　건　　　2019하합○○　파산선고
채 무 자　　　주식회사 ○○은행
　　　　　　　　서울 ○○구 ○○로 ○○
　　　　　　　　대표자 관리인 ○○○

위 사건에 관하여 이 법원은 2019. ○. ○. 10:00 파산선고를 하였으므로, 금융산
업의 구조개선에 관한 법률 제17조, 채무자 회생 및 파산에 관한 법률 제313조
제1항에 의하여 다음과 같은 사항을 통지합니다.

다　　　음

1. 파산결정의 주문
　　채무자에 대하여 파산을 선고한다.
2. 파산관재인의 성명 및 사무소
　　예금보험공사(서울 ○○구 ○○로 ○○)
3. 채권신고기간 및 채권자집회·채권조사 기일, 채권자집회 결의사항
　　가. 채권신고기간 및 장소: 2019. ○. ○.까지, 서울회생법원 종합민원실
　　나. 채권자집회 및 채권조사의 기일과 장소: 2019. ○. ○. 14:00, 서울법원종
　　　　합청사 3별관 제1호 법정
　　다. 채권자집회는 영업의 폐지 또는 계속, 고가품의 보관방법에 관하여 결의
　　　　를 할 수 있음
　　※ 파산참가기관인 예금보험공사가 금융산업의 구조개선에 관한 법률 제20조, 제21조에
　　　　따라 예금채권에 대하여 예금자표를 작성하고 법원에 제출하면 예금자표에 적혀 있는
　　　　예금채권은 채권신고기간 내에 신고된 것으로 봅니다. 위와 같이 신고된 것으로 보는
　　　　예금채권의 예금자가 직접 파산절차에 참가하기 위해서는 같은 법 제22조에 따라 그
　　　　뜻을 법원에 신고하여야 합니다.

4. 유의사항

　파산선고를 받은 자의 채무자와 파산재단에 속하는 재산의 소지자는 파산
선고를 받은 자에게 채무를 변제하거나 그 재산을 교부하여서는 아니 되며,
채무를 부담하는 사실, 그 재산을 소지하는 사실(소지자가 별제권을 가지고
있는 경우에는 그 채권을 가지고 있다는 사실)을 2019. ○. ○.까지 파산관재
인에게 신고하여야 한다.

5. 참고사항

　가. 파산채권신고서에 전자메일(E-mail) 주소를 기재하고 통보 희망의사에
　　　관하여 '있음' 표시를 할 경우, 파산관재인이 채무자의 주요재산 매각정
　　　보에 관하여 통보하여 줄 수 있음

　나. 채무자의 주요자산 매각·포기 정보는 '대한민국 법원' 홈페이지→'대국
　　　민서비스'→'공고'→'회생·파산 자산매각 안내'(http://www.scourt.go.kr
　　　/portal/notice/mnasell/guide/index.html)에서 확인할 수 있음

2019. ○. ○.

재 판 장　　판 사　　○　　　○　　　○

[기재례 26] 파산선고 및 파산관재인 선임 등기촉탁

서 울 회 생 법 원
제 2 1 부
등 기 촉 탁 서

서울중앙지방법원 등기관 귀하

사   건 2019하합○○ 파산선고
채 무 자 주식회사 ○○
      서울 ○○구 ○○로 ○○
      대표자 사내이사 ○○○

위 사건에 관하여 다음과 같이 파산선고의 등기 및 파산관재인 선임의 등기를 촉탁합니다.

등기원인과 2019. ○. ○. 10:00 파산선고 및 ○○○(생년월일, 서울 ○
그 연 월 일 ○구 ○○로 ○○)을 파산관재인으로 선임한 결정
등 기 목 적 파산선고의 등기 및 파산관재인 선임의 등기
등록세, 교육세 및 채무자 회생 및 파산에 관한 법률 제25조 제4항, 등기사항
등기촉탁수수료 증명서 등 수수료규칙 제5조의3 제2항 제1호에 의하여 면제

※ 임원에 관한 사항에 파산관재인의 주소를 등기할 때에는 파산관재인의 주민
  등록표상 주소가 아닌 파산관재인의 사무소로 등기하여 주시기 바랍니다.

붙임 1. 파산선고결정 등본 1통
    2. 인감신고서   1통
    3. 촉탁서 부본   1통

2019. ○. ○.

법원사무관 ○ ○ ○

[기재례 27] 체신관서에 대한 우편물 등 배달 촉탁

서 울 회 생 법 원
제 2 1 부
촉 탁 서

○○우체국장 귀하

사   건   2019하합○○ 파산선고
채 무 자   주식회사 ○○
            서울 ○○구 ○○로 ○○
            대표자 사내이사 ○○○
파산관재인   변호사 ○○○
            서울 ○○구 ○○로 ○○

위 사건에 관하여 채무자 회생 및 파산에 관한 법률 제484조 제1항에 의하여
다음과 같이 촉탁합니다.

다   음

파산선고를 받은 채무자 주식회사 ○○에게 보내는 우편물·전보 그 밖의 운송
물은 모두 파산관재인에게 배달하여 주시기 바랍니다.

붙임   1. 파산선고결정 등본   1통
        2. 촉탁서 부본   1통

2019. ○. ○.

재 판 장   판 사   ○   ○   ○

[기재례 28] 파산선고 및 파산폐지결정(동시폐지)

서 울 회 생 법 원

제 2 1 부

결   정

사 건	2019하합○○ 파산선고
신 청 인	○○ 유한회사
(채 무 자)	서울 ○○구 ○○로 ○○
	대표자 이사 ○○○
	대리인 법무법인 ○○ 담당변호사 ○○○
선 고 일시	2019. ○. ○. 10:00

주   문

1. 채무자에 대하여 파산을 선고한다.
2. 이 사건 파산을 폐지한다.

이   유

1. 인정 사실

기록과 심문 결과에 의하면 아래와 같은 사실을 알 수 있다.

가. 채무자는 … 사채, 대출채권 및 그에 수반되거나 관련된 모든 권리의 자산
유동화에 관한 법률 및 관련 자산유동화계획에 의한 양수, 관리, 운용 및
처분, 유동화증권의 발행 및 상환 등을 목적으로 설립된 유한회사이다.

나. 채무자는 20○○. ○. ○. 주식회사 ○○증권 등으로부터 양수한 사채
를 기초로 하여, 20○○. ○. ○. ○○○억 원의 선순위 사채와 ○○억
원의 후순위 사채 합계 ○○○억 원의 유동화증권을 발행하였다. 그런
데 채무자는 …로 인하여 본래의 자산유동화계획대로 기초자산을 회
수하지 못하게 되어 선순위 사채 채무 및 후순위 사채 채무를 변제하
지 못하였다.

다. 채무자는 20○○. ○. ○. 기준으로 ○○○○에 대하여 ○○억 원의 구

상금 채무 및 배당금 채무를 후순위 사채권자들에 대하여 ○○억 원의 후순위 사채 채무를 부담하고 있다. 그러나 채무자는 20○○. ○. ○. 남은 자산 전부를 ○○○○에게 지급함으로써, 현재 가진 자산이 없다.

2. 판단 및 결론

위 인정 사실에 의하면 채무자에게는 지급불능과 부채초과의 파산원인이 존재하고, 파산재단으로 파산절차의 비용을 충당하기에 부족하다고 인정된다.

채무자 회생 및 파산에 관한 법률 제305조 제1항, 제306조 제1항을 적용하여 채무자에 대하여 파산을 선고하고, 같은 법 제317조 제1항을 적용하여 동시에 파산폐지를 하기로 하여, 주문과 같이 결정한다.

재 판 장　　　판 사　　　○ ○ ○

판 사　　　○ ○ ○

판 사　　　○ ○ ○

[기재례 29] 파산선고 및 파산폐지(동시폐지)결정 공고

채무자 ○○ 유한회사 파산선고 및 파산폐지결정 공고

사 건   2019하합○○ 파산선고
채 무 자   ○○ 유한회사
           서울 ○○구 ○○로 ○○
           대표자 이사 ○○○

위 사건에 관하여 이 법원은 2019. ○. ○. 10:00 파산선고와 동시에 파산폐지결정을 하였으므로, 채무자 회생 및 파산에 관한 법률 제317조 제2항에 의하여 다음과 같이 공고합니다.

                    다   음

1. 결정연월일시: 2019. ○. ○. 10:00
2. 주   문: 채무자에 대하여 파산을 선고한다. 이 사건 파산을 폐지한다.
3. 이유의 요지: 채무자에게는 지급불능과 부채초과의 파산원인이 존재하고, 파산재단으로 파산절차의 비용을 충당하기에 부족하다.

                    2019. ○. ○.

서 울 회 생 법 원
제 2 1 부

          재 판 장   판 사   ○ ○ ○
                     판 사   ○ ○ ○
                     판 사   ○ ○ ○

[기재례 30] 파산관재인 우선보수 결정

서 울 회 생 법 원
제 2 1 부
결   정

사   건   2019하합○○ 파산선고
채 무 자   주식회사 ○○
               서울 ○○구 ○○로 ○○
               대표자 사내이사 ○○○
파산관재인   변호사 ○○○

주   문

파산관재인의 우선보수를 300만 원으로 정한다.

이   유

채무자 회생 및 파산에 관한 법률 제30조 제1항을 적용하여 주문과 같이 결정
한다.

2019. ○. ○.

재 판 장   판 사   ○ ○ ○

             판 사   ○ ○ ○

             판 사   ○ ○ ○

[기재례 31] 파산관재인 추가선임 결정

서 울 회 생 법 원
제 2 1 부
결   정

사   건   2019하합○○ 파산선고
채 무 자   주식회사 ○○
            서울 ○○구 ○○로 ○○
            대표자 사내이사 ○○○
파산관재인   변호사 ○○○

주   문

1. 변호사 □□□(19○○. ○. ○.생, 서울 ○○구 ○○로 ○○)을 파산관재인으로
   추가 선임한다.
2. 파산관재인 변호사 □□□의 임기를 2021. 12. 31.까지로 한다.

이   유

여럿의 파산관재인을 선임하는 것이 필요하다고 인정되므로 채무자 회생 및 파
산에 관한 법률 제356조 단서, 제355조 제1항에 의하여 주문과 같이 결정한다.

2019. ○. ○.

재 판 장   판 사   ○ ○ ○

판 사   ○ ○ ○

판 사   ○ ○ ○

[기재례 32] 파산관재인 사임허가 및 후임 파산관재인 선임 결정

서 울 회 생 법 원
제 2 1 부
결   정

사 건   2019하합○○ 파산선고
채 무 자   주식회사 ○○
          서울 ○○구 ○○로 ○○
          대표자 사내이사 ○○○

주   문

1. 파산관재인 변호사 ○○○의 사임을 허가하고, 변호사 □□□(19○○. ○. ○.
   생, 서울 ○○구 ○○로 ○○)을 파산관재인으로 선임한다.
2. 파산관재인 변호사 □□□의 임기를 2021. ○. ○.까지로 한다.

이   유

채무자 회생 및 파산에 관한 법률 제363조를 적용하여 파산관재인 변호사 ○○
○의 사임을 허가하고, 같은 법 제355조 제1항을 적용하여 변호사 □□□를 파
산관재인으로 선임하기로 하여 주문과 같이 결정한다.

2019. ○. ○.

재 판 장   판 사   ○ ○ ○

판 사   ○ ○ ○

판 사   ○ ○ ○

[기재례 33] 파산관재인 해임 및 후임 파산관재인 선임 결정

서 울 회 생 법 원
제 2 1 부
결   정

사   건   2019하합○○ 파산선고
채 무 자   주식회사 ○○
            서울 ○○구 ○○로 ○○
            대표자 사내이사 ○○○

주   문

1. 파산관재인 변호사 ○○○을 해임하고, 변호사 □□□(19○○. ○. ○.생, 서울
   ○○구 ○○로 ○○)을 파산관재인으로 선임한다.
2. 파산관재인 변호사 □□□의 임기를 2021. ○. ○.까지로 한다.

이   유

채권자집회의 결의에 의하여(또는 감사위원의 신청에 의하여, 직권으로) 채무자
회생 및 파산에 관한 법률 제364조 제1항을 적용하여 파산관재인 변호사 ○○
○을 해임하고, 같은 법 제355조 제1항을 적용하여 변호사 □□□를 파산관재인
으로 선임하기로 하여 주문과 같이 결정한다.

2019. ○. ○.

재 판 장   판 사   ○ ○ ○

판 사   ○ ○ ○

판 사   ○ ○ ○

[기재례 34] 파산관재인 재선임 결정

서 울 회 생 법 원

제 2 1 부

결   정

사   건   2019하합○○ 파산선고

채 무 자   주식회사 ○○

　　　　　　서울 ○○구 ○○로 ○○

　　　　　　대표자 사내이사 ○○○

주   문

1. 변호사 ○○○을 파산관재인으로 재선임한다.

2. 파산관재인의 임기를 20○○. ○. ○.까지로 한다.

이   유

파산관재인 변호사 ○○○의 임기가 2019. ○. ○. 만료되므로, 변호사 ○○
○을 파산관재인으로 재선임하기로 하여 채무자 회생 및 파산에 관한 법률
제355조 제1항을 적용하여 주문과 같이 결정한다.

2019. ○. ○.

　　　　　　　재 판 장   판 사   ○ ○ ○

　　　　　　　　　　　　　판 사   ○ ○ ○

　　　　　　　　　　　　　판 사   ○ ○ ○

[기재례 35] 파산관재인 변경 및 채권자집회 소집 공고

채무자 주식회사 ○○ 파산관재인 변경 및 채권자집회 소집 공고

사   건   2019하합○○ 파산선고
채   무   자   주식회사 ○○
               서울 ○○구 ○○로 ○○
               대표자 사내이사 ○○○

채무자 회생 및 파산에 관한 법률 제313조 제3항, 제1항 제2호, 제365조 제1항, 제368조 제1항에 의하여 다음과 같이 공고합니다.

다   음

1. 파산관재인 변경
    이 법원은 2019. ○. ○. 파산관재인 변호사 ○○○의 사임을 허가하고, 변호사 □□□(19○○. ○. ○.생, 서울 ○○구 ○○로 ○○)을 후임 파산관재인으로 선임하였음
2. 채권자집회 소집
    가. 기일 및 장소: 2019. ○. ○. 14:00 서울법원종합청사 3별관 제1호 법정
    나. 회의 목적사항: 사임한 파산관재인 변호사 ○○○의 임무종료에 따른 계산보고

2019. ○. ○.

서 울 회 생 법 원
제 2 1 부

재 판 장   판 사   ○ ○ ○
판 사   ○ ○ ○
판 사   ○ ○ ○

[기재례 36] 파산관재인 변경 등기촉탁

서 울 회 생 법 원
제 2 1 부
등 기 촉 탁 서

서울중앙지방법원 등기관 귀하

사   건   2019하합○○ 파산선고
채 무 자   주식회사 ○○
               서울 ○○구 ○○로 ○○
               대표자 사내이사 ○○○

위 사건에 관하여 다음과 같이 파산관재인 변경의 등기를 촉탁합니다.

등기원인과   2019. ○. ○. 파산관재인 ○○○의 사임을 허가하고, □□□
그 연 월 일   (19○○. ○. ○.생, 서울 ○○구 ○○로 ○○)을 파산관재인
               으로 선임한 결정
등 기 목 적   파산관재인 사임의 등기 및 파산관재인 선임의 등기
등록세, 교육세 및   채무자 회생 및 파산에 관한 법률 제25조 제4항, 등기사항
등기촉탁수수료   증명서 등 수수료규칙 제5조의3 제2항 제1호에 의하여 면제

※ 임원에 관한 사항에 파산관재인의 주소를 등기할 때에는 파산관재인의 주민
  등록표상 주소가 아닌 파산관재인의 사무소로 등기하여 주시기 바랍니다.

붙임   1. 파산관재인 사임허가 및 파산관재인 선임 결정 등본   1통
        2. 인감신고서   1통
        3. 촉탁서 부본   1통

2019. ○. ○.

법원사무관   ○   ○   ○

[기재례 37] 체신관서에 대한 우편물 등 배달 촉탁 변경

서 울 회 생 법 원
제 2 1 부
촉 탁 서

○○우체국장 귀하

사   건   2019하합○○ 파산선고
채 무 자   주식회사 ○○
              서울 ○○구 ○○로 ○○
              대표자 사내이사 ○○○
파산관재인   변호사 □□□

위 사건에 관하여 채무자 회생 및 파산에 관한 법률 제484조 제1항에 의하여 다음과 같이 촉탁합니다.

다   음

파산선고를 받은 채무자 주식회사 ○○에게 보내는 우편물·전보 그 밖의 운송물은 모두 변경 후의 파산관재인에게 배달하여 주시기 바랍니다.

변 경 전	변 경 후
변호사 ○○○ (서울 ○○구 ○○로 ○○)	변호사 □□□ (서울 ○○구 ○○로 ○○)

붙임   1. 파산관재인 사임허가 및 파산관재인 선임 결정 등본   1통
        2. 촉탁서 부본   1통

2019. ○. ○.

재 판 장   판 사   ○   ○   ○

[기재례 38] 구인장

<table>
<tr><td colspan="5" align="center"># 구 인 장

서울회생법원</td></tr>
<tr><td>영 장 번 호</td><td></td><td>사 건 번 호</td><td colspan="2"></td></tr>
<tr><td>채 무 자</td><td colspan="4"></td></tr>
<tr><td rowspan="3">구인대상자</td><td>성 명</td><td></td><td>직업</td><td></td></tr>
<tr><td>주민등록번호</td><td colspan="3" align="center">—</td></tr>
<tr><td>주 소</td><td colspan="3"></td></tr>
<tr><td>유 효 기 간</td><td>20 . . .까지</td><td>인치할 일시</td><td colspan="2">20 . . .</td></tr>
<tr><td>인치할 장소</td><td colspan="4"></td></tr>
<tr><td colspan="5">위 사건에 관하여 위 구인대상자를 구인한다.
유효기간이 경과하면 집행에 착수하지 못하며 영장을 반환하여야 한다.

2019. . .

재판장 판사

</td></tr>
<tr><td>집 행 일 시</td><td></td><td>집 행 장 소</td><td colspan="2"></td></tr>
<tr><td>집행불능 사유</td><td colspan="4"></td></tr>
<tr><td>처리자의 소속
관서, 관직</td><td></td><td>처리자
기명 날인</td><td colspan="2"></td></tr>
<tr><td>인 치 일 시</td><td></td><td>법원 사무관 등
기명 날인</td><td colspan="2"></td></tr>
</table>

채무자 회생 및 파산에 관한 법률 320, 319, 형사소송법 75①, 형사소송규칙 46, 49
주: 주민등록번호의 전부를 알 수 없는 때에는 주민등록번호의 앞자리(생년월일)부분을
    기재한다.

[기재례 39] 고가품 보관방법 지정 결정

서 울 회 생 법 원
제 2 1 부
결   정

사   건   2019하합○○ 파산선고
채 무 자   주식회사 ○○
              서울 ○○구 ○○로 ○○
              대표자 사내이사 ○○○
파산관재인   변호사 ○○○

주   문

이 사건 파산재단에 속하는 화폐, 유가증권 그 밖의 고가품을 주식회사 ○○은행 ○○지점의 파산관재인 명의 예금계좌에 보관한다.

이   유

채무자 회생 및 파산에 관한 법률 제487조를 적용하여 주문과 같이 결정한다.

2019. ○. ○.

재 판 장   판 사   ○ ○ ○

판 사   ○ ○ ○

판 사   ○ ○ ○

[기재례 40] 고가품 보관장소에 대한 통지

서 울 회 생 법 원
제 2 1 부
의 뢰 서

수　　　신	주식회사 ○○은행 ○○지점	
사　　　건	2019하합○○　파산선고	
채　무　자	주식회사 ○○	
	서울 ○○구 ○○로 ○○	
	대표자 사내이사 ○○○	
파산관재인	변호사 ○○○	

위 사건에 관하여 이 법원은 채무자 회생 및 파산에 관한 법률 제487조에 의하여 파산재단에 속하는 화폐 등 고가품의 보관장소를 귀 지점의 파산관재인 명의 예금계좌로 지정하였는바, 파산관재인 명의 예금의 지급절차 등에 관하여 다음과 같은 사항을 의뢰합니다.

다　　음

1. 파산관재인으로부터 그 명의 예금의 지급·해약청구, 타 계좌로의 이체의뢰, 자동이체의뢰 등이 있는 때에는, 이 법원의 임치금반환허가서 등본(또는 채권자집회의 결의가 있음을 증명하는 서면)의 제시를 요구하고, 이를 확인한 다음 지급 등에 응하여 주십시오. 지급시 파산관재인이 제시하는 임치금반환허가 등본의 지급확인란에 날인하고 그 사본을 보관하여 이중지급 등이 이루어지지 않도록 하여주십시오.
2. 위 예금계좌에 관하여는 현금카드가 발행되지 않도록 하여주십시오.
3. 파산관재인이 위 예금을 담보로 대출을 신청하는 경우에는 이 법원의 차재허가서 등본 또는 채권자집회의 결의가 있음을 증명하는 서면의 제시를 요구하고 이를 확인한 다음 응하시기 바랍니다.
4. 위 사항을 위반하는 경우, 귀 지점 및 해당 은행에 대한 법원의 고가품 보관

방법 지정 결정이 모두 취소되고, 민·형사상 책임이 발생할 수도 있으니, 파산관재인 명의 예금의 취급에 각별히 주의를 기울여 주시기 바랍니다. 끝.

2019. ○. ○.

재 판 장   판 사   ○   ○   ○

[기재례 41] 고가품 보관방법 추가 지정 결정

서 울 회 생 법 원
제 2 1 부
결   정

사   건   2019하합○○ 파산선고
채 무 자   주식회사 ○○
              서울 ○○구 ○○로 ○○
              대표자 사내이사 ○○○
파산관재인   변호사 ○○○

주   문
이 사건 파산재단에 속하는 화폐, 유가증권 그 밖의 고가품의 보관방법으로 주
식회사 ○○은행 ○○지점의 파산관재인 명의 예금계좌를 추가한다.

이   유
채무자 회생 및 파산에 관한 법률 제487조를 적용하여 주문과 같이 결정한다.

2019. ○. ○.

재 판 장   판 사   ○ ○ ○

판 사   ○ ○ ○

판 사   ○ ○ ○

[기재례 42] 고가품 보관장소 지정 취소 결정

서 울 회 생 법 원
제 2 1 부
결   정

사   건   2019하합○○ 파산선고
채 무 자   주식회사 ○○
            서울 ○○구 ○○로 ○○
            대표자 사내이사 ○○○
파산관재인   변호사 ○○○

주   문

이 사건에 관하여 이 법원이 20○○. ○. ○. 이 사건 파산재단에 속하는 화폐, 유가증권 그 밖의 고가품의 보관장소로 주식회사 ○○은행 ○○지점을 지정한 결정을 취소한다.

이   유

채무자 회생 및 파산에 관한 법률 제487조를 적용하여 주문과 같이 결정한다.

2019. ○. ○.

재 판 장   판 사   ○ ○ ○

판 사   ○ ○ ○

판 사   ○ ○ ○

[기재례 43] 파산관재인대리 선임 허가 결정

서 울 회 생 법 원
제 2 1 부
결   정

사   건   2019하합○○ 파산선고
채 무 자   주식회사 ○○
              서울 ○○구 ○○로 ○○
              대표자 사내이사 ○○○
파산관재인   변호사 ○○○

주   문

파산관재인이 대리인으로 ○○○(19○○. ○. ○.생, 서울 ○○구 ○○로 ○○)을
선임함을 허가한다.

이   유

채무자 회생 및 파산에 관한 법률 제362조 제2항을 적용하여 주문과 같이 결정
한다.

2019. ○. ○.

재 판 장   판 사   ○ ○ ○

판 사   ○ ○ ○

판 사   ○ ○ ○

[기재례 44] 파산관재인대리 선임 허가 변경 결정

서 울 회 생 법 원
제 2 1 부
결   정

사   건   2019하합○○ 파산선고
채 무 자   주식회사 ○○
            서울 ○○구 ○○로 ○○
            대표자 사내이사 ○○○
파산관재인   변호사 ○○○

주   문

파산관재인이 선임한 대리인 ○○○을 □□□(19○○. ○. ○.생, 서울 ○○구 ○○로 ○○)으로 변경하는 것을 허가한다.

이   유

채무자 회생 및 파산에 관한 법률 제362조 제2항을 적용하여 주문과 같이 결정한다.

2019. ○. ○.

재 판 장   판 사   ○ ○ ○

판 사   ○ ○ ○

판 사   ○ ○ ○

[기재례 45] 별제권자의 처분기간 지정 결정

<h1 style="text-align:center">서 울 회 생 법 원
제 2 1 부
결   정</h1>

사   건   2019하합○○ 파산선고
채 무 자   주식회사 ○○
             서울 ○○구 ○○로 ○○
             대표자 사내이사 ○○○
파산관재인   변호사 ○○○
별 제 권 자   ○○○
             서울 ○○구 ○○로 ○○

주   문

별제권자 ○○○은 2019. ○. ○.까지 별제권의 목적인 별지 목록 기재 동산을 처분하여야 한다.

이   유

채무자 회생 및 파산에 관한 법률 제498조 제1항을 적용하여 주문과 같이 결정한다.

2019. ○. ○.

재 판 장   판 사   ○ ○ ○

판 사   ○ ○ ○

판 사   ○ ○ ○

[기재례 46] 봉인집행 조서

서 울 회 생 법 원
조 서

2019하합○○ 파산선고   기 일 : 2019. ○. ○. 10:00
법원사무관 ○ ○ ○   장 소 : 서울 ○구 ○로 100

본직은 파산관재인 변호사 ○○○의 신청에 의하여 서울 ○○구 ○○로 ○○ 채무자의 ○○에 임하여 채무자 대표자 사내이사 ○○○에 대하여 파산선고결정 정본을 제시하고, 채무자 소유의 재산을 봉인하는 취지를 고지한 후, 별지 목록 기재 물건에 대하여 봉인을 하였다.

입회인(채무자 대표자 사내이사) ○ ○ ○ ㉑
입회인 파산관재인 변호사   ○ ○ ○ ㉑
법원사무관   ○ ○ ○ ㉑

<별 지>

목 록

순 번	물건의 표시	수 량	비 고

[기재례 47] 납세증명서 제출의 예외 요청

서 울 회 생 법 원
제 2 1 부

우 06594) 서울 서초구 서초중앙로 157 / ☎ 02-○○○○-○○○○/ 팩스 530-○○○○ / 주심: 판사 ○○○

시행 일자   2019. ○. ○.
수   신   ○○세무서장, 서울특별시장, ○○구청장
제   목   납세증명서 제출의 예외 요청

1. 주식회사 ○○(대표자 사내이사 ○○○, 서울 ○○구 ○○로 ○○)에 대한 이 법원 2019하합○○ 파산선고 사건과 관련한 사항입니다.

2. 위 사건에 관하여 이 법원은 2019. ○. ○. 10:00 주식회사 ○○에 대하여 파산을 선고하고 변호사 ○○○을 파산관재인으로 선임하여, 파산절차가 진행 중입니다.

3. 주식회사 ○○은 대한민국(소관: ○○○부)에 대하여 '○○○용역'에 관한 대금채권을 가지고 있습니다. 파산관재인이 위 대금을 지급받기 위해서는 관할 세무서장과 관할 지방자치단체 세무공무원이 발급한 납세증명서를 제출하여야 합니다(국세징수법 제5조 제1호 및 지방세징수법 제5조 제1항 제1호). 그런데 주식회사 ○○이 국세·지방세를 체납함에 따라 파산관재인이 납세증명서를 발급받지 못하여 위 대금을 지급받지 못하고 있고, 이로 인해 파산재단에 속하는 위 대금채권의 회수가 지연되고 있습니다.

4. 결국, 주식회사 ○○의 파산관재인이 납세증명서를 발급받지 못하여 파산절차를 원활하게 진행하기 곤란하다고 인정되므로, 국세징수법 제5조 제1호, 국세징수법 시행령 제5조 제1항 제4호, 지방세징수법 제5조 제1항 제1호, 지방세징수법 시행령 제5조 제1항 제4호에 따라 주식회사 ○○에 대한 납세증명서 제출의 예외를 요청하오니, 협조하여 주시기 바랍니다.

재 판 장   판 사   ○   ○   ○

[기재례 48] 파산채권신고서

파 산 채 권 신 고 서

신고연월일 20   년   월   일
채무자   에 대한   하합   호 파산사건에 관하여 다
음과 같이 채권을 신고합니다(증거서류 첨부).

채권자   성명(상호, 대표자)   ㉑
        주소
        통지·송달받을 장소   □□□-□□□
        전화번호   팩시밀리
        전자우편주소

대리인   성명(상호, 대표자)   ㉑
        주소

서울회생법원 제21부 귀중

채	원 금	₩	채	별지
			권	
권	이자손해금	₩	의	채권목록과
			종	
액	합 계	₩	류	같음

채권의 내용 및 원인	별지 채권목록과 같음
우선권이 있는 경우 그 권리	
후순위 파산채권을 포 함하는 경우 그 구분	
별제권의 목적 및 별 제권 행사로 변제받을 수 없는 부족채권액	(목적의 표시) 별지 목록과 같음 (부족채권액) ₩
채권에 관하여 계속중 인 소송 (법원/당사자 /사건명/사건번호)	
집행력 있는 집행권원 또는 종국판결이 있는 경우 그 내용	

(주의) 채권신고시 아래 서류 및 그 부본 2통을 함께 제출하여야 합니다.

　① 채권신고서・채권목록 　　　　　② 증거서류

　③ 파산채권이 집행력 있는 집행권원 또는 종국 판결이 있는 것일 때에는 그
　　사본

　④ 채권자의 주민등록표등본 또는 법인등기사항전부증명서

　⑤ 〔대리인 신고〕 위임장(인감증명첨부)

　⑥ 계좌이체를 받고자 하는 경우에는 배당금을 수령할 예금통장 사본

(별지)

채 권 목 록

〈어음금·수표금 채권용〉

순번	채권액(원)	채권의 종류	발행일	액면(원)	만기	발행지	지급지	지급 장소	발행인	배서인	소지인

〈대여금, 매매대금, 기타 채권용〉

순번	채권액(원)	채권의 종류	채권의 내용 및 원인

[기재례 49] 파산채권신고에 관한 주의사항

파산채권신고에 관한 주의사항

채권신고용지 및 채권목록용지를 보내드리니, 다음 주의사항을 잘 읽어보시고 정확하게 기재한 다음, 필요 제출서류와 함께 신고기간 내에 이 재판부에 제출 또는 우송하여 주십시오.

(우송하는 경우에는 봉투 표면에 "채무자 ○○○의 채권신고서 재중"이라고 적어주십시오)

서울 서초구 서초중앙로 157 (우06594)

서울회생법원 제21부(☎ 02-○○○○-○○○○)

채권신고시 제출서류

① 채권신고서·채권목록　　　　　　　　② 증거서류
③ 파산채권이 집행력 있는 집행권원 또는 종국 판결이 있는 것일 때에는 그 사본
④ 채권자의 주민등록표등본 또는 법인등기사항전부증명서
⑤ 〔대리인 신고〕위임장(인감증명첨부)
⑥ **계좌이체를 받고자 하는 경우에는 배당금을 수령할 예금통장 사본**

채권신고시 유의사항

1. 위 제출서류는 그 부본 2통도 함께 제출하여야 합니다.
2. 채권신고를 하지 아니한 파산채권자는 채권자집회에 출석할 수 없고 배당청구권을 상실합니다.
3. 허위채권을 신고하면 형사처벌의 대상이 될 수 있습니다.
4. 어음수표금 신고시에는 반드시 증거서류로 어음·수표의 앞, 뒷면 모두 사본하여 제출하여야 합니다.
5. 예금통장 사본을 제출한 경우에는 제출된 통장의 계좌로 배당금을 지급합니다.

채권신고서·채권목록 작성요령

1. 신고할 채권이 2개 이상인 경우(예: 약속어음 여러 장에 의한 신고 등)에도 반드시 1개의 채권신고서로 신고하여야 합니다. 이 경우에는 여러 채권의 합계금액을 채권신고서 〈채권액〉란에 기재합니다.
2. 이자약정이 있는 경우, 또는 어음의 지급제시를 하여 만기후 법정이자를 청구하는 경우 등에는 파산선고 전일까지 발생한 이자를 "이자채권"으로서 〈채권목록〉에 기재합니다.
3. 법률에 의하여 일반적으로 우선변제권이 인정되어 있는 채권의 경우에는 〈우선권이 있는 경우 그 권리〉란에 그 내용·금액을 기재합니다.
4. 별제권자(저당권, 질권, 양도담보 등의 담보권자)는 채권신고를 할 필요가 없습니다(파산선고 후에도 개별적으로 담보권실행 가능함). 그러나 예컨대 피담보채권(대여금채권)은 2억 원인데 담보가치는 1억 5000만 원인 경우 〈별제권…〉란에 담보목적물을 특정하여 기재하고, 부족채권액으로 5000만 원을 기재합니다.
5. 채권목록 기재례

〈어음수표금 채권용 채권목록〉

순번	채권액(원)	채권의 종류	발행일	액 면(원)	만 기	발행지	지급지	지급 장소	발행인	배서인	소지인
1	10,000,000	약속어음	2019. 3. 3.	10,000,000	2019. 6. 3.	서울	서울	국민은행 성동지점	채무자	甲乙	신고인

〈기타 채권용 채권목록〉

순번	채권액(원)	채권의 종류	채권의 내용 및 원인
1	10,000,000	대여금채권	2019. 5. 30.에 금 10,000,000원, 변제기 2015. 7. 30. 이자 월 2%로 한 금전소비대차계약에 기한 원금
2	2,300,000	이자채권	위 제1항에 대한 2019. 5. 30.부터 파산선고 전일까지 0개월 0일간의 이자
3	30,000,000	매매대금채권	2019. 6. 20.부터 8. 20.까지 상품○○(단가 100만 원, 수량 50개)의 납입 대금 5000만 원 중 잔대금(금 2000만 원은 이미 수령함)

[기재례 50] 파산채권자표

채권자표 번호	51

법 인 파 산 채 권 자 표

사 건		20○○하합○○ 파산선고	채무자명	주식회사 ○○
채권자	성 명(법인명)			
	주 소			

〈채권신고의 내용〉

		채권신고접수일	20○○. ○. ○.
비별제권		채권액	○○○원
		채권원인	○○○○
	우선권이 있는 경우 그 권리		
	후순위 파산채권을 포함하는 경우 그 구분		
	별제권행사로 변제를 받을 수 없는 채권액		
	신고사항의 변경내용		

〈채권조사의 결과〉

조사기일		20○○. ○. ○.			
파산관재인 인부	비별제권	전액시인		전액이의	
		일부이의 한 경우 이의금액			
		이의내용			
	별제권 행사로 변제받지 못한 채권시인액			○원	
채권자의 이의	이의금액				
	이의내용				
채무자의 이의	이의금액				
	이의내용				

20○○. ○. ○.
서울회생법원 법원사무관 ○○○

〈추가 기재사항〉

이의철회		
신고취하		
명의변경		
파산채권확정 소송결과		
확정파산채권액		
비고		

〈배당의 결과〉

배당횟수	배당일시	배당금액	배당 후 잔존채권액	파산관재인 기명날인
1	20○○. ○. ○.	○원	○원	

[기재례 51] 채권조사기일 변경(추후지정) 결정

서 울 회 생 법 원
제 2 1 부
결   정

사   건   2019하합○○ 파산선고
채 무 자   주식회사 ○○
            서울 ○○구 ○○로 ○○
            대표자 사내이사 ○○○
파산관재인   변호사 ○○○

위 사건에 관하여 채권조사기일을 다음과 같이 변경한다.

다   음

○ 채권조사기일 변경
 • 변경 전: 2019. ○. ○. 14:00
 • 변경 후: 추후지정

2019. ○. ○.

재 판 장   판 사   ○ ○ ○

            판 사   ○ ○ ○

            판 사   ○ ○ ○

[기재례 52] 채권조사기일 변경(추후지정) 공고

채무자 주식회사 ○○ 채권조사기일 변경 공고

사   건   2019하합○○ 파산선고
채 무 자   주식회사 ○○
                    서울 ○○구 ○○로 ○○
                    대표자 사내이사 ○○○
파산관재인   변호사 ○○○

채무자 회생 및 파산에 관한 법률 제313조 제3항, 제1항 제3호, 제312조 제1항 제3호에 의하여 다음과 같이 공고합니다.

다   음

○ 채권조사기일 변경
  • 변경 전: 2019. ○. ○. 14:00
  • 변경 후: 추후지정

2019. ○. ○.

서 울 회 생 법 원
제 2 1 부

재 판 장   판 사   ○ ○ ○
               판 사   ○ ○ ○
               판 사   ○ ○ ○

[기재례 53] 제1회 채권자집회 및 채권조사기일 조서

서 울 회 생 법 원
제1회 채권자집회 및 채권조사기일 조서

사 건 2019하합○○ 파산선고 기 일: 2019. ○. ○. 14:00
재판장 판사 ○ ○ ○ 장 소: 서울법원종합청사 3별관
　　　 판사 ○ ○ ○ 　　　　　　　제1호 법정
　　　 판사 ○ ○ ○ 공개여부: 공개
법원사무관 ○ ○ ○

사건과 당사자의 이름을 부름

채 무 자 주식회사 ○○ 대표자 사내이사 ○○○ 　　　　　　　출석
파산관재인 변호사 ○○○ 　　　　　　　　　　　　　　　　出석
파산채권자의 출석상황은 [별첨 1 채권자 출석상황 및 의결표] 기재와 같음

───

재판장
1. 지금부터 2019하합○○ 채무자 주식회사 ○○에 대한 제1회 채권자집회
   및 채권조사기일을 병합하여 개최하겠다고 선언
2. 먼저 제1회 채권자집회기일을 시작한다고 선언. 이 채권자집회는 2019.
   ○. ○. 파산선고된 채무자 주식회사 ○○의 재산상황 등에 관한 정보를
   파산채권자들에게 제공하고, 채무자 회생 및 파산에 관한 법률이 정한 사
   항을 결의하기 위한 집회라고 설명
3. 채무자의 파산관재인으로 선임된 변호사 ○○○은 채무자 주식회사 ○○
   나 그 채권자와 아무런 이해관계가 없는 자로서 법원이 파산선고와 동시
   에 직권으로 선임한 자라고 설명
4. 먼저 파산관재인은 채무자 회생 및 파산에 관한 법률 제488조에 의하여
   (1) 파산에 이르게 된 사정
   (2) 파산재단의 현상 및 부채의 상황

(3) 파산재단에 속하는 재산의 환가상황 및 소송의 계속상황

(4) 파산절차의 전망(소요기간 및 배당예상)에 대하여 보고할 것을 명함

파산관재인

2019. ○. ○.자 파산관재인 보고서에 의하여 보고

재판장

채무자 대표자 사내이사에게 (1)파산관재인의 보고사항, (2) 특히 재산목록과 환가예상액의 적정 여부 등에 관하여 이의 또는 의견을 진술할 기회를 부여

채무자 대표자 사내이사 ○○○

별다른 이의 또는 의견을 진술하지 아니하다.

재판장

신고한 파산채권자(또는 그 대리인)들 중 (1) 파산관재인의 보고사항과 관련한 의문사항, (2) 파산관재인의 업무수행과 관련한 건의사항 기타 의견 또는 질문이 있으면 진술하여 달라고 요구

파산채권자

의견을 진술하거나 질문을 하지 아니하다.

재판장

1. (더 이상) 의견이 없으면 채권조사를 시작하겠다고 선언

2. 파산관재인에게 채권신고기간 후에 신고된 파산채권이 있는지 여부를 묻다.

파산관재인

채권신고기간 후에 신고된 파산채권이 있(없)다고 답변

(채권신고기간 후에 신고된 파산채권이 있는 경우)

재판장

파산관재인 및 출석한 파산채권자들에 대하여 채권신고기간 후에 신고된 파산채권을 이 조사기일에 함께 조사함에 관하여 이의가 있는지 여부를 묻다.

[만일 이의가 있으면 채권신고기간 후에 신고된 파산채권은 추후에 특별기일을 열어 조사하겠다고 고지]

파산관재인 및 파산채권자들

이의를 하지 아니하다.

재판장

    1. 이의가 없으면 채권신고기간 후에 신고된 파산채권도 이 조사기일에서 함께 조사한다고 선언

    2. 파산관재인에 대하여 신고된 파산채권에 대한 조사결과 및 시·부인내용을 진술할 것을 명

(채권신고기간 후에 신고된 파산채권이 없는 경우)

재판장

    파산관재인에 대하여 신고된 파산채권에 대한 조사결과 및 시·부인내용을 진술할 것을 명

파산관재인

    2019. ○. ○.자 파산채권조사결과표(채권 시·부인표)에 의하여 조사결과 진술

재판장

    출석한 파산채권자들에게 파산관재인의 위 조사결과에 관하여 의문이 있으면 의견을 진술할 것 요구

파산채권자 신고번호 번

파산관재인

나머지 파산채권자들

    의견을 진술하지 아니하다.

재판장

    채무자 대표자 사내이사에게 파산관재인과 별도로 채무자도 신고된 파산채권에 대하여 이의할 수 있음을 설명하고, 이의를 진술할 기회를 부여

채무자 대표자 사내이사

    별다른 이의를 진술하지 아니하다.

재판장

    신고한 파산채권자(또는 그 대리인)들 중에서 다른 신고된 파산채권에 대하여 이의가 있으면 의견을 진술할 것 요구

파산채권자들

    이의를 진술하지 아니하다.

재판장

1. 이 조사기일에서 이의가 진술되지 아니하였거나, 이 조사기일에서 이의가 진술되었으나 나중에 그 이의가 철회되면 신고된 파산채권의 내용이 확정되고, 이를 파산채권자표에 기재함으로써 확정판결과 동일한 효력이 인정된다고 설명(채무자 회생 및 파산에 관한 법률 제458조, 제460조)

2. 신고된 파산채권에 관하여 파산관재인 또는 다른 파산채권자로부터 이의가 진술된 경우에는 채무자 회생 및 파산에 관한 법률 제462조가 정한 바에 따라 본 기일로부터 1월 이내에 이의자 전원을 상대로 이 법원에 채권조사확정재판을 신청하여 채권확정을 받지 아니하면 배당에서 제외된다고 설명. 다만, 이의가 진술된 채권에 관하여 파산선고 당시 소송이 계속 중인 경우에는 채권자는 이의자 전원을 상대방으로 하여 소송을 수계하여야 하고, 공정증서 등 집행력 있는 집행권원이나 종국판결이 있는 경우에는 이의자는 채무자가 할 수 있는 소송절차(예컨대, 상소, 재심의 소, 청구이의의 소 등)로 다투어야 하며, 채권자가 별도로 채권조사확정재판을 신청할 필요가 없다고 설명

3. 이상으로 채권조사를 마침

4. 이어서 파산관재인 또는 파산채권자들에게 채권자집회에서 결의할 사항에 대한 제안이 있는지 여부를 물음

(제안이 없는 경우)

파산관재인 또는 파산채권자

제안하지 아니하다.

재판장

1. 파산관재인은 환가절차를 신속하게 수행하여 달라고 당부하고, 채무자의 대표자 사내이사와 채권자들은 파산관재인의 관리 및 환가 업무에 적극적으로 협력하여 신속하게 배당이 이루어질 수 있도록 노력하여 달라고 요청

2. 제1회 채권자집회기일 및 채권조사기일을 종료한다고 선언

집회 및 기일 종료

(제안이 있는 경우)

파산관재인 또는 파산채권자 신고번호   번

(임의적 결의사항인 감사위원 설치 여부, 영업의 폐지 또는 계속, 또는 고가품
의 보관방법에 관하여) [별첨 2 제안서] 기재 내용과 같이 제안

재판장

위 제안에 대하여 심리, 의결하겠으니 이에 관하여 의견이 있으면 진술할 것
요구

파산관재인 또는 파산채권자들

의견을 진술

재판장

1. 위 안건에 대한 심리를 마치고 결의에 들어가겠다고 고지
2. 원칙적으로 본 조사기일에서 확정된 파산채권액(후순위파산채권 제외)만
   큼 의결권을 부여하되, 채무자 회생 및 파산에 관한 법률 제373조 제2항
   에서 규정하는 미확정채권 등에 대하여는 파산관재인 또는 파산채권자의
   이의가 있는 경우 행사할 의결권을 법원이 정하겠다고 설명
3. 파산관재인 또는 파산채권자들에게 미확정채권 등의 의결권에 대하여 이
   의가 있는가를 묻다.

파산관재인

조사결과 부인한 부분은 현재 미확정상태이므로 파산채권자로서의 의결권에
관하여 이의를 제기한다고 진술

재판장

파산관재인으로부터 이의를 제기당한 파산채권자들에게 의견이 있는가를 묻
다.

이의를 제기당한 파산채권자

의견을 진술하지 아니하다.

재판장

1. 파산관재인이 진술한 의결권에 관한 이의를 받아들여 의결권이 이의된 파
   산채권에 대하여 의결권을 주지 아니하기로 한다는 결정 고지
2. 그러면 파산관재인(또는 파산채권자 ○○○)이 제안한 내용에 따라 위 제
   안에 관한 찬반 여부를 묻겠다고 고지. 결의에는 의결권을 행사할 수 있
   는 출석 파산채권자의 총채권액의 2분의 1을 초과하는 채권을 가진 자의
   동의가 있어야 한다고 설명
3. 위 제안에 대하여 찬성하는 출석채권자는 기립할 것 지시

<휴정 및 집계>

재판장

1. 집계 결과,

   위 안건에 관하여,

   의결권을 행사할 수 있는 출석 파산채권자의 총채권액은 ○○○원인데,

   동의한 출석 파산채권자의 채권액은 합계 ○○○원이다.

2. 따라서 위 제안에 대한 결의는 채무자 회생 및 파산에 관한 법률 제370조

   제1항 소정의 요건을 구비하였으므로 가결되었음을 선언

3. 파산관재인은 환가절차를 신속하게 수행하여 달라고 당부하고, 채권자들

   은 파산관재인의 관리 및 환가 업무에 적극적으로 협력하여 하루빨리 배

   당이 이루어질 수 있도록 노력하여 달라고 요청

4. 제1회 채권자집회기일 및 채권조사기일을 종료한다고 선언

집회 및 기일 종료

법원 사무관   ○ ○ ○

재판장 판사   ○ ○ ○

[기재례 54] 채권자 출석상황 및 의결표

채권자 출석상황 및 의결표

접수번호	채권자명	채권신고액	시인액			부인액	출석현황				의결내용		
			우선	일반	후순위		본인	날인	대리인	날인	1안	2안	3안

[기재례 55] 파산관재인 보고서(예시)

서 울 회 생 법 원
제 2 1 부

사 건 번 호   2019하합○○호
채 무 자   ○○증권 주식회사
파산관재인   예금보험공사

파산관재인 보고서(제1회)

위 사건에 대하여 파산관재인은 다음과 같이 업무집행사항을 보고합니다.

다   음

1. 채무자의 파산신청 경위

가. 채무자의 개요

채무자는 19○○. ○. ○. ○○증권 주식회사라는 상호로 설립되었고, 이후 19○○. ○. ○. ○○증권 주식회사로 상호를 변경하여 유가증권의 매매, 위탁매매, 유가증권매매의 중개 또는 대리, 유가증권시장에서의 매매거래에 관한 위탁의 중개·주선 또는 대리, 유가증권의 인수, 매출, 모집 또는 매출의 주선, 유가증권 매매거래에 관한 신용공여 업무 등 증권업을 영위해 왔습니다. 납입자본금도 수차례에 걸친 유상증자 시행으로 2,872억 원에 이르렀으며, 대주주로는 ○○건설(7.68%), 증권시장안정기금(4.52%), ○○생명(1.22%)등이 있습니다.

나. 파산에 이르게 된 경위

(1) 1997년도의 국가적인 경제위기와 금융시장의 혼란(생략)

(2) 자금 유동성 악화 및 고객예탁금 인출사태로 인한 부도(생략)

(3) 증권업허가 취소 및 해산(생략)

(4) 청산인 선임에 의한 청산절차 진행(생략)

(5) 파산의 신청

　청산인은 청산법인의 재산에 대한 정확한 평가를 위하여 ○○회계법인에 순자산가액 실사 및 평가를 의뢰한 결과 2019. ○. ○. 현재 자산 598,995백만 원, 부채 646,838백만 원으로서 순자산가액이 47,843백만 원 부족한 것으로 평가되었으며, 청산법인이 채무를 완제할 가능성이 없는 것으로 확인되었습니다. 이에 청산인은 2019. ○. ○. 서울회생법원에 파산신청을 하였고, 법원은 이를 받아들여 같은 해 ○. ○. 오전 10시에 파산선고 결정을 하면서, 파산관재인으로 예금보험공사를 선임하였습니다.

2. 채무자의 자산 및 부채 현황

가. 채무자 재산 현황 조사

　파산관재인은 부임 후 파산업무를 수행하면서 채무자의 회계장부 등을 조사, 정리하여 재산목록 및 대차대조표를 작성하고, 증빙자료를 확인하는 방법으로 채무자의 재산상태를 파악하여왔으며, 주요자산에 대해서는 실질처분 예상가액과 실질 회수 가능 금액으로 평가하여 조사를 완료하였는바, 그 구체적인 내용은 다음과 같습니다.

나. 자산 현황

　채무자가 제시한 재무제표상 2019. ○. ○. 현재 총자산은 7,820억 원이나, 이를 기업회계기준 등의 평가 기준을 적용하여 평가하면 3,768억 원이 감소하게 되어 총자산은 4,052억 원이 됩니다.

　위 자산에 대한 평가상황은 붙임 2와 같습니다만 대략적인 사항을 보면 다음과 같습니다.

　1) 유동자산

　채무자가 제시한 유동자산은 198,241백만 원이나 평가 후 실 유동자산은 149,363백만 원으로 총평가손실액이 48,878백만 원 정도 발생할 것으로 예상됩니다.

　2) 투자와 기타자산

　채무자가 제시한 투자와 기타자산은 354,252백만 원이나 평가 후 실 투자와 기타자산은 147,065백만 원으로 총평가손실액이 207,187백만 원 정도입니다.

　3) 고정자산

　채무자가 제시한 고정자산은 229,596백만 원이나 평가 후 실 고정자산은 108,780백만 원으로 총평가손실액이 120,816백만 원 정도 발생할 것으로 예상됩니다.

　다. 부채 현황

　채무자가 제시한 재무제표상 2019. ○. ○. 현재 총부채는 6,395억 원이나, 이를 기업회계기준 등의 평가 기준을 적용하여 평가하면 512억 원이 증가하게 되어 총부채는 6,907억 원이 됩니다. 증가내역은 붙임 2와 같습니다.

　라. 자본 현황

　채무자가 제시한 재무제표상 총자본은 차기이월결손금 포함 1,425억 원이나, 자산·부채의 평가로 인한 특별손실 4,280억 원이 예상되어 총자본은 △2,855억 원으로 예상됩니다.

3. 소송의 계속 상황

　채무자가 법적 절차를 진행하거나, 채무자에 대하여 소송이 제기되어 법적 절차가 진행중인 사건은 ○○은행이 채무자를 상대로 제기한 소송 외 52건으로서, 진행 중인 주요 사건은 아래와 같습니다.

	원고	피고	사건번호	금액(원)	목적	관할법원
1	○○○외 3인	○○증권(주)	2019다○○	3,709,704,371	예금반환	대 법 원
2	(주)○○	〃	2019나○○	2,987,410,000	약정금	서울고법
3	(주)○○은행	〃	2019가합○○	2,506,983,840	부당이득 금 반환	서울중앙 지법

　상기 소송 이외에도 다수의 소송사건이 계속 중이나 주요한 사안들만 열거하였으며, 파산선고 후 대부분의 사건에 대하여는 소송 중단조치를 취하였습니다. 중단된 사건들은 제1회 채권조사기일의 시·부인 결과에 따라 수계 여부를 판단, 조속히 소송을 수계하여 진행할 예정입니다.

　또한 채무자가 피고로 되어있는 (주)○○와의 약정금 청구 소송은 파산선고 후 항소심 패소판결을 받아 대법원에 상고하였습니다.

4. 조세채권 등 재단채권 현황

　조세, 임금 등의 재단채권은 아래 표에서 보는 바와 같이 약 41억 8,866만원으로 예상됩니다.

	채권자명	내 역	금액(원)	비고
1	○○세무서	부가가치세 등	146,664,708	
2	○○구청 외	지방소득세 특별징수분 등	2,260,769,492	
3	국민건강보험공단 ○○ 지사 외	국민건강보험료 등	681,284,375	
4	근로자 ○○○ 외 34명	미지급 임금 등	1,099,942,300	
	합 계		4,188,660,875	

5. 환가 상황 및 배당 전망

가. 파산재단의 환가 상황

채무자의 집기 비품 등 자산은 파산선고 이후 법원의 승인을 얻어 매각을 추진하고 있습니다.

미수금 등의 미수채권에 대하여는 상환 최고서의 발송 등 조속한 상환을 위한 제반 조치에 착수하였습니다.

영업점 및 사택의 임차보증금 회수를 위하여 사무실 원상 복구 진행, 가압류 해지 등의 절차를 지속적으로 진행해 왔습니다.

해외자산에 대하여는 동경지점 사무실 임차보증금, 공탁금 등의 회수 및 뉴욕 현지법인 자본금의 일부 회수 등이 완료되었으며, 그 밖의 해외자산에 대하여 조속한 회수를 위한 조치가 지속적으로 진행되고 있습니다.

나. 배당 전망

채무자가 제시한 재무제표상 순자산가액은 1,425억 원이나 평가 후 순자산가액은 △2,855억 원으로서 4,280억 원의 평가손실이 예상됩니다. 이는 채무자의 자산 중 큰 비중을 차지하는 부분은 부동산(2,029억 원)과 사채보증 대지급 구상채권(2,401억 원)인데 부동산 경기침체로 고가로 매각하기 어려운 실정이고 사채 발행사들 중 상당수가 회생절차 진행중이므로 채권 회수전망이 불투명하여 평가손실이 클 것으로 예상되기 때문입니다.

따라서 실제 배당 예상가액으로 평가하여 추정한 회수 가능 자산 가액은 4,052억 원, 총채무액은 6,907억 원으로서 배당률은 대략 58% 정도로 예상됩니다.

그러나 채무자의 자산 중 회생 업체에 대한 채권은 장기간에 걸쳐 회수될 것이므로 채권 회수 가능액이 변동될 수 있으며, 우발채무(회사채 지급보증) 또한 향후 주채무자의 부도 발생 여하에 따라 채무액이 증가되어 배당률에 변동이 있을 수 있음을 보고드립니다.

6. 향후 절차에 대하여

가. 처분 가능한 자산의 매각

채무자의 자산 중 처분 가능한 자산은 부동산을 포함하여 평가금액으로 2,481억 원에 이릅니다. 이중 큰 비중을 차지하는 부동산의 경우 채무자가 주로 보유하고 있는 것은 사무실용 토지 및 건물인데 현재 장기간의 경기침체 및 기업도산으로 그 수요가 극도로 위축된 상황이기 때문에 즉시 고가로 매각하기 어려운 실정이지만 향후 부동산 시장의 추이를 살펴 적정가격에 조속히 매각될 수 있도록 최대한 노력하겠습니다. 아울러, 보유 유가증권 등의 경우도 법원의 승인을 득한 후 공정한 시장가격으로 조속히 매각하도록 하겠습니다.

나. 부실채권의 회수

채무자의 부실채권에 대하여는 그 채무자가 회생절차중이거나 동 절차를 추진중에 있으므로 채권의 회수도 장기간에 걸쳐 진행될 것으로 예상되나 담보권의 실행을 통하여, 혹은 강제집행 등 가능한 모든 법적 조치를 강구하여 이른 시일 내에 부실채권을 회수하도록 하겠습니다.

다. 배당의 시행

파산채권 신고액이 7,500여억 원에 이르는 대형 파산사건으로 조속한 시일 내의 배당은 쉽지 않을 것으로 예상되나, 자산의 환가에 총력을 기울여 배당재원을 축적하도록 하겠으며, 배당이 가능한 시기를 앞당기도록 최선의 노력을 기울이겠습니다.

7. 맺음말

파산관재인은 대형 금융기관인 증권회사의 파산사건으로서 이해관계가 복잡하고 파산재단 규모가 방대한 본 사건에 대하여 그 책임이 막중함을 느끼고 있습니다.

위에서 설명해 드린 바와 같이 앞으로 파산재단의 자산 환가 및 분쟁에 관련된 사항을 공정하고도 신속하게 처리하겠으며, 이에 따라 파산채권자 제위께 이른 시일 내에 공평한 금전적 배당을 제공하고 본 사건을 조기에 종료할 수 있도록 최대한의 노력을 다하겠습니다.

붙임
           1. 비교재무상태표(생략)
           2. 청산재무상태표(생략)
           3. 평가조정사항 내역 및 분개(생략)
           4. 재산목록(생략)

[기재례 56] 채권조사 기준(예시)

파산채권 시부인 기준

1. 공통사항
    가. 신고된 파산채권 중 증빙자료 미비로 채무자의 채무임을 확인할 수 없는 채권은 이의함
    나. 제출된 자료로 신고인이 진정한 채권자임을 확인할 수 없는 채권은 이의함
    다. 첨부된 증빙자료의 내용과 일치하지 않는 채권은 이의함
    라. 채권자가 일방적으로 조건을 변경한 채권은 이의함
    마. 계약의 하자 또는 불공정이 인정되는 채권은 이의함
    바. 채권의 소멸시효가 완성된 채권은 이의함
    사. 이자에 대한 기간의 계산은 초일불산입, 말일산입을 기준으로 함
2. 특정사항
    가. 이자채권
        (1) 이자의 약정이 있는 경우에는 그 약정에 의하고, 약정이 없는 경우에는 상사법정이율(연 6%) 초과 부분은 이의함
        (2) 사채의 이자채권의 경우 이표(또는 이권)에 의한 이자 계산 방식에 의하여 이표 약정에 따라 그 지급일까지의 약정금리를 적용하고 그 이후의 이자는 이의함
        (3) 이자에 대한 연체이자는 이의함
    나. 외화표시채권
        원화 환산에 있어서는 파산선고일 전날의 매매기준율(1USD=○원)을 적용함
    다. 변제기 미도래 채권
        파산선고일 현재 변제기가 도래하지 아니한 채권은 채무자 회생 및 파산에 관한 법률 제446조에 의하여 파산선고일로부터 만기일까지의 중간이자를 공제함

[기재례 57] 파산채권조사결과표(채권 시·부인표)(예시)

○ 파산채권 시·부인 집계표(총괄 인부표)

구분	건수	신고금액	시인액	이의액
파산채권	7	42,000,000	6,500,000	35,500,000

○ 파산채권 시·부인표(개별 인부표)

접수번호	채권자명	채권의 종류	신고채권액	시인액 우선채권	일반채권	후순위채권	이의액	비고
1	홍길동	임금	500,000				500,000	재단채권이므로 이의
2	㈜길동실업	매매대금	1,500,000		1,450,000	50,000		파산선고 후의 이자는 후순위채권으로 시인
3	㈜○○	어음	10,000,000				10,000,000	채권없음
4	㈜○○은행	대여금	5,000,000		5,000,000			시인(별제권부 채권, 예정부족액 1,000,000)
5	한○○	어음	10,000,000				10,000,000	어음요건 불비
6	㈜종로상호저축은행	대여금	5,000,000				5,000,000	소명부족
7	이○○	어음	10,000,000				10,000,000	상계예정
합계			42,000,000		6,450,000	50,000	35,500,000	

[기재례 58] 이의통지서

서 울 회 생 법 원
제 2 1 부
이 의 통 지 서

사   건   2019하합○○ 파산선고
채 무 자   주식회사 ○○
               서울 ○○구 ○○로 ○○
               대표자 사내이사 ○○○
파산관재인   변호사 ○○○(서울 ○○구 ○○로 ○○)
신고한 파산채권자 ○○○
               서울 ○○구 ○○로 ○○

　　위 사건에 관하여 2019. ○. ○. 14:00 개최된 채권조사기일에서 귀하가 신고한 채권에 관하여 다음과 같은 이의가 있었으므로 채무자 회생 및 파산에 관한 법률 제461조에 의하여 이를 통지합니다.
　　위 채권조사기일로부터 1월 이내에 이의자 전원을 상대방으로 하여 이 법원에 채권조사확정재판을 신청하여(다만, 이의채권에 관하여 파산선고 당시 소송이 계속되어 있는 경우 채권자가 그 채권의 확정을 구하고자 하는 때에는 이의자 전원을 그 소송의 상대방으로 하여 소송을 수계하여야 합니다) 채권의 확정을 받지 아니하면 이의가 있었던 부분에 관하여는 채무자 회생 및 파산에 관한 법률상의 배당절차에 참가할 수 없게 됨을 유의하시기 바랍니다. 다만, 집행력 있는 집행권원이나 종국판결 있는 채권의 경우에는 그렇지 않습니다.

다   음

1. 이의자: 파산관재인 변호사 ○○○(또는 파산채권자 ○○○)
2. 이의 있는 채권

신고번호	채권의 내용	신고채권액	이의액	이의사유
	합 계			

2019. ○. ○.

재 판 장   판 사   ○   ○   ○

[기재례 59] 채권조사확정재판 신청기간 연장 결정

<h1 style="text-align:center">서 울 회 생 법 원
제 2 1 부
결   정</h1>

사   건   2019하합○○ 파산선고
채 무 자   주식회사 ○○
             서울 ○○구 ○○로 ○○
             대표자 사내이사 ○○○
파산관재인   변호사 ○○○

주   문

위 사건에 관하여 2019. ○. ○. 14:00 개최된 채권조사기일에서 이의가 있는 파산채권에 관한 채무자 회생 및 파산에 관한 법률 제462조 제5항의 채권조사확정재판의 신청기간을 2019. ○. ○.까지로 연장한다.

이   유

채무자 회생 및 파산에 관한 법률 제33조, 민사소송법 제172조 제1항을 적용하여 주문과 같이 결정한다.

2019. ○. ○.

재 판 장   판 사   ○ ○ ○

판 사   ○ ○ ○

판 사   ○ ○ ○

[기재례 60] 파산채권자표 명의변경 신고서

파산채권자표 명의변경 신고서

사 건 번 호 :   2019하합○○ 파산선고
채 무 자 :   주식회사 ○○
채 권 자 :   ○○은행
신고시의 채권금액 : 금   원(₩   )
양도인의 채권신고번호 : 신고번호   번

위 사건에 관하여 다음과 같이 파산채권이 양도되었음을 신고합니다.
1. 양도 양수 금액 : 총 채권액 금   원 중 금   원(₩   )
2. 양도 일시:
3. 양도인 :   성   명
              주   소
              전화번호
4. 양수인 :   성   명
              주   소
              통지·송달받을 장소
              전화번호   팩시밀리
              전자우편주소

        신고인 : 성   명   (인)
                주   소
        대리인 : 성   명   (인)
                주   소

첨부 :   1. 채권양수도 계약서 사본 1부
              2. 채권양도 통지서 사본 1부
              3. 신고인의 주민등록표등본(또는 법인등기사항전부증명서)
              4. 위임장 (대리인을 통하여 신고하는 경우)

서울회생법원 제21부 귀중

[기재례 61] 감사위원 선임결의 인가 결정

서 울 회 생 법 원
제 2 1 부
결   정

사   건   2019하합○○ 파산선고
채 무 자   주식회사 ○○
           서울 ○○구 ○○로 ○○
           대표자 사내이사 ○○○
파산관재인   변호사 ○○○

주   문
위 사건에 관하여 2019. ○. ○. 14:00 소집된 채권자집회에서 감사위원으로 ○
○○(19○○. ○. ○.생, 서울 ○○구 ○○로 ○○)을 선임한 결의를 인가한다.

이   유
채무자 회생 및 파산에 관한 법률 제377조 제3항을 적용하여 주문과 같이 결정
한다.

2019. ○. ○.

재 판 장   판 사   ○ ○ ○

판 사   ○ ○ ○

판 사   ○ ○ ○

[기재례 62] 감사위원에 대한 주의사항

감사위원의 권한과 책임

1. 직무권한

감사위원은 파산관재인을 지휘·지시하는 권한을 가지는 것이 아니라, 법에서 정한 바에 따라 파산관재인을 감시·보조하는 권한을 가진다.

(1) 파산관재 업무의 감시

- 감사위원의 주된 직무이다. 감사위원은 파산관재인의 직무집행을 감사하며, 각자 언제라도 파산관재인에 대하여 파산재단에 관한 보고를 요구하거나 파산재단의 상황을 조사할 수 있다. 감사위원은 파산채권자에게 현저하게 손해를 미칠 사실을 발견한 때에는 지체없이 법원 또는 채권자집회에 보고하여야 한다(채무자 회생 및 파산에 관한 법률 제379조, 제499조).
- 파산관재인의 임무종료시 제출한 계산보고서에 관하여 의견서를 제출하고(제365조③), 파산관재인의 해임신청을 할 수 있다(제364조①).

(2) 파산관재 업무의 보조 (동의권)

- 감사위원은 채권조사기일 전에 행하는 파산재단에 속한 재산의 환가(제491조), 파산재단 중 부동산 기타 중요자산의 매각, 영업양도, 소의 제기, 권리포기, 재단채권의 승인 등(제492조), 임치품의 반환청구(제500조①), 배당 및 배당률의 결정(제506조, 제515조②)에 관하여 동의권을 가진다.

(3) 고유권한

채무자 등에 대하여 파산에 관하여 필요한 설명의 요구(제321조), 채권자집회 소집의 신청(제367조), 채권자집회에서의 결의의 집행금지신청(제375조①)의 권한을 가진다.

2. 직무상 의무

감사위원은 파산관재인과 마찬가지로 선량한 관리자의 주의로 직무를 집행할 의무를 가지고, 이를 태만히 한 경우에는 연대하여 손해배상책임을 진다(제381조, 제361조).

3. 직무집행의 방법

감사위원이 3인 이상 있는 경우, 직무집행은 그 과반수의 찬성으로 결정한다(제378조①). 특별한 이해관계를 가지는 자는 표결에 참가할 수 없다(제378조②). 만약 모든 감사위원이 특별이해관계인인 경우에는 감사위원이 없는 경우에 해당하여 법원의 허가를 받아야 할 것이다.

4. 직무종료

감사위원은 언제든지 사임할 수 있으며, 채권자집회의 결의로 해임하거나, 파산관재인 등 이해관계인의 신청에 의하여 법원이 해임할 수 있다(제380조①②).

[기재례 63] 채권자집회 결의 집행금지 결정

서 울 회 생 법 원

제 2 1 부

결   정

사   건   2019하합○○ 파산선고

채 무 자   주식회사 ○○

서울 ○○구 ○○로 ○○

대표자 사내이사 ○○○

파산관재인   변호사 ○○○

주   문

위 사건에 관하여 2019. ○. ○. 14:00 소집된 채권자집회에서 의결된 별지 기재 결의의 집행을 금지한다.

이   유

주문 기재 채권자집회는 별지 기재와 같이 감사위원을 설치·선임하는 결의를 하였다. 그러나 위 결의에서 선임된 감사위원 중 ○○○은 채무자의 단일 주주이자 다액 파산채권자인 ○○ 주식회사의 직원으로서 감사위원이 되기에 부적절한 점, 채무자의 자산과 부채의 상황, 채권자의 수, 파산재단에 속하는 재산의 규모, 권리관계의 복잡성의 정도, 파산재단의 평가 및 환가의 난이도 등 이 파산 사건에 관한 모든 사정을 참작하면 위 결의는 파산채권자 일반의 이익에 반한다고 인정된다. 채무자 회생 및 파산에 관한 법률 제375조 제1항에 의하여 직권으로 그 결의의 집행을 금지하기로 하여 주문과 같이 결정한다.

2019. ○. ○.

재 판 장   판 사   ○○○

판 사   ○○○

판 사   ○○○

별지

결 의 사 항

1. 감사위원을 설치한다.
2. 감사위원은 3인으로 한다.
3. 감사위원으로 ○○○(19○○. ○. ○.생, 서울 ○○구 ○○로 ○○), □□□(19
   ○○. ○. ○.생, 서울 ○○구 ○○로 ○○), △△△(19○○. ○. ○.생, 서울 ○
   ○구 ○○로 ○○)을 선임한다. 끝.

[기재례 64] 고가품 보관장소에 대한 통지(감사위원이 설치된 경우)

서 울 회 생 법 원
제 2 1 부
의 뢰 서

수 신   주식회사 ○○은행 ○○지점
사 건   2019하합○○ 파산선고
채 무 자   주식회사 ○○
          서울 ○○구 ○○로 ○○
          대표자 사내이사 ○○○
파산관재인   변호사 ○○○

위 사건에 관하여 2019. ○. ○. 소집된 채권자집회에서 감사위원으로 ○○○
(19○○. ○. ○.생, 서울 ○○구 ○○로 ○○)이 선임되고 이 법원이 2019. ○.
○. 그 결의를 인가하였으므로, 파산관재인 명의 예금의 지급절차 등에 관하여
다음과 같은 사항을 의뢰합니다.

다 음

1. 파산관재인으로부터 그 명의 예금의 지급·해약청구, 타계좌로의 이체의뢰,
   자동이체의뢰 등이 있는 때에는, 감사위원의 동의서의 제시를 요구하고, 이
   를 확인한 다음 지급 등에 응하여 주십시오. 지급시 파산관재인이 제시하는
   감사위원의 동의서 등본의 지급확인란에 날인하고 그 사본을 보관하여 이중
   지급 등이 이루어지지 않도록 하여주십시오.
2. 위 예금계좌에 관하여는 현금카드가 발행되지 않도록 하여주십시오.
3. 파산관재인이 위 예금을 담보로 대출을 신청하는 경우에는 감사위원의 차재
   에 대한 동의서의 제시를 요구하고 이를 확인한 다음 응하시기 바랍니다.
4. 위 사항을 위반하는 경우, 귀 지점 및 해당 은행에 대한 법원의 고가품 보관
   방법 지정 결정이 모두 취소되고, 민·형사상 책임이 발생할 수도 있으니, 파
   산관재인 명의 예금의 취급에 각별히 주의를 기울여 주시기 바랍니다. 끝.

2019. ○. ○.

재 판 장   판 사   ○   ○   ○

[기재례 65] 감사위원 보수결정

서 울 회 생 법 원

제 2 1 부

결   정

사   건   2019하합○○ 파산선고

채 무 자   주식회사 ○○

　　　　　　　서울 ○○구 ○○로 ○○

　　　　　　　대표자 사내이사 ○○○

파산관재인   변호사 ○○○

감 사 위 원   ○○○

주   문

감사위원 ○○○의 2019. ○. ○. 이후 보수를 월 ○○만 원으로 정한다.

이   유

채무자 회생 및 파산에 관한 법률 제381조, 제30조 제1항에 의하여 주문과 같이 결정한다.

2019. ○. ○.

재 판 장   판 사   ○ ○ ○

판 사   ○ ○ ○

판 사   ○ ○ ○

[기재례 66] 관리위원회에 대한 파산신청사실 통지 및 채권자협의회 구성요청

<h1>서 울 회 생 법 원</h1>
<h2>제 2 1 부</h2>

우 06594) 서울 서초구 서초중앙로 157 / ☎ 02-○○○○-○○○○/ 팩스 530-○○○○ / 주심: 판사 ○○○

시행 일자   2019. ○. ○.
수   신   서울회생법원 관리위원회
제   목   파산신청사실 통지 및 채권자협의회 구성 요청

1. 주식회사 ○○(대표자 사내이사 ○○○, 서울 ○○구 ○○로 ○○)에 대한 이 법원 2019하합○○ 파산선고 사건과 관련한 사항입니다.

2. 이 법원에 2019. ○. ○. 주식회사 ○○으로부터 파산신청이 있은 사실을 통지합니다.

3. 귀 관리위원회는 채무자 회생 및 파산에 관한 법률 제20조, 채무자 회생 및 파산에 관한 규칙 제34조에 따라 이 통지를 받은 후 1주일 이내에 주식회사 ○○의 주요채권자를 구성원으로 하는 채권자협의회를 구성하고, 그 결과를 법원에 보고하여 주시기 바랍니다.

재 판 장   판 사   ○   ○   ○

[기재례 67] 관리위원회의 채권자협의회 구성통지

서 울 회 생 법 원
관 리 위 원 회

2019. ○. ○. 발송필

우 06594) 서울 서초구 서초중앙로 157 / ☎ 02-○○○○-○○○○/ 팩스 530-○○○○ / 관리위원 ○○○

시 행 일 자   2019. ○. ○.

수   신   수신처 참조

제   목   채권자협의회 구성통지

선 결			지 시		
접 수	일 자 시 간		결 재 · 공 람		
	번 호				
처 리 과					
담 당 자					

1. 주식회사 ○○(대표자 사내이사 ○○○, 서울 ○○구 ○○로 ○○)에 대한 서울회생법원 2019하합○○ 파산선고 사건과 관련한 사항입니다.

2. 서울회생법원 관리위원회는 채무자 회생 및 파산에 관한 법률 제20조, 같은 규칙 제34조에 의하여 귀사(귀하)를 구성원으로 하는 주식회사 ○○의 채권 자협의회를 구성하였음을 통지하니, 별지 〈참고사항〉을 참조하여 대표채권 자를 지체 없이 지정한 다음, 대표채권자는 2019. ○. ○.까지 관리위원회 에 도착할 수 있도록 팩시밀리 전송의 방법으로 다음 사항을 신고하시기 바 랍니다(위 기간 내에 대표채권자의 신고가 없는 경우에는 관리위원회가 대 표채권자를 지정할 것입니다).

                    - 다   음 -

1) 채권자협의회 구성원의 상호, 본점 소재지 및 대표자 성명
2) 채권자협의회 구성원의 채권액, 내용 및 담보권의 내역
3) 대표채권자의 상호 및 대표채권자 소속 임직원으로서 협의회업무를 담당 할 사람의 직위 · 성명 및 전화번호 · 팩시밀리번호

* 첨부: 채권자협의회 참고사항

           관 리 위 원 회   위 원 장   ○   ○   ○

수신처: 주식회사 ○○은행, ○○생명 주식회사, 주식회사 ○○카드, ○○○. 끝.

〈참 고 사 항〉

1. 채권자협의회의 업무
  - 채권자협의회는 채권자들 사이의 이해관계를 조정하여 법원에 파산절차에 관한 의
    견을 제시할 수 있고, 법원이 파산관재인을 선임할 경우 등 법률이 정하고 있는
    사항 또는 법원이나 관리위원회의 요구가 있는 사항에 관하여 의견을 진술할 수
    있고, 그 밖에 대통령령이 정하는 행위 등을 할 수 있으며 그 활동에 필요한 비용
    을 법원 허가를 얻어 채무자에게 부담시킬 수 있습니다.
  - 채권자협의회는 법원으로부터 파산절차신청서류, 각종 결정문 기타 대법원규칙이
    정하는 자료의 사본을 제공받을 수 있습니다.
2. 채권자협의회의 의결 및 의견제시방법
  - 채권자협의회는 출석한 구성원 과반수의 찬성으로 의결합니다(다만, 의결권은 서
    면 또는 대리인에 의하여 행사할 수 있음).
  - 법원 또는 관리위원회로부터 의견을 요청받은 경우에는 의결 결과 및 출석 구성원
    들의 채권액과 의견, 그와 같은 의견에 이르게 된 이유를 모두 기재하여 송부하여
    야 합니다.
  - 법원 또는 관리위원회가 의견 제출기한을 정한 경우에는 기한 연장허가를 받지 아
    니하는 한 그 기한을 넘겨서는 아니됩니다(의견 제출이 없는 경우 채권자들의 이
    해관계가 반영되지 않을 수 있음).
3. 대표채권자의 역할
  - 대표채권자는 채권자협의회의 의장이 되고, 대외적으로 협의회를 대표하여 협의회
    의 의견을 제시하고 협의회의 소집 및 연락을 담당하며 협의회의 사무를 총괄합
    니다.
  - 대표채권자는 법원 또는 관리위원회로부터 의견을 요청받거나 구성원 1/4 이상의
    요구가 있을 때에는 5영업일 이내에 회의를 개최하여야 합니다.
  - 법원 또는 관리위원회의 채권자협의회에 대한 의견조회는 대표채권자에 대하여 하
    고, 채권자협의회의 법원 또는 관리위원회에 대한 의견진술 또한 대표채권자를 통
    하여 합니다.
4. 채권자협의회 구성원 명단

구 성 원	전화번호	팩 스	비 고
○○은행	02-735-0000	02-737-0000	○○○ 차장
○○생명	02-728-0000	02-728-0000	○○○ 부장
○○카드	02-771-0000	02-755-0000	○○○ 팀장
○○○	02-728-0000	02-728-0000	

[기재례 68] 관리위원회의 대표채권자 지정통지

서 울 회 생 법 원
관 리 위 원 회

2019. ○. ○. 발송필

우 06594) 서울 서초구 서초중앙로 157 / ☎ 02-○○○○-○○○○/ 팩스 530-○○○○ / 관리위원 ○○○

시 행 일 자 2019. ○. ○.	선결			지시	
	접수	일자 시간		결재·공람	
수 신 ○○은행		번호			
제 목 대표채권자 지정통지	처 리 과				
	담 당 자				

1. 주식회사 ○○에 대한 서울회생법원 2019하합○○ 파산선고 사건과 관련한 사항입니다.

2. 서울회생법원 관리위원회는 2019. ○. ○. 채무자 회생 및 파산에 관한 법률 제20조, 같은 규칙 제34조에 의하여 주식회사 ○○ 채권자협의회를 구성한 후 구성원에게 통지하였으나 기한 내에 대표채권자 신고가 없으므로, 같은 규칙 제35조 제2항에 의하여 귀사를 대표채권자로 지정합니다. 대표채권자는 다음 사항을 파악하여 2019. ○. ○.까지 관리위원회에 도착할 수 있도록 팩시밀리 전송의 방법으로 알려주기 바랍니다.

- 다 음 -

1) 채권자협의회 구성원의 상호, 본점소재지 및 대표자성명
2) 채권자협의회 구성원의 채권액, 내용 및 담보권의 내역
3) 대표채권자 소속 임직원으로서 협의회업무를 담당할 사람의 직위·성명 및 전화번호·팩시밀리번호

관 리 위 원 회 위 원 장 ○ ○ ○

[기재례 69] 채권자협의회에 대한 파산관재인 선임 등 관련 의견조회

서 울 회 생 법 원
관 리 위 원 회

2019. ○. ○. 발송필

우 06594) 서울 서초구 서초중앙로 157 / ☎ 02-○○○○-○○○○/ 팩스 530-○○○○ / 관리위원 ○○○

시 행 일 자	2019. . .
수　　　신	주식회사 ○○의 채권자협의회(대표채권자: ○○은행)
참　　　조	담당자 ○○○차장 (전화　　, 팩스　　)
제　　　목	파산관재인 선임 등 관련 의견조회

1. 주식회사 ○○에 대한 서울회생법원 2019하합○○ 파산선고 사건과 관련한 사항입니다.

2. 채무자 회생 및 파산에 관한 법률 제21조 제1항에 의하여 아래 사항에 관한 귀 채권자협의회의 의견을 조회하오니, 2019. ○. ○.까지 이 법원에 도착할 수 있도록 팩시밀리 전송의 방법으로 회신하여 주시기 바랍니다.

   가. 변호사 ○○○을 채무자의 파산관재인으로 선임함에 대한 의견

   나. 그 밖에 채무자에 대한 파산절차와 관련된 의견

3. 의견제출기한 준수규정(채무자 회생 및 파산에 관한 규칙 제37조 제4항, 제28조)에 따라 위 기한 내에 의견 제출이 없으면 아무런 제시의견이 없는 것으로 보고 처리할 예정이오니 참고하시기 바랍니다.

※ 첨부: 파산관재인 후보 변호사 ○○○의 이력서. 끝.

재 판 장　　판 사　　○　　○　　○

[기재례 70] 채권자협의회에 대한 파산선고결정 통지

서 울 회 생 법 원
관 리 위 원 회

2019. ○. ○. 발송필

우 06594) 서울 서초구 서초중앙로 157 / ☎ 02-○○○○-○○○○/ 팩스 530-○○○○ / 관리위원 ○○○

시 행 일 자　　　2019.　.　.
수　　　신　　　주식회사 ○○의 채권자협의회(대표채권자: ○○은행)
참　　　조　　　담당자 ○○○차장 (전화　, 팩스　)
제　　　목　　　파산선고결정 통지

1. 주식회사 ○○에 대한 서울회생법원 2019하합○○ 파산선고 사건과 관련한 사항입니다.
2. 서울회생법원은 위 회사에 대하여 다음과 같이 파산선고를 하였으므로 채무자 회생 및 파산에 관한 규칙 제39조 제6호에 의하여 별첨과 같이 파산선고 결정문을 송부하오니 업무에 참고하시기 바랍니다.

〈다　　음〉

(1) 파산선고 일시: 2019. ○. ○. 10:00
(2) 파산관재인: 변호사 ○○○
(3) 채권신고기간: 2019. ○. ○.까지
(4) 제1회 채권자집회와 채권조사의 기일 및 장소
　　① 기일: 2019. ○. ○. 14:00
　　② 장소: 서울법원종합청사 3별관 제1호 법정

※ 별첨: 파산선고결정 등본 1부. 끝.

재 판 장　　　판 사　　　○　　　○　　　○

[기재례 71] 파산채권조사확정재판

서 울 회 생 법 원
제 2 1 부
결   정

사   건   2019하확○○   파산채권조사확정
신 청 인   주식회사 △△
            서울 ○○구 ○○로 ○○
            대표자 사내이사   △△△
상 대 방   1. 채무자 주식회사 ○○의 파산관재인 ○○○
               서울 ○○구 ○○로 ○○
            2. □□은행 주식회사
               서울 ○○구 ○○로 ○○
               대표자 사내이사 ○○○

주   문

1. 신청인의 채무자 주식회사 ○○에 대한 파산채권은 5,000,000원임을 확정한다.
2. 신청비용은 각자 부담한다.

신 청 취 지

신청인의 채무자 주식회사 ○○에 대한 파산채권은 10,000,000원임을 확정한다.

이   유

1. 신고한 파산채권
   2004. 1. 5.자 대여금 30,000,000원
2. 이의채권의 범위
   신고한 파산채권 중 금 10,000,000원
3. 이의사유
   채무자 주식회사 ○○가 2005. 1. 4.에 한 10,000,000원의 변제

4. 이 법원의 판단

기록과 심문 전체의 취지를 종합하여, 아래와 같은 이유로 주문과 같이 판단한다.

☐ 이 사건 신청은 부적법하여 각하함

(예시: 재단채권임, 이의철회하였음, 이미 시인하였음, 신청기간 도과함, 소송계속중임, 집행력 있는 집행권원이 존재함)

☐ 관리인이 이의한 채권은 전부 존재하지 아니함

( )소명 부족함   ( )법리상 배척함   기타(   )

☑ 관리인이 이의한 채권은 일부만 존재함

(예시: 일부 채권 존재만 소명됨, 발행교부된 액면금 500만원의 약속어음 채권만 소명됨)

☐ 관리인이 이의한 채권은 전부 존재함

(예시: 채권 전부 존재 소명됨)

따라서 채무자 회생 및 파산에 관한 법률 제462조 제2항에 의하여 주문과 같이 결정한다.

2019. ○. ○.

재 판 장   판 사   ○ ○ ○

판 사   ○ ○ ○

판 사   ○ ○ ○

[기재례 72] 파산채권의 확정에 관한 소송목적의 가액 결정

서 울 회 생 법 원
제 2 1 부
결   정

사   건   2019하합○○ 파산선고
채 무 자   주식회사 ○○
                서울 ○○구 ○○로 ○○
                대표자 사내이사 ○○○
신고한 파산채권자   주식회사 ○○은행
                서울 ○○구 ○○로 ○○
                대표이사 ○○○
이 의 자   채무자 주식회사 ○○의 파산관재인 ○○○
                서울 ○○구 ○○로 ○○

주   문

신고한 파산채권자와 이의자 사이 서울중앙지방법원 2019가합○○ 청구이의 사
건의 소송목적의 가액을 ○○○원으로 정한다.

이   유

채무자 회생 및 파산에 관한 법률 제470조를 적용하여 주문과 같이 결정한다.

2019. ○. ○.

재 판 장   판 사   ○ ○ ○

판 사   ○ ○ ○

판 사   ○ ○ ○

[기재례 73] 파산채권의 확정에 관한 소송목적의 가액 결정(직권 결정)

서 울 회 생 법 원
제 7 1 부
결   정

사   건   2019가합○○ 파산채권조사확정재판에 대한 이의
원   고   주식회사 ○○은행
              서울 ○○구 ○○로 ○○
              대표이사 ○○○
피   고   채무자 주식회사 ○○의 파산관재인 ○○○
              서울 ○○구 ○○로 ○○

주   문

이 사건의 소송목적의 가액을 ○○○원으로 정한다.

이   유

채무자 회생 및 파산에 관한 법률 제470조를 적용하여 주문과 같이 결정한다.

2019. ○. ○.

재 판 장   판 사   ○ ○ ○

판 사   ○ ○ ○

판 사   ○ ○ ○

[기재례 74] 채권신고기간 후에 신고된 채권조사에 소요되는 비용의 예납결정

서 울 회 생 법 원
제 2 1 부
결   정

사   건   2019하합○○   파산선고

채 무 자   주식회사 ○○

              서울 ○○구 ○○로 ○○

              대표자 사내이사 ○○○

파산관재인   변호사 ○○○

신고한 파산채권자 별지 목록 기재와 같음.

주   문

별지 목록 기재 신고한 파산채권자들은 이 결정을 송달받은 날로부터 5일 이내에 각 ○○○원을 예납하여야 한다.

이   유

채권신고기간(또는 채권조사의 일반기일) 후에 신고한 파산채권자가 부담할 채권조사에 소요되는 비용에 관하여 채무자 회생 및 파산에 관한 법률 제453조 제2항(또는 제455조, 제453조 제2항)에 의하여 주문과 같이 결정한다.

2019. ○. ○.

재 판 장   판 사   ○ ○ ○

판 사   ○ ○ ○

판 사   ○ ○ ○

[기재례 75] 파산채권신고 각하 결정

서 울 회 생 법 원
제 2 1 부
결   정

사   건   2019하합○○ 파산선고
채 무 자   주식회사 ○○
             서울 ○○구 ○○로 ○○
             대표자 사내이사 ○○○
파산관재인   변호사 ○○○
신고한 파산채권자 ○○○
             서울 ○○구 ○○로 ○○

주   문

이 사건에 관하여 신고한 파산채권자 ○○○이 2019. ○. ○. 한 파산채권신고를
각하한다.

이   유

신고한 파산채권자는 이 법원이 정한 기간 내에 채권신고기간(또는 채권조사의
일반기일) 후에 신고한 파산채권자가 부담할 채권조사에 소요되는 비용을 미리
납부하지 아니하였으므로 주문과 같이 결정한다.

2019. ○. ○.

재 판 장   판 사   ○ ○ ○

판 사   ○ ○ ○

판 사   ○ ○ ○

[기재례 76] 채권조사 특별기일 지정 결정

서 울 회 생 법 원
제 2 1 부
결   정

사   건   2019하합○○ 파산선고
채 무 자   주식회사 ○○
               서울 ○○구 ○○로 ○○
               대표자 사내이사 ○○○
파산관재인   변호사 ○○○

주   문
채권조사의 특별기일을 2019. ○. ○. 14:00 서울법원종합청사 3별관 제1호 법정
으로 정한다.

이   유
이 사건에 관하여 채권신고기간(또는 채권조사의 일반기일) 후에 신고된 채권조
사의 특별기일을 채무자 회생 및 파산에 관한 법률 제453조 제2항(또는 제455
조, 제453조 제2항)을 적용하여 주문과 같이 결정한다.

                        2019. ○. ○.

            재 판 장   판 사   ○ ○ ○

                         판 사   ○ ○ ○

                         판 사   ○ ○ ○

[기재례 77] 채권조사 특별기일 공고

채무자 주식회사 ○○ 채권조사의 특별기일 공고

사　　　건　　　2019하합○○　파산선고
채　무　자　　　주식회사 ○○
　　　　　　　　서울 ○○구 ○○로 ○○
　　　　　　　　대표자 사내이사 ○○○
파산관재인　　　변호사 ○○○

위 사건에 관하여 이 법원은 채권신고기간(또는 채권조사의 일반기일) 후에 신고된 채권조사의 특별기일을 다음과 같이 결정하였으므로 채무자 회생 및 파산에 관한 법률 제456조에 의하여 이를 공고합니다.

다　　　음

가. 채권조사 기일: 2019. ○. ○. 14:00
나. 채권조사 장소: 서울법원종합청사 3별관 제1호 법정

　※ 참고사항
　① 채권조사의 일반기일이나 전의 특별기일에서 조사가 완료된 신고한 파산채권자 중 다른 신고된 파산채권에 대하여 이의가 없는 분은 출석하지 않아도 됩니다.
　② 이 사건은 파산재단의 재산 부족으로 인하여 파산채권자에 대한 배당이 불가능할 수도 있습니다.

2019. ○. ○.

서 울 회 생 법 원
제 2 1 부

재 판 장　　　판 사　　　○ ○ ○
　　　　　　　판 사　　　○ ○ ○
　　　　　　　판 사　　　○ ○ ○

[기재례 78] 채권조사 특별기일 통지서

서 울 회 생 법 원
제 2 1 부
통 지 서

사 　 건	2019하합○○ 파산선고
채 무 자	주식회사 ○○
	서울 ○○구 ○○로 ○○
	대표자 사내이사 ○○○
파산관재인	변호사 ○○○

위 사건에 관하여 이 법원은 채권신고기간(또는 채권조사의 일반기일) 후에 신고된 채권조사의 특별기일을 다음과 같이 결정하였으므로 채무자 회생 및 파산에 관한 법률 제456조에 의하여 이를 통지합니다.

다 　 음

1. 채권조사 기일: 2019. ○. ○. 14:00
2. 채권조사 장소: 서울법원종합청사 3별관 제1호 법정

　※ 참고사항

　　채권조사의 일반기일이나 전의 특별기일에서 조사가 완료된 신고한 파산채권자 중 별지 기재 신고된 파산채권에 대하여 이의가 없는 분은 출석하지 않아도 됩니다.

2019. ○. ○.

재 판 장 　 판 사 　 ○ 　 ○ 　 ○

별지

신고된 파산채권

채권조사의 특별기일에서 조사할 신고된 파산채권은 다음과 같습니다.

신고번호	신고인	주 소	채권의 종류	채권의 금액(원)

[기재례 79] 채권조사 특별기일 조서

서 울 회 생 법 원
채권조사 특별기일 조서

사　　　건	2019하합○○ 파산선고	기　　　일:	2019. ○. ○. 14:00
재판장 판사	○　○　○	장　　　소:	서울법원종합청사 3별관
판사	○　○　○		제1호 법정
판사	○　○　○	공개여부:	공개
법 원 사 무 관	○　○　○		

사건과 당사자의 이름을 부름

채 무 자　주식회사 ○○ 대표자 사내이사 ○○○　　　　　　　　출석
파산관재인　변호사 ○○○　　　　　　　　　　　　　　　　　　　출석
파산채권자의 출석상황은 [별첨 1 채권자 출석상황 및 의결표] 기재와 같음

재판장
　1. 지금부터 2019하합○○ 채무자 주식회사 ○○에 대한 채권조사기일을 개최
　　하겠다고 선언
　2. 이 채권조사기일은 채권조사의 일반기일이 후에 신고된 파산채권을 조사하
　　기 위한 특별기일이라고 설명
　3. 먼저 파산관재인에 대하여 신고된 파산채권에 대한 조사결과 및 시·부인내
　　용을 진술할 것을 명
파산관재인
　2019. ○. ○.자 파산채권조사결과표(채권 시·부인표)에 의하여 조사결과
　진술
재판장
　출석한 파산채권자들에게 파산관재인의 위 조사결과에 관하여 의문이 있으
　면 의견을 진술할 것 요구

파산채권자 신고번호 번
파산관재인

나머지 파산채권자들
　　의견을 진술하지 아니하다.
재판장
　　채무자 대표자 사내이사에게 파산관재인과 별도로 채무자도 신고된 파산채
　　권에 대하여 이의할 수 있음을 설명하고, 이의를 진술할 기회를 부여
채무자 대표자 사내이사
　　별다른 이의를 진술하지 아니하다.
재판장
　　신고한 파산채권자(또는 그 대리인)들 중에서 다른 신고된 파산채권에 대하
　　여 이의가 있으면 의견을 진술할 것 요구
파산채권자들
　　이의를 진술하지 아니하다.
재판장
　　1. 이 조사기일에서 이의가 진술되지 아니하였거나, 이 조사기일에서 이의가
　　　　진술되었으나 나중에 그 이의가 철회되면 신고된 파산채권의 내용이 확
　　　　정되고, 이를 파산채권자표에 기재함으로써 확정판결과 동일한 효력이 인
　　　　정된다고 설명(채무자 회생 및 파산에 관한 법률 제458조, 제460조)
　　2. 신고된 파산채권에 관하여 파산관재인 또는 다른 파산채권자로부터 이의
　　　　가 진술된 경우에는 채무자 회생 및 파산에 관한 법률 제462조가 정한
　　　　바에 따라 본 기일로부터 1월 이내에 이의자 전원을 상대로 이 법원에
　　　　채권조사확정재판을 신청하여 채권확정을 받지 아니하면 배당에서 제외
　　　　된다고 설명. 다만, 이의가 진술된 채권에 관하여 파산선고 당시 소송이
　　　　계속 중인 경우에는 채권자는 이의자 전원을 상대방으로 하여 소송을 수
　　　　계하여야 하고, 공정증서 등 집행력 있는 집행권원이나 종국판결이 있는
　　　　경우에는 이의자는 채무자가 할 수 있는 소송절차(예컨대, 상소, 재심의
　　　　소, 청구이의의 소 등)로 다투어야 하며, 채권자가 별도로 채권조사확정
　　　　재판을 신청할 필요가 없다고 설명
　　3. 이상으로 채권조사기일을 종료한다고 선언

채권조사기일 종료

　　　　　　법원 사무관　　○　○　○

　　　　　　재판장 판사　　○　○　○

[기재례 80] 수지계산서(중간배당)

수지계산서

20 .   .   .부터
20 .   .   .까지

파산선고 당시의 예치금   금   원
수입의 부
    총 수입액   금   원
    (내역)
    건물매각대금   금   원
    매출채권 회수금   금   원
    임치금에 대한 이자수익   금   원
    기타
지출의 부
    총 지출액   금   원
    (내역)
    1. 절차비용
      (1) 보관비용
        보조자 수당   금   원
        인쇄비   금   원
      (2) 소송비용
        인지대   금   원
        송달료   금   원
      (3) 환가비용
        감정료   금   원
        매각중개업자수수료   금   원
      (4) 배당비용
        인쇄비   금   원
      (5) 기타
    2. 재단채권
      (1) 00년도 법인세   금   원
      (2) 기타 재단채권
        소계   금   원
    3. 기타
잔금   원

위와 같이 보고합니다.

2019.   .   .

채무자   주식회사 ○○○
파산관재인 ○ ○ ○

[기재례 81] 파산관재인 중간보수 결정

서 울 회 생 법 원
제 2 1 부
결   정

사   건   2019하합○○ 파산선고
채 무 자   주식회사 ○○
              서울 ○○구 ○○로 ○○
              대표자 사내이사 ○○○
파산관재인   변호사 ○○○

주   문

파산관재인의 중간보수를 ○○○원으로 정한다.

이   유

채무자 회생 및 파산에 관한 법률 제30조 제1항을 적용하여 주문과 같이 결정
한다.

2019. ○. ○.

재 판 장   판 사   ○ ○ ○

             판 사   ○ ○ ○

             판 사   ○ ○ ○

[기재례 82] 파산관재인 소송수행보수 결정

서 울 회 생 법 원
제 2 1 부
결   정

사   건   2019하합○○ 파산선고
채 무 자   주식회사 ○○
              서울 ○○구 ○○로 ○○
              대표자 사내이사 ○○○
파산관재인   변호사 ○○○

주   문

파산관재인의 서울중앙지방법원 2019가합○○ 사건 소송수행보수를 ○○○원으로 정한다.

이   유

채무자 회생 및 파산에 관한 법률 제30조 제1항을 적용하여 주문과 같이 결정한다.

2019. ○. ○.

재 판 장   판 사   ○ ○ ○

판 사   ○ ○ ○

판 사   ○ ○ ○

[기재례 83] 배당표

배당표(제1회)

사 건   2019하합○○ 파산선고
채 무 자   주식회사 ○○
             서울 ○○구 ○○로 ○○
             대표자 사내이사 ○○○
파산관재인   변호사 ○○○

위 사건의 제1회 배당에 관하여 파산관재인은 별지와 같이 배당표를 작성하여
제출합니다.

2019. ○. ○.

파산관재인 변호사 ○○○

별지
우선권 있는 채권

순번	채권표 번호	배당에 참가시킬 채권자		배당에 참가시킬 채권액(원)	배당할 수 있는 금액(원)	비 고
		성 명	주 소			
1	3	예금보험공사[47]		100,000,000	100,000,000	
2	5	현대자동차(주)[48]		100,000,000	100,000,000	
합 계				200,000,000	200,000,000	

일반 파산채권

순번	채권표 번호	배당에 참가시킬 채권자		배당에 참가시킬 채권액(원)	배당할 수 있는 금액(원)	비 고
		성 명	주 소			
1	1	○○○		10,082,200	1,512,330	
2	2	○○○		21,966,027	3,294,904	
3	4	○○○		20,000,000	3,000,000	
합 계				52,048,227	7,807,234	

---

47) 예금자보호법 제30조 제5항.
48) 보험업법 제32조 제1항.

[기재례 84] 배당공고

배당공고

사   건   2019하합○○ 파산선고
채 무 자   주식회사 ○○
                서울 ○○구 ○○로 ○○
                대표자 사내이사 ○○○
파산관재인   변호사 ○○○

위 사건의 제1회 배당에 관하여 다음과 같이 공고합니다. 이 공고 내용은 추후 변경될 수 있습니다.

1. 배당에 참가시킬 채권의 총액: 금 252,048,227원
   우선채권 금 200,000,000원
   일반채권 금 52,048,227원
2. 배당할 수 있는 금액: 금 207,807,234원
   우선채권 금 200,000,000원
   일반채권 금 7,807,234원

2019. ○. ○.

채무자 주식회사 ○○의 파산관재인 변호사 ○○○

[기재례 85] 배당표의 경정을 명하는 결정

서 울 회 생 법 원
제 2 1 부
결   정

사   건   2019하합○○ 파산선고
채 무 자   주식회사 ○○
             서울 ○○구 ○○로 ○○
             대표자 사내이사 ○○○
파산관재인   변호사 ○○○
이의신청인   ○○○
             서울 ○○구 ○○로 ○○

주   문

파산관재인은 이 사건에 관하여 2019. ○. ○. 작성한 배당표 중 파산채권자 ○
○○의 배당에 참가시킬 채권액 200,000,000원을 250,000,000원으로 경정하여야
한다.

이   유

이 사건 이의신청은 이유 있으므로 채무자 회생 및 파산에 관한 법률 제514조
를 적용하여 주문과 같이 결정한다.

2019. ○. ○.

재 판 장   판 사   ○ ○ ○

판 사   ○ ○ ○

판 사   ○ ○ ○

[기재례 86] 배당표에 대한 이의신청 기각 결정

서 울 회 생 법 원
제 2 1 부
결   정

사 건   2019하합○○ 파산선고
채 무 자   주식회사 ○○
           서울 ○○구 ○○로 ○○
           대표자 사내이사 ○○○
파산관재인   변호사 ○○○
이의신청인   ○○○
           서울 ○○구 ○○로 ○○

주   문

이 사건 이의신청을 기각한다.

이   유

이의신청인은 …라고 주장하며, … 배당표에 대하여 이의신청을 하였다. 그러나 이의신청인이 주장하는 사유는 배당표에 대한 이의로써 다툴 사항이 아니므로 채무자 회생 및 파산에 관한 법률 제514조를 적용하여 주문과 같이 결정한다.

2019. ○. ○.

재 판 장   판 사   ○ ○ ○

판 사   ○ ○ ○

판 사   ○ ○ ○

[기재례 87] 배당통지서(예시)

사	건	2019하합○○ 파산선고
수	신	채권자 주식회사 ○○은행

제1회 중간배당 실시 및 배당률 통지

위 사건에 관하여 제1회 중간배당을 다음과 같이 실시하게 되었음을 알려드립니다.

1. 배당률: 12%(일반 파산채권자)
2. 귀 채권자에 대한 배당금액: 금   원
3. 배당금 수령 일시: 2019. ○. ○. 오전 10시부터 오후 4시까지
4. 배당금 수령 장소: 파산관재인 사무소(서울 ○○구 ○○로 ○○)
5. 주의할 점
   가. 배당금을 은행 계좌로 수령하기를 원하는 분은 동봉한 송금의뢰서와 영수증의 빈 칸을 기재한 후 채권증서(어음, 수표금 채권의 경우에는 그 원본)와 함께 파산관재인 사무실로 보내 주시면 배당일에 송금수수료를 공제한 잔액을 입금하여 드립니다. 파산채권신고서와 함께 배당금을 수령할 예금통장사본을 제출하신 분은 별도로 송금의뢰서를 보내지 않아도, 그 예금계좌로 입금하여 드립니다.
   나. 배당금을 직접 수령하고자 원하는 분은 채권증서, 인감도장(채권신고서 또는 채권신고 위임장의 인감과 동일한 것), 이 통지서에 동봉한 영수증을 지참하시고 위 일시에 파산관재인 사무실로 오시기 바랍니다.
   다. 우송 또는 지참하신 서류에 미비한 점이 있으면 배당금을 수령할 수 없으니 주의하시기 바랍니다.
   라. 문의하실 사항이 있으면 파산관재인 사무실(전화 02-500-○○○○, 팩스 500-○○○○)로 연락해 주시기 바랍니다.

2019. ○. ○.

채무자 주식회사 ○○의 파산관재인 변호사 ○○○

[기재례 88] 배당금영수증/송금의뢰서(예시)

배당금 영수증

금   원정(₩   )

위 돈을 채무자 주식회사 ○○에 대한 서울회생법원 2019하합○○ 파산선고 사건의 제1회 배당금으로 영수합니다.

영수인 파산채권자 주 소

성 명   ㉑

채무자 주식회사 ○○

파산관재인 ○ ○ ○ 귀하

송금의뢰서

채무자 주식회사 ○○에 대한 서울회생법원 2019하합○○ 사건의 제1회 배당금을 다음 은행 계좌로 송금하여 주시기 바랍니다.

은 행 명 :   은행   지점

계좌번호 :

예 금 주 :

파산채권자 주 소

성 명   ㉑

첨부: 인감증명원(영수증 및 송금의뢰서용)

채무자 주식회사 ○○

파산관재인 ○ ○ ○ 귀하

[기재례 89] 최후배당의 배당제외기간 결정

서 울 회 생 법 원
제 2 1 부
결   정

사   건   2019하합○○ 파산선고
채 무 자   주식회사 ○○
             서울 ○○구 ○○로 ○○
             대표자 사내이사 ○○○
파산관재인   변호사 ○○○

주   문

최후배당의 배당제외기간을 2019. ○. ○.까지로 정한다.

이   유

채무자 회생 및 파산에 관한 법률 제521조를 적용하여 주문과 같이 결정한다.

2019. ○. ○.

재 판 장   판 사   ○ ○ ○

             판 사   ○ ○ ○

             판 사   ○ ○ ○

[기재례 90] 최후배당의 배당제외기간 공고

채무자 주식회사 ○○ 최후배당의 배당제외기간 공고

사 건	2019하합○○ 파산선고
채 무 자	주식회사 ○○
	서울 ○○구 ○○로 ○○
	대표자 사내이사 ○○○
파산관재인	변호사 ○○○

채무자 회생 및 파산에 관한 법률 제8조 제1항, 제10조 제1항에 의하여 다음과
같이 공고합니다.

다   음

최후배당의 배당제외기간을 2019. ○. ○.까지로 정한다.

2019. ○. ○.

서 울 회 생 법 원
제 2 1 부

재 판 장	판 사	○ ○ ○
	판 사	○ ○ ○
	판 사	○ ○ ○

[기재례 91] 추가배당에 따른 계산보고서 인가 결정

서 울 회 생 법 원
제 2 1 부
결 정

사 건   2019하합○○ 파산선고
채 무 자   주식회사 ○○
          서울 ○○구 ○○로 ○○
          대표자 사내이사 ○○○
파산관재인   변호사 ○○○

주 문
파산관재인의 추가배당에 따른 2019. ○. ○.자 계산보고서를 인가한다.

이 유
채무자 회생 및 파산에 관한 법률 제533조 제1항을 적용하여 주문과 같이 결정한다.

2019. ○. ○.

재 판 장   판 사   ○ ○ ○

판 사   ○ ○ ○

판 사   ○ ○ ○

[기재례 92] 계산보고를 위한 채권자집회 소집 결정

서 울 회 생 법 원
제 2 1 부
결   정

사   건   2019하합○○   파산선고
채 무 자   주식회사 ○○
             서울 ○○구 ○○로 ○○
             대표자 사내이사 ○○○
파산관재인   변호사 ○○○

주   문

파산관재인의 임무종료에 따른 계산보고를 위하여 2019. ○. ○. 14:00 서울법원
종합청사 3별관 제1호 법정에서 채권자집회를 소집한다.

이   유

채무자 회생 및 파산에 관한 법률 제365조 제1항, 제367조를 적용하여 주문과
같이 결정한다.

2019. ○. ○.

재 판 장   판 사   ○ ○ ○

             판 사   ○ ○ ○

             판 사   ○ ○ ○

[기재례 93] 계산보고를 위한 채권자집회 소집 공고

채무자 주식회사 ○○ 채권자집회 소집 공고

사   건   2019하합○○ 파산선고
채 무 자   주식회사 ○○
                      서울 ○○구 ○○로 ○○
                      대표자 사내이사 ○○○
파산관재인   변호사 ○○○

채무자 회생 및 파산에 관한 법률 제365조 제1항, 제367조, 제368조 제1항에 의
하여 다음과 같이 공고합니다.

다   음

1. 채권자집회 기일 및 장소: 2019. ○. ○. 14:00 서울법원종합청사 3별관 제1호
                                      법정
2. 회의 목적사항: 파산관재인의 임무종료에 따른 계산보고

2019. ○. ○.

서 울 회 생 법 원
제 2 1 부

재 판 장   판 사   ○ ○ ○
                    판 사   ○ ○ ○
                    판 사   ○ ○ ○

[기재례 94] 채권자집회 기일통지서

서 울 회 생 법 원
제 2 1 부
통 지 서

사   건   2019하합○○ 파산선고
채 무 자   주식회사 ○○
           서울 ○○구 ○○로 ○○
           대표자 사내이사 ○○○
파산관재인   변호사 ○○○

위 사건에 관하여 (파산관재인 또는 감사위원의 신청에 의하여) 다음과 같이 채권자집회를 소집하기로 결정하였으니 참석하시기 바랍니다.

※ 유의사항
  특별한 의견이 없는 분은 출석하지 않아도 좋습니다.

다   음

1. 일   시: 2019. ○. ○. 14:00
2. 장   소: 서울법원종합청사 3별관 제1호 법정
3. 회의의 목적: 파산관재인의 임무종료에 의한 계산보고의 승인

법원사무관 ○   ○   ○

[기재례 95] 최후배당의 배당제외기간 및 채권자집회 소집 결정

서 울 회 생 법 원
제 2 1 부
결   정

사 건	2019하합○○ 파산선고
채 무 자	주식회사 ○○
	서울 ○○구 ○○로 ○○
	대표자 사내이사 ○○○
파산관재인	변호사 ○○○

주   문

1. 최후배당의 배당제외기간을 2019. ○. ○.까지로 정한다.
2. 파산관재인의 임무종료에 따른 계산보고를 위하여 2019. ○. ○. 14:00 서울법 원종합청사 3별관 제1호 법정에서 채권자집회를 소집한다.

이   유

채무자 회생 및 파산에 관한 법률 제521조, 제365조 제1항, 제367조를 적용하여 주문과 같이 결정한다.

2019. ○. ○.

재 판 장   판 사   ○ ○ ○

판 사   ○ ○ ○

판 사   ○ ○ ○

[기재례 96] 최후배당의 배당제외기간 및 채권자집회 소집 공고

채무자 주식회사 ○○ 최후배당의 배당제외기간 및 채권자집회
소집 공고

사   건   2019하합○○ 파산선고
채 무 자   주식회사 ○○
               서울 ○○구 ○○로 ○○
               대표자 사내이사 ○○○
파산관재인   변호사 ○○○

채무자 회생 및 파산에 관한 법률 제8조 제1항, 제10조 제1항, 제365조 제1항,
제367조, 제368조 제1항에 의하여 다음과 같이 공고합니다.

다   음

1. 최후배당의 배당제외기간을 2019. ○. ○.까지로 정한다.
2. 채권자집회의 소집
   가. 기일 및 장소: 2019. ○. ○. 14:00 서울법원종합청사 3별관 제1호 법정
   나. 회의 목적사항: 파산관재인의 임무종료에 따른 계산보고

2019. ○. ○.

서 울 회 생 법 원
제 2 1 부

재 판 장   판 사   ○ ○ ○
             판 사   ○ ○ ○
             판 사   ○ ○ ○

[기재례 97] 계산보고서(예시)

사   건   2019하합○○   파산선고
채 무 자   주식회사 ○○

계 산 보 고 서

위 파산사건에 관하여 파산관재인은 임무종료에 따른 수지계산보고서를 제출합니다.

20 .   .   .부터
20 .   .   .까지

수입의 부
　　총 수입액　　　　　　　　金　　　　　　원
　　(내역)
　　건물매각대금　　　　　　金　　　　　　원
　　동산매각대금　　　　　　金　　　　　　원
　　매출채권 회수금　　　　　金　　　　　　원
　　임치금에 대한 이자수익　　金　　　　　　원
　　기타
지출의 부
　　총 지출액　　　　　　　　金　　　　　　원
　　(내역)
　　1. 절차비용
　　(1) 재단 보전·관리 비용
　　　　봉인집행비용　　　　金　　　　　　원
　　　　화재보험료　　　　　金　　　　　　원
　　　　소계　　　　　　　　金　　　　　　원
　　(2) 소송비용
　　　　인지대　　　　　　　金　　　　　　원
　　　　송달료　　　　　　　金　　　　　　원
　　　　증인심문비용　　　　金　　　　　　원
　　　　소계　　　　　　　　金　　　　　　원
　　(3) 재단 수집·환가 비용
　　　　감정료　　　　　　　金　　　　　　원
　　　　매각중개업자수수료　金　　　　　　원

        채권추심을 위한 교통비   금   원
        소계   금   원
   (4) 배당비용
        인쇄비   금   원
        관보공고료   금   원
        배당통지비용   금   원
        소계   금   원
   (5) 잡비
        보조인 보수   금   원
        지대·인쇄비   금   원
        교통·통신비   금   원
        소계   금   원
    소   계   금   원
 2. 기타 재단채권
   (1) 조세(서초세무서)   금   원
   (2) 법원에 대한 예납금   금   원
   (3) 신청인에 대한 예납금환급금   금   원
        소계   금   원
 3. 관재인·감사위원 보수
   (1) 관재인 보수   금   원
   (2) 감사위원 보수   금   원
    소   계   금   원
 4. 배당금
   (1) 중간배당   금   원
   (2) 최후배당   금   원
    소   계   금   원

잔금   원

위와 같이 보고합니다.

2019.　　.　　.

채무자　주식회사 ○○
파산관재인 ○　○　○

서울회생법원 제21부 귀중
붙임: 증거서류(생략)

[기재례 98] 계산보고를 위한 채권자집회 조서

서 울 회 생 법 원

채권자집회 조서

사   건   2019하합○○   파산선고   기   일: 2019. ○. ○. 14:00

재판장 판사   ○ ○ ○   장   소: 서울법원종합청사 3별관

      판사   ○ ○ ○   제1호 법정

      판사   ○ ○ ○   공개여부: 공개

법원사무관   ○ ○ ○

사건과 당사자의 이름을 부름

채 무 자   주식회사 ○○ 대표자 사내이사 ○○○   출석

파산관재인   변호사 ○○○   출석

파산채권자의 출석상황은 [별첨 1 채권자 출석상황 및 의결표] 기재와 같음

재판장

  1. 지금부터 2019하합○○ 채무자 주식회사 ○○에 대한 채권자집회를 개최하
     겠다고 선언

  2. 파산관재인은 채무자 회생 및 파산에 관한 법률 제365조 제1항에 의하여
     파산관재인의 임무종료에 따른 계산보고를 할 것을 명

파산관재인

  20○○. ○. ○.자 파산관재인 보고서에 의하여 임무종료에 따른 계산보고를
  진술

재판장

  채무자, 파산채권자(또는 그 대리인)들 중 파산관재인의 계산보고에 대하여
  이의가 있는지 여부를 묻다.

채무자, 파산채권자 등

  이의를 진술하지 아니하다.

재판장

1. 채무자, 파산채권자 등의 이의가 없으므로 채무자 회생 및 파산에 관한 법률 제365조 제2항에 의하여 파산관재인의 임무종료에 따른 계산을 승인한 것으로 본다고 선언.49)

2. 파산관재인의 임무종료에 따른 계산보고를 위한 채권자집회를 종료한다고 선언

3. 별지 결정서에 의하여 이 사건 파산에 대하여 파산종결 결정을 하였음을 고지

집회종료

법 원 사무관   ○   ○   ○

재판장 판사   ○   ○   ○

---

49) 법 제529조에 의한 결의를 하는 경우 아래와 같은 절차가 이어서 진행된다.
  2. 다음으로, 채무자 회생 및 파산에 관한 법률 제529조에 의하여 파산관재인이 가치없다고 인정하여 환가하지 않은 재산의 처분에 관한 심리·결의를 하겠다고 설명. 먼저 파산관재인에게 제안할 것을 요구
  파산관재인
    [별첨 2 제안서] 기재 내용과 같이 제안
  재판장
    출석한 파산채권자 등에게 파산관재인의 제안에 대하여 의견이 있으면 진술할 것을 요구
  파산채권자 등
    의견을 진술하지 아니하다.
  재판장
    1. 위 안건에 대한 심리를 마치고 결의에 들어가겠다고 고지
    2. 결의에는 의결권을 행사할 수 있는 출석 파산채권자의 총 채권액의 2분의 1을 초과하는 채권을 가진 자의 동의가 있어야 한다고 설명
  <휴정 및 집계>
  재판장
    1. 집계 결과,
      의결권을 행사할 수 있는 출석파산채권자　　명의 총채권액은　　　　원인데,
      동의한 출석 파산채권자　　명의 채권액은 합계　　　　원이다.
    2. 따라서 위 안건에 대하여는 파산관재인 제안대로 처리하기로 결의되었음을 선언
    3. 파산관재인의 임무종료에 따른 계산보고를 위한 채권자집회를 종료한다고 선언
    4. 별지 결정서에 의하여 이 사건 파산에 대하여 파산종결 결정을 하였음을 고지

[기재례 99] 파산종결 결정

서 울 회 생 법 원
제 2 1 부
결   정

사   건   2019하합○○ 파산선고
채 무 자   주식회사 ○○
          서울 ○○구 ○○로 ○○
          대표자 사내이사 ○○○
파산관재인   변호사 ○○○

주   문

이 사건 파산을 종결한다.

이   유

이 사건 파산절차에 관하여 최후배당이 종료되었고, 파산관재인의 임무종료에
따른 계산보고를 위하여 2019. ○. ○. 소집된 채권자집회에서 파산관재인의 계
산을 승인하고 채권자집회가 종결되었으므로, 채무자 회생 및 파산에 관한 법률
제530조를 적용하여 주문과 같이 결정한다.

2019. ○. ○.

재 판 장   판 사   ○ ○ ○

          판 사   ○ ○ ○

          판 사   ○ ○ ○

[기재례 100] 파산종결 공고

채무자 주식회사 ○○ 파산종결 공고

사   건   2019하합○○ 파산선고
채 무 자   주식회사 ○○
                 서울 ○○구 ○○로 ○○
                 대표자 사내이사 ○○○

위 사건에 관하여 이 법원은 2019. ○. ○. 파산종결을 하였으므로, 채무자 회생
및 파산에 관한 법률 제530조에 의하여 다음과 같이 공고합니다.

다   음

1. 주   문: 이 사건 파산을 종결한다.
2. 이유의 요지: 최후배당이 종료되었고, 채권자집회에서 파산관재인의 임무종료
               에 따른 계산을 승인하고 채권자집회가 종결되었다.

2019. ○. ○.

서 울 회 생 법 원
제 2 1 부

재 판 장   판 사   ○ ○ ○
                판 사   ○ ○ ○
                판 사   ○ ○ ○

[기재례 101] 파산종결등기 촉탁

서 울 회 생 법 원
제 2 1 부
등 기 촉 탁 서

서울중앙지방법원 등기관 귀하

사 건 2019하합○○ 파산선고
채 무 자 주식회사 ○○
서울 ○○구 ○○로 ○○
대표자 사내이사 ○○○

위 사건에 관하여 다음과 같이 파산종결 등기를 촉탁합니다.

등기원인과 그 연월일

2019. ○. ○. 파산종결

등 기 목 적 파산종결 등기

등록세, 교육세 및 채무자 회생 및 파산에 관한 법률 제25조 제4항, 등기사항
등기촉탁수수료 증명서 등 수수료규칙 제5조의3 제2항 제1호에 의하여 면제

붙임 1. 파산종결 결정 등본 1통
2. 촉탁서 부본 1통

2019. ○. ○.

법원사무관 ○ ○ ○

[기재례 102] 파산종결에 따른 배달촉탁 취소

서 울 회 생 법 원
제 2 1 부
촉 탁 취 소 서

○○우체국장 귀하

사 건	2019하합○○ 파산선고
채 무 자	주식회사 ○○
	서울 ○○구 ○○로 ○○
	대표자 사내이사 ○○○

위 사건에 관하여 채무자 회생 및 파산에 관한 법률 제485조 제2항에 의하여
채무자 주식회사 ○○에게 보내는 우편물·전보 그 밖의 운송물을 파산관재인에
게 배달하는 내용의 촉탁을 취소합니다.

붙임	1. 파산선고결정 등본	1통
	2. 촉탁서 부본	1통

2019. ○. ○.

재 판 장   판 사   ○   ○   ○

[기재례 103] 중요한 서류 보존인 선정 결정

서 울 회 생 법 원
제 2 1 부
결   정

사   건   2019하합○○ 파산선고

채 무 자   주식회사 ○○

　　　　　　　　서울 ○○구 ○○로 ○○

　　　　　　　　대표자 사내이사 ○○○

파산관재인   변호사 ○○○

1. 파산관재인 변호사 ○○○을 채무자의 장부 기타 영업과 파산에 관한 중요한 서류의 보존인으로 정한다.

2. 보존인은 위 중요한 서류를 서울 ○○구 ○○로 ○○에 있는 파산관재인 사무소에 보존하여야 한다.

이   유

상법 제541조 제2항, 제1항에 의하여 주문과 같이 결정한다.

2019. ○. ○.

재 판 장   판 사　　　○ ○ ○

판 사　　　○ ○ ○

판 사　　　○ ○ ○

[기재례 104] 파산폐지에 관한 의견청취 및 계산보고를 위한 채권자집회 소집 결정

서 울 회 생 법 원
제 2 1 부
결   정

사   건   2019하합○○   파산선고
채 무 자   주식회사 ○○
                 서울 ○○구 ○○로 ○○
                 대표자 사내이사 ○○○
파산관재인   변호사 ○○○

주   문

이 사건에 관하여 파산폐지에 관한 의견을 청취하고 파산관재인의 임무종료에
따른 계산보고를 위하여 2019. ○. ○. 14:00 서울법원종합청사 3별관 제1호 법
정에서 채권자집회를 소집한다.

이   유

채무자 회생 및 파산에 관한 법률 제545조 제1항, 제365조 제1항, 제367조를 적
용하여 주문과 같이 결정한다.

2019. ○. ○.

재 판 장   판 사   ○ ○ ○

판 사   ○ ○ ○

판 사   ○ ○ ○

[기재례 105] 파산폐지에 관한 의견청취 및 계산보고를 위한 채권자집회 소집 공고

채무자 주식회사 ○○ 채권자집회 소집 공고

사 건	2019하합○○ 파산선고
채 무 자	주식회사 ○○
	서울 ○○구 ○○로 ○○
	대표자 사내이사 ○○○
파산관재인	변호사 ○○○

채무자 회생 및 파산에 관한 법률 제545조 제1항, 제365조 제1항, 제367조, 제368조 제1항에 의하여 다음과 같이 공고합니다.

다   음

1. 채권자집회 기일 및 장소: 2019. ○. ○. 14:00 서울법원종합청사 3별관 제1호
                            법정
2. 회의 목적사항
   가. 파산폐지에 관한 의견청취
   나. 파산관재인의 임무종료에 따른 계산보고

2019. ○. ○.

서 울 회 생 법 원
제 2 1 부

재 판 장	판 사	○ ○ ○
	판 사	○ ○ ○
	판 사	○ ○ ○

[기재례 106] 파산폐지에 관한 의견청취 및 계산보고를 위한 채권자집회 조서

서 울 회 생 법 원
채권자집회 조서

사 건 2019하합○○ 파산선고	기 일: 2019. ○. ○. 14:00
재판장 판사 ○ ○ ○	장 소: 서울법원종합청사 3별관
판사 ○ ○ ○	제1호 법정
판사 ○ ○ ○	공개여부: 공개
법원사무관 ○ ○ ○	

사건과 당사자의 이름을 부름

채 무 자 　주식회사 ○○ 대표자 사내이사 ○○○ 　　　　　　　출석
파산관재인 　변호사 ○○○ 　　　　　　　　　　　　　　　　출석
파산채권자의 출석상황은 [별첨 1 채권자 출석상황 및 의결표] 기재와 같음

재판장
  1. 지금부터 2019하합○○ 채무자 주식회사 ○○에 대한 채권자집회를 개최하겠다고 선언
  2. 이 집회는 파산관재인이 2019. ○. ○. 파산선고 후에 파산재단으로써 파산절차의 비용을 충당하기에 부족하다는 이유로 파산폐지의 신청을 한 데 대하여 채권자의 의견을 듣고, 특별한 의견이 없으면 파산관재인의 임무종료를 위한 계산보고를 받고 이를 승인하기 위한 집회라고 설명
  3. 파산관재인은 파산폐지 신청의 사유를 설명하라고 명
파산관재인
  2019. ○. ○.자 파산폐지 신청서에 의하여 파산폐지 신청에 이르게 된 사정을 진술
재판장
  채무자, 파산채권자(또는 그 대리인)들 중 파산폐지에 관하여 의견이 있는지 묻다.

채무자, 파산채권자 등

의견을 진술하지 아니하다.

재판장

1. 파산폐지에 관한 의견청취를 위한 채권자집회를 종료한다고 선언

2. 파산관재인은 채무자 회생 및 파산에 관한 법률 제365조 제1항에 의하여 파산관재인의 임무종료에 따른 계산보고를 할 것을 명

파산관재인

2019. ○. ○.자 파산관재인 보고서에 의하여 임무종료에 따른 계산보고를 진술

재판장

채무자, 파산채권자(또는 그 대리인)들 중 파산관재의 계산보고에 대하여 이의가 있는지 여부를 묻다.

채무자, 파산채권자 등

이의를 진술하지 아니하다.

재판장

1. 채무자, 파산채권자 등의 이의가 없으므로 채무자 회생 및 파산에 관한 법률 제365조 제2항에 의하여 파산관재인의 임무종료에 따른 계산을 승인한 것으로 본다고 선언50)

2. 파산관재인의 임무종료에 따른 계산보고를 위한 채권자집회를 종료한다고 선언

3. 별지 결정서에 의하여 이 사건 파산에 관하여 파산폐지 결정을 하였음을 고지

집회종료

법원 사무관   ○   ○   ○

재판장 판사   ○   ○   ○

---

50) 제529조에 의한 결의를 하는 경우 [기재례 98]의 각주와 같은 절차가 이어서 진행된다.

[기재례 107] 파산폐지(이시폐지) 결정

서 울 회 생 법 원
제 2 1 부
결   정

사   건   2019하합○○ 파산선고
채 무 자   주식회사 ○○
                서울 ○○구 ○○로 ○○
                대표자 사내이사 ○○○
파산관재인   변호사   ○○○

주   문

이 사건 파산을 폐지한다.

이   유

파산재단으로써 파산절차의 비용을 충당하기에 부족하다고 인정되므로, 채무자
회생 및 파산에 관한 법률 제545조 제1항을 적용하여 주문과 같이 결정한다.

2019. ○. ○.

재 판 장   판 사   ○ ○ ○

                판 사   ○ ○ ○

                판 사   ○ ○ ○

[기재례 108] 파산폐지(이시폐지) 공고

채무자 주식회사 ○○ 파산폐지 공고

사   건   2019하합○○ 파산선고
채 무 자   주식회사 ○○
                     서울 ○○구 ○○로 ○○
                     대표자 사내이사 ○○○

위 사건에 관하여 이 법원은 2019. ○. ○. 파산폐지를 하였으므로, 채무자 회생 및 파산에 관한 법률 제546조, 제545조에 의하여 다음과 같이 공고합니다.

다   음
1. 주   문: 이 사건 파산을 폐지한다.
2. 이유의 요지: 파산재단으로써 파산절차의 비용을 충당하기에 부족하다.

2019. ○. ○.

서 울 회 생 법 원
제 2 1 부

재 판 장   판 사   ○ ○ ○
                판 사   ○ ○ ○
                판 사   ○ ○ ○

[기재례 109] 파산폐지(이시폐지)등기 촉탁

서 울 회 생 법 원
제 2 1 부
등 기 촉 탁 서

서울중앙지방법원 등기관 귀하

사 건	2019하합○○ 파산선고
채 무 자	주식회사 ○○
	서울 ○○구 ○○로 ○○
	대표자 사내이사 ○○○

위 사건에 관하여 다음과 같이 파산폐지 등기를 촉탁합니다.

등기원인과 그 연월일

         2019. ○. ○. 파산폐지

등 기 목 적   파산폐지 등기

등록세, 교육세 및   채무자 회생 및 파산에 관한 법률 제25조 제4항, 등기사항
등기촉탁수수료   증명서 등 수수료규칙 제5조의3 제2항 제1호에 의하여 면제

붙임   1. 파산폐지 결정 등본   1통
       2. 촉탁서 부본   1통

2019. ○. ○.

법원사무관   ○   ○   ○

[기재례 110] 동의에 의한 파산폐지신청 공고

채무자 주식회사 ○○ 파산폐지신청 공고

사　　　건　　　2019하합○○ 파산선고
채　무　자　　　주식회사 ○○
　　　　　　　서울 ○○구 ○○로 ○○
　　　　　　　대표자 사내이사 ○○○
파산관재인　　　변호사 ○○○

위 사건에 관하여 2019. ○. ○. 채무자로부터 채무자 회생 및 파산에 관한 법률 제538조 제1조에 의한 파산폐지의 신청이 있었으므로 채무자 회생 및 파산에 관한 법률 제542조에 의하여 다음과 같이 공고합니다.

다　　　음

1. 위 신청에 관한 서류는 이해관계인이 열람할 수 있도록 이 법원 파산과에 비치하였다.
2. 파산채권자는 이 공고가 있은 날로부터 14일 이내에 파산폐지의 신청에 대하여 이의를 신청할 수 있다.

2019. ○. ○.

서 울 회 생 법 원
제 2 1 부

재 판 장　　판 사　　　○ ○ ○
　　　　　　판 사　　　○ ○ ○
　　　　　　판 사　　　○ ○ ○

[기재례 111] 동의에 의한 파산폐지신청에 대한 의견서 제출요구

서 울 회 생 법 원

제 2 1 부

의견서 제출요구서

수   신   채무자, 파산관재인, 이의신청을 한 파산채권자

사   건   2019하합○○ 파산선고

채 무 자   주식회사 ○○

　　　　　　서울 ○○구 ○○로 ○○

　　　　　　대표자 사내이사 ○○○

파산관재인   변호사 ○○○

위 사건에 관하여 파산폐지의 신청에 관한 이의신청기간이 경과하였으므로, 채무자 회생 및 파산에 관한 법률 제544조에 의하여 파산폐지결정에 필요한 요건의 구비 여부에 관하여 이 요구서를 송달받은 날로부터 10일 이내에 의견서를 이 법원에 제출하여 주시기 바랍니다.

2019. ○. ○.

재 판 장   판 사   ○   ○   ○

[기재례 112] 동의에 의한 파산폐지신청 각하 결정

서 울 회 생 법 원
제 2 1 부
결   정

사   건   2019하합○○ 파산선고
채 무 자   주식회사 ○○
            서울 ○○구 ○○로 ○○
            대표자 사내이사 ○○○
파산관재인   변호사 ○○○

주   문
이 사건 파산폐지 신청을 각하한다.

이   유
이 사건에 관하여 채무자가 파산폐지의 신청을 하였으나, 파산폐지결정에 필요한 요건인 채권신고기간 안에 신고한 총 파산채권자 중 ○○○의 동의가 없어 (또는 동의를 하지 아니한 파산채권자에 대하여 담보를 제공하지 아니하였으므로) 이 사건 신청은 부적법하므로 채무자 회생 및 파산에 관한 법률 제538조에 의하여 주문과 같이 결정한다.

2019. ○. ○.

재 판 장   판 사   ○ ○ ○

           판 사   ○ ○ ○

           판 사   ○ ○ ○

[기재례 113] 동의에 의한 파산폐지 결정

서 울 회 생 법 원
제 2 1 부
결   정

사   건   2019하합○○ 파산선고

채 무 자   주식회사 ○○

　　　　　　　서울 ○○구 ○○로 ○○

　　　　　　　대표자 사내이사 ○○○

파산관재인   변호사 ○○○

주   문

이 사건 파산을 폐지한다.

이   유

이 사건에 관하여 채무자로부터 채무자 회생 및 파산에 관한 법률 제538조 제1항에 의한 동의에 의한 파산폐지의 신청이 있었으므로 살피건대, 위 신청은 필요한 요건을 구비하여 이유 있으므로, 주문과 같이 결정한다.

2019. ○. ○.

재 판 장   판 사   ○ ○ ○

판 사   ○ ○ ○

판 사   ○ ○ ○

[기재례 114] 동의에 의한 파산폐지 공고

<h2 style="text-align:center">채무자 주식회사 ○○ 파산폐지 공고</h2>

사 건	2019하합○○ 파산선고
채 무 자	주식회사 ○○
	서울 ○○구 ○○로 ○○
	대표자 사내이사 ○○○

위 사건에 관하여 이 법원은 2019. ○. ○. 파산폐지를 하였으므로, 채무자 회생
및 파산에 관한 법률 제546조, 제538조에 의하여 다음과 같이 공고합니다.

<h3 style="text-align:center">다   음</h3>

1. 주   문: 이 사건 파산을 폐지한다.
2. 이유의 요지: 채무자 회생 및 파산에 관한 법률 제538조 제1항의 파산폐지의
   신청은 필요한 요건을 구비하여 이유 있다.

2019. ○. ○.

<h2 style="text-align:center">서 울 회 생 법 원
제 2 1 부</h2>

재 판 장	판 사	○ ○ ○
	판 사	○ ○ ○
	판 사	○ ○ ○

[기재례 115] 파산취소 공고

주식회사 ○○ 파산취소 공고

사   건   2019하합○○ 파산선고

채   무   자   주식회사 ○○

　　　　　　　　서울 ○○구 ○○로 ○○

　　　　　　　　대표자 사내이사 ○○○

위 사건에 관하여 이 법원이 2019. ○. ○. 10:00 한 파산선고결정에 대하여 위 채무자가 즉시항고를 하여 서울고등법원이 2019. ○. ○. 다음과 같은 파산취소 결정을 하였고 그 결정이 확정되었으므로 채무자 회생 및 파산에 관한 법률 제 325조 제1항에 의하여 이를 공고합니다.

다   음

주문

　　제1심 결정을 취소한다. 이 사건을 서울회생법원으로 환송한다.

2019. ○. ○.

서 울 회 생 법 원
제 2 1 부

　　　　　　재 판 장　　판 사　　　○ ○ ○

　　　　　　　　　　　　판 사　　　○ ○ ○

　　　　　　　　　　　　판 사　　　○ ○ ○

[기재례 116] 알고 있는 채권자, 채무자 및 재산소지자에 대한 파산취소 통지

서 울 회 생 법 원
제 2 1 부
통 지 서

수   신   알고 있는 채권자, 채무자 및 재산소지자
사   건   2019하합○○ 파산선고
채 무 자   주식회사 ○○
            서울 ○○구 ○○로 ○○
            대표자 사내이사 ○○○

위 사건에 관하여 이 법원이 2019. ○. ○. 10:00 한 파산선고결정에 대하여 위
채무자가 즉시항고를 하여 서울고등법원이 2019. ○. ○. 다음과 같은 파산취소
결정을 하였고 그 결정이 확정되었으므로 채무자 회생 및 파산에 관한 법률 제
325조 제2항, 제313조 제2항에 의하여 이를 공고합니다.

다   음

주문
    제1심 결정을 취소한다. 이 사건을 서울회생법원으로 환송한다.

2019. ○. ○.

서 울 회 생 법 원
제 2 1 부

재 판 장   판 사   ○ ○ ○
            판 사   ○ ○ ○
            판 사   ○ ○ ○

[기재례 117] 파산취소등기 촉탁

서 울 회 생 법 원
제 2 1 부
등 기 촉 탁 서

서울중앙지방법원 등기관 귀하

사   건   2019하합○○ 파산선고
채 무 자   주식회사 ○○
                    서울 ○○구 ○○로 ○○
                    대표자 사내이사 ○○○

위 사건에 관하여 다음과 같이 파산취소 등기를 촉탁합니다.

등기원인과 그 연월일
                    2019. ○. ○. 파산취소
등 기 목 적   파산취소 등기
등록세, 교육세 및   채무자 회생 및 파산에 관한 법률 제25조 제4항, 등기사항
등기촉탁수수료   증명서 등 수수료규칙 제5조의3 제2항 제1호에 의하여 면제

붙임   1. 파산취소 결정 등본   1통
          2. 촉탁서 부본   1통

2019. ○. ○.

법원사무관   ○   ○   ○

[기재례 118] 회사해산명령 – 공고촉탁

서 울 중 앙 지 방 법 원
제 50 민 사 부

우 06594) 서울 서초구 서초중앙로 157 / ☎ 02-○○○○-○○○○/ 팩스 530-○○○○ / 주심: 판사 ○○○

시 행 일 자   2019. ○. ○.
수   신   행정안전부 장관
제   목   관보게재 의뢰
_____

1. 주식회사 ○○○에 대한 이 법원 2019비합○○ 회사해산 사건과 관련된
   내용입니다.
2. 비송사건절차법 제92조, 제88조 제4항에 의하여 첨부한 공고안을 관보게
   재 의뢰하오니 게재하여 주시기 바랍니다.

 첨 부   1. 공고안   1통
          2. 관보 게재료 수입인지

                    재판장   판사   ○○○

주식회사 ○○○에 대한 회사해산명령 신청

사   건   2019비합○○○○ 회사해산

신 청 인   ○○○

사 건 본 인   주식회사 ○○○

             서울 ○○구 ○○로 ○○

             대표자 사내이사 ○○○

위 사건에 관하여 비송사건절차법 제92조, 제88조 제4항에 의하여 다음과 같이
공고합니다.

다   음

신청인으로부터 2019. ○. ○. 주식회사 ○○○에 대하여 그 해산명령을 구하고,
신청인을 청산인으로 선임해달라는 신청이 있었음

2019. ○. ○.

서 울 중 앙 지 방 법 원
제 5 0 부

재 판 장   판 사   ○ ○ ○

           판 사   ○ ○ ○

           판 사   ○ ○ ○

[기재례 119] 회사해산명령 – 의견조회

서 울 중 앙 지 방 법 원

제 50 민 사 부

우 06594) 서울 서초구 서초중앙로 157 / ☎ 02-○○○○-○○○○/ 팩스 530-○○○○ / 주심: 판사 ○○○

시행 일자　　　　2019. ○. ○.
수　　　신　　　　서울중앙지방검찰청 검사장
제　　　목　　　　회사의 해산명령신청에 대한 의견조회

1. 주식회사 ○○○에 대한 이 법원 2019비합○○ 회사해산 사건과 관련된 내용입니다.
2. 비송사건절차법 제90조 제2항에 의하여, 위 사건에 관한 의견을 듣고자하오니, 회답하여 주시기 바랍니다.

　　　　　　재판장　　판사　　　　○○○

의 견 서

　　　　　　　　　　서울중앙지방법원 제50민사부 귀중

의 견 :

　　　　　　2019.　　　　.　　　.

　　서울중앙지방검찰청 검사　　　　　　.

[기재례 120] 상법 위반사실 통지서 - 부실보고

<table>
<tr><td colspan="4" align="center">**상법 위반사실 통지서**</td></tr>
<tr><td>수　　　신</td><td colspan="3">법무부장관</td></tr>
<tr><td rowspan="2">통지대상자</td><td>성　　명</td><td></td><td>주민등록번호
(사업자등록번호)</td><td>-</td></tr>
<tr><td>주　　소</td><td colspan="2"></td></tr>
<tr><td>위　반
사　실</td><td colspan="3">위 통지대상자는 ○○회사의 청산인으로 ○○○○. ○. ○. 취임 후 지체 없이 회사의 재산상태를 조사하여 재산목록과 재무상태표를 작성하고 이를 주주총회에 제출하여 승인을 얻은 후 다시 이를 지체 없이 법원에 제출하여야 함에도(상법 제533조), 현재까지 이를 제출하지 아니하여, 상법 제635조 제1항 제5호에 위반하여 관청인 법원에 사실을 은폐하였음</td></tr>
<tr><td>사건번호
및 사건명</td><td colspan="3"></td></tr>
<tr><td colspan="4">위와 같이 위반사실을 통보합니다.
덧붙임: 기록사본 1부

　　　　　　　　　　　　2019.　 .　 .

　　　　　서울중앙지방법원 제50민사부 법원사무관　 ○○○</td></tr>
<tr><td colspan="4">연락처 :　서울중앙지방법원 제50민사부 법원사무관　 ○○○
　　　　　　직통전화 : 02-○○○○-○○○○,　　 팩스 : 02) 530-○○○○</td></tr>
</table>

[기재례 121] 상법 위반사실 통지서 – 파산신청의무 해태(懈怠)

<table>
<tr><td colspan="4" align="center">**상법 위반사실 통지서**</td></tr>
<tr><td>수 신</td><td colspan="3">법무부장관</td></tr>
<tr><td rowspan="2">통지대상자</td><td>성 명</td><td>주민등록번호
(사업자등록번호)</td><td>-</td></tr>
<tr><td>주 소</td><td colspan="2"></td></tr>
<tr><td>위 반
사 실</td><td colspan="3">위 통지대상자는 ○○회사의 청산인으로 위 법인의 재산이 그 채무를 모두 변제하기에 부족한 것이 분명하게 되었음에도 상법 제635조 제1항 제12호에 위반하여 파산선고의 신청을 게을리하였음</td></tr>
<tr><td>사건번호
및 사건명</td><td colspan="3"></td></tr>
<tr><td colspan="4">위와 같이 위반사실을 통보합니다.
덧붙임: 기록사본 1부

 2019. . .
 서울중앙지방법원 제50민사부 법원사무관 ○○○ </td></tr>
<tr><td colspan="4">연락처 : 서울중앙지방법원 제50민사부 법원사무관 ○○○
　　　　　직통전화 : 02-○○○○-○○○○,　　　팩스 : 02) 530-○○○○</td></tr>
</table>

[기재례 122] 청산인 추천의뢰서

서 울 중 앙 지 방 법 원
제 50 민 사 부

우 06594) 서울 서초구 서초중앙로 157 / ☎ 02-○○○○-○○○○/ 팩스 530-○○○○ / 주심: 판사 ○○○

시행 일자	2019. ○. ○.	선결			지시	
		접수	일자 시간		결재·공람	
수　　신	금융감독원장		번호			
		처리과				
제　　목	청산인추천의뢰	담당자				

1. ○○주식회사 ○○ 서울지점에 관한 이 법원 2019비합○○○○ 청산인선임신청 사건과 관련입니다.

2. 2019. ○. ○.자로 외국금융기관인 ○○주식회사 ○○ 서울지점(영업소 : 서울 ○○○, 대한민국에서의 대표자 : ○○○)으로부터 청산인 선임을 구하는 신청이 이 법원에 접수되었습니다.

3. 은행법 제57조에 의하면, 금융기관이 해산한 때에는 금융감독원장 또는 그 소속직원 중 1명을 청산인으로 선임하도록 되어 있고, 같은 법 제59조에 의하여 외국 금융기관의 대리점 또는 지점에도 위 규정이 적용됩니다.

　그러므로 금융감독원의 직원 중 위 금융기관(영업소)의 청산인의 직무를 행할 사람의 추천을 의뢰하니 2019. ○. ○.까지 이 법원에 도착할 수 있도록 서면으로 회신하여 주시되, 피추천인의 이력서 1통, 주민등록표등본 1통, 취임승락서 1통, 재직증명서 1통을 각 첨부하여 주시기 바랍니다.

재판장　판사　　○　○　○

[참고자료 1] 파산관재인 직무지침

파산관재인 직무지침

바쁘신 가운데 파산관재인 선임을 승낙하고 관재업무를 담당하시기로 한 것에 감사드립니다. 파산관재인은 법원으로부터 선임되어 채무자, 파산채권자 등 다수 이해관계인의 이해를 조정하면서 파산절차를 수행하는 중심적 기관으로서, 파산절차의 성공 여부는 파산관재인의 업무능력에 달려있다고 하여도 과언이 아닙니다.

따라서 첫째, 파산관재인은 성실하게 업무를 처리하여야 합니다. 파산관재인은 모든 이해관계인에 대하여 공정하고, 중립적으로 업무를 수행하여야 하고, 그 직무에 관하여 선관주의의무(제361조①)를 부담하며, 이를 해태하여 이해관계인에게 손해를 준 경우 배상책임을 부담하고(제361조②), 중대한 의무위반은 해임사유로 됩니다(제364조).

둘째, 파산관재인은 신속하게 업무를 처리하여야 합니다. 최소한 채권자집회 일로부터 6개월 이내에 1회 중간배당을 실시하고 2년 정도 지나면 파산절차를 종결할 수 있도록 관재업무를 처리하여 주시기 바랍니다. 사건처리가 지연되어 환가 및 배당이 늦어지면 파산절차에 대한 채권자의 신뢰가 떨어지고 관재업무수행이 곤란하게 되므로, 파산관재인은 취임 후 바로 환가에 착수하시기 바랍니다.

재판부에서 파산사건처리의 원활한 진행에 도움이 되도록 절차진행순으로 몇 가지 사항을 알려드리니 참고하시기 바랍니다. 아울러 파산사건처리를 하는 가운데 의문사항이나 건의사항이 있으면 항상 재판부와 협의하여 주시면 고맙겠습니다.

서울회생법원 제21부
(전화: 530-○○○○ / 팩시밀리: 530-○○○○)

1. 선임 직후에 행하여야 할 사항

가. 사건파악

(1) 파산관재인(이하 "관재인"이라 함)은 선임이 내정된 후 즉시 당해사건의 기록을 검토한 후에 법원과 사건처리의 방향, 긴급처리사항(봉인집행의 필요성, 장부의 보전 등)에 관하여 충분히 협의한다.

(2) 파산선고 당일에 법원에서 만난 채무자(임직원 포함)로부터 의견을 청취한다(내용이 불충분하면 관재인 사무소로 채무자 등을 동행하여 설명 요구).

(3) 파산선고 당일부터는 파산재단의 거래처로부터의 입금은 물론 일상적인 경비지출 등 출금도 관재인을 통하여 이루어질 수 있도록 현금이나 예금 통장 등을 장악하는 조치를 취한다.

나. 파산선고 후속조치

(1) 관재인의 사용 인감을 법원에 신고하고(인감증명서 발급 가능), 관재인의 사무소 주소를 변경한 경우에는 공고가 필요하므로 바로 변경내용을 법원에 신고하여야 한다.

(2) 아직 파산선고 통지서의 송달이 안된 경우에는 알고 있는 채권자, 파산선고를 받은 자의 채무자, 재산소지자의 성명과 주소를 보고하고, 파산선고를 받은 채무자가 법인이 아닌 경우에 아직 등기·등록재산의 파산등기 촉탁이 안된 경우에는 등기소별로 구분하여 재산목록을 제출한다(파산신청인 또는 대리인과 협의).

(3) 적어도 파산선고 후 1년간은 채무자에게 배달되는 우편물을 개봉, 점검하여 채무자의 재산상태를 파악하고(특히 종합토지세의 부과통지서, 금융기관의 생명보험, 주식 등에 관한 통지서를 통하여 재산파악이 가능함), 私信은 채무자에게 교부한다. 더 이상 필요가 없다고 인정되면 법원에 촉탁취소신청을 한다.

다. 파산채권자와의 연락

선고직후 채권자(특히 이미 채권단이 구성되어 있는 경우 그 대표자)와 적극적으로 연락하여 파산절차를 설명한 다음 정보제공을 구하고, 재산매수를 권유하는 등 협력을 구한다.

라. 파산재단에 속하는 재산의 점유·관리에 착수

  (1) 현장답사

　① 가능하면 선고 당일 채무자의 사무소, 주거를 답사하여, 출입구 등 보
　　　기 쉬운 장소에 아래와 같은 취지의 통고문을 부착하고, 열쇠를 모두
　　　회수한다.

알　림

채무자 ○○○

　위 채무자는 2019. ○. ○. 10:00 서울회생법원 제21부로부터 2019하
합○○호로 파산선고를 받아, 본인이 파산관재인으로 선임되었습니다. 이 주
거, 이 사무실 및 그 안의 일체의 유체동산은 본인이 점유관리하므로 본인의
허가 없이 출입하거나 이를 반출하는 경우에는 형법에 의하여 처벌될 것입니
다.

파산관재인 변호사 ○○○ ㊞

(연락처: 서울 서초구 ○○로 ○○ ☎ 530-1000)

---

　② 현금 기타 고가품, 인감, 어음용지, 수표대장, 부동산 등기권리증 기타
　　　장부·서류 등을 발견한 경우에는 당일 이를 가능한 한 관재인 사무소
　　　로 가져온다.

　③ 제3자가 불법점거하고 있거나 불법점거가 예상되는 경우

　　　- 법원사무관에게 봉인(제480조) 신청(구두로 가능) → 현장사진 촬
　　　　영, 조서 작성

　　　- 명도단행 가처분, 고소, 또는 경비용역회사에 의뢰하여 출입문 용접,
　　　　경비 설치

  (2) 부인권행사를 위한 가처분 등 - 파산선고 전후에 일부채권자가 채무자
　　　를 강요하거나 또는 백지위임장을 이용하여 소유권이전, 담보권설정등기
　　　를 마치거나 매출채권에 대한 채권양도통지를 발한 사실을 발견한 경우
　　　에는, 부인권행사(후술)가 필요하므로 이러한 등기에 관하여 처분금지가
　　　처분을 신청하고, 제3채무자에게 채권양도의 무효를 알린다.

  (3) 현금(고가품)의 보관 및 임치금반환허가

　　　- 관재인에게 편리한 은행 지점을 선택하여 법원에 대하여 고가품(현
　　　　금) 보관장소 지정신청서를 제출한 다음 법원의 지정결정을 받으면

(제487조) "채무자 XXX의 파산관재인 ○○○"라고 하는 예금구좌(가능하면 이율이 높은 예금 선택)를 개설한 다음 채무자로부터 인계받거나 앞으로 파산재단을 환가하여 발생하는 현금을 입금, 보관한다.

- 위 임치금의 반환에 관하여는 법원의 허가가 필요하므로(제500조, 법원이 고가품 보관 은행 지점에 대하여 협조공문 발송함) 사전에 법원에 임치금 반환허가 신청서를 제출하고 허가서 등본을 은행창구에 제시하여 예금을 인출한다.

(4) 영업의 계속여부 결정 – 영업의 계속은 법원의 허가를 받아야 하고(제486조), ① 영업을 계속하면 유리한 영업양도가 가능한 경우(면허·계약상 권리유지 가능), ② 공사 완료 직전으로서 완공 후에 유리한 매각이 가능한 경우, ③ 이미 주문받은 상품에 대하여 가공하면 유리한 환가가 예상되는 경우, ④ 병원의 경우 입원환자에 대하여 처치를 완료할 필요가 있는 경우에 제한적으로 허용된다. 관재인은 경영전문가가 아니므로, 영업 계속기간은 통상 3개월, 길어도 6개월 이내가 적절하다.

(5) 직원의 해고 및 보조인 선임

① 파산선고가 있으면 영업의 계속 여부에 불구하고 바로 전원에 대하여 해고예고를 한다.

② 다만, 법원의 허가를 받아 영업을 계속하는 경우, 영업을 계속하지 않더라도 채권회수 및 자산매각 등에 직원의 보조를 요하는 경우에는 예고기간이 만료하여 직원에게 해고의 효력이 발생한 때에 당해 직원을 다시 관재인의 보조인으로서 선임하는 계약을 체결한다.

③ 관재인이 구 직원 등을 보조인으로 선임하는 경우에는 사전에 보조인 사용의 필요성과 보조인의 성명, 연령, 업무내용, 보수예정액을 명시하여 법원의 허가를 받는다.

(6) 재단채권의 승인 및 변제

① 재단채권에는 제473조 각 호에서 열거하고 있는 일반재단채권(조세채권 등)과 개개의 규정(제474조, 제337조②, 제347조②, 제348조②, 제398조①, 제469조)에 의하여 정하여진 특별재단채권이 있는데, 재단채권은 배당절차에 의하지 아니하고 수시 변제하므로, 관재인은 법원에 재단채권승인 및 임치금반환허가 신청서를 제출, 허가를 받아 변제한다.

② 파산재단으로 재단채권의 전액을 변제하기에 부족한 경우에는 재단채권 중에서도 파산신청비용, 공고, 우편비용, 관재사무비용, 관재인 보수 등을 최우선으로 지급하고, 나머지 재단채권에 대하여는 채권액의 비율에 따라 안분 지급한다.

2. 파산재단의 환가 및 법원의 허가사항

가. 환가의 시기 및 절차

(1) 환가시기 – 원칙적으로 관재인은 파산선고 직후에 법원의 허가를 받아 재단의 환가에 착수하고(제491조 단서), 소송이 계속중인 것 등 특별한 경우를 제외하고는 6개월 내에 모든 환가를 완료시키는 것이 바람직하다. 특히, 파산재단 소속 재산이 매우 적어 조기에 이시폐지가 예상되는 사건의 경우에는 제 1 회 채권자집회 전에 모든 환가를 마쳐 제 1 회 집회에서 곧바로 이시폐지를 할 수 있도록 준비하여야 한다.

(2) 환가절차

① 환가의 방법, 내용에 관하여 법원과 개괄적으로 협의

② 채무자, 주요채권자(특히 거래업체), 전문업자의 의견을 들어 매각상대방, 가격, 조건을 특정하고, 법원 허가를 조건으로 매매계약 체결

③ 채권자간에 이해대립이 있고 적절한 환가방법의 판단이 어려운 경우(예: 조성중인 골프장의 즉시매각 또는 완성후 매각 여부)에는 채권자집회를 소집할지 여부에 대하여 법원과 상의함.

④ 법원에 매각(처분)허가신청서 제출(매매경위 및 매매조건에 대한 소명자료 첨부)

나. 부동산

(1) 법원의 허가를 받아 임의매각

① 실무상 가장 많이 사용되는 방법이다. 먼저 채무자 및 파산채권자(특히 물상보증인)의 의향을 편지·전화로 청취하고 최저한의 매각조건을 제시한 다음 매수희망자(파산채권자 포함)를 모집하여 매수자를 선정하고, 법원허가를 조건으로 한 매매계약을 체결한다.

② 통상 채무자 소유의 부동산은 예외 없이 저당권이 설정되어 있거나 세무서 등의 체납처분이 행하여져 있으나, 관재인은 이러한 부동산에 대하여도 담보권자, 세무서 등과의 협의(특히 경매절차에 의할 경우 걸

리는 시간과 비용에 비하여 임의매각시 조속한 배당이 가능한 점을 들어 설득함)를 거쳐 적극적으로 임의매각을 시도하는 것이 바람직하다.

③ 다만, 매각대금에서 피담보채무, 체납세액, 후순위저당권자로부터 등기말소를 얻기 위한 비용, 임차인 등 점유자의 퇴거비용, 중개업자수수료, 이전등기비용 등을 공제한 후의 파산재단 편입액이 적어도 100만원 이상은 되어야 할 것이다. 이러한 파산재단편입이 곤란한 경우 또는 저당권자가 경매신청도 하지 않고 임의매각에도 응하지 아니하는 경우에는, 먼저 담보설정행위에 대한 부인권행사 여부를 검토한 후, 관리비용·재산세 등의 부담을 피하기 위하여 파산재단으로부터의 포기허가신청서를 법원에 제출하여 허가를 얻어 파산재단으로부터 포기한다(파산등기가 되어 있는 권리를 포기하는 경우에는 파산등기말소촉탁이 필요함).

(2) 다른 환가절차

① 민사집행법에 의한 강제집행(제496조) - 노동조합, 채권자 등이 부동산을 불법점거하고 있는 경우에(집행법원의 인도명령 등을 활용하기 위하여) 주로 이용된다.

② 담보권자에게 담보권실행절차를 촉구하고 그로부터 잉여금을 교부받음 - 원격지에 있는 소규모 임야, 별장지 등 현지교섭을 통한 임의매각이 곤란한 경우에 주로 이용된다. 그러나 환가에 의한 잉여금을 기대하기 곤란한 경우가 대부분이다.

③ 제497조에 의하여 관재인이 담보목적 부동산 경매신청 - 부동산견적가격이 피담보채권액을 상회함에도 담보권자가 담보권실행을 하지 않는 경우에 이용된다. 그러나 관재인이 경매비용을 부담하면서도 높은 가격의 환가가 어려운 것이 결점이다.

(3) 임차인이 입주하여 있는 경우

① 대항력 있는 부동산임대차 - 관재인은 제335조에 기한 해제권을 행사할 수 없으므로, 부동산을 임차권이 딸린 상태로 환가할 수밖에 없다. 다만, 반드시 임차인을 퇴거시킬 필요가 있는 경우에는 임차인의 임차보증금반환채권을 재단채권(제473조 제 4 호)으로 승인하는 내용의 화해계약 체결도 가능하다.

② 대항력 없는 부동산임대차 - 관재인은 제335조에 기한 해제권을 행사

할 수 있고, 임차인은 보증금반환청구권에 대하여 단지 일반파산채권
자로서의 지위를 보장받을 뿐이다. 다만, 보증금반환청구권은 관재인
의 차임채권과 상계가 가능하므로 임차인이 명도하지 아니한 채 계속
사용함으로써 상계되는 만큼의 우선변제가 가능하다(제421조).

다. 임 차 권

양도가치가 있는 임차권에 관하여는 선고후의 차임을 재단채권으로써 지급하
여 임차권을 보전한 다음 환가를 도모하고, 양도가치가 없는 임차권은 조속
히 해지하여 명도한다.

라. 자 동 차

자동차사고로 인한 배상책임의 부담, 자동차세, 보험료의 부담을 피하기 위
하여 채무자 소유 자동차를 사용하던 임원, 종업원으로부터 조속히 자동차의
점유를 확보하여 舊 임직원, 중고차거래소 등에 매각(계약시 하자무담보특
약)하거나 폐차처리한다.

마. 상품, 원재료 기타 동산

(1) 상품, 원재료 기타 재고품 및 집기비품 등의 동산은 신속하게 처분하지
않으면 환가가 곤란하기 때문에, 가능하면 파산선고 후 1개월 이내에
신속하게 매각하여 제1회 채권자집회까지 완료한다(특히 보관에 차임,
임치료 등의 경비를 요하는 물품은 신속 처분).

(2) 상품, 원재료의 매각에 관하여는 납품업자, 발주자, 동업자, 협력업체
등이 관심이 많으므로 이들에게 매수희망 유무를 확인한다.

(3) 통상 매각가격보다 반출폐기비용이 많이 소요되는 집기비품 등은 구 종
업원, 근친자에게 무상으로 인수시키는 방법으로 처리한다.

바. 채권의 회수

(1) 파산선고 후 신속하게 외상매출금채권 등의 회수에 착수하여 수개월 안
에 회수를 완료시킬 수 있도록 한다. 상사채권의 소멸시효기간은 5년이
지만, 외상대금채권은 3년의 단기소멸시효(민법 제163조 제6호)이므
로 주의하고, 상대방이 상계금지(제422조)위반의 상계를 주장하는 것이
아닌지 주의한다.

(2) 채무자 주소로 청구서·잔고확인의뢰서 등을 송부하여 독촉하고, 청구에
응하지 않는 채무자에 대하여는 소송제기를 경고한 내용증명우편으로 변
제를 최고하며, 상대방이 일방적으로 상품을 반품해버린 경우에도 반품

특약, 위탁판매 등의 존재에 대한 충분한 증거가 없는 한 상품을 재반송하고 외상대금의 지급을 청구하여야 한다.

(3) 거래은행에 대하여는 예금구좌잔고를 확인하여, 은행측이 상계시 자동채권액으로 제공할 수 없는 파산선고 후의 이자, 지연손해금까지 상계의 대상으로 삼는 것을 방지하고, 파산선고를 받은 채무자의 은행에 대한 어음추심위임은 파산선고에 의하여 종료되므로 추심위임어음을 환수하여 추심위임은행의 어음금 회수에 의한 상계를 방지한다.

(4) 파산선고를 받은 채무자가 보험에 가입한 경우 해약반환금을 회수하되, 피보험자 및 근친자가 생명보험계약의 계속을 바라는 경우에는 이러한 자에게 해약반환금 상당액을 제공시킨 다음 보험계약상의 권리를 양도하는 것도 가능하다.

(5) 채무자의 도산, 무자력, 소재불명, 채권의 입증곤란 등의 이유로 회수가 곤란한 채권에 관하여는 권리를 포기하여 관재업무를 진행시키는 것이 편리하다. 권리를 포기하는 경우에는 그 이유를 명확히 기재하여 법원에 허가신청을 한다.

사. 파산선고당시 쌍방미이행 쌍무계약의 경우(제335조)

(1) 계약해제 선택 – 상대방의 반대급부반환청구권(현존시) 또는 그 가액반환청구권(비현존시)은 재단채권으로 되고, 손해배상채권은 파산채권으로 신고하여야 한다.

(2) 계약이행 선택 – 상대방이 가지는 이행청구권은 재단채권이 되므로(제473조 제 7 호), 관재인은 신중하게 이행을 선택하여야 한다. 법원의 허가를 요한다(제492조 제 9 호).

(3) 구체적 취급

① 할부판매계약 – 소유권유보의 특약이 존재하더라도 매도인이 목적물을 인도한 이상 매도인의 채무는 이행을 완료한 것으로 보고 제335조를 적용하지 않는다. 이 경우 매도인은 별제권자로서 목적물의 인도를 구하고 환가하여 부족액이 있으면 파산채권으로 신고.

② 도급계약 – 수급인이 파산한 경우 관재인은 계약을 해제할 수 있다(제335조). 도급인이 파산한 경우에는 관재인 뿐만 아니라 상대방인 수급인도 파산을 이유로 계약을 해제할 수 있다(민법 제674조).

아. 자산매각, 쌍무계약이행 선택 외에 법원의 허가를 받아 처리할 사항(제492조)

(1) 차재

(2) 소의 제기(독촉절차, 파산신청 포함. 단, 가압류, 가처분신청은 제외)

(3) 화해, 소의 취하, 청구의 인낙, 권리의 포기, 강제조정에 대한 이의포기,
중재

(4) 재단채권, 환취권 및 별제권, 상계의 승인

(5) 별제권의 목적의 환수(별제권자에게 피담보채무를 변제하고 별제권을
소멸시키는 것인데, 임의매각계약이 확정된 단계에서 매각허가와 병행하
여 허가되는 것이 통례임)

3. 파산선고 당시 진행중인 소송 및 강제집행의 처리

가. 소송의 중단 및 수계(민사소송법 제239조)

(1) 파산선고 당시 계속중이던 "파산재단"에 관한 소송절차는 법률상 당연히
중단된다.

- 비재산권상의 청구(신분관계, 주주총회결의효력)나 자유재산(신득재산,
압류금지재산)에 관한 소송은 중단되지 아니한다.

- 다만, 중단사실을 간과하고서 변론을 종결하여 선고한 판결은 당연무효
가 아니라 상소나 재심에 의하여 취소할 수 있을 뿐이므로, 관재인은
파산선고가 있는 사실을 수소법원(상고심 포함)에 알려 소송중단을 촉
구할 필요가 있다.

(2) 수계의 방법

① 파산재단에 속하는 재산에 관한 소송(채무자가 원고인 경우, 제3자가
채무자를 피고로 하여 재산권의 귀속을 다투는 소송 등) - 일단 중단
되었다가, 관재인이 선임된 다음에 바로 관재인 또는 상대방이 수계신
청을 할 수 있고, 관재인이 채무자를 갈음하여 당사자로 된다.

② 파산채권에 관한 소송 - 파산채권자(원고)의 채권신고를 기다린 후 채
권조사기일에 관재인이 이의를 진술하면 채권확정소송으로 변경되어
속행된다. 이 경우 파산채권자는 이의를 진술한 관재인을 상대로 수계
신청을 하여야 한다.

나. 파산채권에 관한 강제집행·보전처분의 실효(제348조)

(1) "파산채권에 관한" 강제집행·보전처분

- 환취권, 별제권(임의경매)에 기한 강제집행·보전처분은 파산선고로 실

효되지 아니한다.

(2) 파산선고 당시에 이미 강제집행이 종료된 경우에는 소급하여 실효되지 아니한다.

    – 집행관이 압류한 현금 또는 매득금을 채권자에게 교부하거나 배당절차에 의하여 배당액이 지급된 경우, 추심채권자가 집행법원에 추심신고를 한 경우, 전부명령이 확정된 경우에는 강제집행이 실효될 여지가 없다.

(3) "실효"의 의미

    – 법원의 재판이나 취소행위를 요하지 않고 파산선고에 의하여 법률상 당연히 발생한다. 그러나 형식상 집행처분의 외관을 소멸시키기 위하여 관재인은 파산선고결정등본을 취소원인 서면으로 소명하여 강제집행·보전처분의 집행취소신청을 하여야 한다.

4. 부인권의 행사에 관하여

가. 부인권 행사의 필요성

(1) 부인권은 도산처리상 가장 중요한 제도라고 할 수 있으므로, 파산채권자를 납득시키기 위해서는 보유하고 있는 자료만으로 입증이 곤란하더라도 부인의 대상이라고 의심되는 사실은 반드시 법원에 보고하고, 일단 부인권을 행사한 후 소송경과에 따라 화해, 소의 취하 등을 유도하는 방법이 좋다.

(2) 채무자 및 채무자 회사의 임원, 종업원 등은 파산선고 후 시간이 경과함에 따라 자기가 행한 행위를 부인하는 것에 소극적으로 되고, 채권자와의 관계를 고려하여 관재인의 부인소송수행에 비협력적인 경우가 많으므로, 관재인은 파산선고 후 초기에 이러한 자로부터 부인행위의 내용, 수익자와의 거래 및 교섭경위 등에 관하여 사정을 청취하고 진술서를 작성시키는 등 증거를 확보하여 둘 필요가 있다.

(3) 간이하게 부인권을 행사할 필요가 있는 경우에는 신설된 부인의 청구제도를 이용한다(제396조).

나. 부인권행사의 대상

(1) 변제(대물변제 포함)

    ① 지급정지 또는 파산신청 "후"에 행하여진 변제는 채권자평등의 원칙을 해하는 편파행위로서 위기부인(제391조 제2호)의 대상이 되고, 그

"전"의 변제라도 채무자의 재산상태가 실질적으로 위기에 있는 경우의 변제는 고의부인(제391조 제 1 호)의 대상이 될 수 있다.

② 담보권자(양도담보, 가등기담보 포함)에 대한 변제는 원칙적으로 부인의 대상이 되지 않지만, 피담보채권액보다 변제액이 많은 경우에는 그 차액만큼 부인의 대상으로 된다.

(2) 부동산의 매각

① 담보가 설정되어 있지 아니한 부동산을 상당한 가격으로 매각한 경우라도 매각대금이 보관되어 있거나 다른 재산으로 바뀌어 존재하고 있는 점이 입증되지 않는 한 부인의 대상이 된다(채권자취소권과 마찬가지임).

② 담보가 설정된 부동산의 경우, 피담보채권액이 부동산 가액보다 적고, 매각가격이 부당하게 적은 경우에는 부인의 대상이 될 수 있다.

(3) 담보권의 설정

① 기존채무에 관하여 담보권을 설정하는 행위는 무상부인의 대상이 된다.

② 채무자의 자산상태가 악화된 위기상황에서 영업계속을 위하여 불가피하게 신규자금을 차입(협조융자)하고 이에 대하여 담보를 제공한 경우에는 담보목적물건의 가액과 피담보채권액이 합리적 균형을 이루는 한 부인의 대상에서 제외할 수 있다.

(4) 보증(인적보증, 물상보증)제공

채무자가 지급정지 또는 파산신청이 있기 전 6월 내에 제 3 채무자에 대하여 인적·물적 보증을 제공한 경우에는 그 보증행위가 무상부인(제391조 제 4 호)의 대상으로 된다.

(5) 증여

① 사교의례상의 증여행위(결혼, 부의금 등)인 경우에는 사회통념상 상당성이 있는가, 증여한 물건이 파산재단 형성에 유익한가 여부에 따라 무상부인대상 여부를 판단한다.

② 이혼시의 재산분할, 위자료, 자녀 양육비 지급은 원칙적으로 부인의 대상이 되지 않는다. 다만, 재산은닉의 수단으로서 가장이혼이 행하여지는 사례가 많으므로 주의한다.

(6) 어음지급의 특례 - 채무자가 어음의 최종지급의무자(약속어음 발행인, 환어음 인수인, 수표 지급인)라서 채무자의 지급행위를 부인하면 상대방

이 소구권을 상실하게 되는 경우(거절증서작성기간을 경과하게 됨)에는 부인의 대상에서 제외된다(제393조 제 1 항).

(7) 강제집행행위

① 부인하고자 하는 행위에 관하여 집행력 있는 집행권원이 있는 때, 또는 그 행위가 집행행위에 기인한 경우에도 부인의 요건을 갖추고 있다면 부인의 대상이 된다(제395조). 예컨대, 특정채권자에 대하여만 소송상 화해, 의제자백, 공정증서작성 등의 방법으로 채권을 회수하도록 한 경우(고의부인), 채권자가 채무자의 지급정지 사실을 알면서 집행절차에서 배당을 요구하거나 채권압류전부명령을 받은 경우 등이 이에 해당한다.

② 집행행위의 부인은 집행행위자체(매각 등)의 효력을 상실시키는 것은 아니고, 집행행위의 효과에 의하여 발생한 사법상 채무소멸의 효과만을 무효로 하는 것이다.

5. 상계에 관하여

가. 파산채권자 및 관재인의 상계

(1) 파산채권자는 파산선고 당시에 채무자에 대하여 채무를 부담하는 때에는 이를 파산절차에 의하지 아니하고 상계할 수 있고(제416조), 파산채권이 변제기 미도래이거나 조건부채권일지라도 마찬가지이다(제417조, 이 점에서 양 채권이 모두 변제기에 도래할 것을 요건으로 하는 민법상의 상계보다 요건이 완화되어 있음).

(2) 관재인도 파산법상 상계금지의 대상이 아니라면 파산재단의 채권을 자동채권, 파산채권을 수동채권으로 하여 상계함으로써 파산절차의 신속한 진행을 도모할 수 있다.

나. 상계의 금지(제422조)

(제 1 호) 파산채권자가 파산선고후에 파산재단에 대하여 채무를 부담한 때

(제 2 호) 파산채권자가 지급정지·파산신청이 있었음을 알고 채무자에 대하여 채무를 부담한 때

- 예컨대 채무자가 지급정지당한 후에 파산채권자인 금융기관의 채무자명의 예금구좌에 제 3 자로부터 입금이 이루어진 경우에는 예금계약이 지급정지 전에 체결되었더라도 제 3 자의 입금은 우연적인 것이므로 파산

채권과 예금반환채무를 상계할 수 없다.

- 다만, 파산채권자의 채무부담이 법정원인(상속, 합병, 부당이득, 불법행위)에 기한 때, 파산채권자가 지급정지나 파산신청이 있었음을 알기 전에 생긴 원인에 기한 때, 또는 파산선고가 있은 날로부터 1년 전에 생긴 원인에 기한 때에는 예외로 한다 - 예컨대, 금융기관이 어음할인을 한 경우 할인의뢰인(채무자)의 지급정지 "후"에 환매청구권이 구체화되었더라도 지급정지 전에 은행거래약정서가 행하여져 있으므로 어음환매청구권과 채무자의 예금반환청구권을 상계할 수 있다.

6. 채권조사에 관하여

가. 채권조사의 방법

(1) 채권신고기간 만료 후 법원으로부터 채권신고서의 부본을 교부받으면 신고인 제출 서류와 채무자가 보유하는 장부 기타 관계서류를 대조하고, 필요한 경우 채무자, 경리담당자 또는 신고채권자로부터 의견을 청취하여 조사에 착수한다. 대규모 사건의 경우 경리담당자를 관재업무의 보조인으로 고용하여 협력을 얻는 경우가 많다.

(2) 상계 - 신고채권자가 파산재단에 대하여 채무도 부담하고 있는 경우에는 신고채권액 중에서 상계예정액에 대하여 이의하고 잔액만을 인정한다.

(3) 금전채권 이외의 재산상 청구권 - 채권신고인이 행한 평가가 타당한지 여부를 검토한다. 대체집행이 가능한 경우에는 대체집행을 위하여 요하는 시장가액비용이 평가액으로 되고, 대체집행도 불가능한 경우(용역)에는 손해배상액 상당으로 평가할 수밖에 없다.

(4) 어음채권 - 채권신고서에는 어음사본만을 첨부하고 있으므로, 채권자에게 연락하여 어음의 소지를 확인하고, 관재인의 확인인을 날인한다.

(5) 파산선고일 후의 중간이자 공제 - 파산선고 후에 만기가 도래하는 어음(매출채권)은 파산선고에 의하여 만기가 도래한 것으로 되지만(제425조), 그 평가액은 파산선고일부터 만기까지의 중간이자를 공제한 금액으로 되므로(제446조 제5호), 어음액면(채권액)의 신고시에 이 중간이자분에 관하여는 이의를 진술한다.

(6) 본래 채권자, 보증인 신고의 경합 - 보증인이 파산선고 후에 대위변제하

여 구상권을 취득하였다고 주장하며 신고하더라도 본래의 채권자가 이미 신고를 한 경우에는 보증인의 신고에 대하여 이의를 진술한다.

(7) 별제권 – 별제권 있는 채권이라 하더라도 채권조사의 대상은 피담보채권의 존부 등이므로, 피담보채권의 존부, 액수가 인정된다면 시인한다. 다만, 별제권 있는 채권은 별제권을 포기하거나 실제로 별제권을 행사하여 회수할 수 없었던 채권액을 소명·증명하지 않는 한 배당을 받을 수 없으므로(제512조, 제525조), 시부인표의 비고란에 별제권부 채권임을 표시한다. 별제권 행사로 변제받을 수 없는 부족채권액에 대한 인부관계는 의결권의 기준으로 됨에 불과하므로 간이한 방법으로 적절히 평가하여 인부하여도 무방하다(제373조 제2항).

(8) 조건부 시인은 허용되지 않으므로 파산채권임을 인정할 것인지 아니면 이의를 제기하는지를 분명하게 진술해야 한다.

나. 채권조사결과표의 작성 및 제출

신고채권의 조사결과를 파산채권자표의 진행번호순으로 정리하고, 채권자명, 채권종류, 신고채권액, 이의있는 채권액, 이의 없는 채권액, 이의사유를 각 기재한 〈채권조사결과표〉(재판부에서 보유하고 있는 양식 참조)를 작성한 다음, 채권조사기일의 3일 전까지 3통을 법원에 제출하여야 한다.

다. 채권조사기일

채권조사기일에는 간략하게 "채권조사 기준"을 적은 문서를 채권자수만큼 인쇄, 배포하여 채권자들의 이해를 구하고 조사기일이 신속하게 진행되도록 하며, 이의있는 채권자들의 예상질문에 대한 답변을 미리 준비한다.

라. 이의의 철회

이의 철회는 채권조사기일에서 이의한 채권에 관하여 사후에 시인할 사유가 생긴 경우에 신고채권자에게 개별적으로 이의철회서를 발송하고, 법원에 보고한다. 이의철회로서 파산채권은 확정되므로, 이의철회 여부에 관하여는 사전에 법원과 협의하는 것이 좋다.

7. 제 1 회 채권자집회에 관하여

가. 조사보고서 제출

관재인은 집회기일 3일 전까지 재산목록·대차대조표를 첨부한 보고서 3부를 제출하여야 한다. 〈파산관재인 보고서〉(재판부에서 보유하고 있는 양식 참조)에는 ①파산에 이른 사정, ②파산재단의 현상 및 부채의 상황, ③파산재단에 속하는 재산의 환가상황 및 소송의 계속상황, ④파산절차의 (배당)전망에 관한 내용을 기재하고, 〈재산목록〉 및 〈대차대조표〉는 최종적 배당률의 예측을 가능하도록 하는 것이므로, 평가기준시는 파산선고시로 하고, 장부가액이 아닌 처분예상가액을 기재한다.

나. 집회기일 준비

(1) 미리 채권자들에게 파산관재인 보고서, 채권조사결과표 등의 요약된 내용을 배포하여 집회가 원활하게 진행될 수 있도록 준비하고, 출석상황 및 의결표를 미리 만들어 법원에 제출하여 둔다.

(2) 집회 시작 전에 미리 출석한 채권자들에게 채권조사결과 이의한 이유 (특히 재단채권임을 이유로 이의하는 경우 그 의미) 및 추가 소명자료를 제출하면 이의를 철회할 수 있다는 취지를 설명하여 둔다.

8. 정기보고에 관하여

관재인은 매 분기마다 1번씩 법원에 정기보고를 하여야 한다. 보고서에는 최소한 ①종전 보고 이후의 수지계산서, ②재단예금잔고(예금통장사본 첨부), ③종전 보고 이후의 환가진행상황, ④현시점에서의 남은 업무, 문제점 및 처리전망 등을 기재하고 파산재단의 특성에 따라 추가한다. 이에 대비하여 평소에 관재사무일지를 작성하여 두는 것이 좋다.

9. 이시폐지 신청에 관하여

파산재단으로써 절차비용을 충당하기에 부족한 사실을 발견한 경우에는 지체없이 법원과 협의를 거쳐 이시폐지의 신청을 한다. 신청 전 최종보수지급신청을 하여 보수결정을 미리 받고, 법원예납금 중 추후 절차비용을 제외한 나머지 금원을 모두 재단에 편입하여 재단채권변제에 사용함으로써 계산보고서상의 자금수지를 0원으로 맞추어 놓아야 한다. 신청시에는 (1) 수지계산서 및 재단의 현황보고서를 첨부하고, (2) 파산폐지의견 청취를 위한 채권자집회 및 계산보고집회의 소집을 동시에 신청한다.

10. 면책불허가사유 해당행위의 조사에 관하여(개인파산의 경우)

채무자에 대하여 면책신청이 있으면 법원은 관재인에 대하여 면책불허가사유의 유무에 관한 조사를 명한다(제560조). 따라서 관재인으로서는 취임 당초부터 채무자에게 면책불허가사유에 해당하는 행위가 있는가 여부에 주의하여 조사를 행하여 둘 필요가 있다.

11. 배당 및 계산보고집회

가. 중간배당이 필요한 경우

(1) 배당재원이 조금이라도 있으면 가능한 한 배당실시함.

(2) 배당실시를 신청하면서 파산관재인의 중간보수도 신청.

나. 배당의 절차

(1) 예납금의 재단편입이 가능한 경우에는 예납금의 재단편입신청서를 법원에 제출한다.

(2) 배당허가신청 – 배당허가신청서를 법원에 제출한다.

⟨중간배당허가신청서⟩에는 ①파산선고일부터 배당허가신청시까지의 수지계산서, ②재단예금잔고(예금통장사본첨부), ③배당에 참가시킬 채권자수 및 채권액, ④배당가능금액, ⑤남은 관재업무의 내용, 처리기간 및 추후 예상되는 재단수집액을 기재한다.

⟨최후배당허가신청서⟩에는 ①파산재단 전부의 환가를 완료한 사실, ②별제권자 및 이의가 진술된 채권자의 처리상황(채권조사확정재판 등), ③재단예금잔고를 기재한다.

(3) 법원의 배당허가 및 관재인보수 결정

(4) 배당표의 작성 – 배당허가를 받은 후 채권표와 대조하여 ⟨배당표⟩를 작성, 법원에 제출한다. 배당표에는 채권을 우선권 유무에 따라서 구별한 다음, 배당에 참가시킬 채권자의 성명, 주소, 채권액 및 배당가능금액을 기재하여야 한다(제507조, 제508조).

① 배당에 참가시킬 채권

– 중간배당의 경우 이의가 진술된 채권으로서 채권조사확정재판을 제기하지 아니한 채권, 별제권부 채권으로서 부족액에 대한 소명이 없는 채권은 배당에서 제외된다. 조건부채권, 장래의 청구권, 채권조사확정재판이 진행 중인 채권, 별제권부 채권으로서 부족액이 소명된 채권의 경우에는 배당에는 참가시키지만 배당액은 임치된다(제519조).

   - 최후배당의 경우에는 위 채권 중에서 배당제외기간 내에 권리행사가
     가능하지 않은 채권(제523조, 제525조)을 배당으로부터 제외한다.
  ② 배당가능금액
   - 중간배당의 경우 장차 배당에 참가할 수 있는 채권을 예상하여 최후
     배당금액을 어느 정도 유보시켜 두어야 한다.
   - 최후배당의 경우에는 추후 절차비용(공고비용, 등기촉탁비용 정도)
     을 제외한 나머지(특히 최후배당허가시부터 배당실시예정일까지 약
     2개월간의 이자를 누락하지 않도록 주의)를 모두 포함시킴으로써
     추가배당이 필요하지 않도록 주의하여야 한다.
(5) 〈배당공고〉 의뢰 - 배당에 참가시킬 채권 총액 및 배당가능한 금액은
    관재인이 공고를 의뢰한다(제509조).
(6) 배당공고게재보고 및 최후배당의 경우 배당제외기간 지정
  ① 배당제외기간(중간배당의 경우 배당공고일부터 14일로 법정되어 있으
     나, 최후배당의 경우 배당공고일부터 14일 이상 30일 이내로 법원이
     정함)과 관련하여 관재인은 배당공고가 게재된 직후에 당해 공고문사
     본을 첨부하여 법원에 보고하고,
  ② 최후배당의 경우에는 법원으로부터 배당제외기간 및 최종 계산보고집
     회기일을 지정받는다.
(7) 배당표의 경정 - 배당공고일부터 배당표에 대한 이의기간(배당제외기간
    경과 후 7일 이내) 사이에 배당표 경정사유(제513조)가 발생한 경우에
    는 배당표를 경정하여 법원에 제출한다.
(8) 〔중간배당의 경우〕 배당률의 결정 - 배당표에 대한 이의기간 경과 후
    바로 배당율을 결정하여 법원의 허가를 받음
(9) 배당통지 - 배당표에 대한 이의기간 경과 후 지체없이 배당통지를 발송
    한다. 이 통지에 의하여 파산채권자는 배당금청구권을 취득한다.
  ① 배당통지에는 배당률, 배당금액, 배당일시·장소, 지급방법 등을 기재
     한다.
  ② 송금의뢰서, 영수증 용지 동봉 - 배당금 지급은 추심채무이므로 원칙
     적으로 파산채권자가 관재인 사무소에 와서 수령하여야 하지만, 실무
     상 관재인·파산채권자 모두의 편의를 위하여 배당금을 파산채권자 은
     행구좌에 입금시키는 절차로 처리하는 경우가 대부분이므로(송금비용

은 파산채권자 부담), 배당통지를 할 때에는 동시에 송금(은행구좌입금)의뢰서, 영수증 용지를 동봉하여 발송하고, 어음 등 채권증서를 제출하도록 통지한다. 한편, 송금의뢰서, 영수증에 날인된 인감은 채권신고시에 이용된 인감과 동일 인감을 사용하도록 주의를 환기시킨다.

③ 최후배당을 통지할 때에는 최종의 계산보고집회를 지정받아 그 소환도 겸하도록 한다.

(10) 배당금의 지급·공탁 - 송금절차 등에 의하여 지급하고, 구좌신고가 없는 경우에는 임치은행 발행 수표로 지급하며, 아직 채권확정소송 계속 등으로 임치되어 있는 배당액 및 채권자가 영수하지 아니한 배당액은 공탁한다(제528조). 파산채권자가 채권증서(어음 등)를 분실한 경우에도 제권판결을 취득할 때까지 배당액을 공탁한다.

(11) 배당실시보고 및 파산채권자표 기재 - 배당금 지급·공탁으로 배당이 완료한 때에는 영수증 사본, 공탁서 원본을 첨부하여 법원에 배당실시보고서를 제출하고, 파산채권자표 및 채권증서에 배당액을 기입하고 기명날인한다(제517조②).

다. 계산보고집회

(1) 최후배당 종료 후 계산보고집회 3일 전까지 법원에 〈최종계산보고서〉를 제출한다.

(2) 집회시에 계산보고를 한다(실무상 계산보고집회에 파산채권자가 출석하는 예는 거의 없음).

(3) 최종계산보고서가 채권자집회에서 이의 없이 통과되면 관재인의 임무는 성공적으로 종료된다.

12. 파산절차 종결 후의 잔무

가. 파산종결결정과 그 효과

계산보고를 위한 채권자집회에서 최종계산보고서가 이의없이 승인되면, 법원은 파산종결결정을 하고 그 주문과 이유의 요지를 공고한다. 이 공고에 의하여 파산종결의 효과가 생긴다. 관재인의 임무는 기본적으로 파산종결에 의하여 종료하고, 채무자·파산채권자에 대하여 면책된다. 다만 관재인에게는 다음의 잔무가 남아 있다.

나. 관재인의 잔무

(1) 관재인의 긴급처분(제366조) - 급박한 사정이 있는 때에는 채무자의 재산관리가 가능하게 될 때까지 관재인은 파산재단 및 이해관계인에게 불측의 손해를 입히지 않도록 필요한 긴급처분을 하여야 한다. 그 비용은 재단채권으로서 청구할 수 있고(제473조 제 6 호), 보수청구권도 발생한다.
(2) 추가배당(제531조 제 1 항 제 2 문) - 파산종결결정 후에 새로 배당에 충당할 재산이 생긴 경우 추가배당을 하여야 한다.
(3) 상업장부 등의 보관 - 『파산종결시 중요서류 처리요령(파산실무준칙 제 6 호)』에 의하여 처리한다.

[참고자료 2] 파산보조인에 대한 상여금 지급요령
서울중앙지방법원 파산부 파산실무준칙 제 2 호

파산보조인에 대한 상여금 지급요령

2000. 7. 12. 시행
2011. 1. 24. 개정

제 1 조(목적) 이 준칙은 보조인이 파산관재인의 직무수행을 보조하는 과정에서 파산절차의 조기종결과 파산채권자에 대한 배당을 극대화하는 데 기여한 보조인에게 상여금을 지급함으로써 보조인의 사기를 진작시키고 관재업무의 효율성을 높이는 것을 목적으로 한다.

제 2 조(상여금의 종류) 이 준칙에 따라 보조인에게 지급되는 상여금은 파산재단의 자산수집에 특별한 공로가 있을 때 지급되는 공로상여금으로 한정한다.

제 3 조(공로상여금의 지급요건) 파산관재인은 파산재단에 여력이 있고 다음 각 호에 해당하는 사유가 있는 경우에는 아래와 같은 방법으로 정한 금액의 범위 안에서 법원의 허가를 받아 보조인에게 공로상여금을 지급할 수 있다.

1. 보조인이 파산재단에 속한 부동산이나 동산을 예정가(원칙적으로 감정가를 말하며 감정가가 없는 경우 토지는 공시지가를, 건물은 장부가 내지 기타 적정한 방법으로 시가를 반영하는 것을 말한다. 동산의 경우도 이에 준한다) 이상으로 환가・처분한 경우에는 예정가와의 차액을 기준으로 하여 다음과 같은 상여금을 지급한다. 2인 이상의 보조인이 공동으로 환가업무를 수행한 경우에 각자에게 지급하는 상여금의 합산액은 각자에게 지급할 상여금의 평균액에 2배를 곱한 금액을 초과할 수 없다{예컨대, 갑・을・병 3인이 공동으로 10억 원 상당의 부동산을 16억 원에 환가하였고 그들의 월 보수가 각각 500・300・100만 원인 경우 그들에게 지급하는 상여금의 합산액은 (500 + 300 + 100) ÷ 3 × 2 =

600만 원 이내}.

　가. 차액이 1억 원 이하인 경우 월 보수의 30%

　나. 차액이 1억 원 이상 3억 원 미만인 경우 월 보수의 50%

　다. 차액이 3억 원 이상 5억 원 미만인 경우 월 보수의 70%

　라. 차액이 5억 원 이상 8억 원 미만인 경우 월 보수의 100%

　마. 차액이 8억 원 이상 20억 원 미만인 경우 월 보수의 150%

　바. 차액이 20억 원 이상인 경우 월 보수의 200%

2. 보조인이 부실채권(파산선고 이전에 이미 대손상각된 채권과 원금이 전액 변제되고 남은 이자 등 채권을 말한다)을 회수한 경우에는 회수금액을 기준으로 하여 다음과 같이 산정한 상여금을 지급하되, 회수금액이 2,000만 원 또는 5,000만 원을 초과하기 때문에 오히려 상여금을 덜 받게 되는 경우에는 2,000만 원 또는 5,000만 원을 회수한 것으로 간주하여 상여금을 계산한다(예컨대, 금 2,200만 원을 회수한 경우 아래 나.호를 적용하여 상여금을 계산하면 금 2,000만 원을 회수한 경우보다 오히려 상여금을 덜 받게 되는 불합리가 있으므로 금 2,000만 원을 회수한 것으로 간주하여 아래 가.호를 적용함). 2인 이상의 보조인이 공동으로 부실채권 회수업무를 수행한 경우에도 위와 같다.

　가. 회수금액이 2,000만 원 이하인 경우 회수금액의 20%

　나. 회수금액이 2,000만 원 초과 5,000만 원 이하인 경우 회수금액의 15%

　다. 회수금액이 5,000만 원 초과 1억 원 이하인 경우 회수금액의 10%

　라. 회수금액이 1억 원을 초과하는 경우 회수금액에 관계없이 1,000만 원

3. 위 제1, 2항 이외에 보조인이 파산재단의 환가 또는 수집에 특별한 공로가 있다고 인정되는 경우에는 월 보수의 100%를 한도로 하여 공로상여금을 지급할 수 있다.

제4조(신청절차) 파산관재인은 보조인들의 업무수행 결과 공로상여금의 지급사유가 있다고 판단되는 경우에는 1개월 이내에 상세한 소명자료를 첨부하여 법원에 상여금의 지급을 신청할 수 있다.

제 5 조(법원의 허가시 참작할 사항) 법원은 보조인에게 공로상여금의 지급을 허가함에 있어 지급사유의 유무를 엄격히 심사하여야 하고, 월 보수, 기 지급된 상여금 액수, 파산재단의 여력, 다른 파산재단과의 균형, 그밖에 여러 가지 사정을 고려하여 적정한 금액으로 감액할 수 있다.

부 칙

① 이 준칙은 2000. 7. 12.부터 시행한다.

부 칙 (2001. 11. 14.)

① 이 준칙은 개정일 즉시 시행한다.

부 칙 (2011. 1. 24.)

① 이 준칙은 개정일 즉시 시행한다.

[참고자료 3] 파산관재인의 보수산정 기준
서울중앙지방법원 파산부 파산실무준칙 제4호

파산관재인의 보수산정 기준

2001. 11. 1. 시행
2002. 1. 2. 개정
2006. 4. 1. 개정
2008. 1. 2. 개정

제1조(목적) 이 준칙은 파산관재인의 보수산정방법을 정함으로써 파산관재인에 대하여 적정한 보수가 지급되도록 함을 목적으로 한다.

제2조(보수의 지급시기) ① 제1회 채권자집회를 종료한 직후 파산관재인에 대하여 선보수를 지급한다.
② 영업을 계속하지 않는 채무자의 파산관재인에 대해서는 선보수 지급 후 매회 배당이 이루어질 때마다 중간보수를 지급하고 파산절차 종결시 최종보수를 정산한다.
③ 영업을 계속하는 채무자의 파산관재인에 대해서는 선보수 지급 후 매 분기 마지막 달마다 중간보수를 지급하고 파산절차 종결시 최종보수를 정산한다. 그러나 매 분기 지급되는 중간보수는 파산선고일부터 2년을 넘지 못한다. 다만 관재업무의 복잡성, 환가진행의 정도 등을 고려하여 1년의 범위 내에서 연장할 수 있다.(2002. 1. 2. 개정)
④ 파산관재인이 중도에 사임하거나 해임되는 경우에도 최종보수를 정산한다.

제3조(선보수) 파산관재인에게 지급되는 선보수는 3,000만 원 이하의 범위에서 파산재단의 규모, 채권조사의 난이도, 채권자집회 준비과정 등을 고려하여 결정한다.(2006. 4. 1. 개정)

제4조(중간보수의 산정) ① 중간보수는 위 제2조 제2항의 경우에는 중간배당시까지 총 수집액, 위 제2조 제3항의 경우에는 매 분기 말까지 총 수집액에 의하여 보수산정표상의 기준보수를 산정한 다음, 아래 각 호의

항목을 합산하거나 차감하여 결정한다.

i) 파산관재인이 개인적으로 파산재단이나 보조인을 위하여 비용을 지출한 경우 경조사비용은 지출액의 75%, 식대류는 지출액의 50% 범위 내에서 적정한 금액을 합산함.

ii) 파산관재인이 직접 소송수행을 한 경우 아래 표에 따라 산정된 금액을 합산함.(2002. 1. 2. 개정)

소송물가액	보 수	소송물가액	보 수
1,000만 원까지	65만 원	10억 원초과 - 100억 원까지	500만 원-750만 원
1,000만 원 초과 - 1억까지	65만 원-250만 원	100억 원초과 - 500억 원까지	750만 원-1,000만 원
1억 초과 - 5억 원까지	250만 원-300만 원	500억 원초과	1,000만 원-1,500만 원
5억 원초과 - 10억 원까지	300만 원-500만 원		

조정이나 화해·행정심판 등의 사건도 위에 준하나, 보전처분 등 신청사건(심문이나 변론이 열리지 않은 사건 제외), 그 명령에 대한 이의 및 취소의 신청사건, 본안사건 중 파산관재인이 변론 및 준비기일에 직접 법정에 출석한 공시송달이나 의제자백사건 및 절차가 진행되다 취하된 사건의 경우는 위 각 금액의 1/2. 단, 파산재단의 규모, 사건의 난이도 등을 고려하여 적절히 가감할 수 있음.(2006. 4. 1. 개정, 2008. 1. 2. 개정)

iii) 파산관재인이 이미 지급받은 보수가 있는 경우

기지급된 보수액 중 선보수와 보수산정표에 따라 산정된 기준보수에 해당하는 금액은 차감함.

② 영업을 계속하는 채무자의 파산관재인에 대해서는 총 예상 환가금액을 수집액으로 보아 별지 기준보수표상의 기준보수를 산정한 다음, 이를 예상 소요기간으로 나누어 매 분기 말에 지급할 수 있다. 이 경우 위 1항의 가감사유는 년 말분 보수지급시 포함하여 산정한다.

③ 법원은 중간보수를 지급하기 위하여 별지 제1양식의 공문을 파산관재인에게 보내어 보수산정에 필요한 자료의 제출을 요청할 수 있다.

제5조(최종보수의 산정) ① 최종보수는 최후 배당시까지 총 수집액에 의하여

별지 보수산정표에 따라 기준보수를 산정하고(다만, 영업을 계속하거나 건설·제조업체 등과 같이 관재업무가 복잡하고 어려운 경우 기준보수는 보수산정표에 따라 계산된 기준보수에 1/2 범위 안에서 적정한 금액을 가산하여 정할 수 있다), 아래의 각 호를 고려하여 기준보수의 25%의 범위 안에서 적정한 금액을 가산한 다음, 제 4 조 제 1 항의 항목을 가감하여 정한다.

1. 채권의 종류 및 채권자의 수
2. 관재업무 수행기간과 배당 횟수
3. 환가업무의 구체적 내용과 난이도
4. 파산업무를 위하여 행한 법률적 검토 내용과 횟수
5. 파산업무를 위한 근무장소, 근무형태, 본 업무에 미친 영향
6. 파산관재인 정기보고서의 제출 누락 여부 및 작성 수준, 법원이 요청하는 각종 보고서의 제출정도와 파산관재인회의 참석 정도
7. 예상 배당률과 실제 배당률의 차이
8. 보조인들의 월 보수와 인원수
9. 기타 관재업무와 관련하여 파산관재인 보수 결정에 필요한 사항

② 법원은 최종보수를 산정하기 위하여 별지 2양식의 공문을 파산관재인에게 보내어 보수산정에 필요한 자료를 수집할 수 있다.

제 6 조(특별보수) ① 파산관재인이 환가에 이례적인 성과(예: 부동산 위에 설정된 담보권의 피담보채권 총액이 부동산의 시가를 초과함에도 부동산 매각대금의 일부를 파산재단에 유입시키는 협상에 성공한 경우 등)를 거두는 등 파산재단의 재산증식에 특별한 기여를 하거나 영업양도나 기업인수합병에 성공하여 파산절차를 조기에 종결한 경우 파산관재인에게 특별보수를 지급할 수 있다.

② 특별환가로 인한 특별보수는 이익금액의 20% 범위 내, 파산절차의 조기 종결로 인한 특별보수는 기준보수(1/2 가산되는 경우는 가산된 기준보수를 말한다)의 50% 범위 내에서 제반사정을 고려하여 정한다.

③ 파산관재인은 특별보수를 지급받을 수 있는 사유가 발생한 경우 즉시 또는 제 4 조나 제 6 조의 보수신청시 소명자료를 첨부하여 특별보수의 지급을 신청한다.

제 7 조(중도 선임된 파산관재인의 보수) 파산관재인이 중간에 사임 또는 해임되어 새로운 파산관재인이 선임되는 경우 그 기준보수를 정함에 있어 보수산정표상의 수집액은 당해 파산관재인이 수집한 액을 기준으로 산정한다.

제 8 조(공동 파산관재인의 보수) 파산관재인이 수인인 경우 보수는 1인의 경우를 기준으로 하여 산정한 다음 파산관재인의 인원수로 나누어 지급함을 원칙으로 한다.

제 9 조(재단채권자에 대한 배당이 실시된 경우) 파산재단이 부족하여 파산채권자들에게 전혀 배당하지 못하고 재단채권자에 대한 변제나 배당만으로 파산절차가 종결되는 경우에도 성질에 반하지 않는 한 제 2 조 내지 제 8 조의 규정을 준용한다.

〔부   칙〕
1. 이 준칙은 이미 파산이 선고된 사건에도 적용한다.

〔부   칙 (2002. 1. 2. 개정)〕
1. 이 준칙은 개정일부터 시행한다.

〔부   칙 (2006. 4. 1. 개정)〕
1. 이 준칙은 개정일부터 시행한다.

〔부   칙 (2008. 1. 2. 개정)〕
1. 이 준칙은 개정일부터 시행한다.

[보수산정표](2006. 4. 1. 개정)

중간보수와 최종보수 산정의 기초가 되는 기준보수의 산정은 아래와 같이 한다.

※ 산식 : 기준보수 = ③+(④-③)×{(실수집액-①) / (②-①)}

①수집액(이상)	②수집액(미만)	③보수(이상)	④보수(미만)
0	1억	3백만(0.03억)	7백만(0.07억)
1억	2억	7백만(0.07억)	1,000만(0.1억)
2억	10억	1,000만(0.1억)	1,500만(0.15억)
10억	30억	1,500만(0.15억)	2,000만(0.2억)
30억	100억	2,000만(0.2억)	3,000만(0.3억)
100억	200억	3,000만(0.3억)	4,000만(0.4억)
200억	500억	4,000만(0.4억)	5,000만(0.5억)
500억	1,000억	5,000만(0.5억)	6,000만(0.6억)
1,000억	2,000억	6,000만(0.6억)	7,000만(0.7억)
2,000억	5,000억	7,000만(0.7억)	9,700만(0.97억)
5,000억	1조	9,700만(0.97억)	1억 3,200만(1.32억)
1조	2조	1억 3,200만(1.32억)	1억 8,200만(1.82억)
2조	3조	1억 8,200만(1.82억)	2억 1,200만(2.12억)

① 각 중간배당 또는 최후 배당을 할 경우 그 때까지 수집된 금액의 합산액을 기준으로 하여 기준보수를 정한다. 매 분기 말에 보수를 산정할 경우 역시 그 때까지 수집된 금액의 합산액을 기준으로 한다.

② 수집액은 파산관재인이 환가하여 금전화한 것을 말하며, 파산선고 당시 이미 현금이나 현금 등가물과 같이 이미 현금화 되어 있거나 즉시 현금화가 가능한 것과 계약이전명령 등에 따라 한아름종금사 등 가교금융기관이나 예금보험공사 등으로부터 대금조로 받은 것은 제외한다. 다만 이미 지급된 중간보수 산정시 그와 같은 금액이 일부 포함된 사건의 경우는 종결시까지 이를 유지한다.

[별지 제1양식] 중간보수 공문

서 울 중 앙 지 방 법 원
제 12 파 산 부

우)137-737 서초구 서초중앙로 157 / ☎ 530-○○○○ / 팩스 530-○○○○ / 담당 : ○○○판사

시 행 일 자	2014. ○. ○.	
수 신	채무자 ○○○(주) 파산관재인 △△△	
참 조	담당자 ○○○	
제 목	보수결정을 위한 소명자료 제출요청	

1. 채무자 ○○○(주)에 관한 이 법원 2014하합○○○호 파산선고 사건 관련입니다.
2. 제2차 중간배당에 따른 파산관재인의 보수결정에 필요하오니 아래의 사항에 대한 답변을 기재한 보정서를 늦어도 2014. ○○. ○○.까지 제출하시기 바랍니다.

아　　　래

(1) 제2차 배당까지 총 수집재단의 액수(파산관재인이 환가하여 배당재원으로 쓸 수 있도록 만들어 놓은 자산을 말합니다. 파산재단이 본래부터 현금이나 예금 형태로 가지고 있어 즉시배당재원으로 쓸 수 있었던 것과 금융산업의 구조개선에 관한 법률 등에 의한 계약이전명령에 따라 한아름종금사 등으로부터 대금조로 받은 것이어서 별다른 환가절차가 필요하지 않았던 금액은 그 액수와 보유기간을 별도로 표시하여 주기 바랍니다).
(2) 파산관재인이 직접 채무자의 소송을 수행한 사건이 있다면 그 건수(각 심급별로 선고·고지된 판결문 내지 결정문·화해조서 등 첨부요. 가압류 등 신청사건도 첨부하십시오. 그러나 소장이나 경매신청서 등을 법무사나 외부인에게 비용을 지급하고 작성하고 진행과정도 직원이 출석하는 등 파산관재인이 실질적인 관여를 하지 않은 경우는 제외 하십시요)
(3) 보조인들의 후생·복리를 위하여 개인적으로 지출한 비용이 있다면 그 일자와 액수 및 내용
(4) 지금까지 선급보수를 받은 바 있다면 그 일자와 액수

재 판 장 　 판 사 　 　 ○ 　 ○ 　 ○

[별지 제2양식] 최종보수 공문

서 울 중 앙 지 방 법 원
제 12 파 산 부

우)137-737 서초구 서초중앙로 157 / ☎ 530-○○○○ / 팩스 530-○○○○ / 담당 : ○○○판사

시 행 일 자	2014. ○. ○.
수　　　신	채무자 ○○○(주) 파산관재인 △△△
참　　　조	담당자 ○○○
제　　　목	보수결정을 위한 소명자료 제출요청

1. 채무자 ○○○(주)에 관한 이 법원 2014하합○○○호 파산사건 관련입니다.
2. 파산관재인이 최종 보수결정에 필요하오니 아래의 사항에 대한 답변을 기재한 보정서를 늦어도 2014. ○○. ○○.까지 제출하시기 바랍니다.

아　　래

(1) 파산일자, 파산 당시 자산과 부채
(2) 수집재단의 액수(파산관재인이 환가하여 배당재원으로 쓸 수 있도록 만든 파산이후 현재까지 총 자산을 말합니다. 본래부터 파산재단이 현금이나 예금과 같이 즉시 배당재원으로 쓸 수 있던 것과 계약이전명령에 따라 한아름종금사 등 가교 금융기관 등으로부터 대금조로 받은 것이어서 별다른 환가절차가 필요하지 않았던 금액은 제외하여 주십시오).
(3) 관재업무의 수행기간, 채권자 및 보조인의 수(보조인의 수가 변동하였다면 변동 순서대로 기재하시기 바랍니다)
(4) 환가업무의 구체적인 내용(부동산매각인지, 채권추심인지 등) 및 영업계속의 여부
(5) 제1회 채권자집회 당시 예상한 수집액과 현 시점에서 실제로 수집한 액수
(6) 제1회 채권자집회 당시 예상한 배당률과 현 시점에서 가능한 배당률
(7) 중간 배당을 한 사실이 있다면 그 일자와 수집액, 배당금액, 배당률
(8) 파산관재인이 직접 채무자의 소송을 수행한 사건이 있다면 그 건수(각 심급별로 선고·고지된 판결문 내지 결정문·화해조서 등 첨부요. 가압류 등 신청사건도 첨부하십시오. 심급별로 소액단독·중액단독·고액단독·합의부 사건으로 나누어 정리하십시오. 그러나 소장이나 경매신청서 등을 법무사나 외부인에게 비용을 지급하고 작성하고 진행과정도 직원이 출석하는 등 파산관재인이 실질적인 관여를 하지 않은 경우는 제외 하십시오)
(9) 선급보수를 받은 바 있다면 그 일자와 액수
(10) 파산업무를 처리하면서 법률적 검토를 하였던 것 중 문서화 한 것(허가신청서 등을 작성하면서 그 허가서에 첨부 내지 첨가된 의견도 포함, 가급적 그 사본을 첨부하여 주십시오)
(11) 파산업무를 처리하기 위한 근무형태(파산재단에 상근하는지 아니면 1주일 중 며칠이나 출근하고 몇 시간 정도 업무처리를 하시는지, 출근하지 아니하는 경우에는 1일 평균 몇 시간 정도 파산업무를 처리하는데 소요하는지) 및 본래 업무에 어느 정도 영향을 미쳤는지
(12) 보조인들의 후생·복리를 위하여 개인적으로 지출한 비용이 있다면 그 액수
(13) 환가업무 중 특히 어려움을 겪었던 사항이 있었다면 그 구체적인 내용은

재판장　판사　○　○　○

[참고자료 4] 파산종결시 중요서류 처리요령

서울중앙지방법원 파산부 파산실무준칙 제6호

파산종결시 중요서류 처리요령

2006. 4. 1. 시행

2008. 6. 13. 개정

제1조(목적) 이 준칙은 파산종결 업무가 원활하게 진행되도록 종결 당시 파산재단이 보유하고 있는 중요서류의 처리지침을 정하는 데에 그 목적이 있다.

제2조(보존인과 보존방법 등채무자반환 불능의 경우의 처리) ① 파산관재인은 별표에 따라 분류한 중요서류에 대하여 파산종결에 앞서 법원에 보존인과 보존방법을 정하는 신청을 하여야 한다.

② 원칙적으로 파산관재인을 중요서류의 보존인으로 정하되, 보존인으로 선임되는 데에 관하여 제3자가 미리 동의를 한 경우 제3자를 보존인으로 정할 수 있다.

③ 중요서류는 보존인의 사무소나 주거에서 보관하는 것을 원칙으로 하되, 중요서류를 직접 보관하는 것이 적절하지 아니할 때에는 적정한 수치인을 미리 선정하여 그와 체결하게 될 보관계약의 내용에 관하여 법원의 허가를 받아야 한다.

④ 파산관재인이 분류한 중요서류의 보관기간은 파산종결일로부터 기산하며 별표와 같다.

⑤ 파산관재인은 별표에 따라 분류한 일반서류에 대하여는 폐기허가 신청을 하여야 한다.

제3조(비용 선급) 파산관재인은 제2조 제3항의 허가를 얻은 보관계약에서 정한 보관비용에 대하여 재단채권의 승인을 얻어 수치인에게 이를 선급하여야 한다.

제4조(문서의 열람) 보관계약에는 보관기간 중 수치인에 대하여 이해관계인으로부터 문서열람 요청이 있는 경우 수치인이 이를 보존인에게 즉시 통보할 것과

보존인의 허가를 얻은 범위에 한하여 열람을 허용할 것을 약정해 두어야 한다.

제 5 조(인사관련 서류의 보관) 파산관재인은 보조인으로 종사하였던 자에 대한 경력증명 업무에 필요한 범위 내에서 인사관련 서류를 전산보관 등 적절한 방법으로 파산종결일로부터 5년간 직접 보관하여야 한다.

제 6 조(이시폐지에의 준용) 이 준칙은 이시폐지에 의하여 파산절차가 종료하는 경우에 준용한다.

부　칙

1. 이 준칙은 이미 파산이 선고된 사건에도 적용한다.

부　칙 (2008. 6. 13. 개정)

1. 이 준칙은 개정일부터 시행한다.

잔류문서 보관 · 폐기 분류기준

문서분류	보관기간	문서명
중요문서 (보관)	10년	결산관계 서류철 (감가상각 서류철 및 대차대조표 및 손익계산서 포함)
		잔류문서보관 관련문서 (보관계약서, 보관내역, 폐기각서 등)
		기타 이에 준하는 문서
	5년	회사 설립 인가 및 청산관련 서류
		경비지출 증빙 서류철
		가지급금 원장, 대여금원장 등 각종 원장, 전표철
		채권보전조치 관련서류철
		근저당권 설정해지 서류철
		소송관련 서류철
		받을 채권 관련 서류철 (채무완제 및 감면 서류철, 채무인수 서류철)
		재단채권 변제서류철
		파산관재인 직인 날인부 및 법인인감 사용기록부
		파산관재인 보고서철 및 시부인표철
		사무인수인계 서류철
		계산보고 및 배당관련 서류철
		파산신청관련 서류철
		채권신고서
		등기접수부 및 발송대장
		이사회 회의록, 정기총회 의사록
		부외자산관리대장
		세무관련 서류철
		기타 이에 준하는 문서

문서분류	문서명
일반문서 (폐기)	감사위원 포괄동의 처리 실적 보고
	파산 재단 상황조사 서류철
	비품 및 집기대장, 급여대장
	가결산 관련 서류철(일일결산표 등)
	참고 도서 및 관보, 간행물, 법규집
	출근부, 시간외 근무 명령부, 근태관련 서류철
	복지사업관련 서류철(고용, 의료, 연금관련 등)
	대내외 잡서류(안내문, 단순통지문)
	업무편람, 각종원장 및 보조부
	직원 업무분장 관련 서류철
	기타 이에 준하는 문서

[참고자료 5] 소송위임과 선임료 추가 안내

서 울 지 방 법 원
제 2 파 산 부

시 행 일 자   2002. 1. 9.
수   신   각 파산관재인
참   조
제   목   소송위임과 선임료 추가 안내

1. 지난 2002. 1. 2.자로 "소송의 위임 및 파산관재인 보수산정 기준 변경안
   내"라는 공문과 관련하여 다음 사항을 고려하시어 업무를 처리하시기 바랍니
   다.

◇ 다   음 ◇

(1) 파산관재인이 소송을 직접 수행하지 아니하고 제3자에게 위임하는 경우
    선임료는 대법원 규칙에 의하되, 이는 착수금만을 말하는 것이고 성공보수
    는 착수금을 기준으로 약정하시기 바랍니다. 다만 성공보수를 정함에 있어
    단순히 승소비율만으로 정할 것이 아니라 사건의 난이도, 예상 소요기간
    등을 고려하여 정하시기 바랍니다.

(2) 법무법인 소속 파산관재인이 해당 법무법인에게 소송을 위임할 경우에는
    그 필요성에 대한 구체적인 사정을 기재하여 주시고(예 : 이미 사건을 계
    속적으로 검토하여 오고 있는 것이어서 제3자에게 위임함이 비효율적이라
    거나 법원의 보수기준으로는 적정한 수임인을 찾을 수 없는 경우 등) 보수
    는 파산관재인이 직접 소송을 수행하는 경우를 기준으로 정해주시기 바랍
    니다.

[참고자료 6] 근로기준법상 제수당의 지급요령

서 울 지 방 법 원
제 2 파 산 부

시 행 일 자   2000. 7. 4.
수   신   각 파산관재인
참   조   각 파산재단 수석보조인
제   목   근로기준법상 제수당의 지급요령

1. 각 파산재단 사이에 연·월차 휴가근로수당 등의 지급에 혼선이 있는바 파산관재인께서는 다음의 요령에 의하여 처리하여 주시기 바랍니다.

다   음

(1) 먼저 근로기준법상 연·월차 휴가근로수당의 산정 기준이 되는 근로기준법상 통상임금이라 함은 "근로의 양 및 질에 관계되는 근로의 대상으로서 실제 근무일수나 수령액에 구애됨이 없이 정기적·일률적으로 1 임금산정기간에 지급하기로 정하여진 고정급 임금"을 말합니다.

(2) 근로자가 1개월 간 개근한 경우 1일의 유급휴가를 주어야하고 근로자는 1년간 적치하거나 분할하여 유급휴가를 사용할 수 있으므로(근로기준법 제57조), 근로자는 원칙적으로 다음 달 1월 1일 자로 월차유급휴가청구권을 취득하고 이를 1년간 행사하지 않고 1년이 경과함으로써 비로소 월차휴가근로수당인 임금을 청구할 수 있다 할 것입니다. 그러나 파산재단의 경우는 단기로 고용계약을 체결하는 특성상 매 계약기간이 종료할 때마다 월차휴가근로수당을 정산할 필요성이 있을 것입니다.

(3) 근로자가 1년간 개근한 경우는 10일, 9할 이상 출근한 경우는 8일의 유급휴가를 주어야 하고, 2년간 계속근로한 경우는 1년을 초과하는 계속근로연수 1년에 대하여 1일을 가산하여 유급휴가를 주어야 하며, 근로자가 1년간 이를 행사하지 아니하면 소멸되므로(근로기준법 제59조), 근로자는 1년 근무에 따른 연차유급휴가청구권을 다음 해 1월 1일 자로 비로소 취득하고 그럼에도 휴가를 가지 않고 근로를 하여 12월 31일이 경과함으로써 연차휴가근로수당인 임금을 청구할 수 있는 것입니

다. 따라서 각 파산재단의 경우는 파산시점을 기준으로 2년말에 가서야 연차휴가근로수당을 청구할 수 있는 것입니다.

(4) 그리고 근로자에 대하여 연·월차 휴가근로수당을 지급해야 될 경우 통상임금을 산정할 때 다음의 점을 유의하시기 바랍니다(대법원 1991. 6. 28. 선고 90다카14785 판결, 대법원 1995. 6. 29. 선고 94다18553 판결, 대법원 1998. 4. 24. 선고 97다28421 판결 등 다수 참조).

   (가) 근로자에 대한 임금이 월급으로 지급될 경우 월급 통상임금에는 근로기준법 소정의 유급휴일에 대한 임금도 포함되어 있는 것이므로, 월급 통상임금을 월 소정 근로시간수로 나누는 방법에 의하여 시간급 통상임금을 산정함에 있어서는 월 유급휴일에 해당하는 근로시간수도 월 소정 근로시간수에 포함되어야 합니다.

   (나) 따라서 통상적으로 1주일 근무시간이 44시간인[1] 경우 시간급 통상임금은 월급금액을 월평균 소정 근로시간수{44시간 × 365/ (12×7)}와 월평균 주휴일 해당 근로시간수{8시간 × 365/ (12×7)}를 합산한 225.95시간(소숫점 두자리 이하는 버림)으로 나눈 금액입니다(시간급통상임금 = 월급금액 ÷ 225.95).

(5) 끝으로 근로기준법보다 할증된 연·월차 휴가근로수당의 지급을 약정한 파산관재인께서는 앞으로 계약기간 만료로 다시 계약을 체결할 경우에는 그러한 규정을 삭제하시고 "연·월차 수당은 근로기준법에 따라 지급한다"라는 취지로 약정하시기 바랍니다.

---

[1] 2003. 9. 15. 개정 이후의 근로기준법은 1주간의 근로시간은 휴게시간을 제외하고 40시간을 초과할 수 없다고 규정하고 있으나, 취업규칙 등에서 단축되는 4시간을 유급으로 처리할 경우에는 위 논의가 그대로 타당하다.

[참고자료 7] 중도 퇴직자에 대한 연차휴가근로수당 지급 요령

서 울 지 방 법 원
제 2 파 산 부

시 행 일 자　　2001. 2. 1.
수　　　　신　　각 파산관재인
참　　　　조　　각 파산재단 수석보조인
제　　　　목　　중도 퇴직자에 대한 연차휴가근로수당 지급 요령

1. 근로자가 1년간 개근한 경우에는 10일, 9할 이상 출근한 경우에는 8일의 유급휴가를 주어야 하고, 2년간 계속근로한 경우에는 1년을 초과하는 계속근로연수 1년에 대하여 1일을 가산하여 유급휴가를 주어야 하며, 근로자가 1년간 이를 행사하지 아니하면 소멸되므로(근로기준법 제59조), 근로자는 1년 근무에 따른 연차유급휴가청구권을 다음 해 1월 1일 자로 비로소 취득하게 됩니다.

2. 그럼에도 그로부터 1년 안에 휴가를 가지 않고 근로를 하여 그 해 12월 31일이 경과하면 연차휴가근로수당인 임금을 청구할 수 있고, 따라서 각 파산재단의 경우는 파산시점을 기준으로 2년말에 가서야 연차휴가근로수당을 청구할 수 있는 것이 원칙입니다.

3. 다만 2항의 경우, 그로부터 1년 안에 휴가를 가지 않고 근로를 하다가 연말이 되기 전에 퇴직 등을 함으로써 더 이상 연차휴가를 사용하지 못하게 되는 것이 확정된 경우에는, 연말까지 기다리지 않고 바로 휴가권이 소멸하는 대신에 연차휴가일수에 상응하는 연차휴가근로수당을 청구할 수 있는 권리가 발생하므로 이를 지급해야 합니다(대법원 2000. 12. 2. 선고 99다10806 판결 등 참조). 이 점을 특히 유념하여 처리하시기 바랍니다.

[참고자료 8] 근로기준법상 제수당의 지급요령 재 숙지 요망

서 울 지 방 법 원
제 2 파 산 부

시 행 일 자	2001. 1. 19.
수 신	각 파산관재인
참 조	각 파산재단 수석보조인
제 목	근로기준법상 제수당의 지급요령 재 숙지 요망

1. 지난 2000. 7. 4. 각 파산관재인에게 근로기준법상 제수당의 지급요령을 송달한 바 있습니다만 파산재단에 따라 이를 숙지하지 못하여 연·월차 휴가 근로수당 등의 지급에 혼선이 있는바 다시 그 내용을 보내드리오니 파산관재 인께서는 다음의 요령에 의하여 처리하여 주시기 바랍니다.(특히 파산전 근무기간을 계속 근무기간으로 포함하는 일이 없도록 하시기 바랍니다. 이를 계속근무기간으로 보아 최초 보조인 선임일로부터 2년이 되지 아니한 상태 에서 연차휴가 근로수당을 지급한 파산재단은 이를 법원에 보고하여 주시기 바랍니다.)

다   음

(1) 먼저 근로기준법상 연·월차 휴가근로수당의 산정 기준이 되는 근로기 준법상 통상임금이라 함은 "근로의 양 및 질에 관계되는 근로의 대상으 로서 실제 근무일수나 수령액에 구애됨이 없이 정기적·일률적으로 1 임금산정기간에 지급하기로 정하여진 고정급 임금"을 말합니다.

(2) 근로자가 1개월 간 개근한 경우 1일의 유급휴가를 주어야하고 근로자 는 1년간 적치하거나 분할하여 유급휴가를 사용할 수 있으므로(근로기 준법 제57조), 근로자는 원칙적으로 다음 달 1월 1일 자로 월차유급휴 가청구권을 취득하고 이를 1년간 행사하지 않고 1년이 경과함으로써 비로소 월차휴가근로수당인 임금을 청구할 수 있다 할 것입니다. 그러 나 파산재단의 경우는 단기로 고용계약을 체결하는 특성상 매 계약기간 이 종료할 때마다 월차휴가근로수당을 정산할 필요성이 있을 것입니다.

(3) 근로자가 1년간 개근한 경우는 10일, 9할 이상 출근한 경우는 8일의

유급휴가를 주어야 하고, 2년간 계속근로한 경우는 1년을 초과하는 계속근로연수 1년에 대하여 1일을 가산하여 유급휴가를 주어야 하며, 근로자가 1년간 이를 행사하지 아니하면 소멸되므로(근로기준법 제59조), 근로자는 1년 근무에 따른 연차유급휴가청구권을 다음 해 1월 1일 자로 비로소 취득하고 그럼에도 휴가를 가지 않고 근로를 하여 12월 31일이 경과함으로써 연차휴가근로수당인 임금을 청구할 수 있는 것입니다. 따라서 각 파산재단의 경우는 파산시점을 기준으로 2년말에 가서야 연차휴가근로수당을 청구할 수 있는 것입니다.

(4) 그리고 근로자에 대하여 연·월차 휴가근로수당을 지급해야 될 경우 통상임금을 산정할 때 다음의 점을 유의하시기 바랍니다(대법원 1991. 6. 28. 선고 90다카14785 판결, 대법원 1995. 6. 29. 선고 94다18553 판결, 대법원 1998. 4. 24. 선고 97다28421 판결 등 다수 참조).

(가) 근로자에 대한 임금이 월급으로 지급될 경우 월급 통상임금에는 근로기준법 소정의 유급휴일에 대한 임금도 포함되어 있는 것이므로, 월급 통상임금을 월 소정 근로시간수로 나누는 방법에 의하여 시간급 통상임금을 산정함에 있어서는 월 유급휴일에 해당하는 근로시간수도 월 소정 근로시간수에 포함되어야 합니다.

(나) 따라서 통상적으로 1주일 근무시간이 44시간[2]인 경우 시간급 통상임금은 월급금액을 월평균 소정 근로시간수{44시간 × 365/ (12×7)}와 월평균 주휴일 해당 근로시간수{8시간 × 365/ (12×7)}를 합산한 225.95시간(소숫점 두자리 이하는 버림)으로 나눈 금액입니다(시간급통상임금 = 월급금액 ÷ 225.95).

(5) 끝으로 근로기준법보다 할증된 연·월차 휴가근로수당의 지급을 약정한 파산관재인께서는 앞으로 계약기간 만료로 다시 계약을 체결할 경우에는 그러한 규정을 삭제하시고 "연·월차 수당은 근로기준법에 따라 지급한다"라는 취지로 약정하시기 바랍니다.

---

[2] 2003. 9. 15. 개정 이후의 근로기준법은 1주간의 근로시간은 휴게시간을 제외하고 40시간을 초과할 수 없다고 규정하고 있으나, 취업규칙 등에서 단축되는 4시간을 유급으로 처리할 경우에는 위 논의가 그대로 타당하다.

[참고자료 9] 파산관재인의 보수에 대한 소득세 등 원천징수에 관한 안내문

서 울 지 방 법 원
제 2 파 산 부

시 행 일 자   2002. 5. 24.
수   신   각 파산관재인
제   목   파산관재인의 보수에 대한 소득세 등 원천징수에 관한 안내문

1. 먼저, 여러 가지 어려운 여건 아래에서도 파산관재인의 직무를 성실히 수행하시는 여러분들의 노고에 감사 드립니다.

2. 이 법원은 파산관재인 보수를 지급함에 있어, 법원의 파산재단 예납금 계정에서 관재인 보수를 지급하는 것을 실무관행으로 하여 왔고, 2002년 1월부터는 파산관재인 보수금에 약 6%에 해당하는 금액을 소득세, 주민세 등의 원천징수분으로 공제하고, 나머지를 실제 지급한 바 있습니다. 그러나 법원이 파산관재인 보수를 결정함에 있어, 소득세 등을 원천징수할 수 있는지 여부가 불분명하고, 필요경비 공제 등 원천징수세액 산정에 어려움이 있는 등 여러 가지 문제가 있습니다.

3. 이에 이 법원은 파산법 제156조에 의하여 파산관재인 보수의 액을 결정함에 있어서, 특별한 사정이 없는 한, 파산관재인이 파산재단으로부터 직접 법원이 정한 관재인 보수를 지급받도록 하는 방식으로 전환하기로 하였고, 법원의 예납금 계정에서 보수를 지급하는 경우에도 소득세, 주민세 등을 원천징수하지 않기로 하였으니, 각 파산관재인께서는 관할 세무서에 소득세 등을 신고함에 있어 참고하시기 바랍니다.

4. 아울러 2002년 1월 이후 파산관재인 보수 중 당원이 보관하고 있는 원천징수세액 해당부분을 지급하고자 하오니, 각 파산관재인들께서는 위 금액을 이 법원 파산과로부터 수령하시기 바랍니다.

[참고자료 10] 보조인의 범죄경력조회서 제출 요청

서 울 중 앙 지 방 법 원
제 12 파 산 부

우)137-737 서울 서초구 서초중앙로 157 / 전화 530-○○○○ / 팩스 530-○○○○ / 주심: ○○○ 판사

시 행 일 자   2012. 5. 17.

수   신   각 파산관재인 귀하

제   목   보조인의 범죄경력조회서 제출 요청

1. 여러 어려운 여건 아래에서도 파산관재업무 수행에 진력하시는 파산관재인 들께 감사의 말씀을 드립니다.

2. 보조인에 대한 법원의 관리·감독 강화 차원에서 서울중앙지방법원 제12파 산부에서는 다음과 같이 보조인의 범죄경력조회서 제출을 요청하오니 각 파 산관재인들의 양해와 협조를 부탁드립니다.

◇ 다   음 ◇

(1) 보조인을 새로 고용하거나 재고용하는 경우

　 파산관재인은 보조인으로부터 범죄경력조회서를 제출받아 절도, 강도, 사기, 공갈, 배임, 횡령, 장물에 관한 죄와 같은 재산범죄를 저지른 경력이 있는지 에 대해 보조인 고용 허가신청서에 기재해주시면 감사하겠습니다.

　 보조인이 재산범죄를 저지른 경력이 있는 경우에는 고용하는 보조인의 범죄 경력조회서를 법원이 보관하는 허가신청서가 아닌 그 부본에 첨부하여 제출 하시길 바랍니다. 보조인의 범죄경력조회서가 채권자들에게 공개되어 부적절 하게 사용될 소지가 있으므로, 부본에 첨부된 범죄경력조회서는 보조인 고용 에 대한 허가가 나간 이후에는 파산관재인과 보조인에게 돌려 드립니다.

(2) 범죄경력조회서를 발급받는 방법

　 보조인 본인이 가까운 경찰서에 방문하여 본인확인용으로 발급받으면 됩니다.

재판장   판사   ○○○

[참고자료 11] 소송대리인으로 선임된 변호사에게 지급할 보수 관련

서 울 중 앙 지 방 법 원
제 12 파 산 부

우)137-737 서울 서초구 서초중앙로 157 / 전화 530-○○○○ / 팩스 530-○○○○ / 주심: ○○○ 판사

시 행 일 자	2012. 8. 29.
수 　 신	각 파산관재인 귀하
제 　 목	소송대리인으로 선임된 변호사에게 지급할 보수 관련

1. 여러 어려운 여건 아래에서도 파산관재업무 수행에 진력하시는 파산관재인 들께 감사의 말씀을 드립니다.

2. 서울중앙지방법원 제12파산부에서는 파산재단에 관한 소송에 대하여 소송대 리인을 선임하는 경우, 소송대리인으로 선임된 변호사에게 지급할 보수와 관 련하여 다음과 같은 기준을 제시하오니, 이 기준에 따라 변호사보수를 정하 여 소송위임계약을 체결해주시길 바랍니다.

◇ 다　　음 ◇

1. 착수금

착수금으로 심급마다 대법원규칙인 「변호사보수의 소송비용 산입에 관한 규 칙」에 따른 보수액 이하의 액수(해당 사건의 난이도 등을 고려하여 조정된 액수)가 지급될 수 있도록 소송위임계약을 체결해주시길 바랍니다.

2. 성공보수

파산재단의 성질상 성공보수는 판결이 확정되는 등 사건이 완전히 종결되는 때에 1회 지급하는 것이 원칙으로 하겠습니다. 성공보수액은 착수금에 승소 비율을 곱하여 정하되, 해당 사건의 난이도 등에 따라 법인 파산부의 허가를 받아 감액할 수 있고, 판결이 확정되기 전에 소송대리인이 변경되는 경우에 성공보수를 1/2 이상 감액할 수 있도록 소송위임계약을 체결해주시길 바랍 니다.

3. 예외

이 기준은 일응의 기준에 불과합니다. 사안의 성격과 내용, 사실관계·법리적 쟁점의 복잡성, 소송수행을 위해 필요한 노력의 정도 등에 비추어 변호사보수를 증감할 필요가 있다면, 그 사유를 소명하여 법원의 허가를 받아 다른 기준으로 변호사보수를 정하여 소송위임계약을 체결할 수 있습니다. 끝.

재판장   판사   ○ ○ ○

[참고자료 12] 임치금 반환허가서 제출, 임치금 특약 및 분기별 정기보고서 관련

서 울 중 앙 지 방 법 원
제 12 파 산 부

우)137-737 서울 서초구 서초중앙로 157 / 전화 530-○○○○ / 팩스 530-○○○○ / 주심: ○○○ 판사

시 행 일 자	2013. 7. 24.
수 신	각 파산관재인 귀하
제 목	임치금 반환허가서 제출, 임치금 특약 및 분기별 정기보고서 관련

1. 여러 어려운 여건 아래에서도 파산관재업무 수행에 진력하시는 파산관재인 들께 감사의 말씀을 드립니다.

2. 임치금 반환허가 신청서, 분기별 정기보고서와 관련하여 아래와 같이 실무를 일부 변경하오니 향후 임치금 반환 허가서와 2013년 3/4분기 정기보고 서 제출부터 양해와 협조를 부탁드립니다.

◇ 변 경 사 항 ◇

(1) 임치금 반환허가신청서 관련

임치금 출금 과정에서 은행의 오인출, 이중인출 등의 사례가 발생할 위험이 있으므로, 임치금반환허가, 정기예금 재예치 등 임치금 출금 관련 허가 문건의 회사용 부본 상단에 은행 담당직원의 날인이 가능하도록 지급확인란을 추가해 주시기 바랍니다.

(2) 임치금 특약 관련

제1항과 관련하여 현재 관재업무 수행 중인 파산재단에 관하여 첨부과 같은 임치금 특약을 다시 체결한 다음 보고해 주시고, 신규 예금계좌 개설시 위 임치금 특약에 따른 계약을 체결해 주시기 바랍니다(제3조만 변경되었으므로, 일부 변경된 임치금 특약을 체결하신 파산관재인께서는 제3조의 취지를 반영해 주시는 것으로 족합니다).

(3) 분기별 정기보고서 관련

　가. 현재 분기별 수지계산 내역을 총액만 보고하는 형태와 세부 항목을 밝혀 보고하는 형태가 병존하고 있습니다. 총액만 보고하는 파산관재인께서는 2013년 3/4분기 보고서 제출시부터는 아래와 같이 세부 항목을 기재한 자료를 보고서 말미에 첨부한 보고서를 제출해 주시기 바랍니다.

　나. 당해 분기 수지계산 내역 보고시, 임치금 계좌의 분기별 출금 내역을 일자별로 일별하여 기재하여 주시고, 비고란에 근거가 되는 임치금 반환허가서를 특정하여 기재해 주시기 바랍니다. 임치금 반환허가서의 허가금액과 통장 사본의 출금 내역이 불일치하는 경우 별도 항목으로 그 사유를 기재해 주시기 바랍니다.

　다. 나항 기재 수지계산의 거래 내역과의 비교가 용이하도록 분기별 보고서 말미에 첨부하는 통장거래내역 사본에 수지계산 거래 내역과의 참조번호를 표시해 주시기 바랍니다.

재판장　판사　　○○○

파산관재인 임치금 특약

제1조(목적)
이 특약서는 채무자 주식회사 ○○의 파산관재인 ○○○(이하 "갑"이라 한다)과 ○○은행(주) ○○지점(이하 "을"이라 한다) 사이의 예금거래에 관한 특약사항을 정하고자 한다.

제2조(거래점 이외의 거래금지)
"갑"과 "을"간의 은행 거래에 있어서 "갑"은 "을"의 점포에서만 거래하여야 하며, "을"은 같은 은행의 다른 지점에서 인출할 수 없도록 제한조치를 하여야 한다.

제3조(예금인출 근거자료)
① "갑"은 예금을 인출할 때에는 법원의 임치금 인출허가서 등본 등 근거자료를 "을"에게 제출하여야 한다. "갑"이 예금을 "을"의 다른 상품으로 전환하는 경우에도 예금재예치허가서 등본 등의 근거자료를 제출하여야 한다.
② "을"은 예금을 인출할 때에는 "갑"이 제출하는 임치금 인출허가서 등본 등에 지급확인인을 날인한 다음 그 사본을 보관한다.
③ "을"은 "갑"이 지급확인인이 날인된 임치금 인출허가서 등본 등 근거자료를 제시하면서 중복으로 예금인출을 요구할 때에는 예금인출을 거부하여야 한다.

제4조(타점 또는 타행 예금재예치 방법)
"갑"이 예금을 같은 은행의 다른 지점 또는 다른 은행의 지점으로 옮길 때에는 반드시 계좌이체 또는 한국은행 지준이체의 방법에 의하여야 한다.

제5조(사전통보)
"을"은 "갑"의 본인이 아닌 "갑"의 보조인 등 대리인이 일시에 1,000만 원 이상 인출신청을 한 경우에는 "갑"에게 유선통보하여 인출내용을 확인한 후 지급하여야 한다.

제6조(잔액증명서 기재사항)

잔액증명서 발급시에는 상기 제2조 내용과 질권설정여부를 기재하여 발행한다.

제7조(협약서의 보관)

이 특약서는 2부를 작성하여 "갑"과 "을"이 각각 1부씩 보관한다.

제8조(기타)

이 특약서에서 정하지 아니한 사항에 대하여는 예금거래약관에 따른다.

2013.   .   .

    "갑"   주식회사 ○○의 파산관재인 ○○○

    "을"   ○○은행(주) ○○지점

[참고자료 13] 파산채권자표 작성기준

파산채권자표(신양식) 작성기준

※ 일반적 기준

- 파산채권자표의 작성은 법원사무관 등의 고유한 권한으로서의 공증행위이므로 기명날인, 정정인 등을 하는 점은 조서 작성의 경우와 동일하다.
- 채무자 회생 및 파산에 관한 법률이 적용되는 경우 파산채권자표 표지는 작성하지 아니한다.
- 채권신고서가 접수되는 즉시 파산채권자표의 '채권신고접수일 작성'란에 기명날인한다.
- 채권조사기일에서 한 채권조사결과를 기재하고 '조사기일'란에 기명날인한다.
- 파산관재인의 이의철회나 채권자의 신고취하, 명의변경이 있는 경우 및 파산채권의 확정에 관한 소송의 결과에 관한 기재신청이 있는 경우 즉시 채권자표에 기재하고 각 해당란에 기명날인한다.
- 파산절차 종료(폐지, 종결)시 누락된 사항이 없는지 확인한 후 별도 영구보존한다.

※ 구체적 작성요령

① 채권신고서가 접수되는 즉시 법원사무관 등은 채권신고서 이면에 있는 파산채권자표의 '채권신고접수일 작성'란에 기명날인한다.
② 채권자가 채권신고 후 채권조사기일 이전에 채권신고를 취하하거나 채권금액 변경 신청을 한 경우 이를 기재하고 기명날인한다.
③ 채권조사기일[3]일시를 기재하고 기명날인한다.
④ 채권조사기일 직후 파산관재인으로부터 채권인부표를 제출받아 파산채권자표 철 맨 앞에 편철한 다음 이를 기준으로 하여 채권조사결과를 기재한다. 만약 '별제권으로 인한 부인'이 된 경우 '부인'으로 기재한다.[4]

---

[3] 통상 제1회 채권자집회와 같은 날 개최함.
[4] 별제권으로 인한 부인대상은 해당 채권자가 배당종결 전에 우선적으로 별제권 행사가 가능하므로 일단 부인되고, 채권자의 별제권 행사(경매배당 등) 후 별제권 행사로도 변제받지 못한

⑤ 채권조사기일에서 채권자의 다른 채권자에 대한 이의가 있어 재판장이 인정한 경우 그 내용을 기재한다.

⑥ 채무자가 이의한 경우 그 내용을 기재한다.

⑦ 파산관재인의 이의철회나 채권자의 신고취하가 있는 경우 기재하고 기명날인한다. 이 때 일부 철회나 일부 취하의 경우는 그 금액까지 기재한다.

⑧ 채권조사확정재판(하확) 등 파산채권 확정에 관한 소송의 결과에 관하여 파산관재인 또는 파산채권자의 신청이 있는 경우 그 결과를 기재하고 기명날인한다.

⑨ 채권양도, 대위변제 등 채권자 명의변경이 있는 경우 '있음'란에 표기하고 그 내역을 기재한다. 이 때 명의변경신고서는 파산채권자표 뒤에 편철한다. 다만, 각 명의변경시마다 기재하지 않고 추후 일괄 기재하여도 무방하다. 이때는 일괄 기재 당시의 법원사무관 등의 명의로 기명날인한다.

⑩ 확정된 파산채권액을 기재하고 기명날인한다.
  - 전액 시인된 경우 : 채권조사시 즉시 확정된다. 이 경우 조사기일란에는 따로 날인하지 않을 수 있다.
  - 일부 이의, 전액 이의된 경우 : 파산관재인의 이의철회 또는 이의된 부분에 대한 채권자의 신고 취하나 채권조사확정재판 등의 소송 결과에 따라 확정 파산채권액이 정해지는 경우에는 최종 확정 파산채권액을 기재한다. 당해 이의철회나 신고취하, 채권조사확정재판 등에 따라 파산채권이 확정되는 경우라면 당해 이의철회나 신고취하, 채권확정소송결과란에는 따로 날인하지 않을 수 있다.

⑪ 배당 후 즉시 파산관재인으로 하여금 그 결과를 채권자표에 기재하고 기명날인하도록 한다.

채권액이 최종파산채권액이 됨.

[참고자료 14] 법인 파산관재인의 선임 등에 관한 준칙

법인 파산관재인의 선임 등에 관한 준칙

제1조 (목적)

이 준칙은 「채무자 회생 및 파산에 관한 법률」 제355조에 의하여 채무자가 법
인인 파산 사건에서 파산관재인을 선임함에 있어 필요한 사항을 규정함을 목적
으로 한다.

제2조 (법인 파산관재인 후보자명부 관리위원회)

① 서울중앙지방법원 파산부에 「법인 파산관재인 후보자명부 관리위원회」(이하
'위원회'라 한다)를 둔다.

② 위원회는 법인 파산관재인 후보자명부(이하 '후보자명부'라 한다)를 작성하여
관리한다.

③ 위원회는 위원장 1인을 포함한 10명 이내의 위원으로 구성한다.

④ 위원장은 서울중앙지방법원 파산부 수석부장판사가 된다.

⑤ 위원회의 위원은 다음 각 호의 자가 된다.

1. 서울중앙지방법원 파산부 소속 부장판사

2. 서울중앙지방법원 파산부 소속 판사 중 위원장이 지명한 판사

3. 서울중앙지방법원 관리위원회 소속 관리위원 중 위원장이 지명한 관리위원

⑥ 위원회의 결의는 서면에 의한 결의로써 갈음할 수 있다.

제3조 (후보자명부에 등재)

① 다음 각 호의 변호사 중 채무자가 법인인 파산사건에서의 파산관재인 업무를
수행할 의사와 능력이 있는 자는 후보자명부에 등재될 수 있다.

1. 서울지방변호사회 소속일 것

2. 법조경력이 3년 이상일 것

② 후보자명부에 등재되기 희망하는 자는 위원장이 정한 판사와 관리위원의 서
류심사·면접을 거쳐야 한다.

③ 위원회는 제2항의 심사결과를 보고받아, 재적위원 과반수의 결의를 통해 그

를 후보자명부에 등재한다.

제4조 (파산관재인의 선임 원칙)
① 법원은 후보자명부에 등재된 후보자 전원에게 균등하게 선임될 기회를 부여해야 한다.
② 법원은 후보자명부에 등재된 후보자 중에서, 파산관재인으로 선임되어 현재 그 업무를 계속하고 있는 사건의 수가 적은 자를 우선적으로 파산관재인으로 선임한다.
③ 법원은 후보자의 해당 파산사건과의 이해관계 유무, 후보자가 파산관재인으로 선임된 다른 파산사건에 있어 그 선임시기, 파산원인, 채무자의 자산과 부채 규모, 사건의 난이도, 후보자의 능력, 경험 등을 고려하여 제2항과 달리 파산관재인을 선임할 수 있다.

제5조 (후보자명부에서 삭제)
① 위원회는 재적위원 과반수의 결의를 통해 파산관재인 업무를 수행할 의사나 능력이 없는 후보자를 후보자명부에서 삭제할 수 있다.
② 제1항에 의한 삭제는 후보자명부에서 삭제된 후보자가 이미 파산관재인으로 선임되어 있는 사건에 영향을 미치지 아니한다.

부 칙〈제2호, 2012. 10. 8.〉
제1조 (시행일) 이 준칙은 2012. 10. 8.부터 시행한다.

[참고자료 15] 법인 파산관재인의 보수 등에 관한 준칙

법인 파산관재인의 보수 등에 관한 준칙

제정 2012. 8. 1. 서울중앙지방법원 파산부 법인파산실무준칙 제1호
개정 2013. 8. 1. 서울중앙지방법원 법인파산실무준칙 제3호

제1조 (목적)

이 준칙은 「채무자 회생 및 파산에 관한 법률」 제30조 제1항에 의하여 파산관재인의 보수·특별보상금의 액수, 그 지급시기 등을 정하여 파산관재인에게 적정한 보수와 특별보상금이 지급될 수 있도록 함을 목적으로 한다.

제2조 (보수의 총액)

① 파산관재인에게 지급할 보수의 총액은 파산관재인이 수집한 파산재단의 가액(이하 '수집액'이라 한다)을 기준으로 별표와 같이 산정한 기준보수를 다음 각 호의 사항을 고려하여 150%의 범위 내에서 증감하고, 제3조에 따라 산정한 소송수행보수를 합산하여 산정한다.

  1. 채권의 종류와 채권자의 수

  2. 관재업무 수행기간과 배당 횟수

  3. 관재업무의 구체적 내용과 난이도, 채무자가 영업을 계속하였는지 여부

  4. 관재업무를 위하여 행한 법률검토 내용과 횟수

  5. 관재업무를 위한 근무장소, 근무형태

  6. 파산관재인 정기보고서, 법원이 요청하는 각종 보고서의 제출 여부와 그 내용의 충실도

  7. 예상 배당률과 실제 배당률

  8. 기타 관재업무와 관련하여 파산관재인 보수 결정에 필요한 사항

② 수집액은 다음 각 호와 같이 산정한다.

  1. 수집액은 파산관재인이 현금화한 것을 기준으로 한다. 단, 파산선고 당

시 현금이나 현금 등가물과 같이 이미 현금화가 되어 있는 것은 제외한다.

2. 현금화 대상 재산이 별제권과 환취권을 부담하는 경우, 추심 대상 채권에 반대채권이 있는 경우에는 정산 후 차액만 수집액에 산입한다. 단, 파산관재인이 별제권자나 환취권자의 요구를 받아 현금화 대상 재산을 현금화한 경우에는, 현금화한 액수 전부 또는 일부를 수집액에 산입할 수 있다.

3. 채무자가 영업을 계속하는 경우, 수집액은 그 수입에서 비용을 뺀 차액만을 수집액에 산입한다.

4. 파산관재인이 중간에 사임 또는 해임되어 새로운 파산관재인이 선임되는 경우, 그 수집액은 당해 파산관재인이 수집한 파산재단만의 가액으로 한다.

③ 다음 각 호의 항목은 파산관재인에게 지급할 보수의 총액에서 공제한다. 단, 영업 계속 등 부득이한 사정으로 보조인을 고용하는 경우 전부 또는 일부를 공제하지 아니할 수 있다.

1. 파산관재인이 파산선고 이후 고용한 보조인에게 지급된 급여(연차수당, 명절상여금, 공로상여금, 연말정산금, 식비 등 각종 보조경비 명목의 실질급여 등 보조인에게 지급되는 모든 금전을 포함한다)

2. 제1호의 경우, 공공보험료, 신원보증보험료 등 보조인의 채용으로 발생한 모든 비용

제3조 (소송수행보수)

① 법원은 파산재단에 관한 소송(조정, 화해, 행정심판 등도 이에 준한다.)을 직접 수행한 파산관재인에게 각 심급단위로 소송목적의 값을 기준으로 「변호사보수의 소송비용 산입에 관한 규칙」에 따라 계산한 변호사 보수 상당액을 지급한다. 이 보수는 「변호사보수의 소송비용 산입에 관한 규칙」 제6조에 따라 감액할 수 있다.

② 법원은 파산관재인이 직접 수행하는 파산재단에 관한 소송이 각 심급에서 종결하는 경우, 파산관재인의 신청을 받아 제1항에 따라 산정한 소송수행보수를 지급한다.

③ 파산관재인이 직접 수행한 부인의 청구, 부인의 소, 부인의 청구 결정에 대

한 이의의 소 등에서 승소하여 그 판결 또는 결정이 확정된 경우에는 파산
재단이 얻게 된 이익의 30% 범위 내에서 제반 사정을 고려하여 파산관재인
에게 지급할 소송수행보수를 증액할 수 있다.

제4조 (공동파산관재인, 파산관재인대리가 있는 경우)
파산관재인이 수인인 경우 또는 파산관재인대리가 선임된 경우, 파산관재인 1
인에게 지급할 보수의 액수는 제2조에 따라 산정한 보수의 총액을 파산관재인
과 파산관재인대리 전체 인원수로 나누어 산정함을 원칙으로 한다.

제5조 (우선보수)
법원은 파산관재인으로부터 파산재단의 점유착수보고를 받은 직후 파산관재인에
게 우선보수를 지급한다. 법원은 3,000만 원 이하의 범위에서 파산재단의 규
모, 파산재단의 점유·관리업무의 난이도 등을 고려하여 우선보수의 액수를 결
정한다.

제6조 (중간보수)
① 법원은 다음의 각 호의 1에 해당하는 경우, 파산관재인에게 중간보수를 지
   급할 수 있다.
  1. 제1회 채권자집회와 일반 채권조사기일이 종료된 후
  2. 중간배당이 이루어지는 경우
  3. 파산재단이 부족하여 파산채권자들에게 배당하지 못하고 재단채권자에
     대한 변제만으로 파산절차가 종결될 것으로 예상하여 재단채권자들에게
     일괄 변제를 하는 경우. 다만 파산폐지 직전에 일괄 변제를 하는 경우
     는 제외한다.
  4. 채무자가 영업을 계속하는 경우. 이 경우 제1회 채권자집회가 종료된
     때부터 파산선고를 받은 후 2년이 되는 때까지(관재업무의 복잡성, 현
     금화 진행의 정도 등을 고려하여 1년의 범위 내에서 연장할 수 있다)
     매 분기 마지막 달에 중간보수를 지급한다.
  5. 파산관재인이 신청하는 경우
② 법원은 중간보수를 지급할 때까지 수집액을 기준으로 제2조에 따라 산정한

기준보수에서 이미 지급한 보수(소송수행보수, 특별보상금은 제외한다)를 뺀 나머지 금액을 파산재단의 점유·관리업무와 배당업무의 난이도 등에 따라 가감하여 중간보수의 액수를 결정한다.

제7조 (최종보수)

① 법원은 파산절차를 종료하는 경우 또는 파산관재인이 중도에 사임하거나 해임되는 경우에 파산관재인에게 최종보수로 당시까지의 수집액과 소송수행 결과 등을 기준으로 제2조, 제3조에 따라 산정한 보수의 총액에서 이미 지급한 보수를 뺀 나머지 금액을 지급한다.

② 법원은 제1항의 최종보수의 액수를 결정할 때 제8조에 따라 산정한 특별보상금을 합산할 수 있다.

제8조 (특별보상금)

① 법원은 다음 각 호의 사유가 발생한 경우 파산관재인의 신청을 받아 특별보상금을 지급할 수 있다.

  1. 다음 각 목과 같이 현금화에 이례적인 성과를 거두어 파산재단의 증식에 특별히 이바지한 경우

    가. 부동산 위에 설정된 담보권의 피담보채권 총액이 부동산의 시가를 초과함에도 부동산 매각대금의 일부를 파산재단에 유입시킨 경우

    나. 파산선고 전에 이미 대손상각이 된 채권을 회수한 경우

    다. 파산재단에 속한 부동산·동산을 예정가(원칙적으로 감정가를 말한다. 감정가가 없는 경우 공시지가 등 적정한 방법으로 시가를 반영한 액수를 말한다) 이상으로 환가한 경우

    라. 그 밖에 이에 준하는 경우

  2. 영업양도나 기업인수합병에 성공하는 등 특별한 방법으로 파산절차를 파산선고로부터 2년 이내에 조기 종결한 경우

② 제1항 제1호의 특별보상금 액수는 그 때문에 파산재단이 얻게 된 이익의 30% 범위 내에서 제반 사정을 고려하여 정한다.

③ 제1항 제2호의 특별보상금 액수는 기준보수의 100% 범위 내에서 제반 사정을 고려하여 정한다.

제9조 (자료제출요구)

법원은 파산관재인에게 보수와 특별보상금의 액수를 산정하기 위하여 필요한 자료의 제출을 요구할 수 있다.

제10조 (적용대상의 제외)

이 준칙은 예금보험공사 또는 그 임·직원이 파산관재인으로 선임된 경우에는 적용되지 아니한다.

[별표]

기준보수의 산정

기준보수는 다음 산식에 따라 산정한다.

기준보수 = ④ + ③ × (수집액 - ①)

① 수집액(이상)	② 수집액(미만)	③ 보수상승율	④ 보수(이상)	⑤ 보수(미만)
0	1억	16%	300만	1,900만
1억	2억	12%	1,900만	3,100만
2억	10억	8%	3,100만	9,500만
10억	30억	4%	9,500만	1억7,500만
30억	100억	1%	1억7,500만	2억4,500만
100억	~	0.5%	2억4,500만	~

부칙 〈제1호, 2012. 8. 1.〉

제1조 (시행일)

이 준칙은 2012. 8. 1.부터 시행한다.

제2조 (경과조치)

① 이 준칙은 시행일 이후 파산이 선고된 사건 중 파산선고 당시 확인된 부채 총액이 50억 원 미만인 사건에 적용한다. 다만 이 준칙 제3조는 시행일 당시 진행 중인 파산사건(시행일 이후 소 또는 상소 등을 제기한 경우에 한한

다)과 파산선고 당시 확인된 부채총액이 50억 원 이상인 사건에도 적용한다.

② 제1항에 따라 이 준칙이 적용되지 않는 경우에는 서울중앙지방법원 파산부 파산실무준칙인 '파산보조인에 대한 상여금 지급요령'과 '파산관재인의 보수 산정 기준'을 적용한다.

부칙 〈제3호, 2013. 8. 1.〉

제1조 (시행일)

이 준칙은 2013. 8. 1.부터 시행한다.

제2조 (경과조치)

① 이 준칙은 시행일 이후 파산이 선고된 사건 및 이 준칙 시행일 이전에 파산이 선고된 사건이라도 2012. 8. 1. 제정된 서울중앙지방법원 파산부 법인 파산실무준칙 제1호 법인 파산관재인의 보수 등에 관한 준칙이 적용되고 있는 파산사건에 적용한다. 다만, 종전의 규정에 의하여 생긴 효력에는 영향을 미치지 아니한다.

② 제1항에 따라 이 준칙이 적용되지 않는 경우에는 서울중앙지방법원 파산부 파산실무준칙인 '파산보조인에 대한 상여금 지급요령'과 '파산관재인의 보수 산정 기준'을 적용한다.

[참고자료 16] 서울회생법원 실무준칙 제101호 「서울회생법원 실무준칙의 목적 등」

서울회생법원 실무준칙의 목적 등

제 1 조(준칙의 목적)

서울회생법원 실무준칙(이하 '준칙'이라 한다)은 서울회생법원에 계속 중인 사건의 절차를 공정하고 신속하며 효율적으로 진행하기 위한 합리적인 실무 기준과 서울회생법원의 신뢰받는 업무처리를 위해 필요한 사항을 정함을 목적으로 한다.

제 2 조(준칙의 적용범위)

준칙은 서울회생법원(이하 '법원'이라 한다)에 계속 중인 사건과 법원이 처리하는 업무에 적용된다.

제 3 조(업무지침의 제정)

법원은 준칙의 효율적인 시행을 위하여 상세한 기준을 정할 필요가 있는 경우 그에 관한 업무지침을 제정할 수 있다.

제 4 조(준칙 및 업무지침에 따른 절차진행)

절차관계인은 법원이 진행하는 절차에 관하여 준칙 및 업무지침을 준수하여야 한다. 다만, 준칙 또는 업무지침에도 불구하고 법원은 구체적 사건이나 절차의 특수성을 반영하여 공정하고 형평에 맞는 방식으로 절차를 진행할 수 있다.

[참고자료 17] 서울회생법원 실무준칙 제102호 「회생·파산위원회 의견조회 등」

회생·파산위원회 의견조회 등

제 1 조(목적)

준칙 제102호는 회생·파산위원회의 설치 및 운영에 관한 규칙에 따라 설치된 법원행정처 회생·파산위원회(이하 '회생·파산위원회'라 한다)에 대한 의견조회 등이 필요한 사항을 정리하고 이에 관한 구체적 사항을 정하여 법원과 회생·파산위원회 사이의 업무가 원활하게 이루어지게 함으로써 법원이 사건을 보다 공정하고 효율적으로 처리하게 함을 목적으로 한다.

제 2 조(절차관계인 선임 등에 관한 의견 조회)

① 법원은 관리인(채무자의 대표자가 아닌 자를 관리인으로 선임하는 경우에 한한다), 보전관리인 또는 감사(이하 준칙 제102호에서 관리인, 보전관리인 또는 감사를 포함하여 '관리인 등'이라 한다)를 선임하는 경우 회생·파산위원회의 의견을 들어야 한다.
② 법원은 조사위원 적임자 명단 및 파산관재인 후보자 명단을 작성할 때에 회생·파산위원회의 의견을 들어야 한다.

제 3 조(절차관계인 선임 등에 관한 자료 제공)

법원은 다음 각 호의 자료를 회생·파산위원회에 제공한다.
 1. 관리인 등 선임과정에서 참고한 자료
 2. 조사위원 적임자 명단 작성 과정에서 참고한 자료
 3. 파산관재인 후보자 명단 작성 과정에서 참고한 자료

제 4 조(절차관계인 업무수행 평가결과의 통보)

법원은 매년 1회 이상 관리인 등, 조사위원, 회생위원(법원서기관, 법원사무관, 법원주사 또는 법원주사보인 회생위원은 제외), 상임관리위원, 파산관재인이 수행한 업무의 적정성을 평가한 결과를 회생·파산위원회에 통보한다.

제 5 조(관리위원 후보자 추천 의뢰)

법원은 관리위원을 위촉하기 위하여 회생·파산위원회에 관리위원 후보자 추천을 의뢰하여야 한다. 다만, 다음 각 호의 경우에는 그러하지 아니하다.

1. 기존 관리위원의 임기가 만료되어 동일한 사람을 다시 관리위원으로 위촉하고자 하는 경우
2. 비상임 관리위원을 위촉하는 경우

[참고자료 18] 서울회생법원 실무준칙 제301호 「파산관재인의 선정 및 평정」

파산관재인의 선정 및 평정

제1조(목적)

준칙 제301호는 파산관재인 선정 절차, 파산관재인에 대한 평정 기준을 수립함으로써 파산절차가 공정하고 투명하게 진행되도록 하기 위하여 「파산관재인 후보자 명단의 작성 및 관리에 관한 예규」(재민2016-3)에서 정한 내용을 법원에서 시행하기 위하여 필요한 사항을 정함을 목적으로 한다.

제2조(파산관재인 후보자 명단 관리위원회)

① 법원에 「파산관재인 후보자 명단 관리위원회」(이하 준칙 제301호에서 '위원회'라 한다)를 둔다.

② 위원회는 다음 각 호의 사무를 행한다. 단 제1, 2호의 사무를 행하는 경우 파산관재인 후보자 명단의 작성 및 관리에 관한 예규 제2조 제1항 및 제3항에 따라 회생·파산위원회의 의견을 들어야 한다.

  1. 파산관재인 후보자 명단(이하 준칙 제301호에서 '후보자 명단'이라 한다)에 등재될 후보자의 선정

  2. 후보자 명단에서의 삭제

  3. 그 밖에 후보자 명단의 작성, 관리에 필요한 사무

③ 위원회는 위원장 1명과 10명 이내의 위원으로 구성한다.

④ 위원장은 서울회생법원 수석부장판사로 하고, 위원회의 위원은 다음 각 호에 해당하는 사람 중 각 1명 이상을 법원장이 지명한다.

  1. 법원 소속 부장판사

  2. 법원 소속 판사

  3. 법원 관리위원회 소속 관리위원

⑤ 위원회의 회의는 위원장이 소집한다.

⑥ 위원회에는 위원장이 법원 소속 판사 또는 직원 중에서 지명한 간사를 둘 수 있다.

⑦ 위원회는 서면으로 심의·의결할 수 있다.

제 3 조(후보자 명단의 작성)

① 후보자 명단에 등재될 수 있는 사람은 서울지방변호사회 소속 변호사로서 법
조경력 3년 이상인 자로 한다.
② 위원회는 법인 파산관재인과 개인 파산관재인 후보자 명단을 각각 작성하되,
특별한 사정이 없는 한 2년마다 각 후보자 명단을 새로 작성한다.
③ 위원회의 위원장은 2인 이상의 판사와 1인 이상의 관리위원회 소속 관리위
원을 심사위원으로 지정한다.
④ 심사위원은 후보자 명단에 등재되기를 지원한 사람에 대하여 서류심사와 면
접을 시행한다. 다만, 기존 후보자 명단에 등재되어 있던 사람에 대하여는 위원
회의 의결에 따라 서류심사와 면접 절차를 생략할 수 있다.
⑤ 위원회는 심사위원의 심사 결과에 기초하여 심의를 거쳐 파산관재인 업무를
적정히 수행할 의사와 능력이 있다고 인정되는 자를 후보자 명단에 등재한다.
⑥ 위원회는 후보자 명단을 새로 작성할 때 파산사건의 접수건수, 지원자의 수,
지원자의 후보자 명단 등재기간과 평정 결과 등을 고려하여 기존 후보자 명단에
등재되어 있던 사람 중 일부를 교체 또는 삭제한다.

제 4 조(파산관재인 선임 원칙)

① 법원은 특별한 사정이 없는 한 후보자 명단에 등재된 후보자(이하 준칙 제
301호에서 '후보자'라 한다) 전원에게 균등한 선임 기회가 부여되도록 노력한다.
② 법원은 후보자가 수행하고 있는 관재업무의 과중도, 후보자와 해당 파산사건
과의 이해관계 유무, 사건의 난이도, 후보자의 업무능력과 성실도, 경험, 전문성,
파산관재인 대리인의 선임 여부 및 대리인의 수, 후보자가 파산관재인으로 선임
된 다른 파산 사건의 선임시기, 파산원인, 채무자의 자산과 부채 규모, 법원의
사건 관리·감독의 효율성 등을 고려하여 제1항과 달리 파산관재인을 선임할 수
있다.
③ 법원은 부부, 직계 존·비속, 형제자매, 주채무자와 보증인, 채무자 및 그와
함께 동일한 채무를 부담하는 자에 대하여는 동일한 개인 파산관재인을 선임할
수 있다.

제 5 조(후보자에 대한 평가표의 작성)

① 후보자는 매년 3월 말, 9월 말을 기준으로 후보자가 파산관재인으로 선임된 사건에 관한 업무현황보고서를 작성하여 각 다음 달 말일까지 법원에 제출하여야 한다.

② 법인파산 사건 주심판사는 [별지 1 법인 파산관재인 평가표] 양식에 따라, 개인파산 사건 담당판사는 [별지 2 개인 파산관재인 평가표] 양식에 따라 1년에 2회 후보자에 대한 평가표를 작성한다.

③ 법원은 후보자가 파산관재인으로 선임된 사건에 대하여, 채무자가 제출한 자료와 파산관재인 보고서 기재 내용의 일치 여부, 환가 및 배당 과정에서 파산재단의 적절한 관리 여부, 그 밖에 필요하다고 인정되는 사항에 관한 조사를 관리위원회에 의뢰할 수 있다.

제 6 조(후보자에 대한 평정)

① 위원회는 제5조 제2항의 평가표와 제5조 제3항의 조사결과 등을 기초로 관리위원회의 의견을 들어 매년 1회 이상 후보자가 파산관재인으로서 수행한 업무의 적정성에 관한 평정을 실시한다.

② 법원은 제1항의 평정결과를 회생·파산위원회에 통보한다.

③ 위원회는 제5조 제2항의 평가 또는 제6조 제1항의 평정결과에 따라 업무수행의 적정성이 미흡한 파산관재인에 대하여 후보자 명단에서 삭제할 수 있음을 개별적으로 경고할 수 있다.

④ 위원회는 제3조 제2항에 따라 후보자 명단을 새로 작성하거나 제7조 제1항에 따라 후보자를 후보자 명단에서 삭제할 경우 제1항의 평정 결과를 고려한다.

제 7 조(후보자 명단에서의 삭제)

① 위원회는 다음 각 호의 어느 하나에 해당하는 사유가 있는 경우 심의를 거쳐 언제든지 해당 후보자를 후보자 명단에서 삭제할 수 있다.

  1. 후보자가 직무를 위반하거나 재판의 공정과 신뢰를 해할 우려가 있는 행위를 한 경우
  2. 후보자 또는 그 보조인이 관재업무에 관하여 뇌물을 수수·요구 또는 약속하거나, 파산재단에 속하는 금품을 횡령하는 등으로 파산재단의 형성·관

리에 지장을 초래한 경우

3. 후보자가 관재업무를 수행할 의사 또는 능력이 부족하거나 불성실하여 관
   재업무를 적절히 수행하는 것이 곤란하다고 인정되는 경우
4. 그 밖에 후보자가 파산관재인으로 계속 활동하기 어렵다고 인정할 상당한
   이유가 있는 경우

② 후보자가 후보자 명단에서 삭제된 경우(제3조 제2항에 따라 후보자 명단이
새로 작성되면서 기존 후보자가 새로운 후보자 명단에 등재되지 않은 경우를 포
함한다) 법원은 파산절차의 공정하고 원활한 진행을 위해 후보자 명단에서 삭제
된 경위, 파산절차의 진행 정도 등을 고려하여 그 후보자가 파산관재인으로 선
임된 사건의 파산관재인을 변경할 수 있다.

제 8 조(청문절차)

위원회는 제6조의 평정의 실시, 제7조의 삭제 여부의 판단에 필요한 경우 후보
자 등의 의견을 듣고 관련 자료를 조사하는 등의 청문을 실시할 수 있다.

제 9 조(손해배상책임의 보장)

법원은 후보자가 파산관재인 업무를 수행하는 경우에 고의 또는 과실로 파산재
단에 재산상 손해를 발생하게 한 때에 지게 되는 손해배상책임을 보장하기 위하
여 후보자를 보증보험에 가입하게 할 수 있다.

[참고자료 19] 서울회생법원 실무준칙 제302호 「파산재단에 속한 재산의 환가방법」

파산재단에 속한 재산의 환가방법

제1조 (목적)

준칙 제302호는 파산재단에 속한 재산을 공정하고 효율적으로 환가할 수 있도록 합리적인 환가방법을 정함을 목적으로 한다.

제2조 (환가의 방법)

① 파산관재인은 파산재단에 속한 재산을 다음 각 호의 방법으로 환가할 수 있다.

  1. 공고를 통한 공개매각

  2. 수의계약

  3. 파산선고 전 강제집행의 속행

  4. 법 제497조 제1항, 민사집행법 제274조 제1항에 따른 경매 신청

  5. 법 제335조에 따라 기본계약을 해제한 후 원상회복청구권 등 행사

  6. 처분 전 임대

  7. 추심

  8. 수개 자산의 일괄매각

  9. 영업의 양도

  10. 그 밖에 재산의 환가에 적당한 방법

② 파산관재인은 특별한 사정이 없는 한 파산재단에 속한 재산을 처분하기 전에 파산선고로 실효된 강제집행 및 체납처분의 외관을 제거하여 정당한 가격에 매각이 이루어질 수 있도록 한다.

③ 파산관재인은 필요한 경우 채무자의 시재와 해당 재산의 예상 환가액을 고려하여 전문 중개업자, 매각주간사 등에게 매각 주선을 의뢰할 수 있다.

④ 파산관재인은 환가의 실익이 없는 자산의 경우 법원의 허가를 얻어 포기

할 수 있다.

제3조 (공개매각)

① 파산관재인은 법원에 공개매각허가를 신청할 경우 신청서에 다음 각 호의 사항을 기재한다.
  1. 공개매각할 자산의 구체적인 내용
  2. 최저매각가격 및 그 산정 근거
  3. 입찰일시, 장소
  4. 입찰보증금
② 법원사무관등은 법원이 제1항의 공개매각허가 신청을 허가하면 법원 홈페이지 공고 게시판에 입찰공고를 한다. 파산관재인은 법원 홈페이지 외에 다른 매체에 공고할 수 있고, 위 공고사실을 채무자의 거래처, 동종업체 등 해당 재산에 관심이 있을 만한 자들에게 별도로 통지할 수 있다.
③ 법원은 공개매각을 통해 낙찰자가 결정되더라도 낙찰금액이 예상된 시가에 미치지 못한 경우 매매계약 체결허가 신청을 불허할 수 있다.

제4조 (수의계약)

① 파산관재인은 법원에 수의계약체결 허가를 신청하는 경우 시가에 관한 객관적인 자료를 첨부한다. 파산관재인은 3개 이상 업체의 견적서를 첨부하여 위 시가에 관한 객관적인 자료에 갈음할 수 있다.
② 파산관재인은 시가에 관한 객관적인 자료가 없거나 시가에 미달한 금액으로 수의계약을 체결할 경우 수의매각금액을 최저매각가로 하여 공개매각을 했을 때 유찰될 것을 조건으로 계약을 체결할 수 있다.

제5조 (환가방법에 관한 업무지침)

법원은 파산재단에 속한 각종 재산의 합리적인 환가를 위해 필요한 구체적인 사항에 관하여 업무지침을 제정할 수 있다.

[참고자료 20] 서울회생법원 실무준칙 제321호 「법인파산 예납금 납부 기준」

법인파산 예납금 납부 기준

제 1 조(목적)
준칙 제321호는 법인파산 사건의 예납금의 산정기준을 정함을 목적으로 한다.

제 2 조(예납금의 산정기준)
법인파산 사건의 예납금은 부채총액(다만 미확정 구상채무 등 중복적 채무는 제외한다)을 기준으로 하여 [별표 1]과 같이 정하되, 파산재단의 규모, 파산절차의 예상 소요기간, 재단수집의 난이도, 채권자의 수 등을 고려하여 가감할 수 있다.

[별표 1]

부채총액	예납기준액
동시폐지사건	불필요(인터넷공고시)
5억 원 미만	500만 원
5억 원~10억 원 미만	700만 원
10억 원~30억 원 미만	1,000만 원
30억 원~50억 원 미만	1,200만 원
50억 원~100억 원 미만	1,500만 원
100억 원 이상	2,000만 원 이상

[참고자료 21] 서울회생법원 실무준칙 제322호 「법인 파산관재인의 보수 등」

법인 파산관재인의 보수 등

제 1 조(목적)

준칙 제322호는 법인 파산관재인(이하 준칙 제322호에서 '파산관재인'이라 한다)
에게 적정한 보수와 특별보상금이 지급될 수 있도록 하기 위하여 법 제30조 제1
항에 의한 파산관재인의 보수·특별보상금의 액수 및 지급시기 등에 관하여 필
요한 사항을 정함을 목적으로 한다.

제 2 조(보수의 총액)

① 파산관재인에게 지급할 보수의 총액은 파산관재인이 수집한 파산재단의 가액
(이하 준칙 제322호에서 '수집액'이라 한다)을 기준으로 [별표 1]과 같이 산정한
기준보수를 다음 각 호의 사항을 고려하여 50%의 범위 내에서 증감하고, 제3조
에 따라 산정한 소송수행보수를 합산하여 산정한다.

1. 채권의 종류와 채권자의 수
2. 관재업무 수행기간과 배당 횟수
3. 관재업무의 구체적 내용과 난이도, 채무자가 영업을 계속하였는지 여부
4. 관재업무를 위하여 행한 법률검토 내용과 횟수
5. 관재업무를 위한 근무장소, 근무형태
6. 파산관재인 정기보고서, 법원이 요청하는 각종 보고서의 제출 여부와 그 내
   용의 충실도
7. 예상 배당률과 실제 배당률
8. 기타 관재업무와 관련하여 파산관재인 보수 결정에 필요한 사항

② 수집액은 다음 각 호와 같이 산정한다.

1. 수집액은 파산관재인이 현금화한 것을 기준으로 한다. 단, 파산선고 당시
   현금이나 현금 등가물과 같이 이미 현금화가 되어 있는 것은 제외한다.
2. 현금화 대상 재산이 별제권과 환취권을 부담하는 경우, 추심 대상 채권에
   반대채권이 있는 경우에는 정산 후 차액만 수집액에 산입한다. 단, 파산관
   재인이 별제권자나 환취권자의 요구를 받아 현금화 대상 재산을 현금화한

경우에는 현금화한 액수 전부 또는 일부를 수집액에 산입할 수 있다.

3. 채무자가 영업을 계속하는 경우, 그 수입에서 비용을 뺀 차액만을 수집액에 산입한다.

4. 파산관재인이 중간에 사임 또는 해임되어 새로운 파산관재인이 선임되는 경우, 그 수집액은 당해 파산관재인이 수집한 파산재단만의 가액으로 한다.

③ 다음 각 호의 항목은 파산관재인에게 지급할 보수의 총액에서 공제한다. 단, 영업 계속 등 부득이한 사정으로 보조인을 고용하는 경우 전부 또는 일부를 공제하지 아니할 수 있다.

1. 파산관재인이 파산선고 이후 고용한 보조인에게 지급된 급여(연차수당, 명절상여금, 공로상여금, 연말정산금, 식비 등 각종 보조경비 명목의 실질급여 등 보조인에게 지급되는 모든 금전을 포함한다)

2. 제1호의 경우, 공공보험료, 신원보증보험료 등 보조인의 채용으로 발생한 모든 비용

제 3 조(소송수행보수)

① 법원은 파산재단에 관한 소송(조정, 화해, 행정심판 등도 이에 준한다)을 직접 수행한 파산관재인에게 각 심급단위로 소송목적의 값을 기준으로「변호사보수의 소송비용 산입에 관한 규칙」에 따라 계산한 변호사 보수 상당액을 지급한다. 이 보수는「변호사보수의 소송비용 산입에 관한 규칙」제6조에 따라 감액할 수 있다.

② 법원은 파산관재인이 직접 수행하는 파산재단에 관한 소송이 각 심급에서 종결하는 경우, 파산관재인의 신청을 받아 제1항에 따라 산정한 소송수행보수를 지급한다.

③ 파산관재인이 직접 수행한 부인의 청구, 부인의 소, 부인의 청구 결정에 대한 이의의 소 등에서 승소하여 그 판결 또는 결정이 확정된 경우에는 파산재단이 얻게 된 이익의 30% 범위 내에서 제반 사정을 고려하여 파산관재인에게 지급할 소송수행보수를 증액할 수 있다.

제 4 조(공동파산관재인, 파산관재인대리가 있는 경우)

파산관재인이 수인인 경우 또는 파산관재인대리가 선임된 경우, 파산관재인 1인

에게 지급할 보수의 액수는 제2조에 따라 산정한 보수의 총액을 파산관재인과 파산관재인대리 전체 인원수로 나누어 산정함을 원칙으로 한다.

제 5 조(우선보수)

법원은 파산관재인으로부터 파산재단의 점유착수보고를 받은 직후 파산관재인에게 우선보수를 지급한다. 법원은 3,000만 원 이하의 범위에서 파산재단의 규모, 파산재단의 점유·관리업무의 난이도 등을 고려하여 우선보수의 액수를 결정한다.

제 6 조(중간보수)

① 법원은 다음의 각 호에 해당하는 경우, 파산관재인에게 중간보수를 지급할 수 있다.
 1. 제1회 채권자집회와 일반 채권조사기일이 종료된 후
 2. 중간배당이 이루어지는 경우
 3. 파산재단이 부족하여 파산채권자들에게 배당하지 못하고 재단채권자에 대한 변제만으로 파산절차가 종결될 것으로 예상하여 재단채권자들에게 일괄 변제를 하는 경우. 다만, 파산폐지 직전에 일괄 변제를 하는 경우는 제외한다.
 4. 채무자가 영업을 계속하는 경우. 이 경우 제1회 채권자집회가 종료된 때부터 파산선고를 받은 후 2년이 되는 때까지(관재업무의 복잡성, 현금화 진행의 정도 등을 고려하여 1년의 범위 내에서 연장할 수 있다) 매 분기 마지막 달에 중간보수를 지급한다.
 5. 파산관재인이 신청하는 경우
② 법원은 중간보수를 지급할 때까지 수집액을 기준으로 제2조에 따라 산정한 기준보수에서 이미 지급한 보수(소송수행보수, 특별보상금은 제외한다)를 뺀 나머지 금액을 파산재단의 점유·관리업무와 배당업무의 난이도 등에 따라 가감하여 중간보수의 액수를 결정한다.

제 7 조(최종보수)

① 법원은 파산절차를 종료하는 경우 또는 파산관재인이 중도에 사임하거나 해임되는 경우에 파산관재인에게 최종보수로 당시까지의 수집액과 소송수행 결과

등을 기준으로 제2조, 제3조에 따라 산정한 보수의 총액에서 이미 지급한 보수를 뺀 나머지 금액을 지급한다.

② 법원은 제1항의 최종보수의 액수를 결정할 때 제8조에 따라 산정한 특별보상금을 합산할 수 있다.

제 8 조(특별보상금)

① 법원은 다음 각 호의 사유가 발생한 경우 파산관재인의 신청을 받아 특별보상금을 지급할 수 있다.

  1. 다음 각 목과 같이 현금화에 이례적인 성과를 거두어 파산재단의 증식에 특별히 이바지한 경우

    가. 부동산 위에 설정된 담보권의 피담보채권 총액이 부동산의 시가를 초과함에도 부동산 매각대금의 일부를 파산재단에 유입시킨 경우(다만 당해세와 체당금 등 경매절차에 의할 경우 당연히 파산관재인이 배당받았어야 할 금액은 유입액에서 제외한다)

    나. 파산선고 전에 이미 대손상각이 된 채권을 회수한 경우

    다. 파산재단에 속한 부동산·동산을 예정가(원칙적으로 감정가를 말한다. 감정가가 없는 경우 공시지가 등 적정한 방법으로 시가를 반영한 액수를 말한다) 이상으로 환가한 경우

    라. 그 밖에 이에 준하는 경우

  2. 영업양도나 기업인수합병에 성공하는 등 특별한 방법으로 파산절차를 파산선고로부터 2년 이내에 조기 종결한 경우

② 제1항 제1호의 특별보상금 액수는 그로 인하여 파산재단이 얻게 된 이익의 30% 범위 내에서 제반 사정을 고려하여 정한다.

③ 제1항 제2호의 특별보상금 액수는 기준보수의 100% 범위 내에서 제반 사정을 고려하여 정한다.

제 9 조(자료제출요구)

법원은 파산관재인에게 보수와 특별보상금의 액수를 산정하기 위하여 필요한 자료의 제출을 요구할 수 있다.

제10조(적용대상의 제외)

준칙 제322호는 예금보험공사 또는 그 임·직원이 파산관재인으로 선임된 경우에는 적용되지 아니한다.

[별표 1]

기준보수의 산정

기준보수는 다음 산식에 따라 산정한다.

기준보수 = ④ + ③ × (수집액 − ①)

① 수집액 (이상)	② 수집액 (미만)	③ 보수상승율	④ 보수 (이상)	⑤ 보수 (미만)
0원	1억 원	16%	300만 원	1,900만 원
1억 원	2억 원	12%	1,900만 원	3,100만 원
2억 원	10억 원	8%	3,100만 원	9,500만 원
10억 원	30억 원	4%	9,500만 원	1억 7,500만 원
30억 원	100억 원	1%	1억 7,500만 원	2억 4,500만 원
100억 원	~	0.5%	2억 4,500만 원	~

[참고자료 22] 서울회생법원 실무준칙 제323호 「법인 파산재단에 속하는 재산의 점유관리 착수 및 조사보고서 작성」

법인 파산재단에 속하는 재산의 점유관리 착수 및 조사보고서 작성

제 1 조(목적)

준칙 제323호는 파산절차가 공정하고 효율적으로 진행되도록 하기 위하여 법인 파산관재인(이하 준칙 제323호에서 '파산관재인'이라 한다)이 파산재단에 속하는 재산의 점유 및 관리에 착수하면서 취해야 할 조치에 관한 사항을 정함을 목적으로 한다.

제 2 조(파산재단의 점유 및 관리 착수)

① 파산관재인은 취임 직후 지체없이 채무자의 사무실 등에 방문하여 [별지 1 안내문] 또는 [별지 2 공고문]을 부착한다.

② 파산관재인은 파산재단에 관한 점유 및 관리에 착수할 때 주요사항 누락 방지를 위해 [별표 1 점검표]를 활용할 수 있다.

제 3 조(점유 및 관리 착수 보고서의 작성)

① 파산관재인은 특별한 사정이 없는 한 제2조의 착수일부터 14일 이내에 점유 및 관리 착수보고서를 제출하여야 한다.

② 제1항의 보고서에는 다음 각 호의 사항이 포함되어야 한다.

 1. 파산선고 직후 보고서 작성일까지 수행한 업무의 내역
 2. 파산재단의 점유 착수 실행 내역
 3. 채무자 회사의 임직원 현황
 4. 채권자 현황 및 부채 현황(부채 현황은 파산채권, 재단채권, 별제권 등으로 분류하여 기재한다)
 5. 계류 중인 소송 등의 현황
 6. 재무상태표상 자산현황 및 환가계획(환가계획에는 예상되는 자산별 청산가치를 포함하여 기재한다)
 7. 기타 파산재단의 현황을 파악하기 위한 중요한 사항

[별지 1 안내문]

알   림

채무자 ○○○ 주식회사

위 채무자는 2017. ○. ○. 10 : 00 서울회생법원 제○부로부터 2017하합○○○호로 파산선고를 받고, 본인이 파산관재인으로 선임되었습니다. 이 주거, 사무실 및 그 안의 일체의 유체동산은 본인의 점유 관리하에 있으므로 본인의 허가 없이 출입하거나 이를 반출하는 경우에는 형법에 의하여 처벌될 것입니다.

파산관재인 변호사 ○ ○ ○
(연락처 : 서울 서초구 서초중앙로 1 전화 500-1000)

[별지 2 공고문]

주식회사 ○○ 파산선고 공고

사   건   2017하합○○ 파산선고
채 무 자   주식회사 ○○
               서울 ○○구 ○○로 ○○
               대표이사 ○○○

위 사건에 관하여 이 법원은 2017. ○. ○. 10:00 파산선고를 하였으므로, 채무자 회생 및 파산에 관한 법률 제313조 제1항에 의하여 다음과 같이 공고합니다.

다   음
1. 파산결정의 주문
   채무자 주식회사 ○○에 대하여 파산을 선고한다.
2. 파산관재인의 성명 및 사무소
   변호사 ○○○(생년월일), 서울 ○○구 ○○로 ○○

3. 채권신고기간 및 채권자집회·채권조사 기일, 채권자집회 결의사항
 ① 채권신고기간 및 장소: 2017. ○. ○.까지, 서울회생법원
 ② 채권자집회·채권조사 기일 및 장소 : 2017. ○. ○. 14:00, 서울법원종합청사 3별관 제1호 법정
 ③ 채권자집회는 영업의 폐지 또는 계속, 고가품의 보관방법에 관하여 결의를 할 수 있음.
4. 유의사항
 파산선고를 받은 자의 채무자와 파산재단에 속하는 재산의 소지자는 파산선고를 받은 자에게 채무를 변제하거나 그 재산을 교부하여서는 아니 되며, 채무를 부담하는 사실, 그 재산을 소지하는 사실(소지자가 별제권을 가지고 있는 경우에는 그 채권을 가지고 있다는 사실)을 2017. ○. ○.까지 파산관재인에게 신고하여야 한다.
채무자의 주요자산 매각: 채무자의 주요자산 매각·포기 정보는 '대한민국법원' 홈페이지 → '대국민서비스' → '공고' → '회생·파산 자산매각 안내' (http://www.scourt.go.kr/portal/notice/realestate/RealNoticeList.work)에서 확인할 수 있습니다.

2017. ○. ○.

서 울 회 생 법 원   제○부

재 판 장   판 사   ○ ○ ○
판 사   ○ ○ ○
판 사   ○ ○ ○

[별표 1 점검표]

점유착수 점검표

○파산회사명 :

○점유착수일시 및 장소 :

항 목	존재 유무	확보 여부	특이 사항
I. 회사 경영 전반			
1 회사 조직도			
2 임직원 비상연락망(담당업무, 이메일, 주소 포함)			
3 정관			
4 이사회 운영규정, (단체협약이 체결된 경우) 단체 협약			
5 주주명부 (최근일 기준)			
6 [견련파산(인가후 폐지)의 경우] 인가받은 회생계획			
7 채권자 현황과 원인서류, 담당자의 연락처 및 이메일			
8 ERP 프로그램			
9 (가동의 경우) 서버용도, 구성 및 SPEC, 관리자 I.D 및 Password, 운영체제 및 탑재 S/W			
II. 회계 및 세무			
1 외부 기장(또는 내부 기장)			
2 회계장부가 기록된 컴퓨터 파일			
3 (외부 기장인 경우) 세무대리인의 연락처 및 담당 자, 계약 조건			
4 운용 중인 회계프로그램의 I.D 및 Password, Lock Key			
5 최근 5년간의 법인세, 지방소득세, 부가가치세, 원천징수세 등의 신고서 일체			
6 최근 재무제표 및 각 계정과목에 대한 거래처별 잔액 명세			
7 원가명세서			
8 임직원 대여금, 보증금 등의 현황과 원인 서류			
9 최근 5년간의 대손처리내역 및 그 사유			
10 (부가가치세) 총괄 납부 신고			

11	사업자등록 말소			
12	유형자산 목록과 보관장소와 상태			
13	부외자산 및 부채의 존재			
III. 영업				
1	매출채권 등 현황과 원인 서류			
2	각 매출채권의 소멸시효 완성			
3	매출채권 별 거래처 담당자의 연락처, 이메일			
4	(지점, 지사, 현장별) 재고자산 현황과 보관 상태 및 실재			
IV. 금융				
1	금융기관별 담당자의 연락처, 이메일			
2	유동성 장기부채, 장기차입금 등 차입 현황과 원인 서류			
3	계좌개설 내역 및 통장 일체			
4	각 통장별 비밀번호, OTP 카드, 거래인감			
5	각 계좌에 등록된 자동이체 약정			
6	인터넷 뱅킹 개설 여부(개설된 경우 I.D 및 Password)			
7	금고 비밀번호 및 열쇠			
8	법인신용카드 발급 현황 및 신용카드 실물			
9	(약속어음 및 수표 발행의 경우) 미발행 어음 및 수표실물			
10	은행에서 발급한 미도래 약속어음, 수표 명세			
V. 총무				
1	법인 인감 및 법인 인감카드(비밀번호)			
2	일체의 사용인감과 명판			
3	사업자등록증			
4	지적재산권 등 권리증서			
5	(각 업무를 위해 발급받은) 일체의 공인인증서			
6	부동산 현황과 등기권리증 및 관리형태			
7	부동산의 화재보험 가입 여부			
8	부동산의 임대여부, (만일 임대한 경우) 임대차 현황 및 계약서			
9	골프장(또는 콘도 등) 회원권과 입회증, 회원등록증			
10	차량 현황과 보관장소 및 해당 차량 열쇠, 종합보험 가입 현황			

11	채무자가 투자(또는 출자)한 현황 및 그 권리증서			
12	도메인의 존재여부, (존재하는 경우) 관리기관 및 계약 상태			
13	파산선고일 현재의 임직원 명단 및 인사기록 카드			
14	미지급 임금 및 퇴직금 명세, 그 원인 서류			
15	퇴직연금 가입 여부, (가입된 경우) 통장 및 원인 서류			
VI. 법무				
1	소송 및 강제집행, 보전처분 등 현황과 사건기록 일체			
2	소송대리 내역 및 대리인의 연락처와 계약 조건			
VII. 기타 사항				
1	채무자가 가입한 각종 업무용 인터넷 사이트의 I.D 및 Password			
2	기타 파산절차의 진행에 도움이 될 사항			

[참고자료 23] 서울회생법원 실무준칙 제324호 「재산목록 작성」

재산목록 작성

제 1 조(목적)

준칙 제324호는 파산재단을 효율적으로 관리·감독하고 채권자 등 이해관계인들에게 충실한 정보를 제공함으로써 파산절차를 투명하게 진행하기 위하여 법 제483조에 따라 법인 파산관재인(이하 준칙 제324호에서 '파산관재인'이라 한다)이 재산목록을 작성하는 경우에 필요한 사항을 정함을 목적으로 한다.

제 2 조(재산목록의 작성)

① 파산관재인은 특별한 사정이 없는 한 제1회 채권자집회기일 전에 파산재단에 속하는 모든 재산에 관하여 파산선고 당시 가액을 평가하여 재산목록을 작성한다.
② 파산관재인은 재산목록을 작성하는 경우에 재무상태표상 각 자산항목을 기준으로 [별표 1]과 같은 양식을 활용하여 작성할 수 있다.
③ 법원은 필요한 경우 외부 회계법인으로 하여금 재산목록의 적정성을 감사하도록 할 수 있다.
④ 파산관재인은 분기마다 재산목록을 갱신한다.

[별표 1]

순번	구분 (재무상태표 자산 항목과 일치)	상대방/ 내역	장부 가액	청산 조정	파산 선고일 기준 청산가치	예상환 가일	현황(상세 내역)	최종환가결과		비고
								환가 종료일	환가액	
1	당좌자산									
1-1	현금및현금성자산									
1-2	매출채권									
1-3	…									
2	재고자산									
2-1	제품									
2-2	…									
3	유형자산									
3-1	토지									
3-2	건물									
3-3	비품									
3-4	…									
4	무형자산									
4-1	…									
5	기타비유동자산									
5-1	…									
6	기타자산									
6-1	…									
	자산총계									

2017하합○○ 채무자 주식회사 ○○○ 재산목록(2017. ○. ○. 현재)

채무자 주식회사 ○○○의 대표이사는 파산관재인이 작성한 위 재산목록이 채무자 회사의 재산을 빠짐없이 반영하였고, 적정하게 청산가치를 산정하였음을 확인합니다.

2017년 0월 0일   대표이사 000 (서명 또는 날인)

[참고자료 24] 서울회생법원 실무준칙 제325호 「파산관재인의 보조인 사용 및 감독」

파산관재인의 보조인 사용 및 감독

제 1 조(목적)

준칙 제325호는 법인 파산관재인(이하 준칙 제325호에서 '파산관재인'이라 한다)의 보조인 사용 및 감독에 관한 기본적인 사항을 정함을 목적으로 한다.

제 2 조(보조인의 고용)

① 파산관재인은 그 직무상 필요에 따라 자신의 비용 또는 파산재단의 비용으로 파산관재업무를 보조할 보조인을 고용할 수 있다.

② 파산재단의 비용으로 보조인을 고용할 경우 보조인에게 지급한 급여는 파산관재인에게 지급할 보수의 총액에서 공제한다.

제 3 조(보조인 고용 허가신청서)

① 파산관재인은 파산재단의 비용으로 보조인을 고용할 경우 다음 각 호의 사항을 기재한 신청서를 법원에 제출한다.

1. 보조인의 성명, 연령, 경력
2. 보조인의 고용기간
3. 보조인이 수행할 업무내용 등 고용이 필요한 이유
4. 급여의 예정액

② 파산관재인은 파산재단의 비용으로 보조인을 재고용할 경우 제1항의 각 사항에 더하여 다음 각 호의 사항을 기재한 신청서를 법원에 제출한다.

1. 보조인이 기존 고용기간에 수행한 업무의 구체적인 내용(환가한 재산 등)
2. 재고용기간 동안 보조인에게 지출이 예정된 금액의 합계
3. 파산재단의 잔여 재산의 환가예상액
4. 현재까지 고용한 보조인 전원에게 지급된 보수의 총액

제 4 조(보조인에 대한 관리·감독)

① 파산관재인은 선량한 관리자의 주의로서 보조인을 관리·감독한다.

② 파산관재인은 임치금 보관 통장과 인감을 직접 점유·관리한다.

③ 임치금 인출행위는 법원의 허가를 받아 파산관재인이 직접 수행한다. 다만 부득이한 사정으로 보조인에게 인출행위를 맡긴 경우에는 임치금 보관은행으로 하여금 다음과 같은 조치를 취하도록 한다.

  1. 파산관재인에게 인출금액을 유선 또는 문자로 통보
  2. 1,000만 원 이상의 금액을 인출하는 경우에는 사전에 파산관재인에게 유선으로 확인

조문색인

판례색인

사항색인

제 5 판
법인파산실무

초판발행	2006년 6월 10일
제 2 판발행	2008년 10월 5일
제 3 판발행	2011년 4월 30일
제 4 판발행	2014년 9월 25일
제 5 판발행	2019년 7월 25일
중판발행	2024년 7월 30일

지은이	서울회생법원 재판실무연구회
펴낸이	안종만 · 안상준

편 집	정수정
기획/마케팅	조성호
표지디자인	박현정
제 작	고철민 · 김원표

펴낸곳	(주) **박영사**
	서울특별시 금천구 가산디지털2로 53, 210호(가산동, 한라시그마밸리)
	등록 1959. 3. 11. 제300-1959-1호(倫)

전 화	02)733-6771
f a x	02)736-4818
e-mail	pys@pybook.co.kr
homepage	www.pybook.co.kr
ISBN	979-11-303-3390-8 93360

copyright©서울회생법원 재판실무연구회, 2019, Printed in Korea

정 가   68,000원